Hermann Frohberger

Ausgewählte Reden des Lysias

Für den Schulgebrauch

Hermann Frohberger

Ausgewählte Reden des Lysias
Für den Schulgebrauch

ISBN/EAN: 9783742897732

Hergestellt in Europa, USA, Kanada, Australien, Japan

Cover: Foto ©Paul-Georg Meister /pixelio.de

Manufactured and distributed by brebook publishing software
(www.brebook.com)

Hermann Frohberger

Ausgewählte Reden des Lysias

AUSGEWÄHLTE

REDEN DES LYSIAS.

FÜR DEN SCHULGEBRAUCH

ERKLÄRT VON

HERMANN FROHBERGER.

ERSTER BAND.

ZWEITE AUFLAGE

BEARBEITET VON

GUSTAV GEBAUER.

LEIPZIG,
DRUCK UND VERLAG VON B. G TEUBNER.
1880.

Aus dem Vorwort zur ersten Auflage.

Der Herausgeber der nachstehenden Reden des Lysias ist sich bewufst, bei der Erklärung derselben, und namentlich in den Realien, hier und da über das Bedürfnis des Schülers hinausgegangen zu sein. Es kam ihm darauf an, nicht nur die geschichtlichen und juristischen Voraussetzungen zum Verständnis der Reden auf Grund der Quellen und mit Hilfe der Arbeiten Schoemanns, Meiers, Grotes, Scheibes, Curtius' u. a. darzulegen, sondern auch die Praktiken der Redner vor Gericht, die gleichmäfsig bei ihnen wiederkehrenden Formen des Angriffs und der Verteidigung, die rhetorischen Gemeinplätze zu konstatieren, soweit der Inhalt der Reden dazu Anlafs bot. Ist bei den Nachweisen solcher Art hier und da für den Schüler zu viel gegeben, so ist doch zu hoffen, dafs dem Lehrer damit manches nicht Unwillkommene geboten worden ist; die Schulausgabe soll ja nicht allein eine Schülerausgabe sein. Auch die Darlegung des inneren Zusammenhangs hat, besonders bei der Erklärung der Rede gegen Eratosthenes, zuweilen eine ausführlichere Erörterung nötig gemacht.

Wie sehr das Verständnis des Lysias durch die bahnbrechende Erklärung R. Rauchensteins gefördert worden ist, hat das einstimmige Urteil der Fachmänner längst festgestellt. Das lebendige Interesse, welches namentlich seit funfzehn Jahren die deutsche Philologie dem Redner zugewendet hat, ist unzweifelhaft wesentlich durch die besonnene Kritik und die lichtvolle Interpretation Rauchensteins angeregt worden. Die holländische Philologie hat, nicht zu ihrem Vorteil, den durch Rauchenstein gewonnenen Resultaten bei weitem nicht die gebürende Beachtung gewidmet, mit alleiniger Ausnahme C. W. Franckens (commentationes Lysiacae, Utrecht 1865).

Der Text der vorliegenden Bearbeitung schliefst sich an die in Scheibes zweiter Ausgabe vorliegende Kaysersche Vergleichung des codex Palatinus an. Die seitdem veröffentlichten Beiträge zur Kritik und Erklärung der vorliegenden Reden des Lysias, wie sie in neueren Ausgaben (Rauchensteins dritter und vierter mit Sauppes schätzbaren Bemerkungen, Cobet, H. van Herwerden, Lysiae orationes selectae, Gröningen 1863), Programmen (von Westermann, Pertz, P. R. Müller, I. H. Lipsius, Joh. Frei), Zeitschriften (Kayser und Francken im Philologus, Scheibe, Funkhänel, Rauchenstein, Meineke, P. R. Müller in den Jahrbüchern für Philologie und Pädagogik, Bake, Pluygers u. a. in der Mnemosyne), in Scheibes lectiones Lysiacae (citiert nach dem Supplementhefte der Jahrbücher für Philologie u. s. w., in dem sie zuerst erschienen), in Cobets variae und novae lectiones, Franckens commentationes und sonst noch hier und da vereinzelt vorliegen, sind mit möglichster Vollständigkeit nebst wenigen Nachträgen zu Scheibes reicher praefatio und den nötig erscheinenden Wiederholungen aus derselben im Anhang zusammengestellt worden. Eben dahin sind mehrfach weitere Ausführungen des Kommentars, Belegstellen, Verweisungen auf Monographieen und Kommentare, meistens auch die Rechtfertigung eigener Emendationsversuche gewiesen worden.

Grimma, im Juli 1865.

Hermann Frohberger.

Vorwort zur zweiten Auflage.

Als mir von der Verlagsbuchhandlung der Auftrag erteilt worden war, den ersten Band der gröfseren Ausgabe des Frohbergerschen Lysias neu zu bearbeiten, kam ich sehr bald zu der Überzeugung, dafs ich dabei mehr Bedacht zu nehmen hätte auf die vielseitigen Interessen der Lehrer und Gelehrten als auf die engbegrenzten Bedürfnisse der Schüler, für die ja Frohberger selbst durch eine der gröfseren Ausgabe nachfolgende kleinere ausreichend gesorgt hatte. Von dieser Überzeugung geleitet habe ich schon im Kommentar einiges ausführlicher besprochen, was in einer speciell für Schüler bestimmten Ausgabe nur kurz berührt werden durfte. Noch weiter bin ich gegangen in dem den Anmerkungen beigefügten Anhang, der in Folge dessen allerdings eine bedeutende Ausdehnung erhalten hat. Zur Rechtfertigung der in demselben enthaltenen längeren und kürzeren Excurse werde ich mich, in der Hoffnung, dafs der Leser den von mir im allgemeinen eingenommenen Standpunkt als richtig anerkennt, auf einige wenige Andeutungen beschränken. Bei der schlechten Überlieferung des Lysiastextes, die die sorgfältigste Vergleichung des Sprachgebrauchs anderer Redner erfordert, sah ich mich, um entweder selbst zu einem sicheren Resultat zu gelangen oder Mitarbeitern den Weg zu einem solchen zu ebnen, öfters veranlafst über gewisse sprachliche Erscheinungen eingehende Erörterungen anzustellen. An Untersuchungen dieser Art haben sich dann andere angeschlossen, die für die Kritik des Lysias nicht geradezu notwendig waren, aber wegen der in ihnen behandelten Gegenstände wohl geeignet sein dürften, zu den alten Freunden dieser Ausgabe neue hinzuzugewinnen. Sie haben mit den eben erwähnten das gemein, dafs sie teils grammatisch-lexikalische, teils, und zwar vorzugsweise, rhetorisch-stilistische Fragen betreffen. Letzteren habe ich mich mit Vorliebe zugewendet, weil gerade in dieser Beziehung für die oratorische Prosa der Griechen noch mancherlei gethan werden mufs. Wenn von mir wiederholt die lateinische Ausdrucksweise verglichen worden ist, so wird dies hoffentlich keinen Anstofs erregen. Sieht man doch erst aus derartigen Zusammenstellungen, wie die Lateiner das von den Griechen Überkommene in ihrer Weise verwertet und weitergebildet und dem Genius ihrer Sprache angepafst haben. Es sollte mich freuen, wenn durch das von mir gegebene Beispiel jüngere Philologen zu ähnlichen Forschungen angeregt würden. Die Arbeit ist zwar mühevoll, bringt aber, in der rechten Weise durchgeführt, reichen Gewinn.

Die Ausführungen und Zusätze zum Kommentar, die ich in Frohbergers Anhang vorfand, sind nur selten gestrichen*), nicht selten dagegen, zum Teil unter Benutzung von Frohbergers Handexemplar, umgestaltet oder erweitert worden. Mehr hinwegzunehmen, als ich für unbedingt notwendig hielt, erschien mir, von Pietätsrücksichten abgesehen, schon deshalb bedenklich, weil die Erklärer anderer Schriftsteller auf die Frohbergerschen Sammlungen sich gern und häufig bezogen haben. Im Kommentar habe ich bisweilen die in der kleineren Ausgabe vorliegende Fassung, wie es Frohberger jedenfalls selbst gethan haben würde, einfach in die gröfsere herübergenommen.

Was die Feststellung des Textes anlangt, so ist Frohberger nach meinem Dafürhalten auch in der kleineren Ausgabe noch allzu konservativ gewesen. Ich bin in diesem Punkte mehrfach von ihm abgewichen, namentlich rücksichtlich der

---

*) Hier und da habe ich mich auch begnügt, auf ein Werk von mir zu verweisen, das Zwickau 1877 erschienen ist unter dem Titel: De hypotacticis et paratacticis argumenti ex contrario formis, quae reperiuntur apud oratores Atticos.

dreizehnten Rede, selten jedoch habe ich es gewagt, eigene Vermutungen aufzunehmen, und hätte dies vielleicht noch seltener thun sollen. Nur ausnahmsweise ist gegen Frohbergers Ansicht die handschriftliche Lesart beibehalten worden. Ein Verzeichnis kritisch besprochener Stellen aus anderen Reden des Lysias und aus anderen Schriftstellern findet man am Ende des Werkes.

Die Lysiaslitteratur ist in der letzten Zeit zu einem gewaltigen Umfang herangewachsen. Was mir von derselben zugänglich war, habe ich gewissenhaft benutzt, bis mir der Setzer ein 'hactenus!' zurief.

Bei der Korrektur der Druckbogen hat mich mein Kollege und Freund, Herr Dr. William Weicker, bereitwilligst unterstützt; ich spreche ihm auch an dieser Stelle meinen herzlichsten Dank dafür aus.

Zwickau, im Juni 1880.

Gustav Gebauer.

Inhalt.

Berichtigungen und Zusätze.

S. 82, Z. 10 l. ἀποκτείναιτε.

S. 202, Z. 3 f. Vgl. Müller in den Berichtigungen zur 2. Aufl. des Seyffertschen Laelius (letzte S.).

S. 267, Z. 19 v. u. l. ὦ ἄ. δ. (ähnliche Versehen vielleicht auch anderwärts).

S. 334, Z. 14 ff. Vgl. auch J. Vahlen, Zeitschr. f. d. österr. Gymn. 1872, S. 506 f. Ob derselbe die (was ich bisher nicht wufste) schon von Stallbaum aufgestellte Erklärung 'ante omnia' mit Recht verwirft, möchte ich doch bezweifeln. Jedenfalls schützen die von Vahlen citierten Stellen die hdschr. Lesart bei Lys.

S. 382, Z. 2 v. u. l. προκατάλ.

S. 387, Z. 3 l. ποιήσατε.

S. 399, Z. 10 v. u. l. ἀποκρίνασθαι.

S. 431, Z. 10 l. προστάξαντος ζητήσασαν τὴν βουλὴν κτλ.

S. 471, Z. 15 ff. v. u. Vgl. auch Is. Br. VI, 5 (S. 490 steht diese Stelle an falschem Platze; sie mufste mit Herod. IX, 113 [Z. 5] verbunden werden).

Nachträge zu den Excursen, die ich in ziemlicher Anzahl liefern könnte, sollen bei passender Gelegenheit veröffentlicht werden.

Dem Beispiele des Themistokles[1]) folgend erkannte Perikles in 1
der Herbeiziehung vermögender Ausländer ein wirksames Mittel zur Hebung der von den Bürgern damals nur noch notgedrungen betriebenen Industrie, und wenn er in der von Thukydides überlieferten Leichenrede von seiner Vaterstadt rühmt, dass sie allen offen stehe[2]), so lag die Veranlassung dazu nicht blos in der Scheu vor lakedämonischer Engherzigkeit, sondern vor allem in der klugen Rücksichtnahme auf volkswirtschaftliche Interessen[3]).

Unter den Ausländern, welche sich auf Perikles' Veranlassung[4]) 2
in Athen niederliefsen, befand sich Kephalos, des Lysanias Sohn, ein begüterter, der politischen Wirren in seinem Vaterlande überdrüssiger Bürger von Syrakus (um Olymp. 83, 1. 448/7). In seinem Hause im Peiräeus geht die Scene vor, welche Platon im Anfange der Bücher vom Staate so anmutig schildert. Zwar verwehrte ihm das attische Recht den Eintritt in den Bürgerstand; als Ausländer konnte er nur in den Stand der *ἰσοτελεῖς*, einer vornehmlich durch Wegfall des Schutzgeldes (*μετοίκιον*) und des politisch-juristischen Vormundes (*προστάτης*) sowie durch das Recht des Grundbesitzes (*ἔγκτησις*, mit oder ohne Zusatz wie *γῆς καὶ οἰκίας*, *γηπέδων*) vor den übrigen bevorzugten Klasse der Schutzbürger (*μέτοικοι*, *inquilini*) aufgenommen werden; doch stand er in freundschaftlichem Verhältnis zu den angesehensten Bürgern; Sophokles und Sokrates suchten seinen Umgang. „Das Musterbild eines frommen und weisen Hellenen"[5]) starb er in hohem Alter zu Athen, nachdem er 30 Jahre rechtschaffen und unangefochten in seiner zweiten Vaterstadt gelebt; seine Gattin überlebte ihn noch[6]).

Im Eingange der platonischen *πολιτεία* werden als seine Söhne 3
genannt: Polemarchos, Lysias und Euthydemos; einen vierten, Bra-

1) Diodor XI, 43, 3. — 2) Thuk. II, 39, 1: *τὴν πόλιν κοινὴν παρέχομεν.* — 3) Man lese die Betrachtungen über die Nützlichkeit eines nichtbürgerlichen Standes von Industriellen und die Winke über eine Reform ihrer Stellung gegenüber dem Staatsrecht bei Xen. *πόροι* 2. — 4) Lys. XII, 4. Nach Pseudoplutarch vit. X orat. 835c war Kephalos des Perikles *φίλος καὶ ξένος.* — 5) Curtius, griech. Gesch. II, 261 (4. Aufl.). — 6) Pseudodem. LIX, 22.

chyllos, fügt der Verfasser der Biographieen der 10 Redner hinzu, doch dieser war sein Schwiegersohn[7]). Das Geburtsjahr des Lysias wird von einem alten Gewährsmann[8]) in das Archontat des Philokles Olymp. 80, 2. 459/8 verlegt; dieser Tradition gegenüber, die zu retten bis in die neueste Zeit mit mehr oder weniger Scharfsinn Versuche gemacht worden sind[9]), hat die Kombination der sonstigen Angaben über Lysias' Leben zu Hypothesen geführt, durch welche des Redners Geburtsjahr bis Olymp. 84, 1. 444/3, ja sogar bis Olymp. 87, 1. 432/1 herabgedrückt wird[10]). Dafs die Angabe bei Pseudoplutarch auf falschen Voraussetzungen beruht, dürfte sich leichter nachweisen lassen als das wahre Geburtsjahr des Lysias. Zwar scheint die Berechnung, welche Olymp. 84, 1 ergeben hat, die Wahrscheinlichkeit für sich zu haben, „doch ist diese Frage so beschaffen, dafs ein sicheres Resultat sich nicht mehr erreichen lässt“[11]). Unzweifelhaft aber ist nicht Syrakus, wie untergeordnete Quellen aus dem Altertume angeben, sondern Athen des Lysias Geburtsort gewesen, was aufser Dionysios von Halikarnassos[12]) auch Cicero, einer Angabe des Timäos entgegentretend, mit aller Bestimmtheit ausspricht[13]).

4 Aus Lysias' Knabenalter haben wir in den alten Biographieen nur die Notiz, dafs er in Gemeinschaft mit Knaben aus den angesehensten Bürgerfamilien unterrichtet ward[14]). Fünfzehn Jahre alt wanderte derselbe mit Polemarchos und Euthydemos nach Thurioi in Unteritalien aus, wohin die Athener Olymp. 84, 1. 444/3 eine Kolonie gesendet hatten und auch noch in den folgenden Jahrzehnten viele Kolonisten aus Athen und den bundesgenössischen Staaten, namentlich Gelehrte aller Art, sich wandten[15]). Für Polemarch war der Grund dieser Auswanderung vermutlich die Absicht, im Umgang mit den zahlreich in Thurioi zusammenströmenden Sophisten das eigene Lieblingsstudium, die Philosophie, um dessen willen ihn Platon im Phädros belobt[16]), zu betreiben;

7) Pseudodem. a. a. O. — 8) Pseudoplutarch a. a. O. — 9) Namentlich von Alfred Schöne in der Abhandlung über die Biographieen der zehn Redner, speziell die des Lysias, Jahrb. f. Phil. 1871, S. 761 ff. Vgl. dagegen A. Zucker, quae ratio inter vitas Lysiae Dionysiacam, Pseudo-Plutarcheam, Photianam intercedat (Erlangen 1877) S. 8, Anm. 2. — 10) Auf Olymp. 84, 1 schliefst die Berechnung K. F. Hermanns, gesammelte Abhandlungen und Beiträge zur klass. Litteratur S. 15, auf Olymp. 87, 1 die Untersuchungen Vaters (Jahrb. f. Philol. Suppl. IX, S. 165 f. und Westermanns (praef. ad Lys. p. VI sqq.); den Resultaten der letzteren hat sich George Perrot angeschlossen in dem Aufsatze: l'éloquence politique et judiciaire à Athènes: Lysias, l'avocat athénien, in der revue des deux mondes, tome 94, livr. 4, p. 839—871; trotzdem läfst er den Lysias noch in Syrakus geboren sein. — 11) Fr. Blass, die attische Beredsamkeit I S. 336. — 12) *Λυσίας ὁ Κεφάλου Συρακοσίων μὲν ἦν γονέων, ἐγεννήθη δ' Ἀθήνησι μετοικοῦντι τῷ πατρί.* — 13) Brut. 16, 63. — 14) Dionysios: *συνεπαιδεύθη τοῖς ἐπιφανεστάτοις Ἀθηναίων.* — 15) (And.) IV, 12. Plat. Euthyd. 271. — 16) Phaedr. 257b.

unter seinem Schutze mögen die beiden jüngeren Brüder[17]) mit nach Thurioi sich begeben haben; neuere Vermutungen lassen auch den Kephalos an dieser Auswanderung teilnehmen und im hohen Alter nach Athen zurückkehren[18]). Für Lysias war der Aufenthalt in der neugegründeten Pflanzstadt von entscheidender Wichtigkeit. In Thurioi hatte sich der Syrakusaner Tisias, nächst seinem Lehrer Korax der älteste Theoretiker der Redekunst[19]), niedergelassen; sein Schüler ward Lysias, und der Einfluſs der sicilischen rhetorischen Technik tritt in seiner späteren rednerischen Thätigkeit anfangs materiell, später wenigstens noch formell deutlich hervor. Schon in Thurioi versuchte sich Lysias auf dem Gebiete der Redekunst, zunächst in schulmäſsigen Deklamationen, wie er z. B. dem von den Syrakusanern gefangenen athenischen Feldherrn Nikias eine Verteidigungsrede in den Mund gelegt haben soll, eine Arbeit, deren Echtheit von alten Kritikern ebenso entschieden bestritten wie behauptet worden ist[20]). War sie echt, so ersieht man daraus die lebhafte Teilnahme, mit welcher Lysias die groſse Unternehmung der Athener gegen Syrakus verfolgte. Mit Polemarch hielt er sich in Thurioi zur demokratischen (athenischen) Partei, welche, Olymp. 91, 3. 414/3 zum vollständigen Siege über die Gegner gelangt[21]), infolge der Katastrophe auf Sicilien in Thurioi[22]) wie in den meisten Städten Groſsgriechenlands unterlag. Die aus der Verbannung zurückgekehrte Gegenpartei rächte sich durch Ausweisung von 300 athenisch gesinnten Bürgern, unter denen sich Polemarchos und Lysias befanden; beide (von Euthydemos verlautet nichts weiter) kehrten Olymp. 92, 1. 412/1 nach Athen zurück.

Auch Athen war nach der unglücklichen sicilischen Unter- 5
nehmung der Schauplatz offener Parteikämpfe geworden. Die antidemokratische Partei hatte ihr Haupt erhoben und eine oligarchische Regierung, den Rat der Vierhundert, eingesetzt. Zunächst von dem Heere auf Samos aus erfolgte gegen diesen Staatsstreich eine Reaktion, der gegenüber die neue Regierung, durch Verrat in ihrem eigenen Schoſse unterwühlt, sich nicht halten konnte; noch in demselben Jahre (411) ward nach einer Unterbrechung von nur vier Monaten die demokratische Verfassung wieder hergestellt, und wenn auch anfangs der Versuch gemacht worden war, durch eine Mischung aristokratischer und demokratischer Elemente[23]) eine

Bei Plutarch de carnium esu or. II p. 152 (Reiske) heiſst er geradezu *Πολέμαρχος ὁ φιλόσοφος.* — 17) Daſs Polemarch der älteste Bruder war, sagt Pseudoplutarch ausdrücklich; dasselbe geht aber auch aus Plat. Staat I, 331[d] hervor, wo Sokrates den Kephalos fragt: *οὐκοῦν ὁ Πολέμ. τῶν γε σῶν κληρονόμος;* was Keph. durch ein *πάνυ γε* bestätigt. — 18) Susemihl, platon. Forschungen, Philol. Suppl. II, 1, S. 110, im Anschluss an Böckh. — 19) Quint. III, 1, 8. Cic. Brut. 12, 46. de orat. I, 20, 91. Blass, Bereds. I S. 18 ff. — 20) Blass, Bereds. I, 338. — 21) Thuk. VII, 33. — 22) Arist. Polit. VIII, 7, S. 209 Bekker. — 23) Thuk. VIII, 97, 2: *οὐχ ἥκιστα δὴ τὸν πρῶτον χρόνον Ἀθηναῖοι φαίνονται εὖ πολιτεύ-*

Form der Demokratie zu finden, welche der Ausartung in die Ochlokratie vorbeugen sollte, so war doch diese Selbstbeschränkung des Demos nicht von langer Dauer[24]). Die alte Wirtschaft der Demagogen begann von neuem[25]); die Verachtung aller Rechtsformen in dem Prozesse gegen die Sieger in der Arginusenschlacht (Ol. 93, 3. 406/5) zeigte, wie den Athenern unter dem verwildernden Einflusse des langen Krieges der Sinn für Gesetz und Recht abhanden gekommen war. Im Geheimen arbeiteten die politischen Genossenschaften[26]) (*ἑταιρεῖαι*, *sodalicia*), die sich um die angesehensten Häupter der verschiedenen Fraktionen der oligarchischen Partei gruppierten, mit allen Mitteln an dem Sturze der Verfassung, im Einvernehmen mit dem Landesfeinde, der sich in Dekeleia festgesetzt hatte, erforderlichenfalls selbst mit extremen Demagogen im Bunde, wie im Feldherrnprozess. Die einflufsreichste Persönlichkeit unter den Aristokraten war damals, an der Spitze einer mächtigen Hetärie, Theramenes, der Sohn des Hagnon[27]). Wie es den Oligarchen schliefslich gelang, nach dem durch Verrat[28]) mit verschuldeten Verlust der Flotte im Hellespont sich zu Herren der Lage zu machen, Athens Widerstand durch perfide Intriguen zu brechen und endlich der wehrlosen Stadt das Regiment der Dreifsig aufzudrängen, das hat Lysias selbst in den Reden gegen Eratosthenes und Agoratos mit den herben Worten einer gerechten Erbitterung geschildert.

6 Die beiden Brüder, in ihrer Stellung als Isotelen von der Beteiligung an den Staatsgeschäften ausgeschlossen, lebten in diesen Jahren der Verwirrung zurückgezogen teils ihren Studien, teils dem Betriebe einer reichlich lohnenden industriellen Thätigkeit. Polemarch allerdings scheint sich von der letzteren ziemlich fern gehalten zu haben; bereits verheiratet wohnte er von seinem Bruder getrennt[29]), fern von dem Geräusche der grofsen mit Lysias' Wohnung im Peiräeus[30]) verbundenen[31]) Schildfabrik (*ἀσπιδοπη-*

σαντες· μετρία γὰρ ἥ τε ἐς τοὺς ὀλίγους καὶ τοὺς πολλοὺς ξύγκρασις ἐγένετο καὶ ἐκ πονήρων τῶν πραγμάτων γενομένων τοῦτο πρῶτον ἀνήνεγκε τὴν πόλιν. — 24) Vischer, die Verfassung von Athen in den letzten Jahren des peloponnes. Kriegs (Berlin 1844). Herbst, die Schlacht bei den Arginusen (Hamburg 1855) S. 66 ff. — 25) Lys. XXV, 25 ff. — 26) zu XII, 43. — 27) zu XII, 62. — 28) zu XII, 36. — 29) XII, 12. 19. Nach geschehener Erbteilung pflegten Brüder getrennt zu wohnen (D. XLVII, 35). — 30) Dafs Lysias ebenso wie sein Vater im Peiräeus wohnte, ergiebt sich aus Plat. Phaedr. 227ᵇ vgl. mit Lys. XII, 16. Eine neuerdings von Philippi (Beiträge zu einer Geschichte des attischen Bürgerrechts S. 133) wiederholte Vermutung H. E. Meiers (de proxenia p. 21), die *ἔγκτησις* sei nicht ein Standesvorrecht der Isotelen, sondern eine dem Polem. und Lysias persönlich gewährte Vergünstigung gewesen, würde mindestens zu der Voraussetzung nötigen, dafs auch Kephalos schon im Genufs dieses Privilegiums gewesen sei. — 31) Lys. XII, 8. Diese Vereinigung der Wohn- und Fabriklokalitäten war nicht ungewöhnlich. In einem in der revue archéologique 1866 (Nr. 11) veröffent-

γεῖον). Diese Fabrik (ἐργαστήριον), in welcher 120 Sklaven arbeiteten, und der Ertrag dreier Häuser brachte den Brüdern so beträchtliche Einnahmen, dafs sie, trotz liberaler Leistung der vom Staate geforderten Leiturgieen[32]), ein beträchtliches Barvermögen zurückzulegen vermochten[33]). Doch verlor der reiche Fabrikherr sein Lieblingsstudium nicht aus den Augen. Aus dem platonischen Phädros geht hervor, dafs Lysias in dieser Zeit den Unterricht des Tisias nach seiner Neigung verwertete; epideiktische und panegyrische Reden, welche die Alten von ihm erwähnen, Deklamationen nach Art des im Phädros so herb als eine „Spielerei" (παιδιά) kritisierten λόγος ἐρωτικός[34]) und sonstige Proben schulmäfsiger Rhetorik mögen in diese Jahre fallen; auch erotische Briefe und eine Theorie der Redekunst (τέχνη) wollte man von ihm haben; ja nach einer Angabe des Cicero[35]) wäre er sogar als Lehrer der Redekunst (ob für Geld, steht dahin, ist aber wenig wahrscheinlich), freilich als nicht eben glücklicher Rival des Theodoros aus Byzanz, aufgetreten, wie denn Isäos sein Schüler gewesen sein soll. Keinesfalls aber hat er sich, so lange er in so guten Verhältnissen lebte, zum Redeschreiber (λογογράφος) hergegeben[36]). Aus dieser ersten Zeit seiner rhetorischen Thätigkeit, um deren willen ihn Platon bitter als einen Verächter der Philosophie charakterisiert, blieb dem Lysias der Beiname „der Sophist", der ihm noch in der in Demosthenes' Zeit fallenden Rede gegen Neära, dort freilich wohl mit beabsichtigter Gehässigkeit, beigelegt wird[37]).

Der Wohlstand des Brüderpaars ward durch die Ereignisse 7
des Jahres 404 mit in den allgemeinen Ruin hineingezogen. Von ihrer bewährten demokratischen Gesinnung abgesehen, war schon ihr Reichtum in einer Zeit, wo es nach Isokrates' Zeugnis[38]) gefährlicher war, reich als ein Schurke zu sein, Grund genug, ihnen die Brutalität der Machthaber auf den Hals zu ziehen. Es ward

lichten, Philol. XXVII, 378 abgedruckten Mietskontrakt wird zusammen vermietet τὸ ἐργαστήριον τὸ ἐν Πειραιεῖ καὶ ἡ οἴκησις ἡ προσοῦσα. — 32) zu XII, 20. — 33) zu XII, 11. — 34) Dessen mehrfach angefochtene Echtheit neuerlich wieder von Le Beau (Lysias' Epitaphios als echt erwiesen, Stuttgart 1863, S. 21) behauptet worden ist; auch Blass, Bereds. I, 416 ff. spricht sich für die Autorschaft des Lysias aus. Auffälligerweise hat Fr. Ad. Müller in seiner Schrift: observationes de elocutione Lysiae (Halle 1877) den Erotikos gar nicht berücksichtigt. Wenn er p. 3 als Grund dafür anführt: „quod ad oratoris Lysiae speciem adumbrandam ne minimum quidem adjuvat", so mufs ich diesem Urteile aufs entschiedenste entgegentreten. Ich habe überall, wo sich Gelegenheit dazu bot, im Kommentar sowohl wie im Anhang, auch auf diese παιδιά Bezug genommen. — 35) Brut. 12, 48 nach Aristoteles: Lysias primo profiteri solitus est artem dicendi. — 36) zu XII, 3. Anderer Ansicht sind Albrecht, de Lysiae oratione vigesima (Berlin 1878) 61 ff. und Stutzer, Hermes XIV, 565 (gegen Albrecht Röhl, Jahresber. des philol. Vereins 1879 S. 45). — 37) (D.) LIX, 21. Vgl. die Herleitung dieses Beinamens von der rhetorischen Thätigkeit Plat. Phaedr. 257[d]. — 38) Is. XXI, 12: ἐν ἐκείνῳ τῷ χρόνῳ δεινότερον ἦν πλουτεῖν ἢ ἀδικεῖν.

in der Sitzung der Dreifsig trotz des Widerspruchs des Theramenes und seiner Fraktion[39]) beschlossen, eine Anzahl Metöken[40]) unter politischen Scheingründen festzunehmen und ihrer Güter sich zu bemächtigen; unter den ausersehenen Opfern befanden sich Lysias und sein Bruder. Lysias, schon in den Händen der Tyrannen, entfloh noch im letzten Augenblicke und entkam in der Nacht nach Megara; Polemarchos dagegen ward von Eratosthenes auf der Strafse festgenommen und ohne Urteil und Recht hingerichtet; die reiche Habe der Brüder ward grofsenteils die Beute der schmutzigen Habgier der Gewalthaber (Olymp. 91, 4; Ende 404).

8 Bei der Wiederherstellung der Freiheit, zu der im Anfang des Jahres 403 der entschlossne Handstreich des Thrasybulos den Anstofs gab, beteiligte sich, wie ähnliches überhaupt von den Metöken gerühmt wird[41]), auch Lysias in opferbereiter Dankbarkeit gegen die Schutzstadt. Er sandte den Kämpfern für die Freiheit 200 Schilde, 300 auf seine Kosten geworbene Söldner und 2000 Drachmen (über 1500 Mark) bar, ein Beweis, dafs es ihm gelungen sein mochte, einige Geldmittel aus Athen zu retten, wofern er nicht etwa in Megara eine Kommandite seines Schildgeschäftes hatte. Auf seine Veranlassung kam auch sein Gastfreund Thrasydäos aus Elis den Patrioten durch einen Vorschufs von 2 Talenten (über 9000 Mark) zu Hilfe[42]). Nach der Einnahme des Peiräeus scheint er sich auch persönlich den Demokraten angeschlossen zu haben[43]), Verdienste, die in einem vermutlich nicht von Lysias selbst, sondern vom Sprecher herrührenden Passus der Rede über das Vermögen des Aristophanes[44]) ehrend anerkannt werden.

9 Gleich nach dem Siege der Patrioten und der Wiederherstellung der gesetzlichen Gerichtsformen[45]) trat Lysias, der hochgehaltenen Pietätsverpflichtung der Blutrache genügend[46]), gegen Eratosthenes, dessen Einschreiten die letzte Ursache der Hinrichtung des Polemarch gewesen war, mit einer Rede auf, welche, da Eratosthenes sich nicht ohne Grund durch die Majorität der Dreifsig zu decken suchte, notwendig sich gegen die Gesamtheit derselben kehren mufste und vor den Bürgern ein erschütterndes Bild des Blut- und Gewaltregiments der Tyrannen aufrollte. Wenn er gleich-

39) Xen. Hell. II, 3, 22. 40. Lys. XII, 25. — 40) zu XII, 7. — 41) Pseudolys. II, 66. VI, 49; vgl. zu XXXI, 29. — 42) Pseudoplut. vit. X orat. 835e. Nach einem neuerlich veröffentlichten Scholion zu Aesch. III, 195 (bei Schultz p. 348) waren es sogar 500 Schilde und die Söldner in Aegina geworben. Die Historiker berichten übrigens nichts von Soldtruppen unter den Freiheitskämpfern. — 43) Lys. XII, 53: *ἐπειδὴ εἰς τὸν Πειραιᾶ ἤλθομεν.* Befremden könnte die Art, wie er XII, 95 ff. die Partei derer *ἐκ Πειραιῶς* an die erlittenen Drangsale erinnert ohne eine Andeutung eigener Mitleidenschaft; doch stellt sich in diesem Epilog der Redner ausdrücklich über die Parteien. — 44) Lys. XIX, 19: *Λυσίας τὸ πλῆθος τὸ ὑμέτερον πλεῖστ' ἀγαθὰ πεποίηκεν, ὡς ἐγὼ ἀκήκοα τῶν ἐν Πειραιεῖ παραγενομένων.* — 45) zu XII, 81. — 46) zu XIII, 1.

wohl seinen Zweck nicht erreicht zu haben scheint, so lag der Grund dafür in der Mäfsigung und Versöhnlichkeit predigenden Zerrüttung des Staates (vgl. die Einleitung zur Rede gegen Eratosthenes). Dies Auftreten vor Gericht ward bestimmend für Lysias' weitere Laufbahn. Sein Wohlstand war zerstört, eine Wiedererrichtung seines gewerblichen Etablissements unmöglich; so war er genötigt[47]), die Ergebnisse seiner früheren rhetorischen Studien jetzt für seinen Lebensunterhalt auszubeuten. In der lohnenden, aber wenig geachteten[48]) Stellung eines **Redeschreibers** (λογογράφος) verfafste er nach dem Zeugnisse des Dionysios von Halikarnass nicht weniger als 233 Prozefsreden für solche, die bei mangelnder Befähigung der vom attischen Gerichtsgebrauch geforderten persönlichen Vertretung ihrer Sache vor den Geschworenen nicht ohne fremde Hilfe genügen konnten, und nur zweimal sollen seine Reden nicht den gewünschten Erfolg gehabt haben[49]). Fast ebenso grofs war die Zahl der Reden, welche dem Namen des in hohem Rufe stehenden Redeschreibers untergeschoben wurden. Erhalten sind unter seinem Namen 31 ganz oder annähernd vollständig, worunter freilich sechs vielseitig[50]), noch weit mehr von der holländischen Kritik der letzten Decennien angefochten worden sind, und gröfsere Bruchstücke von drei anderen.

Ueber sein Privatleben ist in der pseudodemosthenischen Rede 10
gegen Neära nicht viel Erbauliches zu lesen; weder die Ehe mit seiner Schwestertochter noch die Ehrfurcht vor seiner greisen Mutter vermochte ihn von den Modelastern seiner Zeit abzuhalten[51]).

47) Dasselbe bezeugt von sich Isokrates XV, 161. — 48) Der Makel des Banausischen haftete an dieser wie an jeder anderen Profession. Schol. zu Aesch. I, 94: *οὐκ ἦν ἀστεῖον οὐδ' ἐπαινετὸν τὸ λογογραφεῖν οὐδὲ τὸ συνηγορεῖν μισθοῦ.* Plat. Phaedr. 257c. Plat. Com. bei Pseudoplut. vit. X orat. 833c. Alexis bei Athen. IX, 383. D. XIX, 246. Auch im Euthydemos (305c) spricht Platon von den *ποιηταὶ τῶν λόγων* mit schlecht verhehlter Verachtung. Der Stand war zahlreich (Is. XV, 41), brachte sich aber freilich selbst in schlechten Kredit (ebenda §§ 2. 31. 35). Vgl. Drumann, die Arbeiter und Kommunisten in Griechenland und Rom S. 94 ff. — 49) Die rednerische Fruchtbarkeit des Lysias bestätigt Cicero de orat. II, 22, 93. — 50) II. (an deren Echtheit Frohberger mit Unrecht festhält). VI. VIII. (vgl. Blass 657 ff. Gleiniger, Hermes IX, 150 ff. Buermann, Hermes X, 347 ff. Fritzsche, de Pseudolysiae or. VIII, Rostock 1877. Stutzer, Hermes XIV, 529 ff. — nach Dobree, Gleiniger und Stutzer Auszug aus einer lysianischen Rede). IX. (vgl. Blass 609 ff., Stutzer a. a. O. 500 ff. — nach Stutzer gleichfalls epitome einer von Lysias verfafsten Rede). XI. (Excerpt aus der X. Rede; vgl. Herrmann, zur Echtheitsfrage von Lysias' X. Rede und über das Verhältnis zwischen Rede X und XI. Hannover 1878. — Gegen die Annahme Herrmanns, dass die X. Rede eine nachdemosthenische Rhetorenübung sei, erklärt sich mit Recht Röhl, Jahresber. des phil. Vereins 1879, 42 ff.). XX. (vgl. Thalheim, des Lysias Rede für Polystratos, Breslau 1876 und die daselbst S. 1 angeführten älteren Schriften, desgl. Albrecht, de Lysiae oratione vigesima, Berlin 1878 und Stutzer a. a. O. 545 ff. — nach Albrecht und Stutzer wiederum eine epitomierte Rede des Lysias). — 51) (D.) LIX, 21 f.; vgl. Athen.

Im öffentlichen Leben wird sein Name noch zuweilen genannt. Bald nach der Wiederherstellung der Demokratie soll Thrasybulos von Steiria in der Volksversammlung den Antrag gestellt haben, in Erwägung der grofsen Verdienste, die sich Lysias während des Befreiungskampfes um die demokratische Sache erworben, ihm das Bürgerrecht zu verleihen; er habe aber versäumt, zuvor das gesetzlich erforderliche Gutachten des Rates (*προβούλευμα*) einzuholen und so sei durch eine von Archinos aus dem Demos Koile angestellte Klage wegen Gesetzesverletzung (*γραφὴ παρανόμων*) dem Lysias die vom Volke ihm schon zuerkannte Auszeichnung verloren gegangen. So die Erzählung in den Biographieen der zehn Redner und nach diesen Quellen auch bei anderen. Dafs die Anekdote blos die willkürlich auf Lysias bezogene Ausschmückung eines von Aeschines[52]) ohne Nennung des entscheidenden Namens erzählten Vorganges sei, ist neuerdings ebenso oft behauptet wie bestritten worden[53]); unwahrscheinlich ist die Sache an sich nicht und scheint durch eine Anspielung im platonischen Phädros[54]) ihre Bestätigung zu erhalten. Jedenfalls blieb aber Lysias Isotele, und Cicero irrt, wenn er ihm die Ausübung aller bürgerlichen Rechte und Pflichten zuschreibt[55]).

11 Die echt demokratische Gesinnung des Redners bekundete sich kurz nach der Wiederherstellung der Verfassung durch die Rede[56]), die er im Auftrage eines uns nicht näher bekannten angesehenen Parteigenossen gleich nach der Rückkehr der Patrioten (September 403) gegen den Antrag des Phormisios verfafste, welcher ein Kompromifs zwischen Demokratie und Aristokratie herbeiführen und die politischen Rechte an den Grundbesitz knüpfen sollte. Problematisch bleibt die Verteidigungsrede, die er dem Sokrates

XIII, 592c. — 52) Aesch. III, 195: *Ἀρχῖνος ὁ ἐκ Κοίλης ἐγράψατο παρανόμων Θρασύβουλον τὸν Στειριᾶ, ἕνα τῶν συγκατελθόντων αὐτῷ ἀπὸ Φυλῆς, καὶ εἷλε νεωστὶ γεγενημένων αὐτῷ τῶν εὐεργεσιῶν, ἃς οὐχ ὑπελογίσανθ' οἱ δικασταί.* In den Scholien wird der Inhalt des Antrages des Thrasybul näher bezeichnet und auf die dem Lysias zuzuerkennende Bürgerrechtserteilung bezogen. — 53) Für die Authentie der Überlieferung namentlich Blass S. 340 f. und Grofser, die Amnestie des Jahres 403 v. Chr. (Minden 1868) S. 15 ff. — 54) Phaedr. 257c: *καὶ γάρ τις αὐτὸν (τὸν Λυσίαν) ἔναγχος τῶν πολιτικῶν τοῦτ' αὐτὸ λοιδορῶν ὠνείδιζε, καὶ διὰ πάσης τῆς λοιδορίας ἐκάλει λογογράφον* (Sauppe, or. Attici II, 166 und ep. crit. ad G. Hermannum 129). Nach Blass' Vermutung hat in dieser Sache Lysias die von Harpokration mehrfach citierte Rede *περὶ τῶν ἰδίων εὐεργεσιῶν* und eine zweite *ὑπὲρ τοῦ ψηφίσματος* (des Thrasybulos) gehalten. Da den Metöken schon während der Vorgänge im Peiräeus als Lohn für die Beteiligung am Kampfe die Isotelie zugesagt worden war (Xen. Hell. II, 4, 25), ist es nicht unwahrscheinlich, dafs für Lysias, der schon von seinem Vater her dieses Vorzugsrecht genofs, das Vollbürgerrecht in Anspruch genommen ward. — 55) Brut. 16, 63: functus est omni civium munere. — 56) Den berichtigten Text dieser Rede nebst sachlichem Kommentar hat neuerdings H. Usener veröffentlicht Jahrb. f. Philol. 1873, 155 ff.

angeboten, aber unter Lobsprüchen zurückerhalten haben soll[57]); mit gröſserer Wahrscheinlichkeit hat man[58]) diese Rede für eine rhetorische Abfertigung der vom Rhetor Polykrates[59]) veröffentlichten Anklageschrift gegen Sokrates gehalten. Privatinteressen, die Rücksicht auf des Lysias väterliche Beziehungen in Syrakus mögen der Grund gewesen sein, daſs man ihn zu der Gesandtschaft zuzog, die Olymp. 96, 4 (Ende 393 oder Anfang 392) auf Veranlassung des Konon nach Syrakus ging, um den Tyrannen Dionysios I von dem guten Einvernehmen mit Sparta abwendig zu machen; jedenfalls war Lysias als Nichtbürger der Gesandtschaft nur attachiert, was um so weniger befremden kann, da nach dem Wortlaut der von der Sache berichtenden Stelle in der Rede über des Aristophanes Vermögen[60]) die Gesandtschaft nicht einen offiziellen Charakter auf Grund eines Volksbeschlusses trug, sondern ein Unternehmen des Konon im öffentlichen Interesse war[61]). Seine Vaterstadt sah Lysias unter dem harten Joche des Tyrannen, was ihn in der Erinnerung an eigene frühere Leiden doppelt tief erregen muſste; so nahm er von dort einen bitteren Haſs gegen den Despoten mit sich, der seinen Ausdruck fand, als Olymp. 98, 1. 388/7 Dionysios sich unterstand, trotz seines Einverständnisses mit dem Perserkönige die Nationalfeier zu Olympia durch eine pomphafte von seinem Bruder Thearidas geführte Festgesandtschaft zu beschicken[62]). Nach dem Zeugnisse der Alten trat Lysias selbst (nach einer neueren Vermutung[63]) mit einer lysianischen Arbeit der syrakusanische Exulant Themistogenes) vor den versammelten Hellenen mit einer Rede auf, welche schleunige Beilegung der inneren Zwistigkeiten, einmütige Haltung gegen die Tyrannen im Osten wie im Westen und Befreiung Siciliens von der Herrschaft des Dionysios anempfahl und zur Zerstörung der mit auffallendem Prunke errichteten Zelte der syrakusanischen Festgesandten (*θεωροί*) und zu

57) Cic. de orat. I, 54, 231. Diog. Laert. II, 40. — 58) Cobet, novae lectiones 667 ff. Blass 341 f. — 59) Is. XI, 4: *αἰσθόμενος οὐχ ἥκιστά σε (Πολυκράτην) μεγαλαυχούμενον ἐπὶ — τῇ Σωκράτους κατηγορίᾳ.* — 60) Lys. XIX, 19: *Κόνωνος βουλομένου πέμπειν τινὰ εἰς Σικελίαν κτλ.* — 61) Gleichwohl ist diese Gesandtschaftsreise gegenüber den Ausführungen Westermanns (commentat. in scriptores Graecos V, 5 ff.) und Schäfers (Philol. XVIII, 189) vielfach bestritten und die zu Grunde liegende Stelle in einer Weise abgeändert worden, die den Namen des Lysias beseitigt, so namentlich von Francken (comment. Lys. 140), Sauppe, Rauchenstein (vgl. Rauchenstein zur Stelle und Einl. S. 11, Anm.) und Blass (S. 342). — 62) Zuwider der Angabe Diodors (XIV, 109) hat Grote (griech. Geschichte V, 368 der deutschen Übersetzung) und nach ihm G. Perrot den *λόγος Ὀλυμπιακός* sehr gegen die Wahrscheinlichkeit nach Olymp. 99, 1. 384/3 verlegt. — 63) Schäfer a. a. O. S. 190. — Blass 424 zweifelt nicht an dem persönlichen Auftreten des Lysias; aber paſst auf diesen das von dem Sprecher § 3 sich selbst erteilte Prädikat *πολίτης πολλοῦ ἄξιος*? Daſs er sich damit, mehr als zwei Decennien nach seiner Vertreibung, als „Bürger von Thurioi" bezeichnen wollte, ist doch nicht glaublich.

deren Ausschliefsung von der Festfeier antrieb, eine Aufforderung, die von der aufgebrachten Menge auch wirklich befolgt ward, ohne dafs jedoch der Vorgang weitere politische Folgen hatte. Dies ist das letzte bedeutendere Ereignis, das aus Lysias' Leben berichtet wird. Ueber sein Todesjahr schwanken die Annahmen nach dem Verhältnis der Verschiedenheit des überlieferten und des neuerdings vermutungsweise berechneten Geburtsjahres zwischen etwa 380 und 350 v. Chr.; gewifs ist, dafs er das hohe Alter von ungefähr 80 Jahren erreichte, bis in seine letzten Jahre als Logograph thätig, wie er denn noch am Ende seines Lebens dem durch Intriguen und gehässige Verdächtigungen wiederholt angefochtenen Iphikrates beigestanden haben soll; die Echtheit der für denselben verfafsten Reden ward allerdings schon von Dionysios von Halikarnassos bestritten[64]).

12 Des **Redners** Lysias wird von den Alten (abgesehen von der moralischen Würdigung seiner Schulrhetorik im platonischen Phädros) einstimmig mit hohem Lobe gedacht. Die alexandrinischen Gelehrten nahmen ihn in die Sammlung mustergiltiger Redner (*κανών*) auf; Dionysios von Halikarnassos verfafste eine sehr günstige Kritik seiner rednerischen Vorzüge, Cicero[65]), Quintilian und andere kompetente Beurteiler erwähnen seiner durchaus anerkennend; ja ein besonders enthusiastischer Bewunderer, der Rhetor Cäcilius aus Kale Akte in Sicilien, ging so weit, ihn über Platon zu stellen[66]). Auch die Kritiker der Neuzeit, die deutschen[67]) wie die holländischen[68]) und französischen[69]), weisen ihm einen bevorzugten Platz in der attischen Dekas zu. In seinen gerichtlichen Reden tritt der Grundzug der sicilischen Rhetorik, den Stoff der Form dienstbar zu machen, nicht mehr hervor. Vielmehr betrachtete man die lysianische Ausdrucksweise als das Muster des schlichten Stiles (*ἰσχνότης*, *tenuitas*, *subtilitas*)[70]) und der einfachen Natürlichkeit (*ἀφέλεια*, *simplicitas*) der Rede; fern von allem poetischen Zierat[71]), von geschraubten oder zu der Be-

64) Blass 335 f. — 65) Brut. 9, 35: tum fuit Lysias — quem iam prope audeas oratorem perfectum dicere. — 66) Longinus de sublim. (Spengel, rhet. Graeci I, p. 282). — 67) So vor allen Blass in dem wiederholt genannten Werke S. 372 ff. Eng an diesen lehnt sich Carel an in der Schrift: De Lysiae judiciali sermone sententiae veterum (Halle 1874). — 68) Namentlich C. M. Francken, commentationes Lysiacae (Utrecht 1865). Seine Beurteilung des Lysias ist besprochen von C. L. Kayser Philol. XXV, 321 ff. — 69) Girard, des caractères de l'atticisme dans l'éloquence de Lysias (Paris 1854), an den im wesentlichen sich anschliefst George Perrot in dem oben Anm. 10 genannten Aufsatze. — 70) Fr. Berbig, über das genus dicendi tenue des Redners Lysias (Küstrin 1871). Vgl. Plutarch de auditione c. 6: *ὥσπερ ἐν τρίβωνι Λυσιακοῦ λόγου λεπτῷ καὶ ψιλῷ καθήμενος*. Isokrates freilich (XII, 1) will nichts wissen von den *λόγοι ἁπλῶς εἰρῆσθαι δοκοῦντες καὶ μηδεμιᾶς κομψότητος μετέχοντες*. — 71) Dionysios: ποιητικῆς οὐχ ἁπτόμενος κατασκευῆς.

schaffenheit des Stoffes nicht passenden[72]) Metaphern, Gleichnissen und Bildern[73]), vorsichtig in der Anwendung der Personifikation[74]) und dem prägnanten Gebrauch der Worte bezeichnet Lysias die Dinge mit den rechten, gemeinverständlichen Namen, ohne durch allzukünstliche Mittel den Affekt der Hörer zu erhitzen; gerade in der ungeschminkten, scheinbar objektiven Darstellung erschütternder Ereignisse, wie in der Rede gegen Eratosthenes, sucht er die Wirksamkeit seiner Rhetorik. Auf dieser Schlichtheit beruht die von Dionysios belobte Deutlichkeit (*σαφήνεια*, *perspicuitas*) und Plastik (*ἐνάργεια*)[75]) der Darstellung, welche nicht, wie die des Demosthenes und Thukydides, eines Interpreten bedürfe, gepaart mit einer gedrängten, energischen Kürze, die nach einem alten Urteile ohne Störung des Sinnes kein Wort missen lasse[76]). Am vorteilhaftesten treten diese Vorzüge der lysianischen elocutio in seiner narratio (*διήγησις*) hervor, ein Teil der Rede, worin Lysias von keinem anderen Redner seines Volkes übertroffen worden ist. Auf die Reinheit der attischen Diktion[77]) gründet sich das von Quintilian und Cicero dem Redner wiederholt erteilte Lob der Gewähltheit (*elegantia*) des Ausdrucks, wie denn auch die Anmut (*χάρις*, *venustas*) der Rede ihm das Lob eines venustissimus scriptor ac politissimus[78]) verschafft hat. Anläufe zum pathetischen Ausdruck sind selten und am wenigsten gelungen.

Hatte sich hierin Lysias von dem Schwulste und der Ge- 13
schraubtheit, die man an der sicilischen Rhetorik tadelte, losge-

72) Aristot. Rhet. III, 12 a. A.: *δεῖ δὲ μὴ λεληθέναι ὅτι ἄλλη ἑκάστῳ γένει ἁρμόττει λέξις.* — 73) Das Bild von der *θυγάτηρ ἐπίκληρος* XXIV, 14 wird durch den Witz entschuldigt; dazu noch das Bild von der Rennbahn I, 47. XXXI, 32. Eine volkstümliche Metapher ist *σιδηροῦς* = bretsdumm X, 20 (Blass 401 f.), ähnlicher Art auch *σκαιός* ebenda § 15 (vgl. die im Anh. angeführten Beispiele aus Aristophanes). Das in der Prosa seltenere *ἀνιαρός* (bei Lysias noch im Erotikos Plat. Phaedr. 233^{b}) ist ganz passend gebraucht ebenda § 28 (in derselben Wendung [Lys.] II, 73; vgl. auch [D.] XL, 1 und D. XVIII, 291); über die Bedeutung Schmidt, Synonym. II, 587 (*ἀνιῶμαι* im Gegensatz zu *ἥδομαι* XII, 33; in der Prodiorthosis XIII, 43 wie [D.] XLVIII, 52). Herrmann (a. a. O. S. 8) rechnet diese drei Ausdrücke ebenso wie die § 9 vorkommende (den Rednern ganz geläufige) Formel *ἡδέως δ' ἂν σου πυθοίμην* zu den sprachlichen Wunderlichkeiten, wegen deren man die Rede für unecht erklären müsse; ähnlich schon Buermann Hermes X, 369 f. — 74) Personifikation des *νόμος* I, 26. 48, der *τριήρης* XXI, 8, der *πονηρία* XXXII, 23; herkömmlich die des *σῖτος* XXXII, 15. Gewagter, bei Thukydides eher als bei Lysias zu erwarten, ist XXIX, 6: *τὴν ὑμετέραν ὀργὴν τιμωρεῖσθαι βουλομένην*, wo doch wohl *βουλομένων* zu lesen ist. Vgl. noch zu XII, 14. XIV, 18 und über stilistische Konsequenzen der *ἰσχνότης* zu XIII, 20. 95. — 75) Dionysios: *ἐνάργειά ἐστι δύναμίς τις ὑπὸ τὰς αἰσθήσεις ἄγουσα τὰ λεγόμενα.* — 76) Favorinus bei Gellius, noct. Att. II, 5. — 77) Dionysios: *καθαρός ἐστι τὴν ἑρμηνείαν πάνυ καὶ τῆς Ἀττικῆς γλώττης ἄριστος κανών, οὐ τῆς ἀρχαίας, ᾗ κέχρηται Πλάτων καὶ Θουκυδίδης, ἀλλὰ τῆς κατ' ἐκεῖνον τὸν χρόνον ἐπιχωριαζούσης.* — 78) Cic. orat. 9, 29.

macht, so nahm er dafür aus der schulmäfsigen in die praktische Beredsamkeit die Vorliebe derselben für den Parallelismus der Satzglieder mit hinüber, welche schon Theophrast am Lysias feststellte. Dieser vielleicht nur von Isokrates[79]) noch überbotene Parallelismus findet seinen Ausdruck vornehmlich in den Antithesen[80]), in denen nach Aristoteles' Urteil[81]) der Vorzug der Deutlichkeit ruht; ihr rhetorischer Effekt wird von Lysias nicht selten noch durch den reimartigen Gleichklang am Ende der antithetischen Satzglieder (ὁμοιοτέλευτον)[82]), die quantitative Gleichmäfsigkeit der letzteren (*ἰσόκωλον*, *παρίσωσις*, *πάρισον*, *compar*)[83]) und verwandte Figuren der Elokution verstärkt[84]).

14 In der Behandlung des Stoffs pries man vor allem des Lysias Meisterschaft in der Charakterdarstellung (ἠθοποιία), welche sich in der Geschicklichkeit ausspricht, sich so in die Persönlichkeiten seiner Klienten hinein zu versetzen, dafs er ihnen nur das für

79) Blass, att. Bereds. II, 160 ff. Die ἀντίθετα, πάρισα und ὁμοιόπτωτα des Isokrates verspottet Plutarch de gloria Atheniensium c. 8. Über den Unterschied des ἰσόκωλον und πάρισον vgl. Martianus Capella 40 (Halm, rhet. Lat. min. p. 480): ἰσόκωλον, aequatum membris, quod fit non pugnantibus inter se verbis, sed paribus *exaequatis*, ut si dicas: *classem speciosissimam et robustissimam instruxit*, *exercitum pulcherrimum et fortissimum legit*, *sociorum maximam et fidelissimam manum comparavit.* πάρισον, *prope* aequatum; haec figura differt a superiore, quod ibi omnium membrorum verba *paria* sunt numero, hic uno vel altero addito in quovis loco cetera excurrunt. Volkmann, Rhetor. 409 ff. — 80) Photios: ἰδίωμα Λυσίου καὶ τὸ τὰς ἀντιθέσεις προάγειν. — 81) Aristot. Rhetor. III, 9 (I, 137 Spengel): τἀναντία γνωριμώτατα καὶ παράλληλα μᾶλλον γνώριμα. — 82) z. B. XII, 7. 78. XXX, 21. 31. — 83) XII, 4. 57. 92. 93. XIV, 35. XXIV, 18. XXX, 16. XXXI, 2. Zu erwähnen ist hier noch, dafs Lysias gleich anderen Schriftstellern dem Parallelismus zu Liebe sich öfters ungewöhnliche Ausdrücke und Konstruktionen gestattet. Vgl. VII, 26. XII, 7. — XII, 80. XXVII, 11. XXXI, 11. — VII, 33. XIII, 89. — XIII, 14. — XIII, 20. Durch die Koncinnität läfst sich wohl auch XXX, 32 das handschriftliche δεῖσθαι ὡς χρή rechtfertigen (prägnante Wendungen ähnlicher Art sind παραινεῖν ὡς χρή Thuk. IV, 27, 4, π. ὡς δεῖ [D.] XIII, 1, συμβουλεύειν ὡς χρή Is. VI, 11, προτρέπειν ὡς χρή Xen. Kyr. III, 3, 51, παρακελεύεσθαι ὅτι Thuk. VI, 68, 3. Xen. Hell. I, 1, 14 und ὡς Thuk. IV, 25, 9; vgl. de arg. ex contr. 146 f.). Ein Anakoluthon, das gleichfalls aus dem Streben nach Isokolie zu erklären ist, finden wir im Erotikos Plat. Phaedr. 233^{b}: τοιαῦτα γὰρ ὁ ἔρως ἐπιδείκνυται. δυστυχοῦντας μὲν ἃ μὴ λύπην τοῖς ἄλλοις παρέχει ἀνιαρὰ ποιεῖ νομίζειν· εὐτυχοῦντας δὲ καὶ τὰ μὴ ἡδονῆς ἄξια παρ' ἐκείνων ἐπαίνου ἀναγκάζει τυγχάνειν; vgl Stallbaum z. St. und Rost 137, 5^{b}. So weit aber ging Lysias nicht, dafs er wie Platon Menex. 236^{e} und Pseudoisokrates I, 44. 52 um des Parallelismus willen selbst unattische Formen gebraucht hätte. — 84) Hierher gehört die bei Lysias sehr häufige durch μέν — δέ vermittelte Form der Anaphora; vgl. Förtsch, comm. crit. de locis quibusdam Lysiae et Demosth. 19. Blass I, 406. Berbig 16. „Isokrates hat diese einigermafsen alltägliche Ausdrucksform, wohl gerade um dieses ihres Charakters willen, mit Ausnahme geläufiger Formen wie πολλὰ μέν — πολλὰ δέ, τότε μέν — τότε δέ, fast konsequent verschmäht (Blass II, 165).

ihre Lebenslage, ihren Bildungsstand, ihre Charaktereigentümlichkeit (ἦθος) und die augenblickliche Situation Passende (τὸ πρέπον) in den Mund legt. So hat er es erreicht, daſs wir in den Sprechern der von ihm verfaſsten Reden nicht den juristisch-rhetorisch gebildeten Fachmann, sondern die eigentliche Persönlichkeit derselben erkennen, der Lysias mit feinster psychologischer Berechnung nur den sprachlichen Ausdruck in der für jede Individualität passenden Form geliehen hat. Der in seinen heiligsten Rechten verletzte Ehemann, der um seines täglichen Almosens willen angefochtene Krüppel, der wohlhäbige zu seinem Erstaunen einer Impietät verdächtigte Landmann, der in seiner militärischen Stellung gekränkte gerade und ehrliche, allem stutzerhaften Wesen abholde Reiter, der nur auf praktische Interessen bedachte Feind der Getreidespekulanten sind Gestalten, die sich in plastischer Anschaulichkeit aus den für sie verfaſsten Reden abheben. Der Schmerz um den verlorenen Schwager und das Rachegefühl gegen dessen Mörder, die Indignation wegen der verleumderischen Anschuldigung des Vatermords, der Unwille gegen den feigen Wüstling Alkibiades, den gewissenlosen Gesetzesrevisor Nikomachos, den seines Ehrenamtes unwürdigen Buleuten Philon sind so verschiedene Farben, daſs man die Hand bewundern muſs, die sie alle mit gleicher Kunst aufzutragen verstand. Mit besonderer Vorliebe stellt der Redner seine Klienten als einfache, in der Gerichtspraxis unerfahrene Leute hin, womit dann natürlich die Form des Ausdrucks harmonieren muſste. So wird man das Urteil des Rhetors Hermogenes[85]) unterschreiben, daſs in allen Reden des Lysias die rednerische Gewandtheit (δεινότης), so sehr sie wirklich vorhanden sei, sich doch versteckt halte.

Aus dem Gesagten ergiebt sich, daſs die lysianischen Reden, abgesehen von ihrer Bedeutung für die Geschichte der gleichzeitigen Ereignisse des politischen Lebens, eine reiche Fundgrube sind für die Darstellung attischen Privatlebens. Eine Reihe frisch aus der Wirklichkeit gegriffener kleiner Genrebilder lassen sich ihnen entnehmen, die in ihrer treuen Wiedergabe sozialer Verhältnisse Athens für uns von unschätzbarem Werte sind und der kulturhistorischen Schilderung manchen erwünschten Beitrag geliefert haben.

Daſs dabei Lysias sich davon nicht frei hielt, im Interesse seiner Person oder seiner Klienten dem Rechte zu nahe zu treten, die Wahrheit der Thatsachen durch parteiisch gefärbte Darstellung zu verfälschen[86]), daſs er sophistische Argumentationen, zugespitzte Dilemmata, Maskierungen des Rechtspunktes hinter einer Blende

85) περὶ ἰδεῶν II, bei Spengel, rhet. Graeci II, 394. — 86) Dionysios: τοσαύτην ἔχει πειθὼ καὶ ἀφροδίτην τὰ λεγόμενα καὶ οὕτω λανθάνει τοὺς ἀκούοντας εἴτ' ἀληθῆ ὄντα εἴτε πεπλασμένα κτλ. und anderswo: τὸ ἀπατῆσαι καὶ κλέψαι τὰ πράγματα τῆς Λυσίου λέξεως ἴδιον.

von Erörterungen, die zuwider den Grundsätzen rednerischer Moral[87]) nicht das Recht klarstellen, sondern den Affekt erregen, nicht vermied[88]), das soll nicht geleugnet werden. Aber Lysias ist hierin ein Kind seiner Zeit gewesen, und wenn man bedenkt, wie wenig das positive Recht in den attischen Gerichtshöfen galt[89]), wie sehr bei der Fällung der richterlichen Sentenzen Mitleid und Misgunst, Nachsicht und augenblickliche Gereiztheit, Erbarmen und Zorn von Einfluſs waren[90]), wird man das Urteil über diesen Zug der lysianischen Rhetorik nach Billigkeit fällen.

87) Aristot. Rhetor. I, 1 (Spengel, rhet. Graeci I, 4): *οὐ δεῖ τὸν δικαστὴν διαστρέφειν εἰς ὀργὴν προάγοντας ἢ φθόνον ἢ ἔλεον.* Dagegen eifert auch Platon Gesetze XI, 938[a]; aber die Redner verhehlen gar nicht, daſs sie auf Erregung von Zorn und Mitleid ausgehen, und Cicero de orat. II, 42, 178 läſst den Antonius es geradezu als Zielpunkt rhetorischer Kunst aussprechen, die Hörer dahin zu bringen, daſs sie mehr „impetu quodam animi et perturbatione" als „judicio aut consilio" bestimmt werden. — 88) Am schärfsten, teilweise sogar mit übertrieben herber Beurteilung, hat dem Lysias Sophismen und parteiische Zustutzung der Geschichte nachgewiesen Francken, comment. Lysiacae 11 ff. Vgl. zu **XII, 57.** XIII, 73. XIV, 30. 38. — 89) Sokrates bei Platon Phaedr. 272[d]: *παντάπασιν οὐδὲν ἀληθείας μετέχειν δεῖ δικαίων ἢ ἀγαθῶν περὶ πραγμάτων τὸν μέλλοντα ἱκανῶς ῥητορικὸν ἔσεσθαι· τὸ παράπαν γὰρ οὐδὲν ἐν τοῖς δικαστηρίοις ἀληθείας μέλει οὐδενί, ἀλλὰ τοῦ πιθανοῦ.* — 90) Plutarch praec. pol. p. 799 Xylander: *ὁ Ἀθηναίων δῆμος εὐκίνητός ἐστι πρὸς ὀργήν, εὐμετάθετος πρὸς ἔλεον, μᾶλλον ὀξέως ὑπονοεῖν ἢ διδάσκεσθαι καθ᾽ ἡσυχίαν βουλόμενος.* Oft genug wird bestätigt, wie wenig die Bearbeitung der Geschworenen durch unlautere rednerische Mittel ihren Zweck verfehlte (Xen. Mem. IV, 8, 5: *οἱ Ἀθήνησι δικασταὶ πολλοὺς μὲν ἤδη μηδὲν ἀδικοῦντας λόγῳ παραχθέντες ἀπέκτειναν, πολλοὺς δὲ ἀδικοῦντας ἀπέλυσαν.* Ebenda 4, 4. Apol. Socr. 4. D. **XIX,** 228. Ant. **V,** 69. Dein. I, 55. Is. XVIII, 10). Vgl. auch die Einleitung zu Rede XIV, **§ 8.** Volkmann, Rhetor. 221 ff.

Die Rede gegen Eratosthenes (XII).

Einleitung.

Die Rede gegen Eratosthenes ist die erste, welche Lysias zum 1
Vortrag im Gerichtshof verfafst, und zugleich die einzige, welche er persönlich daselbst gesprochen hat. Der Vorgang, auf dem die Anklage beruht, ist aus § 7 der Prolegomena ersichtlich: Lysias klagt gegen Eratosthenes als denjenigen von den Dreifsig, der den Polemarchos verhaftet hatte und so der mittelbare Urheber seines Todes geworden war. Die Klage lautete auf Mord (*φόνος*). Denn das attische Recht dehnte den Begriff des *φόνος* sehr weit aus. Nicht blos vorsätzlicher Mord (*φόνος ἑκούσιος* oder *ἐκ προνοίας*)[1]) sondern auch Totschlag, Tötung durch Fahrlässigkeit und überhaupt jede unvorsätzliche Tötung (*φόνος ἀκούσιος*)[2]), ja selbst die intellektuelle Urheberschaft (*βούλευσις*), sofern sie zu einem vollendeten Mord führte und nicht Intention blieb, fiel unter den einen Begriff *φόνος*; das Gesetz kannte wohl einen für die Bestrafung mafsgebenden Unterschied zwischen vorsätzlichem und unvorsätzlichem *φόνος*, machte aber in der Beurteilung und Bestrafung keinen Unterschied zwischen dem *αὐτόχειρ* (*αὐθέντης*) und *βουλεύσας*, die beide gleichmäfsig als *ἀποκτείναντες* galten[3]). So erschien auch Eratosthenes durch seine Beteiligung an dem betreffenden Beschlufs der Dreifsig und die von ihm vollzogene Verhaftung des Polemarchos als *βουλεύσας* und somit als *ἀποκτείνας*[4]).

1) Vgl. Ant. I, 5. Dein. I, 6. Arist. Polit. V, 16, S. 176 Bekker: *φονικοῦ δικαστηρίου εἴδη περί τε τῶν ἐκ προνοίας καὶ περὶ τῶν ἀκουσίων.* — 2) Ausgenommen war nur die unvorsätzliche Tötung bei den Kampfspielen und der etwaige Miserfolg ärztlicher Behandlung. Ant. IV, γ, 5. Philem. bei Stob. Flor. 102, 6: *μόνῳ δ' ἰατρῷ τοῦτο καὶ συνηγόρῳ ἔξεστιν, ἀποκτείνειν μέν, ἀποθνήσκειν δὲ μή.* Becker, Charikles III, 48 f. 2. Aufl. — 3) And. I, 94: *οὗτος ὁ νόμος ὡς καλῶς ἔχων καὶ νῦν ἔστι, τὸν βουλεύσαντα ἐν τῷ αὐτῷ ἐνέχεσθαι καὶ τὸν τῇ χειρὶ ἐργασάμενον.* Ant. IV, β, 5. V, 92. Lys. III, 42. Auch Platon Gesetze IX, 872[a] will zwischen dem *αὐτόχειρ* und dem *βουλήσει τε καὶ ἐπιβουλεύσει ἀποκτείνας* in Bezug auf Schuld und Strafe keinen grofsen Unterschied gemacht wissen. Ja Leodamas bei Arist. Rhet. I, 7 (S. 28 Spengel) sagt sogar: *τὸν βουλεύσαντα τοῦ πράξαντος μᾶλλον ἀδικεῖν· οὐ γὰρ ἂν πραχθῆναι μὴ βουλευσαμένου.* — 4) §§ 24. 26. 34.

2 Eratosthenes' Name wird zuerst zur Zeit der Vierhundert genannt. Die Oligarchen hatten ihre Sendlinge ausgeschickt, um in den athenischen Bürgerheeren an der kleinasiatischen Küste zu wühlen. Eine solche Mission hatte auch Eratosthenes mit seinem Gesinnungsgenossen Iatrokles und anderen übernommen; als Trierarch bei der Flottenstation im Hellespont suchte er dort die Bürger für den in Athen im Werke begriffenen oligarchischen Staatsstreich zu bearbeiten; doch die Sache misglückte hier ebenso wie die oligarchischen Intriguen im Hauptheere auf Samos, da der der Demokratie eifrig ergebene Strateg Strombichides[5]) diesen Umtrieben energisch entgegentrat[6]). Eratosthenes entwich nach Athen. In die Regierung der Vierhundert aber ist er, wie sich aus dem Schweigen des Lysias wohl mit Bestimmtheit entnehmen lässt, nicht eingetreten, geschweige denn, dass er, wie man irrig angenommen hat, unter ihren Häuptern gewesen wäre[7]). Auch aus den folgenden Jahren weiss Lysias vom Eratosthenes etwas Nachteiliges nicht zu berichten; durch das Ansehen des in der Volksgunst durch seine Konspiration gegen die eigenen Gesinnungsgenossen gestiegenen Theramenes[8]) gedeckt, wird er nach dem Sturze der Vierhundert in Athen geblieben sein.

3 Nach der Katastrophe von Aegospotamoi (Ol. 93, 4. Spätsommer 405) erhoben die Oligarchen, deren Hetärieen ihre geheime Thätigkeit nie eingestellt hatten, von neuem ihr Haupt. Nachdem durch die Blokade Athens von der Land- und Seeseite durch Agis und Lysandros der Hunger in der schrecklichsten Gestalt über die Bürgerschaft hereingebrochen war, vereinigten sich die über die Wahl der Mittel zur Erreichung ihres Zweckes sehr auseinandergehenden Hetärieen zur Einsetzung eines geheimen Centralausschusses von fünf Mitgliedern[9]), denen man den lakonisierenden Namen „Ephoren" gab. Diese Ephoren sollten die gemeinsamen Interessen der Verschworenen in die Hand nehmen[10]), die Hetärieen durch Zuführung neuer Mitglieder verstärken und auf den Demos teils durch Überredung in von ihnen veranstalteten Versammlungen, teils durch drohende militärische Maſsnahmen mit Hilfe der zu den Oligarchen haltenden Ritter einwirken, vorläufig ohne in ihrer Eigenschaft als Mitglieder eines förmlich konstituierten Wohlfahrtsausschusses hervorzutreten. In diesem Komité war die Hetärie des Theramenes durch Eratosthenes vertreten, der extremen Partei

5) Lys. XIII, 13. XXX, 14. — 6) Grote, griech. Geschichte IV, 381 (der deutschen Übersetzung von Meiſsner). — 7) Vgl. Frohberger, Jahrb. für Philol. 82, 9, 411. — 8) XII, 67 — 9) Über den faktiösen Charakter dieses Ausschusses und die Zeit seiner Einsetzung vgl. Frohberger, Philol XIV, 320 ff. Rauchenstein ebenda XV, 703 ff. und Jahrb. für Philol. 87, 10, 715 f. Lange, Jahrb. für Philol. 87, 3, 217 ff. Curtius, griech. Gesch. II, 778 und 839, Anm. 209 (4. Aufl.). H. Stedefeldt, Philol XXVIII, 238. C. Pöhlig, der Athener Theramenes (bes. Abdruck aus dem 9 Supplementb. der Jahrb. für Philol. 1877) 292 f. — 10) zu XII, 43.

gelang es, nach der Rückkehr der Verbannten den Kritias mit in dasselbe aufnehmen zu lassen. Dafs in der von Lysias[11]) geschilderten Wirksamkeit des Ausschusses Eratosthenes irgendwie eine bedeutende Rolle gespielt, läfst sich nicht annehmen, da Lysias eben nur die Thatsache seines Eintritts in denselben berichten und beweisen kann.

Seine Aufnahme in die Regierung der Dreifsig (Ol. 94, 1. 4
Sommer 404) bezeugt auch Xenophon[12]), der einzige Historiker, der des Eratosthenes gedenkt; alle Anführungen bei Grammatikern, Lexiko- und Biographen gehen auf Lysias als Quelle zurück. Er wird zu den zehn Mitgliedern gehört haben, die nach Theramenes' Vorschlag in die Regierung eintraten[13]). Was der Redner über seine Beteiligung an dem Willkürregiment der Dreifsig berichtet, beweist, dafs er sich entschieden zu der gemäfsigten Fraktion des Theramenes hielt und der terroristischen Majorität nur widerstrebend sich unterordnete; der Behauptung seiner Verteidiger, dafs er unter den Dreifsig am wenigsten Übles gethan[14]), kann der Ankläger selbst nicht ernstlich entgegentreten. Auch den Mafsregeln gegen die Metöken und Isotelen, welche zur Verhaftung des Polemarchos führten, trat er mit Theramenes entgegen, aber noch weniger als dem einflufsreichen Parteiführer konnte es dem unbedeutenden Manne gelingen, die extreme Mehrheit zur Mäfsigung zu bestimmen; nur widerwillig und aus Furcht vor rücksichtsloser Gewaltthat der Majorität, der es ja bald darauf gelang, den Theramenes zu stürzen[15]), nahm er an der Ausführung der gefafsten Beschlüsse teil[16]). Nach der Beseitigung des Theramenes, für den Eratosthenes umsonst in der Sitzung der Dreifsig seine Stimme erhoben hatte[17]), verlor die gemäfsigte Fraktion alle Bedeutung und mufs entweder eingeschüchtert oder für die Terroristen gewonnen worden sein; so beteiligte sich Eratosthenes wohl oder übel an den Unthaten der Tyrannen gegen die aus Eleusis und Salamis weggeschleppten Anhänger der Demokratie[18]); die Hauptschuld an diesem wie an anderen Gewaltakten fällt nach Xenophons Zeugnis[19]) auf Kritias.

Nach der Niederlage der Oligarchen in Munychia und dem 5
Fall des Kritias (Ol. 94, 1. Anfang 403) erhob sich die gemäfsigte Partei. Während die Mehrheit der Dreifsig nach Eleusis entwich, blieb Eratosthenes mit seinem Gesinnungsgenossen Pheidon in der Stadt, und der letztere trat in die aus gemäfsigten Aristokraten gebildete Regierung der Zehnmänner (οἱ δέκα oder δεκαδοῦχοι) ein, welche den Vergleich zwischen der städtischen (aristokratischen)

11) XII, 43 ff. — 12) Hell. II, 3, 2. — 13) Lys. XII, 89. — 14) XII, 89. — 15) Nach der von Platon Staat VIII, 567[b] erörterten Maxime des Tyrannen, jeden Widerspruch, auch den des Parteigenossen, gewaltsam niederzuschlagen. — 16) Lys. XII, 25. 27. 50. — 17) zu XII, 50. — 18) zu XII, 52. — 19) Hell. II, 4, 8. 9.

Partei (*οἱ ἐξ ἄστεος, οἱ ἐν ἄστει*) und den Verbannten im Peiräeus (*οἱ ἐκ Πειραιῶς* oder *οἱ ἐν Πειραιεῖ*) herbeiführen sollten[20]). Eratosthenes' persönliche Bedeutung mag sich jetzt mehr als früher in dem auf seinen früheren Amtsgenossen geübten Einfluſs[21]) geltend gemacht haben, wiewohl der Umstand, daſs man ihn trotz seiner bewährten Mäſsigung nicht mit unter die Dekaduchen wählte, darauf hinweist, daſs man von ihm auch in der neuen Phase der politischen Zustände nicht viel erwartete; daſs man ihn in der Stadt duldete, war bei seiner Parteistellung nicht befremdlich.

6 So fand denn Lysias nach der Rückkehr der Verbannten in die Stadt den Mann, den zu verfolgen ihm als Bruder des durch ihn zum Tode geführten Polemarchos nach antiker Moral die Pietät gebot. Alsbald nach der unverzüglich[22]) erfolgten Wiederherstellung der gesetzlichen Behörden und Gerichtsformen[23]) reichte Lysias seine Klage bei dem als Gerichtsvorstand in allen Mordklagen (*γραφαὶ φονικαί*) kompetenten Archon Basileus ein (*ἀποφέρειν τὴν γραφὴν πρὸς τὸν ἄρχοντα*). Noch dauerte vor Eleusis der Bürgerkrieg gegen die dahin geflüchteten Dreiſsig und ihre Anhänger fort[24]). Das Amnestiegesetz war, obwohl durch Vermittelung des spartanischen Königs Pausanias bereits eine dahin zielende Vereinbarung zwischen den kämpfenden Parteien zustande gekommen war[25]), noch nicht beschworen[26]) und somit dem Eratosthenes noch nicht die Möglichkeit geboten, mit Berufung auf dasselbe[27])

20) Daſs auch Eratosthenes unter den Dekaduchen gewesen sei, ist ein seit Wesseling (zu Diodor XIV, 33) und Taylor herrschend gewordener Irrtum, den auch Grote (IV, 519. 533 Meiſsner) und neuerdings Scheibe (lect. Lys. in Jahrb. für Philol. Supplem. N. F. I, 4, 357) und Francken (comm. Lys. p. 79) noch nicht vermieden haben. Die Nichterwähnung des Eratosthenes bei Lysias XII, 55 ist hier entscheidend, wie früher schon Wachsmuth (hellen. Alterth. I, 646), Hölscher (de vita et scriptis Lysiae 26. 78) und Lachmann (griech. Gesch. vom Ende des peloponn. Kriegs S. 75) und ausführlich Rauchenstein (Zeitschr. f. d. Altertumswiss. 1849, S. 351) ausgesprochen haben. — 21) Lys. XII, 58. — 22) Xen. Hell. II, 4, 43. — 23) zu Lys. XII, 81. — 24) Lys. XII, 80 94. — 25) Xen. Hell. II, 4, 38. — 26) Daſs die Amnestie noch nicht zum Staatsakt geworden war, darauf deuten mehrfache Spuren in der Rede selbst hin (zu §§ 36. 79. 83. 87). Genaueres bei Frohberger Jahrb. f. Philol. 82. 408 f., dem ich in allen kontroversen Punkten, welche in dieser Einleitung berührt werden, mit Ausnahme eines einzigen folgen zu müssen glaubte. Zu einem andern Resultat gelangt Groſser in der Schrift „die Amnestie des Jahres 403 v. Chr. (Minden 1868)“, der drei Akte des Versöhnungswerkes (*αἱ διαλλαγαί*) unterscheidet: 1) *αἱ συνθῆκαι*, Versöhnungsvertrag zwischen den Städtern und Peiräensern, 2) *οἱ ὅρκοι*, die eidliche Ratifikation dieser *συνθῆκαι*, 3) *οἱ ὅρκοι καὶ αἱ συνθῆκαι οὖσαι τοῖς Ἐλευσινόθεν* ([Lys.] VI, 45), die erweiterte und vollständige Amnestie. An Groſser hat sich neuerdings Rauchenstein angeschlossen. S. auch Breitenbach zu Xen. Hell. II, 4, 38. 42. 43. — 27) Diese Berufung stand unter Bedingungen auch den Dreiſsig offen. Andokides I, 90 citiert aus dem Vergleich der Parteien den Passus: *οὐ μνησικακήσω τῶν πολιτῶν οὐδενὶ πλὴν τῶν τριάκοντα καὶ τῶν ἕνδεκα· οὐδὲ τούτων ὃς ἂν ἐθέλῃ εὐθύνας δοῦναι τῆς ἀρχῆς ἧς ἦρξεν.*

gegen die Berechtigung der Klage Widerspruch zu erheben. Frisch lebte im Gedächtnis des Redners wie der Richter die Erinnerung an die erlittene Unbill; man fühlt es, Lysias spricht unter dem Eindrucke kürzlich erlebter Dinge. Der Zwiespalt der Bürger war nur erst notdürftig geheilt, die Parteinamen der „Städter“ und der „Peiräenser“ noch nicht abgeschliffen. Das liefs einerseits dem Redner die Freiheit, die noch lebendigen Empfindungen des Rachegefühls, die durch den Schwur μὴ μνησικακεῖν noch nicht in die Schranken des Gesetzes gebannt waren, zu reizen, andrerseits gebot es Schonung der zwar besiegten, aber doch mit den Siegern nach der vorläufigen Verständigung der Streitenden gleichberechtigten Partei. Die Rede ist sonach gehalten bald nach dem 12. Boedromion Ol. 94, 2 (= 21. September 403), an welchem Tage die Patrioten in die Stadt zurückkehrten[28]).

Lysias selbst erklärt wiederholt, dafs er zunächst gegen Era- 7
tosthenes als den Mörder seines Bruders klage[29]), und der Uebergang zur argumentatio extra causam[30]) zeigt deutlich, dafs er mit dem bis dahin Gesagten den eigentlichen Rechtsfall erledigt glaubt. Nach dem volkstümlichen Gesetze der Blutrache mufste der Bruder[31]), nach attischem Rechte durfte der Schutzverwandte in solcher Angelegenheit auch gegen den Bürger als Kläger auftreten[32]), und Lysias bedurfte in der bevorzugten Stellung eines Isotelen auch des Prostates nicht[33]). Jedoch war es trotz des persönlichen Klagmotivs zur Durchführung der Anklage notwendig, sich nicht gegen Eratosthenes allein zu wenden; der Angeklagte machte geltend, er habe nur gezwungen und dem Gebote der Selbsterhaltung folgend an dem Gewaltakt gegen die Metöken teilgenommen; so mufste denn auch die Gesamtheit der Dreifsig, auf die Eratosthenes durch das Verteidigungsverfahren der μετάστασις oder remotio criminis[34]) die Schuld zurückzuschieben suchte, mit in die Anklage hineingezogen werden, unter den gegen sie gerichteten Beschuldigungen mufste auch Eratosthenes, der solidarisch dafür mit verantwortlich war, erliegen. Darum war denn schon in der beim Archon Basi-

28) Plut. de glor. Athen. 7. — 29) §§ 3. 23. 25. 34. 37. Eine bis in die jüngste Zeit mehrfach (auch von G. Perrot und Blass) festgehaltene Ansicht, die Rede sei bei Gelegenheit der durch den Vergleich offen gehaltenen Rechenschaftsablegung (εὔθυναι) des Eratosthenes gehalten, findet in der Rede nirgends eine Bestätigung; auch hatte Lysias als Isotele nicht das Recht, gegen einen Bürger in politischer Angelegenheit zu klagen (Schömann, att. Proc. S. 561), und dafs er zur Zeit der Rede im vorübergehenden Genusse des Bürgerrechts gewesen sei (Grofser, die Amnestie S. 27. Vgl. Proleg. § 10), ist wenig wahrscheinlich, wenn man die Stellen der Rede in Erwägung zieht, wo der Redner ohne jede Andeutung einer inzwischen eingetretenen Veränderung seiner Stellung als Schutzbürger gedenkt (vgl. namentlich § 20). — 30) § 37. — 31) zu XIII, 1. — 32) Meier, att. Proz. S. 164. — 33) ebenda S. 562. Böckh, Staatshaushaltung der Athener I, 698 (2. Ausg.). — 34) Volkmann, Rhetor. S. 50 und 331.

leus eingereichten Klagschrift (*γραφή*)[35]) nicht blos des Eratosthenes, sondern auch seiner Amtsgenossen Erwähnung geschehen[36]); darum wendet sich der Redner im Laufe der Rede wiederholt gegen die Gesamtheit der Dreifsig; daher die Kritik des ganzen unheilvollen Treibens der Tyrannen, deren moralische Verurteilung die gerichtliche des Eratosthenes nach sich ziehen sollte[37]). Der Isotele überschritt damit nicht seine Berechtigung, denn die politische Seite der Rede bildet ja eben nur die Basis, auf der die Anklage gegen Eratosthenes ruht. Den Schlufs aber hat man mit Unrecht daraus gezogen[38]), Lysias habe in der That zugleich mit Eratosthenes mehrere von dessen Amtsgenossen gerichtlich belangt, und es müfsten daher auch dieselben im Gerichtshof mit anwesend gedacht werden; die Stellen[39]), aus denen man dies folgerte, sind wo nicht blos rhetorische Amplifikationen, hinter denen der eine Eratosthenes, dessen Bestrafung oder Freisprechung zugleich ein Präjudiz für die Behandlung der übrigen bilden mufste, als Vertreter aller steckt, höchstens noch auf den vor Gericht allerdings wohl mit anwesenden Pheidon[40]) zu beziehen.

8 Den Vorteil gewann Lysias durch diese Ausdehnung seiner Rede auf die politischen Vorgänge der jüngsten Vergangenheit, dafs der eigentliche Rechtspunkt zurücktrat und die Aufmerksamkeit der Richter sich den grofsen Erschütterungen zuwandte, an denen auch Eratosthenes seinen Teil der Schuld trug. Denn mit den juristischen Stützen der Anklage gegen ihn als Mörder des Polemarchos ist es nicht zum besten bestellt. Den Einwand des Angeklagten, er habe nach Kräften sich dem Beschlusse der Majorität widersetzt und an der Ausführung zuletzt sich nur gezwungen und aus Furcht beteiligt, vermag der Redner nicht zu entkräften[41]), noch weniger den Nachweis zu führen, dafs Eratosthenes im Grunde ganz einverstanden gewesen sei mit dem Thun der Terroristen[42]). Zwar versucht er nach der von den Rhetoren vorgeschriebenen Methode die „purgatio“ des Angeklagten durch den Nachweis, nicht

35) *γραφή* hiefs die Klagschrift bei öffentlichen (zu XIII, 65), *ἔγκλημα* oder *λῆξις* bei Privatklagen. Angegeben war darin nach dem Namen des Archonten und dem Datum der vollständige Name des Klägers und des Angeklagten, das Vergehen und die Strafschätzung (*τίμησις*). Das Formular einer *γραφή* persifliert Aristophanes Wesp. 894 ff. — 36) zu § 1. — 37) §§ 2. 5. 19. 21 ff. 36 ff. 79. 87 f. 91. 92 ff. Deshalb betitelt Plutarch (bellone an pace clariores fuerint Athen. 8) und der Verfasser der Biographieen der zehn Redner 836ª die Rede *κατὰ τῶν τριάκοντα*. — 38) Grote, IV, 536, Anm. 5. — 39) § 22: *ἥκουσιν ἀπολογησόμενοι*. § 36: *ὁμολογοῦσιν*. § 78: *τολμήσουσιν*. § 80: *παρόντας*. § 85: *ἐπεχείρησαν*. Alphons Hecker hat in seinem Programm: de oratione in Eratosthenem trigintavirum Lysiae falso tributa (Leyden 1848) auch an diesen Pluralen Anstofs genommen und glücklich aus ihnen herausargumentiert, dafs der „falsarius“ ein „homo rerum historicarum imperitissimus“ gewesen sei. Vgl. dagegen Francken, comm. Lys. p. 80. — 40) zu § 58. — 41) zu §§ 28. 31. 50. — 42) zu §§ 32. 48.

Notwendigkeit, sondern Absichtlichkeit sei die Triebfeder bei dessen Handlungsweise gewesen[43]), hinfällig zu machen, aber seine Beweisführung hat keine überzeugende Kraft; der von der Majorität geübte Zwang mochte vor der strengen Moral eines Aristoteles[44]) immer noch nicht von der Verantwortlichkeit entbinden, in der Wirklichkeit konnte die Verteidigung des Eratosthenes ihre Wirkung nicht verfehlen.

Die Schwäche des Rechtspunktes entging dem Redner selbst 9
nicht. Hierin eben liegt ja der Schlüssel zur Erklärung der Ausdehnung der Klage auf die Gesamtheit der Gewalthaber; Lysias mufste, um das Werkzeug zu fällen, vor allem die Werkführer angreifen. Und andrerseits lag darin die Aufforderung, da, wo das Recht nicht ausreichte, an den Affekt der Richter zu appellieren, und wie Lysias das verstanden hat, wie die Rede aus der Schilderung einer einzelnen Scene zu einem erschütternden Gemälde des ganzen blutigen Dramas wird, wie Rach- und Schamgefühl, der Zorn über Athens gebrochene Gröfse, der Unwille gegen die, die nicht nur solches verschuldet, sondern auch vielen ihrer Mitbürger den Makel der Mitschuld aufgedrückt hatten, die schmerzliche Erinnerung an die Leiden des Exils, die beschämende an die unwürdige Lage der Parteigenossen aufgeregt und bearbeitet werden, wie den Verteidigern des Angeklagten, dem toten wie den lebenden, die Stützen entzogen und sie selbst als Urheber oder doch stillschweigende Förderer und Lobsprecher ähnlicher Schandthaten gebrandmarkt werden, das bleibt noch heut nicht ohne tiefen Eindruck auf den Leser der Rede, um wie viel weniger auf die Hörer, in denen die frische Erinnerung an die Ereignisse lebte.

Gleichwohl scheint es nicht, dafs Eratosthenes verurteilt wor- 10
den ist[45]). Lysias weifs wohl, dafs für den Angeklagten einflufsreiche Leute als Fürsprecher oder Entlastungszeugen in die Schranken treten werden[46]), dafs selbst unter den Richtern die gemäfsigte aristokratische Partei ihre Vertreter hatte, die ihren Parteigenossen nicht fallen lassen mochten; es ist charakteristisch, wie er gegen das Ende der Rede[47]) wie durch eine ultima ratio die Richter durch die Drohung einzuschüchtern sucht, die Freisprechenden würden sich zu Gesinnungsgenossen der Dreifsig stempeln. Der Redner selbst sieht voraus, dafs manchen die Entschuldigungen des Eratosthenes stichhaltig erscheinen[48]), manche ein freisprechendes Urteil fällen

43) Volkmann, Rhetor. 50 und 330. — 44) Ethik I, p. 30 Bekker: *ὅσα διὰ φόβον μειζόνων κακῶν πράττεται, οἷον εἰ τύραννος προστάττοι αἰσχρόν τι πρᾶξαι, ἀμφισβήτησιν ἔχει πότερον ἀκούσιά ἐστιν ἢ ἑκούσια. — Μικταὶ μὲν οὖν εἰσιν αἱ τοιαῦται πράξεις, ἐοίκασι δὲ μᾶλλον ἑκουσίοις.* — 45) So urteilen auch die neueren Forscher, speziell Grofser und Blass. Anders Girard S. 13 der Proleg. § 12, Anm. 69 citierten Schrift, und G. Perrot dekretiert: Lysias fut court, simple, ferme, passionné, sans déclamation et sans phrases. Il triompha et Eratosthène reçut le châtiment que mérita son crime. — 46) § 85 ff. — 47) § 90 f. — 48) § 50.

werden[49]). Unter den Demokraten gab es wohl eine fanatische, rachelustige Partei[50]), aber die Besonnenen mufsten begreifen, dafs die Lage des Staates jetzt nicht danach sei, durch ein Bluturteil neue Zwietracht zu entzünden. Noch war der Kampf nicht ganz beendet, die Landesfeinde kaum aus Attika abgezogen, im Schofse der Bürgerschaft noch Mistrauen und Eifersucht der Parteien; ward Eratosthenes verurteilt, so war zu befürchten, dafs mancher von der städtischen Fraktion, in der Besorgnis, es sei dies der Anfang eines blutigen demokratischen Strafgerichts[51]), die Stadt verliefs und die Reihen der noch kämpfenden Anhänger der Dreifsig verstärkte; und um so mehr mufsten auch die demokratisch gesinnten Richter Bedenken tragen, die verjüngte Demokratie mit Blut zu beflecken, als Eratosthenes notorisch die gemäfsigtsten Anschauungen unter den Dreifsig vertreten hatte, als von dem Märtyrerscheine, der sich um Theramenes' Haupt gelegt[52]), auch auf seinen Gesinnungsgenossen ein versöhnender Schimmer fiel. Die Mäfsigung der Sieger[53]), die sich gleich darauf in dem Amnestiegesetz patriotisch genug erwies, selbst den oligarchischen Parteiführern eine Möglichkeit der Rehabilitierung offen zu lassen, und das Interesse der Richter aus der städtischen Partei wirkten zusammen, um den drohenden Tod vom Haupte des Eratosthenes abzuwenden. Selbst das Exil mag ihm erspart geblieben sein; denn es ist eine sehr wahrscheinliche Vermutung[54]), dafs die Klage, welche fünf Jahre später der Sprecher der zehnten Rede des Lysias wegen der Tötung seines Vaters im Areopag gegen die Dreifsig anstellte[55]), eben gegen die in Athen zurückgebliebenen Mitglieder dieser Regierung, Pheidon und Eratosthenes, gerichtet war, wie es scheint, mit nicht besserem Erfolge als die des Lysias[56]).

11 Der Prozefs wurde wahrscheinlich im Gerichtshofe am Palladion verhandelt, der nach neueren Forschungen im Falle der *βούλευσις* ausschliefslich kompetent war[57]), jedoch nicht vor den Epheten, die damals von jenem Gerichtshofe ebenso ausgeschlossen waren wie von dem am Delphinion[58]), sondern vor den Geschworenen (*ἡλιασταί, οἱ ὀμωμοκότες*) unter Vorsitz des den Prozefs einleitenden Archon Basileus[59]). Die vom Kläger beantragte Strafe (das *τίμημα*) war der Tod[60]).

49) § 100. — 50) zu XXV, 28. — 51) Noch 3 Jahre später macht eine solche Argumentation für sich Andokides geltend (I, 103 ff.). Vgl. Lys. XXV, 35. Is. XVIII, 42. — 52) zu XII, 62. Caesar bei Sallust Cat. 51, 15: plerique mortales postrema meminere. — 53) Anerkannt von Lys. XVIII, 18. Vgl. Cic. de rep. I, 42, 65: Si per se populus interfecit aut eiecit tyrannum, est moderatior, quoad sentit et sapit et sua re gesta laetatur tuerique vult per se constitutam rempublicam. — 54) Rauchenstein, Philol. X, 600. — 55) X, 31. — 56) Denn der Sprecher begnügt sich mit dem Ausdrucke *ἐπεξῆλθον τοῖς τριάκοντα*. — 57) Philippi, der Areopag und die Epheten S. 29 ff. — 58) Philippi S. 320. — 59) Plat. Euthyphr. 2ª. — 60) Vgl. Philippi S. 118 ff.

Die Gliederung der Rede ist sehr einfach, wie denn überhaupt 12
schon nach dem Urteil alter Kritiker[61]) Anordnung und Ökonomie des Stoffs nicht die stärkste Seite des Lysias ist. Auf das kurze die Berechtigung zur Klage motivierende und nach Lysias' Gewohnheit im voraus gegen den Angeklagten einnehmende *exordium* (§ 1—3) folgt die durch Klarheit und Einfachheit ausgezeichnete *narratio* (διήγησις) § 4—24, dann von der *tractatio* zunächst die ziemlich kurz abgethane Beweisführung (*argumentatio* oder ἀπόδειξις, *probatio* oder πίστις) für die § 23 präcisierte Behauptung des φόνος ἑκούσιος und die Widerlegung der Verteidigungsmomente (*refutatio*, λύσις) § 25—36; weiter, streng genommen *extra causam* (ἔξω τοῦ πράγματος), doch nicht ohne inneren Zusammenhang mit dem Motiv der Klage und in Übereinstimmung mit dem Brauch der antiken gerichtlichen Beredsamkeit, die eingehende Schilderung des früheren Lebensganges des Beklagten sowie des verderblichen oligarchischen Regiments überhaupt (§ 37—61) und des hochverräterischen Treibens des Theramenes insbesondere, da durch diesen Eratosthenes sich zu decken suchte (§ 62—78). Nach einer Rechtfertigung der auf den Tod lautenden τίμησις und der herkömmlichen Einschüchterung der Fürsprecher und Entlastungszeugen sowie der für den Angeklagten etwa günstig gestimmten Heliasten (§ 79—91) folgt die *peroratio* (ἐπίλογος), eine meisterhafte Paränese an die Richter beider politischen Fraktionen und ein Appell an die nach Mafsgabe der verschiedenen Erlebnisse verschiedenen Stimmungen und Gefühle derselben (§ 92—98), endlich ein kurz nach den Ereignissen sicherlich wirksamer Hinweis auf die Opfer der Tyrannen und auf das Urteil, das sie im Grabe über Freisprechende und Verurteilende fällen würden.

Die sprachliche Form der Rede zeigt noch manches Fremdartige, der gewöhnlichen Diktion gerichtlicher Rhetorik wenig Angepafste, der Ausdruck ist stellenweise knapp und zuweilen dunkel, die Gedankenverbindung nicht immer plan und einfach, namentlich in der *argumentatio* und *refutatio*. Bei einem ersten Versuche in praktischer Beredsamkeit kann das nicht befremden; die sonstige „schlichte Natürlichkeit und Kunstlosigkeit in den Gedanken" war, wie ein neuerer Beurteiler mit Recht hervorhebt[62]), durch den Charakter der Rede dem Lysias verwehrt.

61) Dion. Halic. jud. de Lys. 15: τὴν τάξιν καὶ τὴν ἐξεργασίαν τῶν ἐνθυμημάτων, ἐνδεεστέραν οὖσαν τοῦ προσήκοντος, παρακελεύομαι μὴ ἀπὸ τοῦδε τοῦ ἀνδρός (Lysias), ἀλλὰ παρ' ἑτέρων, οἳ κρείττους οἰκονομῆσαι τὰ εὑρεθέντα ἐγένοντο, λαμβάνειν. Caecilius bei Photios bibl. cod. 262 (S. 484) sagt, Lysias sei zwar εὑρετικός, aber οὐχ οὕτως ἱκανὸς οἰκονομῆσαι τὰ εὑρεθέντα, ein Urteil, welches Photios freilich nicht gelten lassen will. — 62) Blass, att. Bereds. I, 551.

ΚΑΤΑ ΕΡΑΤΟΣΘΕΝΟΥΣ

ΤΟΥ ΓΕΝΟΜΕΝΟΥ ΤΩΝ ΤΡΙΑΚΟΝΤΑ,

ΟΝ ΑΥΤΟΣ ΕΙΠΕ ΛΥΣΙΑΣ.

---

1 Οὐκ ἄρξασθαί μοι **δοκεῖ** ἄπορον εἶναι, ὦ ἄνδρες δικασταί, τῆς κατηγορίας, **ἀλλὰ** παύσασθαι λέγοντι· τοιαῦτα αὐτοῖς τὸ μέγεθος **καὶ τοσαῦτα** τὸ πλῆθος εἴργασται, **ὥστε** μήτ' **ἂν ψευδόμενον δεινότερα** τῶν ὑπαρχόντων κατηγορῆσαι,

§ 1. **οὐκ — λέγοντι**]. **Antithetische Ausführung der sonst in** der *διαπόρησις* (s. **Anh.**) **üblichen** Hyperbel: *ἀπορῶ* **πόθεν ἄρξωμαι** (*χρὴ ἄρξασθαι, ἄρξομαι*) **τῆς κατηγορίας**. Ähnlich Cicero **de imp. Cn.** Pomp. **I**, 3: **hujus** orationis difficilius est exitum quam principium invenire. Eine andere Hyperbel im Prooemium VII, 1; vgl. Volkmann, Rhetorik 376. — *παύσασθαι λέγοντι*]. **Das Partic.** dem Pronomen im Hauptsatze assimiliert wie XXII, 8 und Is. VIII, 145. Krüger 55, 2, 5. Wie sehr der Sprachgebrauch die Wahl **frei** läfst zwischen Assimilation **und** engem **Anschlufs** an **den** Infin., beweist Xen. **Anab.** I, 2, **1**: *παραγγέλλει τῷ Κλεάρχῳ λαβόντι ἥκειν (τὸ στράτευμα) — καὶ Ξενίᾳ* **ἥκειν παραγγέλλει λαβόντα** *τοὺς ἄλλους*. — **τοιαῦτα τὸ μέγεθος**]. Die auffällige Verbindung **des** qualitativen *τοιαῦτα* mit dem quantitativen *μέγεθος* erklärt sich daraus, **dafs** Lysias, um den im Eingange vorherrschenden antithetischen Parallelismus (*ἄρξασθαι* — **παύσασθαι**, *ψευδόμενον — τἀλ. βουλόμενον εἰπεῖν*, **τὸν** *κατήγ. ἀπειπεῖν — τὸν χρόνον ἐπιλ.*) **konsequent** durchzuführen, die **sonst üblicbe** Wendung *τοιαῦτα καὶ τοσαῦτα* **τὸ πλῆθος** (Is. XII, **55.** 167. **D.** XXII, 74. XXIV, 182) im ersten Gliede durch einen Beziehungsaccusativ vervollständigte. Der Grad (*μέγεθος*) eines Verbrechens kann ja nur **nach** der Qualität bemessen werden. Der gewöhnliche Sprachgebrauch liefse *τηλικαῦτα* für *τοιαῦτα* erwarten, doch vervollständigt *τοιαῦτα* gegenüber *τοσαῦτα* den Parallelismus auch rhythmisch. — *τοιαῦτα* und *τοσαῦτα* begründen den starken Ausdruck *δοκεῖ ἄπ. εἶναι παύσ. λέγ.*, daher das scheinbare Asyndeton; mit *ὥστε* ('so dafs') stehen sie nicht **un**mittelbar in Verbindung. Mehr im Anh. — *αὐτοῖς*] Eratosthenes und seine Amtsgenossen, die in der unmittelbar vorher vom Gerichtsschreiber verlesenen Klagschrift (vgl. **Arist. Wesp. 907.** Aesch. **I, 2)** genannt **waren.** — *μήτ' ἄν*] **ἄν** gehört über *κατηγορῆσαι* und *εἰπεῖν* hinweg **zu** *δύνασθαι*. Vgl. zu § 98. Subjekt **zu** *δύνασθαι* ist formell nicht *τὸν κατήγορον*, sondern das indefinite Pronomen ('man', hier in der Form *μηδένα*), wie § 85: *ὧν ἄξιον ἐπιμεληθῆναι ἐνθυμουμένους* ein *τινάς* vorschwebt. Kr. **55**, 2, 6. — *δεινότερα*] Vgl. **Cic. p. Rosc.**

μήτε τἀληθῆ βουλόμενον εἰπεῖν ἅπαντα δύνασθαι, ἀλλ' ἀνάγκη
ἢ τὸν κατήγορον ἀπειπεῖν ἢ τὸν χρόνον **ἐπιλιπεῖν.** *Τοὐναν-* 2
τίον δέ μοι δοκοῦμεν πείσεσθαι ἢ ἐν **τῷ** *πρὸ τοῦ χρόνῳ.*
Πρότερον μὲν γὰρ ἔδει τὴν ἔχθραν τοὺς κατηγόρους ἐπιδεῖξαι,
ἥτις εἴη πρὸς τοὺς φεύγοντας· νυνὶ δὲ παρὰ τῶν φευγόντων
χρὴ πυνθάνεσθαι, ἥτις ἦν αὐτοῖς πρὸς τὴν πόλιν ἔχθρα, ἀνθ'
ὅτου τοιαῦτα ἐτόλμησαν εἰς *αὐτὴν ἐξαμαρτάνειν.* **Οὐ μέντοι**
ὡς οὐκ ἔχων οἰκείας ἔχθρας καὶ συμφορὰς ⟨τούτους⟩ τοὺς λόγους

Am. 5, 14: ea quae facta sunt indigniora sunt, quam haec sunt quae dicimus. — *τῶν ὑπαρχόντων*] zu XIV, 46. — *ἀνάγκη — ἐπιλιπεῖν*] Ähnliche Wendungen bei Gebauer de praeterit. p. 33 sq. Über den Parallelismus der beiden Glieder ebenda p. 13 sq. und p. 39 sqq.

§ 2. *πείσεσθαι*] Der Plural und das Futurum mit Rücksicht auf alle, die künftig in ähnlicher Sache klagen werden. Daher auch *παρὰ τῶν φευγόντων.* — *τοὐναντίον παθεῖν*] 'Das Gegenteil thun müssen'. — *πρότερον — φεύγοντας*] Um dem Verdachte der *συκοφαντία* (XXII, 1) und *φιλοπραγμοσύνη* (D. XXXIX, 1. Dein. g. Boeot. bei Müller or. Att. II, p. 452) oder *φιλονεικία* (Lyk. 5) zu entgehen, weisen die Sprecher vor Gericht (namentlich im Prooemium) gern darauf hin, dafs sie aus wohl begründeter Feindschaft gegen den Gegner klagen; vgl. XIII, 1. XIV, 2. XV, 12. (D.) LVIII, 1. LIX, 1, besonders aber (D.) LIII, 1: *οὐ συκοφαντῶν, ἀλλ' ἀδικούμενος καὶ ὑβριζόμενος ὑπὸ τούτων καὶ οἰόμενος δεῖν τιμωρεῖσθαι τὴν ἀπογραφὴν ἐποιησάμην* und LIX, 15: *ἠδίκηται ὑπὸ Στεφάνου τουτουΐ, ὥστε καὶ ἀνεπίφθονον αὐτῷ τιμωρεῖσθαι τὸν ὑπάρξαντα* (Hermann, Staatsaltertümer 135, 3). Doch kommen auch Fälle vor, wo persönliche Feindschaft ausdrücklich in Abrede gestellt und lediglich Sorge für das Staatswohl als Grund zur Anklage genannt wird (Lys. XXXI, 2. Lyk. 5. D. XXIII, 1; vgl. Weber zu dieser Stelle S. 128). Zuweilen bringt man auch persönliches und öffentliches Interesse in Verbindung (D. XXII, 1. XXIV, 8. Aesch. I, 1. Ant. fr. 68 Blass). Dasselbe thut Lysias im nächsten Satze *οὐ μέντοι ὡς κτλ.*, jedoch so, dafs er das gröfsere Gewicht auf das Staatsinteresse legt. Volkmann, Rhetor. 91. Die Übereinstimmung der römischen Anschauungsweise mit der griechischen ergiebt sich aus Stellen wie Cic. de off. II, 14, 49 sq.: etiam accusatio probata persaepe est. — Sed hoc quidem non est saepe faciendum nec umquam nisi aut reipublicae causa aut ulciscendi. p. Mur. 27, 56: acerbissimum est quod habet eos accusatores, non qui odio inimicitiarum ad accusandum, sed qui studio accusandi ad inimicitias descenderint. p. Rosc. Am. 19, 55: nemo nostrum est, Eruci, quin sciat tibi inimicitias cum Sex. Roscio nullas esse: vident omnes, qua de causa huic inimicus venias; sciunt hujusce pecunia te adductum esse. Auch pflegte in Rom der Ankläger calumniam jurare, d. h. eidlich zu versichern, se non calumniae causa postulare (Klotz Lex. calumnia). — *νυνὶ δὲ — ἐξαμαρτάνειν*] In der (freilich formell besser als logisch gelungenen) Antithese: 'Früher mufsten die Kläger den Grund ihrer Feindschaft und ihres Auftretens gegen den Angeklagten nachweisen, jetzt die Angeklagten den Grund ihres feindseligen Auftretens gegen den Staat' erscheint der Staat wie eine moralische Person als Kläger (wie § 81), Lysias als sein Anwalt. — *ἔχθρας*] der Plural des Abstrakts: 'Veranlassungen zur Feindschaft', wie D. XXXIX, 11: *πότερ' ἂν βελτίους εἶημεν τῶν ὑπαρχουσῶν δυσκολιῶν ἀπαλλαττόμενοι ἢ καινὰς ἔχθρας ποιούμενοι*; Vgl. Rehdantz D. Ind. II, Plural. — *⟨τούτους⟩ τοὺς*

ποιοῦμαι, ἀλλ' ὡς ἅπασι πολλῆς ἀφθονίας οὔσης [ὑπὲρ τῶν
3 ἰδίων ἢ] ὑπὲρ τῶν δημοσίων ὀργίζεσθαι. Ἐγὼ μὲν οὖν, ὦ ἄνδρες δικασταί, οὔτ' ἐμαυτοῦ πώποτ' οὔτ' ἀλλότρια πράγματα πράξας νῦν ἠνάγκασμαι ὑπὸ τῶν γεγενημένων τούτου κατηγορεῖν, ὥστε πολλάκις εἰς πολλὴν ἀθυμίαν κατέστην, μὴ διὰ τὴν ἀπειρίαν ἀναξίως καὶ ἀδυνάτως ὑπὲρ τοῦ ἀδελφοῦ καὶ

λόγους ποιοῦμαι] Um die, wie ich glaube, notwendige Beziehung dieser Worte auf das Vorhergehende zu ermöglichen, habe ich vor τοὺς λόγους das Pronom. τούτους zugesetzt; doch könnte dieses nach XXII, 3 auch hinter τ. λόγους eingefügt werden. Gewöhnlich steht in derartigen Wendungen (s. Anh.) ταῦτα λέγω oder einfach λέγω; der Ton des ganzen Prooemiums rechtfertigt hier den volleren Ausdruck; vgl. auch Is. XVIII, 33. Ohne τούτους wäre τοὺς λόγους ποιοῦμαι von der Klagerede zu verstehen, wie es XXII, 1. XXV, 2. (Lys.) IX, 2. Is. XX, 5 gebraucht ist; von der Verteidigung (= causam dicere) steht es XIV, 34. XXIV, 26. Is. XVIII, 1. — οὐχ ὡς οὐκ — ἀλλ' ὡς] nicht als ob nicht — sondern in der Überzeugung. — ὑπὲρ τῶν ἰδίων ἢ] wohl mit Recht gestrichen von Herwerden. Der (freilich nicht ganz klar ausgedrückte) Gedanke ist: Doch sage ich das nicht, als ob ich in dem, was mir selbst widerfahren, keinen Grund zu persönlicher Feindschaft fände, sondern ich meine, dafs, wo so schwere Verbrechen gegen die Gesamtheit vorliegen, jedermann, selbst wenn er nicht persönlich verletzt sein sollte, zur Anstellung einer Klage vollständig berechtigt ist.

§ 3. οὔτ' ἐμαυτοῦ — πράξας] So wenig es wahrscheinlich ist, dafs Lysias vor dem Verluste seines Vermögens sich zum Redeschreiber hergab (Proleg. 9), so schliefst doch der Ausdruck dies an sich nicht aus, denn πράγματα πράττειν geht auf die persönliche Vertretung eigener oder fremder Händel (als συνήγορος, zu § 86) vor Gericht. D. XXXVI, 53: τίς οὐκ οἶδεν, ὅσα πράγματα πράττων οὐ πέπαυσαι, οὐ μόνον δίκας ἰδίας διώκων, ἀλλὰ δημοσίᾳ συκοφαντῶν καὶ κρίνων τινάς; So διαπράττεσθαι τὰ πράγματα 'durchführen' Ant. V, 18. πράγματα wie negotia (Suet. Cal. 40. Quint. III, 5, 11. Amm. Marc. XXX, 4) häufig von Prozefshändeln, in πράγματα ἔχειν (D.) XXXXVII, 4, παρέχειν Plat. Krit. 44ᵉ. Arist. Plut. 20, τρέμειν Arist. Ritt. 265, ἔστι μοι πράγματα πρός τινα Ant. VI, 12; daher die Verbindung πράγματα καὶ δίκαι (D.) XXXXVII, 28. Arist. Wesp. 1392. 1426. In diesem Sinne sucht Euelpides bei Arist. Vög. 44 einen τόπος ἀπράγμων und rühmt sich Trygäos im Frieden 191, er sei nicht Sykophant οὐδ' ἐραστὴς πραγμάτων (φιλοπράγμων = ἐραστὴς πραγμάτων Isae. IV, 30. Lyk. 3). — ἀπειρίαν] Die Redner vor Gericht entschuldigen gern durch Hinweis auf ihre ἀπραγμοσύνη (Is. XV, 4) den (oft nur fingierten) Mangel an Routine und Gewandtheit, im Gegensatz zu der Redefertigkeit (δεινότης) und Praxis (ἐμπειρία πραγμάτων Lys. fr. 78, 4) der Gegner. Isae. X, 1: ἐγὼ μὴ ὅτι ὑπὲρ ἄλλου ἀλλ' οὐδὲ ὑπὲρ ἐμαυτοῦ πώποτε δίκην ἰδίαν εἴρηκα, ὥστε πολλῆς δεῖ με συγγνώμης τυχεῖν παρ' ὑμῶν. Sie bezeichnen sich als ἄπειροι πραγμάτων (Lys. fr. 16, 1, D. XXVII, 2. LV, 7), δικῶν (Ant. I, 1), δικαστηρίων (Isae. VIII, 5), τοῦ ἀγωνίζεσθαι (Ant. V, 3). Solche ἀπειρία (Lys. XIX, 2. Ant. V, 5. Is. XV, 26. D. XLI, 2), die fori iudiciorumque insolentia bei Cic. p. Rosc. Am. 31, 88, erweckte zugleich ein günstiges Vorurteil für den Sprecher (zu § 4), weshalb man dieselbe regelmäfsig im Prooemium hervorhob. Volkmann, Rhetorik 92. — ἀναξίως] 'unangemessen', eig. der Schwere des Verbrechens nicht ent-

ἐμαυτοῦ τὴν κατηγορίαν ποιήσομαι· ὅμως δὲ πειράσομαι ὑμᾶς ἐξ ἀρχῆς ὡς ἂν δύνωμαι δι' ἐλαχίστων **διδάξαι.**

Οὑμὸς πατὴρ Κέφαλος ἐπείσθη μὲν ὑπὸ Περικλέους εἰς 4
ταύτην τὴν γῆν ἀφικέσθαι, ἔτη δὲ τριάκοντα ᾤκησε, καὶ οὐδενὶ πώποτ' οὔθ' ἡμεῖς οὔτ' ἐκεῖνος δίκην οὔτ' ἐδικασάμεθα οὔτ' ἐφύγομεν, ἀλλ' οὕτως ᾠκοῦμεν δημοκρατούμενοι, **ὥστε**

sprechend (*ἄξιος* von *ἄγειν*, wägen. Curtius, Grundzüge der griech. Etym. No. 117). Aesch. III, 260: *ἀξίως τοῦ ἀδικήματος κατηγόρηκα.* (And.) IV, 34: *τῶν τούτῳ πεπραγμένων οὐδ' ἂν εἷς ἀξίως κατηγορῆσαι δύναιτο.* Lyk. 2: *ἐμὲ ἄξιον τῶν ἀδικημάτων κατήγορον ποιῆσαι.* Vgl. *ἀξίως τῶν πραγμάτων λέγειν* Is. IV, 187. XIII, 12. Aristeid. II, 614 Df. In derselben Bedeutung einfach *ἀξίως λέγειν* Is. X, 13. D. VI, 11 und *κατὰ τὴν ἀξίαν λέγειν* D. XX, 76. Hierher gehören auch die griech. und latein. Wendungen *ἴσους τοὺς λόγους τῷ μεγέθει τῶν ἔργων ἐξευρεῖν* Is. IV, 13, rei parem orationem invenire Cic. de imp. Pomp. 11, 29, *τοὺς ἐπαίνους ἐξισῶσαι ταῖς ἀρεταῖς* Is. VI, 100, facta dictis exaequare (aequare) Sall. Cat. 3, 2. Liv. VI, 20, 8, *ἐφικέσθαι τῷ λόγῳ τινός* D. XIX, 65. (D.) LXI, 15, *ἐφικέσθαι τοῦ μεγέθους τινός* Is. IV, 187. X, 13, *ἐφικέσθαι τινός* Is. IX, 49, facta verbis consequi Cornif. ad Herenn. III, 6, 11. — *ἀδυνάτως*] 'matt, wirkungslos', weil ohne die erforderliche Redefähigkeit, als *ἀδύνατος λέγειν.* Lys. XVII, 1: *ἐγὼ δὲ τοσούτου δέω περὶ τῶν μὴ προσηκόντων ἱκανὸς εἶναι λέγειν, ὥστε δέδοικα μὴ καὶ περὶ ὧν ἀναγκαῖόν μοί ἐστι λέγειν, ἀδύνατος ὦ τὰ δέοντα εἰπεῖν.* Gegensatz *δυνατῶς εἰπεῖν* Aesch. II, 48. — *μὴ ποιήσομαι*] *μή* mit dem Indic. hinter Verbis timendi (besonders hinter Imperativen und Konjunktiven wie *ὅρα, ὁρᾶτε, σκοπεῖτε, ὁρῶμεν, σκεψώμεθα*) wohl als Fragwort ('ob nicht') zu fassen. Vgl. Plat. Lys. 216[c]: *σκεψώμεθα μὴ ἔτι μᾶλλον ἡμᾶς λανθάνει τὸ φίλον ὡς ἀληθῶς οὐδὲν τούτων ὄν* mit Xen. Anab. VII, 3, 37: *σκέψαι εἰ ὁ Ἑλληνικὸς νόμος κάλλιον ἔχει.* Mehr im Anh. — *δι' ἐλαχίστων*] Sonst immer *διὰ βραχυτάτων.* Doch ähnlich Is. V, 154: *λοιπόν ἐστι τὰ προειρημένα συναγαγεῖν, ἵν' ὡς ἐν ἐλαχίστοις κατίδῃς τὸ κεφάλαιον τῶν συμβεβουλευμένων.* Über den ganzen Übergang zur narratio s. Anh.

§ 4. *Κέφαλος — ἀφικέσθαι*] Proleg. 1. 2. — *ᾤκησε*] als Metök, nur mit Rücksicht auf das Domicil, nicht die politische Stellung, wie XXXI, 9: *ἐν Ὠρωπῷ μετοίκιον κατατιθεὶς ἐπὶ προστάτου ᾤκει.* Ebenda § 14. Lyk. 21: *ᾤκει ἐν Μεγάροις προστάτην ἔχων.* ebenda § 145, und so vom Metöken Kallias V, 3, vom Pankleon XXIII, 15 erst *μετῴκει*, dann *ᾤκει.* Erforderlich ist das (auch hier verlangte) *μετοικεῖν* nur bei Hervorhebung des rechtlichen Zustandes (XXII, 5) gegenüber den Vollbürgern, wie § 20. XXXI, 9. Is. XVI, 47. — *οὐδενὶ — ἐφύγομεν*] Noch nie als Kläger oder Verklagter vor Gericht gestanden zu haben ist ein Lob, das sich die Sprecher gern als günstiges Präjudiz für die Lauterkeit ihrer Sache im vorliegenden Falle vindicieren. Is. XV, 144: *ἀποφαίνεις σαυτὸν μήτε δεδικασμένον μηδενὶ μήτε πεφευγότα.* Vgl. Lys. XVI, 12. XIX, 55. XXI, 18 f. Is. XV, 27. Isae. I, 1. Hyp. für Lykophr. XIII. Nicht *φιλόδικος* ([D.] LVI, 14. Anaxim. Rhet. 36, I, 235 Spengel) zu sein, war freilich ein begründetes Lob in Athen, dessen Bürger im Rufe des *φιλοδικεῖν* standen (Thuk. I, 77). Plat. Staat III, 405[b]: *αἰσχρόν, ὅταν τις τὸ πολὺ τοῦ βίου ἐν δικαστηρίοις φεύγων τε καὶ διώκων κατατρίβηται.* — *οὐδενί*] läſst sich nur mit *δίκην — ἐδικασάμεθα* verbinden; bei *ἐφύγομεν* schwebt zeugmatisch ein *ὑπ' οὐδενός* vor. — *ἡμεῖς*] wir Brüder. — *δημοκρατούμενοι*] = *ἕως ἐδημοκρατούμεθα*, Zeitbestim-

μήτ' εἰς τοὺς ἄλλους ἐξαμαρτάνειν μήθ' ὑπὸ τῶν ἄλλων ἀδι-
5 κεῖσθαι. Ἐπειδὴ δ' οἱ τριάκοντα πονηροὶ καὶ συκοφάνται
ὄντες εἰς τὴν ἀρχὴν κατέστησαν, φάσκοντες χρῆναι τῶν ἀδίκων
καθαρὰν ποιῆσαι τὴν πόλιν καὶ τοὺς λοιποὺς πολίτας ἐπ'
ἀρετὴν καὶ δικαιοσύνην τραπέσθαι, τοιαῦτα λέγοντες οὐ τοιαῦτα ποιεῖν ἐτόλμων, ὡς ἐγὼ περὶ τῶν ἐμαυτοῦ πρῶτον εἰπὼν
6 καὶ περὶ τῶν ὑμετέρων ἀναμνῆσαι πειράσομαι. Θέογνις γὰρ

mung gegenüber dem ἐπειδή § 5. — ὥστε — ἐξαμαρτάνειν] wie es Euripides (Hiket. 892 ff.) von rechtschaffenen Metöken fordert: ὡς χρὴ τοὺς μετοικοῦντας ξένους, λυπηρὸς οὐκ ἦν οὐδ' ἐπίφθονος πόλει οὐδ' ἐξεριστὴς τῶν λόγων. Vgl. § 20.

§ 5. ἐπειδὴ — ἐτόλμων] Der Nachsatz beginnt mit φάσκοντες; der Inhalt des von φάσκοντες abhängigen Satzes wird aber durch τοιαῦτα λέγοντες nochmals zusammengefaſst und der Schluſs des Nachsatzes nicht, wie strenge Logik es forderte, an φάσκοντες, sondern aus rhetorischen Gründen an τοιαῦτα λέγοντες angeschlossen. Dem φάσκοντες — τραπέσθαι hätte etwa der Ausgang αὐτοὶ πάντων ἐγένοντο ἀδικώτατοι entsprochen. Wie hier τοιαῦτα λέγοντες den Inhalt einer Aussage, so recipiert öfters ein ταῦτα (ταῦτ' οὖν) διανοηθείς (διανοούμενος, λογιζόμενος, ἐνθυμούμενος, ἀνασκοπῶν) den Inhalt einer Erwägung. Vgl. Lys. III, 13. Is. XII, 46. XVI, 32. XVII, 9. Xen. Kyr. IV, 2, 3. Anab. III, 1, 20. Thuk. VII, 42, 3. Plat. Gesetze IV, 713c. Krüger 65, 9, 2. — πονηροὶ — ὄντες] während sie doch selbst sich (als Optimaten) καλοὶ κἀγαθοί und βέλτιστοι oder χρηστοί ([Xen.] Staat der Athener 1, 5) nannten. Bei Xenophon Hell. II, 3, 22 hält ihnen Theramenes vor: οὐ δοκεῖ μοι καλὸν εἶναι φάσκοντας βελτίστους εἶναι ἀδικώτερα τῶν συκοφαντῶν ποιεῖν. — φάσκοντες] Die Dreiſsig inaugurierten ihre Herrschaft durch Hinrichtung von Sykophanten und anderen anrüchigen Persönlichkeiten (Xen. Hell. II, 3, 38. Lys. XXV, 17. Diodor XIV, 4, 2. Sall. Cat. 51, 29). Freilich verfolgten sie dabei nur Parteiinteressen (οὐ τῶν ἀδικημάτων ἕνεκα ἀλλὰ κατὰ στάσιν αὐτοὺς ἀπέκτειναν Lys. XXX, 13, πρῶτον οὓς πάντες ᾔδεσαν ἐν τῇ δημοκρατίᾳ ἀπὸ συκοφαντίας ζῶντας καὶ τοῖς καλοῖς κἀγαθοῖς βαρεῖς ὄντας συλλαμβάνοντες ὑπῆγον θανάτου Xen. Hell. II, 3, 12. Vgl. auch And. I, 99, wo der Redner dem Epichares vorwirft: ἐν δημοκρατίᾳ μὲν συκοφαντῶν ἔζης, ἐν ὀλιγαρχίᾳ δέ, ὡς μὴ ἀναγκασθείης τὰ χρήματα ἀποδοῦναι, ὅσα συκοφαντῶν ἔλαβες, ἐδούλευες τοῖς τριάκοντα). Nichtsdestoweniger war die Beseitigung manches nichtsnützigen Menschen einem ansehnlichen Teile der Bürgerschaft nicht unangenehm (ea populus laetari et merito dicere fieri sagt Sallust, καὶ μέχρι τούτου τοῖς ἐπιεικεστάτοις τῶν πολιτῶν εὐηρέστει τὰ γινόμενα Diodor, ὅσοι συνῄδεσαν ἑαυτοῖς μὴ ὄντες τοιοῦτοι, οὐδὲν ἤχθοντο Xenophon Hell. II, 3, 12). Man glaubte wohl auch der heuchlerischen Versicherung der Dreiſsig, daſs sie eine sittliche Regeneration des Staates herbeiführen wollten. Wenigstens heiſst es Plat. Br. VII, 324b: ᾠήθην τοὺς τριάκοντα ἔκ τινος ἀδίκου βίου ἐπὶ δίκαιον τρόπον ἄγοντας διοικήσειν τὴν πόλιν. — καθαρὰν ποιῆσαι τὴν πόλιν] Vgl. καθαίρειν τὴν πόλιν Plat. Pol. 293d. Staat VIII, 567c. — τραπέσθαι] Dazu ist τοὺς λοιποὺς πολίτας Subjekt. Über den Wechsel der Konstruktion vgl. de arg. ex contr. 235 und Rehdantz zu Lyk. 25 (S. 134 f.). Aus Lysias gehört hierher auch XIV, 9. — περὶ — πρῶτον εἰπὼν καὶ περὶ — ἀναμνῆσαι πειράσομαι] Dieselbe Form der Rede D. XXXI, 1: ὃ παρέλιπον — τεκμήριον —, τοῦτο πρῶτον εἰπὼν μετὰ τοῦτο καὶ περὶ —

καὶ Πείσων ἔλεγον ἐν τοῖς τριάκοντα περὶ τῶν μετοίκων, ὡς
εἶέν τινες τῇ πολιτείᾳ ἀχθόμενοι· καλλίστην οὖν εἶναι πρόφασιν τιμωρεῖσθαι μὲν δοκεῖν, τῷ δ' ἔργῳ χρηματίζεσθαι·
πάντως δὲ τὴν μὲν πόλιν πένεσθαι, τὴν ἀρχὴν δὲ δεῖσθαι
χρημάτων. Καὶ τοὺς ἀκούοντας οὐ χαλεπῶς ἔπειθον· ἀποκτιν- 7

ἐξελέγχειν αὐτὸν πειράσομαι. Thuk. II, 36, 4: ἀπὸ δὲ οἵας ἐπιτηδεύσεως ἦλθον ἐπ' αὐτὰ —, ταῦτα δηλώσας πρῶτον εἶμι καὶ ἐπὶ τὸν τῶνδε ἔπαινον. I, 37, 1: ἀναγκαῖον Κερκυραίων τῶνδε **οὐ** μόνον **περὶ** — τὸν λόγον ποιησαμένων, **ἀλλ'** ὡς καὶ —, μνησθέντας πρῶτον καὶ ἡμᾶς περὶ ἀμφοτέρων, οὕτω καὶ ἐπὶ τὸν ἄλλον λόγον ἰέναι (III, 51, 3: **ἑλὼν** οὖν πρῶτον δύο πύργω — ἀπετείχιζε καὶ τὸ ἐκ τῆς ἠπείρου. VII, 52, 2. Herod. V, 92 a. A.). — ἀναμνῆσαι] nicht διδάξαι oder ἐπιδεῖξαι, weil die Erinnerung an Selbsterlebtes stärker wirkt. Cic. Phil. II, 19, 47: debet talibus in rebus excitare animos non cognitio solum rerum, sed etiam recordatio. Aus gleichem Grunde gebraucht Demosthenes XVIII, 17 ἀναμνῆσαι im Übergange zur narratio.

§ 6. ἐν τοῖς τριάκοντα] In der Sitzung der Dreiſsig, vor den Dreiſsig, wie ἐν τοῖς νομοθέταις D. III, 10, ἐν τοῖς δικασταῖς Ant. VI, 23. Isae. III, 4, ἐν δισχιλίοις Lys. XIII, 35 (ἐν ὑμῖν Lys. XXXI, 2), ἐν τοῖς Ἀμφικτυόσι Aesch. III, 114. D. XIX, 181. Rehdantz Dem. Ind. II S. 223. Vgl. auch Arist. fr. bei Meineke II, 2, 1056: δίκην δοῦναι ἐν τῶν φίλων ἑνί. — τῇ πολιτείᾳ] 'Verfassung', bei den attischen Rednern in der Regel κατ' ἐξοχήν die demokratische (vgl. Is. XVI, 20) im Gegensatz zur Oligarchie (D. XV, 20), Monarchie (Is. IV, 125. IX, 51. Br. IV, 6. VI, 11) und Tyrannis (Is. VIII, 99), bei Lysias öfter, auch wo nicht wie hier und § 77 ein Euphemismus beabsichtigt sein kann, von der Oligarchie der Dreiſsig; vgl. XVI, 5. XXV, 9. XXX, 15. Auch Theramenes bei Xen. Hell. II, 3, 40 sagt: εὔδηλον ἦν ὅτι οἱ μέτοικοι ἅπαντες πολέμιοι τῇ πολιτείᾳ ἔσοιντο. — τιμωρεῖσθαι μὲν δοκεῖν, τῷ δ' ἔργῳ χρηματίζεσθαι]. Nicht blos Schein und Wirklichkeit stehen sich gegenüber (sonst müſste es δοκεῖν μὲν τιμωρεῖσθαι heiſsen), sondern scheinbare Rache und thatsächliche Geldspekulation. Vgl. D. XXIV, 203: τὴν ἀδελφὴν φήσει μὲν ἐκδοῦναι, πέπρακε δὲ τῷ ἔργῳ (de arg. ex contr. 351). — τὴν πόλιν πένεσθαι] Über die pekuniäre Erschöpfung Athens nach dem peloponnesischen Kriege (σπάνις ἀργυρίου ἢ νῦν **ἐστιν** ἐν τῇ πόλει XIX, 11) vgl. die beredte Schilderung XXX, **22 und** die Klagen XXI, 13. Is. **VIII, 47.** Der Wunsch, dieser zu schweren Ungerechtigkeiten (zu XXV, 26) verleitenden πενία τοῦ πλήθους abzuhelfen, veranlaſste (wahrscheinlich Ol. 106, 1) den Xenophon, mit seinem Vorschlage einer Reform des Staatshaushaltes (der Schrift πόροι ἢ περὶ προσόδων) hervorzutreten. — τὴν μὲν πόλιν, τὴν ἀρχὴν δέ] Zur Stellung von μέν und δέ vgl. fr. 53 Scheibe: τοῖς μὲν ἄλλοις — τῶν κωμῳδοδιδασκάλων δέ. D. VI, 20: τὴν μὲν ἔχθραν — τὴν χώραν δέ, sowie die de arg. ex contr. 115 angeführten Stellen. — δεῖσθαι] namentlich zur Löhnung der lakedämonischen Besatzung auf der Akropolis (zu § 94), deren Verpflegung und Besoldung den Dreiſsig oblag. Xen. Hell. II, 3, 13. 21. — Ueber die willkürlichen und eigennützigen Finanzoperationen der Oligarchen fällt ein hartes Urteil Phrynichos, selbst ein Oligarch, bei Thukyd. VIII, 48, wo sie deshalb πορισταί ('Geldbeschaffer') genannt werden.

§ 7. οὐ χαλεπῶς ἔπειθον] Auch ἔπεισαν wäre richtig. Doch das Impf.: 'Das Zureden fiel ihnen

νύναι μὲν γὰρ ἀνθρώπους περὶ οὐδενὸς ἡγοῦντο, λαμβάνειν δὲ χρήματα περὶ πολλοῦ ἐποιοῦντο. Ἔδοξεν οὖν αὐτοῖς δέκα συλλαβεῖν, τούτων δὲ δύο πένητας, ἵν' αὐτοῖς ᾖ πρὸς τοὺς ἄλλους ἀπολογία, ὡς οὐ χρημάτων ἕνεκα ταῦτα πέπρακται, ἀλλὰ συμφέροντα τῇ πολιτείᾳ γεγένηται, ὥσπερ τι τῶν ἄλλων εὐλόγως πεποιηκότες. Διαλαβόντες δὲ τὰς οἰκίας ἐβάδιζον.
8 **Καὶ ἐμὲ** μὲν ξένους ἑστιῶντα κατέλαβον, οὓς ἐξελάσαντες Πείσωνί με παραδιδόασιν· οἱ δ' ἄλλοι εἰς τὸ ἐργαστήριον **ἐλθόντες** τὰ ἀνδράποδα ἀπεγράφοντο. **Ἐγὼ δὲ** Πείσωνα μὲν

nicht schwer'. — *περὶ οὐδενὸς ἡγοῦντο*] anstatt des gewöhnlichen *παρ' οὐδὲν ἡγοῦντο* wegen des Parallelismus mit dem zweiten Gliede dieses Isokolon (Proleg. 13), wie VII, 26: *τὰς μὲν μικρὰς ζημίας οὕτω περὶ πολλοῦ ποιοῦμαι, τοὺς δὲ περὶ τοῦ σώματος κινδύνους οὕτω περὶ οὐδενὸς ἡγοῦμαι* (auch ohne diese Veranlassung XXXI, 31). — *δέκα*] Xen. Hell. II, 3, **21**: *ἔδοξε δ' αὐτοῖς καὶ τῶν μετοίκων ἕνα ἕκαστον* **λαβεῖν** *καὶ αὐτοὺς μὲν ἀποκτεῖναι, τὰ δὲ χρήματα αὐτῶν ἀποσημήνασθαι* (§ 40: *τῶν μετοίκων ἕνα ἕκαστον λαβεῖν ἔφασαν χρῆναι*). Im Ganzen sollen während der Schreckenszeit **60** Metöken hingerichtet worden sein (Diodor XIV, 5, 6: *τῶν μὲν ξένων τοὺς πλουσιωτάτους ἑξήκοντα κατέσφαξαν*). **Um** den Widerspruch zwischen Lysias und Xenophon zu **lösen**, könnte man an eine Verwechselung der Zahlzeichen *ι'* (10) und *λ'* (30) denken. Auf andere Weise sucht Breitenbach zu Xen. § 21 **die** Stellen **in** Einklang zu bringen. — *ἵν' αὐτοῖς ᾖ*] Der Konj. im Finalsatze nach Nebentempus bei Lysias nicht selten; vgl. XVI, 6. XXX, 12, XXXI, 30. XXXII, 22. Er steht vom Standpunkte dessen aus, der die Handlung in der angegebenen Absicht vollzieht, wo **dann** das zu Erreichende als zu**künftig** erscheint, ist **also** Festhaltung des ursprünglichen modus finalis (repräsentativer Konjunktiv). Die Dreifsig handelten nach dem von Is. XXI, 17 ausgesprochenen Erfahrungssatze: *πάντες ἄνθρωποι, ὅταν περ ἀδικεῖν ἐπιχειρῶσιν, ἅμα καὶ τὴν ἀπολογίαν σκοποῦνται*. — *ὥσπερ — πεποιηκότες*] Das Ptcp. *κατὰ σύνεσιν* auf *ἵν' αὐτοῖς ᾖ ἀπολογία* bezogen, weil dies = *ἵνα — ἀπολογεῖσθαι ἔχωσιν*. Kr. 56, 9, 4. Vgl. XXXII, 23: *ἐξῆν αὐτῷ μισθῶσαι τὸν οἶκον ἀπηλλαγμένος πολλῶν πραγμάτων* und zu XIII, 85. Xen. Kyr. VIII, 8, 10: *ἦν αὐτοῖς νόμιμον μηδὲ προχοΐδας εἰσφέρεσθαι εἰς τὰ συμπόσια, δηλονότι νομίζοντες κτέ.* Umgekehrt D. XLI, 5: *τὴν προῖκα οὐ κομισάμενος ἅπασαν — πρὸς ἐκεῖνον ἦν μοι τὸ συμβόλαιον*. Geläufiger noch wäre die Anakoluthie im Anschlufs an *ἔδοξεν αὐτοῖς* (Kr. 45, 2, 3); doch gehört *ὥσπερ — πεποιηκότες* lediglich dem Finalsatze an. — *τι τῶν ἄλλων*] 'eine ihrer sonstigen Maſsregeln'. *ὥσπερ* und *ὡς* mit dem Ptcp. geben oft dem Gedanken ironischen Ausdruck (de arg. ex contr. 283 sqq.).

§ 8. *διαλαβόντες*] 'nachdem die Einzelnen — gewählt.' Plat. Alkib. II, 140[b]: *οἱ δημιουργοὶ ἔχουσι διειληφότες δημιουργίας μέρη*. — *ἐμὲ μέν*] Gegensatz dazu ist nicht *οἱ δ' ἄλλοι*, was dem *Πείσωνι* gegenüber steht. Vielmehr schwebt dem Redner der Gegensatz zu seinem Bruder vor, der freilich nachher nicht in entsprechender Weise durchgeführt wird. Ähnliche latente Gegensätze zu einem *μέν* X, 12. 15. XIII, 21. XVIII, 27. XIX, 1. XXV, 16. XXXII, 17 und in häufigen Wendungen wie *ἐγὼ μὲν οἶμαι, ἐγὼ μὲν οὐκ οἶδα*, worüber zu XIII, 74. — *κατέλαβον*] die § 12 Genannten. — *εἰς τὸ ἐργαστήριον*] Proleg. 6. — *ἀπεγράφοντο*] 'sie schrie-

ἠρώτων εἰ βούλοιτό με σῶσαι χρήματα λαβών· ὁ δ' ἔφασκεν,
εἰ πολλὰ εἴη. Εἶπον οὖν ὅτι τάλαντον ἀργυρίου ἕτοιμος εἴην 9
δοῦναι· ὁ δ' ὡμολόγησε ταῦτα ποιήσειν. Ἠπιστάμην μὲν οὖν
ὅτι οὔτε θεοὺς οὔτ' ἀνθρώπους νομίζει, ὅμως δ' ἐκ τῶν
παρόντων ἐδόκει μοι ἀναγκαιότατον εἶναι πίστιν παρ' αὐτοῦ
λαβεῖν. Ἐπειδὴ δ' ὤμοσεν ἐξώλειαν ἑαυτῷ καὶ τοῖς παισὶν 10
ἐπαρώμενος, λαβὼν τὸ τάλαντόν με σώσειν, εἰσελθὼν εἰς τὸ
δωμάτιον τὴν κιβωτὸν ἀνοίγνυμι· Πείσων δ' αἰσθόμενος

ben sich auf', wie Is. XVII, 49. Isae. XI, 43. Plat. Charm. 155^e u. ö. So auch das Simplex Lys. XIII, 24. Xen. Oik. 9, 10: ἀπαριθμήσαντες καὶ γραψάμενοι ἕκαστα (Cicero bei Columella XII, 3, 4: omnia adnumeravimus atque adnumerata ipsi exscripsimus). Plat. Theaet. 143ª. Arist. Wesp. 537. — ἔφασκεν] sc. σώσειν με.

§ 9. τάλαντον ἀργυρίου] etwas über 4700 M. Hultsch, Metrol. 173. — ταῦτα ποιήσειν] Der Plur. des Pron., obgleich auf eine Einheit (das σώσειν) zu beziehen; ebenso in ταῦτα ποιεῖν Lys. I, 22. XII, 14. XIII, 21. 78. XXIV, 15. And. I, 55. 62. 64. II, 7. D. XXIII, 122. Xen. Kyr. V, 3, 19, in ταῦτα πράττειν Lys. XIII, 16. Ant. II, γ, 3. And. III, 15 u. 25. Dein. I, 52. Plat. Menex. 244ᵈ, in ταῦτα δρᾶν Arist. Ritt. 495. — οὔτε θεοὺς οὔτ' ἀνθρώπους νομίζει] Ähnliche Wendungen im Griechischen nicht selten. Hom. Il. ι, 238: οὐδέ τι τίει ἀνέρας οὐδὲ θεούς. Ant. I, 27: ἐκεῖνον αὕτη οὔτε θεοὺς οὔθ' ἥρωας οὔτ' ἀνθρώπους αἰσχυνθεῖσα οὐδὲ δείσασ' ἀπώλεσεν. Lesbon. Protr. II, 657 Bekk.: ἀλλὰ γὰρ οὔτε θεοὺς οὔτ' ἀνθρώπους αἰδοῦνται. Xen. Hell. II, 4, 21: αἰδούμενοι καὶ θεοὺς καὶ ἀνθρώπους παύσασθε ἁμαρτάνοντες εἰς τὴν πατρίδα. Vgl. auch Plat. Gesetze XI, 917ᵇ: οὔτε ἀνθρώπους αἰδούμενος οὔτε θεοὺς σεβόμενος. Lys. XXXII, 17: οὔτε τοὺς θεοὺς φοβεῖ οὔτ' ἐμὲ αἰσχύνει. In der an unserer Stelle von Lysias gebrauchten Verbindung ist die Übertragung des νομίζειν auf die Menschen zwar ungewöhnlich, aber durch die ursprüngliche Bedeutung des Wortes 'einem das zuerteilen, was ihm gebührt' vollständig gerechtfertigt. Ganz passend erklärt es Frohberger: 'anerkennen, gelten lassen' und daher im Verhalten auf sie (die schuldige) Rücksicht nehmen. Schmidt, Synonymik der griech. Sprache I, 17, 1 und 3 (wo auch die Stelle des Lysias angeführt wird). — ἐκ τῶν παρόντων] 'unter den obwaltenden Umständen'. Krüger und Poppo zu Thuk. III, 29, 2.

§ 10. ἐξώλειαν] Der Schwur κατ' ἐξωλείας machte nicht nur den Schwörenden, sondern sein ganzes Geschlecht für den Meineid verantwortlich (zu § 36). Ant. V, 11: δεῖ σε διομόσασθαι ὅρκον τὸν μέγιστον καὶ ἰσχυρότατον, ἐξώλειαν αὑτῷ καὶ γένει καὶ οἰκίᾳ τῇ σῇ ἐπαρώμενον. (D.) LIX, 10: διομοσάμενος ὡς —, ἐξώλειαν αὑτῷ καὶ γένει καὶ οἰκίᾳ ἐπαρασάμενος. D. LIV, 41: εἰ ἐπιορκῶ, ἐξώλης ἀπολοίμην αὐτός τε καὶ εἴ τί μοι ἔστιν ἢ μέλλει ἔσεσθαι. Aesch. II, 87: ἐξώλη αὑτὸν εἶναι ἐπαρᾶσθαι καὶ τὴν οἰκίαν τὴν αὑτοῦ. In kürzerer Fassung Aesch. I, 114: ὀμόσας — καὶ ἐξώλειαν (so die neuesten Herausgeber nach Baiters Vorschlag; in den Hdschr. τὴν ἐξώλειαν) αὑτῷ ἐπαρασάμενος. III, 99: μεθ' ὅρκου ψεύδεται, ἐξώλειαν ἐπαρώμενος ἑαυτῷ. Am kürzesten D. XXI, 119: ὄμνυε κατ' ἐξωλείας. — εἰσελθὼν εἰς τὸ δωμάτιον τὴν κιβωτὸν ἀνοίγνυμι] τὸ δωμάτιον 'das Schlafgemach', wie I, 17. 24. 27. Plat. Staat III, 390ᶜ. Theophr. Char. 18. Arist. Lys. 160. Ekkl. 8. Poll. Onom. III, 43. Hier stand die verschliefsbare Truhe, ἡ κιβωτός (Theophr. Char. 18: ἔστιν ὁ ἄπι-

εἰσέρχεται καὶ ἰδὼν τὰ ἐνόντα καλεῖ τῶν ὑπηρετῶν δύο, καὶ
11 τὰ ἐν τῇ κιβωτῷ λαβεῖν ἐκέλευσεν. Ἐπεὶ δ' οὐχ ὅσον ὡμολόγητο εἶχεν, ὦ ἄνδρες δικασταί, ἀλλὰ τρία τάλαντα ἀργυρίου
καὶ τετρακοσίους κυζικηνοὺς καὶ ἑκατὸν δαρεικοὺς καὶ φιάλας
ἀργυρᾶς τέτταρας, ἐδεόμην αὐτοῦ ἐφόδιά μοι δοῦναι· ὁ δ'
12 ἀγαπήσειν με ἔφασκεν, εἰ τὸ σῶμα σώσω. Ἐξιοῦσι δ' ἐμοὶ
καὶ Πείσωνι ἐπιτυγχάνει Μηλόβιός τε καὶ Μνησιθείδης ἐκ
τοῦ ἐργαστηρίου ἀπιόντες καὶ καταλαμβάνουσι πρὸς αὐταῖς
ταῖς θύραις καὶ ἐρωτῶσιν ὅποι βαδίζοιμεν· ὁ δ' ἔφασκεν· εἰς
τὰ τοῦ ἀδελφοῦ τοῦ ἐμοῦ, ἵνα καὶ τὰ ἐν ἐκείνῃ τῇ οἰκίᾳ

στος τοιοῦτός τις, οἷος — τὴν γυναῖκα τὴν αὑτοῦ ἐρωτᾶν κατακείμενος, εἰ κέκλεικε τὴν κιβωτόν. Vgl. [D.] XXV, 61), in der man aufser den Kleidern auch Barvermögen und Kostbarkeiten (τὰ ἐν τῷ δωματίῳ Lys. XXXII, 6) aufbewahrte. Schol. zu Arist. Ritt. 1219 Df.: ἡ κιβωτός ἐστιν εἰς ὑποδοχὴν ἱματίων καὶ χρυσοῦ. Der Artikel bezeichnet die übliche, für solche Zwecke bestimmte Truhe. Kr. 50, 2, 4.

§ 11. οὐχ ὅσον] = οὐ τοσοῦτον (μόνον) ὅσον. Thuk. I, 51, 1: οἱ Κορίνθιοι ὑπετόπησαν τὰς ναῦς ἀπ' Ἀθηνῶν εἶναι, οὐχ ὅσας ἑώρων, ἀλλὰ πλείους. Plat. Soph. 217e: τὸ νῦν ῥηθὲν οὐχ ὅσον ὧδε ἐρωτηθὲν ἐλπίσειεν ἂν αὐτὸ εἶναί τις, ἀλλὰ τυγχάνει λόγου παμμήκους ὄν. — κυζικηνούς] XXXII, 6 mit dem Zusatz στατῆρας, eine sehr courante Goldmünze (κυζικηνοῦ χρυσίου στατῆρες in Inschriften) = 28 attischen Silberdrachmen, etwa 22 M. Hultsch, Metrol. 269. — δαρεικούς] persische Reichsgoldmünze, seit Dareios Hystaspis (der nach Herod. IV, 166 besonderen Wert auf ihre reine Ausmünzung legte) in Griechenland viel im Umlauf, etwa 22 M. 50 Pf. an Wert. Hultsch S. 279. — φιάλας] Silberne φιάλαι (Trinkschalen) bildeten zu Athen eine beliebte Tafelzierde ([D.] XLIX, 22). Ein Zeichen des Reichtums werden die φιάλαι genannt D. XXII, 75. Mit ihnen und mit anderen Trinkgefäfsen renommiert Meidias D. XXI, 158: τρεῖς ἀκολούθους ἢ τέτταρας ἔχων διὰ τῆς ἀγορᾶς σοβεῖ, κυμβία καὶ ῥυτὰ καὶ φιάλας ὀνομάζων οὕτως, ὥστε τοὺς παριόντας ἀκούειν. — ἀγαπήσειν — εἰ σώσω] Tempus und Modus ist aus der direkten Rede (ἀγαπήσεις, εἰ — σώσεις) beibehalten. Bei ἀγαπᾶν wird die Veranlassung zur Zufriedenheit meist durch einen kondizionalen Satz (XXII, 15. XXVI, 3), seltener durch ὅτι, das Ptcp. oder den Inf. ausgedrückt.

§ 12. ἐπιτυγχάνει Μηλόβιος καὶ Μνησιθείδης ἀπιόντες] Bei Vorausschickung des Verbums vor mehreren persönlichen Subjekten steht nicht selten der Singular, selbst wenn eine prädikative oder appositionelle Bestimmung im Plural folgt und sofort in einem koordinierten Satzgliede das Verbum im Plur. erscheint. Kr. 63, 4. Xen. Anab. II, 4, 16: ἔπεμψέ με Ἀριαῖος καὶ Ἀρτάοζος πιστοὶ ὄντες Κύρῳ καὶ κελεύουσι φυλάττεσθαι. Isae. IV, 24. D. XXIII, 12. Plat. Apol. 36a. Ähnlich bei vorausgeschicktem Particip (D.) XLIX, 44: παρὼν ὁ Φορμίων καὶ ὁ Εὔφραῖος ἐξήλεγχον αὐτόν. Lys. XIII, 17. 23. D. XXIV, 13. Thuk. IV, 37, 1. — πρὸς αὐταῖς ταῖς θύραις] 'gerade an der Thür' (Kr. 51, 6, 9), wie also Lys. schon nahe daran war, zu entkommen. — εἰς τὰ τοῦ ἀδελφοῦ] 'nach dem Grundstücke.' D. LIV, 7: παρέρχεται Κτησίας ἐγγὺς τῶν Πυθοδώρου. Arist. Wesp. 1432: παράτρεχ' εἰς τὰ Πιττάλου. Gesetz bei (Demosth.) XLIII, 62: γυναῖκα μὴ ἐξεῖναι εἰσιέναι εἰς τὰ τοῦ ἀποθανόντος. Kr.

σκέψηται. Ἐκεῖνον μὲν οὖν ἐκέλευον βαδίζειν, ἐμὲ δὲ μεθ'
αὐτῶν ἀκολουθεῖν εἰς Δαμνίππου. Πείσων δὲ προσελθὼν 13
σιγᾶν μοι παρεκελεύετο καὶ θαρρεῖν, ὡς ἥξων ἐκεῖσε. Κατα-
λαμβάνομεν δὲ αὐτόθι Θέογνιν ἑτέρους φυλάττοντα, ᾧ παραδόντες ἐμὲ πάλιν ᾤχοντο. Ἐν τοιούτῳ δ' ὄντι μοι κινδυνεύειν
ἐδόκει, ὡς τοῦ γ' ἀποθανεῖν ὑπάρχοντος ἤδη. Καλέσας δὲ 14
Δάμνιππον λέγω πρὸς αὐτὸν τάδε· „Ἐπιτήδειος μέν μοι
τυγχάνεις ὤν, ἥκω δ' εἰς τὴν σὴν οἰκίαν, ἀδικῶ δ' οὐδέν,
χρημάτων δ' ἕνεκα ἀπόλλυμαι. Σὺ οὖν ταῦτα πάσχοντί μοι
πρόθυμον παράσχου τὴν σεαυτοῦ δύναμιν εἰς τὴν ἐμὴν σωτηρίαν.“ Ὁ δ' ὑπέσχετο ταῦτα ποιήσειν. Ἐδόκει δ' αὐτῷ βέλτιον
εἶναι πρὸς Θέογνιν μνησθῆναι· ἡγεῖτο γὰρ ἅπαν ποιήσειν
αὐτόν, εἴ τις ἀργύριον διδοίη. Ἐκείνου δὲ διαλεγομένου 15
Θεόγνιδι — ἔμπειρος γὰρ ὢν ἐτύγχανον τῆς οἰκίας, καὶ ᾔδειν
ὅτι ἀμφίθυρος εἴη — ἐδόκει μοι ταύτῃ πειρᾶσθαι σωθῆναι,

43, 3, 7. — ἵνα — σκέψηται] Der Konjunktiv bleibt aus der oratio recta: βαδίζω ἵνα σκέψωμαι. — μεθ' αὐτῶν ἀκολουθεῖν] Kr. 48, 7, 12. Plat. Lach. 187ᵉ: μετὰ τοῦ πατρὸς ἀκολουθῶν ἐπλησίασέ σοι. Menex. 249ᵈ. D. XXII, 49. (D.) LIX, 108. Xen. Anab. VII, 5, 3: σὺν ἐμοὶ ἠκολούθησαν. Thuk. IV, 124, 1. So auch ἕπεσθαι μετά τινος und σύν τινι. — εἰς Δαμνίππου] wie § 16 εἰς Ἀρχένεω, Plat. Staat I, 328ᵇ: εἰς τοῦ Πολεμάρχου. Kr. 43, 3, 6.

§ 13. ὡς] 'unter dem Vorgeben.' — Θέογνιν] § 6. Ausser Lysias gedenkt seiner nur noch Xenophon. — ἐν τοιούτῳ] 'in solcher Lage', wie ἐν τοιούτῳ τοῦ κινδύνου Xen. Anab. I, 7, 5. ἐν τοιούτῳ ἐσμέν Kyr. IV, 2, 21. Ebenso εἰς τοῦτο καταστῆναι und καθιστάναι (Lys. XXX, 3. XXXI, 28) neben εἰς ταῦτα καταστῆναι Is. XVIII, 44. Das Neutrum ursprünglich lokal. Kr. 43, 4, 4. — κινδυνεύειν] 'etwas zu riskieren.' Der prägnante Gebrauch ohne τι ist auffällig; doch steht ähnlich neben τολμᾶν τι (Diphilos bei Athen. II, 35ᵈ; vgl. Iustin. V, 9: audendum aliquid ratus) absolut τολμᾶν Theogn. 555: τολμᾶν χρὴ χαλεποῖσιν ἐν ἄλγεσι κείμενον ἄνδρα. Mit Gefahr verknüpft war zwar nicht die Bitte an Damnippos, wohl aber der dabei beabsichtigte Fluchtversuch, den er dann allein ausführte. — ὑπάρχοντος] 'vor der Thür sei.'

§ 14. ἐπιτήδειος — ἀπόλλυμαι] Die stofsweise gesprochenen kurzen Sätze malen trefflich die Seelenangst des Sprechenden. — ἥκω — οἰκίαν] Appellation an den Schutz des Hausrechts, zu § 30. — πρόθυμον] auf δύναμιν bezogen, welches dadurch personificiert wird. Plut. Philop. 9: ὁρμὴ πρόθυμος ἐπὶ τοὺς κινδύνους. In ruhigerer Stimmung würde Lysias etwa gesagt haben: πρόθυμον παράσχου σεαυτὸν κατὰ τὴν σὴν δύναμιν. — ταῦτα] zu § 9. — μνησθῆναι] sc. περὶ τούτου, eine Ellipse wie Xen. Kyr. I, 4, 12: τίς οὖν ἂν ἡμῖν Ἀστυάγει μνησθείη; Plat. Symp. 218ᶜ.

§ 15. ἔμπειρος γάρ] Die Vorausschickung des erläuternden Satzes (wie im Latein. des Satzes mit enim und etenim) nach Kr. 69, 14, 3. And. II, 15: κἀγώ — θόρυβος γὰρ δὴ τοιοῦτος ἐγίγνετο τῶν βουλευτῶν — ἐπειδὴ ἐγίγνωσκον ἀπολούμενος, εὐθὺς προσπηδῶ πρὸς τὴν ἑστίαν. — ἀμφίθυρος] Den Zugang von der Strafse in den Hof verschlofs die αὔλειος θύρα (§ 16), den Eingang vom Hofe aus ins

ἐνθυμουμένῳ ὅτι, ἐὰν μὲν λάθω, σωθήσομαι, ἐὰν δὲ ληφθῶ, ἡγούμην μέν, εἰ Θέογνις εἴη πεπεισμένος ὑπὸ τοῦ Δαμνίππου χρήματα λαβεῖν, οὐδὲν ἧττον ἀφεθήσεσθαι, εἰ δὲ μή, ὁμοίως
16 ἀποθανεῖσθαι. Ταῦτα διανοηθεὶς ἔφευγον, ἐκείνων ἐπὶ τῇ αὐλείῳ θύρᾳ τὴν φυλακὴν ποιουμένων· τριῶν δὲ θυρῶν οὐσῶν, ἃς ἔδει με διελθεῖν, ἅπασαι ἀνεῳγμέναι ἔτυχον. Ἀφικόμενος δ' εἰς Ἀρχένεω τοῦ ναυκλήρου ἐκεῖνον πέμπω εἰς ἄστυ, πευσόμενον περὶ τοῦ ἀδελφοῦ· ἥκων δ' ἔλεγεν ὅτι Ἐρατοσθένης

Hintergebäude die μέταυλος θύρα (I, 17). Guhl und Koner, das Leben der Griechen und Römer 89 (III). — ταύτῃ] 'auf diese Weise', mit Benutzung der Ortskenntnis. — ἐνθυμουμένῳ — ἐὰν ληφθῶ, ἡγούμην] Die an das ἐὰν δὲ ληφθῶ geknüpfte Eventualität ist eine doppelte: ἀφεθήσεσθαι und ἀποθανεῖσθαι, jede wieder für sich von einer Voraussetzung abhängig, die erstere von εἰ — λαβεῖν, die letztere von εἰ δὲ μή 'sin minus' (ähnlich D. XVI, 8: ἐὰν δ' ἀδικῶσιν, εἰ μὲν ὑπὲρ τούτου μόνον βουλευτέον, συγχωρῶ ἐᾶσαι· εἰ δ' ἅπαντες ἐπίστασθ' ὅτι ἴασιν ἐπὶ Μεσσήνην, φρασάτω τις ἐμοί κτλ.); daher sollte die zweigliedrige Apodosis zu ἐὰν δὲ ληφθῶ lauten: εἰ — λαβεῖν, οὐδὲν ἧττον ἀφεθήσομαι, εἰ δὲ μή, ὁμοίως ἀποθανοῦμαι. Die Schwerfälligkeit des aus einer hypothetischen Antithese bestehenden Nachsatzes zu dem kondizionalen Vordersatze veranlafst aber, dafs die Abhängigkeit der ganzen Periode von dem ἐνθυμουμένῳ ὅτι aufgegeben und in ἡγούμην anakoluthisch ein Stützpunkt für dieselbe gesucht wird. Beim Übersetzen denke man hinter σωθήσομαι ein Kolon. Ähnlich, doch minder kompliziert, Xen. Hell. VII, 5, 18: οὐκ ἐδόκει αὐτῷ δυνατὸν εἶναι ἀμαχεὶ παρελθεῖν, λογιζομένῳ ὅτι, εἰ μὲν νικῴη, πάντα ἀναλύσοιτο, εἰ δὲ ἀποθάνοι, καλὴν τὴν τελευτὴν ἡγήσατο ἔσεσθαι. — ἡγούμην μέν] μέν sollte nach strenger Logik hinter εἰ stehen Doch wird, wenn zwei antithetische Sätze von einem gemeinsamen Verbum abhängen, μέν zuweilen aus dem ersten Gliede der Antithese zum regierenden Verbum gezogen, welches letztere dann eigentlich anaphorisch zum zweiten Gliede mit δέ wiederholt werden sollte. Plat. Staat I, 334c: εἰκὸς μέν, οὓς ἄν τις ἡγῆται χρηστούς, φιλεῖν, οὓς δ' ἂν (= εἰκὸς δ' οὓς ἂν) πονηρούς, μισεῖν. — ὁμοίως] 'ebenso', als wenn ich den Fluchtversuch nicht gemacht hätte. Seine Lage konnte sich dadurch nicht verschlimmern.

§ 16. ἔφευγον] 'machte mich auf die Flucht', das Imperf. wie § 42 ohne Rücksicht auf den anfangs ja zweifelhaften, nur durch günstigen Zufall ermöglichten Erfolg der Flucht. Xen. Anab. VI, 5, 27: ἐνταῦθα οὐκέτι ἐδέξαντο οἱ πολέμιοι, ἀλλὰ ἔφευγον· καὶ Τιμασίων ἐφείπετο, καὶ ἀπεκτίννυσαν ὅσουσπερ ἠδύναντο. Kr. 53, 2, 2. K. 99, 2. — τριῶν θυρῶν] die des Zimmers, in dem er sich befand, die μέταυλος θύρα und die nach einer anderen Strafse führende Hinterthür des Hintergebäudes. — εἰς ἄστυ] Archeneos wie Lysias wohnten im Peiräeus (Prol. § 6). ἄστυ im individuellen Sinne bei Lysias willkürlich mit und ohne Artikel XXXII, 8: τοὺς παῖδας εἰς ἄστυ ἀναπέμπει, dagegen XIII, 80: τὴν πομπὴν συμπέμπειν πρὸς τὸ ἄστυ; XIII, 24: ἀπιέναι εἰς ἄστυ, dagegen ib. § 81: εἰσιέναι εἰς τὸ ἄστυ. Vgl. zu XXV, 18 und zu XIII, 88. Kr. 50, 2, 15. — ἥκων] 'zurückgekehrt' wie III, 11. XIII, 8. And. I, 40: ἥκων εἰς τὸ ἄστυ (von Laurion). (D.) L, 60; daher von Gesandten D. VI, 29. XX, 73. Aesch. II, 119, auch von Verbannten D. XXIII, 72. And. I, 25. 35. In der

αὐτὸν ἐν τῇ ὁδῷ λαβὼν εἰς τὸ δεσμωτήριον ἀπαγάγοι. Καὶ 17
ἐγὼ τοιαῦτα πεπυσμένος τῆς ἐπιούσης νυκτὸς διέπλευσα Μέγα-
ράδε. Πολεμάρχῳ δὲ παρήγγειλαν οἱ τριάκοντα τὸ ἐπ' ἐκείνων
εἰθισμένον παράγγελμα, πίνειν κώνειον, πρὶν τὴν αἰτίαν εἰπεῖν
δι' ἥντιν' ἔμελλεν ἀποθανεῖσθαι· οὕτω πολλοῦ ἐδέησε κριθῆναι
καὶ ἀπολογήσασθαι. Καὶ ἐπειδὴ ἀπεφέρετο ἐκ τοῦ δεσμωτηρίου 18
τεθνεώς, τριῶν ἡμῖν οἰκιῶν οὐσῶν ἐξ οὐδεμιᾶς εἴασαν ἐξε-
νεχθῆναι, ἀλλὰ κλεισίον μισθωσάμενοι προὔθεντο αὐτόν. Καὶ

Verspottung eines äschyleischen Verses (Choeph. 3: ἥκω καὶ κατέρχομαι) sagt Eurip. bei Arist. Frö. 1157: ἥκω ταὐτόν ἐστι τῷ κατέρχομαι. Ebenso ἀφικνεῖσθαι (Plat. Euthyphr. 4[d]) und ἐλθεῖν (unten § 54. XVI, 4. XIX, 50. XXXI, 9. [Lys.] XX, 14. Xen. Ages. 1, 10). — ἔλεγεν] Kr. 53, 2, 1. — ἐν τῇ ὁδῷ] also nicht daheim, hervorgehoben mit Rücksicht auf die Benutzung dieses Umstandes § 30 f. — ἀπαγάγοι] 'abgeführt habe'. Kr. 53, 6, 6.

§ 17. διέπλευσα] 'hinüber' über den saronischen Meerbusen. — τὸ — κώνειον] Der Schierlingsbecher war das zur Zeit (ἐπί) der Dreifsig gewöhnliche Mordwerkzeug (Xen. Hell. II, 3, 56. Lys. XVIII, 24), übrigens eine vergleichsweise humane Art der Hinrichtung. Theophr. Gesch. der Pflanzen IX, 8, 3: τὸ χύλισμα τοῦ κωνείου τῆς ῥίζης ἐστὶν ἰσχυρότερον καὶ τὴν ἀπαλλαγὴν ῥᾴω ποιεῖ καὶ θᾶττω. Der Tod erfolgte durch Hemmung des Blutumlaufs (sanguine spissando Plin. N. H. XXV, 13, 95) und durch Herzschlag. — πρίν] 'ohne (zuvor)'. Die Handlung des Hauptsatzes steht im Zeitverhältnis zu einer nur gedachten Handlung, deren Eintritt durch die erstere verhindert ward. Aesch. III, 235: οἱ τριάκοντα χιλίους καὶ πεντακοσίους τῶν πολιτῶν ἀκρίτους ἀπέκτειναν, πρὶν καὶ τὰς αἰτίας ἀκοῦσαι, ἐφ' αἷς ἔμελλον ἀποθνήσκειν. Madvig § 167. — ἐδέησε] persönliche Konstruktion gegenüber dem impersonellen tantum abest (ab eo) ut. So XXX, 8. XXIII, 13. XXIV, 1. (Lys.) VIII, 14. I, 45. III, 7. XVII, 1. Kr. 47, 16, 2. — κριθῆναι] Es ist eine von den Rednern oft gegen die Dreifsig (wie von Phrynichos bei Thuk. VIII, 48 gegen die Oligarchen überhaupt) erhobene Anklage, dafs sie ihre Opfer entweder ganz ohne Urteil und Recht (ἀκρίτους) oder höchstens durch ein Scheinverfahren des ihnen durchaus ergebenen Rates (zu § 82. XIII, 35), gestützt auf ein von ihnen selbst erlassenes Gesetz (Xen. Hell II, 3, 51), hinrichten liefsen, ein Terrorismus, der bei der Gewöhnung der Athener an die bis ins Kleinste ausgeprägten, durch den Eid der Buleuten und des ganzen Volks ([And.] IV, 3) garantierten gerichtlichen Formen um so unerträglicher erschien. Vgl. §§ 36. 82. 83. 96. XXVI, 13. And. I, 94. Is. IV, 113. VII, 67. XX, 11. Aesch. III, 235. (D.) XL, 46. Schol. zu Aesch. I, 39. Das Gewicht der Anklage mag man nach Is. XV, 22 bemessen: ἀοίκητοί εἰσιν αὗται τῶν πόλεων, ἐν αἷς ἄκριτοί τινες ἀπόλλυνται τῶν πολιτῶν. Freilich liefs sich auch die Demokratie zuweilen zu dieser schweren Rechtsverletzung hinreifsen; vgl. Lys. XXV, 26 und zu XIX, 7. Hitzköpfe waren schnell mit solchem Rate vor dem Volke bei der Hand. XXII, 2. XXVII, 8. (Lys.) VI, 54.

§ 18. τριῶν οἰκιῶν οὐσῶν] Prol. §§ 2. 6. — κλεισίον] 'eine Baracke.' — προὔθεντο] Die Leiche pflegte einen Tag vor der Beerdigung (Ant. VI, 34) im Vorderhause im weifsen Totenkleide ausgestellt zu werden (προκεῖσθαι, als Passiv des Mediums προτίθεσθαι. Ant. a. a. O. Lys. fr. 23. Arist. Ekkl. 537). Lukian v. d. Trauer 11: λούσαντες αὐτοὺς καὶ μύρῳ τῷ

*πολλῶν ὄντων ἱματίων αἰτοῦσιν οὐδὲν ἔδοσαν εἰς τὴν ταφήν,
ἀλλὰ τῶν φίλων ὁ μὲν ἱμάτιον, ὁ δὲ προσκεφάλαιον, ὁ δ' ὅ
19 τι ἕκαστος ἔτυχεν ἔδωκεν εἰς τὴν ἐκείνου ταφήν. Καὶ ἔχοντες
μὲν ἑπτακοσίας ἀσπίδας τῶν ἡμετέρων, ἔχοντες δ' ἀργύριον
καὶ χρυσίον τοσοῦτον, χαλκὸν δὲ καὶ κόσμον καὶ ἔπιπλα καὶ
ἱμάτια γυναικεῖα ὅσ' οὐδεπώποτ' ᾤοντο κτήσεσθαι, καὶ ἀνδράποδα εἴκοσι καὶ ἑκατόν, ὧν τὰ μὲν βέλτιστ' ἔλαβον, τὰ δὲ
λοιπὰ εἰς τὸ δημόσιον ἀπέδοσαν, εἰς τοσαύτην ἀπληστίαν καὶ
αἰσχροκέρδειαν ἀφίκοντο καὶ τοῦ τρόπου τοῦ αὑτῶν ἀπόδειξιν
ἐποιήσαντο· τῆς γὰρ Πολεμάρχου γυναικὸς χρυσοῦς ἑλικτῆρας,
οὓς ἔχουσα ἐτύγχανεν, ὅτε τὸ πρῶτον ἦλθεν εἰς τὴν οἰκίαν,
20 Μηλόβιος ἐκ τῶν ὤτων ἐξείλετο. Καὶ οὐδὲ κατὰ τὸ ἐλάχιστον
μέρος τῆς οὐσίας ἐλέου παρ' αὐτῶν ἐτυγχάνομεν, ἀλλ' οὕτως
εἰς ἡμᾶς διὰ τὰ χρήματα ἐξημάρτανον, ὥσπερ ἂν ἕτεροι μεγά-*

καλλίστῳ χρίσαντες τὸ σῶμα καὶ στεφανώσαντες τοῖς ὡραίοις ἄνθεσι προτίθενται λαμπρῶς ἀμφιέσαντες. Schömann, griech. Altertümer II, 541 (2. Aufl.). Guhl und Koner 766 (3. Aufl.). Auch zu Rom war der lectus funebris im atrium mehrere Tage lang ausgestellt. Den Hingerichteten ward diese Ehre nicht versagt; für den Sokrates übernahm sie Kriton (Plat. Phaed. 115[e]). Hier sorgen die Tyrannen, obwohl mit Verletzung des Decorums, selbst dafür, um die Verwandten und Freunde des Hingerichteten (diese sind durch *αἰτοῦσιν* angedeutet) möglichst fern zu halten; zu § 87. — *ἔτυχεν*] sc. *δούς*. Kr. 56, 4, 2.

§ 19. *τῶν ἡμετέρων*] 'aus unserem Eigenthum.' — *τοσοῦτον*] § 11. — *χαλκόν*] das Rohmaterial für die Schildfabrik. — *εἰς τὸ δημόσιον*] 'zum Besten der Staatskasse'. — *εἰς τοσαύτην ἀπληστίαν ἀφίκοντο· τῆς γάρ*] Gewöhnlicher wäre *εἰς τοσοῦτον ἀπληστίας* (Kr. 47, 10, 3), wie § 22. XIV, 2 u. oft. Doch vgl. XXXII, 19: *εἰς τοσαύτην ὑποψίαν πάντας ἀνθρώπους καθίστησιν*. Is. VIII, 47: *εἰς τοσαύτην ἀπορίαν ἐληλυθότες*. VI, 67. — Der Satz mit *γάρ* vertritt die Stelle des Folgesatzes, wie (Lys.) VI, 17: *τοσοῦτον οὗτος Διαγόρου ἀσεβέστερος γεγένηται· ἐκεῖνος γὰρ κτλ.* VIII, 14, And. III, 33, hier um so ungezwungener, weil die Worte *καὶ — ἐποιήσαντο* dazwischen treten. Ebenso nach *οὕτως* XIII, 80. — *ἑλικτῆρας*] 'inaures'. — *ὅτε τὸ πρῶτον ἦλθεν*] Subj. Melobios, dessen Brutalität dadurch gekennzeichnet wird, dafs er, kaum eingetreten, sich an der Frau des Polemarch vergreift. *ὅτε τὸ πρῶτον* 'cum primum', zu erklären wie *ἐπειδὴ τάχιστα* (zu XIII, 78) und *ὅτε νεωστί* (zu XIX, 48). Anderwärts *ὅτε πρῶτον* (Lys. XVII, 3. D. XVIII, 141), *ὁπότε πρῶτον* (Xen. Hell. VII, 3, 7. Plat. Hipp. I, 286[d]), *ἐπεὶ τὸ πρῶτον* (Plut. Arat. 2), *ἐπειδὴ πρῶτον* (Isae. VI, 37), *ὡς τὸ πρῶτον* (Xen. Anab. VII, 8, 14. *ὡς ἅπαξ τὸ πρῶτον* Arist. Frieden 612), *ὅταν πρῶτον* (D. XX, 137. [And.] IV, 12 — in den Hdschr. *πρῶτον, ὅταν* —. Plat. Lys. 211[b]. *ὁππότε κε πρῶτον* Hom. Od. λ, 106), *ὅπου ἂν πρῶτον* (Xen. Anab. III, 2, 9). Kr. 65, 7, 4.

§ 20. *καὶ οὐδὲ — ἐτυγχάνομεν*] Der Ausdruck wie Isae. V, 10: *καὶ οὐδὲ κατὰ τὸ ἐλάχιστον μέρος τῆς οἰκειότητος ἐλέου παρ' αὐτοῦ ἔτυχον, ἀλλὰ κτλ.* — *ὥσπερ ἂν ἕτεροι*] wie andere es thun würden (zu thun pflegen) im Zorn über erlittenes schweres Unrecht, welches letztere Motiv nach antiker

λων ἀδικημάτων ὀργὴν ***ἔχοντες, οὐ τούτων ἀξίους γ' ὄντας τῇ πόλει, ἀλλὰ πάσας μὲν τὰς χορηγίας χορηγήσαντας, πολλὰς δ' εἰσφορὰς εἰσενεγκόντας, κοσμίους δ' ἡμᾶς αὐτοὺς παρέχοντας***

Anschauung (zu XII, 60) gerechtfertigt sein würde. Zu *ὥσπερ ἂν* ergänze *ἐξαμάρτοιεν*. Die Protasis ist enthalten in dem Ptc. *ἔχοντες* = *εἰ ἔχοιεν*. Ebenso stehen *ὥσπερ ἂν* und *ὡς ἂν* And. I, 57: *χρὴ ἀνθρωπίνως περὶ τῶν πραγμάτων ἐκλογίζεσθαι, ὥσπερ ἂν αὐτὸν ὄντα ἐν τῇ συμφορᾷ*. D. XVIII, 291. 298. XXI, 14. 225. XXIV, 79. Xen. Mem. III, 6, 4. 8, 1. Kyr. I, 3, 8. Vgl. Is. IV, 86: *τοσαύτην ἐποιήσαντο σπουδήν, ὅσην περ ἂν τῆς αὐτῶν χώρας πορθουμένης*. XIV, 37. D. XVIII, **197.** Vollständig D. IV, 6: ***πάντα** κατέστραπται καὶ ἔχει, τὰ **μὲν** ὡς ἂν ἑλών τις ἔχοι πολέμῳ κτλ.* — *ἀδικημάτων*] Genit. obj. von *ὀργή* abhängig, wie D. XVIII, 99: *τούτων τὴν ὀργὴν εἰς τἄλλα ἔχετε* (wo Westermann). — ***οὐ τούτων ἀξίους γ' ὄντας τῇ πόλει***] 'die wir doch das nicht um den Staat verdient hatten'. Xen. Mem. I, 1, 1: *Σωκράτης ἄξιός ἐστι θάνατου* ***τῇ πόλει***. 2, **62.** 64. Kr. 48, 6, **7.** — ***ἀλλὰ πάσας*** *κτλ.*] Die Aufzählung der dem Staate erwiesenen Leistungen ist eine allezeit schlagfertige Waffe im Munde des Klägers wie des Angeklagten. Durch Vorrechnung der geleisteten Leiturgieen und Hinweisung auf die dem gemeinen Besten mit Gut und Leib geleisteten Dienste, deren Übernahme zuweilen ausdrücklich als im Hinblick auf spätere Anklagen erfolgt bezeichnet wird (XVI, 17. XXV, **13.** [Lys.] XX, 31; vgl. Is. **XVIII**, 67), hoffte man die Sympathieen der Richter für sich zu gewinnen (**III, 47.** VII, 31. XVIII, 21. XXV, 12). **Der** Sprecher der 21. Rede (*ἀπολογία δωροδοκίας*) spezifiziert § **1 — 5** sogar die für die Leiturgieen aufgewendeten Summen bis ins Einzelnste. Auch die Verdienste des Vaters und der Vorfahren überhaupt wurden noch aufgezählt (X, 27. XVIII, 2. XIX, 57 ff.; besonders And. I, 141 **ff.** Is. XVI, 24. 35. [D.] XXV, 76 ff.), **und** selbst **die** Lossprechung anderer suchte man durch die Erinnerung an den eigenen Patriotismus zu erwirken XXI, 17. [Lys.] XX, 15. Lyk. 139). Daſs solche Spekulationen auf die *φιλανθρωπία* der Richter selbst auf Kosten des Rechts nicht wirkungslos blieben, sagt Lysias XXX, 1: *ἤδη τινὲς εἰς κρίσιν καταστάντες ἀδικεῖν μὲν ἔδοξαν, ἀποφαίνοντες δὲ τὰς τῶν προγόνων ἀρετὰς καὶ τὰς σφετέρας αὐτῶν εὐεργεσίας συγγνώμης ἔτυχον παρ' ὑμῶν*. Ebenda § 27. (D.) XXV, 76. Deshalb suchten die Sprecher den Gegnern gern im voraus diese Waffe zu entziehen, **wie es** Lysias § 38 ff. **thut.** Vgl. XIV, **24.** XXVI, 4. D. XXI, **151** ff. und was Demosthenes in derselben Rede § 225 im allgemeinen über derartige Mittel sagt: *δεῖ μήτε λειτουργίας μήτ' ἔλεον μήτ' ἄνδρα μηδένα μήτε τέχνην μηδεμίαν εὑρῆσθαι,* ***δι' ὅτου*** *παραβάς τις τοὺς* ***νόμους*** *οὐ δώσει δίκην*. — *τὰς χορηγίας*] Schömann, griech. Altertüm. I, 486 (3). Die Metöken sollen zwar nach einem spätern Zeugnis (Schol. zu Arist. Plut. 954) nur am Feste der Lenäen Choregie geleistet haben; die Isotelen aber wurden zu allen Leistungen für den Staat wie die Bürger herangezogen; nur von der Trierarchie müssen sie wenigstens damals befreit gewesen sein, sonst würde der Redner diese kostspieligste aller Leiturgieen gewiſs erwähnt haben. — *εἰσφοράς*] Schömann I, 482. Vgl. XXV, 12. Die Kriegsvermögenssteuer wurde, unter Umständen wenigstens, auf die Metöken insgesamt nach dem Verhältnis ihres Vermögens repartiert. Is. XVII, **41.** Lys. XXII, 13. — ***κοσμίους***] 'ordnungsliebend', der eigentliche Ausdruck vom polit. Wohlverhalten des Bürgers (VII, 41: *κόσμιον ἐμαυτὸν καὶ ἐν δημοκρατίᾳ καὶ ἐν ὀλιγαρχίᾳ παρέσχον*. XIV, 29. XV, 9. XXVII, 7); verbunden mit *σώφρων* XXI, 19. XIV, 41 (vgl. Isae. fr 30 Scheibe: *ἡγοῦμαι*

καὶ πᾶν τὸ προσταττόμενον ποιοῦντας, ἐχθρὸν δ' οὐδένα κεκτημένους, πολλοὺς δ' Ἀθηναίων ἐκ τῶν πολεμίων λυσαμένους τοιούτων ἠξίωσαν, οὐχ ὁμοίως μετοικοῦντας ὥσπερ αὐτοὶ
21 ἐπολιτεύοντο. Οὗτοι γὰρ πολλοὺς μὲν τῶν πολιτῶν εἰς τοὺς πολεμίους ἐξήλασαν, πολλοὺς δ' ἀδίκως ἀποκτείναντες ἀτάφους ἐποίησαν, πολλοὺς δ' ἐπιτίμους ὄντας ἀτίμους κατέστησαν, πολ-
22 λῶν δὲ θυγατέρας μελλούσας ἐκδίδοσθαι ἐκώλυσαν. Καὶ εἰς τοσοῦτόν εἰσι τόλμης ἀφιγμένοι, ὥσθ' ἥκουσιν ἀπολογησόμενοι,

μεγίστην εἶναι τῶν λειτουργιῶν τὸν καθ' ἡμέραν βίον κόσμιον καὶ σώφρονα παρέχειν und zu XIV, 12), mit der von Platon so betonten Bürgerpflicht τὰ ἑαυτοῦ πράττειν XXVI, 3 (vgl. Hyp. für Eux. XXXIII: κοσμίως καὶ μετρίως τὰ αὑτοῦ πράττοντα), mit τοῖς νόμοις πείθεσθαι I, 26. Gegensatz ἄκοσμος III, 45, ἀκοσμεῖν XIV, 12. 21. — πᾶν τὸ προσταττόμενον ποιοῦντας] Der Ausdruck faſst alle Ansprüche des Staates an den Einzelnen zusammen, doch besonders mit Beziehung auf die Leiturgieen (vgl. Is. VIII, 128: διεξίασι τὸ πλῆθος τῶν προσταγμάτων καὶ τῶν λειτουργιῶν. Lys. XXV, 13: πλείω τῶν ὑπὸ τῆς πόλεως προσταττομένων ἐδαπανώμην). VII, 31. XIV, 20. 45 (XXI, 23: προθύμως ποιήσω τὰ προσταχθέντα. XVIII, 7: τῶν ἄλλων οὐδενὸς πώποτ' ἀποστᾶσιν ὧν ἡ πόλις αὐτοῖς προσέταξεν). Is. XV, 150: λειτουργοῦντα ἐμαυτὸν τῇ πόλει παρέχω καὶ ποιοῦντα τὸ προσταττόμενον. Isae. IV, 27. X, 25 (an beiden Stellen in Verbindung mit κόσμιον ἑαυτὸν παρέχειν). VII, 35. XI, 50. (D.) XLVII, 48. Anderwärts bezeichnet τὸ προσταττόμενον (τὰ προσταττόμενα) ποιεῖν militär. Subordination (Lys. XVI, 17) oder, wie τὸ κελευόμενον und τὰ κελευόμενα ποιεῖν (Is. VI, 39. 94. D V, 24. XVIII, 202. 204), polit. Abhängigkeit (Is. VI, 7. 8. 39. 56. 70. 94. VII, 64. XII, 257). — πολλοὺς — λυσαμένους] Auſser der patriotischen Leistung der Leiturgieen berühmen sich die Redner auch gern der Akte der Humanität gegen Unbemittelte (φιλανθρωπίαι D. VIII, 70. [D.] XXV, 86). Dahin gehörte die λύσις αἰχμαλώτων, deren sich Demosthenes (XVIII, 268. XIX, 169. 229) und der Sprecher bei Lys. XIX, 59 rühmt und deren Unterlassung Isae. V, 44 dem Gegner vorgerückt wird. Plutarch zollt deshalb dem Philopoimen Lob (Phil. 4). Über das Med. λύσασθαι zu XIV, 27. — τοιούτων ἠξίωσαν] bitter: 'hielten sie uns solches Lohnes wert'. Die Worte, an sich entbehrlich, weil sich die Participia an εἰς ἡμᾶς anschlieſsen konnten, nehmen mit leichter Anakoluthie wegen des Gegensatzes οὐ τούτων ἀξίους γ' ὄντας τῇ πόλει das οὕτως ἐξημάρτανον wieder auf.

§ 21. εἰς τοὺς πολεμίους ἐξήλασαν] zu § 95. εἰς τοὺς πολεμίους wegen des Gegensatzes zu ἐκ τῶν πολεμίων; in Wahrheit fanden die Verbannten an den meisten Orten freundliche Aufnahme. — ἀτάφους ἐποίησαν] nur von der Versagung des solennen Begräbnisses, der νομιζομένη ταφή (§ 96), durch die Verwandten zu verstehen. Vgl. Cic. pro Quinct. 15, 50: si funus id habendum est, quo non amici conveniunt ad exsequias cohonestandas. ἄταφον ποιεῖν ist zwar ἅπαξ εἰρημένον, doch durch ἄταφον γίγνεσθαι und ἔχειν (Eur. Suppl 540) gerechtfertigt. — ἐκώλυσαν] durch Hinrichtung oder Beraubung derer, denen die ἔκδοσις oblag, hier der Väter, in dem XIII, 45 erzählten Falle der Brüder (vgl. zu XVI, 10). ἐκδίδοσθαι gehört ἀπὸ κοινοῦ zu μελλούσας wie zu ἐκώλυσαν.

§ 22. ἥκουσιν ἀπολογησόμενοι, ὡς] Der Ausdruck wie Dein. III, 3: ἀπολογησόμενος ἥκει, ὡς οὐδὲν τούτων διαπέπρακται. Vgl. zu

ὡς οὐδὲν κακὸν οὐδ' αἰσχρὸν εἰργασμένοι εἰσίν. Ἐγὼ δ'
ἐβουλόμην ἂν αὐτοὺς ἀληθῆ λέγειν· μετῆν γὰρ ἂν καὶ ἐμοὶ
τούτου τοῦ ἀγαθοῦ οὐκ ἐλάχιστον μέρος· νῦν δ' οὔτε πρὸς 23
τὴν πόλιν αὐτοῖς τοιαῦθ' ὑπάρχει οὔτε πρὸς ἐμέ· τὸν ἀδελφὸν
γάρ μου, ὥσπερ καὶ πρότερον εἶπον, Ἐρατοσθένης ἀπέκτεινεν,
οὔτ' αὐτὸς ἰδίᾳ ἀδικούμενος οὔτ' εἰς τὴν πόλιν ὁρῶν ἐξαμαρ-
τάνοντα, ἀλλὰ τῇ ἑαυτοῦ παρανομίᾳ προθύμως ἐξυπηρετῶν.
Ἀναβιβασάμενος δ' αὐτὸν βούλομαι ἐρέσθαι, ὦ ἄνδρες δικα- 24

XIII, 89. Im Munde der Dreifsig im allgemeinen enthält die Entschuldigung allerdings eine schreiende Unwahrheit. — ἐβουλόμην ἄν] ἐβουλόμην (vellem) in der Regel ohne μέν, wenn das bei anderer Auffassung des Wunsches entbehrliche ἄν hinzutritt. — μετῆν — μέρος] Gedanke: Dann hätte ich meinen Bruder und mein Vermögen noch. Über den Nom. μέρος bei μετῆν zu XIV, 29. οὐκ ἐλάχιστον μέρος eine beliebte λιτότης, vgl. oben § 20. XVIII, 2: τῶν κακῶν οὐκ ἐλάχιστον μετέσχε μέρος. And. I, 143. II, 12. Is. XIII, 11 (οὐκ ἐλαχίστη μοῖρα Dion. Hal. Antt. VII, 41). Wegen des an ἐβουλόμην ἄν durch γάρ angefügten Irrealis vgl. Is. XV, 114 (XIX, 28). D. IV, 51. (D.) prooem. 23. — Is. V, 138. XIII, 11. XV, 15. 176. Anderwärts folgt ἵνα mit dem Indic. des Präteritums, wie Lys. III, 21. 44. IV, 3. Is. XVIII, 51. Isae. fr. 22 Scheibe. Aesch. III, 2. (D.) prooem. 32. Arist. Ekkl. 152 (ὅπως And. II, 21).

§ 23. νῦν δέ] 'nun aber, so aber' setzt wie nunc (vero, autem) dem unerfüllten Wunsche, der nicht zu verwirklichenden Forderung oder Annahme das Thatsächliche entgegen. Kr. 54, 10. Ebenso νυνὶ δέ (Genaueres im Anh. und an den dort a. E. genannten Stellen). — τοιαῦθ' ὑπάρχει] 'stehen in solchem Verhältnis'. Ant. V, 60: ταὐτὰ ὑπῆρχεν αὐτῷ εἰς ἐκεῖνον ἅπερ ἐμοί. Ebenda § 58. Lys. XVIII, 6. — ὥσπερ — εἶπον] Rückkehr von der Digression über das Verhalten der Dreifsig im allgemeinen (§ 19 ff.) zum speziellen Fall und Übergang zur refutatio. — ἀπέκτεινεν] Wir: 'er hat seinen Tod veranlafst' (§§ 26. 67. XIII, 2. 12. 42. XXX, 11 u. o.), der Athener nach seiner Auffassung des φόνος (Einl. § 1): 'er war sein Mörder'. — προθύμως] Also qualifiziert sich die That als φόνος ἑκούσιος.

§ 24. ἀναβιβασάμενος — ἐρέσθαι] Das attische Gerichtswesen gestattete dem Sprecher, im Verlauf der Rede mit dem Gegner ein Kreuzverhör anzustellen oder auch einen Zeugen selbst zu vernehmen (wie And. I, 14). Die Ergebnisse eines solchen Verhörs (nach Xen. Symp. 5, 2, vgl. And. I, 101, scheint aufser ἐρώτησις auch ἀνάκρισις der Name dafür gewesen zu sein) hatten jedoch nicht die entlastende oder belastende Kraft regelrechter Zeugenaussagen, nach der Gesetzesformel bei (D.) XLVI, 10: τοῖν ἀντιδίκοιν ἐπάναγκες εἶναι ἀποκρίνασθαι ἀλλήλοις τὸ ἐρωτώμενον, μαρτυρεῖν δὲ μή. Ein anderes Beispiel Lys. XXII, 5, wogegen XIII, 30. 32 die Formeln (Isae. XI, 5 wenigstens die Antworten) weggelassen sind. Deinarch (I, 83) und Andokides (I, 101) benutzen diesen Brauch rhetorisch, und Sokrates in der platonischen Apologie (24ᵈ ff.) macht daraus einen förmlichen Dialog mit Meletos. In Beobachtung attischer Prozefsformen läfst auch Aeschylos (Eumen. 586 Dind.) die Eumeniden vor dem Gerichtshof den Orestes auffordern, ihnen Punkt für Punkt Rede zu stehen (ἔπος ἀμείβον πρὸς ἔπος ἐν μέρει τιθείς). Lukian hat im δὶς κατηγορούμενος wie andere Punkte des attischen Gerichtsbrauchs so auch diese ἐρώτησις parodiert (c.

σταί. Τοιαύτην γὰρ γνώμην ἔχω· ἐπὶ μὲν τῇ τούτου ὠφελείᾳ καὶ πρὸς ἕτερον περὶ τούτου διαλέγεσθαι ἀσεβὲς εἶναι νομίζω, ἐπὶ δὲ τῇ τούτου βλάβῃ **καὶ** πρὸς αὐτὸν τοῦτον ὅσιον καὶ εὐσεβές. Ἀνάβηθι οὖν μοι καὶ ἀπόκριναι, ὅ τι ἄν σε ἐρωτῶ.

25 Ἀπήγαγες Πολέμαρχον ἢ οὔ; „Τὰ ὑπὸ τῶν ἀρχόντων προσταχθέντα δεδιὼς ἐποίουν." Ἦσθα δ' ἐν τῷ βουλευτηρίῳ, ὅθ' οἱ λόγοι ἐγίγνοντο περὶ ἡμῶν; „Ἦν." Πότερον συνηγόρευες τοῖς κελεύουσιν ἀποκτεῖναι ἢ ἀντέλεγες; „Ἀντέλεγον." Ἵνα **μὴ** ἀποθάνωμεν ἢ ἵν' ἀποθάνωμεν; „**Ἵνα μὴ** ἀποθάνητε." Ἡγούμενος ἡμᾶς ἄδικα πάσχειν ἢ δίκαια; „**Ἄδικα**".

26 Εἶτ', ὦ σχετλιώτατε πάντων, ἀντέλεγες μὲν ἵνα σώσειας, **συνελάμβανες δ'** ἵν' ἀποκτείνειας; καὶ ὅτε μὲν τὸ πλῆθος ἦν ὑμῶν κύριον **τῆς** σωτηρίας **τῆς** ἡμετέρας, ἀντιλέγειν φῄς τοῖς

22). Ähnlich bei den Römern die *altercatio*. Volkmann, Rhetorik S. 149. Zumpt, der Kriminalprozefs der röm. Rep. **S. 344** f. — *ἐπὶ μὲν — ὅσιον* **καὶ** *εὐσεβές*] Es galt als Impietät (*ἀσεβές*), mit oder auch nur von dem **zu** reden, der den Tod eines nahen Verwandten veranlafst hatte (vgl. Ant. VI, 34. 40); Isae. IX, 16. 20 wird erwähnt, dafs Astyphilos nie mit dem Kleon gesprochen, weil des letzteren Vater im Streit den Vater des Astyphilos bis auf den Tod mishandelt habe. Konnte aber durch eine Annäherung **an** den Mörder diesem geschadet **werden**, so wurde sie nach **dem Gebote** der Blutrache zur F**orderung der** Pietät (*ὅσιον καὶ εὐσεβές*). **Dem** *ἀσεβές* des ersten Gliedes steht im **zweiten** nicht ein einfaches *εὐσεβές*, sondern ein volleres *ὅσιον καὶ* **εὐσεβές** gegenüber. Diese Abweichung von dem sonst in der Antithese streng durchgeführten Parallelismus verleiht dem zweiten Teile ein gröfseres Gewicht und zugleich dem ganzen Satze einen kräftigeren Abschlufs. — *ἀνάβηθι*] Über das *ἀνά* zu § 47.

§ 25. *Τὰ — ἐποίουν*] Anstatt **des einfachen** *ἀπήγαγον* diese Antwort, um gleich seine wesentlichste Entschuldigung mit einzuflechten. *ὑπὸ τῶν ἀρχόντων* 'von der Behörde', da der Majoritätsbeschlufs auch für die Opposition bindend war. — **οἱ λόγοι**] § 6. — *ἐν τῷ βουλευτηρίῳ*] Sonach zogen die Dreifsig bei dieser Gewaltmafsregel auch den **ihnen** ergebenen Rat (zu § 48 **und XIII**, 35) hinzu. — *ἵνα μὴ ἀποθάνωμεν — ἄδικα*] Der Konzinnität mit der vorhergehenden disjunktiven **Frage** wegen spaltet Lysias auch hier die Fragen, obschon nach *ἀντέλεγον* weder die Absicht *ἵν' ἀποθάνωμεν* vorausgesetzt werden konnte noch die Ansicht *ἡγ. ἡμᾶς δίκαια πάσχειν* (juristische und religiöse Formeln sind oft unnötig wortreich; vgl. zu X, 16). Dabei sind in beiden Fragen die einander entgegengesetzten Glieder symmetrisch so geordnet, dafs jedesmal das, was nicht vorauszusetzen war, die zweite Stelle einnimmt.

§ 26. *εἶτα*] '**und** da', zieht wie *ἔπειτα* an der Spitze von Fragsätzen ein die Indignation oder Verwunderung erregendes Ergebnis aus dem Vorhergehenden. Kr. 69, 24, **2.** — *τὸ πλῆθος ὑμῶν*] 'die Majorität von euch', wie *τὸ πλῆθος ἡμῶν* Is. XIV, 51. Dagegen *τὸ ὑμέτερον πλῆθος* stehender Ausdruck für die Gesamtheit des Demos (*τὸ πλῆθος τῶν πολιτῶν* Is. XX, 21) und seiner Interessen, oft geradezu 'die Demokratie'; § 42. X, 27. XIII, 1. 16 u. o. — *ἀντιλέγειν*] Inf. Impf. parallel **dem** *ἀντέλεγον* § **24** (Kr. 53, 2, 9), **hebt**

βουλομένοις ἡμᾶς ἀπολέσαι, ἐπειδὴ δ' ἐπὶ σοὶ μόνῳ ἐγένετο καὶ σῶσαι Πολέμαρχον καὶ μή, εἰς τὸ δεσμωτήριον ἀπήγαγες; εἶθ' ὅτι μὲν ὡς φῂς ἀντειπὼν οὐδὲν ὠφέλησας, ἀξιοῖς χρηστὸς νομίζεσθαι, ὅτι δὲ συλλαβὼν ἀπέκτεινας, οὐκ οἴει ἐμοὶ καὶ τουτοισὶ δεῖν δοῦναι δίκην;

Καὶ μὴν οὐδὲ τοῦτ' εἰκὸς αὐτῷ πιστεύειν, εἴπερ ἀληθῆ 27
λέγει φάσκων ἀντειπεῖν, ὡς αὐτῷ προσετάχθη. Οὐ γὰρ δή που ἐν τοῖς μετοίκοις πίστιν παρ' αὐτοῦ ἐλάμβανον. Ἔπειτα τῷ ἧττον εἰκὸς ἦν προσταχθῆναι ἢ ὅστις ἀντειπών γ' ἐτύγχανε καὶ γνώμην ἀποδεδειγμένος; Τίνα γὰρ εἰκὸς ἦν ἧττον

den hartnäckig festgehaltenen Widerspruch, *ἀντειπεῖν* § 27 nur die Thatsache an sich hervor. — Die beiden Antithesen bereiten dadurch, dafs sie das mit der angeblichen Opposition des Eratosthenes kontrastierende Thun desselben veranschaulichen, den Nachweis (§ 33) vor, dafs er überhaupt gar nicht widersprochen habe. — *ἀξιοῖς — οὐκ οἴει δεῖν*] Der Gegensatz wie Is. VI, 5: *ἀξιοῦσιν — οὐκ οἴονται δεῖν*. Lys. XII, 89: *ἀξιοῦσι — οὐκ οἴονται χρῆναι*. Vgl. auch Lys. XXX, 8. Isae. I, 51.

§ 27. **τοῦτο**] weist proleptisch auf *ὡς — προσετάχθη* hin. — *ἐν τοῖς μετοίκοις*] *ἐν* 'an' fügt bei den Begriffen der Wahrnehmung, des Erprobens, des Beweisens die Person oder Sache bei, an der die Wahrnehmung oder die Probe gemacht, der Beweis gegeben wird. (Lys.) XX, 16: *ἐν πολλοῖς δηλοῖ ὑμῖν*. — *πίστιν ἐλάμβανον*] *πίστιν λαμβάνειν* hier 'sich einen Beweis der Treue geben lassen'; denn *πίστις* (von *πιθ* = ver-binden; vgl. Curtius, gr. Etym. 327) ist nicht blos Versicherung der Treue (wie § 9), sondern auch thatsächlicher Beweis, Garantie derselben, wie § 77: *ἔργῳ δοῦναι πολλὰς πίστεις*. XXV, 13. 17. XVIII, 19. Is. XV, 125. 278: *αἱ πίστεις μεῖζον δύνανται αἱ ἐκ τοῦ βίου γεγενημέναι ἢ αἱ ὑπὸ τοῦ λόγου πεποριсμέναι*. — *ἐλάμβανον*] Das Impf. nach Kr. 53, 2, 2: fidem erant tentaturi. *οὐ γὰρ δή που — ἐλάμβανον* kurzer Ausdruck für *οὐ γάρ δή που τοῦτό γ' ἐστιν εἰπεῖν, ὡς — ἐλ.* Vgl. die Beispiele de arg. ex contr. praef. XVII f. Der Gedankengang dieser schwierigen Stelle scheint folgender zu sein: Es ist ihm nicht zu glauben, dafs ihm, wenn er wirklich dem Beschlusse sich widersetzt hatte, die Ausführung desselben übertragen worden ist. Denn seine Zuverlässigkeit konnten sie doch wohl nicht an den Metöken erproben wollen, ein Fall, unter dessen Voraussetzung allein man vernünftiger Weise den Widersacher der Mafsregel mit der Ausführung derselben hätte beauftragen können. Dann (*ἔπειτα*, wenn sie nicht *πίστιν λαμβάνειν* wollten) mufsten sie verständiger Weise (*εἰκός*) jedem anderen eher als einem solchen Opponenten den Auftrag erteilen; denn ein Gegner der Mafsregel konnte leicht ehrliche Mitwirkung versagen (was § 31 f. ja auch als Pflicht des Erat. bezeichnet wird, wenn er ernstlich der Gewaltthat abgeneigt war) und ihnen die reiche Beute entschlüpfen lassen. — *γνώμην*] Der an sich statthafte Zusatz von *ἐναντίαν* (Herod. I, 207: *ἀπεδείκνυτο ἐναντίην τῇ προκειμένῃ γνώμῃ*. VII, 10 a. A. VIII, 108: *τὴν ἐναντίην ταύτῃ γνώμην ἐτίθετο*. D. XIX, 65) ist hier deshalb unnötig, weil über die Beschaffenheit der *γνώμη* das *ἀντειπών* keinen Zweifel läfst. Der Artikel aber fehlt regelmäfsig in *γν. ἀποδείκνυσθαι* und *ἀποφαίνεσθαι*, wenn der Accus. entweder mit dem Verbum zu einem Gesamtbegriffe

ταῦθ' ὑπηρετῆσαι ἢ τὸν ἀντειπόνθ' οἷς ἐκεῖνοι ἐβούλοντο
28 πραχθῆναι; Ἔτι δὲ τοῖς μὲν ἄλλοις Ἀθηναίοις ἱκανή μοι δοκεῖ

verschmilzt (und so dem artikellosen Accus. der deutschen Sprache entspricht in Redensarten wie teilnehmen, Not leiden, Krieg führen u. s. w.) oder in prädikativem Sinne 'als Ansicht' sich fassen läſst. Ersteres ist der Fall, wenn diese Ausdrücke ganz absolut stehen (γν. ἀποδ. wie hier bei Lys. auch Herod. III, 81. IV, 97. VI, 41. VII, 3, γν. ἀποφ. D. IV, 1. XVIII, 189. XIX, 156 — hier mit εἰς κοινόν, vgl. Thuk. IV, 59, 1 —. [D.] LI, 18. Herod. II, 120. VII, 8, IV. Dion. Hal. Antt. VIII, 8; vgl. Herod. V, 36. VIII, 68: γν. κατὰ τὠυτὸ ἐξεφέροντο. [D.] XXV, 9: γνώμης ἀπόδειξιν, οὐ πονηρίας προτίθετε) oder durch περί (ὑπέρ) mit Gen. näher bestimmt werden (γν. ἀποφ. περί [D.] XIII, 11. Aesch. III, 2. Xen. Mem. IV, 4, 9, ὑπέρ Lyk. 11; vgl. γν. ἀποφαίνειν περί Herod. I, 40 und δόξαν ἀποφαίνεσθαι περί Plat. Theaet. 170d) oder einen indirekten Frag-(Relativ)satz nach sich haben (γν. ἀποδ. Xen. Mem. IV, 4, 11, γν. ἀποφ. Xen. Anab. I, 6, 9. Herod. VIII, 49. Eur. Suppl. 336). Dagegen ist γνώμην Prädikat, wenn ein Satz mit ὅτι oder ὡς folgt (γν. ἀποδ. ὅτι Xen. Anab. V, 5, 3, ὡς Herod. III, 74. VI, 43, γν. ἀποφ. ὡς Dion. Hal. Antt. VII, 44. Diodor XIII, 19; vgl. γν. εἰπεῖν ὡς Herod. IX, 5) oder ein Infinitiv, sei es zur Bezeichnung dessen, was stattfindet (γν. ἀποδ. Arr. Anab. II, 26, 2), oder dessen, was stattfinden soll (γν. ἀποδ. Xen. Anab. V, 6, 37. Herod. VIII, 108. γν. ἀποφ. mit proleptischem περί [And.] IV, 22; vgl. γν. τίθεσθαι mit Inf. Herod. III, 80. VII, 82 neben ταύτην γνώμην — dies als Meinung — τίθεσθαι Soph. Phil. 1448. Arist. Ekkl. 658. Theogn. 717, sowie γν. εἰπεῖν mit Inf. Thuk. VIII, 67, 1). Ebenso läſst sich der Accus. fassen in γνώμην ποιεῖσθαι (sich zur γν. machen) Arr. Anab. I, 1, 7. IV, 27, 5. 29, 5 (die Ansicht fassen, an den beiden ersten Stellen mit ὅτι, an der letzten mit ὡς und dem Ptcp.). III, 19, 1. 21, 5 (beschlieſsen). Thuk. I, 128, 7. II, 2, 4 (beabsichtigen). VII, 72, 3 (vorschlagen) und γνώμην ἔχειν (als γν. haben) Thuk. II, 86, 5. III, 92, 4. IV, 125, 3 (beabsichtigen). Herod. III, 82 (vorschlagen) und der Nomin. in γνώμη ἐστί τινι (τινος) mit Inf. Thuk. I, 53, 2. VI, 47, 1 (anders Thuk. VIII, 44, 1: ἐς τὴν Ῥόδον τὴν γν. εἶχον πλεῖν = 'die Absicht, welche sie hatten, ging dahin, nach Rhodos zu fahren' und III, 96, 2; vgl. auch III, 31, 2: τὸ πλεῖστον τῆς γν. εἶχε mit Inf.). Von den genannten Stellen ist zu trennen Plat. Gorg. 466c: γνώμην σαυτοῦ ἀποφαίνει = 'du giebst eine Ansicht von dir kund'; vgl. den in derselben Weise gebrauchten Plural Herod. I, 207. VII, 6. Dion. Hal. Antt. VII, 47 (γνώμας ἀποφαίνεσθαι und ἀποδείκνυσθαι). Herod. VII, 8 a. A. (γνώμας πυνθάνεσθαι). Thuk. I, 139, 3. III, 36, 5. VI, 14, 1 (γνώμας προτιθέναι; dagegen vom vorliegenden Falle der Singul. mit Artik. III, 42, 1: οὔτε τοὺς προθέντας τὴν διαγνώμην αὖθις περὶ — αἰτιῶμαι). III, 36, 2 (γνώμας ποιεῖσθαι). Da, wo der Artikel oder der Artikel zugleich mit dem Genit. des Reflexivpronomens hinzutritt, hat ein solcher Zusatz in der Regel seinen besonderen Grund. Instruktiv ist in dieser Beziehung Herod. V, 36: ἐκφήνας τήν τε ἑωυτοῦ γνώμην καὶ τὰ παρὰ τοῦ Ἱστιαίου ἀπιγμένα, wo der Gegensatz die nähere Bestimmung der γν. erforderte. Ähnlich verhält es sich mit τὴν αὑτοῦ (αὑτῶν) γν. ἀποφαίνεσθαι Plat. Prot. 336d und Is. XII, 235. Thuk. I, 87, 2 heiſst φανερῶς ἀποδείκνυσθαι τὴν γν. 'die schon kundgegebene Meinung deutlich zum Ausdruck bringen'. Auch Dion. Hal. Antt. VIII, 5: μὴ πρότερον ποθεῖτε ὅ τι χρὴ πράττειν ἀκοῦσαι, πρὶν ὁποῖός τίς εἰμι ὁ τὴν γν. ἀποδειξάμενος ἐξετάσαι und Luk. ἀλ. ἱστ. II, 2: τοιόνδε τι ἐπενοήσαμεν· ὁ δὲ τὴν γν. ἀποφηνάμενος ἦν

πρόφασις εἶναι τῶν γεγενημένων εἰς τοὺς τριάκοντα ἀναφέρειν
τὴν αἰτίαν· αὐτοὺς δὲ τοὺς τριάκοντα, ἂν εἰς σφᾶς αὐτοὺς
ἀναφέρωσι, πῶς εἰκὸς ὑμᾶς ἀποδέχεσθαι; Εἰ μὲν γάρ τις ἦν 29
ἐν τῇ πόλει ἀρχὴ ἰσχυροτέρα αὐτῆς, ὑφ' ἧς αὐτῷ προσετάττετο
παρὰ τὸ δίκαιον ἀνθρώπους ἀπολλύναι, ἴσως ἂν εἰκότως αὐτῷ
συγγνώμην εἴχετε· νῦν δὲ παρὰ τοῦ ποτε καὶ λήψεσθε δίκην,
εἴπερ ἐξέσται τοῖς τριάκοντα λέγειν, ὅτι τὰ ὑπὸ τῶν τριάκοντα
προσταχθέντ' ἐποίουν; Καὶ μὲν δὴ οὐκ ἐν τῇ οἰκίᾳ ἀλλ' ἐν 30

Σπίνθαρος war der Artikel notwendig. Vgl. die oben erwähnten Stellen Thuk. III, 42, 1. 96, 2. VIII, 44, 1. In mehreren Verbindungen gebrauchte man *ἀποδείκνυσθαι* und *ἀποφαίνεσθαι* auch ohne den Accus. *γν.* So steht *ἀποφ. περί* Xen. Mem. II, 1, 21 (hier mit dem Zusatz *ὡσαύτως*). Plat. Lach. 186[d], *ἀποφ.* mit indirekter Frage D. I, 16. Xen. Mem. IV, 4, 9, *ἀποδ. ὅτι* Xen. Anab. V, 2, 9 und in demselben Sinne *ἀποφ.* mit Infin. D. XIX, 117. Plat. Theaet. 168[b]. Diodor X, 9 Df. (dagegen Aesch. II, 62: *ἀπεφήναντο ἀναμεῖναι τὴν πόλιν* 'sie erklärten sich dafür, die Bürgerschaft solle abwarten'; ebenso D. XVIII, 204).

§ 28. *πρόφασις*] nicht 'Vorwand', sondern 'Entschuldigungsgrund', hier durch *ἱκανή*, anderwärts durch *ἀληθής, ἐπιεικής, δικαία, καλή* im Begriff bestimmt. (And.) IV, 17. Thuk. III, 9, 2. D. XX, 97. XXI, 98. (D.) XLV, 67. Vgl. zu XIV, 1. — *εἰς σφᾶς αὐτούς*] nicht = *εἰς ἀλλήλους*, sondern 'auf sich selbst', paradox, um das (scheinbar) Widersinnige der Entschuldigung hervorzuheben. In Wahrheit aber konnte sich Eratosth. durch die Majorität der Dreifsig (für ihn die *ἰσχυροτέρα ἀρχή*) mit Grund zu decken versuchen und behaupten, er habe *διὰ τὴν ἑαυτοῦ σωτηρίαν* (§ 31) den Polem. verhaftet; sonach konnte er den *φόνος ἀκούσιος* nachzuweisen versuchen (Einl. § 8).

§ 29. *αὐτῆς*] ad sensum auf *τοὺς τριάκοντα* bezogen = *τῆς ἀρχῆς τῆς τῶν τριάκοντα*. Denn eine *ἀρχή* (magistratus) blieb bei alledem das Kollegium der Dreifsig (§§ 6. 36. 48. 94. Plat. Apol. 32[d]), da durch ein formell nicht anfechtbares Plebiscit ihre Wahl erfolgt war (§ 75. Is. VII, 67: *ψηφίσματι παρέλαβον τὴν πόλιν*. Xen. Hell. II, 3, 2: *ἔδοξε τῷ δήμῳ τριάκοντα ἄνδρας ἑλέσθαι*). — *ὑφ' ἧς*] bezieht sich auf die *ἀρχὴ ἰσχυροτέρα*. — *προσετάττετο*] 'befohlen worden wäre.' Tempus und Modus des relativen Zwischensatzes richtet sich nach dem der kondizionalen Protasis. Kr. 54, 10, 6. K. 117, 6, b. So VII, 37. Ant. V, 74. Isae. fr. 23, 3 Scheibe; vgl. auch zu XXXI, 10. 26. Über die gleiche Assimilation in den Nebensätzen der hypoth. Apodosis zu XII, 98. — *νῦν δέ*] zu § 22. — *παρὰ τοῦ ποτε καί*] *ποτε καί* ('denn eigentlich, denn noch') fordert mit Nachdruck Antwort auf eine Frage, die sich unter den obwaltenden Umständen oder bei einer denselben entnommenen Voraussetzung aufdrängt und die der Fragende sich nicht selbst zu beantworten vermag. Kr. 69, 32, 16. (And.) IV, 39: *ἐνθυμοῦμαι τίνας ποτὲ καὶ πείσει δεόμενος*. — *τοῖς τριάκοντα — ἐποίουν*] Anspielung auf eine damals jedenfalls oft gebrauchte Entschuldigungsphrase (zu § 90); zu betonen *τοῖς τριάκοντα*. Das Sophistische der Worte liegt darin, dafs das, was bei Eratosth. und den übrigen Mitgliedern der Opposition begründet war, die Zurückschiebung der Schuld auf die Gesamtheit der Dreifsig, auf die letztere selbst übertragen wird, um eine deductio ad absurdum zu ermöglichen.

§ 30. Gegen den Einwand des Eratosthenes: *τὰ ὑπὸ τῶν ἀρχόν-*

τῇ ὁδῷ, σῴζειν τ' αὐτὸν καὶ τὰ τούτοις ἐψηφισμένα παρόν, συλλαβὼν ἀπήγαγεν. **Ὑμεῖς δὲ πᾶσιν** ὀργίζεσθ', ὅσοι εἰς τὰς οἰκίας ἦλθον τὰς ὑμετέρας ζήτησιν ποιούμενοι ἢ ὑμῶν ἢ τῶν
31 ὑμετέρων τινός. Καίτοι εἰ χρὴ τοῖς διὰ τὴν ἑαυτῶν σωτηρίαν ἑτέρους ἀπολέσασι συγγνώμην ἔχειν, ἐκείνοις ἂν δικαιότερον ἔχοιτε· **κίνδυνος** γὰρ ἦν πεμφθεῖσι μὴ ἐλθεῖν καὶ καταλαβοῦσιν

των προσταχθέντα δεδιὼς ἐποίουν und das ἀντέλεγον (§ 25) hat Lysias bis jetzt behauptet: 1) Hättest du wirklich widersprochen, so hätten dir die Dreifsig vermutlich gar nicht den Ausführungsbefehl erteilt (§ 27); 2) Hatten sie ihn dir erteilt, so kannst du, selbst Mitglied der unumschränkten Regierung, dich vernünftiger Weise nicht auf den von derselben geübten Zwang berufen (§ 28 f.). Es folgt 3) Konntest du diesem Zwange dich wirklich nicht entziehen, so gestatteten dir günstige Zufälle, dem Wortlaut des Beschlusses und zugleich der Humanität zu genügen. Über καὶ μὲν δή, wodurch dieses neue Argument eingeführt wird, zu § 35. — σῴζειν — παρόν] durch wörtliche Auslegung des Beschlusses, welcher die Verhaftung der Metöken in ihren Häusern (§ 8) angeordnet hatte. σῴζειν ('wahren') ist durch eine Art traductio zu αὐτόν im wörtlichen, zu ἐψηφισμένα im tropischen Sinne zu verstehen, wie τοὺς σοὺς λόγους σῴζοντες Eur. Hel. 1552, σῴζειν τὰ κείμενα Plat. Staat VI, 484[d], τοὺς νόμους Gesetze VIII, 847[a]. Soph. Antig. 1114. Ein ähnlicher Übergang von der wörtlichen zur tropischen Bedeutung Verg. Aen. II, 160: tu servata serves Troia fidem. Vgl. zu XIII, 53. τέ hätte eigentlich hinter αὐτόν stehen sollen. Dieses (scheinbare) Hyperbaton ist zu erklären durch eine zwar beabsichtigte, aber nicht ausgeführte Wiederholung des gemeinsamen Begriffs (σῴζειν τε αὐτὸν καὶ σῴζειν τὰ κτλ.) und findet sich am häufigsten beim Artikel und bei Präpositionen. Mit der vorliegenden Stelle vgl. Isae. II, 1: βοηθεῖν τε τῷ πατρὶ καὶ ἐμαυτῷ. — πᾶσιν] Die Dreifsig suchten für ihre Gewaltmafsregeln Bürger der städtischen Fraktion solidarisch mit verantwortlich zu machen (§ 93) durch Zuziehung derselben bei der Ausführung, βουλόμενοι ὡς πλείστους ἀναπλῆσαι αἰτιῶν (Plat. Apol. 32[c]), ἵνα (sagt Kritias bei Xen. Hell. II, 4, 9) ταὐτὰ ἡμῖν καὶ θαρρῆτε καὶ φοβῆσθε. Is. XVIII, 17: ἐνίοις καὶ προσέταττον ἁμαρτάνειν. (Lys. XXV, 13:) ὡς ταύτην παρ' ἡμῶν πίστιν εἰληφότες; denn (Is. XXI, 12) τοὺς ἀδικοῦντας πιστοὺς ἡγοῦντο. Sokrates, der überhaupt mit den Häuptern der Dreifsig in Konflikt geriet (Xen. Mem. I, 2, 32 ff.), widerstand solchem Ansinnen entschieden. Plat. Brief VII, 324[e]: οἱ τριάκοντα Σωκράτη ἐπί τινα τῶν πολιτῶν ἔπεμπον βίᾳ ἄξοντα ὡς ἀποθανούμενον, ἵνα δὴ μετέχοι τῶν πραγμάτων αὐτοῖς, εἴτε βούλοιτο εἴτε μή. ὁ δ' οὐκ ἐπείθετο. — εἰς τὰς οἰκίας] die Mafsregel der Haussuchung erschien den Alten noch gewaltthätiger als uns bei ihrer hohen Meinung von der Heiligkeit des Hauses (Cic. de domo sua 41, 109: quid est sanctius, quid omni religione munitius quam domus uniuscuiusque civium? Hoc perfugium est ita sanctum omnibus, ut inde abripi neminem fas sit). Die Demokratie gestattete daher Verletzung des Hausrechts nur kraft eines besonderen Volksbeschlusses (D. XVIII, 132); dafs die Dreifsig dasselbe respektiert hätten, behauptet zwar Demosthenes (XXII, 52. XXIV, 164) um eines rhetorischen Gegensatzes willen, wird aber entschieden bestritten von Thrasybul bei Xen. Hell. II, 4, 14: συνελαμβανόμεθα δειπνοῦντες καὶ καθεύδοντες καὶ ἀγοράζοντες. Vgl. unten § 96.

§ 31. δικαιότερον] als dem Eratosth. — κίνδυνος ἦν] = ἐπικίνδυνον ἦν wie Thuk. IV, 57, 2,

ἐξάρνοις γενέσθαι. Τῷ δ' Ἐρατοσθένει ἐξῆν εἰπεῖν ὅτι οὐκ
ἀπήντησεν, ἔπειθ' ὅτι οὐκ εἶδεν. ταῦτα γὰρ οὔτ' ἔλεγχον
οὔτε βάσανον εἶχεν, ὥστε μηδ' ὑπὸ τῶν ἐχθρῶν βουλομένων
οἷόν τ' εἶναι ἐξελεγχθῆναι. Χρῆν δέ σε, ὦ **Ἐρατόσθενες,** 32
εἴπερ ἦσθα χρηστός, πολὺ μᾶλλον τοῖς μέλλουσιν ἀδίκως ἀποθανεῖσθαι μηνυτὴν γενέσθαι ἢ τοὺς ἀδίκως ἀπολουμένους
συλλαμβάνειν. Νῦν δέ σου τὰ ἔργα φανερὰ γεγένηται **οὐχ** 33
ὡς ἀνιωμένου ἀλλ' ὡς ἡδομένου τοῖς γιγνομένοις, ὥστε τούσδε ἐκ τῶν ἔργων χρὴ μᾶλλον ἢ ἐκ τῶν λόγων τὴν ψῆφον φέρειν, ἃ ἴσασι γεγενημένα τῶν τότε λεγομένων τεκμήρια λαμβάνοντας, ἐπειδὴ μάρτυρας περὶ αὐτῶν οὐχ οἷόν τε παρασχέσθαι. Οὐ

dagegen XIII, 27 und XXXI, 25 = periculum est ne. — ἐξῆν εἰπεῖν — εἶδεν] Lysias will nicht einsehen, daſs in diesem Falle die ὑπηρέται, die er natürlich so gut wie Peison (§ 10) bei sich hatte, den Eratosthenes leicht hätten Lügen strafen können. — ἔπειτα] wenn man ihm die Begegnung mit Polemarch (§ 16) vorgehalten hätte. — ταῦτα] geht nur **auf** das οὐκ ἰδεῖν; das ἀπαντῆσαι war ja leicht zu konstatieren. — οὔτ' — εἶχεν] 'lieſs **sich weder** widerlegen noch beweisen'. ἔχειν eigentlich 'in sich tragen'. Thuk. III, 53, 2: τὰ ψευδῆ ἔλεγχον ἔχει. Dionys. Com. bei Athen. IX, 381^{e}: ὅσα οὔτ' ἀριθμὸν οὔτ' ἔλεγχον ἐφ' ἑαυτῶν ἔχει. Is. I, 34: τὸ ἀφανὲς ἐκ τοῦ φανεροῦ ταχίστην ἔχει τὴν διάγνωσιν So habere Cic. de prov. consul. 12, 29: reditus habet offensionem ('es läſst sich — Anstoſs nehmen'). — βουλομένων] 'beim besten Willen'. D. IX, 63: τοῖς ὑπὲρ τοῦ βελτίστου λέγουσιν οὐδὲ βουλομένοις ἔνεστιν ἐνίοτε πρὸς χάριν οὐδὲν εἰπεῖν. Xen. Kyr. I, 4, 5: Κῦρος ᾔσθετο ὅτι βουλόμενος οὐ δύναιτό οἱ ζῶντα πολλὰ παρέχειν. Eine andere Ausdrucksweise dafür Lys. XIX, 30.

§ 32 μηνυτήν] 'ein Warner', vgl. § 48; in der Regel tadelnd 'der Angeber', delator. XIII, 2. 18. Im Falle des Polem. war freilich keine Zeit zur Warnung, da die Ausführung dem Beschlusse **un**mittelbar folgte (§ 8).

§ 33. νῦν δέ] zu § **22.** — **Der** Redner kommt nunmehr **zu dem** Schlusse, daſs das ἀντέλεγον des Eratosth. (§ 25) gar nicht auf W**ahr**heit beruhe, da es mit seinem **Thun** unvereinbar sei. Sonach enthalten die Worte die Feststellung **des** Falles (constitutio **causae**, στάσις) als φόνος ἑκούσιος. — ὥστε — φέρειν] Eine beliebte Provokation an die gesunde Vernunft der Richter, τοὺς λόγους μὴ πιστοτέρους τῶν ἔργων νομίζειν XXXIV, 5. Vgl. VII, 30. XIX, 61. XXV, 13. Is. XVIII, 65. (D.) XXV, 42. XXVI, 21. Diodor XIII, 32, 3. — Ant. V, 84 (VI, 47) rückt der Sprecher den Gegnern vor: οἱ μὲν ἄλλοι ἄνθρωποι τοῖς ἔργοις τοὺς λόγους ἐλέγχουσιν, οὗτοι δὲ τοῖς λόγοις τὰ ἔργα ζητοῦσιν ἄπιστα καθιστάναι. — τότε] bei der § 6 geschilderten Beratung. — τεκμήρια] 'Merkmale' **des** **wahren** Inhalts seiner damaligen Worte. — ἐπειδὴ — οὐχ οἷόν τε] Ebenso fehlt ἐστί **im** Nebensatze VII, **1**: εἴ πως οἷόν τε. XVII, 4. Erotik. **Plat.** Phaedr. 233^{c}: ὡς (daſs) οἷόν τε. XIX, 36. XXX, 16: ὥστ' εἰκός. XXVII, 15: ὡς (wie) εἰκός. **fr. 53, 3**: ὥσπερ εἰκός. XXX, **18.** XXXIII, 6: ὥστ' ἄξιον. XIV, 11: ὅτι (daſs) οὐδὲν ὄφελος. XXVIII, 15: ὅτι (daſs) οὐδεμία ἐλπίς. XXVI, **6**: ὡς (daſs) ἀνάγκη. XXII, 5: ἐφ' οἷς θάνατος ἡ ζημία. Vgl. XVIII, 11: οἷς μάλιστα προσῆκον sc. ἦν. XXIV,

γὰρ μόνον ἡμῖν παρεῖναι οὐκ ἐξῆν, ἀλλ' οὐδὲ παρ' αὑτοῖς εἶναι, ὥστ' ἐπὶ τούτοις ἐστὶ πάντα τὰ κακὰ εἰργασμένοις τὴν
34 πόλιν πάντα τἀγαθὰ περὶ αὑτῶν λέγειν. Τοῦτο μέντοι οὐ φεύγω, ἀλλ' ὁμολογῶ σοι, εἰ βούλει, ἀντειπεῖν. Θαυμάζω δὲ τί ἄν ποτ' ἐποίησας συνειπών, ὁπότ' ἀντειπεῖν φάσκων ἀπέκτεινας Πολέμαρχον.

Φέρε δή, τί ἄν, εἰ καὶ ἀδελφοὶ ὄντες ἐτυγχάνετ' αὐτοῦ

4: *ὡς ἂν οἷόν τε* sc. *ᾖ* und die Anm. zu dieser Stelle. Kr. 62, 1, 4 und 6. — *παρεῖναι*] bei den Beratungen der Dreifsig, hervorgehoben gegenüber der Oeffentlichkeit der Beratungen der Ekklesia wie der Bule (zu XIII, 21) unter der Demokratie. — *παρεῖναι — παρ' αὑτοῖς εἶναι*] Wortspiel: 'dabei — daheim sein'. Dies veranlafst die seltene Phrase *παρ' αὑτοῖς εἶναι* (être chez nous, d. h. im Vaterlande); so auch Is. II, 30: *αὐτοὶ παρ' αὑτοῖς ὄντες* (Gegensatz zu *ἐν τῷ φανερῷ*, in publico) *μᾶλλόν σου τὴν γνώμην ἢ τὴν τύχην θαυμάζουσιν.* (*ἔνδον παρ' αὑτοῖς διαιτᾶσθαι* Dio Chrysost. VI, 52.) So apud se esse Cic. de or. I, 49, 214. de fato fr. 2. — Die geschlossene Wendung entschuldigt den Gebrauch des Pron. reflex. der 3. Person in Beziehung auf *ἡμῖν*, eine Freiheit, die bei anderen Rednern häufig (Kr. 51, 2, 15), bei Lysias nur noch in Bezug auf die 2. Person plur. vorkommt, XVIII, 15: *ἃ αὐτοῖς ἐψηφίσασθε, ῥᾳδίως διαλύσετε.* — *τὰς πρὸς αὑτοὺς συνθήκας ἀκύρους ποιήσετε* (hier *αὑτοῖς* und *αὑτούς* zugleich reziprok für *ἀλλήλοις* und *ἀλλήλους*, vgl. D. IV, 10: *ἢ βούλεσθε αὑτῶν πυνθάνεσθαι*). XXVIII, 16: *εὖ περὶ αὑτῶν βουλεύσεσθε.* So auch Pseudolys. VIII, 5: *ἀποφαίνετε σκαιοτάτους ἑαυτούς.* — *πάντα τὰ κακὰ — πάντα τἀγαθά*] 'alles mögliche Üble — Gute', wie § 41. Dagegen § 57: *πάντα κακά* 'lauter Übles'.

§ 34. *τοῦτο — φεύγω*] 'ich will dem nicht aus dem Wege gehen', d. h. ich will mich auf diese Behauptung einlassen, wie D. XXXVIII, 19: *ἀκούω αὐτὸν τὰ περὶ τῶν νόμων δίκαια φεύξεσθαι, παρεσκευάσθαι δὲ λέγειν κτλ.* So fugere Cic. de or. II, 75, 303: Dixi solere me cedere et, ut planius dicam, fugere ea, quae valde causam meam premerent. — *θαυμάζω τί*] 'es soll mich doch wundern, was', miror quid; so XIII, 49. Kr. 65, 1, 7. — *τί ἂν ἐποίησας — Πολέμαρχον*] Eine geläufige Form des Schlusses a minori ad maius (*τόπος ἐκ τοῦ μᾶλλον καὶ ἧττον*, Volkmann, Rhetor. S. 181 f.); so XXV, 30. XXXI, 10. Pseudolys. IX, 16. — *ὁπότε*] causal wie § 63. XXII, 16; ebenso *ὅτε* § 36. XIX, 5. Mehr de arg. ex contr. S. 63 ff. und Anh. — *φέρε δή*] Abschlufs des Nachweises des *φόνος ἑκούσιος* durch die emphatische Frage: 'Nun denn, was würdet ihr thun, wäret ihr sogar (*καί*) seine nächsten Verwandten? Würdet ihr ihn freisprechen?' Dafs die Freisprechung in keinem Falle möglich, wird alsbald durch die Behauptung begründet, Eratosth. habe die That so gut wie die Nichtberechtigung derselben zugestanden. Zu dem Inhalt der pathetischen Frage, die übrigens einigermafsen frappant die Argumentation unterbricht (Prol. § 12 a. E.) vgl. (Lys.) VI, 53: *ποῖον συγγενῆ χρὴ τούτῳ χαρισάμενον κρύβδην φανερῶς τοῖς θεοῖς ἀπέχθεσθαι.* Die Ellipse *τί ἄν, εἰ* gehört dem Umgangstone an. Der Imper. *φέρε* ist auch vorausgeschickt Arist. Wolk. 769: *φέρε, τί δῆτ' ἄν, εἰ* mit Optat. Eur. Hel. 1043: *φέρε, τί δ', εἰ* mit Optat.; das demselben rhetorischen Zwecke dienende *εἰπέ μοι* (vgl. D. XXIII, 106, wo *φέρε* durch *εἰπέ μοι* abgelöst wird) Arist. Wesp. 523: *εἰπέ μοι, τί δ', ἢν κτλ.* Aufserdem vgl. Arist. Wolk. 154. Lys. 399 (*τί δῆτ'*

ἢ καὶ υἱεῖς; ἀπεψηφίζεσθε; Δεῖ γάρ, ὦ ἄνδρες δικασταί, Ἐρατοσθένην δυοῖν θάτερον ἀποδεῖξαι, ἢ ὡς **οὐκ ἀπήγαγεν αὐτόν**,
ἢ ὡς δικαίως τοῦτ' ἔπραξεν. Οὗτος δ' ὡμολόγηκεν ἀδίκως
συλλαβεῖν, ὥστε ῥᾳδίαν ὑμῖν τὴν διαψήφισιν περὶ αὑτοῦ
πεποίηκεν. Καὶ μὲν δὴ πολλοὶ καὶ τῶν ἀστῶν καὶ τῶν ξένων 35
ἥκουσιν εἰσόμενοι τίνα γνώμην περὶ τούτων ἕξετε. Ὧν οἱ μὲν
ὑμέτεροι ὄντες πολῖται μαθόντες ἀπίασιν ὅτι ἢ δίκην δώσουσιν

ἄν, εἰ m. O.). Thesm. 773 (τί δ' ἄν, εἰ m. O.). Plat. Theaet. 145[b]: τί δ', εἰ ποτέρου τὴν ψυχὴν ἐπαινοῖ πρὸς ἀρετήν τε καὶ σοφίαν; ἆρ' οὐκ ἄξιον κτλ., wo wie an der vorliegenden Stelle eine Suggestivfrage folgt. Arist. Wolk. 1444 (τί δ', ἤν). Acharn. 1011 (τί δῆτ', ἐπειδάν). Dieselbe Ellipse in quid, si Cic. Tusc. IV, 17, 40: quid, si, cum id ferret modice, mors liberorum accessisset? Zu ἀπεψ. wirkt das ἄν der elliptischen Frage ἀπὸ κοινοῦ nach; vgl. And. I, 101: εἰ τότ' ἠγωνιζόμην, τίς ἄν μου κατηγόρει; οὐχ οὗτος ὑπῆρχεν, εἰ μὴ ἐδίδουν ἀργύριον; — δεῖ γάρ] Sonderung der That- und der Schuldfrage. Der Redner darf sich nicht begnügen, den φόνος ἑκούσιος nachgewiesen zu haben; in gewissen Fällen gestattete ja das Gesetz vorsätzliche Tötung und gewährte dem ἀποκτείνας Straflosigkeit vor menschlichem und göttlichem Gericht (Schömann I, 497); also mufs noch die Nichtberechtigung der That bewiesen werden. Die Forderung, entweder die Unwahrheit des zur Last gelegten Faktums darzulegen oder dasselbe zu rechtfertigen wie XIII, 49. 51. 84. Cic. p. Mil. 3, 8: est quisquam qui hoc ignoret, cum de homine occiso quaeratur, aut negari solere omnino esse factum, aut recte ac iure factum esse defendi? D. XIX, 203: ἡ δικαία ἀπολογία ἐστὶν ἢ ὡς οὐ πέπρακται τὰ κατηγορημένα δεῖξαι ἢ ὡς πεπραγμένα συμφέρει τῇ πόλει (Cic. de or. I, 31, 139). — ἢ ὡς οὐκ ἀπήγαγεν] die That an sich hat Eratosthenes schon § 25 zugestanden. — ὡμολόγηκεν] Eratosthenes hat § 25 freilich nur das Zugeständnis gemacht, den Metöken sei durch den Beschlufs der Dreifsig Unrecht widerfahren, nicht aber, wie es Lysias hier darstellt, dadurch sich selbst verurteilt, sondern durch die Betonung seines Widerspruchs die ἀδικία von sich ab auf die Majorität der Dreifsig zu wälzen gesucht; die ihm aufgenötigte Ausführung des Beschlusses machte ihn selbst doch nicht für das Unrecht verantwortlich. — διαψήφισιν] Die Sonderung des verurteilenden vom freisprechenden Stimmsteine (zu XIII, 37), also 'die Wahl des Stimmsteins'. Diese Bedeutung des διά in διαψήφισις und διαψηφίζεσθαι geht hervor aus Stellen wie Xen. Hell. I, 7, 23: διαψηφίζεσθαι, ἐάν τε ἀδικεῖν δοκῶσιν ἐάν τε μή. Der entsprechende innere Vorgang im Abstimmenden ist διάγνωσις ('Entscheidung'); Isae. I, 21: ὥστ' ἐκ τούτων τῶν λόγων ῥᾳδίαν ὑμῖν τὴν διάγνωσιν πεποιήκασι περὶ αὐτῶν.

§ 35. καὶ μὲν δή] Diese Übergangsform, in der das aus μήν entstandene μέν (Kühner II, S. 694) noch ganz konfirmativ zu fassen ist, wendet Lysias mit Vorliebe an. Vgl. § 30. 49. VII, 36. X, 5. 29. XIV, 12. 32. 34. 43. XV, 9. XXI, 23. XXII, 19. XXV, 17. Dazu kommen 4 Stellen aus dem Erotikos, Plat. Phaedr. 231[d]. 232[b]. 232[e]. 233[a]. Das besonders von Isokrates gebrauchte καὶ μὲν δὴ καί findet sich bei Lysias nur XVIII, 9 und XXVIII, 17 (Plat. Phaedr. 233[d] ist μέν mit Bekker zu tilgen), aufserdem καὶ μὲν δὴ οὐδέ XXII, 21 und fr. 23 Scheibe (καὶ μὲν δὴ οὐδὲ τοῦτ' ἂν ἔχοι εἰπεῖν, ὡς). — τῶν ἀστῶν] geht vornehmlich auf die Genossen der Fraktion ἐξ ἄστεος. — ὅτι — ἐξαμάρτωσιν] Die Abschreckungs-

ὧν ἂν ἐξαμάρτωσιν, ἢ πράξαντες μὲν ὧν ἐφίενται τύραννοι τῆς πόλεως ἔσονται, δυστυχήσαντες δὲ τὸ ἴσον ὑμῖν ἕξουσιν· ὅσοι δὲ ξένοι ἐπιδημοῦσιν, εἴσονται πότερον ἀδίκως τοὺς τριάκοντα ἐκκηρύττουσιν ἐκ τῶν πόλεων ἢ δικαίως· εἰ γὰρ δὴ αὐτοὶ οἱ κακῶς πεπονθότες λαβόντες ἀφήσουσιν, ἦ που

theorie (ἀποτροπή) giebt einen Gemeinplatz der attischen Redner ab: an dem Angeklagten mufs ein Exempel statuiert werden, ein παράδειγμα (Lys. XIV, 2. 45; vgl. Rehdantz zu Lyk. 150, Anh. 2 S. 162); denn ὁ μετὰ λόγου ἐπιχειρῶν κολάζειν οὐ τοῦ παρεληλυθότος ἕνεκα ἀδικήματος τιμωρεῖται, ἀλλὰ τοῦ μέλλοντος χάριν, ἵνα μὴ αὖθις ἀδικήσῃ μήτ' αὐτὸς οὗτος μήτ' ἄλλος ὁ τοῦτον ἰδὼν κολασθέντα Plat. Prot. 324ᵇ. Vgl. aus Lys. noch XV, 9. XXII, 19. 20. XXX, 23. Die Kehrseite dazu z. B. (D.) LI, 12: τὸ πρὸς τὰ τοιαῦτα πράως ἔχειν προδιδάσκει ἑτέρους ἀδίκους εἶναι. Zur vorliegenden Stelle die Anweisung des Anaximenes (I, 189 Spengel): λέγε ὡς, εἰ τὸν τὰ τοιαῦτ' ἀπολογούμενον ἀποδέξονται, πολλοὺς τοὺς ἀδικεῖν προαιρουμένους ἕξουσιν· κατορθώσαντες γὰρ ἅπερ ἂν ἐθέλωσι πράξουσιν, ἀποτυχόντες δὲ φάσκοντες ἠτυχηκέναι τιμωρίαν οὐχ ὑφέξουσιν. Hermog. Progymn. 6 (II, 10 Spengel). Es ist dies ein locus der sogen. amplificatio. Volkmann, Rhet. S. 218. — πράξαντες] = διαπραξάμενοι. E. Müller zu D. III, 15. — δυστυχήσαντες] nicht = μὴ τυχόντες, sondern im Gegensatz zu πράξαντες: 'wenn es ihnen misglücken sollte'; § 98. Gedanke: Die Gesinnungsgenossen der Dreifsig werden zu der Ueberzeugung kommen, dafs sie bei ihren hochverräterischen Bestrebungen nur gewinnen, im schlimmsten Falle nichts verlieren können. — τὸ ἴσον ὑμῖν ἕξουσιν] so gut wie Eratosth. im Falle seiner Freisprechung. τὸ ἴσον ἔχειν ist wie § 92. (Lys.) II, 56 der Inbegriff der Gleichberechtigung aller Vollbürger im demokratischen Staate, der ἴση πολιτεία (Aesch. I, 5); denn δημοκρατουμένης τῆς πόλεως τῶν αὐτῶν ἅπαντες τυγχάνομεν Is. XX, 20. Daher οἱ ἐξ ἴσου πολιτευόμενοι = die Demokraten Is. X, 34. Die drei Hauptmerkmale dieser demokratischen ἰσότης (Is. XII, 241, aequabilitas iuris Cic. de rep. I, 34, 53) sind gleiche Freiheit des Wortes (ἰσηγορία), Gleichheit vor dem Gesetz (ἰσονομία) und Gleichberechtigung zu Staatsämtern (ἰσοτιμία). Gegensatz dazu ist einerseits das unberechtigte Höherstreben des Einzelnen, das πλέον ἔχειν ζητεῖν ([Lys.] II, 64. Vgl. [And.] IV, 16. Is. XXI, 15. Plat. Gorg. 483ᶜ. [Xen.] Staat der Athen. II, 18), andererseits die verfassungswidrige Rechtsverkürzung, das ἔλαττον ἔχειν (Is. VII, 67) oder ἐλαττοῦσθαι ([Lys.] II, 64). — ξένοι] auf deren Urteil man viel Gewicht legte. Aristot. Rhetor. II, 6 (I, S. 78 Spengel): Κυδίας ἠξίου ὑπολαβεῖν τοὺς Ἀθηναίους περιεστάναι κύκλῳ τοὺς Ἕλληνας, ὡς ὁρῶντας καὶ μὴ μόνον ἀκουσομένους ἃ ἂν ψηφίσωνται. Aristoph. Acharn. 502 f. Vgl. Lys. XIV, 13. — ἐκκηρύττουσιν] der eigentliche Ausdruck von solenner Ausweisung durch Heroldsruf; vgl. §§ 95. 97. XXV, 22. XXXI, 8. Aesch. III, 258: Ἄρθμιον οἱ πατέρες ὑμῶν ἐξεκήρυξαν ἐκ τῆς πόλεως καὶ ἐξ ἁπάσης ἧς Ἀθηναῖοι ἄρχουσιν. Vermutlich hatten sich bei der Reaktion in der Stadt, welche zu der Vertreibung der Dreifsig mit Ausnahme einiger Moderantisten führte (Einl. § 5), einzelne nicht mit nach Eleusis begeben, sondern nach den hier angedeuteten Städten geflüchtet, woselbst ihnen der Aufenthalt nicht gestattet ward. — εἰ δή] 'wenn wirklich' D. VIII, 36: ἐκεῖνος ὑμῶν ὑγιαινόντων, εἰ δὴ τοὺς τὰ τοιαῦτα ποιοῦντας ὑγιαίνειν φήσαιεν, δύο τυράννους κατέστησεν. Bäumlein, Partik. S. 106. Rehdantz Dem. Ind. II, δή. — λαβόντες] zu XIII, 56. Wie hier (D.) XXV, 27: εἶθ' ὑμεῖς αὐτοὶ τὸν παρὰ τοὺς νόμους πράτ-

σφᾶς αὐτοὺς ἡγήσονται περιέργους ὑπὲρ ὑμῶν διατεινομένους.
Οὐκ οὖν δεινόν, εἰ τοὺς μὲν στρατηγούς, οἳ ἐνίκων ναυμα- 36
χοῦντες, ὅτε διὰ χειμῶνα οὐχ **οἷοί** τ' ἔφασαν εἶναι τοὺς ἐκ

τειν τι βιαζόμενον λαβόντες ἀφήσετε; ἦ που] 'gewiſs wohl', emphatisch den Nachsatz zum kausalen oder kondizionalen Vordersatze einleitend, öfters durch γέ oder σφόδρα verstärkt. Vgl. VII, 8. XIII, **57. 69.** XXV, 17. XXVII, 15. XXX, 17. **(Lys.)** VI, 12. VIII, 11. — σφᾶς αὐτοὺς — διατεινομένους] 'sie werden sich für vorwitzig halten, wenn sie sich für euch anstrengen'. διατείνεσθαι wie in den Worten des Gylippos Diodor XIII, 28: εἰ ὑπὲρ ἀναστάσεως κινδυνεύσαντες πρὸς τοὺς ἐπὶ κατασκαφῇ τῆς πατρίδος ὑμῶν παραγεγενημένους ἀνείσθε τοῖς θυμοῖς, τί χρὴ νῦν ἡμᾶς διατείνεσθαι τοὺς μηδὲν ἠδικημένους; Das Particip nach περίεργος ebenso D. XXXIX, 2: περίεργος ἂν εἰκότως ἐδόκουν εἶναι φροντίζων ὅ τι βούλεται καλεῖν αὐτὸς ἑαυτόν.

§ 36. οὐκ οὖν δεινόν, εἰ — κολάζεσθαι;] Über den Eingang dieses ἐνθύμημα ex repugnantibus de arg. ex contr. S. XXVII f. und 85, über die Koordination der beiden Glieder der Antithese ebenda **S.** 79, über die Part. ἄρα im zweiten Gliede S. 323 f. Zu der Annahme, daſs Lysias im zweiten Teile die Rektion des δεινὸν εἰ verlassen habe und zum direkten Fragsatz übergesprungen sei, nötigt weder das ἄρα noch das οὐ des letzten Gliedes (vgl. ebenda S. 155 f. und 162 ff.). Wenn ich trotzdem jetzt eine Anakoluthie statuieren zu müssen glaube, so bestimmen mich hierzu lediglich die Worte χρὴ ὑφ' ὑμῶν κολάζεσθαι; denn statt dieser würde doch wohl, wenn auch das zweite Glied von εἰ abhinge, nach dem **in** dieser Beweisform herrschenden Sprachgebrauche (vgl. ebenda S. 191 ff.) das Futur. κολάσετε stehen. Mit dem contrarium ist ein argumentum a minori ad maius verbunden, in welchem auf die rigoröse Strenge bei einem früheren Falle mit mildernden Umständen und auf die daraus sich für den vorliegenden weit schlimmeren Fall ergebende Konsequenz hingewiesen wird (ἐνίκων ναυμαχοῦντες = ἐποίησαν ἡττηθῆναι ναυμαχοῦντες, διὰ χειμῶνα οὐχ οἷοί τ' ἔφασαν **εἶναι τ.** ἐ. τ. θ. ἀνελέσθαι = ὁμολογοῦσιν ἑκόντες π. τ. π. ἀ. ἀποκτιννύναι, θανάτῳ ἐζημιώσατε = οὐκ ἄρα χρὴ αὐτοὺς καὶ τοὺς παῖδας ταῖς ἐσχάταις ζημίαις κολάζεσθαι). Vgl. XXII, 16 und de arg. ex contr. S. XXVI f. In formeller Beziehung würde die Symmetrie beider Glieder eine noch gröſsere sein, wenn Lysias nach στρατηγούς geschrieben hätte οἳ ἐνίκων μὲν ναυμαχοῦντες, διὰ χειμῶνα δ' οὐχ κτλ. Allein einer derartigen Koordination, die im zweiten Teile vollständig am Platze war, widerstrebte im ersten die Verschiedenheit des Gedankens (οἳ = die doch, ὅτε = da; vgl. zu § 35). Ähnlicher Art sind mehrere de arg. ex contr. Anm. 62 (S. 367 f.) angeführte Beispiele. Wirklich beeinträchtigt wird der Parallelismus der Glieder und die Kraft der ganzen Antithese durch das dem ersten Teile beigefügte Anhängsel ἡγούμενοι — λαβεῖν, in welchem auſserdem der Dativ τῇ ἀρετῇ sehr hart mit δίκην λαβεῖν verbunden ist. Wahrscheinlich rühren die Worte von einem Abschreiber her, der das gesetzwidrige Verfahren der Athener durch ihr Pietätsgefühl gegen die Toten zu entschuldigen suchte. — ἐνίκων] 'Sieger waren', wie And. III, 19: Λακεδαιμόνιοι ἕτοιμοί εἰσιν εἰρήνην ποιεῖσθαι, οἳ ἐνίκων μαχόμενοι. Kr. 53, 1, **3.** — ναυμαχοῦντες] bei den Arginusen im September 406, Olymp. 93, 3. — διὰ χειμῶνα] διὰ τὸν χειμῶνα οὐδὲ πλεῖν, μὴ ὅτι ἀναιρεῖσθαι τοὺς ἄνδρας δυνατὸν ἦν Xen. Hell. II, 3, 35. In einem auf diesen Vorgang bezüglichen Fragment des Cicero (IV, 2, p. 320 Klotz): quod insepultos reliquissent eos, quos e mari propter vim tempestatis ex-

τῆς θαλάττης ἀνελέσθαι, θανάτῳ ἐζημιώσατε, ἡγούμενοι χρῆναι τῇ τῶν τεθνεώτων ἀρετῇ παρ' ἐκείνων δίκην λαβεῖν, τούτους δέ, οἳ ἰδιῶται μὲν ὄντες καθ' ὅσον ἐδύναντο ἐποίησαν ἡττηθῆναι ναυμαχοῦντες, ἐπειδὴ δ' εἰς τὴν ἀρχὴν κατέστησαν, ὁμολογοῦσιν ἑκόντες πολλοὺς τῶν πολιτῶν ἀκρίτους ἀποκτινύναι, οὐκ ἄρα χρὴ αὐτοὺς καὶ τοὺς παῖδας ὑφ' ὑμῶν ταῖς ἐσχάταις ζημίαις κολάζεσθαι;

cipere non potuissent, innocentes necaverunt. — *τοὺς ἐκ τῆς θαλάττης*] Die Hinzufügung von *ναυαγούς* oder *νεκρούς* ist zweifellos unnötig, auch keiner der beiden Begriffe erschöpfend; ebenso Sokrates in der platon. Apologie 32^{b}: *τοὺς δέκα στρατηγοὺς τοὺς οὐκ ἀνελομένους τοὺς ἐκ τῆς ναυμαχίας*. An beiden Stellen die Präpos. *ἐκ* (etwas kühner bei Platon mit dem Genit. *τῆς ναυμαχίας*) wegen des in *ἀνελέσθαι* liegenden Begriffs der Bewegung (Plat. Menex. 243^{c}: *οὐκ ἀναιρεθέντες ἐκ τῆς θαλάττης*). Kr. 50, 8, 10 (5. Aufl.). Bei Lysias findet sich diese Prolepsis nur noch XXXI, 8. — *ἐποίησαν ἡττηθῆναι ναυμαχοῦντες*] Gegen den Accus. *ναυμαχοῦντας* spricht nicht nur die Auslassung des hier ganz notwendigen Subjekts-Accusativs (*ὑμᾶς* wollte Reiske hinzufügen) sondern auch der Nominativ in den Worten des ersten Gliedes *ἐνίκων ναυμαχοῦντες*. Unter den sechs Feldherrn bei Ägospotamoi waren oligarchische Verräter, namentlich Adeimantos (zu XIV, 38) und Tydeus (Pausan. X, 9, 5). — *ἀκρίτους*] zu § 17 und 82. — *αὐτοὺς καὶ τοὺς παῖδας*] erweiternde Epexegese zu *τούτους δέ*. In derselben steht bald wie hier *αὐτὸς καί* (Hom. Il. γ, 301. Od. γ, 381. D. IX, 42. Thuk. IV, 90, 1), bald *αὐτός τε καί* (Hom. Od. δ, 20. Plat. Apol. 42^{a}. Krit. 50^{e}), bald *καὶ αὐτὸς καί* (Plat. Symp. 221^{d}. [D.] XXV, 80). Dafs die Sünde der Väter noch an den Kindern geahndet werden müsse (wenn gleich arge Sünder auch selbst der Strafe nicht entgehen Lys. fr. 53, 3), ist ein der sittlichen Anschauung der Hellenen geläufiger Satz. D. LVII, 27: *περὶ ὧν μὲν ἂν τις ζῶν αἰτίαν σχῇ, δίκαιον τοὺς παῖδας τὴν ἀειλογίαν παρέχειν*. Solon 13, 31 Bergk. Eur. Herc. fur. 1261: *ὅταν κρηπὶς μὴ καταβληθῇ γένους ὀρθῶς, ἀνάγκη δυστυχεῖν τοὺς ἐκγόνους*. fr. inc. 133 (Matth.): *τὰ τῶν τεκόντων σφάλματ' εἰς τοὺς ἐκγόνους οἱ θεοὶ τρέπουσιν*. Hippol. 1340. Soph. Ant. 856. Hom. Il. γ, 160; dazu der Satz der Stoiker bei Cic. de nat. deor. III, 38, 90: ea vis deorum est, ut etiam si quis morte poenas sceleris effugerit, expetantur eae poenae a liberis, a nepotibus, a posteris. Angewandt ist dieser Satz auf den Meineidigen schon Il. γ, 301. Orakel bei Herod. VI, 86. Lyk. 79, auf den Tyrannen (Solon 33. Polos bei Plat. Gorg. 473^{c}), auf die *ἀσεβεῖς* im Allgemeinen (Lys.) VI, 20. Praktisch ward er auf sakralem Gebiete in dem Schwur *κατ' ἐξωλείας* (zu § 10), auf politischem (wogegen freilich Platon Gesetze IX, 855^{a}. 856^{cd} und [Dem.] Br. 3, 14 sich erklären) in der Vererbung der Atimie auf die Kinder der Hochverräter und Staatsschuldner (vgl. D. XXII, 34. Pseudolys. XX, 34); und den Kommentar dazu geben Beispiele der Volksjustiz, wie an den Kindern der lakonisierenden Thebaner (Xen. Hell. V, 4, 12), der Giftmischerin Theoris ([D.] XXV, 79), des oligarchisch gesinnten Ephesiers Syrphax (Arr. Anab. I, 17, 12), des zum ehrlosen Frieden ratenden Buleuten Lykides (Herod. IX, 5), des Hiketas (Plut. Dion 58. Timol. 32 f.), des jüngeren Dionysios (Plut. Timol. 13). Vgl. auch Lys. XIV, 17. 30. Is. XVI, 45. Nur selten dachte man so vernünftig wie Pausanias (Herod. IX, 88) rücksichtlich der Kinder des medisch gesinnten Attaginos in

'Εγὼ τοίνυν, ὦ ἄνδρες δικασταί, ἠξίουν ἱκανὰ εἶναι τὰ 37
κατηγορημένα· μέχρι γὰρ τούτου νομίζω χρῆναι κατηγορεῖν,
ἕως ἂν θανάτου δόξῃ τῷ φεύγοντι ἄξια εἰργάσθαι· ταύτην
γὰρ ἐσχάτην δίκην δυνάμεθα παρ' αὐτῶν λαβεῖν. Ὥστ' οὐκ
οἶδ' ὅ τι δεῖ πολλὰ κατηγορεῖν τοιούτων ἀνδρῶν, οἳ οὐδ'
ὑπὲρ ἑνὸς ἑκάστου τῶν πεπραγμένων δὶς ἀποθανόντες δίκην
δοῦναι δύναιντ' ἂν ἀξίαν. Οὐ γὰρ δὴ οὐδὲ τοῦτ' αὐτῷ προσ- 38
ήκει ποιῆσαι, ὅπερ ἐν τῇδε τῇ πόλει εἰθισμένον ἐστί, πρὸς
μὲν τὰ κατηγορημένα **μηδὲν ἀπολογεῖσθαι, περὶ δὲ σφῶν αὐ-**

Theben. Übrigens beweist die von Lys. hier, wenn auch nur rhetorisch, erhobene Forderung, daſs die Amnestie noch nicht proklamiert war; denn diese ward auf die Kinder der Dreiſsig mit ausgedehnt ([D.] XL, 32).

§ 37. Uebergang zur argumentatio extra causam; Einl. § 12. — *ἠξίουν*] ohne *ἄν*, weil subjektiver Ausdruck eines *ἄξιον ἦν* (§ 64. Koch 106, 1): Füglich sollte meiner Meinung nach das Gesagte genügen (vgl. XXII, 7), allein das Verfahren **des Eratosthenes** (die **Abwälzung der Schuld** auf die Majorität **der Dreiſsig,** die Fürsprache **anderer für ihn und** die Berufung **auf Theram.)** nötigt mich, die Klage weiter auszudehnen. So Ant. V, 86: *ἠξίουν περὶ τῶν τοιούτων εἶναι τὴν δίκην κατὰ τοὺς νόμους.* — *μέχρι τούτου — ἕως*] Vgl. D. IX, 10. XVIII, 48. (D.) LVIII, 29. Xen. Mem. IV, 7, 2. Diodor XIX, 1. Plat. Phaed. 81^{d} (*μέχρι γε τούτου — ἕως*). Soph. 239^{c} (*ἕως — μέχρι τούτου*). Thuk. I, 90, 3 (*μέχρι τοσούτου — ἕως*). Plat. Staat V, 471^{b} (*μέχρι τούτου — μέχρι οὗ*). IV, 423^{b} (*μέχρι οὗ — μέχρι τούτου*). Dein. I, 91 (*μέχρι τούτου — μέχρις*). Daneben *τοσοῦτον χρόνον — ἕως* D. XXVII, 5 und *τοσοῦτον χρόνον — ἔστε* Xen. Anab. I, 9, 11. — *τῷ φεύγοντι*] verb. mit *εἰργάσθαι*. — *ταύτην ἐσχάτην δίκην*] zu XXV, 13. — *παρ' αὐτῶν*] *κατὰ σύνεσιν* bez. auf das kollektive *τῷ φεύγοντι*; Kr. 58, 4, 4. — *δὶς ἀποθανόντες*] Eine Steigerung dieser Hyperbel XXVIII, 1: *οὐκ ἄν μοι δοκεῖ δύνασθαι Ἐργοκλῆς ὑπὲρ ἑνὸς ἑκάστου τῶν πεπραγμένων αὐτῷ πολλάκις ἀποθανὼν δοῦναι δίκην ἀξίαν.* Noch weiter D. LIV, 22: *τίν' ἂν οὗτος ἀξίαν τῶν πεπραγμένων ὑπόσχοι δίκην; ἐγὼ μὲν γὰρ οὐδ' ἀποθανόντ' οἶμαι.* Ähnliches zu XIII, 91. — *δὶς — δίκην δοῦναι δύναιντ' ἄν*] **eine Parechesis.** Volkmann, Rhetor. S. 440. — *ἀξίαν*] hinzugefügt nach Herwerdens Vorschlag.

§ 38. *οὐ γὰρ δή*] begründet weiter das *ἠξίουν* in Form der occupatio (de arg. ex contr. S. XVI): Das Gesagte sollte genügen, denn die Todeswürdigkeit des Angeklagten ist nachgewiesen, und demgegenüber kann er auch nicht (durch das zu § 86 besprochene Verfahren der compensatio) Verdienste um den Staat in die Wagschale werfen (warum er fortfahren muſs, erfährt man § 41). — *ὅπερ*] Zu *οὗτος — ὅσπερ* vgl. XXV, 22. Is. XIX, 46. Ant. VI, 47. Thuk. IV, 80, 3 (wo Stahl). 117, 1. Herod. VII, 5. — *πρὸς — ἀπολογεῖσθαι*]. Vgl. Lys. XXVI, 3: *καὶ νυνὶ ἀκούω αὐτὸν ὑπὲρ μὲν τῶν αὑτοῦ κατηγορουμένων διὰ βραχέων ἀπολογήσεσθαι, λέξειν δὲ ὡς πολλὰ εἰς τὴν πόλιν ἀνηλώκασι καὶ φιλοτίμως λελειτουργήκασι καὶ νίκας πολλὰς καὶ καλὰς νενικήκασιν.* Daſs man sogar bei der *γραφὴ φόνου* dergleichen Mittel nicht verschmähte, zeigt Ant. II, β, 12. Man lese, wie sich Mantitheos bei Lys. XVI, 9 gegen dieses unlautere Verfahren, dem hier Lys. durch eine **Prokatalepsis** (zu XIII, 55) begegnet, verwahrt. Über *ἀπολογεῖσθαί τι* zu

τῶν ἕτερα λέγοντες ἐνίοτ' ἐξαπατῶσιν ὑμᾶς ἀποδεικνύντες ὡς
στρατιῶται ἀγαθοί εἰσιν, ἢ ὡς πολλὰς τῶν πολεμίων ναῦς
ἔλαβον τριηραρχήσαντες, ἢ πόλεις πολεμίας οὔσας φίλας ἐποίη-
39 σαν· ἐπεὶ κελεύετ' αὐτὸν ἀποδεῖξαι ὅπου τοσούτους τῶν πολεμίων ἀπέκτειναν ὅσους τῶν πολιτῶν, ἢ ναῦς ὅπου τοσαύτας
ἔλαβον ὅσας αὐτοὶ παρέδοσαν, ἢ πόλιν ἥντινα τοιαύτην προσ-
40 εκτήσαντο οἵαν τὴν ὑμετέραν κατεδουλώσαντο. Ἀλλὰ γὰρ ὅπλα
τῶν πολεμίων ἐσκύλευσαν τοσαῦθ' ὅσαπερ ὑμῶν ἀφείλοντο,

XIII, 89. — ἐξαπατῶσιν] anakoluthischer Übergang vom Infin. zum Indicat. Vgl. Lipsius, quaest. Lys. S. 8 und de arg. ex contr. S. 260 ff. Subjekt zu ἐξαπατῶσιν ist οἱ φεύγοντες. Vermutlich wollte sich Eratosth. auf seine als Trierarch im Jahre 411 (§ 42) angeblich geleisteten Dienste berufen. Im Folgenden zu beachten das sechsmalige παρόμοιον: πολύς, πολέμιος, πολίτης, πόλις; vgl. § 44. 70. XIV, 34. Is. VI, 67. XVI, 42. Lyk. 130. (Lys.) II, 62. — Den Vorwurf, getäuscht worden zu sein (die dafür gebräuchlichen Verba: ἐξαπατᾶν, φενακίζειν, παρακρούεσθαι, παράγειν), müssen sich die Richter oft bieten lassen. Vgl. XIX, 51. Aesch. III, 168. Arist. Wesp. 281 f. Arist. Ri. 1115 vom Demos: εὐπαράγωγος εἶ θωπευόμενός τε χαίρεις κἀξαπατώμενος. Daher die häufige Verheifsung der Sprecher, solchem Beginnen der Gegner entgegen treten zu wollen, wie Lys. XXXI, 16. D. XVIII, 276.

§ 39. ἐπεὶ κελεύετε] Der Kausalsatz giebt den Grund zu dem οὐ προσήκει an: 'denn heifset ihn doch nachweisen.' ἐπεί = denn beim Imperativ D. XXXIX, 32: ἐπεὶ σὺ δεῖξον. Plat. Gorg. 473[e]. Charm. 165[e] und in der Formel ἐπεὶ φέρε (zu § 34 Anh.) — ὅσους τῶν πολιτῶν] 1500 nach Angabe der Alten, nach Lysias beim Schol. zu Aesch. I, 39 sogar 2500. — παρέδοσαν] bei Ägospotamoi und nach dem Falle Athens (zu XIII, 15), im Ganzen etwa 670 Trieren. — οἵαν τὴν ὑμετέραν] 'wie die eure, welche.' Kr. 57, 3, 5.

§ 40. ἀλλὰ γάρ) at enim, 'aber — ja', nicht Fragsatz, sondern höhnisch unwillige Behauptung aus dem Sinne des Angeklagten, eine häufige Form des Einwurfs. Im zweiten Gliede nur ἀλλά wie (Lys.) VI, 40. Ähnlich im Latein. nach nonne, nihilne, dummodo nur non, nihil, dum (Seyffert-Müller zu Cic. Lael. S. 261). — ὑμῶν] abhängig von ὅσαπερ, ebenso τῆς ἑαυτῶν πατρίδος von οἷα: 'wie sie welche in ihrem Vaterlande', ohne dafs es des Artikels τά vor τῆς bedarf. Vgl. (D.) XLVII, 64: ἀπαιτοῦντος ἐμοῦ τὰ σκεύη, ἃ ἡρπάκει μου. Lys. XIX, 31: ἔπιπλα, ὅσ' οὐδενὸς πώποτ' ἐλάβετε. Thuk. II, 67, 4: τοὺς ἐμπόρους, οὓς ἔλαβον Ἀθηναίων. IV, 109, 1: τὰ μακρὰ τείχη, ἃ σφῶν οἱ Ἀθηναῖοι εἶχον (dagegen D. XXIV, 135: τὰ χρήματα ἀπέτισεν, ἃ ἔδοξε τῆς πόλεως ὄντα ἔχειν). II, 45, 1: παισίν, ὅσοι τῶνδε πάρεστε. IV, 57, 3: τὸν ἄρχοντα, ὃς παρ' αὐτοῖς ἦν τῶν Λακεδαιμονίων. VII, 43, 3: τὸ τείχισμα, ὃ ἦν αὐτόθι τῶν Συρακοσίων. Eur. Hel. 1027: Ἥρας δὲ τὴν ἔννοιαν ἐν ταὐτῷ μένειν, ἣν ἐς σὲ καὶ σὸν πόσιν ἔχει σωτηρίας. Thuk. II, 48, 3: τὰς αἰτίας, ἅστινας νομίζει τοσαύτης μεταβολῆς ἱκανὰς εἶναι. D. III, 36: τῆς τάξεως, ἣν ὑμῖν οἱ πρόγονοι τῆς ἀρετῆς κατέλιπον. XVIII, 299: τὸν τειχισμὸν τοῦτον, ὃν σύ μου διέσυρες. Theokr. III, 22: τὸν στέφανον, τόν τοι ἐγὼν κισσοῖο φυλάσσω. Thuk. VI, 100, 1: τοὺς ὀχετοὺς αὐτῶν, οἳ ἐς τὴν πόλιν ὑπονομηδὸν ποτοῦ ὕδατος ἠγμένοι ἦσαν (über die Bedeutung des Genit. an diesen beiden Stellen Kr. 47, 8 und Anm. 4). IV, 12, 1: πρὸς τὸ τροπαῖον, ὃ ἔστησαν τῆς προσβολῆς ταύτης (über den Genit. Krüger zu II, 82). Kr. 47, 9, 5. — Nach dem Tyrannen-

ἀλλὰ τείχη τοιαῦθ' **εἷλον οἷα** τῆς ἑαυτῶν **πατρίδος** κατέσκαψαν· οἵτινες καὶ τὰ περὶ τὴν Ἀττικὴν φρούρια **καθεῖλον καὶ** ὑμῖν ἐδήλωσαν, ὅτι οὐδὲ τὸν Πειραιᾶ Λακεδαιμονίων **προσταττόντων** περιεῖλον, ἀλλ' ὅτι ἑαυτοῖς τὴν ἀρχὴν οὕτω βεβαιοτέραν ἐνόμιζον **εἶναι.**

Πολλάκις οὖν ἐθαύμασα τῆς τόλμης τῶν λεγόντων ὑπὲρ 41
αὐτοῦ, πλὴν ὅταν ἐνθυμηθῶ, ὅτι τῶν αὐτῶν ἐστιν αὐτούς

grundsatze, den **Plat. Staat** VIII, **569b** ausspricht, **und dem** Vorbilde **des Hippias** (Thuk. VI, 58) nahmen **die** Dreifsig den nicht **zu** ihnen haltenden Bürgern trotz Theramenes' Widerspruch hinterlistig die Waffen (Xen. **Hell.** II, **3**, 20. 41), ein Vorwurf, der § 95 wiederkehrt **und** dessen Schwere nach dem **Werte** bemessen werden mufs, den vor dem Überhandnehmen des Söldnerwesens der Bürger auf seinen Ehrenposten als Hoplit (**Is.** VIII, 48) und auf seine Waffen **als das** heilige Geschenk der stadtschützenden Göttin (Lyk. 76) legte. — *οἵτινες*] 'sie die'. Durch das Relativum werden Einwurf und Widerlegung aufs engste **mit einander verbunden.** Dieselbe **Erscheinung in der subjectio XXX, 27: ἀλλ' ὡς, ἐὰν νῦν αὐτοῦ φείσησθε**, *αὖθις ἀποδώσει* **τὰς** *χάριτας*; *ὃς οὐδ' ὧν πρότερον μετέλαβε παρ' ὑμῶν ἀγαθῶν μέμνηται.* — *τὰ — καθεῖλον*] sonst nicht bezeugt, sicherlich auch nicht konsequent durchgeführt; wenigstens Phyle (Xen. Hell. II, 4, 2) und Eleusis blieben feste Punkte. — *ἐδήλωσαν*] durch die auf Theramenes' Anlafs erfolgte Verschärfung der Friedensbedingungen, in **denen anfangs von** einer Schleifung **des Peiräeus** nicht die Rede **war** (XIII, 8). — *οὐδέ*] ebenso **wenig wie die** ganze Länge **der Mauern; zu** § 70. — *τὸν Πειραιᾶ περιεῖλον*] Breviloquenz, **wie unser: 'eine** Festung schleifen' = *τὰ τείχη τοῦ Πειραιῶς περιελεῖν* (§ 70. Diodor XIII, 107. Lys. XIII, 14. Xen. Hell. II, 3, 11). So auch Xen. Hell. II, 2, 20: *τά τε μακρὰ τείχη καὶ τὸν Πειραιᾶ καθελόντες* und in dem Friedenskontrakt bei Plut. Lys. 14: *καββαλόντες* (= *καταβ.*) **τὸν** *Πειραιᾶ.* **Zur** Sache vgl. zu § **70.** — *ἀλλ' ὅτι*] nicht von *ἐδήλωσαν* abhängig, sondern Kausalsatz, parallel dem *Λακεδαιμονίων προσταττόντων*, Kr. 59, 2, 5. — *βεβαιοτέραν*] Die Oligarchen erkannten in der maritimen Bedeutung Athens die Hauptgrundlage der Demokratie (*οἰόμενοι τὴν κατὰ θάλατταν ἀρχὴν γένεσιν εἶναι δημοκρατίας* Plut. Themist. **19; vgl. Is.** XII, **114**); denn, sagt **der Verfasser** der pseudoxenophonteischen Schrift **vom** Staat der Athener (**1, 2**) **in seiner sarkastischen Weise, ὁ δῆμος πλέον ἔχει τῶν γενναίων διὰ τόδε ὅτι ὁ δῆμός ἐστιν ὁ ἐλαύνων τὰς ναῦς καὶ ὁ τὴν δύναμιν περιτιθεὶς τῇ πόλει. Die** Seeleute widerstrebten **vermöge** der von Euripides (**Hek. 607**) getadelten *ναυτικὴ ἀναρχία* der strafferen Zucht oligarchischer Verfassung (*ναυτικὸς ὄχλος οὐ μένειν ἐθέλει ἐν τῷ ὀλιγαρχικῷ κόσμῳ* Thuk. VIII, 72), und deshalb nennt Aristoteles (Polit. VIII, 3, S. 199) die Bewohner des Peiräeus *μᾶλλον δημοτικοί* als die der Stadt. Daher das Streben der Oligarchen, die Seeherrschaft Athens unter **allen Umständen** zu brechen (Lys. **XIV**, 34).

§ 41. *τῶν λεγόντων*] **nicht die** gerichtlichen Fürsprecher (**die** *συνεροῦντες* § 86), sondern **Verteidiger** des Eratosth. in **Privatkreisen.** — *πλὴν ὅταν ἐνθυμηθῶ*] **nicht** *ὅτε ἐνθυμηθείην*, **weil die** Worte *πολλάκις ἐθαύμασα* **die** Geltung eines gnomischen Aorists haben; vgl. D. XXI, 202: *ἐὰν μέν τι τῶν δεόντων ἀπαγγελθῇ τῇ πόλει, οὐδαμοῦ πώποτε Μειδίας τῶν συνηδομένων ἐξητάσθη τῷ δήμῳ, ἂν δέ τι φλαῦρον, πρῶτος ἀνέστηκεν εὐθέως καὶ δημηγορεῖ.* IV, 51. **Xen.** Hell.

τε πάντα τὰ κακὰ ἐργάζεσθαι καὶ τοὺς τοιούτους ἐπαινεῖν.

42 Οὐ γὰρ νῦν πρῶτον τῷ ὑμετέρῳ πλήθει τἀναντία ἔπραξεν, ἀλλὰ καὶ ἐπὶ τῶν τετρακοσίων ἐν τῷ στρατοπέδῳ ὀλιγαρχίαν καθιστὰς ἔφευγεν ἐξ Ἑλλησπόντου τριήραρχος καταλιπὼν τὴν ναῦν, μετὰ Ἰατροκλέους καὶ ἑτέρων, ὧν τὰ ὀνόματ' οὐδὲν δέομαι λέγειν. Ἀφικόμενος δὲ δεῦρο τἀναντία τοῖς βουλομένοις δημοκρατίαν εἶναι ἔπραττε. Καὶ τούτων μάρτυρας ὑμῖν παρέξομαι.

ΜΑΡΤΥΡΕΣ.

43 Τὸν μὲν τοίνυν μεταξὺ βίον αὐτοῦ παρήσω· ἐπειδὴ δ' ἡ ναυμαχία καὶ ἡ συμφορὰ τῇ πόλει ἐγένετο, δημοκρατίας ἔτι

II, 3, 29. Plat. Apol. 33a. Kr. 53, 10, 2. — ὅτι — ἐπαινεῖν] Über den Gedanken zu § 85.

§ 42. οὐ γὰρ νῦν πρῶτον] Begründung des πολλάκις ἐθαύμασα. Zu οὐ νῦν πρῶτον — ἀλλὰ καί vgl. XXVII, 3 (καὶ οὐ νῦν πρῶτον — ἀλλὰ καὶ πρότερον ἤδη). Is. VII, 74 (καὶ — οὐ νῦν πρῶτον ἀλλὰ πολλάκις ἤδη). Ant. VI, 36 (καὶ — οὐκ ἐπ' ἐμοὶ πρῶτον — ἀλλὰ καὶ ἐπὶ — πρότερον). Dein. III, 6. — τῷ ὑμετέρῳ πλήθει] 'der Demokratie'; zu § 26. — τἀναντία ἔπραξεν] 'arbeitete entgegen'; § 64. — ἐπὶ τῶν τετρακοσίων] streng genommen nicht 'zur Zeit' (ἐπί), sondern kurz vor den Vierhundert; vgl. über das Sachliche Einl. § 2. — καθιστάς] Ptcp. des sogen. Impf. de conatu: 'versuchte zu errichten'. — τριήραρχος — ναῦν] Das Gesetz forderte Anwesenheit des Trierarchen auf seinem Schiff (D. XXI, 165. [D.] LI, 11), für welches er, außer im Falle freiwilliger Schenkung (ἐπίδοσις) verantwortlich (ὑπεύθυνος) war (Aesch. III, 19. [D.] L, 50). Eratosth. machte sich also der Desertion (λιποτάξιον, speziell λιποναύτιον) schuldig und konnte als λιπόνεως ([D.] L, 65) durch die γραφὴ λιποναυτίου belangt werden; vgl. Einl. zu Rede XIV, §§ 1. 2. — ὧν — λέγειν] um nicht ohne Not zu verletzen; denn ἀηδές ἐστιν ὀνομαστὶ περί τινων μεμνῆσθαι D. XXIV, 132 (vgl. XXI, 58. Cic. p. Rosc. Am. 16, 47. Aesch. I, 165: τὸ δ' ὄνομα οὐ λέξω· τὰς γὰρ ἀπεχθείας φεύγω. III, 172). Ähnlich Aesch. I, 59: ἄλλοι τινὲς ὧν οὐ βούλομαι τὰ ὀνόματα λέγειν. Plat. Apol. 21c: διασκοπῶν τοῦτον — ὀνόματι γὰρ οὐδὲν δέομαι λέγειν κτλ. οὐδὲν δέομαι mit Infin. wie an der vorliegenden Stelle und Plat. a. a. O. auch Aesch. III, 139. And. I, 80. Plat. Staat II, 367b. Ähnlich häufig anderwärts; s. Krüger zu Dionys. Hal. Hist. 19 f. und zu Thuk. IV, 130, 3. Schömann zu Isae. S. 215. — Iatrokles, sonst nicht bekannt, mochte tot oder nicht in Athen sein.

§ 43. παρήσω] Vgl. de praeterit. S. 18 und 37. — ἡ ναυμαχία καὶ ἡ συμφορά] ἡ ναυμαχία in den Reden jener Zeit öfters κατ' ἐξοχήν von der unglücklichen Schlacht bei Ägospotamoi (XIV, 39, ähnlich And. I, 142: ἐπειδὴ αἱ νῆες διεφθάρησαν), zuweilen durch ἐν Ἑλλησπόντῳ (XIX, 16) oder τελευταία (XVIII, 4. XXI, 9) näher bestimmt. Durch ἡ συμφορά wird die ganze daran sich anschließende Unglückszeit bis zum Sturz der Verfassung oder auch bis zur Beendigung des Bürgerkampfes mit eingeschlossen; vgl. XXXI, 8. (Lys.) VI, 46. II, 58: ἀπολομένων τῶν νεῶν ἐν Ἑλλησπόντῳ καὶ συμφορᾶς ἐκείνης μεγίστης γενομένης, und ähnlich Is. VII, 64. Dagegen ἡ ἐν Ἑλλησπόντῳ συμφορά (Lys. XVI, 4) oder ἀτυχία (Is. IV, 119. XII, 99) natürlich nur von der Seeschlacht (ἡνίκα ἀπωλέσαμεν τὰς ναῦς ἐν Ἑλλησπόντῳ And. III, 21).

οὔσης, ὅθεν τῆς στάσεως ἦρξαν, πέντε ἄνδρες ἔφοροι κατέστησαν ὑπὸ τῶν καλουμένων ἑταίρων, συναγωγεῖς μὲν τῶν
πολιτῶν, ἄρχοντες δὲ τῶν συνωμοτῶν, ἐναντία δὲ τῷ ὑμετέρῳ
πλήθει πράττοντες· ὧν Ἐρατοσθένης καὶ Κριτίας ἦσαν. Οὗτοι 44
δὲ φυλάρχους τ' ἐπὶ τὰς φυλὰς κατέστησαν, καὶ ὅ τι δέοι

In anderem Zusammenhange ist *ἡ ναυμαχία* die Siegesschlacht von Knidos (And. III, 22. Is. V, 63. Xen. Hell. IV, 3, 10. 8, 1. 3; vgl. Lys. XIX, 28). — *δημοκρατίας ἔτι οὔσης*] hebt den hochverräterischen Charakter der oligarch. Mafsregel hervor. — *ὅθεν — ἦρξαν*] 'der erste Schritt zum Aufruhr', bezieht sich auf *πέντε — ἑταίρων*. Der Relativsatz vorausgeschickt wie Isae. VI, 8: *ὡς ἐξὸν αὐτῷ ταῦτ' ἔπραξεν, ὅθεν δικαιότατα ἡγοῦμαι τὰ τοιαῦτα εἶναι μανθάνειν, τοῦτον ὑμῖν παρέξομαι τὸν νόμον.* Aesch. III, 236. — *ἔφοροι*] Einl. 3. — *κατέστησαν ὑπό*] wie XXVII, 3. Kr. 52, 3, 1. — *ἑταίρων*] Proleg. 5. *καλουμένων* (Kr. 50, 12, 3 und 4) spöttisch, weil der Zweck dieser Genossenschaften dem unschuldig klingenden Namen sehr unähnlich war. — *συναγωγεῖς — πολιτῶν*] Eustathios zur Odyss. p. 1660, Z. 45: **συνωμότης** *ὁ κατὰ τοῦ δήμου ἀνιστάμενος, συναγωγεὺς ὁ τοὺς τοιούτους ὑποδεχόμενος*, also *συναγωγεῖς* die 'Werber' für die Hetärieen. *συνάγειν ἑταιρείαν, ἑταιρικόν, συνωμοσίαν, συνωμότας* (Is. IV, 79. XVI, 6. Hyp. f. Eux. XXIII. Plat. Staat II, 365[d]. Br. VII, 351[a]) der herkömmliche Ausdruck von der Bildung solcher Klubs; entsprechend *συστῆναι, συνεστάναι* (zu XXX, 10). — *συνωμοτῶν*] Die Mitglieder der Hetärieen verpflichteten sich eidlich zur gegenseitigen Treue und zum strengsten Geheimnis (zu § 77), daher *συνωμόται* und *ἑταῖροι* öfters wesentlich gleichbedeutend; (And.) IV, 4 von den Parteichefs: *οἱ τοὺς ἑταίρους καὶ συνωμότας κεκτημένοι.* Der ursprüngliche Zweck dieser *συνωμοσίαι*, gegenseitige Unterstützung zur Erlangung wichtiger Staatsämter und zur Beeinflussung der Gerichte (*ξυνωμοσίαι ἐπὶ δίκαις καὶ ἀρχαῖς* bei Thuk. VIII, 54, 4), artete bald zum hochverräterischen Streben nach Verfassungsumsturz aus. — *ἐναντία — πράττοντες*] hebt den wirklichen Charakter des Ausschusses hervor, der hinter den an sich noch nichts beweisenden Benennungen 'Aufseher' (*ἔφοροι*), 'Werber, Führer der Eidgenossen' (*συνωμόται*) stak. — *Κριτίας*] Bald nach dem Sturz der 400 war Kritias verbannt worden, wie es scheint, vom Demagogen Kleophon (zu XIII, 7) angeklagt (Aristot. Rhet. I, 15, S. 56 Spengel), und hielt sich, wenigstens im Jahre 406, in Thessalien auf (Xen. Hell. II, 3, 15. 36. Mem. I, 2, 24). Nach der Kapitulation der Stadt kehrte er gemäfs der Bestimmung des Friedenstraktates (zu § 77) aus dem Exil zurück und mag da an die Stelle eines anderen minder bedeutenden Ausschufsmitgliedes getreten sein. Die Nennung gerade des Kritias neben Eratosth. soll wohl in gehässiger Weise den Schein erwecken, als seien beide Gesinnungsgenossen gewesen.

§ 44. *φυλάρχους*] nicht Anführer der Reiterei, sondern 'Phylendirektoren'. J. Frei bei Rauchenstein: 'Die Ephoren wählten aus jeder Phyle einen zuverlässigen Mann, der die Phyle daheim zu bearbeiten und in der Volksversammlung bei Wahlen und Abstimmungen nach der Parole der Ephoren zu dirigieren hatte'. — *ἐπὶ τὰς φυλάς*] Xen. Hell. V, 1, 5: *αἱροῦνται Εὔνομον ναύαρχον ἐπ' αὐτάς* sc. *τὰς ναῦς*. Kühner II, S. 437. — *ὅ τι δέοι χειροτονεῖσθαι — παρήγγελλον*] Man vgl. dazu die Schilderung ähnlichen Treibens der Hetäristen im Jahre 411 bei Thuk. VIII, 66, 1: *δῆμος ἔτι ξυνελέγετο, ἐβουλεύοντο δὲ οὐδὲν ὅ τι μὴ τοῖς ξυνεστῶσι δοκοίη,*

χειροτονεῖσθαι καὶ οὕστινας χρείη ἄρχειν παρήγγελλον, καὶ εἴ
τι ἄλλο πράττειν βούλοιντο, κύριοι ἦσαν· οὕτως οὐχ ὑπὸ τῶν
πολεμίων μόνον ἀλλὰ καὶ ὑπὸ τούτων πολιτῶν ὄντων ἐπεβου-
λεύεσθε, ὅπως μήτ' ἀγαθὸν μηδὲν ψηφιεῖσθε πολλῶν τ' ἐνδεεῖς
45 ἔσεσθε. Τοῦτο γὰρ καλῶς ἠπίσταντο, ὅτι ἄλλως μὲν οὐχ οἷοί
τ' ἔσονται περιγενέσθαι, κακῶς δὲ πραττόντων δυνήσονται,
καὶ ὑμᾶς ἡγοῦντο τῶν παρόντων κακῶν ἐπιθυμοῦντας ἀπαλ-
46 λαγῆναι περὶ τῶν μελλόντων οὐκ ἐνθυμήσεσθαι. Ὡς τοίνυν
τῶν ἐφόρων ἐγένετο, μάρτυρας ὑμῖν παρέξομαι, οὐ τοὺς τότε
συμπράττοντας — οὐ γὰρ ἂν δυναίμην —, ἀλλὰ τοὺς αὐτοῦ
47 Ἐρατοσθένους ἀκούσαντας. Καίτοι εἰ ἐσωφρόνουν κατεμαρ-

ἀλλὰ **καὶ οἱ** λέγοντες **ἐκ** τούτων ἦσαν **κτλ.** — οὕστινας χρείη ἄρχειν] illustriert durch die Schilderung § 76. — παρήγγελλον] 'sie kommandierten', charakteristisch für ihr Auftreten, wie § 76; das der publicistischen Sprache angehörige Wort von dem, der einen Vorschlag in der Ekklesia macht, ist παραινεῖν. — κύριοι ἦσαν] nicht de iure, sondern als Parteiorgan nur de facto; Einl. § 3. — πολεμίων — πολιτῶν] zu § 38. — ἀγαθὸν μηδέν] zur Verteidigung der Stadt und Linderung der Not. — πολλῶν — ἔσεσθε] 'an vielem Mangel littet', von der durch die Perfidie der Oligarchen geflissentlich genährten (XIII, **11**) Hungersnot. XXI, 25: ἀναγκασθησόμεθα πολλῶν ἐνδεεῖς ὄντες περιμένειν. — Über das Futur im Finalsatze nach ὅπως Kr. **54**, 8, 5.

§ 45. καλῶς ἠπίσταντο] Dion. Hal. Antt. VII, 52: καλῶς ἐπιστάμενοι. Soph. Oed. Tyr. 317: ταῦτα γὰρ καλῶς ἐγὼ εἰδὼς διώλεσα. Antig. 18: ᾔδη καλῶς. Theokr. IV, 119: καλῶς μάλα τοῦτό γ' ἴσαμι. Polyb. III, 52, 5. Aesch. I, 56: ὃν ὑμεῖς ἴστε κάλλιον ἢ ἐγώ. Plat. Lach. **198ᵉ** (D. IV, 5: ἀλλ' εἴδε τοῦτο **καλῶς** ἐκεῖνος. Thuk. V, 9, 4: τὰς τοιαύτας ἁμαρτίας τῶν ἐναντίων κάλλιστα ἰδών). Vgl. Planc. bei Cic. ad fam. X, 23, 1: Lepidum pulcre noram. Hor. Sat. I, 9, 62: illum qui pulcre nosset. Das hdschr. καί entspricht schwerlich dem καί in καὶ ὑμᾶς ἡγοῦντο, denn der Gedanke καὶ ὑμᾶς — ἐνθυμήσ. ist ja nur die Ausführung des κακῶς πραττόντων δυνήσονται. Auch die Stellung des nur zu ἠπίσταντο gehörigen **τοῦτο** widerrät die Korrelation von καὶ ἠπίσταντο und καὶ ἡγοῦντο. — κακῶς πραττόντων] Über die Ellipse des Gen. des Personalpronomens Kr. **47, 4**, 3. So ist ἐμοῦ zu ergänzen **XVII**, 5, αὐτοῦ unten § 64 und I, **38**. V, 1. XIX, 46. fr. 23. 75, 6, αὐτῶν (Lys.) II, 49; auch der Gen. des pron. indefin. XIII, 82. — τῶν παρόντων κακῶν] Belagerung und Hungersnot. — τῶν μελλόντων] der in Aussicht stehende Umsturz **der** Verfassung.

§ 46. ὡς τοίνυν — παρέξομαι] s. Anh. — **οὐκ** ἂν δυναίμην] warum nicht, wird durch die § 47 angedeuteten ὅρκοι verständlich. — τοὺς — ἀκούσαντας] Wären die Ephoren eine öffentlich in der Ekklesia konstituierte Behörde gewesen, so würde er, anstatt auf das Zeugnis der ἀκούσαντες zu rekurrieren, leicht einige der ψηφισάμενοι haben aufrufen oder auch das betreffende ψήφισμα selbst haben verlesen lassen können; die Worte bezeugen also den konspiratorischen Charakter der aus den Beratungen der durch ihren Eid zum Schweigen verpflichteten Hetäristen hervorgegangenen Mafsregel.

§ 47. κατεμαρτύρουν αὐτῶν] die Hetäristen gegen ihre Häupter,

τύρουν ἂν αὐτῶν καὶ τοὺς διδασκάλους τῶν σφετέρων ἁμαρτημάτων σφόδρ' ἂν ἐκόλαζον, καὶ τοὺς ὅρκους, εἰ ἐσωφρόνουν, οὐκ ἂν ἐπὶ μὲν τοῖς τῶν πολιτῶν κακοῖς πιστοὺς ἐνόμιζον, ἐπὶ δὲ τοῖς τῆς πόλεως ἀγαθοῖς ῥᾳδίως παρέβαινον. Πρὸς μὲν οὖν τούτους τοσαῦτα λέγω, τοὺς δὲ μάρτυράς μοι κάλει. Καὶ ὑμεῖς ἀνάβητε.

ΜΑΡΤΥΡΕΣ.

d. h. eben die Dreifsig. — διδασκάλους] 'Lehrmeister', wie § 78. XIV, 30. Is. XII, 101. (D.) L, 35. Aesch. I, 172 (εἰσηγητὴς καὶ διδάσκαλος). Ebenso magister Ter. Andr. I, 2, 21. — τοὺς ὅρκους] οἱ ὅρκοι sind im ersten Falle (ἐπὶ — κακοῖς) die Eidschwüre der Hetäristen, die sie um so unbedenklicher brechen konnten, als sie durch das noch nicht aufgehobene Gesetz des Demophantos (And. I, 96) im voraus ausdrücklich davon entbunden waren (ὁπόσοι ὅρκοι ὀμώμονται Ἀθήνησιν ἢ ἐν τῷ στρατοπέδῳ ἢ ἄλλοθί που ἐναντίοι τῷ δήμῳ τῶν Ἀθηναίων, λύω καὶ ἀφίημι, schwuren die Athener bis zum Erlafs des Amnestiegesetzes); im zweiten Falle (ἐπὶ — ἀγαθοῖς) sind es die dem Staate geleisteten Treuschwüre, der Ephebeneid (zu XIII, 62), eventuell der Heliasten- (zu XIV, 40), Buleuten- (Einl. zu XXXI § 4), überhaupt Beamteneid (Lyk. 79 und Rehdantz zu dieser Stelle Anh. 2, S. 149). — εἰ ἐσωφρόνουν] nachdrückliche Wiederholung der vergeblichen Berufung auf ihren gesunden Verstand. — οὐκ — μὲν — δέ] Der Negation sind die beiden Satzglieder mit μέν — δέ gleichmäfsig untergeordnet; denn der Grieche hebt durch Koordination den mit dem gesunden Verstande nicht verträglichen Widerspruch der beiden gesetzten Thatsachen hervor, wir lösen das eine Glied (hier das zweite) aus der Negation und damit aus der hypothetischen Form und stellen es subordiniert ('während') der gesetzten als vollendete Thatsache gegenüber. Vgl. de arg. ex contr. S. 130 ff. (Rehdantz zu Lyk. 65, Anh. 2, S. 145) und dazu S. 104 f. und S. 209. — Mit der Negation gehört auch ἄν noch zu παρέβαινον wie D. XXVII, 55: εἰ ἐπίστευεν, οὐκ ἂν τῇ μὲν μητρί μου ταῦτα φυλάττειν ἔδωκεν, αὐτὴν δ' ἐκείνην τούτῳ γυναῖκ' ἔδωκεν. Is. XXI, 16: οὐκ ἄν ποτ' ἀδικεῖν ἐπιχειρῶν τὰ μὲν δύο μέρη τῆς παρακαταθήκης ἀπέδωκε, τὸ δὲ τρίτον μέρος ἀπεστέρησεν. — ἐπί] 'bei', wo es sich handelt um. Is. XVIII, 24: δεινόν, εἰ ἐπὶ μὲν τοῖς ὑμετέροις αὐτῶν πράγμασιν ἐμμένετε τοῖς ὅρκοις, ἐπὶ δὲ τῇ τούτου συκοφαντίᾳ παραβαίνειν ἐπιχειρήσετε. ebenda § 56: ὅστις ἐπὶ τοῖς ἀλλοτρίοις πράγμασιν οὕτω πονηρός ἐστι, τί οὐκ ἂν ἐπὶ τοῖς αὐτοῦ τολμήσειεν; — τοσαῦτα λέγω] Ganz in derselben Weise wird der besprochene Punkt abgeschlossen § 95 und XIX, 56; ähnlich auch XXIV, 4: περὶ μὲν οὖν τούτων τοσαῦτά μοι εἰρήσθω (mehr im Anh.). — κάλει] Anrede an den im Gerichtshofe anwesenden κῆρυξ (praeco), wie ἀνάγνωθι (recita bei Cicero) an den Gerichtsschreiber (γραμματεύς) XIII, 35. 50, auf den sich auch das häufige ἀναγνώσεται (XIII, 33. XIX, 27) bezieht; über die Ellipse des (durch den Verbalbegriff bedingten) Subjekts, resp. Vokativs Kr. 61, 4, 3. — ἀνάβητε] Während der Verlesung des Zeugnisses traten die aufgerufenen Zeugen, um persönlich die Echtheit der Urkunde zu konstatieren, auf ein Podium in der Nähe, vielleicht vor der Rednerbühne (gewifs nicht auf diese selbst, wie Schömann, Prozefs 677 meint), von wo aus sie die Richter übersehen konnten (And. I, 18); daher ἀνάβητε, ἀναβιβάζεσθαι τοὺς μάρτυρας (§ 24). Dafs das Podium in der Nähe des βῆμα des Sprechers

48 Τῶν μὲν μαρτύρων ἀκηκόατε. Τὸ δὲ τελευταῖον εἰς τὴν ἀρχὴν καταστὰς ἀγαθοῦ μὲν οὐδενὸς μετέσχεν, ἄλλων δὲ πολλῶν. Καίτοι εἴπερ ἦν ἀνὴρ ἀγαθός, ἐχρῆν αὐτὸν πρῶτον μὲν μὴ παρανόμως ἄρχειν, ἔπειτα τῇ βουλῇ μηνυτὴν γίγνεσθαι περὶ τῶν εἰσαγγελιῶν ἁπασῶν, ὅτι ψευδεῖς εἶεν, καὶ Βάτραχος καὶ Αἰσχυλίδης οὐ τἀληθῆ μηνύουσιν, ἀλλὰ τὰ ὑπὸ τῶν τριάκοντα πλασθέντα εἰσαγγέλλουσι, συγκείμενα ἐπὶ τῇ τῶν πολι-

war, zeigen Aufforderungen wie ἀνάβηθι (ἀνάβητε) δεῦρο (Isae. XI, 4. [Lys.] XX, 29), δεῦρο ἴτε (Lys. VII, 10), κάλει δεῦρο (Isae. VII, 10) oder δευρί ([D.] XLIV, 14). War blos ein Zeuge aufzurufen, so scheint dieser wohl auch sein Zeugnis selbst gesprochen zu haben (daher Lys. XVI, 8: ἀνάβηθί μοι καὶ μαρτύρησον), vermutlich indem ihm der Schreiber das vorher vereinbarte **Formular** vorsagte. Auch in Rom erhoben sich die Zeugen während der **Verlesung** (Cic. p. Cluent. 60, 168).

§ 48. τῶν μὲν μ. ἀκηκόατε] Über das Asyndeton s. Anhang. — εἰς τὴν ἀρχήν] zu § 29. Sonach **war** die Wirksamkeit der Ephoren eben keine ἀρχή, sie selbst keine 'Behörde'. — μετέσχεν] μετέχειν hier nicht 'Anteil haben', sondern 'sich beteiligen an', wie § 58. **62**. 66. XVIII, 2: ὅσα ἄκων ἠναγκάσθη ποιῆσαι, τῶν κακῶν οὐδ' ἐλάχιστον αὐτὸς μετέσχε μέρος. **D. XIX, 117** (Gegensatz zwischen αἴτιοι **und** μὴ μετεσχηκότες). 294. **Is. X, 20.** — ἄλλων] Den in ἄλλων liegenden Euphemismus (der in einer interpolierten Handschrift in κακῶν verwässert ist) **verdeutlicht** (D.) prooem. 25: καὶ γὰρ εὐτυχῶς καὶ ἄλλως πράξασι (λέγειν γὰρ εὐφήμως πάντα δεῖ) κοινὰ ἂν ἦν τὰ τῆς αἰτίας ὑμῖν καὶ τῷ πείσαντι. Vgl. D. XXII, 12: ἀγαθὰ ἢ θάτερα, ἵνα μηδὲν εἴπω φλαῦρον. Xen. Kyr. II, 3, 6: δέδοικα μὴ ἄλλου τινὸς μᾶλλον ἢ τοῦ ἀγαθοῦ μεθέξω. Oft **so** bei späteren Rhetoren, namentlich Aristeides (vgl. **z. B.** I, 272 Df.: εὐθενούσης τῆς πόλεως — ἑτέρως πεπραγυίας. S. 274: εὖ τε καὶ ὡς ἑτέρως. — παρανόμως ἄρχειν] 'ein verfassungswidriges Amt bekleiden'. — μηνυτὴν γίγνεσθαι] zu § 32. — εἰσαγγελιῶν] εἰσαγγελία 'die beim Rate oder bei der Volksversammlung angebrachte Klage wegen eines die Interessen des Staates verletzenden Verbrechens' (Schömann, Altert. I, 507). Da die Volksversammlung zur Zeit der Dreifsig völlig lahm gelegt **war** (auch von einer Zusammenberufung der τρισχίλιοι — zu XXV, 16 — wird nirgends berichtet), konnte hier **nur** von dem aus den Werkzeugen **der** Tyrannen gebildeten Rat (zu **XIII**, 35) die Rede sein. — ὅτι — εἶεν καὶ μηνύουσιν] Der Wechsel des **obliquen und** direkten Modus **wie Isae. VI, 13**: ἐρομένων ἡμῶν ὅστις εἴη καὶ εἰ ζῇ ἢ μή, ἔφασαν. Thuk. VIII, **50**, **1**: ἔγνω ὅτι ἔσοιτο περὶ τῆς τοῦ Ἀλκιβιάδου καθόδου λόγος καὶ ὅτι Ἀθηναῖοι ἐνδέξονται αὐτήν. Is. XVII, 21: ἔλεγεν ὅτι οὐδὲν αὐτῷ πλέον ἔσται, εἰ τὰ μὲν χρήματα ἀποδώσει, αὐτὸς δὲ καταγέλαστος ἔσοιτο. Andere Beispiele im Anh. zu dieser Stelle und zu § 16. Vgl. auch Lys. X, 25. Kr. 54, 6, 2. — Βάτραχος] ein dienstwilliges Werkzeug der Dreifsig als Ankläger vor der Bule, ὁ πάντων πονηρότατος Βάτραχος, γενόμενος ἐπὶ τῶν τριάκοντα μηνυτής ([Lys.] VI, 45). Nach der Wiederherstellung der Demokratie **entwich er** trotz der Amnestie aus Athen. Die Lexikographen citieren **eine** Rede des Lysias ὑπὲρ τοῦ Βατράχου φόνου. Aeschylides ist sonst nicht bekannt. — συγκείμενα] **'abgekartet'**, wie compositus. III, **26**: πάντ' αὐτῷ ταῦτα σύγκειται καὶ μεμηχάνηται. — ἐπί] 'zu', **zur** Bezeichnung des Zweckes. Kr. 68, **41**, **7.** So ἐπὶ βλάβῃ und ἐπ' ὠφελείᾳ **Is.** IV, 130. VIII, **72.** Xen. Mem. **II,**

τῶν βλάβῃ. Καὶ μὲν δή, ὦ ἄνδρες δικασταί, ὅσοι κακόνοι 49
ἦσαν τῷ ὑμετέρῳ πλήθει, οὐδὲν ἔλαττον εἶχον σιωπῶντες·
ἕτεροι γὰρ ἦσαν οἱ λέγοντες καὶ πράττοντες ὧν οὐχ οἷόν τ'
ἦν μείζω κακὰ γενέσθαι τῇ πόλει. Ὁπόσοι δ' εὖνοί φασιν
εἶναι, πῶς οὐκ ἐνταῦθα ἔδειξαν, αὐτοί τε τὰ βέλτιστα λέγοντες
καὶ τοὺς ἐξαμαρτάνοντας ἀποτρέποντες; Ἴσως δ' ἂν ἔχοι εἰπεῖν 50
ὅτι ἐδεδοίκει, καὶ ὑμῶν τοῦτ' ἐνίοις ἱκανὸν ἔσται. Ὅπως
τοίνυν μὴ φανήσεται ἔν τῳ λόγῳ τοῖς τριάκοντα ἐναντιού-

3, 19, *ἐπ' ὀλέθρῳ τῆς πόλεως* Lys. XII, 60, *ἐπὶ κακῷ τῆς πόλεως* Xen. Hell. V, 4, 30, *ἐπ' ἀγαθῷ τῇ πόλει* Arist. Ri. 1226, *ἐπὶ ἀγαθῷ καὶ ἐλευθερίᾳ τῆς πόλεως* Thuk. IV, 114, 3, *ἐπὶ σωτηρίᾳ* (Lys.) VI, 31; auch *ἐπὶ τούτῳ* Lys. I, 36. Thuk. IV, 98, 1. Vgl. zu XIII, 20.

§ 49. *οὐδὲν ἔλαττον εἶχον*] 'standen sich nicht schlechter'; also war ihr Schweigen noch kein Beweis guter Gesinnung, die nicht durch Passivität, bei der sie nichts aufs Spiel setzten, sondern nur durch entschiedenes Auftreten gegen die Übelthäter dokumentiert werden mufste. Vgl. D. XXII, 41: *τί δὴ ταῦτ' εἴα φάσκων ἐπιεικὴς εἶναι, αὐτὸν ἐρωτᾶτε· ἂν σιωπᾶν φῇ, πῶς οὐκ ἀδικεῖ, εἰ παρὸν ἐξαμαρτάνειν μέλλοντας ἀποτρέπειν τοῦτ' οὐκ ἐποίει;* — *ἕτεροι ἦσαν οἱ λέγοντες*] Über die sprachliche Form zu XIII, 21. Gedanke: Es waren ja andere da, die die aktiven Rollen in dem Schreckensregiment übernahmen. — *εὖνοι*] Der *εὔνοια* gegen den Demos berühmten sich gern die Staatsmänner ([D.] XXV, 64. prooem. 35, 1), und das Volk liefs sich durch diese Versicherung leicht ködern (*τιμᾷ, ἐάν τις φῇ μόνον εὔνους εἶναι τῷ πλήθει* Plat. Staat VIII, 558b). Persifliert hat dies Aristophanes in den Rittern in dem ergötzlichen Wettstreit um die Gunst des Demos zwischen dem 'Paphlagonier' (Kleon) und dem 'Wursthändler', der auch als der *εὐνούστατος τῇ πόλει* (874) anerkannt wird. — *πῶς οὐκ — ἔδειξαν*] 'wie kam es, dafs sie nicht', wie Arist. Vög. 963: *πῶς ταῦτ' οὐκ ἐχρησμολόγεις πρὶν ἐμὲ τὴν πόλιν οἰκίσαι;* Wo. 1196. Eur. Herc. fur. 618: *χρόνον δὲ πῶς τοσοῦτον ἦσθ' ὑπὸ χθονί;* Soph. Aj. 50.

§ 50. Fortsetzung der Kritik des Charakters und Verhaltens des Angeklagten (im Anschlufs an das *δεδιώς* (§ 25), um die That (den *φόνος ἑκούσιος*) als damit in Einklang stehend darzustellen, ein Teil des probabile ex vita (Volkmann, Rhetor. 319). — *ὅτι ἐδεδοίκει*] nicht bei einem einzelnen Falle (daher nicht *ἔδεισεν*), sondern überhaupt während seiner Amtsführung. Lysias argumentiert dagegen so: Dann darf es sich aber nicht herausstellen, dafs er ohne schlimme Folgen für sich in 'irgend einer Verhandlung' (*ἔν τῳ λόγῳ*) Opposition gemacht habe, sonst hätte er dies ebenso gut in anderen Fällen thun können. Da er nun, zwar ohne Erfolg, aber auch ohne Nachteil für sich, für Theram. gegen die Majorität gesprochen hat, so beweist dies, dafs er auch für andere hätte eintreten können, wenn er nur gewollt hätte. Freilich konnte Eratosth. einwenden, dafs er die Probe gefahrloser Opposition an dem Falle des Theram. erst später gemacht habe und dafs die Toleranz der Majorität ihm gegenüber aus der Bedeutungslosigkeit der gemäfsigten Fraktion seit des Theram. Untergang sich erkläre. — *ὅπως μὴ — φανήσεται*] 'dafs nur nicht'. Kr. 54, 8, 7. So noch I, 21: *ὅπως τοίνυν ταῦτα μηδεὶς ἀνθρώπων πεύσεται.* — *ἔν τῳ λόγῳ*] *τῳ*, nicht *μηδενί*, weil der indefinite Begriff den Ton hat. XIII, 53. Thuk. III, 9: *μηδέ τῳ χείρους δόξωμεν εἶναι.* Xen.

μενος· εἰ δὲ μή, ἐνταυθοῖ δῆλος ἔσται ὅτι ἐκεῖνά τ' αὐτῷ
ἤρεσκε καὶ τοσοῦτον ἐδύνατο, ὥστ' ἐναντιούμενος μηδὲν κακὸν παθεῖν ὑπ' αὐτῶν. Χρῆν δ' αὐτὸν ὑπὲρ τῆς ὑμετέρας
σωτηρίας ταύτην τὴν προθυμίαν ἔχειν, ἀλλὰ μὴ ὑπὲρ Θηρα-
51 μένους, ὃς εἰς ὑμᾶς πόλλ' ἐξήμαρτεν. Ἀλλ' οὗτος τὴν μὲν
πόλιν ἐχθρὰν ἐνόμιζεν εἶναι, τοὺς δ' ὑμετέρους ἐχθροὺς φίλους,
ὡς ἀμφότερα ταῦτ' ἐγὼ πολλοῖς τεκμηρίοις παραστήσω καὶ τὰς
πρὸς ἀλλήλους διαφορὰς οὐχ ὑπὲρ ὑμῶν ἀλλ' ὑπὲρ ἑαυτῶν
γιγνομένας, ὁπότεροι ταὐτὰ πράξουσι καὶ τῆς πόλεως ἄρξουσιν.

Ages. 10, 3. Soph. Aj. 1181. Plat. Gesetze IX, 861e. — *εἰ δὲ μή*] sin minus, 'andernfalls' (Kr. 65, 5, 12); nach negativem Satze zu ergänzen durch das vorhergehende Verbum mit der Negation, daher scheinbar in diesem Falle = *εἰ δέ*. (Lys.) VI, 18: *μὴ οὓς ἔχετε ἀδικοῦντας ἀφίετε· εἰ δὲ μή* (sc. *οὐκ ἀφήσετε*, vgl. D. XIX, 74), *δόξετε τοῖς Ἕλλησι κομπάζειν*. Lys. I, 21. — *ἐνταυθοῖ*] 'darin', in dem *ἐναντιοῦσθαι ἐν τῳ λόγῳ*. *ἐνταυθοῖ* im Atticismus oft von *ἐνταῦθα* nicht unterschieden. And. I, 89: *ἐνταυθοῖ ἔστιν ὅ τι ὑπολείπεται τῶν γενομένων πρότερον ψηφισμάτων*; D. XLI, 20: *ἐνταυθοῖ αὐτὸς οὗτός μοι μέγιστος ἔσται μάρτυς*. — *δῆλος ἔσται ὅτι*] Über die Konstruktion zu XXXI, 6. — *ἐκεῖνα*] 'das Treiben der Dreißig', ad sensum bezogen auf *τοῖς τριάκοντα*. — Hinter *αὐτῶν* vermißt man die bestimmte Angabe, daß Eratosthenes in dem einen Falle des Theram. (denn in dem Falle der Metöken hat Lysias das *ἀντιλέγειν* des Eratosthenes bestritten, konnte darauf also sich nicht berufen) den Dreißig entgegengetreten sei; doch setzt dies der Redner wohl als bekannt voraus und knüpft sofort an das Faktum, das den Hörern von selbst bei dem *ἐν τῳ λόγῳ* einfiel, die weitere Ausbeutung desselben. — *ταύτην τὴν προθυμίαν*] den guten Willen zur Opposition. — *ὑπὲρ Θηραμένους*] Einl. § 4.

§ 51. *οὗτος — φίλους*] zuwider dem Merkmale des *πολίτης εὔνους* bei Is. XVI, 41: *τοὺς αὐτοὺς ἐχθροὺς καὶ φίλους ὑμῖν νομίζων*. Ähnlich Memmius bei Sallust Iug. 31, 23 von den gewissenlosen Optimaten: sociis vestris veluti hostibus, hostibus pro sociis utuntur. — *ἀμφότερα ταῦτα*] die Feindseligkeit gegen den Staat und das Einverständnis mit den Feinden, wozu als neuer Gegenstand des Beweises noch die Behauptung kommt, daß die Zerwürfnisse unter den Machthabern nur auf Egoismus, nicht auf Patriotismus der Opposition beruhten. Doch ist der Übergang zu dem neuen Gedanken ebenso hart wie formell der Übergang vom Objektsaccusativ zum accus. c. partic. Auch läßt sich das *ὡς* in seiner Beziehung auf *οὗτος — φίλους* gar nicht auf den Gedanken *καὶ — γιγνομένας* übertragen. Vermutlich ist hinter *παραστήσω* in der Überlieferung eine Lücke. — *ὑπὲρ ἑαυτῶν*] Das Gegenteil rühmt Is. XVI, 36 vom Alkibiades: *τοὺς μὲν ἄλλους εὑρήσεθ' ὑπὲρ αὑτῶν στασιάσαντας, ἐκεῖνον δ' ὑπὲρ ὑμῶν κινδυνεύοντα*. — *γιγνομένας*] das Partic. Imperf. mit Rücksicht auf die sich wiederholenden Zerwürfnisse unter den Dreißig, daher auch § 52 *ἐστασίαζον*. — *ὁπότεροι*] ob die Fraktion des Kritias oder des Theramenes. — *ταὐτὰ πράξουσι*] spöttisch: Die Zerwürfnisse drehten sich nur um die Frage, welche von beiden Fraktionen ganz das nämliche (wie die andere) thun, das heißt (*καί* 'und damit', vgl. zu XIII, 60) Herr der Stadt sein solle. Also nicht ein System-, sondern nur ein Personenwechsel kam dabei in Frage. Man lese, was im

Εἰ γὰρ ὑπὲρ τῶν ἀδικουμένων ἐστασίαζον, ποῦ κάλλιον ἦν 52
ἀνδρὶ ἄρχοντι, ἢ Θρασυβούλου Φυλὴν κατειληφότος τότ' ἐπιδείξασθαι τὴν αὑτοῦ εὔνοιαν; ὁ δ' ἀντὶ τοῦ ἐπαγγείλασθαί τι ἢ πρᾶξαι ἀγαθὸν πρὸς τοὺς ἐπὶ Φυλῇ, ἐλθὼν μετὰ τῶν συναρχόντων εἰς Σαλαμῖνα καὶ Ἐλευσῖνάδε τριακοσίους τῶν πολιτῶν ἀπήγαγεν εἰς τὸ δεσμωτήριον καὶ μιᾷ ψήφῳ αὐτῶν

Gegensatze zu diesem unlauteren Treiben Isokr. IV, 79 von den Vorfahren rühmt: *οὕτω πολιτικῶς εἶχον, ὥστε καὶ τὰς στάσεις ἐποιοῦντο πρὸς ἀλλήλους, οὐχ ὁπότεροι τοὺς ἑτέρους ἀπολέσαντες τῶν λοιπῶν ἄρξουσιν, ἀλλ' ὁπότεροι φθήσονται τὴν πόλιν ἀγαθόν τι ποιήσαντες.*

§ 52. *ποῦ κάλλιον ἦν*] denn damals bedurfte die gerechte Sache der *ἀδικούμενοι* noch sehr der Unterstützung. *ποῦ* 'bei welcher Gelegenheit'. — *ἀνδρὶ ἄρχοντι*] dem das Wohl des Vaterlands mehr als andern am Herzen liegen mufste. Lys. XXVIII, 14: *τούτοις (τοῖς ἄρχουσιν) ὑμᾶς αὐτοὺς ἐπετρέψατε, ὡς μεγάλην καὶ ἐλευθέραν τὴν πόλιν ποιήσωσιν.* Betonung der amtlichen, formell nicht usurpierten Stellung des Eratosth. (zu § 29); vgl. zu XIII, 79. — *τότε*] nach dem Partic. fixiert den Zeitpunkt, wie *εἶτα* (XIX, 51), *ἔπειτα*, seltener *μετὰ ταῦτα* (Dein. II, 16. Herod. VIII, 25), ebenso wie das geläufigere *οὕτως* den durch die Handlung des Partic. eingetretenen Zustand (XIII, 39. XXVII, 13. [Lys.] II, 74). Kr. 56, 10, 3. — *Θρασυβούλου*] Prol. § 8. — *ἐπαγγείλασθαι*] in geheimen Verhandlungen. — *πρᾶξαι ἀγαθόν*] durch offenen Übertritt, wie es damals manche bisherige Anhänger der Oligarchie thaten (zu XIII, 77), oder doch durch Vorschub, den er den Patrioten im Kampfe hätte leisten können. Im Ernste konnte freilich das niemand vom Eratosth. erwarten, wenn er nicht perfid oder charakterlos war. — *τοὺς ἐπὶ Φυλῇ*] die 'auf' Phyle, wie Aesch. III, 187: *ἐπὶ Φυλῇ ἐπολιορκήθησαν*; denn Phyle (jetzt noch Phyli, Bursian, Geogr. v. Griechenland I, 333), ein wohl befestigtes Schlofs, lag hoch im Kithäron (daher *Θρασύβουλος καταβαίνει* Xen. Hell. II, 4, 5), 100 Stadien von Athen. Nach dem Aufbruch von Phyle heifsen die Patrioten *οἱ ἀπὸ* oder *οἱ ἐκ Φ.* (XVI, 4. XXXI, 8). Ebenso ist das lokale Verhältnis berücksichtigt bei dem Wechsel der Bezeichnungen *οἱ ἐν Πειραιεῖ* (§ 56) und *οἱ ἐκ Πειραιῶς* (§ 53). Die Gegner heifsen *οἱ ἐν ἄστει*, aber auch *οἱ ἐξ ἄστεος* mit Rücksicht auf ihre Ausfälle aus der Stadt gegen die Demokraten. Vgl. D. XXIV, 134: *οἱ ἐκ Πειραιῶς καὶ ἀπὸ Φυλῆς*. Kr. 50, 5, 7. — *εἰς Σαλαμῖνα καὶ Ἐλευσῖνάδε*] Beide Orte, als eventuelle Zufluchtsstätten, purifizierten die Dreifsig durch einen Akt brutaler Gewalt von den ihnen verdächtigen Elementen; vgl. XIII, 44. Diodor XIV, 32. Xenophon Hell. II, 4, 8 ff. spricht nur von Eleusis. — *μιᾷ ψήφῳ*] 'durch eine Abstimmung' zuwider dem Gesetz des Kannonos (Xen. Hell. I, 7, 34. Arist. Ekkl. 1089), welches vorschrieb, mehrere in gleicher Sache Verklagte sollten nicht *ἀθρόοι* (Plat. Apol. 32[b]), sondern *δίχα ἕκαστος* gerichtet werden. Derselben Ungesetzlichkeit machte sich das Volk in dem Feldherrnprozefs nach der Arginusenschlacht schuldig (Xen. Mem. I, 1, 18). Ebenso *μιᾷ ψήφῳ καὶ ἑνὶ ἀγῶνι* Dein. I, 112 (uno judicio Cornif. ad Her. IV, 39, 51), *ὑπὸ μιᾶς ψήφου* Arist. Lysistr. 270. Anderwärts ist *μιᾷ ψήφῳ* 'durch Mehrheit einer einzigen Stimme' ([And.] IV, 9), oder bezieht sich auf die durch den einen Akt der Abstimmung erzielten verschiedenen Resultate (D. XXI, 227: *πάντ' ἐστὶν ἐν ὑμῖν μιᾷ ψήφῳ διαπράξασθαι = ἐν μιᾷ ψήφῳ καὶ ἑνὶ ἀγῶνι* Isae. VI, 4, uno suffragio Qu. Cic. de petit. cons. 3, 12).

53 ἁπάντων θάνατον κατεψηφίσατο. Ἐπειδὴ δ' εἰς τὸν Πειραιᾶ
ἤλθομεν καὶ αἱ ταραχαὶ γεγενημέναι ἦσαν καὶ περὶ τῶν διαλλαγῶν οἱ λόγοι ἐγίγνοντο, πολλὰς ἑκάτεροι ἐλπίδας εἴχομεν τὰ
πρὸς ἀλλήλους ἔσεσθαι ὡς ἀμφότεροι ἐδείξαμεν. Οἱ μὲν γὰρ
54 ἐκ Πειραιῶς κρείττους ὄντες εἴασαν αὐτοὺς ἀπελθεῖν· οἱ δ' εἰς
τὸ ἄστυ ἐλθόντες τοὺς μὲν τριάκοντα ἐξέβαλον πλὴν Φείδωνος
καὶ Ἐρατοσθένους, ἄρχοντας δὲ τοὺς ἐκείνοις ἐχθίστους εἵλοντο,
ἡγούμενοι δικαίως ἂν ὑπὸ τῶν αὐτῶν τούς τε τριάκοντα μι-

§ 53. ἤλθομεν] Prol. § 8. — αἱ ταραχαί] 'die Wirren', mildernde Bezeichnung des hitzigen Gefechts auf den Höhen von Munychia (Xen. Hell. II, 4, 11 ff.). Lysias spricht, im frischen Andenken an den Bürgerkrieg, mit ersichtlicher Schonung der städtischen Fraktion und sucht alle Schuld auf die Dreifsig und ihre Nachfolger im Regiment zu schieben. Man vergleiche, wie noch mehrere Jahre später Andokides I, 80 von denselben Vorgängen spricht: ἐγένετο ὑμῖν ὧν ἐγὼ οὐδὲν δέομαι μεμνῆσθαι οὐδ' ἀναμιμνήσκειν ὑμᾶς τῶν γεγενημένων κακῶν. — γεγενημέναι ἦσαν] 'vorüber waren'. Das nach ἐπειδή (ἐπεί, ὅτε, ὡς) seltener gebrauchte Plusquampf. bei Lysias noch XIII, 5: ἐπειδὴ — τὰ πράγματα ἀσθενέστερα ἐγεγένητο, wo wie hier der Aorist vorausgeht (vgl. Plat. Gorg. 516ª: ἐπειδὴ καλοὶ κἀγαθοὶ ἐγεγόνεσαν ὑπ' αὐτοῦ). I, 21: ἐπειδὴ πάντα εἴρητο αὐτῇ (vgl. [D.] LII, 11: ἐπειδὴ αὐτῷ εἴρητο. Aesch. II, 25: ἐπειδὴ εἰρήκεσαν). XIX, 48: ὅτε νεωστὶ ἐτεθνήκει ὁ πατήρ (vgl. Plut. Per. 7, 2: ἐπεὶ Ἀ. μὲν ἀποτεθνήκει καὶ Θ. ἐξεπεπτώκει. D. XXXVI, 8: ἐπειδὴ ἐτετελευτήκει. XIX, 125: ἐπειδὴ ἀπωλώλεσαν). Madvig 114, c. — περὶ τῶν διαλλαγῶν — ἐγίγνοντο] Diese Verhandlungen (λόγοι wie XIII, 5; so εἰς λόγους ἄγειν, ἔρχεσθαι) wurden nach dem Gefechte zunächst privatim angeknüpft (Xen. Hell. II, 4, 19: προσιόντες ἀλλήλοις πολλοὶ διελέγοντο). Is. XVIII, 17 von den nämlichen Vorgängen: περὶ διαλλαγῶν ἦσαν οἱ λόγοι. Hier der Artikel mit Rücksicht auf den damals angebahnten, später wirklich zu Stande gekommenen allbekannten Vergleich; zu XIII, 80. — τὰ πρὸς ἀλλήλους ἔσεσθαι] 'wir würden uns zu einander stellen. τὰ πρὸς ἀλλήλους ('die gegenseitigen Beziehungen') ist accus. relationis, wie D. XVIII, 163: ἐν οἷς ἦτε τὰ πρὸς ἀλλήλους, εἴσεσθε. Ähnlich (D.) LIX, 12: οὕτως οἰκείως ἔχων τὰ πρὸς τούτους. — ὡς ἀμφότεροι ἐδείξαμεν] 'wie wir beiderseits (die Sieger durch ihr schonendes Verfahren, die Besiegten durch den Sturz der Gewaltherrschaft) zeigten'. Es gab sich also beiderseits der ernstliche Wunsch der Versöhnung kund, das Verfahren der neuen, nach Lys. Andeutung vom Eratosth. inspirierten Regierung verzögerte sie. — αὐτούς] τοὺς ἐξ ἄστεος.

§ 54. ἐλθόντες] 'zurückgekehrt'; zu § 16. — τοὺς τριάκοντα] Bezeichnung des Regierungskollegiums ohne Rücksicht auf die noch vorhandene Zahl der Mitglieder (25, da Theramenes hingerichtet, Kritias und Hippomachos gefallen waren, Eratosth. und Pheidon in der Stadt zurückblieben); vgl. zu X, 31. — ἐξέβαλον] nicht gewaltsam, sondern durch einen Volksbeschlufs der τρισχίλιοι (Xen. Hell. II, 4, 23). Diodor XIV, 33, 5 milder: ἐκ τῆς πόλεως ἐξέπεμψαν. — ἄρχοντας] Einl. § 5. Die Dekaduchen waren Vertreter der gemäfsigt aristokrat. Grundsätze und also in der That entschieden Gegner des Terrorismus eines Kritias. Aus jeder Phyle ward einer gewählt (Xen. Hell. II, 4, 24); die Behörde war mit diktatorischer Gewalt bekleidet (δέκα ἄνδρας κατέστησαν αὐτοκράτορας Diodor a. a. O.). — δικαίως ἄν] Vorbereitung des Dilemma in § 57

σεῖσθαι καὶ τοὺς ἐν Πειραιεῖ φιλεῖσθαι. Τούτων τοίνυν Φεί- 55
δων [ὁ τῶν τριάκοντα] γενόμενος καὶ Ἱπποκλῆς καὶ Ἐπιχάρης
ὁ Λαμπτρεὺς καὶ ἕτεροι οἱ δοκοῦντες εἶναι ἐναντιώτατοι Χαρικλεῖ καὶ Κριτίᾳ καὶ τῇ ἐκείνων ἑταιρείᾳ, ἐπειδὴ αὐτοὶ εἰς τὴν
ἀρχὴν κατέστησαν, πολὺ μείζω στάσιν καὶ πόλεμον ἐπὶ τοὺς
ἐν Πειραιεῖ τοῖς ἐξ ἄστεος ἐποίησαν· ᾧ καὶ φανερῶς ἐπε- 56
δείξαντο, ὅτι οὐχ ὑπὲρ τῶν ἐν Πειραιεῖ οὐδ' ὑπὲρ τῶν ἀδίκως
ἀπολλυμένων ἐστασίαζον οὐδ' οἱ τεθνεῶτες αὐτοὺς ἐλύπουν
οὐδ' οἱ μέλλοντες ἀποθανεῖσθαι, ἀλλ' οἱ μεῖζον δυνάμενοι καὶ

und von derselben absichtlich falschen Voraussetzung ausgehend, dafs ein Gegner der Dreifsig notwendig den Standpunkt der Patrioten als den allein berechtigten (*δικαίως*) ansehen mufste. — *ὑπὸ τῶν αὐτῶν τούς τε — καὶ τοὺς — μισεῖσθαι*] *τέ — καί* nach *ὁ αὐτός* auch X, 20, sowie in den vier ähnlichen Stellen XII, 41. XXXI, 25. III, 44. XIX, 56 und in den zwei fast gleichen XXVII, 7 und XXX, 23. Dazu kommen aus Pseudolysias II, 16 und 26. VI, 42 (vgl. XXVII, 7 und XXX, 23). Ebenso stehen *τέ — καί* nach *ἴσος* XXXI, 3 und nach *ὅμοιος* (Lys.) VI, 14. Dagegen fehlt *τέ* im ersten Gliede nach *ὁ αὐτός* X, 9. XIV, 33. (Lys.) II, 73. XX, 27. Vgl. Is. III, 14. Thuk. IV, 46, 1 und die Stellen de arg. ex contr. S. 324 (Anm. 44) und Add. S. 393.

§ 55. *τούτων γενόμενος*] *τούτων* Gen. part. wie XXV, 30. X, 10. Kr. 47, 9, 2. So *τῶν προβούλων ὤν* § 65. — *Ἱπποκλῆς*] sonst nicht bekannt. — *Ἐπιχάρης*] aus dem Demos Lamptrā der Phyle Erechtheis, ein übelberufener Sykophant (And. I, 99), dann Buleut und Ankläger unter den Dreifsig (ebenda §§ 95. 101), später einer der Ankläger des Andokides und nach dessen Zeugnis *ὁ πάντων πονηρότατος καὶ βουλόμενος εἶναι τοιοῦτος*. — *ἕτεροι*] wie Rhinon (Is. XVIII, 6); die Namen der Übrigen sind unbekannt. — *Χαρικλεῖ*] Sohn des Apollodoros, einer der bedeutendsten Parteiführer und Haupt einer einflufsreichen Hetärie, in die nach seiner Rückkehr aus dem Exil auch Kritias eintrat. Im Hermokopidenprozefs hatte er um die Volksgunst gebuhlt (And. I, 36), war aber später exiliert worden (Is. XVI, 42). Als Haupt der Dreifsig neben Kritias nennt ihn auch Xenoph. Mem. I, 2, 31 und Aristot. Pol. VIII, 5 (S. 205 Bekker): *ἐν τοῖς τριάκοντα οἱ περὶ Χαρικλέα ἴσχυσαν*. — *αὐτοί*] ein betontes 'sie'. Gedanke: Die Genannten hatten die Dreifsig angefeindet; nachdem sie aber ans Ruder gekommen waren, machten sie es noch schlimmer als jene.

§ 56. *ᾧ καί*] *καί* nach dem Relativum deutet an, dafs der Inhalt des Relativsatzes mit dem Vorhergehenden übereinstimmt. Bäumlein, Partik. S. 152. Häufig geht dem *καί* ein *δή* voraus, wie Xen. Mem. I, 2, 31: *ἐξ ὧν δὴ καὶ ἐμίσει τὸν Σωκράτην ὁ Κριτίας*. — *ἀπολλυμένων*] während der Herrschaft der Dreifsig. — *οἱ τεθνεῶτες — οἱ μέλλοντες ἀποθανεῖσθαι*] im Bürgerkriege. — *οἱ μεῖζον δυνάμενοι*] denn verletzter persönlicher Ehrgeiz ist in der Oligarchie nach dem Urteile des Thuk. VIII, 89, 3 häufig die Veranlassung zur Konspiration gegen die mächtigeren Gesinnungsgenossen; s. zu § 66. — *θᾶττον πλουτοῦντες*] Gehässige Anspielung auf die Sentenz: *οὐδεὶς ἐπλούτησεν ταχέως δίκαιος ὤν* (Menander bei Stob. Floril. X, 21), die auch Aristoph. Plut. 353 andeutet. Daher *ταχέως πλουτῆσαι* öfters mit verdächtigendem Seitenblick, wie Lys. XVIII, 18. XXV, 30.

57 **θᾶττον πλουτοῦντες.** Λαβόντες γὰρ τὰς ἀρχὰς καὶ τὴν πόλιν ἀμφοτέροις ἐπολέμουν, τοῖς τε τριάκοντα πάντα κακὰ εἰργασμένοις καὶ ὑμῖν πάντα κακὰ πεπονθόσι. Καίτοι τοῦτο πᾶσι δῆλον ἦν, ὅτι εἰ μὲν ἐκεῖνοι δικαίως ἔφευγον, ὑμεῖς ἀδίκως, εἰ δ' ὑμεῖς δικαίως, οἱ τριάκοντα ἀδίκως· οὐ γὰρ δὴ ἑτέρων ἔργων
58 αἰτίαν λαβόντες ἐκ τῆς πόλεως ἐξέπεσον, ἀλλὰ τούτων. Ὥστε σφόδρα χρὴ ὀργίζεσθαι, ὅτι Φείδων αἱρεθεὶς ὑμᾶς διαλλάξαι

§ 57. λαβόντες τὰς ἀρχὰς καὶ τὴν πόλιν] man möchte παραλαβόντες, das 'eigentliche Wort von gesetzlicher Übernahme der Staatsämter (παραλαβόντες τὴν πόλιν XXVI, 9. Is. VII, 67. Diodor XIV, 33, 5 von den Zehn: παραλαβόντες τὴν ἀρχήν). Doch bedeutet λαβόντες: 'nachdem sie — in ihre Gewalt bekommen' (als αὐτοκράτορες). Lys. XXXI, 14: ἐάν ποτε (ὃ μὴ γένοιτο) λάβωσι τὴν πόλιν. Is. VIII, 111: ἐπειδὰν λάβωσι τὰς δυναστείας. Vgl. Sall. Cat. 5, 6: hunc lubido maxima invaserat reipublicae capiundae. Geflissentlich stellt Lys. das Treiben der Dekaduchen als ein gewaltsames hin, um die ἐν ἄστει nicht der Mitschuld bezichtigen zu müssen; die Bürgerschaft betrachtet er in dem δι' ὑμᾶς, ὑμῖν §§ 57. 58 und dem τῆς πόλεως und τὴν πόλιν § 60 schon als innerlich geeint und nur durch Zwang noch äuſserlich getrennt. — τοῖς τριάκοντα] Dies ist anderwärts nicht bezeugt; vielmehr erscheinen bei Xenoph. Hell. II, 4, 28 Gesandte der Zehn und der Dreiſsig zu gleichem Zwecke in Sparta. Doch mag Lys., dem Parteitreiben näher stehend, genauer berichten und die Dekaduchen sich pro forma feindlich gegen die Tyrannen gestellt haben. — τοῖς — πεπονθόσι] Ein Isokolon; Prol. § 13. — πάντα κακά] zu § 33. — δῆλον ἦν ὅτι] Das Dilemma mit seinem tertium non datur geht von der Fiktion aus, es seien nur zwei Parteistandpunkte möglich gewesen, für deren einen man sich habe entscheiden und damit den andern als unberechtigt ansehen müssen. Geflissentlich ignoriert Lysias die Existenz einer Mittelpartei, die sich weder mit den extremen Oligarchen (den Dreiſsig) noch mit den Demokraten im Peiräeus identifizierte. Ihr gehörten die Zehn an und konnten daher recht wohl gegen beide Extreme sich feindlich stellen. Der Bau des Dilemma wie Aesch. III, 188: εἰ τοῦτ' ἔχει καλῶς, ἐκεῖνο αἰσχρῶς· εἰ ἐκεῖνοι κατ' ἀξίαν ἐτιμήθησαν, οὗτος ἀνάξιος ὢν στεφανοῦται. — ἀλλὰ τούτων] der Übelthaten gegen den Demos, angedeutet durch ὑμεῖς ἀδίκως (ἐφεύγετε). Also gerieten, meint Lysias, die Zehn mit sich selbst in Widerspruch, wenn sie die Dreiſsig um dieser Übelthaten willen vertrieben und dennoch sich gegen euch feindlich stellten. Aber der wahre Grund der Vertreibung war der Misbrauch der Gewalt und die unvorsichtige Kriegsführung gegen die Demokraten. — αἰτίαν λαβόντες] statt des gewöhnlichen αἰτίαν σχόντες, zu XIII, 62. Hyp. f. Lyk. XIII: αἰτίαν πονηρὰν οὐδεμίαν ἔλαβον. Thuk. VI, 60, 1: οἱ περὶ τῶν μυστικῶν τὴν αἰτίαν λαβόντες. II, 18, 3: αἰτίαν οὐκ ἐλαχίστην ἔλαβεν. Plut. Lys. 21.

§ 58. Φείδων] Der Angriff auf die Amtsführung des Pheidon hat den doppelten Zweck, diesen einerseits als den Ausführer der verderblichen Gedanken des Eratosthenes, der hinter seinen früheren Amtsgenossen sich gesteckt habe, darzustellen, andrerseits dem Pheidon im voraus den Boden für die vermutlich auf Grund seiner angeblichen Verdienste beabsichtigte Fürsprache für Eratosthenes (zu § 85) zu entziehen. — αἱρεθεὶς — καταγαγεῖν] Diodor XIV, 33, 5: δέκα ἄνδρας κατέστησαν αὐτοκράτορας, εἰ δύναιντο, μάλιστα φιλικῶς διαλύεσθαι τὸν πόλεμον. —

καὶ καταγαγεῖν, τῶν αὐτῶν ἔργων Ἐρατοσθένει μετεῖχε καὶ τῇ αὐτῇ γνώμῃ τοὺς μὲν κρείττους αὐτῶν δι' ὑμᾶς κακῶς ποιεῖν ἕτοιμος ἦν, ὑμῖν δ' ἀδίκως φεύγουσιν οὐκ ἠθέλησεν ἀποδοῦναι τὴν πόλιν, ἀλλ' ἐλθὼν εἰς Λακεδαίμονα ἔπειθεν αὐτοὺς στρατεύεσθαι, διαβάλλων ὅτι Βοιωτῶν ἡ πόλις ἔσται, καὶ ἄλλα
λέγων οἷς ᾤετο πείσειν μάλιστα. Οὐ δυνάμενος δὲ τούτων 59
τυχεῖν, εἴτε καὶ τῶν ἱερῶν ἐμποδὼν ὄντων εἴτε καὶ αὐτῶν οὐ βουλομένων, ἑκατὸν τάλαντα ἐδανείσατο, ἵν' ἔχοι ἐπικούρους

καταγειν von Verbannten wie § 97. Über den Infin. des Zweckes zu XXXI, 16. — τῇ αὐτῇ γνώμῃ] sc. Ἐρατοσθένει, 'in Übereinstimmung mit ihm', wie oft τὴν αὐτὴν γνώμην ἔχειν τινί, τοῖς νόμοις (I, 36); anderwärts tritt zu solchem Dativ ein χρώμενος (XXXIII, 6). — τοὺς κρείττους αὐτῶν] die (nun vertriebene) Majorität der Dreifsig; αὐτῶν: Pheidon und Erat. — δι' ὑμᾶς] 'durch eure Mitwirkung'. διά c. accus. bezeichnet die Person nicht als das benutzte Mittel, sondern als selbstthätig einwirkend (opera alicujus), wie in σώζεσθαι und σῶν εἶναι διά τινα ('durch jemandes Verdienst'), δεινόν ἐστι διά τινα ('durch Schuld', unten § 87); vgl. zu § 77. XIII, 46. XIV, 18. VII, 5. XXV, 27. 32. 33. So auch propter in 'vivere propter aliquem' Cic. p. Mil. 22, 58, propter quem ceteri liberi sunt ad fam. VII, 27, propter me tibi est melius Plaut. Aulul. II, 2, 48. Kr. 68, 23. — οὐκ ἠθέλησεν] 'konnte sich nicht entschliefsen', wie XXX, 3; ähnlich οὐκ ἐτόλμων § 5 (vgl. Plat. Symp. 177c). Über eine andere Bedeutung von οὐκ ἐθέλειν zu § 69. — ἔπειθεν] 'redete zu'; so XIX, 22. Arist. Wesp. 116: ἀνέπειθεν αὐτὸν μὴ ἐξιέναι· ὁ δ' οὐκ ἐπείθετο. Xen. Kyr. V, 5, 22: ἐλθὼν ἔπειθον αὐτοὺς καὶ οὓς ἔπεισα, τούτους ἔχων ἐπορευόμην. Herod. V, 104; ein sogenanntes Imperf. de conatu. — αὐτούς] κατὰ σύνεσιν auf Λακεδαίμονα bezogen; zu XXXI, 9. — διαβάλλων ὅτι] Wie διαβάλλειν τι 'eine Sache gehässig darstellen' (D. XXVIII, 1. XLI, 18), so διαβάλλειν ὅτι (ὡς) = διαβάλλοντα λέγειν ὅτι (ὡς), 'verleumderisch, gehässig behaupten dafs'. Is. XV, 56: ὁ κατήγορος διαβάλλει ὅτι τοιούτους γράφω λόγους. XVI, 10: διαβάλλειν ἐπιχειροῦσιν ὡς Δεκέλειαν ἐπετείχισεν ὁ πατήρ. Xen. Hell. VI, 3, 12. — Βοιωτῶν] 'in der Gewalt der Böoter' Kr. 47, 6, 7. Theben hatte die Exulanten lebhaft unterstützt und die Ansammlung der Schar des Thrasybul gestattet (Lys. fr. 78. Dein. I, 25 und zu § 95). Dies benutzt Pheid. zu der hyperbol. Behauptung, der thebanische Einflufs werde in Athen künftig dominieren. Über die Eifersucht zwischen Theben und Sparta Xen. Hell. II, 4, 30. III, 5, 5; zur Form der αὔξησις ('Übertreibung') Lys. XIV, 33.

§ 59. εἴτε καὶ — εἴτε καί] Gewöhnlich fehlt καί an erster Stelle; doch vgl. Plat. Staat V, 471d. Thuk. V, 65, 3. VI, 60, 2. Xen. Kyr. V, 4, 27. VII, 2, 29. VIII, 3, 14. Ebenso ἐάν τε καί — ἐάν τε καί Plat. Lys. 212e. Staat VIII, 557a. — τῶν ἱερῶν] vermutlich die im spart. Monat Karneios (Mitte August bis Mitte September) gefeierten neuntägigen Karneien (Ἀπόλλων Καρνεῖος), während welcher die Dorer nach altem Gesetz sich alles Waffenwerks enthielten (Herod. VII, 206. VIII, 72. Thuk. V, 54. 75), wie aus der Weigerung der Spartaner, den Athenern beim Feldzuge des Jahres 490 Hilfe zu bringen, bekannt ist (Herod. VI, 106). — οὐ βουλομένων] Eine starke Partei in Sparta widerstrebte unbedingtem Eintreten für die athen. Oligarchen, namentlich Pausanias II aus Eifersucht gegen Lysander. — ἑκατὸν τάλαντα] durch Vermittelung des Lysander (Plut. Lys.

μισθοῦσθαι, καὶ Λύσανδρον ἄρχοντα ᾐτήσατο, εὐνούστατον
μὲν ὄντα τῇ ὀλιγαρχίᾳ, κακονούστατον δὲ τῇ πόλει, μισοῦντα
60 δὲ μάλιστα τοὺς ἐν Πειραιεῖ. Μισθωσάμενοι δὲ πάντας ἀνθρώπους ἐπ' ὀλέθρῳ τῆς πόλεως καὶ πόλεις ὅλας ἐπάγοντες
καὶ τελευτῶντες Λακεδαιμονίους καὶ τῶν συμμάχων ὁπόσους
ἐδύναντο πεῖσαι, οὐ διαλλάξαι ἀλλ' ἀπολέσαι παρεσκευάζοντο
τὴν πόλιν, εἰ μὴ δι' ἄνδρας ἀγαθούς, οἷς ὑμεῖς δηλώσατε παρὰ

21. Xen. Hell. II, 4, 28). Daraus entwickelten sich später ärgerliche Verhandlungen mit Sparta; vgl. zu XXX, 22. — Λύσανδρον] Plut. Lys. 21 berichtet, Lys. sei den Dreifsig zugesandt worden; vgl. auch Xen. Hell. II, 4, 29. Der Parteigegensatz zwischen gemäfsigten und extremen Oligarchen verwischte sich gegenüber dem gemeinsamen Feinde im Peiräeus; so mochten beide Fraktionen auf Lys. rechnen. — εὐνούστατον] Plut. Lys. 21: Λύσ. ἔπεισε τοὺς Λακεδαιμονίους ταῖς ὀλιγαρχίαις βοηθεῖν καὶ τοὺς δήμους κολάζειν.

§ 60. πάντας ἀνθρώπους] hyperbolisch 'alle Welt' (nach Diodor XIV, 33 nur 1000 Mann; Xen. Hell. II, 4, 29: Λύσανδρος συνέλεγεν ὁπλίτας πολλοὺς Πελοποννησίους). D. VIII, 5 vom Philippos: πάντας ἀνθρώπους συσκευάζεται ἐφ' ἡμᾶς. ebenda § 42. XVIII, 72. XXIII, 61. (D.) IX, 6. LI, 13. Is. VIII, 21. And. III, 25. Herod. VII, 56. Xen. Kyr. VII, 5, 52. Plut. Cic. 30; vgl. auch zu XIV, 33. Ebenso πάντες Ἕλληνες καὶ βάρβαροι Plat. Menex. 243^b und πᾶσα ἡ οἰκουμένη D. XVIII, 48. Lyk. 15. Hyp. Epit. IX. Dein. I, 13. Öfters wird die Hyperbel gemildert durch μικροῦ δεῖν (Is. VIII, 44. Aristeid. I, 832 D f.), ὀλίγου δεῖν (Aesch. III, 165), ὀλίγου δέω λέγειν (D. XV, 19. XX, 76. XIV, 25), ὡς ἔπος εἰπεῖν (Plat. Symp. 179^a. Alk. I, 105^c), ὡς εἰπεῖν (Xen. Hell. VII, 2, 2). — πόλεις ὅλας ἐπάγοντες] 'ganze Städte gegen uns in Bewegung setzend', hyperbolischer Ausdruck zur Charakterisierung der gewagten Anstrengungen der Zehn; vgl. D. XX, 51: πόλεις ὅλας συμμάχους ὑμῖν παρέσχον. Plat. Gorg. 512^b: πόλεις ἔστιν ὅθ' ὅλας σώζει. Gemeint sind die Städte der spartan. Symmachie, die sich (aufser Theben und Korinth; Xen. Hell. II, 4, 30. III, 5, 5) alsdann an dem von Pausanias geleiteten Feldzuge beteiligten. — ἀπολέσαι, εἰ μὴ δι' ἄνδρας ἀγαθούς] Breviloquenz für ἀπολέσαι καὶ ἀπώλεσαν ἄν, εἰ μὴ κτλ. Zu εἰ μή ergänze man nicht ἐκωλύθησαν, sondern ἦν: 'wenn es nicht an wackeren Männern gelegen hätte', d. h. wenn nicht wackere Männer gewesen wären; denn διά c. accus. ist öfters = quantum est in aliquo, wie Is. XX, 8: ὧν οὐδὲν διὰ τὸν φεύγοντα τὴν δίκην ἀγένητόν ἐστιν, ἀλλὰ κατὰ τὸ τούτου μέρος ἅπαντα πέπρακται. (D.) L, 58: διὰ τοῦτον πάντα τῇ πόλει ἄπρακτα γέγονεν (ebenso per Liv. XXII, 21, 1: quietum reliquum aestatis tempus fuisset per Poenum). Wie hier Is. V, 92: ἐκράτησαν ἂν τῶν βασιλέως πραγμάτων, εἰ μὴ διὰ Κῦρον. Br. II, 8. D. XIX, 74. 90. XXIII, 180. Thuk. II, 18, 4. Plat. Gorg. 516^e. Aristoph. Wesp. 558. — Die ἄνδρες ἀγαθοί sind die Freunde der athenischen Sache (wie Ismenias in Theben Iustin V, 9) oder die Gegner spartan. Vergewaltigung in den Staaten der Bundesgenossen, wohl auch die persönlichen Feinde des Lysander in Sparta, wie man denn in den Worten eine Hindeutung auf den Athen wohlgesinnten König Pausanias finden kann. — οἷς — δηλώσατε] der Imperativ nach dem Relativ wie § 99. XIX, 61. Kr. 54, 13, 2; auch im Lateinischen, Cic. de leg. agr. II, 35, 95: quid viderunt? hoc, quod nunc vos, quaeso, perspicite atque cognoscite; wir brauchen ein Hilfswort wie 'müssen' oder

τῶν ἐχθρῶν δίκην λαβόντες, ὅτι κἀκείνοις χάριν ἀποδώσετε.
Ταῦτα δ' ἐπίστασθε μὲν καὶ αὐτοί, καὶ οἶδ' ὅτι οὐ δεῖ μάρ- 61
τυρας παρασχέσθαι· ὅμως δέ· ἐγώ τε γὰρ δέομαι ἀναπαύσασθαι
ὑμῶν τ' ἐνίοις ἥδιον ὡς πλείστων τοὺς αὐτοὺς λόγους ἀκούειν.

ΜΑΡΤΥΡΕΣ.

Φέρε δή, καὶ περὶ Θηραμένους ὡς ἂν δύνωμαι διὰ βρα- 62
χυτάτων διδάξω. Δέομαι δ' ὑμῶν ἀκοῦσαι ὑπέρ τ' ἐμαυτοῦ

'mögen'. — κἀκείνοις χάριν ἀποδώσετε] nach demselben auf dem sittlichen Grundsatze der Wiedervergeltungspflicht (jus talionis, zu § 20. XIII, 4) beruhenden Gerechtigkeitsgefühl, nach welchem ihr die Feinde zur Strafe zieht; denn τὰ ὀφειλόμενα ἑκάστῳ ἀποδιδόναι δίκαιόν ἐστι, sagt Simonides bei Plat. Staat I, 331[e] (τοῦτο νοεῖ, τοῖς μὲν ἐχθροῖς βλάβην ὀφείλεσθαι παρὰ τοῦ δικαίου ἀνδρός, τοῖς δὲ φίλοις ὠφέλειαν ebenda 335[e]); vgl. auch zu XIV, 19. Anaximenes Rhet. I, 1 (rhet. Gr. I, 176 Spengel) führt als Beispiel des δίκαιον an: καθάπερ τοὺς κακόν τι ποιήσαντας δίκαιόν ἐστι τιμωρεῖσθαι, καὶ τοὺς εὐεργετήσαντας οὕτω προσήκει ἀντευεργετεῖν.

§ 61. ὅμως δέ] sc. παρέξομαι; die Ellipse wie Eur. Med. 501, häufiger noch nach ἀλλ' ὅμως, wie Eur. Hek. 843: παράσχες χεῖρα τῇ πρεσβύτιδι τιμωρόν, εἰ καὶ μηδέν ἐστιν, ἀλλ' ὅμως. Aristoph. Ach. 402. 408. 956. — Auch für bekannte Dinge führen die Redner gern Zeugen vor, um dem gerichtlichen Brauche zu genügen und zugleich ihren Eifer im Nachweis der Wahrheit zu bekunden. Aesch. I, 65: ταῦτα ὅτι ἀληθῆ λέγω, πάντες ἴστε, ὅμως δ', ἐπειδὴ ἐν δικαστηρίῳ ἐσμέν, κάλει μοι κτλ. ebenda § 45: καίπερ ὁμολογουμένου τοῦ πράγματος, ἐπειδὴ ἐν δικαστηρίῳ ἐσμέν, γέγραφα μαρτυρίαν. D. XXX, 32. XXI, 167. Lys. X, 5: σχεδὸν ἐπίστασθ' ἅπαντες ὅτι ἀληθῆ λέγω· ὅμως δὲ μάρτυρας αὐτῶν παρέξομαι. — Welche Punkte der Anklage gegen Pheidon und Erat. Lys. bezeugen liefs, steht dahin; doch läfst das ἀναπαύσασθαι auf eine Reihe von Zeugnissen schliefsen. — ἐγώ τε — ὑμῶν τε] Vgl. § 64. XIII, 8. 91. XIX, 13. 17. 18. XXXI, 19. (Lys.) II, 78. Bäumlein, Partikeln 217. Kühner II, § 520. Classen zu Thuk. I, 8, 3. — ἥδιον] zu XIII, 3.

§ 62. περὶ Θηραμένους] Auf ihn besonders als das Haupt der gemäfsigten Partei wollte sich Eratosthenes berufen. Die von Lysias nur flüchtig § 77 f. angedeutete Hinrichtung des Theramenes (welche später zum martervollen Tode ausgeschmückt ward; Plut. consol. ad Apollon. c. 6) hatte diesem viele Sympathieen erworben, und seine Anhänger konnten ihn als Märtyrer der auch von ihnen vertretenen guten Sache darstellen. Auch spätere unkritische Historiker, vor allen Diodor (XIV, 3. 4), etwas vorsichtiger Plutarch (Nikias 2) haben sich dadurch zu einem günstigen Urteile über Theramenes' politische Gesinnung und Haltung stimmen lassen, wie denn auch Cicero seines Lobes voll ist (Tusc. I, 40, 96. de or. III, 16, 59); gleichzeitige Schriftsteller aber machen ihn vor allen verantwortlich für den zweimaligen Umsturz der Demokratie, Thuk. VIII, 68 bei aller Anerkennung seiner hohen Begabung (σοφὸς ἀνὴρ καὶ δεινὸς εἰς τὰ πάντα Arist. Frö. 968) für die Revolution d. J. 411, Kritias bei Xen. (Hell. II, 3, 28) für die des J. 404 (ebenso Schol. zu Arist. Frö. 545). — ὑπὲρ ἐμαυτοῦ] weil es dem Redner unmöglich ward, seinen Bruder zu rächen, wenn Eratosth. die Richter durch seine Berufung auf Theram. gewann. —

καὶ τῆς πόλεως. Καὶ μηδενὶ τοῦτο παραστῇ, ὡς Ἐρατοσθένους κινδυνεύοντος Θηραμένους κατηγορῶ· πυνθάνομαι γὰρ
ταῦτ' ἀπολογήσεσθαι αὐτόν, ὅτι ἐκείνῳ φίλος ἦν καὶ τῶν αὐτῶν
63 ἔργων μετεῖχε. Καίτοι σφόδρ' ἂν αὐτὸν οἶμαι μετὰ Θεμιστο-
κλέους πολιτευόμενον προσποιεῖσθαι πράττειν ὅπως οἰκοδομη-
θήσεται τὰ τείχη, ὁπότε καὶ μετὰ Θηραμένους ὅπως καθαιρε-
θήσεται. Οὐ γάρ μοι δοκοῦσιν ἴσου ἄξιοι γεγενῆσθαι· ὁ μὲν
γὰρ Λακεδαιμονίων ἀκόντων ᾠκοδόμησεν αὐτά, οὗτος δὲ τοὺς
64 πολίτας ἐξαπατήσας καθεῖλε. Περιέστηκεν οὖν τῇ πόλει τοὐ-

μηδενὶ τοῦτο — κατηγορῶ] 'möge keinem von euch der Gedanke kommen, daſs ich, während doch **Eratosth.** vor Gericht steht, meine Anklage gegen **Theram.** richte'. Daſs die Worte eine andere Deutung nicht zulassen, scheint mir ebenso klar zu sein, wie daſs Lys. nicht so habe sagen können. προσστῇ für παραστῇ zu schreiben, verbietet schon das nachfolgende ὡς, das dann in ὅτι verwandelt werden müſste. Auch findet sich dieses Verbum sonst nirgends in der Prodiorthosis und Epidiorthosis. Mehr im Anh., wo auch die eben genannten Figuren ausführlich behandelt werden. — πυνθάνομαι] zu XIII, 55 und 88. — ταῦτ' ἀπολογήσεσθαι — ὅτι] zu XIII, 89. — μετεῖχε] zu § 48.

§ 63. καίτοι σφόδρ' ἂν κτλ.] Im Anschluſs an τῶν αὐτῶν ἔργων μετεῖχε hebt Lys. mit bitterer Ironie von diesen ἔργα eins hervor, die durch Theram. herbeigeführte Zerstörung der Mauern. Gedanke: Wie würde er erst, wenn er politischer Freund des **Themistokles** gewesen wäre, auf seine Mitwirkung beim **Aufbau** der Mauern pochen, da er sich schon darauf etwas einbildet, als Freund des **Theram.** bei ihrer **Niederreiſsung** mitgewirkt zu haben. Der Vergleich zwischen Themist. und Theram., den schon bei den Friedensverhandlungen in der Volksversammlung der Demagog Kleomenes in ähnlicher Weise wie hier Lys. ausbeutete (Plut. Lys. 14), lag ebenso nahe wie seine Kehrseite, der zwischen Themist. und dem Wiederhersteller der Mauern, Konon (D. XX, 74). — Die ironische Emphase stützt sich auf das mit Nachdruck vorausgeschickte σφόδρα (erst recht), das wieder ironisch begründet wird durch οὐ γάρ μοι δοκοῦσιν κτλ. — ἂν hinter σφόδρα verb. mit προσποιεῖσθαι. πολιτευόμενον προσποιεῖσθαι ἂν = εἰ ἐπολιτεύετο, προσεποιεῖτ' ἄν. — ὁπότε καί] 'da schon'; so καί sehr häufig im argum. a minori ad majus (besonders nach ὁπότε und ὅπου). Den gleichen Gebrauch der Partikel etiam bezeugen Stellen wie Cic. p. Ligar. 5, 15. de har. resp. 16, 35. p. Mil. 12, 33. — μετὰ Θηραμένους] sc. πολιτευόμενος προσποιεῖται πράττειν, 'es geltend macht, dahin gewirkt zu haben'. — οὐ γάρ μοι — γεγενῆσθαι] 'denn ich sollte doch meinen, daſs sie nicht ganz gleich viel wert gewesen sind (= daſs jener noch etwas mehr wert gewesen ist als dieser)'. Nicht blos οὐκ ἴσοι, sondern auch δοκοῦσί μοι steht in spöttischem Sinne. Ähnlich (D.) XL, 51: οὐκ ἴσα δήπου τῆς ἐκείνου οὐσίας ἐμοὶ ἀνήλωκεν So hätte es auch an unserer Stelle heiſsen können: οὐ γὰρ δήπου ἴσου ἄ. γεγένηνται. Zur Litotes vgl. noch Lys. XIV, 34. D. XXIII, 196 ([D.] XIII, 21). XXIV, 103. Xen. Anab. III, 4, 47. — Λακεδαιμονίων ἀκόντων] Curtius, griech. Gesch. II, 108 ff. — ἐξαπατήσας] § 68 ff. XIII, 9 ff.

§ 64. περιέστηκεν τοὐναντίον] 'das Gegenteil hat sich herausgestellt', wie Thuk. VI, 24, 2:

ναντίον ἢ ὡς εἰκὸς ἦν. Ἄξιον μὲν γὰρ ἦν καὶ τοὺς φίλους
τοὺς Θηραμένους προσαπολωλέναι, πλὴν εἴ τις ἐτύγχανεν ἐκείνῳ
τἀναντία πράττων· νῦν δ' ὁρῶ τάς τ' ἀπολογίας εἰς ἐκεῖνον
ἀναφερομένας τούς τ' ἐκείνῳ συνόντας τιμᾶσθαι πειρωμένους,
ὥσπερ πολλῶν ἀγαθῶν αἰτίου ἀλλ' οὐ μεγάλων κακῶν γεγενημένου. Ὃς πρῶτον μὲν τῆς προτέρας ὀλιγαρχίας αἰτιώτατος 65
ἐγένετο, πείσας ὑμᾶς τὴν ἐπὶ τῶν τετρακοσίων πολιτείαν ἑλέσθαι. Καὶ ὁ μὲν πατὴρ αὐτοῦ τῶν προβούλων ὢν ταῦτ'
ἔπραττεν, αὐτὸς δὲ δοκῶν εὐνούστατος εἶναι τοῖς πράγμασι
στρατηγὸς ὑπ' αὐτῶν ᾑρέθη. Καὶ ἕως μὲν ἐτιμᾶτο, πιστὸν 66
ἑαυτὸν παρεῖχεν· ἐπειδὴ δὲ Πείσανδρον μὲν καὶ Κάλλαισχρον

τοὐναντίον περιέστη αὐτῷ. Plat. Men. 70c: ἐνθάδε τοὐναντίον περιέστηκεν. — ἄξιον — ἦν] zu § 37. — πλὴν εἰ — πράττων] Schonende Beschränkung des Gedankens; es mochten ja manche Freunde des Theram. unter den Richtern sein. πλὴν εἰ nisi forte. — νῦν δέ] zu § 22. — εἰς ἐκεῖνον ἀναφερομένας] 'auf ihn zurückgeführt', wie als Stützpunkt der Verteidigung. Über die Konstr. zu § 81. — ἀλλ' οὐ] 'und nicht viel mehr'; de arg. ex contr. S. 283. — γεγενημένου] ohne αὐτοῦ; zu § 45.

§ 65. ὅς] 'er, der' begründet den Gedanken: μεγάλων κακῶν αἴτιος γεγένηται. — πρῶτον μέν] fortgesetzt § 68 durch τιμώμενος δὲ κτλ. Vgl. I, 9. VII, 15. (Lys.) XX, 23. — τῆς προτέρας ὀλιγαρχίας] wie XXV, 9 vom Regiment der 400; ebenso XXV, 19 ἡ προτέρα δημοκρατία die Zeit vom Sturz der 400 bis zur Einsetzung der 30 im Gegensatz zu der 403 wiederhergestellten Demokratie. — αἰτιώτατος ἐγένετο] Ebenso Kritias Xen. Hell. II, 3, 30; vgl. dagegen Pöhlig, der Athener Theramenes S. 238 ff. — τὴν — πολιτείαν] Ihre Grundzüge bei Curtius, griech. Gesch. II, 704. — ὁ πατὴρ αὐτοῦ] Hagnon, des Nikias Sohn, während des pelopones. Krieges vielfach als Feldherr und Diplomat thätig. Pöhlig S. 232 f. Wenn Spätere den Theramenes nur Adoptivsohn Hagnons nennen und als seine ursprüngliche Heimat die Insel Keos bezeichnen, so hat man diese Nachricht wohl für eine Fabel anzusehen, deren Quelle in den Späßen der Komiker zu suchen ist. Kock zu Arist. Frö. 970. Pöhlig S. 232. — τῶν προβούλων] Das aristokratisch zusammengesetzte Kollegium der πρόβουλοι (ἀρχή τις πρεσβυτέρων ἀνδρῶν, οἵτινες περὶ τῶν παρόντων, ὡς ἂν καιρὸς ᾖ, προβουλεύσουσιν Thuk. VIII, 1), nach der sicilischen Katastrophe eingesetzt, sollte die vor das Volk zu bringenden Angelegenheiten, wie bisher der Rat der 500 vorberaten (Arist. Pol. VI, 14, S. 171. VII, 8, S. 192 Bekker). Vgl. auch Pöhlig S. 233. — ταῦτ' ἔπραττεν] 'wirkte eben dafür'; denn daß die Probulen zur Oligarchie der 400 wesentlich mitwirkten, bezeugt Arist. Rhet. III, 18 ausdrücklich, und speziell vom Hagnon bestätigt dies Kritias bei Xen. Hell. II, 3, 30. — τοῖς πράγμασι] 'der Ordnung der Dinge, der Verfassung'. Vgl. XXV, 18. 23. (Lys.) XX, 20 (τὰ ὑμέτερα πράγματα 'die Demokratie'). XIII, 21. XXV, 3. 10 (τῶν πρ. μεταπεσόντων wie [Lys.] XX, 14 μετεπεπτώκει τὰ πρ.). 12. 14. XIV, 35: ἃ πονηρῶς ἔχει τῶν πραγμάτων 'die wunden Stellen des Staates'. — στρατηγός] bestätigt von Thukyd. VIII, 89, 2.

§ 66. πιστόν] seinen Parteigenossen. — Πείσανδρον] P. aus Acharnä, ein zur Zeit der 400 und schon vorher im Hermokopidenprozeß (And. I, 36) vielgenannter Parteigänger von wechselnder Farbe, doch schließlich einflußreicher Füh-

καὶ ἑτέρους ἑώρα προτέρους αὐτοῦ γιγνομένους, τὸ δ' ὑμέτερον πλῆθος οὐκέτι βουλόμενον τούτων ἀκροᾶσθαι, τότ' ἤδη διά τε τὸν πρὸς ἐκείνους φθόνον καὶ τὸ παρ' ὑμῶν δέος μετέσχε

rer der Oligarchen und tonangebend unter den 400 (Lys. XXV, 9. Thuk. VIII, 53 ff. 90. Vgl. And. II, 14), von Aristophanes und Xenophon (Symp. 2, 14) wegen seiner Feigheit arg verspottet. Nach dem Sturz der 400 entwich er nach Dekeleia (Thuk. VIII, 98); seine Güter wurden eingezogen (Lys. VII, 4). — Καλλαισχρον] Sohn des Kritias und Vater des Tyrannen Kritias, bei Thukyd. nicht genannt, einer der Führer der extremen Fraktion unter den 400. Curtius II, 714. — προτέρους] 'ihm den Vorsprung abgewannen'. πρότερος wie prior oft tropisch; vgl. XXXI, 31. XXXIV, 3: οὐσίᾳ καὶ γένει πρότερος τῶν ἀντιλεγόντων (ähnlich Isae. I, 17. 38). Plat. Lach. 183[b]: ὁμολογήσειαν ἂν πολλοὺς σφῶν προτέρους εἶναι πρὸς τὰ τοῦ πολέμου. Arist. Frö. 76. Gegensatz ὕστερος (D. XXIII, 132. Eur. Herc. fur. 522. Is. XVI, 31 und Thuk. I, 91, 5: οὐδενὸς ὕστερος) oder δεύτερος (Plat. Menex. 239[c]. Luk. de merc. cond. 17. Herod. I, 23 und Thuk. VIII, 68, 1: οὐδενὸς δεύτερος) — τότ' ἤδη] Die Gründe, wodurch Aristokrates, Theramenes und andere sich zum Sturze der Oligarchie bestimmen liefsen, waren nach Thuk. VIII, 89 neben persönlichem Ehrgeiz (κατ' ἰδίας φιλοτιμίας οἱ πολλοὶ αὐτῶν τῷ τοιούτῳ προσέκειντο) besonders die festgegründete Macht des Alkibiades in Samos und die Meinung, dafs die Oligarchie doch nicht Bestand haben werde (σαφέστατα δ' αὐτοὺς ἐπῆρε τὰ ἐν τῇ Σάμῳ τοῦ Ἀλκιβιάδου ἰσχυρὰ ὄντα καὶ ὅτι αὐτοῖς οὐκ ἐδόκει μόνιμον τὸ τῆς ὀλιγαρχίας ἔσεσθαι). Den ersten und letzten Grund deutet Lys. an. S. auch Pöhlig S. 245 f. — Die Partikeln τότ' ἤδη 'tum vero' führen mit Nachdruck die Apodosis ein; ebenso XXV, 22, wo gleichfalls ein Satz mit ἐπειδή vorausgeht. Vgl. auch Thuk. IV, 35, 2 (ὡς — ἐνταῦθ' ἤδη). Häufiger in dieser Weise τότε δή (Plat. Charm. 155[d]. Thuk. I, 58, 1, VII, 18, 3 nach ἐπειδή. Xen. Kyr. III, 3, 22 nach ἐπεί. ebenda § 24 nach ἡνίκα. Lys. XXXIV, 1 nach ὅτε. Plat. Staat VIII, 566[c] nach ὅταν), ἐνταῦθα δή (Xen. Anab. I, 10, 5. IV, 7, 3. Kyr. I, 5, 1 nach ἐπεί und ἐπειδή. Plat. Symp. 187[d] nach ἐπειδάν), ἔνθα δή (Xen. Hell. II, 4, 39 nach ἐπεί), ἐντεῦθεν δή (Thuk. II, 74, 2 nach ὡς), ἐκ τούτου δή (Xen. Symp. 9, 5 nach ὡς), οὕτω δή (Thuk. I, 131, 1. II, 19, 1. 70, 1. 83, 3. III, 98, 1 nach ἐπειδή. Herod. IX, 117. Xen. Hell. VI, 4, 15. Kyr III, 3, 25. VIII, 5, 1 nach ἐπεί. Thuk. II, 12, 4. IV, 73, 4. 75, 1 nach ὡς). Daneben τότε (Lys. XIII, 8. D. XVIII, 135. 136. 196. 250 nach ὅτε. Lys. XIII, 34 nach ἐπειδή. [Lys.] VIII, 18 nach ὅταν. D. LVII, 16. Xen. Symp. 3, 5 nach ἐπειδάν), τηνικαῦτα (D. XVIII, 320 nach ἐπειδή. III, 11. VIII, 11 nach ἐπειδάν), ἐνταῦθα (Xen. Anab. V, 4, 25 nach ἐπεί), ἐντεῦθεν (Ant. I, 17 nach ἐπειδή. Xen. Hell. I, 6, 33 nach ἐπεί). Von den zuerst genannten Stellen sind die zu trennen, in denen ἤδη 'demum' bedeutet, wie Plat. Staat VIII, 565[c] (ἐπειδὰν — τότ' ἤδη). Lach. 181[d] (ἐὰν — τότ' ἤδη). (D.) XLV, 9 (ἐπειδάν — τηνικαῦτ' ἤδη). Ant. V, 33. Aesch. III, 140 ἐπειδή — ἐνταῦθ' ἤδη). Aesch. III, 129 (ἐπειδή — οὕτως ἤδη). Vgl. Lys. I, 19. D. XVIII, 193 (καὶ τότ' ἤδη). Thuk. V, 38, 1. 76, 2 (καὶ οὕτως ἤδη. — anders καὶ ἐνταῦθ' ἤδη Thuk. VI, 44, 3. VII, 44, 1), sowie den bekannten Gebrauch von οὕτως ἤδη (Thuk. VI, 48. Plat. Symp. 194[d]. 199[b]), ἔπειτ' ἤδη (Thuk. VIII, 46, 4), τότ' ἤδη (And. I, 9) nach dem Ptcp. — τὸ παρ' ὑμῶν δέος] 'die von euch herrührende, von euch eingejagte Furcht' wie ὁ παρὰ τῶν πολιτῶν φόβος Lyk. 130, ὁ φόβος ὁ παρ' ὑμῶν Dein. II, 23; vgl. τῶν παρ' ὑμῶν κινδύνων Lys. VII, 14 und τὸν παρ' ὑμῶν κίνδυνον (Lys.) IX, 7. Anderwärts φόβος ἀπό, bisweilen auch φόβος

τῶν Ἀριστοκράτους ἔργων. Βουλόμενος δὲ τῷ ὑμετέρῳ πλήθει 67
δοκεῖν πιστὸς εἶναι Ἀντιφῶντα καὶ Ἀρχεπτόλεμον φιλτάτους
ὄντας αὐτῷ κατηγορῶν ἀπέκτεινεν, εἰς τοσοῦτον δὲ κακίας
ἦλθεν, ὥσθ' ἅμα μὲν διὰ τὴν πρὸς ἐκείνους πίστιν ὑμᾶς κατεδουλώσατο, διὰ δὲ τὴν πρὸς ὑμᾶς τοὺς φίλους ἀπώλεσεν.
Τιμώμενος δὲ καὶ τῶν μεγίστων ἀξιούμενος, αὐτὸς ἐπαγγειλά- 68

(κίνδυνος) ὑπό. Rehdantz zu Xen. Anab. VII, 2, 37. παρά findet sich bei Lysias noch in ἡ παρὰ τῶν ἐχθρῶν (θεῶν) τιμωρία XII, 88. 96 und ἡ δόξα ἡ παρὰ τῶν ἀνθρώπων im Erotikos Plat. Phaedr. 232ᵃ. — Ἀριστοκράτους] Sohn des Skellios, entschiedener Aristokrat (Arist. Vög. 126) aus vornehmer Familie (Plat. Gorg. 472ᵃ), einer der Friedensvermittler von 421 (Thuk. V, 19. 24), Taxiarch zur Zeit der 400 (Thuk. VIII, 92, 4), mit Theram. der Haupturheber ihres Sturzes; bei (D.) LVIII, 67 wird er deshalb und wegen seiner kriegerischen Verdienste sehr gerühmt. Als einer der Strategen in der Arginusenschlacht ward er 406 hingerichtet (Xen. Hell. I, 7, 2. 34. Diodor XIII, 101).

§ 67. βουλόμενος — εἶναι] Theram. sagt bei Xen. Hell. II, 3, 15 von sich und Kritias: καὶ ἐγὼ καὶ σὺ πολλὰ δὴ τοῦ ἀρέσκειν ἕνεκα τῇ πόλει καὶ εἴπομεν καὶ ἐπράξαμεν. Ähnlich schildert das Verfahren des Demosthenes Aesch. III, 81. — Ἀντιφῶντα] Antiphon, des Sophilos Sohn, zur Unterscheidung von Gleichnamigen ὁ ῥήτωρ oder ὁ Ῥαμνούσιος (aus dem Demos Rhamnus) genannt, ein Mann von großer sittlicher und politischer Bedeutung (Thuk. VIII, 68, 1), der begabteste Mann unter den 400. — Ἀρχεπτόλεμον] wahrscheinlich Sohn des in Athen eingebürgerten milesischen Baumeisters Hippodamos, aus dem Demos Agryle der Phyle Erechtheis (Schol. zu Arist. Ritt. 327. Vgl. Curtius II, 836, Anm. 175), in den Rittern des Aristophanes als Gegner des Kleon und Befürworter des Friedens mit Sparta charakterisiert. Das Ächtungsdekret, das gegen ihn und Antiphon und ihre ganze Familie ausgesprochen ward, ist bei [Plut.] vit. X orat. 834ᵃ erhalten. — κατηγορῶν] den Antrag auf die Hochverratsklage gegen Antiph. und Archept. stellte Andron, ebenfalls zuvor Mitglied der 400 (Pseudoplutarch und Harpokration). Über die Beteiligung des Theram. bei diesem Prozesse Pöhlig 252 f. — ἀπέκτεινεν] zu § 23. — εἰς τοσοῦτον δὲ κακίας ἦλθεν, ὥσθ' ἅμα μὲν κτλ.] Bekanntlich erhielt Theram. διὰ τὸν περὶ τὴν πολιτείαν ἀμφοτερισμόν (Pollux, Onom. VII, 91) von seinen Zeitgenossen den Spottnamen ὁ κόθορνος. Xen. Hell. II, 3, 31 (wo Breitenbach); ebenda § 47. Arist. Frö. 541 (wo Kock). Nach Pöhlig 236 f. (vgl. 317 ff.) ist dieses Schwanken daraus zu erklären, dafs Theram. als Anhänger der alten aristokratischen Partei, deren Ziel nicht persönlicher Vorteil, sondern das Wohl des Vaterlandes war, bei der Schwäche derselben nicht streng Farbe bekennen konnte, sondern genötigt war, bald den Oligarchen bald den Demokraten sich anzuschliefsen, um auf diese Weise durch die Macht seiner Persönlichkeit und das Ansehen, das er beim Volke genofs, so viel als möglich schädlichen radikalen Auswüchsen nach beiden Seiten hin vorzubeugen. — διὰ τὴν — πίστιν] 'vermöge seiner Vertrauensstellung jenen gegenüber'. — διὰ δέ] für ἅμα δὲ διά, eine nicht ausgeführte Anaphora. Vgl. de arg. ex contr. 327 (122 ff. 356 f.).

§ 68. τιμώμενος] Was Theram. als Feldherr in den Jahren 411—408 leistete (Pöhlig 254—265), übergeht Lys., weil er nichts daran zu tadeln vermochte; seine Handlungsweise im Feldherrnprozesse (Pöhlig 265—283) konnte er nicht erwähnen, ohne die an diesem Justizmord mitschul-

μενος σώσειν τὴν πόλιν αὐτὸς ἀπώλεσε, φάσκων πρᾶγμα εὑρη-
κέναι μέγα καὶ πολλοῦ ἄξιον· ὑπέσχετο δ' εἰρήνην ποιήσειν
μήθ' ὅμηρα δοὺς μήτε τὰ τείχη καθελὼν μήτε τὰς ναῦς παρα-
δούς· ταῦτα δ' εἰπεῖν μὲν οὐδενὶ ἠθέλησεν, ἐκέλευσε δ' αὐτῷ
69 πιστεύειν. Ὑμεῖς δέ, ὦ ἄνδρες Ἀθηναῖοι, πραττούσης μὲν τῆς
ἐν Ἀρείῳ πάγῳ βουλῆς σωτήρια, ἀντιλεγόντων δὲ πολλῶν
Θηραμένει, εἰδότες δ' ὅτι οἱ μὲν ἄλλοι ἄνθρωποι τῶν πολεμίων ἕνεκεν τἀπόρρητα ποιοῦνται, ἐκεῖνος δ' ἐν τοῖς αὑτοῦ

digen Richter gegen sich einzunehmen. Die Worte *τιμώμενος — ἀξιούμενος* beziehe ich mit Pöhlig 283 auf die Zeit zu Ende des J. 405. — *αὐτὸς ἐπαγγειλάμενος σώσειν — αὐτὸς ἀπώλεσε*] *αὐτός* hier 'von selbst', wie § 70. XXXI, 15. D. XX, 43. 45 in der Verbindung mit *ἐπαγγέλλεσθαι*; vgl. Aesch. III, 239: *οὐκ αἰτούντων Ἀθηναίων αὐτὸς ἑκὼν κατέπεμψε κτλ.* Kr. 51, 6, 8. Die Schärfe der Worte liegt namentlich in der Wiederholung dieses *αὐτός* bei *ἀπώλεσεν*; vgl. Xenoph. Anab. III, 2, 4: *αὐτὸς ὀμόσας ἡμῖν, αὐτὸς δεξιὰς δούς, αὐτὸς ἐξαπατήσας συνέλαβε τοὺς στρατηγούς.* Aeschyl. bei Plat. Staat II, 383ᵇ: *ὁ δ', αὐτὸς ὑμνῶν, αὐτὸς ἐν θοίνῃ παρών, αὐτὸς τάδ' εἰπὼν αὐτός ἐστιν ὁ κτανὼν τὸν παῖδα τὸν ἐμόν.* — *φάσκων — ἄξιον*] Vgl. XIII, 9. Pöhlig 287. — *ὑπέσχετο δέ*] Über das explikative (subsumierende) *δέ* vgl. Anh. — *εἰρήνην ποιήσειν*] zu XIII, 16. — *ὅμηρα*] Geiseln sind, soviel wir wissen, in der That nachmals nicht gestellt worden. — *τὰ τείχη*] Die Erhaltung der Mauern war ein Hauptpunkt der Instruktion für die erste athenische Friedensgesandtschaft (Xen. Hell. II, 2, 11). Die Lakedämonier traten dem mit einer Forderung auf teilweise Schleifung (zu § 70 und XIII, 8) entgegen. — *τὰς ναῦς*] zu XIII, 13. — *εἰπεῖν*] betont: 'sagen wollte er das keinem', sondern forderte unbedingtes Vertrauen.

§ 69. *πραττούσης — σωτήρια*] Dem Areopag scheint in dieser Zeit der Not, vielleicht nur de facto, eine gewisse politische Kompetenz (die *φυλακὴ τῆς πόλεως* Dein. I, 67) zurückgegeben worden zu sein, wie er auch nach der Schlacht bei Chäroneia politische Verbrecher verfolgte (Lyk. 52). Beachtenswert ist die Notiz in der zweiten Hypothesis zu D XXII: *ἡ ἐν Ἀρείῳ πάγῳ βουλή, ἡνίκα μεγίστη ἀνάγκη ἐγένετο, τότε περὶ δημοσίων συνήγετο*; vgl. Dein. I, 9: *ὁ δῆμος τῷ συνεδρίῳ* (dem Areopag) *τὴν πολιτείαν καὶ τὴν δημοκρατίαν πολλάκις ἐγκεχείρικεν.* Die damaligen Verhandlungen des Areopags bezogen sich wohl auf Maſsregeln, welche durch Versöhnung der politischen Parteien eine Vereinigung aller Kräfte zur Verteidigung der Stadt ermöglichen sollten (zu XXV, 27). — *πολλῶν*] ausser Kleophon vermutlich die Strategen und Taxiarchen, die später noch entschiedener gegen Theramenes auftraten; Einl. zu Rede XIII, §§ 1 und 2. — *πραττούσης μὲν — εἰδότες δέ*] die Verbindung des absoluten mit dem konstruierten Ptcp. durch *μέν — δέ* auch VII, 41. XIX, 23. 26. XXV, 31. (Lys.) II, 37, durch *καί* (*τέ — καί*) XIV, 2. 38. fr. 35. (Lys.) XX, 19, durch *ἤ* IV, 11, durch *ἀλλ' οὐ* XXVII, 11. Kr. 56, 14, 2. Ebenso im Latein. Liv. XXII, 28, 1: neque enim quicquam eum fallebat et perfugis multa indicantibus et per suos explorantem. — *οἱ μὲν ἄλλοι ἄνθρωποι — ἐκεῖνος δέ*] eine häufige Form der Parataxis, in der *οἱ ἄλλοι* proleptisch in Bezug auf einen erst folgenden Gegensatz gebraucht wird. XXX, 5. fr. 53, 1. Krüger Gramm. 50, 4, 10 und zu Thuk. IV, 110, 2. Sehr ausgedehnt ist dieser Gebrauch in der praeteritio (de

πολίταις οὐκ ἠθέλησεν **εἰπεῖν ταῦθ' ἃ πρὸς τοὺς πολεμίους** ἔμελλεν ἐρεῖν, ὅμως **ἐπετρέψατ'** αὐτῷ πατρίδα καὶ παῖδας καὶ γυναῖκας καὶ ὑμᾶς αὐτούς. Ὁ δ' ὧν μὲν ὑπέσχετ' οὐδὲν 70
ἔπραξεν, **οὕτως δ'** ἐνετεθύμητο ὡς χρὴ μικρὰν καὶ **ἀσθενῆ**

praeterit. 41) und im contrarium, wo auch ἕτεροι so vorkommt (de arg. ex contr. 168 ff. 174. 177 ff. 226 f.). Für das Latein. vgl. Cic. Lael. 15, 55: quid autem stultius quam cetera parare, quae parantur pecunia, amicos non parare? — τῶν πολεμίων ἕνεκεν] damit sie es nicht erfahren. Ein Zusatz wie βλάβης würde den Gegensatz zu ἐκεῖνος — **εἰπεῖν** aufheben. — οὐκ ἠθέλησεν] 'weigerte sich', wie XIII, 26. I, 12. IV, 10. XXX, 35. XXXII, 12 u. ö. — Freilich konnte sich bei seiner Weigerung Theramenes auf den leidigen Erfahrungssatz berufen, der bei And. III, 33 ausgesprochen wird: οὐδεὶς πώποτε τὸν δῆμον **τῶν Ἀθηναίων** ἐκ τοῦ φανεροῦ πείσας ἔσωσεν, **ἀλλὰ δεῖ** λαθόντας αὐτὸν εὖ ποιῆσαι. — ταῦθ' ἃ κτλ.] neue Antithese im zweiten Gliede wie § 82. Isae. II, 24. Vgl. de arg. **ex contr. 367 und 395** (Liv. V, 6, 3). — **πατρίδα καὶ παῖδας καὶ γυναῖκας] Der Artikel fehlt sehr häufig, wenn zwei oder mehrere Begriffe zu einer Gesam**theit verbunden werden. Lyk. 2: ὑπὲρ πατέρων καὶ παίδων καὶ γυναικῶν καὶ πατρίδος καὶ ἱερῶν. Xen. Anab. III, 1, 3 ὑπὸ πόθου πατρίδων γονέων γυναικῶν παίδων. Thuk. VII, 61, 1: περί τε σωτηρίας καὶ πατρίδος. Plat. Krit. 54^c: σαυτόν τε καὶ φίλους καὶ πατρίδα καὶ ἡμᾶς. Herod. VI, 126: σφίσι τε αὐτοῖσι καὶ πάτρῃ. Kühner II, 522, e. πατρίς abgesehen von diesem Falle nur ausnahmsweise ohne Artikel. Thuk. VI, 68, 3: οἱ μὲν γὰρ παρακελεύονται ὅτι περὶ πατρίδος ἔσται ὁ ἀγών, ἐγὼ δὲ ὅτι οὐκ ἐν πατρίδι. 69, 3: περί τε πατρίδος μαχούμενοι καὶ τῆς ἰδίας ἕκαστος τὸ μὲν αὐτίκα σωτηρίας, τὸ δὲ μέλλον ἐλευθερίας, wo es ohne Zusatz im zweiten Gliede geheifsen **haben** würde: περί τε πατρίδος καὶ σωτηρίας καὶ ἐλευθερίας (wegen D. XVIII, 170 und 242 verweise ich auf Vömel und Lipsius in der adn. crit.). Zu παῖδας καὶ γυναῖκας vgl. noch (Lys.) II, 34. Is. IV, 168. V, 48. Lyk. 16 und 141. D. XVIII, 215. XIX, 86 und 125. (D.) LIX, 103. Dein. I, 99. III, 2. Thuk. I, 89, 3. II, 14, 1. 70, 3. 78, 3. III, 36, 2. 104, 3. V, 3, 4. 116, 4. VII, 29, 4. 68, 2. Xen. Anab. V, 3, 1. Hell. VII, 1, 8. 10 (überall παῖδες καὶ γυναῖκες. Plat. Gorg. 511^e: καὶ αὐτὸν καὶ παῖδας καὶ χρήματα καὶ γυναῖκας). Herod. VII, 52. VIII, 60. Xen. Anab. I, 4, 8 (τέκνα **καὶ** γυναῖκες. Lys. XII, 96: τέκνων καὶ γονέων καὶ γυναικῶν). **Aesch.** III, 157. **Xen.** Anab. IV, 1, 8. VII, 4, 5. Thuk. VII, 69, 2 (γυναῖκες καὶ παῖδες). **Herod.** VI, 19. Xen. Kyr. III, 3, 44 (γυναῖκες καὶ τέκνα). Plat. Staat IX, **578^e**. Xen. Anab. VII, 8, 9 und **22** (γυνὴ καὶ παῖδες). Dafs auch **der Artikel** hinzutreten **kann, lehren Xen. Anab. III, 4, 46: πρὸς τοὺς παῖδας καὶ** τὰς γυναῖκας. **Plat. Staat** VIII, 557^c: οἱ παῖδές τε καὶ αἱ γυναῖκες (ein Teil der Hdschr. οἱ παῖδές τε καὶ γυναῖκες; vgl. Lys. XXVIII, 14: τοὺς ὑμετέρους παῖδας καὶ γυναῖκας. Lyk. 141: τοῖς ὑμετέροις αὐτῶν παισὶ καὶ γυναιξίν. D. XIX, 309: διὰ τοὺς τῶν Ὀλυνθίων παῖδας καὶ γύναια). Herod. VIII, 106: τὰ τέκνα καὶ τὴν γυναῖκα. Lyk. 53: τοὺς υἱεῖς καὶ τὴν γυναῖκα. Xen. Hell. VI, 5, 12: τοὺς πρεσβυτέρους καὶ τὰς γυναῖκας καὶ τοὺς παῖδας. Arist. Thesm. 1206: τὴν γυναῖκα καὶ τὰ παιδία. Wie man aus den angeführten Beispielen ersieht, geht παῖδες (τέκνα) in **der** Regel voraus. Dies hat seinen **Grund** darin, dafs der Grieche **den Kindern** als den Erhaltern des Namens **und** Geschlechtes eine höhere Bedeutung beimafs. **So** erklärt sich auch die verwandte Formel bei Herodot **VIII, 4: τέκνα τε** καὶ οἱ οἰκέται und **c. 41:** τὰ τέκνα τε καὶ οἱ οἰκέται (die Kinder und die übrigen Hausgenossen, d. i. Weiber und Sklaven; Kr. 69, 32, 2), in der die Frauen gar nicht besonders genannt werden.

§ 70. ἐνετεθύμητο] 'es stand

γενέσθαι τὴν πόλιν, ὥστε περὶ ὧν οὐδεὶς πώποτ' οὔτε τῶν πολεμίων ἐμνήσθη οὔτε τῶν πολιτῶν ἤλπισε, ταῦθ' ὑμᾶς ἔπεισε πρᾶξαι, οὐχ ὑπὸ Λακεδαιμονίων ἀναγκαζόμενος, ἀλλ' αὐτὸς ἐκείνοις ἐπαγγελλόμενος, τοῦ τε Πειραιῶς τὰ τείχη περιελεῖν καὶ τὴν ὑπάρχουσαν πολιτείαν καταλῦσαι, εὖ εἰδὼς ὅτι, εἰ μὴ πασῶν τῶν ἐλπίδων ἀποστερηθήσεσθε, ταχεῖαν παρ' αὐτοῦ
71 τὴν τιμωρίαν κομιεῖσθε. Καὶ τὸ τελευταῖον, ὦ ἄνδρες δικασταί,

ihm fest', in animum induxerat. — *ὡς — πόλιν*] In seiner Verteidigung bei Xen. Hell. II, 3, 41 rühmt allerdings Theramenes von sich gerade das Gegenteil: *οὐ νομίζων χρῆναι ἀσθενῆ τὴν πόλιν ποιεῖν*. — *ἤλπισε*] 'erwartet hatte'. Plat. Gesetze I, 644c: *κοινὸν μὲν ὄνομα ἐλπίς, ἴδιον δὲ φόβος μὲν ἡ πρὸ λύπης ἐλπίς, θάρρος δὲ ἡ πρὸ τοῦ ἐναντίου*. Schol. Thuk. I, 1, 1: *τὸ ἐλπίσας οὐ μόνον ἐπ' ἀγαθῷ, ἀλλ' ἁπλῶς ἐπὶ τῇ τοῦ μέλλοντος ἐκβάσει λέγεται*. Ganz wie hier steht *ἐλπίζειν* so in Verbindung mit einer Negation oder in negativer Frage Ant. II, γ, 6: *εἰς τόνδε τὸν κίνδυνον ἥξειν οὐκ ἤλπισεν*. Herod. I, 77: *οὐδαμὰ ἐλπίσας μή κοτε ἄρα Κῦρος ἐλάσῃ ἐπὶ Σάρδις*. VIII, 53: *οὔτε τις ἐφύλασσε οὔτ' ἂν ἤλπισε μή κοτέ τις κατὰ ταῦτα ἀναβαίη τῶν ἀνθρώπων* (Potentialis der Vergangenheit wie in den folgenden Stellen). D. XX, 161 *οὐδὲ γὰρ ἂν Λακεδαιμόνιοί ποτ' ἤλπισαν εἰς τοιαῦτα πράγματ' ἀφίξεσθαι*. § 162: *οὐδέ γ' ὁ νῦν ὢν Διονύσιος ἤλπισεν ἄν ποτ' ἴσως πλοίῳ στρογγύλῳ — Δίων' ἐλθόντ' ἐφ' αὐτὸν ἐκβαλεῖν τὸν τριήρεις πολλὰς — κεκτημένον*. XXXVII, 47: *περὶ ὧν οὐδ' ἂν ἤλπισεν αὐτοῦ κατηγορηθήσεσθαι*. (D.) Br. 3, 34: *ἃ μηδεὶς ἂν ἤλπισεν*. Lys. XXXI, 27: *τίς γὰρ ἄν ποτε — νομοθέτης ἤλπισεν ἁμαρτήσεσθαί τινα τῶν πολιτῶν τοσαύτην ἁμαρτίαν;* Arist. Lys. 259: *ἐπεὶ τίς ἂν ποτ' ἤλπισεν κτλ.* Mehr im Anh. — *ἔπεισε πρᾶξαι*] in der Volksversammlung am Tage nach seiner Rückkehr. Xen. Hell. II, 2, 22 (zu XIII, 17). — *οὐχ — ἐπαγγελλόμενος*] Die Lakedämonier hatten ursprünglich nur die Schleifung eines Teils der langen Verbindungsmauern zwischen Stadt und Hafen gefordert (Lys. XIII, 8. Xen. Hell. II, 2, 15). Bei der definitiven Formulierung der Friedensbedingungen verlangten dieselben die Zerstörung nicht blos der ganzen Befestigungslinie, sondern auch der damit in Verbindung stehenden Werke des Peiräeus, sowie die Auslieferung der Flotte, ein Schlag, den Lys. XIII, 15 geradezu mit der Vernichtung der Demokratie identifiziert (vgl. XVIII, 5; XXVIII, 11). — *τὴν — καταλῦσαι*] Die Änderung der Verfassung war nicht unter den Forderungen der Lakedämonier, wie die Friedensformel bei Plut. Lys. 14 beweist, sondern wurde erst herbeigeführt auf Grund einer Verständigung der Oligarchen und des Theramenes mit Lysander, dem erklärten Feinde der Demokratie; durch die von den Lakedämoniern verlangte Rückberufung der Verbannten (zu § 77) war ihr allerdings wesentlich vorgearbeitet. — *εὖ εἰδώς*] Ein Hintergedanke, der den Staatsmännern oft als Grund ihres Handelns untergeschoben wird. Vgl. besonders XXVIII, 7: *δεδιότες ὑπὲρ ὧν ὑφῄρηνται, ἕτοιμοί εἰσιν — ὀλιγαρχίαν καθιστάναι καὶ πάντα πράττειν, ὅπως ὑμεῖς ἐν τοῖς δεινοτάτοις κινδύνοις καθ' ἑκάστην ἡμέραν ἔσεσθε· οὕτω γὰρ ἡγοῦνται οὐκέτι τοῖς σφετέροις αὐτῶν ἁμαρτήμασι τὸν νοῦν ὑμᾶς προσέξειν, ἀλλ' ὑπὲρ ὑμῶν αὐτῶν ὀρρωδοῦντας ἡσυχίαν πρὸς τούτους ἕξειν*. Cic. pro Sest. 46, 99: propter metum poenae, peccatorum suorum conscii, novos motus conversionesque reipublicae quaerunt. Auch Perikles (Arist. Fried. 606 ff.) und Demosthenes (Hyp. w. Dem. XXV) sind diesem Geschick nicht entgangen.

οὐ πρότερον εἴασε τὴν ἐκκλησίαν γενέσθαι, ἕως ὁ **ὁμολογημένος** ὑπ' ἐκείνων καιρὸς ἐπιμελῶς ὑπ' αὐτοῦ ἐτηρήθη καὶ μετεπέμψατο μὲν τὰς μετὰ Λυσάνδρου ναῦς ἐκ Σάμου, ἐπεδήμησε δὲ τὸ τῶν πολεμίων στρατόπεδον. Τότε δὲ τούτων 72
ὑπαρχόντων, καὶ παρόντων Λυσάνδρου καὶ Φιλοχάρους καὶ Μιλτιάδου, περὶ τῆς πολιτείας τὴν ἐκκλησίαν **ἐποίουν, ἵνα** μήτε ῥήτωρ αὐτοῖς **μηδεὶς** ἐναντιοῖτο **μηδὲ** διαπειλοῖτο ὑμεῖς τε μὴ **τὰ** τῇ πόλει συμφέρονθ' ἕλοισθε, ἀλλὰ τἀκείνοις δοκοῦντα ψηφίσαισθε. Ἀναστὰς δὲ Θηραμένης ἐκέλευσεν ὑμᾶς 73

§ 71. *οὐ πρότερον ἕως*] 'nicht eher als bis', eine Vermischung der beiden Ausdrucksweisen *οὐ πρότερον — πρίν* und *οὐ — ἕως* ([D.] XLVII, 59. D. XVIII, 32); ebenso XV, 6. XXV, 26. Plat. Phaed. 59ᵉ. Diodor V, 18, 4. Athen. XIV, 640ᶜ. Vgl. *οὐχ οὕτως — ἀλλά* D. IX, 64 (für *οὐχ οὕτως — ὡς* oder *οὐ — ἀλλά*) und non tam — sed **Cic. de or.** III, 15, 56 (für non tam — quam oder non — sed). — *τὴν ἐκκλησίαν*] *περὶ τῆς πολιτείας* § **72.** Der Artikel bezeichnet die bekannte, entscheidende Volksversammlung. — *ὁ ὡμολογημένος ὑπ' ἐκείνων καιρός*] **'der von den** Lakedämoniern **mit den** Oligarchen und **Theram.** vereinbarte Zeitpunkt' — *ἐκ Σάμου*] Die Samier allein boten den Lakedämoniern nach dem Falle Athens noch Trotz (Xen. Hell. II, 2, 6. 3, 6). Während der Belagerung von Samos (Xenophon, nach Diodor XIV, 3, 6 nach dem Falle der Stadt) fand die hier erwähnte Volksversammlung statt, zu der sich Lysander mit einer Flotte von 100 Schiffen einfand, nachdem er den Thorax vor Samos zurückgelassen. — *ἐπεδήμησε*] 'in die Stadt gekommen war'; vgl. D. XXI, 217. Aesch. III, 258. — *τὸ — στρατόπεδον*] das Landheer unter Agis, der Attika erst nach Einsetzung der Dreifsig räumte (Xen. Hell. II, 3, 3). Vgl. Pöhlig 291, Anm. 24. 296, Anm. 44. 297. — Die Konjunktion *ἕως* regiert alle drei Satzglieder.

§ 72. *Φιλοχάρους καὶ Μιλτιάδου*] sonst unbekannt, doch, wie die Namen zeigen, Athener. Wie es scheint, waren dieselben von Theram. und den Oligarchen an Lysander abgesendet worden, um sich seiner Unterstützung beim Umsturz der Verfassung zu versichern. — *ἐποίουν*] 'veranstalteten' (vgl. zu XIII, 35), von der anordnenden **Behörde** (deren **Funktion** hier die Häupter der Oligarchen **usurpierten).** Aesch. III, 39: **τοὺς πρυτάνεις ποιεῖν** *ἐκκλησίαν*, und so **von** den Prytanen auch **D.** XXI, **9.** Arist. Acharn. 169, von den **Ephoren** Xen. Hell. **II, 2, 19, σύλλογον ἐποίει** von einem **Strategen** (Lys.) XX, 26 und anderes **oft bei** Thukydides. Vgl. Kr. **52, 8, 1. Oft** ist auch der Name **des berufenden** Magistrats weggelassen (Xen. **Hell.** II, 2, 4) oder **aus** dem Volksnamen zu entnehmen (Thuk. VI, **72:** *Συρακόσιοι ἐκκλησίαν ἐποίουν*). Von den Teilnehmern an der Volksversammlung ist selten *ἐκκλησίαν ποιεῖσθαι* ([D.] XIII, 1. D. XVIII, 213), gewöhnlich *ἐκκλησιάζειν*. — *μήτε — τε*] Die Partikeln *οὔτε* (*μήτε*) — *τέ* werden sehr häufig gebraucht zur Verbindung von negativen und affirmativen Satzgliedern; selten dafür *οὔτε* (*μήτε*) — *καί* ([D.] LXI, 5). **τὲ** — *οὔτε* **einmal** bei Thuk. I, 37, **2. Im Latein.** et — neque nicht **minder** gebräuchlich wie neque — et (neque — que bei Cicero Phil. II, 42, **109.** in Cat. II, 13, 28. de finn I, 14, **48.** III, 1, 3). — *διαπειλοῖτο*] Mit *ἀπειλῶ* und *διαπειλοῦμαι* vgl. *κελεύω* und *διακελεύομαι*, *ὄμνυμι* und *διόμνυμαι*. — *ῥήτωρ*] zu XIII, 72. Wodurch die Oligarchen den Demos mundtot machten, zeigt Lys. XIII, 17 ff.

§ 73. *Ἀναστάς*] Diodor (XIV, 3) läfst den Vorschlag vom Lysander

τριάκοντα ἀνδράσιν ἐπιτρέψαι τὴν πόλιν καὶ τῇ πολιτείᾳ χρῆσθαι, ἣν Δρακοντίδης ἀπέφαινεν. Ὑμεῖς δ' ὅμως καὶ οὕτω διακείμενοι ἐθορυβεῖτε ὡς οὐ ποιήσοντες ταῦτα· ἐγιγνώσκετε γάρ, **ὅτι περὶ** δουλείας καὶ ἐλευθερίας ἐν ἐκείνῃ τῇ ἡμέρᾳ
74 ἠκκλησιάζετε. Θηραμένης δέ, ὦ ἄνδρες δικασταί — καὶ τούτων ὑμᾶς αὐτοὺς μάρτυρας παρέξομαι — εἶπεν ὅτι οὐδὲν αὐτῷ

ausgehen und den Theram. ihm **vergeblich** opponieren. Pöhlig 298. — Δρακοντίδης] ὁ τὸ περὶ τῶν τριάκοντα ψήφισμα περὶ ὀλιγαρχίας γράψας (Aristoteles bei Schol. zu Aristoph. Wesp. 157), ein übelberufener, von den Komikern verspotteter Mensch, der als dienstwilliges Werkzeug der Oligarchen dann auch unter die Dreifsig aufgenommen ward. — ἀπέφαινεν] 'veröffentlichte', nicht als einen zur Diskussion gestellten Antrag ans Volk (dies **wäre ψήφισμα** γράφειν oder εἰπεῖν), sondern als einfach **anzunehmendes** Gesetz, denn νόμον ἀποφαίνειν (Plat. Gesetze VI, 780[a]) oder ἀποδεικνύναι (Lys. XXX, 11, 13. Xen. Hell. II, 3, 11) sagt man vom Nomotheten, der das von ihm redigierte (συγγράφειν) Gesetz publiziert. Die formelle Gutheifsung des Volks holten die Oligarchen zwar ein, schnitten **aber** jeden Widerspruch ab; auch war Drakont. nicht vom Volke beauftragt, ein solches Gesetz zu ent**werfen**. — ὅμως καὶ οὕτω διακείμενοι] Genau genommen sollte ὅμως dem konzessiven Ptcp. folgen (D. XVIII, 53: **ἵνα** καίπερ εἰδὼς ὅμως ἀκούσῃ. ebenso § 145. VI, 35 und öfter bei den Tragikern), wird aber häufig proleptisch vorausgeschickt. Zur Hervorhebung des konzessiven Sinnes geht dann dem Ptcp. bald καίπερ voran (Lyk. 75: ἄξιον ὅμως καίπερ πρὸς εἰδότας διελθεῖν. [D.] LII, 15. Plat. Staat VI, 495[d]. Herod. VIII, 52: οἱ πολιορκεόμενοι ὅμως ἠμύνοντο, καίπερ ἐς τὸ ἔσχατον **κακοῦ ἀπιγμένοι** — zur Stellung von ἠμύνοντο vgl. And. I, 142. Herod. V, 63 —) bald, wie hier, καί (Thuk. VIII, 93, 1: οἱ τετρακόσιοι ἐς τὸ βουλευτήριον ὅμως καὶ τεθορυβημένοι ξυνελέγοντο. Plat. Lys. 213[a]. Phaed. 91[c]. Xen. Kyr. V, 1, 26. Hell. V, 1, **3**. Oik. 14, 8. Herod. V, 63: Λακεδαιμόνιοι πέμπουσι Ἀγχιμόλιον σὺν στρατῷ ἐξελέοντα Πεισιστρατίδας ὅμως **καὶ** ξείνους σφι ἐόντας τὰ μάλιστα); doch ist diese Verstärkung nicht notwendig (Herod. VIII, 74: οἱ ἐν Σαλαμῖνι ὅμως ταῦτα πυνθανόμενοι ἀρρώδεον. And. I, 142: Λακεδαιμόνιοι ἔγνωσαν ὅμως τότε ἐχθροὶ ὄντες σῴζειν τὴν πόλιν). Ähnlich werden im Latein. dem konzessiven Ptcp. **tamen,** nihilo minus **und** nihilo magis vorausgeschickt. **Ter.** Eun. I, 2, 90: tamen contemptus **abs te haec** habui in memoria. Cic. p. Sest. 67, **140: atque hunc** tamen flagrantem invidia propter interitum C. Gracchi ipse populus Romanus periculo liberavit. in **Verr. II, 5,** 54, 142: cum illi nihilo minus jacenti latera tunderent. de finn. II, 12, 36: nihilo magis hoc non addito illud est judicatum (anderer Art ist die von Frohberger citierte Stelle Cic. p. Sest. 5, 13). Mehr im Anh. — ἐθορυβεῖτε] Das stehende Wort von der Beifalls- wie der **Mis**fallsäufserung (admurmurare), daher θορυβεῖν καὶ ἐπαινεῖν D. VIII, 77, aber καταγελᾶν καὶ θορυβεῖν Plat. Prot. 319[c].

§ 74. καὶ — παρέξομαι] Die Appellation **an** das Zeugnis der Richter ein **oft** angewandtes rhetorisches Mittel (And. I, 37. **Lys.** VII, 25. X, **1. XIII**, 65. Is. XV, **93.** Isae. fr. 33 **Scheibe. D.** XXII, 10. XXIII, 168. Plat. **Apol.** 19[d]); denn τῶν λόγων τούτους χρὴ δικαιοτάτους ἡγεῖσθαι, οὓς ἂν οἱ καθήμενοι τῷ λέγοντι μαρτυρῶσιν ἀληθεῖς εἶναι (D. XXI, 18). Die Gegner freilich protestieren gegen eine solche Umgehung förmlicher Zeugnisse. D. XL, 53: οὕτω κακοῦργός ἐστιν, ὥστε περὶ ὧν ἂν μὴ ἔχῃ μάρτυρας παρασχέσθαι, ταῦτα φήσει ὑμᾶς εἰδέναι, ὃ

μέλοι τοῦ ὑμετέρου θορύβου, ἐπειδὴ πολλοὺς μὲν Ἀθηναίων
εἰδείη τοὺς τὰ ὅμοια πράττοντας αὐτῷ, δοκοῦντα δὲ Λυσάνδρῳ
καὶ Λακεδαιμονίοις λέγοι. Μετ' ἐκεῖνον δὲ Λύσανδρος ἀναστὰς
ἄλλα τε πόλλ' εἶπε καὶ ὅτι παρασπόνδους ὑμᾶς ἔχοι, καὶ ὅτι
οὐ περὶ πολιτείας ὑμῖν ἔσται ἀλλὰ περὶ σωτηρίας, εἰ μὴ
ποιήσεθ' ἃ Θηραμένης κελεύει. Τῶν δ' ἐν τῇ ἐκκλησίᾳ ὅσοι 75
ἄνδρες ἀγαθοὶ ἦσαν, γνόντες τὴν παρασκευὴν καὶ τὴν ἀνάγκην,
οἱ μὲν αὐτοῦ μένοντες ἡσυχίαν ἦγον, οἱ δ' ᾤχοντο ἀπιόντες,
τοῦτο γοῦν σφίσιν αὐτοῖς συνειδότες, ὅτι οὐδὲν κακὸν τῇ
πόλει ἐψηφίσαντο· ὀλίγοι δέ τινες, καὶ πονηροὶ καὶ κακῶς

πάντες ποιοῦσιν οἱ μηδὲν ὑγιὲς λέγοντες. — πολλοὺς μὲν Ἀθηναίων] πολλοὺς ist Prädikat, Ἀθηναίων gehört zu τοὺς — πράττοντας: 'zahlreich wisse er seine Gesinnungsgenossen unter den Athenern' (und die Lakedämonier seien ganz mit ihm einverstanden). Hinter πολλοὺς μέν hätte eigentlich das Ptcp. ὄντας stehen sollen, da es in direkter Rede geheifsen haben würde: πολλοὶ μέν εἰσιν Ἀ. οἱ τὰ ὅμοια πράττοντες αὐτῷ. Doch vgl. D. IV, 18: εἰδὼς εὐτρεπεῖς ὑμᾶς. XVIII, 10: ἴστε με τοιοῦτον. XIV, 24, sowie Herod. IX, 16: τούτων πάντων ὄψεαι ὀλίγου τινὸς χρόνου διελθόντος ὀλίγους τινὰς τοὺς περιγενομένους (Xen. Kyr. I, 3, 6: ἑώρα πολλὰ τὰ κρέα) neben D. III, 8: οὐδὲ τὸν φόβον μικρὸν ὁρῶ. XVIII, 277. XX, 13 (dagegen Is. XII, 74: ὁρῶ δὲ πολλοὺς μὲν ὄντας τοὺς κακῶς χρωμένους αὐταῖς, πολὺ δὲ πλείους τοὺς ἐπιτιμῶντας). Is. XV, 160: πλείους ἂν εὕροιμεν τοὺς ἐκ τῶν ὄντων ἐκπεπτωκότας ἢ τοὺς δίκην ὑπὲρ τῶν ἁμαρτημάτων δεδωκότας. D. XXIV, 143: πολλοὺς τοὺς ἀσελγεῖς εὑρήσετε καὶ τοὺς ὑβρίζοντας ὑμᾶς. XVIII, 299: εὑρήσεις πολλοὺς τοὺς ὑπὲρ τούτων ἀμυνομένους (so Köchly und Lipsius nach Schäfer und Sauppe [zu D. IV, 22]) neben Soph. Phil. 452: ὅταν τοὺς θεοὺς εὕρω κακούς. Xen. Hell. III, 5, 11: ἀναφανήσονται πολλοὶ οἱ μισοῦντες αὐτούς neben Plat. Gorg. 484[a]: ἀνεφάνη δεσπότης ἡμέτερος ὁ δοῦλος. Staat I, 334[a]. Xen. Hell. III, 5, 12 (dagegen Herod. III, 82: ἀνεφάνη μούναρχος ἐών). — δοκοῦντα — λέγοι] Kritias bei Xen. Hell. II, 3, 25: σὺν τῇ Λακεδαιμονίων γνώμῃ τήνδε τὴν πολιτείαν καθίσταμεν. Die Einschüchterung der Patrioten mufste um so wirksamer sein, als die Feinde in der Stadt, ihre Flotte im Hafen war. Der Ausdruck wie Xen. Hell. IV, 1, 10: δοκοῦντα ταῦτα καὶ Σπιθριδάτῃ λέγεις. Ant. V, 50. Vgl. auch Soph. Aj. 1050 mit Naucks Anm. — παρασπόνδους] Diodor XIV, 3, 6: ὁ Λύσανδρος ἔφη λελύσθαι τὰς συνθήκας ὑπὸ Ἀθηναίων· ὕστερον γὰρ τῶν συγκειμένων ἡμερῶν καθῃρηκέναι τὰ τείχη. Plut. Lys. 15. Einl. zu Rede XIII, § 2. — ὑμῖν ἔσται περὶ σωτηρίας] In der Vulgata ist ὁ λόγος hinzuglossiert, aber ἔστι περί τινος 'es geht um etwas', Ausdruck des Umgangstons, wie Arist. Ri. 87: περὶ πότου ἐστί σοι. D. XXIV, 5: περὶ αὐτοῦ τούτου νῦν ὑμῖν ἐστι, πότερον δεῖ κτλ. Auch mit dem Accus. bei Is. XXI, 13: μὴ περὶ τοῦτ' εἶναι Νικίᾳ, ὅπως συκοφαντῶν τἀλλότρια λήψοιτο. Ähnlich ἔστι τινὶ πρός τινα. D. XVIII, 278 (wo Westermann). Antisth. Aj. 5.

§ 75. τὴν παρασκευήν] 'die Verabredung' zwischen den Oligarchen und Lys. So XIII, 22: ἐκ παρασκευῆς, ex composito, de compacto. — τὴν ἀνάγκην] den (durch die Drohungen des Lys. ausgeübten) 'Zwang'. — καὶ πονηροὶ καὶ κακῶς βουλευόμενοι] Unter die 'Übelberatenen' konnten sich die von den Richtern rechnen, die an jenem ψήφισμα sich beteiligt hat-

76 βουλευόμενοι, τὰ προσταχθέντ' ἐχειροτόνησαν. Παρηγγέλλετο γὰρ αὐτοῖς δέκα μὲν οὓς Θηραμένης ἀπέδειξε χειροτονῆσαι, δέκα δ' οὓς οἱ καθεστηκότες ἔφοροι κελεύοιεν, δέκα δ' ἐκ τῶν παρόντων· οὕτω γὰρ τὴν ὑμετέραν ἀσθένειαν ἑώρων καὶ τὴν ἑαυτῶν δύναμιν ἠπίσταντο, ὥστε πρότερον ᾖδεσαν τὰ μέλλοντ'
77 ἐν τῇ ἐκκλησίᾳ πραχθήσεσθαι. Ταῦτα δ' οὐκ ἐμοὶ δεῖ πιστεῦσαι, ἀλλ' ἐκείνῳ· πάντα γὰρ τὰ ὑπ' ἐμοῦ εἰρημένα ἐν τῇ βουλῇ ἀπολογούμενος ἔλεγεν, ὀνειδίζων μὲν τοῖς φεύγουσιν, ὅτι δι' αὐτὸν κατέλθοιεν οὐδὲν φροντιζόντων Λακεδαιμονίων,

ten. καὶ — καί fast = εἴτε — εἴτε, wie in den Redensarten καὶ δικαίως — κἀδίκως, καὶ λόγῳ καὶ ἔργῳ; denn im Griechischen werden oft einander ausschliefsende Thatsachen oder Möglichkeiten summarisch zusammengestellt, während sie der Deutsche einander gegenüber zu stellen pflegt. Vgl. D. XXIV, 113: τοῦτον (τὸν κλέπτην) ἔξεστι καὶ ἀποκτεῖναι καὶ τρῶσαι καὶ ἀπαγαγεῖν. Isae. V, 32: ἤθελον καὶ ἀνώμοτοι καὶ ὀμόσαντες ἀποφήνασθαι ἃ ἐγίγνωσκον. Ebenso durch τέ — καί Xen. Anab. IV, 7, 22: ἀπέκτειναν τέ τινας καὶ ἐζώγρησαν. Plat. Staat VI, 492[d]: τὸν μὴ πειθόμενον ἀτιμίαις τε καὶ χρήμασι καὶ θανάτοις κολάζουσιν; das einfache καί Plat. Symp. 223[c]: τοὺς ἄλλους εἶδε καθεύδοντας καὶ οἰχομένους. Ebenso que — que Verg. Aen. III, 459: quo quemque modo fugiasque ferasque laborem, expediet.

§ 76. παρηγγέλλετο] von den die Verhandlungen leitenden Oligarchen. Über das Verbum vgl. zu § 44 und das vorhergehende τὰ προσταχθέντα. — οἱ καθεστηκότες (ὑπὸ τῶν ἑταίρων) ἔφοροι] zu § 43. — ἐκ τῶν παρόντων] scheinbar eine Konzession der Oligarchen; jedenfalls war der gröfsere Teil der noch Anwesenden ihnen zugethan, der Rest wenigstens eingeschüchtert. — πρότερον] Sie hatten sich in Klubversammlungen im voraus über den Gang der Verhandlungen und die Namen der Vorzuschlagenden geeinigt. Ähnlich Thukyd. VIII, 66, 1 von den oligarch. Umtrieben im Jahr 411: ὁ δῆμος καὶ ἡ βουλὴ ἐβουλεύοντο οὐδὲν ὅ τι μὴ τοῖς ξυνεστῶσι δοκοίη, ἀλλὰ καὶ οἱ λέγοντες ἐκ τούτων ἦσαν καὶ τὰ ῥηθησόμενα πρότερον αὐτοῖς προὔσκεπτο. Auf die Vorverhandlungen unter den Oligarchen über die zu proklamierenden Mitglieder der neuen Regierung deutet auch Lys. XVIII, 4.

§ 77. ἐκείνῳ] Den Angeklagten durch seine Worte oder Thaten gegen sich selbst zeugen zu lassen, ist nach Ant. VI, 31 ein μέγιστον καὶ ἰσχυρότατον τεκμήριον. Vgl. D. XLI, 20: αὐτὸς οὗτός μοι μέγιστος ἔσται μάρτυς — ἔργῳ περιφανεῖ. XVIII, 148. XIX, 240. 319. XX, 126. XXIV, 55. XXXI, 4. (D.) XLVII, 4. Aesch. III, 27. Isae. II, 38. Is. XVII, 42. XXI, 14. Ant. V, 9. Cic. p. Quinct. 24, 76: opinor, tuum testimonium, quod in aliena re leve esset, id in tua, quoniam contra te est, gravissimum debet esse. 11, 37. — ἐν τῇ βουλῇ] zu XIII, 35. In der Verteidigungsrede, die Xenophon Hell. II, 3, 35 ff. dem Theram. in den Mund legt, steht davon nichts. 'Vielleicht sprach derselbe dieses und ähnliches, was auf die Erregung des Mitleids seitens seiner Zuhörer abzielte, am Ende seiner Rede, oder was noch wahrscheinlicher ist, erst späterhin vom Altare des Sitzungssaales aus, wohin er sich flüchtete, als Kritias seinen Namen aus dem Verzeichnisse der Dreitausend strich' Pöhlig S. 315. — ὅτι — κατέλθοιεν] nach der Übergabe der Stadt (Xen. Hell. II, 2, 20. And. I, 80. III, 11). Da die Verbannung natürlich meist Aristokraten betroffen hatte, so führte diese erst auf Theram. Ver-

ὀνειδίζων δὲ τοῖς τῆς πολιτείας μετέχουσιν, **ὅτι πάντων τῶν** πεπραγμένων τοῖς εἰρημένοις τρόποις ὑπ' ἐμοῦ αὐτοῖς **αἴτιος** γεγενημένος τοιούτων τυγχάνοι, πολλὰς πίστεις αὐτῷ τῷ ἔργῳ δεδωκὼς καὶ παρ' ἐκείνων ὅρκους εἰληφώς. Καὶ τοσούτων 78
καὶ ἑτέρων κακῶν καὶ αἰσχρῶν **καὶ** πάλαι καὶ νεωστὶ καὶ μικρῶν καὶ μεγάλων αἰτίου γεγενημένου τολμήσουσιν αὐτοὺς φίλους ὄντας ἀποφαίνειν, **οὐχ ὑπὲρ** ὑμῶν ἀποθανόντος Θηραμένους, ἀλλ' ὑπὲρ **τῆς αὐτοῦ πονηρίας**, καὶ δικαίως μὲν ἐν

anlassung in die Friedensbedingungen aufgenommene Maſsregel eine wesentliche Verstärkung der oligarchischen Partei **herbei**; daher findet Andok. III, **12 in** diesem Schritt vornehmlich **die** Ursache des Verfassungsumsturzes, denn die κάθοδος τῶν φευγόντων gehört zu den verderblichsten, auf δήμου κατάλυσις abzielenden Maſsregeln (D XXIV, 153). Auch Dionysios I bereitete durch die Zurückberufung der Verbannten am wirksamsten die Tyrannis vor (Diodor XIII, 92). — δι' αὐτόν] propter **se**, 'durch **seine** Thätigkeit', **zu § 58** — **οὐδὲν** — **Λακεδαιμονίων**] **denen es ja weit mehr** auf die **Sch**wächung **der Macht, als den Umsturz der** Verfassung **Athens** ankam (**zu** § 70). **Auch nach** der Einnahme von Phlius im **J.** 393 riefen die Lakedämonier die lakonisch gesinnten Exulanten nicht zurück und tasteten die Verfassung nicht an (Xen. Hell. VI, 4, 15). — τῆς πολιτείας] **zu** § 6. — τοῖς εἰρημένοις τρόποις ὑπ' ἐμοῦ] Diese Trennung der Präposition vom **Ptcp.** sehr häufig bei Demosthenes (**z.** B. XIX, **174**: τὴν γραφεῖσαν ἐπιστολὴν **ὑπ' ἐμοῦ**), bei Lysias sonst nicht, **wohl aber XIII**, 43 die gleiche **Trennung des abhängigen** Kasus vom Ptcp. **Umgekehrt** die Nachstellung des unbetonten Ptcps. **XXXIV**, 4: ἐν ταῖς **ἐφ' ἡμῶν ὀλιγαρχίαις** γεγενημέναις. **Vgl. zu XIII**, 61. Kr. 50, 10, 2. **3.** — **τοιούτων τυγχάνοι**] 'solchen **Lohn ernte'**, **die** Anklage und voraussichtliche Hinrichtung. And. **I**, 102: ἆρ' ἂν οἴεσθε ἄλλων τινῶν τυχεῖν με δι' ὑμᾶς; D. **XIX**, 61: οἵων ἔτυχον διὰ τούτους. **Lys.** I, 2. **27. Ant.** II, **β**, **11.** — **πίστεις**] zu § 27. — ὅρκους] Die Eidschwüre, wodurch sich die Glieder der Hetärieen gegenseitig nicht blos zum Schweigen (§ 47. XIII, 21), sondern auch zur wechselseitigen Unterstützung im Kampfe gegen den 'verfluchten' Demos (κατάρατος δῆμος in der Grabschrift des Kritias beim Schol. zu Aesch. I, 39) verpflichteten. Arist. Polit. VIII, 9, p. 215 Bekker führt **einen** Passus **aus** einem solchen '**ὅρκος** ὀλιγαρχικός' **an**: καὶ τῷ δήμῳ **κακόνους** ἔσομαι καὶ βουλεύσω ὅ τι **ἂν ἔχω κακόν**. — Theramenes hob **hervor**, daſs er **viele** Garantieen seiner Treue und zwar **durch die** That selbst (αὐτῷ τῷ ἔργῳ), nicht **blos** durch Worte gegeben und andrerseits von jenen eidliche Zusicherungen unverbrüchlicher Bundestreue erhalten habe, die Bewährung der letzteren also wegen seines Verhaltens mit Recht nun auch erwarten dürfe.

§ 78. καὶ τοσούτων — καὶ **μεγάλων**] ein Polysyndeton wie **Is.** IV, 27: ἀνάγκη προαιρεῖσθαι τῶν εὐεργεσιῶν τὰς διὰ τὸ μέγεθος ὑπὸ πάντων ἀνθρώπων καὶ πάλαι **καὶ** νῦν πανταχοῦ καὶ **λεγομένας καὶ** μνημονευομένας. Für **das erste καί** hätte auch εἶτα oder **ἔπειτα stehen** können; de **arg. ex contr.** praef. IX f. und **Anm. 1 (S. 265).** — τολμήσουσιν] **Über den** Plural Einl. § 7. — οὐχ ὑπὲρ ὑμῶν] wie seine Anhänger behaupteten. — ὑπὲρ — πονηρίας] Für ὑπέρ wollte man **ὑπό.** Doch ὑπέρ, welches **schon** wegen der Antithese kaum entbehrlich ist, ist = ἕνεκα, wie **§** 37. Auch wir **übersetzen ὑπέρ** beide

ὀλιγαρχίᾳ δίκην δόντος — ἤδη γὰρ αὐτὴν κατέλυσε — δικαίως δ' ἂν ἐν δημοκρατίᾳ· δὶς γὰρ ὑμᾶς κατεδουλώσατο, τῶν μὲν παρόντων καταφρονῶν, τῶν δ' ἀπόντων ἐπιθυμῶν, καὶ τῷ καλλίστῳ ὀνόματι χρώμενος δεινοτάτων ἔργων διδάσκαλος καταστάς.

79 *Περὶ μὲν τοίνυν Θηραμένους* ἱκανά μοί ἐστι τὰ κατηγο-

Male: 'um — willen'. — **ἤδη — κατέλυσε**] im J. 411; vgl. zu § 66. — **δικαίως ἄν**] sc. **δόντος**, nach dem Sturz der 400, wenn er sich da nicht durch Perfidie beim Demos insinuiert, und nach dem Sturz der Dreifsig, wenn er ihn erlebt hätte. — **τῶν — ἐπιθυμῶν**] Ein schön geformtes durch die Paronomasie *παρόντων = ἀπόντων*) und das Homoioteleuton ('verachtend — trachtend') wirksames Isokolon; Prol. § 13. Verbunden mit einer Antistrophe findet sich dieselbe Paronomasie D. III, 19: *θαυμάζω, εἴ τῷ ποτ' ἀνθρώπων — γενήσεται, ἂν τὰ παρόντ' ἀναλώσῃ πρὸς ἃ μὴ δεῖ, τῶν ἀπόντων εὐπορῆσαι πρὸς ἃ δεῖ.* In Bezug auf Form und Gedanken ähneln unserer Stelle Theop. bei Athen. VI, 261ª: *τῶν μὲν ὑπαρχόντων ἠμέλουν, τῶν δὲ ἀπόντων ἐπεθύμουν.* Lucr. III, 957: quia semper aves quod abest, praesentia temnis, wo der Gegensatz durch den Chiasmus gehoben wird (Hes. ἔ. 366: *ἐσθλὸν μὲν παρέοντος ἑλέσθαι, πῆμα δὲ θυμῷ χρηΐζειν ἀπεόντος· ἅ σε φράζεσθαι ἄνωγα*). Zum zweiten Gliede vgl. auch Thuk. VI, 13, 1: *δυσέρωτες τῶν ἀπόντων.* Pind. Pyth. 3, 20: *ἤρατο τῶν ἀπεόντων*, zum ersten Kritias bei Xen. Hell. II, 3, 27: *εὑρήσετε ψέγοντα οὐδένα μᾶλλον Θηραμένους τουτουὶ τὰ παρόντα.* Dagegen schrieb die griech. Ethik vor, *στέργειν τὰ παρόντα* (Herod. IX, 117. Is. I, 29. Plut. Ages. 19. Anton. 32. Dion. Hal. Antt. Rom. VI, 60) oder *τοῖς παροῦσιν* (Is. VIII, 7. Br. II, 23) oder *ἐπὶ τοῖς παροῦσιν* (Plut. Arat. 40; vgl. Is. VIII, 23: *ὁρῶσιν ἡμᾶς οὐ στέργοντας ἐφ' οἷς ἂν ἔχωμεν*). — **τῷ καλλίστῳ ὀνόματι**] indem er für die *σωτηρία* der Stadt zu wirken versprach (*ἐπαγγειλάμενος σώσειν τὴν πόλιν* § 68). Durch schönklingende Worte liefs sich das Volk gar oft bestechen. Vgl. D. XXIV, 156: *εὗρε τοῦτο ὃ πεποίηκε, νόμῳ τοὺς νόμους καταλῦσαι, ἵνα τἀδικήματ' αὐτοῦ τὸ τῆς σωτηρίας ὄνομ' ἔχῃ· τὴν τοῦ ὀνόματος φιλανθρωπίαν, ὅτι ταύτην μάλιστα προσίεσθε, κατεῖδεν.* Aesch. III, 248: *πῶς οὖν ἄν τις τὴν τοιαύτην αἰσχύνην ἐκφύγοι; ἐὰν τοὺς προκαταλαμβάνοντας τὰ κοινὰ καὶ φιλάνθρωπα τῶν ὀνομάτων, ἀπίστους ὄντας τοῖς ἤθεσι, φυλάξησθε.* Thuk. III, 38, 2: *τὸ εὐπρεπὲς τοῦ λόγου ἐκπονήσας παράγειν πειράσεται.* 44, 3: *οὐκ ἀξιῶ ὑμᾶς τῷ εὐπρεπεῖ τοῦ ἐκείνου λόγου τὸ χρήσιμον τοῦ ἐμοῦ ἀπώσασθαι.* VIII, 66, 1. III, 82, 8: *οἱ ἐν ταῖς πόλεσι προστάντες μετ' ὀνόματος ἑκάτεροι εὐπρεποῦς, πλήθους τε ἰσονομίας πολιτικῆς καὶ ἀριστοκρατίας σώφρονος προτιμήσει, τὰ μὲν κοινὰ λόγῳ θεραπεύοντες ἆθλα ἐποιοῦντο, παντὶ δὲ τρόπῳ ἀγωνιζόμενοι ἀλλήλων περιγίγνεσθαι ἐτόλμησάν τε τὰ δεινότατα, ἐπεξῄεσάν τε τὰς τιμωρίας ἔτι μείζους* und die Nachahmung dieser Stelle bei Sall. Cat. 38, 3: per illa tempora quicumque rem publicam agitavere, honestis nominibus, alii sicuti populi jura defenderent, pars quo senatus auctoritas maxuma foret, bonum publicum simulantes pro sua quisque potentia certabant; neque illis modestia neque modus contentionis erat; utrique victoriam crudeliter exercebant (ähnlich hist. I, 12: pauci potentes sub honesto patrum aut plebis nomine dominationes adfectabant).

§ 79. Vor dem Übergang zur Motivierung des Strafantrags (Einl. § 11) sucht der Redner noch alle milderen Regungen in den Herzen

ρημένα· ἥκει δ' ὑμῖν ἐκεῖνος ὁ καιρός, ἐν ᾧ δεῖ συγγνώμην
καὶ ἔλεον μὴ εἶναι ἐν ταῖς ὑμετέραις γνώμαις, ἀλλὰ παρ'
Ἐρατοσθένους καὶ τῶν τούτου συναρχόντων δίκην λαβεῖν,
μηδὲ μαχομένους μὲν κρείττους εἶναι τῶν πολεμίων, ψηφιζο-
μένους δ' ἥττους τῶν ἐχθρῶν· μηδ' ὧν φασι μέλλειν πράξειν 80
πλείω χάριν αὐτοῖς ἴστε, ἢ ὧν ἐποίησαν ὀργίζεσθε· μηδ'
ἀποῦσι μὲν τοῖς τριάκοντα ἐπιβουλεύετε, παρόντας δ' ἀφῆτε·
μηδὲ τῆς τύχης, ἣ τούτους παρέδωκε τῇ πόλει, κάκιον ὑμεῖς
ὑμῖν αὐτοῖς βοηθήσητε.

Κατηγόρηται δὴ Ἐρατοσθένους καὶ τῶν τούτου φίλων, οἷς 81

der Richter zu bekämpfen (vgl. XIV, 40; bei Cic. Phil. V, 5, 14 erscheint die misericordia als Zug des athen. Nationalcharakters), daher bis zum Schlufs der Rede das Rachegefühl zu entflammen. Das Amnestiegesetz beschränkte diese leidenschaftliche Paränese noch nicht. Über die Aufgabe des Epilogs, Mitleid zu erregen und zu beseitigen (ἐλέου εἰσβολή und ἐκβολή), Volkmann, Rhet. 222. 228. 284. — περὶ μὲν τοίνυν — ἱκανά μοί ἐστι τὰ κατηγορημένα] Die Kopula fehlt XXIX, 8: περὶ μὲν οὖν τούτων ἱκανὰ τὰ εἰρημένα. XXX, 31: καὶ περὶ μὲν τούτων ἱκανά μοι τὰ εἰρημένα. Mehr über diesen Übergang im Anh. — τῶν πολεμίων — τῶν ἐχθρῶν] Beide Male sind die Dreifsig zu verstehen, πολέμιοι als Gegner im Bürgerkriege, ἐχθροί als politische Gegner in der wiederhergestellten Demokratie.

§ 80. μηδ' ὧν — ὀργίζεσθε] Eine Prokatalepsis (anteoccupatio) der voraussichtlichen schönen Versprechungen des Eratosth.; zum Gedanken vgl. XXXI, 25. — ἢ ὀργίζεσθε] 'als ihr ihnen zürnen müfst'. Wie in dem zu § 60 besprochenen Falle können wir auch beim Imperativ hinter dem komparativen ἤ ein Hilfsverbum nicht entbehren. Über ὀργίζεσθαι c. gen. zu XXXI, 11. — ἐπιβουλεύετε] vor Eleusis; Einl. §§ 5. 6. Zur Satzform und zum Gedanken vgl. (Lys.) VI, 18: μὴ οὓς μὲν ἔχετε ἀδικοῦντας ἀφίετε, τοὺς δὲ φεύγοντας ζητεῖτε συλλαμβάνειν. Über den Moduswechsel in ἐπιβουλεύετε und ἀφῆτε Kr. 54, 2, 2. — μηδὲ τῆς τύχης — βοηθήσητε] Ähnliche Antithesen Dein. I, 29: μὴ ἀφῆτε τὸν — ἀτιμώρητον — μηδὲ τῆς ἀγαθῆς τύχης ὑμᾶς ἐπὶ τὸ βέλτιον ἀγούσης, καὶ — τοῦτον δ' ὑμῖν ἀποκτεῖναι παραδούσης, αὐτοὶ τοῖς πᾶσι συμφέρουσιν ἐναντιωθῆτε. Is. V, 152: αἰσχρὸν οὖν ἐστι καλῶς τῆς τύχης ἡγουμένης ἀπολειφθῆναι καὶ μὴ παρασχεῖν σαυτὸν εἰς ὃ βούλεταί σε προαγαγεῖν. Demades bei Diodor XVI, 87, 2: βασιλεῦ, τῆς τύχης σοι περιθείσης πρόσωπον Ἀγαμέμνονος αὐτὸς οὐκ αἰσχύνει πράττων ἔργα Θερσίτου; Die Athener betrachteten sich als besondere Günstlinge der τύχη, müssen sich aber freilich vom Demosth. IV, 12 sagen lassen: ἡ τύχη ἀεὶ βέλτιον ἢ ἡμεῖς ἡμῶν αὐτῶν ἐπιμελούμεθα; vgl. Eupolis bei Athen. X, 425[b].

§ 81. Durch die vorhergehenden Antithesen war nur die Notwendigkeit der richterlichen Bestrafung überhaupt dargethan, es folgt die Rechtfertigung des Antrags auf die allein zulässige Todesstrafe. — κατηγόρηται δή] 'die Anklage ist nun vollzogen', das weitere bleibt euch Richtern überlassen. Aber freilich ist durch ein geordnetes Rechtsverfahren Erat. in weit besserer Lage als früher die Opfer seiner willkürlichen Justiz; denn er hat durch die ihm verstattete ἀπολογία die Möglichkeit, auf das Verdikt der Geschworenen einzuwirken, jenen war er Kläger und Richter in einer Person. — οἷς

τὰς ἀπολογίας ἀνοίσει καὶ μεθ' ὧν αὐτῷ ταῦτα πέπρακται. Ὁ μέντοι ἀγὼν **οὐκ** ἐξ ἴσου **τῇ** πόλει καὶ Ἐρατοσθένει· οὗτος μὲν γὰρ κατήγορος καὶ δικαστὴς αὐτὸς ἦν τῶν κρινομένων,
82 ἡμεῖς δὲ νυνὶ εἰς κατηγορίαν καὶ ἀπολογίαν καθέσταμεν. Καὶ οὗτοι μὲν τοὺς οὐδὲν ἀδικοῦντας ἀκρίτους ἀπέκτειναν, ὑμεῖς δὲ τοὺς ἀπολέσαντας τὴν πόλιν κατὰ τὸν νόμον ἀξιοῦτε κρίνειν, **παρ'** ὧν οὐδ' ἂν παρανόμως βουλόμενοι δίκην λαμβάνειν ἀξίαν τῶν ἀδικημάτων ὧν τὴν πόλιν ἠδικήκασι λάβοιτε. **Τί γὰρ ἂν παθόντες** δίκην τὴν ἀξίαν εἴησαν τῶν ἔργων δεδω-
83 κότες; Πότερον εἰ αὐτοὺς ἀποκτείνατε καὶ τοὺς παῖδας αὐτῶν, **ἱκανὴν ἂν τοῦ φόνου δίκην λάβοιμεν, ὧν οὗτοι πατέρας καὶ**

ἀνοίσει] Die gewöhnliche **Konstr.** ist *ἀναφέρειν εἰς* (§ 64), seltener *ἐπί* (D. XVIII, 224. [D.] X, 35. Is. V, 32). Der Dativ der Person z. B. Eur. Orest. 432: *τὸ Τροίας μῖσος ἀναφέρων πατρί.* Auch Lys. VII, 17: *εἶχον ἀνενεγκεῖν ὅτῳ παρέδοσαν* hat man *τούτῳ* **vor** *ὅτῳ* hinzuzudenken. Der Zusatz beweist, dafs *τῶν φίλων* wesentlich auf Theram. geht. — *οὐκ ἐξ ἴσου*] **non ex** aequo, 'der Kampf steht nicht gleich', wohl eine proverbielle Phrase; Arist. Frö. 867: *οὐκ ἐξ ἴσου γάρ ἐστιν ἀγὼν νῷν.* Vgl. auch zu § 63. — *τῇ πόλει*] der **Staat, als** Ankläger gedacht, Lysias **als sein** Anwalt (§ 2), hat nicht **so den Ausgang** des Prozesses in **der Gewalt, wie** früher Eratosth. — *δικαστής*] entweder unmittelbar **durch** willkürlichen Spruch (wie über Polemarch § 17) oder mittels der den Dreifsig ergebenen Bule (zu XIII, 35). Man sieht, **wie** Eratosth. wieder für das Thun der Gesamtheit der Tyrannen verantwortlich gemacht wird. — *αὐτός*] 'in einer Person', wie **idem**; D. XX, 149: *μηδ' αὐτὸς φαίνου* **τά τ'** *ὀφειλόμεν' ὡς ἀποδοῦναι δεῖ γράφων, καὶ ἅ τις παρὰ τοῦ δήμου κεκόμισται, ταῦτ' ἀφελέσθαι παραινῶν.* **Luk.** Fischer 9: *οἱ αὐτοὶ κατηγορεῖτε καὶ δικάζετε.* Soph. Phil. 119. **Eubulos** bei Athen. X, 449 f. Thuk. II, 40, 3. — *νυνί*] nach Wiederherstellung der demokratischen Verfassung und **der** verfassungsmäfsigen Gerichtsformen, **wie** sie (And.) **IV**, 3 hervorhebt. Unter den Dreifsig waren die Civilprozesse entweder völlig suspendiert (Is. XXI, 7) oder rechtswidrig zusammengesetzten Dikasterien übergeben gewesen (D. XXIV, 56 ff.), Kriminal- und fiskalische Prozesse wurden von der Bule entschieden. — *καθέσταμεν*] **'haben** uns einlassen müssen auf'. **Is.** XII, 66: *πλείους Λακεδαιμόνιοι τῶν Ἑλλήνων ἀκρίτους ἀπεκτόνασι* **τῶν παρ'** *ἡμῖν εἰς ἀγῶνα καὶ κρίσιν καταστάντων.*

§. 82. Fortsetzung der Begründung des *οὐκ ἐξ ἴσου*: selbst im schlimmsten Falle ist Erat. doch besser daran **als** die Opfer der Dreifsig, **es wird** wenigstens nach dem Gesetz **über** ihn abgeurteilt. — *ἀκρίτους*] zu § 17. *ἄκριτος* steht, wie indemnatus **(z. B. Cic.** in Verr. II, 5, 6, 12), **öfters von** dem, der **unter** Versagung der gesetzlichen Rechtsformen gerichtet wird, daher der Gegensatz *κατὰ τὸν νόμον* **κρίνειν** wie XXII, 2. — *τί γὰρ ἂν* **παθόντες**] Nachweis, dafs 1) die **höchste** Leibesstrafe (*παθεῖν*) im Verhältnis zu dem Verbrechen gering sei. — *δίκην τὴν ἀξίαν*] Strafe, die entsprechende wenigstens; über die Stellung des Attributs zu § 96.

§ 83. *αὐτοὺς καὶ τοὺς παῖδας αὐτῶν*] zu § 36. Gedanke: Einfacher Tod nach dem Gesetze ist für die Dreifsig, die wider das Gesetz viele getötet, noch nicht einmal genug. — *ὧν*] bezogen auf das in *λάβοιμεν* ent-

υἱεῖς καὶ ἀδελφοὺς ἀκρίτους ἀπέκτειναν; ἀλλὰ γὰρ εἰ τὰ χρήματα τὰ φανερὰ δημεύσαιτε, καλῶς ἂν ἔχοι τῇ πόλει, ἧς οὗτοι πολλὰ εἰλήφασιν, ἢ τοῖς ἰδιώταις, ὧν τὰς οἰκίας ἐξεπόρθησαν.
Ἐπειδὴ τοίνυν πάντα ποιοῦντες δίκην παρ' αὐτῶν ἱκανὴν οὐκ 84
ἂν δύναισθε λαβεῖν, πῶς οὐκ αἰσχρὸν ὑμῖν καὶ ἥντινοῦν ἀπολιπεῖν, ἥντινά τις βούλοιτο παρὰ τούτων λαμβάνειν;

haltene Pronomen. Kr. 51, 13, 14. — ἀλλὰ γάρ] Übergang von der negierenden Frage zur spöttischen Behauptung, wie § 40. — τὰ χρήματα] Nachweis, dafs 2) auch die höchste Geldstrafe (ἀποτῖσαι) noch zu gering sei. — τὰ φανερά] Die φανερὰ οὐσία (XX, 33) umfafst die Grundstücke, Gebäude, Mobilien, den Sklaven- und Viehstand, gegenüber der οὐσία ἀφανής (XXXII, 4. fr. 79), dem Baarvermögen, daher der Gegensatz von φανερὰ οὐσία und ἀργύριον Isae. VI, 30. So auch τὴν οὐσίαν ἀφανῆ καθιστάναι vom Verkauf der Grundstücke (Lys.) XX, 23, = τὴν οὐσίαν φανερὰν ἐξαργυρίζειν D. V, 8. ἀποκρύπτεσθαι τὴν οὐσίαν XXVIII, 3. Nicht ganz zutreffend erklärt Harpokr.: ἀφανὴς μὲν ἡ ἐν χρήμασι καὶ σώμασι καὶ σκεύεσι, φανερὰ δ' ἡ ἔγγειος. — δημεύσαιτε] Die Konfiskation des Vermögens der Dreifsig, die Lys. noch als Eventualität ins Auge fafst, ward in der That zugleich mit der Amnestie verordnet (Nepos Thras. 3) und der Erlös daraus zu Wiederanschaffung der von ihnen verschleuderten heiligen Festgeräte bestimmt (Harpokr. unter πομπεῖα). Der Redner kann hier nur von dem Grund- und Mobiliarbesitz sprechen, weil sie ihr Baarvermögen unzweifelhaft mitgenommen oder bei Zeiten auswärts untergebracht hatten. — καλῶς ἂν ἔχοι] 'wäre damit gedient', wie Eur. Hippol. 50: τὸ τῆσδ' οὐ προτιμήσω κακὸν τὸ μὴ οὐ παρασχεῖν τοὺς ἐμοὺς ἐχθροὺς ἐμοὶ δίκην τοσαύτην, ὥστ' ἐμοὶ καλῶς ἔχειν. — ἧς — πολλά] Der Genit. possessoris von πολλά abhängig nach Kr. 47, 10, 2. Vgl. D. XIX, 151: ἃ εἰλήφει τῆς πόλεως. XVIII, 26: ὅσα τῆς πόλεως προλάβοι. (D.) XLVII, 75: ὅσα ἔχουσί μου und zu XIII, 83. — ὧν τὰς οἰκίας] Über den Artikel nach οὗ, ἧς, ὧν Kr. 51, 4, 11. — ἐξεπόρθησαν] nicht = κατέσκαψαν (denn die Zerstörung der Häuser war eine Mafsregel, welche die Tyrannen nur gegen ihre erbittertsten Gegner verhängten, wie die Peisistratiden gegen die Alkmäoniden nach Is. XVI, 26), sondern ἐκπορθεῖν und πορθεῖν stehen häufig von der Plünderung, wie Is. XV, 124: οὐκ ἐφῆκε τοῖς στρατιώταις ἁρπάζειν καὶ κλέπτειν καὶ πορθεῖν τὰς οἰκίας. (D.) XLVII, 60: ὁρῶντες τὴν οἰκίαν πορθουμένην τὴν ἐμήν. Thuk. IV, 57, 3: τήν τε πόλιν κατέκαυσαν καὶ τὰ ἐνόντα ἐξεπόρθησαν. Als Beleg für die Anklage kann das § 19 geschilderte Verfahren der Dreifsig gelten.

§ 84. ἐπειδή] ungewöhnlich in solchen Enthymemen für ὅπου oder ὁπότε oder εἰ; de arg. ex contr. S. 55. 64. 71. — πάντα ποιοῦντες] 'und wenn ihr alles aufbietet'. Vgl. (Lys.) VIII, 5: ἐφάσκετε πάντα ποιοῦντες οὐκ ἔχειν ὅπως ἀπαλλαγῆτέ μου. D. XXI, 2: πάντα ποιοῦντος τούτου ὁ δῆμος οὐκ ἐπείσθη. Plat. Menon 89ᵉ: πάντα ποιῶν οὐ δύναμαι εὑρεῖν. Eur. Herakl. 841: μόλις δὲ πάντα δρῶντες οὐκ ἄτερ πόνων ἐτρεψάμεσθ' Ἀργεῖον ἐς φυγὴν δόρυ. Eubulos bei Athen. III, 100ᵃ: μόλις πάνυ ὑπεδησάμην ἅπαντα δρῶν τὰς ἐμβάδας. — ἥντινα — λαμβάνειν] Da keine Strafe ausreichend ist, müfst ihr jedwedem, auch dem weitestgehenden Strafantrage zustimmen; Abschlufs der Rechtfertigung des τίμημα (Einl. § 11). — ἥντινά τις βούλοιτο] 'welche einer — mag vollziehen wollen'. Der Optativ ohne ἄν im Relativsatze auch nach dem Haupttempus (αἰσχρόν

Πᾶν δ' ἂν μοι δοκεῖ τολμῆσαι, ὅστις νυνί, οὐχ ἑτέρων ὄντων τῶν δικαστῶν ἀλλ' αὐτῶν τῶν κακῶς πεπονθότων, ἥκει ἀπολογησόμενος πρὸς αὐτοὺς τοὺς μάρτυρας τῆς τούτου πονηρίας· τοσοῦτον ἢ ὑμῶν καταπεφρόνηκεν ἢ ἑτέροις πεπί-

sc. *ἐστιν*) von dem nur gedachten Falle, von dem konkreten des Lys. absehend. Xen. Kyr. II, 4, 10: *οὓς τῶν εἰς τὸν πόλεμον ἔργων ποιήσασθαί τις βούλοιτο συνεργοὺς προθύμους, τούτους ἔμοιγε δοκεῖ θηρατέον εἶναι.* I, 6, 19. VII, 5, 56. Hell. VII, 3, 7. Isae. IX, 13. Soph. Oed. Tyr. 314. 979. Ant. 666. Kr. 54, 14, 4. Koch 117, 6ª. — *πᾶν — τολμῆσαι*] Gedankengang: Zwar giebt die wiederhergestellte Verfassung dem Angeklagten das Recht der Verteidigung (§ 81); aber dafs er es wagt, davon Gebrauch zu machen und nicht lieber dem Prozesse, so lange es möglich war (§ 85), aus dem Wege ging, beweist, wie er entweder euch gering schätzt oder auf einflufsreiche Fürsprache baut. — *ὅστις — πονηρίας*] der Gedanke wie XXVI, 1: *ἀγανακτῶ εἰ ταύτῃ τῇ ἐλπίδι εἰς ὑμᾶς ἥκει πιστεύων, ὥσπερ ἄλλων μέν τινων ὄντων τῶν ἠδικημένων, ἑτέρων δὲ τῶν ταῦτα διαψηφιουμένων, ἀλλ' οὐκ ἀμφότερα τῶν αὐτῶν καὶ πεπονθότων καὶ ἀκουσομένων.* Vgl. auch D. XIX, 72. — *τῆς τούτου πονηρίας*] man erwartet *αὐτοῦ*, auf *ὅστις* bezogen; jedoch das einmal zur Bezeichnung des Gegners übliche *οὗτος* verdrängt nicht selten das Reflexivum, hier mit schnellem Absprunge vom allgemeinen Gedanken (*ὅστις*) zur speziellen Anwendung desselben auf die Person des Angeklagten. Vgl. III, 11: *οὗτος αἰσθόμενος ἥκοντα τὸν Θεόδοτον παρεκάλεσέ τινας τῶν τούτου ἐπιτηδείων.* § 28: *λέγει ὡς ἡμεῖς ἤλθομεν ἐπὶ τὴν οἰκίαν τὴν τούτου.* XXVIII, 7: *ἡγοῦνται οὐκέτι τοῖς σφετέροις αὐτῶν ἁμαρτήμασι τὸν νοῦν ὑμᾶς προσέξειν, ἀλλ' ἡσυχίαν πρὸς τούτους ἕξειν.* So oft bei Lysias und andern Rednern. — *τοσοῦτον*] begründend (Anh. zu § 1). — *καταπεφρόνηκεν*] weil er, wie die Zeugen § 87, euch für gutmütig und vergefslich hält. Der Vorwurf, dafs die Gegner Volk und Gesetze mit Geringschätzung und ohne Furcht vor Strafe behandeln, eine Überhebung über das demokratische *ἴσον* (zu § 35), ist eine sehr beliebte invidiöse Wendung. XIII, 73: *οὕτως οὑτοσὶ πολὺ ὑμῶν κατεφρόνει.* XIV, 9: *οὕτως ὑμῶν κατεφρόνησεν.* Lyk. 68: *οὕτως ἐστὶν ἀνόητος καὶ παντάπασιν ὑμῶν καταπεφρονηκώς.* (Lys.) IX, 16: *ἀλλὰ* (*οὕτω* Rauchenstein) *γὰρ κατεφρόνησαν τοῦ ὑμετέρου πλήθους.* Is. VIII, 36: *τοσοῦτον τοῦ πλήθους καταπεφρονήκασιν.* (And.) IV, 16: *οὐδενὶ τῶν ἄλλων Ἀθηναίων οὔτ' ἴσον οὔτ' ὀλίγῳ πλέον ἀξιῶν ἔχειν· ἀλλ' οὕτω σφόδρα καταπεφρόνηκεν.* Dein. I, 85: *καταφρονοῦντα ὑμῶν καὶ τῶν νόμων.* Aesch. III, 203: *παντελῶς καὶ ὑμῶν καὶ τῶν νόμων καταπεφρονηκότα.* D. LVII, 65: *οὕτω σφόδρ' ὑμῶν καὶ τῶν νόμων κατεφρόνησαν.* (D.) LIX, 72: *οὕτω πολὺ καὶ τῶν νόμων καὶ ὑμῶν κατεφρόνησεν.* XLIII, 72: *ὑμῶν, πόλεως τηλικαυτησί, κατεφρόνησαν καὶ τῶν νόμων τῶν ὑμετέρων.* Dein. III, 3: *καταφρονήσας ὑμῶν καὶ τῶν ἐν τῇ πόλει δικαίων.* Hyp. g. Dem. IV: *τοσοῦτον τοῦ πράγματος καταπεφρόνηκεν, μᾶλλον δὲ ὑμῶν καὶ τῶν νόμων.* D. XXX, 8: *τοσοῦτον καὶ ἐμοῦ καὶ ὑμῶν καὶ τῶν κειμένων νόμων κατεφρόνησεν.* (D.) L, 57: *κατεφρόνησεν οὐκ ἐμοῦ μόνον ἀλλὰ καὶ ὑμῶν καὶ τῶν νόμων.* — *ἑτέροις*] auf die Anhänger der gemäfsigten aristokr. Grundsätze unter den Richtern (Einl. § 10) und auf die, die durch Fürsprache oder Zeugnis ihm zu Hilfe kommen wollen. Gegen diese *βοηθοῦντες* im voraus Antipathieen zu erwecken, ist eine gewöhnliche rednerische Praktik. D. XXI, 127: *τοὺς βοηθοῦντας μὴ συνηγόρους μόνον, ἀλλὰ καὶ δοκιμαστὰς τῶν τούτῳ πεπραγμένων ὑπολαμβάνετ' εἶναι.* Vgl.

στευκεν. Ὧν ἀμφοτέρων ἄξιον ἐπιμεληθῆναι ἐνθυμουμένους, 85
ὅτι οὔτ' ἂν ἐκεῖνα ἐδύναντο ποιεῖν μὴ ἑτέρων συμπραττόντων οὔτ' ἂν νῦν ἐπεχείρησαν ἐλθεῖν μὴ ὑπὸ τῶν αὐτῶν οἰόμενοι σωθήσεσθαι, οἳ οὐ τούτοις ἥκουσι βοηθήσοντες, ἀλλ' ἡγούμενοι πολλὴν ἄδειαν σφίσιν ἔσεσθαι τῶν τε πεπραγμένων καὶ τοῦ λοιποῦ ποιεῖν ὅ τι ἂν βούλωνται, εἰ τοὺς μεγίστων κακῶν αἰτίους λαβόντες ἀφήσετε.

Lys. XIV, 20 ff. XXVII, 12 ff. XXX, 31 ff. XXXI, 32. Lyk. 63 ff. 135. 138. Aesch. III, 196 ff. Dein. I, 112 f. Ant. II, β, 13: εἰ ὑπὸ ζῶντος ἐδιωκόμην, αὐτόν τε τοῦτον καὶ τοὺς τούτῳ βοηθοῦντας ἀπέδειξα ἂν ἀδικοῦντας. Wie solche Angriffe auf die Beistände abgewiesen werden, zeigt Hyp. f. Eux. XXV.

§ 85. ὧν — ἐπιμεληθῆναι] 'dies beides (das καταφρονεῖν und das ἑτέροις πιστεύειν) muſs man wohl ins Auge fassen', damit Erat. sich in seiner Zuversicht getäuscht sehe. ἐπιμελεῖσθαι nähert sich dem Begriff des μέλειν. Plat. Staat II, 365[d]: εἰ μὲν μὴ εἰσὶ θεοὶ ἢ μηδὲν αὐτοῖς τῶν ἀνθρωπίνων μέλει, τί καὶ ἡμῖν μελητέον τοῦ λανθάνειν; εἰ δὲ εἰσί τε καὶ ἐπιμελοῦνται κτλ. (And.) IV, 40. Im Folgenden wird nur der zweite Punkt als Gegenstand der Beachtung motiviert. — ἐκεῖνα] 'jenes frühere', den Umsturz der Verfassung und die Gewaltherrschaft. — ἐδύναντο] Über das Tempus zu XIII, 36. — ἐπεχείρησαν ἐλθεῖν] Erat. hätte mit den Dreiſsig nach Eleusis entweichen, ja auch noch die bei Mordklagen den Angeklagten gebotene Möglichkeit, durch freiwilliges Exil sich dem Spruch der Geschworenen zu entziehen, benutzen können. Aber gerade sein Erscheinen vor Gericht wird er als moralischen Beweis für seine Schuldlosigkeit verwertet und sein Verbleiben in der Stadt als Merkmal eines guten Gewissens ausgelegt haben (vgl. And. I, 2. Lyk. 90); denn auf den Beweis ex consecutione, aus dem Benehmen des Angeklagten nach der That (Cornif. ad Her. II, 5, 8), legten die Alten viel Gewicht. Volkmann, Rhet. 319. — ἐπεχείρησαν] = ἐτόλμησαν. (D) XXVI, 4: οὐδείς ἐστιν οὕτως ἀναιδής, ὅστις ἀντιλέγειν ἐπιχειρήσει πλὴν τουτουὶ καὶ τῆς τούτου τόλμης. Lys. fr. I, 2: οἰόμενος τουτονὶ οὐκ ἄν ποτε ἐπιχειρῆσαι οὐδὲ τολμῆσαι ἅπερ οἱ πονηρότατοι καὶ ἀδικώτατοι ἄνθρωποι ἐπιχειροῦσι πράττειν. So auch XIII, 66. Is. XVII, 50. Lyk. 90. Arist. Ekkl. 429. Is. XVIII, 57 (vgl. D. XIX, 199). Aesch. III, 152. D. XVIII, 206. — ἐλθεῖν] 'sich stellen', wie Lyk. 20: πολλοὶ ἐπείσθησαν τῶν μαρτύρων ἢ ἀμνημονεῖν ἢ μὴ ἐλθεῖν παρὰ τὸν δικαστήν. Plat. Gorg. 481[a]. Ant. V, 13: προσκληθέντα μὴ ἐλθεῖν. Unnötig wollte man εἰσελθεῖν korrigieren (zu XIII, 12). — οὐ — βοηθήσοντες] obgleich dies der ostensible Zweck ihres Auftretens ist. — πολλὴν ἄδειαν κτλ.] πολλὴ ἄδεια auch I, 48. XXII, 19. XXX, 23 (vgl. πολλὴ ἐξουσία Is. V, 15. D. XVIII, 138); dafür πᾶσα ἄδεια D. XIX, 149. XXII, 42 und ἡ πᾶσα (ἐξουσία καὶ) ἄδεια D. XXIV, 205. — Über den juristischen Begriff des Subst. ἄδεια zu XIII, 55; metaphorisch steht dasselbe in ähnlichen Wendungen wie hier auch XXX, 34. XXII, 19. XXX, 23. I, 36. 48. XXIX, 13 (vgl. D. XXII, 42. XXIV, 9. 106. [D.] LI, 15. XIII, 17). — Der Genit. τῶν πεπραγμένων hängt nur von ἄδειαν ab, der Infin. ποιεῖν von ἄδειαν ἔσεσθαι = ἐξέσεσθαι nach Kr. 50, 6, 6. In derselben Weise steht der Infin. bei ἄδεια γίγνεται D. XXIV, 106. (D.) LI, 15, δίδοται D. VIII, 64. Hyp. fr. 45. ([D.] VII, 15), ἄδειαν διδόναι Ant. V, 77, ποιεῖν D. XXIV, 9, παρασκευάζειν (D.) XIII, 17, ψηφίζεσθαι Lys. XXII, 19; dagegen τοῦ mit dem Infin. bei ἄδειά ἐστι D. XXII, 42, ἄδειαν δι-

86 Ἀλλὰ καὶ τῶν συνερούντων αὐτοῖς ἄξιον θαυμάζειν, πότερον ὡς καλοὶ κἀγαθοὶ αἰτήσονται, τὴν αὐτῶν ἀρετὴν πλείονος ἀξίαν ἀποφαίνοντες τῆς τούτων πονηρίας· ἐβουλόμην μεντἂν αὐτοὺς οὕτω προθύμους εἶναι σῴζειν τὴν πόλιν, ὥσπερ οὗτοι ἀπολλύναι· ἢ ὡς δεινοὶ λέγειν ἀπολογήσονται καὶ τὰ

δόναι D. XXIV, 31, παρέχειν Apsin. Rhet. I, 388 Sp., λαμβάνειν (D.) LIX, 113 (ἂν ἄδειαν λάβωσι τοῦ ἐξεῖναι), ἄγειν D. XIX, 149. Vgl. Anh.

§ 86. ἀλλὰ καὶ τῶν συνερ. — θαυμάζειν] Man nahm Anstoſs an dem καί, weil die συνεροῦντες ja doch nur eine Klasse der schon charakterisierten βοηθήσοντες sind, und wollte τοῦτο einschieben. Aber § 85 war wesentlich noch gegen Erat. gerichtet, die unlauteren Beweggründe seiner Beistände nur nebenbei berührt; also bezeichnet καί in der That den Übergang zu einem neuen Punkte der Polemik, der Bekämpfung der Beistände des Angeklagten (die von den Rhetoren sogen. συνηγόρων ἐκβολή, Volkmann, Rhet. 220). Ähnlich wie hier, aber mit minder scharfem Gegensatze Lyk. 135: θαυμάζω δὲ καὶ τῶν συνηγορεῖν αὐτῷ μελλόντων. — τῶν συνερούντων] nicht professionsmäſsige, bezahlte Verteidiger (die μισθοῦ συναπολογούμενοι Lyk. 138), sondern einfluſsreiche Freunde (φίλοι συναγορεύοντες Xen. Apol. Socr. 22) und Parteigenossen, die wie jene freilich oft auch συνήγοροι genannt werden. Vgl. über diesen Brauch Hyp. f. Eux. XXV: τί τούτου τῶν ἐν τῇ πόλει βέλτιον ἢ δημοτικώτερόν ἐστιν ἢ ὁπόταν τις ἰδιώτης εἰς ἀγῶνα καὶ κίνδυνον καταστὰς μὴ δύνηται ὑπὲρ ἑαυτοῦ ἀπολογεῖσθαι, τούτῳ τὸν βουλόμενον τῶν πολιτῶν ἐξεῖναι ἀναβάντα βοηθῆσαι; f. Lyk. IX. — πότερον — πονηρίας] Dies Verfahren, zugestandenes Unrecht durch angeblich gröſseres Verdienst aufzuwägen, heiſst bei den Rhetoren ἀντίστασις, compensatio. Der Redner bemerkt dagegen: Die ἀρετή der Fürsprecher kann gegenüber der πονηρία des Angeklagten nicht ins Gewicht fallen; denn ihr Eifer für das Wohl der Stadt kommt dem des Angeklagten für den Ruin derselben nicht gleich. Ähnlich XXX, 33: ἐνθυμεῖσθε ὅτι τῶν αἰτησομένων οὐδεὶς τοσαῦτα ἀγαθὰ πεποίηκε τὴν πόλιν ὅσα οὗτος ἠδίκηκεν. Vgl. auch XIV, 23. Lyk. 140. — καλοὶ κἀγαθοί] mit leisem Spott erinnernd an den anspruchsvollen Parteinamen der Aristokraten (zu § 5), wenn gleich wegen des folgenden ἀρετή die sittliche Bedeutung vorwiegt. Als καλοὶ κἀγαθοί suchten sich die συνήγοροι gern den Richtern darzustellen. (D.) XXV, 78: συγγενεῖς πολλοὶ καὶ καλοὶ κἀγαθοὶ παραστάντες αὐτὸν ἐξαιτήσονται. — αἰτήσονται] 'Fürbitte einlegen werden'. Gebräuchlicher von diesem Losbitten (ἡ τῶν φίλων ἐξαίτησις [D.] LIX, 117, bei den Römern deprecatio) ist allerdings ἐξαιτεῖσθαι, doch das Simplex genügend bezeugt. And. I, 149: ὑμεῖς με παρ' ὑμῶν αὐτῶν αἰτησάμενοι σώσατε. Lys. XIV, 22. XXVII, 13. XXX, 33. — ἢ — ἀποφανοῦσιν] Oder sie werden als redefertige Leute euch nachweisen, die Thaten des Angeklagten seien im Grunde höchst verdienstvoll. Darin liegt eine herbe Anspielung auf das sophistische τὸν ἥττω λόγον κρείττω ποιεῖν, die Verkehrung des Unrechts in das Recht, wie auch δεινὸς λέγειν (nicht aber δυνατὸς λέγειν oder δυνάμενος εἰπεῖν) nicht selten mit Seitenblick auf die Kraft sophistischer Rhetorik gesagt wird (Is. XV, 15 charakterisiert das τοὺς ἥττους λόγους κρείττους δύνασθαι ποιεῖν den δεινός). Die δεινότης ἐν τοῖς λόγοις stellt Isokrates I, 4 ausdrücklich der Charakterbildung als dem höchsten Ziel der Jugendbelehrung entgegen, und Antiphon war nach Thuk. VIII, 68, 1 gerade διὰ δόξαν δεινότητος dem Volke verdächtig; denn μάλιστα συκοφαν-

τούτων ἔργα πολλοῦ ἄξια ἀποφανοῦσιν· ἀλλ' οὐχ ὑπὲρ ὑμῶν
οὐδεὶς αὐτῶν οὐδὲ τὰ δίκαια πώποτ' ἐπεχείρησεν εἰπεῖν.

Ἀλλὰ τοὺς μάρτυρας ἄξιον ἰδεῖν, οἳ τούτοις μαρτυροῦν- 87
τες αὐτῶν κατηγοροῦσι, σφόδρ' ἐπιλήσμονας καὶ εὐήθεις νομίζοντες ὑμᾶς εἶναι, εἰ διὰ μὲν τοῦ ὑμετέρου πλήθους ἀδεῶς
ἡγοῦνται τοὺς τριάκοντα σώσειν, διὰ δ' Ἐρατοσθένην καὶ τοὺς
συνάρχοντας αὐτοῦ δεινὸν ἦν καὶ τῶν τεθνεώτων ἐπ' ἐκφορὰν

τεῖν ἐπιχειροῦσιν οἱ λέγειν δεινοί Is. XXI, 5. Und so steht δεινός und δεινότης oft invidiös als Merkmal des Sophisten und Sykophanten (im Gegensatz zum ἐπιεικής [D.] prooem. 32, 1. 33, 1), wie D. XXIII, 5: λέγειν μὲν ἴσως οὐ δεινοί, βελτίονες δ' ἄνθρωποι τῶν δεινῶν. XVIII, 276: **δεινὸν** καὶ γόητα καὶ σοφιστὴν ὀνομάζων. (D.) XXIX, 32: ἢ ῥήτωρ ἢ σοφιστὴς ἢ γόης οὕτω θαυμάσιος δοκεῖ γενέσθαι καὶ λέγειν δεινός. · Is. XV, 230: ἡ περὶ τοὺς λόγους δεινότης ποιεῖ τοῖς ἀλλοτρίοις ἐπιβουλεύειν (nach der Ansicht des Klägers). Lyk. 31: ἀναβοήσεται ὡς ὑπὸ τῆς τοῦ ῥήτορος καὶ συκοφάντου δεινότητος ἀναρπαζόμενος. — ἀλλ' οὐχ ὑπὲρ ὑμῶν οὐδεὶς αὐτῶν οὐδὲ τὰ δίκαια] Wegen des οὐδέ nach οὐ und οὐδείς vgl. XIV, 18. D. XXI, 61. Hom. Od. ϑ, 280. ι, 525 (de arg. ex contr. S. 360, Anm. 58). Ebenso ne — quidem nach non, nemo, nullus. Cic. ad Quint. fr. II, 5, 2: non praetermittam ne illud quidem. de or. III, 45, 179: nulla species ne excogitari quidem potest ornatior. Liv. III, 6, 7.

§ 87. ἄξιον ἰδεῖν] spöttisch: 'die Zeugen verlohnt sichs zu sehen' Man beachte das dreimal hintereinander (§§ 85, 86 und 87) zur Einführung eines neuen Gedankens gebrauchte ἄξιον (zu XXV, 25 Anh.). — αὐτῶν κατηγοροῦσι] indem sie für eine schlechte Sache eintreten. — ἐπιλήσμονας] Spekulation auf die Vergeſslichkeit der Hörer wird dem Verklagten öfters vorgerückt, wie XXVI, 1. Aesch. III, 221. — εὐήθεις] 'gutmütig', ein ironischer Euphemismus für 'einfältig' (Plat. Alk. II, 140c: οἱ ἐν εὐφημοτάτοις ὀνόμασι βουλόμενοι κατονομάζειν τοὺς ἄφρονας καλοῦσιν εὐήθεις), wie XXVI, 5. Dieses zweideutige Lob der εὐήθεια wird den Athenern von den Rednern nicht selten gespendet (D. XXIV, 52. 186. Dein. I, 104); vgl. (D.) XXV, 12: ἀπὸ τῆς συνήθους εὐηθείας εἰσεληλυθότες καθεδεῖσθε. — Schnelles Vergessen erlittenen Unrechts ist ein Zug des athenischen Volkscharakters (σύνηθες τῇ πόλει μὴ μνησικακεῖν Aristeid. I, 646 Df.), der bald als Tadel (Lys. XXXIV, 2. D. VI, 30. vgl. Sallust Iugurth. 31 a. E.), bald als Lob (D. XVIII, 99. Aristeid. I, 625 Df.) ausgesprochen wird. Für die Zeitbestimmung der Rede ergiebt sich auch aus dieser Stelle die Gewiſsheit, daſs die Amnestie noch nicht promulgiert war; denn die ἐπιλησμοσύνη des Volkes, auf welche als auf eine Schwäche Lys. hier die Zeugen nur erst hoffen läſst, ward ja durch den Schwur μὴ μνησικακήσειν zu einer gepriesenen That des Patriotismus. — εἰ διὰ μὲν — διὰ δέ] Über den Bau der Periode ('wenn sie glauben — während es gefährlich war') de arg. ex contr. 104 f. — διὰ — πλήθους] 'durch das Volk', nachdrücklicher als δι' ὑμῶν die Frechheit der Oligarchen hervorhebend, die durch den Demos (zu § 26) die Rettung ihrer Parteihäupter erzielen wollten. Der Gen. bezeichnet die Richter gehässig als Werkzeug der Oligarchen, wie ähnlich öfter bei Cicero per vos, per vestra suffragia (vestras sententias); vgl. z. B. p. Flacc. 38, 95: nunc a Flacco Lentuli poenae per vos expetuntur. — διὰ Ἐρατοσθένην] durch Schuld des Erat., zu § 58. — δεινὸν ἦν] Aesch. III, 235: οἱ τριάκοντα οὐδ' ἐπὶ τὰς ταφὰς καὶ ἐκφορὰς τῶν

88 ἐλθεῖν. Καίτοι οὗτοι μὲν σωθέντες πάλιν ἂν δύναιντο τὴν πόλιν ἀπολέσαι· ἐκεῖνοι δέ, οὓς οὗτοι ἀπώλεσαν, τελευτήσαντες τὸν βίον πέρας ἔχουσι τῆς παρὰ τῶν ἐχθρῶν τιμωρίας. Οὐκ οὖν δεινὸν εἰ τῶν μὲν ἀδίκως τεθνεώτων οἱ φίλοι συναπώλλυντο, **αὐτοῖς δὲ τοῖς** τὴν πόλιν ἀπολέσασιν — **ἦ που** ἐπ' ἐκφορὰν **πολλοὶ ἥξουσιν**, ὁπότε βοηθεῖν τοσοῦτοι παρασκευά-

τελευτησάντων εἴων τοὺς προσήκοντας παραγενέσθαι, offenbar, um Aufregung zu verhüten (§ 18). Damit aber verstieſsen sie gegen das so hoch gehaltene Trauerceremoniell; vgl. zu § 21. 96. XIII, 45. — ἐπ' ἐκφορὰν ἐλθεῖν] mit Genitiv wie Lyk. 45; dagegen § 88 absolut: ἐπ' ἐκφορὰν ἥξουσιν (vgl. Arist. Plut. 1008). ἐπ' ἐκφοράν τινι ἀκολουθεῖν Lys. I, 8 (vgl. πρὸς τὸ μνῆμα ἀκολουθεῖν [D.] XLIII, 63 und πρὸς τὸν τάφον ἀκ. [D.] LX, 13). Der Artikel bei Aesch. a. a. O. in ἐπὶ τὰς ἐκφοράς τινων παραγενέσθαι.

§ 88. καίτοι — τιμωρίας] Über καίτοι 'und doch' vgl. de arg. ex contr. 272 (Anm. 4); ebenso § 89 καὶ μὲν δή. Gedanke: Und doch könnten die Dreiſsig, wenn sie davon kämen, den Staat nochmals ins Verderben stürzen, während die von ihnen Hingerichteten mit dem Leben zugleich auch die Aussicht auf Rache an ihren Feinden verloren haben. Durch καίτοι wird das erste Glied in Beziehung gesetzt zu den (den Hauptgedanken enthaltenden) Worten des vorigen Paragr.: διὰ μὲν τοῦ ὑ. πλ. — σώσειν. Diesem Gliede stellt Lys. ein zweites gegenüber, ohne jedoch in demselben Rücksicht auf das zu nehmen, was auf jene Worte folgt (διὰ δ' Ἐρατ. κτλ.). Hätte er dies thun wollen, so würde er mindestens πέρας εἶχον oder ἔσχον gesagt, überhaupt wohl den ganzen Gedanken anders gewendet haben, etwa in der Weise: 'die von diesen Hingerichteten konnten die ihnen durch den Tod genommene Möglichkeit, sich an ihren Feinden zu rächen, mittels der ihnen von ihren Freunden erwiesenen letzten Ehre nicht wieder erlangen'. — πέρας ἔχουσι τῆς παρὰ τῶν ἐχθρῶν τιμωρίας] = οὐκέτι δύνανται τιμωρίαν παρὰ τῶν ἐχθρῶν λαμβάνειν. Die Redensart πέρας ἔχειν τινός heiſst gewöhnlich 'den höchsten Grad von etwas erreicht haben'. Hier kann sie, wie die im ersten Gliede gebrauchte Wendung πάλιν ἂν δύναιντο τὴν πόλιν ἀπολέσαι und die unmittelbar vorausgehenden Worte τελευτήσαντες τὸν βίον zeigen, nur in dem Sinne von πρὸς τέλος ἀφῖχθαι genommen werden. Schwierigkeit macht freilich das παρά in τῆς παρὰ τῶν ἐχθρῶν τιμωρίας, wofür man den bloſsen Genitiv oder κατά erwartet; zugleich vermiſst man hinter ἔχουσι ungern ein καί (vgl. Anh.). — συναπώλλυντο] 'Gefahr liefen mit umzukommen', dem δεινὸν ἦν § 87 entsprechend. Vgl. XXX, 14. XIII, 61 (ἀπολλύμενος als Ptcp. Imperf.). Ant. V, 37. Thuk. III, 57, 3 (wo Classen). Eur. Herc. fur. 537. Ebenso peribant Cic. in Verr. II, 5, 44, 116. — ἦ που — παρασκευάζονται] bitter: 'sicherlich wohl werden zur Bestattung viele erscheinen, da ja zur Verteidigung (die doch viel gewagter ist als das Grabgeleite) so viele sich rüsten'. Über παρασκευάζονται zu XIII, 77. Das contrarium ist von vorn herein so angelegt, als sollte dem ersten Gliede das zweite in folgender Weise gegenübergestellt werden: αὐτοῖς δὲ — ἀπολέσασι βοηθεῖν τοσοῦτοι παρασκευάζονται; Mittels eines ἀπροσδόκητον aber wird in das letztere ein neuer Gedanke hineingezogen, durch den nun auch dieser Teil eine enthymematische Form erhält (vgl. de arg. ex contr. S. 367 und 395). Sehr passend führt Lysias das zweite (hypotaktische) Enthymem durch das sarkastische ἦ που ein, mit dem er zugleich, die Rektion des δεινὸν εἰ verlassend, zu einem

ζονται. Καὶ μὲν δὴ πολλῷ ῥᾷον ἡγοῦμαι εἶναι ὑπὲρ ὧν ὑμεῖς 89
ἐπάσχετ' ἀντειπεῖν, ἢ ὑπὲρ ὧν οὗτοι πεποιήκασιν ἀπολογήσασθαι. Καίτοι λέγουσιν ὡς Ἐρατοσθένει ἐλάχιστα τῶν τριάκοντα κακὰ εἴργασται, καὶ διὰ τοῦτ' αὐτὸν ἀξιοῦσι σωθῆναι·
ὅτι δὲ τῶν ἄλλων Ἑλλήνων πλεῖστ' εἰς ὑμᾶς ἐξημάρτηκεν,
οὐκ οἴονται χρῆναι αὐτὸν ἀπολέσθαι; Ὑμεῖς δὲ δείξετε, ἥν 90
τινα γνώμην ἔχετε περὶ τῶν πραγμάτων. Εἰ μὲν γὰρ τούτου
καταψηφιεῖσθε, δῆλοι ἔσεσθ' ὡς ὀργιζόμενοι τοῖς πεπραγμένοις·
εἰ δ' ἀποψηφιεῖσθε, ὀφθήσεσθε τῶν αὐτῶν ἔργων ἐπιθυμηταὶ

selbständigen Satze übergeht. Wegen πολλοί und τοσοῦτοι kann man vergleichen das ebenfalls mit ἦ που beginnende Enthymem Xen. Kyr. VIII, 4, 31: ἦ που αὐτός γε πολλὰ ἔχει, ὅπου γε καὶ ἡμῶν ἑκάστῳ τοσαῦτα δέδωκεν.

§ 89. καὶ μὲν δὴ — ἀπολογήσασθαι] Der Gedanke lehnt sich an βοηθεῖν an: Und doch war es gewiſs viel leichter, für euch einzutreten (ἀντειπεῖν sc. τοῖς τριάκοντα) — denn man brauchte nur einfach das Recht und die Wahrheit zu sagen — als dem Thun der Dreiſsig das Wort zu reden — denn dazu bedarf es sophistischer Rabulistik. Mit βοηθεῖν hat der Redner die Klassifikation der Beistände in συνεροῦντες und μάρτυρες wieder fallen gelassen. — καίτοι λέγουσιν] Indessen suchen die Verteidiger, da sie die Qualität der Thaten des Erat. doch nicht zu beschönigen vermögen, wenigstens der Quantität ein Verteidigungsmoment zu entnehmen. Diese Thatsache, daſs Erat. unter den Dreiſsig am wenigsten Unheil gestiftet, kann Lys. nicht bestreiten; er hilft sich durch die rhetorische Ausbeutung derselben in dem Gedanken: Aber von allen übrigen Hellenen (mit Ausschluſs der Dreiſsig) hat er am meisten gegen uns gefrevelt, also als Bürger mehr als selbst die erbittertsten Landesfeinde, eine starke Übertreibung (αὔξησις). — Ähnlich wie hier dient καίτοι zur Einführung eines Einwandes Is. Br. I, 4. D. XX, 145 (καίτοι ἀκούω). Lys. XXVI, 16 (καίτοι γε ἀκούω). Aesch. III, 189 (καίτοι πυνθάνομαί γε). Die als unwillige Frage zu fassende Entgegnung verschmilzt mit dem Einwurf zu einer Art contrarium; vgl. Aesch. III, 225 ff. — Über die Form des Gegensatzes ἀξιοῦσι — οὐκ οἴονται χρῆναι zu § 26.

§ 90. Nach der Zurückweisung der Beistände wendet sich Lys. an die Richter der städtischen Fraktion (denn nur auf diese passen die Ermahnungen und Drohungen in § 90 f.) mit der Aufforderung, die Lauterkeit ihrer Gesinnung durch ein verurteilendes Votum zu bekunden. — περὶ τῶν πραγμάτων] 'über das Vorgefallene', nachher τοῖς πεπραγμένοις. — δῆλοι ἔσεσθε ὡς] 'ihr werdet euch zeigen wie Männer, welche', eine seltene, jedoch genügend bezeugte Konstruktion. Xen. Anab. I, 5, 9: δῆλος ἦν Κῦρος ὡς σπεύδων πᾶσαν τὴν ὁδόν. Soph. Aj. 326: δῆλός ἐστιν ὥς τι δρασείων κακόν. Ant. 242: δηλοῖς ὥς τι σημανῶν νέον. O. K. 630: ὡς τελῶν ἐφαίνετο. Plat. Phaedr. 235[a]: ἐπιδεικνύμενος ὡς οἷός τ' ὤν. Vgl. oben § 33: νῦν δὲ σοῦ τὰ ἔργα φανερὰ γεγένηται οὐχ ὡς ἀνιωμένου ἀλλ' ὡς ἡδομένου τοῖς γιγνομένοις. — εἰ δὲ ἀποψηφιεῖσθε] Die Drohung ähnlich XXVIII, 17: ἐὰν τούτους σώσητε, ἡγήσονται καὶ ὑμᾶς ὁμογνώμονας γεγονέναι τοῖς αὐτοὺς προδεδωκόσιν. Vgl. Aesch. III, 254: δόξετε, ἐὰν τοῦτον στεφανώσητε, ὁμογνώμονες εἶναι τοῖς παραβαίνουσι τὴν κοινὴν εἰρήνην. D. XXI, 218. Lys. XIII, 93 f. — ὀφθήσεσθε — ὄντες] 'werdet erkannt werden als', stärker als φανήσεσθε. Vgl. (D.) XXV, 6: ὀφθήσεσθε ἐπὶ τοῖς ἀδικήμασιν

τούτοις ὄντες, καὶ οὐχ ἕξετε λέγειν ὅτι τὰ ὑπὸ τῶν τριάκοντα
91 προσταχθέντ' ἐποιεῖτε· νυνὶ μὲν γὰρ οὐδεὶς ὑμᾶς ἀναγκάζει παρὰ τὴν ὑμετέραν γνώμην ἀποψηφίζεσθαι. Ὥστε συμβουλεύω μὴ τούτων ἀποψηφισαμένους ὑμῶν αὐτῶν καταψηφίσασθαι. Μηδ' οἴεσθε κρύβδην εἶναι τὴν ψῆφον· φανερὰν γὰρ τῇ πόλει τὴν ὑμετέραν γνώμην ποιήσετε.

92 Βούλομαι δ' ὀλίγα ἑκατέρους ἀναμνήσας καταβαίνειν, τούς

ὀργιζόμενοι καὶ τιμωρούμενοι (mehr Anh.). — οὐχ ἕξετε λέγειν] 'ihr werdet hinterdrein nicht sagen können, daſs ihr (bei der Freisprechung des Erat.) — vollzoget', pikante Anspielung auf eine damals gewiſs oft gehörte (zu § 29), auch von Erat. vorgebrachte (§ 25) Entschuldigung.

§ 91. ἀποψηφίζεσθαι] Man wollte das Simplex. Aber ἀποψ. paſst zu dem etwas malitiösen Tone der Stelle: Jetzt zwingt euch niemand, wider eure Überzeugung frei zu sprechen, wie ihr früher oft angeblich gezwungen wurdet (als Mitglieder der Bule etwa; zu XIII, 35) zu verurteilen. — μηδ' — ποιήσετε] Die geheime Abstimmung (ψῆφος ἀφανής Aesch. III, 233 vulg.), in Rom eingeführt 137 v. Chr. durch die lex tabellaria des Volkstribunen L. Cassius Longinus, bestand in Athen seit alter Zeit und galt für eine wichtige Garantie demokratischer Freiheit. Daher ward dieselbe überall, wo die Oligarchie zur Herrschaft gelangte, in die offene Abstimmung (ψῆφος φανερά [D.] XLIII, 82) verwandelt; so zu Athen während der Herrschaft der Dreiſsig (Lys. XIII, 37. Xen. Hell. II, 4, 9), zu Megara im J. 424 (Thuk. IV, 74, 3). Die Redner der Demokratie suchen Misbrauch der ψῆφος ἀφανής dadurch zu verhüten, daſs sie die Richter auf die Allwissenheit der Götter verweisen. Vgl. (Lys.) VI, 53: ποῖον δικαστὴν χρὴ τούτῳ χαρισάμενον κρύβδην φανερῶς τοῖς θεοῖς ἀπέχθεσθαι; D. XIX, 239: οὐ γὰρ εἰ κρύβδην ἐστὶν ἡ ψῆφος, λήσει τοὺς θεούς, ἀλλὰ τοῦτο καὶ πάντων ἄρισθ' ὁ τιθεὶς τὸν νόμον εἶδε τὸ κρύβδην ψηφίζεσθαι, ὅτι τούτων μὲν οὐδεὶς εἴσεται τὸν ἑαυτῷ κεχαρισμένον ὑμῶν, οἱ θεοὶ δ' εἴσονται καὶ τὸ δαιμόνιον τὸν μὴ τὰ δίκαια ψηφισάμενον. Lyk. 146: εὖ δὲ ἴστε ὅτι κρύβδην ψηφιζόμενος ἕκαστος ὑμῶν φανερὰν ποιήσει τὴν αὑτοῦ διάνοιαν τοῖς θεοῖς. An unserer Stelle wird statt der Götter die Bürgerschaft genannt, weil Lysias als selbstverständlich voraussetzt, freisprechende Vota würden nur von den Richtern aus der Zahl derer ἐξ ἄστεος abgegeben werden, so daſs das suffragium occultum wohl das Individuum, nicht aber die Partei decke. — μηδ' οἴεσθε κρύβδην εἶναι τὴν ψῆφον] kann, wenn es richtig ist, nur erklärt werden: 'haltet den Gedanken von euch fern (= laſst euch nicht durch die Meinung beirren), die Abstimmung gehe im Geheimen vor sich' (wegen κρύβδην εἶναι vgl. Dem. a. a. O. und Kr. 62, 2, 3). Aber wie in der ähnlichen (auffälliger Weise von keinem Herausgeber verglichenen) Stelle § 62, so ist auch hier eine solche Unbestimmtheit des Ausdrucks dem Redner schwerlich zuzutrauen. Dazu kommt, daſs εἶναι nur im Laurentianus steht, und zwar hinter τὴν ψῆφον. Einen klaren Gedanken erhält man nur dann, wenn man die Lücke des Archetypus so ergänzt: μηδ' οἴεσθε λήσειν ὅτι (oder εἰ) οἴσετε κρύβδην τὴν ψῆφον. — γνώμην] nicht 'Urteil', sondern 'Gesinnung' (διάνοιαν).

§ 92. Im Epilog läſst der Redner den drohenden Ton fallen und appelliert zunächst an das Ehr- und Schamgefühl der städtischen Fraktion, indem er ihr das entwürdigende Verhalten der Dreiſsig gegen sie zu Gemüte führt. — Über die

τ' ἐξ ἄστεος καὶ τοὺς ἐκ Πειραιῶς, ἵνα τὰς ὑμῖν **διὰ τούτων** γεγενημένας συμφορὰς παραδείγματ' ἔχοντες τὴν ψῆφον **φέρητε.** **Καὶ** πρῶτον μὲν ὅσοι ἐξ ἄστεός ἐστε, σκέψασθ' ὅτι ὑπὸ τούτων οὕτω σφόδρα ἤρχεσθε, **ὥστ'** ἀδελφοῖς καὶ υἱέσι καὶ πολίταις ἠναγκάζεσθε πολεμεῖν τοιοῦτον πόλεμον, ἐν ᾧ **ἡττηθέντες** μὲν τοῖς νικήσασι τὸ ἴσον ἔχετε, νικήσαντες **δ' ἂν τούτοις**

Form des Übergangs s. Anh. — **καταβαίνειν**] ἀπὸ τοῦ βήματος D. XIX, 113. — **παραδείγματα**] 'warnende Exempel', τῶν μελλόντων ἔσεσθαι XXII, 20, nach dem Grundsatze XXV, 23: χρὴ τοῖς πρότερον γεγενημένοις παραδείγμασι χρωμένους βουλεύεσθαι περὶ τῶν μελλόντων ἔσεσθαι, ein sehr beliebter Gemeinplatz (Is. IV, 141. VI, 59. And. III, 2), den auch Isokrates in der Paränese an Demonikos § 34 einschärft: βουλευόμενος παραδείγματα ποιοῦ τὰ παρεληλυθότα τῶν μελλόντων. Wie hier παραδείγματα, so μνημεῖα XXXIV, 1: ἐνομίζομεν τὰς γεγενημένας συμφορὰς ἱκανὰ μνημεῖα τῇ πόλει καταλελεῖφθαι. — **καὶ πρῶτον μὲν — σκέψασθε**] wie XXII, 5: καὶ **πρῶτον μὲν** ἀνάβητε. Vgl. XIX, 12. (IX), 2: **πρῶτον** μὲν οὖν — διδάξω ὑμᾶς. (II), 3: **πρ. μὲν οὖν** δίειμι. XVIII, 1: πρ. **μὲν οὖν** — ἀναμνήσθητε. XXV, 8: π. μὲν οὖν ἐνθυμηθῆναι χρή. (VIII), 3: πρ. μὲν οὖν, ἵνα μή τις —, εἰπάτω οὖν, τίς κτλ. (Westermann mit Cobet εἴπατε οὖν; ich halte οὖν für ein verstümmeltes ὁ βουλόμενος). I, 28: πρ. μὲν οὖν ἀνάγνωθι τὸν νόμον. XXXII, 18: πρ. **μὲν** οὖν τούτων ἀνάβητέ μοι μάρτυρες. I, 9: πρ. μὲν οὖν — οἰκίδιόν ἐστί μοι διπλοῦν. XIII, 7: πρ. μὲν οὖν Κλ. ἐπέθεντο **ἐκ** τρόπου **τοιούτου.** XVI, 3: πρῶτον δ' **ἀποδείξω ὡς.** XVI, 13: (πρὸς τοίνυν τὰς στρατείας — σκέψασθ' οἷον ἐμαυτὸν παρέχω τῇ πόλει.) πρῶτον μὲν γάρ, ὅτε — ἐγὼ προσελθὼν ἔφην τῷ Ὀ. κτλ. XIX, 19: πρ. μὲν γὰρ — ᾤχετο. XIII, 50. (XX), 23: πρ. μὲν γὰρ — ἀπελείφθη. (VIII), 8 (mehr im Anh.). — **ἐξ ἄστεος**] nicht τῶν ἐξ ἄστεος (nachher ebenso ἐκ Πειραιῶς), weil Lys. in den Richtern die Parteien anredet. — **οὕτω σφόδρα ἤρχεσθε**] σφόδρα 'gewaltsam', wie Arist. Vög. 508: ἦρχον οὕτω σφόδρα τὴν ἀρχήν. Aber auch in ἤρχεσθε liegt die Hindeutung auf Gewaltregiment (daher § 94 Gegensatz πολιτεύεσθε); denn der freie Bürger sieht keine andere Herrschaft für sittlich berechtigt an, als die des Gesetzes (νόμος πάντων βασιλεύς Pindar bei Herod. III, 38 und Plat. Gorg. 484[b]. ὁ νόμος τύραννος τῶν ἀνθρώπων Hippias bei Plat. Prot. 337[d]), dem allein gegenüber **er** sich **als** δοῦλος fühlt (Plat. Krit. 50[e]. Gesetze III, 698[c]. VI, 762[e]. Cic. p. Cluent. **53, 146**); um so herber nachher τούτοις **ἐδουλεύετε.** Bei einzelnen **aber oder** einer **Partei** ist ἄρχειν **über die** Mitbürger aufserhalb **der** gesetzlichen Kompetenz der Magistratur sittlich verwerflich. **Is.** VIII, 69: οὐ δίκαιόν **ἐστι τοὺς** κρείττους τῶν ἡττόνων ἄρχειν, **im** Gegensatz zu dem **von** Kallikles **bei** Plat. Gorg. 483[d] aufgestellten sophistischen Satze: οὕτω τὸ **δίκαιον** κέκριται, τὸν **κρείττω** τοῦ ἥττονος ἄρχειν καὶ **πλέον** ἔχειν. Den Dreifsig wird es oft zum Vorwurf gemacht, dafs sie, den Landesfeinden knechtisch unterthan, den Bürgern gegenüber die Herren spielten. Is. VII, 69: ἠξίουν τῶν μὲν πολιτῶν ἄρχειν, τοῖς δὲ πολεμίοις δουλεύειν. XVI, **42.** XX, 10. Lys. XIV, **34. Memmius bei** Sall. Iug. 31, **23: dominari illi volunt** (die pauci), **vos liberi** esse. — **ἐν ᾧ ἡττηθέντες κτλ.**] Die vortreffliche Zeichnung **der Folgen** des unnatürlichen Bruderkriegs wird unterstützt **durch** die **an** das Oxymoron anklingenden Gegensätze: ἡττηθέντες — τὸ ἴσον ἔχετε (ähnlich Is. VII, 67) und νικήσαντες — ἐδουλεύετε (Is. IV, 124 von den **gegen** die Hellenen kämpfenden Ioniern: κατορθώσαντες μᾶλλον δουλεύσουσιν). — **τὸ ἴσον ἔχετε**] zu § 35.

93 ἐδουλεύετε. Καὶ τοὺς ἰδίους οἴκους οὗτοι μὲν ἐκ τῶν πραγμάτων μεγάλους ἐκτήσαντο, ὑμεῖς δὲ διὰ τὸν πρὸς ἀλλήλους πόλεμον ἐλάττους ἔχετε· συνωφελεῖσθαι μὲν γὰρ ὑμᾶς οὐκ ἠξίουν, συνδιαβάλλεσθαι δ' ἠνάγκαζον, εἰς τοσοῦτον ὑπεροψίας ἐλθόντες, ὥστ' οὐ τῶν ἀγαθῶν κοινούμενοι πιστοὺς ὑμᾶς ἐκτῶντο, ἀλλὰ τῶν ὀνειδῶν μεταδιδόντες εὔνους ᾤοντο εἶναι.

§ 93. τοὺς — ἐκτήσαντο] Die schamlose Habsucht der Dreifsig, welche durch §§ 6. 8. 11. 19. 99 illustriert wird, wird vielfach bestätigt. Is. XXI, 12: ἐφ' οἷς ἦν ἡ πόλις, τοὺς ἔχοντας ἀφῃροῦντο καὶ ἡγοῦντο τοὺς πλουτοῦντας ἐχθρούς. Diodor XIV, 5, 5: οἱ τριάκοντα τοὺς πλουσίους ἐπιλεγόμενοι τούτοις ψευδεῖς αἰτίας ἐπερρίπτουν καὶ φονεύοντες τὰς οὐσίας διήρπαζον. Xen. Hell. II, 3, 21 f. Freilich war das Bestreben, sich durch Staatsgut zu mästen, allezeit die schwache Seite athenischer Staatsmänner (zu XXV, 19). — οἴκους] Der Ausdruck wie XXVIII, 13: τοὺς ἰδίους οἴκους ἐκ τῶν ὑμετέρων μεγάλους ποιοῦσιν. Über den Begriff οἶκος Xen. Oik. 1, 5: οἶκος τί δοκεῖ ἡμῖν εἶναι; ἆρα ὅπερ οἰκία ἢ καὶ ὅσα τις ἔξω τῆς οἰκίας κέκτηται, πάντα τοῦ οἴκου ταῦτά ἐστιν; und 6, 4: οἶκος ἡμῖν ἐφαίνετο ὅπερ κτῆσις ἡ σύμπασα (οἶκος λέγεται ἡ πᾶσα οὐσία Ammonios). So noch XXVIII, 3: **τῶν οἴκων τῶν** ὑμετέρων μεγάλων **ὄντων**. D. XXVII, 61: τὸν οἶκον μείζω ποιῆσαι **ἐκ** τῶν προσόδων, und fast regelmäfsig οἶκος = οὐσία in Verbindungen wie Lys. XIX, 47: οἶκος ἑκατὸν ταλάντων, XXVI, 22: οἶκος ὀγδοηκοντατάλαντος, Isae. VII, 42: οἶκος πεντετάλαντος u. ö. — ἐκ τῶν πραγμάτων 'infolge der (durch sie verschuldeten) Verhältnisse', deutlicher XXV, 16: ἐκ **τῶν** ὑμετέρων συμφορῶν; vgl. XXXI, **17**: κερδαίνεσθαι ἀπὸ τῶν ὑμετέρων **συμφορῶν**. Der Vorwurf ähnlich **Is. VIII, 124: διὰ** τὸν πόλεμον καὶ τὰς ταραχάς, ἃς οὗτοι πεποιήκασι, τῶν μὲν **ἄλλων** πολιτῶν πολλοὶ ἐκ τῶν πατρῴων ἐκπεπτώκασιν, οὗτοι δ' ἐκ πενήτων πλούσιοι γεγένηνται. Lys. XXVII, 9 (vgl. zu XXV, 25), während es doch Sache des guten Bürgers ist, κοινωνεῖν τῶν τῆς πόλεως συμφορῶν (Is. XVI, 37. 39), nicht dabei im Trüben zu fischen (zu XIII, 16). — συνωφελεῖσθαι — οὐκ ἠξίουν] die Antithese ignoriert die Wahrheit; denn viele bereicherten sich unter dem Schutze der Dreifsig. Lys. XXV, 16. Is. XXI, 12 f. — ἠνάγκαζον] zu § 30. — Zum Gedanken vgl. die Worte des syrakusan. Demagogen Athenagoras bei Thukyd. VI, 39, 2: **ὀλιγαρχία** τῶν μὲν **κινδύνων** τοῖς πολλοῖς μεταδίδωσι, **τῶν δ'** ὠφελίμων οὐ πλεονεκτεῖ **μόνον**, ἀλλὰ καὶ ξύμπαν ἀφελομένη **ἔχει, und** Catilina bei Sallust 20, 8: **omnis** gratia, potentia, honos, divitiae apud paucos sunt, nobis reliquere pericula — egestatem. — **κοινούμενοι**] sc. ὑμῖν nicht 'Anteil gebend' (das wäre κοινωνοῦντες), sondern 'gemeinsam (mit euch) besitzend', wie Eur. Andr. 933: δούλῃ σοι λέχους κοινοῦται, mit zu ergänzendem Da**tiv** der Person Phoen. 1709: προθυμεῖ τῇσδε κοινοῦσθαι φυγῆς (τῷ πατρί). Kr. Dial. 47, 15, 3. — πιστοὺς ὑμᾶς ἐκτῶντο] 'suchten eurer Treue sich zu versichern'; **vgl.** zu § 88. Das beiden Gliedern gemeinsame ὑμᾶς **(zur** Stellung vgl. das ὑμᾶς des vorausgehenden Satzes: συνωφελεῖσθαι μὲν γὰρ ὑμᾶς κτλ. und de arg. **ex** contr. S. 337, **b)** bildet zu ἐκτῶντο das Objekt, zu εὔνους εἶναι das Subjekt. Dies kann zwar an sich nicht befremden; denn Ähnliches kommt auch sonst vor (de arg. ex contr. 20 f. 373). Da aber die Überlieferung aufserdem noch dazu nötigt, das Ptcp. μεταδιδόντες auf das in ᾤοντο enthaltene Subjekt zu beziehen, während es doch sinngemäfser als Objekt (μεταδιδοῦσιν αὐτοῖς) auf εὔνους εἶναι bezogen wäre, so

'Ανθ' ὧν ὑμεῖς νῦν ἐν τῷ θαρραλέῳ ὄντες, καθ' ὅσον δύνασθε, 94
καὶ ὑπὲρ ὑμῶν αὐτῶν καὶ ὑπὲρ τῶν ἐκ Πειραιῶς τιμωρήσασθε,
ἐνθυμηθέντες μὲν ὅτι ὑπὸ τούτων πονηροτάτων ὄντων ἤρχεσθε, ἐνθυμηθέντες δ' ὅτι μετ' ἀνδρῶν νῦν ἀρίστων πολιτεύεσθε καὶ τοῖς πολεμίοις μάχεσθε καὶ περὶ τῆς πόλεως βουλεύεσθε, ἀναμνησθέντες δὲ τῶν ἐπικούρων, οὓς οὗτοι φύλακας τῆς σφετέρας ἀρχῆς καὶ τῆς ὑμετέρας δουλείας εἰς τὴν ἀκρόπολιν κατέστησαν. Καὶ πρὸς ὑμᾶς μὲν ἔτι πολλῶν ὄντων 95
εἰπεῖν τοσαῦτα λέγω. Ὅσοι δ' ἐκ Πειραιῶς ἐστε, πρῶτον μὲν

liegt die Vermutung nahe, dafs εἶναι in ἔχειν (oder ἕξειν) zu verwandeln sei; zugleich würde durch diese Änderung auch die Symmetrie (ἐκτῶντο — ἔχειν wie oben ἐκτήσαντο — ἔχετε) gewinnen. Doch lassen sich zum Schutze der hdschr. Lesart einige verwandte Stellen aus dem Latein. anführen. Caes. b. G. V, 39, 4: hanc adepti victoriam in perpetuum se fore victores confidebant. Liv. IX, 43, 11. II, 45, 15 (wo Müller). Sall. Iug. 76, 6: quas victi ab hostibus poenas metuerant, eas ipsi volentes pependere.

§ 94. νῦν] nach Wiederherstellung von Gesetz und Recht. — ἐν τῷ θαρραλέῳ] Gewählter Ausdruck für das gewöhnliche ἐν τῷ ἀσφαλεῖ (Thuk. I, 137, 4. Xen. Hell. II, 3, 28 u. ö.). Ebenso XXI, 25: ἀξιῶ ὑμᾶς νυνὶ ἐν τῷ θαρραλέῳ ὄντας ἐμὲ περὶ πολλοῦ ποιήσασθαι. Thuk. II, 51, 6. — καθ' ὅσον δύνασθε] soweit die Dreifsig in eurer Gewalt sind. — ἐνθυμηθέντες μέν — ἐνθυμηθέντες δέ — ἀναμνησθέντες δέ] Derselbe Wechsel an dritter Stelle Xen. Hell. VI, 4, 15: ὁρῶντες μέν — ὁρῶντες δέ — αἰσθανόμενοι δέ. D. XXI, 114 f.: εἴασε μέν — εἴασε δέ — περιεῖδε δέ. Lys. XIII, 44: ἴστε μέν — ἴστε δέ — μέμνησθε δὲ καί. — νῦν] Über das Hyperbaton, durch das auf ἀρίστων ein schärferer Accent fällt, s. Anh. — τοῖς πολεμίοις] vor Eleusis; Gegensatz § 92: ἀδελφοῖς καὶ υἱέσι καὶ πολίταις. — τῶν ἐπικούρων] 700 Lakedämonier unter dem Harmosten Kallibios, der sich zu allen Gewaltthaten hergab (Xen. Hell. II, 3, 14. Diodor XIV, 4. Iustin. V, 8. Plut. Lys. 15). Die Fraktion des Theramenes hatte sich dieser Mafsregel vergebens widersetzt (Xen. a. a. O. § 42). Den Athenern mufsten die fremden Waffen auf der Burg ein Greuel sein (vgl. Is. VIII, 92) nicht nur wegen der militärischen Bedeutung derselben, sondern auch weil sie der Mittelpunkt der sakralen Handlungen, die Grabstätte der Landesheroen, der Sitz der Schutzgottheit und die Trägerin der heiligen Palladien des Landes und der Monumente aus Athens glänzendster Periode war. Daher fehlt denn diese Anklage auch anderwärts nicht im Sündenregister der Dreifsig. XIII, 46. Aesch. II, 77. Is. VII, 67. XV, 319.

§ 95. πολλῶν ὄντων εἰπεῖν] wörtlich 'obwohl vieles vorhanden ist zum Sagen'; ebenso schreibt Benseler Is. XI, 44 und XIV, 63 nach dem Urbinas (in der edit. Teubn.) mit Recht: πολλῶν δ' ὄντων εἰπεῖν (an der zweiten Stelle im Ambros. δὲ ὄντων); Blass an beiden Stellen ἐνόντων (was auch Benseler in der 1854 bei Engelmann erschienenen Ausgabe des Plataikos vorzieht). Im verb. fin. lautet die Wendung: πολλὰ (μυρία) ἂν εἴη λέγειν (zu XXXII, 11 und de praeterit. 38). Sonst erscheint εἶναι mit dem Infin. des Zweckes in der Prosa nur selten (Xen. Anab. II, 1, 6. Plat. Phaedr. 229b), sehr häufig dagegen bei Homer (La Roche zu Il. ν, 312. Ameis-Hentze zu Od. α, 261. Kr. Dial. 55, 3, 22). Mehr im Anh. — τοσαῦτα λέγω] zu § 47. — ὅσοι δ' ἐκ Πειρ. ἐστε]

τῶν ὅπλων ἀναμνήσθητε, ὅτι πολλὰς μάχας ἐν τῇ ἀλλοτρίᾳ μαχεσάμενοι οὐχ ὑπὸ τῶν πολεμίων ἀλλ' ὑπὸ τούτων εἰρήνης οὔσης ἀφῃρέθητε τὰ ὅπλα, ἔπειθ' ὅτι ἐξεκηρύχθητε μὲν ἐκ τῆς πόλεως, ἣν ὑμῖν οἱ πατέρες παρέδοσαν, φεύγοντας δ'
96 ὑμᾶς ἐκ τῶν πόλεων ἐξῃτοῦντο. Ἀνθ' ὧν ὀργίσθητε μὲν ὥσπερ ὅτ' ἐφεύγετε, ἀναμνήσθητε δὲ καὶ τῶν ἄλλων κακῶν ἃ πεπόνθατε ὑπ' αὐτῶν, οἳ τοὺς μὲν ἐκ τῆς ἀγορᾶς τοὺς δ'

Die Erinnerung an die anfangs unter der Herrschaft der Dreifsig, darauf im Exil und im Kampfe ausgestandenen Leiden und Gefahren ist wohl berechnet auf die Wirkung des Rachegefühls in den Herzen der Demokraten; denn τραχύς γε δῆμος ἐκφυγὼν κακά Aeschyl. Sieb. 1044. — ἀφῃρέθητε τὰ ὅπλα] zu § 40. Nach der Prolepsis τῶν ὅπλων ἀναμν. (Kr. 61, 6, 7) wäre die Wiederholung des Objekts τὰ ὅπλα unnötig, läfst sich aber wohl rechtfertigen teils durch die Länge des Nebensatzes teils durch die Neigung der Alten, gröfsere und kleinere Gedankenkomplexe dadurch abzurunden, dafs sie dieselben mit den nämlichen Worten einleiten und schliefsen. Die Rhetorik bezeichnet derartige Wiederholungen mit dem Namen κύκλος. Hermog. de inv. II, 252. Anonym. de fig. III, 116 Sp. (Anh.). — ἐξεκηρύχθητε ἐκ τῆς πόλεως] Genauer XXV, 22 und XXXI, 8: ἐκ τοῦ ἄστεος; denn nach dem Tode des Theramenes verwiesen die Dreifsig den Demos mit Ausnahme der τρισχίλιοι (zu XXV, 16) in den Peiräeus und auf das Land (Xen. Hell. II, 4, 1. Is. VII, 67), von wo dann die Demokraten, das Schlimmste fürchtend, nach den Nachbarlandschaften flohen (Lys. XIII, 47. Justin. V, 9). Zu dieser radikalen Mafsregel hatten früher Periandros von Korinth (Diog. Laert. I, 98. Herakleid. Pont. c. 5) und andere Tyrannen das Beispiel gegeben. Die Gesamtzahl der Flüchtlinge giebt Isokrates a. a. O. auf 5000 an, nach Diodor XIV, 5 mehr als die Hälfte der Bürgerschaft. — Über ἐκκηρύττειν zu § 35. — φεύγοντας — ἐξῃτοῦντο] 'forderten, man solle euch an sie ausliefern'; denn im Edikt stand, die Exulanten sollten ἀγώγιμοι τοῖς τριάκοντα εἶναι Diodor XIV, 6. Gewöhnlicher ist das Aktiv von der Auslieferungsforderung, doch wie hier (Lys.) II, 12: ἐξαιτουμένου αὐτοὺς Εὐρυσθέως Ἀθηναῖοι οὐκ ἠθέλησαν ἐκδοῦναι (von demselben Is. XII, 194: οὓς ἐξαιτῶν ἦλθεν und Eur. Herakl. 20: πέμπων κήρυκας ἐξαιτεῖ ἡμᾶς). Eur. Suppl. 358: νεκρῶν σώματ' ἐξαιτούμενος. Vgl. Kr. 52, 10. 5. — ἐκ τῶν πόλεων] der damals fast ganz Griechenland umfassenden lakedämonischen Symmachie; daher § 97: πανταχόθεν ἐκκηρυττόμενοι. Die Lakedämonier erliefsen auf Ansuchen der Dreifsig und besonderen Betrieb des Kritias (Philostr. Leben des Kritias § 2) ein Edikt (die bei solchen Edikten übliche Formel war: τοὺς φυγάδας ἀγωγίμους εἶναι ἐκ πάντων τῶν συμμάχων Xen. Hell. VII, 3, 11), welches allen Genossen ihrer Symmachie Aufnahme und Schutz der athenischen Exulanten als Vertragsbruch bei hoher Geldbufse verbot (Diodor und Iustin a. a. O.). Doch weigerten sich mehrere Städte entschieden, das Edikt zu vollziehen, vor allen Theben (zu § 58. Diodor XIV, 32. Plut. Lys. 27. Pelop. 6), Argos (D. XV, 22), Megara (Xen. Hell. II, 4, 1), Chalkis auf Euboia (Lys. XXIV, 25).

§ 96. ὅτ' ἐφεύγετε] 'als ihr in der Verbannung waret'; denn da empfanden sie Zorn und Rachlust am lebhaftesten. — ἃ πεπόνθατε] eure Partei. Über die Vernachlässigung der Assimilation zu XIV, 40. — ἐκ τῆς ἀγορᾶς] D. XXII, 62: τοῦτο κατηγοροῦμεν τῶν τριάκοντα, ὅτι τοὺς ἐκ τῆς ἀγορᾶς ἀδίκως ἀπῆγον. Xen. Hell. II, 4, 14.

ἐκ τῶν ἱερῶν συναρπάζοντες βιαίως ἀπέκτειναν, τοὺς δ' ἀπὸ τέκνων καὶ γονέων καὶ γυναικῶν ἀφέλκοντες φονέας αὑτῶν ἠνάγκασαν γενέσθαι καὶ οὐδὲ ταφῆς τῆς νομιζομένης εἴασαν τυχεῖν, ἡγούμενοι τὴν αὑτῶν ἀρχὴν βεβαιοτέραν εἶναι τῆς παρὰ τῶν θεῶν τιμωρίας. Ὅσοι δὲ τὸν θάνατον διέφυγον, 97
πολλαχοῦ κινδυνεύσαντες καὶ εἰς πολλὰς πόλεις πλανηθέντες καὶ πανταχόθεν ἐκκηρυττόμενοι, ἐνδεεῖς ὄντες τῶν ἐπιτηδείων,

Die Anklage ist zu beurteilen nach der Bedeutung, welche die Agora als Mittelpunkt des bürgerlichen Lebens in politischer und socialer Beziehung hatte; zugleich hatte sie eine religiöse Weihe (wie ja von ihr wie von den Heiligtümern die *ἀσεβεῖς* ausgeschlossen waren) und stand unter dem Schutze der *θεοὶ ἀγοραῖοι* (Schömann, griech. Altert. II, 183). Vgl. die Schilderung des Blutbads unter den Aristokraten zu Korinth (393 v. Chr.) bei Xenoph. Hell. IV, 4, 3: *εὐθὺς ἔφευγον οἱ βέλτιστοι, οἱ μὲν πρὸς τὰ ἀγάλματα τῶν ἐν τῇ ἀγορᾷ θεῶν, οἱ δ' ἐπὶ τοὺς βωμούς· ἔνθα δὴ οἱ ἀνοσιώτατοι ἔσφαττον καὶ πρὸς τοῖς ἱεροῖς.* — *ἐκ τῶν ἱερῶν*] wie § 98; so ward auch Theramenes vom Altar der Hestia im Buleuterion weggerissen (Xen. Hell. II, 3, 55). — *βιαίως*] zu § 17. — *φονέας αὑτῶν γενέσθαι*] durch den Schierlingsbecher; zu § 17. — *ταφῆς τῆς νομιζομένης*] 'nicht einmal Bestattung, die gebräuchliche wenigstens'. *τῆς νομιζομένης* erläutert beschränkend als Apposition das ohne Artikel vorangestellte *ταφῆς*. Ebenso folgt auf das artikellose Subst. das Attribut mit Artikel Thuk. VI, 32, 1: *εὐχὰς τὰς νομιζομένας.* 69, 2: *σφάγια προὔφερον τὰ νομιζόμενα.* I, 25, 4: *γέρα τὰ νομιζόμενα.* Lys. XIX, 51: *ἐν κινδύνῳ ἦσαν τῷ μεγίστῳ.* D. XXVII, 67: *εἰς κίνδυνον καθέστηκα τὸν μέγιστον.* XIX, 56: *μετὰ κινδύνου τοῦ μεγίστου.* Dion. Hal. Antt. VII, 40: *κίνδυνον οὐ τὸν ἐλάχιστον.* (Lys.) II, 7: *δίκην ἔχειν τὴν μεγίστην.* Lys. XXII, 16. And. I, 24: *δίκην τὴν μεγίστην.* Plat. Krit. 53[c]: *νόμους τοὺς μεγίστους.* Is. XVII, 11: *πίστεις τὰς μεγίστας.* Xen. Hell. III, 5, 1: *πιστὰ τὰ μέγιστα.* Thuk. III, 32, 3: *ἐλπίδα οὐδὲ τὴν ἐλαχίστην εἶχον.* Plat. Gesetze XI, 936[b]: *εἰς πτωχείαν τὴν ἐσχάτην.* Lys. XII, 82: *δίκην τὴν ἀξίαν.* XXII, 3: *σωτηρίας ἕνεκα τῆς τῶν σιτοπωλῶν.* XIII, 73: *γραφὰς τὰς ἐξ ἀνθρώπων.* An einigen Stellen ist das Attribut durch ein vorausgeschicktes (unbetontes) Wort noch besonders hervorgehoben (Anh. zu § 94). Ein durch den Chiasmus verursachter Wechsel in der Stellung des Artikels Plat. Staat VIII, 545[a]: *πῶς ποτε ἡ ἄκρατος δικαιοσύνη πρὸς ἀδικίαν τὴν ἄκρατον ἔχει.* Xen. Kyr. IV, 4, 10 (Anh. zu XIII, 21). Über die Sache zu § 21. 87; *ταφὴ νομιζομένη* = funus legitimum Cic. p. Rabir. 13, 37. — *βεβαιοτέραν — τιμωρίας*] die sie herausforderten durch die Antastung des Asylrechtes und die Versagung der *νομιζόμενα* (zu XXXII, 8) bei der Bestattung. — Der Genitiv nach dem Komparativ vertritt die Stelle eines *ἢ ὥστε* mit dem Infin. (Kr. 47, 27, 2), wie Lyk. 126: *κρείττους γίγνονται τῆς παρὰ τῶν ἀδικουμένων τιμωρίας.* D. XXIII, 108: *εἶδον μείζω τῆς πρὸς αὐτοὺς πίστεως γιγνόμενον (αὐτόν).* Thuk. I, 84, 3: *ἀμαθέστερον τῶν νόμων τῆς ὑπεροψίας παιδευόμενοι.* Bei Dichtern häufiger.

§ 97. *διέφυγον*] Dem Schlusse der Periode entspräche *διεφύγετε.* Ein ähnlicher Wechsel der zweiten und dritten Person § 100. — *πλανηθέντες*] Valer. Max. IV, 1, ext. 4: Thrasybulus populum Atheniensem triginta tyrannorum saevitia sedes suas relinquere coactum dispersamque et vagam vitam miserabiliter exigentem reduxit. —

οἱ μὲν ἐν πολεμίᾳ τῇ πατρίδι τοὺς παῖδας καταλιπόντες, οἱ
δ' ἐν ξένῃ γῇ, πολλῶν ἐναντιουμένων ἤλθετ' εἰς τὸν Πειραιᾶ.
Πολλῶν δὲ καὶ μεγάλων κινδύνων ὑπαρξάντων ἄνδρες ἀγαθοὶ
γενόμενοι τοὺς μὲν ἠλευθερώσατε, τοὺς δ' εἰς τὴν πατρίδα
98 κατηγάγετε. Εἰ δ' ἐδυστυχήσατε καὶ τούτων ἡμάρτετε, αὐτοὶ
μὲν ἂν δείσαντες ἐφεύγετε, μὴ πάθητε τοιαῦθ' οἷα καὶ πρό-

ἐν πολεμίᾳ τῇ πατρίδι] 'in dem zu Feindesland gewordenen Vaterlande.' Die prädikative Stellung des Adjektivs statthaft selbst in Verbindung mit Präpositionen (Kr. 50, 11, 2); doch kann in diesem Falle auch das Ptcp. von *εἶναι* hinzutreten. Thuk. IV, 12, 3: *ἐς τοῦτο περιέστη ἡ τύχη, ὥστε Λακεδαιμονίους ἐς τὴν ἑαυτῶν πολεμίαν οὖσαν ἐπ' Ἀθηναίους ἀποβαίνειν*. Xen. Kyr. I, 3, 3: *διὰ τὸ χαλεπὸν εἶναι ἱππεύειν ἐν ὀρεινῇ οὔσῃ τῇ χώρᾳ*. Vgl. zu § 74. — *ἐν ξένῃ γῇ*] Der volle Ausdruck auch Eur. Troad. 378; dagegen *ἐν ξένᾳ* Soph. Phil. 135. — *πολλῶν ἐναντιουμένων*] stärker noch (Lys.) II, 61: *πάντας πολεμίους κεκτημένοι εἰς τὸν Πειραιᾶ κατῆλθον*. — *τοὺς μὲν — τοὺς δέ*] bezüglich auf die vorher bezeichneten beiden Klassen der *παῖδες*, von deren Schicksal im Falle des Mislingens der Unternehmung er mit Festhaltung desselben Ortsunterschieds auch § 98 spricht. Daſs er nur an die Kinder, nicht an Weib und Kind erinnert, ist durch die zu § 69 erwähnte höhere Wertschätzung der Kinder zu erklären. Ähnlich D. XIX, 310. (Aesch.) Br. XII, 12 ff. — *εἰς τὴν πατρίδα κατηγάγετε*] *κατάγειν, καταδέχεσθαι, κατέρχεσθαι, κατιέναι, κατελθεῖν, κάθοδος* sind stehende Ausdrücke für die Zurückführung oder Rückkehr Verbannter. Vgl. Arist. Frö. 1165: *φεύγων δ' ἀνὴρ ἥκει τε καὶ κατέρχεται*. D. XXIII, 52: *ὅθεν γὰρ μηδ' ἐξέπεσέ τις τὴν ἀρχήν, οὐκ ἔνι δήπου κατελθεῖν εἰς ταύτην*. In der Regel stehen dieselben ohne allen Zusatz; so bei Lysias § 58. 77. X, 4. XIII, 63. XIV, 33. 34. 36. XXV, 20. 21. 22. XXVI, 18. An der vorliegenden Stelle rechtfertigt den Zutritt von *εἰς τὴν πατρίδα* ebenso der gehobene rhetorische Ton des Epilogs wie der Gegensatz zu *ἐν ξένῃ γῇ*, wofür es gleichfalls einfacher *ἐν ξένῃ* heiſsen konnte. Vgl. auch XIII, 78. Plat. Br. VII, 333[d]. Xen. Anab. VII, 2, 2. Arist. Frö. 1167, wo *οἴκαδε*, und Lyk. 124. Herod. V, 30, wo *εἰς τὴν ἑαυτῶν* zu *κατελθεῖν* (*κατιέναι*) hinzugefügt ist.

§ 98. *ἐδυστυχήσατε*] zu § 35. — *τούτων*] das *ἐλευθεροῦν* und *κατάγειν*. — *δείσαντες — πρότερον*] 'ihr würdet voll Furcht in der Verbannung leben (voll Furcht davor), früher Erlittenes (§ 95) abermals erleiden zu müssen.' *δείσαντες* ist der Stellung wegen zunächst absolut zu nehmen (Plat. Menex. 241[e]. Thuk. III, 3, 1), sodann aber als verb. regens wieder hinzuzudenken zu dem epexegetisch sich anschlieſsenden Satze *μὴ — πρότερον*. Ähnlicher Art sind Plat. Theaet. 143[e]: *ἐφοβούμην ἂν σφόδρα λέγειν, (φοβούμενος) μή καί τῳ δόξω ἐν ἐπιθυμίᾳ αὐτοῦ εἶναι*. Gorg. 457[e]. Thuk. VII, 25, 7. Xen. Anab. I, 3, 17, sowie Plat. Staat III, 387[c]: *ὑπὲρ τῶν φυλάκων φοβούμεθα, μὴ — μαλακώτεροι τοῦ δέοντος γένωνται*. Thuk. I, 119. II, 72, 2 und Thuk. IV, 8, 7: *τὴν δὲ νῆσον ταύτην φοβούμενοι, μὴ ἐξ αὐτῆς τὸν πόλεμον σφίσι ποιῶνται, ὁπλίτας διεβίβασαν ἐς αὐτήν*. I, 102, 3. Vgl. auch Liv. II, 9, 5: nec hostes modo timebant, sed suosmet ipsi cives, ne Romana plebs — vel cum servitute pacem acciperet, und die Stellen bei Fabri und Weiſsenborn zu XXII, 59, 19. *μή*, wie Frohberger will, mit *ἐφεύγετε* zu verbinden, hindert mich nicht sowohl die unterlassene Modusassimilation als vielmehr der Umstand, daſs sonst in derartigen Fällen die Finalpartikel hinzutritt (*ἵνα μή* c. conj. Ant. II, γ, 2, c. opt. Isae.

τερον, **καὶ** οὔτ' ἂν ἱερὰ **οὔτε** βωμοὶ ὑμᾶς **ἀδικουμένους διὰ τοὺς** τούτων τρόπους **ὠφέλησαν,** ἃ **καὶ** τοῖς **ἀδικοῦσι** σωτήρια γίγνεται· οἱ δὲ παῖδες ὑμῶν, ὅσοι μὲν ἐνθάδε ἦσαν, ὑπὸ τούτων ἂν ὑβρίζοντο, **οἱ δ'** ἐπὶ ξένης μικρῶν ἂν ἕνεκα συμβολαίων ἐδούλευον ἐρημίᾳ **τῶν** ἐπικουρησόντων.

III, 28, ὅπως μή c. opt. Xen. Anab. VII, 6, 16); vgl. Anh. — βωμοί] So ruft Theramenes Xen. Hell. II, 3, **53 aus:** τοῦτο οὐκ ἀγνοῶ, ὅτι οὐδέν μοι ἀρκέσει ὅδε ὁ βωμός. — ὠφέλησαν] wenn ihr als Besiegte dahin geflohen wäret. — οὔτ' ἂν — οὔτε] Bei der disjunktiven Negation mit gemeinschaftlichem Verbum steht ἂν beliebig einfach oder doppelt. Wie hier § 1. XIII, 53. Is. XIV, 2. **Xen.** Ages. 1, 36. (οὔτ' ἂν — οὔτε — οὔτε). Baton bei Athen. VII, **279ᵈ**: οὔτ' ἄτοπος ἦν ἂν οὔτε **μοιχὸς** οὐδὲ εἷς. D. VI, 36. Xen. **Mem. IV, 4, 7: οὔτε** σὺ οὔτ' ἂν **ἄλλος** οὐδεὶς **δύναιτ'** ἀντειπεῖν, dagegen doppelt Lys. VII, 32. Aesch. II, 52. D. XXIII, 159. (D.) prooem. 44. Plat. Apol. 31ᵉ. Gorg. 512ᶜ. Xen. Hier. 5, 3. Kyr II, 3, 6. Soph. Oed. Tyr. 1227 (überall **οὔτ' ἂν** — οὔτ' ἂν oder μήτ' ἂν — μήτ' ἂν). Ant. **VI, 15: τὴν** τύχην οὔτ' ἂν **ἐγὼ οὔτ' ἄλλος** οὐδεὶς οἷός τ' ἂν **εἴη** ἀποτρέψαι. Soph. Ant. 905 ff.: οὐ γὰρ οὔτ' ἂν εἰ — οὔτ' εἰ — βίᾳ πολιτῶν τόνδ' ἂν ᾐρόμην πόνον. Plat. Phil. 42ᵉ: οὔτε ἡδονὴ γίγνοιτ' ἂν ἐν τῷ τοιούτῳ ποτὲ οὔτ' ἂν τις λύπη. Hat jedes Glied sein besonderes Verbum, so wird ἂν gewöhnlich wiederholt, wie oben § 85. XIII, 58. **Is. IX, 34. XII, 64.** Lyk. 79. Aesch. II, 43. D. **XVIII,** 293. **XXI,** 129. XXVII, **55. LVII, 35. (D.)** XIII, 2. XXIX, 47. Herod. **III, 21.** Thuk. VII, **77, 4. Plat.** Symp. **196ᵉ.** Soph. Ant. **185 ff.** (überall **οὔτ' ἂν** — οὔτ' ἂν). **D.** VI, **29:** οὔτε γὰρ αὐτὸς **ἂν ποθ' ὑπέμεινα** πρεσβεύειν, οὔτ' **ἂν ὑμεῖς οἶδ'** ὅτι ἐπαύσασθε πολεμοῦντες. Ausnahmen im Anh. — τοῖς ἀδικοῦσι] Thuk. IV, 98, 6: καὶ γὰρ τῶν ἀκουσίων (Krüger ἑκουσίων) ἁμαρτημάτων καταφυγὴν εἶναι τοὺς βωμούς. Jedenfalls ist die Beschränkung auf die ἄκοντες ἀδικοῦντες nicht allgemein angenommen gewesen; die heilige Stätte schützte, wofern nicht Gewaltthat die Pietät verdrängte, jeden. Eur. Herakl. 260: ἅπασι κοινὸν ῥῦμα δαιμόνων ἕδρα, wie auch aus der Klage des Ion (Eur. Ion 1312 ff.) hervorgeht. Vgl. Plut. περὶ δεισιδαιμονίας c. 4: ἔστι καὶ λῃσταῖς ἀβέβηλα πολλὰ τῶν ἱερῶν, καὶ πολεμίους φεύγοντες, ἂν ἀγάλματος λάβωνται ἢ ναοῦ, θαρροῦσιν. An gewissen Heiligtümern haftete ein vorzugsweise wirksames Asylrecht; zu XIII, **24.** — **ὅσοι — ἦσαν**] 'so viele ihrer hier wären'; denn die Wirkung des ἂν überträgt sich aus dem Hauptsatze in den Nebensatz, wenn dieser als integrierender Bestandteil **des** Hauptsatzes an dessen nur bedingter Existenz **Teil** hat, wobei dann das Verbum des Nebensatzes dem **des** Hauptsatzes assimiliert **wird. Plat.** Charm. 171ᵈ: εἰ ᾔδει ὁ σώφρων ἅ τε ᾔδει καὶ ἃ μὴ ᾔδει, ἀναμάρτητοι ἂν τὸν βίον διεζῶμεν αὐτοί τε καὶ οἱ ἄλλοι πάντες, ὅσοι ὑφ' ἡμῶν ἤρχοντο. (Xen.) Staat der Athen. 1, 16: εἰ οἴκοι εἶχον ἕκαστοι τὰς δίκας, τούτους ἂν σφῶν αὐτῶν ἀπώλλυσαν, οἵ τινες φίλοι μάλιστα ἦσαν Ἀθηναίων τῷ δήμῳ. Kr. 54, 10, 6. Vgl. zu § 29. — ἐπὶ ξένης] verb. mit **οἱ δέ**: 'die in der Fremde aber'. ἐπὶ ξένης **wie** Is. IV, **168. (D.) Br.** III, 1484. **Xen. Staat der Lak.** 14, 4 (ἐπὶ ξενίας **Ant. II, β, 9. Plat.** Kratyl. 429ᵉ; Lyk. 25: **ἐπὶ ξένης καὶ** ἀλλοτρίας. Is. XIX, **23: ἐπὶ** ξένης καὶ παρ' ἀλλοτρίοις). Geschickt hebt Lysias den doppelten Jammer der Heimatlosigkeit und der drückendsten zur Schädigung der persönl. Freiheit führenden Armut hervor, wie Ant. II, β, 9: φυγὼν γέρων καὶ ἄπολις ὢν ἐπὶ ξενίας πτωχεύσω. Vgl. Tyrt. X, 3 ff. (Bergk): τὴν αὐτοῦ προλιπόντα πόλιν πτωχεύειν πάντων ἔστ' ἀνιηρότατον κτλ. Is.

99 Ἀλλὰ γὰρ οὐ τὰ μέλλοντ' ἔσεσθαι βούλομαι λέγειν, τὰ

XIV, 55: ἔστιν οὐκ ἴσον κακὸν οὐδ' ὅμοιον τοὺς τεθνεῶτας ταφῆς εἴργεσθαι καὶ τοὺς ζῶντας πατρίδος ἀποστερεῖσθαι, ἀλλὰ τὸ μὲν δεινότερον τοῖς κωλύουσιν ἢ τοῖς ἀτυχοῦσι, τὸ δὲ μηδεμίαν ἔχοντα καταφυγὴν ἀλλ' ἄπολιν γενόμενον καθ' ἑκάστην τὴν ἡμέραν κακοπαθεῖν καὶ τοὺς αὑτοῦ περιορᾶν, μὴ δυνάμενον ἐπαρκεῖν, τί δεῖ λέγειν ὅσον τὰς ἄλλας συμφορὰς ὑπερβέβληκεν; — συμβολαίων] 'Darlehen'; zu XXX, 8. — ἐδούλευον] wie Is. XIV, 48: τίν' ἡμᾶς οἴεσθε γνώμην ἔχειν ὁρῶντας τοὺς παῖδας — πολλοὺς μὲν μικρῶν ἕνεκα συμβολαίων δουλεύοντας, ἄλλους δ' ἐπὶ θητείαν ἰόντας; Eur. Phoen. 395 f. vom Verbannten: εἰς τὸ κέρδος παρὰ φύσιν δουλευτέον. Übrigens ist bei dem damaligen Stande hellen. Kultur bei δουλεύειν nicht an wirklichen Verlust des status libertatis, sondern an das Verhältnis des Hörigen (πελάτης) zu denken, der bis zur Tilgung der Schuld dem Gläubiger ein Arbeitsäquivalent leisten mufste. Bei dem scharf ausgeprägten Begriff der ἐλευθερία, von welchem ja sogar jedes Lohnarbeiten, geistiges wie materielles, ausgeschlossen war, konnte dieser Zustand allerdings als ein der Sklaverei nahe verwandter erscheinen (daher κατὰ συγγραφὴν δουλεύειν Dio Chrys. I, S. 453 Reiske), zumal für die Person solcher πελάται kein ausreichender Rechtsschutz gegen Übergriffe ihrer zeitweiligen Herren bestand, ein Übelstand, um deswillen Dionysios von Halikarnass (Antt. II, 9: τοῖς πελάταις ὥσπερ ἀργυρωνήτοις ἐχρῶντο) die Athener speziell tadelt. — ἐρημίᾳ τῶν ἐπικ.] 'in Ermangelung solcher, von denen sich Hilfe erwarten liefse', da die Väter entweder tot oder doch mittellos sein würden; ὁ ποιήσων wie ὃς (ὅστις) ποιήσει eigentlich 'einer, von dem sich eine Handlung erwarten läfst' (Koch 105, 3, Anm.), daher auch 'einer, der zur Ausführung einer Sache geneigt oder befähigt oder bestimmt ist'. Mit der vorliegenden Stelle vgl. Is. XIV, 61: σπάνει τῶν ἐποισόντων. XIX, 29: δι' ἔνδειαν τοῦ θεραπεύσοντος. Thuk. II, 51, 5: ἀπορίᾳ τοῦ θεραπεύσοντος. (D.) LIII, 29: οὐδέποτ' ἔσται ἀπορία τῶν ἀμφισβητησόντων. D. IV, 49: τὴν ἐρημίαν τῶν κωλυσόντων ὁρῶντα. (D.) XIII, 19: τῆς τῶν ἐναντιωσομένων ἐρημίας ἀπολαύων, dazu D. XX, 166: οὐκ ἀπορήσετε τῶν ἐθελησόντων ὑπὲρ ὑμῶν κινδυνεύειν. Xen. Anab. VII, 7, 42: οὐ σπανίζει τῶν βοηθησόντων. D. XX, 103: ἔρημον ποιεῖς τὸν δῆμον τῶν φιλοτιμησομένων. Xen. Mem. III, 8, 2: δεόμεθα τοῦ παύσοντος. Plat. Soph. 252c: οὐκ ἄλλων δέονται τῶν ἐξελεγξόντων Plut. de div. cup. a. A.: οὐκ οἴεται δεῖσθαι τοῦ θεραπεύσοντος καὶ δείξοντος. D. XVIII, 113: ὁ λογισμὸς εὐθυνῶν καὶ τῶν ἐξετασόντων προσδεῖται. Plat. Menex. 247c: οὐ τοῦ λυπήσοντος προσδεήσονται (Euthyd. 306d: δεῖταί τινος, ὅστις αὐτὸν ὀνήσει. Phaed. 88d: δέομαι ἄλλου τινὸς λόγου, ὅς με πείσει. Thuk. II, 41, 4: οὐδὲν προσδεόμενοι οὔτε Ὁμήρου ἐπαινέτου οὔτε ὅστις ἔπεσι μὲν τὸ αὐτίκα τέρψει, τῶν δ' ἔργων τὴν ὑπόνοιαν ἡ ἀλήθεια βλάψει). (Lys.) VIII, 18: τότε ποθήσομαι τὸν ἐροῦντα καὶ τοὺς μαρτυρήσοντας. Plat. Lach. 184c: ἔτι τοῦ διακρινοῦντος δοκεῖ μοι δεῖν ἡμῖν ἡ βουλή. Staat VII, 524e: τοῦ ἐπικρινοῦντος δὴ δέοι ἂν ἤδη. Gesetze X, 891b: οὐδὲν ἂν ἔδει τῶν ἐπαμυνούντων λόγων. Menex. 235d: ἀγαθοῦ ἂν ῥήτορος δέοι τοῦ πείσοντος καὶ εὐδοκιμήσοντος (Charm. 169a: μεγάλου δή τινος ἀνδρὸς δεῖ, ὅστις τοῦτο κατὰ πάντων ἱκανῶς διαιρήσεται. Luk. πῶς δεῖ ἱστορ. συγγρ. 45: δεήσει τότε ποιητικοῦ τινος ἀνέμου ἐπουριάσοντος τὰ ἀκάτια). Mehr im Anh.

§ 99. ἀλλὰ γάρ] 'doch genug davon, denn'; vgl. zu XXV, 17. — τὰ μέλλοντα ἔσεσθαι] = ἃ ἔμελλεν ἔσεσθαι, nämlich, wenn der Freiheitskampf unglücklich geendet hätte. Da ἂν bei ἔμελλον fast immer fehlt (wie [D.] XLV, 14. XLIX, 52. Plat. Apol. 20b. Charm. 171e, wo Stallbaum), ist es auch beim Ptcp., wenn dieses Imperfekt-

πραχθένθ' ὑπὸ τούτων οὐ δυνάμενος εἰπεῖν· οὐδὲ γὰρ ἑνὸς κατηγόρου οὐδὲ δυοῖν ἔργον ἐστίν, ἀλλὰ πολλῶν. Ὅμως δὲ τῆς ἐμῆς προθυμίας οὐδὲν ἐλλέλειπται ὑπέρ τε τῶν ἱερῶν, ἃ οὗτοι τὰ μὲν ἀπέδοντο τὰ δ' εἰσιόντες ἐμίαινον, ὑπέρ τε τῆς πόλεως, ἣν μικρὰν ἐποίουν, ὑπέρ τε τῶν νεωρίων, ἃ καθεῖλον,

bedeutung hat, nicht erforderlich (wir etwa: 'das, was zu geschehen drohte').—οὐ δυνάμενος εἰπεῖν] Man wollte εἰπεῖν streichen; doch vgl. Lys. XVII, 1 (s. Anh.). Is. IV, 11: ὥσπερ τὸν ἀκριβῶς ἐπιστάμενον λέγειν ἁπλῶς οὐκ ἂν δυνάμενον εἰπεῖν. ebenda § 10. XV, 272: ἔχω μὲν εἰπεῖν, ὀκνῶ δὲ λέγειν. D. VI, 11. Das Streben nach Parallelismus ist auch hier erkennbar. Vgl. Anh. zu § 7 und zu XXV, 22. — οὐδὲ γὰρ κτλ.] Anklang an § 1. Zu οὐχ ἑνὸς οὐδὲ δυοῖν vgl. D. IX, 2: οὐ παρ' ἓν οὐδὲ δύ' εἰς τοῦτο τὰ πράγματ' ἀφῖκται. (D.) XXIX, 12: ἀλλὰ μὴν οὐχ εἷς οὐδὲ δύο ταῦτ' ἴσασιν. Cic. Ac. pr. 7, 22: ars quae potest esse nisi quae non ex una aut duabus, sed ex multis animi perceptionibus constat? p. Mur. 21, 43: neque in uno aut altero animadversum est, sed jam in pluribus (an diesen beiden Stellen ist wie bei Lysias der Gegensatz ausdrücklich hinzugefügt). — ὅμως δέ] Gedanke: Obgleich meine Kraft allein nicht ausreicht, habe ichs doch an gutem Willen nicht fehlen lassen. — τῆς — ἐλλέλειπται] Geläufige Wendung besonders des Gesprächstons. Vgl. XIX, 21: οὐδὲν ἐνέλιπε προθυμίας. Xen. Kyr. IV, 5, 49. Plat. Timae. 20ᶜ. Aesch. Prom. 341. Plat. Symp. 210ᵃ: προθυμίας οὐδὲν ἀπολείψω. Staat VII, 533ᵃ. Menon 77ᵃ. Thuk. VIII, 22, 1. Eur. Hippol. 285: οὐ μὴν ἀνήσω γ' οὐδὲ νῦν προθυμίας. ὑπέρ ist von τῆς — ἐλλέλειπται abhängig wie von προθυμίαν ἔχειν (§ 50) oder παρέχεσθαι (D. I, 8). — τῶν ἱερῶν — ἐμίαινον] Es ist sehr gewagt, ἱερά zu τὰ μὲν ἀπέδοντο zu fassen in der Bedeutung 'heilige Geräte, Weihgeschenke' (was anderwärts allerdings in ἱερά liegt, wie in ἱερὰ κλέπτειν und ἱερῶν κλοπή), da es doch zu τὰ δὲ — ἐμίαινον wegen des εἰσιόντες nur lokal verstanden werden kann. Warum soll nicht auch τὰ μὲν ἀπέδοντο auf die heiligen Stätten gehen? Die Verpachtung einzelner Teile der Heiligtümer, namentlich der Fruchthaine und Äcker derselben, zum Besten des Fiskus oder Tempelärars war eine ganz gewöhnliche Finanzmaſsregel; daher will auch Platon Ges. VI, 759ᵉ ταμίαι gewählt wissen τῶν ἱερῶν χρημάτων ἑκάστοις τοῖς ἱεροῖς καὶ τεμενῶν καὶ καρπῶν τούτων καὶ μισθώσεων. Die Dreiſsig nun, deren freches Vergreifen an heiligen Gütern auch Isokr. VII, 66 scharf tadelt, mögen also nicht nur die Tempelschätze nicht verschont (eine bei Plat. Staat VIII, 568ᵈ als ganz gewöhnlich bezeichnete Gewaltmaſsregel der Tyrannis, vgl. Xen. Hell. VII, 3, 8), sondern sogar die Veräuſserung der heiligen Stätten, natürlich in ihrem Interesse, nicht gescheut haben. Nach Arist. Oik. 2, 3 verkauften die Byzantier einmal die τεμένη, um der Finanznot abzuhelfen. — τὰ μέν — τὰ δέ partitive Apposition zu ἅ; vgl. zu XXX, 15. — εἰσιόντες] 'durch ihren Eintritt'; denn das μιαίνειν lag eben darin, daſs sie als Blutbefleckte (ἀλιτήριοι, ἐναγεῖς) die Heiligtümer betraten. Ant. II, α, 10: ἀσύμφορον ὑμῖν ἐστι τόνδε μιαρὸν καὶ ἄναγνον ὄντα εἰς τὰ τεμένη τῶν θεῶν εἰσιόντα μιαίνειν τὴν ἁγνείαν αὐτῶν. ebenda β, 11. — μικρὰν ἐποίουν] ὥστε μηδὲν διαφέρειν τῆς ἐλαχίστης πόλεως XIII, 46. — τῶν νεωρίων] Die Erinnerung an Hafen und Werfte als die Fundamente der Macht Athens rhetorisches Mittel wie Lyk. 17. 150. Dein. III, 13. — Die νεώρια (navalia), welche aus den νεώσοικοι (Docks), den ναυπήγια (den eigentlichen Werften) und der σκευοθήκη (Arsenal) bestanden, waren mit einem Aufwande von 1000 Talenten erbaut

καὶ ὑπὲρ τῶν τεθνεώτων, οἷς ὑμεῖς, ἐπειδὴ ζῶσιν ἐπαμῦναι
100 οὐκ ἠδύνασθε, ἀποθανοῦσι βοηθήσατε. Οἶμαι δ' αὐτοὺς ἡμῶν
τ' ἀκροᾶσθαι καὶ ὑμᾶς εἴσεσθαι τὴν ψῆφον φέροντας, ἡγουμένους, ὅσοι μὲν ἂν τούτων ἀποψηφίσησθε, αὐτῶν θάνατον
καταψηφιεῖσθαι, ὅσοι δ' ἂν παρὰ τούτων δίκην λάβωσιν, ὑπὲρ
αὐτῶν τὰς τιμωρίας πεποιημένους ἔσεσθαι.

worden. Die Dreifsig verkauften sie für einen Spottpreis (Is. VII, 66) zum Abbruch (Lys. XIII, 46); doch wurde man damit nicht fertig (zu XXX, 22). — ὑπὲρ τῶν τεθνεώτων] Der Gedanke ähnlich, doch weiter ausgeführt XIII, 93 ff. Die Erinnerung an die Toten und ihr Urteil über die Richter bildet öfters einen wirksamen rhetorischen Effekt, besonders am Schlufs der Reden (Aristot. Rhet. III, 19 bezeichnet die Erregung des Affekts, das εἰς τὰ πάθη τὸν ἀκροατὴν καταστῆσαι als wesentliches Element des Epilogs); vgl. Aesch. III, 244. 259. D. XX, 87. XXIII, 210. XXVII, 69. Is. XIV, 61 u. s. w. Wie man dieses Mittel zu entkräften suchte, zeigen Is. XIX, 42. (D.) XLIII, 60. — οἷς βοηθήσατε] zu § 60. — Geflissentlich hat Lysias im Epilog seines persönlichen Klagmotivs nicht mehr gedacht; so bleiben die Richter in der frischen Erinnerung dessen, was sie selbst und der Staat erlitten.

§ 100. οἶμαι — φέροντας] Eine im Epilog gern angewandte Form der Prosopopoeie (Volkmann, Rhet. 231), die gewöhnlich gemildert wird durch einen Zusatz wie εἴ τίς ἐστιν αἴσθησις τοῖς τετελευτηκόσι περὶ τῶν ἐνθάδε γιγνομένων (si quis est sensus in morte Cic. Phil. IX, 6, 13; vgl. Schneider zu Is. IX, 2. Halm zu Cic. p. Sest. S. 293 lat. Ausg.). — ἡμῶν] mich und wer sonst für sie spricht. Ähnlich ἡμεῖς § 81. Von sich allein spricht Lysias ebenso wie Demosthenes nie im Plural. Über Isokrates vgl. Schneider zu IV, 14, über Aeschines Weidner zu III, 8 deutsche Ausg., dazu Rehdantz Dem. Ind. II, Plural. — εἴσεσθαι] 'Kenntnis nehmen werden, wie ihr', wie XXVII, 7: ἥκουσι πάντες οἱ τὰ τῆς πόλεως πράττοντες οὐχ ἡμῶν ἀκροασόμενοι, ἀλλ' ὑμᾶς εἰσόμενοι, ἥντινα γνώμην περὶ τῶν ἀδικούντων ἕξετε. In solchem Gegensatze zu einem verbum audiendi nähert sich εἰδέναι (immer von unmittelbar persönlicher Kenntnisnahme) dem Begriff des ἰδεῖν. Is. XII, 168: τίς γὰρ οὐκ οἶδεν ἢ τίς οὐκ ἀκήκοεν; (Plat.) Alk. II, 141[e]: ταῦτα οὐκ ἄλλων ἀκηκόαμεν, ἀλλ' αὐτοὶ παρόντες οἴδαμεν. Derselbe Gegensatz zwischen audire und nosse. Cic. in Verr. II, 5, 27, 68: lautumias Syracusanas omnes audistis, plerique nostis. — αὐτῶν] 'sie selbst', also nicht αὑτῶν, zu XXV, 11. — καταψηφιεῖσθαι] Weil zugleich mit der Lossprechung der Dreifsig die Verurteilung ihrer Opfer vollzogen sei, wollte man κατεψηφίσθαι; doch nichts hindert, beide Handlungen in der Zukunft gleichzeitig zu setzen, wie Lyk. 150: ἐὰν Λεωκράτην ἀπολύσητε, προδιδόναι τὴν πόλιν ψηφιεῖσθε. Vgl. Aken § 203. Pfuhl, die Bedeutung des Aoristus (Progr. Dresden 1867) S. 28 ff. — τὰς τιμωρίας] die 'gebührende' Strafe; vgl. zu § 10. — πεποιημένους ἔσεσθαι] Wegen des periphrast. Futurs vgl. aufser Stellen wie Plat. Apol. 42[a]: καὶ ἐὰν ταῦτα ποιῆτε, δίκαια πεπονθὼς ἐγὼ ἔσομαι ὑφ' ὑμῶν. Xen. Symp. 4, 7. Anab. VII, 6, 36. D. III, 6. IV, 50: ἂν ταῦτ' εἰδῶμεν, καὶ τὰ δέοντ' ἐσόμεθ' ἐγνωκότες καὶ λόγων ματαίων ἀπηλλαγμένοι. Soph. Oed. Tyr. 620: εἰ δ' ἡσυχάζων προσμενῶ, τὰ τοῦδε μὲν πεπραγμέν' ἔσται, τὰ μὰ δ' ἡμαρτημένα. (D.) LII, 33: ἔσεσθ' ἐψηφισμένοι. Is. XV, 297: ἔσεσθε κατεψηφισμένοι (auch im Nebensatze D. I, 14: εἰ δ' ὁ μὲν — ἐγνωκὼς ἔσται), und Xen. Hell. VII, 3, 11: ἐγώ φημι ἀποκτείναντας μὲν ὑμᾶς ἐμὲ τετιμωρηκότας ἔσεσθαι

Παύσομαι κατηγορῶν. **Ἀκηκόατε, ἑωράκατε, πεπόνθατε, ἔχετε· δικάζετε.**

—, *γνόντας δὲ* **τὰ** *δίκαια πεποιηκέναι αὐτοὺς τετιμωρηκότας φανεῖσθαι* (de arg. ex contr. S. 313 f.), besonders folgende Beispiele, in denen das einfache Futur vorausgeht: Is. XI, 27: *ἐνόμιζε γὰρ τοὺς μὲν* — **καὶ** *τῶν μειζόνων καταφρονήσειν,* **τοὺς δ'** — *βεβαίως ἔσεσθαι τὴν αὐτῶν εὐσέβειαν ἐπιδεδειγμένους.* Xen. Kyr. VII, 2, **13:** *ἢν ταῦτα ἀκούσωσιν, οἶδ' ὅτι* **ἥξει σοι πᾶν** —· *ἢν δὲ διαρπάσῃς,* **καὶ αἱ τέχναι σοι** — *διεφθαρμέναι ἔσονται.* Lys. V, 4: *ἴσασι γὰρ ὅτι, ἂν ψευδόμενοι ἐλεγχθῶσιν, οὐδὲν μεῖζον τῶν ὑπαρχόντων πείσονται, ἐὰν δ' ὑμᾶς ἐξαπατήσωσι, τῶν παρόντων κακῶν ἔσονται ἀπηλλαγμένοι.* XXVII, 7: *ὥστ' εἰ μὲν ἀποψηφιεῖσθε τούτων, οὐδὲν δεινὸν δόξει αὐτοῖς εἶναι* —· *ἐὰν δὲ καταψηφισάμενοι θανάτου τιμήσητε, τῇ αὐτῇ ψήφῳ τούς τ' ἄλλους κοσμιωτέρους ποιήσετε καὶ παρὰ τούτων δίκην εἰληφότες ἔσεσθε.* XXX, 23: *οἷς ὑμεῖς, ἐὰν μὴ τοῦτον τιμωρήσησθε, πολλὴν ἄδειαν ποιήσετε· ἐὰν δὲ καταψηφισάμενοι τῶν ἐσχάτων αὐτῷ τιμήσητε, τῇ αὐτῇ ψήφῳ τούς τ' ἄλλους βελτίους ποιήσετε καὶ παρὰ τούτου δίκην εἰληφότες ἔσεσθε* [XXII, 19: *ἡγούμενοι, ἂν μὲν θάνατον τούτων καταγνῶτε, κοσμιωτέρους ἔσεσθαι τοὺς λοιπούς· ἂν δ' ἀζημίους ἀφῆτε, πολλὴν ἄδειαν αὐτοῖς ἐψηφισμένοι ἔσεσθε ποιεῖν ὅ τι ἂν βούλωνται*]. (D.) XLV, 88: *ταῦτα γὰρ ἂν ποιῆτε, ἐμοί τε βοηθήσετε καὶ τούτους* — *ἐπισχήσετε καὶ αὐτοὶ τὰ εὔορκα ἔσεσθε ἐψηφισμένοι.* prooem. 44: *ἢ γὰρ πεισθήσεσθε, ἄν τι δοκῶμεν λέγειν συμφέρον, ἢ βεβαιότερον περὶ ὧν ἐγνώκατε ἔσεσθε πεπεισμένοι. ἂν γὰρ* — *φανῇ,* — *ἔσεσθ' ᾑρημένοι.* Xen. Hell. VII, 5, **18:** *ἐνθυμούμενος ὅτι* — *εἰ καταλείψοι ἐρήμους οἷς ἦλθε σύμμαχος, ἐκεῖνοι πολιορκήσοιντο* —, *αὐτὸς δὲ λελυμασμένος τῇ ἑαυτοῦ δόξῃ παντάπασιν ἔσοιτο.* Das periphrast. Futur geht voran D. XXII, 39: *ἐὰν δὲ καταγνῶτε, πρῶτον μὲν τὰ εὔορκ' ἔσεσθ' ἐψηφισμένοι, εἶτα* — *ὃς μὲν ἂν ὑμῖν ἀδικεῖν δοκῇ, κολάσετε, ὃς δ' ἂν μή, τότ' ἀφήσετε* (vorher: *ἂν μὲν ἀπογνῶτε* —, *ἅπαντές εἰσιν ἀπηλλαγμένοι καὶ δίκην οὐδεὶς οὐδεμίαν μὴ δῷ*). (D.) XXXV, 56: *καὶ ἐὰν ταῦτα ποιῆτε, ὑμῖν* **τε** *αὐτοῖς τὰ συμφέροντα ἔσεσθε ἐψηφισμένοι καὶ περιαιρήσεσθε κτλ.* XXV, 2: *μάτην ἐρραψῳδηκότας ὑμᾶς ἔσεσθαι* — *δίκην τοῦτον δώσειν* [Xen. Hell. VII, 2, 20: *ἐὰν* **ταῦτα** *πράξῃς, τοῖς μὲν πολεμίοις* **ἐπιτετειχικὼς ἔσῃ,** *φιλίαν δὲ πόλιν διασεσωκώς* (die Stellung wie D. IV, 50. Soph. Oed. Tyr. 620), *εὐκλεέστατος δὲ ἐν τῇ πατρίδι ἔσῃ*]. Noch anders D. XX, 166: *κατὰ ταῦθ' ἡμῖν θέμενοι τὴν* **ψῆφον,** *αὐτοί τε* — *δόξετ' ἐγνωκέναι καὶ τὰ κράτιστ' ἔσεσθ' ἐψηφισμένοι, κἂν* —, *οὐκ ἀπορήσετε κτλ.*, **womit** vgl. Lys. **XIII,** 97: *ἐὰν οὖν* — *ψηφίζησθε,* **πρῶτον** *μὲν* — *γίγνεσθε, ἔπειτα* — *τετιμωρηκότες ἔσεσθε, ἔπειτα* — *δόξετε* — *ψηφίσασθαι* (?). Ähnlicher Wechsel im Finalsatze D. XVIII, 178: *ἵν' ἐὰν μὲν* —, *καὶ ἃ βουλόμεθ' ὦμεν διῳκημένοι καὶ μετὰ προσχήματος ἀξίου τῆς πόλεως ταῦτα πράξωμεν, ἂν δ'* —, *ἐκεῖνοι μὲν αὐτοῖς ἐγκαλῶσιν* —, *ἡμῖν δὲ μηδὲν αἰσχρὸν* — *ᾖ πεπραγμένον,* wo ein schöner Chiasmus hinzukommt. — *π α ύ σ ο μ α ι* — *δ ι κ ά ζ ε τ ε*] Mit steigender Stimme gesprochen, um die Klimax der Begriffe wiederzugeben; dann nach einer Pause mit ruhigem Tone *δικάζετε*: 'nun richtet'. Die Stelle hat vielleicht Aristot. Rhetor. III, 19 vor Augen gehabt: *τελευτὴ τῆς λέξεως ἁρμόττει ἡ ἀσύνδετος, ὅπως ἐπίλογος ἀλλὰ* **μὴ λόγος** *ᾖ· εἴρηκα, ἀκηκόατε, ἔχετε, κρίνατε.* Ähnlich, doch in absteigender Begriffsfolge (Lys.) VI, 55: *φανερῶς ἔχετε αὐτὸν ἀσεβοῦντα· εἴδετε, ἠκούσατε* **τὰ** *τούτου ἁμαρτήματα. ἀντιβολήσει καὶ ἱκετεύσει ὑμᾶς· μὴ ἐλεεῖτε.* — *ἔ χ ε τ ε*] *ἐν τῇ ὑμετέρᾳ ψήφῳ* setzt Lykurg 27 hinzu. Vgl. (D.) LI, 10: *δοκοῖτ' ἂν ἁμαρτεῖν, εἰ μὴ κολάσαιτε τοὺς τὰ τοιαῦτα ποιοῦντας, ἔχοντες.* Zu XIII, 56.

Die Rede gegen Agoratos (XIII).

Einleitung.

1 Die athenischen Gesandten, welche nach Beginn der Blokade mit Friedensvorschlägen nach Sparta geschickt worden waren, hatten die Antwort zurückgebracht, dafs von einer Verständigung keine Rede sein könnte, wenn nicht die langen Mauern auf eine Strecke von zehn Stadien niedergerissen würden[1]). Als die Bürgerschaft, besonders auf Betrieb des Demagogen Kleophon, diese Forderung mit Entrüstung zurückgewiesen hatte[2]), trat Theramenes auf und machte den Vorschlag, man solle ihn zu Lysander nach Samos schicken, um die wahren Absichten der Lakedämonier zu erforschen. Zugleich erbot er sich, wenn man ihm unbedingtes Vertrauen schenke, einen viel milderen Frieden zu Stande zu bringen ohne Stellung von Geiseln, ohne Schleifung der Mauern und ohne Auslieferung der Schiffe[3]). Die thörichte Menge glaubte diesen Versprechungen und nahm den Antrag an, trotzdem viele angesehene Männer Bedenken dagegen geäufsert hatten[4]). Als Theramenes im vierten Monate von Samos zurückkehrte, hatten die Oligarchen, gewifs nicht ohne sein Wissen und Zuthun, den Kleophon, der als Führer der extremen demokratischen Partei zunächst beseitigt werden mufste, durch eine Intrigue sich glücklich vom Halse geschafft[5]).

2 Theramenes war absichtlich so lange bei Lysander geblieben, um den Zeitpunkt abzuwarten, wo die Bürgerschaft durch Mangel an Lebensmitteln genötigt sein würde, auf jede Bedingung einzugehen[6]); vor der Volksversammlung freilich erklärte derselbe, Lysander habe ihn zurückgehalten und schliefslich nach Lakedämon an die Ephoren verwiesen, denen allein die Befugnis zustehe, seine,

1) Lys. XIII, 8. Xen. Hell. II, 2, 15. — 2) Lys. XIII, 8. Xen. Hell. II, 2, 15. Aesch. II, 76. Das von Xenophon erwähnte *ψήφισμα, μὴ ἐξεῖναι περὶ τούτων συμβουλεύειν* rührt jedenfalls von Kleophon her. — 3) Xen. Hell. II, 4, 16. Lys. XII, 68. XIII, 9. — 4) *ἀντιλεγόντων πολλῶν* Lys. XII, 69. Ich denke besonders an die, welche dem Theramenes nach seiner Rückkehr von Samos entgegentraten; natürlich wird auch Kleophon nicht geschwiegen haben. — 5) zu § 12. — 6) Xen. Hell. II, 2, 16. Lys. XIII, 11.

des Theramenes, Fragen zu beantworten[7]). Die Häupter der gemäfsigten Demokraten erkannten alsbald, dafs, wenn man den Theramenes nochmals zum Gesandten erwähle, der Friede nur unter Bedingungen zu Stande kommen würde, die ebenso die Vernichtung der athenischen Seemacht wie den Sturz der Demokratie zur Folge haben müfsten. Unter ihnen waren angesehene, mit hohen militärischen Ämtern betraute Männer, wie der tüchtige Strombichides[8]), Eukrates, der Bruder des 413 in Syrakus hingerichteten Nikias[9]), der Strateg Kalliades[10]) und ein gewisser, sonst nicht weiter bekannter Dionysodoros, vermutlich einer der zehn Taxiarchen[11]). Sie traten der Wiederwahl des Theramenes energisch entgegen und verlangten, man solle Leute aus ihrer Mitte nach Sparta schicken; diese würden jedenfalls einen besseren Frieden herbeiführen als jener, dessen bisheriges Verhalten hinlänglich zeige, worauf er es eigentlich abgesehen habe[12]). Aber das von Hunger gequälte Volk schenkte denselben kein Gehör, zumal da man ihm eingeredet hatte, dafs sie prinzipielle Gegner des Friedens wären[13]). Theramenes wurde mit neun anderen nach Sparta geschickt und ihm Vollmacht verliehen, den Frieden abzuschliefsen[14]). Bevor er aber dahin abreiste, gab er seinen Genossen die Weisung, auf jeden Fall vor seiner Rückkehr jene Männer unschädlich zu machen; denn nicht ohne Grund mochte er von ihrer Seite die heftigste Opposition befürchten, wenn er die von den Lakedämoniern gestellten Bedingungen der Bürgerschaft zur Genehmigung vorlegen würde[15]). Die Oligarchen entledigten sich sehr bald des ihnen von Theramenes erteilten Auftrags. Es gingen beim Rate Denunziationen ein wegen geheimer Umtriebe gegen den Staat; der Rat, mit unumschränkter Gewalt bekleidet (αὐτοκράτωρ)[16]), verfügte die Verhaftung der Denunzierten, welche nachträglich noch von einer in Munychia abgehaltenen Volksversammlung gutgeheifsen ward; die Aburteilung wies das Volk an einen Heliastengerichtshof. Die harten Friedensbedingungen, mit denen Theramenes zurückkehrte, wurden nunmehr, da die Führer der demokratischen Partei im Gefängnis safsen, fast ohne Wider-

7) Xen. II, 2, 17. Vgl. Renner, commentationum Lysiacarum capita duo (Göttingen 1869) S. 8. Luckenbach, de ordine rerum a pugna apud Aegospotamos commissa usque ad triginta viros institutos gestarum (Strafsburg 1878) S. 33, Anm. 2. Ich bemerke hier, dafs ich mich hinsichtlich der Zeitverhältnisse vorzugsweise an Luckenbach angeschlossen habe, dessen Arbeit auch von Röhl, Jahresb. des philol. Vereins 1879, 42 beifällig beurteilt wird. — 8) zu XIII, 13. — 9) XVIII, 4. Luckenbach S. 29 ff. — 10) XXX, 14. Luckenbach S. 31, Anm. 2. — 11) zu XIII, 7. Dafs Dionysodor Taxiarch war, scheint aus der geflissentlichen Hervorhebung der ταξιαρχοῦντες neben den στρατηγοῦντες hervorzugehen, §§ 7. 13. 18. 30. 32. — 12) XIII, 15 f. Luckenbach S. 10 ff. und S. 32 ff. — 13) zu XIII, 16. — 14) Xen. Hell. II, 2, 17. Lys. XIII, 10. — 15) zu XIII, 17. — 16) zu XIII, 20.

spruch angenommen[17]). Kurz darauf kam Lysander aus Samos herbei und liefs unter Flötenspiel einen Teil der Mauern niederreifsen (am 16. Munychion, Frühling 404); zugleich setzte er den Athenern einen Termin, bis zu welchem das Zerstörungswerk vollendet und die vorhandenen Kriegsschiffe im Hafen bereit liegen sollten[18]). Hierauf kehrte er nach Samos zurück. Die zwischen den Oligarchen und Lysander verabredete Verfassungsumwälzung kam zu Stande, als dieser (Sommer 404) nochmals in Athen erschien und in der Versammlung *περὶ τῆς πολιτείας* die Bürgerschaft zur Annahme des von Drakontides gestellten und von Theramenes befürworteten Antrags nötigte, die Regierung einer Behörde von dreifsig Männern zu übertragen. Indem er nämlich darauf hinwies, dafs die Schleifung der Festungswerke nicht innerhalb der festgesetzten Frist zum Abschlufs gebracht worden sei, drohte er wegen dieses Vertragsbruches mit weit härteren Mafsregeln, wenn man sich den Wünschen des Theramenes nicht fügen wolle[19]). Hierauf begab er sich, die ausgelieferten Kriegsschiffe mit sich führend, zum dritten Male nach Samos[20]); die Dreifsig aber liefsen, sobald sie die Regierung angetreten hatten, nicht nur den Rest der Mauern niederreifsen[21]), sondern auch die in Haft befindlichen Häupter der Demokratie von der ihnen ergebenen Bule zum Tode verurteilen. Zu den Hingerichteten gehörte auch Dionysodoros.

3 Zur Ausführung ihrer Entwürfe hatte sich den Oligarchen ein Mensch von geringer Herkunft, Agoratos, der Sohn des Eumares, angeboten, der schon zur Zeit der Vierhundert Verbindungen mit den Fraktionen des Theramenes und Kritias unterhalten hatte und damals wegen vorgeblicher Verdienste um den Staat das Bürgerrecht erhalten haben wollte[22]), eine Angabe, die vom Sprecher der Rede entschieden bestritten wird. Auch jetzt hatte er sich bereit finden lassen, seinen alten Gönnern in die Hände zu arbeiten; von ihm, als angeblichem Teilnehmer an der Verschwörung gegen den Abschlufs des Friedens, waren die Angaben vor dem Rate gemacht worden, die zur Verhaftung und später zum Tode des Dionysodor und der übrigen Denunzierten führten.

4 Bei der weiten Ausdehnung des Begriffs *φόνος* im attischen Kriminalrecht[23]), welche auch den entfernten Urheber (*αἴτιος*) des vorsätzlichen Mordes zum *φονεύς* machte, war es möglich, den Agoratos, obschon er nur das Werkzeug der Oligarchen gewesen war, unmittelbar als *φονεύς* oder *ἀνδροφόνος* zu verfolgen[24]). Warum dies nicht bald nach der Wiederherstellung der Verfassung geschah, geht aus der Rede nicht hervor; vielleicht scheute man doch den frischen Eindruck der Amnestie. Erst geraume Zeit nach

17) Xen. Hell. II, 2, 22. Plut. Lys. 14. — 18) Pöhlig, der Athener Theramenes S. 291. Luckenbach S. 19 ff. — 19) Lys. XII, 71 ff. — 20) Pöhlig S. 297. — 21) Luckenbach S. 21. — 22) XIII, 70 ff. — 23) Einl. zu Rede XII, § 1. — 24) vgl. besonders § 33.

der Wiederherstellung der Demokratie[25]) trat, ermutigt durch einen günstigen Präcedenzfall[26]), Dionysios, der Bruder des hingerichteten Taxiarchen Dionysodor, zugleich mit seinem Vetter, dessen Schwester Dionysodors Gattin gewesen, gegen Agoratos mit einer Klage wegen vorsätzlichen Mordes auf; auch noch andere Verwandte scheinen die Klage mitunterzeichnet zu haben[27]). Die Hauptrolle als Sprecher vor Gericht hatte des Dionysios Vetter, dessen Name unbekannt ist, übernommen.

Die Richtigkeit der Erzählung des Lysias vorausgesetzt, kann 5
Agoratos in der That den *φόνος ἑκούσιος* nicht bestreiten, obgleich der Sprecher offenbar diesen Einwand, den der Angeklagte durch Hinweis auf seine angeblichen Verdienste um den Demos im Jahre 411 und während des Befreiungskampfes unterstützen wollte, erwartet und vorweg abzuschneiden sucht[28]). Ebenso wenig konnte es ihm glücken, die Berechtigung seines Verfahrens nachzuweisen[29]), und die beabsichtigte Abwälzung eines Teils der Schuld (*remotio criminis*) auf einen anderen, Menestratos, ist, wenn wirklich versucht, ein noch unglücklicheres Manöver gewesen. Mehr Hoffnung mochte Agoratos auf andere Momente setzen, durch deren Geltendmachung er allerdings die Sache an sich zugab. Er berief sich auf das Amnestiegesetz, wenn er auch die durch das Gesetz des Archinos[30]) zulässige formelle Einrede (*παραγραφή*, *exceptio*) gegen die Rechtsbeständigkeit der Klage, wie man sieht, unterliefs; es hätte ihm sonst zuerst das Wort zugestanden. Es wird dem Redner nicht leicht, dem Angeklagten diesen Einwand zu entwinden, und gewifs vertraute er weniger auf seine spitzfindige Deduktion[31]) als auf die faktische Lockerung des Gefühls der Verpflichtung auf das Amnestiegesetz, wie sie schon nach wenig Jahren sich eingestellt hatte und durch einzelne Fälle, wie den des Menestratos[32]), bezeugt ist, zuwider den Versicherungen der Redner von der Gewissenhaftigkeit des Demos in diesem Punkte[33]); eine geschickte Bearbeitung des Rachegefühls verfehlte ja nicht leicht ihren Zweck bei athenischen Geschworenen.

Die Abfertigung des Einwandes, die Klage sei zu spät ange- 6
stellt worden, ist juristisch ebenfalls nicht stichhaltig[34]). Weit schwieriger noch war aber die Bekämpfung eines aus der Form der Klage hergenommenen Verteidigungsargumentes. Für gewöhnlich nämlich ward eine Anklage auf Mord als *γραφὴ φόνου* beim

25) §§ 56. 83. Aus dem *πολλῷ χρόνῳ ὕστερον* läfst sich freilich auf das Jahr der Rede auch nicht annähernd schliefsen; doch läfst der Verjährungseinwand (§ 83) vermuten, dafs zwischen That und Prozefs mindestens 5 Jahre verstrichen waren. Blass, Bereds. I, 557 setzt die Rede frühestens ins Jahr 398, Ol. 95, 2. — 26) § 55 ff. — 27) zu § 90; vgl. auch das Gesetzescitat zu § 1. — 28) zu § 19. — 29) zu § 49; vgl. zu XII, 34. — 30) Is. XVIII, 2. Grofser, die Amnestie des Jahres 403 S. 45 f. — 31) § 90. — 32) § 56. — 33) (D.) XL, 46 und besonders Is. XVIII, 21 ff. — 34) zu § 83.

Archon Basileus eingereicht, der dann die Voruntersuchung (*ἀνάκρισις*) führte und nach Beendigung derselben die Entscheidung der Sache einem *δικαστήριον* übertrug, in dem er selbst den Vorsitz (*ἡγεμονία*) hatte. In diesem Falle aber stand dem Angeklagten, der bis zum Verhandlungstage (*ἡ κυρία*) auf freiem Fuſse blieb, die Berechtigung zu, noch im letzten Augenblicke vor dem Verdikt der Geschworenen über Schuldig oder Nichtschuldig durch freiwilliges Exil einer etwaigen Verurteilung sich zu entziehen. Um nun dem Agoratos diese Berechtigung abzuschneiden und der bei einer *γραφὴ φόνου* durch den attischen Gerichtsgang unvermeidlichen Verschleppung der Sache vorzubeugen, hatte Dionysios zu der sogen. *ἀπαγωγή* gegriffen, durch welche der auf frischer That (*ἐπ' αὐτοφώρῳ*, *in ipso facto*, *manifesto*) ergriffene Thäter vom Kläger persönlich ohne vorgängige Ladung (*πρόσκλησις*) zu den Elfmännern (*οἱ ἕνδεκα*), einer Exekutivbehörde, die bei den in Form der Apagoge und der verwandten *ἐφήγησις*[35]) (unter Umständen auch der *ἔνδειξις*) angebrachten Klagen als Gerichtsvorstand kompetent war, abgeführt ward. Das der Apagoge folgende Verfahren war im Vergleich zu dem bei der *γραφὴ φόνου* ein wesentlich abgekürztes. Nahmen die Elfmänner dieselbe an, so ward der Angeklagte sofort ohne weitere Voruntersuchung, dafern er nicht drei Bürgen stellte, in Haft genommen; ein Heliastengericht unter ihrem Vorsitze trat zusammen, welches nach Anhörung der Anklage und Verteidigung sogleich seine Sentenz fällte.

7 Dionysios hatte bei der Anwendung der Apagoge nicht verkannt, daſs ihr in dem Falle des Agoratos das wesentliche Merkmal der Ergreifung des Thäters in flagranti fehle, und hatte in der Klagschrift (ebenfalls *ἀπαγωγή* genannt)[36]) die Worte *ἐπ' αὐτοφώρῳ* klüglich weggelassen. Die Elfmänner aber hatten diesen absichtlichen Formfehler nicht übersehen und den nachträglichen Zusatz *ἐπ' αὐτοφώρῳ* gefordert. Darauf baute Agoratos den Plan, die Gesetzlichkeit der Klagform anzufechten und, ohne das der Anklage zu Grunde liegende Faktum an sich zu bestreiten, den Kläger auf den dem Angeklagten vorteilhafteren Weg der *γραφὴ φόνου* zu verweisen, da er ja nicht bei wirklichem Mord auf frischer That ergriffen worden, demnach auch ihm gegenüber die *ἀπαγωγή* nicht zulässig sei.

8 Offenbar ist dieser Einwand rechtlich wohl begründet. Zwar gab es einen bestimmten Fall, in welchem man auch noch nachträglich den *ἀνδροφόνος* durch Apagoge der Bestrafung überliefern konnte, wenn er sich nämlich, den Bestimmungen des bürgerlichen und sakralen Rechts zuwider, auf der Agora oder an heiligen Stätten betreffen lieſs[37]). Diese Bedingung der Zulässigkeit nach-

35) Schömann, griech. Altertümer I, 507. — 36) zu § 85. — 37) D.

träglicher Apagoge kann aber hier nicht vorgelegen haben, sonst würde der Sprecher nicht verfehlt haben, sich auf dieses Gesetz zu beziehen. Auf die laxere Praxis, die sich allmählich bei der Anwendung der Apagoge eingeschlichen, derzufolge dieselbe manchmal in solchen Fällen angewandt ward, wo zwar der Thäter nicht auf der That ergriffen, aber doch das Faktum unwiderleglich dargethan war und auch vom Thäter nicht betritten ward, so dafs dem Gericht nur die Entscheidung der Schuldfrage übrig blieb[38]), konnte man vor Gericht sich natürlich auch nicht berufen. So blieb dem Sprecher nur der Weg übrig, dem Agoratos diesen Einspruch durch eine sehr sophistische Konklusion zu entziehen, die wesentlich darauf hinausläuft, dafs, da in dem vorliegenden Falle ein ἀποκτείνειν im engsten Sinne gar nicht stattgefunden (da die von Agoratos Denunzierten im Gefängnisse vermutlich durch den Giftbecher geendet hatten), nicht von einem ἀποκτείνας ἐπ' αὐτοφώρῳ die Rede sein könne, sondern nur von einem αἴτιος τοῦ θανάτου ἐπ' αὐτοφώρῳ γενόμενος; Urheber des Todes aber sei Agoratos unzweifelhaft gewesen und als solcher bei seiner Denunziation vor Rat und Volk auf der That ertappt, wenn auch die Verhältnisse die Benutzung dieses Umstandes erst später gestatteten[39]). Dafs diese Deduktion rechtlich nicht schwer wiegt, ist klar; dem Sprecher kam dabei eben die dehnbare Auffassung des ἐπ' αὐτοφώρῳ, wie sie sich faktisch zuweilen erwiesen, zu Hilfe.

Die Schwäche dieser Argumentation konnte dem Lysias selbst 9
nicht entgehen. Darum hat er sie bis gegen das Ende der Rede aufgespart, nachdem zuvor durch die Darstellung der That des Agoratos, welche durchaus als φόνος ἑκούσιος charakterisiert wird, durch die Skizzierung der daran sich knüpfenden schlimmen Folgen, durch die Kritik des früheren Lebens des Agoratos und seiner angeblichen Verdienste um den Demos, durch die Schilderung seiner Usurpation und misbräuchlichen Anwendung des Bürgerrechts, durch den Hinweis auf die allgemeine Verachtung, die ihn in den Reihen der kämpfenden und siegreichen Demokraten getroffen, die Gemüter der Richter hinlänglich bearbeitet sind; den abkühlenden Eindruck, den die Spitzfindigkeit der Widerlegung machen mufste, sucht er dann durch den glänzenden, auf das Rachegefühl der Richter berechneten Epilog wieder zu verwischen. Die Gliederung der Rede ist folgende:

§ 1—4. Prooemium und Disposition (διάθεσις).
§ 5—48. Erzählung des Falles und seiner Folgen (διήγησις).
§ 49—61. Beweisführung (ἀπόδειξις), dafs Agoratos weder

XXIII, 80. Vgl. die ausführliche Besprechung dieser Stelle bei Philippi, der Areopag und die Epheten S. 104 ff. — 38) Rauchenstein, Philol. V, 517 f. Blass, Bereds. I, 553. — Besonders während des Regiments der Dreifsig war die Apagoge misbräuchlich angewandt worden; zu XXV, 15. — 39) zu § 87.

δικαίως noch *ἄκων* getötet habe, somit weder von einer gerechten noch von einer nachsichtigen Behandlung (*συγγνώμη*) des Falls etwas für sich hoffen dürfe, mit Anknüpfung eines instruktiven Präcedenzfalles und Hinweisung auf das Benehmen anderer in ähnlicher Lage, zum Beweise, dafs Agoratos in der Aussicht auf grofse Vorteile *ἑκών* gehandelt habe.

§ 62—82. Argumentatio extra causam (*λόγος ἔξω τοῦ πράγματος*), Schilderung der unwürdigen Persönlichkeit des Angeklagten[40]) im Gegensatz zu seinen Opfern und Beleuchtung seiner angeblichen Verdienste um den Demos in gefährlicher Zeit, wodurch er seine Behauptung, *ἄκων* gehandelt zu haben, moralisch unterstützen wollte.

§ 83—90. Widerlegung (*λύσις*) der Verteidigungsargumente.

§ 91—97. Epilog.

10 Gesprochen ist die Rede vor einem Heliastengerichtshof unter Vorsitz der Elfmänner. Die Strafe im Falle der Verurteilung war bei der Apagoge wegen Mordes der Tod und der Prozefs ein *ἀγὼν ἀτίμητος*, d. h. ein solcher, bei dem das Strafmafs (*τίμημα*) nicht erst durch einen Antrag (*τίμησις*, *litis aestimatio*) des Klägers und Gegenantrag (*ἀντιτίμησις*) des Verklagten gefunden zu werden brauchte, sondern ein für allemal im Gesetze bestimmt war[41]).

40) Auf diese dem sonstigen Leben des Angeklagten entlehnte Argumentation, das sogen. probabile ex vita, ward grofses Gewicht gelegt (Volkmann, Rhetor. S. 319 ff.); Cornif. ad Her. II, 3. Cic. p. Sulla 25, 69: omnibus in rebus, quae graviores maioresque sunt, quid quisque voluerit, cogitarit, admiserit, non ex crimine, sed ex moribus eius, qui arguitur, est ponderandum. p. Rosc. com. 6, 17: dabit nobis tacite vita acta in alterutram partem firmum et grave testimonium. Vgl. Einl. zu Rede XII, § 12. Wie der Angeklagte dieses probabile für sich verwertet, zeigt z. B. Lys. XIX, 55 ff. — 41) Ant. V, 10. Meier, att. Prozess S. 239.

ΚΑΤΑ ΑΓΟΡΑΤΟΥ.

Προσήκει μέν, ὦ ἄνδρες δικασταί, πᾶσιν ὑμῖν τιμωρεῖν 1
ὑπὲρ τῶν ἀνδρῶν, οἳ ἀπέθανον εὖνοι ὄντες τῷ πλήθει τῷ
ὑμετέρῳ, προσήκει δὲ κἀμοὶ οὐχ ἥκιστα· κηδεστὴς γάρ μοι ἦν
Διονυσόδωρος καὶ ἀνεψιός. Τυγχάνει οὖν ἐμοὶ ἡ αὐτὴ ἔχθρα
πρὸς Ἀγόρατον τουτονὶ καὶ τῷ πλήθει τῷ ὑμετέρῳ ὑπάρχουσα·
ἔπραξε γὰρ οὗτος τοιαῦτα, δι' ἃ ὑπ' ἐμοῦ νυνὶ εἰκότως μισεῖται, ὑπό θ' ὑμῶν, ἂν θεὸς θέλῃ, δικαίως τιμωρηθήσεται.

§ 1. **προσήκει μὲν πᾶσιν ὑμῖν — προσήκει δὲ κἀμοὶ οὐχ ἥκιστα**] *δὲ καί* für *δέ* in der Anaphora auch D. XIX, 84: *ματαία μὲν ἡ πρότερον βοήθεια ἡ εἰς Πύλας ὑμῖν γέγονεν, μάταιαι δὲ καὶ αἱ κατὰ Θηβαίων ἐλπίδες* u. ö. Bei Lysias tritt zur Verstärkung des zweiten Gliedes noch *οὐχ ἥκιστα* hinzu. Der sprachliche Ausdruck in dieser Rede weicht mannigfach von der lysianischen Schlichtheit ab, durch würdevollen Ton (zu § 31. 45), ironisches Pathos (vgl. § 38. 44), ausgeführteren Satzbau, die Wahl seltener oder klangvoller Worte und Phrasen; die Persönlichkeit des Sprechers mochte dieses Eingehen auf sein *ἦθος* fordern (Prol. § 14). Vgl. auch zu § 20. 31. 95. — **πᾶσιν ὑμῖν**] Das persönliche Interesse bei der Klage wird als mit dem der Gesamtheit identisch dargestellt, um auf alle die Verpflichtung zu rächendem Einschreiten auszudehnen. Ebenso, und zwar gleichfalls im Prooemium D. XXI, 8. (D.) L, 1. Auf denselben Gedanken kommt Lysias zurück im Epilog § 92. — **κἀμοί**] Der Sprecher, als des Dionysodoros Vetter (*ἀνεψιός*, patruelis) war nächst dem Bruder in erster Linie zur Blutrache verpflichtet; die Verschwägerung (*κηδεστία*, affinitas) verpflichtete dazu erst beim Mangel näherer Verwandten. In einem erhaltenen Fragmente aus der drakontischen Legislatur (Philippi, der Areopag und die Epheten 333 ff.) heifst es: **προειπεῖν** ('sollen Klage erheben') *τῷ κτείναντι ἐν ἀγορᾷ ἐντὸς ἀνεψιότητος καὶ ἀνεψιοῦ* ('die Verwandten, die dem Getöteten näher stehen als die *ἀνεψιοί*', im vorliegenden Falle des Dionysodoros Bruder), **συνδιώκειν** *δὲ καὶ ἀνεψιοὺς καὶ ἀνεψιῶν παῖδας καὶ γαμβροὺς καὶ πενθεροὺς καὶ φράτερας*. — **Ἀγόρατον τουτονί**] zu § 16. — **τοιαῦτα δι' ἃ**] zu § 13. — **ὑπ' ἐμοῦ — ὑπό θ' ὑμῶν**] Das einfache *τέ* zur Verbindung von Sätzen und Satzteilen in attischer Prosa (aufser bei Platon und Thukydides) nicht eben häufig. Kr. 69, 59, 1. Bäumlein, Partikeln 215 ff. Von den Stellen des Lysias, die man für diesen Gebrauch anführt (aufser der vorliegenden I, 17. X, 17. XIII, 82. XIX, 55. XXIII, 3. XXXI, 2. XXXII, 1. 22) hat XIX, 55 gar nichts auffälliges, da dort *οὔτε — οὔτε — τέ* einander entsprechen. XXXI, 2 ist wohl wegen des voranstehenden Gliedes *ἐγὼ δὲ κτλ.* gegen X mit

2 *Διονυσόδωρον γὰρ τὸν κηδεστὴν τὸν ἐμὸν καὶ ἑτέρους πολλούς,*
ὧν δὴ τὰ ὀνόματ' ἀκούσεσθε, ἄνδρας ὄντας ἀγαθοὺς περὶ τὸ
πλῆθος τὸ ὑμέτερον, ἐπὶ τῶν τριάκοντα ἀπέκτεινε, μηνυτὴς
κατ' ἐκείνων γενόμενος. Ποιήσας δὲ ταῦτ' ἐμὲ μὲν ἰδίᾳ καὶ
ἕκαστον τῶν προσηκόντων μεγάλ' ἐξημίωσε, τὴν δὲ πόλιν κοινῇ
πᾶσαν τοιούτων ἀνδρῶν ἀποστερήσας οὐ μικρά, ὡς ἐγὼ νομίζω,
3 *ἔβλαψεν. Ἐγὼ οὖν, ὦ ἄνδρες δικασταί, δίκαιον καὶ ὅσιον*

den übrigen Hdschr. *ἔνεστι δέ* zu schreiben. XXXII, 1 emendiere ich unter Vergleichung der zu XII, 61 citierten Stellen: *νομίζων τ' αἴσχιστον εἶναι — εἰδώς θ' ὅτι*. Doppeltes *τέ* halte ich auch an unserer Stelle für notwendig, und zwar um so mehr, da die Worte *τυγχάνει ἐμοὶ ἡ αὐτὴ ἔχθρα πρὸς Ἀ. τ. καὶ τῷ πλήθει τῷ ὑμετέρῳ ὑπάρχουσα* auf diese wechselseitige Verknüpfung der Glieder, die durch *τέ — τέ* bewirkt wird, im voraus hinweisen; vgl. auch § 3: *κἀμοὶ καὶ ὑμῖν ἅπασι*. Ob *ὑπό τ' ἐμοῦ* oder *ὑπ' ἐμοῦ τε* vorzuziehen, ist fraglich. Mit *ὑπό τ' ἐμοῦ — ὑπό θ' ὑμῶν* kann man vergleichen Ant. II, α, 9. β, 7. III, α, 1. β, 10; *ὑπ' ἐμοῦ τε — ὑπό θ' ὑμῶν* würde sich sehr wohl rechtfertigen lassen durch *περὶ αὐτῶν μέν — περὶ δὲ τῶν δεσποτῶν* Lys. VII, 35 und vieles andere der Art (de arg. ex contr. 114 ff.). XIII, 82 betrachtet man die Stelle, in der *τέ* vorkommt (*οὐδεὶς γὰρ — αἴτιος*), nicht ohne Grund als Interpolation. — **ἂν θεὸς θέλῃ**] In dieser Formel (im Prooemium ebenso [D.] XXV, 2) **selten** *ἐθέλῃ*, nur bei Platon häufiger (Lach. 201[c]. Phaed. 69[d]. Hipp. I, 286[c]. Ion 530[b]. Alk. I, 127[e]. 135[d]). Der vorherrschende Singular (*ἂν θεοὶ θέλωσιν* Arist. Plut. 405. Alexis bei Athen. VIII, 340[b], *ἂν οἱ θεοὶ θέλωσιν* Ant. I, 20. Aesch. III, 57. D. II, 20. Xen. Anab. VII, 3, 31. Kyr. VII, 1, 9) Rest einer unbewufsten monotheistischen Anschauung, wie in *σὺν θεῷ εἰρήσεται, σὺν θεῷ εἰπεῖν* und *πράττειν* (*σὺν θεοῖς εἰπεῖν* [D.] XXIX, 1), *ἢν θεὸς διδῷ* (Xen. Oik. 7, 12), *ἢν ὁ θεὸς εὖ διδῷ* (Xen. Kyr. III, 1, 34), *ἢν μὴ θεὸς ἀποκωλύῃ* (Xen. Oik. 5, 13), *ἐὰν τῷ θεῷ φίλον ᾖ* ([Plat.] Theag. 130[e]), *ὅπῃ τῷ θεῷ φίλον* (Plat. Apol. 19[a]), *ὅ τι ἂν τῷ θεῷ φίλον ᾖ* (Xen. Hell. VII, 4, 9. — *εἰ ταύτῃ τοῖς θεοῖς φίλον* Plat. Krit. 43[d]), *ἐπειδὴ ταύτῃ ὁ θεὸς ὑφηγεῖται* (Plat. Krit. 54[e]).

§ 2. *γάρ*] weitere Ausführung des Gedankens: *ἔπραξε γὰρ τοιαῦτα, δι' ἃ κτλ.* — *ὧν δή*] *δή*, (mit *δῆλος* verwandt) 'ja', stellt den Inhalt des Relativsatzes als etwas Selbstverständliches, Vorauszusetzendes hin; vgl. XXV, 9. Bäumlein, Partikeln 106. — *ἀκούσεσθε*] § 38. — *ἐπὶ τῶν τριάκοντα*] nicht Zeitbestimmung, deren es nicht bedurft hätte, sondern Erinnerung an die Lage des Staates, in der sich Agor. zum Denunzianten (*μηνυτής*, zu XII, 23) hergab; vgl. zu § 70. Was in den Worten liegt, ist deutlich aus Is. XVIII, 18: *δοκεῖ ἂν ὑμῖν, ὅστις ἐπὶ τῶν τριάκοντα κόσμιον αὑτὸν παρέσχεν, εἰς τοῦτον ἀποθέσθαι τὸν χρόνον ἀδικεῖν, ἐν ᾧ καὶ τοῖς πρότερον ἡμαρτηκόσι μετέμελεν;* — *ἀπέκτεινε*] zu XII, 23. — *ἐξημίωσε*] durch den Verlust der Verwandten, noch dazu in bedrängter Zeit; die Hervorhebung des dadurch erlittenen Schadens entspricht der alten Anschauung von einer Kompensation des Mordes durch das Sühngeld (*ποινή*, wêrgelt) im homerischen Zeitalter (vgl. Schömann, antt. jur. publ. Graec. 73. griech. Altert. I, 48). — *ἔβλαψεν*] durch den Verlust der wackeren Bürger.

§ 3. *δίκαιον καὶ ὅσιον*] wofür § 93 *νόμιμον — ὅσιον*. Der Mörder verletzt das menschliche Recht (*δίκαιον*, jus) wie das göttliche (*ὅσιον*, fas); Ant. IV, α, 2: *ὅστις ἀνόμως τινὰ ἀποκτείνει, ἀσεβεῖ μὲν περὶ τοὺς θεούς, συγχεῖ δὲ τὰ νόμιμα*

ἡγοῦμαι εἶναι κἀμοὶ καὶ ὑμῖν ἅπασι τιμωρεῖσθαι καθ' ὅσον
ἕκαστος δύναται· καὶ ποιοῦσι ταῦτα νομίζω ἡμῖν καὶ παρὰ
θεῶν καὶ παρ' ἀνθρώπων ἄμεινον ἂν γίγνεσθαι. Δεῖ δ' 4
ὑμᾶς, ὦ ἄνδρες Ἀθηναῖοι, ἐξ ἀρχῆς τῶν πραγμάτων ἁπάντων
ἀκοῦσαι, ἵν' εἰδῆτε πρῶτον μὲν ᾧ τρόπῳ ὑμῖν ἡ δημοκρατία
κατελύθη καὶ ὑφ' ὅτου, ἔπειθ' ᾧ τρόπῳ οἱ ἄνδρες ὑπ' Ἀγοράτου ἀπέθανον, καὶ δὴ ὅ τι ἀποθνήσκειν μέλλοντες ἐπέσκηψαν·
ἅπαντα γὰρ ταῦτ' ἀκριβῶς ἂν μαθόντες ἥδιον καὶ ὁσιώτερον

τῶν ἀνθρώπων. Vgl. § 97. — ἕκαστος δύναται] wir Verwandte als Kläger, ihr als Richter. — καὶ παρὰ θεῶν — γίγνεσθαι] Wir: 'es wird uns bei Göttern und Menschen zum Besten dienen', wie Plat. Staat V, 463ᵈ: μήτε πρὸς θεῶν μήτε πρὸς ἀνθρώπων αὐτῷ ἄμεινον ἔσεσθαι, ὡς οὔτε ὅσια οὔτε δίκαια πράττοντος ἄν, εἰ ἄλλα πράττοι ἢ ταῦτα. Vgl. auch Is. XI, 28: εἰ καὶ μηδὲν αὐτῷ πλέον γίγνοιτο παρὰ τῶν θεῶν, ἀλλ' οὖν παρά γε τοῖς ἀνθρώποις ἐκ τούτων μάλιστ' εὐδοκιμήσειν. Plat. Staat II, 362ᶜ: οὕτω φασὶ παρὰ θεῶν καὶ παρ' ἀνθρώπων τῷ ἀδίκῳ παρεσκευάσθαι τὸν βίον ἄμεινον ἢ τῷ δικαίῳ. Der Chiasmus δίκαιον — ὅσιον = παρὰ θεῶν — παρ' ἀνθρ. wie Ant. I, 25: καὶ γὰρ ἂν δικαιότερον καὶ ὁσιώτερον καὶ πρὸς θεῶν καὶ πρὸς ἀνθρώπων γίγνοιτο ὑμῖν. — ἄμεινον] sc. ἢ μὴ ποιοῦσι; Madvig 93ᵇ. Daſs dieser scheinbar den Positiv vertretende Komparativ durch die Beziehung auf die entgegengesetzte Handlungsweise zu erklären ist, beweisen Stellen wie Xen. Oik. 20, 9: προκαταλαμβάνειν τὰ ἐπίκαιρα κρεῖττον ἢ μή. So schon bei Homer oft ἄμεινον, dann auch βέλτιον, κάκιον, χεῖρον, κάλλιον, ἥδιον (XII, 61. Plat. Gorg. 514ᵃ); vgl. z. B. die feierliche Formel bei Xen. πόροι 6, 2: ἐπερέσθαι τοὺς θεοὺς εἰ λῷον καὶ ἄμεινον εἴη τῇ πόλει (Rehdantz zu Xen. Anab. VII, 6, 44). Ähnliche Wendungen zu XXV, 13. XXXII, 1.

§ 4. δεῖ δέ] Über den transitus zur διήγησις Anh. zu XII, 3. — πρῶτον] § 5—17, ἔπειτα bis § 38, καὶ δή bis § 42. Der § enthält die sogen. προκατασκευή, die propositio und partitio. Volkmann, Rhetor. 128. — ᾧ τρόπῳ — ὑφ' ὅτου — ᾧ τρόπῳ — ὅ τι] Das Relativum nach Verben des Sagens, Wahrnehmens, Wissens sehr häufig; aus Lys. vgl. § 8. I, 20. XIX, 12. XXIV, 15. XXV, 7. Koch 79, 1. Stehend ist dasselbe im abhängigen Ausruf (οἷος, ὅσος, ἡλίκος, ὡς, vgl. z. B. unten § 38. 44), dagegen wohl ungebräuchlich in Sätzen mit deliberativem Sinn (vgl. Anh.). Mit dem indirekten Fragwort wechselt es, wie hier, auch Soph. Oed. K. 571: σὺ γάρ μ' ὅς εἰμι κἀφ' ὅτου πατρὸς γεγὼς καὶ γῆς ὁποίας ἦλθον, εἰρηκὼς κυρεῖς. Thuk. I, 137, 2: φράζει τῷ ναυκλήρῳ ὅστις ἐστὶ καὶ δι' ἃ φεύγει. (D.) LIX, 43, mit dem direkten Is. I, 5: μέλλομέν σοι συμβουλεύειν, ὧν χρὴ τοὺς νεωτέρους ὀρέγεσθαι καὶ τίνων ἔργων ἀπέχεσθαι καὶ ποίοις τισὶν ἀνθρώποις ὁμιλεῖν καὶ πῶς τὸν ἑαυτῶν βίον οἰκονομεῖν (wo Schneider). Luk. Totengespr. XXVII, 1, mit beiden Luk. Char. 1: ἐπεθύμησα ἰδεῖν ὁποῖά ἐστι τὰ ἐν τῷ βίῳ καὶ ἃ πράττουσιν οἱ ἄνθρωποι ἐν αὐτῷ ἢ τίνων στερόμενοι πάντες οἰμώζουσι κατιόντες παρ' ἡμᾶς. — ᾧ τρόπῳ — ἀπέθανον] Ankündigung der Qualifikation des Mordes als φόνος ἑκούσιος. — καὶ δή] 'und namentlich'. Kr. 69, 17, 5. — ἐπέσκηψαν] ἐπισκήπτειν wie mandare häufig von letztwilligen Aufträgen (ἐπισκήψεις Isae. IX, 36); vgl. § 41. 42. 94. XXXII, 6. Ant. I, 1. 29. 30. Isae. III, 69. IX, 19. Aesch. I, 146. D. XXVIII, 15. XXXVI, 32. Soph. Aj. 566. Eur. Alk. 365. Ebenso ἐπιστέλλειν Ant. I, 30. Plat. Phaed. 115ᵇ (wo Stallbaum) und ἐντέλλεσθαι Apsin. Rhet. 12 (I, 404 Sp.) — ἀκρ. ἂν μαθόντες] ἄν,

Ἀγοράτου τουτουῒ καταψηφίζοισθε. Ὅθεν οὖν ἡμεῖς τε ῥᾷστα
διδάξομεν καὶ ὑμεῖς μαθήσεσθε, ἐντεῦθεν ὑμῖν ἄρξομαι διηγεῖσθαι.
5 Ἐπειδὴ γὰρ αἱ νῆες αἱ ὑμέτεραι διεφθάρησαν καὶ τὰ
πράγματα τὰ ἐν τῇ πόλει ἀσθενέστερα ἐγεγένητο, οὐ πολλῷ
χρόνῳ ὕστερον αἵ τε νῆες αἱ Λακεδαιμονίων ἐπὶ τὸν Πειραιᾶ
ἀφικνοῦνται καὶ ἅμα λόγοι πρὸς Λακεδαιμονίους περὶ τῆς
6 εἰρήνης ἐγίγνοντο. Ἐν δὲ τῷ χρόνῳ τούτῳ οἱ βουλόμενοι
νεώτερα πράγματ' ἐν τῇ πόλει γίγνεσθαι ἐπεβούλευον, νομίζοντες κάλλιστον καιρὸν εἰληφέναι καὶ μάλιστα [ἐν τῷ τότε

weil einmal gern an Adverbien sich anschliefsend, von *καταψηφίζοισθε* weit getrennt. Vgl. (D.) prooem. 21, 1: *οὔτε τὰ νῦν ἂν γεγενημένα συμβῆναι νομίζω*. Ähnlich **unten** § 18, womit vgl. Ant. VI, 29: *δεινὸν εἰ οἱ αὐτοὶ μὲν μάρτυρες τούτοις ἂν μαρτυροῦντες πιστοὶ ἦσαν, ἐμοὶ δὲ μαρτυροῦντες ἄπιστοι ἔσονται*. Anders sind die Stellen zu beurteilen, wo *ἄν* dem Ptcp. und Verb. fin. zugleich angehört, wie Lys. VII, 14. (D.) XLV, 71. — *ἥδιον*] 'mit gröfserer Lust'. Nach der volkstümlichen Anschauung von der Sittlichkeit des Wiedervergeltungs**rechtes** (zu XII, 60) ist die Rache **eine Lust**. Arist. Rhet. I, 11: *τὸ τιμωρεῖσθαι ἡδύ*. Thuk. VII, 68, 2: *ἐχθροὺς ἀμύνασθαι ἐκγενησόμενον ἡμῖν*, **τὸ** *λεγόμενόν που ἥδιστον εἶναι*. **Eur.** Herc. fur. 732: *ἔχει γὰρ ἡδονὰς θνήσκων ἀνὴρ ἐχθρὸς τίνων τε τῶν δεδραμένων δίκην*. Xen. Hell. IV, 1, **10**. — *ὁσιώτερον*] 'mit gröfserer Gewissensruhe', weil mit voller Überzeugung, *ὁσίως* zu handeln; in wiefern dies, zeigt § 92. — *ὅθεν*] Er holt weiter aus, als die Sache eigentlich notwendig machte, um des Agor. Denunziation als wesentliches Glied in der Kette der oligarch. Umtriebe erscheinen **lassen**. — *ἡμεῖς*] zu § 90.

§ 5. *ἐπειδὴ — διεφθάρησαν*] *ἐν τῇ τελευταίᾳ ναυμαχίᾳ* setzt Lys. **XXI, 9 hinzu** (zu XII, 43). Wie hier auch **And. I, 73**. 142; genauer Is. VII, **64**: *ἐπειδὴ τὰς ναῦς τὰς περὶ Ἑλλήσποντον ἀπωλέσαμεν*. Ohne nähere Bestimmung auch Lys. XXX, 10: *ἀπολομένων τῶν νεῶν* (*ἐν Ἑλλησπόντῳ* [Lys.] II, 58). — *ἀσθενέστερα*] 'mehr und mehr unhaltbar', wie Thuk. VII, 48, 1: *Νικίας ἐνόμιζε μὲν πονηρὰ σφῶν τὰ πράγματα εἶναι, τῷ δὲ λόγῳ οὐκ ἐβούλετο αὐτὰ ἀσθενῆ ἀποδεικνύναι*. Gegensatz Thuk. III, 18, 1: *καταστησάμενοι τὰ ἐν ταῖς πόλεσι ταύταις βεβαιότερα*. Nicht nur die Erschöpfung der Streitkräfte, sondern auch die bei Xenoph. Hell. II, 2, 3 geschilderte Verzweiflung der Bürgerschaft und die Umtriebe der Oligarchen (vgl. XII, 44) verhinderten wirksame Verteidigungsmafsregeln, obgleich ein energischer **V**olksbeschlufs vorlag (Xen. a. a. **O.** § 4). — *ἐγεγένητο*] zu XII, 53. — *οὐ πολλῷ — ὕστερον*] etwa zwei Monate nach **der** in den August oder September **d**. J. 405 fallenden Schlacht. — *ἐπί*] Xen. Hell. II, 2, 9: *Λύσανδρος ὁρμήσας Σαλαμῖνα ὡρμίσατο πρὸς* **τὸν** *Πειραιᾶ ναυσὶ πεντήκοντα* **καὶ ἑκατὸν** *καὶ τὰ πλοῖα εἶργε τοῦ εἴσπλου*. — *ἀφικνοῦνται — ἐγίγνοντο*] Der Wechsel der Tempora **wie** § 67. XII, 10. I, 23 und öfter bei Lys. Kr. 53, 1, 11. — *λόγοι*] zu XII, 53. Über die ersten von den Ephoren höhnisch zurückgewiesenen Friedensanerbietungen Athens Xen. Hell. II, 2, 11—13. — *περὶ τῆς εἰρήνης*] 'über **den** allbekannten, nachmals zu Stande gekommenen Frieden', daher der Artikel, wie §§ 8. **9**. Vgl. zu XII, 53 **und** XIII, 80

§ 6. *ἐπεβούλευον*] Das Impf.: 'schmiedeten ihre Pläne', machinas struebant; so XIX, 3. Isae. VI, 35. — *καὶ μάλιστα*] 'vel maxime' (vgl. Thuk. V, 106. Plat. Phaed. 61[d].

χρόνῳ] τὰ πράγμαθ', ὡς αὐτοὶ ἠβούλοντο, καταστήσασθαι.
Ἡγοῦντο δ' οὐδὲν ἄλλο σφίσιν ἐμποδὼν εἶναι ἢ τοὺς τοῦ δή- 7
μου προεστηκότας καὶ τοὺς στρατηγοῦντας καὶ ταξιαρχοῦντας.
Τούτους οὖν ἐβούλοντο ἁμῶς γέ πως ἐκποδὼν ποιήσασθαι,
ἵνα ῥᾳδίως ἃ βούλοιντο διαπράττοιντο. Πρῶτον μὲν οὖν
Κλεοφῶντι ἐπέθεντο ἐκ τοιούτου τρόπου. Ὅτε γὰρ ἡ πρώτη 8

Lyk. **139**. Aesch. I, 27) mit dem Folgenden zu verbinden. — καταστήσασθαι] abhängig von καιρὸν εἰληφέναι. Kr. 50, 6, 4. Zum Gedanken vgl. XXII, 15: εἰς τοῦτ' ἔχθρας ἐληλύθασιν, ὥστ' ἐν τούτοις τοῖς καιροῖς ἐπιβουλεύουσιν ἡμῖν, ἐν οἷσπερ οἱ πολέμιοι.

§ 7. τοὺς τοῦ δήμου προεστηκότας] Einflufsreiche Volksführer ohne amtliche Auktorität heifsen in der Regel entweder, wie hier, τοῦ δήμου προεστηκότες (Xen. Hell. I, 7, 2; vgl. Thuk. III, 70, 3: τοῦ δήμου προειστήκει) oder δήμου (Thuk. VI, 35, 2), τοῦ δήμου (Thuk. III, 75, 2. IV, 46, 4. VIII, 89, 4. Xen. Hell. III, 2, 27; vgl. Thuk. III, 82, 1: τοῖς τῶν δήμων προστάταις), τῆς πόλεως (Is. VIII, 54. XII, 15. Xen. Mem. I, 2, 40) προστάται Vgl. auch Xen. Hell. III, 5, 1: τοῖς προεστηκόσιν ἐν ταῖς πόλεσιν, sowie Arist. Ritt. 1128: κλέπτοντα βούλομαι τρέφειν ἕνα προστάτην (Worte des Demos) und die ähnlichen Stellen Ekkl. 176. Plut. 920. Die Benennung δημαγωγός hat zwar noch nicht immer bei den Rednern (vgl. Lys. XXVII, 10, Is. VIII, 126. XV, 234. Aesch. III, 78. 134), wohl aber seit Aristoteles meist einen verächtlichen Klang. — τοὺς στρατηγ. καὶ ταξ.] Die Taxiarchen sind die Befehlshaber der 10 τάξεις, in welche, der Zahl der Stämme entsprechend, das athenische Bürgerfufsvolk eingeteilt war; dem Kollegium der 10 Strategen dagegen war das gesamte Militärwesen mit Einschlufs der Kriegsministerial- und Intendanturgeschäfte anvertraut. Vgl. zu § 82. XXXII, 5. Schömann, griech. Altert. I, 446 ff. — Die Neuwahlen der Strategen nach der Niederlage von Aegospotamoi, aus welcher keiner der kommandierenden sechs Feldherrn nach Athen zurückgekehrt war, waren nach dieser Stelle und nach Lys. XVIII, 4 im gemäfsigt demokr. Sinne ausgefallen. — Vor ταξ. wollte man den Artikel; aber τοὺς στρατ. καὶ ταξ. fafst die höheren Offiziere zusammen gegenüber den Demagogen. Vgl. Lyk. 90: ὥσπερ οὐ πάντας καὶ τοὺς κλέπτοντας καὶ ἱεροσυλοῦντας τούτῳ τῷ τεκμηρίῳ χρωμένους. (Lys.) VI, 39: οὐχ ἕνεκα ἑνὸς ἀνδρός, ἀλλ' ἕνεκα ἡμῶν τῶν ἐξ ἄστεος καὶ ἐκ Πειραιῶς αἱ συνθῆκαι ἐγένοντο. Madvig § 16[b]. Vömel zu D. XX, 105. Rehdantz zu Xen. Anab. VII, 1, 13. — ἁμῶς γέ πως] aliquo pacto, wie ἁμοῦ γέ που alicubi XXIV, 20, anderwärts ἁμῇ γέ πῃ, ἁμόθεν γέ ποθεν. Zu Grunde liegt das sogen. dorische Indefinitum ἁμός (ἀμός) = τίς. Bei einem, Eukrates, versuchten es die Oligarchen in Güte, doch ohne Erfolg. Lys. XVIII, 4 f. — πρῶτον μὲν οὖν] ohne korrespondierendes ἔπειτα; die Intrigue gegen die Offiziere wird von § 17 an ohne Rückbeziehung auf die gegen Kleophon berichtet. — Κλεοφῶντι] Kleophon, μέγιστος ὢν τότε δημαγωγός (Diodor XIII, 53), erbitterter Feind der Oligarchen (Lys. XXX, 10) und beharrlicher Gegner des Friedens (Breitenbach zu Xen. Hell. I, 1, 23. 6, 38. II, 2, 15), daher den oligarch. Verschworenen ein Dorn im Auge (Lys. XXX, 12), doch bei aller Unbesonnenheit und Leidenschaftlichkeit ein ehrlicher und uneigennütziger Patriot (XIX, 48). Höhnisch nannten ihn seine Gegner λυροποιός (Aesch. II, 76. And. I, 146), vermutlich weil er eine Lyrafabrik besafs.

§ 8. ἡ πρώτη ἐκκλησία] in welcher auf Kleophons Antrag die anfänglichen spartan. Propositionen

ἐκκλησία περὶ τῆς εἰρήνης ἐγίγνετο καὶ οἱ παρὰ Λακεδαιμονίων
ἥκοντες ἔλεγον, ἐφ' οἷς ἕτοιμοι εἶεν τὴν εἰρήνην ποιεῖσθαι
Λακεδαιμόνιοι, εἰ κατασκαφείη τῶν τειχῶν τῶν μακρῶν ἐπὶ
δέκα στάδια ἑκατέρου, τόθ' ὑμεῖς τε, ὦ ἄνδρες Ἀθηναῖοι, οὐκ
ἠνέσχεσθ' ἀκούσαντες περὶ τῶν τειχῶν τῆς κατασκαφῆς, Κλεοφῶν θ' ὑπὲρ ὑμῶν πάντων ἀναστὰς ἀντεῖπεν, ὡς οὐδενὶ
9 τρόπῳ οἷόν τ' εἴη ποιεῖν ταῦτα. Μετὰ δὲ ταῦτα Θηραμένης,
ἐπιβουλεύων τῷ πλήθει τῷ ὑμετέρῳ, ἀναστὰς λέγει ὅτι, ἐὰν
αὐτὸν ἕλησθε περὶ τῆς εἰρήνης πρεσβευτὴν αὐτοκράτορα, ποιήσειν ὥστε μήτε τῶν τειχῶν διελεῖν μήτ' ἄλλο τὴν πόλιν
ἐλαττῶσαι μηδέν· οἴοιτο δὲ καὶ ἄλλο τι ἀγαθὸν παρὰ Λακε-

zurückgewiesen wurden (Xen. Hell. II, 2, 15). — ἥκοντες] zu XII, 16. Sie waren nur bis Sellasia gekommen (Xen. Hell. II, 2, 13). — ἐφ' οἷς] zu § 4. Ebenso Xen. Hell. II, 2, 22: ἀπήγγελλον οἱ πρέσβεις, ἐφ' οἷς οἱ Λακεδ. ποιοῖντο τὴν εἰρήνην. — εἰ κατασκαφείη κτλ.] Der Sprecher hebt nur den im Ohre der Athener am härtesten klingenden Punkt der lakedämonischen Forderungen hervor, während gerade diesen Aeschines II, 76 aus dem entgegengesetzten rhetorischen Interesse verschweigt. Die Lakedämonier wollten den Athenern ihre Verfassung und Autonomie, von den Insularbesitzungen aber nur Lemnos, Imbros und Skyros lassen. — τῶν τειχῶν τῶν μακρῶν] Die 40 Stadien langen Parallelmauern (τὰ σκέλη, τὸ βόρειον und τὸ νότιον τεῖχος) zwischen der Ringmauer (κύκλος) der Stadt und den Befestigungen der Peiräeushalbinsel (XII, 40). — ἐπὶ δέκα στάδια] 'eine Strecke von 10 Stadien' Subj. zu κατασκαφείη, wie es § 14 und Xen. Hell. II, 2, 15 (τῶν μακρῶν τειχῶν ἐπὶ δέκα σταδίους καθελεῖν ἑκατέρου) Objekt ist. Kr. 60, 8, 2. — περὶ τῶν τειχῶν τῆς κατασκαφῆς] Xen. Hell. II, 2, 15: περὶ τῶν τειχῶν τῆς καθαιρέσεως. And. I, 15. 34. Kr. 47, 9, 19.

§ 9. ἐπιβουλεύων — ὑμετέρῳ] Nachdrückliche Würdigung der wahren Absichten des Theramenes. Vgl. zu XII, 26 und Cic. de leg. agr. II, 6, 16: sin insidias fieri libertati vestrae simulatione largitionis intelligetis. — ἐὰν — αὐτοκράτορα] αὐτόν ein betontes 'ihn'. αὐτοκράτωρ: legatus cum auctoritate (Cic. ad Attic. I, 19, 2, Gegensatz: l. cum mandatis). — ὅτι — ποιήσειν] Vgl. Thuk. V, 46, 3: εἰπεῖν ἐκέλευον ὅτι καὶ σφεῖς, εἰ ἐβούλοντο ἀδικεῖν, ἤδη ἂν Ἀργείους ξυμμάχους πεποιῆσθαι. Wie ὅτι zur Einführung der direkten Rede gebraucht wird, so dient es nebst ὡς bisweilen auch zur Ankündigung von Infinitiv-, Participial- und Fragsätzen. Mehr de arg. ex contr. 318 f. (Add. 392 f.) und im Anh. — ποιήσειν] sc. τὴν εἰρήνην (vgl. zu § 16). — ὥστε] = ἐφ' ᾧτε. Kr. 65, 3, 1. Subjekt zu διελεῖν und ἐλαττῶσαι ist Theram. selbst; die Infinitive vom Zugeständnis, nicht vom Vollzug der Bedingungen wie XII, 68 die Participia. — τῶν τειχῶν διελεῖν] τῶν τειχῶν Genit. partit.: '(ein Stück) der Mauern abzutragen (eig. auseinander zu reifsen'), wie Thuk. V, 2, 4: διελὼν τοῦ παλαιοῦ τείχους. Gorg. Pal. 12; auch διασκάπτειν τοῦ τείχους Plut. Pyrrh. 33 (παραλύσας τι τοῦ διατειχίσματος Appian Samnit. 4). — οἴοιτο δέ] Der Optativ setzt nach dem Accus. c. Infin. oder nach ὅτι und ὡς, besonders in Sätzen mit οὖν, δέ, γάρ, seltener οὔκουν (And. I, 40) und μέντοι (Ant. VI, 22) die oratio obliqua fort. Kr. 54, 6, 4. So § 78 und oft bei den Rednern, Xenophon, Platon. Auffälliger nach einem Particip Isae. IX, 5. — ἄλλο τι ἀγα-

δαιμονίων τῇ πόλει **εὑρήσεσθαι.** *Πεισθέντες δ' ὑμεῖς εἵλεσθ'* 10
ἐκεῖνον πρεσβευτὴν αὐτοκράτορα, ὃν τῷ προτέρῳ ἔτει στρα-
τηγὸν χειροτονηθέντ' ἀπεδοκιμάσατ' οὐ νομίζοντες εὔνουν
εἶναι τῷ πλήθει τῷ ὑμετέρῳ. Ἐκεῖνος μὲν οὖν ἐλθὼν εἰς 11
Λακεδαίμονα ἔμεινεν ἐκεῖ πολὺν χρόνον, καταλιπὼν ὑμᾶς πο-
λιορκουμένους εἰδὼς τὸ ὑμέτερον πλῆθος ἐν ἀπορίᾳ ἐχόμενον
καὶ διὰ τὸν **πόλεμον** *καὶ τὰ κακὰ τοὺς πολλοὺς τῶν ἐπιτηδείων*

θόν] erinnerte die Athener an einen häufig in ihren Volksbeschlüssen (vgl. Aesch. II, 104) gebrauchten Ausdruck von guter Vorbedeutung. — Zur Sache vgl. XII, 68 und Pöhlig S. 287.

§ 10. *εἵλεσθε*] *ἀντιλεγόντων πολλῶν* XII, 69. Wie aus Xen. Hell. II, 2, 16 ff. hervorgeht, sind zwei Reisen des Theramenes verschmolzen, die eine nach Samos zum Lysander, ohne bestimmte Vollmacht, um die Absichten der Lakedämonier überhaupt zu sondieren, die andere nach Lakedämon zum Abschlufs des Friedens. Diese Verschmelzung hat wieder andere Irrtümer nach sich gezogen, die namentlich die Zeitverhältnisse der weiterhin erzählten Begebenheiten betreffen. Die wahrscheinliche Reihenfolge der Ereignisse Einl. §§ 1 und 2. — *ἐκεῖνον*] mit neun anderen nach Xenophon. — *τῷ προτέρῳ ἔτει*] bei der vorwiegend im oligarchischen Sinne ausgefallenen Ergänzungswahl nach dem Feldherrnprozefs (Xen. Hell. II, 1, 16) im Frühjahre 405. — *χειροτονηθέντα*] Die Strategen gehörten wie alle militär. Befehlshaber zu den durch Handwahl (*χειροτονία*), nicht durchs Los (*κύαμος*) zu designierenden Beamten. Schömann, Altert. I, 414 und 446. — *ἀπεδοκιμάσατε*] Über die Prüfung (*δοκιμασία*) der Strategen (Lys. XV, 6. Arist. Acharn. 598) und der anderen Beamten vor dem Amtsantritt vgl. die Einl. zu Rede XXV, § 4. — *οὐ νομίζοντες — ὑμετέρῳ*] Vgl. dagegen Pöhlig S. 282 f. — Über das in diesem § enthaltene *ἐνθύμημα ἐκ μάχης* vgl. Apsin. Rhet. 10 (I, 379 Sp.): *μάχη δ' ἐστίν, ὅταν τις τὰ ἐναντία ἑαυτῷ ποιήσῃ.*

§ 11. *ἐκεῖ*] Xen. Hell. II, 2, 16: *πεμφθεὶς δὲ διέτριβε* **παρὰ** *Λυσάνδρῳ τρεῖς μῆνας* **καὶ** *πλείω.* — *καταλιπὼν — εἰδὼς — νομίζων*] Nicht ein Asyndeton, sondern *καταλιπών* ist kausal dem *εἰδώς*, *εἰδώς* konzessiv und *νομίζων* kausal dem *ἔμεινεν* untergeordnet. Ähnliche scheinbare Asyndeta von Participien §§ 63. 67. VII, 17. XVI, 16. XIX, 4. 13. 34. Kr. 56, 15. 2. 5. — *πολιορκουμένους*] zur See durch den von Lysandros zurückgelassenen Teil der Flotte, zu Lande durch die Könige Agis und Pausanias. — *διὰ τὸν πόλεμον* **καὶ τὰ κακά**] 'wegen des Kriegs und seiner Leiden', schwerlich zu rechtfertigen durch Stellen wie Arist. Acharn. 201: *πολέμου καὶ κακῶν ἀπαλλαγείς.* (Lys.) VI, 47, wo wohl mit Umstellung der Worte *καὶ αὐτοί* zu schreiben ist: *ἀναμνήσθητε δὲ ἐξ ὅσων κακῶν καὶ πολέμου καὶ αὐτοὶ ὑμᾶς αὐτοὺς περιεποιήσατε καὶ τὴν πόλιν.* Is. XII, 164: *ἐν πολλοῖς κακοῖς καὶ πολέμοις καὶ ταραχαῖς.* Unsicher ist die Lesart Aesch. III, 170: *παρὰ τὰ δεινὰ καὶ τοὺς πολέμους*, da hier ein Teil der Hdschr. *τοὺς κινδύνους* hat, weshalb Weidner nur *παρὰ τὰ δεινά* für echt hält. Allem Anschein nach ist vor *κακά* entweder (mit Reiske) *τούτου* oder *τοῦ πολέμου* einzufügen. Vgl. D. IV, 36: *ἐν τοῖς περὶ τοῦ πολέμου καὶ τῇ τούτου παρασκευῇ.* Aesch. III, 58: *διὰ Δημοσθένην καὶ Φιλοκράτην καὶ τὰς τούτων δωροδοκίας.* (D.) XXVI, 4, und D. VIII, 39: *ἐχθρὸς ὅλῃ τῇ πόλει καὶ τῷ τῆς πόλεως ἐδάφει.* XXI, 96: *ὑπὸ Μειδίου καὶ τοῦ Μειδίου πλούτου* (§ 188: *οὐ διὰ Μειδίαν οὐδὲ διὰ τοὺς Μειδίου παῖδας*), dazu auch D. XIX, 335: *διὰ τούτους καὶ τὴν τούτων δωροδοκίαν.* XXI, 20. (D.) XLIII, 72.

ἐνδεεῖς ὄντας, νομίζων, εἰ διαθείη ὑμᾶς ὥσπερ διέθηκεν, ἀσμέ-
12 *νως ὁποιαντινοῦν ἐθελῆσαι ἂν εἰρήνην ποιήσασθαι. Οἱ δ' ἐνθάδε ὑπομένοντες καὶ ἐπιβουλεύοντες καταλῦσαι τὴν δημοκρατίαν εἰς ἀγῶνα Κλεοφῶντα καθιστᾶσι, πρόφασιν μὲν ὅτι οὐκ ἦλθεν εἰς τὰ ὅπλα, ἀναπαυσόμενος, το δ' ἀληθὲς ὅτι ἀντεῖπεν ὑπὲρ ὑμῶν μὴ καθαιρεῖν τὰ τείχη. Ἐκείνῳ μὲν οὖν δικαστήριον παρασκευάσαντες καὶ εἰσελθόντες οἱ βουλόμενοι ὀλιγαρχίαν καταστήσασθαι ἀπέκτειναν ἐν τῇ προφάσει ταύτῃ.*

Lys. XIII, 65. (Lys.) VI, 22. — *εἰ — διέθηκεν*] schonende Umschreibung der Hungersnot (Xen. Hell. II, 2, 11. 14. 21); vgl. zu § 53. — *ὁποιαντινοῦν — ποιήσασθαι*] Ähnlich Xen. Hell. II, 2, 16: *ἐπιτηρῶν* (Theramenes), *ὁπότε Ἀθηναῖοι* **ἔμελλον** *διὰ τὸ ἐπιλελοιπέναι* **τὸν σῖτον** *ἅπαντα ὅ τι τις λέγοι ὁμολογήσειν.*

§ 12. **οἱ δέ**] im Gegensatz zu Theram. die anderen der *βουλόμενοι νεώτερα πράγματα ἐν τῇ πόλει γίγνεσθαι* § 6. — *ἐπιβουλεύοντες καταλῦσαι*] Die Konstr. von *ἐπιβουλεύειν* wie III, 42: *ἐπιβουλεύσαντες ἀποκτεῖναί τινας.* D. XXI, 16. 88. XXXVII, 24. Kühner II, S. 578. — *πρόφασιν μὲν — τὸ δ' ἀληθές*] wie Thuk. VI, 33, 2: *ὥρμηνται πρόφασιν μὲν Ἐγεσταίων συμμαχίᾳ, τὸ δ' ἀληθὲς Σικελίας ἐπιθυμίᾳ.* Auch *προφάσει μέν* steht so. Kr. 46, 3, 5. — **οὐκ** — *ὅπλα*] Kleophon folgte entweder der Aushebung der Strategen nicht, und dann mufste er wegen Verweigerung der Wehrpflicht (*ἀστρατείας*) verklagt werden, oder (wie das *εἰς τὰ ὅπλα* wahrscheinlicher macht, welches oft speziell von der Hoplitenbewaffnung steht; vgl. Plat. Symp. 221ᵃ. Xen. Anab. III, 2, 36. Is. VIII, 48, unten zu § 80) er entzog sich willkürlich dem beschwerlichen und gefährlicheren Hoplitendienste, was eine Klage wegen Feigheit (*δειλίας*) nach sich zog (Einl. zu Rede XIV, § 1). Dabei war an sich nicht der Tod, sondern Entziehung der bürgerlichen Ehrenrechte (*ἀτιμία*) die Strafe (And. I, 74. Aesch. III, 176. D. XV, 32); aber das Verfahren gegen Kleophon war verfassungswidrig (Xen. Hell. I, 7, 35: *στάσεώς τινος γενομένης, ἐν ᾗ Κλεοφῶν ἀπέθανεν*) und der Gerichtshof ungesetzlich zusammengesetzt (Lys. XXX, 11), daher das charakteristische *δικαστήριον παρασκευάσαντες* 'nachdem sie einen Gerichtshof zu Wege gebracht' (vgl. **δικ. κατασκευάζειν** Hippias bei Athen. VI, 259ᶜ), während sonst die Behörde einen Gerichtshof 'niedersetzt' (*καθίζει* D. XXI, 223. XXXIX, 11. Plat. Polit. 298ᵉ. Paus. III, 5, 2. Arist. Wesp. 305). — *ἀναπαυσόμενος*] 'um sich auszuruhen', also nicht aus bösem Willen, ein nicht eben glücklich gewählter Zusatz des Sprechers, um den Kleoph. zu entschuldigen. — *ἀντεῖπε μὴ καθαιρεῖν*] Über die Negation beim Inf. Kr. 67, 12, 3; so bei *ἀπαγορεύειν* XXII, 6, *ἀμφισβητεῖν* XXIII, 13. — *εἰσελθόντες*] *εἰσέρχεσθαι* und *εἰσιέναι* mit und ohne *εἰς τὸ δικαστήριον* oder *εἰς ὑμᾶς* verba propria sowohl vom Ankläger wie hier (ebenso XXV, 26. XXXII, 1. [Lys.] IX, 11) als vom Angeklagten (§ 38. III, 2. fr. 16, 1), auch von beiden Parteien zugleich (D. XXXIX, 11) und von den Richtern ([Lys.] VI, 54). Entsprechend vom Kläger *εἰσάγειν τινά* (§ 36), vom Angeklagten *εἰσάγεσθαι* (VI, 21), dies auch von der Klage selbst (zu XV, 3). — *ἀπέκτειναν*] zu XII, 23. — *ἐν*] 'kraft, vermittelst'. Kr. 68, 12, 6. Vgl. Antiph. V, 59: *σύ με ζητεῖς ἐν ἀφανεῖ λόγῳ ἀπολέσαι.* D. XX, 158: *ἀποκτεῖναι ἐν τοῖς παρ' ὑμῖν νόμοις ἔξεσται.* Ebenso *σῴζειν* und *διασῴζειν ἔν τινι* Lys. XXVI, 9. And. II, 9. (Xen.) Staat der Athen. 1, 4. Soph. Aj. 519. Ge-

Θηραμένης δ' ὕστερον ἀφικνεῖται ἐκ Λακεδαίμονος. Προσιόντες 13
δ' αὐτῷ τῶν τε στρατηγῶν τινες καὶ τῶν ταξιάρχων, ὧν ἦν
Στρομβιχίδης καὶ Διονυσόδωρος, καὶ ἄλλοι τινὲς τῶν πολιτῶν
εὐνοοῦντες ὑμῖν, ὥς γ' ἐδήλωσεν ὕστερον, ἠγανάκτουν σφόδρα. Ἦλθε γὰρ φέρων εἰρήνην τοιαύτην, ἣν ἡμεῖς ἔργῳ
μαθόντες ἔγνωμεν· πολλοὺς γὰρ τῶν πολιτῶν καὶ ἀγαθοὺς
ἀπωλέσαμεν καὶ αὐτοὶ ὑπὸ τῶν τριάκοντα ἐξηλάθημεν. Ἐνῆν 14

wöhnlich in dieser Phrase ἐπί (D. XXII, 48: ἐπὶ τῇ πρ. ταύτῃ. [D.] LIX, 105: ἐπὶ ταύτῃ τῇ πρ. D. XX, 149. Eur. Iph. Aul. 1181. Theogn. 323; vgl. And. I, 30: σωθῆναι ἐπὶ τῇ τοιαύτῃ αἰτίᾳ).

§ 13. Στρομβιχίδης] Sohn des Diotimos, tüchtiger Feldherr im letzten Decennium des pelop. Kriegs, als Freund der demokr. Verfassung (XXX, 14) bewährt im Jahre 411. Seine Nennung neben Dionys. soll auch auf den letzteren ein günstiges Licht werfen. — εὐνοοῦντες] 'aus Liebe zu euch', also nicht aus egoistischen Motiven; vgl. § 15 f. Man wollte εὔνοι ὄντες, aber Lys. scheint hier absichtlich das Ptcp. des seltneren Verbums gewählt zu haben, weil es ihm darauf ankam, gerade ihre damalige Handlungsweise als eine aus εὔνοια hervorgegangene zu kennzeichnen. Dafs sie überhaupt εὔνοι τῷ πλήθει waren, hatte er schon § 1 hervorgehoben. — ἐδήλωσεν] unpersönlich 'sich zeigte', wie Xen. Kyr. VII, 1, 30: πολλαχοῦ καὶ ἄλλοθι δῆλον— καὶ ἐν τούτῳ δὲ ἐδήλωσεν. Mem. I, 2, 32, wohl auch Is. VII, 81. Ebenso δηλοῖ Plat. Gorg. 483[d]. Herod. II, 117. V, 78. IX, 68, und δηλώσει Plat. Kratyl. 398[d]. Staat VI, 497[c] (vgl. Arist. Frö. 1261: δείξει δὴ τάχα. Wesp. 994: δείξειν ἔοικεν. D. II, 20: δοκεῖ δ' ἔμοιγε δείξειν οὐκ εἰς μακράν. Plat. Phil. 20[c]). Kr. 61, 5, 7. Anderer Art sind Lys. X, 20. D. XX, 143 und mehrere Stellen, wo die Infinitive δηλώσειν und δείξειν von οἴμαι abhängen, vgl. Anh. zu § 33). — Dafs Wohlgesinntheit die Männer zu ihrem Widerspruche trieb, zeigte sich nachmals, als die schlimmen Folgen über den Demos kamen, die sie durch ihre patriotische Handlungsweise eben hatten von ihm fern halten wollen. — εἰρήνην τοιαύτην, ἣν ἡμεῖς ἔργῳ μαθόντες ἔγνωμεν] pacem ejusmodi, quam nos re cognitam sentiremus (fühlen mufsten). Zu ἔργῳ μαθόντες vgl. Plat. Symp. 182[c]: ἔργῳ δὲ τοῦτο ἔμαθον καὶ οἱ ἐνθάδε τύραννοι. Cic. bei Dio Cass. XLIV, 28: καὶ ὅτι ταῦθ' οὕτως ἔχει, καὶ ὑμεῖς ἔργῳ μεμαθήκατε. Über γιγνώσκειν im Allgemeinen H. Schmidt, Synonym. I, 283 ff. In dem prägnanten Sinne, in dem es hier gebraucht ist, entspricht es ganz dem latein. sentire. Ähnlich Hom. Il. σ, 270: εὖ νύ τις αὐτὸν γνώσεται (schol. κακόν τι πάσχων ὑπ' αὐτοῦ). Theokr. III, 15: νῦν ἔγνων τὸν Ἔρωτα· βαρὺς θεὸς κτλ. (vgl. Ovid. Met. XIII, 762: quid sit Amor, sentit. Verg. Ecl. VIII, 43). XXVI, 19: τάχα γνώσῃ πρὶν ἀκοῦσαι (vgl. Just. II, 3, 5: Romanorum audivere, non sensere arma). (D.) XXV, 13. Erläutert wird ἔγνωμεν durch πολλοὺς γὰρ κτλ. Für ἥν wollte man οἵαν schreiben; aber ὅς steht regelmäfsig nach τοιοῦτος, wenn durch den Relativsatz die Folge oder Wirkung einer Beschaffenheit (Eigenschaft) bezeichnet wird, also τοιοῦτος ὅς übersetzt werden kann durch talis (ejusmodi, is) qui c. conj. (s. Anh.). Ganz anders verhält es sich mit § 36. — αὐτοί] Geflissentlich ignoriert der Sprecher den durch die Amnestie beseitigten Zwiespalt der Bürgerschaft zur Zeit der Dreifsig. Dafs unter den Richtern gewifs auch viele der städtischen Fraktion angehört hatten, versteht sich von selbst. Vgl. zu XII, 57 und unten § 47.

§ 14. ἐνῆν] 'es stand darin', mit

γὰρ ἀντὶ μὲν τοῦ ἐπὶ δέκα στάδια τῶν μακρῶν τειχῶν διελεῖν ὅλα τὰ μακρὰ τείχη διασκάψαι, ἀντὶ δὲ τοῦ ἄλλο τι ἀγαθὸν τῇ πόλει εὑρέσθαι τάς τε ναῦς παραδοῦναι Λακεδαιμονίοις
15 καὶ τὸ περὶ τὸν Πειραιᾶ τεῖχος περιελεῖν. Ὁρῶντες δ' οὗτοι οἱ ἄνδρες ὀνόματι μὲν εἰρήνην λεγομένην, τῷ δ' ἔργῳ τὴν δημοκρατίαν καταλυομένην, οὐκ ἔφασαν ἐπιτρέψειν ταῦτα γενέσθαι, οὐκ ἐλεοῦντες, ὦ ἄνδρες Ἀθηναῖοι, τὰ τείχη, εἰ πεσεῖται, οὐδὲ κηδόμενοι τῶν νεῶν, εἰ Λακεδαιμονίοις παραδοθήσονται — οὐδὲν γὰρ αὐτοῖς τούτων πλέον ἢ ὑμῶν ἑκάστῳ
16 προσῆκεν — ἀλλ' αἰσθόμενοι ἐκ τοῦ τρόπου τούτου τὸ ὑμέτερον πλῆθος καταλυθησόμενον, οὐδ', ὥς φασί τινες, οὐκ ἐπιθυ-

folgendem Infin. wie Arist. Vö 976: καὶ σπλάγχνα δοῦν' ἔνεστιν; Thuk. VIII, 43, 3: ἐνῆν γὰρ καὶ νήσους ἁπάσας πάλιν δουλεύειν. Das hdschr. ἦν würde eine nähere Bestimmung (ἐν αὐτῇ, ἐνταῦθα, αὐτόθι, ἐκεῖ) erfordern; s. Anh. — ἐπὶ δέκα στάδια — διελεῖν] vgl. zu § 8 und Thuk. II, 75, 6: διελόντες τοῦ τείχους ᾗ προσέπιπτε τὸ χῶμα mit Classens Anm. Xen. Hell. IV, 4, 13: ἔγνω τῶν τειχῶν καθελεῖν ὥστε δίοδον στρατοπέδῳ ἱκανὴν εἶναι und dazu Breitenbach. — διασκάψαι] Das seltene, erst in der späteren Gräzität wiederkehrende Wort (statt κατασκάψαι) wohl wegen des Parallelismus mit διελεῖν = fodiendo disjicere. Aus gleichem Grunde setzt Thukydides für das Simplex κτᾶσθαι das Kompos. κατακτᾶσθαι IV, 86, 5: οἷς τε τοὺς Ἀθηναίους ἐγκλήμασι καταπολεμοῦμεν, αὐτοὶ ἂν φαινοίμεθα ἐχθίονα ἢ ὁ μὴ ὑποδείξας ἀρετὴν κατακτώμενοι, wo Classen zu vergleichen. — τὰς ναῦς] πλὴν δώδεκα Xen. Hell. II, 2, 20 (bis auf zehn nach Diodor XIII, 107, 4). In der Regel wird diese Beschränkung bei der summarischen Angabe der demütigenden Friedensbedingungen weggelassen, stand aber ausdrücklich mit auf der Friedenssäule (And. III, 12). — τὸ περὶ τὸν Π τεῖχος] Die Befestigungen der Peiräeushalbinsel, die durch die langen Mauern mit dem κύκλος (zu § 8) verbunden waren; vgl. XII, 40.

§ 15. ὀνόματι εἰρήνην λεγομένην] 'dafs dem Namen nach von Frieden die Rede sei.' Unabhängig hiefse es: εἰρήνη λέγεται 'man spricht von Frieden', wie etwa Eur. Iph. Taur. 545: Ἀτρέως ἐλέγετό τις Ἀγαμέμνων ἄναξ. Vgl. auch D. IV, 10: λέγεταί τι καινόν; und XX, 151: ἴσως ἐρεῖ τριηραρχίας αὑτοῦ καὶ λειτουργίας. XXI, 151. XXXVI, 41: ἀλαζονεύσεται καὶ τριηραρχίας ἐρεῖ καὶ χορηγίας. XVIII, 209. XIX, 307. 311. XV, 34. Xen. Kyr. I, 3, 10: λέγων ἕκαστος ὑμῶν τὴν ἑαυτοῦ ῥώμην, ἔπειτ' εἰ ἀνασταίητε ὀρχησόμενοι — οὐδ' ὀρθοῦσθαι ἐδύνασθε. Der Artikel fehlt bei ὀνόματι trotz τῷ ἔργῳ wie (D.) XL, 1: πάντων ἐστὶν ἀνιαρότατον, ὅταν τις ὀνόματι μὲν ἀδελφὸς προσαγορευθῇ τινῶν, τῷ δ' ἔργῳ ἐχθροὺς ἔχῃ τούτους. Dio Cass. LIV, 24 und ähnlich Diodor XI, 4: λόγῳ μέν — τῷ δ' ἔργῳ. Aesch. I, 40: προφάσει μέν — τῇ δ' ἀληθείᾳ. III, 89: τῷ λόγῳ — ἔργῳ (vgl. Plat. Staat VII, 534[d]). Dagegen (Lys.) XX, 17 τῷ μὲν ὀνόματι — τῷ δ' ἔργῳ. — Die Ansicht derer, welche dem Frieden entgegentraten, ward auch später noch vielfach festgehalten (And. III, 10) und dasselbe Argument im Jahre 393 gegen einen Friedensschlufs mit Lakedämon geltend gemacht (And. III, 1: λέγουσιν οἱ ῥήτορες, ὡς ἔστι δεινότατον τῷ δήμῳ, γενομένης εἰρήνης ἡ νῦν οὖσα πολιτεία μὴ καταλυθῇ. — ἐλεοῦντες] 'weil ihnen — leid thaten'; vgl. Is. XII, 232.

§ 16. τὸ ὑμέτερον πλῆθος] vorher τὴν δημοκρατίαν; zu XII, 26.

μοῦντες εἰρήνην γίγνεσθαι, ἀλλὰ βουλόμενοι βελτίω ταύτης εἰρήνην τῷ δήμῳ τῶν Ἀθηναίων ποιήσασθαι. Ἐνόμιζον δὲ δυνήσεσθαι καὶ ἔπραξαν ἂν ταῦτα, εἰ μὴ ὑπ' Ἀγοράτου τουτουῒ ἀπώλοντο. Γνοὺς δὲ ταῦτα Θηραμένης καὶ οἱ ἄλλοι οἱ 17
ἐπιβουλεύοντες ὑμῖν, ὅτι εἰσί τινες, οἳ κωλύσουσι τὸν δῆμον

Über die Sache zu XII, 40. 70. — *ὥς φασί τινες*] Man mochte ausgesprengt haben, Dionysodor und seine Schicksalsgenossen hätten zu denen gehört, die prinzipiell aus Egoismus Gegner des Friedens gewesen seien, eine oft ausgesprochene Invektive gegen Demagogen oder Sykophanten, die im Kriege Profit zu machen hofften. Is. V, 73. VIII, 124 f. Lys. XXV, 26. (vgl. mit XXVI, 22). Man lese die herben Vorwürfe, die von Aristophanes aus diesem Grunde den Demagogen (*δημαγωγοὶ καὶ πολεμοποιοί* Plut. Kim. 19) wie Kleon (Ri. 802), Kleigenes (Frö. 715), Peisandros (Lys. 490) gemacht werden. — *ποιήσασθαι*] 'abschliefsen', minder genau für *ποιῆσαι* 'herbeiführen' (vgl. XII, 68. Kr. 52, 8, 1). Doch steht das Medium mit Dativ ebenso Xen. Hell. IV, 8, 12: *πέμπουσιν Ἀνταλκίδαν προστάξαντες αὐτῷ πειρᾶσθαι εἰρήνην τῇ πόλει ποιεῖσθαι πρὸς βασιλέα.* Arist. Acharn. 130: *ἐμοὶ σὺ σπονδὰς ποίησαι πρὸς Λακεδαιμονίους μόνῳ.* — *Ἀγοράτου τουτουῒ*] Die Bemerkung von Krüger über den Wegfall des Artikels (§ 50, 11, 22) ist neuerlich dahin präzisiert worden, dafs in der besseren Gräzität der Artikel beim Nomen proprium wegfalle, wenn durch *οὑτοσί* deiktisch die anwesende, dafs er aber stehe (wie § 19. 55. 73), wenn durch *οὗτος* logisch die besprochene Person bezeichnet werde, wenngleich bei dem Schwanken der Hdschr. Konsequenz darin nur durch vielfache Emendationen möglich gewesen ist.

§ 17. *γνούς*] Über den Singular des Ptcp. zu XII, 12. — *ταῦτα*] Der im Vorhergehenden bestimmte Begriff des *ταῦτα* wird epexegetisch durch *ὅτι* ('dafs nämlich') nochmals in seinem Hauptpunkte ausgesprochen, um die Volksfreundlichkeit der Opponenten (mit Rücksicht auf die Prokatalepsis § 51) ins rechte Licht zu setzen. Ebenso Thuk. III, 18, 3: *οἱ Ἀθηναῖοι πυνθανόμενοι ταῦτα, τούς τε Μυτιληναίους τῆς γῆς κρατοῦντας κτλ.* Plat. Phaed. 62^d. Vgl. auch Caes. b. G. I, 7, 1: Caesari cum id nuntiatum esset, eos per provinciam nostram iter facere conari (häufiger im Latein. mit relativ. Anschlufs quod cum, quod ubi. Caes. b. c. III, 68, 2. II, 16, 1. b. G. III, 23, 7. Cic. de or. II, 49, 200; de arg. ex contr. S. 392). — *εἰσί τινες οἳ*] Für das gewöhnliche *εἰσὶν οἳ* (*εἰσὶν οἵτινες* Lys. XXV, 9) sagte man bisweilen auch mit dem Pron. indef. *εἰσί τινες οἳ.* Is. III, 1. X, 1 (am Anfang der Rede). Ant. fr. 127 Blass. Xen. Kyr. V, 2, 12 (*εὖ ἴσθι ὅτι εἰσί τινες αὐτῶν*). (D.) X, 11 (*εἰσὶ δέ τινες*). And. III, 33 (*εἰσὶ δέ τινες ὑμῶν*). D. VIII, 38 (*εἰσὶ τοίνυν τινές*; diese drei Stellen enthalten eine occupatio). Xen. Kyr. III, 2, 25 (*εἰσὶ δέ τινες τῶν Χαλδαίων*). Xen. Hipp. 8, 10. Plat. Euthyd. 284^c. Lach. 178^a (*εἰσὶ γάρ τινες*). Arist. Wesp. 1284 (*εἰσί τινες οἳ ἔλεγον*). Thuk. III, 24, 2 (*εἰσὶ γάρ τινες αὐτῶν οἳ ἀπετράποντο*). Xen. Symp. 4, 58 (*τί δέ, λόγοι οὐκ εἰσὶ μέν τινες ἀπεχθανόμενοι, εἰσὶ δέ τινες οἳ πρὸς φιλίαν ἄγουσιν;*). Ebenso steht *ἦσάν τινες οἳ* für das häufigere *ἦσαν οἳ* Xen. Hell. V, 1, 21. 4, 12 (*ἦσαν δέ τινες*). VI, 5, 16 (*καὶ ἦσαν μέν τινες*). § 32 (*ἦσαν δέ τινες τῶν περιοίκων*). D. XVIII, 317: *καὶ κατ' ἐκείνους τοὺς χρόνους ἦσάν τινες οἳ διασύροντες τοὺς ὄντας τότε, τοὺς δὲ πρότερον γεγενημένους ἐπῄνουν.* Selbst *εἰσί τινες οἵτινες* findet sich (D.) prooem. 29 (*εἶναί τινας οἵτινες*). Ähnlich im Latein. neben sunt qui auch sunt quidam (Cic. Lael. 20, 72. Liv. XXII, 59, 9) und sunt nonnulli (Cic. in Cat. I, 12, 30),

καταλυθῆναι καὶ ἐναντιώσονται περὶ τῆς ἐλευθερίας, εἵλοντο, πρὶν τὴν ἐκκλησίαν τὴν περὶ τῆς εἰρήνης γενέσθαι, τούτους πρῶτον εἰς διαβολὰς καὶ κινδύνους καταστῆσαι, ἵνα μηδεὶς ἐκεῖ ὑπὲρ τοῦ ὑμετέρου πλήθους ἀντιλέγοι. Ἐπιβουλὴν οὖν
18 τοιαύτην ἐπιβουλεύουσι. Πείθουσι γὰρ Ἀγόρατον τουτονὶ μηνυτὴν κατὰ τῶν στρατηγῶν καὶ τῶν ταξιάρχων γενέσθαι, οὐ συνειδότ' ἐκείνοις, ὦ ἄνδρες Ἀθηναῖοι, οὐδέν — οὐ γὰρ δήπου ἐκεῖνοι οὕτως ἀνόητοι ἦσαν καὶ ἄφιλοι, ὥστε περὶ τηλικούτων ἂν πραγμάτων πράττοντες Ἀγόρατον ὡς πιστὸν καὶ εὔνουν, δοῦλον καὶ ἐκ δούλων ὄντα, παρεκάλεσαν — ἀλλ' ἐδόκει

qui. Vgl. zu XIX, 57. — περί] Man emendierte ὑπέρ, wie (Lys.) XX, 8: ἐναντιοῦσθαι ὑπὲρ ὑμῶν. Doch nähert sich περί nicht selten dem ὑπέρ ('für'). Arist. Wesp. 593: οὐχὶ προδώσειν ὑμᾶς φασίν, περὶ τοῦ πλήθους δὲ μαχεῖσθαι. D. XIV, 32: οὐχ ὑπὲρ ἄλλου τινός ἐστιν ὁ πρὸς τὸν βάρβαρον πόλεμος ἢ περὶ χώρας καὶ — ἐλευθερίας. Thuk. VI, 76, 4: οὐ περὶ τῆς ἐλευθερίας τῷ Μήδῳ ἀντέστησαν. Vgl. zu XXXI, 33. — τὴν περὶ τῆς εἰρήνης] Man hat diese Worte mehrfach verdächtigt, weil man sich durch den zu § 10 besprochenen Irrtum des Lys. zu der Annahme verleiten liefs, dafs die Häupter der demokr. Partei dem Theramenes erst nach seiner Rückkehr aus Sparta entgegengetreten seien. Aber diese Opposition fand schon statt, als derselbe aus Samos zurückgekehrt war und in der Volksversammlung beantragt wurde, ihn nebst neun andern Oligarchen zum Abschlufs des Friedens mit unbeschränkter Vollmacht nach Sparta zu entsenden. Strombichides, Dionysodor u. s. w. widersprachen dem Antrage aufs heftigste und schlugen dagegen Leute aus ihrer Mitte zu Gesandten vor, in der festen Hoffnung, dafs diese einen besseren Frieden als Theramenes herbeiführen würden. Es gelang ihnen nicht, die Bürgerschaft für sich zu gewinnen, die Oligarchen aber, welche die Entschiedenheit der Opposition kennen gelernt hatten, fafsten, um fernerem Widerstande seitens solcher Männer vorzubeugen, auf Theramenes' Veranlassung den Beschlufs, dieselben vor der Rückkehr der Gesandten, also πρὶν τὴν ἐκκλ. τὴν περὶ τῆς εἰρήνης γεν., unschädlich zu machen; vgl. Einl. § 2. — πρῶτον] 'vor allem'; vgl. Arist. Thesm. 380: περίθου νυν τόνδε (τὸν στέφανον) πρῶτον πρὶν λέγειν. Aesch. III, 84: σπεύδων δ' εἰπεῖν περὶ τῆς θαυμαστῆς συμμαχίας τῆς τῶν Θηβαίων, ἵν' ἐφεξῆς λέγω, περὶ τῶν Εὐβοέων πρῶτον μνησθήσομαι mit Weidners Anm. (lat. Ausg.). D. XIX, 200: ἀλλὰ μήπω ταῦτα, ἀλλὰ τὰς μαρτυρίας μοι λέγε πρῶτον ταυτασί. XVIII, 9 (mehr im Anh.).

§ 18. τηλικούτων ἄν] ἄν zu παρεκάλεσαν gehörig; zu § 4. πράττειν περὶ πραγμάτων dürfte wohl ἅπαξ εἰρημένον für das sonst stehende πράγματα πράττειν sein, und man würde πράττοντες gern entbehren, wenn es nicht auch durch ein Citat bei Priscian geschützt wäre. — δοῦλον — ὄντα] Eine Übertreibung (αὔξησις) wie § 64; vgl. XXX, 2. 27. D. XVIII, 129. And. fr. 5 Blass (fugitivus von einem Freigelassenen Cic. Phil. I, 2, 5). Die Parechesis δοῦλον καὶ ἐκ δούλων wie D. XXII, 68: δούλους καὶ ἐκ δούλων καλῶν ἑαυτοῦ βελτίους καὶ ἐκ βελτιόνων. Ähnliches sehr häufig im Drama, im Dialog und bei den Rednern, bei Lys. noch X, 23: βελτίων καὶ ἐκ βελτιόνων (bona bonis prognata Ter. Phorm. I, 2, 65, deus deo natus Liv. I, 16, 3). — ἀλλ' ἐδόκει] Selbständiger Abschlufs der Periode

αὐτοῖς οὗτος ἐπιτήδειος εἶναι μηνυτής. Ἐβούλοντο οὖν ἄκοντα 19
δοκεῖν αὐτὸν καὶ μὴ ἑκόντα μηνύειν, ὅπως πιστοτέρα ἡ μήνυσις φαίνοιτο· ὡς δ᾽ ἑκὼν ἐμήνυσε, καὶ ὑμᾶς οἶμαι ἐκ τῶν
πεπραγμένων αἰσθήσεσθαι. Εἰσπέμπουσι γὰρ εἰς τὴν βουλὴν
[τὴν πρὸ τῶν τριάκοντα βουλεύουσαν] Θεόκριτον τὸν τοῦ Ἐλαφοστίκτου καλούμενον· ὁ δὲ Θεόκριτος οὗτος ἑταῖρος ἦν τῷ
Ἀγοράτῳ καὶ ἐπιτήδειος. Ἡ δὲ βουλὴ ἡ πρὸ τῶν τριάκοντα 20
βουλεύουσα διέφθαρτο καὶ ὀλιγαρχίας ἐπεθύμει, ὡς ἴστε, μάλιστα. Τεκμήριον δέ· οἱ γὰρ πολλοὶ ἐξ ἐκείνης τῆς βουλῆς

mit Aufgabe der participialen Satzform; dem konzessiven *οὐ συνειδότα* sollte streng genommen ein kausales *ἀλλὰ δοκοῦντα* entsprechen. Dieser Übergang vom Particip zum selbständigen Satze ist in der mannigfachsten Art variiert worden. Vgl. zu § 85 und Anh. Der Gedanke ist höhnisch: Agor. schien ihnen zum Denunzianten die erforderliche Qualität zu haben. Doch zeigt § 23 ff., dafs in der That Agor. mehr wufste, als den Opponenten lieb war.

§ 19. *καὶ μὴ ἑκόντα*] wie es nach der Behauptung des Sprechers wirklich der Fall war. *ἄκοντα καὶ μὴ ἑκόντα* ist nicht etwa eine blofse Doppelsetzung desselben Begriffs (wie *κακὰ ἑκόντα κοὐκ ἄκοντα* Soph. Oed. Tyr. 1229, *ἑκόντες οὐκ ἄκοντες* Eur. Andr. 357. Or. 613. Herakl. 531), wie sie vorliegt in Formeln wie im homerischen *κατ᾽ αἶσαν οὐδ᾽ ὑπὲρ αἶσαν*, im sophokleischen *γνωτὰ κοὐκ ἄγνωτα*, bei den Rednern in *ἐρῶ καὶ οὐκ ἀποκρύψομαι, ψεύδεται καὶ οὐκ ἀληθῆ λέγει* (Lys. IV, 12), und unten § 31 in *ἑκὼν οὐδεμιᾶς ἀνάγκης οὔσης*, sondern betont den wirklichen, vom Sprecher wiederholt hervorgehobenen (§ 28 f. 52 ff.) Sachverhalt (*ἑκών*) gegenüber dem von den Verschworenen angestrebten Schein (*ἄκων*), da es bei einer Mordklage ja auf die Frage, ob *ἑκών* oder *ἄκων* der Thäter gehandelt habe, wesentlich ankam (Einl. zu Rede XII, § 1. D. XXI, 43). So (D.) LVI, 42: *ὅτι ἑκόντες καὶ οὐκ ἐξ ἀνάγκης* (wie sie selbst behaupteten) *ταῦτ᾽ ἔπραξαν, ἐκ πολλῶν δῆλον*. Vgl. zu § 51. Lys. XXIV, 4: *φησὶ τῷ σώματι δύνασθαί με καὶ οὐκ* (wie ich sage) *εἶναι τῶν ἀδυνάτων*. Ant. II, β, 5. (D.) LVIII, 54. Schon bei Homer Il. ε, 287: *ἤμβροτες οὐδ᾽* (wie du wähntest) *ἔτυχες*. — *εἰσπέμπουσι*] Sie selbst hielten sich vorsichtig zurück. Is. XVI, 7: *μηνυτὰς εἰσέπεμπον* (*οἱ ἐπιβουλεύσαντες τῷ δήμῳ*) sc. *εἰς τὴν βουλήν*. Plat. Euthyd. 305[b]: *πότερον ἦν ὁ προσελθών σοι ῥήτωρ τις ἢ τῶν τοὺς τοιούτους εἰσπεμπόντων* (*εἰς τὰ δικαστήρια*); And. II, 4. Entsprechend *εἰσελθών* § 21. — *εἰς τὴν βουλήν*] wo *μηνύσεις* über politische Machinationen angebracht zu werden pflegten wie im Hermokopidenprozefs And. I, 15. Vgl. Arist. Ri. 475. 629. — *Ἐλαφοστίκτου*] 'Bunthirsch', vermutlich Name eines Freigelassenen oder Sklaven, den man dem des Sohnes höhnisch beifügte (vgl. *Μνησίθεος ὁ τοῦ μαγείρου καλούμενος* Aesch. I, 158); er erinnert auch an *ἐστιγμένος* und *στιγματίας*, einen Makel schlechter Sklaven (And. fr. 5 Blass).

§ 20. *διέφθαρτο*] XXX, 10: *Κλεοφῶν τὴν βουλὴν ἐλοιδόρει φάσκων συνεστάναι καὶ οὐ τὰ βέλτιστα βουλεύειν τῇ πόλει*. In der Bule vor der Oligarchie hatten sich zuerst die Freunde des Friedens um jeden Preis geregt (Xen. Hell. II, 2, 15); auch jetzt war es ihr wohl mehr um Aufrechthaltung des Friedens als um Errichtung der Oligarchie zu thun. — *τεκμήριον δέ*] mit folgendem *γάρ* auch XXVI, 17 (mehr Anh.). — *οἱ πολλοὶ ἐξ ἐκείνης τῆς βουλῆς*] 'die Mehrzahl der Mitglieder jener Bule (*ἐξ ἐκ. τῆς β.*

τὴν ὑστέραν βουλὴν τὴν ἐπὶ τῶν τριάκοντα ἐβούλευον. Τοῦ
δ' ἕνεκα ταῦτα λέγω ὑμῖν; Ἵν' εἰδῆτε, ὅτι τὰ ψηφίσματα τὰ
ἐξ ἐκείνης τῆς βουλῆς οὐκ ἐπ' εὐνοίᾳ τῇ ὑμετέρα, ἀλλ' ἐπὶ
καταλύσει τοῦ δήμου τοῦ ὑμετέρου ἅπαντ' ἐγένετο, καὶ ὡς
21 τοιούτοις οὖσιν αὐτοῖς τὸν νοῦν προσέχητε. Εἰσελθὼν δ' εἰς

= *τῶν τότε βουλευόντων*) im Gegensatz zum Reste der Buleuten desselben Jahres, wie § 73 *οἱ πολλοὶ τῶν τετρακοσίων*. Der Artikel vor *ἐξ* würde den Sinn geben: 'die Mehrzahl der Mitglieder jener Bule', im Gegensatz zur Mehrzahl einer anderweitigen Bule, wie nachher *τὰ ψηφίσμ. τὰ ἐξ ἐκείνης τῆς βουλῆς* im Gegensatz zu den Beschlüssen andrer Ratsjahrgänge, und so § 50. — *τὴν ὑστέραν βουλήν*] 'die des folgenden Jahres' (zu § 35), wie XXII, 9 *ἡ προτέρα* 'die vorjährige'. Das seltene *βουλὴν βουλεύειν* nach Analogie des geläufigen *ἀρχὴν ἄρχειν*. — *τοῦ δ' ἕν. — λέγω*] Solche in die Erörterung eingeworfene Fragen (*πύσματα*, percontationes Seyffert, schol. Lat. I, § 45 f.), die, aus der Seele des Hörers entnommen, der Rede den Charakter der Wechselwirkung zwischen Sprecher und Hörer geben, überaus häufig bei Demosthenes, sind sehr selten in der schlichten elocutio des Lysias (Prol. § 12). — *τὰ ἐξ*] 'die aus jener Bule hervorgegangenen Beschlüsse' wie § 50. Für gewöhnlich war der Rat nur berechtigt, einen vorläufigen gutachtlichen Beschlufs (*προβούλευμα*) zur Vorlage in der Ekklesia zu fassen; zu selbständigen Beschlüssen (*ψηφίσματα*) war er nur in laufenden Verwaltungsmafsregeln befugt (wie bei [D.] XLVII, 33), und auch deren Gültigkeit erlosch mit Ablauf des Amtsjahres (D. XXIII, 92). Wenn die Bule hier in so wichtiger Sache selbständig handelt und Beschlüsse fafst (denn was § 32 erzählt wird, war ja nur ein freiwilliger Entschlufs der Leiter der oligarchischen Bewegung, um sich für alle Fälle zu decken), so mufs sie entweder durch Volksbeschlufs oder, was wahrscheinlicher, durch Usurpation mit unumschränkter Gewalt bekleidet (*αὐτοκράτωρ, κυρία*) gewesen sein, in welchem Falle ihr das Recht definitiver Beschlüsse in der ihr überwiesenen Angelegenheit zustand (And. I, 15: *ψηφισαμένης δὲ τῆς βουλῆς — ἦν γὰρ αὐτοκράτωρ*. D. XIX, 154). — *ἐπ' εὐνοίᾳ — ἐπὶ καταλύσει*] *ἐπί* an erster Stelle propter (s. die unten angeführten Beispiele, wo *ἐπ' εὐνοίᾳ* wechselt mit *δι' εὔνοιαν*, *εὐνοίας ἕνεκα* und *εὐνοίᾳ*. — Anderes der Art im Anh.), an zweiter causa; zu XII, 48. Thuk. VI, 28, 2: *ἐβόων ὡς ἐπὶ δήμου καταλύσει τὰ μυστικὰ γένοιτο*. And. I, 36. — *τῇ ὑμετέρᾳ*] 'gegen euch'. Das Possessivpronomen vertritt den objektiven Genitiv des Personalpronomens wie XXII, 13: *ἐπ' εὐνοίᾳ τῇ ὑμετέρᾳ*. Plat. Gorg. 486ª: *εὐνοίᾳ τῇ σῇ*. Xen. Kyr. III, 1, 28: *εὐνοίᾳ καὶ φιλίᾳ τῇ ἐμῇ*. (Lys.) XI, 9: *διὰ τὴν ὑμετέραν εὔνοιαν*. Vgl. Plat. Gorg. 485ª: *εὐνοίᾳ τῇ ἑαυτοῦ*. Lys. X, 27: *δι' εὔνοιαν τοῦ ὑμετέρου πλήθους*. XXII, 11: *ἐπ' εὐνοίᾳ τῆς πόλεως*. Aesch. Sieb. 1007: *ἐπ' εὐνοίᾳ χθονός*. Xen. Anab. IV, 7, 20: *τῆς τῶν Ἑλλήνων εὐνοίας ἕνεκα*. Thuk. VII, 57, 10: *Δημοσθένους φιλίᾳ καὶ Ἀθηναίων εὐνοίᾳ*. I, 22, 3: *ὡς ἑκατέρων τις εὐνοίας ἔχοι*. Anderwärts *πρός* (Lys. XVIII, 3: *τὴν πρὸς ὑμᾶς εὔνοιαν* u. ö.) und *εἰς* (And. I, 141. [D.] Br. II, 1468: *τῆς εἰς ὑμᾶς εὐνοίας*). — *τοῦ δήμου τοῦ ὑμετέρου*] So gewöhnlich *τὸ ὑμέτερον πλῆθος*, so selten und nach strenger Logik nicht leicht zu rechtfertigen ist *ὁ δῆμος ὁ ὑμέτερος* (bei Lys. nur noch § 51); hier soll das befremdliche Possessiv wohl nur die Antithese zu *εὐν. τῇ ὑμετέρᾳ* formell vervollständigen. — *ὡς τοιούτοις οὖσιν*] 'mit Rücksicht auf solche ihre Beschaffenheit', d. h. auf ihre Volksfeindlichkeit.

ταύτην τὴν βουλὴν ἐν ἀπορρήτῳ Θεόκριτος μηνύει, ὅτι συλ-
λέγονταί τινες ἐναντιωσόμενοι τοῖς τότε καθισταμένοις πράγμασι. Τὰ μὲν οὖν ὀνόματ' οὐκ ἔφη αὐτῶν ἐρεῖν καθ' ἕκαστον·
ὅρκους τε γὰρ ὀμωμοκέναι τοὺς αὐτοὺς ἐκείνοις καὶ εἶναι ἑτέρους οἳ ἐροῦσι τὰ ὀνόματα, αὐτὸς δ' οὐκ ἄν ποτε ποιῆσαι
ταῦτα. Καίτοι εἰ μὴ ἐκ παρασκευῆς ἐμηνύετο, πῶς οὐκ ἂν 22
ἠνάγκασεν ἡ βουλὴ εἰπεῖν τὰ ὀνόματα Θεόκριτον καὶ μὴ ἀνώ-
νυμον τὴν μήνυσιν ποιήσασθαι; νυνὶ δὲ τοῦτο τὸ ψήφισμα
ψηφίζεται.

ΨΗΦΙΣΜΑ.

§ 21. ἐν ἀπορρήτῳ] 'in geheimer Sitzung' wie And. II, 19. 21. Für gewöhnlich waren die Ratssitzungen öffentlich (D. XIX, 17, vgl. Lys. XIX, 55). Bei Beratungen aber, deren Natur Geheimhaltung forderte, mufste der durch eine Barriere (δρύφακτοι Arist. Ri. 641. 675. Xen. Hell. II, 3, 50) gesonderte Zuhörerraum auf den Ruf des Herolds: μετάστητε ἔξω geräumt werden. ([D.] XXV, 23. Aesch. III, 125). Eine solche geheime Sitzung wird in der komischen Scene bei Arist. Ri. 648 ff. und bei And. II, 3 geschildert. — τότε] vom Standpunkte des Referenten, nicht von dem des Denunzianten, wie im Latein. tunc in der aus der Vergangenheit referierten Rede für nunc. — καθισταμένοις] Ptcp. Impf.: 'welche im Werke waren', um das Friedenswerk zu Ende zu führen, wie § 61 und XVI, 4: μεθισταμένης τῆς πολιτείας 'als die Verfassungsänderung sich vollzog' (ἡ μετάστασις ἐπράττετο XXX, 10). Dagegen τὰ καθεστηκότα πράγματα 'die (eingetretene, bestehende) Lage, Ordnung der Dinge' XVI, 3. XXV, 3. Dein. I, 35, auch blos τὰ καθεστῶτα. Is. XVI, 5. XXI, 3. D. IX, 24. XX, 17. Xen. Hell. I, 6, 5 (τὰ νυνὶ καθεστηκότα πράγματα Aesch. III, 57. 159 und τὰ νῦν — νυνὶ — καθεστῶτα — καθεστηκότα — Is. XII, 145. Aesch. III, 165 = ἡ παροῦσα κατάστασις Is. III, 55). — τὰ μὲν οὖν ὀνόματα] mit unterdrücktem Gegensatz (etwa 'an der Sache aber sei nicht zu zweifeln'); zu XII, 8. — ἑτέρους] aufser Agoratos noch die beiden § 54 Genannten. Theokr. hielt sich spitzfindig an den Wortlaut des Eides und nannte keine Namen der συνωμόται (über ὅρκους zu XII, 77), bezeichnete aber andere, die, obwohl nicht durch Eid gebunden, doch um die Sache wufsten. Die Namen der von Theokr. Genannten kamen in dem nachher verlesenen Ratsbeschlufs vor; daher war die Erwähnung des Agor. § 23 den Hörern verständlich. — ὅρκους — τοὺς αὐτούς] Wegen der Stellung vgl. Thuk. I, 2, 5: τὴν γοῦν Ἀττικὴν ἄνθρωποι ᾤκουν οἱ αὐτοὶ ἀεί. Isae. IV, 18. Herod. II, 42. (Lys.) VI, 22. Kr. 50, 11, 15. — εἶναι ἑτέρους οἵ] XII, 49 hiefs es: ἕτεροι ἦσαν οἱ λέγοντες 'andere waren da, welche die Rolle hatten zu reden'; wenn Theokr. hier τοὺς ἐροῦντας sagte, so hätte er aus der Schule geschwatzt (vgl. Koch 123, 2, 1). — ταῦτα] zu XII, 9.

§ 22. ἐκ παρασκευῆς] zu XII, 75; vgl. Aesch. III, 3. Plut. Agis 19 (ἀπὸ παρασκευῆς οὐδεμιᾶς Ant. V, 22). — πῶς οὐκ ἂν ἠνάγκασεν] 'wie hätte es möglich sein können, dafs nicht', wie § 26. Präteritum des Potentialis πῶς οὐκ ἂν ἀναγκάσειεν. Aken, Temp. und Mod. § 73; vgl. zu XXV, 12. — Genötigt werden konnte Theokr., der wohl (zu § 19) unfreier Abkunft war, durch die Folter; vgl. §§ 25. 27. 54. — νυνὶ δέ] zu XII, 22. — ψήφισμα] über Abordnung einiger Senatoren,

23 Ἐπειδὴ τοίνυν τοῦτο τὸ ψήφισμ' ἐψηφίσθη, κατέρχονται ἐπὶ τὸν Ἀγόρατον εἰς τὸν Πειραιᾶ οἱ αἱρεθέντες τῶν βουλευτῶν καὶ περιτυχόντες αὐτῷ ἐν ἀγορᾷ ἐζήτουν ἄγειν. Παραγενόμενος δὲ Νικίας καὶ Νικομένης καὶ ἄλλοι τινές, ὁρῶντες τὰ πράγματ' οὐχ οἷα βέλτιστ' ἐν τῇ πόλει ὄντα, ἄγειν μὲν τὸν Ἀγόρατον οὐκ ἔφασαν προήσεσθαι, ἀφῃροῦντο δὲ καὶ
24 ἠγγυῶντο παρέξειν εἰς τὴν βουλήν. Γραψάμενοι δ' οἱ βου-

um des Agor. und der übrigen von Theokr. Genannten sich **zu versichern**. Bei der Notwendigkeit, das Geheimnis zu wahren, vollziehen die Senatoren selbst die Verhaftung, wie nach den Denunziationen über die Hermokopie And. I, 12. 45.

§23. *ἐπὶ τὸν Ἀγόρατον*] 'nach'. Kr. 68, 42, 2; vgl. XIX, 21. — Inwiefern Agor. als in die Konspiration eingeweiht dargestellt ward, bleibt unerwähnt; dafs er nicht als Mitverschworener bezeichnet ward, geht aus § 21 hervor. — *ἐν ἀγορᾷ*] die Ἱπποδάμειος (Ἱπποδαμεία) ἀγορά im Peiräeus (And. I, 45. Xen. Hell. II, 4, 11), auch blos ἡ Ἱπποδαμεία ([D.] XLIX, 22), ein Werk des in Athen eingebürgerten milesischen Baumeisters Hippodamos, des Schöpfers eines modernen Baustils (ὁ Ἱπποδάμειος τρόπος Arist. Polit. IV, 11, p. 113 Bekker). Bursian, Geogr. von Griechenland I, 269. — Der Artikel fehlt nach Kr. 50, 2, 15 wie D. LIV, 7: ἐν ἀγορᾷ περιεπάτουν. ebenda § 31. Plat. Staat II, 371ᵈ. Regelmäfsig fehlt er in Phrasen, wo das Lokale hinter der gerichtlichen oder merkantilen Bedeutung des Wortes zurücktritt, wie in παρέχειν εἰς ἀγοράν (XXIII, 9), in forum (judicium) sistere, βαδίζειν εἰς ἀγοράν (I, 16), ad mercatum proficisci. — *ἄγειν*] in Haft; denn ἄγειν ist oft 'fortführen, fortschleppen' (ducere), wie § 78. III, 38 (ἄγειν βίᾳ ἐζήτουν). (D.) XLVII, **37**. 61. Xen. Hell. II, 4, 1. Plat. Apol. 32ᵈ. — *παραγενόμενος*] Über den Singular zu XII, 12. — *Νικίας*] sonst wohl nicht bekannt. Ob Nikomenes derselbe ist, der nach dem Schol. zu Aesch. I, 39 später dem Staatsmann Aristophon entgegentrat (Schäfer, Demosth. I, 124), wird sich schwerlich entscheiden lassen. — *ἄλλοι τινές*] **wie** Aristophanes § **58**. — *οὐχ οἷα βέλτιστα*] 'nicht zum Besten', **eine** Litotes. Die ursprüngliche Formel ergiebt sich aus Xen. Mem. IV, 8, 11: Σωκράτης ἐδόκει τοιοῦτος εἶναι οἷος ἂν εἴη ἄριστος ἀνήρ. Wie hier Plat. Apol. 23ᵃ: πολλαὶ ἀπέχθειαί μοι γεγόνασι καὶ οἷαι χαλεπώταται. Symp. 220ᵇ. Xen. Anab. IV, 8, 2. VII, 1, 24. Arist. Ritt. 978. Acharn. 384. Kr. 49, 10, 4. — *προήσεσθαι*] προΐεσθαι mit dem Inf. wie D. XVI, 3: αἱρήσομαι μᾶλλον αὐτὸς δοκεῖν φλυαρεῖν ἢ προέσθαι τισὶν ὑμᾶς ἐξαπατῆσαι. Vgl. Xen. Hell. II, 3, 35. — *ἀφῃροῦντο*] 'befreiten von der Arretur'; vgl. über diesen Gebrauch von ἀφαιρεῖσθαι und ἐξαιρεῖσθαι D. XXIII, 91. 218. Anderwärts stehen ἄγειν (εἰς δουλείαν) und ἀφαιρεῖσθαι oder ἐξαιρεῖσθαι (εἰς ἐλευθερίαν) vom flüchtigen Sklaven, der von dem angeblichen Eigentümer abgeführt, von einem anderen unter der Behauptung, er sei ein Freier, der Wegführung entzogen wird (XXIII, 9 und 10. Plat. Gesetze XI, 914ᵉ. Is. XII, 97. XVII, 14. Isae. fr. 15, 3 und fr. 16 Scheibe. Aesch. I, 62). Entsprechend (in servitutem) abducere und (in libertatem) vindicare, asserere. — *παρέξειν*] abhängig unmittelbar von ἠγγυῶντο wie XXIII, 9: ἐγγυησάμενοι παρέξειν εἰς ἀγοράν. Xen. Hell. VII, 4, 38: ἡ πόλις ἠγγυᾶτο ἦ μὴν παρέξειν εἰς τὸ κοινόν. — Für παρέξειν wollte man παράξειν; doch παρέχειν εἰς τὴν βουλήν (wie an den eben genannten Stellen aus Lys. und Xen.) ist: in senatum sistere, was nicht die persönliche Gestellung des ἀφαιρεθείς durch

λευταὶ τὰ ὀνόματα τῶν ἐγγυωμένων καὶ κωλυόντων ἀπιόντες ᾤχοντο εἰς ἄστυ. Ὁ δ' Ἀγόρατος καὶ οἱ ἐγγυηταὶ καθίζουσιν ἐπὶ τὸν βωμὸν Μουνυχίασιν· ἐπειδὴ δ' ἐκεῖ ἦσαν, ἐβουλεύοντο τί χρὴ ποιεῖν. Ἐδόκει οὖν τοῖς ἐγγυηταῖς καὶ τοῖς ἄλλοις ἅπασιν ἐκποδὼν ποιήσασθαι τὸν Ἀγόρατον ὡς τάχιστα, καὶ παρορμίσαντες δύο πλοῖα ἐδέοντο αὐτοῦ παντὶ τρόπῳ ἀπελθεῖν Ἀθήνηθεν, καὶ αὐτοὶ ἔφασαν συνεκπλευσεῖσθαι, ἕως τὰ πράγματα κατασταίη, λέγοντες ὅτι, εἰ κομισθείη εἰς τὴν βουλήν,

die Bürgen in sich schliefst, dagegen §§ 32. 55 *παράγειν εἰς τὸν δῆμον* ad populum producere. Aufser den anderseitig schon für *παρέχειν* angeführten Stellen vgl. Ant. V, 36: *ἐνθάδε παρέχειν τὸν μηνυτήν* und Plat. Gesetze IX, 871^{e}: *παρεχέτω τρεῖς ἐγγυητὰς παρέξειν ἐγγυωμένους εἰς δίκην* und ebenda: *τὴν ἀρχὴν (τὸν δεθέντα) παρέχειν εἰς τὴν κρίσιν.* Das Medium dagegen steht von der Stellung von Zeugen im eigenen Interesse, daher hier nicht anwendbar. Dafs übrigens **die** Bürgen im vorliegenden Falle **die** Bürgschaft mit der reservatio mentalis, ihr Wort nicht zu halten, leisteten, **zeigte** alsbald ihr Verfahren.

§ 24. *γραψάμενοι*] zu XII, 8. — *εἰς ἄστυ*] zu XII, 16. — *καθίζουσιν*] um sich unter den Schutz der Asylie (zu XII, 98) zu stellen. Agor. mufste sich das wohl oder übel gefallen lassen. Gemeint ist das Heiligtum der *Μουνυχία Ἄρτεμις* (Paus. I, 1, 4. Xen. Hell. II, 4, 11. Bursian, Geogr. v. Griechenland I, 269), welches ein bevorzugtes Asylrecht genofs (Schol. zu D. XVIII, 107). — *τοῖς ἄλλοις ἅπασιν*] welche die Aufsehen erregende Scene herbeigezogen hatte. Vgl. Aesch. I, 60: *ὁ Πιττάλακος καθίζει ἐπὶ τὸν βωμὸν τῆς μητρὸς τῶν θεῶν· ὄχλου δὲ συνδραμόντος, οἷον εἴωθε γίγνεσθαι κτλ.*

§ 25. *δύο πλοῖα*] zu § 37. — *αὐτοί*] die Bürgen. Diesem Anerbieten lag nicht etwa eine sentimentale Rücksicht auf Teilung der Gefahr mit Agor. zu Grunde; vielmehr wollten sie ihm jeden Vorwand, den er aus der Verantwortlichkeit der Bürgen herleiten konnte, abschneiden (§§ 26. 52). Patriotisch war nicht sowohl dies Erbieten (denn wenn sie den Agor. nicht stellten, mufsten sie **um** der eigenen Sicherheit willen entweichen, And. I, 44) als die Übernahme der Bürgschaft trotz der Voraussicht, das Vaterland meiden zu **müssen** (vgl. § 27). — *ἕως κατασταίη*] angeschlossen an *ἀπελθεῖν* **und** *συνεκπλευσεῖσθαι*: 'bis die öffentlichen Zustände sich gebessert **hät**ten' und damit der gesetzwidrigen Willkür der Oligarchen ein Ziel gesetzt sei; dann konnte das Psephisma des Rats leicht durch einen Volksbeschlufs beseitigt werden. *καταστῆναι* 'hergestellt werden' eigentlich vom rekonvalescierenden Körper (Plat. Gesetze VII, 798^{a}: *τὸ κατ' ἀρχὰς συνταραχθεὶς ὑπὸ νόσων μόγις ποτὲ κατέστη*, daher *κατάστασις* 'Genesung, Gesundheit'), öfters übertragen auf die Konsolidierung öffentlicher Verhältnisse, wie Cic. bei Dio Cass. XLIV, 33: *ἐπειδὰν καταστῇ τὰ πράγματα.* D. XX, 11: *ἐπειδὴ τὰ πράγματ' ἐκεῖνα κατέστη* (im J. 403, vgl. Aristeid. II, 686 Df.). Is. IV, 138: *ὅταν τὰ τῶν βαρβάρων καταστῇ.* Aesch. III, 208: *εἰ οἷος σὺ ἦσαν οἱ ἀπὸ **Φυλῆς** φεύγοντα τὸν δῆμον καταγαγόντες, οὐκ ἄν ποθ' ἡ δημοκρατία κατέστη* (Gegensatz *ἀκαταστάτως εἶχε τὰ ἐν τῇ πόλει* Is. XXI, 7). Entsprechend *καθιστάναι* (wie constituere Cic. Phil. II, 36, 92. X, 10, 22 u. ö.) 'befestigen', z. B. (Lys.) VI, 36: *ἐτάραξε μὲν οὗτος τὴν πόλιν, κατεστήσατε δ' ὑμεῖς.* — *βασανιζόμενος*] zu § 27. — *εἰ κομισθείη — ἀναγκασθήσεται*] Anh. zu

βασανιζόμενος ἴσως ἀναγκασθήσεται ὀνόματ' εἰπεῖν Ἀθηναίων
ὧν ἂν ὑποβάλωσιν οἱ βουλόμενοι κακόν τι ἐν τῇ πόλει ἐργά-
26 ζεσθαι. Ταῦτ' ἐκείνων δεομένων καὶ παρασκευασάντων πλοῖα
καὶ αὐτῶν ἑτοίμων ὄντων συνεκπλεῖν, οὐκ ἠθέλησε πείθεσθαι
αὐτοῖς Ἀγόρατος οὑτοσί. Καίτοι, ὦ Ἀγόρατε, εἰ μή τί σοι ἦν
παρεσκευασμένον καὶ ἐπίστευες μηδὲν κακὸν πείσεσθαι, πῶς
οὐκ ἂν ᾤχου καὶ πλοίων παρεσκευασμένων καὶ τῶν ἐγγυητῶν
ἑτοίμων ὄντων σοι συνεκπλεῖν; Ἔτι γὰρ οἷόν τέ σοι ἦν, καὶ
27 οὔπω ἡ βουλή σου ἐκράτει. Ἀλλὰ μὲν δὴ οὐχ ὅμοιά γε σοὶ
καὶ ἐκείνοις ὑπῆρχεν. Πρῶτον μέν γ' Ἀθηναῖοι ἦσαν, ὥστε
οὐκ ἐδέδισαν βασανισθῆναι· ἔπειτα πατρίδα σφετέραν αὐτῶν

XII, 74. — κακόν τι — ἐργάζεσθαι] wie Xen. Hell. I, 1, 20: οὐδὲν ἄλλο κακὸν ἐργασάμενος ἐν τῇ πόλει.

§ 26. οὐκ ἠθέλησε] zu XII, 69. — σοὶ παρεσκευασμένον] 'von dir abgemacht', sc. πρὸς τοὺς βουλομένους κτλ. So das Medium VII, 18. Unter dem τι ist wie § 28 die in Aussicht gestellte ἄδεια (zu § 55) zu verstehen. — Mit καίτοι κτλ. springt der Ankläger durch eine παρέκβασις aus der διήγησις vorübergehend in die ἀπόδειξις über, da hierdurch wesentlich der versuchte Nachweis des φόνος ἀκούσιος (§ 52 ff.) untergraben werden soll. Erst mit § 29 kehrt er zur narratio zurück. — καὶ ἐπίστευες] vgl. Anh.

§ 27. ἀλλὰ μὲν δή] 'atqui certe' (Anh. zu XII, 35). Der Sprecher argumentiert folgendermafsen: Die Bürgen waren bereit, das Land zu verlassen, du weigertest dich. Nun war aber 'doch gewifs' ihre Lage (ὑπῆρχεν) eine ganz andere als die deinige; denn sie verloren durch ihre Flucht weit mehr und riskierten beim Bleiben weniger — und dennoch waren sie zu dem Opfer bereit (wobei freilich die persönliche Gefahr der Bürgen im Falle ihres Bleibens nach Entfernung des Agor. klüglich übergangen ist); du verlorest nichts und riskiertest das Ärgste, dennoch weigertest du dich, Athen zu verlassen; also mufstest du geheime Beweggründe haben. — πρῶτον μέν γε] Über den verstümmelten Eingang der Antithese s. Anh. — Ἀθηναῖοι] 'athenische Bürger', wie in den zu § 70 angeführten Ausdrücken. — οὐκ ἐδέδισαν βασανισθῆναι] Die Person des athenischen Bürgers war (ebenso wie die des römischen) vor der Folter gesichert durch das Gesetz des Skamandrios (And. I, 43). In solchen Zeiten freilich, wo die Autorität der Gesetze wankte, war auf diese Sicherheit wohl nicht immer zu bauen, wie der Vorschlag des Peisandros bei And. a. a. O. und die Art, wie man dem Aristophanes aus Cholleidae den Schutz des Gesetzes entziehen wollte (§ 59), beweist. Übertreibend Cicero de part. or. 34, 118: dicendum de institutis Atheniensium, Rhodiorum, apud quos etiam, id quod acerbissimum est, liberi civesque torquentur. — βασανισθῆναι für μὴ βασανισθῶσιν oder τὸ βασανισθῆναι wie Plut. Philop. 18: δείσας ὁ Φιλοποίμην κυκλωθῆναι ἀνεχώρει. Perikl. 7: φοβούμενος ἐξοστρακισθῆναι τῶν πολιτικῶν οὐδὲν ἔπραττεν. ebenda: δεδιὼς ὑποψίᾳ περιπεσεῖν τυραννίδος. Anders XXIII, 12. Plat. Staat VIII, 555[a]. Thuk. I, 136, 1. Vgl. Matthiae § 520, 9, 1. Kühner II, S. 1045, Anm. — πατρίδα σφετέραν αὐτῶν] 'eigenes Heimatsland', ohne Artikel, weil es nicht auf ein bestimmtes Vaterland, sondern auf die Eigenschaft als vaterländischer Boden überhaupt ankommt. Entsprechend im zweiten Gliede der Antithese

καταλιπόντες ἕτοιμοι ἦσαν συνεκπλεῖν μετὰ σοῦ, ἡγησάμενοι ταῦτα μᾶλλον λυσιτελεῖν ἢ τῶν πολιτῶν πολλοὺς καὶ ἀγαθοὺς ὑπὸ σοῦ ἀδίκως ἀπολέσθαι. Σοὶ δὲ πρῶτον μὲν κίνδυνος ἦν βασανισθῆναι ὑπομείναντι, ἔπειτ' οὐ πατρίδ' ἂν σαυτοῦ κατέ-
λιπες· ὥστ' ἐκ παντὸς τρόπου σοὶ μᾶλλον ἢ ἐκείνοις ἐκπλεῦσαι 28
συνέφερεν, εἰ μή τι ἦν ᾧ ἐπίστευες· νῦν δ' ἄκων μὲν προσποιεῖ, ἑκὼν δὲ πολλοὺς καὶ ἀγαθοὺς Ἀθηναίων ἀπέκτεινας. Ὡς δὲ παρεσκευάσθη ἅπανθ' ἃ ἐγὼ λέγω, καὶ μάρτυρές εἰσι καὶ αὐτὸ τὸ ψήφισμά σου τὸ τῆς βουλῆς καταμαρτυρήσει.

ΜΑΡΤΥΡΕΣ. ΨΗΦΙΣΜΑ.

Ἐπειδὴ τοίνυν τοῦτο τὸ ψήφισμ' ἐψηφίσθη καὶ ἦλθον οἱ 29
ἐκ τῆς βουλῆς Μουνυχίαζε, ἑκὼν ἀνέστη Ἀγόρατος ἀπὸ τοῦ
βωμοῦ· καίτοι νῦν γε βίᾳ φησὶν ἀφαιρεθῆναι. Ἐπειδὴ δ' εἰς 30

πατρίδα σαυτοῦ. Die Bedeutung des angebotenen Opfers bemesse man nach Stellen wie Eur. El. 1314: τίνες ἄλλαι στοναχαὶ μείζους ἢ γῆς πατρῴας ὅρον ἐκλείπειν; Phoen. 388 fragt Iokaste: τί τὸ στέρεσθαι πατρίδος; ἦ κακὸν μέγα; darauf Polyneikes: μέγιστον· ἔργῳ δ' ἐστὶ μεῖζον ἢ λόγῳ. Med. 649: μόχθων οὐκ ἄλλος ὕπερθεν ἢ γῆς πατρίας στέρεσθαι. And. I, 144: οἶδα μὲν οἷόν ἐστι πόλεως τοιαύτης πολίτην εἶναι, οἶδα δὲ οἷόν ἐστι ξένον εἶναι ἐν τῇ τῶν πλησίον. Vgl. zu XII, 98. — συνεκπλεῖν μετὰ σοῦ] § 26 συνεκπλεῖν σοι. Derselbe Pleonasmus wie hier § 58. XXI, 8: μετ' ἐμοῦ συνέπλει (mehr im Anh.). — κίνδυνος ἦν] 'periculum erat ne', dem οὐκ ἐδέδισαν gegenüberstehend; zu XII, 31. — Konsequent betrachtet der Sprecher den Agor. in Übereinstimmung mit § 18 als Nichtbürger. Metöken und Sklaven waren der Folter nach dem Ermessen der Behörden unterworfen. Schömann, att. Prozeſs 685. — ταῦτα] zu XII, 9.

§ 28. εἰ μή τι ἦν ᾧ ἐπίστευες] Mit diesen Worten wiederholt der Redner in chiastischer Ordnung den Hauptinhalt der kondizionalen Protasis von § 26. So gestaltet sich der ganze Gedankenkomplex: καίτοι, ὦ Ἀγόρατε — ἐπίστευες zu einem auch äuſserlich wohl abgerundeten Ganzen. Vgl. Anh. zu XII, 95 a. E. — προσποιεῖ] ἀποκτεῖναι. Ebenso ist aus dem zweiten Gliede der Antithese der Infin. zum ersten zu ergänzen D. XVIII, 192: τὰ μὲν ἤμελλεν, ὡς ἐδόκει, τῶν δεινῶν (παρεῖναι), τὰ δ' ἤδη παρῆν. Lys. fr. 11: μὴ μέλλοντες (πείσεσθαι) μὲν ὑπισχνεῖσθε, παθόντες δ' ἀφαιρεῖσθε. Daneben vgl. Thuk. VII, 15, 2: ὅ τι μέλλετε (πράσσειν), ἅμα τῷ ἦρι εὐθὺς καὶ μὴ ἐς ἀναβολὰς πράσσετε. Xen. Anab. IV, 1, 14: εἴ τι εὑρίσκοιεν τῶν εἰρημένων (ἀφεῖναι) μὴ ἀφειμένον, ἀφῃροῦντο. Kr. 55, 4, 11. — ἄκων — ἑκών] zu § 19. — μάρτυρες] welche natürlich nicht die geheimen Abmachungen, sondern nur das dieselben verratende, ohne diese Voraussetzung unbegreifliche Verfahren des Agor. bezeugen konnten. — τὸ ψήφισμα] Unzweifelhaft war im Ratsbeschlusse dem Denunzianten die (nach Lys. schon vorher vertraulich in Aussicht gestellte) ἄδεια (zu § 55) verbürgt. Im Verlauf der Rede erwähnt er allerdings dieses den Agor. belastenden Umstandes nicht ausdrücklich, weil die Verlesung des Aktenstücks ihn genügend konstatierte.

§ 29. οἱ ἐκ τῆς βουλῆς] Die neuerdings zur Festnahme des Agor. abgeordneten Buleuten; auch davon war jedenfalls in dem eben verlesenen Psephisma die Rede.

τὴν βουλὴν ἐκομίσθη, ἀπογράφει [Ἀγόρατος] πρῶτον μὲν τῶν αὑτοῦ ἐγγυητῶν τὰ ὀνόματα, ἔπειτα τῶν στρατηγῶν καὶ τῶν ταξιάρχων, ἔπειτα δὲ καὶ ἄλλων τινῶν πολιτῶν. Ἡ δ' ἀρχὴ αὕτη τοῦ παντὸς κακοῦ ἐγένετο. Ὡς δ' ἀπέγραψε τὰ ὀνόματα, οἶμαι μὲν καὶ αὐτὸν ὁμολογήσειν· εἰ δὲ μή, ἐπ' αὐτοφώρῳ ἐγὼ αὐτὸν ἐξελέγξω. Ἀπόκριναι δή μοι.

ΕΡΩΤΗΣΙΣ.

31 Ἐβούλοντο τοίνυν, ὦ ἄνδρες δικασταί, ἔτι πλειόνων αὐτὸν τὰ ὀνόματ' ἀπογράψαι — οὕτω σφόδρα ἔρρωτο ἡ βουλὴ κακόν τι ἐργάζεσθαι —, οὗτος γὰρ οὐκ ἐδόκει αὐτοῖς ἅπαντα τἀληθῆ πω κατηγορηκέναι. Τούτους μὲν οὖν ἅπαντας ἑκὼν ἀπογράφει,

§ 30. ἐκομίσθη] wie § 25 und 52; vgl. And. I, 15. — ἀπογράφει] 'giebt zu Protokoll', das stehende Wort bei der μήνυσις. And. I, 13: ἐμήνυσε ταῦτα καὶ ἀπέγραψε τούτους. § 15. 17. 34 u. ö. — ἡ ἀρχὴ — ἐγένετο] 'der Anfang war dies'; s. Anh. Zum Gedanken vgl. Hom. Il. λ, 603 f.: ὁ δὲ κλισίηθεν ἀκούσας ἔκθορεν ἶσος Ἄρηϊ, κακοῦ δ' ἄρα οἱ πέλεν ἀρχή. Übertreibend macht er den Agor. wiederholt (§§ 34. 43. 48. 95) für die ganze folgende Katastrophe (die Vollziehung des verderblichen Friedens und den Umsturz der Verfassung) verantwortlich, weil er dem Staate die Verteidiger seiner Ehre und Freiheit entzogen habe, nach dem von Demosth. XVIII, 159 ausgesprochenen Satze: ὁ τὸ σπέρμα παρασχὼν οὗτος τῶν φύντων κακῶν αἴτιος. — ἐπ' αὐτοφώρῳ] uneigentlich, doch mit Anklang an die gewählte Klagform (Einl. § 6): 'auf Grund unbestreitbarer Thatsachen', die durch die folgende ἐρώτησις (zu XII, 24) konstatiert werden, wie Aesch. III, 10: πολλοὶ τῶν ὑπευθύνων ἐπ' αὐτοφώρῳ κλέπται τῶν δημοσίων χρημάτων ὄντες ἐξελέγχονται (bei der Rechenschaftsablegung). D. XXIII, 157: ἐξηλέγχθη φανερῶς τὸ πρᾶγμ' ἐπ' αὐτοφώρῳ. XXXIX, 26.

§ 31. ἐβούλοντο] die oligarch. Tonangeber im Rat. — Der Satz οὕτω — ἐργάζεσθαι ist Kommentar des Sprechers, um das Drängen des Rats zu weiteren Denunziationen zu erklären; auf diese Parenthese folgt die ironische Motivierung des ἐβούλοντο — ἀπογράψαι, als ob die Bule so gehandelt habe, weil es ihr um die Erforschung der vollen Wahrheit zu thun gewesen sei. Dafs Agor. diesem Wunsche willfahrte, lehrt der Zusammenhang. — ἔρρωτο] ἐρρῶσθαι mit dem Infin. teils 'valere ad aliquid', wie Plat. Symp. 176[b]: δέομαι ὑμῶν ἀκοῦσαι, πῶς ἔχει πρὸς τὸ ἐρρῶσθαι πίνειν Ἀγάθων, teils 'summa vi niti', wie hier und Thuk. II, 8, 4: ἔρρωτο πᾶς καὶ ἰδιώτης καὶ πόλις ξυνεπιλαμβάνειν αὐτοῖς. — οὐκ ἐδόκει — πω] Die Negation in οὔπω zum regierenden Verbum gezogen wie Plat. Gorg. 506[a]: ἀλλ' ἐμοὶ μὲν οὐ δοκεῖ χρῆναί πω ἀπιέναι. Anders X, 30: οὐ γάρ πω ᾔδειν, womit zu vergleichen Xen. Anab. VII, 7, 57: οὐ γάρ πω ψῆφος αὐτῷ ἐπῆκτο. Kyr. I, 5, 11. Plat. Hipp. I, 299[e] (D. XVIII, 18: οὐ γὰρ ἔγωγ' ἐπολιτευόμην πω τότε. XIX, 22: οὐ μὴν πω τοῦτο βούλεσθαι λέγειν. Plat. Theaet. 200[d]: οὐ γάρ που ἀπεροῦμέν γέ πω. Menon 72[d]: οὐ μέντοι ὥς βούλομαί γέ πω κατέχω τὸ ἐρωτώμενον. Thuk. I, 66: οὐ μέντοι ὅ γε πόλεμός πω ξυνερρώγει. Plat. Euthyd. 283[c]: οὔκουν φησί γέ πω). — κατηγορηκέναι] κατηγορεῖν öfters im allgemeineren Sinne von jeder belastenden Aussage. Vgl. I, 20. VII, 35. Ant. I, 10. (And.) IV, 15. (D.) XLV, 20. Thuk. I, 91, 1. — τούτους — ἅπαντας] sowohl die § 30 Bezeichneten

οὐδεμιᾶς αὐτῷ ἀνάγκης οὔσης. Ἐπειδὴ δ' ἡ ἐκκλησία Μου- 32
νυχίασιν ἐν τῷ θεάτρῳ ἐγίγνετο, οὕτω σφόδρα τινὲς ἐπεμελοῦντο, ὅπως καὶ ἐν τῷ δήμῳ περὶ τῶν στρατηγῶν καὶ τῶν ταξιάρχων μήνυσις γένοιτο — περὶ δὲ τῶν ἄλλων ἀπέχρη ἐν τῇ βουλῇ μόνῃ γεγενημένη —, ὥστε κἀκεῖ παράγουσιν αὐτὸν εἰς τὸν δῆμον. Καί μοι ἀπόκριναι, ὦ Ἀγόρατε· ἀλλ' οἶμαί σε ἔξαρνον γενήσεσθαι ἃ ἐναντίον Ἀθηναίων ἁπάντων ἐποίησας

ΕΡΩΤΗΣΙΣ.

Ὁμολογεῖ μὲν καὶ αὐτός, ὅμως δὲ καὶ τὸ ψήφισμα ὑμῖν 33
τοῦ δήμου ἀναγνώσεται.

ΨΗΦΙΣΜΑ.

Ὅτι μὲν ἀπέγραψεν Ἀγόρατος οὑτοσὶ τῶν ἀνδρῶν ἐκείνων τὰ ὀνόματα, καὶ τὰ ἐν τῇ βουλῇ καὶ τὰ ἐν τῷ δήμῳ, καὶ ἔστι

als die ἔτι πλείονες. — ἑκὼν — οὔσης] Über die Doppelsetzung des Begriffs 'freiwillig' zu § 19. Es gehört dieselbe zur περιβολὴ κατ' ἀπαγγελίαν (Fülle im Ausdruck), die wieder eine Unterart der Größe und Würde der Rede ist. Volkmann, Rhet. S. 472.

§ 32. ἐν τῷ θεάτρῳ] Thuk. VIII, 93, 1: τὸ πρὸς τῇ Μουνυχίᾳ Διονυσιακὸν [τὸ ἐν τῷ Πειραιεῖ] θέατρον (τὸ — Πειραιεῖ wird in den neueren Ausgaben als Glossem weggelassen). Xen. Hell. II, 4, 32: τὸ Πειραιοῖ θέατρον. Bursian, Geogr. v. Griechenland I, 269. Den kleinen Raum anstatt der Pnyx oder des grofsen Dionysostheaters in der Stadt hatten die Leiter der Bewegung wohl absichtlich gewählt, um die Massen fern zu halten. Der Wortlaut hier wie § 55 zeigt, dafs des Agor. Denunziation nicht der eigentliche Gegenstand dieser Ekklesia war. — περὶ — ταξιάρχων] bei denen man also doch die Willkür zu legalisieren sich bemühte, freilich nur aus Klugheit und eigener Entschliefsung, nicht aus Achtung vor der Verfassung (zu § 20); die Form der Klage war wohl die εἰσαγγελία (zu XII, 48). — παράγουσιν — εἰς τὸν δῆμον] παράγειν εἰς τὸν δῆμον wie producere in concionem (Cic. pro Sest. 14, 33 u. ö.) und ad populum (Liv. XXVII, 10, 6); ebenso § 55. — ἀλλ' οἶμαι] Nach der Aufforderung ἀπόκριναι zeigt Agor. keine Lust, Rede zu stehen, und macht keine Miene, sich von seinem βῆμα zu erheben. Unwillig ruft darauf der Sprecher: 'Aber ich glaube, du wirst noch leugnen, was' u. s. w. Dann erst folgt Agor. dem Geheifs. Über die Konstruktion von ἔξαρνον γίγνεσθαι (εἶναι) zu XXXII, 20.

§ 33. ὅμως δέ] weil die ἐρώτησις die dokumentarische Beglaubigung nicht ersetzte; zu XII, 24. — ἀναγνώσεται] zu XII, 47. — Der hier verlesene Volksbeschlufs ist derselbe, von dem § 35 ein Passus nochmals zur Verlesung kommt, über die Einleitung der Untersuchung gegen die von Agor. Denunzierten, soweit ihre Namen dem Volke mitgeteilt worden waren, ihre Verhaftung und die Form des gerichtlichen Verfahrens gegen sie. Jedenfalls war dies alles in ein ψήφισμα zusammengefafst, und demnach ist das hdschr. τὰ ψηφίσματα nicht haltbar. Allerdings ward in derselben Versammlung noch ein Beschlufs gefafst (§ 55), dessen Verlesung aber an hiesiger Stelle nicht am Platze war. — τῶν ἀνδρῶν ἐκείνων τὰ ὀνόματα] wie D. XVIII, 204: τῶν ἀνδρῶν ἐκείνων τῆς ἀρετῆς. Lyk. 69. — καὶ τὰ — δήμῳ] sc. ἀπογραφέντα. Er son-

φονεὺς ἐκείνων, σχεδόν τι οἶμαι ὑμᾶς ἐπίστασθαι· ὡς τοίνυν
ἁπάντων τῶν κακῶν αἴτιος τῇ πόλει ἐγένετο καὶ οὐδ' ὑφ'
ἑνὸς αὐτὸν προσήκει ἐλεεῖσθαι, ἐγὼ οἶμαι ὑμῖν ἐν κεφαλαίοις
34 ἀποδείξειν. Ἐπειδὴ γὰρ ἐκεῖνοι συλληφθέντες ἐδέθησαν, τότε
καὶ ὁ Λύσανδρος εἰς τοὺς λιμένας τοὺς ὑμετέρους εἰσέπλευσε
καὶ αἱ νῆες αἱ ὑμέτεραι Λακεδαιμονίοις παρεδόθησαν καὶ τὰ
τείχη κατεσκάφη καὶ οἱ τριάκοντα κατέστησαν, καὶ τί οὐ τῶν
35 δεινῶν τῇ πόλει ἐγένετο; Ἐπειδὴ τοίνυν οἱ τριάκοντα κατ-
εστάθησαν, εὐθέως κρίσιν τοῖς ἀνδράσι τούτοις ἐποίουν ἐν τῇ

dert die Namen in zwei Klassen nach der Lokalität, die für jede von beiden wesentlich in Frage kam. Dafs die Namen der Strategen und Taxiarchen zuvor schon in der Bule genannt waren, beeinträchtigt nach § 32 die Logik der Einteilung nicht. — φονεύς] nach der Einl. zu Rede XII, § 1, Rede XIII, § 4 besprochenen Auffassung des Begriffs φόνος. — σχεδόν τι] 'wohl so ziemlich' (Kr. 51, 16, 5) wie das einfache σχεδόν nicht selten in der Rekapitulation; vgl. Anh. — ὡς τοίνυν] s. Anh. — οὐδ' ὑφ' ἑνός] 'ne ab uno quidem'. Vgl. XVI, 10: μηδὲ πρὸς ἕνα. XXXI, 30: μηδ' ἐξ ἑνὸς τρόπου. VII, 28: δένδρον οὐδ' ἕν. XIX, 60. XXIV, 24: οὐδ' ἂν εἷς. Kr. 24, 2, 2. Rehdantz Dem. Ind. II, οὐδὲ εἷς. — ἐν κεφαλαίοις] 'in den Hauptpunkten', summatim, wie Is. II, 9. (D.) XXIX, 4: νῦν δ' ὡς ἐν κεφαλαίοις ἀκηκόατε. Xen. Ages. 11, 1; auch ἐν κεφαλαίῳ Aesch. II, 118. D. VIII, 76. XX, 163. XXIII, 63. XXIV, 5: τὸ μὲν οὖν πρᾶγμα, ὡς ἐν κεφαλαίῳ τις ἂν εἴποι, τοῦτ' ἐστίν. (D.) XXXII, 13: τὸ μὲν οὖν πρᾶγμα, ὡς εἰπεῖν ἐν κεφαλαίῳ, τοιοῦτόν ἐστιν (vgl. D. XXVII, 7: καὶ τὸ μὲν κεφάλαιον τῶν ἀδικημάτων, ὡς ἂν συντομώτατ' εἴποι τις, τοῦτ' ἐστίν). (D.) XL, 35 und Plat. Symp. 186[c]: ὡς ἐν κεφαλαίῳ εἰπεῖν. Aesch. I, 177 und Plat. Hipp. II, 366[b]: ὡς ἐν κ. εἰρῆσθαι. Arist. Rhet. II, 16: ὡς ἐν κεφαλαίῳ (ohne Infin.); desgleichen ἐπὶ κεφαλαίων Aesch. II, 45. D. XIX, 315. Hyp. Epit. III und διὰ κεφαλαίων Aesch. II, 25. — οἶμαι ἀποδείξειν] s. Anh.

§ 34. ἐπειδή κτλ.] Herbe Ausführung des Gedankens: Nach der Beseitigung jener Männer ward der schmähliche Friede mit seinen Konsequenzen vollzogen. — λιμένας] Der Plural mit Rücksicht auf die verschiedenen Hafenbecken der Peiräeushalbinsel (Emporion, Kantharos, Zea, Munychia); an den damals kaum noch benutzten Hafen Phaleron ist nicht zu denken. — εἰσέπλευσε] von Samos aus; zu XII, 71. — αἱ νῆες] zu § 14. — τί οὐ τῶν δεινῶν] Wir ohne Fragform: 'alle denkbare Schrecknis', eine bei den Rednern sehr beliebte lebhafte Umschreibung des Begriffs der Totalität; vgl. Is. XV, 317: ἐκ ταύτης τῆς μεταβολῆς τί τῶν δεινῶν οὐ συνέπεσε τῇ πόλει; VIII, 111: αἷς (ταῖς μοναρχίαις) τί τῶν δεινῶν ἢ τῶν χαλεπῶν οὐ πρόσεστιν; IV, 111: τί τῶν αἰσχρῶν ἢ δεινῶν οὐ διεξῆλθον; Aesch. III, 132: τί τῶν ἀνελπίστων καὶ ἀπροσδοκήτων οὐ γέγονεν; D. XVIII, 48. XIX, 201. (D.) XXV, 50. XLVII, 43. So auch Cic. Phil. II, 22, 55: omnia, quae postea vidimus — quid autem mali non vidimus? — uni accepta referemus Antonio. Über den von τί abhängigen Genit. part. τῶν δεινῶν Kr. 47, 28, 11.

§ 35. κρίσιν ἐποίουν] κρίσιν ποιεῖν von der obrigkeitlichen Autorität, welche ein 'gerichtliches Verfahren anordnet' (ähnlich κρίσιν προθεῖναί τινι Lys. XXVII, 8), wie Thuk. VI, 60, 4: κρίσεις ποιήσαντες αὐτοὺς ἀπέκτειναν. ebenda I, 77, 1 (wo Classen im Anhang). Arist. Frö. 779: ὁ δῆμος ἀνεβόα κρίσιν ποιεῖν, oder vom Gesetzgeber, welcher ein

βουλῇ· ὁ δὲ δῆμος ἐν τῷ δικαστηρίῳ ἐν δισχιλίοις ἐψήφιστο. Καί μοι ἀνάγνωθι τὸ ψήφισμα.

ΨΗΦΙΣΜΑ.

Εἰ μὲν οὖν ἐν τῷ δικαστηρίῳ ἐκρίνοντο, ῥᾳδίως ἂν ἐσώ- 36
ζοντο· ἅπαντες γὰρ ἤδη ἐγνωκότες ἦτε, οὗ ἦν κακοῦ ἡ πόλις, ἐν ᾧ οὐδὲν ἔτι ὠφελεῖν ἐδύνασθε· νῦν δ' εἰς τὴν βουλὴν αὐτοὺς εἰσάγουσιν. Ἡ δὲ κρίσις τοιαύτη ἐγένετο, οἵαν καὶ

solches feststellt, wie D. XXIII, 81 (analog *γραφὴν ποιεῖν* Dein. II, 17). Dagegen *τὰς κρίσεις ποιεῖσθαι* von den Parteien, welche 'prozessieren', Is. IV, 40, und *τὴν κρίσιν ποιεῖσθαι* vom Richter, der sein Urteil fällt, Lys. XXV, 10. Is. XVIII, 22. Zu XII, 72. — *ἐν τῇ βουλῇ*] betont ans Ende gestellt, im Gegensatz zu *ἐν τῷ δικαστ.* — Die Dreifsig bildeten nach ihrem Gutdünken aus ihren Parteigenossen (§§. 20. 74. Diodor XIV, 4) einen Rat (Xen. Hell. II, 3, 11), welcher, wenn Lysias § 74 genau berichtet, aus weniger Mitgliedern als den gesetzlichen 500 bestand. Ihm übergaben sie, soweit es ihnen beliebte, die Gerichtsbarkeit in politischen und fiskalischen Prozessen (zu XII, 81, vgl. Is. XVIII, 6), als einem willigen Werkzeuge ihrer Gewaltmafsregeln (§ 38. XII, 48). Daher nach der Restauration nicht selten der Vorwurf, Mitglied dieser Bule gewesen zu sein (And. I, 95. Is. XVI, 43). Gegen solche Beschuldigung protestiert der Sprecher Lys. XXV, 14. — *ἐν τῷ δικαστηρίῳ ἐν δισχιλίοις*] wohl ein Citat aus dem Psephisma. *ἐν τῷ δικ.* betont den legitimen Heliastengerichtshof gegenüber der ungesetzlich richtenden Bule, *ἐν δισχιλίοις* die absichtlich hoch gegriffene Zahl der Geschworenen (ein Drittel aller für das Jahr Ausgelosten, Schömann, Altert. I, 503), wodurch eine oligarch. Beeinflussung erschwert werden sollte. Der Artikel vor *δικαστ.* bezeichnet nicht einen bestimmten Gerichtshof, sondern generell die richtende Autorität gegenüber der beratenden, wie § 65 gegenüber der Volksversammlung. — Über *ἐν* in *ἐν δισχ.* zu XII, 6. — *ἐψήφιστο*] sc. *τὴν κρίσιν ποιεῖν*. Das Plusqpf.: 'der Volksbeschlufs lag vor'.

§ 36. *εἰ — ἐκρίνοντο, — ἂν ἐσώζοντο*] Wie bei andern Schriftstellern, so steht auch bei Lysias im hypothetischen Satze nicht selten das Imperfektum, wo man nach der gewöhnlichen Regel den Aorist erwartet hätte. In beiden Satzgliedern wie hier noch I, 38. XXV, 19; in der Protasis I, 31. III, 38. VII, 37; in der Apodosis IV, 7. XII, 85. XX, 27, vgl. XIV, 14 und unten § 74. Aken, Tempus und Modus § 65. Pfuhl, die Bedeutung des Aoristus S. 41. — *ἐν τῷ δικαστηρίῳ*] dessen Mitglieder ja durchs Los, nicht durch die Wahl der Oligarchen bestellt waren; vgl. XXX, 11. — *ἤδη*] jam, 'nachgerade'. Zu betonen ist *ἅπαντες*; auch die, welche früher die Opposition gegen den Frieden nicht gern gesehen (§ 16), waren jetzt zur Erkenntnis gekommen. — *οὗ ἦν κακοῦ*] wie D. XXIII, 156: *αἰσθόμενος δ' οὗ ἦν κακοῦ*. Herod. I, 213: *ἔμαθε ἵνα ἦν κακοῦ*. Soph. Aj. 386: *οὐχ ὁρᾷς ἵν' εἶ κακοῦ;* O. T. 413: *κοὐ βλέπεις ἵν' εἶ κακοῦ*. Plat. Soph. 243[b]: *νῦν δὲ ὁρᾷς ἵν' ἐσμὲν αὐτοῦ πέρι τῆς ἀπορίας* (überall mit der Anh. XII, 94 besprochenen Sperrung). Kr. 47, 10, 4. — *ἐν ᾧ*] 'in einer Lage, wo' (Classen zu Thuk. I, 39, 3) erläutert das *ἤδη*, wie § 93 und Thuk. II, 11, 6 ein *νῦν* (dafür *νυνὶ ἐν ᾧ χρόνῳ* Is. XVIII, 35, *νῦν ὅτε* Lys. XXVI, 10. Thuk. IV, 85, 2, *νῦν ὁπότε* Ant. V, 38), VII, 7 ein *τότε*, Ant. V, 62 ein *ἐνταῦθα*. — *οὐδὲν ὠφελεῖν*] dem Staate; wohl aber stand es noch in ihrer Macht, die Angeklagten zu retten, wenn die Sache vor die Heliasten kam (vgl. Anh.).

37 ὑμεῖς αὐτοὶ ἐπίστασθε. Οἱ μὲν γὰρ τριάκοντα ἐκάθηντο ἐπὶ
τῶν βάθρων, οὗ νῦν οἱ πρυτάνεις καθέζονται· δύο δὲ τράπεζαι
ἐν τῷ πρόσθεν τῶν τριάκοντα ἐκείσθην· τὴν δὲ ψῆφον οὐκ
εἰς καδίσκους ἀλλὰ φανερὰν ἐπὶ τὰς τραπέζας ταύτας ἔδει
τίθεσθαι [τὴν μὲν καθαιροῦσαν ἐπὶ τὴν ὑστέραν]· ὥστ' ἐκ
38 τίνος τρόπου ἔμελλέ τις αὐτῶν σωθήσεσθαι; Ἑνὶ δὲ λόγῳ,
ὅσοι εἰς τὸ βουλευτήριον [ἐπὶ τῶν τριάκοντα] εἰσῆλθον κρι-
θησόμενοι, ἁπάντων θάνατος κατεγιγνώσκετο καὶ οὐδενὸς
ἀπεψηφίσαντο, πλὴν Ἀγοράτου τουτουΐ· τοῦτον δ' ἀφεῖσαν
ὡς εὐεργέτην ὄντα. Ἵνα δ' εἰδῆθ' ὡς πολλοὶ ὑπὸ τούτου
τεθνᾶσι, βούλομαι ὑμῖν τὰ ὀνόματ' αὐτῶν ἀναγνῶναι.

ΟΝΟΜΑΤΑ.

39 Ἐπειδὴ τοίνυν, ὦ ἄνδρες δικασταί, θάνατος αὐτῶν κατεγνώσθη καὶ ἔδει αὐτοὺς ἀποθνήσκειν, μεταπέμπονται εἰς τὸ
δεσμωτήριον ὁ μὲν ἀδελφήν, ὁ δὲ μητέρα, ὁ δὲ γυναῖκα, ὁ

§ 37. ἐπὶ τῶν βάθρων] vermutlich erhöhte Subsellien im Buleuterion, in deren Nähe die Abstimmungstische aufgestellt waren (ἐκείσθην, plusqpf. pass. zu τιθέναι). Die Dreifsig gerierten sich als Vorsitzende, wie sonst die πρυτάνεις, die mit der Besorgung der laufenden Geschäfte und dem Vorsitz in den Plenarsitzungen des Rats und in der Ekklesia beauftragte Fünfziger-Sektion der Bule (Schömann, griech. Alt. I, S. 399). — δύο τράπεζαι] Man wollte τραπέζα. Doch vgl. § **25:** δύο πλοῖα. XVI, 10: δύο ἀδελφάς. XXXII, 20: δύο παῖδας. Hom. Il. ν, 158 f.: δύο δ' ἀνέρες **ἔξοχ'** ἄριστοι ἐς μέσον ἀμφοτέρων συνίτην μεμαῶτε μάχεσθαι. ϑ, 79. Plat. Staat X, 614ᶜ: δύ' εἶναι χάσματα ἐχομένω ἀλλήλοιν. Xen. Mem. I, 2, 33. Kühner II, S. 62 f. — εἰς καδίσκους] Bei der gesetzlichen geheimen Abstimmung (zu XII, 91) warfen die Richter die der Form oder Farbe nach verschiedenen freisprechenden oder verurteilenden Stimmsteine in die 'giltige Urne' (κύριος καδ.), die nicht gebrauchten in die 'ungiltige' (ἄκυρος καδ.). Die Dreifsig dagegen gaben jedem Buleuten nur einen Stimmstein, statt der Urnen aber liefsen sie zwei Tische vor sich hinstellen, von denen der eine die lossprechenden, der andere die verurteilenden Stimmsteine aufnehmen sollte. So konnten sie sehr leicht sehen, wie ein jeder abstimmte. Die Tische standen jedenfalls neben, nicht hinter einander, wie die Glossatoren angenommen haben, wahrscheinlich nach Xen. Hell. I, 7, 9 (vgl. auch Arist. Wesp. 986 ff.).

§ 38. ἑνὶ δὲ λόγῳ] eine Form der praecisio; s. Anh. — εἰσῆλθον] zu § 12. — οὐδενός] doch wohl auch Menestratos (§ 55). — ὡς εὐεργέτην ὄντα] bittere Anspielung auf die zu § 72 besprochene Auszeichnung verdienter Männer, wofern nicht gar (darauf scheint ὡς ὄντα zu deuten) ein in der freisprechenden Sentenz vorkommendes Motiv. — ἵνα δ' εἰδῆτε] s. Anh. — ὡς πολλοί] betont mehr als ὅσοι (neben dem es § 44 steht) den Begriff 'viele'. Dagegen And. I, 47: τὰ ὀνόματα ὑμῖν ἀναγνώσομαι τῶν ἀνδρῶν ὧν ἀπέγραψεν, ἵν' εἰδῆτε ὅσους — ἀπώλλυεν. So bekanntlich quam multi neben quot.

§ 39. μεταπέμπονται] Eine ähnliche tragische Scene im Kerker zur Zeit der Hermokopie schildert And. I, 48. — ὁ δ' — προσήκουσα] etwa die Töchter oder andere nahe

*δ' ἥτις ἦν ἑκάστῳ αὐτῶν προσήκουσα, ἵνα τὰ ὕστατα ἀσπασά-
μενοι τοὺς αὑτῶν οὕτω τὸν βίον τελευτήσειαν. Καὶ δὴ καὶ* 40
Διονυσόδωρος μεταπέμπεται τὴν ἀδελφὴν τὴν ἐμὴν εἰς **τὸ**
δεσμωτήριον, γυναῖκα ἑαυτοῦ οὖσαν. Πυθομένη **δ'** *ἐκείνη
ἀφικνεῖται, μέλαν τε ἱμάτιον ἠμφιεσμένη* ...., **ὡς** *εἰκὸς* **ἦν**
ἐπὶ τῷ ἀνδρὶ αὐτῆς τοιαύτῃ συμφορᾷ κεχρημένῳ. Ἐναντίον 41
*δὲ τῆς ἀδελφῆς τῆς ἐμῆς Διονυσόδωρος τά τ' οἰκεῖα τὰ αὑτοῦ
διέθετο ὅπως αὐτῷ ἐδόκει, καὶ περὶ Ἀγοράτου τουτουῒ ἔλεγεν
ὅτι οἱ αἴτιος ἦν τοῦ θανάτου, καὶ ἐπέσκηπτεν ἐμοὶ καὶ Διονυσίῳ τουτῳί, τῷ ἀδελφῷ τῷ αὑτοῦ, καὶ τοῖς φίλοις πᾶσι
τιμωρεῖν ὑπὲρ αὑτοῦ Ἀγόρατον· καὶ τῇ γυναικὶ τῇ αὑτοῦ* 42

weibliche Verwandte; *ἑκάστῳ αὐτῶν* schliefst die Beziehung auf nur einen Teil der Eingekerkerten nicht aus (vgl. XII, 18. D. XIX, 169). — *τὰ ὕστατα ἀσπασάμενοι*] Luk. *ἀλ. ἱστ.* I, 30: *τὸ ὕστατον ἀλλήλους προσειπόντες καὶ περιβαλόντες.* Plat. Phaed. 60ª: *ὦ Σώκρατες, ὕστατον δή σε προσεροῦσι νῦν οἱ ἐπιτήδειοι καὶ σὺ τούτους.* Eur. Herakl. 573. Bion I, 45 ([Theokr.] XXIII, 40): *τὸ δ' αὖ πύματόν με φίλησον.* — *τοὺς αὑτῶν*] *τούς* ohne Rücksicht auf das Geschlecht der Herbeigeholten; durch dieselben empfingen ja auch die übrigen Verwandten die letzten **Grüfse** (§ 41). — *οὕτω*] zu XII, 52.

§ 40. *καὶ δὴ καί*] 'und also auch', Fortschritt vom Allgemeinen zum Speziellen, wie D. VIII, 26. LIV, 14 und in der Verbindung *τέ — καὶ δὴ καί* (D.) prooem. 24, 2 und häufig anderwärts. Bäumlein Partikeln 151. — *ἠμφιεσμένη*] Die Lücke, auf welche das *τέ* hindeutet, ist passend durch ein Ptcp. wie *καὶ κεκαρμένη* (*ἀποκειραμένη*) ausgefüllt worden. Denn nicht nur dunkle Kleidung (bei den Römern die toga pulla) und Ablegung jedes Schmuckes, sondern auch das Abscheren **des** Haupthaares (die *πένθιμοι κουραί* Eur. Suppl. 973) war Zeichen der Trauer (daher *κείρασθαι* synonym mit *πενθεῖν* [Lys.] II, 60) und die Verbindung beider Merkmale der Trauer fast stehend. Vgl. Xen. Hell. I, 7, 8: *ἄνθρωποι μέλανα ἱμάτια ἔχοντες καὶ ἐν χρῷ κεκαρμένοι.* Isae. IV, 7: *τίς οὐκ ἀπεκείρατο ἢ τίς* **οὐ** *μέλαν ἱμάτιον ἐφόρησεν*; besonders häufig bei Euripides (Iph. A. 1438 f. Alk. **425. 818.** Or. 457. Phoen. 372. Hel. 1186 ff.). Guhl und Koner, Leben der Griechen und Römer S. 354 (III). — *ἐπί*] angeschlossen an das zu ergänzende *ἠμφιέσθαι* (*καὶ ἀποκείρασθαι*) als die Äufserung der Trauer; vgl. Plut. Arist. 14: *καὶ γὰρ ἑαυτοὺς ἔκειραν ἐπὶ τῷ Μασιστίῳ.* Kr. 68, 41, 6. — Die ganze Schilderung der Kerkerscene ist ein schönes Beispiel der lysianischen *ἐνάργεια* (Proleg. § 12), namentlich § 41, der von Apsines, Rhet. 12 (I, 404 Sp.) sogen. *τόπος τῆς ἐντολῆς* ('vom letzten Willen').

§ 41. *ἐναντίον τῆς ἀδελφῆς*] wie auch Sokrates bei Platon (Phaed. 116ᵇ) in Gegenwart der *οἰκεῖαι γυναῖκες* sein Haus bestellt (*τὰ οἰκεῖα διατίθεται*). — *ὅτι οἱ*] *οἱ* als indirektes Reflexivum auch XXIII, 13. Kr. 51, 2, 3 u. **4.** — *ἐπέσκηπτεν κτλ.*] Vgl. Ant. I, 29: ***οἱ ἐπιβουλευόμενοι πρὶν ἀποθανεῖν καὶ φίλους καὶ ἀναγκαίους τοὺς σφετέρους καλοῦσι καὶ λέγουσιν αὐτοῖς ὑφ' ὧν ἀπόλλυνται, καὶ ἐπισκήπτουσι τιμωρῆσαι σφίσιν αὐτοῖς ἠδικημένοις.*** Über *ἐπισκήπτειν* zu § 4. — *τοῖς φίλοις*] diesen natürlich erst in zweiter Linie (vgl. zu § 1). Noch weiter dehnt der Sprecher die Pietätsverpflichtung § 92 aus. — *τιμωρεῖν κτλ.*] *τιμωρεῖν* (von *τιμωρός* 'Ehrenhüter'; Curtius, Grundzüge der griech. Etym. 501) ein Lieblingswort des Lysias. *τιμ. ὑπέρ*

ἐπέσκηπτε, νομίζων αὐτὴν κυεῖν ἐξ αὐτοῦ, ἐὰν γένηται αὐτῇ παιδίον, φράζειν τῷ γενομένῳ, ὅτι τὸν πατέρα αὐτοῦ Ἀγόρατος ἀπέκτεινε, καὶ κελεύειν τιμωρεῖν ὑπὲρ αὐτοῦ ὡς φονέα ὄντα. Ὡς οὖν ἀληθῆ λέγω, μάρτυρας τούτων παρέξομαι.

ΜΑΡΤΥΡΕΣ.

43 Οὗτοι μὲν τοίνυν, ὦ ἄνδρες Ἀθηναῖοι, ὑπ' Ἀγοράτου ἀπογραφέντες ἀπέθανον· ἐπεὶ δὲ τούτους ἐκποδὼν ἐποιήσαντο οἱ τριάκοντα, σχεδὸν οἶμαι ὑμᾶς ἐπίστασθαι, ὡς πολλὰ καὶ δεινὰ μετὰ ταῦτα τῇ πόλει ἐγένετο· ὧν οὗτος ἁπάντων αἴτιός
44 ἐστιν, ἀποκτείνας ἐκείνους. Ἀνιῶμαι μὲν οὖν ὑπομιμνήσκων τὰς γεγενημένας συμφορὰς τῇ πόλει, ἀνάγκη δ' ἐστίν, ὦ ἄνδρες δικασταί, ἐν τῷ παρόντι καιρῷ, ἵν' εἰδῆθ' ὡς σφόδρα ὑμῖν ἐλεεῖν προσήκει Ἀγόρατον. Ἴστε μὲν γὰρ τοὺς ἐκ Σαλα-

τινος 'als Rächer auftreten für jemand' (§§ 1. 51. 92. 94), ὑπέρ τινός τινα 'für jemand an jemand' (so hier und §§ **42.** 92), τινί 'ultorem esse alicui' (§ 97). Das Medium steht von der selbstvollzogenen Rache für erlittene eigene Unbill; vereinzelt auch dem Aktiv synonym. Das Motiv der Rache wird durch ἀντί (XII, 94. XIV, 30), ὑπέρ (XV, 9), seltener durch περί (XIV, 2) und den bloſsen Genitiv (Rehdantz zu Xen. Anab. VII, 4, 23) gegeben.

§ **42.** **παιδίον**] 'ein Knäblein'. So steht **τὸ** παιδίον im Gegensatz zu ἡ παῖς im Testament des Aristoteles bei Diog. Laert. V, 13. — τῷ γενομένῳ] τὸ γενόμενον substantivisch 'das Kind', wie Plat. Krit. 50[d]: οἱ νόμοι περὶ τὴν τοῦ γενομένου τροφήν u. ö. Es entspricht ganz dem **Wesen** der Blutrache, daſs dem **Kinde** schon der Haſs gegen den Mörder des Vaters eingepflanzt und es darin aufgezogen wird. Bei Sophokles (Aj. 556 ff.) giebt Ajax dem kleinen Eurysakes den Auftrag, wenn er herangewachsen sei, den Vater zu rächen. Vgl. auch Ant. I, 30 (Isae. IX, 20). — ἀπέκτεινε] was eben erst αἴτιος ἦν τοῦ θανάτου hieſs; zu XII, 23. — φονέα] zu § 33. — ὡς — παρέξομαι] Anh. zu XII, 46.

§ 43. An die narratio schlieſst Lys. bis § 48 in Form einer παρέκβασις eine Schilderung der vielen schlimmen Ereignisse, die angeblich der Beseitigung der von Agor. Denunzierten gefolgt sind. Dabei redet er sich so in den Eifer hinein, daſs er § 46 auch Dinge mit aufzählt, die nicht nach dem Tode derselben (nach Einsetzung der Dreiſsig), sondern (wie § 34 richtig angegeben) nach ihrer Verhaftung (vor der Einsetzung jener) stattfanden, die Zerstörung der Mauern und die Auslieferung der Flotte. Er hat einmal das beliebte Register gezogen und will dabei nicht gern etwas auslassen. — σχεδόν] verb. mit ἐπίστ.; Anh. zu § 33. — ἁπάντων αἴτιος] zu § 30. — ἀνιῶμαι κτλ.] eine Form der προδιόρθωσις (Anh. zu XII, 62). — τὰς — τῇ πόλει] Die Trennung des Casus vom Particip durch die Stellung des erstern hinter das Substantiv wie (Lys.) XX, 36: πρὸς τῶν ὑπαρχόντων ἀγαθῶν ἑκάστῳ. And. II, 1: τὰ γιγνόμενα ἀγαθὰ τῇ πόλει. Dein. I, 71: τοὺς οὐ γεγενημένους υἱεῖς σαυτῷ. D. XXIV, 5: τῶν ὄντων ἀγαθῶν τῇ πόλει. XXVIII, 20. (D.) LIX, 7. Vgl. zu XII, 77.

§ 44. ὡς — Ἀγόρατον] Die Ironie sucht im voraus dem Agor. die beliebte Provokation an das Erbarmen der Richter (zu XII, 79) abzuschneiden. — τοὺς ἐκ Σαλαμῖνος — τοὺς ἐξ Ἐλευσῖνος] zu XII, 52. — τοὺς — τῶν πολι-

μῖνος τῶν πολιτῶν κομισθέντας, οἷοι ἦσαν καὶ **ὅσοι**, καὶ οἵῳ ὀλέθρῳ ὑπὸ τῶν τριάκοντα ἀπώλοντο· ἴστε δὲ τοὺς ἐξ Ἐλευσῖνος, ὡς πολλοὶ ταύτῃ συμφορᾷ ἐχρήσαντο· μέμνησθε δὲ καὶ τοὺς ἐνθάδε διὰ τὰς ἰδίας ἔχθρας ἀπαγομένους εἰς τὸ δεσμωτήριον· οἳ οὐδὲν κακὸν τὴν πόλιν ποιήσαντες ἠναγκάζοντο 45
αἰσχίστῳ καὶ ἀκλεεστάτῳ ὀλέθρῳ ἀπόλλυσθαι, οἱ μὲν γονέας [σφετέρους αὐτῶν] πρεσβύτας καταλείποντες, οἳ ἤλπιζον ὑπὸ τῶν σφετέρων αὐτῶν παίδων γηροτροφηθέντες, ἐπειδὴ τελευτήσειαν τὸν βίον, ταφήσεσθαι, οἱ δ' ἀδελφὰς ἀνεκδότους, οἱ δὲ παῖδας μικροὺς πολλῆς ἔτι θεραπείας δεομένους· οὕς, ὦ 46
ἄνδρες δικασταί, ποίαν τινὰ οἴεσθε γνώμην περὶ τούτου ἔχειν,

τῶν κομισθέντας] statt τῶν πολ. τοὺς κομ. Der Genit. partit. zwischen Artikel und Particip nicht selten bei Thukydides (Krüger zu I, 126, 6 und Gramm. Register S. 313), hin und wieder bei Isokrates (VII, 41. XII, 23) und Xenophon, meist so, daſs dem Artikel noch ein Casus oder eine adverbiale Bestimmung folgt, bei Lys. nur hier. — ὡς πολλοί] zu § 38. — μέμνησθε δὲ καὶ τοὺς — ἀπαγομένους] μεμνῆσθαι mit dem Accus. der Person wie D. VI, 30: καίπερ ὄντες οὐ δεινοὶ τοὺς ἀδικοῦντας μεμνῆσθαι (ebenfalls Ptcp. mit Artikel). IX, 61: τὸν Εὐφραῖον οἷ' ἔπαθε μεμνημένοι. ([And.] IV, 33 mit derselben Prolepsis: ἀναμνήσθητε δὲ καὶ τοὺς προγόνους, ὡς ἀγαθοὶ καὶ σώφρονες ἦσαν). Hom. Il. ζ, 222: Τυδέα δ' οὐ μέμνημαι 'den T. habe ich nicht in der Erinnerung' (Kr. Dial. 47, 11, 4). Bei Lys. steht der Accus. wohl hauptsächlich wegen der beiden vorausgehenden, von ἴστε abhängigen Accusative. — διὰ τὰς ἰδίας ἔχθρας] 'wegen ihrer persönlichen Feindschaft'. Die Zerrüttung aller Rechtszustände ward vielfach zur Beseitigung persönlicher Gegner benutzt. Bei Is. XVIII, **16** rühmt sich der Sprecher: οὐδένα φανήσομαι τῶν πολιτῶν οὔτε χρήμασι ζημιώσας οὔτε περὶ τοῦ σώματος εἰς κίνδυνον καταστήσας· καίτοι πολλοὺς ἐπῆρεν ἡ τῶν τριάκοντα πονηρία τοιαῦτα ποιεῖν. Vgl. Lys. VII, 27. XXIV, 25. XXV, 15. — ἀπαγομένους] Vgl. zu XXV, 15.

§ 45. αἰσχίστῳ — ἀπόλλυσθαι] eine volltönende Phrase; die ganze folgende Schilderung trägt den Charakter der σεμνότης (zu §§ 1. 31). — ἤλπιζον — γηροτροφηθέντες — ταφήσεσθαι] Die Pflege der greisen Eltern (γηροτροφεῖσθαι, γηροβοσκεῖσθαι) durch die Kinder als die οἰκειότατοι γηροτρόφοι ([D.] LX, 36) und die Bestattung durch dieselben erscheinen als Güter von hohem Wert (daher Gesichtspunkte bei der Adoption Isae. II, 10), deren Verlust Medea bei Eur. Med. 1032 ff. schmerzlich beklagt. Die Bestattung durch die Angehörigen galt sogar als wesentlich für die ταφὴ νομιζομένη (zu XII, 21. 87. 96); denn τῆς ταφῆς τὴν ἐπιμέλειαν παραδίδοσθαι εἰκός ἐστι τοῖς οἰκείοις (D.) XLIV, 32. Die Kinder waren zu einer dem Ritus entsprechenden Bestattung (τὰ νομιζόμενα ποιεῖν) durch Gesetz und Pietät (νόμος καὶ θεῖον Aesch. I, 14; vgl. D. XXIV, 107) verpflichtet, und die Versagung derselben wird nicht selten Gegenstand eines herben Vorwurfs vor Gericht ([D.] XXV, 54. Dein. II, 8. 18; vgl. Lys. XXXI, 21); bei der Prüfung der Behörden war der Nachweis solcher Impietät genügend, um den Designierten abzuweisen (Xen. Mem. II, 2, 13). — ἀδελφὰς ἀνεκδότους] zu XII, 21.

§ 46. οὕς] auf alle drei Klassen der vorher genannten Hinterlassenen

ἢ ποίαν τινὰ ἂν ψῆφον θέσθαι, εἰ ἐπ᾽ ἐκείνοις γένοιτο, ἀπο-
στερηθέντας διὰ τοῦτον τῶν ἡδίστων; Ἴστε δὲ τὰ τείχη ὡς
κατεσκάφη καὶ αἱ νῆες τοῖς πολεμίοις παρεδόθησαν καὶ τὰ
νεώρια καθηρέθη καὶ Λακεδαιμόνιοι τὴν ἀκρόπολιν ἡμῶν εἶχον,
καὶ ἡ δύναμις ἅπασα τῆς πόλεως παρελύθη, ὥστε μηδὲν
47 διαφέρειν τῆς ἐλαχίστης πόλεως τὴν πόλιν. Πρὸς δὲ τούτοις
τὰς ἰδίας οὐσίας ἀπωλέσατε, καὶ τὸ τελευταῖον συλλήβδην
ἅπαντες ὑπὸ τῶν τριάκοντα ἐκ τῆς πατρίδος ἐξηλάθητε. Ταῦτ᾽
ἐκεῖνοι οἱ ἀγαθοὶ ἄνδρες αἰσθόμενοι οὐκ ἔφασαν ἐπιτρέψειν
48 τὴν εἰρήνην, ὦ ἄνδρες δικασταί, ποιήσασθαι· οὓς σύ, Ἀγόρατε,
βουλομένους ἀγαθόν τι πρᾶξαι τῇ πόλει ἀπέκτεινας, μηνύσας

zu beziehen. — εἰ — γένοιτο] Die lebhafte Einbildungskraft der Griechen setzt nicht selten für den Augenblick einen Fall als möglich, wenn auch in Wirklichkeit an die Realisation der Bedingung nicht zu denken ist, wie z. B. D. XX, 87: σκοπεῖτε δή, εἴ τινες τῶν τετελευτηκότων λάβοιεν τοῦ νυνὶ γιγνομένου πράγματος αἴσθησιν, ὡς ἂν εἰκότως ἀγανακτήσειαν. Ähnlich XXIII, 210. XXVII, 69. Soph. El. 548: φαίη ἂν ἡ θανοῦσα, εἰ φωνὴν λάβοι. So auch im Latein.; vgl. Liv. XXI, 53, 5: quantum ingemiscant patres nostri, si videant etc. XXVI, 32, 4. XXXIX, 37, 3. — τῶν ἡδίστων] Neutrum: 'der teuersten Güter', von Personen wie oft τὰ φίλτατα, auch τὰ τιμιώτατα (D. XVIII, 215) und τὰ πλείστου ἄξια (Xen. Kyr. IV, 3, 2: πάντες οἱ κατὰ τὴν Ἀσίαν στρατευόμενοι ἔχοντες τὰ πλείστου ἄξια στρατεύονται, λέγοντες ὅτι μᾶλλον μάχοιντ᾽ ἄν, εἰ τὰ φίλτατα παρείη). — τὰ τείχη] zu § 8. — αἱ νῆες] zu § 14. — τὰ νεώρια] zu XII, 99. — τὴν ἀκρόπολιν] zu XII, 94. — τὴν πόλιν] Statt des unhaltbaren πόλιν erwartet man einen Superlativ wie μεγίστην; vgl. Xen. Anab. VII, 3, 19. Plat. Apol. 29^d^. D. IX, 70. Die Lesart der Hdschr. scheint dadurch entstanden zu sein, daſs die Abschreiber eine im Archetypus hinter τήν befindliche Lücke gedankenlos durch das vorangehende Nomen ergänzten.

§ 47. ἅπαντες] auſser den τρισχίλιοι. Auch hier wie § 13 übergeht er die damalige Spaltung der Bürgerschaft in zwei Parteien. — ταῦτα] den voraussichtlichen Eintritt dieser Folgen. — αἰσθόμενοι] 'weil sie a h n t e n'. αἰσθάνεσθαι von der Voraussicht künftiger Dinge auch oben § 16. Isae. IV, 10: ᾔσθετο ὅτι περὶ τοῦ γένους ἐλεγχθήσοιτο. Ebenso εἰδέναι für προειδέναι XIX, 13. — Den ganzen Passus ταῦτ᾽ ἐκεῖνοι — τῶν γεγενημένων hat man als aus § 15. 16. 33 zusammengesetzt ausscheiden wollen. Aber die wiederholte Hinweisung auf das patriotische, von allem Eigennutz entfernte Streben jener Männer und auf des Agoratos Hauptschuld an allem Unheil ist am Schluſs der narratio und vor der Aufforderung zur Rache (§ 48) ganz am Platze. — τὴν εἰρήνην, ὦ ἄνδρες δικασταί] Die Anrede ὦ ἄνδρες δικασταί an dieser Stelle macht aufmerksam auf (das zu betonende) τὴν εἰρήνην als die Wurzel alles Unglücks, wogegen sich zu erklären die Opfer der Denunziation des Agor. wohl berechtigt waren (§ 16). Vgl. zu § 70.

§ 48. ἀγαθόν τι πρᾶξαι τῇ πόλει] Irrtümlich ist τὴν πόλιν gefordert worden. πράττειν τινί τι (wobei τινί nicht Objekt, sondern dativus commodi ist) ist die regelmäſsige Konstruktion (Kr. 46, 12, 3), τινά τι nur bei Dichtern (z. B. Arist. Ekkl. 108) und späteren Prosaikern (z. B. [D.] XIII, 13. Arrian Anab. IV, 2, 4). — τῇ πόλει ἐπιβουλεύειν] τῇ πόλει bei ἐπιβουλεύειν

αὐτοὺς τῇ πόλει ἐπιβουλεύειν, καὶ αἴτιος εἶ ἁπάντων τῇ πόλει τῶν κακῶν τῶν γεγενημένων. Νῦν οὖν μνησθέντες καὶ τῶν ἰδίων ἕκαστος δυστυχημάτων καὶ τῶν κοινῶν τῆς πόλεως τιμωρεῖσθε τὸν αἴτιον τούτων.

Θαυμάζω δ' ἔγωγε, ὦ ἄνδρες δικασταί, ὅ τί ποτε τολμήσει 49
πρὸς ὑμᾶς ἀπολογεῖσθαι· δεῖ γὰρ αὐτὸν ἀποδεῖξαι ὡς οὐ κατεμήνυσε τῶν ἀνδρῶν τούτων οὐδ' αἴτιος αὐτοῖς ἐστι τοῦ θα-
νάτου· ὃ οὐκ ἂν δύναιτ' οὐδέποτε [ἀποδεῖξαι]. Πρῶτον μὲν 50
γὰρ τὰ ψηφίσματ' αὐτοῦ, τὰ ἐκ τῆς βουλῆς καὶ τὸ τοῦ δήμου, καταμαρτυρεῖ, διαρρήδην ἀγορεύοντα· 'περὶ ὧν Ἀγόρατος κατείρηκεν', ἔπειθ' ἡ κρίσις, ἣν ἐκρίθη ἐπὶ τῶν τριάκοντα καὶ

wiederholt, um **den** Gegensatz zu *ἀγαθόν τι πρᾶξαι τῇ π.* auch äufserlich abzurunden. Dafs die Denunziation auf ein angebliches Komplot gegen das Wohl der Stadt begründet war, zeigt auch § 21. Die misverständliche Verbindung des *τῇ πόλει* mit *μηνύσας* veranlafste die sinnwidrige Ergänzung *τῷ πλήθει τῷ ὑμετέρῳ* in den Hdschr. Nicht eine Verschwörung gegen die Demokratie, sondern gegen das nach Angabe **der** Oligarchen heilbringende Friedenswerk war der Inhalt der *ἀπογραφή*. Wühlereien gegen die demokratische Verfassung konnten doch den Oligarchen gegenüber kein Anklagetitel werden, und *ἐπιβουλεύειν τῷ πλ. τῷ ὑμ.* etwa als scheinbare Rechtfertigung der Denunziation im Sinne des Agor. anzusehen, ist nicht denkbar, da in diesem Falle der Redner eine solche Verdrehung der Thatsachen gewifs nicht unbesprochen gelassen hätte, schon um dem Agor. den Rekurs auf diesen angeblichen Hochverrat der Denunzierten abzuschneiden.

§ 49. *θαυμάζω ὅ τι*] zu XII, 34. — *δεῖ γάρ*] Agor. soll entweder die Unwahrheit der gegen ihn erhobenen Beschuldigung oder (§ 51) **die** Berechtigung seines Thuns nachweisen. Dasselbe Räsonnement XII, 34. — *οὐδέποτε*] nach der einfachen Negation mit Nachdruck am Ende wie § 60: *ὁ δ' οὐκ ἔφη οὐδέποτε*. Das in den Hdschr. hinzuglossierte *ἀποδεῖξαι* läfst sich nicht durch Annahme einer Antistrophe halten, während die Wiederholung dieses Infinitivs am Schlusse des Abschnittes (§ 51) ihren guten Grund hat (s. Anh.).

§ 50. *τὰ ψηφίσματα, τὰ ἐκ τῆς βουλῆς καὶ τὸ τοῦ δήμου*] Der Rat hatte in der Sache mehrere Beschlüsse gefafst (vgl. §§ 22. **28**, jedenfalls auch noch einen **dritten** über die Verhaftung der Denunzierten, rücksichtlich derer eine Vorlage an die Ekklesia nicht für angemessen erachtet ward); die beiden letztbezeichneten, welche die Thatfrage aufser Zweifel stellten, müssen hier verlesen worden sein. Dagegen lag nur ein Volksbeschlufs vor (§ 33). — Die Worte *περὶ — κατείρηκεν* sind ein Citat aus den nachher verlesenen Beschlüssen. — *ἡ κρίσις*] das über ihn gefällte Urteil, durch welches mit Rücksicht auf seine 'wahrheitsgemäfse' Aussage die durch die *ἄδεια* vorläufig in Aussicht gestellte Straflosigkeit (zu §§ 28. 55) zur formellen Freisprechung ward. — *ἣν*] Über den Accus. des Inhalts beim **Passiv** Kr. 52, 4, 7. Mit der vorliegenden Stelle vgl. D. XXI, 64: *ἐκρίνετο τὴν περὶ Ὠρωποῦ κρίσιν*. XXIV, **134:** *Θρασύβουλον μέμνησθε δὶς δεθέντα καὶ κριθέντα ἀμφοτέρας τὰς κρίσεις ἐν τῷ δήμῳ*, dazu auch Aesch. III, 7: *ὥσπερ ἂν ὑμῶν ἕκαστος αἰσχυνθείη τὴν τάξιν λιπεῖν, ἣν ἂν ταχθῇ ἐν τῷ πολέμῳ, οὕτω καὶ νῦν αἰσχύνθητε ἐκλιπεῖν τὴν τάξιν, ἣν τέταχθε ὑπὸ τῶν νόμων*. Da nicht *κρίσις* ('Urteil') im Umfange des Begriffs *ἀφιέναι*

ἀφείθη, διαῤῥήδην λέγει. ‛διότι’ φησίν ‛ἔδοξε τἀληθῆ εἰσαγγεῖλαι.’ Καί μοι ἀνάγνωθι.

ΨΗΦΙΣΜΑΤΑ. ΓΝΩΣΙΣ.

51 Ὡς μὲν οὖν οὐκ ἀπέγραψεν, οὐδενὶ τρόπῳ δύναιτ’ ἂν ἀποδεῖξαι· δεῖ τοίνυν αὐτὸν ὡς δικαίως ἐμήνυσε ταῦτ’ ἀποφαίνειν, ὁρῶν αὐτοὺς πονηρὰ καὶ οὐκ ἐπιτήδεια τῷ δήμῳ τῷ ὑμετέρῳ πράττοντας. Οἴομαι δ’ οὐδ’ ἂν τοῦτ’ αὐτὸν ἐπιχειρῆσαι ἀποδεικνύναι. Οὐ γὰρ δήπου, εἴ τι κακὸν τὸν δῆμον τῶν Ἀθηναίων εἰργάσαντο, οἱ τριάκοντα, δεδιότες μὴ καταλυθείη ἂν ὁ δῆμος, τιμωροῦντες ὑπὲρ τοῦ δήμου ἂν αὐτοὺς ἀπέκτειναν, ἀλλ’ οἶμαι πολὺ τοὐναντίον τούτου.

liegt, sondern umgekehrt, man sonach nicht sagen kann κρίσιν ἀφιέναι τινά oder κρίσιν ἀφεθῆναι, so ist ἦν nicht mit ἀφείθη zu verbinden, sondern καὶ ἀφείθη ('und zwar ward er freigesprochen') tritt aus dem relativen Satzverhältnis heraus. Vgl. I, 26: ὁ νόμος, ὃν σὺ παραβαίνων περὶ ἐλάττονος τῶν ἡδονῶν ἐποιήσω καὶ μᾶλλον εἵλου τοιοῦτον ἁμάρτημα ἐξαμαρτάνειν. VII, 7. (Lys.) VI, 10. And. I, 80 und zu XXV, 11. Auch im Lateinischen, z. B. Cic. de prov. cons. 11, 28: actum est de decem legatis, quos alii omnino non dabant, alii exempla quaerebant, alii tempus differebant. — φησίν] 'heifst es', häufiges Einschiebsel bei Citaten aus Aktenstücken; vgl. z. B. Aesch. III, 110. D. XX, 69. Ursprünglich schwebt das betreffende Dokument als Subjekt vor. Ähnlich inquit Cic. in Verr. II, 5, 57, 148: scriptum exstat in isdem litteris, quod iste — neque attendere umquam neque intellegere potuit: ἐδικαιώθησαν, inquit. — γνῶσις] das Erkenntnis der Bule in Betreff der Freilassung des Agor.; nach der Schilderung § 37 f. scheint nicht über alle vor das Tribunal des Rates Gestellten summarisch, sondern nach dem Gesetz des Kannonos (zu XII, 52) über jeden einzeln geurteilt worden zu sein.

§ 51. ταῦτα] die (angeblichen) Umtriebe, welche die Richter soeben aus dem Munde des γραμματεύς vernommen hatten. — πονηρὰ καὶ οὐκ ἐπιτήδεια] 'Schlimmes und nicht vielmehr, wie ich behaupte (§§ 48. 92), Zweckmäfsiges'; zu § 19. — τῷ δήμῳ τῷ ὑμετέρῳ] zu § 20. — Die Forderung, die Berechtigung der Anzeige nachzuweisen, ist natürlich vom verfassungsmäfsigen Standpunkte des Demokraten aus an Agor. gerichtet. Insofern war der Nachweis freilich unmöglich, und der Sprecher bekämpft ihn gar nicht ernstlich, da die Thatsachen den Patriotismus der Denunzierten bekundet hatten und das Verfahren der Dreifsig gegen sie ebenso bewies, dafs sie nicht gegen die Demokratie konspiriert hatten. — δεδιότες — δῆμος] Bitterer Hohn: 'Aus zarter Sorge, es könne möglicher Weise die Demokratie gestürzt werden', da doch die Dreifsig den Umsturz schon vollzogen hatten. Über δεδιέναι μή mit folgendem Potentialis Anh. zu XII, 3. — τιμωροῦντες ὑπέρ] zu § 41. — τοὐναντίον τούτου] 'das Gegenteil davon (hätten sie gethan)', d. h. dieselben geehrt und belohnt. Vgl. D. XIX, 2. 252. Is. VII, 82. Xen. Mem. IV, 2, 4. Schneider zu Is. VII, 76. Anderer Art sind Stellen wie (Xen.) Staat der Athener 2, 19. Mem. I, 2, 60. Plat. Staat V, 476c, wo τοὐναντίον τούτου und τἀναντία τούτων die Beschaffenheit des Praedikats appositionsweise im voraus bezeichnen. Madvig 19, 3. Rehdantz Dem. Ind. II, Accus. 4.

Ἀλλ' ἴσως φήσει ἄκων τοσαῦτα κακὰ ἐργάσασθαι. Ἐγὼ 52
δ' οὐκ οἶμαι, ὦ ἄνδρες δικασταί, οὐδ' ἐάν τις ὑμᾶς ὡς μάλιστα ἄκων μεγάλα κακὰ ἐργάσηται, ὧν μὴ οἷόν τε γενέσθαι
ἐστὶν ὑπερβολήν, οὐ τούτου ἕνεκα οὐ δεῖν ὑμᾶς ἀμύνεσθαι.
Εἶτα δὲ κἀκείνων μέμνησθε, ὅτι ἐξῆν Ἀγοράτῳ τουτωί, πρὶν
εἰς τὴν βουλὴν κομισθῆναι, ὅτ' ἐπὶ τοῦ βωμοῦ ἐκάθητο Μου-
νυχίασι, σωθῆναι· καὶ γὰρ πλοῖα παρεσκεύαστο καὶ οἱ ἐγγυηταὶ
ἕτοιμοι ἦσαν συναπιέναι. Καίτοι εἰ ἐκείνοις ἐπίθου καὶ ἠθέ- 53
λησας ἐκπλεῦσαι μετ' ἐκείνων, οὔτ' ἂν ἑκὼν οὔτ' ἄκων τοσούτους Ἀθηναίων ἀπέκτεινας· νῦν δὲ πεισθεὶς ὑφ' ὧν τότ' ἐπείσθης, εἰ τῶν στρατηγῶν καὶ τῶν ταξιάρχων τὰ ὀνόματα μόνον

§ 52. ἄκων] zu § 19 und Einl. zu Rede XII, §§ 1. 8. — ἐὰν — ὡς μάλιστα ἄκων] ἐὰν ὡς μάλιστα 'wenn auch noch so sehr' wie XXII, 10. Ebenso εἰ ὡς μάλιστα XXII, 1. And. I, 113, εἰ καὶ ὡς μάλιστα Ant. V, 27. 62. D. XXXI, 14, εἰ ὅ τι μάλιστα Plat. Euthyphr. 4[d]. 9[c]. Charm. 160[c], εἰ τὰ μάλιστα D. XVI, 27. XVIII, 21. 95. XX, 2. XXII, 6. XXXIX, 35. (D.) XXXII, 15. XL, 23. XLV, 25, εἰ καὶ τὰ μάλιστα D. XXII, 37. Über den gleichen Gebrauch von si maxime Wichert, die Latein. Stillehre S. 239. — Der Satz widerstreitet der häufig geäußerten und gesetzlich bestätigten Maxime, daß ἀκούσια ἀδικήματα Anspruch auf Verzeihung (συγγνώμη) gewähren. Ant. V, 92. D. XVIII, 274. XXI, 43. Plat. Hipp. II, 372[a]: πολλὴ δοκεῖ συγγνώμη εἶναι, ἐὰν μὴ εἰδώς τις ἀδικήσῃ· καὶ οἱ νόμοι πολὺ χαλεπώτεροί εἰσι τοῖς ἑκοῦσι κακὰ ἐργαζομένοις ἢ τοῖς ἄκουσιν. Arist. Eth. III, 1: ἐπὶ τοῖς ἀκουσίοις συγγνώμη γίγνεται, ἐνίοτε δὲ καὶ ἔλεος. Thuk. III, 40, 1: ξύγγνωμον δ' ἐστὶ τὸ ἀκούσιον. Cic. de inv. I, 53, 102. p. Tullio 22, 51. Wie solche Gemeinplätze nach Befinden zugestutzt und modifiziert werden, zeigt auch Ant. III, γ, 7. — οὐκ οἶμαι — οὐδ' ἐὰν — ἐργάσηται, οὐ — οὐ δεῖν] An der vierfachen Negation hat man mit Unrecht Anstoß genommen. Das οὐκ vor οἶμαι deutet im voraus den negativen Charakter des Satzes an; mit οὐδέ folgt der Gegenstand der speziellen Verneinung; die Wiederaufnahme der Negation beim Hauptsatze (οὐ vor τούτου) nach vorhergehendem durch οὐδέ eingeleiteten Konditionalsatze ist fast stehend (Ausnahmen Lys. XXII, 21. Ant. VI, 50. D. IX, 10. XXIII, 110. XXXIX, 35. Xen. Kyr. VI, 2, 26. VII, 5, 86. Anab. I, 6, 8. 7, 5. II, 4, 19) und bei Lysias noch viermal zu lesen; endlich οὐ vor δεῖν gehört lediglich zu diesem Worte. Richtig ist übersetzt worden: 'non puto, ne si noluerit quidem, ne tum quidem eum non esse ulciscendum.' — ἐκείνων] 'jener oben (§ 24 ff.) erwähnten Umstände', die dem Agor. das Entweichen ermöglichten. — ἕτοιμοι ἦσαν] wodurch sie dir jeden Vorwand für dein Bleiben abschnitten; zu § 25.

§ 53. οὔτ' ἂν — οὔτε] zu XII, 98. — πεισθεὶς ὑφ' ὧν ἐπείσθης] Diese und ähnliche wohl dem Umgangstone entnommene Formeln lehnen das Eingehen auf eine unerquickliche, odiöse, unheilvolle, auch eine zu weit führende Thatsache ab und bestätigen nur das Faktum, eine Spielart der Hyposiopese, wie im Deutschen: 'es ist wie es ist, es geht wie es geht, ich weiß was ich weiß'; vgl. § 11. Eur. Or. 660: ἐμοῦ πράσσοντος ὡς πράσσω τὰ νῦν. El. 85. Med. 889: ἀλλ' ἐσμὲν οἷόν ἐσμεν, οὐκ ἐρῶ κακόν, γυναῖκες. — τὰ ὀνόματα μόνον] Der Ton der Rede wird wieder spöttisch: Agor. betrachtete die μήνυσις als eine Spekulation

εἴποις, μέγα τι ᾤου παρ' αὐτῶν διαπράξεσθαι. **Οὔκουν τούτου ἕνεκα δεῖ σε παρ' ἡμῶν συγγνώμης τινὸς τυχεῖν, ἐπεὶ οὐδ'**
54 **ἐκεῖνοι παρὰ σοῦ οὐδεμιᾶς ἔτυχον, οὓς σὺ ἀπέκτεινας.** Καὶ Ἱππίας μὲν ὁ Θάσιος καὶ Ξενοφῶν ὁ Καριδεύς, οἳ ἐπὶ τῇ αὐτῇ αἰτίᾳ τούτῳ ὑπὸ τῆς βουλῆς μετεπέμφθησαν, οὗτοι μὲν ἀπέθανον, ὁ μὲν στρεβλωθείς, Ξενοφῶν, ὁ δ' Ἱππίας οὕτω, διότι οὐκ ἄξιοι ἐδόκουν τοῖς τριάκοντα σωτηρίας εἶναι· οὐδένα γαρ Ἀθηναίων ἀπώλλυσαν. Ἀγόρατος δ' ἀφείθη, διότι ἐδόκει ἐκείνοις τὰ ἥδιστα πεποιηκέναι.

und hoffte für kleine Mühe, 'das bloſse Aussprechen der Namen', groſsen Profit (vgl. § 61). — **μέγα τι**] 'magnum quiddam' wie Plat. Staat V, 449^d. Theokr. XVIII, 21. Vgl. μέγα τι καὶ καλόν (Xen.) Apol. 29, θαυμαστόν τι καὶ μέγα Plut. Perikl. 28, 3, καλόν τι Theokr. XV, 99, ἡδύ τι Theokr. I, 1. V, 89. VIII, 81. — **συγγνώμης τινὸς τυχεῖν**] 'irgend welche Gnade finden'; zu XII, 50. Dem τινός steht im zweiten Gliede οὐδεμιᾶς gegenüber. Dazu ergänze συγγνώμης in der gleichen Bedeutung, so daſs die 'Gnade' zuerst als richterliche Berechtigung, sodann als humane Eigenschaft gedacht ist, eine traductio (zu XII, 30).

§ 54. An dem Beispiel zweier Fremden, jedenfalls Metöken, des Hippias von der Insel Thasos und des Xenophon aus der phrygischen Stadt Karis, welche Theokrit auſser Agor. namhaft gemacht hatte (§§ 21. 30), zeigt der Sprecher, wie Agor., der doch athenischer Bürger zu sein behauptete, seinen Patriotismus, wenn auch mit eigener Gefahr, hätte bethätigen können. Über den Bau des Enthymems vgl. de arg. ex contr. 102. 108 (wo die Wiederaufnahme der beiden Eigennamen und der Partikel μέν durch οὗτοι μέν behandelt wird). 180. 368 f. — **στρεβλωθείς**] Die Folter nicht als Strafschärfung, sondern als Zwangsmittel; vgl. §§ 27. 59. — **Ξενοφῶν**] Da ὁ μέν von Lys. nach einem sehr gebräuchlichen Chiasmus (Kr. 50, 1, 2) auf den zweiten der vorhergehenden Begriffe bezogen wird, so begnügt derselbe der Deutlichkeit wegen sich nicht damit, im zweiten Gliede ὁ δ' Ἱππίας für **ὁ δέ** zu setzen (Kr. 50, 1, 3), sondern fügt auch schon im ersten Gliede zu ὁ μέν das Nom. propr. appositiv hinzu. Vgl. Plat. Euthyd. 273^b: ἰδόντες δὲ αὐτὸν ὅ τε Διονυσόδωρος καὶ ὁ Εὐθύδημος — ὁ μὲν παρὰ τὸ μειράκιον ἐκαθέζετο, ὁ Εὐθύδημος, ὁ δὲ παρ' αὐτὸν ἐμέ (Kr. 50, 1, 11). — **οὕτω**] 'so', d. h. ohne gefoltert zu werden, ein Gebrauch von οὕτως, der wohl der Schlichtheit der Umgangssprache entnommen ist. Arist. Frö. 623 ff. sagt Aakos zum Pseudoherakles: κἄν τι πηρώσω γέ σοι τὸν παῖδα τύπτων, τἀργύριόν ('die Entschädigungssumme') σοι κείσεται; der andere antwortet zuvorkommend: μὴ δῆτ' ἔμοιγ'. οὕτω δὲ (ohne Deponierung einer solchen Summe) βασάνιζ' ἀπαγαγών. Ebenso sic in der latein. Komödie; vgl. Plaut. Menaechm. IV, 2, 94. Pseudol. I, 3, 154. Warum nicht auch Hippias gefoltert ward, läſst sich nicht ermitteln. Das Todesurteil gegen beide (στρεβλ. ist nicht kausal, sondern temporal dem ἀπέθανον untergeordnet) erfolgte jedenfalls zugleich mit der Fällung der Sentenz gegen die von Agor. Denunzierten (§ 38). — **ἀπώλλυσαν**] 'brachten in Todesgefahr', wie das Impf. von ἀπολλύναι nicht selten zu übersetzen ist (And. I, 41. 58. 60); zu XII, 88. — **διότι — πεποιηκέναι**] herbe Paraphrase der die Freilassung des Agor. motivierenden Worte in dem Erkenntnis § 50: διότι ἔδοξε τἀληθῆ εἰσαγγεῖλαι.

Ἀκούω δ' αὐτὸν καὶ εἰς Μενέστρατον ἀναφέρειν τι περὶ 55
τῶν ἀπογραφῶν τούτων. Τὸ δὲ τοῦ Μενεστράτου πρᾶγμα τοιοῦτον ἐγένετο. Ὁ Μενέστρατος οὗτος ἀπεγράφη ὑπὸ τοῦ Ἀγοράτου καὶ συλληφθεὶς ἐδέδετο· Ἁγνόδωρος δ' ἦν Ἀμφιτροπαιεύς, δημότης τοῦ Μενεστράτου, Κριτίου κηδεστὴς τοῦ τῶν τριάκοντα. Οὗτος οὖν, ὅθ' ἡ ἐκκλησία Μουνυχίασιν ἐν τῷ θεάτρῳ ἐγίγνετο, ἅμα μὲν βουλόμενος τὸν Μενέστρατον σωθῆναι, ἅμα δ' ὡς πλείστους ἀπογραφέντας ἀπολέσθαι, παράγει αὐτὸν εἰς τὸν δῆμον, καὶ εὑρίσκονται αὐτῷ κατὰ τὸ ψήφισμα τουτὶ ἄδειαν.

ΨΗΦΙΣΜΑ.

Ἐπειδὴ δὲ τοῦτο τὸ ψήφισμ' ἐγένετο, μηνύει ὁ Μενέ- 56
στρατος καὶ προσαπογράφει ἑτέρους τῶν πολιτῶν. Τοῦτον

§ 55. ἀκούω] wie πυνθάνομαι eine sehr geläufige Einleitung der προκατάληψις (s. Anh.); man sprach und stritt ja vor den Gerichtsverhandlungen auf der Agora und in den Handwerksläden (zu XXIV, 19) über bedeutendere Rechtsfälle so viel pro und contra (Plut. de garrul. 7. Is. XVIII, 9), daſs solche Nachrichten leicht den Parteien zuflieſsen konnten. — ἀναφέρειν τι] 'einen Teil der Schuld', da Menestr. ja nur noch weitere Angaben (προσαπογράφει § 56) denen des Agor. hinzufügte. Ohne τι hieſse es: culpam conferre, wie Eur. Ion 827: ἀλοὺς μὲν ἀνέφερ' ἐς τὸν δαίμονα; vgl. zu XII, 81. — τὸ τοῦ Μεν. πρᾶγμα] 'die Sache (Geschichte) mit Menestr.' wie τοιοῦτό ἐστι τὸ Ἀρίστωνος τουτουὶ πρᾶγμα Hyp. f. Lyk. 22 Blass, τὸ τοῦ Σωκράτους πρᾶγμα Plat. Krit. 53[c], τὸ τῶν Λακεδαιμονίων πρᾶγμα Xen. Hell. IV, 2, 11, τὸ πρᾶγμα τοῦ Παύσωνος Heniochos bei Athen. IX, 408[b], τὸ πρᾶγμα τὸ τούτου (D.) XXV, 95, τὸ ἐμὸν (σὸν) πρᾶγμα Plat. Hipp. I, 286[e]. Apol. 20[c]; τὸ πρᾶγμα τὸ περὶ τὴν ἐπιστολήν D. XXIII, 153, ἅπαν τὸ πρᾶγμα τὸ περὶ σέ Plat. Krit. 45[e]. Es konnte πρᾶγμα auch fehlen, wie Thuk. VI, 60, 4. 61, 1: το τῶν Ἑρμῶν. Plat. Charm. 156[d]: τοιοῦτόν ἐστι τὸ ταύτης τῆς ἐπῳδῆς. — Ἁγνόδωρος δ' ἦν] nicht mit κηδεστής zu verbinden, sondern im Tone schlichter Erzählung: 'da war aber ein Hagnodoros aus Amphitrope' (Demos der Phyle Antiochis, in der Nähe von Laurion). — τοῦ τῶν τριάκοντα] Kr. 47, 9, 1. Damals freilich war er es noch nicht; man möchte ein γενομένου dabei wünschen. — οὗτος] Hagnodoros. Die Nennung des Namens mochte unbedenklich sein, weil Hagnod. vielleicht tot (worauf ἦν jedoch nicht notwendig deutet, da das Impf. nur die damalige Beziehung des Hagnod. zu dem Falle des Menestr. ins Auge faſst), jedenfalls aber nicht anwesend war. — Μουνυχίασιν] § 32; ebenda über παράγειν εἰς τὸν δῆμον. — εὑρίσκονται] Hagnod. und seine einfluſsreichen Freunde (Kritias). — ἄδειαν] ἄδεια, Zusicherung der Straflosigkeit, die fides publica der Römer, ward dem in Aussicht gestellt, der in einer Sache, bei der er selbst kompromittiert war, wichtige Enthüllungen versprach, in der Regel vom Volk, doch auch vom Rat, wenn er αὐτοκράτωρ war (zu §§ 20. 28), in Rom nur vom Senat (Sall. Cat. 47, 1. 48, 4). Ergab dann die gerichtliche Untersuchung die Wahrheit der gemachten Angabe, so ward die ἄδεια formell bestätigt (zu § 50), andernfalls ward der Angeber mit dem Tode bestraft (And. I, 20: ὁ

μέντοι οἱ μὲν τριάκοντα ἀφεῖσαν ὥσπερ Ἀγόρατον τουτονί, δόξαντα τἀληθῆ εἰσαγγεῖλαι, ὑμεῖς δὲ πολλῷ χρόνῳ ὕστερον λαβόντες ἐν δικαστηρίῳ ὡς ἀνδροφόνον ὄντα, θάνατον δικαίως καταψηφισάμενοι, τῷ δημίῳ παρέδοτε καὶ ἀπετυμπανίσθη.
57 Καίτοι εἰ ἐκεῖνος ἀπέθανεν, ἦ που Ἀγόρατός γε δικαίως ἀποθανεῖται, ὅς γε τόν τε Μενέστρατον ἀπογράψας αἴτιος ἐκείνῳ ἐστὶ τοῦ θανάτου, καὶ τοῖς ὑπὸ Μενεστράτου ἀπογραφεῖσι τίς αἰτιώτερος ἢ ὁ εἰς τοιαύτην ἀνάγκην ἐκεῖνον καταστήσας;

58 Ἀνόμοιος δέ μοι δοκεῖ Ἀριστοφάνει γενέσθαι τῷ Χολλείδῃ, ὃς ἐγγυητὴς τότε τούτου ἐγένετο καὶ τὰ **πλοῖα** παρασκευάσας Μουνυχίασιν ἕτοιμος ἦν συνεκπλεῖν μετὰ τούτου. Καὶ τό γ'

νόμος οὕτως εἶχεν· εἰ μὲν τἀληθῆ μηνύσειέ τις, εἶναι τὴν ἄδειαν, εἰ δὲ τὰ ψευδῆ, τεθνάναι).

§ 56. μέντοι] gehört nur zum zweiten Gliede der folgenden **Antithese**. Eigentlich hätte es heifsen sollen: τοῦτον μέντοι ὑμεῖς, καίπερ ἀφεθέντα ὑ. τ. τρ., ὥσπερ Ἀγόρατος οὑτοσί (sc. ἀφείθη), δ. τἀλ. εἰσ., πολλῷ χρόνῳ ὕστερον κτλ. — τἀληθῆ] der Artikel ist notwendig, da die Worte dem an den entsprechenden Gesetzespassus (And. I, 20) angelehnten Wortlaut des richterlichen Erkenntnisses ebenso gut wie die § 50 entnommen sind. — πολλῷ χρόνῳ ὕστερον] hervorgehoben mit Be**zug auf den zu** erwartenden Ver**jährungseinwand** des Agor. (§ 83), **dem durch** die Verurteilung des **Menestr.** präjudiziert war. Daher auch das nachdrückliche δικαίως vor καταψ., aus dem sich die Berechtigung des gleichen Verfahrens gegen Agor. ergiebt. — λαβόντες ἐν δικαστηρίῳ] λαμβάνειν oft von den Vertretern der Justiz, die den Übelthäter 'fassen' = λαμβάνειν ὑπὸ τὰς ψήφους Plut. Alkib. 20. Vgl. D. XXIV, 203: τοῦτον λαβόντες οὐκ ἀποκτενεῖτε; und zu XII, 35. Das Resultat dieses λαβεῖν ist ἔχειν in dem zu XII, 100 berührten Sinne; beide Wörter gehören zu der zu § 77 besprochenen Reihe von Metaphern. — τῷ δημίῳ] Gewöhnlich heifst der Scharfrichter, ein ὑπηρέτης der ἕνδεκα (Einl. § 6), ὁ δημόσιος, seinem Stande entsprechend (zu XXX, 2). Doch ὁ τῆς πόλεως κοινὸς δήμιος auch Plat. Gesetze IX, 872 b. — ἀπετυμπανίσθη] Das Erschlagen mit der Keule, eine harte Form der Todesstrafe, scheint vornehmlich gegen die κακοῦργοι im engeren Sinne, zu denen die λωποδύται (§ 68) und auch die ἀνδροφόνοι gehörten, angewandt worden zu sein; dagegen ist es § 67 ein Akt kriegsrechtlicher Justiz, das fustuarium der Römer (ξυλοκοπία Polyb. VI, 37).

§ 57. εἰ ἐκ. ἀπέθανεν] ἀπέθανεν prägnant = θανάτου ἠξιώθη (§ 69). Gedanke: Wenn jener, der doch nur einen Teil der Schuld trug, hat sterben müssen, so wird wohl sicherlich Agoratos, der an allem Schuld ist, mit Recht den Tod erleiden. — ἦ που — γε] zu XII, 35. — τίς αἰτιώτερος] Kräftig springt die Rede von der relativen Satzform, die ein αἰτιώτατος ἦν erwarten liefs, zur direkten Frage über trotz der engen Verbindung der Glieder durch τέ — καί; vgl. zu XII, 36.

§ 58. Der Fall des Aristoph. wird aus demselben Grunde erwähnt wie der des Hippias und Xenophon; zu § 54. — τῷ Χολλείδῃ] aus dem Demos Cholleidae der Phyle Leontis. — τότε] § 23. — συνεκπλεῖν μετὰ τούτου] zu § 27. — τό γε ἐπ' ἐκεῖνον εἶναι] 'quantum in illo erat'. Gewöhnlicher ist bei ἐπί

*ἐπ' ἐκεῖνον εἶναι ἐσώθης, καὶ οὔτ' ἂν Ἀθηναίων οὐδένα ἀπώ-
λεσας οὔτ' ἂν αὐτὸς σὺ εἰς τοιούτους κινδύνους κατέστης·
νῦν δὲ καὶ τὸν σωτῆρα τὸν σαυτοῦ ἐτόλμησας ἀπογράψαι, καὶ* 59
*ἀπογράψας ἀπέκτεινας [καὶ ἐκεῖνον καὶ τοὺς ἄλλους ἐγγυητάς].
Τοῦτον μέντοι ὡς οὐ καθαρῶς Ἀθηναῖον ὄντα ἐβούλοντό τινες
βασανισθῆναι καὶ τουτὶ τὸ ψήφισμα τὸν δῆμον ἀναπείθουσι
ψηφίζεσθαι.*

ΨΗΦΙΣΜΑ.

in diesem Sinne der Dativ (Kr. 68, 41, 9), wie VII, 16. XII, 26. 33. XIII, 46; doch ist auch der Accusativ gesichert durch zweifellose Stellen, wie Eur. Or. 1345: *σώθηθ' ὅσον γε τοὐπ' ἐμέ*, Iph. Aul. 1557: *τοὐπ' ἔμ' εὐτυχοῖτε*. Alk. 666: *τέθνηκα τοὐπὶ σέ*. Hek. **514**. **Xen.** Kyr. I, 4, **12**. Der limitierende **Infin.** *εἶναι* (Kr. 55, 1, 1) tritt dazu wie Lys. XXVIII, 14: *τὸ ἐπὶ τούτοις εἶναι ἐν τοῖς δεινοτάτοις κινδύνοις καθεστήκατε*, Xen. Hell. III, 5, 9. Thuk. IV, 28, 1: *τὸ ἐπὶ σφᾶς εἶναι*. Da durch den Zusatz dieser Beschränkung das *σωθῆναι* hinlänglich als nicht verwirklicht bezeichnet wird, bedarf *ἐσώθης* nicht eines *ἄν*, so wenig **wie** das Verbum bei *ὀλίγου, μικροῦ* (*δεῖν*) **in** den modus irrealis tritt (Kr. 53, 10, 5). Aber der folgende Disjunktivsatz fordert *ἄν*, weil hinter *καί* ('und dann', wie VII, 20. Herod. IV, 118) die Protasis *εἰ ἐσώθης* vorschwebt. — *εἰς τοιούτους κινδύνους*] die drohende Folterung, auf welche sich Agor zum Nachweise des *φόνος ἀκούσιος* berufen wollte.

§ **59.** *νῦν δέ*] zu XII, 22. — *καὶ τὸν σωτῆρα*] der ihn den Händen der Buleuten entrissen und die Mittel zur Flucht verschafft hatte (§ 23 ff.). *καί* 'sogar'. — *ἐτόλμησας ἀπογράψαι, καὶ ἀπογράψας ἀπέκτεινας*] vgl. § 61. Die Wiederholung *ἀπογράψαι καὶ ἀπογράψας* verleiht der Rede einen ganz besonderen Nachdruck. Etwas anderer Art die Stellen bei Kühner II, S. 639 f. — *καὶ ἐκεῖνον — ἐγγυητάς*] Die Worte stören die Einheit des von Aristoph. handelnden Abschnittes und erschweren auch das Verständnis des Pron. *τοῦτον*; sie sind wohl von den Abschreibern hinzugefügt, um die scheinbar unvollständige Erzählung aus § 30 zu ergänzen. — *ὡς οὐ καθαρῶς Ἀθηναῖον ὄντα*] **'Athener von** reiner Abkunft', **d. h.** der Sohn aus der Ehe eines athenischen Bürgers mit einer Athenerin (*ἐκ δύο ἀστῶν γεγονώς* Diodor. com. bei Athen. VI, 239[d]), *καθαρῶς* also = *γνησίως*, wie D. LVII, 55: *τί ἐποίησα ὧν, ὅσοι μὴ καθαρῶς ἦσαν πολῖται, πεποιηκότες φαίνονται*; In diesem Sinne heifst Athen bei Eur. Ion 673 eine *καθαρὰ πόλις*. Das hdschr. *καλῶς* würde besagen, **er** sei nicht edler Abkunft gewesen (Gegensatz *κακῶς γεγονέναι*, zu XIX, 15); natürlich aber begründete nur der Nachweis unreiner, nicht der plebejischer Abstammung die Zulässigkeit der Folterung (zu § 27). — *τουτὶ τὸ ψήφισμα*] Dabei übergiebt er das Aktenstück dem *γραμματεύς* zum Vorlesen (zu XII, 47). Der Beschlufs bezog sich auf die Bestellung **einer** *γραφὴ ξενίας* (actio peregrinitatis) wegen **Anmafsung des** Bürgerrechts, **nicht auf** dem gewöhnlichen Rechtswege vor den Thesmotheten (zu XV, 2), sondern in Form einer Eisangelie (zu XII, 48. XXX, 30) vor dem Volke. Der schuldig Befundene verlor nicht nur sein Bürgerrecht (und damit die Sicherstellung vor der Folter), sondern es drohte ihm sogar das *δημοσίᾳ πραθῆναι* (zu XXX, 27). Nach § 60 scheint es jedoch im Falle des Aristoph. nicht zur Folterung gekommen zu sein, vielmehr fand auch er jedenfalls seinen Unter-

60 Μετὰ τοῦτο τοίνυν προσιόντες τῷ Ἀριστοφάνει οἱ πράττοντες τότε τὰ πράγματ' ἐδέοντο αὐτοῦ κατειπεῖν καὶ σώζεσθαι, καὶ μὴ κινδυνεύειν ἀγωνισάμενον τῆς ξενίας τὰ ἔσχατα
παθεῖν. Ὁ δ' οὐκ ἔφη οὐδέποτε· οὕτω χρηστὸς ἦν καὶ περὶ
τοὺς δεδεμένους καὶ περὶ τὸν δῆμον τῶν Ἀθηναίων, ὥσθ'
εἵλετο μᾶλλον ἀποθανεῖν ἢ κατειπεῖν καὶ ἀδίκως τινὰς ἀπο-
61 λέσαι. Ἐκεῖνος μὲν τοίνυν καὶ ὑπὸ σοῦ ἀπολλύμενος τοιουτοσὶ
ἐγένετο [καὶ Ξενοφῶν ὁ στρεβλωθεὶς καὶ Ἱππίας ὁ Θάσιος],
σὺ δ' οὐδὲν τοῖς ἀνδράσιν ἐκείνοις συνειδώς, πεισθεὶς δ' ὡς
σύ γε, ἂν ἐκεῖνοι ἀπόλωνται, μεθέξεις τῆς τότε πολιτείας
καθισταμένης, ἀπέγραφες καὶ ἀπέκτεινας Ἀθηναίων πολλοὺς
καὶ ἀγαθούς.

62 Βούλομαι δ' ὑμῖν, ὦ ἄνδρες δικασταί, ἐπιδεῖξαι οἵων
ἀνδρῶν ὑπ' Ἀγοράτου ἀπεστέρησθε. Εἰ μὲν οὖν οὐ πολλοὶ

gang durch das § 35 ff. geschilderte Verfahren.

§ 60. κατειπεῖν] gegen seine Mitgefangenen (οἱ δεδεμένοι). — καὶ σώζεσθαι] 'und dadurch', zur Verknüpfung von Ursache und Wirkung, wie gleich nachher κατειπεῖν καὶ ἀπολέσαι. (Lys.) VI, 24: ἔδοξε τἀληθῆ μηνῦσαι καὶ ('und deshalb') ἐλύθη. Is. IV, 45 (wo Schneider). — τῆς ξενίας] Der (sonst beim Gegenstand der Klage gewöhnlich fehlende) Artikel, weil die Usurpation des Bürgerrechts (ξενία) vorher angedeutet und im verlesenen Psephisma erwähnt ist. Ähnlich And. I, 22: Σπεύσιππον ἐδίωκεν ὁ πατὴρ τῶν παρανόμων (mit Rücksicht auf § 17), wo man früher den Artikel streichen wollte. — οὕτω — ὥστε] ὥστε 'so dafs'; über den Satzbau zu XII, 1.

§ 61. καὶ ὑπὸ σοῦ ἀπολλύμενος] Zu betonen ἀπολλύμενος: 'obgleich durch dich in Todesgefahr schwebend', hebt die heldenmütige Standhaftigkeit des Arist. gegenüber der schnellen Fügsamkeit des Agor. (§§ 30. 31) hervor. Über ἀπολλύμενος als Ptcp. Impf. zu XII, 88. καί = καίπερ wie (Lys.) VI, 45. Thuk. VI, 16, 6. Vgl. Kr. 56, 13, 2 und zu XII, 73. — τοιουτοσί] wie er eben gezeichnet worden ist, daher das ι intensivum; vgl. (D.) XLVIII, 56. Ebenso οὑτωσί Isae. I, 33 u. ö. — οὐδὲν — συνειδώς] § 18. — σύ γε] σύ betont im Gegensatz zu ἐκεῖνοι; Agor. hoffte, er werde, wenn jene Männer beseitigt seien, seine Rolle in der neuen Ordnung der Dinge spielen können (vgl. XXV, 13); dafs diese Hoffnung irgendwie in Erfüllung gegangen sei, davon weifs der Sprecher nichts zu melden. — τῆς τότε πολιτ. καθιστ.] Durch diese Stellung fällt der Nachdruck auf τότε; vgl. D. XX, 55: εἴ τις ἐκείνους τοὺς καιροὺς ἰδὼν ἀκούσαι τοῦ νόμου τούτου τὰς τότε δωρεὰς δοθείσας ἀφαιρουμένου. Aesch. II, 118: ἵνα μὴ διατρίβω τοὺς ἐκεῖ λόγους ῥηθέντας νῦν πρὸς ὑμᾶς ἀκριβῶς διεξιών. — Über καθισταμένης zu § 21.

§ 62. Im Anschlufs an das ἀγαθούς § 61 ein allgemeines auf die Steigerung des Unwillens in den Richtern berechnetes Enkomium der Opfer des Agor. Dadurch wird der Übergang zur argumentatio extra causam (Einl. § 9) gewonnen. — εἰ οὐ πολλοὶ ἦσαν] Wo οὐ im kondizionalen Vordersatze steht, mufs man voraussetzen, dafs es mit dem negierten Begriffe zuvor in einem als wirklich ausgesprochenen oder als möglich gesetzten οὐ erfordernden Urteilssatze stand (ob

ἦσαν, καθ' ἕκαστον ἂν περὶ αὐτῶν ἠκούετε, νῦν δὲ συλλήβδην
περὶ πάντων. Οἱ μὲν γὰρ στρατηγήσαντες ὑμῖν πολλάκις μείζω
τὴν πόλιν τοῖς διαδεχομένοις στρατηγοῖς παρεδίδοσαν, οἱ δ'
ἑτέρας μεγάλας ἀρχὰς ἄρξαντες καὶ τριηραρχίας πολλὰς τριηραρχήσαντες οὐδεπώποθ' ὑφ' ὑμῶν οὐδεμίαν αἰτίαν αἰσχρὰν
ἔσχον. Οἱ δ' αὐτῶν περιγενόμενοι καὶ σωθέντες, οὓς οὗτος 63

des redenden Subjekts oder eines anderen, bleibt dabei unentschieden). Diese negative Behauptung tritt nun als solche in die hypothetische Form: 'wenn es an dem wäre, daſs es nicht viele waren'. So § 76: *ἐὰν οὐ φάσκῃ*: 'falls die Möglichkeit eintritt, daſs er es nicht behauptet'. Koch 114 B, 3. Freilich kann hier das *εἰ μὲν οὐ* des Palat. ebensogut aus *εἰ μὲν οὖν μή* wie aus *εἰ μὲν οὖν οὐ* entstanden sein (vgl. Anh.). — *συλλήβδην περὶ πάντων*] sc. *ἀκούσεσθε*. Der Gegensatz wie Xen. Oik. 19, 14: *ὅτε πάλαι ἤρου με συλλήβδην — ἐπεὶ δέ με καθ' ἓν ἕκαστον ἐπεχείρησας ἐρωτᾶν*. Vgl. auch Aesch. Prom. 505: *πάντα συλλήβδην μάθε*. — *στρατηγήσαντες ὑμῖν πολλάκις*] Das Lob wie X, 27. XVIII, 3; der Dativ wie z. B. (D.) XLIX, 25: *βασιλεῖ ἐστρατήγησε τὸν ἐπ' Αἴγυπτον πόλεμον*. — *μείζω — παρεδίδοσαν*] Das Impf. mit Rücksicht auf die wiederholte Strategie (*πολλάκις*); der Sprecher denkt wohl namentlich an Strombichides und Kalliades (Einl. § 2). Es bestätigt dieses Impf. die hdschr. Lesart *τοῖς διαδ. στρατηγοῖς*: 'den sie (jedesmal) ablösenden Strategen', wofür man unter Bezugnahme auf **eine** Stelle im Ephebeneide, welche allen jungen Bürgern die Verpflichtung auferlegte, Mehrer des Vaterlandes zu werden (*τὴν πατρίδα οὐκ ἐλάττω παραδώσω, πλείω δὲ καὶ ἀρείω ὅσης ἂν παραδέξωμαι*; vgl. Schömann, griech. Altert. I, 380 f.), einfach *τοῖς διαδεχομένοις* ('der folgenden Generation') schreiben wollte. Aber dann wäre *παρέδοσαν* erforderlich (vgl. XXX, 18. Is. VIII, 94). Vermutlich kam in dem von den Strategen beim Amtsantritt, wahrscheinlich bei Vollziehung des Antrittsopfers (*εἰσιτήρια*) geleisteten Eide (Plut. Perikl. 30: *τοὺς δὲ στρατηγούς, ὅταν ὀμνύωσι τὸν πάτριον ὅρκον, ἐπομνύειν, ὅτι καὶ δὶς ἀνὰ πᾶν ἔτος εἰς τὴν Μεγαρικὴν ἐμβαλοῦσιν*) ein Passus vor, welcher der aus dem Ephebeneide angeführten Formel entsprach. — *ὑφ' ὑμῶν — ἔσχον*] in diesem Zusammenhange wohl namentlich auf die Beschuldigung des Unterschleifs (*κλοπή*, peculatus) zu beziehen; vgl. Plat. Gorg. 515[e]: *τὸ μὲν πρῶτον οὐδεμίαν αἰσχρὰν δίκην κατεψηφίσαντο Περικλέους Ἀθηναῖοι· ἐπὶ δὲ τελευτῇ τοῦ βίου κλοπὴν αὐτοῦ κατεψηφίσαντο*. Bestechung und Verrat bezeichnet *αἰσχρὰ αἰτία* Thuk. VII, 48, 4. — *αἰτίαν ἔχειν* (crimen habere Tibull I, 6, 41) bei Lysias oft 'beschuldigt sein' (*αἰτ. σχεῖν* 'beschuldigt werden') wie V, 3 (*οὐδεμίαν σχὼν αἰτίαν*). X, 28 (*αἰτίαν ἔχειν τεθνάναι ὑπὸ τῶν παίδων*, mit Infin. wie Is. X, 15. D. XVIII, 200. Arist. Wesp. 506). XXII, 18. Entsprechend *αἰτίαν λαβεῖν* (zu XII, 57) und *αἰτίαν φέρεσθαι* (Thuk. II, 60, 7). Anderwärts ist *αἰτίαν ἔχειν τινός* 'die Verantwortung tragen für etwas', wie XVIII, 2: *τὴν αἰτίαν τῆς συμφορᾶς ἔχειν*. Is. V, 7. D. XVIII, 4.

§ 63. Der § entspricht logisch nicht mehr der Ankündigung § **62**: *βούλομαι — ἀπεστέρησθε*. Dem Sprecher schwebt ein *οἵους ἀπέγραψεν* oder *ἀπώλλυεν* vor. — An *οἱ δ' αὐτῶν περιγ. καὶ σωθ.* sollte *τιμῶνται ὑφ' ὑμῶν* unmittelbar angeschlossen werden; der Relativsatz aber bewirkt ein Anakoluth, durch welches *οἱ δ' αὐτῶν* ohne Prädikat bleibt. — *οὓς*] gehört gleichmäſsig zu *ἀπέκτεινεν* und *περιεποίησε*, während die Worte *καὶ — κατεγνώσθη* selbständig *διὰ μέσου* stehen.

μὲν ἀπέκτεινεν ὁμοίως, καὶ θάνατος αὐτῶν κατεγνώσθη, ἡ δὲ τύχη καὶ ὁ δαίμων περιεποίησε· — φυγόντες γὰρ ἐνθένδε καὶ [οὐ συλληφθέντες οὐδ' ὑπομείναντες τὴν κρίσιν] κατελθόντες ἀπὸ Φυλῆς τιμῶνται ὑφ' ὑμῶν ὡς ἄνδρες ἀγαθοὶ ὄντες.

64 Τούτους μὲν τοιούτους ὄντας Ἀγόρατος τοὺς μὲν ἀπέκτεινε, τοὺς δὲ φυγάδας ἐντεῦθεν ἐποίησε, τίς ὢν αὐτός; Δεῖ γὰρ ὑμᾶς εἰδέναι ὅτι δοῦλος καὶ ἐκ δούλων ἐστίν, ἵν' εἰδῆτε οἷος ὢν ὑμᾶς ἐλυμαίνετο. Τούτῳ μὲν γὰρ πατὴρ ἦν Εὐμάρης, ἐγένετο δ' ὁ Εὐμάρης οὗτος Νικοκλέους καὶ Ἀντικλέους. Καί μοι ἀνάβητε μάρτυρες.

ΜΑΡΤΥΡΕΣ.

— ἀπέκτεινεν] **wohl** Impf. 'in Todesgefahr brachte'; zu XII, 88 und oben zu § 54. — ὁμοίως] ebenso wie die Hingerichteten; nur ihr besseres Glück rettete **sie**. — αὐτῶν] natürlich ἀπόντων wie And. I, 52. — ἡ τύχη καὶ ὁ δαίμων] verbunden wie Aesch. III, **157**: τὸν δαίμονα καὶ τὴν τύχην τὴν συμπαρακολουθοῦσαν τῷ ἀνθρώπῳ φυλάξασθαι. ebenda § 115. D. XVIII, 303. Eur. Iph. Aul. 1136. (D.) XLVIII, **24**: κατὰ τύχην τινὰ καὶ δαίμονα. **Arist**. Vö. 544: κατὰ δαίμονα καί τινα συντυχίαν ἀγαθήν (Liv. I, 4, 4: **forte** quadam divinitus). Nägels**bach**, nachhomer. Theologie 111 ff. **Das** Verhältnis des δαίμων zur τύχη ergiebt sich aus D. XVIII, 208: τῇ τύχῃ, ἣν ὁ δαίμων ἔνειμεν ἑκάστοις, ταύτῃ κέχρηνται; vgl. Eur. Med. 671: ἄπαιδές ἐσμεν δαίμονός τινος τύχῃ. Lys. braucht ὁ δαίμων von der Gottheit selten und nur insofern sie als Vorsehung unmittelbar **das** menschliche Schicksal lenkt, **wie** XXIV, 22: τῶν μεγίστων ἀρχῶν ὁ δαίμων ἀπεστέρησεν ἡμᾶς ([Lys.] II, 78: ὁ δαίμων ὁ τὴν ἡμετέραν μοῖραν εἰληχὼς ἀπαραίτητος). Den Singular θεός braucht er (aufser in der stehenden Phrase ἂν θεὸς θέλῃ **oben § 1**, dagegen ὁ θεός [Lys.] VI, **20. 31)** nirgends, sodafs man in δαίμων **seinen** spekulativen Gottesbegriff erkennen mufs.

§ 64. τούτους μέν] Der Gegensatz zu μέν liegt implicite in τίς ὢν αὐτός; = αὐτὸς δὲ τίς ἐστιν; — τίς] fragt nicht blos nach dem 'Wer' (§ 64), sondern **auch nach** dem 'Was für einer' (**§** 65 f.), wie Dein. I, 35: ἐν τούτοις τοῖς καιροῖς Δημοσθένης τίς ἦν; Aesch. III, 176: θεωρεῖτ' αὐτοῦ τὸν βίον καὶ σκοπεῖτε μὴ **τίς** φησὶν εἶναι ἀλλὰ τίς ἐστιν. Ebenso ὅστις Aesch. III, 162: ἠγνοημένος ὅστις ποτ' ἐστὶ καὶ πῶς βεβιωκώς. — δοῦλος καὶ ἐκ δούλων] § 18. Die Invektive δοῦλός ἐστιν zu beweisen, unternimmt freilich der Sprecher gar nicht. Mit ähnlicher Übertreibung nennt Cic. p. Rosc. Am. 48, 140 Sullas Freigelassenen Chrysogonus einen servus nequissimus. Den Vater des Gegners mit in die Anklage hineinzuziehen (wie Demosthenes des Äschines Vater Atrometos als früheren Sklaven Tromes herabzusetzen sucht), ist eine beliebte Praktik, obschon von Theophrast (Charakt. 28) als κακολογία getadelt. — ἐγένετο Νικοκλέους καὶ Ἀντικλέους] 'gehörte **an** (als δοῦλος) dem N. und A.', wohl beiden zugleich, falls sie Brüder oder Geschäftscompagnons waren. Der Gen. bezeichnet den Eigentümer nach Kr. 47, 6, 4, wie D. XXXVI, 48: Φορμίων τοῦ σοῦ πατρὸς ἐγένετο. (D.) LIII, 19: Κέρδων ἦν Ἀρεθουσίου. LIX, 20. 23; daher And. I, 17: Λύδος ὁ Φερεκλέους (vgl. Cic. p. Rosc. com. 10, 27: Panurgus fuit Fanni. Plaut. Amphitr. I, 1, 255: equidem sum Amphitruonis Sosia. Curc. II, 1, 15:

[Πάντα μὲν τοίνυν, ὦ ἄνδρες δικασταί, ὅσα κακὰ καὶ 65
αἰσχρὰ καὶ τούτῳ καὶ τοῖς τούτου ἀδελφοῖς ἐπιτετήδευται, πολὺ ἂν εἴη ἔργον λέγειν. Περὶ δὲ συκοφαντίας, ὅσας οὗτος ἢ δίκας ἰδίας συκοφαντῶν ἐδικάζετο ἢ γραφὰς ὅσας ἐγράφετο ἢ ἀπογραφὰς ἀπέγραφεν, οὐδέν με δεῖ καθ' ἕκαστον λέγειν· συλλήβδην γὰρ ὑμεῖς ἅπαντες καὶ ἐν τῷ δήμῳ καὶ ἐν τῷ δικα-

estne hic Palinurus Phaedromi?). — Ein Antikles wird auch VII, 4 erwähnt; die Identität ist nicht nachweisbar.

§ 65. Dieser und der folgende § enthalten, ganz abgesehen von der wohl auf einem Schreibfehler beruhenden Form *ὤφλησεν*, so viel Anstöſsiges und Ungewöhnliches, daſs sie unmöglich von Lys. selbst herrühren können. Man hat dieselben als mislungene Ergänzung einer alten Lücke anzusehen, in der von den Frevelthaten des Agor. die Rede war, auf welche § 69 in den Worten *τοῦ γε πόλλ' ἐξημαρτηκότος — ἡ ζημία ἐστίν* Bezug genommen wird. Denn daſs diese Worte nicht auf den einen Fall der Denunziation und ihrer Folgen gehen können, hat Frohberger doch wohl mit Recht angenommen. — *πολὺ ἂν εἴη ἔργον*] wie XXXII, 26; dagegen *πολὺ ἂν ἔργον εἴη* Lys. III, 5. XVIII, 3. XXX, 2. (Lys.) II, 27. XI, 4. Is. IX, 51. XIV, 27. XVI, 21. XIX, 18. Br. I, 9. Anaxim. Rhet. I, 181 Sp. und *πολὺ ἔργον ἂν εἴη* Xen. Mem. IV, 6, 1. — *περὶ συκοφ.*] ankündigend vorausgeschickt, *περί* 'was anbetrifft'; Kr. 68, 31, 3 (Anh.). Der Artikel fehlt gern bei solchen überschriftartigen Ankündigungen; vgl. D. I, 19: *περὶ χρημάτων πόρου, ἔστι χρήματα ὑμῖν.* Plat. Phaedr. 250c: *περὶ κάλλους, μετ' ἐκείνων τε ἔλαμπεν ὄν δεῦρό τε ἐλθόντες κατειλήφαμεν αὐτὸ κτλ.* — *δίκας ἰδίας — γραφάς*] Privat- (Civil-) und öffentliche (Kriminal-)Klagen, causae privatae — publicae (Schömann, griech. Altert. I, 508. 511), häufiger alle Prozesse in sich fassender Gegensatz, auch ohne die Attribute *ἴδιαι — δημόσιαι*; vgl. XVI, 12. I, 44: *οὔτε συκοφαντῶν γραφὰς με ἐγράψατο οὔτ' ἰδίας δίκας ἐδικάζετο.* Über *δίκην δικάζεσθαι* zu X, 11. — *ὅσας ἢ δίκας — ἢ γραφὰς ὅσας*] Ähnlich Xen. Anab. V, 7, 32: *πῶς ἢ θεοῖς θύσομεν ἡδέως — ἢ πολεμίοις πῶς μαχούμεθα*; (de arg. ex contr. S. 194. 383). — *ἀπογραφάς*] Aus den öffentlichen Klagen hebt er die für sykophantische Bestrebungen besonders bequeme Fiskalklage, *ἀπογραφή* (Einl. zu Rede XIX, § 3), hervor. — *οὐδέν με δεῖ — λέγειν*] Ohne den Accus. *μέ* steht diese Präteritionsformel Lys. XIX, 2. XXVIII, 8. And. I, 1; hier könnte das Pronomen wegen des folgenden *ὑμεῖς* hinzugefügt sein. Über das ähnlich gebrauchte *οὐδὲν δέομαι* zu XII, 42. — *συλλήβδην — ἅπαντες*] Soll *συλλήβδην*, wie man nach § 62. Xen. Oik. 19, 14. Anaxim. Rhet. I, 181 Sp. erwartet, den Gegensatz zu *καθ' ἕκαστον* bilden, so muſs wenigstens ein *καί* hinter *γάρ* eingesetzt werden. Dann erhielte man den Gedanken: 'über sein Denunziantenhandwerk brauche ich nicht im einzelnen zu sprechen, da auch ihr alle in zusammenfassender Weise (in einem Gesamturteile über dasselbe) ihn als falschen Ankläger verurteilt habt'. — *καὶ — δικαστηρίῳ*] nicht in zwei verschiedenen Prozessen, sondern es konnte die *γραφὴ συκοφαντίας*, ehe sie an die Geschworenen kam, durch das Verfahren der *προβολή* dem Volke vorgelegt (Is. XV, 314) und dadurch vor dem Wahrspruch der Heliasten ein Präjudiz des Volks erzielt werden (Meier, att. Prozeſs 336). In dem Falle des Agor. hatte also zunächst das Volk mittels Handerhebens (*καταχειροτονία*) ein vorläufiges Urteil gefällt und darauf der Gerichtshof dem entsprechend

στηρίῳ συκοφαντίας αὐτοῦ κατέγνωτε καὶ ὦφλεν ὑμῖν μυρίας δραχμάς, ὥστε τοῦτο μὲν ἱκανῶς ὑφ' ὑμῶν ἁπάντων μεμαρ-
66 *τύρηται. Γυναῖκας τοίνυν τῶν πολιτῶν τοιοῦτος ὢν μοιχεύειν καὶ διαφθείρειν ἐλευθέρας ἐπεχείρησε καὶ ἐλήφθη μοιχός· καὶ τούτου θάνατος ἡ ζημία ἐστίν. Ὡς δ' ἀληθῆ λέγω, μάρτυρας κάλει.*

ΜΑΡΤΥΡΕΣ.]

67 *Ἦσαν τοίνυν οὗτοι, ὦ ἄνδρες δικασταί, τέτταρες ἀδελφοί. Τούτων εἷς μὲν ὁ πρεσβύτατος ἐν Σικελίᾳ παραφρυκτωρευόμενος τοῖς πολεμίοις ληφθεὶς* **ὑπὸ** *Λαμάχου ἀπετυμπανίσθη· ὁ δ' ἕτερος εἰς Κόρινθον μὲν ἐντευθενὶ ἀνδράποδον* **ἐξήγαγεν,** *ἐκεῖθεν δὲ παιδίσκην αὖθις ἐξάγων ἁλίσκεται καὶ ἐν τῷ δεσμω-*

seine Sentenz abgegeben. — *συκοφαντίας αὐτοῦ κατέγνωτε*] IV, 14: *προσήκει ὑμῖν αὐτοῦ συκοφαντίαν καταγιγνώσκειν.* Über den selteneren Genitiv Kr. 47, 24, 2. (D.) XXV, 67. — *μυρίας δραχμάς*] Die *γραφὴ συκοφαντίας* war ein abschätzbarer Prozeſs (*ἀγὼν τιμητός*, Einl. § 10), die Strafe der Tod oder hohe Geldbuſse. — *τοῦτο μέν*] Dem *μέν* entspricht das folgende *τοίνυν*. Kr. 69, 35, 3 (Anh. zu § 33). — *ἱκανῶς — μεμαρτύρηται*] zu XII, **74.**

§ 66. *τοιοῦτος ὤν*] nämlich *δοῦλος καὶ ἐκ δούλων.* Um des Gegensatzes willen nachher das bei Bürgersfrauen selbstverständliche *ἐλευθέρας.* — *διαφθείρειν*] nach *μοιχεύειν* von der sittlichen Korruption wie I, 4: *ἐμοίχευεν Ἐρατοσθένης τὴν γυναῖκα τὴν ἐμὴν καὶ ἐκείνην διέφθειρεν.* — *ἐπεχείρησε*] zu XII, 85. — *θάνατος*] Einerseits hatte der beleidigte Ehemann das Recht, den ertappten Ehebrecher auf der Stelle zu töten, wobei er doch rein von Blutschuld (*καθαρός, ὅσιος*) blieb, andrerseits traf den durch die *γραφὴ μοιχείας* überführten Verbrecher die Todesstrafe, verschärft durch die Versagung des Begräbnisses im heimischen Boden (Hyp. f. Lyk. XVI).

§ 67. *τοίνυν*] nach Ausweis des § 64 verlesenen Zeugnisses. — *πρεσβύτατος*] So schreibe ich mit W. Vischer und anderen für den Komparativ der Hdschr., der sich hier kaum halten läſst (Anh.). — *παραφρυκτ. ληφθείς*] *παραφρ.* dem *ληφθείς* untergeordnet, wie *προδιδοὺς ληφθείς* (Lys.) VI, 26; vgl. zu § 11. — Über *παραφρυκτωρεύεσθαι* vgl. Suidas unter *φρυκτός* und *παραφρυκτωρευόμενος: οἱ κακουργοῦντες περὶ τὰς φυλακὰς καὶ φρυκτοὺς ἀνατείνοντες ἐναντίους τοῖς πεπιστευκόσι τὴν φυλακὴν ἐπὶ τῷ συμφέροντι τῶν ἀντικαθεζομένων παραφρυκτωρεύεσθαι λέγονται. παρά* also zum Ausdruck des Verräterischen, Gefälschten wie in *παραπρεσβεύειν, παρασημαίνειν* u. s. w. — *ὑπὸ Λαμάχου*] dem 414 vor Syrakus gefallenen Strategen (Thuk. VI, 101, 6). — *ἀπετυμπανίσθη*] zu § 56. — *ἐξήγαγεν*] als Seelenverkäufer (*ἀνδραποδιστής*). X, 10: *εἴ τις παῖδα ἐξάγων ληφθείη, οὐκ ἂν φάσκοις αὐτὸν ἀνδραποδιστήν, εἴπερ μαχεῖ τοῖς ὀνόμασιν.* Der Schol. zu Arist. Plut. 521 erklärt: *ἀνδραποδιστὴς οὐ μόνον ὁ τοὺς ἐλευθέρους δι' ἀπάτης ἀπάγων εἰς δουλείαν, ἀλλὰ καὶ ὁ τοὺς δούλους ἀπὸ τῶν δεσποτῶν ἀποσπῶν εἰς ἑαυτὸν ἐπὶ τῷ ἀπαγαγεῖν ἀλλαχοῦ καὶ διαπωλῆσαι.* — *αὖθις*] 'hinwiederum, dagegen' (rursus). — *παιδίσκην*] 'eine Dirne', zu unsauberem Gewerbe. Korinth war in dieser Hinsicht berüchtigt (Schol. zu Arist. Plut. 149), wie auch aus der pseudodemosth. Rede gegen

τηρίῳ δεδεμένος ἀπέθανε· τὸν δὲ τρίτον Φαινιππίδης ἐνθάδε 68
λωποδύτην ἀπήγαγε καὶ ὑμεῖς κρίναντες αὐτὸν ἐν τῷ δικα-
στηρίῳ καὶ καταγνόντες αὐτοῦ θάνατον ἀποτυμπανίσαι παρ-
έδοτε. Ὡς δ' ἀληθῆ λέγω, καὶ αὐτὸν οἶμαι ὁμολογήσειν τοῦτον
καὶ μάρτυρας παρέξομαι.

ΜΑΡΤΥΡΕΣ.

Πῶς οὖν οὐχ ἅπασι προσήκει ὑμῖν τούτου καταψηφίζε- 69
σθαι; Εἰ γὰρ τούτων ἕκαστος δι' ἓν ἁμάρτημα θανάτου ἠξιώθη,
ἦ που τοῦ γε πόλλ' ἐξημαρτηκότος καὶ δημοσίᾳ εἰς τὴν πόλιν
καὶ ἰδίᾳ εἰς ἕκαστον ὑμῶν, ὧν ἑκάστου ἁμαρτήματος ἐν τοῖς
νόμοις θάνατος ἡ ζημία ἐστί, δεῖ ὑμᾶς σφόδρα θάνατον αὐτοῦ
καταψηφίσασθαι.

Λέξει δέ, ὦ ἄνδρες δικασταί, καὶ ἐξαπατῆσαι ὑμᾶς πει- 70

Neaera bekannt ist. — *ἀπέθανε*] wodurch er der Hinrichtung zuvorkam, die wie in Athen so wohl auch in den anderen Staaten Griechenlands den überwiesenen *ἀνδραποδιστής* traf. Xen. Mem. I, 2, 62. Apol. Socr. 25. Arist. Plut. 524. Lyk. bei Harpokr. unter *ἀνδραποδιστής*. Die Festnehmung und der Tod des Menschen erfolgte in Korinth, wie schon das gegensätzliche *ἐνθάδε* § 68 zeigt.

§ 68. *λωποδύτην*] ὃς *ἀποδύει τοὺς παριόντας τὰς ἐσθῆτας* Etym. Magn. 570, 26, *ὁ τὰ τῶν νεκρῶν ἱμάτια κλέπτων* Anecd. Bekk. 276, 13. Ein Pröbchen ihres Treibens bei Arist. Vög. 497. — *ἀπήγαγε*] Die Kleiderdiebe gehörten zu den *κακοῦργοι* im engeren Sinne (zu § 56), denen gegenüber die *ἀπαγωγή* (Einl. § 6) gestattet war (Lys. X, 10. D. LIV, 1. Alexis bei Athen. VI, 227ᵉ). — *ἐν τῷ δικαστηρίῳ*] unter Vorsitz der Elfmänner. — *θάνατον*] D. IV, 47: *οἱ στρατηγοὶ τὸν τῶν ἀνδραποδιστῶν καὶ λωποδυτῶν θάνατον μᾶλλον αἱροῦνται τοῦ προσήκοντος.* — *παρέδοτε*] *τῷ δημίῳ* § 56. *παραδιδόναι* das herkömmliche Wort von der 'Überantwortung' des Verurteilten seitens der Justiz an die Exekutivbehörde; XIV, 17. XXII, 2 (vgl. tradere ad supplicium Cic. in Verr. II, 5, 5, 11. 6, 12); die Behörde selbst *παραλαμβάνει* (D. XXIV, 80). Auch vom Kläger, der den Schuldigen der Justiz übergiebt, steht *παραδιδόναι*, mit oder ohne *τῷ δικαστηρίῳ, εἰς τοὺς δικαστάς, τοῖς δικασταῖς, εἰς τὸν δῆμον*. And. 1, 17. 66. Lys. XXX, 10. Is. XX, 13. Lyk. 4. D. XXI, 2. (D.) XXV, 36. Xen. Hell. I, 7, 3.

§ 69. *ἅπασι*] da sie alle seine Schlechtigkeit kennen (§ 65) und unmittelbar oder mittelbar selbst haben erfahren müssen (§§ 1 ff. 92). — *ἦ που — γε*] zu XII, 35. — *αὐτοῦ*] nimmt nach dem langen Zwischensatze den Gen. *τοῦ — ἐξημαρτηκότος* wieder auf, wie (D.) LIX, 72: *τὴν τοίνυν περιφανῶς ἐγνωσμένην ξένην εἶναι — εἰς τοσοῦτον ὕβρεως καὶ ἀναιδείας ἦλθε Στέφανος οὑτοσὶ καὶ Νέαιρα αὑτη, ὥστ' ἐτόλμησαν μὴ ἀγαπᾶν εἰ ἔφασκον αὐτὴν ἀστὴν εἶναι.* Is. XIX, 11. Xen. Kyr. I, 3, 15. Plat. Staat III, 398ᵃ. Kr. 51, 5, 1. Ebenso is Liv. I, 19, 1: qui regno ita potitus urbem novam, conditam vi et armis, jure eam legibusque ac moribus de integro condere parat.

§ 70. Die Erörterung bis § 76 gehört insofern noch zu der § 64 begonnenen Beurteilung der Persönlichkeit des Agor., als der Sprecher beweisen will, der Angeklagte sei nicht athenischer Bürger, um so unverzeihlicher also sein Verfahren gegen wohlverdiente Bürger. — *καὶ — πειράσεται*] *διὰ μέσον*

ράσεται, ὡς ἐπὶ τῶν τετρακοσίων Φρύνιχον ἀπέκτεινε, καὶ ἀντὶ
τούτου φήσει αὐτὸν Ἀθηναῖον τὸν δῆμον ποιήσασθαι, ψευδόμενος, ὦ ἄνδρες δικασταί· οὔτε γὰρ Φρύνιχον ἀπέκτεινεν οὔτ'
71 Ἀθηναῖον αὐτὸν ὁ δῆμος **ἐποιήσατο. Φρυνίχῳ γάρ**, ὦ ἄνδρες

wie D. XXIII, 92: *οἶμαι τοίνυν αὐτὸν κἀκεῖνον ἐρεῖν τὸν λόγον, καὶ σφόδρα ταύτῃ ζητήσειν ἐξαπατᾶν ὑμᾶς, ὡς ἄκυρόν ἐστι τὸ ψήφισμα.* Das Adverb. *ταύτῃ*, das bei Demosth. sehr passend zu *καί* hinzutritt (vgl. ebenda § 100), ist vielleicht auch hier einzusetzen. Anders Lyk. 55: *πυνθάνομαι δὲ αὐτὸν ἐπιχειρήσειν ὑμᾶς ἐξαπατᾶν λέγοντα ὡς ἔμπορος ἐξέπλευσεν* (vgl. Anh.). — **ἐπὶ τῶν τετρακοσίων**] Nicht an die den Richtern bekannte Zeit der Ermordung des Phryn. wollte Agor. damit erinnern, sondern an die damaligen Umstände, wie er, der jetzt der Beihilfe bei der Ausführung oligarchischer Umsturzpläne beschuldigt sei, zur Zeit der ersten Oligarchie ja doch eine dem Demos nützliche That vollbracht und in gefährlicher Zeit sich um die Demokratie wohl verdient gemacht habe; vgl. zu § 2. — **Φρύνιχον**] Phrynichos, Sohn des Stratonides, aus dem Gau Deirades, von niederer Herkunft (Pseudolys. XX, 11), aber grofser Energie und scharfem Blick, früher demokratisch gesinnt (XXV, 9), neben Peisandros, Antiphon und Theramenes eine der bedeutendsten Persönlichkeiten in der Oligarchie des J. 411 (unten § 73. Thuk. VIII, 68. 90. Aristot. Polit. VIII, 6, S. 205 Bekker). — **Ἀθηναῖον ποιήσασθαι**] Der von der Adoption (*υἱὸν ποιεῖσθαί τινα*) hergenommene Ausdruck wie (D.) LIX, 89. Arist. Acharn. 145 (*πολίτην ποιεῖσθαι* Is. IX, 54 u. ö.); der Begriff *Ἀθηναῖον* (*πολίτην*) kann, wie bei der Adoption *υἱόν*, auch fehlen (D. XXXVI, 47). Das Passivum zu diesem *ποιεῖσθαι* ist *γίγνεσθαι* (§ 73. D. XXIII, 200. [D.] LIX, 88—92. Xen. Hell. II, 2, 1); doch sagte man für *γεγονέναι* und *γενέσθαι* auch *πεποιῆσθαι* und *ποιηθῆναι* (§§ 72. 76. [D.] XLVI, 15). Solche Neubürger (cives novi et adscripticii Cic. de nat. deor. III, 15, 39) hiefsen *πολῖται ποιητοί* oder *δημοποίητοι* (Arist. Pol. III, 1, 1275ᵃ. Plut. Sol. 24), im Gegensatz zu den *γένει* oder *φύσει πολῖται* ([D.] XLV, 78. LIX, 28), das Volk selbst vom Standpunkte des gleichsam adoptierten Bürgers aus bildlich *πατὴρ ποιητός* (unten § 91). — Das athenische Bürgerrecht ward '*δι' ἀνδραγαθίαν εἰς τὸν δῆμον τῶν Ἀθηναίων*' ([D.] LIX, 89) als das 'schönste und würdigste Geschenk' an Wohlthäter des Staates ursprünglich nur selten und mit weitläufigen unwürdige Verleihung verhütenden Formalitäten verliehen. Die Parteileidenschaft aber verschleuderte auch dieses Kleinod des Staates (And. II, 23. D. XXIII, 200. [D.] XIII, 24). — **ψευδόμενος**] 'aber er lügt', wie hier, mit folgendem *γάρ* D. XXXVII, 23. (D.) XLII, 27. LVIII, 31 (vgl. *οὐκ ἀληθῆ λέγων* Isae. XI, 1 und *οὐδέτερα ἀληθῆ λέγων* ebenda § 27); ohne nachfolgende Begründung (D.) XXIX, 13 (mehr im Anh.). Urgiert wird die Behauptung der Lüge durch die nachgesetzte Anrede; vgl. XXV, 27: *καὶ εἰκότως, ὦ ἄνδρες δικασταί* und die ähnlichen Stellen im Anh.

§ 71. Der Bericht über die Ermordung des Phrynichos stimmt in der Hauptsache überein mit den Angaben Lykurgs § 112, weicht aber bezüglich der Mörder und der sonstigen Umstände wesentlich ab von Thukyd. VIII, 92, der wieder nicht ganz mit Plutarch Alkib. 25 harmoniert. Da nach Thukydides die Zahl der Teilnehmer am Komplot nicht gering war, mochte später, als das Volk die That als verdienstlich anerkannte, sich mancher Unbeteiligte zu den Belohnungen melden (§ 72). Die Verschiedenheit der Berichte bei den Historikern und Rednern zeigt, dafs nicht jeder Schleier gelüftet ward. Anstifter des Mordes war die Oppositions-

δικασταί, κοινῇ Θρασύβουλός θ' ὁ Καλυδώνιος καὶ Ἀπολλόδωρος ὁ Μεγαρεὺς ἐπεβούλευσαν· ἐπειδὴ δ' ἐπετυχέτην αὐτῷ βαδίζοντι, ὁ μὲν Θρασύβουλος τύπτει τὸν Φρύνιχον καὶ καταβάλλει πατάξας, ὁ δ' Ἀπολλόδωρος οὐχ ἥψατο, ἀλλ' ἐν τούτῳ κραυγὴ γίγνεται καὶ ᾤχοντο φεύγοντες. Ἀγόρατος δ' οὑτοσὶ οὔτε παρεκλήθη οὔτε παρεγένετο οὔτ' οἶδε τοῦ πράγματος οὐδέν. Ὡς δ' ἀληθῆ λέγω, αὐτὸ τὸ ψήφισμα δηλώσει.

ΨΗΦΙΣΜΑ.

minorität von den 400 unter des Theramenes Führung. — Καλυδώνιος] aus Kalydon in Ätolien. Thras. und Apollod. waren vermutlich Leute aus dem von den 400 in Sold genommenen Corps der περίπολοι (Thukyd.), welches (im Gegensatz zur sonstigen Heerverfassung, zu XIV, 6) ganz oder zum Teil aus Ausländern bestanden haben mag. — βαδίζοντι] 'als er spazieren ging', wie III, 17. Is. XVIII, 5. Arist. Acharn. 848. Antiphanes bei Athen. III, 103 f. Der Mord geschah auf der Agora, nach Lykurg παρὰ τὴν κρήνην ἐν τοῖς οἰσυίοις, einer vom Burgfelsen herabströmenden Quelle (Paus. I, 28, 4; τὰ οἰσύια = salictum wohl ein zum Spazierengehen benutztes Gehölz). — πατάξας] ἐγχειριδίῳ Plutarch. — οὐχ ἥψατο] hervorgehoben, um zu beweisen, daſs es nur eines Mannes bedurfte und Agor. jedenfalls nicht mit Hand anlegte. — ἐν τούτῳ] 'in diesem Augenblick', wie Xen. Hell. II, 4, 6: ἐπεὶ πρὸς ἡμέραν ἐγίγνετο, ἐν τούτῳ οἱ περὶ Θρασύβουλον δρόμῳ προσέπιπτον. Anab. IV, 3, 32. — κραυγὴ γίγνεται] Der Mord geschah nach Thukyd. ἐν τῇ ἀγορᾷ πληθούσῃ, nach dem (weniger genau berichtenden) Lykurg νύκτωρ. — ᾤχοντο φεύγοντες] Nach Lykurg wurden beide, nach Thukyd. der, der den Streich nicht geführt hatte, festgenommen. — παρεκλήθη] zum Komplot; ähnlich § 18. — οὔτε οἶδε — οὐδέν] Er nahm nicht nur nicht Teil an der Ausführung, sondern weiſs überhaupt nichts von dem Plane (πρᾶγμα); um so frecher also sein § 72 geschildertes Unterfangen. — τὸ ψήφισμα] Nach dem Sturz der 400 ward nachträglich dem ermordeten Phrynichos auf Kritias' Antrag ein Hochverratsprozeſs gemacht (Lyk. 113 ff.) und die hierbei gefaſsten Beschlüsse auf einer Schandsäule eingegraben. Zugleich beschloſs das Volk, die Mörder des Phrynichos mit dem Bürgerrechte und einem Teile der konfiszierten Grundstücke desselben zu belohnen, sowie mehreren anderen, Metöken und früheren Sklaven, die sich damals um den Staat verdient gemacht hatten, den Titel εὐεργέται und sonstige Auszeichnungen zu verleihen. Die Ausführung dieses Beschlusses aber ward wegen stattgefundener Bestechungen durch eine γραφὴ παρανόμων inhibiert. Nachdem sich dann im Laufe des Prozesses herausgestellt hatte, daſs die Bestechungen nur zu Gunsten Apollodors stattgefunden, setzte man an die Stelle des alten Dekrets ein neues, in welchem der Passus über Apollodor weggelassen war; doch erhielt derselbe später, da er bei den erwähnten Bestechungen nicht persönlich kompromittiert war, ein Grundstück, das dem Peisandros gehört hatte. (Lys. VII, 4). Von der Säule, auf welcher jenes Psephisma eingegraben ward, hat man im Jahre 1842 zu Athen ansehnliche Bruchstücke aufgefunden (vgl. Corp. inscr. Att. I, 59), und unter den dort als εὐεργέται namhaft Gemachten erscheint auch Agoratos. Der Redner läſst dasselbe hier verlesen, soweit es sich auf Thrasybul bezog; die Nichterwähnung des Agor. neben diesem entschied gegen seine Behauptung, damals

 Ὅτι μὲν οὐκ ἀπέκτεινε Φρύνιχον, ἐξ αὐτοῦ τοῦ ψηφίσματος δῆλον· οὐδαμοῦ γάρ ἐστιν „Ἀγόρατον Ἀθηναῖον εἶναι“ [ὥσπερ Θρασύβουλον καὶ Ἀπολλόδωρον]· καίτοι εἴπερ ἀπέκτεινε Φρύνιχον, ἔδει αὐτὸν ἐν τῇ αὐτῇ στήλῃ, ἵναπερ Θρασύβουλον [καὶ Ἀπολλόδωρον], Ἀθηναῖον πεποιημένον ⟨γεγράφθαι⟩..... τὰ μέντοι ὀνόματα διαπράττονται σφῶν αὐτῶν, δόντες ἀργύριον τῷ ῥήτορι, προσγραφῆναι εἰς τὴν στήλην ὡς εὐεργέτας ὄντας. **Καὶ ὡς** ἀληθῆ λέγω, τοῦτο τὸ ψήφισμα ἐλέγξει.

ΨΗΦΙΣΜΑ.

das Bürgerrecht empfangen zu haben.

§ 72. ἔστιν] zu § 14. Die folgenden Worte ein fingiertes Citat aus dem Dekret, abhängig gedacht von den Eingangsworten desselben ἔδοξε τῇ βουλῇ καὶ τῷ δήμῳ. — πεποιημένον] Dahinter ist nicht nur ein Infin. ausgefallen wie γεγράφθαι, sondern auch ein Gedanke des Inhalts, dafs aufser Thrasybul und Apollodor sich noch andere auf Grund angeblicher Verdienste bei dem Morde oder dem Prozesse des Phrynichos gemeldet und es beim Antragsteller (es war Diokles, später Mitglied der 30) durchgesetzt hätten, dafs er für sie wenn auch nicht das Bürgerrecht, so doch andere Vergünstigungen und ehrende Nennung auf der Säule beim Volke beantrage. Diese Leute, nach den Trümmern des Psephisma aufser Agoratos noch Komos, Simos, Philinos und drei andere, deren Namen unlesbar sind, bilden das Subj. zu διαπράττονται. — τὰ ὀνόματα — σφῶν αὐτῶν] σφῶν αὐτῶν selten in possessiver Bedeutung beim Nomen, häufiger (besonders bei Thukyd.) σφῶν, welche Pronominalform bei Lys. aber nur in Verbindung mit αὐτῶν vorkommt. Wie hier noch And. II, 2: νομίζουσι τῆς πόλεως εὖ πραττούσης καὶ τὰ ἴδια σφῶν αὐτῶν ἄμεινον ἂν φέρεσθαι. Thuk. II, 68, 9: οἱ Ἀμπρακιῶται τὴν ἔχθραν ἀπὸ τοῦ ἀνδραποδισμοῦ σφῶν αὐτῶν ἐποιήσαντο. Vgl. Kr. 47, 9, 13. — τῷ ῥήτορι] nicht im technischen Sinne, sondern im publizistischen: 'der Sprecher in der Volksversammlung (im Rate XXII, 2), der Antragsteller' (wie orator vom Sprecher bei internationalen Verhandlungen). Suidas s. v. ῥήτωρ: ῥήτωρ τὸ παλαιὸν ἐκαλεῖτο ὁ τῷ δήμῳ συμβουλεύων καὶ ὁ ἐν τῷ δήμῳ ἀγορεύων, εἴτε ἱκανὸς λέγειν εἴτε καὶ ἀδύνατος. So Lys. XXXI, 27. Hyp. f. Eux. XXIII. Arist. Ri. 1350. Ihre Käuflichkeit ist ein Lieblingsthema der Redner und Komiker, daher ῥήτωρ oft gehässige Bezeichnung eines Staatsmannes, der aus dem Sprechen vor Gericht und in der Volksversammlung eine lukrative Profession macht; vgl. Lys. XVIII, 16. XXX, 22. Is. XII, 12. D. XXI, 189. XXIII, 201. XXIV, 124. Dein. II, 26. Arist. Plut. 30. 379. 567. — ὡς εὐεργέτας ὄντας] nachlässig an τὰ ὀνόματα σφῶν αὐτῶν angeschlossen, als ob σφᾶς αὐτούς vorangegangen wäre. Der Ehrentitel εὐεργέτης ward, zuweilen erblich, Bürgern wie Nichtbürgern (Pseudolys. XX, 19) durch Volksbeschlufs zuerkannt; die darauf bezügliche Ehrensäule pflegte auf der Akropolis aufgestellt zu werden. Xenophon in seiner Schrift über die Reform des athenischen Staatshaushaltes (3, 11) riet den Athenern, die Verleihung des Titels zu einer Finanzspekulation zu benutzen. — τοῦτο τὸ ψήφισμα] Jetzt wird der Teil des Beschlusses verlesen, der dem Agor. und Konsorten zwar verschiedene Ehren und Vorteile, aber nicht das Bürgerrecht verlieh. Im Gegenteil war in den Worten des Psephisma, es solle Agor. das Recht des Grundbesitzes erhalten (ἔγκτησιν εἶναι

Οὕτω μέντοι οὑτοσὶ πολὺ ὑμῶν κατεφρόνει, ὥστ' οὐκ ὢν 73
Ἀθηναῖος καὶ ἐδίκαζε καὶ ἠκκλησίαζε καὶ γραφὰς τὰς ἐξ ἀν-
θρώπων ἐγράφετο, ἐπιγραφόμενος Ἀναγυράσιος εἶναι. Ἔπειτα
δὲ καὶ ἕτερον μέγα τεκμήριον ὡς οὐκ ἀπέκτεινε Φρύνιχον, δι'
ὃ Ἀθηναῖός φησι γεγενῆσθαι. Ὁ Φρύνιχος γὰρ οὗτος τοὺς
τετρακοσίους κατέστησεν· ἐπειδὴ δ' ἐκεῖνος ἀπέθανεν, οἱ πολλοὶ

αὐτοῖς ὧνπερ Ἀθηναίοις, καὶ γηπέδων καὶ οἰκίας, καὶ οἴκησιν Ἀθήνησι), deutlich ausgesprochen, daſs das Bürgerrecht, welches diese Berechtigung von selbst mit einschloſs, ihm nicht erteilt ward.

§ 73. *οὕτω — πολύ*] Bei dieser Trennung des *οὕτως* vom Adjektiv oder Adverb fällt der Hauptton auf *οὕτως*; vgl. X, 13. XIV, 27. 35. XXXII, 13 (anders VII, 26, wo *οὕτω* zum ganzen Satze gehört). Dieselbe Stellung zuweilen bei tam, wie Cic. in Verr. II, 5, 46, 121: quis tam fuit illo tempore ferreus? p. Cael. 7, 16. Lael. 23, 87. de or. I, 8, 32 (häufiger bei quam). — *μέντοι*] 'jedoch', obschon er nicht das Bürgerrecht erhalten hatte. — *κατεφρόνει*] zu XII, 84. — *ἐδίκαζε — ἐγράφετο*] Diese Funktionen nebst dem *ἄρχειν* (inklus. *βουλεύειν*) die wesentlichsten Äuſserungen der Rechte des *πολίτης ἐπίτιμος*. Ähnlich XXVI, 2: *τοῦ δικάζειν καὶ τοῦ ἐκκλησιάζειν περὶ τῶν κοινῶν μετέδοτε αὐτοῖς*. — *γραφὰς τὰς ἐξ ἀνθρώπων*] 'alle menschenmöglichen', Phrase des Umgangstons, ursprünglich durch *πάσας* zu ergänzen (Dion. Halic. V, 501 Reiske: *Πυθέας πονηρίαν τῷ Δημοσθένει καὶ κακίαν τὴν ἐξ ἀνθρώπων πᾶσαν ἐνοικεῖν φήσας*. Aristeid. I, 657 Df.: *πάνθ' ὑπεραίρει τὰ ἐξ ἀνθρώπων ὀνείδη*). Wie hier Plat. Theaet. 170e: *οἵ γέ μοι τὰ ἐξ ἀνθρώπων πράγματα παρέχουσιν*. Aesch. I, 59: *τὸν Πιττάλακον ἐμαστίγουν τὰς ἐξ ἀνθρώπων πληγάς*. Aristeid. I, 631 Df.: *τὰ ἐξ ἀνθρώπων περιστάντα αὐτοὺς κακά*. — *ἐπιγραφόμενος*] wie § 76 *τοὔνομα ἐπιγραφόμενος*, nämlich auf den eingereichten Klagschriften (Einl. zu Rede XII, Anm. 35); vgl. (D.) XL, 16: *ἐπιγραψάμενος ἐπὶ τὸ ἔγκλημα Βοιωτόν*. Aesch. II, 14: *Λυκῖνον ἐπὶ τὴν γραφὴν ἐπιγραψάμενοι*. *ἐπιγράφεσθαι* kausatives Medium (Kr. 52, 11) 'darauf schreiben lassen', den eigenen oder fremden Namen in ein Dokument eintragen lassen. Die Redaktion der Klagschrift besorgte nach der Eingabe des Klägers der Gerichtsschreiber; vgl. Arist. Wo. 770: *ὁπότε γράφοιτο τὴν δίκην ὁ γραμματεύς*. — *Ἀναγυράσιος*] aus dem Demos Anagyrus der Phyle Erechtheis. — *δι' ὅ*] ist, weil Agor. auf das Faktum *ἀποκτεῖναι Φρύνιχον* seine Ansprüche gründet, sachgemäſser als das hdschr. *δι' ὅν*, was sogar an sich zweideutig (propter quem und cuius opera) sein könnte. — *κατέστησεν*] übertrieben (zu § 70), um die folgende Argumentation vorzubereiten. Um nämlich nachzuweisen, daſs dem Agor. unter allen Umständen aus seiner Angabe, er habe den Phryn. getötet, kein Vorteil erwachsen dürfe, baut der Sprecher folgenden Doppelschluſs (Dilemma):

A. Zugegeben, du hast den Phrynichos getötet.

a) Phryn. war das Haupt und die Stütze der Oligarchie der 400, die mit ihm zusammenbrach.

b) Die Mitglieder der zweiten Oligarchie waren aus der der 400 hervorgegangen und nach deren Sturz sämtlich exiliert gewesen.

c) Also hätten dich dieselben jedenfalls wegen der Ermordung des Phryn. zur Strafe gezogen,

d) wofern du nicht durch gröſseres der Demokratie zugefügtes Unheil den der Oligarchie versetzten Schlag in Vergessenheit gebracht hättest.

e) Dann trifft dich gerechte Strafe wegen dieses Unheils (§ 75 f.).

74 τῶν τετρακοσίων ἔφυγον. Πότερον οὖν δοκοῦσιν ὑμῖν οἱ
τριάκοντα καὶ ἡ βουλὴ ἡ τότε βουλεύουσα, οἳ αὐτοὶ ἦσαν
ἅπαντες τῶν τετρακοσίων τῶν φυγόντων, ἀφεῖναι ἂν λαβόντες
τὸν Φρύνιχον ἀποκτείναντα ἢ τιμωρήσασθαι ὑπὲρ Φρυνίχου
καὶ τῆς φυγῆς ἧς αὐτοὶ ἔφυγον; Ἐγὼ μὲν οἶμαι τιμωρεῖσθαι
75 ἄν. Εἰ μὲν οὖν μὴ ἀποκτείνας προσποιεῖται, ἀδικεῖ, ὡς ἐγώ
φημι· εἰ δ' ἀμφισβητεῖς καὶ φῂς Φρύνιχον ἀποκτεῖναι, δῆλον
ὅτι μείζω τὸν δῆμον τῶν Ἀθηναίων κακὰ ποιήσας τὴν ὑπὲρ

B. Oder du hast den Phryn. nicht getötet.
a) Dann fehlt dir jede Begründung für die angebliche Erlangung des Bürgerrechts.
b) In diesem Falle verdienst du Strafe wegen der Usurpation der bürgerlichen Funktionen (§ 76).

Hierbei ist gegen B nichts einzuwenden; im Syllogismus A aber ist Punkt a übertrieben, b falsch (zu § 74), die Voraussetzung c unbegründet, denn die Tonangeber unter den Dreifsig, Kritias und Theramenes, waren Gegner des Phryn. gewesen, hatten vielleicht selbst dessen Ermordung veranlafst; damit bricht die Annahme d und der Schlufs e zusammen. — *οἱ πολλοὶ — ἔφυγον*] arge Übertreibung (ebenso Justin. V, 3). Bei dem Verfahren gegen die 400, soweit sie überhaupt zur Rechenschaft gezogen wurden, war man im ganzen (von der Hinrichtung des Antiphon und Archeptolemos abgesehen) sehr mild (Pseudolys. XX, 14); nur die äufserste Fraktion entwich (Thuk. VIII, 98), und gegen diese ward die Strafe der Verbannung und Güterkonfiskation noch feierlich ausgesprochen und ihre Namen auf Schandsäulen aufgezeichnet (And. I, 78).

§ 74. *ἡ τότε βουλεύουσα*] zu § 35. — *ἅπαντες*] ein jedenfalls absichtlicher Irrtum; Eratosthenes z. B. und Theramenes waren nicht verbannt gewesen, ebenso wenig die Mehrzahl der Buleuten, die ja nach § 20 grofsenteils aus dem Rat des vorhergehenden Jahres genommen waren. Überhaupt waren nicht alle Mitglieder der Dreifsigerregierung unter den Vierhundert gewesen. — *τιμωρήσασθαι*] Das *ἂν* aus dem ersten Gliede der Frage wirkt noch nach. Ähnlich I, 40: *δοκῶ ἂν ὑμῖν τὸν συνδειπνοῦντα ἀφεὶς μόνος καταλειφθῆναι ἢ κελεύειν ἐκεῖνον μένειν;* — *ἐγὼ μὲν οἶμαι*] ohne ausgesprochenen Gegensatz (zu XII, 8); mit *ἐγὼ μέν* (ein betontes 'ich', *ἔγωγε*) stellt man die subjektive Ansicht mit (oft ironischer) Bescheidenheit unvorgreiflich der etwaigen Ansicht anderer gegenüber (Kr. 69, 35, 2); so § 83. I, 35. III, 36. IV, 7. VII, 39. XIX, 45. XXVI, 7 (XXIX, 14: *ἐγὼ μὲν οὖν ταῦτα ὑμῖν παραινῶ*). — *τιμωρεῖσθαι ἄν*] Inf. Impf. in der Bedeutung 'sie würden gesucht haben sich zu rächen'; vgl. zu § 36.

§ 75. *προσποιεῖται*] sc. *ἀποκτεῖναι*, und deshalb das Bürgerrecht erhalten zu haben, ein Gedanke, der wohl auch ohne die Annahme einer Lücke nach *προσπ.* (man wollte *πολίτης* oder *ποιητὸς εἶναι* ergänzen) aus dem Zusammenhang sich ergiebt. — *ἀδικεῖ*] indem er sich auf Grund dieses Vorgebens politische Rechte anmafst. — *ὡς ἐγώ φημι*] Diese Worte müssen, wenn die Überlieferung richtig ist, auf den ganzen Gedanken: *εἰ μὲν — ἀδικεῖ* bezogen werden = *φημὶ οὖν, εἰ — ἀδικεῖν αὐτόν.* Besser aber ist es, man setzt dieselben vor *ἀδικεῖ*, so dafs sie blos auf die Protasis gehen; vgl. §§ 70. 72. 73 und die Protasis des nächsten Satzes: *εἰ δ' ἀμφισβητεῖς* (wenn du diese meine Behauptung bestreitest) *καὶ φῂς* (und deinerseits behauptest) *Φρ. ἀποκτ.* Ähnliches im Anh. — *μείζω*] als den Oligarchen durch

Φρυνίχου αἰτίαν πρὸς τοὺς τριάκοντα ἀπελύσω· οὐδέποτε γὰρ πείσεις οὐδέν' ἀνθρώπων, ὡς Φρύνιχον ἀποκτείνας ἀφείθης ἂν ὑπὸ τῶν τριάκοντα, εἰ μὴ μεγάλα τὸν δῆμον τῶν Ἀθηναίων καὶ ἀνήκεστα κακὰ εἰργάσω. Ἐὰν μὲν οὖν φάσκῃ 76
Φρύνιχον ἀποκτεῖναι, τούτων μέμνησθε καὶ τοῦτον τιμωρεῖσθ' ἀνθ' ὧν ἐποίησεν· ἐὰν δ' οὐ φάσκῃ, ἔρεσθ' αὐτόν, δι' ὅ τι φησὶν Ἀθηναῖος ποιηθῆναι. Ἐὰν δὲ μὴ ἔχῃ ἀποδεῖξαι, τιμωρεῖσθ' αὐτὸν ὅτι καὶ ἐδίκαζε καὶ ἠκκλησίαζε καὶ ἐσυκοφάντει πολλοὺς ὡς Ἀθηναῖος τοὔνομα ἐπιγραφόμενος.

Ἀκούω δ' αὐτὸν παρασκευάζεσθαι ἀπολογεῖσθαι, ὡς ἐπὶ 77
Φυλήν τ' ᾤχετο καὶ συγκατῆλθεν ἀπὸ Φυλῆς, καὶ τοῦτο μέγιστον ἀγώνισμα εἶναι. Ἐγένετο δὲ τοιοῦτον. Ἦλθεν οὗτος

die Ermordung des Phryn. — πρὸς τοὺς τρ. ἀπελύσω] 'den Dreifsig gegenüber dich befreit hattest', wie D. XVIII, 50: ὥσπερ ἑωλοκρασίαν τινά μου τῶν ἀδικημάτων κατασκεδάσας, ἣν ἀναγκαῖον ἦν πρὸς τοὺς νεωτέρους τῶν πραγμάτων ἀπολύσασθαι. Plut. Kim. 17: δι' ἔργων ἀπολύσασθαι τὴν αἰτίαν πρὸς τοὺς πολίτας. Vgl. auch D. XXII, 3 (ἀπολύεσθαι παρά τινι). XV, 2. XVIII, 4. Aesch. I, 122. II, 2. Gorg. Hel. 8. Alkid. περὶ σοφ. 10. — ἀνήκεστα κακά] Vgl. IV, 20: ἀνηκέστῳ συμφορᾷ περιβαλεῖν (Thuk. V, 111, 3: ξυμφοραῖς ἀνηκέστοις περιπεσεῖν).

§ 76. τούτων] 'dieser meiner Worte'. — ἐὰν — οὐ φάσκῃ] zu § 62 und Anh. zu § 75. — ὡς Ἀθηναῖος] tamquam si esset Ath. Kr. 69, 63, 2.

§ 77. ἀκούω] zu § 55. Auch dies wollte Agor. anführen zur Konstatierung seiner bürgerfreundlichen Gesinnung, um die Beschuldigung, mit den Oligarchen unter einer Decke gesteckt und sonach freiwillig denunziert zu haben, abzuwehren. — παρασκευάζεσθαι] 'sich rüstet', das verb. propr. von der Vorbereitung der Parteien auf den Prozefs (um τὴν ἐν τῷ δικαστηρίῳ μάχην ἀγωνίζεσθαι Plat. Euthyd. 272[a]), zu derselben Reihe der vom Kriegswesen entlehnten Metaphern gehörig wie ἀγών (acies Cic. or. 13, 42. de opt. gen. or. 6, 17. Tusc. II, 25, 60), ἀγωνίζεσθαι (dimicare, certare), nachher ἀγώνισμα, ὁ φεύγων, ὁ διώκων, αἱρεῖν, ἁλίσκεσθαι, λαβεῖν (zu § 56), ἐπεξιέναι (zu X, 2); vgl. XII, 88. XXVI, 13. Ebenso παρασκευή (opes et copiae Cic. p. Cluent. 6, 18) XIX, 2, oft mit gehässiger Hindeutung auf unlautere Waffen, wie XXVIII, 11. — ἀπολογεῖσθαι ὡς] zu § 89. — ἐπὶ Φυλὴν ᾤχετο] Auf dieses Verdienst berief man sich gern und mit Erfolg in den nächsten Jahren nach der Restauration; vgl. XXX, 15. XXVIII, 12: Ἐργοκλῆς ἐρεῖ, ὡς ἀπὸ Φυλῆς κατῆλθε καὶ ὡς τῶν κινδύνων τῶν ὑμετέρων μετέσχεν. Die Kehrseite bildet der Vorwurf der Gleichgültigkeit bei der Wiederherstellung der Freiheit XXXI, 8. — Zur Stellung des τέ in ἐπὶ Φυλήν τε vgl. XIX, 56: ἄνευ ἀνάγκης τε, zum Chiasmus (D.) XXXV, 56: ὑμῖν τε αὐτοῖς τὰ συμφέροντα ἔσεσθε ἐψηφισμένοι, καὶ περιαιρήσεσθε τῶν πονηρῶν ἀνθρώπων τὰς πανουργίας ἁπάσας (Chiasmus und Anaphora wechseln [D.] XLVII, 3: ὅσα ἐγώ τε ἠδικήθην καὶ ἐξηπατήθησαν οἱ δικασταὶ καὶ οὗτοι τὰ ψευδῆ ἐμαρτύρησαν). — μέγιστον ἀγώνισμα εἶναι] ἀγώνισμα ist ein Punkt der παρασκευή, ein glückliches Moment der Verteidigung gegenüber dem Ankläger, μέγιστον ἀγώνισμα also etwa 'ein Hauptstreich'. So Ant. V, 36: ἐχρῆν αὐτοὺς — αὐτῷ τούτῳ χρῆσθαι ἀγωνίσματι, ἐμφανῆ παρέχοντας τὸν

ἐπὶ Φυλήν· καίτοι πῶς ἂν γένοιτ' ἄνθρωπος μιαρώτερος, ὅστις
εἰδώς, ὅτι εἰσί τινες ἐπὶ Φυλῇ τῶν ὑπὸ τούτου ἐκπεπτωκότων,
78 ἐτόλμησεν ἐλθεῖν ὡς τούτους; Ἐπειδὴ δ' εἶδον αὐτὸν τάχιστα,
συλλαβόντες ἄγουσιν ἄντικρυς ὡς ἀποκτενοῦντες, οὗπερ καὶ

ἄνδρα καὶ κελεύοντας βασανίζειν; vgl. auch Herod. I, 140: καὶ ἀγώνισμα μέγα τοῦτο ποιεῦνται, κτείνοντες ὁμοίως μύρμηκάς τε καὶ ὄφις κτλ. Hinter τοῦτο oder μέγιστον ist wohl ein Infin. wie νομίζειν einzufügen; doch könnte man auch nach Herod. a. a. O. korrigieren: τ. μ. ἀ. ποιεῖσθαι ('und damit einen Hauptstreich auszuführen'), indem man ποιεῖσθαι von παρασκευάζεσθαι abhängen liefse und die ganze Stelle vergliche mit Is. XVII, 24: ἡγοῦμαι δὲ Πασίωνα ἐκ τοῦ διεφθαρμένου γραμματείου τὴν ἀπολογίαν ποιήσεσθαι καὶ τούτοις ἰσχυριεῖσθαι μάλιστα. — ἐγένετο] Das unbestimmte Subj. iegt im Verbum. Kr. 61, 5, 6. — ἦλθεν — Φυλήν] Manche, die der Herrschaft der Dreifsig nicht langen Bestand zutrauten, schlugen sich nach der Einnahme von Phyle zu den Demokraten. Vgl. XXV, 9. XXXI, 9. Is. XVIII, 49. Über ἐπί zu XII, 52. — μιαρώτερος] ergänze 'als ein solcher'. Dieselbe Ellipse Ant. VI, 47: καίτοι πῶς ἂν ἄνθρωποι σχετλιώτεροι ἢ ἀνομώτεροι γένοιντο, οἵτινες ἅπερ αὐτοὶ σφᾶς αὐτοὺς οὐκ ἔπεισαν, ταῦθ' ὑμᾶς ἀξιοῦσι πεῖσαι; — ὑπὸ τούτου] Der Gedanke, der allgemein (ὅστις) begonnen hat, wird auf die in Rede stehende Person beschränkt; zu XII, 84.

§ 78. ἐπειδὴ — τάχιστα] 'cum primum'. Die Stellung wie Xen. Kyr. I, 5, 6: ἐπεὶ δὲ ᾑρέθη τάχιστα. D. XXIII, 179: ἐπεὶ δ' εἶδε τάχιστα τὸν Ἑλλήσποντον ἔρημον δυνάμεως, εὐθὺς ἐνεχείρει κτλ. (vgl. Lys. III, 8: ἐπειδὴ τάχιστα ἐξῆλθον, εὐθύς με τύπτειν ἐπεχείρησεν). Bei ὡς τάχιστα ist die Trennung regelmäfsig, und zwar steht gewöhnlich ein Verbum oder Nomen (mit und ohne Konjunktion) in der Mitte. Vgl. D. XVIII, 284: ὡς δ' ἀπηγγέλθη τάχισθ' ἡ μάχη, οὐδὲν τούτων φροντίσας εὐθέως ὡμολόγεις. Xen. Kyr. I, 3, 2: ὡς δὲ ἀφίκετο τάχιστα — εὐθύς. Herod. I, 65: ὡς γὰρ ἐπετρόπευσε τάχιστα. 213: ὡς δὲ ἐλύθη τε τάχιστα κτλ. 11: ὡς δὲ ἡμέρη τάχιστα ἐγεγόνεε. 141: ὡς οἱ Λυδοὶ τάχιστα κατεστράφατο ὑπὸ Περσέων. V, 23: ὡς ἦλθε τάχιστα ἐς τὰς Σάρδις. 11: ὡς διαβὰς τάχιστα τὸν Ἑλλήσποντον ἀπίκετο ἐς Σάρδις. Xen. Hell. VII, 5, 16: ὡς εἶδον τάχιστα τοὺς πολεμίους. Durch Nomen und Verbum ist τάχιστα von ὡς getrennt Herod. V, 56: ὡς ἡμέρη ἐγένετο τάχιστα, durch ein blofses δέ oder γάρ Xen. Hell. VII, 2, 21: ὡς δὲ τάχιστα ἐκηρύχθη. Mem. I, 2, 16: ὡς γὰρ τάχιστα — εὐθύς. Aesch. III, 80: ὡς γὰρ τάχιστα. Selten sind Stellen, wo τάχιστα unmittelbar auf ὡς folgt. So D. XIX, 163. Aesch. II, 22. Xen. Anab. IV, 3, 9. Bei beiden Verbindungen liegt der Grund der Sperrung in dem Bestreben, das τάχιστα dadurch mehr hervorzuheben; bei der letzteren wollte man wohl auch einer Verwechselung mit ὡς τάχιστα = quam primum vorbeugen. Übrigens sollte τάχιστα eigentlich vor ἐπειδή (ἐπεί, ὡς) stehen ('unverzüglich nachdem'); vgl. zu XII, 19, sowie ἐπεὶ εὐθέως Xen. Hell. III, 2, 4 (ἐπεὶ ᾐσθάνετο —, αὐτός τε εὐθέως Kyr. I, 5, 4) neben εὐθὺς ἐπειδή Thuk. I, 102, 4. VII, 26, 3. Xen. Anab. III, 1, 13, εὐθὺς ἐπεί Xen. Hell. IV, 1, 15, εὐθὺς ἐπειδάν Is. VIII, 111, εὐθὺς ὡς Plat. Symp. 174ᵉ, εὐθέως ὡς D. XVIII, 153 (ὡς ἐκράτησε Φίλιππος, ᾤχετ' εὐθέως ἀπιών XVIII, 65), παραχρῆμα ὡς D. XIX, 137, αὐτίκα ἐπεί Hom. Il. μ, 393. Mit der in ἐπεὶ (ἐπειδή, ὡς) τάχιστα — εὐθύς hervortretenden Verstärkung kann man die pleonastischen Wendungen simulac — continuo (illico) und simulac primum zusammenstellen.

τοὺς ἄλλους ἀπέσφαττον, εἴ τινα λῃστὴν ἢ κακοῦργον λάβοιεν. Στρατηγῶν δ' Ἄνυτος οὐκ ἔφη χρῆναι ποιεῖν αὐτοὺς ταῦτα, λέγων ὅτι οὔπω οὕτω διακέοιντο, ὥστε τιμωρεῖσθαί τινας τῶν ἐχθρῶν, ἀλλὰ νῦν μὲν δεῖν αὐτοὺς ἡσυχίαν ἔχειν, εἰ δέ ποτ' οἴκαδε κατέλθοιεν, τότε καὶ τιμωρήσοιντο τοὺς ἀδικοῦντας. Ταῦτα λέγων αἴτιος ἐγένετο τοῦ ἀποφυγεῖν τοῦτον ἐπὶ Φυλῇ· 79
ἀνάγκη δ' ἦν στρατηγοῦ ἀνδρὸς ἀκροᾶσθαι, εἴπερ ἔμελλον σωθήσεσθαι. Ἀλλ' ἕτερον· οὔτε γὰρ συσσιτήσας τούτῳ οὐδεὶς

— ἀπέσφαττον] wozu sie sich berufen glaubten als Vertreter der legitimen Verfassung und der Gerechtigkeit, von denen die sittliche Regeneration des Staates ausgehen müsse. Vgl. die Worte des Thrasybul bei Xenoph. Hell. II, 4, 40. Die damalige Zerrüttung des Staates machten sich manche zu Expeditionen auf eigene Faust als Freibeuter (λῃσταί) zu Nutze, wie Philon nach Lys. XXXI, 17 f. — Ἄνυτος] Sohn des Anthemion, aus niederem Stande, aber durch sein Handwerk reich geworden (πλούσιος ἦν ἐκ σκυτοδεψικῆς Schol. zu Plat. Apol. 18[b]), sowohl als Feldherr im dekeleischen Krieg wie als Staatsmann nicht unbedeutend (Plat. Menon 90[b]), daher bei Xenoph. Hell. II, 3, 42 von Theramenes neben Thrasybul und Alkibiades als einflufsreicher Parteiführer genannt und nach der Rückkehr der Verbannten einer der Mächtigsten in der Stadt (Is. XVIII, 23). Aufrichtiger Patriot, war er doch zu beschränkt, um die Eigentümlichkeit des Sokrates von der Sophistik zu unterscheiden, und ward daher, auch persönlich von Sokrates verletzt, die Hauptperson in der Anklage gegen ihn. — δεῖν] Man änderte dies in δέοι. Doch nicht selten springt die mit ὡς oder ὅτι begonnene indirekte Rede in den (Accus. c.) Infin. über. XXXI, 15. Thuk. I, 87, 4: εἶπον ὅτι σφίσι μὲν δοκοῖεν ἀδικεῖν οἱ Ἀθηναῖοι, βούλεσθαι δὲ καὶ τοὺς πάντας ξυμμάχους παρακαλέσαι. Kr. 59, 2, 10. Madvig 159, 4. — οἴκαδε] zu XII, 97. — τιμωρήσοιντο] Über den unabhängigen Optat. der or. obl. zu § 9. Auf diese Satisfaktion leistete der Demos nachher verständig Verzicht. Vgl. And. I, 81: ἐπειδὴ ἐπανήλθετε ἐκ Πειραιῶς, γενόμενον ἐφ' ὑμῖν τιμωρεῖσθαι, περὶ πλείονος ἐποιήσασθε σῴζειν τὴν πόλιν ἢ τὰς ἰδίας τιμωρίας. Lys. XVIII, 18.

§ 79. ἀνάγκη δέ] Über δέ zu XII, 68 Anh. Also schonte man den Agor. nur um der nötigen Disciplin willen. — στρατηγοῦ ἀνδρός] Durch diese bei Lys. seltene Verbindung fällt der Ton auf den Standesbegriff. So ἀνὴρ ἄρχων XII, 52 und mit verächtlichem Klange ἄνθρωποι ὑπογραμματεῖς 'Schreibersubjekte' XXX, 28. Kr. 57, 1, 1. — σωθήσεσθαι] 'glücklich heimkehren', öfters von Verbannten, wie XXV, 22 (parallel κατιέναι). 29. (D.) Br. 4, 2 (ἐὰν ἀφίκωμαί ποτε καὶ σωθῶ); ebenso von Reisenden, Gefangenen, auswärts stehenden Truppen Arist. Plut. 1180. Xen. Hell. I, 6, 7 (σῴζεσθαι οἴκαδε). Isae. IX, 15. D. LVII, 18 (wo Westermann); stehend vom heimkehrenden Schiff Lys. XXXII, 25. (D.) XXXII, 5. 8. LVI, 22. 32. 37. 42 (ἡ ναῦς σέσωσται εἰς τὸν Πειραιᾶ). Menander bei Athen. XI, 474[c]. Dieselbe Bedeutung hat ἡ σωτηρία D. LVII, 20. (D.) L, 16 (ἡ οἴκαδε σωτηρία). Thuk. VII, 70, 7 (ἡ ἐς τὴν πατρίδα σωτηρία). — ἀλλ' ἕτερον] 'doch noch eins'; der Sprecher wollte (scheinbar) diesen Punkt verlassen, als ihm dies noch einfällt; eine elliptische, etwa durch σκέψασθε zu ergänzende Ankündigungsformel wie ἀλλ' ἐκεῖνο u. dergl. (s. Anh.). — συσσιτήσας — σύσκηνος] Im Lager bildeten sich nach eigener Wahl Zelt- und Tischgenossen-

φανήσεται οὔτε σύσκηνος γενόμενος οὔθ' ὁ ταξίαρχος εἰς τὴν φυλὴν κατατάξας, ἀλλ' ὥσπερ ἀλιτηρίῳ οὐδεὶς ἀνθρώπων αὐτῷ διελέγετο. Καί μοι κάλει τὸν ταξίαρχον.

ΜΑΡΤΥΡΙΑ.

80 Ἐπειδὴ δ' αἱ διαλλαγαὶ πρὸς ἀλλήλους ἐγένοντο καὶ ἔπεμψαν οἱ [πολῖται] ἐκ Πειραιῶς τὴν πομπὴν εἰς πόλιν,

schaften (D. LIV, 4. Isae. IV, 18. Arist. Wesp. 557). Dafs die Zelt- und Tischgenossen nicht Mitglieder desselben Bataillons (τάξις) zu sein brauchten, lehrt das Beispiel des Sokrates und Alkibiades (Plat. Symp. 219e. Plut. Alkib. 7), von denen der eine der Antiochischen, der andere der Leontischen Phyle angehörte. Die Tischgenossenschaft war Nachahmung einer sonst im bürgerlichen Leben vorkommenden Gewohnheit; denn die σύσσιτοι bildeten gesetzlich anerkannte Korporationen (vgl. das von Hermann, Privatalt. § 68, Anm. 9, aus den Digesten angeführte angeblich solonische Gesetz). — **ὁ ταξίαρχος**] der der Phyle Erechtheis, zu der sich Agor. hielt (zu § 73). Über die Taxiarchen zu § 7. Der Taxiarch führte die Bestandliste der Hopliten seiner Phyle (ὁ τῶν ὁπλιτῶν κατάλογος XV, 5); wenn er also sich weigerte, den Agor. in die Mannschaft der Erechtheis einzustellen, so versagte er ihm zugleich die Anerkennung des prätendierten Bürgerrechts, wenigstens die der Mitgliedschaft in der Erechtheis. — **εἰς τὴν φυλήν**] 'in seine Phyle'. Genauer εἰς τάξιν § 82. Denn streng genommen sind αἱ φυλαί die 10 Schwadronen der Bürgerreiterei; doch bezieht sich φυλή auch auf das Hoplitenkontingent eines Stammes, wie Thuk. VI, 98, 4: φυλὴ μία τῶν ὁπλιτῶν D. XXXIX, 17; vgl. Lys. XVI, 15. Xen. Hell. IV, 2, 19. — **ὥσπερ ἀλιτηρίῳ**] Die Zelt- und Tischgemeinschaft, sowie jeden Verkehr mit Agor. vermied man nicht blos aus sittlichem Abscheu, sondern auch weil durch das Zusammensein mit dem Mörder unter einem Dache (ὁμωρόφιον, συνέστιον γενέσθαι D. XXI, 118. 120. Ant. V, 11. Plat. Gesetze IX, 868de) und an einem Tische (ὁμοτράπεζον γενέσθαι Plat. Gesetze IX, 868e, ἐπὶ τὰς αὐτὰς τραπέζας ἰέναι Ant. II, α, 10) und selbst durch das bloſse Reden mit ihm (§ 82. D. XXI, 118. Eur. Orest. 1604) die ansteckende Befleckung (μίασμα, piaculum) des Fluchbeladenen (ἀλιτήριος) auf den Reinen (καθαρός, καθαρὸς τὰς χεῖρας, ὅσιος) übertragen ward. Plat. Euthyphr. 4c: ἴσον τὸ μίασμα γίγνεται, ἐὰν ξυνῇς τῷ κτείναντι ξυνειδώς.

§ 80. **αἱ διαλλαγαί**] der durch den König Pausanias vermittelte Vergleich, als ein bestimmter, vielbesprochener durch den Artikel bezeichnet, wie XII, 53. And. I, 90, wie auch andere Momente des Bürgerkriegs und der vorhergehenden Katastrophe durch den Artikel als bestimmte einmalige Vorgänge bezeichnet zu werden pflegen (ἡ εἰρήνη § 5, αἱ ταραχαί, οἱ λόγοι XII, 53, οἱ ὅρκοι καὶ αἱ συνθῆκαι XIII, 88). Is. XVIII, 17 dagegen: περὶ διαλλαγῶν ἦσαν οἱ λόγοι mit Rücksicht nicht auf den vollzogenen, sondern einen anzubahnenden Vergleich, wie ebenda § 29 εἰς ὅρκους καὶ συνθήκας κατεφύγομεν, weil dort allgemein von der Gattung, nicht speziell von den eidlichen Verträgen des J. 403 die Rede ist. — **πρὸς ἀλλήλους**] ohne Beziehung auf ein bestimmt ausgesprochenes Nomen; zu XXV, 10. — **οἱ ἐκ Πειραιῶς**] Das πολῖται vor ἐκ ist neuerdings mit Recht beseitigt und der geläufige Parteiname (zu XII, 52) hergestellt worden. Es waren ja unter denen im Peiräeus auch viele Metöken (Xen. Hell. II, 4, 25), denen man die Teilnahme am Festzuge nicht verweigern konnte. Auch Xen. Hell. II,

ἡγεῖτο μὲν Αἴσιμος [τῶν πολιτῶν], οὗτος δ' οὕτω τολμηρὸς
καὶ ἐκεῖ ἐγένετο· συνηκολούθει γὰρ λαβὼν τὰ ὅπλα καὶ συνέπεμπε τὴν πομπὴν μετὰ τῶν ὁπλιτῶν πρὸς τὸ ἄστυ. Ἐπειδὴ 81
δὲ πρὸς ταῖς πύλαις ἦσαν καὶ ἔθεντο τὰ ὅπλα πρὶν εἰσιέναι
εἰς τὸ ἄστυ, ὁ μὲν Αἴσιμος αἰσθάνεται καὶ προσελθὼν τήν τ'
ἀσπίδα αὐτοῦ λαβὼν ἔρριψε καὶ ἀπιέναι ἐκέλευσεν ἐς κόρακας

4, 39 sagt: οἱ ἐκ τοῦ Πειραιῶς ἀνελθόντες σὺν τοῖς ὅπλοις κτλ. — τὴν πομπήν] am 12. Boedromion Ol. 94, 2 (21. Sept. 403). Plutarch de glor. Athen. 7. Zur Erinnerung an diesen Tag feierte man seitdem zu Athen ein Dankfest (χαριστήρια ἐλευθερίας). A. Mommsen, Heortologie 217. — εἰς πόλιν] εἰς τὴν ἀκρόπολιν Xen. (Hell. II, 4, 39). Thuk. II, 15: πρὸ τούτου ἡ ἀκρόπολις ἡ νῦν οὖσα πόλις ἦν· καλεῖται δὲ διὰ τὴν παλαιὰν ταύτῃ κατοίκησιν καὶ ἡ ἀκρόπολις μέχρι τοῦδε ἔτι ὑπ' Ἀθηναίων πόλις. Paus. I, 26, 6. Schol. zu Aesch. I, 97. Diese Benennung der Burg blieb die herkömmliche in offiziellen Dokumenten (vgl. z. B. Thuk. V, 18, 10. 23, 5. 47, 11), doch auch, schon der Kürze wegen, im Volksmunde und daher nicht selten bei Aristophanes und den Rednern. Der Artikel kann wie bei ἀκρόπολις fehlen. Kr. 50, 2, 15. — Der Festzug nach der Akropolis gewann besondere Bedeutung dadurch, daſs diese Stätte der nationalen Heiligtümer und Erinnerungen (zu XII, 94) eben erst von den feindlichen Waffen gesäubert war. Auf der Burg opferten die Sieger der Athene (Xen.), wohl nicht der Ἀθηνᾶ Νίκη, da es ein Sieg über Mitbürger gewesen, sondern wie an den Panathenäen der fürsorgenden Stadthüterin (Ἀθηνᾶ Πολιάς). — Αἴσιμος] Die Identität mit dem vom Schol. zu Arist. Ekkl. 208 und von Suidas als körperlich und geistig verwahrlost geschilderten Manne dieses Namens ist zweifelhaft. Er führte die πομπή wegen des in seinem Namen liegenden omen (αἶσα). Curtius, griech. Gesch. III, 753 (Anm. 23). — οὕτω τολμηρὸς — γάρ] Die Satzform wie XII, 19. — συνέπεμπε] bis ihm das Handwerk gelegt ward, also Impf. de conatu; zu XII, 88. — λαβὼν τὰ ὅπλα] Thuk. VI, 58, 2: μετὰ γὰρ ἀσπίδος καὶ δόρατος εἰώθεσαν τὰς πομπὰς ποιεῖν. 56, 2. Auch Xen. (Hell. II, 4, 39) sagt: ἀνελθόντες σὺν τοῖς ὅπλοις. Über ὅπλα speziell von der Hoplitenbewaffnung zu § 12.

§ 81. πρὸς ταῖς πύλαις] Die Patrioten zogen auf der groſsen Fahrstraſse von dem Peiräeus nach der Stadt (ἡ εἰς τὸν Πειραιᾶ ἁμαξιτός Xen. Hell. II, 4, 10), welche hart nördlich an den langen Mauern hinführte (Bursian, Geogr. v. Griechenl. I, 278). Sonach betraten sie die Stadt durch das nach der Agora führende peiräische Thor. — ἔθεντο τὰ ὅπλα] θέσθαι τὰ ὅπλα heiſst 1) 'die Waffen ablegen', zur Rast, zum Lagern; 2) 'die Waffen anlegen', sei es zum Kampf (wie Lys. XXXI, 14) oder, wie hier, zum Antreten, also 'in Reih und Glied treten' (θέσθαι τὰ ὅπλα ἐν τάξει Xen. Anab. VII, 1, 22). Bis zum Stadtthor waren sie also (der Weg war fast eine deutsche Meile lang) nicht in geschlossenen Gliedern, 'los' marschiert. — ὁ μὲν Αἴσιμος] Es sollte wohl folgen οὗτος δὲ ἀπηλάθη. — τὴν ἀσπίδα ἔρριψε] weil er nicht das Recht hatte, in der Ehrenrüstung des Hopliten (zu XII, 40) zu erscheinen. Der Schild war den Alten das Symbol militärischer Ehre; ihn wieder heimzubringen (σῶσαι X, 22) Gebot der Ehre, ihn wegzuwerfen (ῥίπτειν, ἀποβάλλειν ebenda § 9. 12. 21. Is. VIII, 143, scutum jacere Plaut. Trin. IV, 3, 27) höchste Infamie, über die sich wohl nicht jeder so leicht tröstete wie Archilochos (fr. 6 Bergk) in dem naiven Wort: ἀσπὶς ἐκείνη ἐρρέτω· ἐξαῦτις κτήσομαι οὐ κακίω. — ἀπιέναι ἐς κόρακας] 'sich zum Geier scheeren', in malam

[ἐκ τῶν πολιτῶν]· οὐ γὰρ ἔφη δεῖν ἀνδροφόνον αὐτὸν ὄντα συμπέμπειν τὴν πομπὴν τῇ Ἀθηνᾷ. Τούτῳ τῷ τρόπῳ ὑπ' Αἰσίμου ἀπηλάθη. Ὡς δ' ἀληθῆ λέγω, κάλει μοι τοὺς μάρτυρας.

ΜΑΡΤΥΡΕΣ.

82 Τούτῳ τῷ τρόπῳ, ὦ ἄνδρες δικασταί, καὶ ἐπὶ Φυλῇ καὶ ἐν Πειραιεῖ πρὸς τοὺς πολίτας διέκειτο. [οὐδεὶς γὰρ αὐτῷ **διελέγετο ὡς** ἀνδροφόνῳ ὄντι, τοῦ τε μὴ ἀποθανεῖν Ἄνυτος ἐγένετο αὐτῷ αἴτιος.] Ἐὰν οὖν τῇ ἐπὶ Φυλὴν ὁδῷ ἀπολογίᾳ χρῆται, ὑπολαμβάνειν χρή, εἰ Ἄνυτος αὐτῷ ἐγένετο αἴτιος μὴ ἀποθανεῖν ἑτοίμων ὄντων τιμωρεῖσθαι καὶ ἔρριψεν αὐτοῦ Αἴσιμος τὴν ἀσπίδα καὶ οὐκ εἴα [μετὰ τῶν πολιτῶν] συμπέμπειν τὴν πομπὴν [καὶ εἴ τις αὐτὸν ταξίαρχος εἰς τάξιν τινὰ κατέταξεν].

83 Μήτ' οὖν ταῦτ' **αὐτοῦ** ἀποδέχεσθε μήτ' ἂν λέγῃ, ὅτι πολλῷ χρόνῳ ὕστερον τιμωρούμεθα. Οὐ γὰρ οἶμαι οὐδεμίαν

crucem abire. In allen 3 Verwünschungsformeln liegt die Hindeutung auf das Los Hingerichteter oder Unbegrabener.

§ 82. *ἐν Πειραιεῖ*] Die Ortsbezeichnung nicht ganz genau, da diese Scene am Stadtthor stattfand. Die Ungenauigkeit wohl infolge der einmal zur Bezeichnung des Aufenthalts der Vertriebenen üblichen Bezeichnungen *ἐπὶ Φυλῇ* und *ἐν Πειραιεῖ*. Die dem Agor. angethane Schmach setzt ohnehin voraus, dafs er auch im Peiräeus nicht besser zu den Bürgern stand. — *οὐδεὶς διελέγετο*] zu § 79. — *τε*] zu § 1. — *ὑπολαμβάνειν*] 'entgegenhalten', wie XIV, 21. XXVI, 5 (mehr im Anh.). — *εἰ*] 'ob nicht'; der Grieche läfst die Entscheidung der Frage ungewifs, wir anticipieren die erwartete Bejahung. Isae. III, 66: *ἐὰν οὖν προφασίζωνται κτλ., ἐρέσθαι χρή, εἰ — ἐπεσκημμένοι εἰσίν*. Ähnlich hinter *εἰδέναι* Lys. I, 42: *τί ᾔδειν εἴ τι κἀκεῖνος εἶχε σιδήριον*; Kr. 65, 1, 8. — *αἴτιος μὴ ἀποθανεῖν*] Der blofse **Infin.** hinter *αἴτιον εἶναι* weit seltener als der Genitiv des Infin., bei Lysias nur noch XIX, 51, in Verbindung mit dem geläufigeren Acc. c. Inf., der auch XXVI, 13. XXVII, 2. XXX, 19 davon abhängt. Kr. 50, 6, 7. — *ἑτοίμων ὄντων*] Über die Ellipse des indefin. Pronom. als Subjekt zu XII, 45. — *οὐκ εἴα*] Hinter dem indirekt fragenden *εἰ* sind beim Indic. an sich beide Negationen berechtigt (Aken, Tempus und Modus § 299), hier jedoch ist *οὐκ* erforderlich, weil die Frage nur Reproduktion der § 81 schon ausgesprochenen Behauptung ist (ebenda § 234). — *συμπέμπειν*] wie §§ 80 und 81. Isae. VI, 50 von dem, der an der Prozession sich beteiligt. Das Simplex dagegen von denen, die dieselbe veranstalten; vgl. § 80: *ἔπεμψαν οἱ ἐκ Πειραιῶς τὴν πομπήν*. D. IV, 26. Plat. Staat I, 327ᵇ. Herod. V, 56. Thuk. VI, 56, 2. Xen. Hipparch. 2, 1. Arist. Acharn. 248. Ekkl. 758. Vö. 849. In demselben Sinne bisweilen auch *ποιεῖν* (Thuk. VI, 58, 2. Xen. Anab. V, 5, 5).

§ 83. *μήτ' οὖν — μήτε*] Über die Transitionsform s. Anh. — *ταῦτ' αὐτοῦ ἀποδέχεσθε*] *αὐτοῦ* von *ταῦτα* abhängig, wie D. XXII, 19: *εἰ τούτου ταῦτ' ἀποδέξεσθε* (Anh. zu § 89). Lys. VII, 18: *ἀλλήλων ταῦτ' ἴσασιν*. Lyk. 28: *ταῦτα ἐμοῦ θεωρήσατε*. Thuk. I, 84, 1: *ὃ μέμφονται μάλιστα ἡμῶν*. Vgl. zu XII, 83. — *πολλῷ χρόνῳ ὕστερον*] Der Einwand soll darthun, dafs sonach nicht mehr die verzeihliche *ὀργή* die Kläger treiben könne (III,

τῶν τοιούτων ἀδικημάτων προθεσμίαν εἶναι, ἀλλ' ἐγὼ μὲν
οἶμαι, εἴτ' εὐθὺς εἴτε χρόνῳ τις τιμωρεῖταί τινα, τοῦτον δεῖν
ἀποδεικνύναι, ὡς οὐ πεποίηκε περὶ ὧν ἐστιν ἡ αἰτία. Οὗτος 84
τοίνυν τοῦτ' ἀποφαινέτω, ἢ ὡς οὐκ ἀπέκτεινεν ἐκείνους ἢ ὡς
δικαίως, κακόν τι ποιοῦντας τὸν δῆμον τῶν Ἀθηναίων. Εἰ
δὲ πάλαι δέον τιμωρεῖσθαι ὕστερον ἡμεῖς τιμωρούμεθα, τὸν
χρόνον κερδαίνει ὃν ἔζη οὐ προσῆκον αὐτῷ, οἱ δ' ἄνδρες ὑπὸ
τούτου οὐδὲν ἧττον τεθνήκασιν.

Ἀκούω δ' αὐτὸν καὶ τούτῳ ἰσχυρίζεσθαι, ὅτι 'ἐπ' αὐτο- 85
φώρῳ' τῇ ἀπαγωγῇ ἐπιγέγραπται· ὃ πάντων ἐγὼ οἶμαι εὐηθέσ-
τατον· ὡς εἰ μὲν τὸ 'ἐπ' **αὐτοφώρῳ' μὴ προσεγέγραπτο**, ἔνοχος
ἂν ὢν τῇ ἀπαγωγῇ, διότι δὲ τοῦτο προσγέγραπται, ῥᾳστώνην

39: *οἱ μὲν ἄλλοι ὀργιζόμενοι παραχρῆμα τιμωρεῖσθαι ζητοῦσιν, οὗτος δὲ χρόνοις ὕστερον*); vgl. VII, 42. Einen solchen Einwand bekämpft Isae. X, 18 ff. — *προθεσμίαν*] 'Verjährung', praescriptio. Eigentumsansprüche verjährten nach 5 Jahren (Schömann, att. Prozeſs 636, vgl. Einl. zu R. XXXII, § 4); für Verbrechen, die in den Bereich des sakralen Rechts gehörten, scheint keine Verjährung gegolten zu haben, z. B. nicht für Antastung der heiligen Ölbäume (VII, 17); die Blutgesetze aber gestatteten nur bedingungsweise das Vorgehen gegen den Mörder ohne Rücksicht auf die sonst giltige Verjährungsfrist (D XXIII, 80). Diese Bedingung kann hier nicht vorgelegen haben (Einl. § 8), sonst würde der Sprecher einfach das einschlagende Gesetz haben verlesen lassen; so muſs er sich durch Appellation an den gesunden Verstand und durch Spott zu helfen suchen. — *ἐγὼ μὲν οἶμαι*] Die Ironie, welche an sich schon mit solchen Formeln verbunden sein kann (zu § 74), tritt hier durch die Wiederholung des Verbums (*οἶμαι*) noch schärfer hervor. — *χρόνῳ*] zu XXXII, 5.

§ 84. *ἢ ὡς — ἢ ὡς*] Über diese Alternative zu XII, 34. XIII, 49. — *πάλαι δέον — ὕστερον*] Die Stelle ist ein Beweis für die Berechtigung, solche Komparative (*ὕστερον* 'zu spät' Kr. 49, 6) durch ein *τοῦ δέοντος* zu ergänzen; vgl. zu XVI, 20. — *δέον — οὐ προσῆκον*] Vgl. Anh. — *τὸν χρόνον — ἔζη*] höhnisch: Agor., weit entfernt, aus der Verzögerung uns einen Vorwurf machen zu können, ist uns noch Dank dafür schuldig; denn er hat dabei nur profitiert. Die Abfertigung ähnlich D. XXII, 29. *τὸν χρόνον κερδαίνειν* eine wohl proverbielle Phrase; vgl. D. IX, 29: *τὸν χρόνον κερδᾶναι τοῦτον ὃν ἄλλος ἀπόλλυται ἕκαστος ἐγνωκώς.* — *οἱ δ' ἄνδρες — τεθνήκασιν*] Gedanke: Deshalb bleibt er doch immer ihr Mörder. Implicite bejaht Agor. durch diesen Einwand wie durch die Berufung auf die Amnestie die Thatfrage, also den ersten Punkt der obigen Alternative; die Schuldfrage und die Qualifizierung des Verbrechens als *φόνος ἑκούσιος* ist schon § 51 ff. erledigt worden.

§ 85. *ἀκούω*] zu § 55 Über die Berechtigung dieses Einwandes Einl. § 6—8. — *τῇ ἀπαγωγῇ*] hier die den Elfmännern bei der Apagoge übergebene Schrift, wie § 86; so bezeichnet auch *φάσις*, *εἰσαγγελία*, *ἔνδειξις* u. dgl. öfters die bei dem betreffenden Klagverfahren eingereichte *γραφή* (Lyk. 137: *τοῦτο ἐνέγραψα εἰς τὴν εἰσαγγελίαν*). — *ὡς — ἔνοχος ἂν ὢν*] anakoluthisch, als ob vorausginge: *ἰσχυρίζεται ὡς ἀκούω*; vgl. zu XII, 7. — *διότι δέ*] Die Participialkon-

τινὰ οἴεται αὐτῷ εἶναι. Τοῦτο δ' οὐδὲν ἄλλ', ὡς ἔοικεν, ἢ ὁμολογεῖν ἀποκτεῖναι, μὴ ἐπ' αὐτοφώρῳ δέ, καὶ περὶ τούτου ἰσχυρίζεσθαι, ὥσπερ, εἰ μὴ ἐπ' αὐτοφώρῳ μέν, ἀπέκτεινε δέ,
86 τούτου ἕνεκα δέον αὐτὸν σῴζεσθαι. Δοκοῦσι δ' ἔμοιγε οἱ ἕνδεκα οἱ παραδεξάμενοι τὴν ἀπαγωγὴν ταύτην, οὐκ οἰόμενοι Ἀγοράτῳ συμπράττειν τοῦτο καὶ διισχυριζομένῳ, σφόδρ' ὀρθῶς ποιῆσαι Διονύσιον τὴν ἀπαγωγὴν ἀπάγοντ' ἀναγκάζοντες προσγράψασθαι τό γ' 'ἐπ' αὐτοφώρῳ'. Ἢ πῶς οὐκ ἂν εἴη ὃς πρῶτον μὲν ἐναντίον πεντακοσίων [ἐν τῇ βουλῇ], εἶτα πάλιν ἐναντίον Ἀθηναίων ἁπάντων [ἐν τῷ δήμῳ] ἀπογράψας τινὰς

struktion wird verlassen; dem ἔνοχος ἂν ὤν würde etwa entsprechen: ῥαστώνης τινὸς αὐτῷ οὔσης. Vgl. Thuk. VII, 15, 2 und zu § 18. — ῥαστώνην] 'ein Expediens'. — ὡς ἔοικεν] mit ironischer Färbung; vgl. de arg. ex contr. S. 324. — ὁμολογεῖν ἀποκτεῖναι, μὴ ἐπ' αὐτ. δέ] Man wollte μέν hinter ὁμολ. oder ἀποκτ. einsetzen. Aber dadurch, daſs eine Beschränkung des ὁμολογεῖν ἀποκτεῖναι nicht angedeutet ist, wird das ἀποκτεῖναι selbständig und ein frecheres Eingeständnis: 'Ja, ich habe getötet', die Worte μὴ ἐπ' αὐτ. δέ klingen wie ein höhnender Zusatz: 'aber nicht ἐπ' αὐτοφ.' — περὶ τούτου ἰσχυρίζεσθαι] ἰσχυρίζεσθαι und διισχυρίζεσθαι περί τινος 'sich über etwas ereifern, etwas verfechten'. D. VIII, 2: οὐ πάνυ δεῖ περὶ τούτων οὔτ' ἐμὲ οὔτ' ἄλλον οὐδέν' ἰσχυρίζεσθαι. And. II, 4: οὐ τολμῶσι διισχυρίζεσθαι περὶ τούτων. Plat. Soph. 249c. Strab. VI, 3, 8. Synonym διαμάχεσθαι; vgl. Plat. Phaed. 63c mit Menon 86b–c. In der Bedeutung 'sich stützen, sich stemmen auf etwas' hat ἰσχυρ. gewöhnlich den Dativ bei sich. (Lys.) VI, 35. Is. XVII, 24. Isae. I, 3. Hyp. f. Eux. XX. f. Lyk. XXXVII (S. 21 Blass). — μὴ ἐπ' αὐτοφώρῳ μέν, ἀπέκτεινε δέ] = μὴ ἐπ' αὐτοφώρῳ μὲν ἀπέκτεινεν, ἀπέκτεινε δέ (Anh.). ἐπ' αὐτοφώρῳ ἀποκτείνειν kurzer Ausdruck für ἐπ' αὐτοφώρῳ ληφθῆναι ἀποκτείνοντα (vgl. Dein. I, 29. 53. D. XIX, 132); ebenso κλέπτην εἶναι ἐπ' αὐτοφώρῳ Isae. IV, 28.

§ 86. Der Sprecher sucht die Forderung der Elfmänner, das verfängliche ἐπ' αὐτοφώρῳ (Einl. § 7) in der Klagschrift nachzutragen, so zu verwerten, als sei dies gerade die sachgemäſse Ansicht der Behörde von dem Verbrechen des Agor. gewesen und sie habe damit nur den Sachverhalt in korrekter Form konstatieren wollen, wodurch er den Elfmännern die eigene Ansicht von der Dehnbarkeit des Begriffs ἐπ' αὐτοφ. unterschiebt. — δοκοῦσι δ' ἔμοιγε] Vgl. Anh. — παραδεξάμενοι] wodurch sie die Zulässigkeit der Apagoge an sich anerkannten. παραδέχεσθαι und ἀποδέχεσθαι (X, 10) vom Annehmen der eingereichten Klage seitens der kompetenten Behörde; vom Kläger ἀποφέρειν τὴν γραφὴν πρὸς τὸν ἄρχοντα (D.) LVIII, 32. — συμπράττειν τοῦτο καὶ διισχυριζομένῳ] 'damit (τοῦτο) einen Dienst zu erweisen, obwohl er dies steif und fest behauptet'; über καί = καίπερ zu § 61. — τὴν ἀπαγωγὴν ἀπάγοντα] 'als er die Apagoge-Schrift einreichte'. — προσγράψασθαι] 'nachtragen zu lassen', das Medium wie bei ἐπιγράφεσθαι § 73. So Isae. X, 2: ἠνάγκασμαι τὴν μητέρα τὴν ἐμὴν πρὸς τῇ ἀνακρίσει Ἀριστάρχου εἶναι ἀδελφὴν προσγράψασθαι. — ἢ πῶς οὐκ ἂν εἴη] sc. ἐπ' αὐτοφώρῳ. Gedanke: Wie wäre der nicht auf frischer That ertappt, der durch eine De-

ἀποκτείνειεν [*καὶ αἴτιος γένοιτο τοῦ θανάτου*]; *Οὐ γὰρ δήπου* 87
τοῦτο μόνον νομίζεται 'ἐπ' αὐτοφώρῳ', ἐάν τις ξύλῳ ἢ μαχαίρᾳ πατάξας καταβάλῃ, ἐπεὶ ἔκ γε τοῦ σοῦ λόγου οὐδεὶς φανήσεται ἀποκτείνας τοὺς ἄνδρας οὓς σὺ ἀπέγραψας· οὔτε γὰρ ἐπάταξεν αὐτοὺς οὐδεὶς οὔτ' ἀπέσφαξεν, ἀλλ' ἀναγκασθέντες ὑπὸ τῆς σῆς ἀπογραφῆς ἀπέθανον. Οὐκ οὖν ὁ αἴτιος τοῦ θανάτου, οὗτος ἐπ' αὐτοφώρῳ ἐστίν; Τίς οὖν ἄλλος αἴτιος ἢ σὺ ἀπογράψας; Ὥστε πῶς οὐκ ἐπ' αὐτοφώρῳ σὺ εἶ ὁ ἀποκτείνας;

nunziation zuerst vor 500, dann vor allen Athenern jemandes Tod veranlafst hat? Der allgemeine Gedanke bereitet den Schlufs auf Agor. § 87 vor. — *ἀποκτείνειεν*] Wegen des Optativs im Relativsatze vgl. Plat. Menon 92[c]: *πῶς οὖν ἂν εἰδείης περὶ τούτου τοῦ πράγματος, οὗ παντάπασιν ἄπειρος εἴης*; Xen. Mem. IV, 6, 7: *πῶς γὰρ ἄν τις ἅ γε μὴ ἐπίσταιτο, ταῦτα σοφὸς εἴη*; Symp. 8, 17: *τίς μισεῖν δύναιτ' ἂν ὑφ' οὗ εἰδείη καλός τε καὶ ἀγαθὸς νομιζόμενος*; Plat. Gorg. 492[b]. Lys. 214[d]. Anderwärts steht in derartigen Enthymemen der Indikativ, wie Ant. I, 28: *πῶς γὰρ ἄν τις εὖ εἰδείη οἷς μὴ παρεγένετο αὐτός*; Plat. Charm. 176[a]. (Xen.) Staat d. Athen. 3, 2. Herod. III, 81.

§ 87. Gegen den Einwand des Agor., ein *ἀποκτεῖναι ἐπ' αὐτοφώρῳ* habe gar nicht stattgefunden (Einl. § 7), argumentiert der Sprecher spitzfindig folgendermafsen: Nicht blos auf Mord und Totschlag, z. B. durch Knüppel oder Messer, ist das *ἐπ' αὐτοφώρῳ* anwendbar (denn nicht blos der, der solche Mittel anwendet, ist *ἀποκτείνας*, da es in diesem Falle für die Opfer deiner Denunziation einen solchen gar nicht geben würde), sondern auch auf mittelbare Urheberschaft des Todes, die ja von dem *ἀποκτεῖναι* nur formell, nicht durch den Grad der Strafwürdigkeit verschieden ist (Einl. zu Rede XII, 1). Sonach ist die Apagoge auch gegen den statthaft, der als Urheber des Todes in flagranti gefafst ist. Urheber des Todes aber ist unzweifelhaft Agor. und als solcher vor vielen Zeugen auf der That betroffen. Mithin ist er thatsächlich und rechtlich *ἀποκτείνας ἐπ' αὐτοφώρῳ*. — *νομίζεται*] 'hat die Geltung von', wie X, 17. — *ἔκ γε — λόγου*] Gedanke: Deiner Auffassung nach hat es einen *ἀποκτείνας* der von dir Denunzierten gar nicht gegeben, da niemand unmittelbar Hand an sie anlegte. — *ἀναγκασθέντες*] schwerlich richtig; ich vermute: *ἀπογραφέντες ὑπὸ σοῦ ὑπὸ τῆς σῆς ἀπ. ἀπέθανον*. — Jedenfalls waren sie genötigt worden, durch den Giftbecher (zu XII, 17) *φονεῖς αὑτῶν γενέσθαι* (XII, 96). — *οὐκ οὖν — ὁ ἀποκτείνας*] Streng genommen müfste der Syllogismus etwa so lauten: *οὐκ οὖν πᾶς ὁ αἴτιος τοῦ θανάτου ἐναντίον πολλῶν γενόμενος, οὗτος ὁ ἀποκτείνας ἐπ' αὐτοφώρῳ ἐστίν; Τίς οὖν ἄλλος αἴτιος (τοῦ θανάτου) ἐναντίον πολλῶν ἐγένετο ἢ σὺ ἀπογράψας ἐκείνους καὶ ἐν τῇ βουλῇ καὶ ἐν τῷ δήμῳ; Ὥστε πῶς οὐ σὺ εἶ ὁ ἀποκτείνας ἐπ' αὐτοφώρῳ*; Diese strenge Form darf man nun freilich von einem Redner nicht verlangen, doch ist in der ersten Prämisse ein Zusatz wie *ἐναντίον πολλῶν γενόμενος* kaum zu entbehren; im Untersatze genügt es wohl *αἴτιος* in *τοιοῦτος* abzuändern. — *οὗτος*] Dieselbe Epanalepsis Aesch. I, 108: *τὸν Ἀθήνησιν ὑβριστὴν —, τοῦτον αὐτῷ λαβόντα ἄδειαν — τίς ἂν ἐλπίσειεν ἀπολελοιπέναι τι τῶν ἀσελγεστάτων ἔργων*; Plat. Charm. 163[e]: *ἆρα τὴν τῶν ἀγαθῶν πρᾶξιν ἢ ποίησιν —, ταύτην λέγεις σὺ σωφροσύνην εἶναι*; Staat I, 333[e]: *ἆρ' οὐχ ὁ πατάξαι δεινότατος —, οὗτος καὶ φυλάξασθαι*; Prot. 350[c]. Häufiger sind Bei-

88 Πυνθάνομαι δ' αὐτὸν καὶ τοῦτο [περὶ τῶν ὅρκων καὶ
περὶ τῶν συνθηκῶν] μέλλειν λέγειν, ὡς παρὰ τοὺς ὅρκους καὶ
τὰς συνθήκας ἀγωνίζεται, ἃς συνεθέμεθα πρὸς τοὺς ἐν ἄστει
οἱ ἐν Πειραιεῖ. Σχεδὸν μὲν οὖν τούτοις ἰσχυριζόμενος ὁμολογεῖ ἀνδροφόνος εἶναι· ἐμποδὼν γοῦν ἢ ὅρκους ἢ συνθήκας ἢ
χρόνον ἢ ἐπ' αὐτοφώρῳ τι ποιεῖται, αὐτῷ δὲ τῷ πράγματι οὔ
89 τι πιστεύει καλῶς ἀγωνιεῖσθαι. Ὑμῖν δέ, ὦ ἄνδρες δικασταί,
οὐ προσήκει, περὶ τούτων ἂν λέγῃ, ἀποδέχεσθαι· ἀλλ' ὡς οὐκ

spiele wie ὁ τὸ σπέρμα παρασχών, οὗτος τῶν φύντων κακῶν αἴτιος D. XVIII, 159 und περιορᾶν τὴν — μετὰ πολλῶν πόνων συνειλεγμένην εὔνοιαν, ταύτην — καταλυομένην Lyk. 82. — τίς οὖν κτλ.] Gewöhnlich beginnt der Untersatz im Syllogismus mit τοίνυν. So § 92. XIX, 60. XXX, 18. D. XXXIX, 29. (D.) XLVI, 15. LII, 24. — ὥστε πῶς] Vgl. de arg. ex contr. Anm. 12 (S. 278 f.). — ἐπ' αὐτοφώρῳ] mit Nachdruck dem ὁ ἀποκτείνας vorangestellt 'der auf der That betroffene Mörder'. Vgl. D. VIII, 28: ταῦτα τοὺς ἀδικοῦντας. Lys. IV, 4. Thuk. IV, 20, 4: ἐν τούτῳ τὰ ἐνόντα ἀγαθά. Kr. 50, 10, 1. — σὺ εἶ ὁ ἀποκτείνας] Vgl. I, 19: οὗτος ὁ φοιτῶν ἐστιν. III, 15. 46. IV, 4. Ant. V, 30: οὗτος ἦν ὁ πεισθείς. IV, δ, 4. V, 90: ὑμεῖς ἔσεσθε οἱ τἀκεῖ διαψηφιζόμενοι. Is. XVIII, 37. And. I, 17: ὁ πείσας ἐγὼ ἦν μάλιστα. § 19. D. XVIII, 62. Kr. 56, 3, 4.

§ 88. Über die Bedeutung dieses Einwandes Einl. § 5, über πυνθάνομαι zu § 55. — παρὰ τοὺς ὅρκους καὶ τὰς συνθήκας] der stehende Ausdruck von der Summe der beschworenen Verträge zwischen den beiden Parteien der Bürgerschaft (zu XII, 52); so XXV, 23. 28. 34. XXVI, 16. Pseudolys. VI, 39. 45. Isokrates XVIII, 19 ff. läſst erst die συνθῆκαι, dann die ὅρκοι verlesen. Seltener blos αἱ συνθῆκαι [Lys.] VI, 37. Is. XVI, 43. Auch von anderen, internationalen wie internen Staatsverträgen ist diese Verbindung häufig (Is. VI, 21. VIII, 96. XIV, 12. D. XXIII, 10 u. o.). Ihr entspricht die verbale Verbindung ὀμνύναι καὶ συντίθεσθαι And. III, 34. Plat. Menex. 245^{c}. — σχεδὸν — ὁμολογεῖ] zu § 33 (Anh.). — τούτοις] geht auf alle von § 83 an erörterte Verteidigungsargumente, welche die Rechtsbeständigkeit der Klage anfechten sollten. — ἐπ' αὐτοφώρῳ τι] wegwerfend: 'so ein ἐπ' αὐτοφώρῳ', wie im Latein. nescio quod. Wie vorher durch τό, wird hier ἐπ' αὐτοφ. durch τι substantiviert. — αὐτῷ τῷ πράγματι] verb. mit πιστεύει: 'auf die Sache selbst gründet er das Vertrauen auf einen ehrenvollen Ausgang des Prozesses nicht'. πιστεύειν τῷ πράγματι auch Is. XVIII, 9. D. XXXVII, 48. (D.) XLIV, 38; vgl. πιστεύειν ἑαυτῷ (D.) XLV, 62 und πιστεύειν τῷ δικαίῳ Ant. V, 93. And. I, 2. (D.) LVI, 18. Dein. III, 3. — οὔ τι] 'nicht etwa, durchaus nicht' wie XXXI, 13. Kr. 69, 54. — καλῶς ἀγωνιεῖσθαι] 'den Prozeſs mit Ehren bestehen' wie Is. XV, 167. D. LVII, 2 (vgl. egregie absolvi Liv. IX, 26, 20); dagegen εὖ ἀγων. 'mit gutem Erfolge' (Lys.) XX, 22, und so ἄμεινον ἀγων. Lys. XXV, 13 (Gegensatz κακῶς ἀγων. Lys. III, 20, κάκιον ἀγων. [D.] XLV, 14, χεῖρον ἀγων. Is. XV, 154).

§ 89. περὶ τούτων ἂν λέγῃ, ἀποδέχεσθαι] Vgl. D. XIX, 78: ἂν τοίνυν — Χερρόνησος ὡς περίεστι τῇ πόλει λέγῃ, πρὸς Διὸς καὶ θεῶν μὴ ἀποδέξησθε. (D.) XL, 38: ὥστε περὶ μὲν τούτων ἂν ἐπιχειρῇ λέγειν, οὐκ οἶμαι ὑμᾶς ἀποδέξεσθαι. Plat. Staat I, 336^{d}: οὐχ ἀποδέξομαι, ἐὰν ὕθλους τοιούτους λέγῃς. III, 388^{e}. VII, 525^{d}. Gesetze I, 644^{c} (Anh.). Die Stellung von ἐάν wie D. IV, 29: τοῦτ' ἂν γένηται u. o.; vgl. Rehdantz Dem. Ind. I, Stellung. Stahl

ἀπέγραψεν οὐδ' οἱ ἄνδρες τεθνᾶσι, περὶ τούτων κελεύετ' αὐτὸν
ἀπολογεῖσθαι. Ἔπειτα τοὺς ὅρκους καὶ τὰς συνθήκας οὐδὲν
ἡγοῦμαι προσήκειν ἡμῖν πρὸς τοῦτον. Οἱ γὰρ ὅρκοι τοῖς ἐν
ἄστει πρὸς τοὺς ἐν Πειραιεῖ γεγένηνται. Εἰ μὲν οὖν οὗτος 90
μὲν ἐν ἄστει ἡμεῖς δ' ἐν Πειραιεῖ ἦμεν, εἶχόν τινα λόγον
αὐτῷ αἱ συνθῆκαι· νῦν δὲ καὶ οὗτος ἐν Πειραιεῖ ἦν καὶ ἐγὼ
καὶ Διονύσιος καὶ οὗτοι ἅπαντες οἱ τοῦτον τιμωρούμενοι, ὥστ'

zu Thuk. IV, 4, 1, sowie zu XXX, 6. — ὡς — περὶ τούτων — ἀπολογεῖσθαι] ἀπολογεῖσθαι 'zur Verteidigung anführen, nachweisen' bald mit ὡς, wie hier und § 77. XII, 22. (Lys.) VI, 37 Dein. III, 3. Xen. Hell. V, 4, 22, und ὅτι, wie (Lys.) II, 65, bald mit dem Neutrum eines Pronomens, wie XII, 38: μηδὲν ἀπολογεῖσθαι. XXX, 7. (Lys.) VI, 35: διδάσκειν ἃ οὗτος ἀπολογήσεται. Ant. I, 7: τί ποτε ἀπολογήσεσθαι μέλλει μοι; (der Dativ wie Plat. Krit. 54[b]. Prot. 359[a]). Lys. XIII, 49. D. XIX, 213. Thuk. III, 62, 5. Plat. Apol. 34[b]. Krit. 54[b]. Gorg. 521[e]. Symp. 174[d]. Staat IV, 419[a]. 420[b]. V, 453[c] (ταῦτα ἀπολ. ὡς Plat. Phaed. 69[d] und ὅτι Lys. XII, 62), bald mit einem Fragsatze, wie Plat. Prot. 359[a]. Entsprechend im Latein. defendere aliquid (Cic. in Verr. II, 3, 37, 85), factum esse aliquid (Cic. p. Mur. 3, 5. 16, 34. p. Lig. 2, 6. in Verr. II, 3, 90, 211), cur quid fiat (Cic. de finn. II, 35, 117). An der vorliegenden Stelle hätte für περὶ τούτων eigentlich ταῦτα stehen sollen, doch ist περί mit dem Genit. durch den Parallelismus (περὶ τούτων ἐὰν λέγῃ — περὶ τούτων ἀπολογεῖσθαι) hinlänglich gerechtfertigt. Ähnliches VII, 33. Lyk. 133: ὃς γὰρ ὑπὲρ τῆς αὑτοῦ πατρίδος οὐκ ἐβοήθησε, ταχύ γε ἂν ὑπὲρ τῆς ἀλλοτρίας κίνδυνόν τινα ὑπομείνειεν. Aesch. III, 152. Thuk. VII, 67, 3. Cic. p. Mur. 26, 54; vgl. de arg. ex contr. 147 f. — κελεύετε] Aufforderungen an die Richter, dem Gegner Dinge, die nicht strikt zur Sache gehören, abzuschneiden oder doch nicht auf sie zu achten, sind sehr häufig. Hyp. f. Eux. XXIV: οἱ κατήγοροι, ὅταν οἴωνται δεῖν ἐν τῷ προτέρῳ λόγῳ ὑφελεῖν τῶν φευγόντων τὰς ἀπολογίας, τοῦτο παρακελεύονται τοῖς δικασταῖς, μὴ ἐθέλειν ἀκούειν τῶν ἀπολογουμένων, ἀλλ' ἀπαντᾶν πρὸς τὰ λεγόμενα. Vgl. D. XXI, 40. XXXIX, 35. XLI, 12 ff. (D.) XL, 60 f. XLV, 50. LVI, 31. LVIII, 25. Aesch. III, 201. 205. Isae. VI, 62 und zu XII, 38. — οὐδὲν — τοῦτον] 'kommen für uns diesem gegenüber gar nicht in Betracht'. Um dies zu beweisen, argumentiert der Sprecher so:

a) Die Verträge sind abgeschlossen von denen ἐν Πειραιεῖ mit denen ἐν ἄστει.
b) Folglich verpflichten sie nur die Mitglieder jeder Partei, die der anderen nicht zu behelligen,
c) nicht aber sind sie bindend für die Mitglieder einer Partei unter einander. Nun war aber
d) Agor. so gut wie Dionysios, der Sprecher und die anderen Kläger (ἡμῖν wie § 92) unter denen ἐν Πειραιεῖ gewesen.
e) Folglich hat Agor. kein Recht, sich ihnen gegenüber auf die Verträge zu beziehen.

In diesem Syllogismus ist b und c natürlich ein Sophisma. Denn der (von Andok. I, 90 angeführte) Wortlaut des Amnestiecides stellte ausdrücklich alle Bürger sicher (μνησικακήσω τῶν πολιτῶν οὐδενί) ohne Unterschied der Parteistellung mit Ausnahme der Dreifsig, der von ihnen im Peiräeus eingesetzten Zehnmänner und der Exekutionsbehörde der Elfmänner.

§ 90. εἶχόν τινα λόγον αὐτῷ] 'hätten einigen Sinn für ihn'. Wegen des fehlenden ἂν vgl. Anh. — οὗτοι ἅπαντες] die im Gerichtshof mit anwesenden Verwandten,

οὔκ εἰσιν ἡμῖν ἐμποδών· οὐδένα γὰρ ὅρκον οἱ ἐν Πειραιεῖ ἢ τοῖς ἐν ἄστει ὤμοσαν.

91 Ἐκ παντὸς δὲ τρόπου ἔμοιγε δοκεῖ οὐχ ἑνὸς θανάτου ἄξιος **εἶναι**, ὅστις φησὶ μὲν ὑπὸ τοῦ δήμου πεποιῆσθαι, τὸν δὲ δῆμον, ὃν αὐτός φησι πατέρα αὑτοῦ εἶναι, φαίνεται κακώσας, **καὶ** ἀφεὶς καὶ προδοὺς τὰ ἐξ ὧν ἐκεῖνος μείζων καὶ ἰσχυρότερος ἐγίγνετο. Ὅστις οὖν τόν τε γόνῳ πατέρα τὸν αὑτοῦ

die vermutlich die Klage als subscriptores (*συγκατήγοροι*) mit unterzeichnet hatten; vgl. zu § 1 und Einl. § 4. — *ὥστ' — ἐμποδών*] sc. *αἱ συνθῆκαι*. — *οὐδένα — ἢ*] ohne *ἄλλον* wie Xen. Kyr. VII, 5, 41: *εἶπε μηδένα παριέναι ἢ τοὺς φίλους*. Aesch. I, **51** (vgl. Anh.).

§ 91. Ein mit **seiner** Umgebung wenig in Zusammenhang stehender, mehrseitig als Interpolation betrachteter Versuch, **die** bei der Apagoge gesetzliche Todesstrafe (Einl. § 10) auch aus dem sonstigen Verhalten des Agor. zu rechtfertigen, wobei der Sprecher unbedenklich das bisher bestrittene angebliche Bürgertum des Agor. benutzt, um ihn der Impietät anzuklagen. — *οὐχ ἑνὸς θανάτου*] eine sehr beliebte Hyperbel. Plat. Gesetze X, 908e: *οὐχ ἑνὸς οὐδὲ δυοῖν ἄξια θανάτοιν ἁμαρτάνον*. D. XXI, 21: *δείξω (τὸν βίον αὐτοῦ) πολλῶν θανάτων, οὐχ ἑνὸς ὄντ' ἄξιον*. XIX, 15: *συνηγόρει κείνῳ πολλῶν ἀξίους θανάτων λόγους*. Plat. Gesetze IX, 869b: *εἴπερ οἷόν τ' ἦν τὸ πολλάκις ἀποθνήσκειν τὸν αὐτόν, δικαιότατον θανάτων πολλῶν ἦν τυγχάνειν (τὸν πατροφόνον)*, wo der hyperbolische Ausdruck ähnlich wie D. XXIV, 207 durch einen Kondizionalsatz gemildert ist (D. XIX, 131: *ἑτέρων θανάτων ἄξια ποιῶν πέφανται*). Vgl. Anh. und zu XII, **37**. Verspottet wird die Hyperbel Arist. Plut. 480 ff.: *τί δῆτα σοι τίμημ' ἐπιγράψω τῇ δίκῃ, ἐὰν ἁλῷς; — ἱκανοὺς νομίζεις δῆτα θανάτους εἴκοσιν*; — *φησὶ μὲν — τὸν δέ*] 'obgleich **er** sagt — dennoch'; zu XII, 36. — *πεποιῆσθαι*] bereitet durch seine ursprüngliche Beziehung auf die Adoption (zu **§** 70) die folgende Berufung auf den *νόμος κακώσεως* vor. — *ἀφείς*] Agor. 'warf' hochverräterisch die Güter 'weg', die er, da er ja Bürger zu sein behauptete, nach Kräften hätte schützen sollen (vgl. Anh.). — *τὰ ἐξ ὧν*] Der Artikel substantiviert gewissermaſsen den Relativsatz (Kr. 50, 1, 20), ein bei den Rednern allerdings nicht häufiger Gebrauch. Das Streben nach symmetrischer Gestaltung der Glieder hat die Veranlassung dazu gegeben Lys. XXIII, 8: *τόν τε Εὐθύκριτον — καὶ τὸν ὃς ἔφη δεσπότης τούτου **εἶναι** μάρτυρας παρέξομαι*. (D.) **XXV**, 30: *τοῖς βιαζομένοις ἐξεῖναι λέγειν, ἢ τοῖς ἐκ τοῦ δεσμωτηρίου, ἢ τοῖς ὧν ἀπέκτεινεν ὁ δῆμος τοὺς πατέρας, ἢ τοῖς ἀποδεδοκιμασμένοις ἄρχειν λαχοῦσιν κτλ*. Zur Hervorhebung des Gegensatzes dient der Artikel D. IV, 37: *εἶτ' ἐν ὅσῳ ταῦτα μέλλεται, προαπόλωλε τὸ ἐφ' ὃ ἂν ἐκπλέωμεν (προαπόλωλε τό Σ, προαπόλωλεν* vulg.), wo das sonst in derartigen Antithesen gebräuchliche *ἐκεῖνο* sich weniger geeignet hätte für den eine unbestimmte Wiederholung bezeichnenden Relativsatz (vgl. Anh.). — *ἐγίγνετο*] **Agor.** entzog dem Demos nach **des Sprechers** Darstellung (zu § 30) die Grundlagen seiner Gröſse und Macht, die Freiheit und die Fundamente der Seeherrschaft (vgl. Anh.). — *ὅστις οὖν — ἐπιτηδείων*] Die Part. *οὖν* ist, wie die Stelle nach der Überlieferung lautet, völlig sinnlos; auch begreift man nicht, wie die vorher mit keinem Worte erwähnte *κάκωσις* des natürlichen Vaters in die Prämisse des Enthymems aufgenommen werden konnte. Vielleicht sind hinter *ἐγίγνετο* mehrere Sätze ausgefallen (Anh.). — *τὸν γόνῳ πατέρα*] Der Ausdruck

ἔτυπτε καὶ οὐδὲν παρεῖχε τῶν ἐπιτηδείων, τόν τε ποιητὸν πατέρα ἀφείλετο ἃ ἦν ὑπάρχοντ' ἐκείνῳ ἀγαθά, πῶς οὐ καὶ διὰ τοῦτο κατὰ τὸν τῆς κακώσεως νόμον ἄξιός ἐστι θανάτῳ ζημιωθῆναι;

Προσήκει δ' ὑμῖν, ὦ ἄνδρες δικασταί, ἅπασι τιμωρεῖν 92
ὑπὲρ ἐκείνων τῶν ἀνδρῶν ὁμοίως ὥσπερ ἡμῶν ἑνὶ ἑκάστῳ. Ἀποθνήσκοντες γὰρ ἐπέσκηψαν καὶ ἡμῖν καὶ τοῖς φίλοις ἅπασι τιμωρεῖν ὑπὲρ σφῶν αὐτῶν Ἀγόρατον τουτονὶ ὡς φονέα ὄντα καὶ κακῶς ποιεῖν καθ' ὅσον ἂν ἔμβραχυ ἕκαστος δύνηται. Εἰ τοίνυν τι ἐκεῖνοι ἀγαθὸν τὴν πόλιν ἢ τὸ πλῆθος τὸ ὑμέτερον φανεροί εἰσι πεποιηκότες, ὃ καὶ αὐτοὶ ὑμεῖς ὁμολογεῖτε, ἀνάγκη ὑμᾶς ἐστι πάντας ἐκείνοις φίλους καὶ ἐπιτηδείους εἶναι, ὥστ' οὐδὲν μᾶλλον ἡμῖν ἢ καὶ ὑμῶν ἑνὶ ἑκάστῳ ἐπέσκηψαν. Οὔκουν 93

wie (D.) XLIV, 51: ὑπὲρ υἱοῦ γόνῳ γεγονότος. Vgl. auch Ter. Ad. I, 2, 46: natura tu illi pater es, consiliis ego. V, 7, 4: tuos hercle vero et animo et natura pater. — τὸν ποιητὸν πατέρα] Die Auffassung, daſs der Einzelne zum Staate (patria communis parens omnium Cic. in Cat. I, 7, 17) sich verhalte wie das Kind zu den Eltern, ist ein gern betretener Gemeinplatz. Vgl. (D.) Br. 3, 45: ἔγνωκα παντὶ τῷ πολιτευομένῳ προσήκειν, ἄνπερ ᾖ δίκαιος πολίτης, ὥσπερ οἱ παῖδες πρὸς τοὺς γονέας, οὕτω πρὸς ἅπαντας τοὺς πολίτας ἔχειν. Lyk. 48. Luk. πατρ. ἐγκ. 7. Eine ungeschickte Verwendung dieses Gedankens (D.) X, 41. — τὸν τῆς κακώσεως νόμον] κάκωσις γονέων ist üble Behandlung der 'γονεῖς' in der von Isae. VIII, 32 angegebenen Ausdehnung des Begriffs (μήτηρ καὶ πατὴρ καὶ πάππος καὶ τήθη καὶ τούτων μήτηρ καὶ πατήρ) durch Wort und That, auch nach dem Tode durch Versagung der νόμιμα (D. XXIV, 107. Lyk. 147). Das Gesetz über die Mishandlung der Eltern u. s. w., welches Demosth. XXIV, 104 verlesen läſst, verhängte Atimie gegen den in der γραφὴ κακώσεως Überführten (And. I, 74), auch Geldstrafe und bis zur Erlegung derselben Gefängnis (D. XXIV, 60). Die Todesstrafe, die Lysias hier als entsprechendes Strafmaſs andeutet, war, da der Prozeſs schätzbar war, nicht ausgeschlossen, dürfte sich aber schwerlich nachweisen lassen; Isae. I, 39 spricht nur von ταῖς μεγίσταις ζημίαις περιπεσεῖν.

§ 92. Begründung der schon § 1 ausgesprochenen Behauptung προσήκει πᾶσιν ὑμῖν τιμωρεῖν ὑπὲρ τῶν ἀνδρῶν in regelrechter syllogistischer Form. — τιμωρεῖν ὑπέρ] zu § 41. — ἡμῶν] wie ἡμῖν § 90. — καὶ ἡμῖν καὶ τοῖς φίλοις ἅπασι] Vgl. § 41: ἐπέσκηπτεν ἐμοὶ καὶ Διονυσίῳ τουτῳὶ καὶ τοῖς φίλοις πᾶσι τιμωρεῖν ὑπὲρ αὐτοῦ Ἀγόρατον. — καθ' ὅσον — δύνηται] scharfe Betonung des Grundsatzes der Wiedervergeltungspflicht; zu XII, 60. XIII, 4. — ἔμβραχυ] im Konversationston häufig in verallgemeinerten Relativsätzen: 'schlechthin' (Anh.). — τὴν πόλιν — ὑμέτερον] nicht tautologisch, sondern es werden aus den Verdiensten um den Staat überhaupt (§ 62) die um die Demokratie (τὸ πλῆθος τὸ ὑμέτερον, zu XII, 26) als besonders bedeutsam hervorgehoben. — ἢ καί] καί hinter ἤ, weil οὐδὲν μᾶλλον ἤ logisch übereinstimmend ist mit ὥσπερ καί — οὕτω καί). Ant. V, 23: ἐζητεῖτο οὐδέν τι μᾶλλον ὑπὸ τῶν ἄλλων ἢ καὶ ὑπ' ἐμοῦ. And. I, 140. Thuk. II, 38, 2 (wo Classen). Kr. 69, 32, 13).

οὐθ' ὅσιον οὔτε νόμιμον ὑμῖν ἐστιν ἀνεῖναι Ἀγόρατον τουτονί.
Ὑμεῖς τοίνυν, ὦ ἄνδρες Ἀθηναῖοι, νυνὶ δή, ἐπεὶ ἐν τῷ τότε
χρόνῳ, ἐν ᾧ ἐκεῖνοι ἀπέθνησκον, οὐχ οἷοί τ' ἐκείνοις ἐπαρκέσαι
γεγόνατε διὰ τὰ πράγματα τὰ περιεστηκότα, νυνί, ἐν ᾧ δύνασθε,
τιμωρήσατε τὸν ἐκείνων φονέα. Ἐνθυμεῖσθε δ', ὦ ἄνδρες
Ἀθηναῖοι, ὅπως μὴ πάντων ἔργον σχετλιώτατον ἐργάσησθε.
Εἰ γὰρ ἀποψηφιεῖσθ' Ἀγοράτου τουτουΐ, οὐ μόνον τοῦτο
διαπράττεσθε, ἀλλὰ καὶ ἐκείνων τῶν ἀνδρῶν, οὓς ὁμολογεῖτε
ὑμῖν εὔνους εἶναι, τῇ αὐτῇ ψήφῳ ταύτῃ θάνατον καταψηφί-
94 ζεσθε· ἀπολύοντες γὰρ τὸν αἴτιον ὄντα ἐκείνοις τοῦ θανάτου
οὐδὲν ἄλλο γιγνώσκετ' ἢ ἐκείνους δικαίως ὑπὸ τούτου τεθνηκέναι. Καὶ **οὕτως ἂν** δεινότατα πάντων πάθοιεν, εἰ οἷς
ἐπέσκηπτον ἐκεῖνοι ὡς φίλοις οὖσι τιμωρεῖν **ὑπὲρ** αὐτῶν, οὗτοι
ὁμόψηφοι κατ' **ἐκείνων** τῶν ἀνδρῶν τοῖς τριάκοντα γενήσονται.
95 Μηδαμῶς, ὦ ἄνδρες δικασταί, **πρὸς** θεῶν Ὀλυμπίων, μήτε

§ 93. **οὐθ' ὅσιον**] wegen der im vorhergehenden § nachgewiesenen Pietätsverpflichtung. Der Hinweis auf die doppelte Verpflichtung der Richter, dem bürgerlichen wie dem göttlichen Rechte durch ihre Abstimmung Rechnung zu tragen (*τὴν ὁσίαν καὶ δικαίαν θέσθαι ψῆφον* D. XXI, 227. Dein. I, 111. Isae. VI, 65) häufig in der peroratio. Von den 12 Musterreden des Antiphon für *γραφαὶ φόνου* enden sechs mit einem ähnlichen Gedanken. — *ἀνεῖναι*] 'loslassen', wie D. XIX, 229: *μὴ ἀνῆτε τοῦτον, ὃς ὑμᾶς τηλικαῦτ' ἠδίκηκεν.* Xen. Hell. II, 3, 51: *ἀνήσομεν ἄνδρα τὸν φανερῶς τὴν ὀλιγαρχίαν λυμαινόμενον.* — *νυνί, ἐν ᾧ*] zu § 36. — *πάντων ἔργον σχετλιώτατον*] Durch die ungewöhnliche Wortstellung erhält *πάντων* einen schärferen Accent; ebenso (D.) XXIX, 27: *πάντων, οἶμαι, πρᾶγμα κατασκευάσας ἀδικώτατον καὶ πλεονεκτικώτατον.* Aus gleichem Grunde ist *πάντων* vom Superl. getrennt Lys. XXX, 11: *ὁ πάντων οὗτος πονηρότατος.* XXXIV, 2: *πάντων ἐστὲ ἐπιλησμονέστατοι* (vgl. D. IX, 10). XIII, 85. — *ἐργάσησθε*] Häufiger bei ὅπως nach Verbis wie *σκοπεῖν, ἐνθυμεῖσθαι, ἐπιμελεῖσθαι* das Futur (Kr. 54, 8, 6); doch ist die gewöhnliche Konstruktion der Finalsätze nicht ausgeschlossen und der Konjunktiv durch zweifellose Belege geschützt; es finden sich auch beide Modi neben einander, wie Xen. Mem. II, 4, 2. — *εἰ γὰρ κτλ.*] Der Gedanke ähnlich XII, 100. — *εἰ ἀποψηφιεῖσθε — διαπράττεσθε — καταψηφίζεσθε*] Das Präsens in der Apodosis nach dem Futur in der Protasis stellt *διαπρ.* und *καταψ.* als gleichzeitig dar mit dem Inhalt der in der Zukunft liegenden Protasis und macht dadurch den Gedanken energischer als das von der strengen Logik geforderte Futur.

§ 94. *ὁμόψηφοι — τοῖς τριάκοντα*] Zum Gedanken vgl. Is. XVI, 49: *μάλιστ' ἀγανακτῶ, εἰ περὶ μὲν τῶν ἄλλων τἀναντία τοῖς τριάκοντα πράξετε, περὶ δ' ἐμοῦ τὴν αὐτὴν ἐκείνοις γνώμην ἕξετε.* — *εἰ — γενήσονται*] Vgl. III, 43. VII, 41. XXII, 17 und zu XII, 83 (Anh.).

§ 95. *πρὸς θεῶν Ὀλυμπίων*] Schwurformeln mit *πρός* (per) stehen bei den Rednern nur in Frag- und Befehlsätzen. Lys. hat, der von ihm vorzugsweise gewählten Stilform (Prol. § 12) entsprechend, nur hier und XIX, 34 (zu XII, 34 Anh.). 54 einer Schwurformel sich bedient; selbst das durch den häufigen Ge-

τέχνῃ μήτε μηχανῇ μηδεμιᾷ θάνατον ἐκείνων τῶν ἀνδρῶν
καταψηφίσησθε, οἳ πολλὰ κἀγαθὰ ὑμᾶς ποιήσαντες διὰ ταῦθ'
ὑπὸ τῶν τριάκοντα καὶ Ἀγοράτου τουτουῒ ἀπέθανον. Ἀναμνησθέντες οὖν ἁπάντων τῶν δεινῶν, καὶ τῶν κοινῶν τῇ
πόλει καὶ τῶν ἰδίων, ὅσα ἑκάστῳ ἐγένετ' ἐπειδὴ ἐκεῖνοι οἱ
ἄνδρες ἐτελεύτησαν, τιμωρήσατε τὸν αἴτιον τούτων. Ἀποδέδεικται δ' ὑμῖν πάντα καὶ ἐκ τῶν ψηφισμάτων καὶ ἐκ τῶν
ἀπογραφῶν καὶ ἐκ τῶν ἄλλων ἁπάντων Ἀγόρατος ὢν αὐτοῖς
αἴτιος τοῦ θανάτου. Ἔτι δὲ καὶ προσήκει ὑμῖν ἐναντία τοῖς 96
τριάκοντα ψηφίζεσθαι. Ὧν μὲν τοίνυν ἐκεῖνοι θάνατον κατέγνωσαν, ὑμεῖς ἀποψηφίσασθε, ὧν δ' ἐκεῖνοι θάνατον οὐ
κατέγνωσαν, ὑμεῖς καταψηφίσασθε. Οἱ τριάκοντα τοίνυν τῶν
μὲν ἀνδρῶν τούτων, οἳ ἦσαν ὑμέτεροι φίλοι, θάνατον κατέγνωσαν, ὧν δεῖ ὑμᾶς ἀποψηφίζεσθαι· Ἀγοράτου δ' ἀπεψηφίσαντο, διότι ἐδόκει προθύμως τούτους ἀπολλύναι, οὗ προσήκει
καταψηφίζεσθαι. Ἐὰν οὖν τἀναντία τοῖς τριάκοντα ψηφίζησθε, 97
πρῶτον μὲν οὐχ ὁμόψηφοι τοῖς ἐχθροῖς γίγνεσθε, ἔπειτα τοῖς

brauch abgeschliffene *νὴ Δία* kommt bei ihm nicht vor. — *μήτε τέχνῃ μήτε μηχανῇ μηδεμιᾷ*] 'auf keine Art und Weise, auf keinen Fall', energische Wiederholung des *μηδαμῶς*, eine Formel, die jeden Weg zur Vollziehung der im Imperativ liegenden Handlung abschneiden soll, daher in Verträgen, wie Thuk. V, 18, 4: *ὅπλα μὴ ἐξέστω ἐπιφέρειν μήτε τέχνῃ μήτε μηχανῇ μηδεμιᾷ*, und analog in Gelöbnissen, wie in der Eidesformel D. XXIV, 150: *οὔτε τέχνῃ οὔτε μηχανῇ οὐδεμιᾷ*. Entsprechend *πάσῃ τέχνῃ καὶ μηχανῇ* 'auf jeden Fall', bei Bitten, wie Lys. XIX, 11. 53, wofür auch blos *πάσῃ τέχνῃ* oder *πάσῃ μηχανῇ* gesagt ward. — *τὸν αἴτιον τούτων*] fast wörtlich aus § 48 wiederholt. Über die in den Worten liegende Übertreibung zu § 30. — *πάντα*] 'in allen Stücken, in jeder Beziehung', aufserhalb der Konstruktion wie anderwärts *τὸ σύμπαν*, *τοὐναντίον*, *ἀμφότερα*, *οὐδέτερα* u. dgl. (Kr. 46, 3, 3), erläutert durch *καὶ — ἁπάντων*. Vgl. D. XL, 9: *οὕτως οὐ πάντα γ' ἦν ὑπὸ τῆς ἐπιθυμίας κεκρατημένος*. Is. VI, 62: *εἰ καὶ μὴ πάντα μεθ' ἡμῶν εἰσιν*. Xen. Kyr. I, 6, 8. V, 5, 34. Plat. Lys. 215^{c}.

§ 96. *ἐναντία*] Man wollte *τἀναντία* wie nachher § 97. XVIII, 14: *τἀναντία σφίσιν αὐτοῖς ἐψηφίσαντο*. Arist. Vö. 1676: *τἀναντία ψηφίζομαι* (vgl. [D.] XLVIII, 30: *ἐὰν τὰ ἕτερα ψηφίσωνται οἱ δικασταί*); aber der Artikel fehlt auch Plat. Symp. 177^{d}: *οὐδείς σοι ἐναντία ψηφιεῖται*. Lyk. 35: *ἀξιώσει ὑμᾶς ἐναντία ταῖς αὑτοῦ ὁμολογίαις ψηφίσασθαι*. Is. XVIII, 21. Ebenso wechseln *τἀναντία πράττειν* (Lys. XII, 42. 64. Is. XVI, 50; *τἀναντία ποιεῖν* Lys. XVIII, 13) und *ἐναντία πρ.* (Lys. XII, 43. Is. XIX, 1). Vgl. auch D. XXIII, 150: *ἵνα τἀναντία τῇ πόλει πολεμῇ* und § 148: *ἐναντί' ἐστράτευται τῇ πόλει*. Thuk. I, 29, 1: *ἔπλεον Κερκυραίοις ἐναντία πολεμήσοντες*. — *διότι ἐδόκει*] Anklang an § 54.

§ 97. *τοῖς ἐχθροῖς*] Ein ähnlicher Gedanke im Epilog And. II, 28: *μήτε ἐν τούτῳ μήτε ἐν ἑτέρῳ τῳ τοῖς ὑμῶν αὐτῶν ἐχθίστοις ὁμόψηφοί ποτε γένησθε*. *ὁμόψηφον γίγνεσθαι* (*τινί*) auch § 94. Gorg. Hel. 2. Diodor XV, 53; häufiger *σύμψηφον εἶναι* oder *γίγνεσθαι*

ὑμετέροις αὐτῶν φίλοις τετιμωρηκότες ἔσεσθε, ἔπειτα τοῖς πᾶσιν ἀνθρώποις δόξετε δίκαια καὶ ὅσια ψηφίσασθαι.

(τινί), wie Plat. Staat II, 380c. Lach. 184d. Gorg. 500a. Kratyl. 398c. Phaedr. 267b. Gesetze XII, 947d) (σύμψηφον λαμβάνειν D. XVI, 17. Plat. Gesetze XI, 929b); vgl. Lobeck zum Phryn. S. 2. Den Gegensatz bildet ἀντίψηφον γίγνεσθαι Plat. Alk. II, 150b. — γίγνεσθε] Das Präsens hier auffälliger als § 93. — πρῶτον μέν — ἔπειτα — ἔπειτα] Ebenso folgt auf πρῶτον μέν zweimal ἔπειτα Lys. XXVI, 23. Isae. IX, 36. Xen. Kyneg. 13, 12. Plat. Symp. 181b. Phaed. 89a. Gesetze II, 669a (πρῶτον — ἔπειτα — ἔπειτα). Menon 90a (Lys. XIII, 30: πρῶτον μέν — ἔπειτα — ἔπειτα δὲ καί. Xen. Kyr. I, 3, 14: πρῶτον μέν — ἔπειτα δέ — ἔπειτα δέ — ἔπειτα), zweimal εἶτα D. XVIII, 79. XIX, 72. 161. 174. 185. XXIX, 39. LVII, 62 (vgl. Rehdantz Dem. Ind. II, εἶτα), εἶτα und ἔπειτα Lys. I, 40 f. D. XVIII, 177. 235. Dagegen πρῶτον μέν — ἔπειτα — ἔτι δέ (ἔτι) Is. VI, 32. 62 f. XII, 7 f. 30 f. 37 f. 67 f. (πρῶτον μέν — ἔπειτα καί — ἔτι δὲ καί Xen. **Anab.** III, 2, 27 f.), πρῶτον μέν — ἔπειτα (εἶτα) — πρὸς δὲ τούτοις Lyk. 55 f. D. XX, 141. XXIII, 84 (ἔτι **δὲ** πρὸς τούτοις Isae. I, 31 f.), πρῶτον μέν — ἔπειτα — μετὰ δὲ ταῦτα Lyk. 19 (Weiteres über die wahrscheinlich verderbte Stelle im Anh.). — δίκαια καὶ ὅσια] für das gewöhnlichere τὰ δίκαια καὶ τὰ ὅσια; vgl. Anh. und oben zu § 96.

Verteidigung gegen die Anklage wegen Umsturzes der demokratischen Verfassung (XXV).

Einleitung.

Der Sprecher dieser Rede ist ein nüchterner, praktischer 1
Politiker, welcher, den Grundsätzen der gemäfsigten, ein Kompromifs mit der Demokratie anstrebenden Aristokratie, wie sie etwa Theramenes vertreten hatte, zugethan, die ersten gerechtfertigten Mafsregeln der Dreifsig[1]) gebilligt[2]), bald aber, als die Majorität der Regierung zu einem mafslosen Terrorismus überging, sich gänzlich vom öffentlichen Leben zurückgezogen[3]), dabei auch der durch die Zeitverhältnisse nahe gelegten Versuchung, sich zu bereichern oder an persönlichen Gegnern sich zu rächen, widerstanden hatte[4]); die Stadt zu verlassen, konnte er sich jedoch mit Rücksicht auf die Sicherung seiner Habe nicht entschliefsen[5]). An dem Bürgerkriege hatte er sich jedenfalls nicht beteiligt, vielmehr mufste er die Reaktion der Demokratie gegen die oligarchische Schreckensherrschaft als berechtigt anerkennen und begrüfste mit Freuden die Herstellung der Eintracht in der Bürgerschaft und die anfängliche besonnene Haltung der verjüngten Demokratie[6]).

Trotz der Predigt weiser Mäfsigung, welche die angesehensten 2
Häupter der demokratischen Partei durch Wort und Beispiel ihren Parteigenossen vorhielten[7]), begannen doch bald die unverbesserlichen Demagogen wieder ihr Treiben[8]). Das Schreien und Hetzen gegen die wirklich oder angeblich oligarchisch Gesinnten erfüllte wieder die Pnyx und die Gerichtshöfe; in den Reden dieser unberufenen Vorkämpfer der Verfassung gab es keinen Unterschied unter den Mitgliedern der vormaligen städtischen Fraktion; einer wie der andere waren die unter den Dreifsig in der Stadt gebliebenen Bürger Tyrannenknechte und Hochverräter[9]); das beliebte Schlagwort, wodurch die Demagogie das reizbare und argwöhnische Volk zu elektrisieren pflegte, ward wiederum der 'Verfassungsumsturz', die *δήμου κατάλυσις*[10]).

1) zu XII, 5. — 2) § 19. — 3) § 14. — 4) § 15 ff. — 5) § 18. — 6) § 28. And. I, 81. Lys. XVIII, 18. — 7) zu § 28. Is. XVIII, 23. — 8) § 29. Is. XVIII, 26. — 9) § 1. — 10) Vgl. (D.) LVIII, 34: *ἵνα μὴ πιστεύητ' αὐτῷ λέγοντι, ὡς — ὁ δῆμος καταλύεται· ταῦτα γὰρ οἱ πάντα πωλοῦντες*

Das Volk mochte den besten Willen haben, die vertragsmäfsige Gleichberechtigung beider Parteien[11]) zu respektieren, und bewies auch wiederholt, dafs es die lauteren Motive zu würdigen wisse, durch welche viele Bürger während der Anarchie und des Bürgerkampfes zum Zurückbleiben in der Stadt sich hatten bestimmen lassen[12]); aber heifsblütig wie es war, erlag es doch auch unter dem Eindrucke der frischen Erinnerung an das Erlittene der perfiden Rhetorik der Sykophanten[13]).

3 Drei sonst nicht weiter bekannte Menschen dieses Schlages, Epigenes, Demophanes und Kleisthenes[14]), waren es, die dem Sprecher der Rede die Berechtigung zur Ausübung seiner bürgerlichen Rechte streitig machten. Es ist eine sehr wahrscheinliche Vermutung[15]), dafs die Veranlassung zu diesem Angriffe durch die gesetzlich vorgeschriebene Prüfung (*δοκιμασία*) des Sprechers vor dem Antritte irgend eines öffentlichen Amtes geboten ward. Für diese Vermutung sprechen sowohl Spuren in der Rede selbst, da der Sprecher wiederholt sein und seiner Parteigenossen Recht auf ungeschmälerte Beteiligung an den Staatsgeschäften in Anspruch nimmt[16]), als besonders die Verwandtschaft dieser Verteidigung mit der bei der Dokimasie gegen Euandros, ein Mitglied der früheren städtischen Partei, gehaltenen, von Lysias verfafsten Anklagerede (XXVI). In der Anklage mochte die *δήμου κατάλυσις* eine grofse Rolle gespielt haben[17]), daher Sprecher wiederholt in der Lage ist, seine politische Unbescholtenheit nachdrücklich betonen zu müssen[18]), was die alten Grammatiker zu dem Irrtum verleitete, die Rede für die Verteidigung in einem Prozesse wegen Verfassungsumsturzes (*γραφὴ καταλύσεως τοῦ δήμου*) zu halten und dem entsprechend zu betiteln.

4 Das Verfahren bei der Prüfung der Behörden war folgendes. Vor dem Amtsantritt prüfte zunächst der Rat[19]) die rechtliche und moralische Zulässigkeit des Designierten, welcher vornehmlich seine reinbürgerliche Abkunft und die Erfüllung der Pietätsgebote gegen die Götter und die Eltern[20]) und der Bürgerpflichten gegen den Staat nachweisen mufste; nach der Wiederherstellung der Demo-

λέγειν εἰθισμένοι εἰσίν. Vgl. die Proben Lys. XXX, 9. Is. VII, 57 (XV, 318). Dein. I, 94. Aesch. III, 145. 200. 235. Lyk. 147. (D.) XIII, 14. Persifliert ist dies Treiben von Aristophanes Plut. 948. Wie empfänglich aber die Masse für solche Verdächtigungen war, zeigt Arist. Wesp. 488: *ἅπανθ' ὑμῖν τυραννίς ἐστι καὶ ξυνωμόται, ἤν τε μεῖζον ἤν τ' ἔλαττον πρᾶγμά τις κατηγορῇ*. Auch in Ciceros Reden spielt das insidiae fiunt libertati vestrae seine Rolle; vgl. z. B. de lege agr. II, 6, 16. 28, 75 u. ö. — 11) Lys. XXVI, 2. — 12) ebenda §§ 16 f. 20. — 13) XXV, 1. — 14) zu § 25. — 15) Meier, att. Prozefs 208. — 16) §§ 3. 10 (*δοκιμάζειν*). 14 (*τιμᾶσθαι*, vgl. mit XXVI, 20). 23 (*μετέχοντας τῶν πραγμάτων*). — 17) so gut wie in der Rede gegen Euandros §§ 4. 9. — 18) besonders § 14 ff. — 19) Ob in allen Fällen noch eine Kontrolle des Ratserachtens durch ein Heliastengericht stattfand, ist streitig. Meier, Prozefs 207. — 20) Einl. zu Rede XXXI, § 4.

kratie ward noch die transitorische Bestimmung hinzugefügt, dafs die, welche unter den Dreifsig ein Amt bekleidet oder unter den Reitern gedient hätten[21]), nicht als zulassungsfähig gelten sollten. Ward nun aus irgend einem Grunde die Qualifikation des Designierten bestritten und seine Abweisung (*ἀποδοκιμάζεσθαι*)[22]) gefordert, so erfolgte ein förmliches Prozefsverfahren, entweder unter dem Vorsitze der Thesmotheten[23]) vor einem Heliastengericht oder vor dem in diesem Falle mit richterlicher Autorität bekleideten Rate[24]), wobei, der üblichen Gerichtspraxis zuwider, dem Kläger wie dem Angeklagten nur einmal zu sprechen verstattet war[25]). Zur Klage war hierbei jeder im Vollbesitze seiner Ehrenrechte befindliche (*ἐπίτιμος*) Bürger berechtigt, die Ratsmänner sogar eidlich verpflichtet, gegen durchs Los designierte unwürdige Buleuten aufzutreten[26]). Eine Abweisung schlofs übrigens eine spätere Wiederbewerbung nicht aus[27]).

Vor einem Heliastengerichtshofe nun verteidigt sich der Sprecher 5
der Rede gegen die Angriffe der oben genannten Sykophanten. In ruhigem Tone schildert er sein bürgerliches Verhalten, welches keinen Anlafs biete, ihn für einen Gegner besonnener und mafsvoller demokratischer Einrichtungen zu halten, seine Zurückhaltung in der Zeit schrankenloser Anarchie, seine Opferwilligkeit gegenüber der legitimen Gewalt des Volkes, ohne dabei ein Hehl zu machen aus seiner Abneigung gegen die Mafslosigkeiten einer zügellosen Demagogie. Die Rede ist ein vollständiges politisches Glaubensbekenntnis. Eine ideale Anschauung vom Staatsleben geht dem Sprecher allerdings ab; der höchste Gesichtspunkt für den Einzelnen ist ihm das persönliche Interesse an dieser oder jener Staatsform. Die Erörterung seiner Ansichten ist begleitet von Beispielen aus den inneren Wirren der letzten Jahre. Heil für den Staat findet er nur in der gewissenhaften Beobachtung der Verträge zwischen den erst notdürftig wieder versöhnten Parteien; die Eintracht der Bürger, aufrecht erhalten durch schonendes Verfahren der Sieger[28]), sei der einzige Weg, die wiederhergestellte Verfassung zu kräftigen, die schweren Wunden der jüngsten Vergangenheit zu heilen und die Stadt gegen innere und äufsere Feinde zu sichern[29]); prinzipielle Zurücksetzung der Mitglieder der früheren städtischen Partei, ohne

21) Lys. XXVI, 9 f.; vgl. jedoch Einl. zu Rede XVI, § 4. — 22) XIII, 10. — 23) zu XV, 2. — 24) Die lysianischen Reden für Mantitheos (XVI), gegen Euandros (XXVI) und gegen Philon (XXXI), sämtlich auf die Dokimasie bezüglich, sind vor dem Rate gehalten. — 25) zu XXX, 7. XXXI, 16. — 26) Einl. zu Rede XXXI, § 4. — 27) zu XXXI, 29. — 28) Vgl. Plat. Br. VII, 336[e]: *οὐκ ἔστι παῦλα κακῶν τοῖς στασιάσασι, πρὶν ἂν οἱ κρατήσαντες μάχαις καὶ ἐκβολαῖς ἀνθρώπων καὶ σφαγαῖς μνησικακοῦντες καὶ ἐπὶ τιμωρίας παύσωνται τρεπόμενοι τῶν ἐχθρῶν, ἐγκρατεῖς δ' ὄντες αὑτῶν, θέμενοι νόμους κοινοὺς μηδὲν μᾶλλον πρὸς ἡδονὴν αὑτοῖς ἢ τοῖς ἡττηθεῖσι κειμένους, ἀναγκάσωσιν αὐτοὺς χρῆσθαι τοῖς νόμοις.* — 29) §§ 23 f. 28.

Unterscheidung der Schuldigen und Unschuldigen, müsse zu Mistrauen im Schofse der Bürgerschaft führen und den im Auslande noch lauernden Gegnern der Demokratie in die Hände arbeiten. Somit ergiebt sich für die Richter der Schlufs, dafs ihr eigenes Interesse die Zulassung des Sprechers zu den Staatsgeschäften gebiete.

6 Die Rede ist unzweifelhaft ganz kurz nach der Wiederherstellung der Demokratie, vielleicht noch vor Ende des Jahres 403 (Ol. 94, 2) bei der ersten Neubesetzung der verfassungsmäfsigen Magistraturen[30]) gehalten. Man sieht, die demokratische Verfassung ist erst seit kurzem wieder in Kraft getreten[31]), die Zustände sind noch nicht konsolidiert und noch des Schutzes bedürftig[32]), die Ereignisse aus der Zeit der Dreifsig noch im frischesten Andenken[33]). Eleusis zwar mufs schon gefallen gewesen sein[34]), aber nicht wenige von der extremen oligarchischen Partei hatten sich, der Amnestie nicht trauend, geflüchtet und warteten, in der Hoffnung auf neue Zwietracht, auf eine günstige Gelegenheit, ihre Pläne wieder aufzunehmen[35]). Der Sprecher weifs wohl die zur Eintracht und Eidestreue mahnenden Reden der einsichtsvollen Häupter der Demokratie zu rühmen[36]), aber das in Folge schlimmer Erfahrungen, nicht als Präventivmafsregel, bald nach der Restauration erlassene Gesetz des Archinos kennt er noch nicht[37]); wenn auch bei der Dokimasie nicht juristisch, aber doch moralisch wäre dies Gesetz, welches gegen amnestiewidrige Klagen den Einwand der Unzulässigkeit (*παραγραφή*, exceptio) gestattete, gewifs zu Gunsten des Sprechers schwer ins Gewicht gefallen.

7 Der Redner bindet sich nicht an die herkömmliche Gliederung gerichtlicher Reden. In der ersten Hälfte verficht er sein persönliches Interesse durch den Nachweis seiner Unbescholtenheit und lauteren Gesinnung (§ 1—18), in der zweiten legt er die allgemeinen Konsequenzen dar, die sich für den Staat aus dem vorliegenden Falle je nach der Entscheidung der Richter ergeben müssen. Nach Form und Inhalt gehört die Rede mehr der politischen als der gerichtlichen Gattung der Beredsamkeit an.

30) Aus And. I, 81 f. scheint hervorzugehen, dafs die Wiederherstellung der Bule der der übrigen Magistraturen vorausging; die letzteren scheinen erst wieder besetzt worden zu sein, als die zur Revision der Gesetze ernannte Kommission ihre Arbeit vollendet hatte; bis dahin leitete ein Exekutivausschufs von zwanzig Männern die Geschäfte. — 31) zu § 17. — 32) §§ 3. 20. 23. 28. — 33) § 21 ff. — 34) Grofser, Jahrb. f. Philol. 1869, 198 ff. sucht nachzuweisen, dafs die Rede noch vor dem Falle von Eleusis gehalten worden sei; Blass (Bereds. I, 509) ist dagegen geneigt, sie noch tiefer als 402 anzusetzen. Beide Annahmen, besonders die Grofsers bekämpft Stutzer, Hermes XV, 35 ff. — 35) §§ 6. 23 f. — 36) zu § 28. — 37) Einl. zu Rede XIII, § 5.

ΔΗΜΟΥ ΚΑΤΑΛΥΣΕΩΣ ΑΠΟΛΟΓΙΑ.

Ὑμῖν μὲν πολλὴν συγγνώμην ἔχω, ὦ ἄνδρες δικασταί, 1
ἀκούουσι τοιούτων λόγων καὶ ἀναμιμνησκομένοις τῶν γεγενημένων ὁμοίως ἅπασιν ὀργίζεσθαι τοῖς ἐν ἄστει μείνασι, τῶν δὲ κατηγόρων θαυμάζω, οἳ ἀμελοῦντες τῶν οἰκείων τῶν ἀλλοτρίων ἐπιμελοῦνται, εἰ σαφῶς εἰδότες τοὺς μηδὲν ἀδικοῦντας καὶ τοὺς πόλλ' ἐξημαρτηκότας ζητοῦσιν ὑμᾶς πείθειν περὶ ἁπάντων ἡμῶν τὴν γνώμην ταύτην ἔχειν. Εἰ μὲν οὖν οἴονται, ἃ ὑπὸ 2
τῶν τριάκοντα γεγένηται τῇ πόλει, πάνθ' ὁμοῦ κατηγορηκέναι,

§ 1. *ὑμῖν συγγνώμην ἔχω — ὀργίζεσθαι*] Gewöhnlich steht bei *συγγνώμην ἔχειν τινί* ein Ptcp. (X, 26) oder ein Satz mit *εἰ* oder *ἐάν* (XIX, 56. Is. VII, 83), seltener mit *ὅτι* (Herod. VII, 13. Plat. Staat V, 472 a). Aber der Infin. wie hier Soph. Aj. 1322: *ἀνδρὶ συγγνώμην ἔχω, κλύοντι φλαῦρα συμβαλεῖν ἔπη κακά*, und häufig bei *συγγνώμη (ἐστί) τινι*, wie Lys. XVIII, 19. Is. X, 7. D. XIX, 239. Eur. Med. 814. Thuk. VIII, 50, 2. Herod. I, 39. (Xen.) Staat der Athen. 2, 20, zuweilen auch bei *συγγνώμην ἔχειν* in der Bedeutung: 'Anspruch auf Verzeihung haben', wie Eur. Phoeniz. 995. — *τοιούτων λόγων*] wie die eben vernommene Klagrede. — *τῶν γεγενημένων*] unter der Regierung der 30. — *τοῖς ἐν ἄστει μείνασι*] Bezeichnung der früheren städtischen Fraktion (*οἱ ἐν ἄστει*, zu XII, 52) nach der Aussöhnung der Parteien, wie auch in der Rede gegen Euandros. — *οἳ — ἐπιμελοῦνται*] Seitenhieb auf die *πολυπραγμοσύνη* der Ankläger, die doch selbst genug Werg am Rocken haben (§ 25 ff.). Der Gegenstand der Verwunderung liegt in dem Satze *εἰ — ἔχειν*. Den hier gegen die Kläger erhobenen Vorwurf macht Sokrates Xen. Mem. III, 7, 9 der Mehrzahl der Athener: *οἱ πολλοὶ ὡρμηκότες ἐπὶ τὸ σκοπεῖν τὰ τῶν ἄλλων πράγματα οὐ τρέπονται ἐπὶ τὸ ἑαυτοὺς ἐξετάζειν*. Freilich konnten sich die Kläger entschuldigen wie (And.) IV, 1: *διὰ μὲν τοὺς τῶν ἰδίων ἐπιμελουμένους οὐδὲν αἱ πόλεις μείζους καθίστανται, διὰ δὲ τοὺς τῶν κοινῶν μεγάλαι καὶ ἐλεύθεραι γίγνονται*. — *τὴν γνώμην ταύτην ἔχειν*] 'dieses Sinnes zu sein', nämlich *ὀργίζεσθαι*. Zu betonen ist *ἁπάντων*. Zum Gedanken XXVI, 16: *ὁ δῆμος οὐ τὴν αὐτὴν γνώμην ἔχει περὶ πάντων τῶν ἐν ἄστει μεινάντων, ἀλλὰ περὶ μὲν τῶν τοιαῦτ' ἐξαμαρτόντων οἵαν ἐγώ φημι δεῖν, περὶ δὲ τῶν ἄλλων τὴν ἐναντίαν*.

§ 2. *ἃ ὑπὸ — κατηγορηκέναι*] Deklamationen über das durch die Dreifsig herbeigeführte Unheil waren in den Prozessen jener Zeit gegen Helfershelfer der Oligarchen und gegen Anhänger der aristokr. Partei überhaupt sehr beliebt. Is. XVIII, 36. 40: *κατηγορήσει καὶ τῶν ἐν τῇ μεταστάσει γενομένων, ὡς ἐκ*

ἀδυνάτους αὐτοὺς ἡγοῦμαι λέγειν· οὐδὲ γὰρ **πολλοστὸν** μέρος
τῶν ἐκείνοις πεπραγμένων εἰρήκασιν· εἰ δ' ὡς **ἐμοί τι** προσῆκον
περὶ αὐτῶν ποιοῦνται τοὺς λόγους, ἀποδείξω τούτους **μὲν**
ἅπαντα ψευδομένους, **ἐμαυτὸν δὲ** τοιοῦτον ὄνθ' οἷόσπερ ἂν
3 **τῶν ἐκ** Πειραιῶς ὁ βέλτιστος ἐν ἄστει μείνας ἐγένετο. Δέομαι
δ' ὑμῶν, ὦ ἄνδρες δικασταί, μὴ τὴν αὐτὴν γνώμην ἔχειν **τοῖς**
συκοφάνταις. Τούτων μὲν γὰρ ἔργον ἐστὶ καὶ τοὺς μηδὲν
ἡμαρτηκότας εἰς αἰτίαν καθιστάναι — ἐκ τούτων γὰρ ἂν μά-

τούτων μάλισθ' ὑμᾶς εἰς ὀργὴν καταστήσων. Ἐὰν ἄρα μεμνῆται τῶν ἐπὶ τῆς ὀλιγαρχίας γεγενημένων, ἀξιοῦτε αὐτὸν μὴ ἐκείνων κατηγορεῖν, ὑπὲρ ὧν οὐδεὶς ἀπολογήσεται. Belege davon Lys. XIII, 43 ff. XXX, 14, in ziemlich ungeschickter Anwendung Is. XX, 11. Eine solche Diatribe hatten auch die Ankläger losgelassen (§ 5). Höhnisch fertigt sie daher der Sprecher durch die Bemerkung ab, die Übelthaten der Dreifsig hätten sie noch lange **nicht** alle mit einander (πάνθ' ὁμοῦ) vorgebracht, vielmehr sich dabei als Stümper in der Redekunst (ἀδυνάτους λέγειν) erwiesen; wenn sie aber den Sprecher dafür verantwortlich machen wollten, so sei jedes ihrer Worte eine Lüge (vgl. Anh. zu XIII, 75). — οὐδὲ — εἰρήκασιν] Über Ausdruck und Gedanken zu XIV, **46**. — ὡς προσῆκον] wie Isae. III, 49. Plat. Prot. 323ᵃ (vgl. Anh. **zu** XIII, 84). ὡς 'als ob'. — **ποιοῦνται τοὺς λόγους**] zu XII, 2. — **ἐμαυτὸν δὲ — ὄντα**] Ptcp. Impf.: während des Regiments der Dreifsig. Dieselbe Konstruktion XXIV, 1: πειράσομαι τοῦτον μὲν ἐπιδεῖξαι ψευδόμενον, ἐμαυτὸν δὲ βεβιωκότα ἐπαίνου μᾶλλον ἄξιον ἢ φθόνου. D. VI, 18: ἀμφότερ' οἶδε, καὶ αὐτὸν ὑμῖν ἐπιβουλεύοντα καὶ ὑμᾶς αἰσθανομένους. (D.) LVIII, **32**: ὠργισμένους ᾔσθετο τοὺς ἀνθρώπους καὶ πεπιστευμένον αὐτόν (vgl. **Is.** XV, 320: αἰσθάνομαι τὸ μὲν ὕδωρ **ἡμᾶς** ἐπιλεῖπον, αὐτὸς δ' ἐμπεπτωκὼς εἰς λόγους ἡμερησίους; diese Struktur öfters beim Infin., wie D. IV, 7: αὐτὸς μὲν οὐδὲν ἕκαστος ποιήσειν ἐλπίζων, τὸν δὲ πλησίον πάνθ' ὑπὲρ αὐτοῦ πράξειν). Xen. Kyr. V, 5, 8: ἐμαυτὸν μὲν ὁρῶ οὕτω ταπεινῶς καὶ ἀναξίως ἐλαύνοντα, σὲ δὲ μέγαν τε καὶ μεγαλοπρεπῆ παρόντα. Is. IX, 6: ὅταν ὁρᾷ τοὺς μὲν περὶ — γενομένους τραγῳδουμένους, αὐτὸν δὲ προειδῇ μηδέποτε τοιούτων ἐπαίνων ἀξιωθησόμενον. VII, 70: πρῶτον μὲν ἐμαυτὸν ἐπιδεῖξαι βουλόμενος κοσμίας ἐπιθυμοῦντα πολιτείας, ἔπειτα τὰς δημοκρατίας τάς τε κακῶς καθεστηκυίας ἐλαττόνων συμφορῶν αἰτίας γιγνομένας κτλ. D. XXII, 67: τῶν μὲν οἶδεν ἑαυτὸν ὄντα, τῶν ἀδικούντων, ὑμᾶς δ' οὐδενὸς ἀξίους ἡγήσατο. Ähnliche Gegensätze auch Is. XV, 144 (ἀποφαίνειν). D. LVII, 1 (δεικνύναι)). § 69 (ἐπιδεικνύναι). Xen. Mem. III, 5, 23 (αἰσθάνεσθαι). Is. IV, 109 (περιορᾶν). Ohne dafs ein Gegensatz stattfindet, steht der Accus. des Reflexivums D. XXII, 29: δεῖξον οὐ πεποιηκότα ταῦτα σεαυτόν. LVII, 3: τοῖς δεικνύουσι πολίτας ὄντας αὐτούς. § 17: (δεικνύναι). XXXVI, 2. LVII, 19 (ἐπιδεικνύναι). Lys. XXIII, 12. Is. XII, 95. 239. XV, 321. D. XIV, 40. XVIII, 289 (εἰδέναι). Xen. Kyr. I, 4, 4: οὐχ ἃ κρείττων ᾔδει ὤν, ταῦτα προὐκαλεῖτο τοὺς συνόντας, ἀλλ' ἅπερ εὖ ᾔδει ἑαυτὸν ἥττονα ὄντα, ἐξῆρχεν. Is. X, 29 (αἰσθάνεσθαι). XV, 6. Xen. Kyr. I, 5, 10 (περιορᾶν), und des Personale Xen. Anab. V, 6, 20: ὁρῶμεν ἡμᾶς ἀπόρους ὄντας. Soph. Trach. 706 (ὁρᾶν). Vgl. zu § 4.

§ 3. τοὺς μηδὲν — καθιστάναι] Der Vorwurf wie V, 2: οἱ ἐπιβουλεύοντες οὐχ ἧττον ἐπικίνδυνον ποιοῦσι τὸν βίον τοῖς μηδὲν ἀδικοῦσιν ἢ τοῖς πολλῶν κακῶν αἰτίοις; vgl. auch VII, 1. Is. XV, 24. XVIII, 22. — ἐκ τούτων — χρη-

λιστα χρηματίζοιντο —, ὑμέτερον δὲ τοῖς μηδὲν ἀδικοῦσιν ἐξ
ἴσου τῆς πολιτείας μεταδιδόναι· οὕτω γὰρ ἂν τοῖς καθεστηκόσι
πράγμασι πλείστους συμμάχους ἔχοιτε. Ἀξιῶ δέ, ὦ ἄνδρες 4
δικασταί, ἐὰν ἀποφήνω συμφορᾶς μὲν μηδεμιᾶς αἴτιος γεγενημένος, πολλὰ δὲ κἀγαθὰ εἰργασμένος τὴν πόλιν καὶ τῷ σώματι
καὶ τοῖς χρήμασι, ταῦτα γοῦν μοι παρ' ὑμῶν ὑπάρχειν, ὧν

ματίζοιντο] denn Unbescholtene lassen sich am leichtesten willig finden, den Sykophanten durch Geld den Mund zu stopfen, sei es um ihres guten Rufes willen (zu XII, 4), oder um Scherereien zu entgehen (νῦν ἐμέ τινες εἰς δίκας ἄγουσιν, οὐχ ὅτι ἀδικοῦνται ὑπ' ἐμοῦ, ἀλλ' ὅτι νομίζουσιν ἥδιον ἄν με ἀργύριον τελέσαι ἢ πράγματα ἔχειν sagt Kriton bei Xen. Mem. II, 9, 1; vgl. Arist. Wesp. 1040. Ri. 265, wo diese ruheliebenden Leute ἀπράγμονες und τρέμοντες τὰ πράγματα heifsen), oder aus Zaghaftigkeit (wie Nikias bei Plutarch Nik. 4. 5) und im Bewufstsein ihrer Redeunfertigkeit (Is. XXI, 5. 8). Ein Beispiel solcher Einschüchterung Is. XVIII, 9 f. — ἐξ ἴσου] ohne einen Unterschied nach der polit. Überzeugung zu machen, also 'unparteiisch', wie in dem häufigen ἐξ ἴσου ἀκροᾶσθαι (XIX, 3). Aber § 35 'gleichermafsen'; XXIV, 3 (Ant. V, 1. Plat. Gorg. 517ᵃ) 'entsprechend'; ebenda § 9 'auf gleichem Fufse'. Die ursprünglich lokale Bedeutung (Kr. 43, 4, 5) erhellt aus Stellen wie D. XXI, 68. — τῆς πολιτείας] 'an den politischen Rechten', anderwärts μεταδοῦναι (μετέχειν, ἀποστερεῖν) τῆς πόλεως. — τοῖς καθ. πράγμασι] zu XIII, 21. — πλείστους συμμάχους] weil sich dann auch die einer anderen polit. Anschauung Huldigenden mit den faktischen Zuständen befreunden werden.

§ 4. ἀποφήνω — γεγενημένος] die gewöhnliche Konstruktion, wenn das Subjekt von sich selbst etwas nachweist oder an sich etwas wahrnimmt. Vgl. Lys. XXXII, 29 (ἀποδεικνύναι). (And.) IV, 29 (ἐπιδεικνύναι). Is. XVIII, 21 (ἐπιδείκνυσθαι). (And.) IV, 19. Is. II, 30. Eur. Alk. 154 (ἐνδείκνυσθαι). D. XVIII, 215. XIX, 177. Thuk. V, 9, 10. 72, 2. Plat. Menex. 242ᵉ. Eur. Or. 802: I. A. 406 (δεικνύναι). Ant. II, δ, 8. Is. XV, 5. Thuk. I, 21, 2. II, 50, 1. III, 84, 2. Soph. Ant. 20. Aj. 471. Arist. Plut. 587 (δηλοῦν; Vermischung mit der zu § 2 besprochenen Konstruktion Herod. IV, 42: Λιβύη δηλοῖ ἑωυτὴν ἐοῦσα περίρρυτος). Lyk. 50 (φανερὸν ποιεῖν). Herod. VI, 21. Thuk. III, 64, 1 (δῆλον ποιεῖν). Soph. El. 23: ὥς μοι σαφῆ σημεῖα φαίνεις ἐσθλὸς εἰς ἡμᾶς γεγώς. — D. XVIII, 162. Xen. Hell. VII, 1, 12. (Plat.) Theag. 122ᶜ. Eur. Med. 882. Anaxilas bei Athen. III, 95ᶜ (αἰσθάνεσθαι). Thuk. VII, 47, 1: τοῖς τε γὰρ ἐπιχειρήμασιν ἑώρων (οἱ τῶν Ἀθηναίων στρατηγοί) οὐ κατορθοῦντες καὶ τοὺς στρατιώτας ἀχθομένους τῇ μονῇ (nach der Anm. zu § 2 konnte es auch heifsen: ἑαυτούς τε γὰρ τοῖς ἐπιχειρήμασιν ἑώρων οὐ κατορθοῦντας κτλ.; doch sollten hier weniger die Personen als die Lage und Stimmung, worin diese sich befanden, hervortreten). I, 32, 5. II, 7, 3. Is. XV, 8. Eur. Med. 350 (ὁρᾶν). And. II, 15. Thuk. I, 102, 4. IV, 63, 2. VII, 77, 7. Xen. Kyr. VII, 2, 17. Hell. IV, 7, 3. V, 4, 11. VII, 3, 4. Eur. Andr. 815. El. 644 (γιγνώσκειν). Soph. Ant. 960 (ἐπιγιγνώσκειν). Thuk. VI, 40, 1. VII, 42, 3. Herod. III, 1. Soph. Ant. 532. Eur. Bakch. 1111 (μανθάνειν). Xen. Hell. I, 6, 4. Anab. V, 8, 14 (καταμανθάνειν). Herod. V, 91 (ἐκμανθάνειν). Is. XV, 7 (εὑρίσκειν). Plat. Symp. 198ᶜ (ἐννοεῖν). Eur. Hipp. 435 (ἐννοεῖσθαι). Soph. Ant. 996 (φρονεῖν). Thuk. I, 120, 4. VI, 78, 1 (ἐνθυμεῖσθαι). Thuk. II, 44, 1 (ἐπίστασθαι). Thuk. VI, 64, 1. Xen. Hier. 2, 9. 11, 7. Kyr. I, 4, 4. Soph. El. 298. Eur. Herakl. 204. Arist. Acharn. 456. Plut. 962 (εἰδέναι). (D.) VII, 5. (Plat.) Kleitoph. 407ᵃ (ἀγνοεῖν). — καὶ τῷ σώματι καὶ

ού μόνον τοὺς εὖ πεποιηκότας ἀλλὰ καὶ τοὺς μηδὲν ἀδικοῦν-
5 *τας τυγχάνειν δίκαιόν ἐστιν. Μέγα μὲν* **οὖν** *ἡγοῦμαί μοι*
τεκμήριον εἶναι, ὅτι, εἴπερ ἐδύναντο οἱ κατήγοροι ἰδίᾳ με
ἀδικοῦντα ἐξελέγξαι, οὐκ ἂν τὰ τῶν τριάκοντα ἁμαρτήματ'
ἐμοῦ κατηγόρουν, οὐδ' ἂν ᾤοντο χρῆναι ὑπὲρ τῶν ἐκείνοις
πεπραγμένων ἑτέρους διαβάλλειν, ἀλλ' αὐτοὺς τοὺς ἀδικοῦντας
τιμωρεῖσθαι· νῦν δὲ νομίζουσι τὴν πρὸς ἐκείνους ὀργὴν ἱκανὴν
6 *εἶναι καὶ τοὺς μηδὲν κακὸν εἰργασμένους ἀπολέσαι. Ἐγὼ δ'*
οὐχ *ἡγοῦμαι δίκαιον εἶναι οὔτ' εἴ τινες τῇ πόλει πολλῶν*
ἀγαθῶν αἴτιοι γεγένηνται, ἄλλους τινὰς ὑπὲρ τούτων τιμὴν
ἢ χάριν κομίσασθαι παρ' ὑμῶν, οὔτ' εἴ τινες πολλὰ κακὰ
εἰργασμένοι εἰσίν, εἰκότως ἂν δι' ἐκείνους τοὺς μηδὲν ἀδι-
κοῦντας ὀνείδους καὶ διαβολῆς τυγχάνειν· ἱκανοὶ γὰρ οἱ ὑπάρ-
χοντες ἐχθροὶ τῇ πόλει καὶ μέγα κέρδος νομίζοντες εἶναι τοὺς
ἀδίκως ἐν ταῖς διαβολαῖς καθεστηκότας.
7 ***Πειράσομαι δ'*** *ὑμᾶς* ***διδά****ξαι οὓς ἡγοῦμαι τῶν πολιτῶν*
προσήκειν **ὀλιγαρχίας** *ἐπιθυμεῖν καὶ οὓς δημοκρατίας. Ἐκ τού-*

τοῖς χρήμασι] And. II, **18**: *ἐκεῖνος ἂν εἴη πλείστου ἄξιος ἀνήρ, ὅστις τοῖς ἑαυτοῦ παρακινδυνεύων χρήμασί τε καὶ σώματι τολμῴη ἀγαθόν τι ποιεῖν τοὺς ἑαυτοῦ πολίτας.* Lys. XIX, 58: *ὁ πατὴρ καὶ τοῖς χρήμασι καὶ τῷ σώματι τῇ πόλει ἐλειτούργει.* Thuk. VIII, 65, 3: *μεθεκτέον τῶν πραγμάτων τούτοις, οἳ* **ἂν** *μάλιστα τοῖς τε χρήμασι καὶ τοῖς σώμασιν ὠφελεῖν οἷοί τε ὦσιν.* And. II, **11**: *οὐπώποτε οὔτε τοῦ σώματος οὔτε* **τῶν** *ὄντων ἐμοὶ ἐφεισάμην, ὅπου* **ἔδει** *παρακινδυνεύειν.* (D.) XLII, **25**: *χρήσιμος καὶ φιλότιμος καὶ τῇ οὐσίᾳ καὶ τῷ σώματι*; vgl. Lys. XXXI, 15. D. XXI, 145. — *ταῦτα*] die Gesamtheit der bürgerlichen Rechte (*πολιτεία*).

§ 5. *ἡγοῦμαί* **μοι** *τεκμήριον εἶναι*] 'ein gewichtiger Beweis für mich'; vgl. XVI, 11. D. XXXVIII, **20**. Ant. I, 10. Plat. Kratyl. 398[a]. Gorg. 487[d]. (D.) XLIX, 58. Ant. V, **38**. VI, **27**. — *ὅτι*] 'der Umstand, **dafs**'; zu **XV**, 5.

§ 6. *εἰκότως ἄν*] wäre entbehrlich nach *δίκαιον εἶναι*; dem Sprecher schwebte wohl nur noch das *οὐχ ἡγοῦμαι* vor. — *ἱκανοὶ καὶ* **νο***μίζοντες*] zu supplieren ein beiden Prädikaten gemeinsames *εἰσίν*: zahlreich genug — und der Ansicht.' Die bei Demosth. so gewöhnliche Verbindung eines Adjektivs und Particips in der Prädikatsstellung bei Lysias nicht häufig, aber ganz wie hier, auch mit Ellipse der Kopula XIV, 2: *οὐ μικρὰ τὰ ἁμαρτήματα οὐδὲ συγγνώμης ἄξια οὐδ' ἐλπίδα παρέχοντα*, aufserdem noch XXIV, 15. — Über die *ἐχθροί* zu §§ 23. 24. — *μέγα κέρδος νομίζοντες εἶναι*] häufige Phrase des Umgangstones (Beispiele im Anh.).

§ 7. *οὓς —* ***καὶ o****ὓς δημοκρατίας*] Das Relativum bei solcher Satzform **auch** XXIV, 15: *ἐγὼ δ' ὑμᾶς σαφῶς οἶμαι δεῖν διαγιγνώσκειν οἷς τ' ἐγχωρεῖ τῶν ἀνθρώπων* ***ὑ****βρισταῖς εἶναι καὶ οἷς οὐ προσήκει.* Erotik. bei Plat. Phaedr. 231[a]: *ἔτι δὲ οἱ μὲν ἐρῶντες σκοποῦσιν ἅ τε* **κακῶς** *διέθεντο τῶν αὑτῶν διὰ τὸν ἔρωτα καὶ* **ἃ** *πεποιήκασιν εὖ.* Aesch. I, 27: *ἀπέδειξεν οὓς χρὴ δημηγορεῖν καὶ οὓς οὐ δεῖ λέγειν ἐν τῷ δήμῳ.* Xen. Mem. IV, 2, 26: *διαγιγνώσκουσιν ἅ τε δύνανται καὶ ἃ μή.* Ant. VI, 16; dagegen das indirekte Fragwort Plat. Lach. 185[c]: *σκεπτόμεθα*

του γὰρ [καὶ ὑμεῖς γνώσεσθε,] κἀγὼ περὶ ἐμαυτοῦ τὴν **ἀπο**-
λογίαν ποιήσομαι ἀποφαίνων, ὡς οὔτ' ἐξ ὧν ἐν δημοκρατίᾳ
οὔτ' ἐξ ὧν ἐν ὀλιγαρχίᾳ πεποίηκα, οὐδέν μοι προσῆκον κακό-
νουν εἶναι τῷ πλήθει τῷ ὑμετέρῳ. Πρῶτον μὲν οὖν ἐνθυ- 8
μηθῆναι χρή, ὅτι οὐδείς ἐστιν ἀνθρώπων φύσει οὔτ' ὀλιγαρχι-
κὸς οὔτε δημοκρατικός, ἀλλ' ἥτις ἂν ἑκάστῳ πολιτεία συμφέρῃ,
ταύτην προθυμεῖται καθιστάναι· ὥστ' οὐκ ἐλάχιστον ἐν ὑμῖν

ὅστις *ἡμῶν τεχνικὸς καὶ ὅστις μή.* **Prot.** 314[a]. Gorg. 472[c]. Aesch. I, 77. D. XXII, 9. Xen. Mem. III, 6, 10: *οἶσθα ὁπόσαι τε φυλακαὶ ἐπίκαιροί εἰσι καὶ ὁπόσαι μή, καὶ ὁπόσοι τε φρουροὶ ἱκανοί εἰσι καὶ ὁπόσοι μή εἰσιν*, das direkte Fragwort D. XX, 163: *λογίσασθε πρὸς ὑμᾶς αὐτοὺς τί συμβήσεται καταψηφισαμένοις ὑμῖν τοῦ νόμου καὶ τί μή*, das indirekte Fragwort und das Relativum Eur. Hippol. 925 ff. und in der Stelle Platons Kr. 67, 3, Anm. Vgl. zu XIII, 4. — *προσήκει* im Sinne **von** *εἰκός ἐστι* (consentaneum **est,** cadit in) wie hier mit Acc. c. **Inf.** Is. XI, 35: *οὐ γὰρ δήπου* **τοὺς** *ἁπάντων τούτων ἀπολελειμμένους προσήκει μᾶλλον ἢ κεῖνον τηλικούτων ἀγαθῶν εὑρετὰς γενέσθαι.* XV, 230. Isae. XII, 9: *καίτοι τίνα προσῆκε μᾶλλον αὐτῆς ἐκείνης τοῦτο εἰδέναι;* D. XVIII, 68 (ebenso *πρέπει* Xen. Mem. I, 4, 4), dagegen mit Dat. c. Inf. § 11. Erotik. bei Plat. Phaedr. 233[a]. 233[b]. Plat. Gorg. 479[e]. Lach. 199[d]. Phaed. 88[b]. Xen. Kyr. VII, 5, 84. Derselbe Wechsel der Konstruktion, wenn das Wort die Bedeutung von *χρή* oder *δεῖ* hat (Anh.). — *οὓς δημοκρατίας*] Allerdings handelt der Sprecher ausführlich (§§ 9—12) nur von denen, die ein Interesse an dem Übergange von der Demokratie zur Oligarchie haben; doch werden § 11 kurz auch die geschildert, die sich im Vertrauen auf ihr gutes Gewissen die Volksherrschaft wohl gefallen lassen können. — *κἀγὼ — ποιήσομαι*] insofern die Richter daraus erkennen werden, daſs er gar kein Interesse an einer oligarch. Umwälzung hatte. — *ἐν δημοκρατίᾳ — ἐν ὀλιγαρχίᾳ*] ohne Artikel: 'unter demokratischer — oligarchischer Verfassung', wie § 17. I, 2. VII, 41. XII, 78. Is. XV, 27. XVI, 49. D. XXII, 51. Dagegen §§ 11. 15. 27: *ἐν τῇ δημοκρατίᾳ — ἐν τῇ ὀλιγαρχίᾳ* mit Rücksicht auf bestimmte geschichtliche Phasen beider Verfassungsformen, ebenso Lys. XVIII, 12. 22. XXX, 13. Is. XVIII, 35: *ἐπὶ τῆς ὀλιγαρχίας — ἐν δημοκρατίᾳ.* — *ὡς προσῆκον*] sc. *ἐστι*, wie XVIII, 11: *ἀπέκτεινον οἷς μάλιστα προσῆκον* (sc. *ἦν*) *τιμᾶσθαι.* Kr. 56, 3, 5 (vgl. Anh. und zu XII, 33).

§ 8. *οὐδεὶς — δημοκρατικός*] **Der Gedanke,** daſs nicht Überzeugung oder Naturell, sondern das persönliche Interesse bestimmend sei für die politische Parteinahme, ähnlich Is. VIII, 133. Diese Anschauung durfte aber nicht den hohen Begriff von den Pflichten des Bürgers als Angehörigen des Staates überhaupt beeinträchtigen; dem Heile des Staates muſste zuletzt jedes Privatinteresse weichen (Lys. XXXI, 6). In der auswärtigen Politik aber galt den Athenern jener Zeit der jeweilige Nutzen als das höchste Princip (*οὐδὲν ἄλογον ὅ τι ξυμφέρον* Euphemos bei Thuk. VI, 85, 1, ähnlich Alkibiades bei Plat. Alk. I, 113[d]). — *δημοκρατικός*] Wegen des sonst üblichen Gegensatzes *ὀλιγαρχικός — δημοτικός* (XXVI, 15. Is. VIII, 133. XVI, 36. Plat. Staat IX, 572[d] u. ö.) wollte man auch hier *δημοτικός* (zu § 23); doch *δημοκρατικός* von Personen findet sich nicht erst, wie man meinte, bei Aristoteles (Eth. Nic. V, 6), sondern schon wiederholt bei Platon (Staat VIII, 562[a]. IX, 571[a]), und in dieser Auseinandersetzung scheint der doktrinäre Begriff ganz am Platze. — *οὐκ ἐλά-*

ἐστι μέρος, ὡς πλείστους ἐπιθυμεῖν τῶν παρόντων νυνὶ πραγμάτων. Καὶ ταῦθ' ὅτι οὕτως ἔχει, οὐ χαλεπῶς ἐκ τῶν πρό-
9 τερον γεγενημένων μαθήσεσθε. Σκέψασθε γάρ, ὦ ἄνδρες
δικασταί, τοὺς προστάντας ἀμφοτέρων τῶν πολιτειῶν, ὁσάκις
δὴ μετεβάλοντο. Οὐ Φρύνιχος μὲν καὶ Πείσανδρος καὶ οἱ
μετ' ἐκείνων δημαγωγοί, ἐπειδὴ πόλλ' εἰς ὑμᾶς ἐξήμαρτον,
τὰς περὶ τούτων δείσαντες τιμωρίας τὴν προτέραν ὀλιγαρχίαν
κατέστησαν, πολλοὶ δὲ τῶν τετρακοσίων μετὰ τῶν ἐκ Πειραιῶς
συγκατῆλθον, ἔνιοι δὲ τῶν ἐκείνους ἐκβαλόντων αὐτοὶ αὖθις
τῶν τριάκοντα ἐγένοντο; Εἰσὶ δ' οἵτινες τῶν Ἐλευσῖνάδε ἀπογραψαμένων ἐξελθόντες μεθ' ὑμῶν ἐπολιόρκουν τοὺς μεθ'

χιστον — μέρος] 'es liegt zum nicht geringsten Teile in eurer Hand', nämlich durch kluge Berücksichtigung der Interessen möglichst vieler. ἐν ὑμῖν ἐστι auch I, 34, ἐν χρήμασίν ἐστι XXVII, 3. Kr. 68, 12, 6. οὐκ ἐλάχ. μέρος ist Accus.

§ 9. ἀμφ. τῶν πολιτειῶν] der beiden Oligarchieen des Jahres 411 und 404; zu XII, 6. — δή] 'bekanntlich'; zu XIII, 2. — μετεβάλοντο] μεταβάλλεσθαι (Lys. XVIII, 5. XXXI, 9. D. XIX, 202. Dein. I, 94. 97. Herod. V, 75. Thuk. I, 71, 6. VIII, 54, 1. 73, 2. 90, 1. Xen. Hell. II, 3, 31. 45. 48 u. ö. ἄνω καὶ κάτω μεταβάλλεσθαι Dein. I, 17. Plat. Gorg. 481[d]) und μεταβάλλειν (Is. IV, 125. VII, 71. Herod. VII, 52. VIII, 22. 109. IX, 6. Thuk. II, 61, 2) die eigentlichen Ausdrücke von der politischen Wandelung. — Φρύνιχος] zu XIII, 70. — Πείσανδρος] zu XII, 66. — δημαγωγοί] Vgl. die Definition bei Arist. Polit. VIII, 6, S. 204 Bekker: ἡ δημαγωγία διττή, η μὲν ἐν αὐτοῖς τοῖς ὀλίγοις (ἐγγίγνεται γὰρ δημαγωγὸς κἂν πάνυ ὀλίγοι ὦσιν, οἷον ἐν τοῖς τριάκοντα Ἀθήνησιν οἱ περὶ Χαρικλέα ἴσχυσαν τοὺς τριάκοντα δημαγωγοῦντες καὶ ἐν τοῖς τετρακοσίοις οἱ περὶ Φρύνιχον τὸν αὐτὸν τρόπον), ἢ ὅταν τὸν ὄχλον δημαγωγῶσιν οἱ ἐν τῇ ὀλιγαρχίᾳ ὄντες. — τὰς περὶ τούτων τιμωρίας] περί ungewöhnlich für ὑπέρ (Lyk. 9 und dazu Rehdantz Anh. 2, S. 126); doch vgl. Lys. XIV, 2: πειράσομαι περὶ πάντων τῶν πεπραγμένων αὐτὸν τιμωρήσασθαι. (And.) IV, 36: οὐ περὶ τῶν παρεληλυθότων ἀδικημάτων αὐτὸν τιμωροῦνται ἀλλ' ὑπὲρ τῶν μελλόντων φοβοῦνται. D. LIV, 16: περὶ ὧν ἠδικήμεθ' ἀξιοῦμεν δίκην λαβεῖν. Lys. I, 35: περὶ τῶν τοιούτων τοῖς ἀδικουμένοις τοιαύτην δίκην λαμβάνειν παρακελεύονται. III, 42: περὶ τῶν τοιούτων τὰς τιμωρίας οὕτω μεγάλας κατεστήσαντο. — τὴν προτέραν ὀλιγαρχίαν] zu XII, 65. — πολλοὶ — συγκατῆλθον] Über die Sache zu XIII, 77. — μετά] zu XIII, 27; mit Dativ steht συγκατελθεῖν XXXI, 13, absolut XIII, 77. XXXI, 9. — ἔνιοι] Es lag nahe, hier den Theramenes zu nennen (zu XII, 66); der Sprecher unterdrückt den Namen, weil er selbst zu dessen politischen Grundsätzen (Xen. Hell. II, 3, 48) sich bekannte, vielleicht sogar zu seiner Hetärie gehört hatte. — τῶν — ἐκβαλόντων] die selbst den 400 angehörten (XII, 66); ἐκείνους leidet nur auf einen Teil der 400 Anwendung (zu XIII, 74). — τῶν τριάκ. ἐγένοντο] zu XII, 55. — τῶν Ἐλευσῖνάδε ἀπογραψ. — τοὺς μεθ' αὐτῶν] Gemeint sind diejenigen von der städtischen Fraktion (τῶν ἐν ἄστει, zu XII, 52), welche nach dem durch König Pausanias vermittelten vorläufigen Vergleiche (Curtius, griech. Gesch. III, 39) es vorzogen, von der vertragsmäſsigen Vergünstigung trotz der einstweilen vereinbarten Amnestie Gebrauch zu machen und sich nach dem von den

αὐτῶν. Οὔκουν χαλεπὸν γνῶναι, ὦ ἄνδρες δικασταί, ὅτι οὐ 10
περὶ πολιτείας εἰσὶν αἱ πρὸς ἀλλήλους διαφοραί, ἀλλὰ περὶ
τῶν ἰδίᾳ συμφερόντων ἑκάστῳ. Ὑμᾶς οὖν χρὴ ἐκ τούτων
δοκιμάζειν τοὺς πολίτας, σκοποῦντας μὲν ὅπως ἦσαν ἐν τῇ
δημοκρατίᾳ πεπολιτευμένοι, ζητοῦντας δ' εἴ τις αὐτοῖς ἐγίγνετ'
ὠφέλεια τῶν πραγμάτων μεταπεσόντων· οὕτως γὰρ ἂν δικαιο-

Dreifsig occupierten Eleusis zurückzuziehen (Xen. Hell. II, 4, 38. Diodor XIV, 33), dieselben, die nach der Secession *οἱ Ἐλευσινόθεν* genannt werden (Pseudolys. VI, 45). Eine Anmeldung (*ἀπογράφεσθαι*) dieser bei der von den Lakedämoniern nach Athen gesandten Vermittlungskommission (Xen.) verstand sich von selbst, da die Vergleichsbestimmungen unter lakedämonische Garantie gestellt wurden. Später aber mochten manche dieser nach Eleusis Übergesiedelten, in der Voraussicht des baldigen Falles des Platzes, Eleusis verlassen (*ἐξελθόντες*, sc. *ἐξ Ἐλευσῖνος*) und mit den Belagerern (*μεθ' ὑμῶν*) ihre bisherigen Parteigenossen (*τοὺς μεθ' αὐτῶν*) blokiert haben. Eines Zusatzes zu *τοὺς μεθ' αὐτῶν* wie *ποτέ* oder *πρότερον ὄντας* bedarf es nicht, da sie doch Gesinnungsgenossen derjenigen blieben, die sie aus Rücksicht auf ihr Interesse mit belagerten; *εἶναι μετά τινος* bezeichnet nicht notwendig äusserliches Zusammenstehen (Is. VI, 63: *εἰ καὶ μήπω συνεστήκασιν, ἀλλὰ ταῖς γ' εὐνοίαις μεθ' ἡμῶν εἰσιν.* XIV, 15. Dein. I, 20. [D.] LII, 2). — *ἀπογράφεσθαι* 'sich einschreiben lassen', in eine Liste, wie Xen. Hell. II, 4, 8. VI, 5, 29. Kyr. II, 1, 18. 19 = *ἀπογράφεσθαι τὸ ὄνομα* Arrian Anab. VII, 5, 3 (daher = censeri, seinen Namen in die Censusliste eintragen lassen Plut. Flamin. 18). Das Medium wie *ἐπιγράφεσθαι* (XIII, 73), *προσγράφεσθαι* (XIII, 86). — *Ἐλευσῖνάδε ἀπογράφεσθαι*, eine Breviloquenz = *εἰς τὴν Ἐλευσῖνάδε μετοίκησιν ἀπογρ.*, wie ähnliche im offiziellen und geschäftlichen Stile nicht selten sind; vgl. z. B. D. XXI, 161: *ἐπιδόσεις ἐγένοντο εἰς Εὔβοιαν, εἰς Ὄλυνθον* (= *εἰς τὸν ἐν Εὐβ. πόλεμον*). (D.) XXXV, 3: *χρήματα δανείσας εἰς τὸν Πόντον καὶ πάλιν Ἀθήναζε.* ebenda § 7. 50. Ähnlich Liv. I, 11, 4: plures inventi, qui propter ubertatem terrae in Crustuminum nomina darent 'ihre Namen in die Liste (album) aufnehmen liefsen behufs Übersiedelung nach Crust.' XXXIV, 42, 5: qui in coloniam Romanam nomina dedissent (vgl. Anh.).

§ 10. *αἱ πρὸς ἀλλήλους διαφοραί*] *πρὸς ἀλλήλους* indefinit 'die gegenseitigen', ohne Beziehung auf bestimmt ausgesprochene Personen. Xen. Hier. 4, 1: *ποία ξυνουσία ἡδεῖα ἄνευ πίστεως τῆς πρὸς ἀλλήλους;* Vgl. XIII, 80. D. IX, 38. (D.) VII, 12, sowie unten § 30. — *ἐκ τούτων*] 'nach diesen Gesichtspunkten'. — *εἴ τις — ὠφέλεια*] Das Resultat der Prüfung in Bezug auf den Sprecher giebt § 12 f. — *ἐγίγνετο*] während der Zeit der Dreifsig, denn von dem Verhalten der Bürger in bestimmten Zeiträumen wird gesprochen; *ἐν τῇ δημοκρατίᾳ* also = *ἐν τῇ προτέρᾳ δημοκρατίᾳ* (§ 19), nachher § 12 *ἐν ἐκείνῳ τῷ χρόνῳ.* — *μεταπεσόντων τῶν πραγμάτων*] Vgl. zu XII, 65 und Thuk. VIII, 68, 2: *τὰ τῶν τετρακοσίων μεταπεσόντα ὑπὸ τοῦ δήμου ἐκακοῦτο.* Plat. Br. VII, 325a: *χρόνῳ δὲ οὐ πολλῷ μετέπεσε τὰ τῶν τριάκοντά τε καὶ πᾶσα ἡ τότε πολιτεία.* — Fragen nach dem politischen Verhalten wurden bei der Dokimasie für gewöhnlich wohl gar nicht vorgelegt (wenigstens findet sich keine entsprechende in den Angaben bei D. LVII, 66 ff. Pollux VIII, 85; höchstens in das elastische *εἰς ἐστι τὸν ἴδιον τρόπον* Dein. II, 17 konnte sie hineingelegt werden), aber unmittelbar nach der Wiederherstellung der Demokratie

11 τάτην τὴν κρίσιν περὶ αὐτῶν ποιοῖσθε. Ἐγὼ τοίνυν ἡγοῦμαι,
ὅσοι μὲν ἐν τῇ δημοκρατίᾳ ἄτιμοι ἦσαν εὐθύνας δεδωκότες ἢ
τῶν ὄντων ἀπεστερημένοι ἢ ἄλλῃ τινὶ συμφορᾷ τοιαύτῃ κεχρη-
μένοι, προσήκειν αὐτοῖς ἑτέρας ἐπιθυμεῖν πολιτείας, ἐλπίζοντας
τὴν μεταβολὴν ὠφέλειάν τινα αὐτοῖς ἔσεσθαι· ὅσοι δὲ τὸν
δῆμον πολλὰ κἀγαθὰ εἰργασμένοι εἰσί, κακὸν δὲ μηδὲν πώποτε,

waren sie geboten durch die Einl. § 4 erwähnte einstweilige Bestimmung. — περὶ αὐτῶν] in Betreff ihrer Gesinnung gegenüber der Demokratie.

§ 11. ἄτιμοι — εὐθύνας δεδωκότες] Als Motive für den Wunsch nach Umsturz der Demokratie werden geltend gemacht: a) Verlust der bürgerlichen Rechte; b) Verlust des Vermögens durch Konfiskation oder hohe Bufsen, vielleicht auch sykophantische ἀπογραφαί (zu XIII, 65); c) sonst ein politisches Misgeschick. Ein polit. Erfahrungssatz bei Aristoteles Polit. VIII, 2 (S. 196 Bekker): καὶ ἀτιμίαν φεύγοντες καὶ ζημίαν (Geldstrafe) στασιάζουσιν ἐν ταῖς πόλεσιν. — Zur Rechenschaftsablegung (εὔθυναι) mufste sich der abtretende Beamte innerhalb eines Monats nach Ablauf der Amtszeit bei der Behörde der λογισταί stellen, welche, nach vorausgegangener Prüfung der Rechenschaft durch die beigeordnete Behörde der Euthynen, entweder Decharge erteilte oder die Sache vor einen Gerichtshof brachte (Schömann, griech. Altert. I, 432). Wer die Rechenschaft schuldig blieb (vgl. zu § 30) oder schlecht bestand (εὐθύνας ὀφλεῖν, Lys. X, 27. And. I, 73. Aesch. III, 10) ging seiner politischen Rechte verlustig (And. a. a. O.). Da nach ἄτιμοι ἦσαν der Ausfall der Rechenschaftsablegung (εὐθύνας δοῦναι, rationem reddere) nicht zweifelhaft sein kann, so bedarf es der Umwandlung des δεδωκότες in ὠφληκότες nicht; vgl. Xen. Hell. VII, 4, 34: ἔγνωσαν ὅτι, εἰ δώσοιεν εὐθύνας, κινδυνεύσοιεν ἀπολέσθαι. — τῶν — ἀπεστερημένοι] durch Geldstrafen oder Güterkonfiskationen. — συμφορᾷ] häufig durch eine Art Euphemismus von der Strafe, besonders wegen politischer Vergehen, von der Atimie (Lys. X, 24. D. XXI, 58. 96. 99), dem Exil ([And.] IV, 34); ebenso ἀτυχία (D. XXI, 59), ἀτύχημα (Isae. X, 20), und entsprechend δυστυχεῖν, ἀτυχεῖν πρὸς τὴν πόλιν (Lys. XIV, 41. [D.] XXV, 85. LVIII, 1); so auch συμφορά vom politischen Prozefs unten § 13, vom fiskalischen Prozefs XIX, 55. — προσήκειν αὐτοῖς] nicht τούτοις προσήκειν, weil der Ton nicht aufs Pronomen, sondern auf προσήκειν fällt; vgl. XIV, 37. XVI, 11. XXVIII, 13. (Lys.) VI, 45. Koch 77, 3 Anm. Ebenso werden im Latein. einem tonlosen is andere betonte Worte vorausgeschickt. Liv. XXIII, 15, 11: qui in Romanis militaverit castris, non posse obscuram ejus virtutem esse. II, 28, 2. Cic. p. Mil. 15, 39: quem qui tum interemisset, non de impunitate ejus, sed de praemiis cogitaretur. Tusc. V, 5, 12. — ἐλπίζοντας — ἔσεσθαι] Zum Gedanken vgl. (Lys.) XX, 4. Ant. II, δ, 9: τοῖς ἀτυχοῦσι νεωτερίζειν συμφέρει· ἐκ γὰρ τῶν μεταβολῶν ἐπίδοξος ἡ δυσπραγία μεταβάλλειν αὐτῶν ἐστιν. Is. VI, 50: οἱ δυστυχοῦντες ἐκ τῆς ταραχῆς καὶ τῆς καινουργίας θᾶττον ἂν μεταβολῆς τύχοιεν. Sall. Cat. 37, 3. Cic. p. Sest. 46, 99. — ἐλπίζοντας] Über den Accus. nach αὐτοῖς Kr. 55, 2, 7; besonders nach προσήκει, ἔξεστι und δοκεῖ τινι wird häufig der Accus. an den abhängigen Infin. angeschlossen. Vgl. zu XII, 1. — αὐτοῖς ἔσεσθαι] nicht αὑτοῖς, weil der Begriff 'selbst' zu urgieren ist; vgl. XII, 100. Plat. Staat I, 345e. Gedanke: Sie hoffen, die (für andere verderbliche) Umwälzung werde ihnen selbst we-

ὀφείλεται δ' αὐτοῖς χάριν κομίσασθαι παρ' ὑμῶν μᾶλλον ἢ
δοῦναι δίκην τῶν πεπραγμένων, οὐκ ἄξιον τὰς τούτων ἀποδέχεσθαι διαβολάς, οὐδ' ἂν πάντες οἱ τὰ τῆς πόλεως πράττοντες ὀλιγαρχικοὺς αὐτοὺς φάσκωσιν εἶναι. Ἐμοὶ τοίνυν, ὦ 12
ἄνδρες δικασταί, οὔτ' ἰδίᾳ οὔτε δημοσίᾳ συμφορὰ ἐν ἐκείνῳ
τῷ χρόνῳ οὐδεμία πώποτ' ἐγένετο, ἀνθ' ἧστινος ἂν προθυμού-
μενος τῶν παρόντων κακῶν ἀπαλλαγῆναι ἑτέρων ἐπεθύμουν
πραγμάτων. Τετριηράρχηκα μὲν γὰρ πεντάκις καὶ τετράκις
νεναυμάχηκα καὶ εἰσφορὰς ἐν τῷ πολέμῳ πολλὰς εἰσενήνοχα
καὶ τἆλλα λελειτούργηκα οὐδενὸς χεῖρον τῶν πολιτῶν. Καίτοι 13

sentlichen Nutzen bringen. — ὀφείλεται αὐτοῖς] Wir setzen die relative Satzform fort: 'und denen'; im Griechischen aber ersetzt man gern das Pron. relat. in dem zweiten und den folgenden Gliedern, namentlich bei Kasuswechsel, durch das determinative αὐτός, seltener durch οὗτος und ἐκεῖνος. Kr. 60, 6, 2. Vgl. I, 27. III, 47. XIV, 17. XIX, 14 (überall αὐτός). XXV, 30. XXXII, 27 (οὗτος; ebenso And. I, 145. D. XIX, 309. [D.] XXV, 81. Herod. VI, 123). X, 27 (ἐκεῖνος). Ebenso im Latein., z. B. Cic. de offic. II, 11, 40: Viriathus, quem Laelius praetor fregit ferocitatemque eius repressit. — Sich ein Anrecht auf den Dank des Volkes zu erwerben, bezeichnet der Sprecher bei Is. XVIII, 67 als das Ziel des πρόθυμος πολίτης. — τὰς τούτων διαβολὰς ἀποδέχεσθαι] τούτων kann zur Not als Genit. object. genommen werden; vgl. (Lys.) XX, 33. Dionys. Hal. Antt. VI, 59 a. E. (der objektive Genit. bei Lys. auch III, 42. X, 27. XII, **20**. XXXIII, **1**; vgl. [Lys.] II, 25. 39. 48. XX, 18. 21). Wahrscheinlich aber ist τάς in **περί** zu verwandeln. Thuk. VI, 29, 2: ἐπεμαρτύρετο μὴ ἀπόντος περὶ αὐτοῦ διαβολὰς ἀποδέχεσθαι. Lys. XXX, 9. ἐνδέχεσθαι und προσίεσθαι διαβολήν sagt Herodot III, 80. VI, 123. — οἱ τὰ τῆς πόλεως πράττοντες] 'die Staatsmänner', wie XXX, 31; dafür Xen. Mem. III, 7, 1: οἱ τὰ πολιτικὰ πράττοντες. D. IX, 56. Thuk. III, 28, 1: οἱ ἐν τοῖς πράγμασιν. D. VIII, 76. IX, 2: οἱ ἐπὶ τοῖς πράγμασιν (ὄντες). XVIII, 247: οἱ ἐπὶ τῶν πραγμάτων. Thuk. III, 72, 1: οἱ ἔχοντες τὰ πράγματα. Vgl. Lys. XVI, 17. 20: τὰ τῆς πόλεως πράττειν. (Lys.) VI, 33: τὰ πολιτικὰ πράττειν. Thuk. III, 62, 3. Arist. Ri. 130: ἔχειν τὰ (τῆς πόλεως) πράγματα. — ὀλιγαρχικούς] ein beliebtes Schimpfwort im Munde der Demagogen. (And.) IV, 16: (Alkibiades) ἄλλους ὀλιγαρχικοὺς καὶ μισοδήμους ἀποκαλεῖ. Is. XV, 318. Aesch. III, 168. Plat. Staat VIII, 565b.

§ 12. οὔτ' ἰδίᾳ οὔτε δημοσίᾳ] 'weder im Privatleben noch in öffentlicher Stellung'. Denn auch Konflikte mit Privatpersonen konnten zu Verlusten an bürgerlicher Ehre und Vermögen führen. — ἐν ἐκείνῳ τῷ χρόνῳ] = ἐν τῇ δημοκρατίᾳ § 10. — ἂν — ἐπεθύμουν] Praeteritum des Potentialis (ἂν ἐπιθυμοίην) 'hätte wünschen mögen'; vgl. I, 44. 45. IV, 15. (Lys.) XX, 4. Ebenso der Indic. Aor. mit ἄν XIII, 22. 26. XIX, 13. 23. 42. XXXI, 27. (Lys.) XX, 3: οὗτος δὲ τίνος ἂν ἕνεκα ὀλιγαρχίας ἐπεθύμησεν; — ἑτέρων πραγμάτων] 'Verfassungsänderung' (zu XII, 65), ein ebenso berechtigter Ausdruck wie ἑτέρας πολιτείας ἐπιθυμεῖν § 11. XX, 4. Is. XV, 317. — τετριηράρχηκα κτλ.] Von solcher Verteidigung bei der Dokimasie will freilich der Kläger XXVI, 3 nichts wissen. — εἰσφοράς] zu XII, 20; ἐν τῷ πολέμῳ wäre entbehrlich, doch vgl. Isae. V, 37: εἰσφορῶν τοσούτων γεγενημένων εἰς τὸν πόλεμον. ebenda § 45. — οὐδενὸς χεῖρον] 'nicht schlechter als einer

διὰ τοῦτο πλείω τῶν ὑπὸ τῆς πόλεως προσταττομένων ἐδαπανώμην, ἵνα καὶ βελτίων ὑφ' ὑμῶν νομιζοίμην καί, εἴ πού μοί τις συμφορὰ γένοιτο, ἄμεινον ἀγωνιζοίμην. Ὧν ἐν τῇ ὀλιγαρχίᾳ ἁπάντων ἀπεστερούμην· οὐ γὰρ τοὺς τῷ πλήθει ἀγαθοῦ τινος αἰτίους γεγενημένους χάριτος παρ' αὐτῶν ἠξίουν τυγχάνειν, ἀλλὰ τοὺς πλεῖστα κακὰ ὑμᾶς εἰργασμένους εἰς τὰς τιμὰς καθίστασαν, ὡς ταύτην παρ' ἡμῶν πίστιν εἰληφότες. Ἃ χρὴ πάντας ἐνθυμουμένους μὴ τοῖς τούτων λόγοις πιστεύειν, ἀλλ' ἐκ τῶν ἔργων σκοπεῖν, ἃ ἑκάστῳ τυγχάνει πεπραγμένα.
14 Ἐγὼ γάρ, ὦ ἄνδρες δικασταί, οὔτε τῶν τετρακοσίων ἐγενόμην· ἢ τῶν κατηγόρων ὁ βουλόμενος παρελθὼν ἐλεγξάτω· οὐ τοίνυν

(jeder) der Bürger'. Der Deutsche negiert das Übertreffen der anderen, der Grieche das Vorhandensein solcher, im Vergleich zu denen ein Übertreffen möglich wäre; Kr. 47, 27, 3. Vgl. Lys. VII, 31. XXXII, 23. (Lys.) XX, 29. Auch mit dem Plural οὐδένων, wie D. II, 17: οἱ περὶ αὐτὸν ὄντες ξένοι οὐδένων εἰσὶ βελτίους. Xen. Mem. III, 5, 18. Plat. Alk. II, 148c. Ähnlich Liv. XXI, 31, 5: Allobroges, gens nulla Gallica gente opibus aut fama inferior.

§ 13. καίτοι] atqui, 'nun aber'. Gedanke: Alle Aussicht auf Verwertung meiner Liberalität in der Vollziehung der öffentlichen Leistungen ging mir unter der Herrschaft der Oligarchen verloren (ὧν — ἀπεστερούμην); welches Interesse konnte ich also an ihrem Regimente haben (§ 7)? — πλείω τῶν — προσταττομένων] Natürlich schrieb der Staat nicht bestimmte Summen vor, sondern forderte für den Zweck genügende Vollziehung der Leistungen; der Sprecher hatte aus patriotischem Ehrgeiz (φιλοτιμία) und aus Rücksicht auf spätere Eventualitäten diese Anforderungen noch überboten, ein Verdienst, dessen man sich gern vor Gericht berühmte. Vgl. Lys. VII, 31. XXI, 5 Is. XV, 145 und zu XII, 20. — βελτίων] 'besser', als wenn ich meine Schuldigkeit eben nur notdürftig erfüllte; vgl. § 16. XVI, 17, sowie zu XXXII, 1 und zu XIII, 3. — ἄμ. ἀγωνιζοίμην] zu XIII, 88. — οὐ — τυγχάνειν] Den Kommentar zu diesem Gebaren bietet das Verfahren gegen den verdienten Antiphon (Xen. Hell. II, 3, 40), gegen Nikias' Sohn Nikeratos (Lys. XVIII, 6 f.). — ὡς ταύτην — πίστιν εἰληφότες] Über das Thatsächliche zu XII, 30. ταύτην πίστιν 'dies als Pfand der Treue' (πίστις zu XII, 27), nämlich das πολλὰ κακὰ ὑμᾶς εἰργάσθαι. XVIII, 19: ταύτην ὑμῖν οἴονται διδόναι πίστιν τῆς αὑτῶν εὐνοίας, ἑτέρους κακῶς ποιοῦντες. Lyk. 79. Xen. Hell. VII, 1, 44. Die Assimilation des Pron. an das Genus des prädikativen Substantivs (Kr. 61, 7, 1) bei Lys. ausnahmslos; vgl. §§ 23. 28. X, 24. XII, 37. XXIV, 10. XVI, 6. VII, 23. I, 16: ταύτην τέχνην ἔχει 'daraus macht er ein Geschäft'. — παρ' ἡμῶν] τῶν ἐν ἄστει. — ἃ χρὴ πάντας ἐνθυμουμένους — σκοπεῖν] Über den Gedanken zu XII, 33, über die Form der conclusio Anh.

§ 14. οὔτε — ἐγενόμην] ein Protest wie XXX, 7 8. — Dem οὔτε entspricht nachher οὐ τοίνυν οὐδέ ('ferner ebenso wenig'), mit Aufhebung des korrelativen Verhältnisses. Kr. 69, 53. Vgl. Anh. und zu § 34. — ἢ — ἐλεγξάτω] Solche Provokationen des Gegners (wie z. B. D. II, 8: καιροῦ πρὸς τοῦτο πάρεστι Φιλίππῳ τὰ πράγματα· ἢ παρελθών τις ἐμοί, μᾶλλον δ' ὑμῖν δειξάτω) waren natürlich nicht ernstlich gemeint. ἢ ist wohl eigentlich alternativ, durch ein ent-

οὐδ' ἐπειδὴ οἱ τριάκοντα κατέστησαν, οὐδείς με ἀποδείξει οὔτε
βουλεύσαντα οὔτ' ἀρχὴν οὐδεμίαν ἄρξαντα. Καίτοι εἰ μὲν
ἐξόν μοι ἄρχειν μὴ ἠβουλόμην, ὑφ' ὑμῶν νυνὶ τιμᾶσθαι δίκαιός εἰμι· εἰ δ' οἱ τότε δυνάμενοι μὴ ἠξίουν μοι μεταδιδόναι
τῶν πραγμάτων, πῶς ἂν φανερώτερον ἢ οὕτω ψευδομένους
ἀποδείξαιμι τοὺς κατηγόρους;
Ἔτι τοίνυν, ὦ ἄνδρες δικασταί, καὶ ἐκ τῶν ἄλλων τῶν 15
ἐμοὶ πεπραγμένων ἄξιον σκέψασθαι. Ἐγὼ γὰρ τοιοῦτον ἐμαυτὸν ἐν ταῖς τῆς πόλεως συμφοραῖς παρέσχον, ὥστ', εἰ πάντες
τὴν αὐτὴν γνώμην ἔσχον ἐμοί, μηδέν' ἂν ὑμῶν μηδεμιᾷ
κεχρῆσθαι συμφορᾷ. Ὑπ' ἐμοῦ γὰρ ἐν τῇ ὀλιγαρχίᾳ οὔτ'
ἀπαχθεὶς οὐδεὶς φανήσεται οὔτε τῶν ἐχθρῶν οὐδεὶς τετιμωρη-
μένος οὔτε τῶν φίλων εὖ πεπονθώς· (καὶ τοῦτο μὲν οὐκ ἄξιον 16
θαυμάζειν· εὖ μὲν γὰρ ποιεῖν ἐν ἐκείνῳ τῷ χρόνῳ χαλεπὸν
ἦν, ἐξαμαρτάνειν δὲ τῷ βουλομένῳ ῥᾴδιον.) οὐ τοίνυν οὐδ'

sprechendes Satzglied (hier etwa ἢ οὐκ ἐγενόμην) vorbereitet gedacht; ebenso aut, z. B. Cic. de finn. IV, 26, 72. — παρελθών] auf die Rednerbühne, die in ähnlichen Wendungen der Sprecher für diesen Fall zu räumen (παραχωρεῖν τοῦ βήματος) verspricht. Aesch. III, 165. Is. XV, 100. Vgl. (Lys.) XX, 11: καίτοι εἴ τις βούλεται, ἐν τῷ λόγῳ τῷ ἐμῷ μαρτυρησάτω. — βουλεύσαντα] ingressiver Aorist: 'Ratsmann geworden bin' (Kr. 53, 5, 2); vgl. zu XIV, 36. — Über die Bedeutung des Vorwurfs zu XIII, 35. — ἀρχήν] Dieser Nachweis war damals wesentlich bei der Dokimasie; Einl. § 4. — τιμᾶσθαι] durch Übertragung des mir streitig gemachten Amtes. — δίκαιός εἰμι] Die persönliche Konstruktion noch IX, 9. XX, 9. 12. 30. 34. XXXI, 3. fr. 16, 2. — ψευδομένους] wenn sie mich für das von den Dreifsig gestiftete Unheil verantwortlich machen wollen (§§ 2. 5).

§ 15. ἔτι τοίνυν — καί] Andere Beispiele dieser Transitionsform im Anh. — εἰ πάντες — συμφορᾷ] Der Gedanke ähnlich XXVI, 18. — κεχρῆσθαι] aufzulösen durch das in der Apodosis hypothetischer Perioden seltenere (Kr. 54, 10, 2) Plusqpf.: 'in Unglück gewesen sein würde'. — ἀπαχθείς] Die Apagoge, (Einl. zur Rede XIII, § 6) war zur Zeit der Dreifsig das übliche summarische Verfahren, durch welches teils die Machthaber ihre Opfer beseitigten (Lys. XII, 25. XXVI, 13), teils Privatleute ihrer persönlichen Gegner sich entledigten (XIII, 44. Is. XXI, 14). — οὔτε — τετιμωρημένος] Bei Is. XVIII, 18 rühmt sich der Sprecher: τῶν ἐχθρῶν οὐδ' ἀμύνεσθαι οὐδέν' ἠξίωσα. — εὖ πεπονθώς] mit illegaler Benutzung der das Unrecht deckenden Zeitumstände.

§ 16. καὶ τοῦτο — θαυμάζειν] Beiläufiger Seitenblick auf die chaotischen Zustände der damaligen Zeit, wodurch der Sprecher andeutet, dafs die an letzter Stelle genannte löbliche Enthaltung (οὔτε — πεπονθώς) freilich vergleichsweise leicht gewesen sei. τοῦτο μέν das allerdings; als Gegensatz schwebt vor (zu XII, 8): um so mehr aber meine sonstige Haltung, da es so leicht war, sich an anderen zu vergehen. — χαλεπὸν ἦν] warum, ergiebt sich aus XII, 93: συνωφελεῖσθαι ὑμᾶς οὐκ ἠξίουν. — οὐ τοίνυν οὐδέ] nimmt nach dem parenthetischen Gedanken die abgebrochene Aufzählung wieder auf:

εἰς τὸν κατάλογον Ἀθηναίων καταλέξας οὐδένα φανήσομαι οὐδὲ δίαιταν καταδιαιτησάμενος οὐδενὸς οὐδὲ πλουσιώτερος ἐκ τῶν ὑμετέρων γεγονὼς συμφορῶν. Καίτοι εἰ τοῖς τῶν γεγενημένων κακῶν αἰτίοις ὀργίζεσθε, εἰκὸς καὶ τοὺς μηδὲν
17 ἡμαρτηκότας βελτίους ὑφ' ὑμῶν νομίζεσθαι. Καὶ μὲν δή, ὦ ἄνδρες δικασταί, μεγίστην ἡγοῦμαι περὶ ἐμαυτοῦ τῇ δημοκρατίᾳ πίστιν δεδωκέναι. Ὅστις γὰρ τότ' οὐδὲν ἐξήμαρτον οὕτω πολλῆς δεδομένης ἐξουσίας, ἦ που νῦν σφόδρα προθυμηθήσομαι χρηστὸς εἶναι, εὖ εἰδὼς ὅτι, ἐὰν ἀδικῶ, παραχρῆμα δώσω δίκην. Ἀλλὰ γὰρ τοιαύτην διὰ τέλους γνώμην ἔχω,

'ferner auch nicht'. — εἰς — φανήσομαι] Diese Liste (κατάλογος) heifst Is. XVIII, 16 und XXI, 2 ὁ μετὰ Λυσάνδρου κατάλογος. Da daselbst die μετέχοντες τῆς πολιτείας gegenüber gestellt werden, so mufs diese vielleicht unter Lysandros' Zuziehung (μετὰ Λυσ.) angefertigte Liste die Namen derer enthalten haben, welche die Dreifsig, im Gegensatz zu den τρισχίλιοι, die, freilich fast nur als Figuranten, zu den Staatsgeschäften zugezogen wurden (auch diese heifsen, weil auch ihre Namen registriert wurden, Xen. Hell. II, 3, 52. 4, 28 οἱ ἐν καταλόγῳ), von der Ausübung der politischen Rechte namentlich ausschlossen; dieser Liste, einer Art von Proscriptionsliste, pflegten wohl die Gewalthaber ihre Opfer zu entnehmen. Vgl. Curtius, griech. Gesch. III, 16. — Ἀθηναίων] verb. mit οὐδένα und übersetze 'der athenischen Bürger' (zu XIII, 27), denn dafs er keinen Bürger an Leib, Gut oder Recht gekränkt, hebt er ebenso wie der Sprecher Is. XVIII, 16 hervor. — δίαιταν — καταδιαιτησάμενος] Über die Schiedsmänner (διαιτηταί) zu X, 6 und XXXII, 2. Bei der Zerrüttung des Rechtswesens können damals die staatlich bestellten Schiedsmänner schwerlich fungiert haben, da von diesen an die Heliäa appelliert werden konnte (Schömann, griech. Altert. I, 501). Dagegen konnte man leicht durch Vorschlag eines damals einflufsreichen Mannes zum Privatschiedsrichter einen Druck auf die Entschliefsung des Gegners üben oder auch die Entscheidung des Diäteten (die δίαιτα) selbst durch das Gewicht der eigenen Persönlichkeit beeinflussen (vgl. [D.] LII, 30) und so die Verurteilung des Gegners herbeiführen (καταδιαιτᾶσθαι). — πλουσιώτερος — συμφορῶν] zu XII, 93. — βελτίους] zu § 13.

§ 17. πίστιν] zu XII, 27. — ὅστις] nicht ὅς, weil nicht das Individuum, sondern an ihm eine besondere Eigenschaft hervorgehoben werden soll, welche zur Begründung des Hauptgedankens dient; insofern vertritt das Individuum die Gattung ebenso Gearteter, und der Satz nähert sich dem allgemeinen Gedanken. Also: 'ich, ein Mann, der — nichts verbrochen hat'. — ἦ που] zu XII, 35. — προθυμηθήσομαι] Das Futur beweist, dafs die Rede kurz nach Wiederherstellung der Verfassung gehalten ist (Einl. § 6); sonst würde der Sprecher nicht versprechen, sondern seine χρηστότης durch sein bürgerliches Verhalten seit der Restauration belegen. — παραχρῆμα — δίκην] ein Merkmal wohlgeordneter staatlicher Zustände; Is. XI, 25 in einer idealistischen Schilderung der Ägypter: τῶν ἁμαρτημάτων ἕκαστος οἴεται παραχρῆμα δώσειν δίκην. Wegen des παραχρῆμα vgl. auch Lys. fr. 75, 6: παραχρῆμα τοὺς τὰ τοιαῦτα ἐξαμαρτάνοντας τιμωρεῖται. — ἀλλὰ γάρ] wie XII, 99 eine Erörterung abbrechend. γάρ motiviert den Ab-

ὥστ' ἐν ὀλιγαρχίᾳ μὲν μὴ ἐπιθυμεῖν τῶν **ἀλλοτρίων**, ἐν δημοκρατίᾳ δὲ τὰ ὄντα προθύμως εἰς ὑμᾶς ἀναλίσκειν.

Ἡγοῦμαι δ', ὦ ἄνδρες δικασταί, οὐκ ἂν δικαίως ὑμᾶς 18
μισεῖν τοὺς ἐν τῇ ὀλιγαρχίᾳ μηδὲν πεπονθότας κακόν, ἐξὸν ὀργίζεσθαι τοῖς εἰς τὸ πλῆθος ἐξημαρτηκόσιν, οὐδὲ τοὺς μὴ φυγόντας ἐχθροὺς νομίζειν, ἀλλὰ τοὺς ὑμᾶς ἐκβαλόντας, οὐδὲ τοὺς προθυμουμένους τὰ ἑαυτῶν σῶσαι, ἀλλὰ τοὺς τὰ τῶν ἄλλων ἀφῃρημένους, οὐδ' οἳ τῆς σφετέρας αὑτῶν σωτηρίας **ἕνεκ'** ἔμειναν ἐν τῷ ἄστει, ἀλλ' οἵτινες ἑτέρους ἀπολέσαι βουλόμενοι μετέσχον τῶν πραγμάτων. Εἰ δ' οἴεσθε χρῆναι, οὓς ἐκεῖνοι παρέλιπον ἀδικοῦντες, ὑμεῖς ἀπολέσαι, οὐδεὶς τῶν πολιτῶν ὑπολειφθήσεται.

Σκοπεῖν δὲ χρὴ καὶ ἐκ τῶνδε, ὦ ἄνδρες δικασταί. Πάντες 19
γὰρ ἐπίστασθ' ὅτι ἐν τῇ προτέρᾳ δημοκρατίᾳ τῶν **τὰ τῆς**

bruch ('aber ja', at enim), nicht eigentlich einen zu ergänzenden Zwischengedanken, dessen Supplierung nur für unser Denken das Verständnis der begründenden Partikel nach der adversativen fördert (vgl. Anh.). — *τοιαύτην γνώμην ἔχω*] Mit Rückblick **auf die** Auseinandersetzung § 12—16 **führt** der Sprecher seine angefochtene bürgerliche Haltung auf **die Basis** politischer Moral **zurück: dem** legitimen Staate gegenüber kein Opfer zu scheuen, zur Zeit der Anarchie fremdes Eigentum zu respektieren, jenes eine oft betonte Bürgerpflicht (XIX, 9. 56. XXI, 15. 22. XXVI, 3. 22. Is. XV, 94. XVIII, 63. [D.] XLIX, 46 u. ö.), dies ein Fundamentalsatz griechischer Ethik, wurzelnd in dem Gebote **στέργε** *τὰ παρόντα* (zu XII, 78); **denn** *ἐπιθυμεῖν τῶν ἀλλοτρίων, ἐπιβουλεύειν τοῖς ἀλλοτρίοις* charakterisiert den Sykophanten (Is. XV, 24. 99. 230. XXI, 15), weshalb die Sprecher vor Gericht oft gegen solche Beschuldigung protestieren (Is. XV, 198. XVII, 1. XVIII, 63).

§ 18. *ἡγοῦμαι δὲ κτλ.*] Über die Übergangsform s. Anh. Ähnlicher Gedanke (Lys.) XX, 8. Daſs trotz der Aussöhnung auf Seiten der Patrioten eine erklärliche Erbitterung gegen die Fraktion derer *ἐν ἄστει* herrschte, ergiebt sich aus § 28. Invidiöse Seitenhiebe auf die letzteren fehlen nicht; vgl. XVIII, 19. — *ἔμειναν ἐν τῷ ἄστει*] Der Artikel, weil nicht der **Name** der Partei (die Parteistellung perhorresciert ja der Sprecher ausdrücklich), **sondern** die Bezeichnung des Lokals vorliegt; ebenso XXXI, 13 *οἱ ἐν τῷ ἄστει γενόμενοι*. Die Partei immer *οἱ ἐν ἄστει, ἐξ ἄστεος* (zu XII, 52). — *οἳ — οἵτινες*] *οἳ* faſst die betreffenden Individuen, *οἵτινες* die Gattung der *ἑτέρους ἀπολέσαι βουλόμενοι* ins Auge. — *μετέσχον*] zu XVI, 3. — *τῶν πραγμάτων*] zu XIII, 60. — *χρῆναι ὑμεῖς ἀπολέσαι*] der Subjekts- (anderwärts der Prädikats-) Nominativ trotz der Verbindung des Infin. mit dem regierenden Verb durch *χρῆναι* nach Kr. 55, 2, 2. Bei Lysias noch XXX, 8 (vgl. zu X, 14), sehr häufig bei Demosthenes, nicht selten bei Xenophon. Ebenso selbst bei *ἀνάγκην εἶναι* Xen. Hier. 2, 8: *αὐτοὶ ὡπλισμένοι οἴονται ἀνάγκην εἶναι διάγειν*. — *οὐδεὶς τῶν πολιτῶν*] natürlich nur von der städtischen Fraktion.

§ 19. Exemplifikation des Satzes, **daſs** man nicht alle für das Unrecht weniger verantwortlich machen dürfe. — *σκοπεῖν δὲ χρὴ καί*] Über diese Übergangsform vgl. Anh. — *ἐν τῇ προτέρᾳ δη-*

πόλεως πραττόντων πολλοὶ μὲν τὰ δημόσια ἔκλεπτον, ἔνιοι δ' ἐπὶ τοῖς ὑμετέροις ἐδωροδόκουν, οἱ δὲ συκοφαντοῦντες τοὺς συμμάχους ἀφίστασαν. Καὶ εἰ μὲν οἱ τριάκοντα τούτους μόνους ἐτιμωροῦντο, ἄνδρας ἀγαθοὺς καὶ ὑμεῖς ἂν αὐτοὺς ἡγεῖσθε· νῦν δ', ὅτι ὑπὲρ τῶν ἐκείνοις ἡμαρτημένων τὸ πλῆθος κακῶς ποιεῖν ἠξίουν, ἠγανακτεῖθ' ἡγούμενοι δεινὸν εἶναι τὰ τῶν ὀλίγων ἀδικήματα πάσῃ τῇ πόλει γίγνεσθαι κοινά.

20 Οὐ τοίνυν ἄξιον χρῆσθαι τούτοις, οἷς ἐκείνους ἑωρᾶτ' ἐξαμαρτάνοντας, οὐδ' ἃ πάσχοντες ἄδικα ἐνομίζετε πάσχειν, ὅταν ἑτέρους ποιῆτε, δίκαια ἡγεῖσθαι, ἀλλὰ τὴν αὐτὴν κατελθόντες περὶ ἡμῶν γνώμην ἔχετε, ἥνπερ φεύγοντες περὶ ὑμῶν αὐτῶν εἴχετε· ἐκ τούτων γὰρ καὶ ὁμόνοιαν πλείστην ποιήσετε καὶ ἡ πόλις ἔσται μεγίστη καὶ τοῖς ἐχθροῖς ἀνιαρότατα ψηφιεῖσθε.

μοκρατίᾳ] zu XII, 65. — *τὰ δημόσια ἔκλεπτον*] Die maſslose Habsucht der Staatsmänner auf Kosten des Staates ist ein zu allen Zeiten mit allen Variationen behandeltes Thema der Redner, das *πλούσιον γενέσθαι ἐκ τῶν δημοσίων* eine häufige Anklage. Aus Lysias vgl. XXI, 13. XXVII, 6. 9. 11. XXVIII, 1. XXX, 26; ebenso Is. VII, 25. VIII, 124. XII, 140, besonders häufig Demosth., wie III, 29. VIII, 66. XXI, 189. XXIII, 208. XXIV, 2. 124. Daher klagt sich der Demos Arist. Ri. 1127 selbst an: *κλέπτοντα βούλομαι τρέφειν ἕνα προστάτην*. Vgl. Xen. Anab. IV, 6, 16: *ἀλλὰ μέντοι, ἔφη ὁ Χειρίσοφος, κἀγὼ ὑμᾶς τοὺς Ἀθηναίους ἀκούω δεινοὺς εἶναι κλέπτειν τὰ δημόσια*, und zu XII, 93. — *ἐπὶ τοῖς ὑμετέροις*] 'auf Kosten eurer Interessen', wie XXIX, 11: *οὗτος τὰ τῆς πόλεως Ἐργοκλεῖ συνῄδει κλέπτοντι καὶ ἐπὶ τοῖς ὑμετέροις δωροδοκοῦντι*, deutlicher Dein. II, 26: *δῶρα δεχόμενον ἐπὶ τοῖς τῆς πατρίδος συμφέρουσιν*. Über *ἐπί* Kr. 68, 41, 7; *τὰ ὑμέτερα* wie § 21. XIV, 45. Isae. VII, 37 (*εἰς τὰ ὑμέτερα προθυμότατος*). — *συκοφ. ἀφίστασαν*] Ein solcher Sykophant führt sich Arist. Vö. 1422 selbst ein als *κλητὴρ νησιωτικός* (*ὁ τοὺς τὰς νήσους οἰκοῦντας συκοφαντῶν καὶ εἰς δικαστήριον ἄγων* Schol.). Durch derlei Chicanen bereicherten sich nicht nur die Strategen (zu XIX, 52) und die in die bundesgenössischen Städte gesandten Oberbeamten (*ἐπίσκοποι*) und Steuereinnehmer (*ἐκλογεῖς*), sondern auch sykophantische Demagogen mit Benutzung des den Bundesgenossen auferlegten athenischen Gerichtszwanges in allen Kriminalsachen. — *τούτους μόνους*] zu XII, 5. — *ἐτιμωροῦντο — ἂν ἡγεῖσθε*] Über die Imperfecta zu XIII, 36. — *τῶν ὀλίγων*] Der mit Unrecht verdächtigte Artikel bezeichnet 'die Minderzahl' im Gegensatz zur Gesamtheit, wie öfter im Gegensatz zur Mehrzahl (*οἱ πολλοί*), z. B. Is. IV, 105: *δεινὸν ἡγούμενοι τοὺς πολλοὺς ὑπὸ τοῖς ὀλίγοις εἶναι*. Aesch. III, 234: *ὅτι ἐπὶ τῶν νυνὶ καιρῶν οἱ πολλοὶ τοῖς ὀλίγοις προΐεσθε τὰ τῆς δημοκρατίας ἰσχυρά, οὐκ ἐπαινῶ*. D. XXII, 67. Xen. Mem. I, 2, 45. Hipparch. 7, 11. Plat. Br. VII, 351b.

§ 20. *τούτοις*] 'die Grundsätze', wie *μένειν ἐν τοῖς αὐτοῖς* Is. XII, 42. — *ἑτέρους*] wie im vorliegenden Falle der Masse der städtischen Fraktion, wenn sie für die Übelthaten der Machthaber zur Verantwortung gezogen werden sollte. (vgl. Anh.). — *ἔχετε*] Mit dem Imperativ löst sich die Rede von dem *ἄξιον*, und das Axiom geht in die darauf begründete Aufforderung über; bei Lysias so nur noch XXX, 6. — *ὁμόνοιαν*] zu

Ἐνθυμηθῆναι δὲ χρή, ὦ ἄνδρες δικασταί, καὶ τῶν ἐπὶ 21
τῶν τριάκοντα γεγενημένων, ἵνα τὰ τῶν ἐχθρῶν ἁμαρτήματ'
ἄμεινον ὑμᾶς ποιήσῃ περὶ τῶν ὑμετέρων αὐτῶν βουλεύσασθαι.
ὅτε μὲν γὰρ ἀκούοιτε τοὺς ἐν ἄστει τὴν αὐτὴν γνώμην ἔχειν,
μικρὰς ἐλπίδας εἴχετε τῆς καθόδου, ἡγούμενοι τὴν ἡμετέραν
ὁμόνοιαν μέγιστον κακὸν εἶναι τῇ ὑμετέρᾳ φυγῇ· ἐπειδὴ δ' 22
ἐπυνθάνεσθε τοὺς μὲν τρισχιλίους στασιάζοντας, τοὺς ἄλλους
δὲ πολίτας ἐκκεκηρυγμένους ἐκ τοῦ ἄστεος, τοὺς δὲ τριάκοντα
μὴ τὴν αὐτὴν γνώμην ἔχοντας, πλείους δ' ὄντας τοὺς ὑπὲρ
ὑμῶν δεδιότας ἢ τοὺς ὑμῖν πολεμοῦντας, τότ' ἤδη καὶ κατιέναι
προσεδοκᾶτε καὶ παρὰ τῶν ἐχθρῶν λήψεσθαι δίκην. Ταῦτα
γὰρ τοῖς θεοῖς εὔχεσθε, ἅπερ ἐκείνους ἑωρᾶτε ποιοῦντας,

§ 23. — *τοῖς ἐχθροῖς — ψηφιεῖσθε*] weiter ausgeführt § 23 f. Wegen des Adjekt. *ἀνιαρός* vgl. Proleg. S. 11, Anm. **73**, wo diese Stelle hinzuzufügen.

§ 21. Ausführung des Gedankens, daſs Eintracht das beste Mittel zur Erhaltung der bestehenden Ordnung der Dinge sei. — *ἐνθυμηθῆναι τῶν — γεγενημένων*] *ἐνθυμεῖσθαι* mit dem Genitiv 'Rücksicht nehmen' (Anh. zu § 13). — *ἁμαρτήματα*] 'Fehlgriffe', wie And. III, 32: *τὰ παραδείγματα τῶν ἁμαρτημάτων ἱκανὰ τοῖς σώφροσιν ὥστε μηκέτι ἁμαρτάνειν.* Is. VIII, 60: *οὐ χρὴ ἐν τοῖς τῶν ἐχθρῶν ἁμαρτήμασι τὰς ἐλπίδας ἔχειν τῆς σωτηρίας.* Aesch. II, 75: *ἔφην δεῖν μιμεῖσθαι τὰς τῶν προγόνων εὐβουλίας, τὰ δὲ ἁμαρτήματα αὐτῶν φυλάττεσθαι.* — Zum Gedanken vgl. Arist. Vö. 375: *ἀπ' ἐχθρῶν πολλὰ μανθάνουσιν οἱ σοφοί.* — *τὴν αὐτὴν γνώμην ἔχειν*] sc. *ἀλλήλοις*, 'einmütig sein', wie § 22. XXXIII, 6; ebenso *ταὐτὰ γιγνώσκειν* (D.) XIII, 15. Herod. IX, 2 und *ταὐτὰ* (*τοῦτὸ*) *φρονεῖν* Herod. I, 60. V, 72. — *μέγιστον — φυγῇ*] als Hindernis gewaltsamer wie vertragsmäſsiger Rückkehr. Ähnlich Theramenes bei Xen. Hell. II, 3, 44: *εἰ τὸ κράτιστον τῆς πόλεως προσφιλῶς ἡμῖν* (*τοῖς τριάκοντα*) *εἶχεν, οἶμαι χαλεπὸν ἂν ἡγεῖσθαι* (*τοὺς φυγάδας*) *εἶναι καὶ τὸ ἐπιβαίνειν ποι τῆς χώρας.*

§ 22. *τοὺς τρισχιλίους*] zu § 16. — *στασιάζοντας*] namentlich nach dem Treffen in Munychia. Xen. Hell. II, 4, 33: *τῶν τρισχιλίων ὅπου ἕκαστοι τεταγμένοι ἦσαν, πανταχοῦ διεφέροντο πρὸς ἀλλήλους.* Vgl. auch Lys. XII, 56. — *τοὺς ἄλλους δὲ πολίτας*] Über die Stellung des *δέ* vgl. de arg. ex contr. S. 115 und zu XII, 6. — *ἐκκεκηρυγμένους ἐκ τοῦ ἄστεος*] zu XII, 95. — *τοὺς ὑπὲρ ὑμῶν δεδιότας*] die geheimen Freunde der Verbannten, die, vielleicht wie der Sprecher anfangs durch das Auftreten der Dreiſsig (zu XII, 5) bestochen, doch bald dem Terrorismus derselben ein Ziel gesetzt wünschten; vgl. zu XII, 52. — *τοὺς ὑμῖν πολεμοῦντας*] Zuverlässig waren auſser den lakedäm. Söldnern (zu XII, 94) nur die *ἱππεῖς* (Einl. zu Rede XVI, § 1); den Dreitausend traute man nach dem Sturze der Dreiſsig nicht mehr (Xen. Hell. II, 4, 24). — *τότ' ἤδη*] zu XII, 66. — *ταῦτα τοῖς θεοῖς εὔχεσθε*] Die Sentenz hat sprichwörtlichen Klang; vgl. D. VIII, 20: *εἴθ' ἃ Φίλιππος ἂν εὔξαιτο τοῖς θεοῖς, ταῦθ' ὑμῶν τινες ἐνθάδε πράττουσιν;* Is. VIII, 127: *φαίνεται τὰ ἀμελούμενα τοσαύτην εἰληφότα τὴν ἐπίδοσιν, ὅσην οὐδ' ἂν εὔξασθαι τοῖς θεοῖς πρότερον ἠξίωσαν.* Aesch. III, 147. Dein. I, 65. In einem Musterbeispiele beim Rhetor Hermogenes (II, 182 Sp.): *τοῖς πολεμίοις δι'*

ἡγούμενοι διὰ τὴν τῶν τριάκοντα πονηρίαν πολὺ μᾶλλον
23 σωθήσεσθαι ἢ διὰ τὴν τῶν φευγόντων δύναμιν κατιέναι. Χρὴ τοίνυν, ὦ ἄνδρες δικασταί, τοῖς πρότερον γεγενημένοις παραδείγμασι χρωμένους βουλεύεσθαι περὶ τῶν μελλόντων ἔσεσθαι καὶ τούτους ἡγεῖσθαι δημοτικωτάτους, οἵτινες ὁμονοεῖν ὑμᾶς βουλόμενοι τοῖς ὅρκοις καὶ ταῖς συνθήκαις ἐμμένουσι, νομίζοντες καὶ τῆς πόλεως ταύτην ἱκανωτάτην εἶναι σωτηρίαν καὶ τῶν ἐχθρῶν μεγίστην τιμωρίαν· οὐδὲν γὰρ ἂν εἴη αὐτοῖς χαλεπώτερον τούτων, ἢ πυνθάνεσθαι μὲν ἡμᾶς μετέχοντας τῶν πραγμάτων, αἰσθάνεσθαι δ' οὕτως διακειμένους τοὺς πολίτας, ὥσπερ μηδενὸς ἐγκλήματος πρὸς ἀλλήλους γεγενημένου.

εὐχῆς ἐστι μὴ καταδέξασθαι τοὺς πολίτας ἡμᾶς ἐνθάδε. — ἐκείνους] τοὺς ἐχθρούς. — σωθήσεσθαι — κατιέναι] Man hat einen der beiden Infin. als zum Verständnis unnötig (über σωθήσεσθαι als Synonym zu κατιέναι vgl. zu XIII, 79) beseitigen wollen; aber Lys. liebt den Abschlufs paralleler Satzglieder durch verwandte Begriffe, um das Isokolon (Proleg. § 13) zu erzielen; vgl. XII, 7 (und die ähnlichen Beispiele im Anh.). ebenda § 99. XIII, 2. XIV, 13. XV, 8. XVI, 13. XXI, 19. XXVIII, 4 (unten § 25: συμβουλεύουσιν — ἐλυσιτέλησεν = παραινῶ — συμφέρει).

§ 23. χρὴ — ἔσεσθαι] Wiederholung des § 21 ausgesprochenen Gedankens, zum Teil auch der dort gebrauchten Worte (χρή, ὦ ἄ. δ. — τῶν — γεγενημένων — βουλεύσασθαι = χρή, ὦ ἄ. δ., τοῖς — γεγενημένοις — βουλεύεσθαι); zu XII, 95. — δημοτικωτάτους] Mit diesem oft unverdienten Prädikate ('Volksfreund', popularis Cic. Phil. VII, 2, 4 und öfters in den agrarischen Reden) renommierte man gern vor dem Volke (XXVIII, 12. XXX, 9. 15. Is. XVIII, 48. Dein. I, 9. [D.] XII, 19). Daher nicht selten Hinweisungen auf das wahre Wesen des ἀνὴρ δημοτικός, wie Is. XVIII, 62. Xen. Mem. I, 2, 60. Aesch. III, 168 (vgl. D. XVIII, 122). — ὁμονοεῖν] Der oft hervorgehobene Zielpunkt besonnener innerer Politik bei der damaligen Zerrüttung des Staates; oben § 20. XVIII, 17. Is. XVIII, 44. Xen. Mem. IV, 4, 16: οἱ ἄριστοι ἄνδρες παρακελεύονται τοῖς πολίταις ὁμονοεῖν. Vgl. zu § 27. — τοῖς ὅρκοις καὶ ταῖς συνθήκαις] zu XIII, 88. — ἐμμένουσι] in ihren Reden und Ratschlägen. — ταύτην] τὸ ἐμμένειν τοῖς ὅρκοις καὶ ταῖς συνθήκαις; zu § 13. — τῶν ἐχθρῶν] wie § 6 die aus dem Vaterlande entwichenen Anhänger der Oligarchie, wie Batrachos (Pseudolys. VI, 45, zu XII, 48), die der Amnestie nicht trauten, dieselben, die § 24 οἱ φεύγοντες heifsen. Dafs ihre Zahl nicht gering war, beweist der auf ihre Rückberufung abzielende Antrag des Phormisios (Lys. XXXIV, ὑπόθεσις); doch scheinen sie eine Bedeutung weiter nicht gewonnen zu haben. — χαλεπώτερον τούτων ἤ] Beim Komparativ wird nicht selten der Vergleichungssatz durch den Genitiv eines pron. relat. oder demonstr. angekündigt, an welchen sich dann der erstere epexegetisch anschliefst (Kr. 47, 27, 8). So wie hier X, 28. (Lys.) II, 73; das Relativ D. XV, 4: οὗ μεῖζον οὐδὲν ἂν ὑμῖν γένοιτ' ἀγαθόν, ἢ — ἀνυπόπτου τυχεῖν εὐνοίας (ebenso im Latein., wie Cic. de nat. deor. II, 15, 38: quo quid absurdius, quam res sordidas deorum honore afficere? de prov. cons. 15, 36). — ἡμᾶς — τῶν πραγμάτων] 'dafs wir zugelassen sind zu den verfassungsmäfsigen Rechten'; vgl. zu XII, 65. — ὥσπερ μηδενός] Zum Gedanken vgl. Is. XVIII, 46: οὕτω καλῶς καὶ κοινῶς

Χρὴ δ' εἰδέναι, ὦ ἄνδρες δικασταί, ὅτι οἱ φεύγοντες τῶν ἄλλων 24
πολιτῶν ὡς πλείστους καὶ διαβεβλῆσθαι καὶ ἠτιμῶσθαι βούλονται, ἐλπίζοντες τοὺς ὑφ' ὑμῶν ἀδικουμένους ἑαυτοῖς ἔσεσθαι συμμάχους, τοὺς δὲ συκοφάντας εὐδοκιμεῖν δέξαιντ' ἂν **παρ'** ὑμῖν καὶ μέγα δύνασθαι ἐν τῇ πόλει· τὴν γὰρ τούτων πονηρίαν ἑαυτῶν ἡγοῦνται σωτηρίαν.

Ἄξιον δὲ μνησθῆναι καὶ τῶν μετὰ τοὺς τετρακοσίους 25
πραγμάτων· **εὖ** γὰρ εἴσεσθ' ὅτι, ἃ μὲν οὗτοι συμβουλεύουσιν, **οὐδεπώποθ'** ὑμῖν ἐλυσιτέλησεν, ἃ δ' ἐγὼ παραινῶ, ἀμφοτέραις ἀεὶ ταῖς πολιτείαις συμφέρει. Ἴστε γὰρ Ἐπιγένην καὶ Δημοφάνην καὶ Κλεισθένην ἰδίᾳ μὲν καρπωσαμένους τὰς τῆς πόλεως συμφοράς, δημοσίᾳ δ' ὄντας μεγίστων κακῶν αἰτίους.

πολιτευόμεθα, ὥσπερ οὐδεμιᾶς ἡμῖν συμφορᾶς γεγενημένης.

§ 24. ἠτιμῶσθαι] durch Ausschlufs von den Ämtern. — ἐλπίζοντες — συμμάχους] Ähnlich Theramenes gegenüber der Mafslosigkeit seiner Amtsgenossen von den exilierten Patrioten: ἐγὼ οἶμαι νῦν μὲν τοὺς φυγάδας νομίζειν συμμάχων πάντα μεστὰ εἶναι Xen. Hell. II, 3, 44. — τοὺς συκοφάντας — δέξαιντ' ἂν] deren Treiben ihnen Aussicht eröffnet auf den Umsturz der demokrat. Verfassung (§ 26 f.). Ausführlich erörtert diesen Satz Plat. Staat VIII, 564^{b-e}. Vgl. zu § 27. — δέξαιντ' ἂν] δέχεσθαι 'mögen', fast = βούλεσθαι, wie XXI, 12: οὐκ ἂν δεξαίμην ὑβρισθῆναι. Is. VIII, 93. XV, 44: πολλάκις εἴρηκα, ὅτι δεξαίμην ἂν ἅπαντας εἰδέναι τοὺς πολίτας τὸν βίον ὃν ζῶ. Plat. Phaedr. 239^{e}, wo ἂν δέξαιτο = einem vorhergehenden εὔξαιτ' ἄν. Ebenso unten § 32 μᾶλλον δέχεσθαι ἤ (vgl. Xen. Hell. V, 1, 14. Is. III, 16. VI, 67. IX, 35. Br. IX, 12. Plat. Lys. 211^{e}) und mit unterdrücktem μᾶλλον X, 21. XI, 7. — πονηρίαν — σωτηρίαν] wohl beabsichtigter Gleichklang (παρόμοιον). Diese Form des Wortspiels bei Lys. und Pseudolys. nicht eben häufig: II, 3: μνήμη — φήμη (wie Is. IV, 186). ebenda § 69: οἰκτρός — εὐκτός. XXX, 21: εὐσέβεια — εὐτέλεια. XXXI, 26: δουλεύειν — βουλεύειν. XXXII, 22: γράμματα — χρήματα; fr. 84: σώματα — χρήματα. **Auch** σωτηρία — τιμωρία § 23 und II, 16 ist wohl nicht zufällig. Vgl. noch zu XII, 38.

§ 25. Weitere Ausführung des Gedankens, dafs das Treiben der Sykophanten die bestehende Ordnung der Dinge gefährde, erwiesen an dem Beispiele derer, die nach dem Sturze der 400 das Volk von der ursprünglichen Mäfsigung zu extremen Mafsregeln trieben und den Staat an den Rand des Verderbens brachten. — ἄξιον δὲ μνησθῆναι καί] Über diesen Übergang vgl. Anh. — ἃ οὗτοι συμβουλεύουσιν] Rache an den Parteigegnern. — ἃ ἐγὼ παραινῶ] die ὁμόνοια. — ἀεί] 'in jedem Falle'. Zur Stellung vgl. διὰ παντὸς ἀεὶ τοῦ χρόνου D. XX, 142. Xen. Kyr. VIII, 2, 1. — ἴστε γάρ] Da das Folgende zur Begründung des Satzes ἃ μὲν οὗτοι — ἐλυσιτέλησεν dient, ergiebt sich, dafs die drei Genannten eben die οὗτοι, die Ankläger, sind. Sie sind sonst nicht bekannt (denn die Identität des Kleisthenes mit dem oft von Aristophanes verspotteten Wüstling dieses Namens ist sehr zweifelhaft) und müssen dem Redner als Sündenböcke für andere bedeutendere Demagogen, wie Kleophon, dienen. — ἰδίᾳ καρπωσαμένους τὰς — συμφοράς] Ähnlich wirft Dionysios bei Diodor XIII, 91 den Optimaten vor: οἱ δυνατώτατοι τὰς τῆς πατρίδος συμφορὰς ἰδίας ἡγοῦνται προσόδους.

26 Ἐνίων μὲν γὰρ ἔπεισαν ὑμᾶς ἀκρίτων θάνατον καταψηφίσασθαι, πολλῶν δ' ἀδίκως δημεῦσαι τὰς οὐσίας, τοὺς δ' ἐξελάσαι καὶ ἀτιμῶσαι τῶν πολιτῶν· τοιοῦτοι γὰρ ἦσαν, ὥστε τοὺς μὲν ἡμαρτηκότας ἀργύριον λαμβάνοντες ἀφιέναι, τοὺς δὲ μηδὲν ἠδικηκότας εἰς ὑμᾶς εἰσιόντες ἀπολλύναι. Καὶ οὐ πρότερον ἐπαύσαντο, ἕως τὴν μὲν πόλιν εἰς στάσεις καὶ τὰς μεγίστας συμφορὰς κατέστησαν, αὐτοὶ δ' ἐκ πενήτων πλούσιοι
27 ἐγένοντο· ὑμεῖς δ' οὕτως διετέθητε, ὥστε τοὺς μὲν φεύγοντας

§ 26. Zu der Schilderung demagogischer Zügellosigkeit vgl. Plat. Gorg. 466[d]: ἀποκτιννύασιν οἱ ῥήτορες οὓς ἂν βούλωνται, ὥσπερ οἱ τύραννοι, καὶ χρήματα ἀφαιροῦνται καὶ ἐξελαύνουσιν ἐκ τῶν πόλεων ὃν ἂν δοκῇ αὐτοῖς. — ἀκρίτων] Symptom tiefer staatlicher Zerrüttung; zu XII, 17. Vielleicht spielt der Sprecher auf den Feldherrnprozefs (zu XII, 36) an, da ἄκριτος auch von der Versagung der gesetzlichen Gerichtsformen steht (zu XII, 82); dafs das Volk dabei παρωξύνθη ἀδίκως ὑπὸ τῶν δημαγωγῶν, bezeugt ausdrücklich Diodor XIII, 102. — δημεῦσαι τὰς οὐσίας] Über das Unwesen der δήμευσις, bei welcher die Demagogen nicht am schlechtesten wegkamen, Einl. zu Rede XIX, § 1. — τοιοῦτοι] 'Leute solchen Schlages, solche Subjekte', wie D. XXXIX, 33: τοιοῦτος ἦσθα, ὥστε ποιήσασθαι μὲν σαυτὸν ἀναγκάσαι, ἐξ ὅτου δ' ἀρέσεις τῷ πατρὶ τρόπου μὴ σκοπεῖν, und öfters τοιοῦτος γὰρ ἦν u. dgl. parenthetisch oder erklärend nachgesetzt, wie Xen. Hell. V, 4, 4: οἱ δέ, ἦσαν γὰρ τοιοῦτοι, μάλα ἡδέως προσεδέχοντο νυκτερεύειν. Isae. II, 37. Dein. I, 81. 82. Arist. Wesp. 285, auch vorausgeschickt D. XXI, 203. — λαμβάνοντες] jedesmal, daher nicht λαβόντες. — τοὺς μηδὲν ἠδικηκότας] wenn sie sich im Bewufstsein ihrer Unschuld nicht zu einem Handel mit den Sykophanten herbeiliefsen. — εἰς ὑμᾶς εἰσιόντες] als Ankläger; zu XIII, 12. — οὐ πρότερον — ἕως] zu XII, 71.

§ 27. Summarische Angabe der Symptome der Zerrüttung des Staates infolge des Treibens der Sykophanten, ohne Rücksicht auf die chronologische Aufeinanderfolge der einzelnen Punkte; denn die Rückberufung der Verbannten erfolgte erst nach dem Abschlufs des Friedens mit Lakedämon (zu XII, 77), die Wiederherstellung der ganz oder teilweise ihrer bürgerlichen Ehrenrechte Beraubten, welche schon vor der Schlacht bei Ägospotamoi Aristophanes (Frö. 692 ff.) dringend angeraten hatte, und in Verbindung damit ein feierlicher Versöhnungsakt (ὅρκοι περὶ ὁμονοίας) der Bürger auf der Akropolis schon während der Belagerung (Xen. Hell. II, 2, 11. And. I, 73. 76). Rückberufung der Verbannten und Rehabilitation der ἄτιμοι kennzeichnen als äufserste Mafsregeln die tiefste Erschütterung des Staates; Cic. in Verr. II, 5, 6, 12: perditae civitates desperatis iam omnibus rebus hos solent exitus exitiales habere, ut damnati in integrum restituantur, vincti solvantur, exules reducantur, res iudicatae rescindantur, quae cum accidunt, nemo est quin intellegat ruere illam rempublicam. Zu ähnlichen Mitteln griff man beim Anzug der Perser (And. I, 107), nach der Schlacht bei Chäroneia (Lyk. 41. Schäfer, Demosth. und seine Zeit III, 6 ff.). Aber auch die gegenseitige feierliche Verpflichtung der Bürger zur Eintracht, unter Umständen ein gesetzlich vorgeschriebener politischer Akt (Xen. Mem. IV, 4, 16), ist Merkmal der höchsten Bedrohung des Staates, eine Präventivmafsregel gegen στάσις (Lys. XVIII, 17) in einer Zeit, wo alle Kräfte zusammenwirken müssen (vgl. [D.] XXVI,

κατεδέξασθε, τοὺς δ' ἀτίμους ἐπιτίμους ἐποιήσατε, τοῖς δ'
ἄλλοις περὶ ὁμονοίας ὅρκους ὤμνυτε· τελευτῶντες δ' ἥδιον
ἂν τοὺς ἐν τῇ δημοκρατίᾳ συκοφαντοῦντας ἐτιμωρήσασθ' ἢ
τοὺς ἄρξαντας ἐν τῇ ὀλιγαρχίᾳ· καὶ εἰκότως, ὦ ἄνδρες δικα-
σταί· πᾶσι γὰρ ἤδη φανερόν ἐστιν, ὅτι διὰ τοὺς μὲν ἀδίκως
πολιτευομένους ἐν τῇ ὀλιγαρχίᾳ δημοκρατία γίγνεται, διὰ δὲ
τοὺς ἐν τῇ δημοκρατίᾳ συκοφαντοῦντας ὀλιγαρχία δὶς κατέστη.
Ὥστ' οὐκ ἄξιον τούτοις χρῆσθαι συμβούλοις, οἷς οὐδ' ἅπαξ
ἐλυσιτέλησε πολλάκις πειθομένοις. Σκέψασθαι δὲ χρή, ὅτι καὶ 28
τῶν ἐκ Πειραιῶς οἱ μεγίστην δόξαν ἔχοντες καὶ μάλιστα κεκιν-
δυνευκότες καὶ πλεῖσθ' ὑμᾶς ἀγαθὰ εἰργασμένοι πολλάκις ἤδη
τῷ ὑμετέρῳ πλήθει διεκελεύσαντο τοῖς ὅρκοις καὶ ταῖς συν-

11), wie sie nach And. I, 107 auch im J. 490 getroffen ward. — τοῖς δ' ἄλλοις] nicht als ob nicht auch die rehabilitierten ἄτιμοι in diesen Akt mit eingeschlossen worden wären, sondern der Sprecher unterscheidet die drei öffentlichen Akte nach den drei Kategorien der Bürger, bei denen je nach ihrer besonderen polit. Lage jeder erforderlich war, die κάθοδος bei den Exulanten, bei den ἄτιμοι die restitutio in integrum, bei den übrigen (wo es dieser nicht bedurfte) der Eintrachtseid. — ὤμνυτε] redet die Richter nicht als Repräsentanten des Demos überhaupt, sondern in Bezug auf τοῖς ἄλλοις als Bruchteil desselben an. — ἥδιον ἄν] wenn ihr es hättet ermöglichen können. Die Dreifsig übernahmen dann diese Aufgabe (zu XII, 5). — ἐν τῇ — ὀλιγαρχίᾳ] des Jahres 411. Selbst die Führer der damaligen Oligarchie waren euch weniger zuwider als die sykophantischen Hetzer. — καὶ εἰκότως] wie D. LVII, 33 und καὶ δικαίως (D.) XXV, 85; gewöhnlich fehlt καί, dagegen im Latein. in der Regel et recte (Cic. Tusc. V, 41, 118. Brut. 51, 191), nec injuria (Cic. de off. II, 11, 38. de orat. I, 33, 150, p. Rosc. Am. 40, 116) u. s. w. (vgl. Anh.). — ἤδη] nach den Erfahrungen des letzten Decenniums. — διὰ τοὺς μὲν — γίγνεται] Arist. Polit. VIII, 6, S. 204 Bekker: αἱ ὀλιγαρχίαι μεταβάλλουσιν, ἐὰν ἀδικῶσι τὸ πλῆθος. — διὰ τοὺς μὲν — διὰ δὲ τοὺς] Die Stellung des μέν wie Is. VIII, 21: ἐν ταῖς μὲν ἀσφαλείαις — ἐν δὲ τοῖς κινδύνοις. Aesch. III, 184: ἐπὶ τῷ μὲν πρώτῳ τῶν Ἑρμῶν — ἐπὶ δὲ τῷ δευτέρῳ (de arg. ex contr. S. 116). — διὰ δὲ τοὺς — κατέστη] Arist. Polit. VIII, 5, S. 202: αἱ δημοκρατίαι μάλιστα μεταβάλλουσι διὰ τὴν τῶν δημαγωγῶν ἀσέλγειαν κτλ. Denn Übermafs und Misbrauch der Volksfreiheit führt zum Umsturz derselben. Plat. Staat VIII, 564ᵃ: ἡ ἄγαν ἐλευθερία ἔοικεν οὐκ εἰς ἄλλο τι ἢ εἰς ἄγαν δουλείαν μεταβάλλειν. Cic. de rep. I, 44, 68. — οἷς — πειθομένοις] οἷς ist Objektsdativ zu πειθομένοις, wozu sich leicht ὑμῖν ergänzt, und gehört nur dem Ptcp. an (Kr. 51, 9, 2; vgl. zu XIV, 16); zu ἐλυσ. ist aus πειθομ. der Infin. πείθεσθαι zu entnehmen: quibus saepe obtemperantibus vobis ne semel quidem profuit. Wir: 'durch die ihr euch oft bestimmen liefset, ohne dafs es euch auch nur ein Mal Nutzen brachte'.

§ 28. τῶν — ἔχοντες] Gegenüber dem Fanatismus einer extremen Partei (Einl. § 2) sprach vor allen Thrasybul (Nepos Thras. 3. Xen. Hell. II, 4, 42) für Heilighaltung der Verträge, wohl auch Anytos und Archinos (vgl. Is. XVIII, 2. 23).

θήκαις ἐμμένειν, ἡγούμενοι ταύτην δημοκρατίας εἶναι φυλακήν· τοῖς μὲν γὰρ ἐξ ἄστεος ὑπὲρ τῶν παρεληλυθότων ἄδειαν ποιήσειν, τοῖς δ' ἐκ Πειραιῶς οὕτω πλεῖστον χρόνον τὴν πολιτείαν
29 *ἂν παραμεῖναι. Οἷς ὑμεῖς πολὺ ἂν δικαιότερον πιστεύοιτ' ἢ τούτοις, οἳ φεύγοντες μὲν δι' ἑτέρους ἐσώθησαν, κατελθόντες δὲ συκοφαντεῖν ἐπιχειροῦσιν. Ἡγοῦμαι δέ, ὦ ἄνδρες δικασταί, τοὺς μὲν τὴν αὐτὴν γνώμην ἔχοντας ἐμοὶ τῶν ἐν ἄστει μεινάντων φανεροὺς γεγενῆσθαι καὶ ἐν δημοκρατίᾳ καὶ ἐν ὀλιγ-*
30 *αρχίᾳ, ὁποῖοί τινές εἰσι πολῖται· τούτων δ' ἄξιον θαυμάζειν, ὅ τι ἂν ἐποίησαν, εἴ τις αὐτοὺς εἴασε τῶν τριάκοντα γενέσθαι, οἳ νῦν δημοκρατίας οὔσης ταῦτ' ἐκείνοις πράττουσι, καὶ ταχέως μὲν ἐκ πενήτων πλούσιοι γεγένηνται, πολλὰς δ' ἀρχὰς ἄρχοντες οὐδεμιᾶς εὐθύνην διδόασιν, ἀλλ' ἀντὶ μὲν ὁμονοίας*

— *ταύτην — φυλακήν*] Betone *ταύτην*: 'das (zu § 13) sei das Bollwerk der Demokratie'; vgl. Lyk. 79: *τὸ συνέχον τὴν δημοκρατίαν ὅρκος ἐστίν.* — *ἄδειαν ποιήσειν*] Subj. ist *τὸ — ἐμμένειν*. *ἄδεια* nimmt sonst den Genitiv zu sich (zu XII, 85), doch ist *ὑπέρ* zu erklären wie bei *τιμωρεῖσθαι* ('für', nicht 'zu Gunsten'); zu XIII, 41. — *τοῖς — παραμεῖναι*] Eine auf die Stimmung des Volkes gut berechnete Wendung des Gedankens: die Demokraten werden am Ruder bleiben. Damit wird denen *ἐξ ἄστεος* nicht die politische Berechtigung, sondern nur die Präponderanz abgesprochen. — *οὕτω*] 'in diesem Falle', wie §§ 3. 10 u. ö. (vgl. Anh. zu XIII, 97). Ebenso ita, z. B. Cic. de off. II, 7, 24: quod igitur latissime patet neque ad incolumitatem solum, sed etiam ad opes et potentiam valet plurimum, id amplectamur, ut metus absit, caritas retineatur. Ita facillime quae volemus et privatis in rebus et in republica consequemur. ebenda 6, 20. Quint. VI, 2, 34. VII, 1, 37.

§ 29. *δι' ἑτέρους*] 'durch anderer Leute Verdienst'; zu XII, 58. — *ἐσώθησαν*] zu XIII, 79. — *κατελθόντες — ἐπιχειροῦσιν*] Is. XVIII, 2: *ἐκ Πειραιῶς κατελθόντες ἐνίους ἑωρᾶτε τῶν πολιτῶν συκοφαντεῖν ὡρμημένους.* — *φανερούς*] Seinen politischen Standpunkt hat der Sprecher § 17 präcisiert. — *καὶ — ὀλιγαρχίᾳ*] Zum Gedanken vgl. XXVI, 17: *τοὺς μὲν ἐκ Πειραιῶς ἴσασιν ὁποῖοί τινες ἐν δημοκρατίᾳ μόνῃ γεγένηνται, ὁποῖοι δ' ἂν ἐν ὀλιγαρχίᾳ γένοιντο, οὔπω πεῖραν εἰλήφασιν, παρὰ δὲ τῶν ἐξ ἄστεος ἑκατέρας τῆς πολιτείας ἱκανὴν βάσανον ἔχουσιν.*

§ 30. *ὅ τι ἂν ἐποίησαν*] Über die stilistische Form zu XII, 34. Zum Gedanken Is. XX, 4: *ὅστις νῦν τολμᾷ παρανομεῖν, ὅτ' οὐκ ἔξεστι, τί ποτ' ἂν ἐποίησεν, ὅθ' οἱ κρατοῦντες τῆς πόλεως καὶ χάριν εἶχον τοῖς τὰ τοιαῦτ' ἐξαμαρτάνουσιν;* — *τῶν τριάκ. γενέσθαι*] zu XII, 55. — *δημοκρατίας οὔσης*] bei geordneten Rechtszuständen; § 17. — *ταχέως πλούσιοι γεγένηνται*] Gehässige Wendung (zu XII, 56), wie Cic. Phil. VIII, 3, 9: viderunt ex mendicis fieri repente divites, und ebenda II, 27, 65 vom Antonius: modo egens, repente dives. — *οὐδεμιᾶς — διδόασιν*] nicht Merkmal verworrener Zustände (dann konnte es ja kein Vorwurf sein), sondern trotziger Unbotmäfsigkeit, wie beim Alkibiades (XIV, 38), beim Nikomachos (XXX, 3 f.). Der Vorwurf setzt übrigens nicht voraus, dafs schon mindestens ein Jahr seit der Wiederherstellung der Demokratie verflossen war, als die Rede gehalten ward; denn auch kommissarisch übertragene, auf einen Zeit-

ὑποψίας πρὸς ἀλλήλους πεποιήκασιν, ἀντὶ δ' εἰρήνης πόλεμον
κατηγγέλκασι, διὰ τούτους δ' ἄπιστοι τοῖς Ἕλλησι γεγενήμεθα.
Καὶ τοσούτων κακῶν καὶ ἑτέρων πολλῶν ὄντες αἴτιοι καὶ 31
οὐδὲν διαφέροντες τῶν τριάκοντα πλὴν ὅτι ἐκεῖνοι μὲν ὀλιγαρχίας οὔσης ἐπεθύμουν ὧνπερ οὗτοι, οὗτοι δὲ δημοκρατίας
τῶν αὐτῶν ὧνπερ ἐκεῖνοι, ὅμως οἴονται χρῆναι οὕτω ῥᾳδίως
ὃν ἂν βούλωνται κακῶς ποιεῖν, ὥσπερ τῶν μὲν ἄλλων ἀδικούντων, ἄριστοι δ' ἄνδρες αὐτοὶ γεγενημένοι. (καὶ τούτων 32
μὲν οὐκ ἄξιον θαυμάζειν, ὑμῶν δέ, ὅτι οἴεσθε μὲν δημοκρατίαν εἶναι, γίγνεται δ' ὅ τι ἂν οὗτοι βούλωνται, καὶ δίκην
διδόασιν οὐχ οἱ τὸ ὑμέτερον πλῆθος ἀδικοῦντες, ἀλλ' οἱ τὰ
σφέτερ' αὐτῶν μὴ διδόντες.) Καὶ δέξαιντ' ἂν μικρὰν εἶναι 33

raum von nur 30 Tagen (zu XXX, 4) berechnete amtliche Funktionen fallen unter den Begriff ἀρχή. — Der nicht häufige Singul. εὐθύνη (gewöhnlich εὔθυναι § 11) bei Lys. noch X, 27. — πρὸς ἀλλήλους] 'gegenseitig'; zu § 10. — πόλ. κατηγγέλκασι] sc. τοῖς πολίταις κατ' ἀλλήλων: 'haben — proklamiert', als wären sie die Herren der Stadt wie früher die Dreifsig. — διὰ τούτους δέ] Übergang zur demonstrativen Satzgestaltung; zu § 11. — ἄπιστοι — γεγενήμεθα] durch die perfide und chicanöse Politik gegenüber den Bundesgenossen (Is. XV, 121 vgl. VIII, 115. Schol. zu Arist. Fried. 171), z. B. die willkürliche Steigerung der Abgaben (welche Plut. Arist. 24 ebenfalls den Demagogen zur Last legt), die Bevorzugung der Athener in Rechtshändeln mit Bundesgenossen (Arist. Vö. 1457 vgl. [Xen.] Staat der Athen. 1, 16), ein Vorwurf, den die athenischen Gesandten bei Thuk. I, 77 vergeblich bekämpfen. Daher sagt auch Xenoph. πόροι 1, 1: οἱ πολῖται ὕποπτοι τοῖς Ἕλλησίν εἰσιν. Dagegen rühmt Isokr. VII, 51 von den Athenern früherer Tage: παρεῖχον σφᾶς αὐτοὺς τοῖς Ἕλλησι πιστούς; vgl. VIII, 76.

§ 31. καὶ τοσούτων κακῶν — ὅμως] wie XXI, 3: καὶ τοσαύτας δαπάνας δαπανώμενος — ὅμως εἰσφορὰν τὴν μὲν τριάκοντα μνᾶς τὴν δὲ τετρακισχιλίας δραχμὰς εἰσενήνοχα. — ὧνπερ] περ am Relativum 'urgiert die Identität' (Kr. 69, 56); daher ἅπερ eadem quae X, 6. XXX, 7. XXXII, 15. — οὗτοι δὲ — ἐκεῖνοι] also noch weit frecher als die Dreifsig. Zum Gedanken XXVIII, 13: ὅσοι κατελθόντες ἐν δημοκρατίᾳ τὸ μὲν ὑμέτερον πλῆθος ἀδικοῦσι — πολὺ μᾶλλον αὐτοῖς προσήκει ὀργίζεσθαι ἢ τοῖς τριάκοντα. — χρῆναι] bitter: als wäre es für sie als wackere Bürger ein Gebot der Pflicht, mit Rücksicht auf den Gedanken ὥσπερ — γεγενημένοι. — οὕτω ῥᾳδίως] 'so ohne weiteres'; diese und ähnliche Formeln (οὕτως ἐφεξῆς, οὕτως ἁπλῶς, ἀντικρὺς οὑτωσί, ἑτοίμως οὕτως) ursprünglich mit einer dem οὕτως entsprechenden Handbewegung gesprochen zu denken. — ὥσπερ — γεγενημένοι] zu XII, 69.

§ 32. καὶ τούτων μὲν — διδόντες] als Parenthese zu fassen wie § 16 die Worte καὶ τοῦτο μὲν — ῥᾴδιον. — δημοκρατίαν] deren Grundlage, die ἰσότης (zu XII, 35) doch in Frage gestellt ist durch die Anmafsungen der Sykophanten. — γίγνεται δέ] 'während geschieht'; zu XII, 26 Anh. — μὴ διδόντες] 'nicht hergeben wollen', wem, ist selbstverständlich. Vgl. (D.) LVIII, 65: οἱ συκοφάνται φίλους μὲν τοὺς διδόντας νομίζουσιν, ἐχθροὺς δὲ τοὺς πλουσίους — καὶ δέξαιντ' ἂν — πόλιν] Auch dies

τὴν πόλιν μᾶλλον ἢ δι' ἄλλους μεγάλην καὶ ἐλευθέραν, ἡγούμενοι νῦν μὲν διὰ τοὺς ἐκ Πειραιῶς αὐτοῖς ἐξεῖναι ποιεῖν ὅ
τι ἂν βούλωνται, ἐὰν δ' ὕστερον ὑμῖν δι' ἑτέρους σωτήρια
γένηται, τούτους μὲν ἐπιλησθήσεσθαι, ἐκείνους δὲ μεῖζον δυ-
νήσεσθαι· ὥστε τοῦτ' αὐτὸ δείσαντες ἐμποδών εἰσιν, ἐάν τι
34 δι' ἄλλων ἀγαθὸν ὑμῖν φαίνηται. Τοῦτο μὲν οὖν οὐ χαλεπὸν
τῷ βουλομένῳ κατανοῆσαι· αὐτοί τε γὰρ οὐκ ἐπιθυμοῦσι λανθάνειν, ἀλλ' αἰσχύνονται μὴ δοκοῦντες εἶναι πονηροί, ὑμεῖς
τε τὰ μὲν αὐτοὶ ὁρᾶτε τὰ δ' ἑτέρων πολλῶν ἀκούετε. Ἡμεῖς
δέ, ὦ ἄνδρες δικασταί, δίκαιον μὲν ἡγούμεθ' εἶναι πρὸς
πάντας ὑμᾶς τοὺς πολίτας ταῖς συνθήκαις καὶ τοῖς ὅρκοις
35 ἐμμένειν, ὅμως δ', ὅταν μὲν ἴδωμεν τοὺς τῶν κακῶν αἰτίους
δίκην διδόντας, τῶν τότε περὶ ὑμᾶς γεγενημένων μεμνημένοι

Merkmal einer Gesinnung, die so schlecht ist, wie die der Dreifsig; denn vgl. XII, 70. Die Pflicht des wackeren Staatsmannes ist es, die Stadt *μεγάλην καὶ ἐλευθέραν* zu machen, XXVIII, 14.

§ 33. *διὰ τοὺς ἐκ Πειραιῶς*] an die als ihre einflufsreichen Parteigenossen sie sich anlehnen, da sie *τῇ τύχῃ τῶν Πειραιοῖ πραγμάτων μετέσχον* (XXXIV, 2). Durch sie gedeckt glauben sie nach Belieben schalten zu dürfen; daher ihre Opposition, wenn von andrer Seite (*δι' ἄλλων*) einmal etwas zum Heile des Staates geschehen soll. Man erkennt aus dieser Erörterung den nicht ruhenden politischen Antagonismus im Schofse der äufserlich geeinten Bürgerschaft. — *μεγάλην καὶ ἐλευθέραν*] Die Verstärkung des zweiten Gliedes der Antithese ähnlich wie XII, 24. — *αὐτοῖς*] ein betontes 'ihnen', daher nicht *αὑτοῖς*; zu § 11. — *τούτους μὲν ἐπιλησθήσεσθαι*] *τούτους* bez. auf *τοὺς ἐκ Πειραιῶς*. Sie fürchten, wenn einmal andere dem Staate nützliche Dienste leisten, könnten ihre Parteigenossen 'in Vergessenheit geraten' (in den Hintergrund treten), während jene (die *ἕτεροι*), die nicht durch irgendwelche Parteirücksichten genötigt waren, die Sykophanten gewähren zu lassen, dann gröfseren Einflufs gewinnen würden. Zum Begriff des *ἐπιλησθήσεσθαι* vgl. *ἀμνημονεῖν* XXXI, 25: *τῶν αὐτῶν ἐστι τούς τε κακοὺς τιμᾶν καὶ τῶν ἀγαθῶν ἀμνημονεῖν*.

§ 34. *αἰσχύνονται — πονηροί*] Eine grelle Zeichnung; der Gedanke fast paradox: sie schämen sich, wenn sie nicht als Schurken gelten. And. I, 95 von dem Epichares: *ὁ πάντων πονηρότατος καὶ βουλόμενος εἶναι τοιοῦτος* (vgl. [D.] XXV, 7). Cic. p. Quinct. 18, 56: fraudulentum te appellemus? jam id quidem adrogas tibi et praeclarum putas. — *ἑτέρων πολλῶν ἀκούετε*] Schonender als Aesch. III, 144 unterdrückt er die Folgerung, dafs sich das Volk demnach die allseitig nachgewiesene Schurkerei gefallen lassen wolle. — *ἡμεῖς δὲ κτλ.*] Nachdrücklich macht der Sprecher als Repräsentant seiner Parteigenossen zum Schlufs die Forderung wo nicht des Rechtes, so doch der Billigkeit geltend, mit Hinweis auf die schädlichen Folgen für die kaum befestigte Eintracht, wenn die Demokratie zwischen den Übelthätern und den Gesinnungstüchtigen der Gegenpartei nicht zu unterscheiden wisse.

§ 35. *δίκην διδόντας*] Bestimmte Vorkommnisse der Art sind aus der Zeit bald nach der Restauration nicht bekannt (denn der Tod der oligarch. Häupter vor Eleusis gehört nicht hierher, da

συγγνώμην ἔχομεν· ὅταν δὲ φανεροὶ γένησθε τοὺς μηδὲν αἰτίους ἐξ ἴσου τοῖς ἀδικοῦσι τιμωρούμενοι, τῇ αὐτῇ ψήφῳ πάντας ἡμᾶς εἰς ὑποψίαν καταστήσετε ....

die Dreifsig und ihre nächsten Werkzeuge nicht in den Amnestievertrag mit eingeschlossen waren), doch beweist das Gesetz des Archinos (Is. XVIII, 2. Einl. zu R. XIII, § 5), dafs es schon damals nicht an Versuchen fehlte, amnestiewidrige Verurteilungen herbeizuführen. — τότε] unter den Dreifsig. — εἰς ὑπ. καταστήσετε] in den Argwohn, dafs die eidlichen Verträge uns keinen Schutz gewähren, und in die Notwendigkeit, darnach unsere Mafsregeln zu ergreifen; das aber wird aus der eben erst gewonnenen ὁμόνοια zu neuer στάσις führen. Vgl. die ähnliche Argumentation Is. XVIII, 42 ff. And. I, 103 ff. Dieser Gedanke bildete wohl als wirksame Mahnung den Epilog; jedenfalls ist in der hdschr. Überlieferung nicht viel verloren gegangen.

Zwölfte Rede.

§ 1. *οὐκ ἄρξασθαί μοι δοκεῖ ἄπορον εἶναι — ἀλλὰ παύσασθαι λέγοντι*] Für die vom Redner variierte Figur gebrauchten die Alten am häufigsten die Namen *διαπόρησις* (Apsin. I, 358 u. 406 Spengel. Alex. III, 24 Sp. Phoebamm. III, 54 Sp. Tiber. III, 61 Sp. Zonae. III, 163 Sp. Anonym. III, 179 Sp. Aquil. Rom. 25 Halm. Jul. Rufin. 40 H. Anonym. de schem. dianoe. 75 H. Mart. Cap. 478 H.) und dubitatio (Cic. de or. III, 53, 203 und 54, 207. Cornif. ad Her. IV, 29, 40. Quint. IX, 2, 19 und 3, 88. Isid. 520 H.). Seltener liest man die Benennungen *ἀπορία* (Rut. Lup. 18 H. Jul. Rufin. a. a. O. Isid. a. a. O.) und addubitatio (Aquil. Rom. a. a. O. Jul. Rufin. a. a. O. Anonym. de schem. dianoe. a. a. O. Mart. Cap. a. a. O. Vgl. Cic. or. 40, 137). Dafs die *διαπόρησις* bald als *σχῆμα διανοίας* bald als *σχῆμα λέξεως* aufzufassen sei, erkannte zuerst Cicero de or. ll. ll., wo er (ohne beigefügte Definition) die dubitatio 2 mal nennt, zuerst unter den lumina sententiarum, sodann (mit dem Zusatz alia) unter den lum. verborum. Kurz und bündig unterscheidet beide Schemata Quintilian IX, 3, 88: quaedam verborum figurae paulum figuris sententiarum declinantur, ut dubitatio. Nam cum est in re, priori parti assignanda est, cum in verbo, posteriori. Sive me malitiam sive stultitiam dicere oportet. Mit dem zur Erläuterung hinzugefügten Beispiele vgl. Cornif. a. a. O.: offuit eo tempore plurimum reipublicae consulum sive stultitiam sive malitiam dicere oportet sive utrumque. Beiden Stellen liegt, wie schon Kayser bemerkt hat, D. XVIII, 20 zu Grunde: *τί οὖν συνηγωνίσατ' αὐτῷ πρὸς τὸ λαβεῖν ὀλίγου δεῖν ὑμᾶς ἑκόντας ἐξαπατωμένους; ἡ τῶν ἄλλων Ἑλλήνων εἴτε χρὴ κακίαν εἴτ' ἄγνοιαν εἴτε καὶ ἀμφότερα ταῦτ' εἰπεῖν.* Andere Beispiele bieten D. XXIII, 156: *ἡ ὑμετέρα εἴτε χρὴ φιλανθρωπία λέγειν εἴθ' ὅ τι δήποτε* (angef. Alex. a. a. O.). IX, 54 (angef. Tiber. a. a. O.). XVIII, 22 (nach Kayser benutzt von Cornificius a. a. O.). Die Gedankenfigur definiert Quintilian IX, 2, 19 ausführlicher also: 'cum simulamus quaerere nos, unde incipiendum, ubi desinendum, quid potissimum dicendum, an omnino dicendum sit'. Diese Erklärung kann als vollkommen genügend angesehen werden, wenn man nicht, wie dies von einigen griech. Rhetoren geschehen ist, derartige Wendungen mit herbeiziehen will, wie D. XXIII, 156: εἴτε δή τινος εἰπόντος εἴτ' αὐτὸς συνείς (s. Alex. a. a. O. und das ähnliche Beispiel bei Zonae. und dem Anonym. de fig. ll. ll.). Abgesehen von solchen überall anzutreffenden Ausdrucksweisen hat die dubitatio als Gedankenfigur ihre eigentliche Stelle im Eingange, sei es der ganzen Rede oder eines einzelnen Abschnittes derselben (über den Gebrauch der διαπόρησις in der pathetischen Erzählung s. Apsin. S. 358), und verbindet sich gern mit andern Figuren, z. B. der παράλειψις (vgl. Gebauer de praeterit. p. 7 u. 17) und der ὑποφορά oder subjectio (s. Is. XII, 22 ff. Hyp. Epit. IV f. D. XVIII, 129, sowie das von Apsines S. 406 gebildete Beispiel). Die Form, in welcher das Schema auftritt, ist die direkte und indirekte dubitative Frage. Unabhängige Fragen finden sich Plat. Menex. 236[e]: τίς οὖν ἂν ἡμῖν τοιοῦτος λόγος φανείη; ἢ πόθεν ἂν ὀρθῶς ἀρξαίμεθα ἄνδρας ἀγαθοὺς ἐπαινοῦντες, οἳ κτλ. Gorg. Pal. 4: περὶ τούτων δὲ ἐγὼ πόθεν ἄρξωμαι; τί δὲ πρῶτον εἴπω; ποῖ δὲ τῆς ἀπολογίας τράπωμαι; Plat. Parm. 137[b]. Cic. Tusc. II, 18, 42 (Gebauer de arg. ex contr. p. XIII). Cic. pro Rosc. Amer. 11, 29: quid primum querar? aut unde potissimum, judices, ordiar? aut quod aut a quibus auxilium petam? deorumne immortalium, populine Romani, vestramne, qui summam potestatem habetis hoc tempore, fidem implorem? pro Cornel. bei Aquil. Rom. 25 H. Eur. I. A. 1124. Theokr. II, 64. Prop. I, 18, 5 (nicht gehört hierher die von Sorof zu Cic. de or. III, 53, 203 als Beispiel angeführte ciceronianische Stelle Tusc. V, 13, 37). Die indirekte Frage lehnt sich im Griech. in der Regel an ἀπορεῖν an. Mit diesem Verbum gebildete Einführungsformen sind ἀπορῶ δέ: Is. X, 29 (ὅ τι χρήσωμαι τοῖς ἐπιλοίποις). XV, 140 (ὅ τι χρήσωμαι τοῖς ὑπολοίποις καὶ τίνος πρώτου μνησθῶ καὶ ποίου δευτέρου). Hyp. a. a. O. (πόθεν ἄρξωμαι λέγων ἢ τίνος πρῶτον μνησθῶ. Cobet πρώτου; vgl. D. XXIII, 202). Aesch. II, 7 (ὁπόθεν χρὴ πρῶτον ἄρξασθαι διὰ τὴν ἀνωμαλίαν τῆς κατηγορίας); καίτοι ἀπορῶ γε: (And.) IV, 10 (διὰ τὸ πλῆθος τῶν ἁμαρτημάτων πόθεν ἄρξομαι); οὐ δύναμαι δὲ κατιδεῖν ἀλλ' ἀπορῶ: Is. XII, 74 (ποίοις ἂν λόγοις μετὰ ταῦτα χρησάμενος ὀρθῶς εἴην βεβουλευμένος); διὰ δὲ τὸ πλῆθος τῶν ἐνόντων εἰπεῖν ἀπορῶ: Is. XVI, 39 (τίνος ἐν τῷ παρόντι πρέπει μνησθῆναι καὶ ποῖ' αὐτῶν χρὴ παραλιπεῖν); πολλῶν δέ μοι λόγων ἐφεστώτων (πολλῶν δ' ἐφεστώτων μοι λόγων) ἀπορῶ: Is. XII, 22 und XV, 310; ἀφθόνων δ' ὄντων ἀπορῶ: (D.) Br. II, 1470 (τί πρῶτον ὀδύρωμαι τῶν παρόντων κακῶν); πολλὰ τοίνυν ἔχων εἰπεῖν — ἀπορῶ: (D.) LX, 15 (τί πρῶτον εἴπω); οὐκ ἀπορῶν δ' ὅ τι χρὴ — εἰπεῖν, ἀπορῶ: D. XVIII, 129 (τοῦ πρώτου μνησθῶ). Aufserdem vgl. Is. VIII, 38, wo ἀπορῶ durch das pron. rel. an das Vorhergehende angefügt wird. Das Verbum σκοπεῖν braucht Andokides I, 8: σκοπῶ μὲν οὖν ἔγωγε πόθεν χρὴ ἄρξασθαι τῆς ἀπολογίας. Von nescio hängt die Frage ab Cic. pro Cluent. 1, 4: equidem quod ad me attinet, quo me vertam nescio, worauf mit direkter Frage fortgefahren wird: negem fuisse illam infamiam judicii corrupti? Nicht selten wird an die dubitatio eine Folgerung durch οὖν angeschlossen; s. And. I, 8: κράτιστον οὖν μοι εἶναι δοκεῖ ἐξ ἀρχῆς ὑμᾶς διδάσκειν πάντα τὰ γενόμενα καὶ παραλιπεῖν μηδέν. Is. XII, 25: κράτιστον οὖν ἐξ ἁπάντων τούτων. Hyp. a. a. O.: ἁπλούστατον οὖν ἡγοῦμαι εἶναι (vgl. Blass in der adn. crit.). Is. XV, 140: ἴσως οὖν ἀναγκαῖόν ἐστιν. X, 30. D. XVIII, 130. (And.) IV, 10 (kräftiges Asyndeton bei unmittelbarem Anschlufs an zwei direkte Fragen Plat. Menex. 237ᵃ: δοκεῖ μοι χρῆναι κατὰ φύσιν, ὥσπερ ἀγαθοὶ ἐγένοντο, οὕτω καὶ ἐπαινεῖν αὐτούς. Sehr mit Unrecht will Hirschig nach einem cod.: δοκεῖ οὖν μοι χρῆναι). An andern Stellen, wie Is. VIII, 39. XII, 75. (D.) LX, 15, findet der Zweifel seinen Abschlufs in einem mit οὐ μὴν ἀλλά eingeleiteten Satze. [Wertvolle Bemerkungen über die behandelte Figur bei Dzialas, antiquorum rhetorum de figuris doctrina. P. I. p. 24 sq. Monse, veterum rhetorum de sententiarum figuris doctrina. P. I, p. 10 sq. Volkmann, Rhetorik 423. Seyffert, schol. Lat. I, § 7. Kayser zu Cornif. p. 297. Piderit und Sorof zu Cic. de or. III, 53, 203 u. 54, 207] — τοιαῦτα] Über τηλικοῦτος τὸ μέγεθος u. das seltenere τοσοῦτος τὸ μ. s. Schneider zu Is. IV, 33. Eine Vertauschung von τοιοῦτος mit τηλικοῦτος (Scheibe, vind. Lys. 92) ist wohl möglich, doch zum Sinne nicht erforderlich; vgl. Meutzner, Jahrb. f. Phil. 91, 668. — τοιαῦτα — καὶ τοσαῦτα] Ebenso wie hier steht in dieser einem Ausrufe nahe kommenden Redeweise τοιοῦτος: Is. IV, 141. VII, 38. Isae. II, 37. VII, 9. Dein. I, 81 u. 82. D. XXX, 14. (D.) LXI, 29. Her. III, 85 (τοιαῦτα ἔχω φάρμακα, vgl. Hom. Od. δ, 227. Eur. Med. 718. 789. Theokr. II, 161). Arist. Wo. 1125. Eur. Alk. 196. Luk. Traum 11, und τοσοῦτος: (And.) IV, 23. Lys. XII, 84 (die Hdschr. τοσοῦτον δ' ὑμῶν καταπεφρόνηκεν, was Cobet sprachwidrig in τοσοῦτον οὖν ὑ. κ. verwandelte. Richtig Reiske τοσοῦτον ἦ ὑ. κ. Vgl. die ganz ähnlichen Stellen Dein. III, 3: τοσοῦτον — καταπεφρόνηκεν und D. XXX, 8: τοσοῦτον — κατεφρόνησεν, sowie (D.) LIX, 72: οὕτω πολὺ — κατεφρόνησεν. Dagegen D. LVII, 65: οὕτω σφόδρα — κατεφρόνησαν). (Lys.) II, 57. Is. VII, 38. Isae. VII, 28. Dein. III, 3. D. XIX, 163. XX, 141. XXI, 81 u. 102. XXII, 68. XXIV, 3. XXX, 6 u. 8 u. 38. (D.) XLII, 24. XLV, 2. LXI, 21. prooem. 52. Thuk. II, 65, 13. IV, 92, 5. VI, 37, 2. Xen. Mem. II, 4, 4. Dazu kommen τηλικοῦτος: Is. XV, 107. Aesch. III, 91, und οὗτος (in Wendungen, wie εἰς τοῦθ' ὕβρεως ἀφίκετο): Isae. V, 11. VII, 21. D. XXVII, 24 u. 31, und bei Dichtern τοιόσδε: Eur. Med. 718. 789. 1321. 1345, τοῖος: Hom. Il. δ, 390. ε, 808 u. 828. ξ, 343. ο, 254. Od. δ, 228. Aesch. Prom. 920. Soph. Aj. 562. Eur. Alk. 453 u. 870. Theokr. II, 161. XVII, 102. XXIV, 77, und τόσος: Hom.

Od. ξ, 326. Am gebräuchlichsten ist im **Epiphonem das** Adv. οὕτως (bald = tam, **usque** eo, adeo, bald = ita, sic): **Lys. III, 13. XIII,** 31. Is. IV, 87. **XVI, 37.** D. XXIII, 153. LVII, **65. Plat.** Krit. 52[c]. Lach. 188[e] (οὕτω σφόδρα; vgl. de arg. ex contr. S. **335).** Ant. V, 71. VI, **50.** Lys. I, 2 **u.** 32. X, 28 (οὕτω σύμφυτος αὐτοῖς ἡ δειλία (ἐστί fehlt wie Dein. I, 81 f.; ebenso ἦν Plut. Pyrrh. 20 und erat Liv. **XXIV, 4, 2,** wo Weiſsenborn). XII, 17 **u.** 44. XIII, **60.** XXVIII, **6. XXXII,** 21. Is. IV, 157. XII, 15. Isae. V, 10. VII, 23: οὕτω τὴν **ἀναίδειαν** οὐδεμίαν ζημίαν εἶναι **νομίζουσιν** (so wenig **glauben** sie, daſs u. s. w.) XI, 6. Lyk. 85. Hyp. für Eux. XIX. **Aesch. I,** 157. II, 125 (hier ironisch) u. 150. III, 147. D. VI, 27 **u.** 31. XVIII, 163 u. 216 u. 245. XIX, 267. XXI, 174 (iron.). XXXVII, 41. (D.) XIII, 13. XVII, 29. XXXV, 39. XLII, 17. XLIII, 39. XLIX, 67. LVIII, 59. LIX, 72 u. 92. Gorg. Hel. 17. Plat. Menex. 235[b]. 240[a]. 245[e]. Lach. 189[b]. Krit. 53[a]. Xen. Hell. V, 4, 42. VII, 3, 12. Kyr. VII, 1, 16. Staat d. Lak. 6, 2. Ages. 3, 5. Thuk. I, 81, 6. II, 8, 5. III, 82, 1, IV, 65, 4 (konklusiv steht οὕτως in der von Krüger zu I, 81 angeführten Stelle IV, 86, 6; vgl. I, 76, 2). Hom. Od. ϑ, 167. Theokr. XXII, 212. Selten findet man in derartigen Wendungen die Partik. γάρ, **wie** Ant. VI, 35. Soph. Aj. 433 (**τοιοῦτος** γάρ. Xen. Hell. V, 4, 4: ἦσαν γὰρ τοιοῦτοι. Arist. Wesp. **285:** ἔστι γὰρ τοιοῦτος; **vgl.** zu XXV, 26). Hom. Il. ω, **182. Od.** α, 343. β, 286. δ, 826. λ, 549 u. 556. Archil. 9, 3 Bergk. Solon 4, 3 Bergk. (τοῖος γάρ). An der vorlieg. Stelle haben sich Contius, Hamaker, Westermann, Fritzsche zur Einschiebung dieser Konjunktion durch das nachfolgende ὥστε verleiten lassen. Doch ist ὥστε ganz ähnlich gebraucht Lys. XIII, 60, wo Westermann für οὕτω χρηστὸς ἦν ohne Grund ἀλλ' οὕτω χρηστὸς ἦν schreiben wollte, desgl. Plat. Menex. 235[b] und Luk. a. a. O. Vgl. auch Scheibe, vind. Lys. 31 sqq. und Lipsius, quaest. Lys. 9. Wenn dem Epiphonem ein anderer Satz gegenüber gestellt wird, so kann dem Pronomen und Adverbium die Partikel μέν beigefügt werden. Stellen dieser Art sind Plut. Pyrrh. 20: τοιοῦτος μὲν ὁ Φαβρίκιος· ὁ δὲ Πύρρος κτλ. Xen. Anab. III, 2, 13. Thuk. III, 49, 4. VII, 2, 4. III, 98, 4. (D.) LII, 22 (auch hier folgt ein Satz mit ὥστε); vgl. unten zu § 48. — In derselben Weise gebrauchen die Lateiner tantus (Lucr. I, 101. Verg. Aen. I, 33. Cic. de off. I, 40, 144. **III,** 31, 112. de finn. V, 1, **2. ad Att. VI, 2, 1.** Liv. IV, 58, **2.** XXVI, 31, 5. XXII, 27, 4. 28, 13), tot (Verg. Aen. VII, 447. Ter. Andr. I, **5, 25), is** (Cic. ad Attic. IX, 16, 3: tanta ejus humanitas, is sensus, ea in me est benevolentia. Liv. I, 34, 9. XXII, 39, 12. XXIV, 4, 2. XXXI, 21, 6); ita (Cic. or. 29, 104. in Pis. 20, 62. Hand, Turs. III, 487 f.), sic (Cic. de or. II, 78, 317. Lael. 23, 88), usque eo (Cic. de or. I, 52, 224. Tusc. III, 12, 27), adeo (bei Cicero nur in der angezweifelten Stelle de off. I, 11, 37, häufig bei Livius und späteren Schriftstellern;

s. Fabri zu Liv. XXI, 11, 1. Weifsenborn zu I, praef. 11. Klotz Lex. I, 125), usque adeo (Lucil. bei Cic. Tusc. IV, 21, 48. Verg. ecl. I, 12; unsicher ist die Lesart Cic. pro Flacc. 23, 54), tam (Cic. ad Attic. IX, 19, 1. Catull III, 15. Verg. Georg. I, 449). Vgl. Naegelsbach, Stilistik § 189, 2 und Seyffert, schol. Lat. II, § 57, deren Angaben durch das hier Erwähnte teilweise vervollständigt, bez. berichtigt werden können. Mit Lys. XII, 1 und den drei ähnlichen oben genannten Stellen vgl. Liv. II, 21, 4. Cic. de finn. V, 1, 2; s. Seyffert schol. Lat. II, § 71 (eine andere Stelle Ciceros, de off. I, 40, 144, die Seyffert zu Lael. S. 148 ebenso erklärt hatte, ist mit Recht in der 2. Aufl. von Müller gestrichen worden; ut ist daselbst offenbar = z. B.). Für das Lateinische sei noch erwähnt, dafs bei Dichtern das Demonstrativum nicht immer an der Spitze des Satzes steht (vgl. Verg. ecl. I, 12 und Aen. XII, 831), und für das Griechische, dafs einem negativen Satze öfters eine Begründung durch *οὐχ οὕτως* beigefügt wird; s. Isae. II, 21: *οὐχ οὕτως οὗτός ἐστι φιλοχρήματος.* D. XVIII, 11 u. 51 u. 140. XXI, 143. (D.) XXXIV, 2. Br. III, 43 (nach affirmativem Satze mit nachfolgendem *ὥστε* Dion. Hal. Antt. VIII, 39); vgl. Verg. Aen. I, 529: non ea vis animo nec tanta superbia victis. 567 f. — *αὐτοῖς*] *τούτοις* will Francken, comm. Lys. 80, früher schon Hamaker. — *ἀνάγκη — ἐπιλιπεῖν*] Zu den de praeterit. p. 40 citierten Stellen sind hinzuzufügen Lys. XXIII, 1: *πολλὰ μὲν λέγειν — οὔτ' ἂν δυναίμην οὔτε μοι δοκεῖ δεῖν.* Plat. Phaed. 114^{c}: *εἰς οἰκήσεις ἔτι τούτων καλλίους ἀφικνοῦνται, ἃς οὔτε ῥᾴδιον δηλῶσαι οὔτε ὁ χρόνος ἱκανὸς ἐν τῷ παρόντι.* Verwandtes auch bei Lateinern; vgl. z. B. Liv. XXIX, 17, 17: neque ego exequi possum, nec vobis operae est audire, singuli quae passi sumus: communiter omnia amplectar.

§ 2. *τοὐναντίον δέ μοι δοκοῦμεν πείσεσθαι ἢ ἐν τῷ πρὸ τοῦ χρόνῳ. πρότερον μὲν γὰρ — νυνὶ δέ*] Wegen des Chiasmus vgl. § 64: *περιέστηκεν οὖν τῇ πόλει τοὐναντίον ἢ ὡς εἰκὸς ἦν. ἄξιον μὲν γὰρ ἦν — νῦν δ' ὁρῶ.* Is. XIX, 2: *τοὐναντίον δὲ πέπονθα τοῖς πλείστοις τῶν ἀνθρώπων. τοὺς μὲν γὰρ ἄλλους ὁρῶ — ἐγὼ δέ.* Isae. VI, 47. — *ἅπασι*] *παντάπασι* Herwerden. — *πολλῆς ἀφθονίας οὔσης*] Der Konjektur Herwerdens kommt sehr nahe Canters Vermutung, dafs hinter *οὔσης* ein *οὐ μᾶλλον* ausgefallen sei; vgl. XXXI, 30. Dagegen vermifst Frohberger ein *οὐχ ἧττον* vor *ἤ*. Fritzsche streicht *ἤ* und schiebt *ὑπὲρ τῶν ἰδίων* ein vor *τοὺς λ. π.* Andere Konjekturen bei Westermann, quaest. Lys. III, 8. *ἤ* erklärt gezwungen Schiller, anal. ad Lys. or. hinter der Ausgabe des Andokides p. 89. Die Stelle enthält eine bei den Rednern häufig vorkommende Form der *ἐπιδιόρθωσις*, durch die man (unter Anwendung eines mit *οὐ — ἀλλά* gebildeten Gegensatzes) einer falschen Deutung des soeben Gesagten vorbeugen will. Die Anknüpfung an das Vorhergehende geschieht in der Regel mittels der Partikeln *καί* und *δέ* (*μέντοι* wie **hier bei** Lys. auch **D. IX, 73**: ***οὐ μέντοι λέγω —. οὐ λέγω ταῦτα, ἀλλὰ — φημὶ δεῖν***). Beispiele **für die** erstere Art bieten D. IV, 27: *καὶ οὐ τὸν ἄνδρα μεμφόμενος ταῦτα λέγω, ἀλλ' ὑφ' ὑμῶν ἔδει κεχειροτονημένον εἶναι τοῦτον, ὅστις ἂν ᾖ.* Lys. VII, 27. (Lys.) XX, 15. Aesch. III, 26. Plat. Apol. 19[c]: *καὶ οὐ λέγω* (*καὶ οὐ — λέγω*) — *ἀλλά* (bei Platon *ἀλλὰ γάρ*). D. XXI, 143: *καὶ οὐκ — τούτου μέμνημαι τοῦ λόγου — ἀλλά*). (D.) XLV, 85: *καὶ ταῦτα οὐκ — ὑπομιμνήσκω — ἀλλά*. And. II, 18: *καὶ οὐκ ἐρῶ — ἀλλ' οὖν — γε.* Xen. Ages. 2, 7: *καὶ οὐ τοῦτο λέξων ἔρχομαι, ὡς — ἀλλὰ μᾶλλον τάδ' αὐτοῦ ἄγαμαι, ὅτι.* Aesch. III, 78. D. III, 36. XX, 148. (D.) XXXIII, 27. In Parenthese steht *καὶ οὐ — ἀλλά* D. XXIV, 200 (hier im ersten Gliede *λέγω*) und XIX, 237. Nicht regelmäfsig durchgeführt ist die Form Ant. VI, 15 (wie D. IV, 27 *καὶ οὐ — ταῦτα λέγω*) und D. XXI, 190. Durch *δέ* wird die *ἐπιδιόρθωσις* an das Vorhergehende angeschlossen Is. XII, 123: *ταῦτα δὲ διῆλθον οὐκ ἐκείνους λοιδορῆσαι βουλόμενος, ἀλλ' ἐπιδεῖξαι κτλ.* (während sich hier *βουλόμενος* und § 217 *ἀποβλέψας* auf beide Glieder bezieht, steht in jedem Gliede ein besonderes Partic. [Lys.] XX, 15. D. XXIV, 200. Is. XII, 164. Lys. XII, 2, im ersten Partic., im zweiten *ἵνα* D. XXI, 143. [D.] XLV, 85 — vgl. [D.] XXIX, 21. And. III, 18: *καὶ οὐχ ὑφ' ἡμῶν ἀναγκαζόμενοι ταῦτ' ἀφιᾶσιν, ἀλλ' ἐπ' ἐλευθερίᾳ πάσης τῆς Ἑλλάδος* —, im ersten Partic., im zweiten Hauptsatz Is. V, 114. Aesch. III, 26. D. IV, 27. Plat. Apol. 19[c]. Nach diesen 4 Stellen ist *ὡς* hinter *ἀλλά* zu tilgen Lys. VII, 27; **Anh.** zu XIII, 18). XII, 217: *ταῦτα δ' εἶπον οὐ — ἀλλά.* § 164: *τοῦτον δ' εἴρηκα τὸν λόγον οὐ —* ***ἀλλά.*** **Aesch. I,** 41: *ταυτὶ δὲ λέγω οὐ τοῦ φορτικοῦ ἕνεκα, ἀλλ' ἵνα γνωρίσητε ὅστις ἐστίν.* Is. VIII, 56: *λέγω δὲ ταῦτ' οὐ — ἀλλά.* II, 47. V, 114: *λέγω δ' οὐ — ἀλλά* ([D.] prooem. 43: *λέγω δὲ ταῦτ' οὐχ ἵνα — ἀλλ' ἵνα*).

§ 3. *μὴ — ποιήσομαι*] So nach X durch Sauppe berichtigt und von Rauchenstein (IV) aufgenommen; *ποιήσωμαι* vulg. Das Futurum steht auch Xen. Kyr. II, 3, 6 (nach *δέδοικα*). III, 1, 27 u. IV, 1, 18 (nach *ὅρα*). Ages. 7, 6 (*ὁρᾶν χρὴ μὴ οὐδέ* — überall vorher *εἰ* c. ind. fut.). Plat. Phil. 13[a]. Soph. Trach. 550 (*φοβοῦμαι*). Plat. Staat V, 451[a] (*φοβερόν*). Ganz gewöhnlich ist das Präsens: Plat. Alk. II, 139[d] (*μὴ οὐ*). Soph. El. 581. Phil. 30 (**nach** *ὅρα*). Soph. El. 584 (nach *εἰσόρα*). And. I, 103 (*μὴ οὐ* nach *ὁρᾶτε* — vorher *εἰ* c. fut.). Plat. Lach. 196[c] (nach *ὁρῶμεν*). Plat. Lys. 216[c] (*σκεψώμεθα*). Gorg. 458[c] (*σκοπεῖν χρή*). Theaet. 196[b] (*ἐνθυμοῦ*). Soph. El. 898 (*περισκοπῶ*). Ant. 1254 (*εἰσόμεσθα*). Plat. Alk. II, 142[d]: *ἀπορῶ μὴ μάτην θεοὺς ἄνθρωποι αἰτιῶνται* (wo Stallbaum; vgl. *εἰ* = 'ob nicht' nach *οὐκ οἶδα, ἀπορῶ, ἀμφισβητῶ*). Soph. Aj. 278 (vgl. Wolff im Anh.). Arist. Wolk. 493 (*δέδοικα*). Plat. Phaed. 84[e] (*φοβεῖσθε*). 77[d] (*δοκεῖς δεδιέναι τὸ τῶν παίδων, μή*). Von dem Präteritum am häufigsten das Perfektum: Eur.

Orest. 209 (ὅρα). D. XIX, 96 (δέδοικα). Plat. Lys. 218[d] (φοβοῦμαι). Thuk. III, 53, 2 (φοβούμεθα. Der Konj. des Perf. D. XIX, 3 und in der periphrast. Form D. XIX, 224: δέδοικα μὴ τότε μὲν συνεπισπάσησθ' ἐμέ, νῦν δ' ἀναπεπτωκότες ἦτε. Is. V, 18: ἐξεστηκὼς ὦ, wie seit Bekker mit ΓΕ für ἐξέστηκα geschrieben wird. XV, 310: μὴ τυγχάνῃ συμβεβηκός. Herod. III, 119. Soph. Oed. Tyr. 768. Trach. 664; der Opt. Xen. Anab. V, 7, 26: ἔδεισαν μὴ ἐμπεπτώκοι). Das Imperfektum wird abgesehen von dem unsicheren Beispiele Plat. Phaed. 88[c] nur angeführt aus Plat. Theaet. 145[b] (ὅρα) und Eur. Hel. 119 (σκοπεῖτε), der Aorist nur aus Hom. Od. ε, 300 (δείδω). Der Potentialis findet sich als Apodosis zu εἰ c. opt. Xen. πόρ. 4, 41 (φοβοῦνται) u. Anab. VI, 1, 28 (ἐννοῶ), aufserdem Lys. XIII, 51 (δεδιότες). Thuk. II, 93, 3 (προσδοκία οὐδεμία ἦν). Soph. Trach. 631. Phil. 493 (δέδοικα), endlich der Irrealis nach εἰ c. ind. praet. Luk. Dem. enc. 37 (ὀκνῶ). Die gewöhnliche Erklärung, nach welcher μή als Fragpartikel in der Bedeutung 'ob nicht' genommen wird, erhält eine Stütze in den zahlreichen Beispielen, wo auf die verba metuendi ein interrogatives Pronomen oder Adverbium (Kühner II, S. 1044, e) oder die Partikel εἰ (Kühner S. 1043, b. Krüger § 65, 1, 9) folgt. Mit der brachylogischen Erklärung, welche Aken, Tempus und Modus § 162 aufstellt: δέδοικα μὴ (φανερὸν γένηται ὅτι) ἔστιν oder ἦν, sind die Stellen schwer in Einklang zu bringen, in denen der Indikativ des Futurums steht. Classen zu Thuk. III, 53, 2 meint, dafs φοβεῖσθαι c. ind. so viel sei als σὺν φόβῳ ἡγεῖσθαι. Über φοβεῖσθαι und δεδιέναι c. inf. zu XIII, 27. — ὅμως δὲ πειράσομαι ὑμᾶς ἐξ ἀρχῆς ὡς ἂν δύνωμαι δι' ἐλαχίστων διδάξαι] Ganz ebenso, nur ohne die Versicherung, sich kurz fassen zu wollen, VII, 3: ὅμως δὲ πειράσομαι ἐξ ἀρχῆς ὑμᾶς διδάξαι. An der Spitze steht ἐξ ἀρχῆς δέ XXXII, 3: ἐξ ἀρχῆς δ' ὑμᾶς περὶ αὐτῶν διδάξαι πειράσομαι, und ἐξ ἀρχῆς οὖν XVII, 1: (οἴομαι μὲν οὖν, ἂν πάντα διηγήσωμαι τὰ πεπραγμένα ἡμῖν πρὸς —, ῥᾳδίως ἐξ αὐτῶν ὑμᾶς εὑρήσειν ἃ προσήκει σκέψασθαι περὶ —.) ἐξ ἀρχῆς οὖν ἀκούσατε. Vgl. D. XXXVII, 3: ἐξ ἀρχῆς δ' ὡς ἂν οἷός τ' ὦ διὰ βραχυτάτων ἅπαντα τὰ πραχθέντα διηγήσομαι πρὸς ὑμᾶς. LIV, 2: ἐξ ἀρχῆς δ' ὡς ἕκαστα πέπρακται, διηγήσομαι πρὸς ὑμᾶς ὡς ἂν οἷός τ' ὦ διὰ βραχυτάτων. (D.) XLII, 4: ἐξ ἀρχῆς δ' ὑμῖν τὰ γενόμενα περὶ — διηγήσομαι. XLV, 2: ἐξ ἀρχῆς δ' ὡς ἂν οἷός τε ὦ διὰ βραχυτάτων εἰπεῖν πειράσομαι τὰ πεπραγμένα μοι πρὸς Φ., ἐξ ὧν ἀκούσαντες τήν τε τούτου πονηρίαν καὶ τούτους, ὅτι τὰ ψευδῆ μεμαρτυρήκασι, γνώσεσθε (ähnlich wie in den Worten τήν τε τούτου πονηρίαν καὶ τούτους, ὅτι ist die Rede gegliedert Isae. XI, 7. D. XXXVI, 3. Is. XVIII, 4. [D.] XLIII, 1. XXIX, 5. Lys. XIII, 4. Drei Glieder sind so verbunden [D.] XLVII, 3 und Cic. pro Rosc. Amer. 5, 14). LII, 2: ἐξ ἀρχῆς δ' ὑμῖν διηγήσομαι, und Is. XVII, 3: ἐξ ἀρχῆς οὖν ὑμῖν, ὅπως ἂν δύνωμαι, διηγήσομαι τὰ πεπραγμένα (*ὑμῖν, ὅπως ἂν δύνωμαι, διηγήσομαι* Benseler und Blass mit Dionys. Halic. — bei diesem auch *ἐξ ἀρχῆς δέ* für *ἐξ ἀρχῆς οὖν* —; *ὑμῖν διηγήσομαι ΓΕ*, gebilligt von Fuhr, Rhein. Mus. 1878, 356; *ὑμῖν ὡς ἂν δύνωμαι διηγήσομαι* v. Die Formel *ὅπως ἂν δύνωμαι* findet sich bei Isokr. noch in zwei einander sehr ähnlichen Stellen, XIV, 4: *χαλεπὸν μὲν οὖν μηδὲν καταδεέστερον εἰπεῖν ὧν πεπόνθαμεν — ὅμως δὲ πειρατέον οὕτως ὅπως ἂν δυνώμεθα φανερὰν καταστῆσαι τὴν τούτων παρανομίαν* und XV, 178: *τῆς μὲν οὖν ἐπιθυμίας οἶδ' ὅτι πολὺ καταδεέστερον ἐροῦμεν· ὅμως δ' ὅπως ἂν δύνωμαι πειράσομαι διελθεῖν τήν τε φύσιν κτλ.*, aufserdem Br. VI, 4: *ἅπερ ἂν παραγενόμενος πρὸς ὑμᾶς διελέχθην, πειράσομαι καὶ νῦν περὶ τῶν αὐτῶν τούτων ὅπως ἂν δύνωμαι διεξελθεῖν.* Von diesen Stellen haben die beiden ersten mit der vorliegenden gar nichts gemein, und auch die dritte läfst sich schwerlich mit ihr zusammenhalten; überhaupt aber eignet sich ein 'utcunque potero' nicht für die Einführung der narratio. Isokr. schliefst diese § 24 mit den Worten ab: *τὰ μὲν οὖν γεγενημένα, ὡς ἀκριβέστατα οἷός τ' ἦν, ἅπανθ' ὑμῖν εἴρηκα.* Den Superl. *ἀκριβέστατα* wird er wohl auch im Übergange zu derselben gebraucht haben. Ich vermute demnach: *ἐξ ἀρχῆς οὖν ὑμῖν ὡς ἂν ἀκριβέστατα δύνωμαι κτλ.*, zumal da es auch [D.] XLIII, 1 ganz ähnlich heifst: *πειράσομαι δὲ κἀγὼ διδάσκειν ὡς ἂν οἷός τε ὦ σαφέστατα περὶ τῶν πεπραγμένων.* Aus Dionys. würde ich unter Vergleichung von Xen. Hell. VI, 3, 9 *ὅπως* beibehalten, wenn ich etwas Ähnliches aus den Rednern anführen könnte). D. XXIV, 10: *ἐξ ἀρχῆς οὖν ἐν βραχέσι τὰ πραχθέντα δίειμι πρὸς ὑμᾶς, ἵνα μᾶλλον μάθητε καὶ παρακολουθήσητε τοῖς περὶ τὸν νόμον αὐτὸν ἀδικήμασιν* (*παρακολουθεῖν* ebenso [D.] XLIII, 1. XLIV, 8. LVI, 4). XXXVI, 3: *ἐξ ἀρχῆς οὖν ἅπαντα τὰ πραχθέντα τούτῳ πρὸς — ὡς ἂν δύνωμαι διὰ βραχυτάτων εἰπεῖν πειράσομαι, ἐξ ὧν εὖ οἶδ' ὅτι ἥ τε τούτου συκοφαντία φανερὰ γενήσεται, καὶ ὡς — γνώσεσθ' ἅμα ταῦτ' ἀκούσαντες.* An einer andern Stelle, XIII, 4, wird von Lysias die Notwendigkeit der *διήγησις* hervorgehoben durch ein an die Spitze gestelltes *δεῖ δέ*: *δεῖ δ' ὑμᾶς ἐξ ἀρχῆς τῶν πραγμάτων ἁπάντων ἀκοῦσαι, ἵν' εἰδῆτε πρῶτον μὲν ᾧ τρόπῳ —, ἔπειθ' ᾧ τρόπῳ —, καὶ δὴ ὅ τι —· ἅπαντα γὰρ ταῦτ' ἀκριβῶς ἂν μαθόντες ἥδιον καὶ ὁσιώτερον Ἀγοράτου τουτουὶ καταψηφίζοισθε. ὅθεν οὖν ἡμεῖς τε ῥᾷστα διδάξομεν καὶ ὑμεῖς μαθήσεσθε, ἐντεῦθεν ὑμῖν ἄρξομαι διηγεῖσθαι.* Verwandter Art sind Isae. XI, 7: *ἀνάγκη δ' ἐστὶν ἐξ ἀρχῆς τὰ συμβεβηκότα εἰπεῖν· ἐκ τούτων γὰρ γνώσεσθε τήν τε ἐμὴν ἀγχιστείαν καὶ ὅτι κτλ.* D. XVIII, 17: *ἔστι δ' ἀναγκαῖον καὶ προσῆκον ἴσως, ὡς κατ' ἐκείνους τοὺς χρόνους εἶχε τὰ πράγματ' ἀναμνῆσαι, ἵνα πρὸς τὸν ὑπάρχοντα καιρὸν ἕκαστα θεωρῆτε.* XXIII, 8: *ἀνάγκη δ' ἐστὶ πρῶτον ἁπάντων εἰπεῖν καὶ δεῖξαι, τί —· διὰ γὰρ τοῦ μαθεῖν τοῦτο καὶ τἀδίκημα σαφῶς ὄψεσθε* (Weber S. 142). (D.) XXXIV, 5: *ἀναγκαῖον δ' ἐστὶ βραχέα τῶν ἐξ ἀρχῆς διηγήσασθαι ὑμῖν.* Vgl. D. XXIV, 15: *ἀνάγκη δὲ πρῶτον ὑπομνῆσαι τοὺς χρόνους ὑμᾶς κτλ.*

Für *δέ* ist *δή* gesetzt Isae. VIII, 4: *δεῖ δὴ — πάνθ' ὑμᾶς τὰ πεπραγμένα μαθεῖν, ἵνα κτλ.* (D.) L, 2: *ἀναγκαῖον* **δή** *μοι δοκεῖ εἶναι ἅπαντα ἐξ ἀρχῆς διηγήσασθαι πρὸς ὑμᾶς. καὶ* **πρὸς** *θεῶν δέομαι ὑμῶν, μή με ἡγήσησθε ἀδολεσχεῖν, ἐὰν διὰ μακροτέρων διηγῶμαι κτλ.* Vgl. auch (D.) XLIX, 4: *ἐπειδὴ δὲ —, ἀναγκαῖόν μοι δοκεῖ εἶναι ἐξ ἀρχῆς ἅπαντα διηγήσασθαι ὑμῖν, τά τε ὀφειλόμενα κτλ.* XLIV, 6: (*εἰ μὲν οὖν —, οὐδὲν ἂν ἔδει πολλῶν λόγων, οὐδ' ἄνωθεν ὑμᾶς ἐξετάζειν τὸ γένος τὸ ἡμέτερον·*) *ἐπειδὴ δὲ —, ἀναγκαῖον διὰ ταῦτα μικρῷ ἄνωθεν τὰ περὶ τοῦ γένους ὑμῖν διεξελθεῖν· ἐὰν γὰρ τοῦτο σαφῶς μάθητε, οὐ μὴ παρακρουσθῆτε ὑπ' αὐτῶν τῷ λόγῳ.* XLIII, 1: **ἐπειδὴ** *—, ἀνάγκη ἴσως ἐστὶ τὰ πραχθέντ' ἐξ ἀρχῆς διηγήσασθαι. ὑμεῖς τε γὰρ ῥᾷον παρακολουθήσετε ἅπασι τοῖς λεγομένοις, καὶ οὗτοι ἐπιδειχθήσονται —. δεόμεθα οὖν ὑμῶν εὐνοϊκῶς ἀκροάσασθαι τῶν λεγομένων καὶ παρακολουθεῖν προσέχοντας τὸν νοῦν. πειράσομαι δὲ κἀγὼ διδάσκειν ὡς ἂν οἷός τε ὦ σαφέστατα περὶ τῶν πεπραγμένων.* An (D.) L, 2 läfst sich anknüpfen eine schon S. 199 f. besprochene Stelle des Andokides, I, 8, wo nach einer dubitatio fortgefahren wird: *κράτιστον οὖν μοι εἶναι δοκεῖ ἐξ ἀρχῆς ὑμᾶς διδάσκειν πάντα* **τὰ** *γενόμενα καὶ παραλιπεῖν μηδέν. ἂν γὰρ ὀρθῶς μάθητε τὰ πραχθέντα, ῥᾳδίως γνώσεσθ' ἅ μου κατεψεύσαντο οἱ κατήγοροι* (ein Glied der *διαπόρησις* war *σκοπῶ — εἴτε καὶ ἐξ ἀρχῆς ὑμᾶς διδάξω τὰ γεγενημένα.* Auf die hier gegebene propositio bezieht sich der Redner § 34: *περὶ δὲ — ὥσπερ καὶ ὑπεσχόμην ὑμῖν, οὕτω καὶ ποιήσω· ἐξ ἀρχῆς γὰρ ὑμᾶς διδάξω ἅπαντα τὰ γεγενημένα*). Mit dem Lys. XIII, 4 beigefügten Satze *ὅθεν οὖν ἡμεῖς τε κτλ.* sind zusammenzustellen Isae. X, 3: *ὅθεν οὖν σαφέστατα μαθήσεσθε ὡς ἔχει ταῦτα, ἐντεῦθεν ὑμᾶς πρῶτον πειράσομαι διδάσκειν.* VIII, 6: *ὅθεν οὖν ἤρξαντο περὶ αὐτῶν, ἐντεῦθεν ὑμᾶς κἀγὼ πειράσομαι διδάσκειν* (wegen *κἀγώ* will Fuhr, animadv. in or. Att. S. 60 *οὗτοι* hinter *οὖν* einsetzen. Dafs das Pronomen nicht notwendig ist, scheinen mir D. XXVII, 3 und XXX, 5 zu lehren. Dagegen vermisse ich vor *πειράσομαι* ungern ein *πρῶτον*, und zwar nicht blos deshalb, weil in diesem transitus sonst stets entweder *ἄρξομαι* oder *πρῶτον πειράσομαι* gesetzt wird, sondern auch wegen des Parallelismus mit dem vorausgehenden *ἤρξαντο.* Vgl. Xen. Hier. 1, 10, wo in einem ähnlichen Gegensatze zweimal *ἄρχεσθαι* steht. In Verbindung mit *πρῶτον* findet sich *πειράσομαι* im Eingang noch D. XXVIII, 1 und 2). Is. XIX, 4: (*τὴν μὲν οὖν τούτων κακίαν ἐξ αὐτῶν τῶν ἔργων γνώσεσθ', ἐπειδὰν διὰ τέλους ἀκούσητε τῶν πεπραγμένων·*) *ὅθεν δ' οἶμαι τάχιστ' ἂν ὑμᾶς μαθεῖν περὶ ὧν ἀμφισβητοῦμεν, ἐντεῦθεν ἄρξομαι διηγεῖσθαι.* Isae. I, 8: (*τὴν μὲν οὖν τούτων ἀναισχυντίαν — ἔτι μᾶλλον γνώσεσθε, ἐπειδὰν πάντων ἀκούσητε·*) *ὅθεν δ' οἶμαι τάχιστ' ἂν ὑμᾶς μαθεῖν περὶ ὧν ἀμφισβητοῦμεν, ἐντεῦθεν ἄρξομαι διδάσκειν.* Aesch. II, 11 (nach einer *διαπόρησις*): *ὅθεν δ'* (so Bekker, Dindorf, Weidner mit e i k l; die übrigen *ᾗ δ'*) *ἡγοῦμαι* (in einigen Hdschr. *οἶμαι*, das ich nach den eben angeführten Stellen vorziehe) *σαφεστάτους* μοι τοὺς λόγους ἔσεσθαι καὶ γνωρίμους ὑμῖν καὶ δικαίους, ἐντεῦθεν ἄρξομαι, ἀπὸ —· οὕτω γὰρ μάλιστα καὶ μεμνήσομαι καὶ εἰπεῖν δυνήσομαι, καὶ ὑμεῖς μαθήσεσθε. D. XXX, 5 und XXVII, 3: ὅθεν δὲ (ὅθεν δ' οὖν) ῥᾷστα μαθήσεσθε περὶ αὐτῶν, ἐντεῦθεν ὑμᾶς κἀγὼ πρῶτον πειράσομαι διδάσκειν. XXIII, 64: ἄρξομαι δ' ἐντεῦθεν, ὅθεν μάλιστα μαθήσεσθε, ἐπὶ — ἐπανελθὼν κτλ. (D.) XXIX, 5: ἄρξομαι δ' ἐντεῦθεν, ὅθεν καὶ ὑμεῖς ῥᾷστ' ἂν μάθοιτε κἀγὼ τάχιστ' ἂν διδάξαιμι. S. Schömann zu Isae. 180 und Weber zu Dem. Aristocr. 255 (stehend sind in diesem Übergange die Ausdrücke τάχιστα, ῥᾷστα, μάλιστα, σαφέστατα μανθάνειν und τάχιστα, ῥᾷστα διδάσκειν). Zu den fünf bereits erwähnten Stellen des Lysias kommen noch III, 3: ἐπειδὴ δὲ —, οὐδὲν ἀποκρυψάμενος ἅπαντα διηγήσομαι πρὸς ὑμᾶς τὰ πεπραγμένα, wo der Anschluſs an das Vorhergehende derselbe ist wie (D.) XLIX, 4, und I, 5: ἐγὼ τοίνυν ἐξ ἀρχῆς ὑμῖν ἅπαντα ἐπιδείξω τὰ ἐμαυτοῦ πράγματα, οὐδὲν παραλείπων, ἀλλὰ λέγων τἀληθῆ· ταύτην γὰρ ἐμαυτῷ μόνην ἡγοῦμαι σωτηρίαν, ἐὰν ὑμῖν εἰπεῖν ἅπαντα δυνηθῶ τὰ πεπραγμένα (für ἀλλὰ λέγων hat man ἀλλ' ἅπαντα λέγων geschrieben, aber auch so entsteht kein passender Gegensatz. Ganz anders § 19: ψεύσῃ δὲ μηδέν, ἀλλὰ πάντα τἀληθῆ λέγε. Der Fehler ist wohl eher in τἀληθῆ zu suchen, statt dessen ich nach D. XVIII, 214 τὰ καθ' ἕκαστα schreiben möchte. Jedoch könnte man auch unter Vergleichung von III, 3 und And. I, 8 die Worte ἀλλὰ λέγων τἀληθῆ ganz tilgen). Aus andern Rednern sind hinzuzufügen Isae. VII, 4: (δέομαι δὲ ὑμῶν πάντων ὁμοίως εὔνοιάν τέ μοι παρασχεῖν, κἂν — ἐξελέγχω, βοηθεῖν μοι τὰ δίκαια.) ποιήσομαι δ' ὡς ἂν κἀγὼ δύνωμαι διὰ βραχυτάτων τοὺς λόγους, ἐξ ἀρχῆς ὡς ἔχει τὰ γενόμενα διδάσκων ὑμᾶς (an καί in κἀγώ nahm Reiske Anstoſs. Schömann sucht es zu verteidigen; doch scheint seiner Erklärung das folgende διὰ βραχυτάτων zu widersprechen. Vielleicht ist zu schreiben ποιήσομαι δὲ κἀγὼ ὡς ἂν δύνωμαι δ. βρ. τ. λ. Vgl. (D.) XLIII, 1, wo in ähnlicher Weise δεόμεθα ὑμῶν und πειράσομαι δὲ κἀγώ c. inf. einander gegenüberstehen). II, 2: διδάξω οὖν ὑμᾶς ἐξ ἀρχῆς, ὡς προσηκόντως τε καὶ κατὰ τοὺς νόμους ἐγένετο ἡ ποίησις κτλ. Is. XXI, 2: ὅθεν οὖν τὸ συμβόλαιον αὐτῷ πρὸς — γεγένηται, διηγήσομαι ὑμῖν ὡς ἂν δύνωμαι διὰ βραχυτάτων. (D.) LIX, 17: ὡς οὖν ἐστὶ ξένη —, τοῦθ' ὑμῖν βούλομαι ἐξ ἀρχῆς ἀκριβῶς ἐπιδεῖξαι. LVI, 4: τὴν δ' ἀρχὴν τοῦ συμβολαίου διεξελθεῖν ὑμῖν πρῶτον βούλομαι· οὕτω γὰρ καὶ ὑμεῖς ῥᾷστα παρακολουθήσετε. Is. XVIII, 4: βούλομαι δ' ἐξ ἀρχῆς ὑμῖν διηγήσασθαι τὰ πραχθέντα· ἂν γὰρ τοῦτο μάθητε, ὡς —, ἡγοῦμαι ταῖς τε συνθήκαις ὑμᾶς ἥδιον βοηθήσειν καὶ τούτῳ μᾶλλον ὀργιεῖσθαι (zu ἥδιον vgl. Lys. XIII, 4). D. XXI, 12: βούλομαι δ' ἕκαστον ἀπ' ἀρχῆς ὧν πέπονθ' ἐπιδεῖξαι καὶ περὶ τῶν πληγῶν εἰπεῖν, ἃς —· ἓν γὰρ οὐδέν ἐστιν ἐφ' ᾧ τῶν πεπραγμένων οὐ δίκαιος ὢν ἀπολωλέναι φανήσεται. (D.) LIX, 1: βούλομαι δ' ὑμῖν προδιηγήσασθαι πρῶτον ἃ πεπόνθαμεν ὑπ' αὐτοῦ, ἵνα μᾶλλόν μοι συγγνώμην ἔχητε ἀμυνομένῳ, καὶ ὡς εἰς ἐσχάτους κινδύνους κατέστημεν κτλ. D. XXI, 77: **βούλομαι** δὴ = igitur καὶ περὶ ταύτης (τῆς ἔχθρας) ὑμῖν ἐξ ἀρχῆς εἰπεῖν καὶ διηγήσασθαι, ἵν' εἰδῆθ' ὅτι καὶ τούτων ὀφείλων δίκην φανήσεται. ἔσται δὲ περὶ αὐτῶν βραχὺς ὁ λόγος, κἂν ἄνωθεν ἄρχεσθαι δοκῶ. Isae. fr. 4 Scheibe: πειράσομαι δ' ὑμῖν ἐξ ἀρχῆς ὡς ἂν δύνωμαι **διὰ** βραχυτάτων εἰπεῖν περὶ τοῦ πράγματος. (D.) XLVII, 3: δέομαι δὲ ὑμῶν κἀγὼ μετ' εὐνοίας μου ἀκροάσασθαι περὶ τοῦ πράγματος ἐξ ἀρχῆς ἅπαντα, ἵνα ἐκ τούτων εἰδῆτε ὅσα ἐγώ τε ἠδικήθην καὶ ἐξηπατήθησαν οἱ δικασταὶ καὶ (nicht καὶ ὡς?) οὗτοι τὰ ψευδῆ ἐμαρτύρησαν. XL, 5: ἵνα δ' ἀκριβῶς εἰδῆτε, ὡς —, ἐξ ἀρχῆς ὑμῖν, ὡς ἂν ἐν βραχυτάτοις δύνωμαι, διηγήσομαι τὰ πραχθέντα. XLIV, 8: ἵνα δὲ εἰδῆτε ὅτι —, πρῶτον μὲν ὑπὲρ αὐτοῦ τοῦ γένους ὑμᾶς διδάξομεν, ὅθεν ἐστὶν ὁ κλῆρος· νομίζω γάρ, ἂν τούτῳ τῷ μέρει τοῦ ἀγῶνος σαφῶς παρακολουθήσητε, καὶ τῶν ἄλλων ὑμᾶς οὐδενὸς ἀπολειφθήσεσθαι. Ant. I, 13: ταῦτα μὲν οὖν μέχρι τούτου· περὶ δὲ τῶν γενομένων πειράσομαι ὑμῖν διηγήσασθαι τὴν ἀλήθειαν· δίκη δὲ κυβερνήσειεν. Der von Demosthenes XXI, 77 gebrauchte Ausdruck ἄνωθεν ἄρχεσθαι findet sich auch Plat. Phil. 44[d]: οἶμαι τοιόνδε τι λέγειν αὐτούς, ἀρχομένους ποθὲν ἄνωθεν. Dion. Hal. Antt. VII, 62: ἀρξάμενος ἄνωθεν ἀπὸ τῆς πρώτης ἡλικίας, διῆλθεν κτλ., und in Verbindung mit dem Inf. eines verb. dicendi Aesch. I, 170: μικρὸν δ' ἄνωθεν ἄρξομαι διδάσκειν ὑμᾶς. Hier konnte es auch kürzer heifsen μικρὸν δ' ἄνωθεν διδάξω ὑ. Vgl. aufser der schon oben (S. 206) genannten Stelle, (D.) XLIV, 6: μικρῷ ἄνωθεν τὰ — διεξελθεῖν (vorher ἄνωθεν ἐξετάζειν τὸ γένος), D. XXI, 160: ἐγὼ καὶ τοῦτο διδάξω, ἄνωθεν δέ, wo aber ἄνωθεν δέ zugleich mit den nächstfolgenden Worten von Dindorf gestrichen ist als interpoliert aus § 77 (richtiger vielleicht Weil nach Σ: ἄνωθεν δὲ — βραχύς ἐσθ' ὁ λόγος — λέξω), und (D.) LIX, 74: βούλομαι δ' ὑμῖν ἀκριβέστερον περὶ αὐτῶν ἄνωθεν διηγήσασθαι καθ' ἕκαστον, ἵνα μᾶλλον ἐπιμέλειαν ποιήσησθε τῆς τιμωρίας, καὶ εἰδῆτε ὅτι κτλ. In ähnlicher Weise brauchte man πόρρωθεν (πρόσωθεν) und πορρωτέρωθεν. S. Aesch. II, 171: νῦν δ' αὐτὰ πόρρωθεν ἀρξάμενος μικρῷ δίειμι σαφέστερον. Dion. Hal. Antt. VIII, 5: κἂν πρόσωθεν ἄρξωμαι. Is. XII, 120: διὰ τοῦτο δὲ προειλόμην πορρωτέρωθεν ποιήσασθαι τὴν ἀρχήν. XVI, 4: (πρὸς μὲν οὖν τοὺς πρεσβυτέρους βραχὺς ἂν ἐξήρκει λόγος·) τῶν δὲ νεωτέρων ἕνεκα — πορρωτέρωθεν ἄρξομαι διδάσκειν (vgl. [D.] XLIV, 6). VI, 16: διὰ τοῦτο δὲ προλήψομαι πορρωτέρωθεν, ἵν' ἐπίστησθε, διότι κτλ. (D.) LIX, 93: βούλομαι δ' ὑμῖν τὸν νόμον πόρρωθεν προσδιηγήσασθαι, ὡς ἐτέθη καὶ —. ἐκ τούτων γὰρ ἁπάντων εἴσεσθε κτλ. (Is. IV, 23: ὅσῳ γὰρ ἄν τις πορρωτέρωθεν σκοπῇ, wo Schneiders Anm. zu vergleichen). — Wie die Lateiner die narratio einführen, zeigen die von Seyffert, schol. Lat. I, § 8 citierten Stellen Ciceros, pro Quinct. 3, 11: (orat atque obsecrat, ut multis injuriis jactatam atque agitatam aequitatem in hoc tandem loco consistere et confirmari patiamini.) Id quo facilius facere possitis, dabo operam, ut a principio res quemadmodum gesta et contracta sit cognoscatis. pro Rosc. Amer. 5, 14: atque ut facilius intelligere possitis, ea, quae facta sunt, indigniora esse, quam haec sunt, quae dicimus, ab initio res quemadmodum gesta sit vobis exponemus, quo facilius et hujus hominis innocentissimi miserias et illorum audaciam cognoscere possitis et reipublicae calamitatem. pro Mil. 9, 23: (reliquum est ut nihil jam quaerere aliud debeatis, nisi uter utri insidias fecerit). Quod quo facilius argumentis perspicere possitis, rem gestam dum breviter expono, quaeso, diligenter attendite. pro Cluent. 24, 66: quonam igitur haec modo gesta sunt? Repetam paulo altius et omnia, quae in diuturna obscuritate latuerunt, sic aperiam, ut ea cernere oculis videamini. ad fam. I, 9, 4: quod tibi ut planius exponam, altius paulo rationem consiliorum meorum repetam necesse est. Wegen der Wendung altius repetere sind mit den beiden zuletzt genannten Stellen zusammenzuhalten Quint. VI, 2, 2: nunc altius omnis rei repetenda ratio est. Cic. de off. I, 16, 50: sed quae naturae principia sint communitatis et societatis humanae, repetendum videtur altius. pro Sest. 13, 31: vereor ne quis vestrum forte miretur, quid haec mea oratio tam longa aut tam alte repetita velit. de or. III, 24, 91: quorsum igitur haec spectat tam longa et tam alte repetita oratio? de legg. I, 6, 18: alte et a capite repetis quod quaerimus (a capite repetis wie ebenda § 20 visne juris ortum a fonte repetamus?). ad fam. XIII, 29, 2: exspectare te arbitror, haec tam longe repetita principia quo spectent. Sall. Iug. 5, 3: sed priusquam —, pauca supra repetam, quo ad cognoscendum omnia illustria magis magisque in aperto sint. Tac. ann. XVI, 18: de Petronio pauca supra repetenda sunt. Sall. Cat. 5, 9: res ipsa hortari videtur — supra repetere ac paucis — disserere (repetere a und usque a = bis auf jemanden zurückgehen. Cic. Tusc. I, 48, 116. Ac. prior. II, 5, 13. de orat. I, 20, 91. de inv. I, 20, 29. Cornif. ad Herenn. I, 9, 15 — an diesen beiden Stellen ab ultimo repetere. Vgl. Cic. pro Arch. 1, 1: inde usque repetens). Das simplex petere braucht Cicero pro Cluent. 4, 11: atque ut intelligatis Cluentium — detulisse, paulo longius exordium rei demonstrandae petam: quod quaeso ne moleste patiamini. Principiis enim cognitis multo facilius extrema intelligetis. pro Caec. 4, 10: et si forte videbor altius initium rei demonstrandae petisse, quam — coegerit, quaeso ut ignoscatis. Non enim etc. Vgl. auch in Verr. II, 4, 47, 105: de quo (facinore) si paulo altius ordiri ac repetere memoriam religionis videbor, ignoscite: rei magnitudo me breviter perstringere atrocitatem criminis non sinit. Verg. Georg. IV, 285 f.: altius omnem expediam prima repetens ab origine famam (prima ab origine repetere ohne Accus. Verg. Aen. I, 372). — Unter den im Übergang zur διήγησις (dieses Subst. Aesch. II, 44) gebrauchten Zeitwörtern ist das am häufigsten angewendete διηγεῖσθαι (προδιηγεῖσθαι [D.] LIX, 1 u. 93). Nicht selten finden sich auch διδάσκειν und εἰπεῖν (εἰπεῖν καὶ διηγήσασθαι D. XXI, 77, εἰπεῖν καὶ δεῖξαι D. XXIII, 8), weniger häufig ἐπιδεῖξαι, nur ausnahmsweise διιέναι, διεξελθεῖν und ἀναμνῆσαι. Cicero gebraucht das Verbum exponere (einmal aus besonderem Grunde aperire). Von den Richtern stehen ἀκούειν Lys. XVII, 1 (ohne Objekt). Is. XIX, 4 (τῶν πεπραγμένων). Isae. I, 8 (πάντων). Lys. XIII, 3 (τῶν πραγμάτων ἁπάντων), ἀκροᾶσθαι (D.) XLVII, 3 (περὶ τοῦ πράγματος ἅπαντα) und μανθάνειν. Was die oben genannten Verba anlangt, so ist διδάσκειν ohne (sächliches) Objekt gebraucht Lys. VII, 3 und XII, 3, διηγεῖσθαι (D.) LII, 2. Sonst bilden das Objekt entweder die Accusative τὰ πραχθέντα, πεπραγμένα, γενόμενα, γεγενημένα, συμβεβηκότα, πάντα (ἅπαντα) τὰ πραχθέντα, πεπραγμένα, γενόμενα, γεγενημένα, auch πάντα τὰ ἐμαυτοῦ πράγματα, ἅπαντα, ἕκαστον ὧν πέπονθα, βραχέα oder ein Relativsatz wie ὡς ἔχει τὰ γενόμενα, ὡς εἶχε τὰ πράγματα, ὡς ἕκαστα πέπρακται, ein Transitivsatz mit ὡς ([D.] LIX, 17), eine indirekte Frage (D. XXIII, 8). Daneben findet sich auch περί (abhängig von διδάσκειν Lys. XXXII, 3. [D.] XLIII, 2, von εἰπεῖν Isae. fr. 4. D. XXI, 12, von εἰπεῖν καὶ διηγήσασθαι D. XXI, 77) und ὑπέρ (abhängig von διδάσκειν [D.] XLIV, 8). Bei Cicero lesen wir einmal rem gestam und zweimal res quemadmodum gesta (et contracta) sit. Durch das Neutrum ἅπαντα (wie durch den Zusatz καὶ μηδὲν παραλιπεῖν und οὐδὲν παραλείπων oder ἀποκρυψάμενος) will man ausdrücken, dafs man der an die narratio gestellten Forderung der Deutlichkeit entsprechen werde; denn diese verlangt, nichts zur Sache Gehöriges zu übergehen. Cornif. I, 9, 15. Cic. de inv. I, 20, 29. Denselben Grund hat das fast regelmäfsig beigefügte ἐξ ἀρχῆς (ἀπ' ἀρχῆς D. XXI, 12; Cicero a principio und ab initio. Vgl. auch Plat. Symp. 174[a]: μᾶλλον δ' ἐξ ἀρχῆς, ὡς ἐκεῖνος διηγεῖτο, καὶ ἐγὼ πειράσομαι διηγήσασθαι. Phaed. 59[a]: ἐγώ σοι ἐξ ἀρχῆς πάντα πειράσομαι διηγήσασθαι. Euthyd. 272[d]: καί σοι πειράσομαι ἐξ ἀρχῆς πάντα διηγήσασθαι. Br. VII, 324[b]: πειράσομαι δὲ ἐξ ἀρχῆς αὐτὴν ἐγὼ πρὸς ὑμᾶς διεξελθεῖν. An allen vier Stellen das auch von den Rednern häufig angewendete πειράσομαι). Bestimmter wird auf die σαφήνεια hingewiesen durch ὡς ἂν οἷός τε ὦ σαφέστατα (D.) XLIII, 1 und durch ähnliche Wendungen an anderen Stellen. Eine zweite Forderung, welche die Rhetoren an die διήγησις stellen, ist, sie solle σύντομος sein. Dieser genügen zu wollen, erklären die Redner durch Phrasen wie ὡς ἂν δύνωμαι (οἷός τε ὦ) διὰ βραχυτάτων u. s. w. (Cicero einmal breviter). Wenn die Sache eine längere Erzählung verlangt, so sucht man schon bei der Ankündigung derselben sich deswegen zu rechtfertigen. So (D.) XLIV, 6. L, 2. Cic. pro Cluent. 4, 11. pro Caec. 4, 10. in Verr. II, 4, 47, 105. Ausführlich behandeln die σαφήνεια und συντομία der Erzählung, sowie die ebenfalls von ihr geforderte πιθανότης Kayser zu Cornif. 223 f. Volkmann, Rhetorik 113 ff. Selten lesen wir die ausdrückliche Versicherung, dafs man sich streng an die Wahrheit halten werde, wie Ant. I, 13 und nach der Überlieferung Lys. I, 5. An zwei Stellen, (D.) XL, 5 und XLIV, 8, beginnt der Übergang zur narratio mit ἵνα δὲ (ἀκριβῶς) εἰδῆτε ὅτι (ὡς). Ganz ähnlich heifst es bei Cicero pro Rosc. Amer. a. a. O. und pro Cluent. 4, 11 atque ut facilius intelligere possitis (atque ut intelligatis) mit acc. c. inf., während derselbe sonst den Absichtssatz durch die Neutra quod und id mit dem Vorhergehenden verbindet. Übrigens wird an der ersteren Stelle dem Hauptsatze ein zweiter durch quo facilius eingeführter Finalsatz beigegeben. Mit diesem sind zu vergleichen die durch ἵνα angeschlossenen Absichtssätze (D.) XLVII, 3. Lys. XIII, 4. D. XXI, 77: ἵν' εἰδῆτε. XVIII, 17: ἵνα θεωρῆτε. XXIV, 10. (D.) LIX, 1: ἵνα μᾶλλον μάθητε καὶ παρακολουθήσητε (μᾶλλόν μοι συγγνώμην ἔχητε). Isae. VIII, 4 (μηδὲν ἀγνοήσαντες τῶν γεγενημένων ἀλλὰ σαφῶς εἰδότες περὶ αὐτῶν, οὕτως ἐνέγκητε τὴν ψῆφον). Häufig motivieren die griechischen Redner die διήγησις durch einen Satz mit γάρ, manchmal auch durch einen Satz mit ἐπειδή oder eine relative Wendung (letzteres geschieht D. XXXVI, 3 und [D.] XLV, 2). Die narratio selbst wird in der Regel durch γάρ eingeführt; asyndetischer Anschlufs findet sich nur Ant. I, 14. And. I, 34. Lys. XII, 4. XVII, 2. XXXII, 4. D. XXI, 78. XXIII, 65. XXIV, 11. XXXVII, 4. LIV, 3. Vgl. auch Aesch. II, 172 und D. XXI, 161.

§ 4. ᾤκησε] μετῴκησε Reiske, Herwerden. Vgl. Meier, de And. or. c. Alc. V, 6, 40. Pertz, quaest. Lys. II, 16. Mit mehr Recht liefse sich annehmen, dafs vor ᾤκησε eine Ortsbestimmung (ἐν αὐτῇ, ἐνταῦθα) ausgefallen sei.

§ 5. πονηροὶ καί] mit Reiske; in den Hdschr. πονηροὶ μὲν καί. — καὶ τοὺς λοιποὺς πολίτας — τραπέσθαι] Für καί will Fritzsche ὡς (ita ut) schreiben. Vgl. Anh. zu I, 36. — τοιαῦτα λέγοντες] In den Hdschr. καὶ τοιαῦτα. καί gestrichen mit Markland. Zahlreiche andere Emendationen, mit denen der Paragr. bedacht worden ist, bei Westermann a. a. O. S. 8.

§ 6. πένεσθαι] mit Markland; in den Hdschr. γενέσθαι. Meineke (Jahrb. f. Phil. 87, 369) corrigiert: πάντως δὲ δεῖν τὴν μὲν πόλιν γενέσθαι μικράν. Mochte dies auch die Absicht der Oligarchen während der Belagerung gewesen sein (§ 70) und die Verblendung der extremen Partei unter den Dreifsig darin die sicherste Stütze ihrer Herrschaft finden (Xen. Hell. II, 3, 41), so führte doch die Hinrichtung von 10 oder 30 Metöken sicherlich nicht zu diesem Ziel; diese Mafsregel war lediglich eine gewaltsame Finanzoperation. Andere Emendationsversuche bei Westermann a. a. O. S. 9. — τὴν ἀρχὴν δέ] nach Sauppe. τὴν δ' ἀρχήν vulg. In den Hdschr. feht δέ. Vgl. F. A. Müller, observationes de elocutione Lysiae. Part. I de anacoluthis (Halle 1877)

S. 10. Zu den de arg. ex contr. 114 citierten Stellen kommen aus Lysias und Pseudolysias II, 19: *ὑπὸ νόμου μέν — ὑπὸ λόγου δέ*. IX, 20. XVI, 18. XXI, 17. XXX, 21: *ἐν δυοῖν μὲν ἐτοῖν — παρ' ἕκαστον δὲ τὸν ἐνιαυτόν*. XXXII, 20 (I, 42: *ὡς ἀσφαλέστατα μέν — ὡς μετὰ πλείστων δὲ μαρτύρων*). — IV, 17: *μετὰ μὲν τούτου — μετ' ἐμοῦ δέ*. Vgl. auch zu XXV, 22 und 27.

§ 7. *περὶ οὐδενός*] S. auch de arg. ex contr. 143 und 148 und zu XIII, 89. *παρ' οὐδέν* wollte früher Cobet (in der Ausgabe *περὶ οὐδενός*) und so La Roche (über die Einführung in die Lektüre der attischen Redner S. 31) und Herwerden. — *πέπρακται*] ohne Grund gestrichen von Burger, Tijdschrift voor de nederlandsche Gymnasiën 1864/65 S. 29. Vgl. XXII, 9: *οὐ συμπριαμένους καταθέσθαι ἐκέλευεν αὐτούς, ἀλλὰ μὴ ἀλλήλοις ἀντωνεῖσθαι συνεβούλευεν*. XII, 48: *οὐ τἀληθῆ μηνύουσιν, ἀλλα τὰ — πλασθέντα εἰσαγγέλλουσιν*. (Lys.) XI, 3: *τὸν νόμον οὐ ταῦτ' ἀπογορεύειν, ἀλλ' ἀνδροφόνον οὐκ ἐᾶν λέγειν*. Ähnlich auch XXXI, 17. XXX, 24. XXVII, 5. Ebenso erhält im Lateinischen von zwei durch non — sed gegenübergestellten Gliedern oft ein jedes sein besonderes Verbum. Cic. de or. III, 37, 151: non arte aliqua perpenditur, sed quodam quasi naturali sensu judicatur. or. 3, 11. — *ὥσπερ — πεποιηκότες*] Mehr Beispiele dieser Anakoluthie bei Stein zu Herod. III, 16. Böhme zu Thuk. II, 53, 4. Wenzel, die absolute Participialkonstruktion (Progr. Glogau 1857) S. 12 ff. Ebhardt, de anacoluthorum usu in scriptis Graecorum (Progr. Dillenburg 1860) S. 5. — *ὥσπερ*] Zu den de arg. ex contr. S. 283—285 citierten Stellen sind aus Lysias hinzuzufügen III, 34: *ὥσπερ κατ' ἐμαυτοῦ τὴν πρόνοιαν ἐξευρίσκων, ἵν' ὡς μάλιστα ὑπὸ τῶν ἐχθρῶν ὑβρισθείην*. XIV, 33 *ὡς τῶν αὐτῶν ὄντας ἀξίους ὅσοι —, καὶ ὅσοι κτλ*. (vgl. S. 324, Anm. 44). XIV, 29 (*ὥσπερ — ἀλλ' οὐ* auch Aesch. III, 256). — *τι τῶν ἄλλων*] In der 3. Aufl. vermutete Rauchenstein *τι καλόν*. Dafür möchte Frohberger mehr im Anschlufs an die Hdschr. *τι τῶν καλῶν* schreiben. Allerdings wird durch diese Emendation die Bitterkeit gesteigert, weshalb ich mich nur schwer habe entschliefsen können, die hdschr. Lesart im Texte beizubehalten. Zum Ausdruck vergleicht Frohberger Xen. Oik. 21, 5: *ἤν τι τῶν αἰσχρῶν συμβαίνῃ* (häufig *ἕν τι τῶν αἰσχρῶν ἐστι* und ähnliches. Rehdantz, Dem. Ind. II, Neutrum), zum Gedanken Lys. XXIV, 18. Xen. Apol. 29: *ὡς μέγα τι καὶ καλὸν διαπεπραγμένος*. Den Einwand Funkhänels (Jahrb. f. Phil. 83, 571), dafs dann *εὐλόγως* müfsig sei, erklärt derselbe mit Recht für nicht stichhaltig, da *τι τῶν καλῶν* und *εὐλόγως* (= *καλόν τι καὶ εὔλογον*) ironisch den Dreifsig bei einer *ἀπολογία* eine pomphafte Beleuchtung der That von zwei Seiten her, der ethischen und praktischen, zuschreiben würde.

§ 8. *διαλαβόντες*] Weil die Beute voraussichtlich nicht in allen Häusern gleich grofs war, bei einer Teilung also leicht über Benachteiligung geklagt werden konnte, vermutet Frohberger *διαλαχόντες*. Dagegen Rauchenstein im Anh. — *ἐμὲ μέν*] Zu dem scheinbar gegensatzlosen *μέν* vgl. noch Ant. VI, 13. Isae. V, 36. D. IX, 15. (D.) XXV, 59. XLIV, 1. Breitenbach zu Xen. Memor. I, 1, 1. Rehdantz, Dem. Ind. II S. 253. — *ἑστιῶντα κατέλαβον*] Classen zu Thuk. I, 59, 1.

§ 9. *ταῦτα*] Der Plural *ταῦτα*, auf einen singulären Begriff zurückbezogen, bei Lysias noch XIII, 27. Aufserdem vgl. Schömann zu Isae. S. 356. Westermann zu Dem. I, 7. XVIII, 200. XXIII, 7. Rehdantz zu Xen. Anab. VII, 2, 2 und Dem. Ind. II, Neutrum. Stallbaum zu Plat. Gorg. 447^{a}. Scheibe, vind. Lys. 38 (über einen speziellen Fall s. Anh. zu XIII, 51). — *οὔτε — νομίζει*] nach Sauppe ein sprichwörtlicher Ausdruck. Die ursprüngliche Bedeutung des Wortes urgiert auch Platon in der schon von Frohberger angezogenen Stelle Gorg. 466^{b}, wo Sokrates auf die Frage des Polos: *ἆρ' οὖν δοκοῦσί σοι ὡς κόλακες ἐν ταῖς πόλεσι φαῦλοι νομίζεσθαι* (= für schlechte Leute zu gelten) *οἱ ἀγαθοὶ ῥήτορες*; antwortet: *οὐδὲ νομίζεσθαι ἔμοιγε δοκοῦσιν* (= mir scheinen sie gar keine Geltung zu haben), desgleichen Aristophanes Wolk. 962: *ὅτ' ἐγὼ τὰ δίκαια λέγων ἤνθουν καὶ σωφροσύνη 'νενόμιστο* (florebam — vigebat).

§ 10. *τὴν κιβωτόν*] Der Artikel gegen Hecker verteidigt von Pertz, quaest. Lys. I, 13. Wie zahlreich die Benennungen der Kleidertruhen waren, lehrt Pollux Onom. VII, 79: *εἰς ἃ δὲ ἀπετίθεντο τὰς ἐσθῆτας, χηλοὶ μὲν καθ' Ὅμηρον, κοῖται δὲ καὶ κιβωτοὶ καὶ κίσται καὶ ζυγάστρια παρὰ τοῖς νεωτέροις καὶ ῥίσκοι καὶ κανδύτανες*. Auch das Subst. *λάρναξ* gehört hierher. Valckenaer zu Theokr. XV, 33, S. 333. Arist. Wesp. 1056 sagt der Chor: (bewahret die schönen Gedanken der Dichter) *ἐσβάλλετέ τ' εἰς τὰς κιβωτοὺς μετὰ τῶν μήλων. κἂν ταῦτα ποιῆθ', ὑμῖν δι' ἔτους τῶν ἱματίων ὀζήσει δεξιότητος*. Vgl. Athen. III, 26: *τὸ δὲ (περσικὸν ἢ μηδικὸν) μῆλον* (= *τὸ κιτρίον*) *οὐκ ἐσθίεται μέν, εὔοσμον δὲ πάνυ καὶ αὐτὸ καὶ τὰ φύλλα τοῦ δένδρου· κἂν εἰς ἱμάτια τεθῇ τὸ μῆλον, ἄκοπα διατηρεῖ. — καὶ μηδεὶς ὑμῶν θαυμαζέτω εἴ φησι (Θεόφραστος) μὴ ἐσθίεσθαι αὐτό, ὁπότε γε καὶ μέχρι τῶν κατὰ τοὺς πάππους ἡμῶν χρόνων οὐδεὶς ἤσθιεν, ἀλλ' ὥς τι μέγα κειμήλιον ἀπετίθεντο ἐν ταῖς κιβωτοῖς μετὰ τῶν ἱματίων*.

§ 11. *οὐχ ὅσον*] Vgl. Stallbaum zu Plat. Staat X, 608^{b}. — *ὡμολόγητο*] nach Fritzsche mit Rauchenstein und Frohberger kl. Ausg. ὡμολ^{ο} X, *ὡμολόγησα* C. — *ἀργυρᾶς*] C und, wie es scheint, auch X. *ἀργυρίου* Cobet. — *ἀγαπήσειν, εἰ σώσω*] Beispiele für die verschiedenen Konstruktionen von *ἀγαπᾶν* bei Rehdantz, Dem. Ind. II u. d. W.

§ 12. *ἐπιτυγχάνει*] *περιτυγχάνει* Herw., vielleicht wegen des von G. Hermann zu Arist. Wolk. 195 gemachten Unterschieds:

ἐπιτυγχάνειν dicitur qui quaerit, περιτυγχάνειν qui non quaerens in aliquid incidit. Dieser Unterschied ist unhaltbar. Xen. Mem. III, 9, 14. Lys. XXXII, 14, wo Herw. gleichfalls περιτυγχάνειν schreibt. Rauchenst. zu XIII, 71. Dagegen spricht auch ὁ ἐπιτυχών, 'der erste beste', (D.) LIX, 73. Plat. Staat I, 352[d] u. ö. (ebenso ὁ παρατυχών Thuk. I, 22, 2. ὁ ἐντυχών IV, 132, 3 und ὁ ἐντυγχάνων IV, 40, 2). — ὅποι] mit Sauppe (Cobet v. l. 213) und Rauchenst. für ὅπῃ. — εἰς τὰ τοῦ ἀδελφοῦ] Cobet (v. l. 213) εἰς τἀδελφοῦ und so Rauchenst. Herw. Fritzsche, εἰς τοῦ ἀδελφοῦ Scheibe und Westermann. Vgl. noch Theokr. II, 76. IV, 23. V, 112. Eur. Bakch. 599 (Schöne) und die Stellen des Hippokrates bei Meineke zu Theokr. S. 224. Auch Homers ἐφ' ἡμέτερα (Il. ι, 619. Od. ο, 88) und ἐπὶ σφέτερα (Od. α, 274. ξ, 91) gehören hierher. — μεθ' αὑτῶν ἀκολουθεῖν] Aus stilistischen Gründen ist dieser Pleonasmus angewendet Is. V, 48: ἐπεῖδον τοὺς πρότερον μεθ' αὑτῶν ἐπὶ τοὺς ἄλλους ἀκολουθοῦντας, τούτους μετὰ Θηβαίων εἰς τὴν αὑτῶν εἰσβαλόντας (zum ersten Gliede vgl. Is. VIII, 44: οἷς ὁπόταν τις διδῷ πλείω μισθόν, μετ' ἐκείνων ἐφ' ἡμᾶς ἀκολουθήσουσιν). XIV, 15: τοῖς μὲν σώμασι μετ' ἐκείνων ἀκολουθεῖν ἠναγκάζοντο, ταῖς δ' εὐνοίαις μεθ' ἡμῶν ἦσαν (nachgeahmt Dein. I, 20).

§ 13. ἧξων] καὐτός will hinzufügen Herw. — ἐν τοιούτῳ] Anderwärts mit dem Artikel (in der eben geschilderten Lage, in Verhältnissen, wie die eben besprochenen sind). Xen. Ages. 6, 7. π. ἱππ. 9, 11. Anab. V, 8, 20. Kyr. I, 4, 22. Thuk. III, 81, 5. IV, 56, 1. VII, 81, 3. 69, 2 (ἐν τῷ τοιούτῳ τοῦ καιροῦ). Plat. Staat V, 470[c]. VI, 492[c]. VIII, 563[a] (ἐκ τοῦ τοιούτου Thuk. IV, 83, 4). ἐν τῷ τοιῷδε Xen. Kyr. III, 3, 35 u. 38. Thuk. II, 36, 1. III, 42, 4. V, 88. Herod. IX, 27 a. E. Plat. Menex. 238[b]. Ebenso εἰς τοιοῦτον Plat. Gorg. 511[c]; ἐν τούτῳ D. IX, 65. Thuk. III, 76; εἰς τοῦτο D. LIV, 6, sowie in den Wendungen εἰς τοῦτο περιιστάναι und περιίστασθαι Thuk. IV, 12, 3 und in den Stellen bei Rehdantz, Dem. Ind. II, ἱστάναι; ἐν τῷδε Thuk. VI, 18, 3; ἐν οἵῳ Xen. Kyr. III, 2, 12. ἐν ᾧ Thuk. VII, 11, 1. 14, 3; ἐν ὅτῳ Thuk. VI, 6, 3. Dagegen ἐν τοῖς τοιούτοις (Lys.) XX, 12. And. I, 118. Xen. Kyr. V, 4, 17. Timokles bei Athen. VI, 237[d]; ἐν τοῖς τοιοῖσδε Plat. Menex. 244[a]; ἐν τούτοις Soph. Ant. 39; ἐν τοῖσδε Soph. Oed. Tyr. 892; ἐν ἐκείνοις Ant. V, 76; ἐν οἵοις Xen. Anab. III, 1, 15; ἐν οἷς D. XVIII, 163. Is. V, 70. — ἐδόκει] ἐδόκει τι wollte Scheibe, vind. Lys. 41. ἀποκινδυνεύειν nach Reiske Fritzsche; doch zieht dieser zu § 100 παρακινδυνεύειν vor, was auch ich für sehr wahrscheinlich halte. Zu der schon von Fritzsche verglichenen Stelle, Luk. Ikarom. 22: ἄριστον οὖν κρίνας τὸ μὴ παρακινδυνεύειν ἔκοπτον προσελθὼν τὴν θύραν, füge And. II, 11. Xen. Hell. VII, 3, 5. Thuk. IV, 26, 6. Plat. Theaet. 204[b]. Arist. Wesp. 6.

§ 14. πρόθυμον] προθύμως Herw. nach Hirschig.

§ 15. γάρ] Zur Stellung Xen. Anab. II, 2, 14. Thuk. III,

97, 3. 102, 3. IV, 43, 3. 116, 2. 130, 3. 6. V, **46**, **5**. VI, **65**, 1. VIII, 61, 3. Ameis-Hentze zu Hom. Od. *α*, 337. *κ*, 174. **Krüger** und Classen zu Thuk. I, 31, 2. Stallbaum **zu** Plat. Phaed. **117**[a]. Der Satz mit enim ist vorausgeschickt Liv. I, 14, 6. Ov. Met. III, 336. Trist. I, 2, 1, mit etenim Liv. III, 24, 9. — *ἡγούμην μέν, εἰ*] *ἡγούμην, εἰ μέν* Cobet n. l. 351. Rauchenst. IV (jetzt *ἡ. μέν, εἰ*). Herw. Fritzsche (früher schon Reiske). Dafs diese (auf einer nicht ausgeführten Anaphora beruhende) Stellung der Part. *μέν* sich keineswegs auf den angegebenen Fall beschränkt, lehren die de **arg. ex** contr. S. 122 ff. und S. 381 behandelten Stellen, denen **sich noch** manche andere beigesellen lassen (mit Xen. Symp. 4, 3 vgl. Lys. XXXII, 25 und [D.] XLIV, 8). Etwas anderer Art ist Lys. XXVI, 3; s. de arg. ex contr. S. 347 und Blass in Bursians Jahresbericht I, 3, 275. — *ὁμοίως*] *ὠμῶς* Herw. *ὅμως* Kappeyne van de Coppello. Vgl. Eur. Iph. Taur. 489. D. XX, 117. Funkhänel, Zeitschr. f. d. Altertumsw. 2. Supplementh. 129 f. und Jahrb. f. Philol. 1869, 716. Vömel zu D. XVIII, 39.

§ 16. *ταῦτα*] *ταῦτα δή* Cobet. Vgl. Aesch. III, 91: *ταῦτα διανοηθείς* (so Weidner mit e k l; *ταῦτα δὲ δ.* vulg.). Is. VII, **42**: *ταῦτα διανοηθέντες* (auch hier wollen Cobet und Mehler *τ. δὴ δ.*). XV, 50. XVII, 9. Lys. XIII, 26. 79. Strange, Archiv III, 90. Kühner II, S. 863. — *εἰς ἄστυ*] Ebenso setzt Plato *ἄστυ* **bald** mit bald ohne Artikel. Stallbaum zu Phaedr. 227[b]. — *ἥκων*] Andere Beispiele bei Krüger zu Xen. Anab. II, 1, 9. Über *ἐλθεῖν* **derselbe zu Xen. Anab.** II, 1, 1 und Thuk. I, 117, 2. Bekanntlich steht **auch venire** bisweilen für redire. — *ἀπαγάγοι*] Der Optativ des Aorists in der Bedeutung der Vergangenheit nach *ὅτι* auch XXXII, 9, nach *ὡς* XXII, 8. fr. 75, 5. Vg. Ant. V, 33. 53. VI, 21. And. I, 19. 37. 40. 137. Lyk. 18. Aesch. II, 12. 42. 43. 46. 48. 83. 113. 121. (D.) L, 36. LVI, 21. LIX, 5. 9. 116. Thuk. I, 38, 1. II, 5, 5. IV, 108, 2. Herod. VII, 3. Bisweilen finden sich Optativ und Indikativ in einem Satze. (D.) XXXIV, 17: *ὅτι οὔτε ἔνθοιτο οὔτε ἀπέδωκε* (*ἀπέδωκε* die Züricher nach *Σ*; *ἀποδέδωκε* vulg.). And. I, 61 und 115 (wo jedoch die neueren Herausgeber mit Dobree *ἐξηγήσαιτο* schreiben. Ant. VI, 17 scheint richtig emendiert zu sein von Sauppe, symbolae criticae ad emendandos oratores Atticos p. 5). Xen. Hell. VI, 5, 34. Vgl. D. XXVII 49: *ὡς ἐκτέτικεν καὶ ὡς λάβοιεν* (Optativ des Aorists **und** Perfekts [D.] XXXIV, 11: *ὅτι οὔτε ἔνθοιτο οὔτε εἰληφὼς εἴη*. **XXXV**, 36). (D.) XLVII, 68: *ὡς εἶχον καὶ ὡς τελευτήσειεν*. LIX, 81. Isae. IX, 12. Arist. Wesp. 283 f. Xen. Hell. VII, 1, 34. III, 5. 25.

§ 17. *ἐγώ*] F. A. Müller, obs. de eloc. Lys. S. 10 *ἐγὼ μέν*, wohl richtig, da Lysias durch Hinzufügung von *ἐγώ* sich ausdrücklich dem Polemarchos gegenüberstellt. — *ἐπ᾽ ἐκείνων*] so in der Aldina, Cobet und Francken, Philol. XIX, 714 (Fritzsche mit Krasis *τοὐπ᾽ ἐκείνων*). Das hdschr. *ὑπ᾽ ἐκείνων* wollte schon Förtsch, obs. crit. S. 20

durch ein aus παρήγγειλαν zu entnehmendes παραγγέλλεσθαι verteidigen. Solche Ergänzung eines Passivs aus aktiver Verbalform ist nicht ohne Beispiel in thukydideischer Kürze (vgl. VI, 79, 1: ὅταν ὑπ' ἄλλων, sc. ἀδικῶνται, καὶ μὴ αὐτοὶ τοὺς πέλας ἀδικῶσιν. II, 11, 8: ἀξιοῦσι τὴν τῶν πέλας δῃοῦν μᾶλλον ἢ τὴν ἑαυτῶν ὁρᾶν, sc. δῃουμένην), aber verträgt sie sich mit der schlichten, lichtvollen Sprache dieser narratio? — πίνειν κώνειον] Über den Tod durch Schierling Kock zu Arist. Frö. 123. — πρίν] Zu diesem Gebrauche von πρίν vgl. Lys. XIX, 7. Isae. VIII, 8. D. XVIII, 169. XX, 145. XXIV, 109. Herod. IV, 117. Thuk. II, 12, 2. IV, 83, 6. 125, 1. Xen. Kyr. VIII, 4, 11. Anab. I, 10, 19. IV, 1, 7. — Is. VIII, 120. Xen. Kyr. VII, 5, 39 (φθάνω c. part. — πρίν). — Lys. XXX, 3. Isae. IX, 32. Xen. Kyr. V, 2, 9. Plat. Lach. 180[e] (πρότερον πρίν). Xen. Kyr. II, 2, 10 (πρὶν — πρότερον). — Xen. An. IV, 3, 12 (πρόσθεν πρίν). Ebenso πρότερον ἤ Isae. IX, 36. Bäumlein, Modi 343 f. Aken Gr. § 498 a. E. und § 499. Schömann zu Isae. S. 424. Hertlein zu Xen. Kyr. V, 2, 9. Cron zu Plat. Lach. a. a. O. Ähnlich im Latein. antequam und priusquam c. conj. Sall. Cat. 13, 3: dormire (= dormiebant), prius quam somni cupido esset. Cic. Phil. V, 17, 47: saepe magna indoles virtutis, prius quam reipublicae prodesse potuisset, exstincta est. Nep. Datam. 9, 5. Liv. XXII, 29, 4. Eigentümlicher Art ist Plat. Menex. 246[d]: καλῶς αἱρούμεθα μᾶλλον τελευτᾶν, πρὶν ὑμᾶς τε καὶ τοὺς ἔπειτα εἰς ὀνείδη καταστῆσαι, wo πρίν die Stelle von ἤ vertritt. Vgl. die Bemerkung von Engelhardt und Isae. IX, 16. — οὕτω πολλοῦ ἐδέησε] Für πολλοῦ und τοσούτου will Gleiniger (Hermes IX, 178) überall (XXIV, 1 ist von ihm übersehen worden) πολλῷ und τοσούτῳ schreiben. Letzteres ist vielleicht nach der Lesart des Palat. (τοσούτω verbessert aus τοσοῦτο. Lampros, Hermes X, 261) herzustellen I, 45; an den übrigen Stellen ist sicherlich der Genitiv beizubehalten. S. Fuhr, animadv. in or. Att. S. 37.

§ 18. ἐξ οὐδεμιᾶς] so nach Cobet auch Rauchenst.; οὐδεμιᾶς vulg. Madvig § 57[b], Anm. — κλεισίον] Vgl. Vömel zu D. XVIII, 129. Das Wort kommt von κλείειν her, während κλίσιον mit κλίσις zusammenhängt. L. Janson, de Graeci sermonis nominum deminutione (Leipzig 1869) S. 16. — αἰτοῦσιν] Meutzner (S. 673), der προὔθεντο auf die Freunde bezieht, will τοῖς αἰτοῦσιν. — ἔτυχεν] Wrobel in der Anzeige der klein. Ausg. (Zeitschr. für die österr. Gymn. 1877 S. 128) mit Bezug auf die Bemerkung 'sc. δούς': 'vielmehr ἔχων (= was jeder gerade hatte), was auch ebenda § 19 steht ἔχουσα ἐτύγχανεν'. Vgl. dagegen die ganz ähnliche Stelle XXIV, 20. Anders XIII, 39. D. XIX, 169. Thuk. IV, 96, 7. — εἰς τὴν ἐκείνου ταφήν] tilgt, vielleicht mit Grund, als Glossem Herwerden.

§ 19. ᾤοντο κτήσεσθαι] κτήσεσθαι Dobree, Cobet, Herwerden, Francken, Philol. XIX, 714, Fritzsche. κτήσασθαι vulg. Vgl. Cobet

v. l. 97 ff. n. l. 164 und besonders Madvig, advers. crit. I, **156** ff. Auch XIII, 53 und XXVI, **1** ist der Infin. Aor. fehlerhaft. Dagegen XIX, 8 richtig *ἡ ὑπόλοιπος ἐλπὶς ἦν, ἀπὸ τῶν τοῦ πάππου ἐκτραφῆναι, ἐν ὑπερδείνῳ καθέστηκεν.* Madvig S. 178 ff. — *ὅτε τὸ πρῶτον ἦλθεν εἰς τὴν οἰκίαν*] Aus Misverständnis des *ὅτε τὸ πρ.* bezieht Francken a. a. O. die Worte auf die Frau des Polem. und denkt sich die Ohrglocken (unrichtig übersetzt er armillae) als Teil **des** Brautgeschmeides. Hertlein (Hermes XIII, 10) will *ὅτε πρῶτον* schreiben, da *ὅτε* und *ἐπειδὴ τὸ πρῶτον* (D. XLII, 19. LII, 13 und 19) als zum ersten Male bedeute. Der von Krüger **46,** 3, 2 aufgestellte Unterschied (*πρῶτον* zuerst, erstens, primum, *τὸ πρῶτον* zum ersten Male und anfangs, primo) ist zwar im allgemeinen richtig; doch ist in Bezug auf *τὸ πρῶτον* hinzuzufügen, dafs es auch in der emphatischen Bedeutung 'gleich anfangs' vorkommt. Vgl. Thuk. IV, 94, 1: *ὡς τὸ πρῶτον* (da sie gleich anfangs) *ὥρμησαν ἐπ' οἴκου* neben 90, 4: *οἱ ψιλοὶ οἱ πλεῖστοι εὐθὺς ἐχώρουν.* VII, 19, 5 und besonders Hom. Od. *ψ,* 213 f.: *αὐτὰρ μὴ νῦν μοι τόδε χώεο μηδὲ νεμέσσα, οὕνεκά σ' οὐ τὸ πρῶτον, ἐπεὶ ἴδον, ὧδ' ἀγάπησα.* Von dieser Stelle unterscheiden sich die des Lysias, Xenophon und Plutarch nur insofern, als in beiden *τὸ πρῶτον* nach der zu XIII, 78 besprochenen Verschiebung aus dem Hauptsatze in den Zeitsatz getreten ist. Ganz anders verhält es sich mit den von Hertlein angeführten Stellen, ebenso mit Thuk. IV, 94, 1, **wo** *ὡς* kausale Bedeutung hat. Ein Beispiel, in welchem *πρῶτον* nach *ὅτε* sich recht gut **ohne** Annahme eines Hyperbatons erklären läfst, habe ich notiert aus Thuk. IV, 34, 1: *ὅτε πρῶτον ἀπέβαινον* 'als sie eben erst landeten, im ersten Augenblicke der Landung'.

§ 20. *καὶ οὐδέ*] = ac ne — quidem, häufig im Übergange mit Gradation. Ähnlich wie an den beiden mit einander verglichenen Stellen Isae. VI, 40: *καὶ οὐδ' ἐπειδὴ —, οὐδὲ τότε εἴων εἰσιέναι, ἀλλὰ κτλ.* Ohne folgendes *ἀλλά* ebenda im nächsten Satze. Hyp. für Lyk. VIII. D. XXI, 95: *καὶ οὐδ' εἰ —, οὐδὲ ταῦτ' ἔξεστιν αὐτῷ πρὸς ὑμᾶς εἰπεῖν* (die Epanalepsis wie Isae. a. a. O.). XXII, 76 (XXIV, 184): *καὶ οὐδ' ἐκεῖν' εἶδεν* (ac ne illud quidem vidit), *ὅτι.* Anderwärts wird bei nachfolgendem **ἀλλά** durch ein **dem** ersten Gliede beigefügtes *τοῦτο* oder *ἐνταῦθα* auf das Besprochene zurückgewiesen. D. XV, 24: **καὶ οὐδὲ τοῦτ'** *αὐτῷ συνενήνοχεν, ἀλλ' ἅμα εὑρήσετ' αὐτὸν τήν τε πόλιν διὰ Λακεδαιμονίων ἀσθενῆ ποιήσαντα καὶ περὶ τῆς αὐτοῦ βασιλείας κινδυνεύσαντα πρὸς Κλέαρχον καὶ Κῦρον* (mehrere Hdschr., unter ihnen *Σ*, *ἀλλὰ μὴν* statt *ἀλλ' ἅμα.* Für die Richtigkeit des letzteren scheinen die übrigen Beispiele zu sprechen. *ἅμα — τέ — καί* sehr häufig; vgl. Lys. XXVIII, 17. [Lys.] VI, 34 und die de arg. ex contr. S. 326 f. angeführten Beispiele). D. XXIV, 44. Aesch. III, 187. — D. XIX, 261: *καὶ οὐδ' ἐνταῦθ' ἕστηκεν* (*τὸ πρᾶγμα*), *ἀλλ'* εἰς Ἀρκαδίαν εἰσελθὸν πάντ' ἄνω καὶ κάτω τἀκεῖ πεποίηκεν. XXI, 17. (D.) XLIV, 21. — ὥσπερ ἂν ἕτεροι] ὥσπερ οὐκ ἂν ἕτεροι Sauppe, ὥσπερ οὐδ' ἂν ἕτεροι Westermann und Kappeyne van de Coppello, ὥσπερ ἂν ἐχθροί Fritzsche. Wäre eine Änderung notwendig, so würde sich die zweite (jetzt von Rauchenst. aufgenommene) Konjektur **noch** am meisten empfehlen. Vgl. D. XXVII, 48: τἆλλα οὕτω **πάντα** διῳκηκότα, ὡς οὐδ' ἂν οἱ ἔχθιστοι διοικήσειαν. (D.) LIII, 15. Aesch. II, 22. D. XIV, 36. (D.) XL, 33 und zur Stellung von **οὐδέ** die Beispiele bei Rehdantz zu Lyk. 51 (Anh. 2, S. 140). Doch erscheint bei schärferer Betonung der Gegensätze (τὰ χρήματα — μεγάλων ἀδικημάτων) eine derartige Steigerung kaum erforderlich, mag auch immerhin, wie P. R. Müller, zu Lysias (Merseburger Progr. 1866) S. 6, zum Teil mit den oben genannten Stellen, nachweist, das jus talionis der Negation nicht im Wege stehen. In einem anderen Gegensatze heifst es Is. XIV, 37 ebenfalls ohne οὐ oder οὐδέ: οὐχ ὡς συμμάχοις ὑμῖν προσηνέχθησαν, ἀλλ' ἅπερ ἂν εἰς τοὺς πολεμιωτάτους ἐξαμαρτεῖν ἐτόλμησαν. Über die elliptische Ausdrucksweise vgl. noch Buttmann, Ind. zur Midiana, ὡς ἄν. Rehdantz zu Xen. An. V, 7, 22 und Dem. Ind. II, ὡς und ὥσπερ. ὡς ἄν haben die besten Hdschr. auch D. XXII, 70; indefs ist hier wohl mit Recht (nach XXIV, 178) von den meisten Herausgebern ὡς δή geschrieben worden. Auch Lys. I, 12 ist die Konjektur ὡς δή dem hdschr. ὡς ἄν vorzuziehen. Eigentümlicher Wechsel von ὡς ἄν, ὡς, ὡς ἄν D. XIX, 156; vgl. Vömel und Weil. — ἀξίους γ' ὄντας] Für γ' ὄντας XC ἔχοντας. Kurz will schreiben οὐ τούτων δὲ ἀξίους ὄντας, ἀλλὰ — λυσαμένους, τοιούτων ἠξίωσαν. Dagegen Röhl, Jahresb. des phil. Vereins zu Berlin. Jahrg. III, S. 33. — **πάσας** μέν] μέν setzte Reiske ein. — λυσαμένους τοιούτων ἠξίωσαν, οὐχ ὁμοίως μετοικοῦντας] Diese Interpunktion rechtfertigen auch Stellen wie Plat. Krit. 45e. Xen. Mem. I, 4, 13. Vgl. de arg. ex contr. S. 259. Andere interpungieren λυσαμένους· τοιούτων ἠξίωσαν οὐχ ὁμοίως μετοικοῦντας. Hamaker will τοιούτων ἠξίωσαν streichen und dann οὐχ ὁμοίως δέ schreiben.

§ 21. ἀτίμους] mit Markland, Dobree und anderen; die Hdschr. ἀτίμους τῆς πόλεως. Der Zusatz ist nicht nur entbehrlich, sondern nimmt auch dem Gegensatz seine Schärfe und Schroffheit.

§ 22. καὶ εἰς τοσοῦτόν εἰσι τόλμης ἀφιγμένοι] Über καί in ähnlichen Übergängen de arg. ex contr. S. 335. εἰς τοῦτό τε περιέστη ἡ τύχη Thuk. IV, 12, 3; vgl. ebenda S. 333. — ἀπολογησόμενοι] so nach Cobet (v. l. 377) Herw., gebilligt von Scheibe lect. Lys. in Jahrb. f. Phil. Suppl. N. F. I, 4, 368. Das hdschr. ἀπολ. καὶ λέγουσιν verteidigt von Kayser Phil. XI, 152 (XXV, 310), Rauchenstein Jahrb. 91, 9, 606. P. R. Müller ebenda 616. — ἐβουλόμην ἄν] Über den Unterschied von ἐβουλόμην und ἐβουλόμην ἄν Schömann zu Isae. 435. Weidner zu Aesch.

III, 2 und de Aeschinis emendatione ad Cobetum epistula (Progr. Gießen 1874) 24 f. Bäumlein, Modi 145 ff. Aken, Tempus und Modus § 83. Kühner II, 177 f. Auch wegen der Partikel *δέ* mußte die Hinzufügung von *μέν* unterbleiben in der häufig vorkommenden Übergangsform *ἐβουλόμην δ' ἄν*: Lys. IV, 3. Is. VIII, 36. XV, 114. XVIII, 51. XIX, 28. Br. II, 23. Lyk. 3. D. IV, 51: *ἐγὼ μὲν οὖν* —. *ἐβουλόμην δ' ἂν κτλ.* Lys. III, 21: *τὰ μὲν οὖν — ἀκηκόατε· ἐβουλόμην δ' ἂν κτλ.* Vgl. ebenda § 44 und de praeterit. S. 17 und 31. Dagegen steht gleichfalls im Übergange *ἐβουλόμην μὲν οὖν* ohne *ἄν* Aesch. III, 2, während an drei anderen Stellen, wo *μέν* einem dem *ἐβουλόμην* vorausgehenden Worte sich anschließt, *ἄν* hinzugefügt ist, Is. Br. IV, 2: *μάλιστα μὲν οὖν ἐβουλόμην ἄν.* (D.) XLVII, 4: *μάλιστα μὲν οὖν ἂν ἠβουλόμην.* prooem. 23: *ἐγὼ μὲν οὖν ἐβουλόμην ἄν.* In der refutatio findet sich *ἐβουλόμην ἄν* (D.) XL, 32: *νὴ Δί', ἀπράγμων γάρ τις ἴσως ἐστὶν ἄνθρωπος καὶ οὐ φιλόδικος. ἐβουλόμην τἂν κτλ.* Ähnlich an der vorliegenden Stelle: *ἐγὼ δ' ἐβουλόμην ἄν* und unten § 86: *ἐβουλόμην μεντἄν.* Beides, *ἐβουλόμην μέν* und *ἐβουλόμην ἄν*, steht im Anfang der Rede, jenes Ant. V, 1. Thrasym. bei Dion. Hal. Dem. 959, 14. Isae. fr. 22 (vgl. Isae. fr. 4: *μάλιστα μὲν ἐβουλόμην.* Arist. Frö. 866. Plut. Caes. 11), dieses (D.) prooem. 16 und 32. Dion. Hal. Antt. VII, 48 (beide Partikeln mit eigentümlicher Stellung des *ἄν* Arist. Ekkl. 151: *ἐβουλόμην μὲν ἕτερον ἂν τῶν ἠθάδων λέγειν τὰ βέλτιστα*). — Isae. X, 1 haben die Hdschr. hinter *ἐβουλόμην* weder *μέν* noch *ἄν*. Die neuesten Herausgeber schreiben *ἐβουλόμην μέν.* Für *ἐβουλόμην ἄν* ließe sich außer den drei genannten Stellen auch Xen. Kyr. VII, 2, 16 anführen. Statt *νῦν* (*νυνί*) *δέ* folgt auf derartige Sätze mitunter *ἐπειδὴ δέ* (Lys. III, 21. Is. Br. IV, 2. Aesch. III, 3. Dion. Hal. Antt. a. a. O. Thrasym. a. a. O.), ausnahmsweise auch *ὅμως δ' ἐπειδή* (Arist. Frö. 870) und *ἐπεὶ δέ* (Isae. fr. 22); vgl. de arg. ex contr. S. 364 und 388. Ebenso im Latein. sed quoniam nach vellem Sall. Jug. 14, 4. 24, 10. Verwandt ist die Formel *πρὸ πολλοῦ* (*πολλῶν*) *ἂν ἐποιησάμην.* Derselben tritt im nächsten Satze *νῦν δέ* gegenüber Is. XV, 15. 176, *οὐ μὴν ἀλλά* Is. V, 138, *ἀλλὰ γάρ* Is. XII, 127. Ein mit *ἐπειδὴ δέ* beginnender Satz folgt Is. XIII, 11 auf *πρὸ πολλῶν μὲν ἂν χρημάτων ἐτιμησάμην*, ein Satz mit *νῦν δέ* And. II, 21 f. auf *ἐδεξάμην δ' ἂν ἀντὶ* (*ἐδ. δ' ἀντί* die Hdschr.) *πάντων χρημάτων* (*νῦν δὲ ἐκεῖνα μὲν τότε, ὅταν ἀποτελεσθῇ, γνώσεσθε ἅμα καὶ ὠφεληθήσεσθε· νῦν δέ, εἴ μοι βουληθείητε δοῦναι χάριν μικράν τε —, πάνυ ἄν μοι τοῦτο ἐν μεγάλῃ ἡδονῇ γένοιτο.* Wie man sieht, ist hier dem *νῦν δέ* = 'so aber' ein zweites rein temporales *νῦν δέ* subordiniert). Vgl. auch Is. XI, 1: *ἥδιστα μὲν ἄν σοι περὶ ὅλης ἐπαρρησιασάμην τῆς παιδεύσεως —· ἐπειδὴ δὲ κτλ.* Anh. zu XII, 32 und XIII, 62. — *οὐκ ἐλάχιστον μέρος*] Andere Beispiele dieser *λιτότης* bei Krüger zu Thuk. I, 2, 3; vgl. auch XXV, 8.

§ 24. *ἀσεβὲς εἶναι νομίζω — ὅσιον καὶ εὐσεβές*] Vgl. die ähnlichen Stellen de arg. ex contr. S. 140 a. E.

§ 25. *ἦν*] *ἤ* Herw. — *ἵνα μὴ ἀποθάνωμεν — ἢ δίκαια*] Die Lesart des Laurent., in welchem beidemal das zweite Glied mit der Partikel *ἤ* (*ἢ ἵν' ἀποθάνωμεν* und *ἢ δίκαια*) weggelassen ist, beruht offenbar auf einer willkürlichen Änderung. Dagegen hat die Lücke des Palat. in der ersten Frage (er giebt nur *ἵνα ἀποθάνωμεν*) ohne Zweifel ihren Grund in einem Abirren des Auges von dem ersten *ἵνα* auf das zweite. Dem Laurent. folgt Herwerden. Andere behalten zwar in der zweiten Frage *ἢ δίκαια* bei, lassen aber die erste unvollständig, indem sie entweder mit dem Pal. blos *ἵνα ἀποθάνωμεν* oder mit dem Laur. blos *ἵνα μὴ ἀποθάνωμεν* schreiben. Der Wahrheit am nächsten kommt die Konjektur *ἵνα ἀποθάνωμεν ἢ* (*ἵνα*) *μὴ ἀποθάνωμεν* (Reiske, Frei, Frohberger, Mähly). — *ἵνα μὴ ἀποθάνητε*] Usener, Rhein. Mus. XXV, 4 *ἀντέλεγον, ἵνα μὴ ἀ.*

§ 26. *εἶτα*] Vgl. de arg. ex contr. praef. VI ff., wo auch die entsprechenden latein. Partikeln behandelt werden. Bisweilen folgt wie hier dem ersten *εἶτα* (*ἔπειτα*) noch ein zweites; s. ebenda S. 5. — *ἀποκτείνειας*] Kayser, Philol. XI, 159; *ἀποκτείνῃς* die Hdschr., *ἀποκτείνοις* der Vfr. der Schrift *περὶ ἐρωτήσεως καὶ ἀποκρίσεως* bei Spengel, Rhet. Gr. I, 166. — *τὸ πλῆθος ὑμῶν*] *τὸ ὑμέτερον πλῆθος* in dem angegebenen Sinne schon Thuk. VI, 38, 2; dafür ebenda § 4 wie D. VIII, 1 *ὑμεῖς οἱ πολλοί.* — *καὶ σῶσαι καὶ μή*] Ähnlich ist *καί — καί* gebraucht XXVII, 3: *ὁπόταν ἐν χρήμασιν ᾖ καὶ σωθῆναι τὴν πόλιν καὶ μή.* Francken, comm. Lys. 166. — Wenn man im Deutschen statt der Koordination die Subordination anwenden will, so wird man des Folgenden wegen in beiden Antithesen nicht das erste Glied dem zweiten, sondern umgekehrt das zweite dem ersten zu subordinieren haben. Vgl. de arg. ex contr. S. 335 f. in Verbindung mit S. 104 f. und Add. S. 379 (den daselbst genannten Stellen kann man aus Lysias beifügen XXV, 32 und aus Pseudolysias VI, 18. 23. XX, 14; zur Erklärung des Verses: *αἰσχρὸν σιωπᾶν, βαρβάρους* (*Ἰσοκράτη*) *δ' ἐᾶν λέγειν* dienen Ciceros Worte de or. III, 35, 141: ille turpe sibi ait esse tacere, cum barbaros, hic autem, cum Isocratem pateretur dicere). — *δεῖν δοῦναι*] nach Madvig, Philol. II, Suppl. S. 41. *δεῖν* konnte hier vor *δοῦναι* ebenso leicht ausfallen wie X, 7 vor *διαφέρεσθαι*. Frohberger erklärt *οἴει δοῦναι* durch 'denkst (= erachtest es für recht und billig) zu büfsen'. Vgl. dagegen de arg. ex contr. S. 149 f. Wenig Wahrscheinlichkeit hat eine neuere Vermutung Madvigs (advers. crit. I, 175), auf die auch Wrobel, Zeitschr. für die österr. Gymnas. XXVIII, 2, 125 gekommen ist, dafs *οἴει* zu streichen und *ἀξιοῖς* aus dem ersten Gliede zu ergänzen sei; vgl. de arg. ex contr. S. 362 a. E.

§ 27. *καὶ μὴν οὐδὲ τοῦτο — ὡς*] Diese Prolepsis sehr

häufig in den Übergangsformen *καὶ μὴν καί* und *καὶ μὴν οὐδέ* (*μηδέ*). Vgl. Lyk. 79: *καὶ μὴν καὶ τοῦθ' ὑμᾶς δεῖ μαθεῖν, ὅτι*. D. XVIII, 108: *καὶ μὴν καὶ κατ' αὐτὸ τοῦτ' ἄξιός εἰμ' ἐπαίνου τυχεῖν, ὅτι*. XX, 82: *καὶ μὴν καὶ κατ' ἐκεῖν' ἀνάξι' ἂν εἴη πεπονθώς, καθ' ὅ*. (D.) XLIV, 56: *καὶ μὴν κἀκεῖνο δίκαιόν ἐστι* c. inf. D. XXIV, 75: *καὶ μὴν κἀκεῖθεν ἴδοι τις ἂν ὡς —, εἰ*. XX, 104: *καὶ μὴν κἀκεῖνος τῶν καλῶς δοκούντων ἔχειν νόμων Σόλωνός ἐστιν* c. inf. XXIV, 109: *καὶ μὴν κἀκείνων ἠκούετε τῶν νόμων, οἷς*. D. IX, 30. XXII, 25: *καὶ μὴν κἀκεῖνό γ' ἴστε* (*κἀκεῖνό γε δεῖ μαθεῖν ὑμᾶς*), *ὅτι*. — Is. XIX, 24: *καὶ μὴν οὐδὲ τοῦθ' ἕξουσιν εἰπεῖν, ὡς* (*τοῦτό γ'* Ξ v.). (D.) XXXII, 22: *καὶ μὴν οὐδὲ τοῦτ' ἔμελλον ὑμῶν καταγνώσεσθαι, ὡς*. D. XVIII, 232: *καὶ μὴν οὐδὲ ταῦτ' εἰπεῖν ὀκνήσω, ὅτι* (*ταῦτ'* mit Σ. Laur. S. Φ Vömel und Westermann; *τοῦτ'* vulg.). Is. XVIII, 23: *καὶ μὴν οὐδὲ τάδ' αὐτὸν λέληθεν, ὅτι* (*οὐδὲ τόδ'* vermutet Coraes). D. XX, 65: *καὶ μὴν μηδ' ἐκεῖν' ὑμᾶς λανθανέτω, ὅτι*. XX, 72: *καὶ μὴν οὐδ' ἐκεῖνο καλὸν* c. inf. XX, 57: *καὶ μὴν οὐδ' ἐκεῖν' ὀκνήσω περὶ — εἰπεῖν. ἐγὼ γάρ*. Is. XV, 98: *καὶ μὴν οὐδ' ἐκεῖνος ὁ λόγος δικαίως ἄν με βλάψειεν —, ὡς*. D. XVIII, 68: *καὶ μὴν οὐδὲ τοῦτό γ' οὐδεὶς ἂν εἰπεῖν τολμῆσαι, ὡς*. (D.) XLIX, 39: *καὶ μὴν οὐδ' ἐκεῖνό γε τολμήσει, ὡς* (doch wohl *ἐκεῖνό γ' εἰπεῖν τολμήσει*). D. XXIII, 107: *καὶ μὴν οὐδ' ἐκεῖνό γ' ἔστιν εἰπεῖν, ὅτι*. (D.) XL, 29: *καὶ μὴν οὐδ' ἐκεῖνό γ' εἰπεῖν αὐτῷ ἐνδέχεται, ὡς*. LI, 5: *καὶ μὴν οὐδ' ἂν ἐκεῖνό γ' ἔχοιεν εἰπεῖν, ὡς*. D. XXIV, 60: *καὶ μὴν οὐδ' ἐκεῖνό γ' ἂν εἴποις, ὡς*. XXIV, 67: *καὶ μὴν οὐδ' ἐκεῖνό γ' ἔνεστιν αὐτῷ, ἀδίκημα μὲν εἶναι τὸ πρᾶγμ' ὁμολογῆσαι, συγγνώμης δὲ τυχεῖν ἀξιοῦν*. D. VIII, 16: *καὶ μὴν οὐδ' ἐκεῖνό γε δῆλόν ἐστιν ἡμῖν, ὡς*. XX, 139: *καὶ μὴν οὐδ' ἐκείνου γ' ἀποστατέον τοῦ λόγου, ὅτι* (wer die in den Hdschr. vorher eingeschobenen Worte *σκοπῶ δὲ καὶ τοῦτο* für echt erklärt, mutet dem Demosth. eine Verbindung von zwei Übergängen zu, wie man sie zuweilen in latein. Schülerarbeiten findet). Über den Plur. *ταῦτα* (D. XVIII, 232) und *τάδε* (Is. XVIII, 23) s. de praeterit. 10 und de arg. ex contr. 301, sowie zu XIII, 52 (Anh.). Mehrere der mit *καὶ μὴν οὐδέ* beginnenden Beispiele enthalten eine *προκατάληψις*. Mit diesen vgl. die ähnlichen durch *οὐ γὰρ δή* (*οὐ γὰρ δήπου, οὐ γάρ*) eingeführten Stellen, welche besprochen sind de arg. ex contr. S. XVII ff. und S. 91 (zu ihnen kommt hinzu Lys. XXI, 18, wenn man die Lücke vor *τοῦτό γε εἰπεῖν ἔχοι τις* entweder mit Dobree durch *οὐ γὰρ ἂν* oder, da auch noch mehr ausgefallen sein kann, durch *οὐ γὰρ ἂν δήπου* ergänzt). Ohne nachfolgendes Demonstrativum steht *καὶ μὴν καί* Is. V, 96. Isae. VII, 39. D. IX, 12. XIV, 40. XIX, 87. XX, 149. XXII, 72. XXIII, 118. 141. XXVII, 30. (D.) LX, 8 (Thuk. I, 70, 4. II, 38, 1) und *καὶ μὴν καί — γέ* Isae. VII, 41 (Xen. Symp. 4, 44). Ebenso *καὶ μὴν οὐδέ* (And.) IV, 34. Is. IV, 115. 145. 185. XV, 219. 278. Br. I, 8. Isae. VII, 35. XII, 6. D.

XIV, 31. 35. XVIII, 76. XX, 40: καὶ μὴν οὐδ' ὅπως οὐκ ἀντιδώσει τῷ Λ. τις —, δύναμαι σκοπούμενος εὑρεῖν. XXI, 39. (D.) XXIX, 24. Gorg. Pal. 16. 17 (Thuk. I, 142, 2. VI, 17, 5). Seltener findet sich für καὶ μὴν οὐδέ mit doppelter Negation οὐ μὴν οὐδέ (neque vero ne — quidem); vgl. Anh. zu XXV, 14. — προσετάχθη] So nach Reiske wegen des folgenden προσταχθῆναι und προσετάττετο. An sich wäre das hdschr. ἐτάχθη nicht verwerflich, da die unpersönliche Dativkonstruktion von τάττειν zwar selten, aber doch gesichert ist. Xen. de re eq. 5, 2. Arr. Anab. VI, 30, 2 (wo Krüger freilich προσετάχθη). Böhme und Stahl zu Thuk. III, 22, 7. Förtsch, obs. 18 ff. — οὐ — ἐλάμβανον] verdächtigt Em. Mr. lit. Centralbl. 1858, Nr. 12. — γάρ] γὰρ ἄν Francken, Philol. XIX, 715. comm. 83. — πίστιν] πεῖραν Bergk. πίστεως ἂν πεῖραν Herwerden (Addend. 84 πίστιν ἄν). Über πίστις (Beweis der Treue oder Wahrheit) noch Lys. IV, 18. Xen. Hell. VII, 1, 44. Is. XI, 31. XVI, 40 ('Garantie'), daher auch von 'kaufmännischer Sicherheit' Is. XVII, 44. Vgl. auch Rehdantz zu Lyk. 79 (und Anh. 2, S. 149). — Wie πίστιν λαμβάνειν ἔν τινι steht πεῖραν λαμβάνειν ἔν τινι Xen. Anab. V, 8, 15. Plat. Prot. 348ᵃ. Is. XI, 26. Dein. I, 11, πειρᾶσθαι ἔν τινι Plat. Phileb. 21ᵃ, ἐπιδείκνυσθαι ἔν τινι Is. IV, 85. Plat. Menon 82ᵇ, δηλοῦν ἐν Plat. Staat III, 392ᵉ, εἰδέναι ἐν D. XVIII, 289, εὔδηλόν ἐστιν ἐν Xen. Hell. VII, 1, 6. Stallbaum zu Plat. Staat a. a. O. Schneider zu Is. IV, 85 (und I, 50). Rehdantz zu Xen. Anab. a. a. O. — ἔπειτα] Die Deutung der Stelle teilweise nach Frei, zu Lysias S. 6. Vgl. Hom. Il. η, 360. κ, 243. Plat. Gorg. 466ᶜ mit der Anm. von Kratz. In anderer Weise ist ἔπειτα, wofür noch neuerdings Fritzsche nach Taylor ἐπεί τοι schrieb, von Francken (Philol. a. a. O. comm. S. 83 f.) und Rauchenstein verteidigt worden. — ἧττον] Vermutung Canters für das hdschr. πίστιν (οὐ πιστόν C). Reiske schreibt τῷ πιστὸν ἐκείνῳ προσταχθῆναι, ὅστις, Fritzsche (nach Markland und Dobree) τῷ εἰκὸς ἦν προσταχθῆναι ὅστις. Durch Reiskes Konjektur käme, gewiſs nicht zum Nachteil der Stelle, etwas mehr Variation in den Ausdruck. Das Enthymem wäre dann ebenso eingeführt wie Lys. III, 32. D. XXX, 20. 33. Isae. IX, 15. Indeſs ist dieser Eingriff in die Überlieferung doch zu gewaltsam; noch eher lieſse es sich rechtfertigen, wenn man ohne ἐκείνῳ schriebe τῷ πιστὸν προσταχθῆναι ὅστις, da man in diesem Falle abgesehen von πιστόν, was leicht in πίστιν korrumpiert werden konnte, nur noch ein Eindringen der Worte εἰκὸς ἦν — ἦ aus dem folgenden Satze anzunehmen hätte. Der Dativ des Demonstrativs ist in einem ähnlichen Enthymem ausgelassen vor ὃς (Lys.) VIII, 6; s. auch Kr. 51, 13, 3. Häufiger fehlt der Accusativ; vgl. de arg. ex contr. S. 17. — ἀντειπών γε] ἀντειπών τε Reiske, Cobet, Meutzner, Fritzsche. — καὶ γνώμην ἀποδεδειγμένος] καί tilgt Em. Mr. liter. Centralbl. a. a. O. τὴν γνώμην schreibt Pertz, quaest. Lys.

I, 14. Andere setzen **hinter** *καί* **oder** *γνώμην* oder *ἀποδεδειγμένος* das Adjekt. *ἐναντίαν* ein. *ἀνταποδεδειγμένος* Mehler, Mnemos. III, 8. *τὴν γνώμην ἀποφαίνεσθαι* auch Xen. Kyr. IV, 1, 4. — *τίνα γὰρ εἰκός*] *τίνα γὰρ ἂν εἰκός* Cobet, Herwerden, Fritzsche und Frohberger (in der klein. Ausg.). Westermann möchte lieber *ὑπηρετῆσαι* in *ὑπηρετήσειν* verwandeln. Dass *εἰκὸς ἦν* ohne *ἄν* hinlänglich geschützt ist durch den ähnlichen Gebrauch von *ἔμελλον* (vgl. Anm. zu § 99), glaube ich dargethan zu haben de arg. ex contr. S. 387. Wie an den dort besprochenen Stellen des Thukydides könnte man auch hier, ohne daſs der Sinn sich ändern würde, das Imperf. von *μέλλειν* setzen (*τίς γὰρ ἔμελλε — ὑπηρετήσειν ἢ ὁ ἀντειπὼν κτλ.*). Ein *ὑπηρετῆσαι ἄν* aber würde nach *εἰκός ἐστι* ebenso gegen den Sprachgebrauch verstoſsen wie der Infin. des Futur. S. Madvig advers. crit. I, S. 177 und **die** Beispiele aus Xenophon bei Rehdantz zu Anab. VII, 2, 25.

§ 29. *αὐτῆς*] *ταύτης* Fritzsche nach Reiske, *αὐτῆς ἐκείνης* Kayser, Philol. XI, 158. Herwerden tilgt *αὐτῆς* nach Dobree. Die Züricher wollen es entweder streichen oder in *αὐτῶν* verwandeln. — *προσετάττετο*] Frohberger, Philol. XIX, 610. — *ποτε καί*] Cobet v. l. 377 will *ποτέ* oder *καί* streichen. Dagegen Scheibe, lect. Lys. a. a. O. S. 368. D. XXIV, 66. (D.) LIX, 118. **Xen. Hell.** II, 3, 47. Plat. Gorg. 455ᵃ (wo Stallbaum und Kratz). Arist. Ekkl. 1014. Plat. Phaedr. 268ᵃ: *ἴδωμεν τίνα καὶ ποτ' ἔχει τὴν τῆς τέχνης δύναμιν.* Eur. Troad. 1188: *τί καί ποτε γράψειεν ἄν σε μουσοποιὸς ἐν τάφῳ;* Arist. Ekkl. 946: *ἀλλ' εἶμι τηρήσουσ' ὅ τι καὶ δράσεις ποτέ.* Fried. 1289: *τοῦ καί ποτ' εἶ;* Theokr. XV, 44: *πῶς καί ποκα τοῦτο περᾶσαι χρὴ τὸ κακόν;* Eurip. bei Stob. Flor. XXXVIII, 8: *ποῦ καί ποτ' οἰκεῖ σώματος λαχὼν μέρος;* Meutzner a. a. O. 675 verteidigt das hdschr. *παρ' αὐτοῦ πότε.* Zur Form des Enthymems vgl. noch D. XXI, 100 (de arg. ex contr. S. 377). (Lys.) XX, 32: *τίς γὰρ ἔτι θελήσει χρηστὸς εἶναι, εἰ ἡττηθήσονται τῶν κακῶς ὑμᾶς ποιούντων οἱ εὖ ποιοῦντες;* (D.) XLV, 45: *τίς γὰρ ἁλώσεται πώποτε ψευδομαρτυριῶν, εἰ μαρτυρήσει τε ἃ βούλεται, καὶ λόγον ὧν βούλεται δώσει;* (*πώποτε* kaum zu verteidigen. Dindorf **schreibt** *ἔτι ποτέ*, **wofür die eben angeführte Stelle spricht; noch** besser vielleicht *καί ποτε*).

§ 30. *σώζειν — παρόν*] Diese Vermutung Sauppes scheint wie diplomatisch der verworrenen Überlieferung so sachlich dem Sinn am besten zu entsprechen. *σώζειν τε αὐτὸν καὶ τὰ* wollte Fr. Jacobs bei Bremi. Andere Versuche bei Westermann, quaest. Lys. III, 13, wozu neuerdings zwei Vorschläge Meutzners a. a. O. S. 676. *σώζοντα αὐτόν, κατὰ τὰ τούτοις ἐψηφισμένα συλλ.* Cobet. *σώζονθ' αὐτὸν παρὰ τὸ τούτοις ἐψηφισμένον* nach einer Vermutung Scheibes Herwerden. *σώζειν αὐτὸν κατὰ τὰ τούτοις ἐψηφισμένα* Rauchenstein. *σώζοντα αὐτὸν καὶ τὰ τούτοις ἐψηφισμένα φοβούμενον* Fritzsche. Funkhänel (Jahrb. für Philol. 83, 572) und Westermann halten die Worte, weil der Erörterung § 31 vorgreifend, für unecht; sie könnten wohl eine korrumpierte erläuternde Glosse zu *ἐν τῇ ὁδῷ* sein. Kayser, Philol. XI, 164 findet das Zeugma in dem Gebrauch von *σώζειν* bedenklich; doch ist dieses Fluktuieren der Bedeutung eher der *πλοκή* ähnlich. — *τέ*] Zur Stellung vgl. die Beispiele de arg. ex contr. 356 f., Anm. 54; wo man hinzufüge Is. XII, 155: *τοὺς τἀμά τε θαυμάζοντας καὶ βασκαίνοντας καὶ μιμεῖσθαι γλιχομένους* (nach Benselers Konjektur; vgl. Fuhr, Rhein. Mus. XXXIII, 357) und aus Thukydides IV, 10, 2. 24, 4 (die neueren Herausgeber streichen das *τέ* hinter *τοῖς Ἀθηναίοις*). 33, 2 (richtig erklärt von Stahl). 85, 4 (*οἰόμενοί τε* und *κίνδυνόν τε*, doch hält man das zweite *τέ* wohl mit Grund für unecht). VII, 18, 2: *ὅτι τε* (nach dem Vatic.) *ἐς Πλάταιαν ἦλθον Θηβαῖοι — καὶ — αὐτοὶ οὐχ ὑπήκουον*. In Bezug auf IV, 115, 1 kann ich Stahl und Classen deshalb nicht beistimmen, weil § 2 *καί — μέν — δέ* die von Classen zu I, 19, 1. II, 7, 2. IV, 59, 2 besprochene Bedeutung hat. Zu den a. a. O. im Anfange der Anm. angeführten Beispielen kommen aus Lysias XII, 66: *διά τε τὸν πρὸς ἐκείνους φθόνον καὶ τὸ παρ' ὑμῶν δέος*. § 62. XVII, 5. — *πᾶσιν*] nach Reiske mit Rauchenstein und Frohberger kl. Ausg., *πάντες* die Hdschr., *πάντες ἐκείνοις* Fritzsche. — *ὀργίζεσθε*] *ὠργίζεσθε* Markland (Francken, Philol. XIX, 715. comm. 84). Dafs aber von dem noch gegenwärtig die Richter beherrschenden Affekt die Rede ist, zeigt *συγγνώμην ἂν ἔχοιτε* § 31. Vgl. auch Meutzner a. a. O.

§ 31. *τοῖς*] In den Hdschr. *τούτοις*, daher will Meutzner S. 676: *που τοῖς*. — *εἶχεν*] Vgl. noch *δικαίαν ὑποψίαν ἔχειν* (D.) XLV, 84, *ἡδονὰς ἔχειν* Is. VII, 43, *αἰσχύνην ἔχειν* (D.) XLV, 66. Is. X, 60. Eur. Androm. 244, *ζῆλον καὶ φιλοτιμίαν ἔχειν* D. XXIV, 181, *φθόνον ἔχειν καὶ δυσμένειαν καὶ βλασφημίαν* Is. V, 68. Mehr bei Classen zu Thuk. I, 97, 2, der jedoch *ἔχειν* irrig = *παρέχειν* deutet; dagegen Schneider zu Is. I, 34. Über habere mit dem Accus. eines Substant. (delectationem, admirationem, venerationem) als Ersatzmittel für das fehlende Passiv. des Deponens Naegelsbach, Stilistik § 95. — *βουλομένων*] Vgl. Hertlein zu Xen. Kyr. I, 4, 5.

§ 32. *τοῖς μέλλουσιν — συλλαμβάνειν*] Um eine bessere Antithese herzustellen, änderte Markland im ersten Gliede *μέλλουσι δικαίως ἀποθανεῖσθαι*, Reiske im zweiten *τοῖς ἀδίκως ἀπολλύουσι*. In Bezug auf den Sitz der Korruptel stimme ich Reiske bei, möchte aber unter Vergleichnng von § 26 (*συνελάμβανες δ' ἵν' ἀποκτείνειας*) und § 34 (*οὗτος δ' ὡμολόγηκεν ἀδίκως συλλαβεῖν*) lieber schreiben *ἢ αὐτὸν ἀδίκως ἀπολοῦντα συλλαμβάνειν*. — *χρῆν δέ σε, εἴπερ ἦσθα χρηστός*] In ähnlicher Weise finden wir *ἐχρῆν* (*ἔδει, προσῆκεν, εἰκὸς ἦν*) mit folgendem *νῦν δέ* sehr häufig für die Argumentation (besonders für die Widerlegung) verwendet. Vgl. Is. XIX, 3: *χρῆν μέντοι*. D. XXVIII, 5 f.: *ἀλλ' ἐχρῆν* (als conclusio folgt der ironische Satz: *ἄξιόν γε πιστεύειν αὐτοῖς, ὅ τι ἂν περὶ τούτων λέγωσιν.* Ant. V, 47: *ὃν ἐχρῆν.* ebenda § 28: *καὶ μὴν εἰκός γε ἦν.* D. XXIV, 48 f.: *καίτοι χρῆν σε —, εἴ τι δίκαιον ἐβούλου πράττειν —. νῦν δὲ τῷ λάθρᾳ καὶ ταχὺ καὶ παρὰ τοὺς νόμους ἐμβαλεῖν τὸν νόμον εἰς τοὺς νόμους καὶ μὴ θεῖναι πᾶσαν ἀφῄρησαι σαυτοῦ τὴν συγγνώμην* (für *νῦν δὲ λάθρᾳ — ἐνέβαλες τὸν νόμον — καὶ οὐκ ἔθηκας, ὥστε κτλ.*). ebenda 77 f.: *καίτοι χρῆν αὐτόν, εἰ τὸ δεδέσθαι δεινὸν ἡγεῖτο —. νυνὶ δέ.* (D.) XXXIV, 15: *καίτοι εἰκός γ' ἦν αὐτὸν εἰπεῖν· τί με προσκαλεῖ, ἄνθρωπε; — νυνὶ δ' οὐδέτερος αὐτῶν οὐδ' ὁτιοῦν εἶπεν.* XLVII, 17: *καίτοι ἔδει αὐτόν, εἴπερ ἀληθῆ ἦν ἅ φασιν αὐτὸν προκαλεῖσθαι —. νυνὶ δέ.* Hyp. g. Dem. XVIII Blass: *καίτοι ἔδει — νῦν δὲ τοὐναντίον.* D. XXI, 68: *καίτοι πᾶσιν ὑμῖν ἐγὼ τοῦτο δείξω σαφῶς, ὅτι μηδὲν ἀσελγὲς ἐξῆν ποιοῦντι Μειδίᾳ — καὶ λυπεῖν ἐμὲ καὶ κατὰ τοὺς νόμους αὐτῷ φιλοτιμεῖσθαι πρὸς ὑμᾶς —. ἐχρῆν γὰρ αὐτόν.* Lys. XV, 5: *σκέψασθε δέ, ἐὰν ἱκανὸν γένηται τεκμήριον ὅτι —. ἐχρῆν γὰρ αὐτούς, εἴπερ ἀληθῆ λέγουσιν.* XXII, 11 f.: *μέγιστον δ' ὑμῖν ἐρῶ — τεκμήριον ὅτι ψεύδονται. ἐχρῆν γὰρ αὐτούς, εἴπερ ὑμῶν ἕνεκ' ἔπραττον ταῦτα —. νυνὶ δέ.* Is. IV, 177. XIV, 9: *ἐχρῆν γὰρ αὐτούς.* D. LVII, 33 f.: *νομίζω γὰρ ἔγωγε τὸ ἐν τῇ ἀγορᾷ ἡμᾶς ἐργάζεσθαι μέγιστον εἶναι σημεῖον τοῦ ψευδεῖς ἡμῖν αἰτίας τοῦτον ἐπιφέρειν. ἣν γάρ φησι ταινιόπωλιν εἶναι καὶ φανερὰν πᾶσι, προσῆκε δήπουθεν εἰδότας αὐτὴν πολλοὺς ἥτις ἐστὶ μαρτυρεῖν, καὶ μὴ μόνον ἀκοήν, ἀλλ' εἰ μὲν ξένη ἦν, τὰ τέλη ἐξετάσαντας τὰ ἐν τῇ ἀγορᾷ, εἰ ξενικ' ἐτέλει, καὶ ποδαπὴ ἦν ἐπιδεικνύντας.* Is. XV, 230: *χωρὶς δὲ τούτων, εἴπερ ἡ περὶ τοὺς λόγους δεινότης ποιεῖ τοῖς ἀλλοτρίοις ἐπιβουλεύειν, προσῆκεν ἅπαντας τοὺς δυναμένους εἰπεῖν — συκοφάντας εἶναι.* D. XX, 96: *χρῆν τοίνυν Λεπτίνην.* XXII, 21: *καὶ φησὶ δεῖν ἡμᾶς, εἴπερ ἐπιστεύομεν κτλ.* In diesen Beispielen bezeichnen die genannten Imperfekta gröfstenteils die Vergangenheit (es war notwendig für unser: es wäre notwendig gewesen, geschah aber nicht). Ausnahmen Hyp. a. a. O. Is. XV, 230. Mit den Stellen, in welchen ein *εἰ* (*εἴπερ*) hinzutritt, vgl. Lys. XII, 48 (s. unten im Anh. z. St.). Isae. VIII, 26. D. XVIII, 309. XXI, 25 (Aken, Tempus und Modus § 79), wo der Gegensatz mit *νῦν δέ* weggelassen ist. Es zeigen solche Stellen, dafs man diesen Gegensatz nicht als notwendig und wesentlich für die Argumentation betrachtete, und darin liegt wieder der Grund, weshalb sich in keinem der angeführten Beispiele ein dem *δέ* in *νῦν δέ* entsprechendes *μέν* findet. Besonderer Art ist der Fall, wo die vorangehenden Worte diese Partikel erfordern. So Lys. XII, 64: *περιέστηκεν οὖν τοὐναντίον ἢ ὡς εἰκὸς ἦν. ἄξιον μὲν γὰρ ἦν καὶ τοὺς φίλους τοὺς Θηραμένους προσαπολωλέναι —· νῦν δ' ὁρῶ τάς τ' ἀπολογίας εἰς ἐκεῖνον ἀναφερομένας κτλ.* Fast ausnahmslos wird *μέν* beigefügt in einer zweiten Klasse hier zu besprechender Stellen, bei der der Gegensatz bald durch *νῦν δέ* bald auf andere Weise ausgedrückt wird. Is. IX, 5 f.: *ἐχρῆν μὲν οὖν*

— νῦν δέ. Isae. IV, 11. Lyk. 141: ἐχρῆν μὲν οὖν — ἐπειδὴ δέ. Is. IV, 19: ἐχρῆν μὲν οὖν — ἐμοὶ δ' οὖν. Lys. XXII, 7: χρῆν μὲν τοίνυν ἱκανὴν εἶναι ταύτην τὴν κατηγορίαν —· ὅμως δὲ — ἀνάγκη διὰ μακροτέρων εἰπεῖν (Übergang). Plat. Prot. 335ᶜ: ἀλλὰ σὲ ἐχρῆν ἡμῖν συγχωρεῖν —· νῦν δ', ἐπειδὴ οὐκ ἐθέλεις. D. VIII, 1: ἔδει μέν — ἐπεὶ δέ (ἐπεὶ δέ für das gewöhnlichere ἐπειδὴ δέ — de arg. ex contr. S. 388 — Σ. Vind. 1). (D.) prooem. 52 a. A.: ἦν μὲν δίκαιον — οὐ μὴν ἀλλά. In diesen Beispielen stehen die genannten Imperfekta von der Gegenwart; anders Thuk. IV, 92, 1: χρῆν μέν — νυνὶ δέ. (D.) prooem. 30 a. A.: ἔδει μέν — ἐπειδὴ δέ. 35 a. A.: ἔδει μὲν καὶ δίκαιον ἦν — ἐπειδὴ δέ. Das mit ἐχρῆν und ἔδει verwandte ὤφελον hat μέν bei sich Xen. Anab. II, 1, 4: ἀλλ' ὤφελε μὲν Κῦρος ζῆν· ἐπεὶ δὲ τετελεύτηκεν. Ohne diese Partikel steht es z. B. Plat. Krit. 44ᵈ. Hom. Il. α, 353. 415. φ, 279. χ, 481 (mit nachfolgendem νῦν δέ). Hom. Il. γ, 173. Arist. Ekkl. 380 (mit folgendem ἀλλά). Weiteres über den Gebrauch von νῦν (νυνὶ) δέ unten zu XIII, 62.

§ 33. παρ' αὐτοῖς] παρ' ἡμῖν αὐτοῖς Herw. Über die Phrase vgl. Hertlein zu Xen. Kyr. IV, 6, 10. — **πάντα τὰ κακὰ — πάντα τἀγαθά**] Die Artikel streicht nach Dobree Herw. und so Sauppe, Philol. XV, 149. Dagegen Hertlein, Konj. zu den griech. Prosaikern (Progr. Wertheim 1862) S. 14. Mit Artikel πάντα τὰ ἀγαθά noch And. I, 5. D. XXIII, 194. (D.) XXV, 101, πάντα τὰ χαλεπά Xen. Kyr. II, 3, 3; dagegen πάντα (ἅπαντα) ἀγαθά Arist. Lys. 1045. Acharn. 982. Plut. 646. 1121. 1190. Vög. 587, πάντα κακά D. IX, 57. XIX, 314 (nach Σ. Laur. S). Xen. Hier. 1, 15. Is. XIII, 20. Eur. Med. 1369. Arist. Acharn. 982, πάντα καλά Herod. I, 32. Theokr. IV, 24, πάντα ἀδέα Bion III, 17, πάντα δίκαια Tyrtae. 4, 7 Bergk. Der Superlativ mit Artikel in πάντα τὰ μέγιστα Gorg. Palam. 13 und 20 (§ 13 ist der Artikel mit Recht von Blass zugesetzt), in πάντα τὰ χαλεπώτατα Xen. Anab. III, 1, 13, in πάντα τὰ δεινότατα ebenda und D. XXII, 69 (Σ r πλείστοις δεινοτάτοις). XXIV, 177. LV, 32.

§ 34. θαυμάζω δὲ τί] Über die verschiedenen Konstruktionen von θαυμάζειν vgl. die Beispiele de arg. ex contr. S. 93 f. und S. 329, sowie unten zu XXV, 30. — ποτ' ἐποίησας] So nach Dobree, ποτε ποιήσαις die Hdschr., ποτε ποιήσειας Markland und Taylor. Über die in diesem Enthymem gebrauchten Formen s. de arg. ex contr. Anm. 18 (S. 301 f.) und Add. zu S. 28 Z. 7 (S. 373). Der Irrealis findet sich auch (Lys.) II, 65. Soph. Aj. 1229 ff.: ἦ που τραφεὶς ἂν μητρὸς εὐγενοῦς ἄπο ὑψήλ' ἐφώνεις κἀπ' ἄκρων ὡδοιπόρεις, ὅτ' οὐδὲν ὢν τοῦ μηδὲν ἀντέστης ὕπερ (vgl. Cic. de off. III, 26, 98); das Futurum auch Plut. Phok. 9: ὃν τί οἴεσθε ποιήσειν ἐν τῷ θώρακι καὶ τῇ ἀσπίδι τῶν πολεμίων ἐγγὺς ὄντων, ὅτε λέγων πρὸς ὑμᾶς ἃ ἔσκεπται κινδυνεύει πνιγῆναι; π. δυσωπίας 5, 531ᵃ: τί ποιήσουσι τὸν ἥλιον ἰδόντες οἱ μὴ δυνάμενοι πρὸς λύχνον ἀντιβλέπειν; Herod. VI, 138. An unsrer Stelle ergiebt sich die Notwendigkeit des Irrealis der Vergangenheit aus dem Partic. συνειπών. — ὁπότε] Mit Lys. XIX, 5: ὅτ' οὖν τοιαῦτα πολλὰ γεγένηται vgl. And. I, 7: ὁπότ' οὖν ἤδη πολλὰ τοιαῦτα γεγένηται. Die Formel ὅτε τοίνυν (δή, δὲ) τοῦτο οὕτως (οὕτω ταῦτα) ἔχει D. I, 1. XIV, 7 (nach Σ). Plat. Prot. 356[c]. ὁπότε γε im Enthymem auch Athen. III, 83 f. — καὶ ἀδελφοί] καί tilgt Herwerden. — ἐτυγχάνετε — ἀπεψηφίζεσθε] mit Kayser (Rauchenst.) für ἐτύχετε — ἀπεψηφίσασθε. Nach Blass (Rhein. Mus. XXI, 280) soll die ganze Stelle von φέρε δή bis ἀπεψ. von einem Interpolator herrühren. Es gehört dieselbe zu den sogenannten πλαστὰ ἐπιχειρήματα (Volkmann, Rhet. 184), die sich mit Rücksicht auf die sprachlichen Formen, durch die sie eingeführt werden, und die Figuren, mit denen sie in Verbindung treten, in verschiedene Klassen zerlegen lassen. Sehr häufig finden sich bei den Rednern die mit φέρε eingeführten Enthymeme dieser Gattung. Die in denselben angewendeten hypoth. Schemata sind II. III. IV. Vgl. Aesch. I, 79 und 87 (φέρε δή. IV. § 87 ist, wie es scheint, vor ἀνάγκη ein ἄν ausgefallen; s. de arg. ex contr. S. 279). And. I, 21 (φέρε δὴ τοίνυν. IV). (D.) XXXV, 44 (χωρὶς δὲ τούτων, φέρε. IV). D. XXXIX, 31 (φέρε, εἰ. III). Lys. XIX, 34 (φέρε, εἰ. IV). D. XXXIX, 16 φέρε δέ, εἰ (III. So die Züricher nach Σ r; an den übrigen Stellen steht δέ hinter εἰ und ἐάν, weshalb ich auch hier mit Bekker und Dindorf φέρε, εἰ δέ vorziehen möchte. Vgl. And. I, 117. Plat. Soph. 229[a]. Weber zur Aristocr. S. 235. Bernhardy, Synt. 73). D. XXXIX, 10 (φέρε, εἰ δέ. III. εἰ δὲ δή FQ; s. die nächsten Beispiele). D. XXIII, 57 (φέρε, ἐὰν δέ). XX, 38 und XXIII, 124 (φέρε, ἐὰν δὲ δή). Eurip. in dem von Blass, Rhein. Mus. XXXV, 76 ff. veröffentlichten Fragm. v. 27 ff.: φέρ', ἢν δὲ νῦν ὁ λαμβάνειν μέλλων μ' ἀνὴρ — ἢν οὗτος αὖθις ἀποβάλῃ τὴν οὐσίαν, ἑτέρῳ με δώσεις ἀνδρί; (φέρ', ἢν δὲ νῦν ὁ λ. nach Weils Ergänzung, φέρ', ἢν ὁ νῦν δὲ λ. Blass. Wegen der Wortstellung vgl. Rehdantz Dem. Ind. I, Stellung). Is. XV, 251 φέρε γάρ. III). Lyk. 66 (φέρε γάρ. Protasis III, Apodosis IV; vgl. de arg. ex contr. 386). D. VIII, 34. (D.) XXV, 25 (φέρε γάρ. Prot. III, Apod. I. Die erstere Stelle schwerlich von Vömel richtig interpungiert; zu ἀνάγκη ist nicht mit Franke ἂν εἴη, sondern ἐστί zu supplieren). D. XXIII, 106. XXXVII, 37. (Lys.) VI, 4 (φέρε γάρ, ἐάν). In allen diesen Beispielen aufser Aesch. I, 87 und D. VIII, 34 ist der Hauptsatz in die Form der Frage gekleidet. Aufserdem folgt ein Fragsatz auf φέρε γάρ (Lys.) VIII, 13. Is. IV, 183. Isae. III, 40. D. XIV, 27. XX, 66. 157. XXIV, 157 (Plat. Krit. 50[d]), auf φέρε γὰρ δή Ant. V, 36, auf ἐπεὶ φέρε D. XXXI, 13 (Plat. Alk. II, 139[c]); desgleichen auf φέρε δή And. I, 27. 57. (Lys.) VI, 46 (subjectio). D. IX, 16 (Plat. Staat I, 348[c]. Gorg. 475[b]. Soph. 229[a]), auf φέρε δὴ τοίνυν. And. I, 90. 117, auf φέρε δή νυν

Arist. Thesm. 788. **Den mit** *φέρε γάρ* beginnenden Stellen ist vielleicht beizufügen Hyp. Epit. X, 22 f. Schenkl, Zeitschr. f. d. österreich. Gymn. 1877, S. 897 meint, dafs daselbst für *φέρει γὰρ πᾶσαν εὐδαιμονίαν ἄνευ τῆς αὐτονομίας* zu schreiben sei: *φέρε γάρ, τίς πᾶσα εὐδαιμονία ἄ. τ. αὐτ.*; Ich schlage vor: *φέρε γάρ, ποία εὐδαιμονία ἄ. τ. αὐτ.*; Über *ποῖος* in negativen Fragen s. de arg. ex contr. praef. XVI, sowie (Lys.) VI, 33. 53. Aken, Tempus und Modus § 288. Minder lebhaft ist die Form, in welcher auf *φέρε* ein Imperativ oder adhortativer Konjunktiv folgt. Für den Imper. vgl. D. XV, 26 (*φέρε γὰρ σκοπεῖτε, τί δήποτε κτλ.* — bei den Rednern wohl die einzige Stelle dieser Art; wahrscheinlich ist *σκοπεῖτε* als Glossem zu streichen). D. XXI, 58. (D.) XXV, 72 (*φέρε δὴ κἀκεῖνο σκέψασθε*). D. XIX, 251 (*φέρε δὴ καί*). D. XIX, 174. (D.) prooem. 53 (*φέρε δή*). Der Plural des Adhortativus findet sich D. XX, 63 (*φέρε δὴ κἀκεῖν' ἐξετάσωμεν*). And. I, 128 (*φέρε δὴ τοίνυν*). Plat. Gorg. 455[a]. Prot. 330[b] (*φέρε δή*), der von vielen mit Unrecht als selten bezeichnete Singular desselben Modus Herod. VII, 103 (*ἐπεὶ φέρε*). Lys. XII, 62. Isae. VIII, 30. D. XVIII, 267 (*φέρε δὴ καὶ τὰς — μαρτυρίας — ὑμῖν ἀναγνῶ*. Über *ἀναγιγνώσκειν* = vorlesen lassen Vömel z. St. Benseler zu D. XXI, 10, S. 180. van den Es, adn. ad Lyc. Leocr. 81 f.) XIX, 169. XX, 26. XXX, 25. (D.) LIX, 55 (*φέρε δὴ καί*). Herod. II, 105 (*φέρε νυν καί*). D. XIX, 234. XXII, 60. (D.) XLV, 29. LII, 20. Gorg. Hel. 9. Plat. Phaed. 63[b]. Gorg. 493[d] (*φέρε δή*. [D.] LII, 20 *φέρε δὴ ὑμῖν, ὡς οὐδ' ἐχρῆτο — ἐπιδείξω* = *φέρε δὴ ὑμῖν καί, ὡς οὐκ ἐχρ. — ἐπιδ.*). Soph. Phil. 1452. Arist. Ritt. 113 (*φέρε νυν*). Herod. II, 14 (*καὶ ταῦτα μὲν — εἴρηται. φέρε δὲ νῦν καὶ — φράσω*). Eur. Phoen. 276. Hipp. 864. El. 870. Herc. fur. 529. Arist. Acharn. 1120. Wolk. 787. Vög. 812. Thesm. 630. Luk. Tim. 45. Herod. I, 11 (*φέρε*, besonders häufig *φέρ' ἴδω*). Die in einigen dieser Beispiele vorkommenden Formen *δείξω, ἀποδείξω, ἐπιδείξω, ὑπομνήσω, φράσω* könnte man unter Vergleichung einer noch nicht angeführten Stelle des Andokides, I, 47: *φέρε δὴ καὶ τὰ ὀνόματα ὑμῖν ἀναγνώσομαι τῶν ἀνδρῶν* anstatt für Konjunktive des Aorists für Indikative des Futurums ansehen. Doch spricht die grofse Anzahl der Stellen, in welchen über die Form kein Zweifel obwalten kann, eher dafür, bei Andokides *ἀναγνώσομαι* in *ἀναγνῶ* zu verwandeln, was in der ganz ähnlichen Stelle D. XVIII, 267 steht. Über Hom. Il. *ι*, 60 f. und Od. *ν*, 215 verweise ich auf die Ausleger. *δή* in *φέρε δή* ist häufiger *μεταβατικόν* als *συλλογιστικόν*, das erstere immer, wenn *καί* oder (was nur bei Andokides geschieht) *τοίνυν* folgt. Fremd sind der attischen Prosa *φέρε δή νυν* und *φέρε νυν* (über *ἴθι νυν, ἴτε νυν, ἄγετέ νυν* Hertlein und Rehdantz zu Xen. Anab. VII, 2, 26). In eigentümlicher Weise wird durch *φέρε, ἀλλά* ein neues Glied der subjectio eingeführt And. III, 15 und durch *φέρε δή, ἀλλά* ein Einwand (Xen.) Staat der

Athen. 3, 7. Zum Schluſs sei bemerkt, daſs sich bei folgendem Imperativ oder Fragsatz an φέρε (δή, γάρ) häufig eine Schwurformel anschlieſst. So steht bei folg. Imper. πρὸς θεῶν D. XV, 26. XXI, 58. (D.) XXV, 72, bei folg. Fragsatz πρὸς θεῶν (D.) XXV, 25, πρὸς θεῶν Ὀλυμπίων Lys. XIX, 34, πρὸς Διός D. XX, 66. 157. XXIII, 106. XXIV, 157, πρὸς τῶν θεῶν (D.) XXXV, 44 (hier nach χωρὶς δὲ τούτων, φέρε), πρὸς τοῦ Διός Aesch. I, 79 (Weidner πρὸς Διός). Eine Frage war auch beabsichtigt hinter φέρε γὰρ πρὸς Διός D. VIII, 34 und hinter φέρε δὴ πρὸς τοῦ Διὸς καὶ τῶν θεῶν Aesch. I, 87 (Weidner πρὸς Διὸς καὶ θεῶν). Über den ganz ähnlichen Gebrauch von age (agedum, age nunc, age vero) Seyffert, schol. Lat. I, § 26. — διαψήφισιν] Die richtige Deutung des Wortes bei Westermann, de jurisjurandi judicum Atheniensium formula comment. pars III (Progr. Leipzig 1859) S. 9 ff. und über das ähnliche διαφέρειν τὴν ψῆφον Krüger zu Thuk. IV, 74, 4, wo man hinzufügen kann (D.) XXV, 83. Plut. Cic. 9. Eur. Or. 1652.

§ 35. καὶ μὲν δή] Aus andern Rednern vermag ich nur anzuführen Ant. V, 51. Is. III, 16. Das Neue kann auch durch γέ hervorgehoben werden; vgl. z. B. Plat. Symp. 197ᵃ. Adversativ (und doch gewiſs) steht καὶ μὲν δή Lys. IV, 13. XII, 89. (Lys.) VI, 15, und καὶ μὲν δὴ — γε Lys. XXVI, 11. And. I, 20. Thuk. III, 113, 4 (arg. de contr. S. 272, Anm. 4). Zu καὶ μὲν δὴ καί vgl. Is. XI, 49: καὶ μὲν δὴ καὶ τοῦτο δῆλον, ὅτι. XVII, 29: καὶ μὲν δὴ καὶ τόδε ῥᾴδιον πᾶσι γνῶναι, ὅτι. D. XXX, 12: καὶ μὲν δὴ κἀκεῖν' ἂν πάντες ὁμολογήσαιτε, ὅτι. And. I, 140 καὶ μὲν δὴ καὶ τάδε ὑμῖν ἄξιον, ὦ ἄ., ἐνθυμηθῆναι, ὅτι (der Vokativ, der sonst immer hinter καὶ μὲν δή steht, ist hier wohl wegen des Pronom. ὑμῖν zwischen ἄξιον und ἐνθυμηθῆναι eingefügt; vgl. die unten zu XXV, 25 angeführten Stellen D. XXIV, 123 und Isae. II, 27). Is. VII, 66: καὶ μὲν δὴ καὶ τάδε τίς οὐ μνημονεύει mit Particip. XV, 191: καὶ μὲν δὴ κἀκείνους ἴσμεν τοὺς —, ὅτι. III, 36. IV, 40. VIII, 24. XI, 21. 36. XXI, 20. Ant. V, 63. (D.) LXI, 13. καὶ μὲν δὴ καὶ — γε findet sich, wie es scheint, bei den Rednern nicht, wohl aber bei Platon; s. z. B. Gorg. 507ᵇ und Staat V, 464ᵇ. καὶ μὲν δὴ οὐδὲ — γε steht Isae. X, 12. Was Birkler (Progr. Ehingen 1867) S. 15 bemerkt, dass die kürzere Figur καὶ μὲν δή innerhalb eines Teiles dazu diene, eine letzte Erweiterung des Gedankens sogar bis zur Bedeutung eines bloſsen Anhängsels anzubringen, kann im allgemeinen als richtig gelten; vgl. Ant. V, 51. Lys. X, 5. 29. XII, 35. 49. XXV, 17. Indes führt auch καὶ μὲν δὴ καί Lys. XXVIII, 17 eine Schluſsbemerkung ein. Das stärkere ἀλλὰ μὲν δή findet sich als Übergangsform Lys. XIV, 44. XXVI, 22 (ἀλλὰ μὲν δὴ οὐδέ), in adversativem Sinne Lys. XIII, 27 (ἀλλὰ μὲν δὴ οὐ — γε; vgl. [Lys.] VI, 39: ἀλλ' οὐ μὲν δὴ — γε und Nauck zu Soph. Aj. 877). Platon braucht als Transitionsfigur *ἀλλὰ μὲν δὴ — γε* Gorg. 506[d] (kurz vorher *ἀλλὰ μὴν — γε*). — *τὸ ἴσον ὑμῖν ἕξουσιν*] Vgl. noch Lyk. 142. Is. VII, 69. (D.) LI, 11 (*ποῦ τὸ πάντας ἔχειν ἴσον καὶ δημοκρατεῖσθαι φαίνεται;*). D. XXI, 96 (*τῶν ἴσων μετέχειν τοῖς ἄλλοις*). 112 (*οὐ μέτεστι τῶν ἴσων οὐδὲ τῶν ὁμοίων πρὸς τοὺς πλουσίους τοῖς λοιποῖς ἡμῶν*. Für *τῶν ὁμοίων* die besten Hdschr. *τῶν νόμων*; vgl. Benseler S. 108 und 193 und Breitenbach zu Xen. Hell. VII, 1, 1). 188 (*τῶν ἴσων μέτεστιν ὑμῖν διὰ τοὺς νόμους*). XXIV, 59 (*τῆς πολιτείας ἴσον μέτεστιν ἑκάστῳ*). Eur. Suppl. 408. (And.) IV, 27 (*τοῖς πολίταις οὐκ ἐξ ἴσου χρῆται, ἀλλ' οὐδενὸς ἀξίαν τὴν δημοκρατίαν ἀποφαίνει*). Thuk. II, 37, 1. VI, 16, 4. Arist. Polit. VII, 2, S. 179 Bekker. Daher *ἰσότης* Merkmal der Demokratie Is. III, 15, als der *πολιτεία ἐπὶ τοῖς ἴσοις καὶ ὁμοίοις* Xen. Hell. VII, 1, 45. Dagegen *πλεονεκτεῖν* Xen. Hell. II, 3, 16. Arist. Polit. VIII, 1, S. 194, *πλέον ἔχειν ζητεῖν* Is. XVIII, 50, *πλεονεξία* (D.) XXVI, 13; *ἐλαττοῦσθαι* Xen. Hell. I, 4, 16. — *ἤ που*] Vgl. de arg. ex contr. praef. S. XX ff. S. 9. 55 ff. 64. 68. 71 ff. — *διατεινομένους*] *τηρομένους* X, *τηρουμένους* die übrigen Hdschr. Zu der schönen Emendation Frohbergers vgl. noch Aristeid. I, S. 652 Dindorf (*διατείνεσθαι ὑπέρ τινος*). Theophr. Charakt. 10 (*πρός τινα*). Ant. V, 46 (Maetzner S. 222) und die Stellen de arg. ex contr. S. 71. Das von Markland herrührende *τιμωρουμένους* müfste, da im Sprachgebrauch des Lysias das Med. stets die Rache im eigenen Interesse bezeichnet, wenigstens in *τιμωροῦντας* verwandelt werden. Andere Konjekturen sind *τειρομένους* (Canter) und *κηδομένους* (Rauchenstein). — *περιέργους*] Scheibe wollte *περιέργως*.

§ 36. Ähnliche Anakolutha de arg. ex contr. S. 260 ff. Mit den ebenda S. 256 besprochenen Beispielen vgl. Plat. Alk. I, 108[e]: *ἀλλὰ μέντοι αἰσχρόν γε, εἰ μέν τίς σε λέγοντα — περὶ σιτίων — ἔπειτα ἐρωτήσειε, τί τὸ ἄμεινον λέγεις, ὦ Ἀ.; περὶ μὲν τούτων ἔχειν εἰπεῖν, ὅτι τὸ ὑγιεινότερον, καίτοι οὐ προσποιεῖ γε ἰατρὸς εἶναι· περὶ δὲ οὐ προσποιεῖ ἐπιστήμων εἶναι — τούτου δέ, ὡς ἔοικας, πέρι ἐρωτηθεὶς ἐὰν μὴ ἔχῃς εἰπεῖν, οὐκ αἰσχύνει;* (wie oft in derartigen Enthymemen — vgl. de arg. ex contr. S. 238 ff. — ist auch hier *ἄν* ausgefallen; man wird die Partikel zwischen *ἔχειν* und *εἰπεῖν* einfügen müssen). Ein eigentümliches durch eine Parenthese veranlafstes Anakoluthon Arist. Frö. 693 ff. — *ὅτε*] die Hdschr., *ὅτι* nach Markland Cobet und Fritzsche. — *τοὺς ἐκ τῆς θαλάττης*] *ναυαγούς* fügt hinzu P. R. Müller Philol. XII, 96 und de emendandis aliquot locis in orationibus Lysiae (Progr. Rofsleben 1858) S. 8, *νεκρούς* nach Dobree Herwerden, was aber nicht einmal sachlich richtig ist; vgl. aufser Grote besonders Herbst, die Schlacht bei den Arginusen S. 37, Anm. 51. — *ἡγούμενοι κτλ.*] Ähnliche die Kraft der Antithese schwächende Bemerkungen sind, wie es scheint, als fremdartige Zusätze auszuscheiden Isae. II, 24 (de arg. ex contr. S. 367). Dein. I, 71 (ebenda S. 380, wo — Z. 20 v. u. —

in Folge eines Versehens *κατά* für *παρά* geschrieben ist). Vgl. auch Anh. zu XIII, 10. 54. Rehdantz zu Lyk. 123 (Anh. 1, S. 120). Weidner zu Aesch. III, 230 (deutsche Ausg.). Classen zu Thuk. VII, 70, 8. Hamaker hält die Worte *τῇ τῶν τεθν. ἀρετῇ* für korrupt, Frohberger denkt an den Ausfall von *τιμωροῦντες* (*βοηθοῦντες*). — **τούτους δέ**] *τούτους δὲ δή* Westerm. und Cobet nach der Vulgata. — **ναυμαχοῦντες**] nach BP und pr. R mit Fritzsche und Frohberger (kl. Ausg.); vulg. *ναυμαχοῦντας*. Meutzner (a. a. O. S. 677) will *τοὺς ναυμαχοῦντας*. — **αὐτοὺς καὶ τοὺς παῖδας**] Mehr Beispiele bei Stallbaum zu Plat. Symp. 221[d]. Maetzner zu Lyk. 87, S. 227. Vgl. auch de arg. ex contr. S. 354.

§ 37. **μέχρι τούτου — ἕως**] Vgl. Krüger zu Thuk. I, 90, 3 (D. XVIII, 48 *μέχρι τούτου — ἕως* dreimal hinter einander; das dritte Mal hat Σ von erster Hand *μέχρι του*, weshalb Markland, Bake und Cobet jedesmal *μέχρι τοῦ* —; schreiben wollen). Ähnlich *ἐν τούτῳ* (*ἐκείνῳ*), *ἐν ᾧ* Thuk. II, 86, 1 (wo Krüger). Plat. Parm. 162[d], und *ἐπὶ τούτῳ, ἐφ' ᾧτε* Plat. Apol. 29[c] (*ἐπὶ τούτῳ μέντοι, ἐφ' ᾧτε*, wofür [D.] LII, 11 *οὕτω μέντοι, ὅπως* c. ind. fut.). Herod. III, 83 (*ἐπὶ τοισίδε — ἐπ' ᾧ τε* Herod. V, 82. VII, 154, *ἐπὶ τοῖσδε, ὥστε* Thuk. III, 114, 3). — **δίκην δοῦναι δύναιντ' ἂν ἀξίαν**] mit Frohberger kl. Ausg. nach Herwerdens Vorschlag *οἳ οὐδ' ἂν — δύναιντ' ἀξίαν*. Cobet *ἱκανὴν δίκην δοῦναι δ. ἄν*. Markland *δίκην δοῦναι ἀξίαν*, was Fritzsche umändern möchte in *ἀξίαν δίκην δοῦναι*. Die Vulgata *δίκην δοῦναι δ. ἄν* verteidigen Förtsch, obs. 55 und Rauchenstein.

§ 38. **οὐ γὰρ δή**] Vor diesen Worten vermutet Westermann, quaest. Lys. III, 15 eine beträchtliche Lücke. Durch *οὐ γὰρ δή* kommt der Redner dem Einwande zuvor: 'Aber Eratosth. kann sich dagegen auf seine Verdienste berufen'. Mit derselben Ellipse hätte auch *ἐπεὶ οὐδέ* stehen können; de arg. ex contr. S. 267 f. — **ἐξαπατῶσιν ὑμᾶς**] Bake, die Hdschr. *ἐξαπατῶσιν, ὑμῖν*. — Die Anakoluthie in *ἐξαπατῶσιν* scheint Meutzner (S. 678) zu hart; er schlägt vor: *ἐὰν πρὸς μὲν — ἀπολ. τολμῶσι, περὶ δὲ — ἐξαπατῶσιν*. — **ἤ**] Meutzner will *ἢ ὡς*. — **φίλας**] Cobet früher (s. auch n. l. 357) und Rauchenstein *φιλίας*. Vgl. dagegen Krüger zu Dion. Hal. Histor. S. 296. Westermann zu D. XX, 59.

§ 39. **ἐπεί**] *ἂν ταῦτ' εἴπῃ* P. R. Müller, *ἔπειτα* Scheibe und Kayser. Vgl. Joh. Frei a. a. O. S. 7 f. und Kayser, Philol. XXV, 311.

§ 40. **ἀλλὰ γάρ**] Vgl. XII, 83. (Lys.) VI, 40. 48 (*ἀλλὰ — γάρ*). Is. VIII, 49. Xen. Anab. V, 7, 8. Plat. Staat II, 365[c] (*ἀλλὰ γάρ, φήσει τις, οὐ ῥᾴδιον ἀεὶ λανθάνειν κακὸν ὄντα*), dazu *ἀλλὰ γὰρ ἴσως* (And.) IV, 37. Is. IV, 175. VI, 80. XVII, 49. XIX, 36 (XI, 48: *ἀλλὰ γὰρ ἴσως ἂν εἴποις ὡς*). Plat. Menon 94[d]. Herod. VI, 124. Rauchenstein verwechselt das *ἀλλὰ γάρ* des Einwurfs mit dem *ἀλλά* der subjectio, durch welches allerdings Fragen eingeführt werden. S. auch de arg. ex contr. S. 283. — **τοσαῦτα**] mit Scheibe eingesetzt nach **ἐσκύλευσαν.** Reiske *τοσαῦτα ἐσκύλευσαν*, Fritzsche *τοσαῦτα* **τῶν** *πολεμίων*. — *οἷα τῆς*] **οἷα** *τὰ τῆς* Cobet und Rauchenstein. Ein zweites Beispiel, in welchem der Genit. von *οἷος* abhängt, kann ich nicht anführen (Thuk. VI, **69,** 2 ist doch wohl gegen Krügers Ansicht zu interpungieren *τροπάς, οἵας εἰκὸς ψιλούς, ἀλλήλων ἐποίουν*); indes gäbe es auch keines weiter, so würde dennoch hier die ungewöhnliche Konstruktion hinlänglich gerechtfertigt sein durch die Symmetrie: *ὅπλα — ὅσαπερ ὑμῶν = τείχη — οἷα τῆς ἑαυτῶν πατρίδος*. Der Genit. *τῶν πολεμίων* gehört auch zum zweiten Gliede. — *οἵτινες*] Vgl. von den oben genannten **Stellen** (And.) IV, 37. Is. VIII, 49 (*ὅστις*). Is. IV, 175. XVII, 49 (*ὅς*). (And.) a. a. O. ist wohl hinter *πράττειν* ein Kolon zu setzen. Indessen kann auch die Widerlegung mit **dem** Einwande vollständig **zu** einem Satze verschmelzen. Ein merkwürdiges Beispiel dieser **Art ist Lys.** XII, **83**: *ἀλλὰ γὰρ εἰ τὰ χρήματα τὰ φανερὰ δημεύσαιτε, καλῶς ἂν ἔχοι τῇ πόλει, ἧς οὗτοι πολλὰ εἰλήφασιν, ἢ τοῖς ἰδιώταις, ὧν τὰς οἰκίας ἐξεπόρθησαν.* Aufserdem vgl. Thuk. I, 39, **1** (*ὅς γε*). VI, 10, 2. I, 69, 5 (*ὅς*). Vollere Interpunktion ist auch erforderlich Lys. XIII, 85: *ἀκούω δ' αὐτὸν καὶ τούτῳ ἰσχυρίζεσθαι, ὅτι 'ἐπ' αὐτοφώρῳ' τῇ ἀπαγωγῇ ἐπιγέγραπται· ὃ πάντων ἐγὼ οἶμαι εὐηθέστατον*, und in den ähnlichen Stellen Is. Br. IX, 15. D. XIX, 199. XXI, 208. Die Widerlegung in der subjectio beginnt mit dem Relativpronomen wie Lys. XXX, 27, so Is. XVII, 47. D. XXI, 148. Polyeuktos bei Sauppe **or.** Att. II, 274. Diodor XIII, **31, 1. In** allen **diesen** Stellen empfiehlt es sich das Fragzeichen vor das Relativum **zu** setzen. Dagegen verschmelzen beide Glieder **zu** einem ein contrarium bildenden Satze Xen. Hell. II, 4, 41 **ἀλλὰ** *γνώμῃ φαίητ' ἂν προέχειν, οἳ ἔχοντες καὶ τεῖχος καὶ ὅπλα καὶ — ὑπὸ τῶν οὐδὲν τούτων ἐχόντων παρελύθητε*; In derselben Weise **gebrauchen** die Lateiner das Relativum sowohl in der subjectio **wie in der** occupatio; vgl. Seyffert, schol. Lat. I, § 50, 2, b und § **67, 8.** — *ὅτι ἑαυτοῖς*] nach Sluiter und anderen für das hdschr. **οἷς** *αὐτοῖς*. *ὅτι* tilgt Classen, wo dann der Satzbau nach der Bemerkung zu XIII, 18 zu beurteilen. — *βεβαιοτέραν*] *βεβ. ἂν* Herw.

§ 41. *αὐτοῦ*] Francken, Philol. XIX, 716 und comm. 85, *αὐτῶν* die Hdschr. — *τοὺς τοιούτους*] Der Gegensatz scheint *ἄλλους* oder *ἑτέρους τοιούτους* zu verlangen. — *ἐπαινεῖν*] Taylor, Kayser, Herwerden vermuten dahinter eine Lücke. Die Annahme einer solchen ist nur dann notwendig, wenn man oben den Plur. **αὐτῶν** beibehält.

§ 43. παρήσω] Zu den de praeterit. S. 37 genannten Stellen füge **hinzu Ant. II,** *β*, 13: *ταῦτα μὲν οὖν — παρήσω*. Herod. I, 177: *τὰ* **μέν** *νυν αὐτῶν πλέω παρήσομεν, τὰ δὲ —, τούτων ἐπιμνήσομαι.* Thuk. VI, 91, **7**: *πολλὰ παρεὶς τὰ μέγιστα κεφαλαιώσω.* Plat. Symp. 180[c]: *οὓς (λόγους) παρεὶς τὸν Παυσανίου λόγον διηγεῖτο.* —

ἡ ναυμαχία καί] streicht Herw. als interpretamentum. — ὅθεν] Vgl. auch Cic. de off. II, 23, 83: at ille Graecus, id quod fuit sapientis et praestantis viri, omnibus consulendum putavit. Liv. I, 14, 7 und die daselbst von Weifsenborn und M. Müller angeführten Stellen. Ob Lyk. 51 hierher gehört, ist sehr fraglich; s. Rehdantz S. 110 und unten zu § 46 g. E. — ἐναντία] τἀναντία Herw. Vgl. zu XIII, 96. — Κριτίας] Die gewöhnliche Annahme, dafs Kritias an die Stelle eines ausscheidenden Mitgliedes getreten sei, bestreitet Pöhlig, der Athener Theramenes S. 292, indem er die Ernennung der Ephoren (mit Grote und anderen) in die Zeit nach der Kapitulation verlegt.

§ 44. φυλάρχους] φρουράρχους nach K. F. Hermann (vgl. Xen. Oik. 9, 15) Herw. Auch Frohberger hält diese Vermutung für wahrscheinlich. — φυλάς] für das hdschr. φυλακάς nach Taylor und Markland. Vgl. aufser J. Frei bei Rauchenstein auch Westerm. quaest. Lys. III, 17 und H. Weber, Philol. XXXIII, 381. — χρείη] Im Palatinus χρή, was Aken, Tempus und Modus § 291 und Meutzner a. a. O. S. 678 festhalten. Der Wechsel der Verba (δεῖν und χρῆναι) erklärt sich leicht aus dem Streben nach Variation im Ausdruck (vgl. § 3); dagegen läfst sich für die Verschiedenheit des Modus kein plausibler Grund anführen. Stammt χρή wirklich von Lysias' Hand, so ist im ersten Gliede δεῖ für δέοι zu schreiben. — μόνον] vom Schreiber des Palatinus verbessert aus μόνων (Schöll, Hermes XI, 208), wie ganz ohne Grund Herwerden schreibt. — ψηφιεῖσθε] nach Cobet (v. l. 177); ψηφίσησθε X A R (den Wechsel von Konj. und Fut. verteidigt Aken § 146), ψηφίσεσθε die übrigen Hdschr.), ψηφίσαισθε Bekker (verteidigt von Meutzner S. 678), λήψεσθε Reiske. — πολλῶν] πάντων für sachgemäfser erklärt von Frohberger, der (D.) LIX, 103 und Liv. IX, 4, 1 (omnium rerum inopia) vergleicht. Auch Lys. XXI, 25 wird von Pluygers (Mnemos. XI, 1, 84) πάντων vorgeschlagen.

§ 45. καλῶς ἠπίσταντο] Vgl. noch Theokr. XI, 5: γιγνώσκειν δ' οἶμαί τυ καλῶς ἰατρὸν ἐόντα. H. Röhl (Jahresber. des philol. Vereins zu Berlin, Jahrg. III, S. 35) hält die Überlieferung für erträglich 'denn das wufsten sie auch'. Rauchenstein, wie früher Frohberger, [καὶ] ἠπίστ. Fritzsche: suppleo τοῦτο γὰρ καὶ [αὐτοὶ] ἠ., ut justa existat oppositio eorum, quae sequuntur: καὶ ὑμᾶς ἡγ. Vgl. dagegen die Anm. Sollte wirklich eine Lücke anzunehmen sein, so würde ich lieber nach D. III, 2 schreiben: τ. γ. καὶ μάλ' ἀκριβῶς ἠπίσταντο.

§ 46. ὡς τοίνυν — μάρτυρας ὑμῖν παρέξομαι] In gleicher Weise wird das Verlesen von Aktenstücken eingeleitet XXII, 9: ὡς τοίνυν — αὐτὸν ὑμῖν Ἄνυτον μάρτυρα παρέξομαι, καὶ ὡς κτλ. XIX, 23: ὡς τοίνυν ταῦτ' ἐστὶν ἀληθῆ, κάλει μοι Εὔνομον. Dazu kommen aus andern Rednern Isae. V, 20: ὡς μὲν τοίνυν — μάρτυρας ὑμῖν παρεχόμεθα τοὺς **παρόντας**. Aesch. III, 27: ὡς τοίνυν καὶ —, τούτων ὑμῖν αὐτὸν **Δ. μάρτυρα παρέξομαι**. D. XXXIX, 24: ὡς τοίνυν ταῦτ' ἀληθῆ λέγω, τούτων μάρτυρας ὑμῖν τοὺς — παρέξομαι. Isae. VI, 46: ὡς τοίνυν — ἀναγνώσεται **ὑμῖν** τὰς μαρτυρίας. IX, 21: ὑμῖν τῶν — μαρτυρίαν ἀναγνώσεται. D. XXX, 30: λαβὲ ταύτας τὰς μαρτυρίας καὶ ἀνάγνωθι. XIX, 213: ὡς τ. ταῦτ' ἀληθῆ λέγω, κάλει μοι τούτων τοὺς μάρτυρας. LVII, 28: ὡς τ. καὶ ταῦτ' ἀ. λ., λαβὲ τὴν μαρτυρίαν. XXXVI, 16: ὡς τ. ταῦτ' ἀ. λ., λαβέ μοι. XXXVI, 10. 13. 22. 35: ὡς τ. ταῦτ' ἀ. λέγω, καὶ — λαβέ (der Satz mit καί bildet die Epexegese zu ταῦτ' ἀληθῆ λέγω. Vgl. Isae. VII, 10. D. XXI, 107. 119. XXVII, 39. XXXVIII, 13. LIV, 12. 29. **LVII, 14 — ὡς —**, καὶ ὅτι —. [D.] XXIX, 18. 26. XXXII. 19. **XXXV, 22. XLIII, 70.** XLVII, 39. 66 — ὡς —, καὶ ὅτι —. L, 37. — § 13 folgt **hinter λαβέ** μοι τὴν τούτων μαρτυρίαν noch ein Satz mit καὶ ὡς. Vgl. **Lys. XXII**, 9). Mit Voranstellung von ταῦτα Isae. VI, 26: ταῦτα τοίνυν ὡς ἀ. λέγω, ἀναγίγνωσκε. Aufserdem vgl. Isae. V, 2: ὡς τ. — Κ. οὑτοσὶ οἶδε, καὶ μάρτυρας ὑμῖν παρεξόμεθα πρῶτον μὲν ὡς κτλ., und die Übergänge zu einem neuen Gliede der Argumentation Aesch. III, 32: ὡς τοίνυν καὶ — καὶ τοῦθ' ὑμᾶς διδάξω. (D.) XLVI, 9: ὡς τοίνυν καὶ — ἐπιδεῖξαι ὑμῖν βούλομαι. Is. VIII, 70: ὡς τοίνυν οὐδὲ — δοκεῖτέ μοι τάχιστ' ἂν ἐκεῖθεν καταμαθεῖν. Aesch. I, 101: ὡς τοίνυν — τοῦθ' ὑμῖν **ἐπιδείξω**. (D.) XXXIII, 4: ὡς τοίνυν — ἐκ πολλῶν ὑμῖν τοῦτ' ἐπιδείξω (τοῦτο nachgestellt, um ἐκ πολλῶν hervorzuheben; vgl. Anh. zu XXV, **11** a. E). ὅτι τοίνυν findet sich in der zweiten Art des transitus zuerst einmal bei Isaeos, dann in beiden Arten häufig bei Demosthenes (Pseudodemosthenes): Isae. II, 38: — βούλομαι ὑμῖν καὶ αὐτοὺς τούτους μάρτυρας παρασχέσθαι, καὶ ἐμοὶ μαρτυροῦντας **ἔργῳ** καὶ οὐ λόγῳ — **ὅτι** ἐγὼ τἀληθῆ λέγω (zum Ausdruck vgl. **Isae. III, 55. Is.** XXI, 14. D. XX, 126. XXXVI, 32. Gorg. **Pal.** 15). 1) **D. XXIII**, 159: ὅτι τ. οὕτω ταῦτ' ἔχει, λέγε. XVIII, 115. XX, 115: **ὅτι τ. (ταῦτ') ἀληθῆ** λέγω, λέγε (λαβέ μοι). XXI, 121: ὅτι τ. καὶ ταῦτ' **ἀλ. λέγω**, κάλει μοι **καὶ** τούτων τοὺς μάρτυρας. (D.) XL, 35: ὅτι τ. ἀλ. καὶ ταῦτα λέγω, λαβέ μοι καὶ τὰς περὶ τούτων μαρτυρίας. D. XXIII, 168: ὅτι τ. ταῦτ' ἀλ. λέγω, τῶν μὲν — δήπου μάρτυρες ὑμεῖς ἐστέ μοι — τῶν δ' — κάλει μοι τοὺς — μάρτυρας. 2) D. XXVII, 27: — μεγίστῳ τεκμηρίῳ γνώσεσθε. XXIV, 155: ὅτι τ. καὶ — ἄξιόν ἐστιν ἀκοῦσαι. XIX, 163. XXXIX, 19: ὅτι τ. οὐδὲ — ἀκούσατέ μου (θεωρήσατε). XXII, 44: ὅτι τ. οὐδ' εἰ — **οὐδ'** οὕτως — ἐκ τῶνδε γνώσεσθε. XXI, 171. XXIV, 91: ὅτι τ. — **καὶ** τοῦτο βούλομαι δεῖξαι (καὶ τοῦτο ῥᾳδίως ὑμᾶς νομίζω μαθήσεσθαι). XXII, 20: ὅτι τ. οὐδὲ — τοῦτο σαφῶς ὑμῖν ἐπιδείξω. XXII, 65. XXIII, 118: ὅτι τ. ὅλως οὐδὲ — καὶ τοῦτ' αὐτίκα δὴ μάλα δῆλον ὑμῖν ποιήσω (καὶ τοῦτ' ἐκ πολλῶν ῥᾴδιον γνῶναι). XX, 11: ὅτι τ. οὐδ' ἐστὶν ὅλως — καὶ τοῦτο πειράσομαι δεῖξαι διὰ βραχέων. XXIII, 138. XXIV, 172. XXXVIII, 21:

ὅτι τ. οὐδὲ — καὶ τοῦτο δεῖ μαθεῖν ὑμᾶς (καὶ τοῦτ' αὐτίκα δὴ μάλ' ὑμῖν δῆλον ποιήσω — καὶ τοῦτ' οἴομαι δείξειν). XXI, 171 ist citiert nach Σ; die übrigen Hdschr. haben ὅτι τοίνυν καί (καί vor τοῦτο weggelassen in A k). Die Ausdrucksweise ist in diesem Falle eine vierfache: ὅτι (ὡς) καὶ (οὐδὲ) — καὶ τοῦτο ἐπιδεῖξαι βούλομαι, ὅτι (ὡς) — καὶ τοῦτο ἐπ. β., ὅτι (ὡς) καὶ (οὐδὲ) — τοῦτο ἐπ. β., ὅτι (ὡς) καὶ (οὐδὲ) — ἐπ. β. Häufig gebraucht Lysias, um das Verlesen von Aktenstücken einzuleiten, die Partikeln ὡς οὖν: XXIII, 11. 15. XXXI, 14: — μάρτυρας παρέξομαι ὑμῖν (τούτων ὑμῖν μάρτυρας παρέξομαι — ἀκούσατε τῶν μαρτύρων). XIII, 42: ὡς οὖν ἀληθῆ λέγω, μάρτυρας τούτων παρέξομαι. III, 20. XXXI, 23: ὡς οὖν καὶ ταῦτ' ἀ. λέγω (καὶ ταῦτ' ἀ. ἐστιν), τούτων ὑμῖν τοὺς — μάρτυρας παρέξομαι (ἀκούσατε αὐτοῦ τοῦ κτλ.). ταῦτα ist vorangestellt XXIII, 8: ταῦτ' οὖν ὡς ἀ. ἐστι, τόν τε — μάρτυρας παρέξομαι. Gleicher Art Is. XVII, 32. Isae. IX, 20. (D.) LVIII, 17. L, 40: — αὐτὸν 'Α. μαρτυροῦντα παρέξομαι (ὑμῖν τοὺς — μ. παρέξομαι — λαβέ μοι — ἀνάγνωθί μοι). Isae. I, 16. (D.) LIII, 25: ὡς οὖν ἀληθῆ λέγω, κάλει μοι τοὺς (τούτων) μάρτυρας. (D.) LIX, 23: ὡς οὖν ἀ. λ. ὅτι — τούτων ὑ. αὐτὸν τὸν Φ. μάρτυρα καλῶ. (D.) XLVII, 66: ὡς οὖν ἀ. λ., καὶ ὅτι — τούτων ὑμῖν ἀναγνώσεται τὰς μαρτυρίας (vgl. auch [D.] XLVII, 39: ὡς οὖν ἀ. λ. καὶ — οὐκ ἄλλοθεν δεῖν οἶμαι τὸν ἔλεγχον γενέσθαι ἤ). D. XXI, 82. LVII, 43: ὡς οὖν ταῦτ' ἀ. λ. — κάλει μοι (πρῶτον μέν). LIV, 9. XXXVII, 8: ὡς οὖν ταῦτ' ἀ. (ταῦτα πρῶτον ἀ.) λ. — τούτων ὑμῖν τοὺς μάρτυρας (τούτων τοὺς μ. ὑμῖν) παρέξομαι. (D.) L, 37. 56: ὡς οὖν ἀ. ταῦτα λ. πρὸς ὑμᾶς, καὶ — (ταῦτ' ἀ. πρὸς ὑμᾶς λ.), τούτων ὑμῖν ἀναγνώσεται τὰς μαρτυρίας (τούτων ὑμῖν τὰς μ. παρέξομαι). § 28: ὡς οὖν πάντα ἀ. λ. (so Σ, ταῦτα ἀ. FQ, πάντα ταῦτα ἀ. A r. Für diese von Dindorf aufgenommene Lesart sprechen allerdings (D.) LIX, 70. XLIX, 33. Isae. VIII, 17), τούτων ὑμῖν ἀναγνώσεται τὰς μ. D. LIV, 12: ὡς οὖν καὶ ταῦτ' ἀ. λ., καὶ — λέγε. XXXVII, 13: ὡς οὖν καὶ ταῦτ' ἀ. λ., λαβέ μοι καί. And. I, 64: ὡς οὖν ἦν ταῦτ' ἀ., τόν τε παῖδα — παρέδωκα βασανίσαι, ὅτι ἔκαμνον κτλ. Im Übergange zu einem neuen locus steht ὡς οὖν Isae. II, 13: — τοῦτο ὑμᾶς βούλομαι διδάξαι und im Übergange zur διήγησις (D.) LIX, 17: — τοῦθ' ὑμῖν βούλομαι ἐπιδεῖξαι. Für ὅτι οὖν sind mir keine Beispiele zur Hand, nur je eins für ὡς δή und ὅτι δή, D. LVII, 27: ὡς δὴ ταῦτ' ἀ. λ., κάλει καὶ τούτων μάρτυρας. XXI, 184: ὅτι δὴ — ταῦτ' ἀκούσατέ μου (kein eigentlicher Übergang zu einem neuen Punkte. Den Plur. ταῦτα geben die besten Hdschr. Vgl. Isae. VII, 29: ὡς δ' οὐδ' εἰ —, οἶμαι καὶ ταῦθ' ὑμῖν ῥαδίως ἐπιδείξειν. D. XXX, 19. Aesch. III, 24. (D.) LIX, 14: ὡς (ὅτι) δὲ —, ταῦτ' ἤδη πειράσομαι ὑμᾶς διδάσκειν — δεῖ μαθεῖν ὑμᾶς —. D. XXIV, 152: ὡς μὲν οὖν —, ταῦτ' ἐπιδείκνυμι, wo Benseler. D. LVII, 40. Thuk. VI, 9, 3. Lys. XXII, 1). Einen engeren Anschluſs an das Vorhergehende bewirken καὶ ὡς und καὶ ὅτι.

Ersteres steht bei Lysias XIII, 72: καὶ ὡς ἀ. λ., τοῦτο τὸ ψήφισμα ἐλέγξει. Beispiele für dieselbe Art des Übergangs aus anderen Rednern Isae. II, 5. 33. 37. (D.) LIII, 19. XLIX, 43. XXXIII, 18: καὶ ὡς — τὴν μαρτυρίαν ταύτην πρῶτον βούλομαι παρασχέσθαι (τοὺς γνόντας αὐτοὺς ὑμῖν παρέξομαι μάρτ. — τὰς μαρτ. ὑμῖν τῶν εἰδότων ἀναγνώσεται — τούτων ὑμῖν τοὺς εἰδότας μ. παρέξομαι — ἀνάγνωθί μοι τὴν μαρτ. — ἀκούσατε τῶν μαρτυριῶν). Isae. III, 14. 37: καὶ ὡς ἀ. λ., ἀναγίγνωσκε. § 56: καὶ ὡς ἀ. λ., ἀναγνώσεται. I, 32: καὶ ὡς ἀ. λ., κάλει μάρτυρας. (D.) XXXIII, 8. 12. 15: καὶ ὡς ἀ. λ., ἀκούσατε τῶν μαρτυριῶν (vgl. A. Höck, Jen. Literaturztg. 1878, 525). (D.) LIX, 40. 53: καὶ ὡς ἀ. λ., τούτων αὐτὸν μ. ὑμῖν τὸν — παρέξομαι (τούτων ὑμῖν μ. αὐτὸν τὸν Φ. καλῶ). Isae. II, 16: καὶ ὡς ἀ. λ. ταῦτα, τῆς μὲν ποιήσεως ὑμῖν τοὺς — παρέξομαι μάρτυρας, ὡς δ' ἐξῆν —, τὸν νόμον αὐτὸν ὑμῖν ἀναγνώσεται. D. LV, 12: καὶ ὡς ταῦτ' ἀ. λ., παρέξομαι μὲν καὶ μάρτυρας ὑμῖν τοὺς εἰδότας, πολὺ δὲ τῶν μαρτύρων ἰσχυρότερα τεκμήρια. (D.) L, 13: καὶ ὡς ταῦτ' ἀ. λ., τούτων ὑ. ἀναγνώσεται τὴν μαρτ. XLIX, 42: καὶ ὡς ταῦτ' ἀ. λ., ἀνάγνωθί μοι. XLVII, 44: καὶ ταῦτα ὡς ἀ. λ., ὑμῶν τε δέομαι ὅσοι — φράζειν τοῖς παρακαθημένοις, καὶ ὅσους ἠδυνάμην ἐγὼ ἐξευρεῖν — μάρτυρας ὑμῖν παρέξομαι. XXIX, 18: καὶ ταῦθ' ὡς ἀ. λ., καὶ —, καθ' ἕκαστον ὑ. παρέξομαι τοὺς μάρτ. D. LVII, 14: καὶ ταῦθ' ὡς ἀ. λ., καὶ ὅτι —, μάρτυρας ὑ. παρέξομαι. XXVII, 26. 39: καὶ ταῦθ' ὡς ἀ. λ. (καὶ —), λαβέ μοι τὰς μαρτ. καὶ ἀναγίγνωσκε (λαβὲ τὰς μαρτ. κ. ἀνάγνωθι). Isae. VIII, 20. 24: καὶ ταῦθ' ὡς ἀ. λ., κάλει. D. XXXI, 4: καὶ ταῦθ' ὡς ἀ. λ., τὸ μὲν χωρίον καὶ νῦν οὗτός φησιν ἀποτετιμῆσθαι ταλάντου, τὴν δ' οἰκίαν ὡς —, τοὺς εἰδ. ὑ. μάρτ. παρέξομαι. Mit diesen Stellen vgl. Is. XV, 276. XVII, 40. XIV, 41: καὶ ταῦθ' ὡς οὕτω πέφυκε (καὶ ταῦθ' ὡς οὐ δι' — ἐγίγνετο, ἀλλ' ἵνα — καὶ τούτων ὡς οὐ — αἴτιος ἦν), ταχέως οἶμαι δηλώσειν (ῥᾳδίως γνώσεσθε — ὁ τελευταῖος χρόνος σαφῶς ἐπέδειξεν). Dreimal sagt Lysias καὶ ὅτι, IV, 4: καὶ ὅτι ἀληθῆ ταῦτα λέγω, — ἴσασιν. XXV, 8: καὶ ταῦθ' ὅτι οὕτως ἔχει, οὐ χαλεπῶς ἐκ — μαθήσεσθε. XXI, 10: καὶ ταῦθ' ὅτι ἀ. λ., πάντες ἐπίστασθε ὅσοι —. κάλεσον δὲ καί. Aus andern Rednern kommen hinzu (D.) LIX, 24: καὶ ὅτι ἀ. λ., τούτων ὑ. τοὺς μάρτ. καλῶ. § 26: καὶ ὅτι ἀ. λ., τοῦ μὲν — οὐκ ἂν δυναίμην ὑμῖν μαρτυρίαν παρασχέσθαι — τὸν δ' — αὐτὸν ὑμῖν καλῶ. Isae. VI, 42: καὶ ὅ. ἀ. λ., λαβὲ ταυτὶ καὶ ἀνάγνωθι. (D.) XXXIII, 13. XXXIV, 15. 37: καὶ ὅ. ἀ. λ., λαβέ. (D.) XLVIII, 49: κ. ὅ. ταῦτα προὐκαλούμην τοῦτον, μαρτυρίαν ὑμῖν ἀναγνώσεται. LIX, 87: κ. ὅ. ταῦθ' οὕτως ἔχει, τοῦ νόμου αὐτοῦ ἀκούσαντες ἀναγνωσθέντος εἴσεσθε. Aesch. II, 19: κ. ὅ. ταῦτ' ἐστὶν ἀ., λαβέ μοι, καὶ ἀνάγνωθι, καὶ κάλει. (D.) LIX, 93. XLV, 58: κ. ὅ. ταῦτ' ἀ. λέγω, μεγάλῃ καὶ περιφανεῖ μαρτυρίᾳ ἐγὼ ὑ. δηλώσω (πρῶτον μὲν ὑ. μαρτυρήσουσι). (D.) LIX, 34. 61: κ. ὅ. ταῦτ' ἀ. (ἀ. ταῦτα) λ., τοὺς — μάρτ. παρέξομαι (τούτων ὑ. μάρτ. τοὺς παρόντας Βρυτιδῶν παρέξ., wozu Sauppe bemerkt: 'ΣΥΩrυ τοὺς μάρτ. Fortasse hoc verum deleto voc. *Βρυτιδῶν*'. Dafs an der Vulg. nichts zu ändern, ergiebt sich aus vielen ähnlichen Stellen). § 32. 70. 84: *κ. ὅ. ταῦτ'* (*πάντα ταῦτ'*) *ἀ. λ.*, *τοῦτον* (*τούτων γρ.* FQ, vielleicht richtig) *ὑ. τὸν — μάρτ. καλῶ* (*τούτων ὑ. μάρτ. αὐτοὺς — καλῶ — τούτων ὑ. μάρτ. αὐτὸν — καλῶ*). Lyk. 19: *κ. ὅ. ταῦτ' ἀ. λ.*, *ἀναγνώσεται.* D. XIX, 170. XXXVII, 43. (D.) XXXII, 19: *κ. ὅ. ταῦτ' ἀ. λ.* (*καί —*), *λέγε.* D. XXIII, 151: *κ. ὅ. ταῦτ' ἀ. λ.*, *ἀνάγνωθι.* § 183: *κ. ὅ. ταῦτ' ἀ. λ.*, *λαβέ.* XVIII, 135. 137. XXI, 174. (D.) LIX, 48: *κ. ὅ. τ. ἀ. λ.*, *κάλει* (XXI, 174 *καὶ ὅτι* die besten Hdschr., *ἀλλὰ μὴν ὅτι* Bekker und Weil. Über diesen bei Demosth. nicht seltenen Übergang vgl. unten). Aesch. II, 19: *κ. ὅ. ταῦτ' ἐστὶν ἀληθῆ, λαβέ μοι — καὶ — ἀνάγνωθι — καὶ κάλει.* (D.) LVIII, 42: *κ. τοῦθ' ὅ. ἐστὶν ἀληθές, ἀναγκάσω μὲν μαρτυρεῖν καὶ —· οὐ μὴν ἔλαττόν γε τούτου σημεῖον ὑ. ἀλλὰ μεῖζον παρασχήσομαι, διότι τοῦτ' ἐστὶν ἀληθές, ὃ κτλ.* (die Worte *διότι — ἀληθές* sind unnötigerweise hinzugefügt). XLIX, 18: *κ. ταῦθ' ὅ. ἀ. ἐστι, τὸν — μάρτ. παρέξομαι.* Isae. VIII, 17: *κ. ταῦθ' ὅ. ἀ. πάντ' ἐστίν, ἀκριβέστατα μὲν οἱ — ἴσασιν —, ἴσασι δὲ περιφανέστατα καὶ — τινές, οὓς παρέξομαι μάρτ.* Is. XXI, 14: *κ. ταῦθ' ὅ. ἀ. λέγω, αὐτὸς ἂν — μαρτυρήσειεν.* D. XIX, 176: *κ. ταῦθ' ὅ. ἀ. λ.*, *πρῶτον μὲν αὐτὸς ἐγὼ — μαρτυρήσω, εἶτα τῶν — ἕκαστον καλῶ.* Isae. VIII, 42: *κ. ταῦτα ὅ. ἀ. λ.*, *δεδίασι μὲν αὐτόν, ἴσως δ' ἄν μοι καὶ μαρτυρῆσαι ἐθελήσειαν* (die Worte *καὶ — λέγω* gehören nur zu dem zweiten der durch *μέν — δέ* coordinierten Glieder; vgl. D. XXI, 167. Isae. V, 46. Plat. Theaet. 145[d] mit Wohlrabs Anm. Theokr. V, 21. Thuk. IV, 80, 4. III, 34, 3. VII, 87, 4. Is. XII, 118. Lys. XIII, 56. Xen. Hell. VII, 3, 7. Cic. de prov. cons. 17, 42. Hertlein zu Xen. Anab. VI, 5, 30 und Hermes XIII, 12). (D.) L, 10. XLIX, 33: *κ. ταῦθ'* (*ταῦτα πάνθ'*) *ὅ. ἀ. λ.*, *τούτων ὑ. ἀναγνώσεται τὰς μαρτ.* XLVI, 8: *κ. ταῦθ' ὅ. ἀ. λ.*, *αὐτὸν ὑ. τὸν νόμον ἀναγνώσεται.* Isae. VI, 34: *καὶ ταῦθ' ὅ. ἀ. λ.*, *καθ' ἕκαστον ὑ. τῶν εἰρημένων πρῶτον καλῶ τοὺς μάρτ.* Aesch. I, 65: *κ. ταῦθ' ὅ. ἀ. λ.*, *πάντες ἴστε —· ὅμως δ' — κάλει μοι — καὶ — ἀναγίγνωσκε* (einige Hdschr. *ὅ. ἐγὼ ἀ.*; vgl. § 44). § 99: *κ. ταῦθ' ὅτι οὐ ψεύδομαι, ἐγὼ μέν, ὡς —, μαρτυρίας παρέχομαι, οὗτος δὲ — τὰ σώματα τῶν οἰκετῶν ἐμφανῆ παρεχέσθω.* Diesen gröfstenteils Zeugnisse einführenden Formeln schliefse ich an Ant. VI, 43. Isae. VI, 28. (D.) XXXII, 16: *καὶ ὅτι* (*γε*) *—, μέγιστον σημεῖον* (*καὶ αὐτὸ τοῦτο ἱκανὸν τεκμήριον — σημεῖον ὑ. ἐρῶ*). Isae. V, 14. D. XXIII, 13. 158. XXI, 156: *— ῥᾳδίως διδάξω* (*τὰ πραχθέντ' αὐτὰ κατηγορεῖ — ἀπὸ — γνώσεσθε — οὐδεὶς ἀγνοεῖ δήπου*), und die Stellen, in denen *ταῦτα* vor *ὅτι* steht, Is. IX, 46 (*ἐξ — ῥᾴδιον καταμαθεῖν*). IV, 119 (*αἱ τῆς πόλεως συμφοραὶ σαφῶς ἐπέδειξαν*). D. XIX, 154 (*ἐκεῖθεν εἴσεσθε*; wegen der vorausgehenden Worte *καὶ ταῦθ' ὅτι οὐκ ἐπὶ τοῖς συμβεβηκόσι νῦν πλάττομαι καὶ προσποιοῦμαι* vgl. XVIII, 211). Aesch. I, 44 (*καὶ ταῦθ' ὅ. ἀληθῆ λέγω, πάντες ἴσασιν* — so Weidner mit A für *ὅ. ἐγὼ* *ἀ. λ.*; vgl. § 65). Aus **Cicero** kann man vergleichen in Verr. II, 3, 75, 175: **atque** haec ita gesta esse cognoscite et ex literis publicis civitatium et ex testimoniis publicis. Statt eines Transitivsatzes mit *ὡς* oder *ὅτι* steht ein Relativsatz (D.) XXXIII, 19: *καὶ ὧν ἐναντίον ἀπεῖπεν, ἀκούσατε τὰς μαρτ.* (vgl. D. XVIII, 163: *ἐν οἷς δ' ἦτ' ἤδη τὰ πρὸς ἀλλήλους, τουτωνὶ τῶν ψηφισμάτων ἀκούσαντες — εἴσεσθε*). Nicht selten finden sich in den genannten Übergängen *ὡς δέ* und *ὅτι δέ*. Viermal gebraucht Lysias in der XIII. Rede die Formel *ὡς δ' ἀ. λέγω*, § 68 (*καὶ αὐτὸν οἶμαι ὁμολογήσειν τοῦτον καὶ μάρτυρας παρέξομαι*). 71 (*αὐτὸ ὑ. τὸ ψήφισμα δηλώσει*). 66 (*μάρτυρας κάλει*). 81 (*κάλει μοι τοὺς μάρτ.*; vgl. Anh. zur Stelle), aufserdem die seltenere *ὡς δὲ ταῦτ' ἐστὶν ἀ.* XIX, 27 (*μάρτ. ὑ. παρέξομαι*). Die erstere steht auch Isae. VI, 50 (*ἐκ — γνώσεσθε*). Gorg. Pal. 15 (*μάρτ. πιστὸν παρέξ. τὸν παροιχόμενον βίον*). (D.) XL, 7 (*ὡς δ' — λ. περὶ τούτων ὑ., πρῶτον τοὺς μάρτ. παρέξομαι*). Isae. VII, 10 (*ὡς δ' ἀ. λ., καὶ —, τούτων πρῶτον βούλομαι παρασχέσθαι τοὺς μάρτ.*). (D.) XLVII, 27 (*τούτων ὑ. μάρτ. τοὺς — παρέξ.*). LII, 21 (*τούτων ὑ. αὐτὸν — μάρτ. παρέξ.*). § 31 (*καὶ τούτων ὑ. τοὺς — μάρτ. παρέξ.* LIII, 21 (*καὶ τούτων ὑ. τοὺς μάρτ. παρέξ.*). LII, 7 (*τούτων ἁπάντων ὑ. τὰς μαρτ. ἀναγνώσεται*). XLVII, 32 (*ἀναγνώσεται τὰς μαρτ.*). Isae. VII, 17 (*λαβέ*). And. I, 123. Isae. VII, 25. 28. 36 (*κάλει*). An die Stelle von *λέγω* tritt *εἴρηκα* (D.) LIII, 18 (*πρὸς ὑμᾶς, τούτων ὑ. μάρτ. πάντων παρέξ.*). Vgl. auch D. XXXVI, 25: *ὡς δ' ἀ. λ., μεμαρτύρηται ὑ.*, sowie (D.) LII, 16: *ὡς δ' ἐγὼ μὲν ἀ. λ. οὗτοι δὲ ψεύδονται, πρῶτον μὲν αὐτὸ ὑμῖν τοῦτο γενέσθω τεκμήριον, ὅτι —· πρὸς δὲ τούτῳ ἐγὼ ὑ. τοὺς — μάρτ. παρέξ.* Die vollere Formel *ὡς δὲ ταῦτ' ἀ. λ.* findet sich (D.) XLVII, 61 (*ἀναγνώσεται ὑμῖν τὰς μαρτ.*). §§ 10. 51 (*τούτων ὑ. ἀναγνώσεται τὰς μαρτ.*). § 24 (*τούτων ὑ. μάρτ. παρέξομαι τό τε ψήφισμα κτλ.*). D. XXXIX, 38 (*λαβέ*); *ὡς δ' ἀ. ταῦτα λ.* (D.) XLVII, 67 (*τούτων ὑ. ἀναγνώσεται τὰς μαρτ. ταῦτα* fehlt in FQ); *ὡς δὲ* **καὶ ταῦτ' ἀ. λ.** (D.) XL, 18 (*ἀναγνώσ. ὑ. περὶ τούτων μαρτ.*); *ὡς δ'* **ἀ. καὶ ταῦτα λ.** (D.) XL, 52 (*ἐκ τούτων τῶν μαρτ. εἴσεσθε*); *ὡς δὲ ταῦτ' ἐστὶν ἀ.* Isae. IX, 18. Dazu kommen Is. XVIII, 19 (*ἐκ — γνώσεσθε*). Isae. IX, 25 (*αὐτοὺς ὑ. οἷς — μάρτ. παρέξ.*). § 6 (*ἀνάγνωθι*). (D.) XLVII, 27 (*λαβέ*). Isae. IX, 19 (*τούτων ὑ. τὸν — μάρτ. παρέξ.*). III, 55: *ὡς δ' ἀληθὴς ἡ μαρτυρία ἐστὶν αὕτη, ὁ Ξ. αὐτὸς ἔργῳ — ἀληθῆ ταῦτα μεμαρτύρηκεν* (mit Unrecht halten Reiske und Bekker *ἀληθῆ ταῦτα* für ein Glossem). D. LVII, 20 (*μάρτ. καλῶ τοὺς κτλ.*). Isae. VI, 8 (*τοῦτον ὑ. αὐτὸν παρέξ. τὸν νόμον*). Is. XVIII, 19. Isae. III, 55. VI, 8. IX, 19. D. LVII, 20. (D.) XLVII, 27 wird der Satz mit *ὡς δέ* einem Satze mit *μέν* gegenübergestellt. Eigentümlich ist die Stellung D. XXXIX, 36: *ἀνάγνωθι δέ μοι λαβὼν —, ὡς ἐμοὶ — ὁ πατὴρ ὄνομ' ἔθετο*; vgl. (D.) XLVI, 14. Is. XVIII, 8. Übergänge anderer Art enthalten Ant. II, β, 9. γ, 5. III, δ, 6 (*διδάξω*). (Lys.) XX, 22 (*ἐγὼ ὑμῖν* ἀποδείξω). (D.) XLIX, 21 (**ὡς δ' οὐκ** ἀληθῆ ἔλεγεν — **ἐγὼ ὑμᾶς διδάξω** — Einführung **der refutatio; vgl.** Aesch. II, **64. D. XXXVI, 34** und unten zu XIII, 55 g. E.). **Is. Br.** IX, 19 (ἐμὸν ἔργον ἤδη διδάξαι περὶ αὐτῶν ἐστιν, nach einem Satze mit μέν). **Plat. Apol.** 24ᶜ (ὡς δὲ τοῦτο οὕτως ἔχει, πειράσομαι καὶ ὑμῖν ἐπιδεῖξαι). Xen. Hell. II, 3, **27** (**ὡς** δὲ ταῦτα ἀληθῆ, ἢν κατανοῆτε, εὑρήσετε οὔτε ψέγοντα οὐδένα κτλ. § 34 (ὡς δ' εἰκότα ποιοῦμεν, καὶ τάδ' ἐννοήσατε). Sehr häufig **liest man** auch ὡς δὲ **καί** und **ὡς δ'** οὐδέ, jenes z. B. Aesch. I, 100 (μάρτ. παρέξ. M.). **And. I, 72** (ἐγὼ ὑμᾶς διδάξω). **II,** 22 (εἴσεσθε). (D.) XLIV, 57 (μάλιστ' ἄν τις ἐκεῖθεν καταμάθοι). Is. XV, **119** (nach einem Satze mit μέν: — οὐδὲ τῶν ἐχθρῶν οὐδεὶς ἂν ἄλλως εἰπεῖν τολμήσειεν; ἄλλως εἰπεῖν = ἀντειπεῖν). Xen. Hell. VII, 1, 10. Symp. 8, 23 (**νῦν τοῦτο** δηλώσω), dieses Ant. III, γ, 10 (δηλώσω). IV, γ, 3 (αὐτὸ τὸ ἔργον σημαίνει. οὐδέ mit N. Mätzner und Blass; vulg. οὐ). δ, 6 (διδάξω). D. XXII, 36 (ἔχω λέγειν). Isae. VII, 29 (ὡς δ' οὐδ' εἰ — οἶμαι καὶ ταῦθ' ὑ. ῥᾳδίως ἐπιδεῖξειν, nach einem Satze mit μέν). Über (D.) **XLIII, 42** s. unten. Das dem Lysias fremde ὅτι δέ findet sich **in der** ersten Art des transitus (D.) XLII, 29: — ἤδη φανερῶς ἐλέγξω. Aesch. II, 64: ὅτι δ' οὐ ψευδῆ μόνον κατηγόρηκεν, ἀλλὰ **καὶ** ἀδύνατα γενέσθαι, μίαν μὲν αὐτὸς καθ' αὑτοῦ Δ. μαρτυρίαν **μαρτυρήσει κτλ.** Isae. XI, 22: — ἐκ — γνῶναι ῥᾴδιον. (D. XX, **126:** — Δ. **ὑ.** αὐτὸν ἐγὼ παρασχήσομαι **μάρτ.**) (D.) **XL, 37: — τῶν —** παρέξομαι μαρτυρίαν. XLVIII, **47:** — αὐτοῦ ὑμῖν — μαρτυρίαν ἀναγνώσεται. L, 68: — ἀναγνώσεται τὴν μαρτ. LVIII, 34: — τοὺς δόντας ὑμῖν αὐτοὺς καλῶ (nach einem Satze mit ὅτι μέν). Isae. **XI, 46:** — λαβὲ **τὰς μαρτ. καὶ** ἀνάγνωθι. (D.) XLVII, 77: — ἀνάγνωθι. XXXIII, **26: — λαβέ.** Aesch. III, 30. 70. 184: ὅτι δ' ἀ. λέγω, ἐξ — μαθήσεσθε (γνώσεσθε). Aesch. II, 155: ὅτι δ' ἀ. λ., αὐτὸν 'Α. μαρτυροῦντα παρέξομαι. Aesch. III, 15. 124. 187. (D.) LVI, 17. XXXV, 22: ὅτι δ' ἀ. λ. (καὶ —), ἀναγνώσεται. Aesch. II, 73. III, 22. 47. 68: ὅτι δ' ἀ. λ., ἀκούσατε. Aesch. III, 75. 101. 112: ὅτι δ' ἀ. λ., ἀνάγνωθι (doch scheint an der zweiten Stelle Weidner mit Recht ἀνάγνωθι καί getilgt zu haben). D. LIV, 29: **ὅτι δ' ἀ. λ., καὶ —,** λέγε. Aesch. II, 54. 170. III, **105:** ὅτι δ' **ἀ. λ.,** λαβέ (— καὶ κάλει. III, **105** in einem Teile **der Hdschr.** τἀληθῆ, was Weidner mit Recht verwirft). Aesch. I, **104. 115.** II, 85. 107: ὅτι δ' ἀ. λ., κάλει μοι — καὶ — ἀναγίγνωσκε (ἀνάγνωθι — λέγε). Aesch. II, 134. 143: ὅτι δ' ἀ. λ., κάλει. § 46: ὅτι δ' οὐδὲν ψεῦδος εἴρηκα πρὸς ὑμᾶς, λαβέτω — καὶ — ἀναγνώτω. Aesch. I, 98: **ὅτι** δὲ ταῦτ' ἀ. λ., **σαφῶς** πάνυ καὶ διαρρήδην ἐγὼ μαρτυροῦντας **ὑ. τοὺς** μάρτ. παρέξ. (**καὶ** ὅτι Weidner). (D.) XLIII, 70: ὅτι δὲ ταῦτ' **ἀ. λ., καὶ —,** μάρτυρας ὑ. τούτων παρεξόμεθα τούς τε κτλ. LVIII, 8: ὅτι δὲ ταῦτ' ἀ. λ., πρῶτον μὲν κάλει. XXXV, 19: ὅτι δ' ἀ. ταῦτα λ., λαβέ. XL, 15. 44: ὅτι δὲ καὶ ταῦτ' ἀ. **λ.,** ἐκ — εἴσεσθε. XLV, 27: ὅτι δ' οὕτω ταῦτ' ἔχει, τῆς διαθήκης αὐτῆς *ἀκούσαντες γνώσεσθε.* D. XVIII, 37. (D.) XLV, 46: *ὅτι δ' οὕτω ταῦτ' ἔχει, λέγε (λαβέ).* Über *ὅτι δ' ἀ. λ.* vgl. außerdem Aesch. III, 46. 177. (D.) XLVII, 77 (*μέγα σημεῖον ὑμῖν τούτου ἐξ αὐτῶν τῶν νόμων ἐπιδείξω — μεγάλα τούτων οἶμαι σημεῖα δείξειν ὑμῖν — μέγα τεκμήριον ὑμῖν ἔστω.* An der ersten Stelle ein Teil der Hdschr.: *σημεῖον ὑμῖν μέγα*, weshalb Weidner *μέγα* streicht; vgl. Büttner, quaest. Aesch. 22), und über *ὅτι δὲ ταῦθ' οὕτως* (*οὕτω ταῦτ'*) *ἔχει* Isae. XI, 40 (*ῥᾳδίως ἐπιδείξω*). D. IX, 41: *ὅτι δ' οὕτω ταῦτ' ἔχει, τὰ μὲν νῦν ὁρᾶτε δήπου —· τὰ δ' ἐν τοῖς ἄνωθεν χρόνοις ὅτι τἀναντί' εἶχεν, ἐγὼ δηλώσω.* Verwandt sind *ὅτι δ' ὀρθῶς λέγω* Aesch. III, 181 (*ἔτι μικρῷ σαφέστερον ὑ. βούλομαι διδάξαι*) und *ὅτι δ' οὐ ληρῶ* Aesch. III, 252 (*ἐκεῖθεν τὸν λόγον θεωρήσατε*). Vgl. auch D. XVIII, 211: *ὅτι δ' οὐ νῦν ταῦτα λέγω τοῦ συμφέροντος ἕνεκ' ἐμαυτῷ (λέγε μοι τὴν ἐπιστολήν).* Von andern hierher gehörigen Beispielen erwähne ich Isae. II, 19 (*ἐνθένδε ἐστὶν ὑ. ῥᾴδιον ἐπιγνῶναι*). VI, 9 (*βραχέα εἰπὼν δηλώσω ὑ.*). Aesch. II, 103 (*μεγάλα τούτων ὑ. σημεῖα δείξω*). D. XXXVI, 34 (*σκοπεῖτ' ἐκ τωνδί*; mit *ὅτι δέ* beginnt die Entgegnung auf einen Einwurf). (D.) LVI, 42 (*ἐκ πολλῶν δῆλον*). Plat. Apol. 31^a: *ὅτι δ' ἐγὼ τυγχάνω ὢν τοιοῦτος, οἷος ὑπὸ τοῦ θεοῦ τῇ πόλει δεδόσθαι, ἐνθένδε ἂν καταvοήσαιτε.* D. XVIII, 114: *ὅτι δ' οὕτω ταῦτ' οὐ μόνον ἐν τοῖς νόμοις, ἀλλὰ καὶ ἐν τοῖς ὑμετέροις ἤθεσιν ὥρισται, ἐγὼ ῥᾳδίως πολλαχόθεν δείξω.* XIX, 341: *ὅτι δ' οὐ μόνον κατὰ τἄλλα, ἀλλὰ καὶ —, θεάσασθε.* Gorg. Hel. 13: *ὅτι δ' ἡ πειθὼ προσιοῦσα τῷ λόγῳ τὴν ψυχὴν ἐτυπώσατο ὅπως ἐβούλετο, χρὴ μαθεῖν πρῶτον μὲν τοὺς τῶν μετεωρολόγων λόγους.* D. XV, 9: *ὅτι δ' οὐδὲν καινὸν οὔτ' ἐγὼ λέγω — οὔθ' ὑμεῖς — ποιήσετε, τῶν γεγενημένων ὑμᾶς τι — ὑπομνήσω.* Auch in diesem transitus finden wir mitunter *καί* und *οὐδέ*. Vgl. Is. XXI, 8: *ὅτι δ', εἰ καὶ μηδὲν αὐτὸν ἐκώλυεν, ἀλλὰ καὶ ἐξῆν καὶ ἐβούλετο συκοφαντεῖν, ὡς οὐκ ἂν ἐπ' Εὐθύνουν ἦλθε, ῥᾴδιον γνῶναι* (Bekker, Benseler, Blass mit Coraes *ἔτι δ'* für *ὅτι δ'*; der Fehler scheint vielmehr in *ὡς οὐκ ἄν* zu liegen, wofür ich *οὐδ' ἂν ὥς* vorschlage). (D.) XLV, 48: *ὅτι δ' οὐδ' ὑμεῖς — ἐκεῖθεν εἴσεσθε, ἂν λογίσησθε πρὸς ὑμᾶς αὐτοὺς ὅτι.* D. XXII, 10 (nach einem Satze mit *μέν*): *ὅτι δ' οὐδὲ —, καὶ τοῦτ' ἐπιδείξω.* Aus Cicero kann man vergleichen de finn. I, 12, 40: extremum autem esse bonorum voluptatem ex hoc facillime perspici potest. Nur bei Isaeos und Demosthenes (Pseudodemosthenes) wird der Übergang zum Beweis durch Aktenstücke auch durch *ἀλλὰ μὴν ὡς* und *ἀλλὰ μὴν ὅτι* bewerkstelligt. Ersteres kommt hauptsächlich vor in der Formel *ἀλλὰ μὴν ὡς ἀ. λέγω*: Isae. VIII, 11. D. XXVII, 17. 28 *λαβὲ — καὶ ἀνάγνωθι*). (D.) XXIX, 21 (*λαβέ*). D. XXI, 93 (*κάλει —, καὶ ἀνάγνωθι*). (D.) XXIX, 53 (*κάλει*). D. XXI, 119. XXXVIII, 13. (D.) XXIX, 26: *ἀλλὰ μὴν ὡς ἀ. λ.* (*καὶ —*) *τούτων τοὺς — καλῶ μάρτ.* (*λαβέ — κάλει*). D. XXI, 107: *ἀλλὰ μ. ὡς ἀ. λ., καὶ —, κάλει μοι καὶ τούτων τοὺς μάρτ.* § 167: *ἀ. μ. ὡ. ἀ. λ.*, *σύνιστε μὲν τὰ πολλὰ τούτων, ὅμως δὲ καὶ μάρτυρας ὑ. καλῶ* (= *καίπερ συνειδότων ὑμῶν τ. π. τ. ὅμως καὶ μ. ὑ. κ.*; vgl. Isae. VIII, 42). Aufserdem findet sich *ἀλλὰ μὴν ὡς* D. XXX, 17 (*λαβέ*) und **ἀλλὰ** *μὴν ὥς γε* Isae. III, 43 (*ἀναγίγνωσκε*) und 76 (*ἀναγνώσεται*). Vgl. auch D. XIX, 233: **ἀ.** *μ. περὶ μὲν τῶν ἄλλων οὐδενὸς προσδεῖσθε μάρτυρος, ὡς* **δὲ** —, *κάλει μοι τούτων τοὺς μάρτ.* und (D.) XLVI, 14: *ἀλλὰ μὴν* — **ἀκούσαντες** *γνώσεσθε ὡς.* An *ἀλλὰ μὴν ὅτι* schliefst sich häufig *ταῦτ' ἀ.* **λέγω** an: D. XIX, **161** (*λέγε πρῶτον μέν*). (D.) XLV, **55** (*λαβὲ — καὶ ἀναγίγνωσκε,* **καὶ κάλει**). D. XIX, 165: *ἀλλὰ μ. ὅ.* **καὶ** *ταῦτ'* **ἀ.** *λ., λαβέ μοι καὶ* **ταύτην τ. μαρτ.** XIX, 146. XXXVII, **31** (*κάλει μοι*). XXXVI, 21: **ἀλλὰ** *μ. ὅ.* **ταῦτ'** *ἀ. λ., τὴν* **μὲν** *νομὴν ἀκηκόατε ἣν ἐνείματο,* **καὶ μεμαρτύρηται ὑμῖν,** **τῶν** *δὲ λήξεων τούτων ἀναγνώσεται ὑ. τὰς μαρτ.* **§ 32: ἀλλ.** *μ. ὅ. τ. ἀ. λ., μεμαρτύρηται τὸ τέταρτον μέρος λαβεῖν* **κτλ.** Das verwandte *ταῦθ' οὕτως ἔχει* D. XIX, 303: — *αὐτὸς οὐχ* **οἷός** *τ' ἀντειπεῖν ἔσται* (sonst bei *ἀντειπεῖν* **ὅτι** (*ὡς*) *οὐ.* Bei derselben Stellung des abhängigen **Satzes** fehlt **die** Negation Plat. Symp. 215[b]: *ὅτι μὲν οὖν τό γε* **εἶδος** *ὅμοιος εἶ τούτοις, οὐδ' αὐτὸς* **δήπου** *ἀμφισβητήσεις·* **ὡς δὲ** *καὶ τἄλλα ἔοικας, μετὰ* **τοῦτο ἄκουε.** Is. XVIII, 35: *ὡς* **μὲν οὖν** *χρὴ* —, *οὐδ' αὐτὸν ἡγοῦμαι* **K. ἀντερεῖν·** *οἶμαι δ' αὐτὸν κτλ.,* **wo** Blass nach Dobrees Vermutung **ὡς μὲν οὖν** *οὐ χρή* schreibt. Ich halte die Überlieferung für richtig **trotz** D. VIII, 31: **ὡς** *μὲν* **οὐκ** *ἀληθῆ ταῦτ' ἐστίν, οὐχ ἕξετ' ἀντιλέγειν, ἄχθεσθαι δέ μοι δοκεῖτε.* And. **I**, 94: *ἐπεὶ ὥς γε οὐκ ἀπήγαγεν, οὐδ' αὐτὸς ἀντιλέγει.* Plat. Menon 89[d]: *τὸ μὲν γὰρ διδακτὸν αὐτὸ εἶναι, εἴπερ ἐπιστήμη ἐστίν, οὐκ ἀνατίθεμαι μὴ οὐ* **καλῶς** *λέγεσθαι· ὅτι δ' οὐκ ἔστιν ἐπιστήμη, σκέψαι ἐάν σοι δοκῶ εἰκότως ἀπιστεῖν,* wo der Gegensatz die Negation erforderte. Kein allzugrofses Gewicht lege ich bei dieser Frage auf Isae. IX, 5: *ὅτι μὲν οὐκ ἔθαψε Κλέων Ἀ., οὐδ' ἂν αὐτὸς ἔξαρνος γένοιτο μεμαρτύρηταί τε ὑμῖν* = dafs K. den A. nicht bestattet hat, kann er selbst nicht leugnen u. s. w., weil hier das *ὡς* zugleich mit von *μεμαρτύρηται* abhängt. Noch weniger beweist Is. XV, 119: *ὡς μὲν τοίνυν ἠπίστατο χρῆσθαι καλῶς* (*στρατοπέδῳ*), *αἱ πράξεις αὐταὶ δεδηλώκασιν· ὡς δὲ καὶ πρὸς τὸ παρασκευάσασθαι μεγαλοπρεπῶς — ἁπάντων διήνεγκεν, οὐδὲ τῶν ἐχθρῶν οὐδεὶς ἂν ἄλλως εἰπεῖν τολμήσειεν,* denn hier ist das zweite Glied jedenfalls brachylogisch zu fassen = *ὡς δὲ καὶ — διήνεγκεν, ἐκεῖθεν δῆλον ὅτι οὐδὲ κτλ.* Dem affirmativen Verbum begegnen **wir** bei **der** nämlichen Stellung des Nebensatzes Isae. V, 3: *καὶ ὡς οὐ τἀληθῆ μεμαρτυρήκασιν, οὐδ' ἂν αὐτὸν οἶμαι Λ. εἰπεῖν.* D. XXIV, **187**: *ὡς μὲν οὐκ ἀσύμφορος ὑμῖν ἐστιν ὁ* **νόμος** —, *οὐχ ἕξει λέγειν.* XXI, 151: *ὡς μὲν οὐ πολλὰ καὶ δεινὰ* **πεποίηκεν** *οὗτος* —, *οὐκ ἐτόλμων λέγειν.* XXII, 17: *καὶ ταῦτα μὲν* **ὡς οὐ** *παρὰ τὸν νόμον ἐστίν, οὔτ' ἂν οὗτος ἔχοι λέγειν οὔθ' ὑμεῖς πεισθείητε.* XXIII, 90: *ὡς μὲν οὐ — οὐχ ἕξει. δεῖξαι.* [D.] LIX, 119. Plat. Symp. 215[b] und — freilich in etwas anderer Weise — Is. XV, 119 war auch die Konzinnität nicht ohne Einfluſs auf den Ausdruck, die nicht minder D. XX, 135: ὅτι μὲν τοίνυν τοῦθ' ἕν τι τῶν αἰσχρῶν ἐστι, πάντας ἂν ἡγοῦμαι φῆσαι, ὅσῳ δ' ὑμῖν αἴσχιον τῶν ἄλλων, ἀκούσατέ μου und XXIV, 204: καὶ μὴν ὅτι μὲν προσήκει πάντας κολάζειν — εὖ οἶδ' ὅτι πάντες ἂν — φήσαιτε· ὅσῳ δὲ μάλιστα τοῦτον —, ἐγὼ πειράσομαι διδάξαι neben der Stellung des abhängigen Satzes und der prägnanten Bedeutung von φάναι 'zugeben, bejahen' das ungewöhnliche ὅτι erklärlich macht. Die beiden zuletzt genannten Momente, sowie die Verbindung von φῄς mit ὁμολογεῖ σοι — vgl. Xen. Kyr. III, 3, 19 — dienen zur Rechtfertigung von φάναι ὅτι Plat. Gorg. 487[d]). Auſserdem vgl. Isae. VII, 32 (κάλει μοι καὶ τούτων τοὺς μάρτ.). D. XIX, 40. XXXVII, 30 (λέγε). (D.) XLVI, 21 (λαβέ). Auch ἀλλὰ μὴν ὅτι γε findet sich D. XXXVII, 18: — οἴομαι μὲν ὑμᾶς καὶ μηδὲν εἰπόντος ἐμοῦ γιγνώσκειν, ὅμως δὲ λέγε αὐτοῖς καὶ τὸν νόμον τουτονί und XXXVI, 32: οὐ μόνον ἐκ τῆς διαθήκης ἔστιν ἰδεῖν, ἀλλὰ καὶ σὺ μάρτυς αὐτὸς γέγονας. Relativsätze mit ἀλλὰ μὴν — (γε) D. XVIII, 218: ἀλλὰ μὴν οἵας τότ' ἠφίει φωνὰς — καὶ ἐν οἵαις ἦν ταραχαῖς ἐπὶ τούτοις, ἐκ τῶν ἐπιστολῶν τῶν ἐκείνου μαθήσεσθ' ὧν εἰς Πελοπόννησον ἔπεμπεν. καί μοι λέγε ταύτας λαβών. I, 27: ἀλλὰ μὴν ἡλίκα γ' ἐστὶ τὰ διάφορα — οὐδὲ λόγου προσδεῖν ἡγοῦμαι. In den angeführten Stellen hat ἀλλὰ μήν wohl durchweg die Bedeutung 'nun aber, atqui'; s. de arg. ex contr. S. 272 (Anm. 4). Dagegen wird durch καὶ μὴν ὅτι meist der Übergang zu einem neuen Punkte vermittelt. Diese Formel hat von den Rednern nur Demosthenes bisweilen gebraucht: XIX, 162 (κάλει τοὺς ἐκεῖ παρόντας μάρτ.). XVIII, 229 (καὶ μ. ὅτι γε —, ἐγὼ διδάξω ῥᾳδίως). XIX, 83 (ῥᾴδιον δεῖξαι). § 294 (ἐκείνως ὄψεσθε; hier καὶ μήν von Vömel durch atqui übersetzt). XXIV, 204 (s. oben). Vgl. Xen. Symp. 4, 47: καὶ μὴν ὅτι νομίζομέν γε —, καὶ τοῦτο σαφές. Klar ist die Bedeutung von ἔτι τοίνυν ὡς Isae. I, 16 (καὶ τούτων μοι κάλει μάρτυρας). Zur Erklärung der Formeln ὡς (ὅτι) ἀληθῆ λέγω, ἀκούσατε — ἀναγνώσεται — λέγε — ἀνάγνωθι — κάλει haben viele ganz mit Unrecht eine Ellipse von ἵνα εἰδῆτε angenommen. Plausibler ist die Ansicht, daſs ὡς und ὅτι in derartigen Fällen einem quod attinet ad gleichkomme (Schömann zu Isae. S. 185), da man, wenigstens was ὅτι betrifft, für diese Bedeutung mit einigem Recht Stellen anführen könnte wie Plat. Prot. 330[e]: τὰ μὲν ἄλλα ὀρθῶς ἤκουσας, ὅτι δὲ καὶ ἐμὲ οἴει εἰπεῖν τοῦτο, παρήκουσας; vgl. Madvig 170, a, Anm. Allein abgesehen davon, daſs mit solchen Beispielen noch nicht die gleiche Bedeutung von ὡς erwiesen ist, so heiſst auch bei Platon ὅτι nicht geradezu 'was das anlangt, daſs', sondern vielmehr 'in dem Punkte, daſs' oder 'inwiefern', in welchem Sinne es auch anderwärts bisweilen vorkommt; s. Sauppe zu Plat. Prot. 333[b]. Hug zu Symp. 207[d]. Classen zu Thuk. IV, 123, 1. Übrigens ist an der genannten Stelle auch die Symmetrie nicht ganz ohne

Einfluſs auf den Ausdruck gewesen. In seiner gewöhnlichen Bedeutung steht ὅτι in der sonst ganz ähnlichen Stelle Plat. Lach. 186[d]: τὰ μὲν ἄλλα ἔγωγε τούτοις πιστεύω· ὅτι δὲ διαφέρεσθον ἀλλήλοιν, ἐθαύμασα. Hinsichtlich der oben erwähnten Formeln hat man sicherlich eine durch Verschmelzung eines allgemeinen Begriffs (ich werde bezeugen lassen, nachweisen, ihr werdet erkennen) und der Ankündigung (Aufforderung zu) einer konkreten (für die Beweisführung erforderlichen) Handlung entstandene Breviloquenz zu statuieren, wobei man immerhin mit Rehdantz (zu Lyk. S. 129 ff.) die Partikeln ὡς und ὅτι von dem durch ἀναγνώσεται, ἀνάγνωθι, λέγε, λαβέ, κάλει vertretenen Begriffe 'als Zeugnis' oder 'als Beweis' abhängig machen kann (Stellen wie ὡς ἀ. λ., αὐτῶν ἀκούσατε τῶν νόμων sind unter Berücksichtigung des Genitivs wohl einfach zu übersetzen 'daſs ich d. W. s., vernehmet von den Gesetzen selbst', d. h. 'mögen euch die Gesetze selbst sagen'. Vgl. D. XXIII, 62: ἠκούσατε μὲν τοῦ νόμου λέγοντος ἄντικρυς κτλ.). Den Ursprung der Verkürzung verdeutlichen die zahlreichen Beispiele, in denen beide Ausdrücke, der allgemeine und der konkrete, sich noch neben einander finden. So folgt Isae. VII, 10 auf den Satz mit ὡς zunächst die allgemeine Wendung τούτων βούλομαι παρασχέσθαι τοὺς μάρτυρας, hieran aber schlieſst die an den Herold gerichtete Aufforderung καί μοι κάλει δεῦρο αὐτούς. Beides verkürzte man anderwärts zu ὡς — κάλει μοι τοὺς μ. Bei demselben Redner heiſst es XI, 22 in zwei Sätzen ὅτι — ἐκ τοῦ νόμου γνῶναι ῥᾴδιον. λαβὲ δ' αὐτοῖς καὶ ἀναγίγνωσκε. Daraus ward durch Zusammenziehung der eine Satz ὅτι — λαβὲ τὸν νόμον καὶ ἀναγίγνωσκε. Andere Beispiele für die vollere Ausdrucksweise Isae. VI, 8, 50. Is. XVIII, 19. (D.) XLII, 29. XLIII, 70. XLV, 27. XLVII, 24. LIX, 87. Aesch. II, 155. Ähnliche Kürzungen liegen anderen oben erwähnten Beispielen zu Grunde: Aesch. III, 252: ὅτι — ἐκεῖθεν τὸν λόγον θεωρήσατε = ὅτι — ῥᾳδίως γνώσεσθε· μόνον ἐκεῖθεν τὸν λόγον θεωρήσατε oder ὅτι — γνώσεσθε, ἐὰν ἐκεῖθεν τὸν λόγον θεωρήσητε (vgl. [D.] XLV, 48: ὅτι — ἐκεῖθεν εἴσεσθε, ἂν λογίσησθε ὅτι). Xen. Hell. II, 3, 27. 34. Gorg. Hel. 13. Is. XV, 119 (s. S. 241). Br. IX, 19. D. XV, 9. Isae. III, 55. And. I, 64. D. XXXVI, 32 a. E. Isae. II, 16. D. IX, 41. XXIII, 168. XXXI, 4. XXXVI, 2:. Aesch. I, 99. Vgl. auch Plat. Prot. 323[c]. Phaed. 69[d]. Ant. V, 60. Xen. Hell. V, 4, 1 (unten S. 245). Bestätigt wird diese Ansicht durch analoge Kürzen und Begriffsvertauschungen nach relativen Vordersätzen, zu deren Erklärung man gleichfalls häufig ein quod attinet ad zu Hilfe nimmt. Vgl. Rehdantz zu Xen. Anab. III, 5, 5. Hertlein zu Kyr. I, 4, 6. IV, 3, 17. Classen zu Thuk. II, 89, 2. III, 59, 3. Böhme zu II, 40, 3. Den von diesen behandelten Stellen kann man aus den Rednern beifügen Isae. V, 15. Is. VIII, 63. VII, 56. D. XVIII, 214. XIX, 252 (vgl. Liv. XXIII, 3, 1). XXII, 13. 14. (D.) LIX, 91, wo überall die Konzinnität mitgewirkt hat (vgl.

auch Plat. Symp. 204[b]. Thuk. IV, 108, 4, wenn daselbst διδόναι in der Bedeutung von concedere, indulgere zu nehmen ist. Plat. Lach. 189[d] mit Crons Anm.); sodann Ant. VI, 41. Is. XII, 92. Aesch. III, 162. D. XVIII, 10. XIX, 288, vielleicht auch Lyk. 51: καὶ δι' ἃ οὐκ ἀλόγως ἐπετήδευον, ἐπίστασθε, wo ich an dem absolut gebrauchten ἐπιτηδεύειν keinen Anstofs nehmen möchte. Nicht minder gehören hierher (D.) XLIII, 42: ὡς δὲ καταφανὲς ὑμῖν ἔσται ὅτι —, ἀναγίγνωσκε τὰς μαρτυρίας, wo ὡς ἔσται nicht ut sit bedeutet, wie noch Kühner II, 899, Anm. 4 annimmt, sondern quemadmodum erit, und Theokr. II, 142 f.: χῶς κά τοι μὴ μακρὰ φίλα θρυλέοιμι Σελάνα, ἐπράχθη τὰ μέγιστα, wo man nicht mit Fritzsche scito, sondern οὕτως ἐρῶ hinzuzudenken hat (καὶ ἐπράχθη — ἐρῶ γὰρ οὕτως, ὡς ἂν μὴ μακρὰ θρυλέοιμι — τὰ μέγιστα; vgl. Hom. Od. ν, 402. ψ, 135 mit Hentzes Anm. und wegen des μή beim Potentialis, woran Meineke Anstofs nahm, D. XX, 161. Plat. Staat VI, 487[a] und unten zu XIII, 13). Dafs ὃ (ἃ) λέγεις = wenn du behauptest (der Plur. der Symmetrie wegen Herod. III, 81, ohne diesen Grund Xen. Hell. II, 3, 45. VI, 3, 12), gleichen Ursprungs ist, bedarf kaum der Erwähnung. Für das Latein. wird in der Regel nur der Sing. quod angeführt; doch findet sich auch quae, z. B. Cic. de or. I, 52, 226. Um zu den oben behandelten Übergangsformen zurückzukehren, für die ich alle von mir gesammelten Beispiele beigebracht habe, so wird eine genauere Betrachtung derselben leicht zeigen, was der jüngere Redner von dem älteren gelernt und wie er das Überkommene weiter ausgebildet hat. Dies gilt besonders von Demosthenes in Bezug auf seinen Lehrer Isaeos.

§ 47. καίτοι] Nicht unwahrscheinlich ist die Vermutung Hertleins (Hermes XIII, 10), dafs hinter diesem Worte κἀκεῖνοι ausgefallen sei. — εἰ ἐσωφρόνουν] an zweiter Stelle streichen nach Dobree Herwerden und Fritzsche. Vgl. dagegen Is. XX, 21. 22. (Xen.) Staat der Ath. 2, 15. — οὐκ ἂν — ἐνόμιζον — παρέβαινον] Die Übertragung des ἄν auf beide adversative Satzglieder ist leicht, wenn, wie dies an dieser und an den beiden in der Anm. genannten Stellen der Fall ist, ἄν voranstehend den ganzen Gegensatz beherrscht (vgl. noch Ant. fr. 51 Blass. D. XXXVII, 18. [D.] XL, 23. Is. IV, 109. Hyp. Epit. IX. D. XXIII, 11. Ant. V, 62. Is. V, 76), weit seltener, wenn ἄν, dem ersten Gliede eingefügt, formell nur zum ersten Verbum gestellt ist, wie Isae. I, 46. D. XXXVI, 22. And. I, 67. Xen. Hiero 6, 15. Plat. Staat VII, 538[b]. Vgl. de arg. ex contr. S. 210. — ἐπί] Ebenso Lys. I, 31. Is. 1, 50 (wo Schneider). Isae. III, 20. XI, 35. And. II, 25. Ant. V, 88. D. IV, 20. XXIV, 135. Xen. Mem. II, 4, 3. Vgl. de arg. ex contr. S. 239, wo auch der ähnliche Gebrauch des latein. in besprochen wird. — πρὸς μὲν οὖν τούτους τοσαῦτα λέγω] Hiermit sind zusammenzustellen Thuk. III, 62, 5: καὶ τὰ μὲν — τοσαῦτα ἀπολογούμεθα. (D.) LXI, 16: περὶ μὲν οὖν — τοσαῦτα *ἐπαινέσαι ἔχω* (vgl. auch Thuk. II, 72, 2: *ὁ μὲν 'Α. τοσαῦτα εἶπεν* und die ähnlichen Stellen IV, **21, 1** (hier *μὲν οὖν*). 88, **1.** VI, 93, **1.** VII, 16, 1: *ἡ μὲν τοῦ Νικίου ἐπιστολὴ τοσαῦτα ἐδήλου.* Herod. VI, 86, II (*μὲν δή*). — Herod. IX, **113**: *κατὰ μὲν τὸν — τοσαῦτα ἐγένετο.* Das Pronomen steht an der Spitze Thuk. III, 52, 3: *τοσαῦτα μὲν ὁ κῆρυξ εἶπεν.* 104, 6: *τοσαῦτα μὲν Ὅμηρος ἐτεκμηρίωσεν.* II, 68, 9: *τοσαῦτα μὲν ἐν τῷ θέρει ἐγένετο*); mit Lys. XXIV, 4 dagegen Herod. II, **35**: *Νείλου μέν νυν πέρι τοσαῦτα εἰρήσθω.* Arist. Rhet. II, 14 a. E. 26 a. E. III, 16 a. A.: *περὶ* (*ὑπὲρ*) *μὲν — εἰρήσθω* (*ἡμῖν*) **τοσαῦτα**, und die ähnlichen Formeln Plat. Gesetze VII, 814[d]: *νῦν δὴ τῆς μὲν περὶ παλαίστραν δυνάμεως τὸ μέχρι δεῦρ' ἡμῖν εἰρήσθω.* Aesch. III, 24: *πρὸς μὲν οὖν — μέχρι δεῦρο εἰρήσθω μοι* (*μέχρι τοῦδε* nach cod. a Franke und Benseler. Für diese Lesart läſst sich anführen Ant. I, 13 und Thuk. I, 71, 4: *μέχρι μὲν οὖν τοῦδε ὡρίσθω ὑμῶν ἡ βραδυτής*, für die andere Plat. Gesetze VII, 814[d] und Symp. 217[e]: *μέχρι μὲν οὖν δὴ δεῦρο τοῦ λόγου καλῶς ἂν ἔχοι καὶ πρὸς ὁντινοῦν λέγειν.* Den ähnlichen Gebrauch von adhuc und hactenus behandelt Seyffert schol. Lat. I, S. 65). Herod. IV, 45. 199: *ταῦτα μέν νυν ἐπὶ τοσοῦτο εἰρήσθω* (vgl. VII, 12: *ταῦτα μὲν ἐπὶ τοσοῦτο ἐλέγετο.* IX, 66: *αὕτη μέν νυν ἡ μάχη ἐπὶ τοσοῦτο ἐγένετο.* VIII, 19: *ταῦτα μέν νυν ἐς τοσοῦτο παρεγύμνου.* VIII, 107: *ταύτην μὲν τὴν ἡμέρην ἐς τοσοῦτο ἐγίνετο.* 125: *ταῦτα μέν νυν ἐς τοσοῦτο ἐγένετο.* IX, 19: *τὰ περὶ Φωκέων μὲν ἐς τοσοῦτο ἐγένετο*). Das Pronomen steht zu Anfang des Satzes Herod. II, 76: *τοσαῦτα μὲν θηρίων πέρι ἱρῶν εἰρήσθω* (vgl. Herod. VII, 100: *ἐς μὲν τοσόνδε ὁ ναυτικὸς στρατὸς εἴρηται*). Dazu füge man die elliptischen Wendungen Dion. Halic. ep. ad Pomp. 2, **16**: *καὶ περὶ μὲν Π. τοσαῦτα.* (D.) Br. II, 1473: *πρὸς μὲν δὴ πάντας ὑμᾶς τοσαῦτα.* Ant. I, 13: *ταῦτα μὲν οὖν μέχρι τούτου* (Herod. VII, 167: *τὰ μὲν ἀπὸ Σικελίης τοσαῦτα.* IX, 77: *τὰ κατὰ Μαντινέας μὲν καὶ — τοσαῦτα* [vgl. IX, 113]. IV, 150. VI, 140: *τότε μὲν τοσαῦτα*). In gleicher Weise wie *τοσαῦτα* wird auch *ταῦτα* zum Abschluſs eines locus verwendet. Vgl. And. III, 12: *περὶ μὲν οὖν — ταῦτα λέγω.* Plat. Prot. 323[c]: *ὅτι μὲν οὖν* (zum Beweise dafür daſs) — *ταῦτα λέγω· ὅτι δὲ — τοῦτό σοι μετὰ τοῦτο πειράσομαι ἀποδεῖξαι* (die Kürze des Ausdrucks hier offenbar mit durch die Konzinnität veranlaſst; anders Plat. Phaed. 69[d]. Ant. V, 60, wozu Maetzner (S. 227) zu vergleichen. S. auch (D.) XLVIII, 39, wo ebenfalls die Symmetrie von Einfluſs auf den Ausdruck gewesen ist, und Xen. Hell. V, 4, 1: *πολλὰ μὲν οὖν ἄν τις ἔχοι καὶ ἄλλα λέγειν —, ὡς θεοὶ οὔτε — ἀμελοῦσι* mit Breitenbachs Bemerkung). Is. VIII, 73. Br. VIII, **2.** D. LVII, 29: *ὑπὲρ* (*περὶ*) *μὲν οὖν* (*τοίνυν*) — *ταῦτ' ἔχω λέγειν.* Is. IV, 34: *περὶ μὲν οὖν — ταῦτ' εἰπεῖν ἔχομεν.* XII, 61: *περὶ μὲν οὖν — ἐν τῷ παρόντι ταῦτ' εἶχον εἰπεῖν.* Plat. Menex. 247[c]: *τοῖς μὲν οὖν παισὶ ταῦτ' εἰρήσθω.* Is. IV, 14: *περὶ μὲν οὖν — ταῦτά μοι προειρήσθω.* Arist. Rhet. I, **11** a. E. II, 19 a. E. **21 a.** E.:

περὶ μὲν οὖν — **εἰρήσθω ταῦτα** (vgl. I, 13 a. E.: *περὶ μὲν οὖν — διωρίσθω τὸν τρόπον τοῦτον*. I, 15: **καὶ** *περὶ μὲν* — *οὕτω διωρίσθω*). Mit dem Pronomen beginnt die Rekapitulation Ant. V, 60: *ταῦτα μὲν ὑμῖν λέγω*, **ὡς**. Plat. Phaed. 69[d]: *ταῦτ' οὖν ἐγὼ ἀπολογοῦμαι, ὡς* (Is. XV, 196: **ταῦτα** *μὲν οὖν ἐκείνοις προσκείσθω* **τοῖς** — *εἰρημένοις*. Plat. Phaedr. 250[c]: *ταῦτα* **μὲν** *οὖν μνήμῃ* **κεχαρίσθω**). Elliptischer Art sind Gorg. Pal. 27: **πρὸς** *μὲν οὖν σὲ ταῦτα*. Arist. Rhet. II, 6 a. E. III, 17 a. E.: **περὶ μὲν** *οὖν* — *ταῦτα*. Dion. Hal. jud. de Isocr. p. 542, 10: **ταῦτα μὲν οὖν** *περὶ λέξεως τοῦ ῥήτορος*. Diodor XIII, 26, 3: *καὶ* **ταῦτα μὲν πρὸς ἅπαντας**. Um zu *τοσαῦτα* zurückzukehren, so findet sich dies bei Thukydides sehr häufig auch nach einer Rede in Verbindung mit dem Partic. Vgl. z. B. III, 31, 1: *ὁ μὲν τοσαῦτα* **εἰπών**. V, 10, 1. VII, 65, 1. 49, 1. VI, 41, 4 (ebenso Herod. VII, 10 a. A.). — II, 12, 1: *τοσαῦτα εἰπών*. 75, 1. 72, 1. IV, 11, 1. 98, 1 (ebenso Herod. VII, 17). Übrigens steht, wenn mit *τοσοῦτος* in dieser Weise auf das Vorhergehende zurückgewiesen wird, regelmäſsig der Plural des Neutrums (ausgenommen sind natürlich Stellen wie Thuk. VII, 2, 4: **παρὰ τοσοῦτον** *μὲν Συράκουσαι* **ἦλθον κινδύνου**. III, 49, 4). Der Singular **τοσοῦτον** (mit und ohne *μόνον*) ist Regel, wenn auf das Folgende proleptisch hingewiesen wird. Vgl. de praeterit. S. 47, wo man hinzufügen kann (D.) prooem. 50. Arr. Anab. I, 4, 8 (Anh. zu § 92). Xen. Anab. II, 1, 9: *Κλέαρχος τοσοῦτον εἶπεν, ὅτι*. Soph. Phil. 1305: *ἀλλ' οὖν τοσοῦτόν γ' ἴσθι*. Thuk. III, 52, 4: *ἠρώτων αὐτοὺς τοσοῦτον μόνον, εἰ*. Plat. Br. VII, 341[d]: **καίτοι** *τοσόνδε* **γε οἶδα**. Dem Griechischen nachgebildet sind die Wendungen, mit denen Cicero die Abhandlung schlieſst Cat. maj. 23, 85: haec habui, de senectute quae dicerem. Lael. 27, 104: haec habui, de amicitia quae dicerem. de nat. deor. III, 39, 93: haec fere dicere habui de natura deorum. Beim Abschluſs eines einzelnen locus zieht Cicero die elliptische Ausdrucksweise vor. Vgl. z. B. Tusc. IV, 31, 65: ac de malorum opinione hactenus. de off. I, 45, 160: atque haec quidem hactenus. de off. I, 39, 140: sed haec hactenus. 26, 92: sed haec quidem hactenus. de part. or. 34, 117. de finn. III, 2, 5: atque haec quidem de. de off. III, 4, 17: sed haec quidem de. de nat. deor. II, 38, 96: atque haec quidem ille (ohne Konjunktion Liv. XXX, 44, 11: haec Hannibal apud Carthaginienses. XXI, 41, 17. XXXV, 12, 14. III, 10, 14).

§ 48. *τῶν μὲν μαρτύρων* **ἀκηκόατε**] Zum Asyndeton vgl. I, 43. XXXII, 28. Is. XVII, 13. Isae. V, 3. Lyk. 25 (überall *τῶν* **μὲν** *μαρτύρων ἀκηκόατε*). Aesch. II, 69 (**τῆς** *μὲν μαρτυρίας ἀκηκόατε*). (Lys.) IX, 9. (D.) XLIII, 17 (*τοῦ* **μὲν νόμου** *ἀκηκόατε*). D. LVII, 20 (*περὶ* **μὲν** — *ἀκηκόατε*). XX, 45 (*τὰς μὲν εὐεργεσίας — ἀκηκόατ' ἐκ τῶν ψηφισμάτων*). Aesch. II, 62 (*τῶν* **μὲν** *ψηφισμάτων ἠκούσατε*). And. I, 19 (*τὰ μὲν γενόμενα ἠκούσατε*). Lys. XIX, 24 (*τῶν μὲν μαρτύρων ἀκούετε*). Aesch. II, 156 (*τῶν μὲν μαρτύρων διομνυμένων* *καὶ μαρτυρούντων ἀκούετε*). (Lys.) XX, 26 (*ἀκηκόατε μὲν* ***τῶν μαρτύρων***). D. XXIV, 41 (*ἀκηκόατε μὲν τοῦ νόμου*). D. XX, 64. XXIII, 23. 29. 62. XXIV, 34. (D.) XLV, 9: *ἠκούσατε* ***μὲν τῶν ψηφισμάτων*** (*τοῦ τε νόμου καὶ τοῦ ψηφίσματος* — ***τοῦ*** *νόμου — τῆς μαρτυρίας*. D. XXIII, 62 will Schaefer *μέν* nach einigen Hdschr. streichen; vgl. Weber S. 249 f.). Nicht so häufig wird in diesem Falle mit *τοίνυν*, noch seltener mit *οὖν* rekapituliert. Vgl. (D.) XLVI, 15. LIX, 17: ***τοῦ*** *μὲν* ***νόμου τοίνυν*** *ἀκηκόατε*. LIX, 79: *τοῦ μὲν ὅρκου τοίνυν* ***καὶ*** — *ἀκηκόατε*. L, 7: *τοῦ μὲν ψηφίσματος* ***τοίνυν*** *ἀκηκόατε* (beachte die Stellung des *τοίνυν*). D. LVII, 39: *τούτων μὲν τοίνυν ἀκηκόατε μαρτυρούντων καὶ διομνυμένων*. § 22: ***τῶν*** *μὲν τοίνυν* — *συγγενῶν ἀκηκόατε καὶ μαρτυρούντων* ***καὶ*** *διομνυμένων*. Is. XV, 67: *δυοῖν μὲν τοίνυν λόγοιν ἀκηκόατε*. (D.) XLIV, 45: *τῶν* ***μὲν*** *τοίνυν πραγμάτων ἁπάντων ἀκηκόατε*. D. LVII, 24: *τὰ μὲν* ***τοίνυν*** *ὑπὸ* — *μαρτυρούμεν' ἀκηκόατε* (vgl. [D.] LIX, 53: ***τὸν μὲν τοίνυν νόμον*** *ἀνέγνω ὑμῖν*), und über *οὖν* Lys. XIX, 60. Aesch. I, 36: ***τῶν μὲν*** *οὖν μαρτύρων* (*νόμων*) *ἀκηκόατε*. Lys. III, 21: *τὰ μὲν* ***οὖν γεγενημένα*** *καὶ ἐμοῦ καὶ* ***τῶν μαρτύρων ἀκηκόατε***. And. I, 70: ***περὶ μὲν*** *οὖν — ἀκηκόατε πάντα καὶ ἀπολελόγηταί μοι ἱκανῶς*. Nicht minder gebräuchlich ist das Asyndeton, wenn die Rekapitulation mit den Partikeln *ὅτι* und ***ὡς*** oder dem Relativpronomen beginnt. Stellen der Art sind (D.) XLIII, 32 (***ὅτι μὲν — ἀκηκόατε***). LII, 8 (*τῶν μαρτυριῶν ἀκηκόατε*). XXXIII, 16 (***οἵ — μεμαρτυρήκασιν*** *ὑμῖν*). Isae. IX, 5 (*οὐδ' ἂν αὐτὸς ἔξαρνος γένοιτο* ***μεμαρτύρηταί τε*** *ὑμῖν*). (D.) LII, 17 (***ἔκ τε τῶν τεκμηρίων καὶ ἐκ τῆς*** *μαρτυρίας ταύτης ῥᾴδιον ὑμῖν εἰδέναι*). Lys. XVII, 4 (***ἐκ τούτων ῥᾴδιον*** *εἰδέναι*). § 10 (*ἀποδέδεικται*). XIII, 33 (*σχεδόν τι οἶμαι ὑμᾶς ἐπίστασθαι*). Isae. VI, 8 (***ὡς μὲν*** — *ἀκηκόατε*). D. XX, 36 (*ἀκηκόατ' ἐκ τῶν ψηφισμάτων*). And. I, 113. Ant. V, 31. Isae. III, 13 (*μεμαρτύρηται — ὑμῖν — πρὸς ὑμᾶς*). (D.) LII, 32 (*ὅ τι μὲν* —, *τῆς μαρτυρίας ἀκηκόατε*. XLIII, 55 (*ἃ μὲν — ἀκούετε*). XLVIII, 35 (*ὃν μὲν τρόπον — καὶ λόγῳ ἀκηκόατε καὶ μεμαρτύρηται ὑμῖν*). Etwas verschieden And. I, 29: *περὶ μὲν — ἀποδέδεικταί μοι ὡς*. Für *οὖν* kann ich nur anführen (D.) XLVIII, 4: *ὅτι μὲν οὖν — μεμαρτύρηται ὑπὸ κτλ*. Aesch. I, 116: *περὶ μὲν οὖν — οἷος γεγένηται — συνῇστε μὲν καὶ πρὶν ἐμὲ λέγειν, ἱκανῶς δ' ὑμᾶς ὑπομιμνήσκει καὶ ὁ παρ' ἐμοῦ λόγος*. Ant. VI, 16: *μεμαρτύρηται μὲν οὖν περὶ — ἃ ἐγὼ ὑπεσχόμην*. Aufserdem erwähne ich hier (D.) LVIII, 57: ***περὶ*** *μὲν οὖν — οὐκ οἶδ' ὅ τι δεῖ πλείω λέγειν*. Aus dieser geringen Anzahl von Stellen, zu denen sich nicht viele werden hinzufügen lassen, kann man ersehen, mit welchem Rechte Reiske Isae. III, 13. VI, 8. IX, 5 ***μὲν οὖν*** schreiben wollte. Dem Sprachgebrauche entsprechender, doch ebenso unnötig wäre die Änderung *μὲν τοίνυν*. Mit *τοίνυν* nämlich pflegen die Redner sehr häufig nach Verlesung von Aktenstücken in der genannten Weise zu rekapitulieren. Vgl. Lys. XXII, 10 (*ὅτι μὲν τοίνυν — ἀκηκόατε*). (D.) XLIX, 33. L, 11 (*τῶν μαρτυριῶν ἀναγιγνωσκομένων ἀκηκόατε*). D. XXIII, 152 (*ἀκηκόατ' ἐκ τῆς ἐπιστολῆς καὶ τῆς μαρτυρίας*). XXXVII, 9. XXXVIII, 4 (*ἀκούετε τῶν μαρτύρων*. An der letzteren Stelle Σ A r *μαρτυριῶν*, und so die Züricher. Auch **ἐκ** *τῶν μαρτυριῶν* würde sprachgemäfs sein). Lys. III, 15. (D.) XLVII, 11 (*μεμαρτύρηται ὑμῖν*). (D.) XLVII, 27 (*οἱ — μεμαρτυρήκασιν*). LIX, 49 (*τῷ τε λόγῳ ἀποφαίνω ὑμῖν καὶ μεμαρτύρηται*). XL, 19 (*καὶ μεμαρτύρηται ὑμῖν* **καὶ ἐπιδέδεικται**). D. XXXVIII, 14 (*δῆλον ἐκ τῶν χρόνων καὶ τῶν μαρτυριῶν ὑμῖν γέγονεν*). Lys. XIX, 27 (*ῥᾴδιον γνῶναι ἐκ τῶν εἰρημένων* **καὶ** *μεμαρτυρημένων*). D. XX, 116 (*δηλοῖ τὸ ψήφισμα τουτί*). LIV, 13 (*πολλαχόθεν νομίζω δῆλον ὑμῖν γεγενῆσθαι. πολλαχόθεν* nach Σ gestrichen von Westermann). Is. XVII, 33 (*ἱκανῶς ἐπιδεδεῖχθαι νομίζω*). (D.) XXXII, 24 (*ἱκανῶς οἴομαι δεδεῖχθαι*). LVIII, 34 (*ἡγοῦμαι πάντας ὑμᾶς πιστεύειν, καὶ εἰ μηδεὶς ἐμαρτύρησεν*). (D.) LVIII, 10 (*ὡς μὲν τοίνυν — ἀκηκόατε μαρτυρούντων τούτων οὓς κτλ.*). XLIX, 34. 43 (*μεμαρτύρηκεν*). Isae. III, 16 (*μνημονεύειν χρὴ ὑφ' ὅσων ὑμῖν μεμαρτύρηται*). (D.) XLII, 10 (*ἃ μὲν* **τοίνυν** — *ἀκηκόατε καὶ ἐμοῦ καὶ τῶν μαρτύρων*. D. XXXIX, 6 (*ἀκηκόατε τῶν μαρτύρων*. A r *μαρτυριῶν*). (D.) L, 57 (*ἀνέγνωμεν ὑμῖν*). LIII, 19. 22 (*δεδήλωκα ὑμῖν*). D. XIX, 177 (*ἑωράκατε*). Vor dem Relativum steht das Subjekt (D.) XLVI, 19: *οὗτος μὲν τοίνυν ὁ νόμος οὓς ἐποίησε κυρίους εἶναι, ἀκηκόατε*. Der Hauptsatz ist vorausgeschickt D. LVII, 23: *οἱ μὲν τοίνυν ζῶντες οὗτοι — μεμαρτυρήκασιν ὡς*. XXX, 18: *δῆλον μὲν τοίνυν καὶ ἐκ τῶν μεμαρτυρημένων ὅτι* (vgl. D. XXVII, 9: *δῆλον μὲν τοίνυν καὶ ἐκ τούτων ἐστὶ τὸ πλῆθος τῆς οὐσίας*). § 10: *ἐξ ἀρχῆς μὲν τοίνυν ὁμολογεῖται* mit acc. c. inf. Mit (D.) LVIII, 57 läfst sich vergleichen Lys. XVI, 9: *περὶ μὲν τοίνυν — οὐκ οἶδ' ὅ τι δεῖ πλείω λέγειν*. Nur ausnahmsweise findet sich das Asyndeton, wenn kein Aktenstück vorher verlesen worden ist. So (Lys.) IX, 13: *ᾧ μὲν τρόπῳ — ἐπίστασθε*. Eine ganz besondere Klasse bilden die Beispiele, in denen durch die Demonstrativpronomina *οὗτος* (*ὅδε*) *τοιοῦτος, τοσοῦτος* und durch das Adverbium *οὕτως* (*ὧδε*) auf das Vorhergehende zurückgewiesen wird. In diesem Falle braucht man das Asyndeton nicht blos, wenn Aktenstücke verlesen sind, sondern auch nach jedem andern Abschnitt der Rede. Beispiele der ersteren Art sind Ant. V, 21: *ἡ μὲν πρόφασις — αὕτη*. Ant. V, 25. Isae. VII, 37: *τὰ μὲν — ταῦτ' ἐστίν*. D. IV, 30. XVIII, 56. XX, 55: *ἃ μὲν — ταῦτ' ἐστίν* (IV, 30 Rehdantz und Weil mit Y *μὲν οὖν*, vgl. die sehr richtige Bemerkung Vömels). And. I, 14: *πρώτη μὲν μήνυσις ἐγένετο αὕτη ὑπὸ Ἀ. κτλ.* (D.) XXXV, 24, 35: *αἱ μὲν* (*ἡ μὲν*) — *τοιαῦται* (*τοιαύτη*) *τῶν ἀνθρώπων τούτων εἰσίν* (*ἐστίν*). XXXV, 52: *ὁ μὲν νόμος οὕτω χαλεπός ἐστιν*. XLIII, 72: *ὁ μὲν νόμος οὗτος οὕτως ἰσχυρός* (*οὗτος οὕτως* die Züricher mit Σ A[1] r, *οὗτος* F, *οὕτως* Bekker und Dindorf. Die doppelte Zurückweisung auf das Vorhergehende darf nicht auffallen, zumal da *οὕτως*, wie häufig in solchen Übergängen, epiphonemartig steht. Auch *τοσοῦτος*, *τηλικοῦτος* und *τοιοῦτος* werden so gebraucht. Vgl. aufser den schon S. 201 angeführten Stellen Plut. Pyrrh. 20. Xen. Anab. III, 2, 13. Thuk. III, 49, 4 u. s. w. und dem oben genannten Beispiele [D.] XXXV, 52 noch Lys. XIII, 64. Is. IV, 26. V, 61. VIII, 2. IX, 19. XVI, 28. D. XXI, 177. XXIII, 73. [D.] XVII, 26. XL, 34, wo *οὕτω* im *Σ* nur aus Versehen weggelassen ist). Isae. V, 39: *εἰς μὲν τὴν πόλιν οὕτω καὶ τοσαῦτα λελειτούργηκε — ἀπὸ τοσούτων χρημάτων* (ohne Not wollte Reiske **τοίνυν** hinzusetzen). D. XX, 95: *ταῦτα μέν ἐστιν ἃ κτλ.* (D.) XXXIII, 9: **τὸν μὲν τρόπον** *τοῦτον ἀπήλλαξε κτλ.* LII, 22: *οὑτωσὶ μὲν οἰκείως φαίνεται χρώμενος ὁ Α. τῷ Κ., ὥστε μήτε παρακαλεῖν αὐτὸν ἐπὶ τὰ αὑτοῦ πράγματα κτλ.* (Epiphonem mit ironischem Sinne). Der anderen species gehören an (D.) LVI, 46: *ὁ μὲν παρ'* **ἡμῶν** *λόγος οὗτός ἐστιν.* (Lys.) IX, 7: *οἵδε μὲν τάδε διεπράξαντο.* And. I, 25: *αἱ μὲν μηνύσεις ὧδε — αὗται ἐγένοντο τέτταρες.* Ant. II, α, 9: **τὰ** *μὲν βιασάμενα ταῦτά ἐστιν ἀσεβῆσαι αὐτόν.* (D.) LII, 12 *ἃ μὲν — ταῦτ' ἐστίν* (*μέν* die Züricher und Dindorf mit *Σ*, vulg. *μὲν οὖν*). Ant. V, 52: *ἡ μὲν βάσανος τοιαύτη* **ἐγένετο.** And. I, 43: *ἡ* **μὲν** — *τοιαύτη.* § 74: **εἷς μὲν** *τρόπος οὗτος ἀτιμίας ἦν.* (D.) LVI, 21: **ἓν** *μὲν τοῦτ' ἐστὶν αὐτῷ μέρος τῆς ἀπολογίας.* And. III, 29: **ἓν μὲν** *βούλευμα τοιοῦτον ἐβουλευσάμεθα.* D. XXI, 177: **εἷς μὲν** *οὗτος — τοσαύτην ἔδωκε δίκην.* XIX, 27: *πρώτου μὲν τούτου καὶ μάλισθ' οὗπερ εἶπον ἕνεκα ταῦτα διεξῆλθον* (mit der Variante *πρώτου μὲν οὖν*). And. I, 13: **πρῶτος** *μὲν οὗτος ταῦτα ἐμήνυσεν.* D. XVIII, 235: *τὰ μὲν τῆς πόλεως οὕτως ὑπῆρχεν ἔχοντα —· τὰ δὲ τοῦ Φιλίππου — σκέψασθε* **πῶς** (Aug. 1. 2. *καὶ τὰ μέν*). Hom. Od. θ, 40. Ant. VI, 13: *καθειστήκει μὲν ἡ χορηγία οὕτω* (*μὲν οὖν* Blass nach Reiskes Vermutung). D. IV, 19: *ταῦτα μέν ἐστιν ἃ κτλ.* Lys. XIII, 64: *τούτους μὲν τοιούτους ὄντας Ἀ. τοὺς μὲν ἀπέκτεινε κτλ.* (vgl. zur Stelle). Ant. II, β, 10: *οὕτω μὲν ἃ — πάντα ἄπιστά ἐστιν.* Aesch. III, 155: *τότε μὲν ταῦτ' ἐκήρυττεν, ἀλλ' οὐ νῦν, ἀλλὰ — τί ποτ' ἀνερεῖ*; Etwas verschieden von diesen Stellen ist (D.) XXXII, 6: *ἐκεῖνος μὲν οὕτως, ὥσπερ ἄξιος ἦν, κακὸς κακῶς ἀπώλετο*, wo die Züricher *οὖν* mit *Σ* weglassen, Bekker und Dindorf mit den übrigen Hdschr. beibehalten. Das Asyndeton würde nicht den geringsten Anstofs geben, wenn es einfach hiefse *ἐκεῖνος μὲν οὕτως ἀπώλετο*, da dann *οὕτως* auf das Vorhergehende zu beziehen wäre. So aber mufs man es doch wohl mit *ὥσπερ ἄξιος ἦν* verbinden. Der Abschlufs des locus, der auf diese Weise entsteht, hat in der That ohne Übergangspartikel etwas Befremdliches. Ein ähnliches, freilich gleichfalls nicht ganz sicheres Asyndeton findet sich Plat. Apol. 39[b]: *ταῦτα μέν που ἴσως οὕτω καὶ ἔδει σχεῖν, καὶ οἶμαι αὐτὰ μετρίως ἔχειν* (so die neuesten Herausgeber nach den besten Hdschr. für *ταῦτα μὲν οὖν που κτλ.*). In allen andern Stellen der Art, die ich notiert habe, stehen Konjunktionen. Ant. V, 7: *ἡ μὲν οὖν αἴτησις νομίμως καὶ ὁσίως ἔχουσα* (sc. *ἐστίν*). Aesch. I, 3. III, 9.

(D) XLVIII, 57. Plat. Menex. 241^{c} (überall *οὖν*). D. LVII, 67 (*τοίνυν*). Thuk. II, 43, 1. Plat. Apol. 32^{c} (*καί*). Xen. Staat der Lak. 11, 1 (*καὶ — δή*). Dafs die Historiker nicht selten mit dem demonstrativen Pronomen oder Adverbium eine Partie asyndetisch abschliefsen, ist bekannt. Vgl. aufser den zu § 47 S. 245 angeführten Beispielen Herod. VII, 11: *Ἀρτάβανος μὲν ταῦτα ἔλεξεν*. 16. IX, 27. 28. Thuk. II, 9, 6. III, 28, 2. 50, 3. 114, 4. IV, 16, 3. V, 80, 1. VI, 15, 1. VII, 30, 4. VIII, 19, 1. Xen. Hell. II, 3, 20. 4, 22. VII, 1, 12. Kyr. IV, 2, 46. 3, 15. 6, 7 und die Stellen bei Hertlein zu VI, 3, 35. Anab. II, 3, 23. VI, 4, 7. VII, 1, 32. I, 10, 18: *ταύτης μὲν τῆς ἡμέρας τοῦτο τὸ τέλος ἐγένετο*. V, 6, 1. VI, 1, 13 (die geringeren Hdschr. *μὲν οὖν*). VII, 6, 6. Herod. II, 120: *ταῦτα μὲν Αἰγυπτίων οἱ ἱρέες ἔλεγον*. VIII, 72. VII, 188: *ταύτην μὲν τὴν νύκτα οὕτω*. 212. Thuk. I, 36, 4. VI, 81. 41, 1. VII, 57, 11: *τοσάδε μὲν μετὰ Ἀθηναίων ἔθνη ἐστράτευον* (*τοσόσδε* für *τοσοῦτος* auch VI, 2, 6 und VII, 58, 5). Xen. Anab. II, 1, 9. VII, 4, 14. Herod. VII, 198: *ταῦτα μὲν τὰ ἐν — Ἀχαιΐῃ* sc. *ἦν*. Thuk. II, 54, 6: *ταῦτα μὲν τὰ κατὰ τὴν νόσον γενόμενα* und die verwandten Stellen IV, 41, 4. VII, 87, 6. Herod. IX, 88. Luk. *ἀλ. ἱστ.* I a. E. (ähnlich Liv. XXVII, 20, 8: haec eo anno in Hispania acta. XXIV, 39, 13. XXXV, 7, 5. I, 15, 6), aufserdem Thuk. I, 48, 4: *οὕτω μὲν K. ἐτάξαντο*. 54, 2. VIII, 98, 4. Wo das Pronomen oder Adverbium demonstr. an der Spitze steht, kann bei diesem Abschlufs auch die Partikel *μέν* weggelassen werden. Es geschah dies, wenn entweder von vornherein ein Gegensatz nicht beabsichtigt war oder das Demonstrativum einen besonderen Nachdruck erhalten sollte. Nichts Auffälliges haben Stellen wie Xen. Anab. VI, 4, 8, wo in den geringeren Hdschr. hinter *τοιοῦτοι* ein *οὖν* hinzuglossiert ist, und And. III, 7, wornach man ebenda § 5 mit Blass *καί* zu streichen hat. Befremdlicher dagegen erscheint die Weglassung des *μέν* (D.) XXXV, 37: *ταῦτ' ἐστὶν ἃ ἔλεγε Λ. οὑτοσί· ἡ δὲ συγγραφὴ οὐ ταῦτα λέγει*. XXIX, 31: *τοῦτο πρῶτόν ἐστι τῶν χρημάτων, ὧν ἀπεστερῆσθαί φημι· τοῖς δὲ μάρτυσι τί μεμαρτύρηται;* Herod. VIII, 142 a. E.: *ταῦτα ἔλεξαν οἱ ἄγγελοι. Ἀθηναῖοι δὲ — ὑπεκρίναντο τάδε*. Thuk. I, 124, 3: *τοιαῦτα οἱ K. εἶπον. οἱ δὲ Λ. — ψῆφον ἐπήγαγον κτλ*. II, 9, 4: *αὕτη Λακεδαιμονίων ξυμμαχία· Ἀθηναίων δὲ Χῖοι κτλ*. Bei Thukydides hat man gegen die Hdschr. *μέν* hinzufügen wollen. Ich meine, diese fünf Stellen schützen sich gegenseitig. Nicht sehr verschieden sind Lys. XXVI, 20: *τοιαῦτά σοι ἐγὼ — ἀποκρίνομαι* (*τοιαῦτά σοι* die Züricher für das hdschr. *τοιαύτας οἵας*. Lipsius, quaest. Lys. 14 wohl richtiger *τοσαῦτά σοι*; vgl. zu § 47 und oben S. 244 f.) und (D.) XXXII, 2, wo der nächste Satz durch *δή* angeknüpft wird (an der letzteren Stelle haben die Züricher mit Recht nach Σ A[1] r *ἐκ δὴ τοῦ αὐτοῦ λόγου* für *ἐκ δὲ τοῦ αὐ. λ.* geschrieben). Dafs nämlich dieses *δή* einem *μέν* im ersten Gliede des Übergangs nicht hinderlich war, ergiebt sich aus Plat. Prot. 324[d]. 355[c]. Gorg. Pal. 24 (Blass richtig nach A B τὸ δὴ λοιπόν). Aesch. II, 69 (die richtige Lesart sicher σκοπεῖτε δή). D. XIX, 177. XXIII, 175. LVII, 22. 23. (D.) LIX, 79. D. XLI, 20 (die Züricher nach den besten codd. σκέψασθε δὴ καί, Dindorf nach r A[1] σκ. δὲ καί, Reiske und Bekker σκ. δὲ δὴ καί, was sich rechtfertigen liefse durch D. II, 17. Is. VIII, 61. Plat. Apol. 39[b–c]). Der Stelle aus Lys. XXVI ist ganz ähnlich Plat. Lach. 180[a], wo der nächste Satz mit οὖν beginnt. Auch diese Partikel würde einem ταῦτα μέν für ταῦτα nicht im Wege gestanden haben; vgl. (D.) LIX, 17. Plat. Menex. 246[a–b]. Betreffs des Chiasmus füge man (D.) XXXV, 37 und Thuk. II, 9, 4 zu den de arg. ex contr. S. 352 zusammengestellten Ausnahmen. Eine kurze Besprechung erfordern noch die Beispiele, in denen die Redner nach Vortrag von Aktenstücken die zuletzt behandelte Art der Rekapitulation mit Hilfe der Partikeln οὖν und τοίνυν bewerkstelligen. Hierher gehören D. XXXVI, 4: αἱ μὲν οὖν — αὗταί εἰσιν (D.) XXXV, 21: περὶ μὲν οὖν — ταῦτα διεπράξαντο. Isae. XI, 44: ἡ μὲν τοίνυν Στρατοκλέους οὐσία καὶ πλείων ταύτης ἐστίν. D. LIV, 30. LVII, 29: περὶ μὲν τοίνυν — ταῦτα μέμνησθε (ταῦτ' ἔχω λέγειν). XIX, 62. 171. LIV, 7: ἃ μὲν (ὅσα μὲν — ὧν μὲν) τοίνυν — ταῦτ' ἐστίν. Isae. VI, 17: οὗτοι μὲν τ. τοιοῦτο πρᾶγμα ἔφυγον. D. XVIII, 268: ἐν μὲν τ. — τοιοῦτος sc. ἦν ἐγώ (über die seltenere Ellipse vgl. D. XX, 55. Soph. Ant. 634. Eur. El. 37 und die beiden de arg. ex contr. S. 91 behandelten Stellen Ant. V, 43. D. XIX, 173). XXIII, 175: ἡ μὲν τ. — τοῦτον τὸν τρόπον — συνεστάθη. XXVII, 17: τὴν μὲν τ. — τοῦτον τὸν τρόπον εἶχε λαβών. LIV, 11: τότε μὲν τ. — οὕτω διετέθην, ὡς ἀκούετε καὶ μεμαρτύρηται (trotz des beigefügten Satzes mit ὡς nicht derselben Art wie [D.] XXXII, 6). LVII, 40: τὰ μὲν τ. τοῦ γένους (περὶ τοῦ γένους?) — οὕτως ὑμῖν ἐπιδεικνύω — ἀστήν. (D.) XLIV, 15. 31 τὰ μὲν τ. (ὁ μὲν τ. τοῦ πράγματος λόγος) — οὕτως ἔχει (der Satz mit ὥστε, welcher an der ersten Stelle folgt, mufs durch stärkere Interpunktion von dem Vorhergehenden getrennt werden). Lys. XIII, 43: οὗτοι μὲν τ. ὑπ' Ἀ. — ἀπέθανον. (D.) XL, 34: τοῦτον μὲν τ. οὕτω μέγαν καὶ φοβερὸν ἀγῶνα οὐχ ὡς — ἀλλ' ὡς — κατεσκεύασεν (οὕτω, was die Züricher mit Σ streichen, ist sicherlich echt; vgl. S. 249). Wenn meine Beobachtungen richtig sind, so ward nach Verlesung von Aktenstücken niemals mit καὶ — μὲν (δή) und μὲν δή rekapituliert. Warum man δή nicht gebrauchte, ist schwer zu erklären; die Partikel καί, durch die eine engere Verbindung mit dem Vorhergehenden bewirkt wird, wäre nach meiner Meinung nur dann am Platze gewesen, wenn der Redner selbst die Aktenstücke vorgelesen hätte. Was das mit τοίνυν und δή verwandte οὐκοῦν betrifft, so kommt dasselbe an der Spitze der Rekapitulation wie sonst so auch nach Aktenstücken nur selten vor: D. XVIII, 86. XIX, 131. XXXVII, 21.

(D.) XLVI, 12 und Aesch. III, 24. 102. D. XXXVI, 22. XLI, 19. LVII, 46. Für diese Art des transitus lassen sich unter Berücksichtigung der andern bei ihm angewendeten Partikeln folgende schemata aufstellen: *οὐκοῦν — μέν .. δέ* (D. LVII, 46. [D.] XLVI, 12), *οὐκοῦν — μέν .. δή* (D. XLI, 19; s. oben) *οὐκοῦν — μέν .. τοίνυν* (D. XVIII, 86; vgl. Lys. XIII, 33 und die im Anh. zu dieser Stelle besprochenen Beispiele), *οὐκοῦν .. τοίνυν* (Aesch. III, 24. D. XXXVI, 22), endlich *οὐκοῦν — (μέν — δέ [δέ]) .. δέ* oder *τοίνυν* (Aesch. III, 102. D. XXXVII, 21. — D. XIX, 131). Die drei zuletzt genannten Stellen sind absichtlich von Aesch. III, 24 und D. XXXVI, 22 getrennt worden; vgl. de arg. ex contr. S. 109 und 379 f., dazu Lys. I, 38. Is. V, 109. Thuk. IV, 108, 1. Viele von den angeführten Beispielen sind auch wegen des in ihnen vorkommenden elliptischen Ausdrucks bemerkenswert. Diese mögen zum Schlusse nochmals nebeneinander erwähnt werden: Ant. V, 7. 21. And. I, 43. D. XVIII, 268 (XXXVII, 55). (D.) XLIII, 72. Herod. VII, 188. 198. Thuk. II, 9, 4, sowie Thuk. II, 54, 6 und die damit verglichenen verwandten Stellen. Einige andere der Art sind angeführt zu § 47, S. 245 f. Für die, denen an solchen Sammlungen etwas gelegen ist, füge ich hinzu Plat. Symp. 220[e]. Arist. Plut. 8: *καὶ ταῦτα μὲν δὴ ταῦτα.* Plat. Staat IV, 444[c]: *ταῦτα μὲν οὖν ταῦτα* (doch ist hier die Lesart nicht sicher). Soph. El. 696: *καὶ ταῦτα μὲν τοιαῦτα.* Aesch. Prom. 500: *τοιαῦτα μὲν δὴ ταῦτα.* Plat. Gesetze III, 676[a]: *ταῦτα μὲν οὖν δὴ ταύτῃ.* Staat II, 360[d]: *ταῦτα μὲν οὖν δὴ οὕτως.* Is. V, 95. Plat. Prot. 355[e]: *ταῦτα μὲν οὖν οὕτως.* Plat. Theaet. 173[b]: *καὶ οὗτοι μὲν δὴ τοιοῦτοι.* Staat II, 359[b]: *ἡ μὲν οὖν δὴ φύσις δικαιοσύνης αὕτη τε καὶ τοιαύτη.* Arist. Rhet. II, 13 a. E.: *τῶν μὲν οὖν — τὰ ἤθη τοιαῦτα.* III, 13 a. E.: *ἴδια μὲν οὖν ταῦτα, τὰ δὲ πλεῖστα προοίμιον πρόθεσις πίστις ἐπίλογος.* II, 22 a. E.: *εἷς μὲν οὖν τρόπος πρῶτος οὗτος.* III, 3 a. A.: *μία μὲν οὖν αὕτη αἰτία, μία δὲ τὸ χρῆσθαι γλώτταις.* III, 5 a. A.: *ἓν μὲν δὴ τὸ εὖ ἐν τοῖς συνδέσμοις, δεύτερον δὲ τὸ τοῖς ἰδίοις ὀνόμασι λέγειν.* D. XXIII, 27. Aesch. III, 33: *ὁ μὲν δὴ τὸν νόμον τιθεὶς (ὁ μὲν οὖν νομοθέτης) οὕτως· ὁ δὲ τὸ ψήφισμα γράφων (ὁ δὲ Κτ.) πῶς;* (bei Aesch. Weidner jetzt nach cod. n: *ὁ μὲν [οὖν] ν. οὕτως.* Dafs *οὖν* fehlen konnte, läfst sich nach den S. 249 angeführten Beispielen nicht bezweifeln). D. XXIII, 66: *καὶ τὰ μὲν δὴ παλαιὰ ταῦτα, τὰ δ' ὕστερον.* Herod. VII, 187: *οὗτος μὲν δὴ τοῦ — ἀριθμός.* Plat. Phaedr. 246[a]: *περὶ μὲν οὖν — ἱκανῶς.* Xen. Kyr. VIII, 7, 25: *καὶ τούτων μὲν ἴσως ἤδη ἅλις.* Plat. Euthyphr. 11[e]: *καὶ τούτων μὲν ἅδην* (zum Genit. vgl. Is. XV, 74. Herod. IX, 27. Rehdantz zu Xen. Anab. V, 7, 12). Lys. XXIX, 8: *περὶ μὲν οὖν — ἱκανὰ τὰ εἰρημένα* und die ähnlichen Stellen Lys. XXX, 31. Is. XXI, 16. (D.) LVI, 26. XXV, 12. Br. III, 1483. Is. VIII, 25. Plat. Symp. 196[b]. Menex. 248[d]; vgl. Anh. zu § 79. — *ἄλλων*] *κακῶν* nach dem Laurent. Dobree,

Herw., Cobet. *κακῶν δὲ πολλῶν αὐτὸς ἦρξεν* will Fritzsche. Über den euphemistischen Gebrauch von *ἕτερος* vgl. noch Stallb. zu Plat. Phaed. 114ᵉ. Hertlein zu Xen. Kyr. VIII, 3, 8. — *ἐχρῆν αὐτόν*] Emendation Bekkers und Frohbergers; *ἐχρῆν ἄν* die Hdschr. *ἄν* getilgt auch von Cobet, in Klammern eingeschlossen von Rauchenstein. Der Gegensatz ist offenbar: *ἀλλ' ἦρχε παρανόμως*, *ἄν* aber liefse einen Gegensatz zum Begriffe des *ἐχρῆν* selbst erwarten (VII, 22. XXXIII, 4. Is. XV, 17. Xen. Anab. V, 1, 10. Plat. Gorg. 514ᵇ; ebenso bei *ἐξῆν* Lys. IV, 13. Frohberger Jahrb. f. Phil. 1860, 419. Kühner II, S. 178. Beispiele, in denen auch bei solchen Gegensätzen die Partikel fehlt, im Exkurs zu XIII, 62 g. E.). Für *αὐτόν* spricht auch der sorgfältig beobachtete Usus, dem zufolge bei *ἔδει* wie bei *ἐχρῆν* sehr selten das bestimmte Subjekt fehlt (§ 50. XIII, 72). — *εἶεν*] *εἰσί* Herw. nach Dobree, ebenso will Rauchenst. Zum Wechsel der Modi vgl. noch D. XXIV, 213: (*λέγεται Σόλων*) *εἰπεῖν ὅτι αὐτὸς ἡγεῖται ἀργύριον μὲν νόμισμ' εἶναι τῶν ἰδίων συναλλαγμάτων ἕνεκα τοῖς ἰδιώταις εὑρημένον, τοὺς δὲ νόμους ἡγοῖτο νόμισμα τῆς πόλεως εἶναι* (Σ mit mehreren anderen Hdschr. *ἡγεῖτο*, deshalb Benseler vielleicht mit Recht *ἡγεῖται*. Cobet, misc. crit. S. 558 streicht das Verbum an der zweiten Stelle). Xen. Hell. V, 3, 12 (*εἴησαν* und *εἰσίν*). VI, 4, 7. ([D.] LIII, 5 schreiben die Züricher mit Σ und anderen Hdschr. *ἦν* für *εἴην*). Böhme zu Thuk. III, 113, 3. IV, 130, 4. Schömann zu Isae. S. 413. Stallbaum zu Plat. Staat VI, 490ᵈ. Menex. 240ᵈ. Hertlein zu Xen. Anab. III, 5, 13. Rehdantz zu VI, 3, 11.

§ 49. *ἔλαττον εἶχον*] Westerm. quaest. Lys. III, 18 möchte *ἔλ. ἠδίκουν* oder *ἐλάττω αἰτίαν εἶχον*.

§ 50. *ἔν τῳ λόγῳ*] nach Lipsius, quaest. Lysiac. specimen (Progr. Leipzig 1864) S. 17 f. für das hdschr. *ἐν τῷ λόγῳ*. Dobree *ἔργῳ ἢ λόγῳ*, Kayser *ἐν τοῖς λόγοις* und so Rauchenstein, Fritzsche *ἑνί τῳ λόγῳ* (vel uno verbo), Renner, comment. Lysiac. capita duo (Göttingen 1869) 23 ff. *ἐν τῷ λόγῳ ποτέ*. Wegen des Indefinitums nach *μή* vgl. noch Krüger zu Thuk. I, 126, 1. VII, 68, 2. — *εἰ δὲ μή*] Schanz (Jahrb. f. Phil. 1870, 234) hält die gegebene Erklärung für zu gekünstelt und gesucht. Er meint, *εἰ δὲ μή* werde, einmal zur Formel geworden und dadurch in den Zustand der Erstarrung gekommen, auch nach negativen Sätzen verwendet, wo man eine Position, also *εἰ δέ* erwarten sollte; die beste Übersetzung sei dann 'andernfalls, widrigenfalls, sonst'. Dieselbe Übersetzung sei auch rätlich, wenn dem Seinsollen ein Nichtsein zur Seite gestellt werde. Erwägt man, dafs *εἰ δὲ μή* regelmäfsig auch nach *ἐὰν μέν* für *ἐὰν δὲ μή* gebraucht wird (Ausnahmen aus Platon bei Schanz S. 233, dazu D. XXIV, 143. [D.] L, 39. Thuk. VII, 60, 2), so liegt allerdings die Vermutung nahe, dafs die Formel schliefslich die Bedeutung der mehrfach in denselben Wendungen (arg. de contr. praef. XIII f.) vorkommenden Partikel *ἤ* (alioquin, aliter, aut) angenommen habe. — *ἐνταυθοῖ*] Vgl. noch Ant. V, 2 (*οὗ μὲν — ἐνταυθοῖ, οὗ δὲ — ἐν τούτῳ*). D. XXVII, 54. Arist. Thesm. 225 (*ἐνταυθοῖ μενῶ*). Stallbaum zu Plat. Apol. 33[d] und die Nachweise bei Scheibe. Dafür *ἐνταυθί* Cobet und Herwerden, und so durchweg Dindorf im Demosthenes. — *ἐκεῖνά τε αὐτῷ*] *αὐτὰ ᾧ* Palat. Darnach vermutet Scheibe *ἐκεῖνά τε **αὐτὰ** τούτῳ* und Westermann, quaest. Lys. III, 18 *ἐκεῖνά τε αὐτά **οἱ***. Gegen Westermann Kayser Philol. XXV, **307**, gegen Scheibe und **für** Westermann Renner a. a. O. 25 f.

§ 51. *ἀλλ' οὗτος*] *ἀλλά* hier ganz passend für das gewöhnliche *νῦν δέ* (S. 225). — *ἀμφότερα ταῦτα*] Die von Scheibe gebilligte Verbesserung Hamakers *ἀμφότερα τε ταῦτα* hilft dem locus impeditus schwerlich auf. Rauchenstein versucht zwar die hdschr. Lesart zu verteidigen, giebt jedoch zu, daſs nach *καί* auch *ἀποδείξω* ausgefallen sein könnte. — *ταὐτά*] schreibe ich in Ermangelung **von etwas** Besserem mit Frohberger für das hdschr. *μοι ταῦτα* (nur im Laurent. fehlt *μοι*), obwohl mir die von Kayser (Heidelb. Jahrb. 1866, S. 786) und Renner (a. **a.** O. S. 28) dagegen **aus**gesprochenen Bedenken nicht unerheblich erscheinen. Renner will *τὰ κοινὰ πράξουσι*. Andere Verbesserungsvorschläge bei diesem und bei Westermann a. a. O. Im Philol. Anz. III, 201 vermutet Frohberger, in — *α πράξουσι* stecke vielleicht das Futur. *ἁρπάσουσι*, für das dann noch aus den Trümmern der Überlieferung *ὁπότεροι μοι ταῦτ'* ein Objekt zu gewinnen sei zur Herstellung des Gedankens: 'die Zwistigkeiten der Dreiſsig drehten sich blos um die Frage, **welche** Fraktion durch das Raubsystem ihren Seckel füllen und im **Staate die** Herren **spielen** solle'. Könnten die Worte nicht auch verstümmelt sein aus *ὁπότεροι μόνοι* (= *μοι*) *τά τε* (= *ταῦτα*) *πράγμαθ' ἕξουσι* (= *πράξουσι*)? *τὰ πράγματα ἔχειν* = an der Spitze des Staates stehen Thuk. III, 62, 3. 72, 2. — *καὶ τῆς πόλεως ἄρξουσιν*] streicht Herw. als 'manifestum emblema'.

§ 52. *εἰ γάρ*] mit Schott (Sintenis Philol. VI, 751) für das hdschr. *καὶ γάρ*. Canter *καὶ γὰρ εἰ*. Renner a. a. O. S. 29 will mit Beibehaltung von *καὶ γάρ* das Impf. *ἐστασίαζον* in das Part. *στασιαζόντων* verwandeln. — *ποῦ*] *πότε* Burger a. a. O. S. 30. Die Partikel *ποῦ* wird nicht selten in affektvollen Fragen mit negativem Sinne in einer Weise gebraucht, daſs sie für *πότε* oder (so am häufigsten) für *πῶς* zu stehen scheint, obwohl in Wirklichkeit die lokale Bedeutung nirgends ganz verwischt ist. Vgl. auſser den **de** arg. ex contr. praef. XVI citierten Stellen Eur. Or. 802: *ποῦ γὰρ ὢν δείξω φίλος, εἴ σε μὴ 'ν δειναῖσιν ὄντα συμφοραῖς ἐπαρκέσω;* **Alexis bei** Stobäos Flor. CXII, 6: *εἰ μὴ γὰρ ὢν ἄνθρωπος ἀνθρώπου τύχαις ὑπηρετήσω, ποῦ φανήσομαι φρονῶν;* Eur. Iph. A. 406: *δείξεις δὲ **ποῦ** μοι πατρὸς ἐκ ταὐτοῦ γεγώς;* Heracl. 369. 510. Soph. Phil. 451. Oed. R. 390. Aj. 1100. Herod. II, 11. Dein. I, 63. Xen. Kyr. I, 6, 10. Thuk. VIII, 27, 3 schreibt Stahl mit Recht nach Lindaus und Herwerdens Vermutung ἦ που δή. Die Stelle gehört zu den arg. ex contr. praef. S. XXI f. behandelten. — κάλλιον ἦν] Cobet, de arte interpr. 89 und Frohberger, Jahrb. f. Phil. 1860, 419 mit dem Laurent.; die übrigen Hdschr. κάλλιον ἂν ἦν. Die Partikel würde keinen Anstofs erregen, wenn Lysias für ποῦ κάλλιον ἂν ἦν ἀνδρὶ ἄρχοντι ἐπιδείξασθαι geschrieben hätte ποῦ κάλλιον ἂν ἀνὴρ ἄρχων ἐπεδείξατο. In diesem Falle nämlich würde ἐπεδείξατο ἂν nicht der Irrealis, sondern der Potentialis der Vergangenheit sein, der in solchen Fragen mit negativem Sinne sehr häufig vorkommt; vgl. Lyk. 78 und die Beispiele bei Aken S. 206. Ein κάλλιον (κρεῖττον, ἄμεινον) ἂν ἦν als Präteritum von κάλλιον ἂν εἴη ist schwerlich statthaft. — εὔνοιαν] Markland für das hdschr. συνουσίαν, das Meutzner a. a. O. S. 680 zu halten sucht (wegen des αὐτοῦ, das demselben bei εὔνοιαν überflüssig und unpassend erscheint, vgl. XVIII, 19 und P. R. Müller, zu Lysias S. 6 f.). Lieber προθυμίαν will Sintenis a. a. O., συνεργίαν oder εὐμένειαν schlägt vor Westermann, τὴν πρὸς αὐτοὺς εὔνοιαν Herw. Die neueste Vermutung ist die von Fritzsche: τὴν αὐτοῦ ἐξουσίαν (seine Amtsgewalt), der Renner beistimmt. — ὁ δέ] Über die Bedeutung des δέ Bäumlein, Partikeln 96.

§ 53. γεγενημέναι ἦσαν] Vgl. noch (Lys.) VI, 24: ἐπειδὴ ἀπεκτονὼς ἦν οὓς ἔφη περὶ πλείστου ποιεῖσθαι. Plat. Prot. 310ᶜ: ἐπειδὴ ἦλθον καὶ δεδειπνηκότες ἦμεν καὶ ἐμέλλομεν ἀναπαύεσθαι (ganz wie an der vorliegenden Stelle Aorist, Impf. von εἶναι mit dem Partic. des Perf., Impf.). Symp. 217ᵈ: ἐπειδὴ ἐδεδειπνήκειμεν. Ant. I, 18: ἐπειδὴ ἐδεδειπνήκεισαν. And. I, 48. Aesch. III, 69. 164. Thuk. III, 98, 1: ἐπειδὴ οὗτοι διεσκεδάσθησαν καὶ αὐτοὶ ἐκεκμήκεσαν — οἵ τε Αἰτωλοὶ ἐνέκειντο. 23, 1 und 3. 96, 3. IV, 111, 2. Ant. I, 17. Plat. Symp. 218ᵇ. D. XVIII, 42 und 139. Is. XVIII, 53 (ἦν mit dem Partic. des Perf.). Aesch. I, 58. Xen. Hell. II, 4, 8. Pfuhl, die Bedeutung des Aoristus (Progr. Dresden 1867) S. 42 f. An der vorliegenden Stelle ist auch der Gegensatz von γεγενημέναι ἦσαν und ἐγίγνοντο zu beachten (die ταραχαί waren vorüber, die λόγοι im Gange). Gewifs unnötig sind Konjekturen wie αἱ γεγενημέναι κατέστησαν (Reiske), τετελεσμέναι ἦσαν oder αἱ γεγενημέναι ἔληξαν (Scheibe), ἐκγεγενημέναι ἦσαν, h. e. desierant (Fritzsche). — περὶ τῶν διαλλαγῶν] περὶ διαλλαγῶν Cobet v l. 377; in der Ausgabe behält er den Artikel bei. Vgl. Scheibe, lect. Lys. 368. — τὰ πρὸς ἀλλήλους] τά zugesetzt mit Frohberger, weil εἶναι πρὸς ἀλλήλους für διακεῖσθαι πρὸς ἀλλ. nicht nachgewiesen ist. — ἐδείξαμεν] nach Geels Vermutung für das hdschr. ἔδοξαν, was Cobet und Meutzner mit Canter in ἔδειξαν abändern. So giebt die Stelle einen wenigstens erträglichen Sinn, obwohl ich nicht behaupten mag, dafs hiermit die Hand des Redners restituiert sei. Ein vollständig befriedigender Gedanke wird, wie mir scheint, gewonnen, wenn man, freilich mit einer noch zwei andere Worte treffenden Änderung, schreibt: τὰ πρὸς ἀλλήλους ἔσεσθαι οἷ' ἀμφοτέροις δόξαι = 'die gegenseitigen Beziehungen würden sich so gestalten, dafs beide Parteien dieselben gutheifsen könnten'. Vgl. D. XXI, 202: ἐάν τι ἀπαγγελθῇ τῇ πόλει τοιοῦτον οἷον εὐφρᾶναι πάντας. Kühner II, S. 1010 f. (οἷοι möchte Herw. für das hdschr. ὥστε XXV, 26 schreiben). Zugleich wäre durch diese Emendation das Bedenken beseitigt, welches Rauchenstein im Anh. gegen die Einsetzung des τά vor πρὸς ἀλλήλους geltend macht. Fritzsche schreibt: π. ἔ. ἔ. εἴχομεν φιλίαν πρὸς ἀλλήλους ἔσεσθαι ὡς ἀμφοτέροις δόξαν (dies nach Scheibe vind. 53). Andere Vermutungen bei Westermann a. a. O. S. 19. — αὐτούς] kaum verständlich, wenn man nicht mit Kayser (Philol. XXV, 307) vor εἴασαν einen Genitiv wie τῶν ἐναντίων einsetzt. Westermann a. a. O. meint, für αὐτούς erwarte man τοὺς ἐξ ἄστεος. Man könnte auch an τοὺς ἑτέρους denken; vgl. Krüger zu Thuk. III, 73 und IV, 44, 1, Büchsenschütz zu Xen. Hell. IV, 2, 15.

§ 54. δικαίως ἄν] will Francken Philol. XIX, 717 und comm. 86 tilgen als ein 'scioli additamentum'. Westermann a. a. O. und Herwerden, anal. crit. 58 vermuten εἰκότως ἄν. Sollte die Deutung 'in der Meinung, dafs die Feinde der Dreifsig von Rechtswegen auch Freunde derer im Peiräeus sein müfsten' zu gesucht erscheinen, so würde ich mich, statt an der Überlieferung zu rütteln, eher dazu entschliefsen können, für das Adverbium δικαίως denselben Übergang in der Bedeutung vom justum zum consentaneum anzunehmen, der für den Ablativ jure vorliegt Sall. Iug. 14, 10 und an den daselbst von Fabri verglichenen Stellen. Dafs εἰκός und εἰκότως beide Bedeutungen in sich vereinigen, ist hinlänglich bekannt; ebenso läfst sich auch προσήκει häufig durch consentaneum est übersetzen (zu XXV, 7). — ὑπὸ τῶν αὐτῶν κτλ.] Über (Lys.) XX, 27 vgl. Thalheim, des Lysias Rede für Polystratos (Progr. Breslau 1876) S. 33. Wie an dieser Stelle Markland und Scheibe mit Unrecht ein τε nach ὑμῖν einsetzen wollten, so erklärte Bake, schol. hypomn. III, 243 ohne Grund Lys. XIX, 56 das τέ für überflüssig. Zu den de arg. ex contr. S. 324 f. für ὁ αὐτός — μέν — δέ citierten Beispielen füge Aesch. II, 6. Mit Lys. XII, 41 und den drei ähnlichen Stellen kann man vergleichen Isae. IX, 19. D. XXIV, 197. Aristeid. II, 593 Df.; mit Lys. XXVII, 7. XXX, 23. (Lys.) VI, 42 ist zusammenzustellen Lyk. 144. Nach ἴσος steht τέ — καί Lys. XXXI, 3, nach ὅμοιος (Lys.) VI, 14.

§ 55. Φείδων [ὁ τῶν τριάκοντα] γενόμενος] Die Angabe, dafs Pheidon einer der Dreifsig gewesen sei, war nach § 54 überflüssig; anders XXX, 12. Herwerden, dem Kayser (Heidelb. Jahrb. 1866, S. 787) beistimmt, tilgt alle vier Worte ὁ τῶν τρ. γενόμενος. Rauchenstein hat zwar gleichfalls γενόμενος mit eingeklammert, erklärt sich aber im Anh. mit Frohberger für Beibehaltung dieses Wortes. Der Sinn der Stelle ist: 'Mitglieder dieses Kollegiums wurden Ph. und H. und E. und andere, welche (wie die Genannten) die heftigsten Gegner — zu sein schienen. Als aber sie selbst zur Herrschaft gelangt waren u. s. w.' — *αὐτοί*] mit Markland für das hdschr. **αὐτούς** (*X αὐτούς* mit übergeschr. *οῖς*). Vgl. P. R. Müller, zu Lysias S. 7. — *τοῖς ἐξ ἄστεος*] Die Hdschr. unverständlich *ἢ τοῖς ἐξ ἄστ.* Vgl. Emperius, opusc. 79.

§ 56. *ᾧ καί*] mit Rauchenstein und Frohberger kl. Ausg.; *οἳ καί* XC und so Westerm. und Cobet (vgl. Meutzner S. 681), *ἢ καί* zwei andere Hdschr. und darnach *ᾗ καί* Reiske und Fritzsche; *οἷς καί* Scheibe und Herw. Über *καί* im Relativsatze vgl. auch de arg. ex contr. S. 307 (Anm. 24) und Add. S. 391. Nicht minder gehört hierher das thukydideische *ᾗ καί* mit folgendem Komparativ (vgl. Krüger zu I, 11, 2), womit zusammenzuhalten das lateinische quo etiam mit Kompar. (Cic. de imp. Cn. Pomp. 5, 13. 19, 57. Phil. VI, 6, 16. de or. I, 27, 125).

§ 57. *τὰς ἀρχάς*] Westerm. a. a. O. vermutet *τὴν ἀρχήν*. — *πάντα κακὰ πεπονθόσι*] *πάντα κακά* tilgt Herw. trotz des Isokolon als 'male repetitum'! — *δῆλον ἦν*] *ἦν* streicht Herw. nach Dobree. — *δικαίως — ἀδίκως — δικαίως — ἀδίκως*] nach Reiske mit Westermann und Rauchenstein; andere nach Sluiter *ἀδ. — δικ. — ἀδ. — δικ.* Die Hdschr. *δικ. — ἀδ. — ἀδ. — δικ.*, was Meutzner a. a. O. verteidigt. — *οἱ τριάκοντα*] *οἱ δέ* Herw. nach Dobree. Aufser der Stelle des Aeschines vgl. noch Plat. Staat III, 408c: *εἰ μὲν θεοῦ ἦν Ἀσκληπιός, οὐκ ἦν αἰσχροκερδής, εἰ δ' αἰσχροκερδής, οὐκ ἦν θεοῦ.* Luk. Demon. 29: *εἰ μὲν πρῶτος, οὐ μόνος, εἰ δὲ μόνος, οὐ πρῶτος.* Gorg. Palam. 26: *εἰ μὲν οὖν εἰμὶ σοφός, οὐχ ἥμαρτον, εἰ δ' ἥμαρτον, οὐ σοφός εἰμι.* Der Scholiast des Aeschines nennt diese Art des Dilemma *διάλληλος δεῖξις*. Vgl. Anh. zu XIII, 75.

§ 58. *τοὺς κρείττους αὐτῶν*] Herw.: ingeniose Dobr.: *τοὺς Κριτίου ἑταίρους* s. *στασιώτας*. Burger a. a. O. S. 30: *τοὺς κρείττους αὐτοῦ*. — *δι' ὑμᾶς*] Rehdantz, Dem. Ind. II, *διά* und Scheibe, vind. Lys. 60. Über den ähnlichen Gebrauch von propter Halm zu Cic. p. Rosc. Amer. 6, 16. — *οὐκ ἠθέλησεν*] Dem Begriffe von *τολμᾶν* nähert sich *ἐθέλειν* auch XXXI, 1, wo die Anm. zu vergleichen. Ebenso verhält es sich mit Stellen wie Thuk. IV, 85, 7. 108, 5. Plat. Lach. 191c (wo Stallbaum). Is. II, 36. VI, 94 (de arg. ex contr. S. 142 und 382). Über *ἐθέλειν* und *βούλεσθαι* im allgemeinen Rehdantz, Dem. Ind. II, *ἐθέλειν* und Schmidt, Synonym. III, S. 602 ff., der mit Recht an Buttmanns und Frankes Ansicht festhält. — *ἔπειθεν*] Über das Präsens und Imperfektum de conatu Pfuhl a. a. O. S. 45 und 48 f.

§ 59. *εἴτε καὶ τῶν*] Ähnlich *τὰ μὲν καί — τὰ δὲ καί* Thuk. IV, 108, 7. Xen. Kyr. I, 5, 3, wo Hertlein. *καί* streichen (wie früher schon Reiske) Herw. und Fritzsche, letzterer mit der Bemerkung: atticum est enim *εἴτε — εἴτε καί*, non item *εἴτε καί* bis positum. Nach Kühner II, § 541, 2, 2 wird, wenn *καί* nur beim zweiten *εἴτε* steht, dadurch angezeigt, dafs das erste Glied wichtiger sei.

§ 60. *πάντας ἀνθρώπους*] Für *πάντας* will *πολλούς* Burger a. a. O., *παντοίους* oder **πανταχόθεν** Kappeyne van de Coppello Jahrb. f. Phil. 97, 481. (Lys.) II, 61: *πάντας πολεμίους κεκτημένοι* ist wohl *ἀνθρώπους* hinter *πάντας* einzufügen. — *πόλεις ὅλας*] *ὅλας* eingesetzt nach Cobet; *ὅλας πόλεις* Fritzsche. Für die Stellung ist abgesehen von den in der Anm. citierten Beispielen auch der Chiasmus zu beachten: *μισθωσάμενοι πάντας ἀνθρώπους — πόλεις ὅλας ἐπάγοντες*. — *εἰ μὴ διά*] Die Erklärung der Formel nach Schneider zu Is. V, 92; s. auch Weber zu Dem. Aristocr. 482 und Cron zu Plat. Gorg. 516^e. — *οἷς — δηλώσατε*] Vgl. noch Isae. XI, 24. D. I, 20. XVIII, 173. 192. Aesch. III, 244. Hyp. f. Lyk. XIII. Krüger zu Herod. I, 89. Aken § 254. — *οἷς ὑμεῖς — ἀποδώσετε*]. Vgl. auch das Urteil des Sokrates Xen. Mem. II, 6, 35, dazu Is. I, 26. Mehr bei Cron zu Plat. Krit. 49^b und Nägelsbach, nachhomer. Theol. S. 246 ff. Aufser Platon erhoben sich nur wenige über den Glauben an das jus talionis; vgl. Nägelsbach S. 250 und C. Jahn, act. soc. Gr. I, S. 326. — *ἐγώ τε — ὑμῶν τε*] Für die Redner vgl. besonders Fuhr, Rhein. Mus. XXXIII, S. 594 ff. (über Isokrates ebenda S. 347); s. auch unten zu XXV, 34.

§ 62. *Θηραμένους*] im allgemeinen richtig beurteilt von C. Pöhlig in der wiederholt angeführten Schrift: Der Athener Theramenes; vgl. besonders S. 317 ff. Andere Urteile Neuerer ebenda S. 231 f., Anm. 23. — *παραστῇ*] Sauppe Philol. XV, 250 *προσστῇ*, was Rauchenstein aufgenommen hat. *παραστῇ* verteidigen Frohberger Jahrb. f. Phil. 82, 420 und Kayser, Heidelb. Jahrb. 1866, 302. Fritzsche schreibt *καὶ μηδενὶ τοῦτο παραστῇ, ὡς — κατηγορῶ· πυνθάνομαι γὰρ — αὐτόν· [ἀλλ'] ὅτι — μετεῖχε.* Vgl. unten. — *ἀπολογήσεσθαι*] Verbesserung Marklands; das hdschr. *ἀπολογήσασθαι* verteidigt Meutzner a. a. O. — Die *προδιόρθωσις* definiert Aquila Rom. S. 23 Halm: *προδιόρθωσις*, praecedens correctio. Haec figura, ubi aliquid necessarium dictu, sed insuave audientibus aut odiosum nobis dicturi sumus, praemunit. Ähnlich Zonae. de fig. III, 161 Spengel: *τί ἐστι προδιόρθωσις; ὅταν θεραπεύωμεν τὸ ῥηθήσεσθαι μέλλον ὡς δυσπαράδεκτον τοῖς ἀκροαταῖς.* Alexand. de fig. III, 14. Phoebamm. de fig. III, 51. Anonym. de fig. III, 174. Schol. zu Aesch. I, 37. An allen Stellen der genannten griech. Rhetoren wird der *προδιόρθωσις* die *ἐπιδιόρθωσις* entgegengesetzt. Diese Figur wird Zonae. a. a. O. so erklärt: *ἐπιδιόρθωσις τῇ μὲν χρείᾳ ταὐτὸν τῇ προδιορθώσει, διαφέρει δέ, ὅτι τὴν τοῦ λόγου θεραπείαν ὕστερον τίθησιν* und ganz ähnlich an den übrigen Stellen. Etwas Anderes ist mit dem Worte *ἐπιδιόρθωσις* gemeint Tiber. III, 62 Spengel: *ἐπιδιόρθωσις δέ ἐστιν ὅταν τὸ εἰρημένον ὡς ἐνδεέστερον διορθούμενος ἄλλο ἐπενέγκῃ*, wo D. XVIII, 297

(s. unten) und 130 (*ὀψὲ γάρ ποτε —, ὀψὲ λέγω; χθὲς μὲν οὖν καὶ πρῴην*) als Beispiele angeführt werden. Diese Wortfigur, welche Herod. de fig. III, 95 Spengel *διόρθωσις*, Jul. Rufin. de schem. lex. 52 Halm *ἐπανόρθωσις*, ebenda und Cornif. ad Herenn. IV, 26, 36 correctio genannt wird, bezeichnet eine Verbesserung oder Steigerung (*αὔξησις* Hermog. de id. II, 383 Spengel) des eben angewendeten Ausdrucks (D. XVIII, 130 wohl die einzige Stelle dieser Art bei den griech. Rednern. Sehr häufig ist diese correctio im Latein., und zwar mit dreifacher Form, wie sich aus folgenden Beispielen ergiebt: Cic. p. Sest. 25, 53: illo ipso die, die dico? immo hora atque etiam puncto temporis eodem etc. 52, 110: cui bene dixit umquam bono? bene dixit? immo quem etc. p. Rabir. Post. 5, 10: num quis testis Postumum appellavit? testis autem? num accusator? Vgl. Halm zur Sestiana S. 172 lat. Ausg.). Dagegen will die Gedankenfigur einem Tadel, einem Befremden, einer irrigen Ansicht begegnen, wozu das Gesagte Veranlassung geben könnte. Die Verbindung der *ἐπιδιόρθωσις* mit der *προδιόρθωσις* nennen die Rhetoren *ἀμφιδιόρθωσις*. Alexand. de fig. III, 15. Zonae. de fig. III, 161. Anonym. de fig. III, 175 Spengel (vgl. Gorg. Pal. § 28 u. 32). In sprachlicher Beziehung ist sowohl die Anknüpfung der Figur an das Vorhergehende (parenthetische Form ist nur bei der *προδιόρθωσις* möglich) als auch die in derselben gebrauchte Ausdrucksweise von Interesse. Was nun zunächst die *προδιόρθωσις* betrifft, so bedient man sich in gewissen Fällen zur Anfügung derselben an die *πρόθεσις* des in ähnlicher Weise auch sonst (D. XXI, 130. Aesch. I, 177. Is. XV, 57. 63. 67) gebrauchten *ἔστι* (*ἔσται*, *ἔσονται*) *δέ*. So Is. XV, 115: *ἔστι δ' ὁ λόγος ὁ περὶ τούτων φιλαπεχθήμων μέν, ῥηθῆναι δ' οὐκ ἀσύμφορος.* XII, 176: *ἔσται δ' ὁ λόγος παράδοξος μὲν τοῖς πολλοῖς, ὁμοίως δ' ἀληθὴς τοῖς ἄλλοις*, sc. *λόγοις* (vgl. ebenda § 156: *ποιήσομαι δὲ τὴν ἀρχὴν τῶν λεχθησομένων ἀκοῦσαι μὲν ἴσως τισὶν ἀηδῆ, ῥηθῆναι δ' οὐκ ἀσύμφορον.* Plat. Apol. 32ᵃ: *ἐρῶ δὲ ὑμῖν φορτικὰ μὲν καὶ δικανικά, ἀληθῆ δέ.* Ähnliche Gegensätze mit *μέν — δέ* Gorg. Pal. 28: *πρὸς μὲν οὖν σὲ ταῦτα. πρὸς δ' ὑμᾶς περὶ ἐμαυτοῦ βούλομαι εἰπεῖν λόγον ἐπίφθονον μὲν ἀληθῆ δέ* nach Blass. D. IX, 5: *καὶ παράδοξον μὲν ἴσως ἐστὶν ὃ μέλλω λέγειν, ἀληθὲς δέ.* XIX, 96: *ἀλλ' ἄτοπον μέν ἐστιν ὃ μέλλω λέγειν, ἀληθὲς δὲ πάνυ.* IX, 1: *ὥστε δέδοικα μὴ βλάσφημον μὲν εἰπεῖν, ἀληθὲς δ' ᾖ.* Lyk. 49. Aesch. I, 112. D. XXIV, 132. Lys. XIII, 43 — s. unten —. Etwas verschieden Is. VI, 72: *ἂν δ' ἄρα ψευσθῶμεν — χαλεπὰ μέν ἐστιν ἃ μέλλω λέγειν, ὅμως δ' οὐκ ὀκνήσω παρρησιάσασθαι περὶ αὐτῶν.* D. XIV, 24: *ὑπὲρ δὲ — παράδοξον μὲν οἶδα λόγον ὃν μέλλω λέγειν, ὅμως δ' εἰρήσεται.* Is. XVI, 24. Herod. VII, 139 — s. unten —). VII, 63: *ἔσται δ' ὁ λ. οὔτε μακρὸς οὔτ' ἀνωφελὴς τοῖς ἀκούουσιν.* D. XXI, 77: *ἔσται δὲ περὶ αὐτῶν βραχὺς ὁ λ., κἂν ἄνωθεν ἄρχεσθαι δοκῶ.* Dion. Hal. Antt. VIII, 5: *ἔσται δὲ βραχὺς ὁ περὶ αὐτῶν, κἂν πρόσωθεν ἄρ-*

ξωμαι, λ. D. III, 23. ἔσται δὲ βραχὺς καὶ γνώριμος ὑμῖν ὁ. λ. (D.) XLIII, 21. XLVIII, 5: ἔστι δὲ βραχὺς ὁ λ. D. XXIII, 21: ἔσονται δὲ βραχεῖς περὶ πάντων οἱ λ. ([And.] IV, 8). Is. IV, 173: ἔστι δ' ἁπλοῦς καὶ ῥᾴδιος ὁ λ. ὁ περὶ τούτων (Weidner zu Aesch. III, 50 deutsche Ausg.). D. XXIV, 6: ἔσται δὲ ταῦτ' οὐκ ἀπὸ τοῦ πράγματος. Dion. Hal. Antt. IX, 32: ἔσται δὲ μετὰ παρρησίας ὁ λ.· ἄλλως γὰρ οὔτ' ἂν ἐγὼ δυναίμην λέγειν οὔθ' ὑμῖν ἀκούειν συμφέροι. Von den genannten Stellen betonen nicht wenige die Kürze, eine das Sachgemäfse der folgenden Erörterung. Über beides **sagt** Quintilian IV, 1, 34: sunt et illa excitandis ad audiendum non inutilia, si nos neque diu moraturos neque extra causam dicturos existiment. Über die Kürze vgl. auch Anh. zu § 3 (S. 210) und zu § 92. Weber zur Aristocr. S. 167 f. Eine Verwahrung gegen den Vorwurf, dafs der betreffende Gegenstand nicht zur Sache gehöre, finden wir, abgesehen von Lys. XII, 62, noch Is. XV, 104. D. XVIII, 59. LVII, 59 (vgl. ebenda § 60 die parenthetische Wendung ἐρῶ δ' εἰς αὐτὸ τὸ πρᾶγμα). Dieselbe praemunitio bei Cicero pro Sest. 13, 31. Das Abschweifen von **der** ὑπόθεσις wird angemessen motiviert Is. VII, 63. D. XVIII, **34.** Sehr häufig verwendet der Grieche für die προδ. die Formel **εἰ δεῖ** (χρή), die sich im Deutschen meist durch 'wenn man darf' ausdrücken läfst. Dafs dieselbe nicht immer ernstlich gemeint ist, sondern öfters auch in spöttischem Sinne gebraucht wird, zeigen die Beispiele. Herod. II, 24: εἰ δὲ δεῖ μεμψάμενον γνώμας τὰς προκειμένας αὐτὸν περὶ τῶν ἀφανέων γνώμην ἀποδέξασθαι, φράσω κτλ. Dion. Hal. Antt. VII, 65: εἰ δὲ δεῖ καὶ αὐτὸν [ἐμὲ] ἀποφήνασθαι περὶ — γνώμην, ἐμοὶ δοκεῖ κτλ. (ἐμέ tilgt Kiefsling mit cod. B; vgl. die eben citierte Stelle und unten zu Thuk. II, 45, 2). Herod. I, 57: εἰ δὲ χρεών ἐστι τεκμαιρόμενον λέγειν τοῖσι —, εἰ τούτοισι τεκμαιρόμενον δεῖ λέγειν, ἦσαν οἱ Π. κτλ. Thuk. II, 45, 2: εἰ δέ με δεῖ καὶ γυναικείας τι ἀρετῆς — μνησθῆναι, βραχείᾳ παραινέσει ἅπαν **σημανῶ** (**nur** hier **und** D. XVIII, 317. Luk. πῶς δεῖ ἱστ. συγγράφειν 17 **δεῖ** με für **das** einfache δεῖ. Demosthenes vermied durch Hinzufügung des Pronomens einen Hiatus, den Xenophon Hell. II, 4, 27 nicht für anstöfsig hielt. Wie Dion. Hal. Antt. VII, 65 ἐμέ, so ist Thuk. VII, 14, 4 ὑμᾶς nach εἰ δεῖ von Glossatoren zugesetzt. Thuk. VII, 49, 2 hat man wohl für αὐτούς mit Krüger und Classen αὑτοῦ zu schreiben). Luk. πῶς δεῖ ἱστ. συγγρ. 17: εἰ δέ με δεῖ καὶ σοφοῦ ἀνδρὸς μνησθῆναι, τὸ μὲν ὄνομα ἐν ἀφανεῖ κείσθω, τὴν γνώμην δὲ ἐρῶ. Xen. Kyr. I, 4, 27: εἰ δὲ δεῖ καὶ παιδικοῦ λόγου ἐπιμνησθῆναι, λέγεται. Staat d. Ath. 2, 7: εἰ δὲ δεῖ καὶ σμικροτέρων μνησθῆναι — ἐξεῦρον κτλ. Plut. Cat. min. 24: εἰ δὲ δεῖ μηδὲ τὰ μικρὰ τῶν ἠθῶν σημεῖα παραλιπεῖν —, λέγεται (vgl. Plat. Lach. 182c). **Xen.** Hell. II, 4, 27: εἰ δὲ καὶ τοῦτο δεῖ εἰπεῖν τοῦ μηχανοποιοῦ τοῦ ἐν ἄστει, ὅς, ἐπεὶ — ἐκέλευσε (anakoluthisch für εἰ δὲ — εἰπεῖν, ὁ μηχανοποιὸς ὁ ἐν ἄστει, ἐπεὶ — ἐκέλευσε **oder** *εἰ δὲ — τοῦ ἐν ἄστει, οὗτος — ἐκέλευσε*). Is. I, 50: *εἰ δὲ δεῖ θνητὸν ὄντα τῆς τῶν θεῶν στοχάσασθαι διανοίας, ἡγοῦμαι.* III, 26: *εἰ δὲ δεῖ τι καὶ τῶν ἀρχαίων εἰπεῖν, λέγεται* (vgl. Lyk. 62. 95. Is. IV, 28). Is. VI, 62: *εἰ δὲ δεῖ καὶ περὶ τῶν ἔξωθεν βοηθειῶν εἰπεῖν, ἡγοῦμαι* (XIII, 14: *εἰ δὲ δεῖ μὴ μόνον κατηγορεῖν τῶν ἄλλων, ἀλλὰ καὶ τὴν ἐμαυτοῦ δηλῶσαι διάνοιαν, ἡγοῦμαι*). Lyk. 49: *εἰ δὲ δεῖ καὶ παραδοξότατον μὲν εἰπεῖν, ἀληθὲς δέ, ἐκεῖνοι νικῶντες ἀπέθανον* (Dobree wohl mit Recht: *παράδοξον μέν*; vgl. Is. XII, 176 und die anderen Beispiele der Art, die ich S. 259 angeführt habe. Die von Rehdantz Anh. 2, S. 135 (zu § 29) gesammelten Stellen haben mit der vorliegenden nichts gemein. Gegen den von Hertlein empfohlenen Komparativ spricht die Konzinnität nicht minder wie gegen den Superlativ. Ein *παραδοξότερον* ohne Gegensatz wäre nicht anzufechten; vgl. Xen. Staat d. Ath. 2, 7 und die ähnlichen Stellen weiter unten). D. XX, 111: *εἰ δὲ δεῖ παρὰ πάντα ταῦτ' εἰπεῖν ὃ δίκαιον ἡγοῦμαι, ἐκεῖν' ἂν ἔγωγ' εἴποιμι.* LVII, 63: *εἰ δὲ δεῖ τὴν δημαρχίαν λέγειν —, ἐγὼ μὲν ἂν βουλοίμην ὑμᾶς ἀκούειν, ἀλλ' ἴσως ἔξω τοῦ πράγματος ὑπολήψεσθε ταῦτ' εἶναι.* Is. XI, 34: *χωρὶς δὲ τούτων εἰ δεῖ τῶν σῶν ἀπαλλαγέντα τὸν ἐμὸν λόγον ἐξετάζειν, οὐδεὶς ἂν — ἐπιπλήξειεν.* And. I, 139: *εἴπερ οὖν δεῖ τὰ τῶν θεῶν ὑπονοεῖν, πάνυ ἂν αὐτοὺς οἶμαι ἐγὼ ὀργίζεσθαι κτλ.* (D.) XII, 12: *εἰ τοίνυν δεῖ μηδὲ τοῦτο παραλιπεῖν, εἰς τοσοῦτον ἐληλύθατε πλεονεξίας.* D. XVIII, 317: *καὶ μὴν εἰ καὶ τοῦτ' ἄρα δεῖ μ' εἰπεῖν, ἡ μὲν ἐμὴ πολιτεία — ταῖς τῶν τότ' ἐπαινουμένων ἀνδρῶν ὁμοία φανήσεται* (*ἄρα* wie D. XX, 109). (And.) IV, 34: *ἀλλὰ μὴν εἰ δεῖ κατὰ γένος σκοπεῖν, ἐμοὶ μὲν οὐδαμόθεν προσήκει.* D. XXXIV, 40: *ἀλλὰ μὴν εἴ γε δεῖ καὶ τούτοις τεκμαίρεσθαι, οὐκ εἰκὸς ἦν* (vgl. Herod. I, 57. Dion. Hal. Antt. VII, 50. Rehdantz, Dem. Ind. II, *τεκμαίρεσθαι*). Is. XV, 244: *ἀλλ' εἰ δεῖ τἀληθὲς εἰπεῖν καὶ τὸ νῦν ἐν τῇ διανοίᾳ μοι παρεστηκός, ἡγοῦμαι.* VI, 89: *ὅλως δ' εἰ δεῖ μηδὲν ὑποστειλάμενον εἰπεῖν, αἱρετώτερον ἡμῖν ἐστιν.* D. XXI, 112: *εἰ γὰρ εἰπεῖν τι καὶ περὶ τούτων ἤδη δεῖ, οὐ μέτεστιν.* In den bisher citierten Beispielen bildet die Formel den Vordersatz; dagegen schliefst sie sich dem Hauptsatze an D. II, 28: *τίνος γὰρ ἕνεκα νομίζετε τοῦτον μὲν φεύγειν τὸν πόλεμον πάντας — στρατηγούς, ἰδίους δ' εὑρίσκειν πολέμους, εἰ δεῖ τι τῶν ὄντων καὶ περὶ τῶν στρατηγῶν εἰπεῖν; ὅτι κτλ.* (kurz für *τίνος — πολέμους; ἐρῶ εἰ δεῖ κτλ.*; vgl. D. VI, 31: *τί δὴ ταῦτα νῦν λέγω καὶ καλεῖν φημι δεῖν τούτους ἐγώ; νὴ τοὺς θεοὺς τἀληθῆ μετὰ παρρησίας ἐρῶ πρὸς ὑμᾶς καὶ οὐκ ἀποκρύψομαι. οὐχ ἵνα κτλ.* Ein brachylogisches *εἰ* anderer Art bei vorangehendem Hauptsatze Thuk. VII, 67, 3: *ἐπεὶ καὶ τῷ πλήθει τῶν νεῶν οὐκ ὠφελήσονται, εἴ τις* — 'was ich erwähne für den Fall, dafs einer' — *καὶ τόδε ὑμῶν, ὅτι οὐκ ἴσαις ναυμαχήσει, πεφόβηται*). Nicht selten wird dieselbe in den Hauptsatz eingefügt. D. XXIII, 204: *τοῦ μέντοι ταῦθ' οὕτως αἰσχρῶς προεληλυθέναι, εἰ δεῖ μετὰ παρρησίας εἰπεῖν* τἀληθῆ, οὐδένες **ὑμῶν** μᾶλλόν εἰσιν αἴτιοι (= **τοῦ** — προεληλυθέναι, εἰ — τἀληθῆ, λεκτέον οὐδένας ὑμῶν μᾶλλον **εἶναι** αἰτίους. Diese Kürze regelmäfsig, wenn die Formel eingeschoben ist). (D. XVIII, **159**: **ὅν, εἰ** μηδὲν εὐλαβηθέντα τἀληθὲς εἰπεῖν δέοι, οὐκ ἂν ὀκνήσαιμ' **ἔγωγε** κοινὸν ἀλιτήριον — εἰπεῖν). Hyp. geg. Demosth. IV: τοσοῦτον **δὲ** τοῦ πράγματος καταπεφρόνηκεν, μᾶλλον δέ, **εἰ** δεῖ μετὰ παρρησίας εἰπεῖν, ὑμῶν καὶ τῶν νόμων, wo die Wortfigur **der** correctio hinzutritt; vgl. D. XVIII, 297. Epit. XIV: οὐκ ἐλάττω — ἔργα διεπράξαντο, ἀλλ' εἰ δέον εἰπεῖν, καὶ μείζω (wegen des Ptcp. δέον vgl. Schömann zu Isae. 346 und 443; warum der Redner nicht εἰ δεῖ εἰπεῖν schrieb, ist leicht zu erkennen. Andere derartige Wendungen z. B. D. XVI, 18. LIV, 15. XV, 15. XXI, 6: εἰ οἷόν τ' (οἷόν τε τοῦτ') εἰπεῖν. Plat. Symp. 195[a]: εἰ θέμις καὶ ἀνεμέσητον εἰπεῖν). D. XVIII, 297: ταύτης τοίνυν τῆς οὕτως αἰσχρᾶς καὶ περιβοήτου συστάσεως καὶ κακίας, μᾶλλον δὲ προδοσίας, εἰ δεῖ μὴ ληρεῖν, τῆς τῶν Ἑλλήνων ἐλευθερίας. D. XIX, 262. Aesch. III, **143**: εἰ δεῖ μὴ (μὴ δεῖ) ληρεῖν (vgl. Weidner zu Aesch. **a. a.** O.). D. XXXIX, 7: εἰ δεῖ τὰ κοινὰ τῶν ἰδίων εἰπεῖν πρότερον. D. XX, 109: εἰ ἄρ' εὔξασθαι δεῖ. (D.) LXI, 20: εἰ χρὴ καὶ περὶ τούτων εἰπεῖν. Ein parenthetisches δεῖ δέ ist beigefügt Dein. III, 5: ἐγὼ δέ, εἰ δεῖ τἀληθῆ λέγειν — δεῖ δέ — οὐ τὰς ἀποφάσεις οἶμαι νῦν κρίνεσθαι (vgl. Anh. zu XIII, 11). Bisweilen wird durch εἰ δεῖ die praemunitio mit der praecisio und revocatio in Verbindung gebracht. So besonders Is. IX, 39: εἰ δὲ δεῖ συντόμως καὶ μηδὲν ὑποστειλάμενον μηδὲ δείσαντα τὸν φθόνον ἀλλὰ παρρησίᾳ χρησάμενον **εἰπεῖν**, οὐδεὶς — εὑρεθήσεται, womit wieder mehr oder weniger verwandt sind Is. XV, **113**: εἰ δὲ δεῖ μὴ καθ' ἕκαστον ἀλλὰ διὰ βραχέων εἰπεῖν, **τεττάρων** καὶ εἴκοσι πόλεων κυρίους ὑμᾶς ἐποίησεν **ἐλάττω δαπανήσας κτλ.** III, 9 = XV, 257: εἰ δὲ δεῖ συλλήβδην περὶ — εἰπεῖν, οὐδὲν — εὑρήσομεν. (D.) XII, 10: οὐ μὴν ἀλλ' **εἰ δεῖ** πάντα τἆλλα παραλιπόντα συντόμως εἰπεῖν, ὑμεῖς ἔδοτε (LXI, **46**: **εἰ δὲ δεῖ** μὴ παλαιὰ λέγοντας διατρίβειν, — εὑρήσεις). Vgl. **auch** Is. **XI, 34 und** den reditus ad propositum Is. IV, 63: εἰ δὲ δεῖ τὰς χάριτας **καὶ τὰς** ἐπιεικείας ἀνελόντας ἐπὶ τὴν ὑπόθεσιν πάλιν ἐπανελθεῖν καὶ τὸν ἀκριβέστατον τῶν λόγων εἰπεῖν, οὐ δήπου πάτριόν ἐστιν. In sprachlicher Hinsicht ist über diese Wendung noch zweierlei zu bemerken. Die Breviloquenz, welche stattfindet in Fällen, wo das Glied mit εἰ δεῖ dem Hauptsatz sich anschliefst oder in denselben eingeschoben ist, tritt in der Regel auch ein, wenn dasselbe als Vordersatz vorausgeschickt wird. Ausnahmen Herod. II, 24 (φράσω). Thuk. II, 45, 2 (σημανῶ). D. XX, 111 (εἴποιμι ἄν, vgl. XVIII, 159). Luk. πῶς δεῖ ἱ. σ. 17. Von der kräftigsten Wirkung ist die Kürze in Stellen wie Lyk. 49. Is. XV, 113. (D.) XII, 12, während sie da, wo der Hauptsatz ein Verbum wie ἡγοῦμαι, λέγεται, εὑρήσομεν enthält, kaum gefühlt wird. Über Xen. Hell. II, 4, 27 s. oben. Dafs in unsrer Formel selten χρή gebraucht wird, ist eine richtige Bemerkung Mätzners zu Lyk. S. 167. Zu dem von diesem angeführten Beispiele, Dion. Hal. de Isocr. jud. p. 876 in.: *εἰ δὲ χρὴ τἀληθὲς λέγειν*, füge Antt. Rom. XI, 15: *εἰ δὲ χρὴ τἀληθὲς λέγειν, καὶ ἐκ τῆς πόλεως ἐξελαύνομαι* und die schon angeführten Stellen (D.) LXI, 20 und Herod. I, 57 (*χρεὼν ἐστι*); vgl. auch Is. VI, 59 (*εἴπερ χρὴ τεκμαίρεσθαι*). XI, 7. XVI, 48. Ant. II, δ, 2. Den oben erwähnten Antithesen mit *μέν — δέ* habe ich noch einige andere beizufügen, in denen das erste Glied die (bald auf den Sprecher bald auf die Zuhörer bezogene) Unannehmlichkeit der Sache, das zweite die Notwendigkeit der Besprechung hervorhebt. Mit *οὖν* wird die *προδ.* eingeführt (D.) XLVIII, 52: *ἀνιῶμαι μὲν οὖν καὶ αἰσχύνομαι οἷς μέλλω λέγειν πρὸς ὑμᾶς, ἐξ ἀνάγκης δέ μοί ἐστιν εἰπεῖν* (Plat. Apol. 22b: *αἰσχύνομαι οὖν ὑμῖν εἰπεῖν τἀληθῆ, ὅμως δὲ ῥητέον*, wo wahrscheinlich *αἰσχύνομαι μέν* zu schreiben). Lys. XIII, 43: *ἀνιῶμαι μὲν οὖν ὑπομιμνήσκων τὰς γεγενημένας συμφορὰς τῇ πόλει, ἀνάγκη δ' ἐστὶν ἐν τῷ παρόντι καιρῷ* (zum ersten Gliede vgl. Lyk. 16. Aesch. III, 252. Lys. XXXI, 8. Ähnlich Cicero im Übergange zu etwas Neuem in Vatin. 9, 21: ac ne diutius loquar de auguratu tuo, quod invitus facio ut recorder ruinas reipublicae etc.). D. XXIV, 132: *ἀηδὲς μὲν οὖν ἴσως ἐστὶν ὀνομαστὶ περί τινων μεμνῆσθαι, ἀναγκαῖον δὲ κτλ.* (zum Inhalt des ersten Gliedes vgl. D. XXI, 58). Ferner gehört hierher Aesch. I, 112: *ὅτι δ' —, ἄχθομαι μὲν λέγων, ἀνάγκη δ' ἐστὶν εἰπεῖν ὅτι τῆς δωρεᾶς ἀπέτυχεν* und der nicht ganz regelrecht angelegte Satz Herod. VII, 139: *ἀναγκαίῃ ἐξέργομαι γνώμην ἀποδέξασθαι ἐπίφθονον μὲν πρὸς τῶν πλεόνων ἀνθρώπων, ὅμως δέ, τῇ γ' ἐμοὶ φαίνεται εἶναι ἀληθές, οὐκ ἐπισχήσω.* Nur das Unangenehme der Sache wird urgiert (durch parenthetisch eingeschobene Worte) Aesch. III, 252: *ἄχθομαι δὲ πολλάκις μεμνημένος τὰς ἀτυχίας τῆς πόλεως*, nur der die Art und Weise oder den Gegenstand der Besprechung betreffende Zwang (durch einen der Erörterung vorausgeschickten Satz) D. XIX, 237: *ἀνάγκη δὲ μετὰ παρρησίας διαλεχθῆναι μηδὲν ὑποστελλόμενον.* Is. VIII, 27: *ἀνάγκη δὲ τὸν — βουλόμενον πολλῶν πραγμάτων ἅψασθαι καὶ διὰ μακροτέρων τοὺς λόγους ποιήσασθαι κτλ.* D. XX, 52: *ἀναγκάζομαι δὲ λέγειν πρὸς ὑμᾶς ταῦθ' ἃ παρ' ὑμῶν — αὐτὸς ἀκήκοα* (ohne gerade an der Spitze zu stehen, tritt auch sonst die *ἀνάγκη* häufig als Entschuldigungsgrund auf; vgl. z. B. Is. XV, 179. Lyk. 16. D. XVIII, 34. 256. [D.] XII, 1. Polyb. IX, 36, 6. Nur soweit es notwendig ist, will der Sprecher die Sache erwähnen Lys. XXXI, 8: *ὅτε ἡ συμφορὰ τῇ πόλει ἦν, ἧς ἐγώ, καθ' ὅσον ἀναγκάζομαι, κατὰ τοῦτο μέμνημαι.* Ähnliche Wendungen D. XVIII, 256 und Aesch. I, 38. Über die *διήγησις* vgl. S. 205). In Fällen, wo statt der Parataxis die Hypotaxis angewendet wird, geschieht dies vermittelst der Partikeln *εἰ καὶ* und *καὶ εἰ* (über den Unterschied Kr. 65, 5, 15). Dabei findet oft eine Brachylogie statt, indem ein 'ich werde es sagen' unterdrückt ist. Is. VII, 63: *βούλομαι δ', εἰ καί τινές με φήσουσιν ἔξω τῆς ὑποθέσεως λέγειν, δηλῶσαι — ἵνα μηδεὶς οἴηται κτλ.* Plat. Lach. 182^c: *μὴ ἀτιμάσωμεν δὲ εἰπεῖν, εἰ καί τῳ σμικρότερον δοκεῖ εἶναι, ὅτι κτλ.* Lyk. 95: *λέγεται οὖν ἐν Σικελίᾳ (εἰ γὰρ καὶ μυθωδέστερόν ἐστιν, ἀλλ' ἁρμόσει καὶ νῦν — ἀκοῦσαι) κτλ.* Is. IV, 28: *καὶ γὰρ εἰ μυθώδης ὁ λόγος γέγονεν, ὅμως αὐτῷ καὶ νῦν ῥηθῆναι προσήκει.* D. XXIV, 104: *καὶ γὰρ εἰ φορτικώτερον εἶναι τὸ ῥηθησόμενον δόξει, λέξω καὶ οὐκ ἀποτρέψομαι* (vgl. *φορτικὸν καὶ ἐπαχθές* D. V, 4, *φορτικὰ καὶ δικανικά* Plat. Apol. 32^a, *φορτ. καὶ δημηγορικά* Gorg. 482^e). Plat. Soph. 267^d: *ὅμως δέ, κἂν εἰ* (= *καὶ εἰ*, vgl. Buttmann zu Dem. Mid. Anm. 153) *τολμηρότερον εἰρῆσθαι, διαγνώσεως ἕνεκα τὴν μὲν μετὰ δόξης μίμησιν δοξομιμητικὴν προσείπωμεν κτλ.* Is. XII, 16: *ὧν τίνας ἂν τις εὕροι πονηροτέρους (εἰρήσεται γάρ, εἰ καί τισι δόξω νεώτερα καὶ βαρύτερα λέγειν τῆς ἡλικίας), οἵτινες κτλ.* XV, 243: *ἄτοπον δέ τι τυγχάνω πεπονθώς· εἰρήσεται γάρ, εἰ καί τινες λίαν εὐμετάβολον εἶναί με φήσουσιν.* XII, 225: *εἰρήσεται γὰρ τἀληθές, εἰ καί τισι δόξω λίαν παράδοξα λέγειν* (zu *λίαν* vgl. D. I, 26. — *εἰρήσεται* in der *προδ.* auch D. XIV, 24 — s. oben — und XXI, 198: *εἰρήσεται γάρ, εἴτ' ἄμεινον εἴτε μή*, sowie in den Wendungen *εἰρήσεται γὰρ τἀληθές* Is. VII, 76, *τἀληθῆ* [D.] XI, 17, *πᾶσα ἡ ἀλήθεια* D. XXXIX, 3, *ἅπαντα τἀληθῆ* Is. XVIII, 10, *ἃ γιγνώσκω* Dein. I, 10, *πάνθ' ἃ φρονῶ* D. XIX, 224 und in dem einfachen *εἰρήσεται γάρ* 'es muſs heraus', worüber Sommerbrodt zu Luk. Tim. 26; daneben *χρὴ (δεῖ) γὰρ τἀληθῆ λέγειν* Is. Br. VI, 3. Plat. Apol. 22^a und *τὰ γὰρ ἀληθῆ χρὴ λέγειν* Lys. XVI, 21, sowie *παρρησιάσομαι γάρ* [D.] XI, 17, womit man vgl. Is. VI, 72, ferner *οὐ γὰρ ἔχω τί ἄλλο εἴπω* Dein. I, 91, *οὐ γὰρ ἔγωγ' οἶδ' ὅ τι χρὴ λέγειν ἄλλο* D. XIX, 220, *ἐξάγομαι γάρ* Dein. I, 15, *καὶ γὰρ εἴ τι σιωπᾶν ἐγνώκειν, λέγειν ἐξάγομαι* D. XIX, 225, *μὰ τὸν Διόνυσον οὐκ οἶδ' ὅπως δυνήσομαι περιπλέκειν ὅλην τὴν ἡμέραν* Aesch. I, 52). Lyk. 62: *τοῦτο μὲν γάρ, εἰ καὶ παλαιότερον εἰπεῖν ἐστι* (= *ἐρῶ γάρ* oder *εἰρήσεται γάρ, εἰ κ. π. εἰ. ἐ.*), *τὴν Τροίαν τίς οὐκ ἀκήκοεν κτλ.* Plat. Apol. 30^e: *οὐ ῥᾳδίως ἄλλον τοιοῦτον εὑρήσετε, ἀτεχνῶς, εἰ καὶ γελοιότερον εἰπεῖν, προσκείμενον τῇ πόλει.* Gorg. 486^c: *τὸν δὲ τοιοῦτον, εἴ τι καὶ ἀγροικότερον εἰρῆσθαι, ἔξεστιν ἐπὶ κόρρης τύπτοντα μὴ διδόναι δίκην.* 509^a: *ταῦτα — κατέχεται καὶ δέδεται, καὶ εἰ ἀγροικότερόν τι εἰπεῖν ἐστι, σιδηροῖς καὶ ἀδαμαντίνοις λόγοις.* Thuk. I, 122, 2: *καὶ τὴν ἧσσαν, εἰ καὶ δεινόν τῳ ἀκοῦσαι, ἴστω οὐκ ἄλλο τι φέρουσαν ἢ ἄντικρυς δουλείαν.* Für *ἐρῶ, εἰ καὶ ἀγροικότερόν ἐστι* sagte man auch unter Anwendung des vierten hypothetischen Schemas *ἔλεγον (εἶπον) ἄν, εἰ μὴ ἀγροικότερον ἦν.* Diese sehr gewählte Ausdrucksweise findet sich Plat. Euthyd. 283^e: *ὦ ξένε Θούριε, εἰ μὴ ἀγροικότερον, ἔφη, ἦν εἰπεῖν, εἶπον ἄν, σοὶ εἰς κεφαλήν, ὅ τι μαθών μου καὶ τῶν ἄλλων καταψεύδει τοιοῦτον πρᾶγμα* und in kürzerer Fassung Apol. 32^d: *ἐμοὶ θανάτου μὲν μέλει, εἰ μὴ ἀγροικότερον ἦν εἰπεῖν,* (sc. *ἔλεγον ἂν*) *οὐδ' ὁτιοῦν* (vgl. D. XVIII, 159). Einer dritten hierher gehörigen Entschuldigungsformel begegnen wir D. I, 26 (in der subjectio): *τίς αὐτὸν κωλύσει δεῦρο βαδίζειν; Θηβαῖοι; μὴ λίαν πικρὸν εἰπεῖν ᾖ, καὶ συνεισβαλοῦσιν ἑτοίμως* und Plat. Gorg. 462ᵉ (in der Antwort auf eine Frage): *μὴ ἀγροικότερον ᾖ τὸ ἀληθὲς εἰπεῖν.* Am häufigsten erscheint die *προδ.* in Gestalt einer Bitte oder Aufforderung, die bald von einem Verbum abhängt, bald ohne solche Vermittlung auftritt. Ersteres ist der Fall Lyk. 16: *δέομαι δ' ὑμῶν ἀκοῦσαί μου — διὰ τέλους, καὶ μὴ ἄχθεσθαι ἐὰν ἄρξωμαι ἀπὸ τῶν τῇ πόλει τότε συμβάντων, ἀλλὰ τοῖς αἰτίοις ὀργίζεσθαι* (dafür konnte es auch heifsen *δέομαι δ' — τέλους. καὶ μὴ ἄχθεσθε κτλ.*; vgl. Lys. XII, 62). Aesch. I, 37: *δέομαι δ' ὑμῶν συγγνώμην μοι ἔχειν ἐὰν — ἐξαχθῶ τι ῥῆμα εἰπεῖν ὅ ἐστιν ὅμοιον τοῖς ἔργοις τοῖς T.* Is. XV, 273: *δέομαι δ' ὑμῶν μὴ προκαταγνῶναί μου τοιαύτην μανίαν, ὡς ἄρ' ἐγὼ κτλ.* (zu *καταγνῶναι* vgl. Is. II, 12. D. XVIII, 256). D. XXI, 58: *παραιτήσομαι δ' ὑμᾶς μηδὲν ἀχθεσθῆναί μοι, ἐὰν ἐπὶ συμφοραῖς τινῶν γεγονότων ὀνόματι μνησθῶ.* Gorg. Pal. 28: *δέομαι οὖν ὑμῶν, ἂν ὑμᾶς ὑπομνήσω τῶν ἐμοί τι πεπραγμένων καλῶν, μηδένα φθονῆσαι τοῖς λεγομένοις, ἀλλ' ἀναγκαῖον ἡγήσασθαι κατηγορημένον δεινὰ καὶ ψευδῆ καί τι τῶν ἀληθῶν ἀγαθῶν εἰπεῖν ἐν εἰδόσιν ὑμῖν.* D. XIX, 227: *ἀξιῶ δὲ μηδέν' ἄχθεσθαί μοι λέγοντι τἀληθῆ* (geringe hdschr. Autorität — *μηδεν Σ* — hat die an sich gute Vulgata *μηδέν*). IX, 3: *ἀξιῶ δ', ἄν τι τῶν ἀληθῶν μετὰ παρρησίας λέγω, μηδεμίαν μοι διὰ τοῦτο παρ' ὑμῶν ὀργὴν γενέσθαι* (vgl. *τὶ τῶν ὄντων* D. II, 28 u. Gorg. Pal. a. a. O., sowie die Nachahmung bei Dion. Hal. Antt. XI, 9). III, 3: *ἀξιῶ δ' ὑμᾶς, ἂν μετὰ παρρησίας ποιῶμαι τοὺς λόγους, ὑπομένειν, τοῦτο θεωροῦντας, εἰ τἀληθῆ λέγω* (zu den Worten *τοῦτο — λέγω* vgl. D. XX, 74). Is. XV, 179: *ἀξιῶ δ' ὑμᾶς, ἢν ἄρα φαίνωμαι λόγους διεξιὼν πολὺ τῶν εἰθισμένων λέγεσθαι παρ' ὑμῖν ἐξηλλαγμένους, μὴ δυσχεραίνειν ἀλλ' ἔχειν συγγνώμην.* D. XVIII, 34: *ἀξιῶ δ' ὑμᾶς καὶ δέομαι τοῦτο μεμνῆσθαι παρ' ὅλον τὸν ἀγῶνα, ὅτι μὴ κατηγορήσαντος Αἰσχίνου μηδὲν ἔξω τῆς γραφῆς οὐδ' ἂν ἐγὼ λόγον οὐδέν' ἐποιούμην ἕτερον κτλ.* (Alexand. de fig. III, 15 als Beispiel der *ἐπιδ.* angeführt). Vgl. auch D. XXIII, 19: *ἃ δὴ δέομαί τε καὶ ἀξιῶ παρὰ πάντων ὑμῶν τυχεῖν, δίκαια, ὥς γ' ἐμαυτὸν πείθω· μηδεὶς ὑμῶν — δυσχερέστερον τοὺς — λόγους ἀκούσῃ μου μηδὲ κτλ.* Plat. Apol. 17ᶜ. Ausnahmsweise *βουλοίμην δ' ἂν* für *δέομαι δέ* (D.) LXI, 34: *βουλοίμην δ' ἄν σε μὴ πάρεργον ποιήσασθαι τὸ — μηδ' ὑπολαμβάνειν τοῦθ', ὡς ἄρ' ἐγὼ κτλ.* In Bezug auf den Übergang im allgemeinen kann man mit den genannten Beispielen vergleichen Ant. I, 3. Lys. XII, 62. XIX, 11. XXV, 3. Isae. II, 2. VII, 4. D. LVII, 1. (D.) XXIX, 4. XXXII, 3. XLIV, 3. XLV, 1. XLVII, 3 (*δέομαι δέ*). D. XIX, 1. XXXVII, 3. XXXVIII, 2 (*δεήσομαι δέ; αἰτήσομαι οὖν* Lys. XIX, 2 wie *δέομαι οὖν* [D.] XLII, 4, *δεόμεθα οὖν* Is. XIV, 6. [D.] XLIII, 2). Lys. III, 4.

XVI, 3. XXV, 4. D. LVII, 6 (*ἀξιῶ δέ*), **Stellen**, die aufser Lys. XII, 62 sämtlich dem Prooemium angehören. **Natürlich** läfst sich statt eines persönlichen *ἀξιῶ δέ* auch ein unpersönliches *χρὴ δέ* oder *δεῖ δέ* anwenden. So heifst es Is. XV, 104: *χρὴ δὲ τὸν ὑπὲρ ἐκείνου λόγον οὐκ ἀλλότριον εἶναι νομίζειν τοῖς ἐνεστῶσι πράγμασιν οὐδ' ἐμὲ λέγειν ἔξω τῆς γραφῆς*. D. XIX, 29: *δεῖ δὲ μηδέν' ὑμῶν εἰς τὸ τῶν πραγμάτων μέγεθος βλέψαντα μείζους τὰς κατηγορίας καὶ τὰς αἰτίας τῆς τούτου δόξης νομίσαι, ἀλλ' ἐκεῖν' ὁρᾶν, ὅτι*, womit man vgl. D. XXIII, 153. Beispiele, wo *δεῖσθαι, παραιτεῖσθαι, ἀξιοῦν* im Particip erscheinen, zu § 92. Wenn die Aufforderung **ohne** Vermittlung eines Verbums auftritt, so wird der Anschlufs an das Vorhergehende oder die parenthetische Einfügung in den die praemunitio bedingenden Gedanken gewöhnlich durch die Partikel *καί* bewirkt, die ja überhaupt sehr häufig zur Einführung von Imperativen und imperativartigen Wendungen gebraucht wird (vgl., **um die geläufigen** Aufforderungen an den Schreiber — *καὶ ἀναγίγνωσκε* u. s. w. — und an die Zeugen — *καὶ ἀνάβητε* — hier zu übergehen, *καὶ θεάσασθε* D. XXI, 86. 154, *καὶ θεωρεῖτε* D. XX, 44. XXI, 42. XXIII, 160, *καὶ σκέψασθε* Is. XIX, 39, *καὶ σκοπεῖσθε* D. XXIII, 20 und *σκοπεῖτε* D. XVIII, 233. XX, 146. XXIII, 125. 178. [D.] XIII, 14. Dein. II, 25; *καὶ παύσασθε κτλ.* D. VIII, 39, *καὶ πρὸς Διὸς καὶ θεῶν ἀναμιμνήσκεσθε* D. XIX, 45, *καὶ πρὸς Διὸς καὶ θεῶν πειρᾶσθε συνδιαμνημονεύειν ἂν ἀληθῆ λέγω* D. XIX, 19, *καὶ ὅπως μὴ ἐκεῖνο ἐρεῖς, ὅτι κτλ.* Isae. XI, 5, *καὶ ὅπως μὴ ποιήσετε* D. IV, 20, *καὶ ὅπως — ἐθελήσουσιν* D. VIII, 38. Parenthese findet statt D. IV, 20. VIII, 39. XIX, 19. 45. XXIII, 20. [D.] XIII, 14). Diese Form der *προδ.* findet sich bereits bei Homer Il. ξ, 111: *καὶ μή τι κότῳ ἀγάσησθε ἕκαστος, οὕνεκα δὴ γενεῆφι νεώτατός εἰμι μεθ' ὑμῖν*. Hieran schliefse ich zunächst folgende parenthetisch eingeschobene Stellen: D. VIII, 32: *καί μοι πρὸς θεῶν, ὅταν ἕνεκα τοῦ βελτίστου λέγω, ἔστω παρρησία* (das einzige positiv ausgedrückte Beispiel, das mir aufgestofsen ist. Begründet wird die Aufforderung durch den Zusatz *ἕνεκα τοῦ βελτίστου*; anderwärts werden zu gleichem Zwecke Sätze mit *γάρ* hinzugefügt, die ich nur bei sehr kurzer Fassung anführen kann. Die Schwurformel *πρὸς θεῶν* auch [D.] L, 2, *πρὸς Διός* D. XVIII, 256. XX, 74 und vielleicht ebenda § 102 — s. Voemel in der var. lect. —, *πρὸς Διὸς καὶ θεῶν* D. XVIII, 199. LVII, 50. 59; vgl. **auch** D. XIX, 19. 45 und Rehdantz, Dem. Ind. II, Schwurformeln). **D.** XXIII, 47 *καὶ μὴ νομίσητ' εὔηθες τὸ ἐρώτημα*. D. XX, 74: ***καὶ πρὸς Διὸς μηδεὶς φθόνῳ τὸ μέλλον ἀκούσῃ, ἀλλ' ἂν ἀληθὲς ᾖ σκοπείτω*** (derartige Gegensätze in der *προδ.* und *ἐπιδ.* sehr häufig, mit **derselben** Ellipse wie hier Lys. XXVI, 15. Is. VII, 76. XII, 114. D. XVIII, 199. XIX, 29. [D.] LI, 11. Gorg. Pal. 28. Kühner II, S. 1072). D. LVII, 59: *καί μοι πρὸς Δ. κ. θ. μηδεὶς ὑπολάβῃ δυσκόλως, ἐὰν —· νομίζω γὰρ — δεικνὺς αὐτὸ τὸ πρᾶγμα λέγειν* τὸ γενόμενόν μοι (vgl. δυσχερῶς ὑπολαμβάνειν § 35). Dein. I, 55: καί μοι μὴ ὀργισθῆτε ('usitatius μή μοι' Bekker. Ganz gleich Plat. Apol. 31ᵉ, wo Hermann mit Unrecht änderte; dazu kommen noch manche wenigstens ähnliche Stellen). D. XX, 102: καί μοι μηδὲν ὀργισθῇς· οὐδὲν γὰρ φλαῦρον ἐρῶ σε. Ant. V, 46: καὶ μή μοι ἄχθεσθε, ἂν ὑμᾶς πολλάκις ταὐτὰ διδάξω (zu dem durch die Parenthese veranlafsten Anakoluth vgl. D. LVII, 50). Lys. XXI, 16: καὶ μηδεὶς ὑμῶν ἀχθεσθῇ. Plat. Theaet. 143ᵉ: καὶ μή μοι ἄχθου. Gorg. 486ᵃ: καί μοι μηδὲν ἀχθεσθῇς· εὐνοίᾳ γὰρ ἐρῶ τῇ σῇ. D. XXIII, 144: καί μου μηδεὶς ἀχθεσθῇ τῇ ὑποσχέσει. (D.) XIII, 3: καί μοι μὴ θορυβήσητε ἐφ' ᾧ μέλλω λέγειν, ἀλλ' ἀκούσαντες κρίνατε. Lyk. 52: καὶ μηδείς μοι θορυβήσῃ. D. V, 15: καί μοι μὴ θορυβήσῃ μηδεὶς πρὶν ἀκοῦσαι. LVII, 50: καί μοι πρὸς Δ. κ. θ. μηδεὶς θορυβήσῃ μηδ' ἐφ' ᾧ μέλλω λέγειν ἀχθεσθῇ (vgl. Liv. V, 53, 3: nec id mirati sitis, priusquam quale sit audieritis). Auffällig ist (D.) XIII, 14: ὅπως δὲ μὴ θορυβήσει μοι μηδεὶς πρὶν ἂν ἅπαντ' εἴπω (δέ fehlt pr. Σ; wahrscheinlich hat der Verfasser καὶ ὅπως μή geschrieben; vgl. aufser den eben genannten Stellen D. IV, 20. VIII, 38. Isae. XI, 5). Zu diesen parenthetisch eingeführten Beispielen kommen D. XVIII, 59: καί με μηδεὶς ὑπολάβῃ ἀπαρτᾶν τὸν λόγον τῆς γραφῆς, ἐὰν εἰς Ἑλληνικὰς πράξεις καὶ λόγους ἐμπέσω. Is. XII, 114: καὶ μηδεὶς ὑπολάβῃ με κτλ. Xen. Kyn. 2, 2: καὶ μηδεὶς αὐτὰ φαῦλα νομισάτω εἶναι (wegen des Imperativs vgl. die ähnliche Stelle Xen. Kyr. VII, 5, 73: καὶ μηδείς γε ὑμῶν ἔχων ταῦτα νομισάτω ἀλλότρια ἔχειν und dazu Hertlein, sowie Kühner II, S. 202. Nach Cobets Vorgang verwirft diesen Gebrauch Weidner zu Aesch. III, 60). (D.) L, 2: καὶ πρὸς θεῶν, ὦ. ἄ. δ., δέομαι ὑμῶν, μή με ἡγήσησθε ἀδολεσχεῖν, ἐὰν διὰ μακροτέρων διηγῶμαι κτλ. (vgl. Is. VIII, 27 und oben S. 210. Die Worte δέομαι ὑμῶν möchte man für ein Glossem halten; vgl. D. XX, 74). Is. Br. I, 5: καὶ μὴ νόμιζέ με κτλ. Lys. XII, 62: καὶ μηδενὶ τοῦτο παραστῇ, ὡς κτλ. D. XVIII, 199: ἐπειδὴ δὲ —, βούλομαί τι καὶ παράδοξον εἰπεῖν· καί μου πρὸς Δ. κ. θ. μηδεὶς τὴν ὑπερβολὴν θαυμάσῃ, ἀλλὰ μετ' εὐνοίας ὃ λέγω θεωρησάτω. Is. Br. I, 9. IX, 12: καὶ μὴ θαυμάσῃς εἰ (wegen I, 9 vgl. Blass praef. XLIX). Lyk. 128: καὶ μή μοι ἀχθεσθῆτε εἰ. Plat. Apol. 20ᵉ: καί μοι μὴ θορυβήσητε, μηδὲ ἂν δόξω τι ὑμῖν μέγα λέγειν. D. XVIII, 256: καί μου πρὸς Δ. μηδεμίαν ψυχρότητα καταγνῷ μηδείς. Seltener geschieht die Anknüpfung durch δέ. So Is. Br. VI, 4: μηδὲν δ' ὑπολάβητε τοιοῦτον, ὡς ἄρ' ἐγὼ κτλ. Thuk. IV, 95, 2: παραστῇ δὲ μηδενὶ ὑμῶν ὡς ἐν τῇ ἀλλοτρίᾳ οὐ προσῆκον τοσόνδε κίνδυνον ἀναρριπτοῦμεν (zur Stellung von μηδενί vgl. Thuk. III, 13, 5. VI, 84, 1. [D.] XLIX, 4. Xen. Kyn. 1, 3. Wecklein zu Soph. Ant. 84). Xen. Kyn. 1, 3: θαυμαζέτω δὲ μηδείς. Is. Br. VI, 7: μὴ θαυμάζετε δ' ἄν τι φαίνωμαι λέγων ὧν πρότερον ἀκηκόατε (θαυμάζετε Γ, θαυμάζητε die übrigen codd.; s. unten zu

Br. VIII, 10). (D.) XII, 1: μὴ θαυμάσητε **δὲ τὸ** μῆκος τῆς ἐπιστολῆς. D. LVII, 35: μηδεὶς δ' ὑμῶν δυσχερῶς ὑπολάβῃ. Vgl. Isae. fr. 15, **1**: μικρὰ δέ μου ἀκούσατε, ἵνα **μηδεὶς** ὑπολάβῃ ὑμῶν ὡς ἐγὼ κτλ. Besonderer Art ist D. III, **10, wo** es in der Entgegnung auf einen Einwurf heifst: μὴ τοίνυν θαυμάσητε, ἂν παράδοξον εἴπω τι τοῖς πολλοῖς (ebenso steht τοίνυν nach einem Einwand Lys. XII, 50: ὅπως τοίνυν μὴ φανήσεται κτλ.). **Die** ganze Rede **beginnt** mit einer προδιόρθωσις D. XXIII, 1: μηδεὶς ὑμῶν νομίσῃ κτλ. Der ἐπιδιόρθωσις ist bereits S. 202 f. gedacht worden. Zu der dort behandelten Form kommt eine zweite, die, was die Ausdrucksweise anlangt, mit der eben besprochenen Form der **προδ.** aufs engste zusammenhängt. Die Partikel καί verknüpft den **Satz** mit dem Vorhergehenden Is. IV, 73. VII, 50. 76. XII, 172. XIII, 21. XV, 193. 279. Aristeid. I, 628 Df.: **καὶ** μηδεὶς οἰέσθω. (D.) Br. III, 1485: καὶ **μή** με ὑπολαμβάνετε. **D.** XXII, 51: καὶ μηδεὶς ὑπολαμβανέτω. **Is.** IV, **129.** V, 93. Hyp. Epit. VII. Dion. Halic. ep. ad Pomp. **6, 4: καὶ** μηδεὶς ὑπολάβῃ. Plat. Symp. 193^b: καὶ μή μοι ὑπολάβῃ 'E. Is. II, 12. IX, 78: καὶ μὴ νόμιζε (an der ersten Stelle folgt μηδὲ καταγνῷς τῶν ἀνθρώπων τοσαύτην δυστυχίαν, ὡς). Thuk. I, 69, 6: καὶ μηδεὶς ὑμῶν νομίσῃ. Lys. XXVI, 15. Is. XVIII, 33: καὶ μηδεὶς (ὑμῶν) ἡγείσθω. Thuk. I, 83, 1: καὶ ἀνανδρία μηδενὶ — δοκείτω εἶναι. I, 86, 4: καὶ ὡς — μηδεὶς διδασκέτω. D. IX, 16: καὶ μηδεὶς εἴπῃ· τί δὲ ταῦτ' **ἐστὶν** κτλ. (Is. XX, 19: καὶ μηδεὶς ὑμῶν ἀξιούτω). Is. I, 44. II, 40. **V, 81.** 116. XI, 50. Br. IV, 13. VII, 12: καὶ μὴ θαυμάσῃς εἰ **(II, 40 ist** θαυμάσῃς nach Baiters Vorschlag hergestellt worden **von** Benseler und Blass; die Hdschr. θαύμαζε). Athen. III, 83 f.: **καὶ μηδεὶς** ὑμῶν θαυμαζέτω εἰ. (D.) XLVI, 17: καὶ μὴ θαυμάζετε εἰ (**[Lys.]** XX, **18**: καὶ μὴ θαυμάζετε ὅτι). Thuk. VII, 12, 3: καὶ **δεινὸν** μηδενὶ ὑμῶν δόξῃ εἶναι ὅτι. (D.) LI, 10: καὶ μηδεὶς ὑμῶν **ἐπιτιμήσῃ** τῷ λόγῳ, πικρὸν εἶναι νομίσας, ἀλλὰ τοῖς τὸ ἔργον αὐτὸ πεποιηκόσιν. Plat. Apol. 31^e: καί μοι μὴ ἄχθεσθε λέγοντι τἀληθῆ. Über Thuk. III, 13, 5: νομίσῃ τε μηδείς s. de arg. ex contr. S. 333 (wie in der προδ. mit dem Verb. ἀξιοῦν Thuk. VI, 92, 2: καὶ χείρων οὐδενὶ ἀξιῶ δοκεῖν ὑμῶν εἶναι, εἰ). Die Partikel δέ findet sich auch hier nicht eben häufig; vgl. Thuk. VI, 84, 1: ὑπολάβῃ δὲ μηδεὶς ὡς οὐδὲν προσῆκον ὑμῶν κηδόμεθα. (D.) LXI, 48: μηδὲν δ' ὑπολάβῃς τοιοῦτον, ὡς ἄρα ἐγώ. (D.) LX, 12. Br. II, 1473. Dion. Halic. ep. ad Pomp. 2, 7: μηδεὶς δ' (ὑμῶν) ἡγείσθω. **Is.** Br. VIII, 10: μὴ θαυμάζετε δ' εἰ. D. LV, 31: μὴ θαυμάζετε **δὲ τὴν** τούτου προθυμίαν, μηδ' εἰ (an der ersten Stelle haben die **Hdschr.** aufser *E* θαυμάζητε. Dafs θαυμάσητε, was Bekker mit **Coraes** schrieb, an sich nicht zu verwerfen ist, erhellt, ganz abgesehen von μὴ θαυμάσῃς, aus D. III, 10. [D.] XII, 1). Besonderer Art ist Thuk. IV, 61, 2: ἃ χρὴ γνόντας καὶ ἰδιώτην ἰδιώτῃ καταλλαγῆναι καὶ πόλιν πόλει, καὶ πειρᾶσθαι κοινῇ σῴζειν τὴν πᾶσαν

Σικελίαν, παρεστάναι δὲ μηδενὶ ὡς οἱ μὲν Δωριῆς ἡμῶν πολέμιοι τοῖς Ἀθηναίοις, τὸ δὲ Χαλκιδικὸν τῇ Ἰάδι ξυγγενείᾳ ἀσφαλές. Indem ich die verwandten Transitionsformen *ἵνα δὲ μὴ δοκῶ* (*οἴησθε, θαυμάζητε*) hier übergehe, da sich für diese im Anh. zu XIII, 38 ein passenderer Platz finden wird, will ich dagegen wegen der Stelle, die zu der ganzen Erörterung Veranlassung gegeben, zum Schlufs noch eine eigentümliche Form der occupatio berühren, in welcher neben den Verbis des Scheinens und Glaubens auch *παρίστασθαι* gebraucht wird. Beispiele für dieselbe bieten D. IV, 29. XX, 25. Xen. Kyr. VIII, 2, 11: *εἰ δέ τις οἴεται — οὐκ ὀρθῶς ἔγνωκεν* (*οὐ καλῶς φρονεῖ — οὐκ ὀρθῶς οἴεται*). D. IX, 74: *εἰ δ' οἴεσθε — οὐκ ὀρθῶς οἴεσθε.* IV, 4: *εἰ δέ τις ὑμῶν οἴεται — ὀρθῶς μὲν οἴεται, λογισάσθω μέντοι τοῦθ' ὅτι.* II, 22: *εἰ δέ τις ὑμῶν νομίζει — σώφρονος μὲν ἀνθρώπου λογισμῷ χρῆται —· οὐ μὴν ἀλλ' ἔγωγε.* VIII, 48: *εἰ δέ τῳ δοκεῖ — καὶ μάλ' ὀρθῶς δοκεῖ· ἀλλ' ἐὰν λογίσηται — εὑρήσει.* (D.) XIII, 18: *εἰ δέ τῳ δοκῶ κτλ.* Ant. II, β, 8. IV, β, 6: *εἰ δέ τις ἡγεῖται — ἀντιλογησάσθω.* Xen. Anab. III, 2, 22: *εἰ δὲ ταῦτα μὲν γιγνώσκετε ὅτι κρείττονα, τοὺς δὲ* **ποταμοὺς** *ἄπορον νομίζετε εἶναι καὶ μεγάλως ἡγεῖσθε ἐξαπατηθῆναι διαβάντες, σκέψασθε.* Lys. bei Plat. Phaedr. 233[c]: *εἰ δ' ἄρα σοι τοῦτο παρέστηκεν, ὡς οὐχ οἷόν τε ἰσχυρὰν φιλίαν γενέσθαι, ἐὰν μή τις ἐρῶν τυγχάνῃ, ἐνθυμεῖσθαι χρή.* (D.) Br. III, 1483: *εἰ δέ τῳ παρέστηκεν ὡς — οὐκ ἂν ὀκνήσαιμι πρὸς τοῦτον εἰπεῖν ὅτι.* Thuk. VI, 78, 1: *καὶ εἴ τῳ ἄρα παρέστηκε τὸν μὲν Συρακόσιον, ἑαυτὸν δ' οὐ* **πολέμιον** *εἶναι τῷ Ἀθηναίῳ, καὶ δεινὸν ἡγεῖται ὑπέρ γε τῆς ἐμῆς κινδυνεύειν, ἐνθυμηθήτω.* IV, 62, 3: *καὶ εἴ τις οἴεται — μὴ* **χαλεπῶς** *σφαλλέσθω.* D. XX, 49: *εἰ τοίνυν τις ὑμῶν ἐκεῖνο πέπεισται — ταῦτα μὲν εὐχέσθω τοῖς θεοῖς, κἀγὼ συνεύχομαι, λογιζέσθω δὲ πρῶτον μέν.* Lys. XV, 9: *καὶ μὲν δὴ εἴ τῳ δοκεῖ — μεμνῆσθαι χρή.* Nach diesem Exkurse kehre ich zur vorliegenden Stelle zurück. Aus den angeführten Beispielen ergiebt sich 1) dafs das Verbum *προσίστασθαι*, welches Sauppe für *παρίστασθαι* herstellen wollte, der *προδ.* und *ἐπιδ.* völlig fremd ist, 2) dafs *παρίστασθαι* in solchen Wendungen sich immer nur in der Bedeutung von *ὑπολαμβάνειν* findet, 3) dafs die Antithese, durch welche Fritzsche die Stelle zu heilen glaubt, wenig Ähnlichkeit mit denen hat, die sonst in der praemunitio vorkommen, und wenn sie auch an und für sich unbedenklich wäre, doch, da *παρίστασθαι* nur mit dem Infin. und mit *ὡς*, nicht auch mit *ὅτι* verbunden wird, hinter *ἀλλ'* einen weiteren Zusatz wie *ἐκεῖν' ἐνθυμεῖσθε* nötig machen würde. Vergleicht man Thuk. IV, 95, 2 und VI, 84, 1 (Is. XVII, 1), so kann man leicht auf den Gedanken kommen, dafs hinter *κινδυνεύοντος* wo nicht *οὐ* (oder *οὐδὲν*) *προσῆκον*, so doch etwas Ähnliches (etwa *οὐκ εἰκότως*) ausgefallen sei. Für den, der lieber eine Lücke hinter *ὡς* annehmen möchte, liegt die Ergänzung von *ἔξω τοῦ πράγματος* (*τῆς γραφῆς*) *λέγω, ἐάν* sehr nahe.

Auch *καὶ μ. τ. π., ὡς (ἄρα) δεινὸν εἰ Ἐ. κτλ.* (vgl. D. V, 8. XX, 24 sowie Is. Br. VI, 4. [D.] LXI, 34. 48. Thuk. IV, 92, 1: *χρῆν μὲν μηδ' ἐς ἐπίνοιάν τινα ἡμῶν ἐλθεῖν ὡς οὐκ εἰκὸς κτλ.*) würde dem Sinne und Zusammenhange entsprechen und sich aufserdem noch dadurch empfehlen, dafs so ein regelrechtes contrarium entstände; vgl. de arg. ex contr. S. 306 (Anm. 23). Liefse sich die Redensart *παρίσταταί μοί τι δεινόν* (= es kommt mir etwas als bedenklich in den Sinn, ich halte etwas für bedenklich) nachweisen, so wäre schon die Einfügung von *δεινόν* hinter *τοῦτο* oder *παραστῇ* genügend. Einen ganz guten Sinn gäbe endlich auch: *καὶ μηδενὶ θαῦμα παραστῇ ὡς*, womit man einerseits And. II, 2 (*καί μοι μέγιστον θαῦμα παρέστηκε*), andererseits Thuk. I, 90, 5 (*ἔφη θαυμάζειν ὡς οὔπω πάρεισιν*) zusammenstellen könnte.

§ 63. *σφόδρα*] = erst recht (multo magis) im Schlufs a minori ad majus gewöhnlich mit vorausgehendem *ἤ που* (de arg. ex contr. S. XXI), das hier wegen *καίτοι* nicht stehen konnte. — *ὁπότε καί*] Vgl. de arg. ex contr. S. 311 (Anm. 33). Ähnlich *καί* (nach *ὅς*) schon Hom. Od. ι, 495. — *οὐ γάρ*] *ἀλλ' οὐ γάρ* Baiter und Francken, Philol. XIX, 717 (comm. 86), *καὶ γάρ* Kayser, *πάνυ γ', οὐ γάρ; μοι δ. κτλ.* Fritzsche (dafs vor *οὐ γάρ* etwas ausgefallen sei, vermuteten schon Markland und Reiske). Von diesen Konjekturen ist die erste schon deshalb zurückzuweisen, weil sie die Ironie vollständig aufhebt. Dies ist nicht der Fall bei der zweiten und dritten (vgl. aufser den von Rauchenstein angeführten Stellen de arg. ex contr. S. 280 — Anm. 14 —); aber besser als beide stimmt die hdschr. Lesart zu dem im Vorhergehenden enthaltenen Enthymema a minori ad majus.

§ 64. *περιέστηκεν — τοὐναντίον*] *περιέστ. εἰς τοὐναντίον* Herw. Vgl. noch Thuk. I, 76, 4: *ἡμῖν δὲ καὶ ἐκ τοῦ ἐπιεικοῦς ἀδοξία τὸ πλέον ἢ ἔπαινος οὐκ εἰκότως περιέστη* mit Classens Anm. Bei dieser Konstruktion bedeutet *περιίστασθαι* ganz dasselbe wie *περιγίγνεσθαι* Thuk. I, 144, 3: *ἐκ τῶν μεγίστων κινδύνων καὶ πόλει καὶ ἰδιώτῃ μέγισται τιμαὶ περιγίγνονται* (wo Krüger und Classen). D. III, 12 und an andern ähnlichen Stellen. — *ἄξιον μὲν γὰρ ἦν*] Das in den Hdschr. ausgelassene *ἦν* nach Reiske hinzugefügt auch von Fritzsche. — *αἴτιον — γεγενημένου*] In den Hdschr. *αἰτίους — γεγενημένους*, verteidigt von Meutzner a. a. O.

§ 65. *πρῶτον μέν*] Ähnlicher Art D. IX, 48. Vgl. auch Fr. A. Müller, obs. de eloc. Lysiae, S. 7. Westermann zu D. VIII, 14. Maetzner zu Ant. S. 191. Weber zur Aristocr. S. 503. Breitenbach zu Xen. Hell. IV, 4, 2. Für das Latein. verweise ich auf Kühner zu Cic. Tusc. IV, 35, 74 und Seyffert, schol. Lat. I, S. 57. Dem Demosthenes eigentümlich ist die Gegenüberstellung von *πρῶτον μέν — εἰ δ' ἄρα* und *ἂν δ' ἄρα* (= sollte aber wirklich) XVI, 18. LIV, 28 (vgl. unten zu XIII, 17). XIX, 227 f. (an der dritten Stelle haben Bekker und Benseler mit Unrecht nach

F Φ Π πρῶτον μέν getilgt. § 228 geben die Hdschr. ἂν γάρ, was Dobree und Schäfer sinngemäfs in ἂν δ' ἄρ' verwandelten. Wegen Vömel, der ἄρα für unpassend erklärt, verweise ich noch auf D. XV, 27. XVI, 31 (XXII, 57). [D.] XXXIII, 25. Herod. VII, 9 a. E. 16, 3. Ähnlich εἰ (ἐὰν) δ' οὖν Is. V, 123. XIV, 39. 58. [Lys.] IX, 11. Plat. Staat I, 337°. Charm. 160°. Der Sinn der Worte: ἂν δ' ἄρ' ἅπαντά τις ἐκφύγῃ τἆλλα — διαφεύξεται ist: 'Siegt aber einer, nämlich einer τῶν πρὸς ὑμᾶς ζώντων καὶ τῆς παρ' ὑμῶν τιμῆς γλιχομένων καὶ μὴ προδεδωκότων ταύτην — vgl. § 226 —, wirklich über alle anderen Hindernisse, also auch über die eben genannten, so unterliegt er doch der Nichtswürdigkeit der euch zu ungerechten Urteilssprüchen verleitenden Demagogen, die nicht wollen, dafs es solche Männer im Staate giebt.' Deutlicher als ἅπαντα — τἆλλα wäre freilich ἅπαντα — ταῦτα. Auf die neuerdings von Weil ausgesprochene Vermutung, dafs hinter τὸν κακῶς κακῶς ein Gedanke wie εἶτ' οὐ προσέχετε τῷ τὰ βέλτιστα λέγοντι ausgefallen, das γάρ hinter ἄν aber beizubehalten sei, kann ich hier nicht weiter eingehen). — ταὖτ' ἔπραττεν] mit Frohberger und Kappeyne van de Coppello für ταῦτ' ἔπραττεν. Schon Classen wollte ταὐτά. In gleichem Sinne § 74 τὰ ὅμοια πράττειν. Meutzner a. a. O. S. 683 betrachtet aus sehr subjektiven Gründen die Worte καὶ ὁ μὲν πατὴρ — ᾑρέθη als Glosse.

§ 66. Πείσανδρον] Kock zu Arist. Vög. 1556. — προτέρους] Den tropischen Gebrauch bestritt Dobree, advers. I, 218. Das hdschr. πραοτέρους suchte Classen zu verteidigen. Dagegen Emperius, opusc. 79. — τότ' ἤδη] Herwerden τότε δή, ebenso XXV, 22. Beide Partikeln (δή und ἤδη) Thuk. I, 49, 7: ἐπεὶ δὲ ἡ τροπὴ ἐγίγνετο λαμπρῶς καὶ ἐνέκειντο οἱ Κορίνθιοι, τότε δὴ ἔργου πᾶς εἴχετο ἤδη (wo Classen). Xen. Oik. 9, 6: οὕτω δὴ ἤδη (Cobet οὕτω δή). Beispiele für tum (tum vero, tum utique u. s. w.) an der Spitze des Nachsatzes bei Fabri zu Liv. XXI, 11, 7. — τὸ παρ' ὑμῶν δέος] Zahlreiche Beispiele für παρά und ἀπό bei Substantivis geben Schömann zu Isae. 193 und 472. Kühner zu Xen. Mem. II, 2, 12. Maetzner zu Lyk. 216 und 297. Rehdantz zu Lyk. Anh. 2, 127. — Ἀριστοκράτους] Über ihn Naber, Mnemos. I, 225. Kock zu Arist. Vög. 126.

§ 67. διὰ δέ] ἅμα δὲ διά Cobet. ἅμα μέν — ἅμα δέ bei Lysias XIII, 55 und XVI, 20.

§ 68. τιμώμενος δέ] Scheibe denkt an den Ausfall eines καὶ ὕστερον. Dagegen Meutzner a. a. O. — αὐτὸς ἐπαγγειλάμενος — αὐτὸς ἀπώλεσε] Über die Wiederholung von αὐτός Stallbaum zu Plat. a. a. O. Cobet v. l. 241. — ὑπέσχετο δέ] Die Partikel δέ beginnt häufig nach einer Ankündigung oder Behauptung die nähere Ausführung oder Erläuterung und scheint dann bisweilen die Stelle von δή (οὖν) oder γάρ zu vertreten. Gewöhnlich schliefst sie sich in diesem Falle an das Verbum an (nicht selten ἔστι δέ und εἰσὶ δέ); doch stehen auch andere (betonte) Wörter an der Spitze, namentlich Pronomina. Vgl. Plat. Symp. 195ᵃ: φημὶ οὖν ἐγὼ πάντων θεῶν εὐδαιμόνων ὄντων Ἔρωτα, εἰ θέμις καὶ ἀνεμέσητον εἰπεῖν, εὐδαιμονέστατον εἶναι αὐτῶν, κάλλιστον ὄντα καὶ ἄριστον. ἔστι δὲ κάλλιστος ὢν τοιόσδε. Menex. 237ᶜ: ἔστι δὲ ἀξία ἡ χώρα κτλ. Phaedr. 239ᶜ: τὴν δὲ τοῦ **σώματος** ἕξιν τε καὶ θεραπείαν οἵαν τε καὶ ὡς θεραπεύσει οὗ ἂν γένηται κύριος, ὃς ἡδὺ πρὸ ἀγαθοῦ ἠνάγκασται διώκειν, δεῖ μετὰ ταῦτα ἰδεῖν. ὀφθήσεται δὲ μαλθακόν τινα καὶ οὐ στερεὸν διώκων (Hirschig ὀφθ. δή). Anax. Rhet. 7 a. A.: νῦν δὲ περὶ τῶν ἄλλων δηλώσω πρῶτον ἀπὸ τῶν πίστεων ἀρξάμενος. εἰσὶ δὲ δύο τρόποι τῶν πίστεων. Ant. II, β, 5: ἔστι δέ. IV, δ, 2: δοκεῖ δέ. VI, 16: διωμόσαντο δέ (μέν Z M, γάρ Ald.). Is. III, 48: φημὶ δὲ χρῆναι (so Bekker mit Γ; vulg. φημὶ δή ohne χρῆναι, Coraes nach H. Wolf φημὶ δὴ δεῖν. — VIII, 16: φημὶ δ' οὖν χρῆναι; vgl. IV, 70: λέγεται δ' οὖν. D. XXVII, 3). Thuk. I, 37, 2: φασὶ δέ (Krüger φ. δή). Lyk. 51: εὑρήσετε δέ 'immo γάρ' Sauppe. Dein. I, 72: ἐπιβλέψατε δέ (so Maetzner und Blass mit N; vulg. ἐ. γάρ. Rosenberg will ἐπιβλέψατε δή oder blos ἐπιβλέψατε). D. XVIII, 87: ὁρῶν δ' ὅτι (ὁρῶν γὰρ ὅτι Reiske). Ant. V, 20: ἐγὼ δέ. Thuk. III, 61, 2: ἡμεῖς δέ (ἡμεῖς δή Krüger) D. XXVII, 18: ἐμοὶ δέ ('malim γάρ' Sauppe). Vgl. auch Lys. XIII, 79 (ἀνάγκη δ' ἦν). Thuk. II, 64, 6 (ὑμεῖς δέ). III, 10, 2 (ἡμῖν δέ). I, 140, 2 (Λακεδαιμόνιοι δέ). D. XXXIX, 18. Xen. Kyr. IV, 6, 2. Maetzner zu Ant. 258. Classen zu den angeführten Stellen des Thukydides. Nägelsbach zu Hom. Il. α, 259 und β, 26. Hertlein zu Xen. Kyr. IV, 5, 2. Frohberger, Phil. XVI, 534 f. Hermann zu Viger. 843 ed. IV. Hartung I, 167. Klotz zu Devar. 362. Kühner II, 816. Das lateinische autem wurde nur in manchen Verbindungen ähnlich gebraucht; s. Klotz lexic. u. d. W. Mit der von Frohberger angeführten Stelle aus Cic. Tusc. I, 2, 3: honorem huic generi non fuisse declarat oratio Catonis, in qua objecit ut probrum M. Nobiliori, quod is in provinciam poetas d u x i s s e t; d u x e r a t a u t e m consul ille in Aetoliam, ut scimus, Ennium und den verwandten Beispielen bei Wichert, die Latein. Stillehre 475 sind zusammenzuhalten Plat. Symp. 181ᵇ: καὶ οὗτός ἐστιν (ὁ ἔρως) ὃν οἱ φαῦλοι τῶν ἀνθρώπων ἐρῶσιν· ἐρῶσι δὲ οἱ τοιοῦτοι πρῶτον μὲν οὐχ ἧττον γυναικῶν ἢ παίδων. 193ᵇ. D. XVIII, 35. Die Alten bezeichneten derartige Wiederholungen (vgl. noch D. VIII, 25) mit den Namen ἀναστροφή und ἐπαναστροφή (Hermog. περὶ ἰδ. II, 336 Sp. Tiber. περὶ σχημ. III, 70 Sp. Rehdantz, Dem. Ind. I, Anastrophe). Der Gebrauch des δέ, um den es sich hier handelt, bleibt derselbe, wenn auch das wiederholte Wort im ersten Gliede nicht die signifikante Endstellung hat. So D. XXIII, 4. Xen. Hell. II, 2, 15. Plat. Lach. 198ᵇ.

— εἰπεῖν μὲν οὐδενὶ ἠθέλησεν, ἐκέλευσε δ' αὐτῷ πιστεύειν] Diese chiastische Stellung sehr häufig, wenn das erste Glied negativ, das zweite positiv ist. Vgl. X, 6 (XII, 70. XIII, 23) und die Beispiele de arg. ex contr. 346.

§ 69. *σωτήρια*] nach Markland und Reiske; vgl. Xen. Anab. III, 3, 2: *εἰ ὁρῴην ὑμᾶς σωτήριόν τι βουλευομένους. σωτηρίαν* nach den Hdschr. Cobet und Fritzsche (dieser vergleicht wegen des fehlenden Artikels Arist. Ekkl. 396 und 401. Andere Stellen der Art bei Fuhr, Rhein. Mus. XXXIII, 352). Zur Sache vgl. auch Philippi, der Areopag und die Epheten S. 184 f. — *ἀντιλεγόντων δὲ — εἰδότες δέ*] Für das Lateinische, wo diese Verbindung nicht so häufig ist wie im Griechischen, vgl. Fabri zu Sall. Iug. 98, 4. Weiſsenborn zu Liv. II, 55, 6 und V, 18, 5. M. Müller zu I, 1, 4. Nipperdey zu Tac. Ann. III, 11. — *οἱ μὲν ἄλλοι κτλ.*] Über den proleptischen Gebrauch von ceterus und reliquus Seyffert zu Cic. Lael. 31 und pal. Cic. 139. Aus Pseudolysias scheint hierher zu gehören die arg verstümmelte Stelle VI, 13: *τοὺς μὲν οὖν ἄλλους οἱ ἐπιτάξαντες καταδέξασθαι ἀδικοῦσι, καὶ τοῦ αὐτοῦ ἀσεβήματος αἴτιοί εἰσιν· εἰ δ' ὑμεῖς αὐτοκράτορες ἦτε, καὶ ἐστὲ οἱ ἀφελόντες τὰς τιμωρίας τῶν θεῶν, ἀλλ' οὐχ οὗτοι αἴτιοι ἔσονται. ἦτε καὶ ἐστέ* schreibt Scheibe nach *X*; *καί* fehlt in G K M. Vielleicht ist dieser Teil der Antithese so zu emendieren: *τοῦτον δ' ὑμεῖς αὐτοκράτορες* (oder *αὐτοκράτορες ὄντες*) *ἐὰν ἀφῆτε ἔσεσθ' οἱ ἀφελόντες* (oder *ἀνελόντες*) *τὰς τ. τ. θ. κτλ.* = was die übrigen anlangt, so haben die unrecht gehandelt, welche —, was aber diesen betrifft, so werdet ihr, wenn ihr ihn als *αὐτοκράτορες* freisprecht, die sein, welche u. s. w. Die eigentümliche Wortstellung, die in dem Gliede *τοῦτον δ' ὑμεῖς κτλ.* eine Interpunktion gar nicht zuläſst, hat ihren Grund in den scharfen Gegensätzen. Vgl. die Beispiele de arg. ex contr. 177 f. (Ant. V, 38 u. s. w.). 217 (Isae. I, 33 u. s. w.). 384 ([And.] IV, 9 u. s. w.). Andere Verbesserungsvorschläge bei Scheibe praef. XV und Francken comm. 50, von dem ich das Verbum *ἀφιέναι* sowie das Futurum *ἔσεσθε* entlehnt habe. — *τῶν πολεμίων ἕνεκεν*] Kayser will vor oder hinter *ἕνεκεν* den Gen. *βλάβης* einsetzen; vgl. dagegen Meutzner a. a. O. — *παῖδας καὶ γυναῖκας*] Diese Stellung regelmäſsig auch im offiziellen Stil. Keil, schedae epigr. (Pforta 1855) S. 29. Im allgemeinen vgl. Krüger zu Dion. Hal. Hist. S. 99. Stein zu Herod. VIII, 4. Maetzner zu Lyk. S. 75. Hertlein zu Xen. Anab. IV, 1, 8 und Kyr. III, 3, 44. Rehdantz zu Xen. Anab. VII, 8, 9, welcher nachweist, daſs bei Xenophon die umgekehrte Reihenfolge meist stattfindet, wo von Barbaren die Rede ist. Im Latein. ist dies die gewöhnliche Wortstellung; vgl. Liv. XXVI, 13, 13: conjuges, liberi. II, 1, 5: conjugum ac liberorum. XXI, 13, 7: conjugum ac liberorum vestrorum. Cic. in Cat. IV, 9, 18: conjugum vestrarum atque liberorum. 1, 2: conjuges liberosque vestros. Liv. II, 38, 3: vestras conjuges, vestros liberos. V, 38, 5: ad conjuges ac liberos. III, 7, 7. V, 39, 9. XXII, 10, 8. XXIII, 7, 9: cum conjugibus ac liberis. Cic. in Cat. III, 10, 23: cum conjugibus ac liberis vestris. IV, 11, 24: de vestris conjugibus ac liberis. Liv. V, 40, 9: conjugem ac liberos (§ 10: uxorem ac pueros. II, 40, 9: uxor ac liberi). Cic. p. Quinct. 31, 97: per ipsius conjugem et liberos. Liv. V, 49, 3: fana deum et conjuges et liberos. Cic. in Cat. IV, 2, 3: vos, conjuges, liberos fortunasque vestras. Liv. XXII, 60, 13: ad parentes, ad conjuges ac liberos. Liv. II, 40, 5: mater conjunxque et liberi. § 7: mater, conjunx liberique. Cic. de off. III, 26, 97: cum parentibus, cum uxore, cum filio. § 99: cum uxore, cum liberis. p. Quinct. 27, 85. 28, 86: domus, uxor, liberi. p. Rosc. Amer. 34, 96: domus, uxor liberique. Liv. V, 21, 11. XXXVIII, 22, 8: mulierum ac (atque) puerorum. V, 42, 4: mulierum puerorumque. XXXVIII, 21, 14: feminae puerique. Dagegen Cic. p. Flacc. 38, 95: in complexu liberorum conjugumque vestrarum.

§ 70. *ἤλπισε*] Vgl. auch D. XX, 161: *πόρρω τοῦ τι τοιοῦτον ἐλπίζειν νῦν ἐσμέν* und die negativen Adjektiva *ἀνέλπιστος* (Plat. Apol. 36ᵃ: *οὐκ ἀνέλπιστόν μοι γέγονε τὸ γεγονὸς* **τοῦτο**. Aesch. III, 132: *τί τῶν ἀνελπίστων καὶ ἀπροσδοκήτων ἐφ' ἡμῶν οὐ γέγονεν;* vgl. Liv. III, 26, 5. Cic. Tusc. III, 13, 28 und Büttner, quaest. Aesch. S. 10. Thuk. VI, 34, 2) und *ἄελπτος* (*πῆμ' ἄελπτον* Aesch. Pers. 257. 985. *ἄελπτον κακόν* 967. *ἄελπτα πάσχειν* Suppl. 885, *κοὐκ ἔστ' ἄελπτον οὐδέν* Soph. Aj. 648. *χρημάτων ἄελπτον οὐδέν ἐστιν* Archil. bei Stob. Flor. CX, 10). In positiven Sätzen steht *ἐλπίζειν* im Sinne des deutschen 'erwarten' z. B. (Lys.) VI, 3: *ἐλπίσαι οὖν χρὴ πάντα ἄνθρωπον ὄντα καὶ ἑαυτῷ καὶ ἑτέρῳ ἔσεσθαι* (vgl. die beiden zuletzt angeführten Stellen und de arg. ex contr. S. 67). II, 36. D. XIX, 240. Herod. IX, 113. Soph. Aj. 799. Trach. 111. Eur. Ion 348. Schol. Soph. Trach. 296: *καὶ τοῦτο τοὐπός ἐστιν ἀνδρὸς ἔμφρονος· ὅταν καλῶς πράσσῃ τις, ἐλπίζειν κακά.* So auch *ἐλπίς* D. I, 14. XXIII, 58 und 106. Behandelt haben diesen Sprachgebrauch Krüger zu Thuk. I, 1, 1. Weber zu Dem. Aristocr. S. 237 und 343. Rehdantz Dem. Ind. II, *ἐλπίς*. Fritzsche zu Arist. Eth. Nic. IX, S. 117. Wunder zu Soph. Trach. 293. Über Homer Ebeling, lex. Homer. u. *ἔλπω*; über den Unterschied von *ἐλπίζειν* und *προσδοκᾶν* Schmidt, Synonym. III, S. 583 ff. (zur Feststellung der Bedeutung von *προσδοκᾶν* können die de arg. ex contr. S. 274 gesammelten Stellen dienen). Das Verbum sperare hat die besprochene Bedeutung, wenigstens was die bessere Prosa anlangt, wohl nur in negativen Sätzen. Metellus bei Cic. ad fam. V, 1, 2: te tam mobili in me meosque esse animo non sperabam. Flor. I, 36 (III, 1): quis speraret post Carthaginem aliquod in Africa bellum? (Potent. der Vergangenheit). Cic. p. Rosc. Amer. 4, 10: sin a vobis, id quod non spero, deserar, tamen animo non deficiam, wo Halms Anm. nachzulesen (vgl. Verg. ecl. VIII, 26: quid non speremus amantes? Sueton Caes. 60 schreibt Roth: cum minime quis moturum putaret — für speraret —). Anders Verg.

Aen. I, 543: at sperate deos memores fandi atque nefandi. IV, 419: hunc ego si potui tantum sperare dolorem, et perferre, soror, potero. XI, 275. Wie ἀνέλπιστος und ἄελπτος in den oben citierten Stellen ist insperatus gebraucht Liv. III, 26, 5: nihil tam inopinatum nec tam insperatum accidere potuit. Cic. Tusc. III, 13, 28: insperato et necopinato malo. Das Subst. spes findet sich in den negativen Wendungen contra spem suam Sall. Iug. 88, 1, praeter spem ipsorum Liv. III, 54, 2, id quidem spe omnium serius fuit Liv. II, 3, 1, omnium spe celerius XXI, 6, 5 (mala spes wie Soph. Aj. 605 κακὴ ἐλπίς Liv. XXII, 48, 5; vgl. Sall. Cat. 20, 13 mala res, spes multo asperior). — ἀποστερηθήσεσθε] ἀποστερήσεσθε Cobet, Herwerden, Fritzsche. Dieselbe Form des Futurs nach εἰ D. I, 22 (Cobet mit Γ ἀποστερήσεται). Auch Is. VI, 28 Θ v. στερηθησόμεθα. Im übrigen vgl. Benseler zu Is. Areopag. 229 und Vömel Dem. Prolegg. Gramm. § 94.

§ 71. ὡμολογημένος] Westermann, quaest. Lys. III, 23; vgl. Kayser, Philol. XXV, 307. Die Hdschr. λεγόμενος. — ὑπ' ἐκείνων] nach Markland und Rauchenstein für das hdschr. ὑπ' ἐκείνου. Ein anderes Mittel, durch das man die Stelle heilen könnte, wäre, die beiden Genitive ἐκείνου und Λυσάνδρου mit einander zu vertauschen, also ὑπ' ἐκείνου in ὑπὸ Λυσάνδρου und μετὰ Λυσάνδρου in μετ' ἐκείνου zu verwandeln. Diese Änderung scheint sich besonders deshalb zu empfehlen, weil die Oligarchen in der That nur mit Lysander unterhandelten.

§ 72. Φιλοχάρους] Frohberger vermutet, dafs darin der Πολυχάρης stecke, der Xen. Hell. II, 3, 2 unter den Dreifsig genannt wird. — ἐποίουν] ξύλλογον und ἐκκλησίαν ποιεῖν häufig bei Thukydides. Krüger zu I, 67, 2 ([Lys.] XX, 26 hat Cobet mit Recht σύλλογον für das hdschr. συλλογήν geschrieben). — διαπειλοῖτο] Cobet (n. l. 626 f.), Herw., Rauchenst., ἀπειλοῖ die Züricher, Scheibe, Westerm., ἀπειλοίη Fritzsche, αἰτιῷτο Emperius (opusc. 80). In den Hdschr. ἀπειλοῖτο.

§ 73. ὅμως καὶ οὕτω διακείμενοι] Halm zu Cic. pro Sest. 67, 140 nimmt nicht, wie in der Anm. geschehen, eine Prolepsis an, sondern meint, dafs in solchen Stellen das Ptcp. als nähere Bestimmung des voranstehenden Adverbiums erscheine. Jedenfalls ist diese Erklärung für die Beispiele notwendig, wo tamen einen Gegensatz zum vorhergehenden Satze einführt, was offenbar der Fall ist Liv. V, 42, 7: nihil tamen tot onerati obrutique malis flexerunt animos (= trotzdem aber, obwohl sie nämlich —, beugten sie sich doch nicht). Vgl. XXI, 55, 10: tamen in tot circumstantibus malis mansit aliquamdiu immota acies (wo Fabri). I, 24, 1. II, 23, 4. XXII, 24, 14. Ebenso ist im Griechischen das Ptcp. epexegetisch zu fassen, wenn der Satz mit ὅμως δέ und ἀλλ' ὅμως beginnt. Auch in diesem Falle kann die konzessive Bedeutung des Ptcp. durch καί und καίπερ verdeutlicht werden. Lys. XIX, 11:

χαλεπὸν μὲν οὖν ἀπολογεῖσθαι πρὸς δόξαν, ἣν ἔνιοι ἔχουσι περὶ τῆς Νικοφήμου οὐσίας καὶ —· ὅμως δὲ καὶ τούτων ὑπαρχόντων ῥᾳδίως γνώσεσθε ὅτι οὐκ ἀληθῆ ἐστι τὰ κατηγορημένα. Is. VIII, 15. XVII, 2 (ebenfalls *ὅμως δὲ καί*). Is. IX, 11. XV, 272. (D.) XXIX, 28 (*ὅμως δὲ καίπερ.* Vgl. Plat. Soph. 267[d]: *ὅμως δέ, κἂν εἰ κτλ.* Eur. Med. 459: *ὅμως δὲ κἀκ τῶνδ' οὐκ ἀπειρηκὼς φίλοις ἥκω*). And. II, 16 (*ἀλλ' ὅμως καί*). Thuk. VI, 69, 1. Xen. Kyr. VI, 4, 6. Hell. VI, 4, 14 (*ὅμως δέ*). Plat. Charm. 175[d] (*ἀλλ' ὅμως — οὐδέν τι μᾶλλον*). Lys. XIV, 35. Is. VI, 29. VIII, 124. IX, 61 u. 79. XII, 15. XVII, 55. Aesch. I, 166. III, 88. D. IX, 33. XVIII, 22 u. 284 (*ἀλλ' ὅμως.* Vgl. Plat. Theaet. 145[d]: *ἀλλ' ὅμως τὰ μὲν ἄλλα ἔχω περὶ αὐτὰ μετρίως, μικρὸν δέ τι ἀπορῶ* = *ἀλλ' ὅμως, τὰ ἄλλα ἔχων περὶ αὐτὰ μετρίως, μικρόν τι ἀπορῶ.* D. XVIII, 237: *ἀλλ' ὅμως ἐκ τοιούτων ἐλαττωμάτων ἐγὼ συμμάχους μὲν ὑμῖν ἐποίησα Εὐβοᾶς κτλ.*, wo *ἐκ* ebenso gebraucht ist wie Eur. Med. 459. S. Nauck zu Soph. Aj. 537. Rehdantz zu Xen. Anab. III, 2, 3). Ähnlich *οὐ μὴν ἀλλὰ καίπερ* Is. Br. II, 14: *οὐ μὴν ἀλλὰ καίπερ τούτων οὕτως ἐχόντων οὐ παραλειπτέον ἐστὶ κτλ.* D. V, 3. LVII, 3. Auf das Vorhergehende weist *ὅμως* auch zurück And. III, 23: *ὅμως τοίνυν ταῦτα πεπονθότες ὑφ' ἡμῶν συγχωροῦσι ταῦτα ἅπερ οἱ σύμμαχοι.* Xen. Kyr. VIII, 2, 21 (*καὶ ὅμως.* Vgl. de arg. ex contr. S. 265 f. und 307 a. E.). Was den schon in der Anm. angedeuteten Sprachgebrauch der Tragiker betrifft, so ist in den hierher gehörigen Beispielen sowohl die Stellung des Verb. fin. wie die der Partik. *ὅμως* zu beachten. Ersteres nämlich geht in der Regel voran, während letztere an das Ende (des Verses) zu stehen kommt. Aesch. Sieben 712: *πείθου γυναιξὶ καίπερ οὐ στέργων ὅμως.* Eur. Alk. 935: *φίλοι, γυναικὸς δαίμον' εὐτυχέστερον τοὐμοῦ νομίζω καίπερ οὐ δοκοῦνθ' ὅμως.* Or. 680: *κἀγώ σ' ἱκνοῦμαι καὶ γυνή περ οὖσ' ὅμως.* Soph. Oed. Tyr. 1326: *γιγνώσκω σαφῶς καίπερ σκοτεινὸς τήν γε σὴν αὐδὴν ὅμως.* Eur. Med. 280: *ἐρήσομαι δὲ καὶ κακῶς πάσχουσ' ὅμως* (vgl. Aesch. Pers. 295: *λέξον καταστὰς κεἰ στένεις κακοῖς ὅμως.* Dagegen folgt das Prädikat Eur. Hek. 568: *ἡ δὲ καὶ θνήσκουσ' ὅμως πολλὴν πρόνοιαν εἶχεν εὐσχήμως πεσεῖν*). Das Ptcp. ohne *καίπερ* (*καί*) Soph. Trach. 1115: *σιγὴν παρασχὼν κλῦθί μου νοσῶν ὅμως*, womit, abgesehen von der Wortstellung, übereinstimmen Lys. XXV, 31 (in den Hdschr. *ὁμοίως*, vgl. unten zur St.). XXI, 3. D. XXXVI, 41. Thuk. III, 66, 3 (de arg. ex contr. S. 265). VI, 50, 1. Lys. XII, 69. D. V, 4. Is. XIX, 22. Plat. Menon 77[c]. Prot. 353[c]. Phaedr. 240[b]. Xen. Symp. 2, 15. 8, 34. Ages. 2, 7. Herod. VII, 121 (*ὅμως* mit grofsem Nachdruck am Ende D. XVIII, 43: *ἡμεῖς δὲ ὑφορώμενοι τὰ πεπραγμένα καὶ δυσχεραίνοντες ἤγετε τὴν εἰρήνην ὅμως*; vgl. Cic. Tusc. V, 33, 95: omnia jucunda, quamquam sensu corporis judicentur, ad animum referri tamen). Diese Ausdrucksweise sehr häufig auch im Latein. Cic. in Cat. III, 5, 12: atque ibi vehementissime perturbatus Lentulus tamen et signum et manum suam cognovit. pro Marc. 10, 31. pro Sest. 67, 141. 68, 142. Liv. II, 64, 3. V, 48, 6. XXII, 2, 5. 11. 13, 3 (vgl. Liv. I, 17, 3: in variis voluntatibus regnari tamen omnes volebant. V, 47, 4. M. Müller zu II, 23, 4). Ebenso steht nihilo magis nach dem Ptcp. Cic. de div. II, 50, 104: ea sumitis, quibus concessis nihilo magis efficiatur quod velitis. Auffällig ist was van den Es, adn. ad Lyc. or. in Leocr. S. 96 über Lyk. 75 sagt: quae conjunctio *καίπερ ὅμως* poetarum consuetudine fit, worauf er Soph. Oed. Tyr. 1326 und Eur. Or. 680 anführt. Besseres bei Maetzner zu Lyk. S. 209. Franke zu D. IX, 33. Rehdantz Dem. Ind. II, *ὅμως*. Büchsenschütz und Breitenbach zu Xen. Hell. V, 1, 3. Hertlein zu Xen. Kyr. V, 1, 26. Stallbaum zu Plat. Lys. 213[a]. Phaed. 91[e]. Kühner II, S. 644 f. — *ἐθορυβεῖτε*] Maetzner zu Lyk. S. 173. Rehdantz zu D. VIII, 77 und Ind. II, *θορυβεῖν*. — *ἠκκλησιάζετε*] nach dem hdschr. *ἐκκλησιάζετε*, wofür Sauppe und die neueren Herausgeber *ἐξεκλησιάζετε*. Vgl. Dindorf, Demosthenis orationes (Leipzig bei Teubner) praef. XXVII sq. (3. Aufl.) und Xenophontis hist. Graeca (Leipzig bei Teubner) praef. XVIII (3. Aufl.). Auch XIII, 73 und 76 ist mit Frohberger *ἠκκλησίαζε* hergestellt worden.

§ 74. *εἰδείη τούς*] *τούς* tilgt Herw. Am häufigsten *πολλοί* (*ὀλίγοι, σπάνιοι*) *εἰσιν οἱ πράττοντες*: D. XIX, 113: *πολλοὺς ἔφη τοὺς θορυβοῦντας εἶναι, ὀλίγους δὲ τοὺς στρατευομένους*. Is. II, 2. IV, 160 u. 185. VI, 62 u. 68. VII, 83. XV, 293. Br. II, 14. Thuk. III, 102, 4. Plut. Cic. 14. Aristeid. I, 660 Df. (Aesch III, 2: *αἱ κρίσεις ἐλάχισται γίγνονται*. Vgl. Thuk. I, 101, 2: *πλεῖστο δὲ τῶν Εἱλώτων ἐγένοντο οἱ τῶν παλαιῶν Μεσσηνίων ἀπόγονοι*. Plat. Alk. II, 139[c]: *οὐκ οἴει τῶν ἐν τῇ πόλει ὀλίγους μὲν εἶναι τοὺς φρονίμους, ἄφρονας δὲ δὴ τοὺς πολλούς*, wo sich mit dem Chiasmus ein Wechsel des Subjekts verbindet. Lyk. 10: *δύο ἐστὶ τὰ παιδεύοντα τοὺς νέους*. § 3: *τρία ἐστὶ τὰ μέγιστα, ἃ διαφυλάττει τὴν δημοκρατίαν*. Thuk. III, 42, 1: *νομίζω δύο τὰ ἐναντιώτατα εὐβουλίᾳ εἶναι* [ebenso Zahlwort und Superlativ ohne Vermittlung von *εἶναι* Aesch. III, 141: *τρία τὰ πάντων μέγιστα εἰς ὑμᾶς ἐξημάρτηκεν*. D. XXIV, 182: *τρία τὰ δεινότατ' ἄν τις ἴδοι πεπραγμέν' αὐτοῖς*. XX, 10. Aesch. III, 70. 84. Is. Br. I, 9. Ant. VI, 31. Thuk. I, 74, 1. 122, 4. III, 40, 2]. Is. XII, 132: *φημὶ τὰς ἰδέας τῶν πολιτειῶν τρεῖς εἶναι μόνας* [anders Aesch. I, 4. III, 6]. Plat. Symp. 189[d]: *τρία ἦν τὰ γένη τὰ τῶν ἀνθρώπων*. 190[b]: *ἦν διὰ ταῦτα τρία τὰ γένη*. 180[c]: *εἰ εἷς ἦν ὁ Ἔρως*. Thuk. VI, 72, 4: *ἦσαν πεντεκαίδεκα οἱ στρατηγοὶ αὐτοῖς*. VII, 43, 4: *διέφυγον πρὸς τὰ στρατόπεδα, ἃ ἦν ἐπὶ τῶν Ἐπιπολῶν τρία*, womit zusammenzustellen Thuk. IV, 113, 2: *ἐς τὰς ναῦς, αἳ ἐφρούρουν δύο, κατέφυγον*. Auch Lyk. 79: *τρία ἐστὶν ἐξ ὧν ἡ πολιτεία συνέστηκεν* ist das Zahlwort Prädikat), sowie *πολλοὺς* (*ὀλίγους*) *ἔχω* (*λαμβάνω*) *τοὺς πράττοντας*: Lyk. 54: *ἐλαχίστους ἕξετε τοὺς ὑπὲρ ὑμῶν αὐτῶν κινδυνεύοντας*. Is. I, 48. IV, 112. VII, 2 u. 37. VIII, 139. XII, 81.

XV, 302. Br. VI, 12. Plut. Dion 34. Xen. Hell. II, 3, 14: οὓς ἐνόμιζον πλείστους ἂν τοὺς συνεθέλοντας λαμβάνειν (vgl. Thuk. III, 21, 1: τὸ τεῖχος εἶχε δύο τοὺς περιβόλους). Daneben auch πολλοὺς (ὀλίγους) ποιῶ (καθίστημι) τοὺς πράττοντας und ähnliches: Is. Br. VIII, 3: τοὺς μὲν φεύγοντας ὀλίγους ποιεῖν, τοὺς δὲ συμπολιτευομένους πολλούς. (D.) XLII, 15. Ant. II, γ, 11: ἐλάσσους μὲν τοὺς ἐπιβουλεύοντας καταστήσετε, πλείους δὲ τοὺς τὴν εὐσέβειαν ἐπιτηδεύοντας (vgl. Herodi. I, 9, 9: δύο τοὺς ἐπάρχους καταστήσας. Thuk. VI, 72, 5: τοὺς στρατηγοὺς καὶ ὀλίγους καὶ αὐτοκράτορας χρῆναι ἑλέσθαι). (D.) XLIV, 3: ὥστε καὶ τοὺς συνεροῦντας ὑπὲρ αὐτῶν καὶ τοὺς μαρτυροῦντας τὰ ψευδῆ πολλοὺς πεπορίσθαι. In Verbindung mit ἔσεσθαι, ἕξειν, ποιήσειν u. s. w. kann das Ptcp. sowohl im Praes. als im Futur stehen. Schneider zu Is. I, 44. Rehdantz, Dem. Ind. II, Participium. Frohberger, Philol. XXXIII, 512. Über den prädikativen Gebrauch der Numeralia und Zahladjektiva im allgemeinen Kr. 50, 11, 1 und 47, 28, 4. Schneider zu Is. VII, 83. Für das Latein. verweise ich auf Madvig 284, 6. Kraner zu Caes. b. G. I, 52, 5. b. c. I, 46, 4. III, 28, 1. — λέγοι] Meutzner a. a. O. will ἂ λέγοι. — παρασπόνδους — ἔχοι] παρασπονδοῦντας — ἕλοι Herw. — ἔσται] ἔτ' ἔσται will Herw. — ποιήσεθ' — κελεύει] hat wegen des ἔσται anstatt ποιήσαιθ' (ποιήσαθ' *P*) — κελεύοι (κελεύει C) Cobet (vgl. de art. interpr. 100) hergestellt, und so Scheibe, Rauchenstein, Herwerden, Fritzsche. Was den Bedingungssatz an und für sich anlangt, so hat man sicherlich keinen Grund, den Wechsel des Tempus und Modus in der obliquen Rede: εἶπεν ὅτι — ἔσται —, εἰ μὴ ποιήσαιθ' ἂ κελεύοι, wie Cobet meint, als Soloecismus anzusehen. Vgl. z. B. XIII, 25: λέγοντες ὅτι, εἰ κομισθείη εἰς τὴν βουλήν, ἴσως ἀναγκασθήσεται. Plut. Perikl. 18: εἰπὼν ὡς, εἰ μὴ πείθοιτο Περικλεῖ, τόν γε σοφώτατον οὐχ ἁμαρτήσεται σύμβουλον ἀναμείνας χρόνον. D. LVII, 16: οὐκ ἠγνόει ὅτι, εἰ λόγος ἀποδοθήσοιτο καὶ παραγένοιντό μοι πάντες οἱ δημόται καὶ ἡ ψῆφος δικαίως δοθείη, οὐδαμοῦ γενήσονται οἱ μετὰ τούτου συνεστηκότες, wo Westermann mit Recht Cobets Konjektur γενήσοιντο zurückgewiesen hat. In dieser Stelle enthält die Protasis auch einen Optativ des Futurums. Darnach könnte man sich versucht fühlen, auch bei Lysias mit geringer Abänderung der Vulgata zu schreiben: εἶπε — ὅτι — ἔσται —, εἰ μὴ ποιήσοιθ' ἂ — κελεύοι, zumal da dieser Wechsel (ὅτι, εἰ mit Optativ des Futurs — Indikativ des Futurs) sich noch durch manches andere Beispiel belegen läſst. Vgl. Xen. Hell. VI, 4, 36: εἶπεν ὡς, εἰ μὴ ἤδη πράξοιεν, ἐξεγερεῖ αὐτόν. V, 1, 34. 4, 36. Ages. 2, 31 [Plat. Apol. 29[c]: λέγων πρὸς ὑμᾶς ὡς, εἰ διαφευξοίμην, ἤδη ἂν ὑμῶν οἱ υἱεῖς ἐπιτηδεύοντες ἂ Σ. διδάσκει πάντες παντάπασι διαφθαρήσονται. Vgl. Cron und Wohlrab z. St. sowie Thuk. II, 80, 1: λέγοντες ὅτι, ἢν ναυσὶ καὶ πεζῷ ἅμα μετὰ σφῶν ἔλθωσιν, — ῥαδίως ἂν Ἀκαρνανίαν σχόντες καὶ τῆς Ζακύνθου — κρατήσουσι, καὶ ὁ περίπλους *οὐκέτι ἔσοιτο Ἀθηναίοις ὁμοίως περὶ Πελοπόννησον.* — Umgekehrt Xen. Hell. V, 2, 13: *προεῖπον ἡμῖν ὅτι, εἰ μὴ παρεσόμεθα συστρατευσόμενοι, ἐκεῖνοι ἐφ' ἡμᾶς ἴοιεν* (*παρεσοίμεθα* Dindorf). II, 3, 50 (*ἐπιτρέψοι* mit *B* Dindorf). Anab. V, 6, 34. Dagegen **Indikativ** des Futurs in der Protasis und Apodosis Lys. XII, 70: *εὖ εἰδὼς ὅτι, εἰ μὴ — ἀποστερηθήσεσθε, — κομιεῖσθε.* Plat. Symp. 221[b]. Xen. Hell. V, 2, 38 — s. u. —. In beiden Gliedern der Optativ des **Futurs** Ant. IV, β, 4: *προλεγόντων αὐτῷ τῶν ἄλλων ἰατρῶν, εἰ ταύτην τὴν θεραπείαν θεραπεύσοιτο, ὅτι ἰάσιμος ὢν διαφθαρήσοιτο.* [D.] LII, 22. Xen. Hell. II, 3, 17. 42. 4, 4. III, 1, 27. VI, 1, 1. 4, 6. VII, 4, 34. 5, 18. Ages. a. a. O. Kyr. I, 5, 3; *εἰ* (*ὁπότε, ὅστις*) mit Optativ des Praesens (Aorists) — Optat. des Futurs Xen. Hell. II, 3, 56. III, 4, 15. IV, 8, 9. Ant. V, 50 (wo Blass mit Recht nach Cobet — und Madvig — *παύσοιτο* für *παύσαιτο* schreibt). Lys. XIII, 78]. Wenn ich trotzdem mit Frohberger Cobets Emendation aufgenommen habe, so war für mich lediglich der Umstand mafsgebend, dafs so nur ein einmaliger Moduswechsel stattfindet: *εἶπε καὶ ὅτι — ἔχοι* (nur AR *ἔχει*), *καὶ ὅτι — ἔσται —, εἰ μὴ ποιήσεθ' ἃ — κελεύει*, der nach dem, was zu § 48 bemerkt ist, nicht auffällig erscheinen kann. Ganz ähnlich Xen. Hell. V, 2, 38: *διδάσκων ὅτι οἱ Ὀλύνθιοι κατεστραμμένοι τὴν μείζω δύναμιν Μακεδονίας εἶεν, καὶ οὐκ ἀνήσουσι τὴν ἐλάττω, εἰ μή τις αὐτοὺς παύσει τῆς ὕβρεως.* Wollte man die Stelle so schreiben: *εἶπε καὶ ὅτι — ἔχοι, καὶ ὅτι — ἔσοιτο —, εἰ μὴ ποιήσαιθ'* (oder *ποιήσοιθ'*) *ἃ — κελεύοι*, so würde man zwar für den ganzen Paragr. lauter Optative erhalten, aber dies doch nur durch einen Eingriff in die Überlieferung erreichen, der noch gewaltsamer wäre als die Cobetsche Korrektur.

§ 75. *καί — καί*] Vgl. Benseler und Schneider zu Is. IX, 32. Westermann zu D. XXIII, 30. Classen zu Thuk. II, 8, 4. Kock zu Arist. Ritt. 256. Schömann zu Isae. S. 307. Cron zu Plat. Lach. 186[a]. Hartung, Partik. I, S. 144. Über den ähnlichen Gebrauch der latein. Kopulativpartikeln Walch zu Tac. Agric. S. 200. Wagner, Quaest. Verg. XXXIV, 1. Forbiger zu Verg. Georg. I, 442.

§ 76. *παρηγγέλλετο*] *παρήγγελτο* Cobet, Herw., Rauchenst. (vgl. Kayser, Heidelb. Jahrb. 1866 S. 784). Die Vertauschung ist allerdings häufig in den Büchern (Cobet v. l. S. 253 f., van den Es a. a. O. S. 25 f.), doch ist hier das Impf., den weiteren Verlauf der Dinge in jener Volksversammlung schildernd (§ 72 bis 73 *ἐποίουν — ἐθορυβεῖτε — ἐγιγνώσκετε*), ganz am Platze. Auch Fritzsche verwirft das Plusqpf. — *ᾔδεσαν*] *ᾖσαν* Herw.

§ 77. *οὐδὲν φροντιζόντων Λακεδαιμονίων*] nach Dobree (Emperius, op. 81. 314). *οὐδὲν φροντίζων δὲ τῶν Λ.* X, *φροντίζων δὲ τῶν Λ.* C, und so Herwerden (vgl. dagegen Pertz, quaest. Lys. I, 7 ff. und Frohberger, Jahrb. f. Phil. 1860, 421), *οὐδὲν φρον-*

τίζων τῶν Α. Cobet n. l. 202 (in der Ausgabe οὐδὲν φροντιζόντων Α.), οὐδὲν φροντίζοντα δὴ τῶν Α. Fritzsche. — τοῖς εἰρημ. τρόποις ὑπ' ἐμοῦ] Beispiele dieser Stellung bei Schneider zu Is. I, 29. Büchsenschütz zu Xen. Hell. III, 4, 1. Franke, quaest. Aesch. (Progr. Fulda 1841) 16. Rehdantz, Anh. 1 zu Demosth. (1. Ausg.). Böhme zu Thuk. I, 11, 3. Frohberger, Jahrb. f. Phil. 1861, 175. Mit Lys. XXXIV, 4 kann man vergleichen Liv. XXIII, 31, 7: ob egregie in praetura res gestas und die Beispiele bei Weifsenborn zu dieser Stelle und zu VI, 23, 4. XXIV, 24, 2. — αὐτοῖς αἴτιος] mit Kayser nach C. αὐτῷ αἴτ. die übrigen Hdschr., αὐτὸς αἴτ. Markland. — τοιούτων τυγχάνοι] Beispiele aus Euripides bei Fritzsche. Nicht notwendig ist die Emendation Cobets (n. l. 202) τοιούτων αὐτῶν τυγχάνοι. — αὐτῷ τῷ ἔργῳ] Frohberger nach dem αὐτῷ ἔργῳ des Palat., gebilligt von Funkhänel Jahrb. f. Phil. 1870, 672; αὐτοῖς ἔργῳ Rauchenst. nach dem Laurent. (vgl. Jahrb. f. Phil. 1866, 653), αὐτὸς ἔργῳ die übrigen Herausgeber nach Marklands Vermutung. Der durch den Nomin. αὐτός bewirkte Gegensatz würde nach meinem Dafürhalten nur dann einen angemessenen Sinn geben, wenn man entweder mit einer Umstellung der Worte schriebe: πολλὰς πίστεις ἔργῳ δεδωκὼς καὶ αὐτὸς παρ' ἐκείνων ὅρκους εἰληφώς oder mit Einschaltung von καί: πολλὰς πίστεις καὶ αὐτὸς ἔργῳ δεδωκὼς καὶ παρ' ἐκείνων ὅρκους εἰληφώς. Die Unregelmäfsigkeit in der Wortstellung (πολλὰς πίστεις καὶ αὐτός für καὶ αὐτὸς πολλὰς πίστεις), welche bei der zweiten Emendation entstehen würde, liefse sich durch viele ähnliche Stellen rechtfertigen. S. z. B. Thuk. III, 71, 1: εἶπον ὅτι ταῦτα καὶ βέλτιστα εἴη καὶ ἥκιστ' ἂν δουλωθεῖεν ὑπ' Ἀθηναίων. 67, 6. IV, 105, 1. V, 88. Dieselbe Unregelmäfsigkeit findet sich bei οὔτε — οὔτε Lys. XIX, 55: ἐγὼ γὰρ ἔτη γεγονὼς ἤδη τριάκοντα οὔτε τῷ πατρὶ οὐδὲν πώποτε ἀντεῖπον, οὔτε τῶν πολιτῶν οὐδείς μοι ἐνεκάλεσεν (Rauchenstein οὐδὲ τῶν π.). Thuk. III, 39, 3. V, 7, 5. VI, 17, 5. Vgl. auch de arg. ex contr. Anm. 52 a. E. (S. 352 f.) und Anm. 55 (S. 358). — ὅρκους] streicht Cobet (Mnemos. nov. ser. III, 390) als Glossem unter Zustimmung Röhls (Jahresb. d. phil. Vereins 1878, 41). Zur Begründung seiner Ansicht sagt er: 'ad πίστεις adnotatum est ὅρκους et in textum alieno loco se insinuavit'. Aber sollte wirklich ein Abschreiber so einfältig gewesen sein, gerade hier πίστεις durch ὅρκους zu erklären?

§ 78. καὶ τοσούτων] Sehr überflüssig ist Reiskes Konjektur καίτοι τοσούτων. — ἀποθανόντος Θηραμένους] Θηραμ. streicht Herw. — ἀλλ' ὑπὲρ τῆς] Cobet ἀλλ' ὑπὸ τῆς. Vgl. dagegen Fritzsche und XIII, 20. Thuk. IV, 86, 5: ἡμῖν οὐκ ἂν ἀντὶ (= zum Lohn für) πόνων χάρις καθίσταιτο, ἀντὶ (= an der Stelle von) δὲ τιμῆς καὶ δόξης αἰτία μᾶλλον. Derselbe Doppelsinn, ohne dafs die Präposition zweimal gesetzt ist, Herod. IX, 28: καὶ τιμῆς εἵνεκεν καὶ ἀρετῆς (wo Stein). Xen. Anab. IV, 7, 20. — ἤδη *γάρ*] *δὶς γάρ* oder *ἤδη δὶς γάρ* Sauppe, *ἤδη γὰρ πρότερον* Frohberger, *ἤδη γὰρ καὶ πρότερον* Fritzsche. — *κατέλυσε*] *κατέλυε* Cobet, Mnemos. II, 322 ('si cum Reiskio accipis id agebat ut everteret, legendum erit *κατέλυε*: sed non omisisset Lys. *δεύτερον* vel *πάλιν* vel aliquid certe ejusmodi' Dobree). Nicht vollständig befriedigt mich, was Rauchenstein zur Begründung von Sauppes *δὶς γάρ* in der Anm. und Jahrb. f. Philol. a. a. O. vorbringt; aber auch Frohbergers *ἤδη γὰρ πρότερον* und Fritzsches *ἤδη γὰρ καὶ πρότερον* erregen Bedenken. Eine gründliche Heilung der Stelle erreicht man nur dann, wenn man (nach Dobree und Cobet), freilich mit doppeltem Eingriff in die Überlieferung, entweder *αὖθις γὰρ αὐτὴν κατέλυε* oder *ἤδη γὰρ τὸ δεύτερον αὐτὴν κατέλυε* schreibt. Die Einschiebung von *τὸ δεύτερον* würde sich besonders durch den Parallelismus mit dem folgenden Adv. *δίς* (zum zweiten Mal — zweimal) empfehlen.

§ 79. *περὶ μὲν τοίνυν Θ. ἱκανά μοι ἐστι τὰ κατηγορημένα*] Das verb. fin. Lys. XXVII, 1: *κατηγόρηται μὲν Ἐπικράτους ἱκανά*. Mit XXIX, 8 und XXX, 31 vgl. Is. XXI, 16: *περὶ μὲν οὖν τούτων ἱκανὰ τὰ εἰρημένα.* (D.) LVI, 26: *περὶ μὲν οὖν τούτων ἱκανά μοι τὰ εἰρ.* Ähnliche elliptische Wendungen (D.) XXV, 12. Br. III, 1483: *καὶ περὶ μὲν τούτων ἱκανά.* Plat. Menex. 248[d]: *ταῦτα δὴ ἱκανὰ τοῖς ἡμετέροις παρ' ἡμῶν ἀγγέλλειν.* Is. VIII, 25. Plat. Symp. 196[b]. Apol. 28[a] (s. unten). Die Adverbia *ἱκανῶς*, *ἅλις*, *ἅδην* stehen elliptisch Plat. Phaedr. 246[a]. Xen. Kyr. VIII, 7, 25. Plat. Euthyphr. 11[e] (s. Anh. zu § 48, S. 252. *ἅδην* in voller Form Plat. Staat VII, 541[b]: *οὐκοῦν ἅδην ἤδη ἔχουσιν ἡμῖν οἱ λόγοι περὶ κτλ.*). Dagegen heifst es mit verbum declarandi Arist. Rhet. I, 2 (S. 9 Sp.): *περὶ μὲν οὖν — εἴρηται σχεδὸν ἱκανῶς* (= satis fere dictum est; dafür Isae. III, 54: *περὶ μὲν οὖν — σχεδὸν εἴρηται τὰ πολλά*). I, 9 (S. 34 Sp.): *περὶ μὲν οὖν — εἴρηται κατὰ τὸν ἐνεστῶτα καιρὸν ἱκανῶς.* Lys. XXI, 1: *περὶ μὲν — ἱκανῶς ὑμῖν ἀποδέδεικται.* Ant. IV, *β*, 7: *ὡς μὲν οὖν — ἱκανῶς ἐπιδέδεικταί μοι. ἐθέλω δὲ τοὺς κατηγοροῦντάς μου πᾶσιν οἷς ἐγκαλοῦσιν ἐνόχους αὐτοὺς ὄντας ἀποδεῖξαι* (so Blass nach Z M; in den übrigen Hdschr. fehlt *ἱκανῶς*. Dafs das Adverbium nicht gerade notwendig war, zeigen Ant. IV, *δ*, 9: *ὡς μὲν οὖν — ἀποδέδεικται.* And. I, 29: *περὶ μὲν — ἀποδέδεικταί μοι ὡς.* Lys. IV, 12: *ὅτι μὲν οὖν — ἐκ — ὑμῖν ἐπιδέδεικται.* Isae. VI, 10: *ὅτι μὲν οὖν — ἀποδέδεικται ὑμῖν.* Gorg. Palam. 21: *ὅτι μὲν οὖν — διὰ τῶν προειρημένων δέδεικται.* Plat. Timae. 61[c]: *καὶ τὰ μὲν δὴ σχήματα — σχεδὸν ἐπιδέδεικται· τὰ δὲ παθήματα αὐτῶν — πειρατέον ἐμφανίζειν.* Xen. Hell. VI, 5, 1: *καὶ τὰ μὲν Θετταλικὰ — δεδήλωται.* Thuk. I, 40, 1: *ὡς μὲν οὖν — δέδεικται· ὡς δὲ — μαθεῖν χρή.* Anderer Art ist Ant. V, 64: *ὡς μὲν οὖν — ἀποδέδεικται καθ' ὅσον ἐγὼ δύναμαι μάλιστα*, wo die Worte *καθ' ὅσον — μάλιστα* die Hinzufügung von *ἱκανῶς* nicht zuliefsen. Im zweiten Teile des transitus vermifst man hinter *ἐθέλω δέ* ungern ein *καί* oder *νῦν* oder *ἤδη* oder *μετὰ ταῦτα*). Is. XII, 151: *τὸ μὲν οὖν σύνταγμα — ἐξαρκούντως δεδηλώκαμεν* (mit *ἐξαρκούντως* vgl. *ἀποχρώντως* III, 27). Künstlicher Aesch. I, 116: *περὶ μὲν οὖν — οἷος γεγένηται — συνῄστε μὲν καὶ πρὶν ἐμὲ λέγειν, ἱκανῶς δ' ὑμᾶς ὑπομιμνήσκει καὶ ὁ παρ' ἐμοῦ λόγος*. Statt des Indikativs *ἐστί* wird auch der Imperativ *ἔστω* gebraucht. Vgl. Plat. Apol. 24[b]: *περὶ μὲν οὖν — αὕτη ἔστω ἱκανὴ ἀπολογία πρὸς ὑμᾶς* (so vulg. Schanz, Wohlrab, Cron: *αὕτη ἐστίν*). Is. XV, 74: *τῶν μὲν τοίνυν λόγων ἅλις ἡμῖν ἔστω*. Herod. IX, 27: *παλαιῶν μέν νυν ἔργων ἅλις ἔστω*. Über Dion. Hal. Antt. Rom. VII, 41 und Plat. Soph. 245[e] s. u. Eine Variation der gewöhnlichen Ausdrucksweise Is. XV, 270: *περὶ μὲν οὖν τούτων ἀπόχρη μοι τὸ νῦν εἶναι ταῦτ' εἰρηκέναι καὶ συμβεβουλευκέναι* (vgl. Dion. Hal. ep. ad Pomp. 3, 21). Unter Hinzunahme eines Verb. des Glaubens sagt Lysias III, 40: *ὅτι μὲν οὖν — ἱκανῶς ἀποδεδεῖχθαι νομίζω*. Ebenso Is. XVIII, 19. XIX, 16: *ὡς μὲν οὖν* (*περὶ μὲν οὖν*) — *ἱκανῶς ἀποδεδεῖχθαί μοι* (*ἀποδεδεῖχθαι*) *νομίζω*. XVII, 33: *ὅτι μὲν τοίνυν — ἱκανῶς ἐπιδεδεῖχθαι νομίζω*. XII, 266: *περὶ μὲν οὖν — ἱκανῶς εἰρῆσθαι νομίζω*. (D.) XL, 24: *ὅτι μὲν τοίνυν — ἱκανῶς ὑμᾶς μεμαθηκέναι νομίζω*. Is. XV, 167: *περὶ μὲν οὖν — ἱκανὴν εἶναι νομίζω τὴν εἰρημένην ἀπολογίαν*. Isae. VII, 13: *καὶ περὶ μὲν — ἱκανοὺς εἶναι νομίζω καὶ τοὺς εἰρημένους λόγους* (*καί* = vel; so häufig in Verbindung mit *ἀρκεῖν*, *ἐξαρκεῖν*, *ἱκανός*, *ἀγαπητός* — Plat. Hipp. I, 302[b]. Kratyl. 429[e] —, *ἱκανῶς* und ähnlichen Ausdrücken. Vgl. die Beispiele bei Stallbaum zu Plat. Phaed. 108[e]. Staat VI, 506[d]. Dazu kommen mehrere unten zu nennende Stellen). Isae. X, 15: *περὶ μὲν οὖν — ἱκανῶς ἡγοῦμαι ἀποδεδεῖχθαι*. Lyk. 36: *περὶ μὲν οὖν — ἱκανῶς ὑμᾶς ἡγοῦμαι μεμαθηκέναι*. D. XXXVIII, 9: *ὅτι μὲν οὖν — ἱκανῶς πάντας ἡγοῦμαι ὑμᾶς μεμαθηκέναι*. (D.) XXXII, 24: *ὅτι μὲν τοίνυν — ἱκανῶς οἶμαι δεδεῖχθαι* (*οἴεσθαι* nur an dieser Stelle; andere Beispiele mit *νομίζειν* und *ἡγεῖσθαι* weiter unten). Vgl. auch And. I, 70: *περὶ μὲν οὖν — ἀκηκόατε πάντα καὶ ἀπολελόγηταί μοι ἱκανῶς, ὥς γ' ἐμαυτὸν πείθω*. Plat. Protag. 324[d]: *ὡς μὲν οὖν — ἀποδέδεικταί σοι ἱκανῶς, ὥς γ' ἐμοὶ φαίνεται*. Zur Begründung eines verwandten *ὁρισμός* wird die in Rede stehende Formel hinzugefügt. (D.) LVIII, 57: *περὶ μὲν οὖν — οὐκ οἶδ' ὅ τι δεῖ πλείω λέγειν· ἱκανῶς γάρ μοι δοκεῖτε μεμαθηκέναι* (vgl. Lys. X, 31. Is. XVII, 34. [D.] LXI, 47. Lys. XVI, 9: *περὶ μὲν οὖν* (*τοίνυν*) — *οὐκ οἶδ' ὅ τι δεῖ πλείω λέγειν*. Is. Br. VIII, 8: *περὶ ὧν οὐκ οἶδ' ὅ τι δεῖ πλείω λέγειν*. [And.] IV, 7: *περὶ μὲν οὖν — οὐκ οἶδ' ὅ τι δεῖ μακρότερα λέγειν*. Isae. XI, 36: *ὅτι μὲν οὖν — οἶμαι οὐδ' ὑμᾶς ἀγνοεῖν, ἀλλ' ὁμοίως εἰδέναι πάντας, ὥστ' οὐκ οἶδ' ὅ τι δεῖ πλείω περὶ τούτων λέγειν*. Thuk. I, 123, 1: *τὰ μὲν οὖν — τί δεῖ μακρότερον ἢ ἐς ὅσον τοῖς νῦν ξυμφέρει αἰτιᾶσθαι*; [And.] IV, 7. Is. Br. VIII, 8. [D.] LXI, 47 folgt ebenfalls ein Satz mit *γάρ*, je-

doch anderen Inhalts als [D.] LVIII, 57, während Isae. XI, 36 die besprochene Wendung sich in Form eines Konsekutivsatzes an das Vorhergehende anschliefst. Mit Thuk. I, 123, 1 vgl. Is. III, 27. Arist. Rhet. I, 9. Die Figur der dilatio (de praeterit. S. 4) verbindet sich mit derselben Übergangsform Is. XVIII, 41: *πρὸς μὲν οὖν — καὶ ταῦτ' ἴσως ἀρκέσει καὶ τάχ' ἀντειπεῖν ἐξέσται* (vgl. Dion. Hal. ep. ad Pomp. 3, 21), und die der praeteritio Is. VIII, 25: *περὶ μὲν οὖν — καὶ ταῦθ' ἱκανὰ καὶ πόλλ' ἂν ἴσως τις προσθείη τούτοις.* Plat. Symp. 196[b]: *περὶ μὲν οὖν — καὶ ταῦτα ἱκανὰ καὶ ἔτι πολλὰ λείπεται.* Dion. Hal. Antt. Rom. VII, 41 a. E.: *ἱκανὰ ταῦτα εἰρήσθω περὶ — πολλῶν ἐνόντων καὶ ἄλλων λέγεσθαι* (so Kiefsling, *εἰρῆσθαι B*, was an sich nicht falsch ist). ep. ad Pomp. 3, 21: *ἀπόχρη ταῦτ' εἰρῆσθαι περὶ — πολλῶν καὶ ἄλλων ἐνόντων λέγεσθαι, περὶ ὧν καὶ ἕτερος ἔσται καιρός* (vgl. Is. XV, 270 und XVIII, 41). Plat. Soph. 245[e]: *τοὺς μὲν τοίνυν — πάντας μὲν οὐ διεληλύθαμεν, ὅμως δὲ ἱκανῶς ἐχέτω.* D. XVIII, 50: *καὶ περὶ μὲν — ἔχων ἔτι πολλὰ λέγειν καὶ ταῦθ' ἡγοῦμαι πλείω τῶν ἱκανῶν εἰρῆσθαι.* XXII, 46: *καὶ περὶ τούτων μὲν — πολλὰ λέγειν ἔχων ἔτι, καὶ ταῦθ' ἱκανὰ εἶναι νομίζων, ἐάσω.* Is. VI, 33: *περὶ μὲν οὖν — ἔνεστι μὲν ἴσως πλείω τούτων εἰπεῖν, οὐ μὴν ἀλλὰ καὶ ταῦθ' ἱκανῶς εἰρῆσθαι νομίζω* (III, 17: *ὅτι μὲν οὖν — διὰ πλειόνων μὲν ἄν τις ἀποδείξειεν, οὐ μὴν ἀλλὰ καὶ διὰ τούτων συνιδεῖν ῥᾴδιόν ἐστιν*). III, 27: *περὶ μὲν οὖν — ἅπαντα μὲν οὔθ' εὑρεῖν οὔτ' εἰπεῖν δυνατόν ἐστιν· οὐ μὴν ἀλλὰ πρός γε τὸ παρὸν ἀποχρώντως καὶ νῦν εἴρηται περὶ αὐτῶν.* Plat. Staat VIII, 548[d]: *οὐκοῦν αὕτη μὲν ἡ πολιτεία οὕτω γεγονυῖα καὶ τοιαύτη ἄν τις εἴη, ὡς λόγῳ σχῆμα πολιτείας ὑπογράψαντα μὴ ἀκριβῶς ἀπεργάσασθαι διὰ τὸ ἐξαρκεῖν μὲν ἰδεῖν καὶ ἐκ τῆς ὑπογραφῆς τόν τε —, ἀμήχανον δὲ ἔργον εἶναι πάσας μὲν πολιτείας — μηδὲν παραλιπόντα διελθεῖν.* Den Ton der revocatio (s. unten zu XXV, 17) erhält diese Transitionsform, wenn die Partikeln *ἀλλὰ γάρ* an die Spitze gestellt werden. So Xen. Anab. V, 7, 11: *ἀλλὰ γὰρ ἐμοὶ μὲν ἀρκεῖ περὶ τούτων τὰ εἰρημένα.* Plat. Apol. 25[c]: *ἀλλὰ γὰρ ἱκανῶς ἐπιδείκνυσαι ὅτι.* 28[a]: *ἀλλὰ γὰρ ὡς μὲν — οὐ πολλῆς μοι δοκεῖ εἶναι ἀπολογίας, ἀλλ' ἱκανὰ καὶ ταῦτα.* Lys. VII, 9: *ἀλλὰ γὰρ περὶ μὲν — πόλλ' ἔχων εἰπεῖν ἱκανὰ νομίζω τὰ εἰρημένα.* Die meisten der zuletzt genannten Stellen sind schon behandelt de praeterit. 34f. Ähnliche Übergänge häufig bei Cicero. Vgl. z. B. orat. 61, 204: satis multa de natura. topic. 24, 90: de proposito satis multa. de off. I, 13, 41: de justitia satis dictum. 18, 60: atque ab iis rebus, quae — quemadmodum ducatur honestum — satis fere diximus. III, 25, 95: ac de iis quidem, quae — satis arbitror dictum. p. Mil. 34, 92: sed (= *ἀλλὰ γάρ*) jam satis multa de causa, extra causam etiam nimis fortasse multa. de finn. I, 10, 37: sed de — satis hoc loco dictum est. Seyffert, schol. Lat. I, § 35. — *μηδὲ μαχομένους μέν*] Mit diesem von *δεῖ* abhängigen Enthymem kann

man zusammenstellen (D.) XVII, 5 (de arg. ex contr. 385 f.). Hinter *μαχομένους* ist das in den Hdschr. fehlende *μέν* hinzugefügt nach Contius und Reiske; denn in dieser strengen Form des contrarium ist der äuſserliche Ausdruck der Antithese unentbehrlich (anders XXXIV, 3. [Lys.] VI, 16, wo man mit Halbertsma *περὶ ἐλάττονος — ποιήσεσθε —;* zu schreiben hat. Dein. I, 62 f. Eur. Alk. 691 coll. Arist. Wo. 1415 und in einigen ähnlichen Stellen, welche angeführt sind de arg. ex contr. 105 f.). Übrigens ist *μέν* in den Büchern auch ausgefallen III, 37 (*ταῦτα μὲν εἰκότα* will Reiske, *ταῦτα εἰκότα μέν* Sauppe; vgl. de arg. ex contr. 132), V, 4 (richtig Fr. A. Müller, obs. de eloc. Lys. S. 10 *ἂν μὲν ψευδόμενοι*; nicht vergleichen lassen sich Lys. XXX, 23 und Xen. Kyr. VII, 2, 13), X, 31 (richtig Scheibe *διώκω μέν*), wahrscheinlich auch XII, 17 (s. oben S. 215. Wegen XVIII, 15 vgl. Lampros, Hermes X, 268). Zweifelhaft erscheint mir die Sache III, 4 (Müller a. a. O. *περὶ τούτων μέν*), ebenda § 42 (Fuhr, animadv. in or. Att. S. 38 *ἔτρωσαν μέν*), XVIII, 17 (Bekker *ὁμόνοιαν μέν*, gebilligt von Scheibe praef. XLIV), da diese drei Stellen sich einigermaſsen vergleichen lassen mit den von mir de arg. ex contr. 380 behandelten Beispielen (D. XX, 80. XXXVI, 55. [D.] XXVI, 7), wo die Auslassung der Partikel ihren guten Grund hat (eine Zusammenstellung von Plat. Gesetze IX, 876[e] und Lys. III, 42 würde ich nur dann für angemessen halten, wenn bei Platon die betreffenden Worte in einem ähnlichen Gegensatze zum Vorhergehenden ständen wie bei Lysias). Auf keinen Fall ist *μέν* einzusetzen I, 38. XIII, 77 (Herw. *ἦλθε μὲν οὗτος*). 85. XXVI, 15; vgl. Frohberger Philol. XV, 342 und zu XIII, 85.

§ 80. Über die Form dieser drei Antithesen vgl. de arg. ex contr. 211 f., über die erste und dritte auch S. 289 f. — *ὑμεῖς ὑμῖν αὐτοῖς*] Fuhr a. a. O. S. 43; *ὑμῖν αὐτοῖς* die codd., *ὑμῖν ὑμεῖς αὐτοί* oder *ὑμῖν αὐτοί* Funkhänel, Jahrb. f. Philol. 1871, 46 (*ὑμῖν ὑμεῖς αὐτοί* Rauchenst. und Frohberger in der klein. Ausg.), *μηδ' ὑμεῖς τῆς τύχης — κάκιον ὑμῖν αὐτοῖς* Weidner, Philol. Anzeiger 1878, 102. Vgl. D. IV, 12: *εἰ τὰ τῆς τύχης ἡμῖν, ἥπερ ἀεὶ βέλτιον ἢ ἡμεῖς ἡμῶν αὐτῶν ἐπιμελούμεθα, καὶ τοῦτ' ἐξεργάσαιτο.* XXIV, 157. Aristeid. I, 593 Df. Die Überlieferung läſst sich nicht verteidigen durch D. II, 2: *δεῖ τοίνυν τοῦτ' ἤδη σκοπεῖν αὐτούς, ὅπως μὴ χείρους περὶ ἡμᾶς αὐτοὺς εἶναι δόξομεν τῶν ὑπαρχόντων* (i. e. *τῆς τύχης*), da hier die Stellung des Genitivs eine andere ist. Daſs auch *αὐτοὶ ὑμῖν αὐτοῖς* geschrieben werden könnte, hat schon Fuhr angedeutet. Vgl. die in der Anm. angeführten Stellen Dein. I, 29 und Diodor XVIII, 87, sowie D. XIX, 71 und Is. Br. VI, 7 neben Rede XV, 74 (de arg. ex contr. 6 f. und 51). Doch ist der Ausfall von *ὑμεῖς* (vor *ὑμῖν*) leichter zu erklären als der von *αὐτοί*.

§ 81. *κατηγόρηται δή*] So haben Bake (schol. hypomn.

II, 263) und Scheibe (emend. Lys. 18 f. und lect. Lys. 317 f.) das sinnlose *κατηγορεῖτε δέ* der Hdschr. emendiert; so auch Westerm., Cobet, Herw., Bähr, Heidelb. Jahrb. 1864, 587, Fritzsche und früher Rauchenst. Dobree und Emperius (op. 81. 314) wollten *κατάγνωτε δέ*, was in Folge der Erörterung Kaysers (Heidelb. Jahrb. 1866, 771 f.) jetzt von Rauchenst. aufgenommen ist. Madvig, advers. crit. I, 453 hält fest an *κατηγορεῖτε δέ*, streicht aber *Ἐρατοσθένους*. — *οἷς*] *εἰς οὓς* Sluiter, lect. And. 164 Schiller und Cobet. — *αὐτός*] Markland, Dobree, Kayser, Herw., Rauchenst., Frohberger (kl. Ausg.). Das hdschr. *αὐτός* verteidigt P. R. Müller, Beiträge zur Kritik des Lysias S. 8 f. — *ἦν*] *τότ' ἦν* Herw. — *τῶν κρινομένων*] mit Reiske, Scheibe (II), Cobet, Herw., Rauchenst., Pertz, quaest. Lys. II, 3, Frohberger für das hdschr. *τῶν γινομένων* (*γεγενημένων B*, *γενημένων P*), das sich sprachlich verteidigen liefse durch Thuk. VI, 87, 3: *δικασταὶ γενόμενοι τῶν ἡμῖν ποιουμένων*. (D.) LVIII, 69: *δικασταὶ τῶν λεγομένων*. Arist. Rhet. I, 3 a. A.: *κριτὴς ἢ τῶν γεγενημένων ἢ τῶν μελλόντων*. Lyk. 2: *κατήγορος τῶν ἀδικημάτων*. Fritzsche schreibt wegen *ἀκρίτους ἀπέκτειναν* (§§ 82. 83), das schon Dobree Reiskes Vermutung entgegenhielt, unter Vgl. von § 25 (dubitanter): *τῶν ἀπαγομένων*. Ich möchte lieber den Genitiv, der zum Verständnis der Stelle gar nicht notwendig ist, ganz beseitigen.

§ 82. *δίκην τὴν ἀξίαν*] *τήν* tilgt Dobree, *δίκην* Herw.

§ 83. *ἀποκτείναιτε*] mit Bekker und Fritzsche wegen des *λάβοιμεν ἄν* im Hauptsatze; die Hdschr. *ἀποκτείνοιτε*. — *ἀλλὰ γάρ*] Über die Interpunktion vgl. zu § 40. Ähnlich wechselt in der subjectio mit der Frage ein ironischer Einwurf mit *ἀλλὰ νὴ Δία* Isae. III, 73. D. XXIV, 99 und 126, wo man gleichfalls unrichtig ein Fragezeichen setzt. — *τὰ φανερά*] 'additum displicet' Westermann, quaest. Lys. III, 25; diesem stimmt bei Kayser, Philol. XXV, 307. — *δημεύσαιτε*] nach Reiskes Vermutung mit Scheibe (II), Cobet, Herw., Fritzsche; die Bücher *δημεύσετε*. In den Stellen, mit denen ich die vorliegende verglichen habe de arg. ex contr. S. 15 (andere Beispiele ebenda S. 191 ff., dazu Lys. XXII, 17. Hom. Il. *α*, 293 f. *φ*, 462 ff., ähnlich auch *ω*, 56 f.), ist diese Vermischung hypothetischer Schemata hinlänglich gerechtfertigt durch die eigentümliche Bedeutung des Futurs in derartigen Wendungen. Vgl. hierüber Cobet, n. l. 639 und de arg. ex contr. S. 198. Sonst findet sich eine solche Kombination nur ganz ausnahmsweise, wie Xen. Mem. III, 6, 14, wo offenbar das *ποτέ* im Hauptsatze den Indikativ des Futurs nach *εἰ* veranlafst hat. An unserer Stelle würde sich die Unregelmäfsigkeit der Konstruktion nur aus dem Streben nach Variation erklären lassen; allein hätte Lysias wirklich variieren wollen, so würde er doch wohl *εἰ δημεύσετε* — *ἕξει* geschrieben haben. Übrigens ist *δημεύσαιτε* auch XIX, 38 in *δημεύσετε* korrumpiert. — *καλῶς*] Lipsius, quaest.

Lys. 13 ἱκανῶς (wie Plat. Staat IV, 435[d]), wogegen Rauchenstein, Jahrb. 1865, 607. Scheibe, liter. Centr.-Bl. 1865, Nr. 19. — ὧν τὰς οἰκίας] für das hdschr. ὧν οἰκίας nach Scheibes Konjektur mit Rauchenst. und Fritzsche. Zur Weglassung des Artikels wurden die Abschreiber durch die beiden vorangehenden Relativsätze verleitet.

§ 84. δίκην παρ' αὐτῶν ἱκανήν] schreibe ich für das hdschr. δίκην παρ' αὐτῶν nach Sintenis (Philol. VI, 752) mit Frohberger kl. Ausg., wenn ich auch von der Evidenz der Emendation nicht vollständig überzeugt bin. δίκην παρ' αὐτῶν ἀξίαν Rauchenst., ἱκανὴν δίκην παρ' αὐτῶν Herw. und Fritzsche nach Hirschig (misc. philol. II, 133). Andere Vermutungen bei Westerm. S. 25 f. Da der Redner mit dem kausalen Vordersatze ἐπειδὴ κτλ. auf den Anfang des ganzen Passus: τί γὰρ ἂν π. δίκην τὴν ἀξίαν εἴ. τ. ἕ. δεδωκότες zurückweist, so könnte man wohl annehmen, dafs er auch die nämlichen Worte in derselben Stellung wiederholt habe, dafs demnach zu schreiben sei: δίκην τὴν ἀξίαν παρ' αὐτῶν. Bei dieser Konstituierung der Stelle würden wir ein schönes Beispiel für die Figur des κύκλος erhalten; vgl. zu § 95. — βούλοιτο] Vgl. auch Bäumlein, Modi 276 ff. Hertlein zu Xen. Kyr. I, 6, 19. Stallbaum zu Plat. Gorg. 521[e]. — τῆς τούτου πονηρίας] Die Stellen aus Lysias bei Francken, comm. Lys. S. 182 f., wo derselbe seine frühere Vermutung (Philol. XIX, 717) τῆς αὐτοῦ π. zurücknimmt, und bei Lipsius S. 13. Aus andern Rednern vgl. z. B. Is. XVII, 18. (D.) XL, 45. — Über den Übergang vom allgemeinen Gedanken zu der in Rede stehenden Person de arg. ex contr. 48 und 301 (wo man hinzufüge Aesch. III, 78. Krüger zu Xen. Anab. II, 4, 26. Stallbaum und Cron zu Plat. Gorg. 514[e]). — τοσοῦτον ἥ] mit Reiske für das hdschr. τοσοῦτον δ'. Aus den in der Anm. angeführten Stellen ergiebt sich, dafs man neben τοσοῦτον und οὕτω πολὺ καταφρονεῖν auch οὕτω σφόδρα (παντάπασι) und einfach οὕτω καταφρ. sagte (τοσοῦτον καταφρ. noch Is. XV, 15. Dein. III, 3, οὕτω σφόδρα κ. Dein. I, 104).

§ 85. ἀμφοτέρων] Meutzner S. 685 ἀμφότερον. Derselbe sucht S. 686 auch das δύναιντο des Palat. zu halten. — ἐλθεῖν] εἰσελθεῖν Herw. Vgl. dagegen Bremi zu Lys. III, 1. Meutzner S. 686 will ἐρεῖν oder συνερεῖν. — ἐπεχείρησαν] A. Hecker, de orat. in Erat. Lysiae falso tributa 5 nennt dies 'parum graece dictum pro ἐτόλμησαν'. — τῶν τε πεπραγμένων mit Sauppe für das hdschr. τῶν πεπραγμ. Fritzsche schreibt mit Reiske ἐκ τῶν πεπραγμ., zieht aber in der Anm. Cobets Emendation vor, der τῶν πεπραγμ. streicht. In anderer Weise suchen den allerdings auffälligen Wechsel der Konstruktion Meutzner (a. a. O. S. 687) und Herwerden zu beseitigen, indem der eine hinter τῶν πεπραγμένων ein ἕνεκα einschiebt, der andere λοιποῦ in τὸ λοιπόν verwandelt. Am einfachsten wäre es, τοῦ τοῦ λοιποῦ ποιεῖν zu schreiben, woran schon Auger dachte; doch scheint mir die Wiederholung derselben Formen des Artikels durch das, was Dindorf, Demosth. orat. (Leipzig bei Teubner) praef. p. XIV, darüber bemerkt, für die klassische Zeit noch keineswegs genügend nachgewiesen. Dem τοῦ aber eine doppelte Funktion zuzuweisen, wie sie E. Müller nach Vömels Vorgang für D. III, 33 in Bezug auf τοῖς annimmt, halte ich für ebenso bedenklich, wie die Verdoppelung des Artikels. Vielleicht hat Lysias mit demselben Pleonasmus, den wir (D.) LIX, 113 antreffen, τοῦ ἐξεῖναι τοῦ λοιποῦ ποιεῖν geschrieben. Hinter ποιεῖν wollte Dobree ἐξεῖναι hinzufügen.

§ 86. ἀλλὰ καὶ τῶν] ἀλλὰ καὶ τοῦτο τῶν Kayser, gebilligt von Scheibe und Fritzsche. Wenn dieser bemerkt: solemni more dici solet: ἀλλὰ καὶ τοῦτο ἄξιον θαυμάζειν (θαυμάζω), veluti in Arist. eqq. v. 985 (ἀλλὰ καὶ τόδ' ἔγωγε θαυμάζω τῆς ὑομουσίας αὐτοῦ), so mufs ich gestehen, dafs mir etwas Ähnliches bei den Rednern nicht aufgestofsen ist, obwohl sie das emphatische ἀλλὰ καί (= at etiam; Seyffert, schol. Lat. I, § 21) nicht selten zu Übergängen verwenden. Lys. XXVI, 19. D. XIX, 54 u. 257 u. 258 u. 324. LIV, 35. (D.) XII, 8 (ἀλλὰ πρὸς τοῖς ἄλλοις καί). Alk. π. σοφ. 20. Ant. V, 50. Vgl. Plat. Apol. 41ᶜ. Xen. Symp. 4, 32. Ebenso ἀλλ' οὐδέ Lys. X, 10. Isae. V, 44 (zweimal hintereinander). D. XXI, 105. (D.) XLIII, 76. — συνεϱούντων] Die Hdschr. ξυνεϱγούντων und συνεϱγούντων, eine häufige Verwechselung (Cobet n. l. 779). Die Form ξυν in verbis compositis, die Benseler aus dem Isokrates, Franke aus dem Aeschines verbannt hat, ist nach Pertz, quaest. Lys. II, 4, auch bei Lysias nicht zu dulden. — θαυμάζειν] Die Vergleichung von andern Beispielen der subjectio (ὑποφορά) führt auf die Vermutung, dafs hinter diesem Worte eine allgemeine Frage, wie τί ποτε (καὶ) ποιήσουσι oder τί ποτε (καὶ) φήσουσι, ausgefallen sei. Dann hätte man das Folgende so zu interpungieren: πότεϱον — πονηϱίας; ἐβουλόμην μεντἂν — ἀπολλύναι. ἤ — ἀποφανοῦσιν; ἀλλ' οὐχ' — εἰπεῖν. Sicherlich würde auf diese Weise das jetzt parenthetisch zu fassende Glied ἐβουλόμην μεντἂν — ἀπολλύναι dadurch, dafs es die Bedeutung einer blofsen Nebenbemerkung verlöre und gleichen Rang erhielte mit dem Gliede ἀλλ' οὐχ' — εἰπεῖν, an Kraft und Nachdruck nicht wenig gewinnen. Mit μέντοι beginnt die Entgegnung in der subjectio auch Plat. Apol. 37ᶜ. Die neue (direkte) Frage, an deren Spitze hier ἤ stände, wird in dieser Figur allerdings regelmäfsig durch ἀλλά eingeführt (Beispiele aus Lysias und Pseudolysias bei Fr. A. Müller, obs. de eloc. Lys. 13, wo aber der Name der Figur gar nicht erwähnt wird); indefs findet sich auch die sonst in der disjunktiven Frage gebrauchte Partikel. Vgl. Is. XI, 8. D. XVIII, 28. Eur. Med. 504. D. I, 26. Dein. I, 70. Eine ausführliche Besprechung der subjectio behalte ich mir vor für den zweiten oder dritten Band; dann wird auch die hier nur angeregte Frage zur Entscheidung kommen müssen. — *αἰτήσονται*] Mannigfaltige Verbesserungsvorschläge (*ἀπολογήσονται — ἐξαιτήσονται — τούτους ἐξαιτήσονται — ἐξαιτήσονται αὐτούς* — Bergk will das Wort streichen) für die ganz richtig überlieferte Stelle bei Westermann a. a. O. S. 27. Die Abweichung vom Gewöhnlichen hat ihren Grund in dem scharfen Gegensatze *αἰτήσονται — ἀπολογήσονται* (werden sie sich aufs Bitten legen oder es mit einer Verteidigung versuchen?), der selbst durch einen pronominellen Zusatz (Herwerden schlägt unter Vergleichung von XIV, 22 *ὑπὲρ αὐτῶν αἰτήσ.* vor) bedeutend abgeschwächt würde. — *δεινοὶ λέγειν*] Die *δεινότης* wird von Aristoteles Eth. Eud. V, 13, 1144ª so bestimmt: *ἔστι δή τις δύναμις, ἣν καλοῦσι δεινότητα· αὕτη δ' ἐστὶ τοιαύτη, ὥστε τὰ πρὸς τὸν ὑποτεθέντα σκοπὸν συντείνοντα δύνασθαι ταῦτα πράττειν καὶ τυγχάνειν αὐτῶν. ἂν μὲν οὖν ὁ σκοπὸς ᾖ καλός, ἐπαινετή ἐστιν, ἂν δὲ φαῦλος, πανουργία· διὸ καὶ τοὺς φρονίμους δεινοὺς καὶ πανούργους φαμὲν εἶναι.* Vgl. D. I, 3: *πανοῦργος ὢν καὶ δεινὸς ἄνθρωπος πράγμασι χρῆσθαι.* Plat. Theaet. 177ª: *δεινοὶ καὶ πανοῦργοι.* Rehdantz, Dem. Ind. II, *δεινός* und *δεινότης*.

§ 87. *ἀλλὰ τοὺς μάρτυρας ἄξιον ἰδεῖν*] *ἀλλά* ähnlich im Übergange Lys. XIX, 31: *ἀλλὰ τόδε σκοπεῖτε.* D. XVIII, 195: *ἀλλ' ἐκεῖνο λογίζου καὶ ὅρα* (vgl. Cic. Phil. II, 12, 28: at quemadmodum me coarguerit homo acutus recordamini. 31, 77: at videte levitatem hominis. Seyffert, schol. Lat. I, § 21). — *οἷ*] *ὅτι* Fritzsche nach Francken, Philol. XIX, 717 und comm. 86. — *σφόδρα*] *σφόδρα γ'* Herw. — *εὐήθεις*] Über diesen Euphemismus Lobeck, de antiphrasi et euphemismo, in den actis societatis Graecae II, 314. Rehdantz, Dem. Ind. II, Thorheit. — *τοῦ ὑμετέρου πλήθους*] *τὸ ὑμέτερον πλῆθος* Dobree, Emperius, Hamaker, Kayser, und so Scheibe (II), Herw., Fritzsche. Den Genit. der Hdschr. verteidigte W. Fischer, und so Rauchenst., Westerm., Cobet. Beispiele von ähnlichem Kasuswechsel im contrarium de arg. ex contr. 143; vgl. auch XXV, 33 (*δι' ἑτέρους — δι' ἄλλων*).

§ 88. *πέρας ἔχουσι τῆς παρὰ τῶν ἐχθρῶν τιμωρίας*] Die Deutung der Stelle nach Bake, schol. hypomn. II, 264, welcher erklärt: finem simul habent ultionis ab inimicis sumendae. Ebenso neuerdings Rauchenstein; vgl. auch Meutzner a. a. O. S. 687 und Kayser, Heidelberg. Jahrb. 1866, S. 787. Allerdings heifst *πέρας ἔχειν* gewöhnlich 'den höchsten Grad erreicht haben' (Schneider zu Is. IV, 5. Rehdantz zu Lyk. 60, Anh. 2, S. 143. Frohberger Jahrb. f. Philol. 1860, 423 und Philol. Anz. IV, 83). Das hindert aber nicht, wie Frohberger meint, die Phrase hier in dem der Grundbedeutung von *πέρας* keineswegs widersprechenden Sinne zu nehmen, den das *πάλιν* des ersten Gliedes und das *τελευτήσαντες* des zweiten so deutlich an die Hand giebt. Auch *τέλος ἔχειν* kommt in beiden Bedeutungen vor. Anders verhält es sich mit einem zweiten Bedenken, welches Froberger gegen obige Erklärung geltend macht, nämlich dafs ἡ παρά τινος τιμωρία aufser (Lys.) II, 10: μείζονος παρὰ Καδμείων τιμωρίας ἐπεθύμουν, wo aber in ἐπεθύμουν ein λαβεῖν enthalten sei (vgl. Lys. XXII, 18), nur bedeute 'die von jemand ausgehende, vollzogene Rache' (Lys. XII, 96. Is. VIII, 120. XVIII, 3. Lyk. 15. 126. 148. [D.] XXV, 17. Xen. Anab. II, 6, 14. Anax. Rhet. I, 203 Sp. Theopomp bei Athen. XIII, 595[c]. Dafür ἡ ἀπό τινος τιμ. Lyk. 79; vgl. Rehdantz Anh. 2, S. 127), während 'die an jemand zu vollziehende oder vollzogene Rache' entweder sei ἡ τινος τιμωρία (Lyk. 10. Lys. XXVIII, 11. Thuk. II, 42, 4) oder ἡ παρά τινος ληφθεῖσα τιμωρία (Arist. Rhet. II, 3). Dazu kommt, was Frohberger nicht bemerkt hat, ἡ κατά τινος τιμ. (D. XIX, 272. Aesch. III, 223. Diodor XIII, 21. Dein. I, 105. D. XXI, 26: τίς ἂν ἑτέραν εἵλετο τιμωρίαν ἢ τὴν ἐκ τοῦ νόμου κατὰ τῶν — ἀδικούντων οὖσαν; vgl. D. XVIII, 274. Dein. I, 47). Unter diesen Umständen wird man sich wohl entschliefsen müssen, παρά entweder zu streichen oder in κατά zu verwandeln. Wenn ich aufserdem den Ausfall eines καί hinter πέρας ἔχουσι vermute, so bestimmt mich dazu die Beobachtung, dafs die Griechen bei einer Wiederholung desselben Begriffs, wie sie hier in τελευτήσαντες und πέρας ἔχουσι vorliegt, zur Hervorhebung der Kongruenz diese Partikel regelmäfsig anwenden. Vgl. Is. VII, 78: ἀνάγκη γὰρ ἐκ τῶν αὐτῶν πολιτευμάτων καὶ τὰς πράξεις ὁμοίας ἀεὶ καὶ παραπλησίας ἀποβαίνειν. Aesch. III, 6: ἂν διατηρηθῶσιν οἱ νόμοι τῇ πόλει, σώζεται καὶ ἡ δημοκρατία. (Is. XV, 179: τοὺς περὶ πραγμάτων ἀνομοίων τοῖς ἄλλοις ἀγωνιζομένους ἀναγκαῖόν ἐστι καὶ τοῖς λόγοις τοιούτοις χρῆσθαι περὶ αὐτῶν). Diodor XIII, 28, 3: Σπαρτιάτης γὰρ ὢν καὶ τὸν λόγον ἔχω Σπαρτιάτην und die ganz ähnlichen Stellen Lyk. 6. Herod. II, 120. Thuk. VII, 67, 1. Xen. Kyr. II, 3, 23. Plat. Staat I, 334[a]. Krit. 44[d] (s. unten zu § 96). Anderes der Art de arg. ex contr. Anm. 35, S. 312. Für verfehlt halte ich die Vermutung Herwerdens (anal. crit. 58) ἀπόρως ἔχουσι für πέρας ἔχουσι. — ἀπολέσασιν ἤ που ἐπ'] nach Reiske mit Westerm., Cobet, Fritzsche. Vgl. Emperius, opusc. 272 und de arg. ex contr. 66. ἀπολέσασιν ἤπου X, ἀπολέσασιν ἐπ' C. Gegen die von Scheibe, Rauchenstein und Frohberger aufgenommene Emendation Sauppes ἀπολέσασι δήπου ἐπ' spricht die Stellung des δήπου, das dem betonten ἐπ' ἐκφοράν nicht vorausgeschickt werden durfte. Hinter παρασκευάζονται ist, da die Worte ἤ που ἐπ' ἐκφορὰν κτλ. nicht mehr von οὐκ οὖν δεινὸν εἰ abhängen können, statt des Fragezeichens ein Punkt gesetzt worden.

§ 89. πολλῷ] mit Scheibe nach dem πολλοί der Hdschr., πολύ Cobet. — ῥᾷον] nach Stephanus Cobet, Herw., Rauchenstein, Fritzsche, Frohberger kl. Ausg. Die Hdschr. ῥᾴδιον, und so die Zür., Scheibe, Westerm. Vgl. Cobet n. l. 748. Bernhardy, wissensch. Syntax 437. Mit Unrecht will Bake (schol. hypomn.

II, 265) die Worte *καὶ μὲν δὴ — ἀπολογήσασθαι* hinter § 86 setzen. — *καίτοι*] Vgl. Birkler, Progr. Ehingen 1867 S. 18 f. — *Ἐρατοσθένει*] Weshalb Cobet *Ἐρατοσθένης* schreibt, ist schwer abzusehen. Passivisch braucht Lys. *εἰργάσθαι* auch § 1. 37, und der Wechsel des passiven und aktiven Ausdrucks (*Ἐρατοσθένει ἐλάχιστα κακὰ εἴργασται — πλεῖστα ἐξημάρτηκε*) könnte nur dann einigermaſsen auffällig erscheinen, wenn der Redner den ersten Teil so gestaltet hätte: *καίτοι ὅτι Ἐρατοσθένει ἐλάχιστα τ. τρ. κακὰ εἴργασται, ἀξιοῦσιν αὐτὸν σωθῆναι*, da dann der sonst streng durchgeführte Parallelismus der Glieder durch die Verschiedenheit der Subjekte allerdings etwas gestört würde. — *τῶν ἄλλων Ἑλλήνων*] *Ἑλλήνων*, schon von Markland verdächtigt, tilgt Herw. — *οὐκ οἴονται*] *τί οὐκ οἴονται* schlägt Herw. vor. Es genügt vollständig, hinter *ἀπολέσθαι* ein Fragezeichen zu setzen. Mit Recht faſst Weidner die ganz ähnliche Stelle Aesch. III, 226 f. (*σαυτὸν δ' οὐκ ἀντερωτᾷς κτλ.*) ebenfalls als Frage.

§ 90. *δείξετε*] nach Markland mit Cobet, Herw., Rauchenst., Fritzsche und Frohberger kl. Ausg. Die codd. haben *δείξατε*. — *περὶ τῶν πραγμάτων*] *περὶ τοιούτων πρ.* Herw. nach einer Vermutung Scheibes. Dagegen verweist Fritzsche auf das § 93 ähnlich gebrauchte *ἐκ τῶν πραγμάτων*. — *δῆλοι ἔσεσθ' ὡς*] *ὡς* getilgt von Herw., verdächtigt schon von Reiske, dann auch von Scheibe und Francken (Philol. XIX, 717). Dagegen Krüger zu Xen. Anab. I, 5, 9. Wunder zu Soph. O. K. 629. Förtsch, obs. crit. in Lys. or. 24. Kühner II, S. 649, der Soph. Aj. 326 übersetzt: 'er sieht ganz so aus wie einer, der etwas Schlimmes im Schilde führt'. Vgl. auch Anh. zu XIII, 9. — *ὀφθήσεσθε*] Hecker verlangte *φανήσεσθε*, und auch Cobet bestritt früher (de art. interpr. 99) diesen Gebrauch von *ὁρᾶσθαι*. Bei Lysias findet sich derselbe noch XXVII, 3: *οὐ νῦν πρῶτον ὤφθησαν ἀδικοῦντες* (vgl. Eur. I. T. 933: *ὤφθημεν οὐ νῦν πρῶτον ὄντες ἄθλιοι*, sowie Aristeid. I, 646 Df.: *ἀδικοῦντες ἑώρανται*). XXVI, 3: *οὐχ ὁρᾶται ποιῶν* (im Erotikos Plat. Phaedr. 232[b]: *ὅταν ὀφθῶσι διαλεγόμενοι ἀλλήλοις*). *ὁρᾶσθαι* und *φαίνεσθαι* wechseln D. XXIV, 173: *ὑμῶν οὐδέτερος ἀγανακτῶν ὤφθη ὑπὲρ ὧν ἡ πόλις πάσχει, ἀλλ' ἐνταῦθ' ἐφάνηθ' ἡμῶν κηδόμενοι κτλ.* (vgl. Aristeid. I, 615: *ἀγανακτοῦντας ὁρᾶσθαι*. D. XVIII, 238: *ἡ πόλις οὐκ ἐλαττοῦσθαι νομίζουσα — οὐδ' ἀγανακτοῦσ' ἐπὶ τούτοις ἑωρᾶτο*. XX, 135. [D.] XXV, 6). XVIII, 72. XX, 138: *σκοπεῖτ' εἰ καλῶς ὑμῖν ἔχει, ἃ τούτων ἕκαστος ὀκνεῖ τοὺς ἐχθροὺς ἀφαιρούμενος ὀφθῆναι, ταῦθ' ὑμᾶς τοὺς εὐεργέτας ἀφῃρημένους φαίνεσθαι*. § 135: *εἶτ' οὐκ αἰσχύνεσθ' εἰ ἐφ' ᾧ τοῖς ἄλλοις θάνατον ζημίαν ἐτάξατε, τοῦτ' αὐτοὶ ποιοῦντες φανήσεσθε; καὶ μὴν πάντα μὲν εὐλαβεῖσθαι δεῖ ποιεῖν τὰ δοκοῦντα καὶ ὄντ' αἰσχρά, μάλιστα δὲ ταῦτ' ἐφ' οἷς τοῖς ἄλλοις χαλεπῶς τις ἔχων ὁρᾶται*. In den beiden zuletzt angeführten Beispielen steht *φαίνεσθαι* im Hauptgliede des contrarium; andere Stellen der Art de arg. ex contr. 340. Dafür das kräftigere *ὁρᾶσθαι* D. XXIII, 109: *ἀλλ' αἰσχρὸν τοὺς τῷ περὶ — ἐπίστασθαι βουλεύσασθαι δοκοῦντας προέχειν ἧττον Ὀλυνθίων τὸ συμφέρον εἰδότας ὀφθῆναι*, wo der Gegensatz von *δοκοῦντας* und *ὀφθῆναι* zu beachten, und Aristeid. I, 593: *ἦ κομιδῇ γε ἄτοπον εἰ Λακεδαιμόνιοι μέν —, ἡμεῖς δ' ἡμῖν αὐτοῖς ὑπεναντία γιγνώσκοντες ὀφθησόμεθα.* Weitere Belege für *ὁρᾶσθαι* mit dem Ptcp. (D.) LXI, 52. Br. I, 7. III, 38. D. XVIII, 93: *πολιορκῶν αὐτοὺς ἑωρᾶθ' ὑπὸ πάντων.* § 263: *θρασὺς ὢν ὑφ' ἁπάντων ὦψαι.* — *ἐποιεῖτε*] *ποιεῖτε* Cobet, Herw. Sehr richtig Fritzsche: *ποιεῖτε* vel invitis libris in *ἐποιεῖτε* mutandum esset.

§ 91. *ἀποψηφίζεσθαι*] *ψηφίζεσθαι* Herw., weil jenes 'contra mentem oratoris'. So auch schon Bekker, dem mit Recht widerspricht Förtsch, observ. 25. — *οἴεσθε κρύβδην εἶναι τὴν ψῆφον*] So verbessert Scheibe die Lesart des Laurentianus *οἴεσθε κρ. τ. ψ. εἶναι.* Ihm folgen Rauchenst., Fritzsche und Frohberger (kl. Ausg.). Die in der Anm. gegen diese Emendation geltend gemachten Bedenken beziehen sich zum Teil auch auf andere Konjekturen, wie auf Frohbergers *μηδ' οἴεσθε οἴσεσθαι κρ. τ. ψ.* und auf Kaysers *μηδ' οἴεσθε κρ. ἔσεσθαι τ. ψ.* (Heidelb. Jahrb. 1866, S. 787, wo derselbe mit Unrecht der Prosa den passiven Gebrauch von *οἴσομαι* abspricht, vgl. Kühner I, S. 925). Die von mir vorgeschlagene Ergänzung dürfte sich diplomatisch ebenso rechtfertigen lassen wie die Hinzufügung von *οἴσεσθαι*, dem Sinne nach stimmt sie überein mit einer früheren Vermutung Rauchensteins *μηδ' οἴεσθε λαθεῖν* (vielmehr *λήσειν*) *διὰ τὸ κρύβδην εἶναι* (oder *γενέσθαι*) *τ. ψ.* Zu *κρύβδην φέρειν τὴν ψ.* vgl., wenn es überhaupt eines Belegs bedarf, Anax. Rhet. 18 (I, 205 Sp.). (D.) XLIII, 82 (Plat. Gesetze VII, 766^b. Xen. Symp. 5, 8).

§ 92. *βούλομαι δ' ὀλίγα ἑκατέρους ἀναμνήσας καταβαίνειν*] Zur Form des Übergangs vgl. Lyk. 146: *βούλομαι δ' ἔτι βραχέα πρὸς ὑμᾶς εἰπὼν καταβῆναι καὶ τὸ ψήφισμα τοῦ δήμου παρασχόμενος ὃ κτλ.* Isae. VII, 43: *ἵνα δὲ μὴ δοκῶ διατρίβειν — βούλομαι διὰ βραχέων ὑμᾶς ὑπομνήσας οὕτω καταβαίνειν, τί — δηλώσας* ([D.] LVIII, 57: *περὶ μὲν οὖν — οὐκ οἶδ' ὅ τι δεῖ πλείω λέγειν —. βούλομαι δὲ δεηθεὶς ὑμῶν τὰ δίκαια — καταβαίνειν καὶ μὴ ἐνοχλεῖν ὑμῖν*). D. XXIII, 215: *περὶ δὴ τῶν νόμων βούλομαι μικρὰ πρὸς ὑμᾶς εἰπὼν καταβαίνειν.* VIII, 76: *ἐν κεφαλαίῳ δ' ἃ λέγω φράσας καταβῆναι βούλομαι.* (D.) XXV, 98: *ἓν δ' εἰπὼν ἔτι παύσασθαι βούλομαι.* Hyp. f. Eux. XLVIII: *βραχὺ δ' ἔτι εἰπὼν περὶ — καταβήσομαι* (dafs *βραχὺ δ' ἔτι*, nicht *βραχὺ δέ τι* zu schreiben, lehren die übrigen Beispiele, vgl. besonders Is. IV, 12. XV, 56; anderer Art sind Stellen wie D. XV, 22. XIX, 192). D. XX, 154: *ἐγὼ δ' ἔτι μικρὰ πρὸς ὑμᾶς εἰπὼν καταβήσομαι.* XXI, 184: *ἃ τοίνυν οὐδενὸς τῶν εἰρημένων ἧττον ἀναγκαῖον εἶναι νομίζω πρὸς ὑμᾶς εἰπεῖν, ταῦτ' εἰπὼν ἔτι καὶ βραχέα περὶ τούτων διαλεχθεὶς κατα-*

βήσομαι. XIV, 41: ἵνα δὲ μὴ **μακρὰ λίαν** λέγων ἐνοχλῶ, τὰ κεφάλαια ὧν συμβουλεύω φράσας ἄπειμι. Is. XV, 320: ἀλλὰ γὰρ αἰσθάνομαι — τὸ μὲν ὕδωρ ἡμᾶς ἐπιλεῖπον, αὐτὸς δ' ἐμπεπτωκὼς εἰς λόγους ἡμερησίους καὶ κατηγορίας. ὑπερβὰς οὖν — μικρῶν ἔτι πάνυ μνησθεὶς ἤδη καταλύσω τὸν λόγον. Aesch. II, 183: μικρὰ δ' εἰπὼν ἤδη καταβαίνω. Is. VII, 77: ἀλλὰ γὰρ ἣν ἐπακολουθῶ —, δέδοικα μὴ πόρρω λίαν τῆς ὑποθέσεως ἀποπλανηθῶ. περὶ **μὲν** οὖν τούτων καὶ πρότερον εἰρήκαμεν καὶ πάλιν ἐροῦμεν, ἣν —. περὶ **δ' ὧν** — βραχέα διαλεχθεὶς παραχωρῶ τοῖς κτλ. (wegen des Praesens vgl. Rauchenstein und Kr. 53, 1, 8). Die doppelte Stellung der participialen Ausdrücke bespricht Rehdantz zu Lyk. S. 161 (eigentümlich D. XXIII, 215, worüber zu § 94), anderes, was bei diesem Übergange beachtenswert erscheint, zu D. VIII, 76. Vgl. auch Anh. zu § 62, S. 260. Ganz am Platze ist die Is. VII, 77. XV, 320 (vgl. Dein. I, 16. Anax. Rhet. praef. I, 173 Sp. Diodor XIX, 1, 9) dem transitus mittels der Partikeln ἀλλὰ γάρ vorausgeschickte revocatio, ebenso das Isae. VII, 43. D. XIV, **41** denselben einleitende ἵνα δὲ μὴ δοκῶ διατρίβειν (ἐνοχλῶ). Den bisher behandelten Beispielen lassen sich viele andere zur Seite stellen, in denen zwar kein Übergang zum Epilog stattfindet, aber die Ausdrucksweise dieselbe oder eine ganz ähnliche ist. Zunächst erwähne ich Aesch. II, 118: ἵνα δὲ μὴ διατρίβω τοὺς ἐκεῖ λόγους — ἀκριβῶς διεξιών, ἐν κεφαλαίῳ περὶ πάντων εἰπὼν παύσομαι. D. XX, 58: ἓν δ' ἢ δύο δείξας ἔτι ψηφίσματ' ἀπαλλάττομαι τοῦ περὶ τούτων λέγειν. (D.) XXV, 60: ἓν τοίνυν εἰπὼν ἔτι τῶν ἰδίων αὐτοῦ πονηρευμάτων τὰ λοιπὰ ἐάσω. Dazu kommen aufser der parenthetischen Bemerkung D. V, 9: καὶ μόνον ἓν τοῦτ' εἰπὼν ἔτι καὶ δὴ περὶ ὧν παρελήλυθ' ἐρῶ noch folgende Stellen: D. XXIV, 17: βούλομαι δὴ μικρὰ διεξελθὼν περὶ — περὶ αὐτοῦ τοῦ νόμου λέγειν ὃν γέγραμμαι. Is. IV, 12: πρὸς οὓς ἔτι μικρὸν ὑπὲρ ἐμαυτοῦ θρασυνάμενος ἤδη περὶ τοῦ πράγματος ποιήσομαι τοὺς λόγους. Isae. XI, 32: ἃ ἐγὼ διὰ βραχέων εἰπὼν καὶ — ἐπὶ τὴν ἄλλην ἀπολογίαν ἤδη τρέψομαι. D. XXIV, 61: πῶς οὖν μοι δοκεῖ; τοὺς μὲν ἄλλους (νόμους) ἐᾶν, περὶ δ' οὗ — νόμου διελθόντ' ἐπ' ἐκεῖν' ἰέναι τὸ μέρος τῆς κατηγορίας ἤδη, ὡς κτλ. (D.) XXXII, 13: τὸ μὲν οὖν πρᾶγμα — τοιοῦτόν ἐστι· βούλομαι δὲ τοὺς μάρτυρας — πρῶτον ὑμῖν παρασχόμενος μετὰ ταῦτα δὴ καὶ τἄλλα διδάσκειν. XXXVII, 17: τὰ μὲν δὴ — ταῦτ' ἐστί· παρασχόμενος δὲ τοὺς μάρτυρας —, ὡς —, μετὰ ταῦτ' ἐπιδείξω. D. LIV, 6: πρῶτον μὲν οὖν τούτων ὧν εἴρηκα βούλομαι τὰς μαρτυρίας παρασχόμενος, μετὰ **ταῦθ'** οἷ' ὑπ' αὐτοῦ τούτου πέπονθ' ἐπιδεῖξαι. Isae. VIII, 34: δέδοικα δὲ μὴ λίαν ὁμολογούμενα λέγων ἐνοχλεῖν ὑμῖν δόξω —. ἀναγνοὺς οὖν τὸν — νόμον, ὧν ἕνεκα —, καὶ ταῦτ' ἤδη πειράσομαι διδάσκειν (vgl. VII, 43. D. XIV, 41). Dein. I, 16: ἀλλὰ γὰρ οὐ πρὸς τοῦτο τὸ κάθαρμα παραβάλλειν δεῖ τοὺς —. παρασχόμενος οὖν τὸ ψήφισμα — π΄λιν ἐπὶ τοὺς περὶ τούτου λόγους *βαδιοῦμαι*. An dieser Stelle verbindet sich der participiale Ausdruck mit der Ankündigung eines reditus ad propositum, an den übrigen mit der Erklärung, den Gegenstand verlassen oder zu dem nächsten Punkte übergehen zu wollen. (D.) XXXII, 13 ist der Zusatz von *πρῶτον* und *καί* zu beachten. Anderes der Art Anm. zu § 5. Über die Redeweise im allgemeinen vgl. noch Aesch. II, 114: *βραχέα δ' ὑπὲρ τῶν ὅρκων προειπὼν —, καὶ περὶ τῶν ἄλλων — διεξήειν* (andere Lesart *εἰπών*; daſs *προειπών* an sich nicht anzufechten ist, zeigen die soeben berührten Beispiele, wo *καί* auf *πρῶτον* mit Ptcp. folgt). § 109: (*ἀρξάμενος δὲ τοῦ λέγειν,*) *πρῶτον διαβολήν τιν' ὑπειπὼν κατὰ — διεξήει κτλ.* (die Stelle ist citiert nach Mki; vgl. Arist. Wesp. 55; für *τοῦ λέγειν, πρῶτον* in del *τοῦ λέγειν πρῶτος*, in *B τοῦ πρῶτος λέγειν*, weshalb man jetzt — auch Büttner, quaest. Aesch. Berl. 1878, S. 29 — nach Sauppe *τοῦ λέγειν, διαβ.* schreibt. Über die Bedeutung von *ὑπειπεῖν* Weber zu Dem. Aristocr. S. 227). Hyp. f. Eux. XL: *μικρὰ δὲ περὶ — εἰπὼν ἑτέρας αἰτίας — ἥκεις φέρων.* Eine Variation der S. 265 behandelten Form der *προδιόρθωσις* findet sich (D.) XLV, 83: *ἐγὼ δὲ καὶ περὶ —, παραιτησάμενος καὶ δεηθεὶς ὑμῶν συγγνώμην ἔχειν, εἰ —, ἐρῶ καὶ οὐ σιωπήσομαι* (vgl. D. IV, 13. [D.] prooem. 20. 21. 50. Hyp. f. Lyk. p. 21 Bl.). Beispielen, in denen der participiale Zusatz mit Nachdruck am Ende steht, begegnen wir besonders bei Isokrates und Demosthenes. D. XVIII, 60: *ἃ μὲν οὖν — ἐάσω· — ἃ δ' —, ταῦτ' ἀναμνήσω —, τοσοῦτον ὑπειπών.* § 124: *ἤδη δ' ἐπὶ ταῦτα πορεύσομαι, τοσοῦτον αὐτὸν ἐρωτήσας.* IV, 13: *ὡς μὲν οὖν — παύομαι λέγων· τὸν δὲ τρόπον τῆς παρασκευῆς — καὶ δὴ πειράσομαι λέγειν, δεηθεὶς ὑμῶν τοσοῦτον. ἐπειδὰν ἅπαντ' ἀκούσητε, κρίνατε, μὴ πρότερον προλαμβάνετε.* (D.) prooem. 50: *ἐγὼ δ' οὖν ἃ —, ταῦτ' ἐρῶ, δεηθεὶς ὑμῶν τοσοῦτον* c. inf. prooem. 20: *τοὺς μὲν οὖν ἄλλους λόγους πάντας περιέργους ἡγοῦμαι· ἃ δ' —, ταῦτ' εἰπεῖν πειράσομαι, τοσοῦτον ἀξιώσας μόνον* c. inf. (vgl. Arr. Anab. I, 4, 8: *καὶ τούτους — ἀπέπεμψε, τοσοῦτον ὑπειπὼν ὅτι κτλ.*). prooem. 21: *— διδάξω, δεηθεὶς ὑμῶν μὴ θορυβῆσαι κτλ.* Hyp. f. Lyk. S. 21 Bl.: *ἵνα δὲ μὴ πρὸ τοῦ πράγματος πολλοὺς λόγους ἀναλίσκω, ἐπ' αὐτὴν τὴν ἀπολογίαν πορεύσομαι, τοῖς μὲν θεοῖς εὐξάμενος — ὑμᾶς δὲ ἐκεῖνο παραιτησάμενος.* Anax. Rhet. praef. (I, 173 Sp.): *ἀλλὰ γὰρ ὀκνῶ ἔτι πλείω γράφειν, μή ποτε —. διόπερ ἀφήσω, ἐκεῖνα μόνον εἰπών, περὶ ὧν ἔνεστι λέγειν κτλ.* D. XIV, 2 ([D.] prooem. 7): *ἐγὼ δὲ τοῦτ', ἂν ἄρ' οἷός τ' ὦ, πειράσομαι ποιῆσαι, μικρὰ προειπὼν ὑμῖν ὡς ἔχω γνώμης κτλ.* Aesch. III, 41: *ὅθεν δὲ δὴ — ἐγὼ διδάξω ὑμᾶς, προειπὼν ὧν ἕνεκα κτλ.* Diodor XIX, 1, 9: *ἀλλὰ γὰρ τῆς βίβλου ταύτης — περιεχούσης καὶ τὴν τυραννίδα τὴν Ἀγαθοκλέους, ἀφέμενοι τὸ περὶ αὐτῆς προλέγειν τὰ συνεχῆ τοῖς προειρημένοις προσθήσομεν, παραθέντες πρότερον τοὺς οἰκείους τῇ γραφῇ χρόνους.* Arist. Wesp. 54 ff.: *φέρε νυν κατείπω τοῖς θεαταῖς τὸν* λόγον, ὀλίγ' ἄτθ' ὑπειπὼν πρῶτον αὐτοῖσιν ταδί, μηδὲν παρ' ἡμῶν προσδοκᾶν λίαν μέγα κτλ. Is. XV, 56: ὑμᾶς μὲν οὖν —, τοῖς δ' ἄλλοις ἤδη περαίνειν ἐπιχειρήσω, μικρὸν ἔτι προειπών, ἵνα ῥᾷον ἐπακολουθῶσι τοῖς λεγομένοις. XVI, 24: ἴσως μὲν οὖν — ὅμως δ' ἐπιθυμῶ περὶ — διελθεῖν πρὸς ὑμᾶς, μικρὸν προλαβὼν καὶ τῶν προγόνων ἐπιμνησθείς, ἵν' ἐπίστησθε. XII, 199: τὴν δ' αἰτίαν, δι' ἣν (ἔτι λέγειν ἀναγκάζομαι), ὀλίγον ὕστερον ἐρῶ, μικρὰ πάνυ προδιαλεχθείς (Benseler mit Γ μικρὰ τῶν πάνυ; vgl. XV, 320). § 5: διαλέξομαι δὲ περί τε —, οὐκ ἀπὸ τούτων ἀρξάμενος ἀλλ' ἀπὸ τῶν ἐμοὶ συμβεβηκότων (Variation des gewöhnlichen μικρὰ προειπὼν περὶ τῶν ἐμοὶ συμβ.). D. XX, 11: ὅτι τοίνυν —, καὶ τοῦτο πειράσομαι δεῖξαι διὰ βραχέων, ἕν τι τῶν πρότερον πεπραγμένων τῇ πόλει διεξελθών. Die meisten dieser Beispiele führen entweder eine προδιόρθωσις oder wenigstens eine προϋπεργασία oder προκατασκευή ein, wenn man diese Figur in dem allgemeineren Sinne nimmt, dafs sie dazu diene, die Zuhörer zur richtigen Auffassung des Folgenden geschickt zu machen (Volkmann, Rhet. 421 f.). Wohl nur bei Demosthenes und Pseudodemosthenes findet sich für das Participium des Aorists auch ἐπειδάν mit dem Konjunktiv dieses Tempus. D. IV, 22: πόθεν δὴ τούτοις ἡ τροφὴ γενήσεται; ἐγὼ καὶ τοῦτο φράσω καὶ δείξω, ἐπειδὰν διότι — διδάξω. XXXIX, 5: τοῦτο δ' ὅσα βλάπτει ποιῶν — ἐγὼ διδάξω, ἐπειδὰν — παράσχωμαι μάρτυρας. (D.) LIX, 43: ἐξ ὅτου δὲ τρόπου — ἐγὼ ὑμῖν καὶ περὶ τούτου διέξειμι, ἐπειδὰν — ἐπιδείξω ὡς κτλ. XLIX, 18: καὶ ταῦθ' ὅτι ἀληθῆ ἐστι, τὸν — μάρτυρα παρέξομαι, ἐπειδὰν καὶ περὶ — διηγήσωμαι ὑμῖν. § 21: ὡς δ' οὐκ ἀληθῆ ἔλεγεν — ἐγὼ ὑμᾶς διδάξω, ἐπειδὰν καὶ περὶ — διηγήσωμαι (beachte die doppelte Stellung des καί in diesen Sätzen). Der Temporalsatz ist eingeschoben D. LVII, 16: ὅθεν δ' — ταῦτα, ἐπειδὰν περὶ — εἴπω, τότε — ἐρῶ. (D.) XLV, 9: οὐ μὴν ἀλλ' ἔγωγ' οἶμαι δεῖν, ἐπειδάν, ὃ — ἐπιδείξω ψεῦδος ὄν, τηνικαῦτ' ἤδη καὶ περὶ τῶν τοιούτων ποιεῖσθαι τοὺς λόγους (über τηνικαῦτ' ἤδη = tum demum zu § 66). Entsprechende latein. Wendungen Cic. de off. II, 1, 1: de quibus dicere adgrediar, si pauca prius de instituto ac de judicio meo dixero. Ac. prior. II, 20, 64: adgrediar igitur, si pauca ante quasi de fama mea dixero. Brut. 25, 96: de quibus jam dicendi locus erit, cum de senioribus pauca dixero. Zu jam 'alsbald', nicht 'erst', wie Hand Turs. III, 124 übersetzt, vgl. or. 63, 212: quo autem pacto deceat — jam videbimus; nunc quot modis — dicendum est. p. Flacc. 33, 56: jam id videro, sed primum illud tenebo. Die Griechen gebrauchen, wie die angeführten Beispiele zeigen, in gleicher Weise ἤδη oder (D. IV, 13. V, 9) καὶ δή. Über jenes Schneider zu Is. IV, 12, über dieses E. Müller zu D. II, 13 und Rehdantz, Ind. II, δή. Mitunter wird ἤδη auch zur Einführung des Gegenstandes verwendet, den man einem andern vorausschicken will;

dann heiſst es 'schon jetzt'. Is. XII, 35: *περὶ μὲν οὖν — αὖθις* (alias) *ἐροῦμεν —. περὶ δὲ — ἤδη ποιήσομαι τοὺς λόγους.* D. XXVII, 12. LV, 23. (D.) XLIV, 5. Über diese Bedeutung der Partikel handelt Krüger zu Thuk. I, 42, 2 und zu Xen. Anab. I, 4, 16. Vgl. auch Lys. XXXI, 24, wo einem auf die Vergangenheit bezüglichen *ἤδη* ein zweites in der Bedeutung 'schon jetzt' gegenübergestellt ist. Häufiger wird dem, was man verschiebt, das, was man zunächst in Betracht ziehen will, durch *νῦν* entgegengesetzt. Ebenso im Latein. nunc. Zur Vervollständigung dieses Exkurses füge ich noch einiges über das in mehreren der angeführten Übergänge erscheinende *βούλομαι* hinzu. Nach einem *ὁρισμός* (kurzem Abschluſs des Gesagten; vgl. de praeterit. S. 19) wird das Neue durch *βούλομαι δέ* eingeführt (D.) XXXII, 13. LVIII, 57. Mit diesen Stellen vgl. Is. XII, 266. XV, 51. Aesch. I, 37. Gorg. Pal. 22. In gleichem Falle heiſst es Ant. IV, *β*, 7 *ἐθέλω δέ* (das sonst bei den Rednern so nicht gebrauchte Zeitwort verwendet Antiphon in der Form *θέλω* auch III, *δ*, 3 und 5. IV, *γ*, 1 zum Übergang; vgl. die von Krüger 48, 6, 4 und 54, 2, 3 behandelten Wendungen, in denen statt des gewöhnlichen *βούλεσθαι* bei Dichtern bisweilen das andere Verbum steht. Wegen Plat. Apol. 39[c]: *τὸ δὲ δὴ μετὰ τοῦτο ἐπιθυμῶ ὑμῖν χρησμῳδῆσαι* verweise ich auf Schmidt, Synonym. III, S. 594 ff. und 610. Dem Herodot eigentümlich ist *ἔρχομαι ἐρέων* (*φράσων, λέξων*), worüber Abicht und Stein zu I, 5; *μέλλω λέγειν* heiſst es im Übergange Dion. Hal. de Thuc. jud. 21). Ohne daſs ein *ὁρισμός* vorausging, fanden wir *βούλομαι δέ* angewendet Lys. XII, 92. Lyk. 146. Hiermit sind zusammenzustellen (And.) IV, 41. Lys. XIII, 62. Is. IV, 73. VII, 63. XIII, 16: *βούλομαι δ', ἐπειδήπερ εἰς τοῦτο προῆλθον, ἔτι σαφέστερον εἰπεῖν περὶ αὐτῶν* (vgl. XV, 76. [D.] LIX, 74. [And.] IV, 23: *ἄξιον δὲ τὴν τόλμαν αὐτοῦ σαφέστερον ἔτι διελθεῖν*). XV, 76: *βούλομαι δ' ὑμῖν διὰ βραχέων ἀπολογίσασθαι περὶ ἑκάστου καὶ ποιῆσαι μᾶλλον ἔτι καταφανὲς ὡς.* § 180: *β. δὲ περὶ — πρῶτον διελθεῖν πρὸς ὑμᾶς* (vgl. Ant. III, *δ*, 3: *θέλω δὲ πρῶτον ὑμᾶς μαθεῖν.* D. XIX, 29. Dafür Aesch. I, 118: *λέξω δὲ πρῶτον.* § 142: *λέξω δὲ πρῶτον μέν.* III, 18: *διδάξω δ' ὑμᾶς πρῶτον.* Dion. Hal. Antt. VII, 41: *ἐρῶ δὲ περὶ — πρῶτον.* Plat. Menex. 239[c]: *ἔστι δὲ τούτων ὧν λέγω πρῶτα*). Lyk. 83. D. IX, 20. XVIII, 270: *β. δὲ τῶν ἰδίων ἀπαλλαγεὶς ἔτι μικρὰ πρὸς ὑμᾶς εἰπεῖν περὶ τῶν κοινῶν.* XIX, 29: *β. δ', ἐπειδήπερ εἰς τούτους προήχθην τοὺς λόγους* (ein Zusatz wie Is. XIII, 16; vgl. auch [D.] LI, 13), *ὃν τρόπον — πρῶτον εἰπεῖν ἁπάντων.* XXIII, 64. XXIV, 27: *βούλομαι δ' ὑμῖν τὸ ψήφισμ' αὐτ' ἀναγνῶναι.* 122, 139. Andere Beispiele Anh. zu § 3, S. 207 f. Beiläufig erwähne ich, daſs neben *βούλομαι δέ* häufig auch das vollere *βούλομαι δὲ καί* vorkommt. In der Regel steht dieses an der Spitze eines neuen Punktes, der zu dem abgehandelten in irgend welcher Beziehung steht. So Aesch. I, 49: *βούλομαι δὲ κἀκεῖνο προειπεῖν.* Lyk. 102: *βούλομαι δ' ὑμῖν καὶ τὸν Ὅμηρον παρασχέσθαι ἐπαινῶν* (vorher hatte der Redner des Euripides lobend gedacht). D. XXXVII, 45. (D.) XLVII, 18. XLVIII, 33. L, 41. LIX, 78 (Xen. Hier. 6, 1. Staat der Lak. 15, 1). Dafür *θέλω δὲ καί* Ant. IV, γ, 1. Verwandt mit diesen Stellen sind Is. XV, 67. D. XXII, 47. (D.) L, 57. LIII, 22. LIX, 49, wo sich der durch *βούλομαι δὲ καί* eingeführte neue Punkt an eine Rekapitulation anschliefst. In etwas anderer Weise ist die Formel gebraucht D. XXIII, 102: *βούλομαι δ' ἤδη καὶ τοῦθ' ὑμῖν ἐπιδεικνύναι* und (D.) XXIX, 25: *βούλομαι δὲ — ἐξελέγξαι καὶ ταῦτ' αὐτὸν ψευδόμενον*, indem an beiden Stellen das Pronomen auf das Vorhergehende zurückweist. Kehren wir nach dieser kleinen Abschweifung zu den oben behandelten Übergängen zurück. Ich unterlasse es hier, mit Isae. VII, 43 ähnliche Stellen zu vergleichen, da ich die mit *ἵνα δέ* beginnenden Übergangsformen unten zu XIII, 38 ausführlich behandeln werde. Ebenso wie D. VIII, 76 und (D.) XXV, 98 ist *βούλομαι* durch andere betonte Worte vom Anfang zurückgedrängt Aesch. II, 159: *ἓν δὲ πρὸς τοῖς εἰρημένοις εἰπεῖν ἔτι βούλομαι.* III, 213. 215 (vgl. Lys. I, 22: *πρῶτον δὲ διηγήσασθαι βούλομαι* und D. XX, 84. [D.] XLIII, 73, wo ein betontes *ἐγώ* an der Spitze des Satzes steht). Von den sonst mit *βούλομαι* verbundenen Partikeln, *δή*, *οὖν* und *τοίνυν*, findet sich in den genannten Beispielen nur die erste, D. XXIV, 17 und XXIII, 215. An der zweiten Stelle ist *βούλομαι* durch ein anderes Wort vom Anfang verdrängt wie D. XIX, 177: *συλλογίσασθαι δὴ βούλομαι κτλ.* Mit D. XXIV, 17 vgl. (D.) XXIX, 10 und 22 (hier *βούλομαι δὴ καί*; 'also auch' heifst *δὴ καί* D. XXI, 77). Um dieses Kapitel zum Abschlufs zu bringen, füge ich noch einige Bemerkungen bei über die Verbindung von *βούλομαι* mit *οὖν* und *τοίνυν*. Durch *βούλομαι οὖν* wird das Verlesen von Aktenstücken eingeleitet (D.) XLIII, 31. XLVIII, 11. Lys. X, 15: *βούλομαι οὖν αὐτὸν καὶ ἐξ ἑτέρων νόμων διδάξαι* (hier tritt *καί* hinzu, weil bereits ein *νόμος* verlesen war). Aufserdem vgl. Lys. XXII, 1: *ὅθεν οὖν — πρῶτον εἰπεῖν βούλομαι.* Weit ausgedehnter ist der Gebrauch der Formeln *βούλομαι τοίνυν* und *βούλομαι τοίνυν καί*, doch kommen diese, abgesehen von (Lys.) VI, 54: *βούλομαι τοίνυν εἰπεῖν ἃ κτλ.*, nach meinen Beobachtungen (vgl. auch Rosenberg, Jahrb. f. Philol. 1874, S. 114) nur bei Demosthenes und Pseudodemosthenes vor, und zwar die erstere D. VIII, 21: *βούλομαι τοίνυν ὑμᾶς μετὰ παρρησίας ἐξετάσαι τὰ παρόντα πράγματα τῇ πόλει καὶ σκέψασθαι κτλ.* (eine Art *προδιόρθωσις*). XVIII, 102: *β. τοίνυν ἐπανελθεῖν ἐφ' ἃ κτλ.* (reditus ad propositum). XIX, 315. XXIV, 108 (Rekapitulation), die letztere D. XVIII, 53. XXIII, 144 (zweimal *β. τοίνυν ἤδη καί*; vgl. XXIII, 102 und hierzu Weber S. 337). XXIV, 212: *β. τοίνυν ὑμῖν κἀκεῖνο διηγήσαθαι, ὃ κτλ.* XXI, 10: *β. τ. ὑμῖν καὶ τὸν* ἑξῆς νόμον ἀναγνῶναι (wie Lys. X, 15). 175. XXIII, 88. XXXVIII, 14 (hier nach einer mit ὅτι μὲν τοίνυν beginnenden Rekapitulation). XLI, 11. (D.) XXV, 43. XLVI, 5. XLVII, 49. XLIX, 65. LI, 13. LIX, 88. Vier von diesen Stellen, D. XXI, 175. XLI, 11. (D.) XLVII, 49. LIX, 88, schliefsen sich unmittelbar an Aktenstücke an, wie denn überhaupt sehr häufig nach Verlesung von Aktenstücken die Rede durch τοίνυν fortgesetzt wird. — καὶ πρῶτον μὲν — σκέψασθε] Zu den beiden mit καὶ πρῶτον μὲν beginnenden Lysiasstellen kommen aus andern Rednern folgende hinzu: καὶ πρῶτον μὲν σκοπεῖτε Ant. V, 21, σκεψώμεθα Is. VII, 79, ἐξετάσωμεν D. XXII, 47 und XXIV, 160, ἀνάγνωθι (D.) XLIII, 75 (hier πρώτιστον nach ΣFQ; vgl. XLVIII, 33, wo diese Form nur im Σ sich erhalten hat, und Lobeck zu Phryn. S. 419. Die klassische Verstärkung von πρῶτον ist πρῶτον πάντων oder ἁπάντων; s. unten), ἀναγνώτω (D.) XLIV, 45, ἀναγνώσεται (D.) LVI, 6 (hier πρῶτον ohne μέν). Zufällig findet sich unter den angeführten Beispielen keins mit einem Futurum wie διδάξω, ἀποδείξω u. s. w. Doch kann man die Ausdrücke ἀνάβητε, ἀνάγνωθι, ἀναγνώτω, ἀναγνώσεται einem 'ich werde auftreten, verlesen lassen' gleichsetzen. Ich werde im Folgenden unter Anwendung zweier von Birkler (Progr. Ehingen 1867, S. 5) eingeführten Bezeichnungen auch solche Übergangsformen subjektive nennen, indem ich in diesem Ausdrucke alle Übergänge zusammenfasse, durch welche die Thätigkeit des Sprechers oder der Zuhörer (σκοπεῖτε) oder beider zugleich (σκεψώμεθα) hervorgehoben wird. Ihnen stehen die objektiven gegenüber, in denen der Redner einfach die Sache referiert. Zu letzterer Klasse gehören Isae. VI, 30: καὶ πρῶτον μὲν πείθουσι τὸν Εὐκτ. Ant. VI, 11. 41 (das in den Hdschr. fehlende μέν von Blass hinzugefügt nach Dobree; doch vgl. [D.] LVI, 6). Is. IV, 140: καὶ πρ. μὲν ἀποστάσης Αἰγύπτου τί διαπέπρακται πρὸς τοὺς ἔχοντας αὐτήν; (mit einer Frage beginnt der erste Punkt auch Is. XV, 76. And. III, 21. D. XXXVI, 19. XXXIX, 7. Xen. Mem. I, 1, 2). VII, 29: καὶ πρῶτον μὲν τὰ περὶ τοὺς θεούς, ἐντεῦθεν γὰρ ἄρχεσθαι δίκαιον, οὐκ ἀνωμάλως ὠργίαζον (wegen der Parenthese vgl. Is. III, 14: περὶ μὲν οὖν τῶν πολιτειῶν, ἐντεῦθεν γὰρ ὑποτιθέμενος ἠρξάμην, οἶμαι πᾶσι δοκεῖν κτλ.). X, 18. 35. XII, 43. XV, 76. XVI, 29. Lyk. 84. Hyp. f. Eux. XLIII. D. XXI, 79. XXIV, 18. Plat. Symp. 196[d]. An allen diesen Stellen, denen sich noch zwei später zu besprechende, And. I, 2. Is. V, 46, zugesellen, dient καί (und zwar) dazu, vom Allgemeinen zum Besonderen, von der Ankündigung zur Ausführung im Einzelnen überzuleiten. Ebenso steht die Partikel häufig anderwärts; vgl. Is. XVIII, 7: καὶ τὸ μὲν πρῶτον. D. XXIII, 165: καὶ κατ' ἀρχὰς μέν. XVIII, 140: καὶ τὰ μὲν ἄλλα. Is. VII, 81. XVII, 9. 43. Isae. VIII, 30, sowie die Beispiele de praeterit. S. 10 und Classen zu Thuk. I, 19, 1. II, 7, 2. IV, 59, 1. Der gleiche Gebrauch des latein. ac (quidem) ist hinlänglich bekannt. S. Klotz, lex. I, S. 588, wo auch Beispiele für ac primum und ac primo (quidem) angeführt sind (anders et — quidem mit folgendem sed oder asynd. advers., worüber Müller zu Liv. II, 2, 9). Von den andern für den Übergang zur expositio rei verwendeten Partikeln finden wir bei Lysias in Verbindung mit πρῶτον am häufigsten οὖν. Objektive Färbung haben I, 9 und XIII, 7. Mit diesen vgl. (And.) IV, 11. Alk. π. σοφ. 3. Gorg. Palam. 29: πρῶτον μὲν οὖν καὶ δεύτερον καὶ μέγιστον (ähnliche Verstärkung des πρῶτον Xen. Anab. II, 5, 7: πρῶτον μὲν γὰρ καὶ μέγιστον). Xen. Mem. I, 1, 2. Den andern Beispielen, die in der Anm. erwähnt sind, lassen sich zur Seite stellen Ant. V, 8 (διδάξω). Isae. VIII, 6. D. XXVII, 24 (ἐπιδείξω). Ant. VI, 15 (ἀποδείξω). D. LVII, 7 (φράσω). (D.) XLVIII, 40 (λέγω). XXXIII, 23 (ἡγοῦμαι). Is. IX, 12 (δοκεῖ μοι πρέπειν κἀμὲ διελθεῖν). VI, 16 (οἶμαι δεῖν διαλεχθῆναι). XV, 217 (ὁρίσασθαι δεῖ). Isae. IV, 2 (ἄξιόν ἐστιν ἐξετάσαι). Arist. Rhet. I, 15 a. A. (εἴπωμεν). Is. XV, 45 (ἐκεῖνο δεῖ μαθεῖν ὑμᾶς). D. IV, 2 (οὐκ ἀθυμητέον). (D.) XXXVI, 4. XLVIII, 3. LIX, 16 (— ὑμῖν — ἀναγνώσεται). Is. I, 13 (εὐσέβει). Nicht finden sich bei Lysias πρῶτον μὲν δή und πρῶτον μὲν τοίνυν. Ersteres scheint überhaupt nicht häufig vorzukommen; ich habe es nur notiert aus D. XXIII, 29: τοὺς ἀνδροφόνους φησὶν (ὁ τιθεὶς τὸν νόμον.) πρῶτον μὲν δὴ τοῦτον ἀνδροφόνον λέγει, τὸν ἑαλωκότ' ἤδη τῇ ψήφῳ (anderer Art D. VIII, 43, wo Rehdantz zu vergleichen). Über πρ. μὲν τοίνυν vgl. D. IV, 16 (φημὶ δεῖν). Xen. Anab. III, 2, 27 (δοκεῖ μοι). D. XX, 68 (σκοπεῖτε); hierzu die objektiv gehaltenen Stellen: Is. IV, 28: πρῶτον μὲν τοίνυν, οὗ πρῶτον ἡ φύσις ἡμῶν ἐδεήθη, διὰ τῆς πόλεως τῆς ἡμετέρας ἐπορίσθη (über die absichtliche Wiederholung von πρῶτον s. Rauchensteins Bemerkung. Von den zahlreichen ähnlichen Stellen, die ich weiterhin anführen werde, kommt der vorliegenden am nächsten [D.] LXI, 10. Aus Cicero kann man vergleichen de nat. deor. II, 21, 57: haud ergo, ut opinor, erravero, si a principe investigandae veritatis hujus disputationis principium duxero, daneben auch de imp. Cn. Pomp. 2, 4: atque ut inde oratio mea proficiscatur, unde haec omnis causa ducitur). D. XIX, 141. 174. XX, 100. XXI, 43: π. μ. τ. οἱ περὶ τῆς βλάβης οὗτοι νόμοι πάντες, ἵν' ἐκ τούτων ἄρξωμαι κτλ. § 175: π. μ. τ., ἵνα πρώτης τῆς τελευταίας γεγονυίας μνησθῶ καταγνώσεως κτλ. XXIII, 196. Xen. Staat d. Lak. 11, 2. Das den genannten Konjunktionen entsprechende jam braucht Livius zur Einführung des ersten Teiles in jam primum IX, 5, 12. 17, 5: jam primum, ut ordiar ab ducibus comparandis, haud equidem abnuo (vgl. D. XXI, 43 und 175). XXXV, 18, 4. XXXIX, 52, 8. XL, 3, 3; in jam primum omnium I, 1, 1. XXI, 62, 7 (vgl. Ter. Heaut. II, 3, 33) und jam omnium primum V, 51, 6. XXVIII, 39, 5. Nach einer partitio steht primum igitur Cic. de nat. deor. II, 30, 76.

Über die Verwendung der Partikel *δέ* zur näheren Ausführung und Erläuterung des Gesagten ist bereits im Anh. zu § 68 (S. 271 f.) gesprochen worden. *πρῶτον δέ* findet sich in dieser Weise aufser Lys. XVI, 3 (vgl. auch I, 22, S. 296) Aesch. I, 156 (*λέξω*). Xen. de re equ. 1, 1 (*γράψομεν*). Is. XV, 199 (*ἐνθυμήθητε*). XVII, 25 (*ἐκ τούτου σκοπεῖσθε*). Beispiele, wo das Verbum vorausgeht, S. 295. Dazu kommen Is. V, 58: *σκέψαι δὲ πρῶτον* (so die codd. Benseler und Blass *σκ. δὲ πρῶτον μέν*, letzterer unter Vergleichung von § 46: *καὶ πρῶτον μέν*. Mit noch gröfserem Recht könnte man verweisen auf Aesch. I, 142 und die 5 Stellen, die ich sogleich anführen werde, wo überall *δέ* vorausgeht. Doch wird die Überlieferung geschützt durch Aesch. I, 118. III, 18 [Ant. III, *δ*, 3]. Auch nach *καὶ πρῶτον* folgt nicht immer *μέν*; vgl. S. 297), sowie die Stellen mit objektiver Fassung Is. IV, 85 (*ἐπεδείξαντο — πρῶτον μέν*). Ant. IV, *γ*, 2 (*εἶπε δὲ πρῶτον μέν*). Is. VIII, 133 u. D. XXI, 25 (*ἔστι δὲ πρῶτον μέν*; vgl. Plat. Menex. 239ᵉ u. die Stellen S. 259). (D.) Br. I, 1464 (*δεῖ δὲ ὑμᾶς πρῶτον μὲν ἁπάντων — παρασχέσθαι*). S. auch Gorg. Pal. 6: *ἐπὶ τοῦτον δὲ τὸν λόγον εἶμι πρῶτον, ὡς*. (D.) LVI, 4 (S. 207). Isae. VI, 5: *πολλῶν δὲ καὶ δεινῶν ὄντων ἃ — τοῦτ' αὐτὸ πρῶτον ἐπιδείξω ὑμῖν, ὡς*. Aesch. III, 84: *σπεύδων δ' εἰπεῖν περὶ —, ἵν' ἐφεξῆς λέγω, περὶ — πρῶτον μνησθήσομαι* (vgl. zu XIII, 17). *πρῶτον μὲν γάρ* wird, soweit meine Beobachtungen reichen, nur in Stellen mit objektivem Ton gebraucht. Vgl. aufser den in der Anm. angeführten Beispielen Ant. V, 9. 25. And. III, 21. Aesch. III, 20. D. XXVIII, 3. XXXVI, 19. XXXIX, 7: *πρ. μ. γάρ, εἰ δεῖ τὰ κοινὰ τῶν ἰδίων εἰπεῖν πρότερον, τίν' ἡμῖν ἡ πόλις ἐπιτάξει τρόπον κτλ.* (über *εἰ δεῖ κτλ.* S. 262). (D.) XXXV, 18. Xen. Staat d. Lak. 13, 1. Hier. 1, 11. Anab. II, 5, 7. *πρώτιστα γάρ* sagt Strabon I, 18. Durch *οὗτος* ist *πρῶτον* vom Anfang verdrängt Aesch. I, 40: *οὗτος γὰρ πρῶτον μὲν πάντων — ἐκάθητο ἐν Πειραιεῖ* (so nach B, *πάντων μὲν πρῶτον* A, *πρῶτον πάντων μέν* M, *πρῶτον μέν* Schultz und Weidner. — *πρῶτον ἁπάντων* D. XIX, 29. [D.] B. I, 1464. Arist. Plut. 522 und *ἓν ἁπάντων πρῶτον* D. XXIII, 149. Auch im Latein. häufig primum omnium und omnium primum, wie viele bereits angeführte und noch anzuführende Beispiele zeigen), durch *ἐγώ* D. V, 5. Dagegen finden wir *οὗτος* (*ἐγώ*) *γὰρ πρῶτον μέν* vertreten durch *ὅς* (*ὅστις*) *πρῶτον* (*πρῶτα*) *μέν* Lys. IV, 10. VII, 15. XII, 65. XXX, 4 (19). And. I, 144. Arist. Ritt. 774 u. ö. Nicht auffallen darf es, wenn der erste Punkt auch mittels eines explikativen Asyndetons einfach durch *πρῶτον μέν* eingeführt wird. So D. XXIII, 202 (*τὰς τιμὰς καὶ τὰς παρ' ὑμῶν δωρεὰς — πωλοῦσιν ἐπευωνίζοντες καὶ πολλοῖς ἀπὸ τῶν αὐτῶν λημμάτων γράφοντες πᾶν ὅ τι ἂν βούλωνται.*) *πρῶτον μέν, ἵνα τῶν τελευταίων πρῶτον μνησθῶμεν* (wegen des Zusatzes vgl. XXI, 175), *Ἀριοβαρζάνην ἐκεῖνον οὐ μόνον αὐτὸν καὶ τοὺς υἱεῖς τρεῖς ὄντας πάντων ἠξίωσαν κτλ.* (**F** v *πρῶτον μὲν τοίνυν*). VI, 6 (*πρῶτον μέν* ΣF, *πρῶτον μὲν οὖν* vulg.). XX, 141 (Anh. zu XIII, 20). And. III, 24. (D.) XLV, 44. LVI, 23. (Lys.) VIII, 10. Xen. Hier. 3, 1. Thuk. I, 98, 1. Vgl. auch D. XXIII, 149: *οὗτος ἓν μὲν ἁπάντων πρῶτον — πρῶτον μὲν τοὺς Ἀ. ὁμήρους —* **παρέδωκεν** *Ἀμφιπολίταις* (dem *ἓν μὲν ἁπάντων πρῶτον* ist ein *πρῶτον μέν* untergeordnet wie Cic. de finn. I, 6, 17 dem principio ein primum). Nicht selten schliefsen sich in diesem Falle die auf *πρῶτον μέν* folgenden Worte in der Konstruktion eng an das Vorhergehende an, wie D. XX, 146: *ἃ δὴ πρὸς τούτους ὑπολαμβάνοιτ' ἂν εἰκότως, ἀκούσατε, καὶ σκοπεῖτ' ἂν ὑμῖν δίκαια φαίνηται. πρῶτον μὲν πρὸς Λεωδάμαντα.* And. I, 10. III, 17. Lys. XXVI, 23. Aesch. III, 91. (D.) XLVIII, 33 (*πρώτιστον μέν*). Plat. Staat III, 416[d]. (Xen.) Staat d. Ath. 1, 16. Is. XV, 117: (*ἔστι δὲ ταῦτα τίνα δύναμιν ἔχοντα; —*) *πρῶτον μὲν δύνασθαι γνῶναι κτλ.* D. XVIII, 177. VIII, 39: (*εἰσὶ τοίνυν τινές, οἳ τότ' ἐξελέγχειν τὸν παριόντ' οἴονται, ἐπειδὰν ἐρωτήσωσι· τί οὖν χρὴ ποιεῖν; οἷς ἐγὼ μὲν — ἀποκρινοῦμαι, ταῦτα μὴ ποιεῖν ἃ νυνὶ ποιεῖτε, οὐ μὴν ἀλλὰ καὶ καθ' ἕκαστον ἀκριβῶς ἐρῶ. καὶ ὅπως — ἐθελήσουσιν.*) *πρῶτον μὲν τοῦτο παρ' ὑμῖν αὐτοῖς βεβαίως γνῶναι* (Reiske fügt *δεῖ* hinzu; s. die Nachahmung [D.] X, 11: *δεῖ δ' ὅμως εἰπεῖν ὅ τι χρὴ ποιεῖν. πρῶτον μὲν κτλ.*). Vgl. D. IV, 23: (*ἐγὼ καὶ τοῦτο φράσω καὶ δείξω, ἐπειδὰν διότι τηλικαύτην ἀποχρῆν οἶμαι τὴν δύναμιν καὶ πολίτας τοὺς στρατευομένους εἶναι κελεύω, διδάξω.*) *τοσαύτην μὲν διὰ ταῦτα, ὅτι κτλ.* Lys. XXVI, 4. D. XIX, 195 (XIX, 4. XXIII, 11 u. 23). Im Hinblick auf solche Stellen könnte man And. I, 2: (*ἐγὼ δὲ δεήσομαι ὑμῶν δίκαια καὶ —.*) *καὶ πρῶτον μὲν ἐνθυμηθῆναι ὅτι κτλ.* sich wohl versucht fühlen, das *καί* mit Baiter als ungehörigen Zusatz eines Abschreibers zu tilgen. Doch lassen sich zur Verteidigung der Überlieferung Stellen anführen wie Is. V, 46: *ἡγοῦμαι δ' οὕτως ἂν σε μάλιστα καταμαθεῖν, εἴτε — αἱ πόλεις αὗται πρὸς ἀλλήλας ἔχουσιν, εἰ διεξέλθοιμεν — τὰ μέγιστα τῶν παρόντων αὐταῖς, καὶ πρῶτον μὲν σκεψαίμεθα τὰ Λακεδαιμονίων* (so Benseler und Blass nach ΓΕ; vulgo: *αὐταῖς. καὶ πρ. μὲν σκεψώμεθα τὰ Λ.*). Is. XVIII, 37: (*ἐγὼ δὲ οὐθ' ὑμᾶς ταύτην ἔχειν τὴν γνώμην ἡγοῦμαι, πρός τε τοὺς ὑπειρημένους λόγους ῥᾴδιον ἀντειπεῖν νομίζω.*) *πρὸς μὲν οὖν τοὺς ὀδυρμούς, ὅτι.* VIII, 67. Xen. Hell. VI, 3, 13 (D. XIX, 203). Im Lateinischen finden wir asyndetischen Anschlufs regelmäfsig bei principio (vgl. Cic. de finn. I, 6, 17. in Cat. III, 1, 3. de am. 6, 22. de off. I, 4, 11. 35, 126; nam principio de off. III, 5, 21), aufserdem bei primum omnium Brut. bei Cic. ad fam. XI, 10, 2. Sall. Iug. 85, 45. Cat. 37, 5 (anderer Art hist. III, 82, 14 Kr.) und omnium primum Liv. XLV, 18, 1. Bei dieser Gelegenheit sei noch erwähnt, dafs man zur Einführung des ersten Punktes öfters auch das Verbum *ἄρχεσθαι* anwendete. Mit *πρῶτον δὲ λέξω* (*λέξω δὲ πρῶτον*) und dergl. kann man *ἄρξομαι δέ* zusammenstellen, wie es sich findet in *ἄρξομαι δ' ἐντεῦθεν* Ant. VI, 10. D. LVII, 17 (vgl. Is. XV, 194: *ἄρχομαι δ' ἐνθένδε ποθέν*), *ἄρξομαι δ' ἀπό* (D.) LVIII, 30. LX, 3 (*ἄρξομαι δ' ἀπὸ τῆς τοῦ γένους αὐτῶν ἀρχῆς*). Xen. Hier. 8, 2 (*ἄρξομαι δέ σοι*), *ἄρξομαι δὲ πρῶτον ἀπό* Hyp. Epit. V, *ἄρξομαι δ' ἀπὸ — πρῶτον* Thuk. II, 36, 1 (gleichfalls in einem *λόγος ἐπιτάφιος*. Zum Pleonasmus vgl. Aesch. II, 7. (D.) LXI, 10. Thuk. I, 103, 4. II, 47, 3. 68, 2. Plat. Soph. 218ᵇ. Xen. Kyr. I, 5, 6. Oik. 7, 9: *πρὸς θεῶν, τί πρῶτον διδάσκειν ἤρχου αὐτήν, διηγοῦ μοι*, von Cicero — IV, 3, 260 Klotz — übersetzt: quid igitur, proh deum immortalium, primum eam docebas, quaeso? ebenda 9, 6. Arist. Rhet. I, 13 a. A. Eth. Eud. I, 7 a. A. Poet. 1 a. A. Anaxim. Rhet. 7 a. A. Theophr. Charact. 28. Eur. Med. 475. Krüger, Poppo und Classen zu Thuk. II, 36, 1. Einen ganz besonderen Grund hat die Hinzufügung des *πρῶτον* (D.) XLI, 10. Arist. Eth. Eud. I, 7 u. Poet. 1. Eur. Med. 475), *ἄρξομαι δ' ἐκ τῶν ὁμολογουμένων λέγειν περὶ αὐτοῦ* Is. IX, 21 (vgl. D. XVI, 3: *τὰ μὲν οὖν ἄλλ' ὕστερον — δείξω· ἀπὸ δὲ τῶν ὁμολογουμένων ὑφ' ἁπάντων ἄρξομαι ἃ κράτιστα νομίζω διδάσκειν*), *ἄρξομαι δ' ἀπὸ τῶν — πλημμελημάτων λέγειν* Aesch. III, 106, *ἄρξομαι δ' ἀπὸ — λέγων* Plat. Symp. 186ᵇ (zum Ptcp. vgl. Xen. Kyr. VIII, 8, 2: *ὡς δ' ἀληθῆ λέγω, ἄρξομαι διδάσκων ἐκ τῶν θείων*. Oik. 9, 6. Plat. Menex. 237ᵃ. Hyp. Epit. IV. Kühner II, § 484, 27), *ἄρξομαι δὲ πρῶτον ἐπαινεῖν, ὅπερ πρῶτον ἰδοῦσιν ἅπασιν ἔστι γνῶναί σου, τὸ κάλλος* (D.) LXI, 10, *ἄρξομαι δ' ἐντεῦθεν, ὅθεν* D. XXIII, 64. (D.) XXIX, 5 (s. S. 207). Mit Umschreibung heifst es Dion. Hal. Antt. IX, 28: *ποιήσομαι δὲ τὴν ἀρχὴν τῶν λόγων ἐξ ὧν ἅπαντες ἴστε*. Is. XII, 156: *ποιήσομαι δὲ τὴν ἀρχὴν τῶν λεχθησομένων κτλ.* (S. 259; vgl. *πορρωτέρωθεν — ἄρχεσθαι* und *ποιεῖσθαι τὴν ἀρχήν* Is. XVI, 4 und XII, 120, sowie Is. X, 16). Vom Anfang zurückgedrängt ist *ἄρξομαι* Aesch. I, 170: *μικρὸν δ' ἄνωθεν ἄρξομαι διδάσκειν ὑμᾶς* (vgl. S. 208). D. XVI, 3 (s. oben). Eur. Med. 475: *ἐκ τῶν δὲ πρώτων πρῶτον ἄρξομαι λέγειν*. Wenn dem Satze, zu dem *ἄρξομαι* gehört, ein Relativsatz mit *ὅθεν* vorausgeht, so wird der Anschlufs an das Vorhergehende nicht blos durch *δέ*, sondern auch durch *οὖν* und *δ' οὖν* bewerkstelligt; desgleichen steht in solchen Stellen aufser *ἄρξομαι* auch *πρῶτον πειράσομαι* und *πρῶτον βούλομαι*. Mehrere Beispiele der Art S. 205 ff.; dazu Lys. XXII, 1 (S. 296; vgl. *ὅθεν οὖν — διηγήσομαι ὑμῖν* Is. XXI, 2, *πόθεν οὖν — ἤδη ἐρῶ* Aesch. I, 165, *τοῦτ' ἤδη λέξω* D. IV, 29, *ταῦτ' ἤδη διαφερόντως ἄξιόν ἐστιν ἀκοῦσαι* Aesch. III, 79). Die Partikeln *μὲν οὖν* führen den ersten Teil ein Is. X, 16: *τὴν μὲν οὖν ἀρχὴν τοῦ λόγου ποιήσομαι τὴν ἀρχὴν τοῦ γένους αὐτῆς*, wo der Redner die eben berührte Umschreibung wählte, um dasselbe Wort zweimal setzen zu können. Statt *ἄρξομαι δέ* brauchte man bisweilen auch einen Zwischensatz mit *ἵνα ἄρξωμαι* oder das Participium *ἀρξάμενος* (*ἀρχόμενος*). Für die erstere Form führe ich an D. IX, 8: *εἰ μὲν οὖν ἔξεστιν εἰρήνην ἄγειν τῇ πόλει καὶ ἐφ' ἡμῖν ἐστι τοῦτο, ἵν' ἐντεῦθεν ἄρξωμαι, φήμ' ἔγωγ' ἄγειν ἡμᾶς δεῖν.* Xen. Staat d. Lak. 1, 3: *αὐτίκα γὰρ περὶ τεκνοποιίας, ἵνα ἐξ ἀρχῆς ἄρξωμαι, οἱ μὲν ἄλλοι κτλ.* und das schon oben citierte, mit *πρῶτον μὲν τοίνυν* beginnende Beispiel D. XXI, 43. Vgl. auch die ebenfalls bereits erwähnten Stellen D. XXI, 175 und XXIII, 202, wo aus leicht ersichtlichem Grunde für *ἄρχεσθαι* der synonyme Ausdruck *πρῶτον* (*πρώτου*) *μνησθῆναί τινος* gesetzt ist. Über die diesen Wendungen eigene Brachylogie (nur D. IX, 8 steht im Hauptsatze ein verb. dicendi) Anh. zu XIII, 38. Durch *ἀρξάμενος* wird der erste Teil eingeführt Is. XII, 42: *νῦν δὲ ποιήσομαι περὶ ἐκείνων τοὺς λόγους ἀρξάμενος, ἐπειδὴ* (= *ἀπ' ἐκείνου τοῦ χρόνου, ἐπειδή*; vgl. *μέμνημαι ὅτε*) *κατέσχον τὰς πόλεις τὰς Ἀχαιίδας*. Xen. Hier. 1, 10: *ἐγὼ δὲ πειράσομαί σε διδάσκειν ὅτι ἀληθῆ λέγω, ἀρξάμενος ἀπὸ τῆς ὄψεως· ἐντεῦθεν γὰρ καὶ σὲ δοκῶ μεμνῆσθαι ἀρξάμενον λέγειν.* Kyr. I, 2, 16: *οὗ δ' ἕνεκα ὁ λόγος ὡρμήθη, νῦν λέξομεν τὰς Κύρου πράξεις ἀρξάμενοι ἀπὸ παιδός.* (Mem. II, 1, 1: *βούλει σκοπῶμεν ἀρξάμενοι ἀπὸ τῆς τροφῆς, ὥσπερ ἀπὸ τῶν στοιχείων;*). Anax. Rhet. 7 a. A.: *νῦν δὲ περὶ τῶν ἄλλων δηλώσω πρῶτον ἀπὸ τῶν πίστεων ἀρξάμενος.* Arist. Rhet. I, 13 a. A.: *τὰ δὲ — διέλωμεν ἀρξάμενοι πρῶτον ἐντεῦθεν.* Poet. 1 a. A.: *περὶ — λέγωμεν ἀρξάμενοι κατὰ φύσιν πρῶτον ἀπὸ τῶν πρώτων.* Eth. Eud. 1, 7 a. A.: — *λέγωμεν ἀρξάμενοι πρῶτον ἀπὸ τῶν πρώτων*, wo Fritzsche wegen der Wendung *ἄρχεσθαι πρῶτον ἀπὸ τῶν πρώτων* auf Waitz zu Org. II, S. 395 verweist (ähnlich Cicero de part. or. 8, 28: a principiis primum ordiar; vgl. auch Xen. Staat d. Lak. 1, 3. Cic. Phil. II, 18, 44. Nep. Them. 1, 1). Über Is. XII, 5 s. S. 294. Beachtenswerte Variationen bei Aesch. II, 96: *σοὶ μὲν γὰρ ἁρμόττει —, ἐμοὶ δ' ἐφεξῆς λέγειν ἀναλαβόντι τὴν ἀρχὴν τοῦ λόγου ἀπὸ τῆς πορείας τῆς ἐπὶ τοὺς ὅρκους* und Is. XII, 119: *ἤδη δὲ περὶ — ποιήσομαι τοὺς λόγους ἐκείνων τῶν χρόνων ἐπιλαβόμενος, ὅτε.* Eingeschoben ist *ἀρξάμενος* Aesch. II, 171: *νῦν δ' αὐτὰ πόρρωθεν ἀρξάμενος μικρῷ δίειμι σαφέστερον.* Den gleichen Gebrauch des Präsens *ἀρχόμενος* kann ich nur belegen mit Plat. Soph. 218[b]: *κοινῇ δὲ μετ' ἐμοῦ σοι συσκεπτέον ἀρχομένῳ πρῶτον νῦν ἀπὸ τοῦ σοφιστοῦ.* Für das Latein. vgl. Plin. nat. hist. XXV, 11 (83), 132: singulis corporum morbis remedia subtexemus orsi a capite (ähnlich Liv. I, 23, 4: magnum deorum numen ab ipso capite orsum in omne nomen Albanum expetiturum poenas ob bellum impium dictitans, was wieder an griech. Stellen wie Xen. Kyr. VII, 5, 65: *ἀρξάμενος ἀπὸ τῶν θυρωρῶν πάντας τοὺς περὶ τὸ ἑαυτοῦ σῶμα θεραπευτῆρας ἐποιήσατο εὐνούχους.* I, 6, 8. Plat. Symp. 173[d]. Alk. I, 118[d] erinnert. S. Kratz zu Plat. Gorg. 471[c]. Kühner II, S. 640). Häufig wird dem ersten Teile eine *διαπόρησις* vorausgeschickt. Über die in dieser Figur gebräuchlichen Ausdrücke: *πόθεν ἄρξωμαι* (*ἄρξομαι, χρή — πρῶτον —*

ἄρξασθαι), *τίνος πρώτου* (*πρῶτον*) *μνησθῶ*, *τί πρῶτον εἴπω* s. die Beispiele S. 199. Die Formen, welche Cicero für den Übergang zum ersten Teile anwendet, behandelt Seyffert, schol. Lat. I, 9 ff. und 59. Zur Vervollständigung seiner Erörterungen möge das dienen, was ich bei Gelegenheit aus andern Schriftstellern beigebracht habe. Ein dem latein. atque ut oder ut autem ordiar (ordiamur) a (Cic. de finn. V, 17, 46. I, 5, 13) entsprechendes *ἵνα δ' ἄρξωμαι* (*ἀρξώμεθα*) wird man vergebens bei den griech. Rednern suchen, so gern sie auch mit *ἵνα δέ* zu etwas Neuem übergehen. Auch ein dem ordiamur a (Cic. Tusc. V, 31, 88) vergleichbares *ἀρξώμεθα δ' ἀπό* scheint sich bei denselben nicht zu finden, da sie überhaupt des hortativen Konjunktivs sich nicht so häufig bedienen (aufser den oben genannten Stellen Is. VII, 79. D. XXII, 47. XXIV, 160 kann ich für diesen Gebrauch nur anführen And. I, 128. III, 27. Hyp. f. Eux. XXIX. D. XX, 19. 20. 63. XXIII, 129). Eigentümlich Dion. Hal. Antt. VIII, 24: *ἀρχέτω δὲ ὁ περὶ τῶν δικαίων λόγος*. Ob im Latein. als Pendant zu dem griech. *ἄρξομαι δέ* ein ordiar oder incipiam (autem) oder initium (autem) capiam vorkommt, wird eine gründliche Untersuchung dieser Transitionsfiguren leicht nachweisen können; aus Cicero führt Seyffert keine Beispiele der Art an. — *ὅσοι ἐξ ἄστεός ἐστε*] A. Hecker: 'scripsisse debuit rhetor: *ὅσοι τῶν ἐξ* etc.', und so auch § 95 *ὅσοι τῶν ἐκ Πειραιῶς*.

§ 93. *τοὺς ἰδίους οἴκους*] Über *οἶκος* van den Es, de jure familiarum apud Athenienses S. 174 f. — *οὗτοι μέν*] nach Baiters Vermutung Scheibe (II), Rauchenstein, Cobet, Herw., Fritzsche. Die Hdschr. *οὗτοι μὲν ἄν*. — *ἐκ τῶν πραγμάτων*] *ἐκ τῶν ἁρπαγμάτων* Markland, *ἐκ τῶν ἁρπαγῶν* oder *ταραχῶν* Herw. — *εἶναι*] *δεῖν εἶναι* Dobree.

§ 94. *μετ' ἀνδρῶν νῦν ἀρίστων πολιτεύεσθε*] Fritzsche nach dem Vindobonensis *μετ' ἀνδρῶν ἀρίστων νῦν π.* Burger a. a. O. S. 31: duplex *ἐνθυμηθέντες* aures offendit, *νῦν* non suo loco positum videtur. Er schlägt vor: *ἐνθυμηθέντες ὅτι τότε μὲν — ἤρχεσθε, νῦν δὲ μετ' ἀνδρ. ἀρ. πολιτεύεσθε*. Über das *ὑπερβατόν* (die trajectio) im allgemeinen Cornif. ad Herenn. IV, 32, 44 und dazu Kayser S. 299 f. Der vorliegenden Stelle sind ähnlich Thuk. II, 44, 1: *διόπερ καὶ τοὺς τῶνδε νῦν τοκέας, ὅσοι πάρεστε, οὐκ ὀλοφύρομαι*. D. XXIII, 133: *ἐκ τῆς τῷ Χαριδήμῳ νῦν ἀδείας κατασκευαζομένης*. (D.) XLV, 46: *χρὴ μὴ τοὺς ἐπ' ἐξαπάτῃ νῦν λόγους ὑπὸ τούτου ῥηθησομένους πιστοτέρους ποιεῖσθαι τῶν νόμων*. Thuk. VI, 90, 3: *ἄλλους τῶν ἐκεῖ ὁμολογουμένως νῦν βαρβάρων μαχιμωτάτους* (*βαρβάρων* streichen Bekker und Stahl; die Überlieferung wird geschützt durch die Stellen des Demosthenes und Pseudodemosthenes, wo in gleicher Weise neben *νῦν* ein anderer, und zwar betonter Begriff vorausgenommen ist). Lyk. 145: *οὐ γὰρ μόνον νῦν οἱ φεύγοντες κατέρχονται —, ἀλλὰ καὶ ὁ μηλόβοτον τὴν*

Ἀττικὴν εἶναι — καταψηφισάμενος — σύνοικος ὑμῶν γίγνεται. D. XVIII, 99: τῶν ἐθελοντῶν τότε τριηράρχων πρῶτον γενομένων τῇ πόλει. Thuk. VII, 2, 3: ὁ δὲ Ἰετὰς τότε τι τεῖχος ἐν τῇ παρόδῳ τῶν Σικελῶν ἑλών (nach Stahl und Classen = ὁ δὲ Ἰ. τι τεῖχος τ. Σ. τότε ἐν τ. π. ἑλών). And. II, 21: αἱ μέλλουσαι νῆες ἤδη σιταγωγοὶ καταπλεῖν εἰς τὸν Πειραιᾶ. Noch häufiger trennen das syntaktisch Zusammengehörende casus obliqui persönlicher Pronomina. D. XVIII, 50: ὥσπερ ἑωλοκρασίαν τινά μου τῆς πονηρίας τῆς ἑαυτοῦ — κατασκεδάσας. Lys. XXIV, 1: παρασκευάσαι τόνδε μοι τὸν κίνδυνον. fr. 14: ὑμεῖς μὲν οἴεσθε τὰ παρ' ὑμῶν ταῦτά μοι γράμματα καὶ τὴν στήλην εἶναί τι σεμνόν. Is. XIII, 14. Aesch. II, 102. D. XVIII, 196. XXVII, 53. Plat. Prot. 310[c]: ὁ παῖς με ὁ Σάτυρος ἀπέδρα. Lys. XVI, 8: οὐδεὶς ὑπ' ἐμοῦ τῶν πολιτῶν κακῶς πέπονθεν. Aesch. II, 177: εἰς τοὺς ἐσχάτους ἡμῶν κινδύνους τὴν πόλιν καθιστᾶσιν. Lys. XII, 33: οὐ γὰρ μόνον ἡμῖν παρεῖναι οὐκ ἐξῆν, ἀλλ' οὐδὲ παρ' αὑτοῖς εἶναι. D. XXXVII, 18: οὐ τοίνυν μόνον ἡμῖν εἰσιν οὗτοι μάρτυρες ὡς — ἀλλὰ καὶ Π. αὐτός. Isae. V, 25: τῶν πάντων ἡμῖν κακῶν αἴτιος. Lys. IV, 2: οἱ φίλοι περὶ πάντων ἡμᾶς τούτων συνήλλαξαν. Is. VIII, 77: ἡ δύναμις ἡμᾶς αὕτη προήγαγεν. Xen. Anab. II, 5, 7: οἱ θεῶν ἡμᾶς ὅρκοι κωλύουσιν. Lys. XIII, 28: αὐτὸ τὸ ψήφισμά σου τὸ τῆς βουλῆς καταμαρτυρήσει, wo freilich die Lesart nicht ganz sicher ist. Aesch. III, 56: ἀποκρίνομαι ἐναντίον σοι τῶν δικαστῶν. (D.) LIII, 12: καὶ ἐν τῷ πρὸ τοῦ σοι χρόνῳ φίλος ἦν ἀληθινός. Plat. Kriton 50[e]: πρὸς μὲν ἄρα σοι τὸν πατέρα οὐκ ἐξ ἴσου ἦν τὸ δίκαιον καὶ πρὸς τὸν δεσπότην. Is. Br. VII, 7. Herod. I, 38. Lys. XXIV, 21: οὐκ οἶδ' ὅ τι δεῖ λίαν με ἀκριβῶς ἀπολογούμενον πρὸς ἓν ἕκαστον ὑμῖν τῶν εἰρημένων ἐνοχλεῖν πλείω χρόνον. § 27: ἐγὼ δὲ τούτων ὑμῖν τυχὼν ἕξω τὴν χάριν. I, 22: μεγάλοις ὑμῖν τεκμηρίοις ἐπιδείξω. XIII, 33: τὸ ψήφισμα ὑμῖν τοῦ δήμου ἀναγνώσεται. § 71: αὐτὸ ὑμῖν τὸ ψήφισμα δηλώσει. D. XX, 70: τὰ ψηφίσμαθ' ὑμῖν αὔτ' ἀναγνώσεται (den zuletzt genannten Beispielen lassen sich viel ähnliche beifügen; vgl. S. 234 ff.). Aesch. III, 73: ὁ μισαλέξανδρος καὶ — ὑμῖν οὑτοσὶ ῥήτωρ δὶς ἐπρέσβευσεν εἰς Μακεδονίαν. D. I, 2: τῶν πραγμάτων ὑμῖν ἐκείνων αὐτοῖς ἀντιληπτέον ἐστίν. XVIII, 20: τί οὖν συνηγωνίσατ' αὐτῷ πρὸς τὸ λαβεῖν ὀλίγου δεῖν ὑμᾶς ἑκόντας ἐξαπατωμένους; (Reiske mit einigen Hdschr. ἑκόντας ὑμᾶς). XXI, 24: τοῦ — ὁ κωλύσας ἐξαπατηθῆναι λόγος ὑμᾶς οὗτος αἴτιος ἔσται. Thuk. I, 68, 1: τὸ πιστὸν ὑμᾶς, ὦ Λακεδαιμόνιοι, τῆς καθ' ὑμᾶς αὐτοὺς πολιτείας ἀπιστοτέρους — καθίστησιν. VII, 77, 4: ἄλλη (πόλις) οὐδεμία ὑμᾶς τῶν ἐν Σικελίᾳ οὔτ' ἂν ἐπιόντας δέξαιτο ῥᾳδίως κτλ. I, 70, 1. 73, 3: πρὸς οἵους ὑμῖν Ἀθηναίους ὄντας (πρὸς οἵαν ὑμῖν πόλιν) ὁ ἀγὼν ἔσται (καταστήσεται). D. XX, 33: οὐ μόνον ὑμῖν ἱκανὸν σῖτον ἀπέστειλεν, ἀλλὰ τοσοῦτον. § 147: τὰ Χαβρίου παρ' ὑμῖν ἔργα μεῖζον ἴσχυε τῶν Λεωδάμαντος λόγων. Thuk. V, 82, 5: ὅπως ἡ κατὰ θάλασσαν σφᾶς μετὰ τῶν Ἀθηναίων ἐπαγωγὴ τῶν ἐπιτηδείων ὠφελῇ.

D. XIV, 29: *ἐπὶ χρήμασιν αὐτῷ μέγ' ἐπέρχεται φρονεῖν*, wo noch ein anderes Hyperbaton hinzukommt. Lys. III, 12: *οἱ μέν τινες αὐτῷ τῶν παραγενομένων οὐκ ἠθέλησαν συνεξαμαρτεῖν.* § 26: *πάντα αὐτῷ ταῦτα σύγκειται.* XIV, 35: *τοσούτων συμφορῶν καὶ οὕτως αὐτῷ μεγάλων ὑπαρχουσῶν* (vgl. Schöll, Hermes XI, 208). D. XX, 70: *διόπερ οὐ μόνον αὐτῷ τὴν ἀτέλειαν ἔδωκαν οἱ τότε, ἀλλὰ καὶ χαλκῆν εἰκόνα ἔστησαν πρώτου.* Lyk. 58: *ἄξιον δέ ἐστιν οὐ μόνον αὐτῷ διὰ τὴν πρᾶξιν ὀργίζεσθαι ταύτην, ἀλλὰ καὶ διὰ τὸν λόγον τοῦτον.* D. XVIII, 212: *τῶν μὲν — οὐδὲν αὐτῷ συναίτιος εἶναι δοκῶ, τῶν δὲ — μόνος αἴτιος εἶναι* (*οὐδέν Σ*, *οὐδενός* die übrigen Hdschr. Der Gegensatz ist, wie Weil richtig bemerkt: *οὐδὲν συναίτιος — μόνος αἴτιος*, aber gerade um dieses Gegensatzes willen möchte ich lieber *οὐδ' αὐτῷ συναίτιος*; vgl. de arg. ex contr. 360 ff., Anm. 58 und D. IX, 19. Anderer Art ist die Antithese Is. XV, 96: *εἴ τε τῶν μὲν πεπραγμένων ἐκείνοις μηδὲν συναίτιος ἐγενόμην, ὡς ἑταίροις δὲ — αὐτοῖς ἐχρώμην*). Is. X, 62: *οὐ μόνον αὐτὸν τῶν συμφορῶν τούτων ἀπήλλαξεν, ἀλλὰ καὶ θεὸν ἀντὶ θνητοῦ ποιήσασα σύνοικον αὐτῇ κατεστήσατο.* Is. XI, 5: *οὐχ ὅπως τῆς ὑπαρχούσης αὐτὸν διαβολῆς ἀπήλλαξας, ἀλλὰ καὶ τηλικαύτην αὐτῷ τὸ μέγεθος παρανομίαν προσῆψας, ἧς κτλ.* Thuk. I, 6, 3: *καὶ οἱ πρεσβύτεροι αὐτοῖς τῶν εὐδαιμόνων οὐ πολὺς χρόνος ἐπειδὴ χιτῶνας λινοῦς ἐπαύσαντο φοροῦντες.* **47, 2:** *ἐπὶ τῇ Λευκίμμῃ αὐτοῖς τῷ ἀκρωτηρίῳ ὁ πεζὸς ἦν.* D. IX, 58. Thuk. VII, 78, 6: *οἱ τῶν Συρακοσίων καὶ ξυμμάχων αὐτοὺς ἱππῆς ἐκώλυον.* Is. V, 52: *οὐ μόνον αὐτοὺς τούτων ἀπαλλάξεις, ἀλλὰ καὶ περὶ τῶν ἄλλων ἄμεινον βουλεύεσθαι ποιήσεις.* Vgl. (D.) L, 38: *οὔτε οὗτος ἤθελέ μοι τὴν ναῦν διαδέχεσθαι οὔτε τἀναλώματ' ἀπεδίδου* (Plat. Apol. 35[c]: *ἃ μήτε ἡγοῦμαι καλὰ εἶναι μήτε δίκαια μήτε ὅσια*). D. IX, 19: *οὐδὲ τοῦθ' ὅταν βούλησθε δυνήσεσθε ποιῆσαι.* Nicht selten tritt auch das Pron. indefin. zwischen zusammengehörige Begriffe. Vgl. Lys. XIX, 52: *ᾤοντο εἶναί τινες αὐτῷ πλεῖν ἢ ἑκατὸν τάλαντα.* D. XIX, 214: *εἰ παρ' ἐκείνῳ τοὺς ἐκείνου τις εὐεργέτας κακῶς λέγοι.* XX, 137: *ἔστι δ' ἑκάστῳ τις αὐτῶν, ὡς ἔοικεν, ἐχθρός.* XXIII, 6: *τὸν Χαρίδημον εὐεργέτην εἶναί τινες τῆς πόλεως οἴονται* (wie Lys. XIX, 52 geht hier dem Pronomen der Infinitiv *εἶναι* voran). Plat. Euthyphr. 4[c]: *τῶν οἰκετῶν τινι τῶν ἡμετέρων.* D. XXIV, 157: *τούτων τι τῶν ἐν τῷ νόμῳ γεγραμμένων.* (D.). XXVI, 7: *παρὰ τοὺς νόμους τι τοὺς κειμένους ὑμῖν πρᾶξαι.* Thuk. VII, 26, 2: *τῆς Ἐπιδαύρου τι τῆς Λιμηρᾶς ἐδῄωσαν.* II, 45, 2: *εἰ δέ με δεῖ καὶ γυναικείας τι ἀρετῆς μνησθῆναι.* D. XIX, 192: *μικρὸν ἀκούσατέ μου ἔξω τι τῆς πρεσβείας ταύτης* (vgl. Voemel in der var. lect.). Gorg. Palam. 28. D. VI, 8: *τῶν ἄλλων τινὰς Ἑλλήνων ἐκείνῳ πρόοισθε* und die verwandten Stellen bei Rehdantz Ind. II, *τις* und zu Xen. Anab. V, 7, 19 (häufig wird durch das Indefinitum *καί* auch von *καί* und getrennt; vgl. D. XIX, 194 und die Beispiele bei Krüger zu Thuk. I, 75, 2). Sehr irren würde man, wenn man annehmen wollte, nur Wörter und Formen wie die genannten wären zwischen zusammengehörige Begriffe eingeschoben worden. Da es nicht meine Absicht sein kann, dieses reichhaltige Kapitel hier erschöpfend zu behandeln, so begnüge ich mich damit, den genannten Beispielen noch ein paar mehr oder weniger verwandte namentlich aus Lysias und Pseudolysias beizufügen, um sodann in der Kürze einige der Hauptgründe zu besprechen, welche zu einem solchen Chorismos — diesen Ausdruck gebraucht Wichert, Lat. Stillehre 432 — Veranlassung gaben. Was Lys. XIV, 35 anlangt, so verweise ich auf die Anm. zu XIII, 73 und auf die ähnlichen Stellen, welche unten gelegentlich zur Sprache kommen werden. Mit Lys. XII, 33. Is. V, 52. X, 62. Lyk. 58. 145. D. XX, 33. 70. XXXVII, 18 sind zusammenzuhalten Lys. XVI, 14: *καὶ οὐ μόνον τοῦτο συνεβούλευον τοῖς ἄλλοις, ἀλλὰ καὶ αὐτὸς ἔδωκα δυοῖν ἀνδροῖν τριάκοντα δραχμὰς ἑκατέρῳ.* Is. VIII, 136: *οὐ μόνον εὐδαίμονα ποιήσετε ταύτην τὴν πόλιν, ἀλλὰ καὶ τοὺς Ἕλληνας ἅπαντας.* XV, 234: *μὴ μόνον ἄρχειν ἀξίαν εἶναι τῶν Ἑλλήνων, ἀλλὰ καὶ τῶν ἄλλων ἁπάντων.* Hieran reihe ich aus Lysias XIII, 34: *τί οὐ τῶν δεινῶν τῇ πόλει ἐγένετο* (vgl. [Lys.] II, 40; anders an den in der Anm. verglichenen Stellen des Isokrates). ebenda § 48: *αἴτιος εἶ ἁπάντων τῇ πόλει τῶν κακῶν τῶν γεγενημένων.* XII, 82: *δίκην τὴν ἀξίαν εἴησαν τῶν ἔργων δεδωκότες.* XXV, 25: *ἀμφοτέραις ἀεὶ ταῖς πολιτείαις συμφέρει.* § 33: *ἐάν τι δι' ἄλλων ἀγαθὸν ὑμῖν φαίνηται.* XII, 64: *ὥσπερ πολλῶν ἀγαθῶν αἰτίου, ἀλλ' οὐ μεγάλων κακῶν γεγενημένου* und die ähnliche Stelle IV, 8: *τοτὲ μὲν ἐμὲ περὶ πολλοῦ, τοτὲ δὲ τοῦτόν φησι ποιεῖσθαι* (vgl. Aesch. III, 97. Liv. II, 50, 8: quae res et paucitatem eorum insignem et multitudinem Etruscorum faciebat. III, 26, 7. de arg. ex contr. 337, b). XXXIV, 11: *ὑπὲρ τῆς τῶν ἄλλων ἐλευθερίας Ἑλλήνων*, wo freilich Usener (Jahrb. f. Philol. 1873, 158 und 174) das in mehreren Hdschr. fehlende *Ἑλλήνων* streichen will (ähnliches nicht selten bei Platon; vgl. Timae. 39[c]: *πρὸς τὴν τῆς διαιωνίας μίμησιν φύσεως.* Polit. 277[b]: *τὸ τῆς ἔμπροσθεν ἁμάρτημα διεξόδου.* Hipp. I, 300[c]: *τῆς τῶν παρόντων λέξεως λόγων.* Gesetze III, 700[a]: *τὴν τοῦ ἐλευθέρου λίαν ἐπίδοσιν βίου.* — Timae. 50[b]: *περὶ τῆς τὰ πάντα δεχομένης σώματα φύσεως.* Gesetze II, 657[a]: *τὰ τὸν πολὺν τοῦτον σεσωσμένα χρόνον μέλη.* Dazu Dein. I, 11: *τὴν περὶ τῶν νῦν ἀποπεφασμένων ζήτησιν χρημάτων.* Aesch. III, 188: *τῷ τῶν μεγίστων αἰτίῳ κακῶν*, wie Weidner mit Recht nach e h k l schreibt); ferner aus Pseudolysias VI, 17: *ὀργίζεσθαι οὖν χρὴ τοῖς ἀστοῖς ἀδικοῦσι μᾶλλον ἢ τοῖς ξένοις περὶ ταῦτα τὰ ἱερά.* II, 13: *ὁποῖοί τινες ἄνδρες ἔσονται γενόμενοι* (*ἔσονται ἄνδρες γεν.* Hirschig). § 34: *ὃ τίς οὐκ ἂν ἰδὼν ἐφοβήθη* (so Scheibe mit X für vulg. *ὃ τίς ἰδὼν οὐκ ἂν ἐφ.*); § 40: *τίς οὐκ ἂν θεῶν ἠλέησεν αὐτούς;* Aufserdem vgl. die Anm. zu XIII, 36. 78. 93, sowie die hierher gehörigen Beispiele in der Anm. zu § 96 und im Anh. zu XXV, 15 a. E. Den Schlufs mögen einige Stellen des Demosthenes bilden: XVIII,

170: *καλούσης δὲ τῇ* **κοινῇ** *τῆς πατρίδος φωνῇ* (dies doch wohl die richtige Lesart; Weil: *κ. δὲ τῆς πατρίδος* [*τῇ κοινῇ φωνῇ*]). XXIII, 215: *περὶ δὴ τῶν νόμων ὧν παραγεγράμμεθα, ὦ ἄ. δ.,* **βούλομαι** *μικρὰ πρὸς ὑμᾶς εἰπὼν καταβαίνειν* (vgl. LIV, 6). XXII, 25: *τοὺς νόμους ὁ* **τιθεὶς** *τούτους Σόλων καὶ τῶν ἄλλων τοὺς πολλούς.* III, 19: *μέγα τοῖς τοιούτοις* **ὑπάρχει** *λόγοις ἡ παρ' ἑκάστου βούλησις.* XX, 127: *τί* **τοῦτο** *μαθὼν προσέγραψεν;* (Cobet will *τί παθὼν* **τοῦτο** *προσέγρ.*). D. III, 2: *πέπεισμαι τοῦθ'* **ἱκανὸν** *προλαβεῖν ἡμῖν εἶναι τὴν πρώτην, ὅπως τοὺς συμμάχους σώσομεν.* § 30: *τί δὴ τὸ πάντων* **αἴτιον** *τούτων, καὶ τί δή ποθ' ἅπαντ' εἶχε καλῶς τότε καὶ νῦν οὐκ ὀρθῶς;* Die Gründe, welche die Zerreifsung des grammatisch Zusammengehörigen veranlafsten, waren mannigfacher Art. Bisweilen sollte ein betonter Begriff dadurch zu gröfserer Geltung gelangen, dafs man ihn einschob zwischen weniger betonte Wörter. So And. II, 21 *ἤδη*, Lys. XXV, 25 *ἀεί*, ebenda § 33 *δι' ἄλλων*, (Lys.) II, 13 *ἄνδρες*, D. III, 2 *ἱκανόν*, § 30 *αἴτιον*, Lys. XIII, 34. (Lys.) II, 34 und 40 *οὐ* (vgl. Thuk. II, 44, 4: *τὸν πλείονα* **κέρδος** *ὃν εὐτυχεῖτε βίον ἡγεῖσθε.* VII, 77, 1: **ἐλπίδα χρὴ ἔχειν** *— μηδὲ καταμέμφεσθαι ὑμᾶς* **ἄγαν** *αὐτούς*). Ähnliches aus Cicero bei Seyffert, pal. Cic. S. 117 (6. Aufl.) und zu Lael. S. 18. 59. 166 f. (2. Aufl.). Noch häufiger bezweckte man mit der trajectio kräftigere Hervorhebung der getrennten Begriffe. In diesem Falle pflegte man am liebsten ein tonloses **Pronomen oder Adverbium** in die Mitte zu **setzen**, daneben aber auch jedes andere für den Gedanken weniger wesentliche Wort, oft auch zwei oder noch mehr Wörter (besonders nach *οὕτως* und *οὐ μόνον*). Geschah dieses, so traten zwar alle eingeschobenen Wörter im Verhältnis zu dem durch sie Getrennten in den Hintergrund, das hinderte aber nicht, dafs unter jenen selbst noch eine Tonabstufung stattfand. Am besten ersieht man dies aus Stellen, wo das eine der eingeschobenen Wörter eine eigentliche Enclitica ist. Vgl. aufser den oben angeführten Stellen, D. XXXVII, 18. XXIII, 6. Lys. XIX, 52, noch Lys. XXXII, 13: *οὐχ οὕτως ἐγώ εἰμι ἀθλία.* D. XIX, 115. XXXVIII, 12: *ἔστιν οὖν οὕτω τις ἀνθρώπων ἀνόητος* (*ἄτοπος*); Von den durch Einschiebung aus einander gerissenen Begriffen hat bald der erste bald der letzte den Hauptton. In den soeben citierten Beispielen ist offenbar *οὕτως* stärker accentuiert als das dazu gehörige Adjektivum, ebenso D. VI, 8 *τῶν ἄλλων* stärker als *Ἑλλήνων.* Dagegen fällt in der Stelle, von der wir ausgegangen sind, **Lys.** XII, 94, der Hauptaccent auf das dem eingeschobenen *νῦν* folgende *ἀρίστων*, und nicht minder wird in Sätzen, welche mit *οὐ μόνον* beginnen, am meisten das hervorgehoben, was dem eingefügten Worte oder Wortkomplexe sich anschliefst. Dasselbe gilt von analogen Beispielen im Latein., wie von Cic. de orat. III, 52, 200: non solum sibi vitandi aut feriendi rationem esse habendam putant, sed etiam, ut cum venustate moveantur (vgl. Liv.

XXIII, 2, 4: rationem iniit, qua et senatum servaret et obnoxium sibi ac plebi faceret). Nach diesen Andeutungen wird man die übrigen hier in Betracht kommenden Stellen leicht beurteilen können. Gewissermafsen in der Mitte zwischen den beiden besprochenen Klassen liegen D. XXIII, 133. (D.) XLV, 46. Thuk. VI, 90, 3, über die schon oben das Nötige bemerkt ist. Aufserdem wurde durch den Chorismos gar häufig das dem Ohre unangenehme Aneinandertreten gleich auslautender Wörter vermieden. So drückt sich Rehdantz aus zu D. VI, 8 und Xen. Anab. V, 7, 19, zunächst mit Rücksicht auf die Stellen, in denen durch *τινές* und *τινάς* die davon abhängigen Genitive dergestalt getrennt wurden, dafs der Artikel und das Attribut vor, das Substantiv nach diesen Formen zu stehen kam; es gilt dies aber auch von vielen andern Beispielen, die ich oben erwähnt habe. Schriftstellern, die den Hiatus mieden, bot die Sperrung bisweilen zugleich ein geeignetes Mittel, einem solchen aus dem Wege zu gehen. Vgl. D. III, 19. XIV, 29. XX, 70. Is. VIII, 77 und Rehdantz zu Lyk. 58. Zu diesen rhythmischen und euphonischen Gründen gesellt sich ein der antiken Rede eigentümliches plastisches Moment, das zwar vorzugsweise in der Poesie zur Geltung gelangte, aber auch nicht ohne Einflufs auf die Prosa blieb. Ich meine die Neigung der Alten, Gleichartiges zusammenzuordnen. Auf diese Weise entstanden *καλούσης τῇ κοινῇ — τῆς πατρίδος φωνῇ* D. XVIII, 170, *τί τοῦτο — μαθὼν προσέγραψεν* D. XX, 127, *ὁποῖοί τινες ἄνδρες — ἔσονται γενόμενοι* und *ὁ τίς — οὐκ ἂν — ἰδὼν ἐφοβήθη* (Lys.) II, 13 und 34. Vgl. auch D. I, 2, desgl. Lys. XXXIV, 11 und die damit zusammengestellten Beispiele aus Platon, Deinarch und Aeschines, sowie die Erörterungen von Nägelsbach, Lat. Stilist. § 168, 3 und 4. Dafs gelegentlich mancherlei andere Ursachen mitwirkten, bedarf kaum der Erwähnung. So sollten Thuk. I, 68, 1 Pronomen und Vokativ zusammentreten, während Demosthenes die trajectio mitunter auch angewendet haben mag, um eine Anhäufung von mehr als zwei Kürzen zu vermeiden (vgl. VI, 8. XX, 33. 127. Blass, att. Bereds. III, 1, 100 ff. Jenaer Literaturzeitung 1877, 654. Rhein. Mus. XXXIII, 493 ff. und Rühl, Rhein. Mus. XXXIV, 593 ff.). Ein tieferes Eindringen in die Gesetze der oratorischen Wortstellung dürfte überhaupt in dieser Beziehung noch viel Neues zu Tage fördern und Manches als wohl berechtigt erscheinen lassen, was jetzt auffällig und sonderbar genannt wird und deshalb häufig Anlafs zu Änderungen giebt.

§ 95. *ἔτι πολλῶν ὄντων εἰπεῖν*] *ἔτι π. ἐνόντων εἰπεῖν* nach Westermanns Vermutung (vgl. quaest. Lys. III, 29) Fritzsche. Die Notwendigkeit dieser Emendation wird nicht erwiesen durch die von demselben aus (Luk.) Charid. 28 angeführte Stelle: *πολλὰ τῶν ἐνόντων μοι περὶ κάλλους εἰπεῖν ἀφελών* (*ἀφελών* wie *ἀφελόντας* Is. IV, 63 nach Schneiders Vermutung; der Verfasser der Schrift ist, wie Fritzsche sich ausdrückt, Isocratis simius et expilator), die vielmehr zusammenzuhalten ist mit Is. V, 110. XVI, 39: *τὸ πλῆθος τῶν ἐνόντων εἰπεῖν*. XV, 320: *τὸν ὄχλον τῶν ἐνόντων εἰπεῖν*. Aesch. II, 38: *οὐδὲν τῶν ἐνόντων εἰπεῖν παρέλιπον*. Plat. Phaedr. 235[b]: *τῶν ἐνόντων ἀξίως ῥηθῆναι ἐν τῷ πράγματι οὐδὲν παραλέλοιπεν*. Hier zeigt der Zusatz *ἐν τῷ πράγματι* recht deutlich, wie man *ἐνεῖναι* in dieser Phrase zu fassen hat. Ebenso Is. XIII, 9: *ὑπισχνοῦντας τοιούτους ῥήτορας τοὺς συνόντας ποιήσειν, ὥστε μηδὲν τῶν ἐνόντων ἐν τοῖς πράγμασι παραλιπεῖν*. Dion. Hal. jud. de Lys. 486, 2: *εὑρετικός ἐστι τῶν ἐν τοῖς πράγμασιν ἐνόντων λόγων* (ohne Zusatz steht *οἱ ἐνόντες λόγοι* Dion. Hal. jud. de Thuc. c. 14, 6: *οὐ γὰρ δή γε ἀσθενείᾳ δυνάμεως ἐξείργετο περὶ ἀμφοτέρων τοὺς ἐνόντας εὑρεῖν τε καὶ ἐξειπεῖν λόγους*; vgl. Is. VIII, 145: *πολλῶν δὲ καὶ καλῶν λόγων ἐνόντων περὶ τὴν ὑπόθεσιν ταύτην*. D. XXI, 41: *οὐκ ἐνέσται αὐτῷ λόγος οὐδὲ εἷς*. Isae. I, 21: *οὐδ' εἷς ἔνεστι τούτοις λόγος*. Eur. Iph. Taur. 998: *τίς δ' ἔνεστί μοι λόγος;*). Lehrreich ist in dieser Beziehung auch Thuk. IV, 59, 2: *τί ἄν τις πᾶν τὸ ἐνὸν ἐκλέγων ἐν εἰδόσι μακρηγοροίη*; (= warum sollte man alles, was darin enthalten ist, hervorholend u. s. w.), wo Classen und Böhme zu vergleichen; desgl. Is. XIII, 10: *ὅσον ἔνεστιν ἐν ἑκάστῃ (τέχνῃ) τοῦτ' ἐξευρεῖν*. Von den Stellen, die ich für *ἐνεῖναι* noch beibringen kann, Is. VII, 77: *ἣν ἐπακολουθῶ τοῖς ἐνοῦσιν ἐπιτιμῆσαι καὶ κατηγορῆσαι τῶν ἐνεστώτων πραγμάτων*. XIII, 22: *ἵνα δὲ μὴ δοκῶ — μείζω λέγειν τῶν ἐνόντων*. D. XVIII, 256: *ὑπὸ τῆς τουτουῒ — συκοφαντίας εἰς τοιούτους λόγους ἐμπίπτειν ἀναγκάζομαι, οἷς ἐκ τῶν ἐνόντων — μετριώτατα χρήσομαι*. ebenda § 190. Dion. Hal. ep. ad Pomp. c. 3, 21: *πολλῶν καὶ ἄλλων ἐνόντων λέγεσθαι*. Antt. VII, 41 a. E.: *πολλῶν ἐνόντων καὶ ἄλλων λέγεσθαι*, stimmen die beiden letzten mit Lys. XII, 95. Is. XI, 44. XIV, 63 am meisten überein, allein als Stütze für die Lesart, resp. Konjektur *ἐνόντων* sind auch diese nicht zu gebrauchen. Dagegen lassen sich zum Schutze des Simplex noch Stellen anführen wie Thuk. VII, 71, 4: *ἦν τε ἐν τῷ αὐτῷ στρατεύματι — πάντα ὁμοῦ ἀκοῦσαι, ὀλοφυρμός, βοή* und Aesch. Pers. 411: *θάλασσα δ' οὐκέτ' ἦν ἰδεῖν ναυαγίων πλήθουσα καὶ φόνου βροτῶν*, wo das Verb. fin. ebenso persönlich gebraucht ist wie in der Formel *πόλλ' ἂν εἴη λέγειν*. — *τῶν ὅπλων*] Dies oder das folgende *τὰ ὅπλα* möchte Westermann a. a. O. tilgen, *τῶν ὅπλων* auch Burger S. 32. Dagegen rät Kayser (Philol. XXV, 307), *τὰ ὅπλα* in *αὐτά* zu verwandeln. Als Beispiel des *κύκλος* erwähnt Rehdantz die Stelle Dem. Ind. I. Es spielt diese Figur, die Rehdantz mit Recht in weiterem Sinne nimmt als Hermogenes *περὶ εὑρ.* II, 252 Sp., nicht blos in der Prosa, sondern auch in der Poesie der Griechen und Römer eine bedeutende Rolle. Ohne den Namen *κύκλος* zu gebrauchen, habe ich mancherlei, was hierher gehört, zusammengestellt de arg. ex contr. S. 118 ff. 256 ff. 317 f. und früher mit besonderer Rücksicht auf Theokrit und Vergil in der Schrift 'de poetarum Graecorum bucolicorum, inprimis Theocriti, carminibus in eclogis a Vergilio expressis' S. 43 f. 49. 52. 54 f. Vgl. auch zu XII, 84 (Anh.). XIII, 14 (Anh.). 28. 49 (Anh. g. E.). 79 (Anh.). 91 (Anh.). XXV, 23.

§ 96. *τῶν ἄλλων κακῶν ἅ*] Für ἅ Herw. **ὧν**. — *ἀπὸ τέκνων καὶ γονέων καὶ γυναικῶν*] Herw. 'mihi praeplaceret hic ordo: ἀπὸ τέκνων καὶ γυναικῶν καὶ γονέων'. Vgl. dagegen Plat. Gorg. 511[e]: σώσασα καὶ αὐτὸν καὶ παῖδας καὶ χρήματα καὶ γυναῖκας. — *οὐδὲ ταφῆς τῆς νομιζομένης*] Der Chiasmus rechtfertigt die Vulgata auch Plat. Krit. 44[d]: εἰ γὰρ ὤφελον οἷοί τε εἶναι οἱ πολλοὶ τὰ μέγιστα κακὰ ἐργάζεσθαι, ἵνα οἷοί τε ἦσαν καὶ ἀγαθὰ τὰ μέγιστα (Wohlrab nach a^2 und Hirschig τὰ μέγιστα ἀγαθά). Über Thukydides vgl. Classen zu I, 1, 1. VII, 11, 2. Eigentümlicher Art sind die Stellen, wo auf ein artikelloses Substant. zwei durch μέν und δέ einander entgegengesetzte Bestimmungen folgen. So Thuk. VII, 11, 2: μάχῃ τῇ μὲν πρώτῃ νικᾶται ὑφ' ἡμῶν, τῇ δ' ὑστεραίᾳ — βιασθέντες ἀνεχωρήσαμεν. VIII, 104, 3. Plat. Symp. 180[e]. (D.) XVII, 18 (de arg. ex contr. S. 337, a). Thuk. VII, 41, 4. Lys. XXI, 3. Anderes, was hierher gehört, Anh. zu § 98 a. E. und zu XIII, 20.

§ 97. *διέφυγον*] διεφύγετε Burger S. 32. ὅσοι δὲ διέφυγον, ἤλθετε ist so ziemlich dasselbe wie οἱ δὲ διαφυγόντες ἤλθετε, woran niemand Anstofs nehmen würde. Vgl. Xen. Kyr. V, 3, 43: ἐπιμελεῖσθε δὲ τοῦ σιωπῇ πορεύεσθαι οἵ τε ἄρχοντες καὶ πάντες δὲ οἱ σωφρονοῦντες. Rehdantz zu Anab. VII, 1, 27. — *ἐν ξένῃ γῇ*] γῇ ohne Grund gestrichen von Herw. — *εἰς τὴν πατρίδα*] Glosse nach Herw. Derselbe tilgt auch XIII, 78 οἴκαδε vor κατέλθοιεν. Wer wird, weil καταβαίνειν in der Regel absolut steht, D. XIX, 113 ἀπὸ τοῦ βήματος tilgen wollen?

§ 98. *αὐτοὶ μὲν ἂν δείσαντες ἐφεύγετε, μὴ πάθητε*] Herwerden schreibt für πάθητε nach C. Halm ἐπάθετε, aufserdem aber will er für δείσαντες ἐφεύγετε lieber ἐφεύγετε δείσαντες. Daraus geht hervor, dafs er nach ἐφοβούμην ἂν μή den Indikativ des Präteritums für notwendig hält. Ich begnüge mich, dagegen zu verweisen auf Plat. Theaet. 143[e]. Symp. 193[e]. D. XXI, 128. (D.) XXIX, 1. Aken, Tempus und Modus § 165. Halm hat offenbar ἐφεύγετε ἄν, μὴ ἐπάθετε verbunden. Aber auch hiergegen läfst sich mehrerlei einwenden. Wäre nämlich in derartigen Finalsätzen der Indikativ des Präteritums unter allen Umständen notwendig, so würde doch das einfache μή für ἵνα μή (vgl. besonders Plat. Symp. 181[d]) gerechten Anstofs erregen, dazu der Aorist (damit ihr nicht erlitten hättet) sich nicht wohl vereinigen lassen mit ἐφεύγετε ἄν (ihr würdet in der Verbannung leben). Dafs aber jene Modusassimilation durchaus nicht immer erforderlich ist, vielmehr hier der Konjunktiv (mit vorausgehendem ἵνα oder ὅπως), wo nicht besser, so doch ebenso gut wäre wie das Präteritum (mit ἵνα), ergiebt sich aus den Erörterungen von B. Gerth, Grammatisch-Kritisches zur griech. Moduslehre (Progr. Dresden 1878) S. 13 ff. Vgl. aufser den schon angeführten Stellen D. XXIV, 44. XXXIV, 40. Isae. III, 28. Lyk. 141. Die in der Anm. gegebene Erklärung sucht die Überlieferung zu schützen. Hat sich, was ich nicht geradezu leugnen möchte, ein Fehler in den Text eingeschlichen, so würde ich einer Umstellung der Worte *δείσαντες ἐφεύγετε* die Einfügung der Partikel *ἵνα* oder *ὅπως* bei weitem vorziehen. Durch zwei Subjektsnominative ist Aesch. I, 60 *φοβηθέντες* von *μή* getrennt. — *οὔτ' ἂν — οὔτε*] Der in der Anm. zuletzt besprochene Fall ist nicht ohne Ausnahmen. Vgl. D. XXII, 17: *οὔτ' ἂν οὗτος ἔχοι λέγειν οὔθ' ὑμεῖς πεισθείητε* (so die Züricher und Benseler nach den besten Hdschr., Bekker und Dindorf *πεισθείητ' ἄν*). III, 14. (D.) LXI, 1. prooem. 24. Xen. Mem. III, 11, 11. IV, 4, 16. Plat. Charm. 171[e]. Dion. Hal. Antt. IX, 32. Eur. Troad. 736 (überall *οὔτ' ἂν — οὔτε*. Simon. Amorg. 7, 59 ff. Bergk: *οὔτ' ἂν — οὔτε — οὔτε — οὔτε*); Gorg. Palam. 5: *οὔτε βουληθεὶς ἐδυνάμην ἂν οὔτε δυνάμενος ἐβουλήθην ἔργοις ἐπιχειρεῖν τοιούτοις*. § 14. (D.) XLIV, 59. Plat. Symp. 176[d]. Luk. *περὶ τῶν ἐπὶ μισθῷ συνόντων* 4 (überall *ἂν* hinter dem Verbum des ersten Gliedes); D. XVIII, 221: *ἐπεπείσμην μήτε γράφοντ' ἂν ἐμοῦ γράψαι βέλτιον μηδένα μήτε πράττοντα πρᾶξαι, μήτε πρεσβεύοντα πρεσβεῦσαι προθυμότερον μηδὲ δικαιότερον* (das Adv. *βέλτιον*, das Madvig, adv. crit. I, 458 ausscheiden will, kann keinen Anstofs erregen, wenn man nach Westermanns Übersetzung 'ich bildete mir ein, dafs Anträge zu stellen und auszuführen niemand besser vermöge und bei Gesandtschaften mehr Eifer und Pflichttreue zeigen könne als ich' zwei Hauptglieder annimmt und das erste wieder in zwei Teile [*γράφοντα γράψαι — πράττοντα πρᾶξαι*; vgl. IX, 8] sich spalten läfst. Statt des zweiten oder dritten *μήτε* sollte eigentlich *μηδέ* stehen; doch vgl. Lys. Erotik. bei Plat. Phaedr. 233[d]. Xen. Kyr. V, 2, 9 und Sauppe zu D. II, 16, sowie unten zu XIII, 79. Wäre die Stelle wirklich interpoliert, so würde man nach § 219 [*ὁ μὲν γράφων οὐκ ἂν ἐπρέσβευσεν, ὁ δὲ πρεσβεύων οὐκ ἂν ἔγραψεν*] doch wohl richtiger die Worte *μήτε πράττοντα πρᾶξαι* streichen). (D.) prooem. 34: *οὐδαμῶς, ὦ ἄ. Ἀ., οὔτε τὰ πράγματ' ἂν χείρω γένοιτο, οὔθ' ὑμεῖς ἀτοπώτεροι φανείητε* (*πράγματ' ἂν* Schäfer; die codd. *πράγματα*. Ebenso richtig wäre *οὐδαμῶς ἂν* oder *οὔτ' ἂν τὰ πράγμ.* oder *γένοιτ' ἄν*). Daneben kommen noch mancherlei Variationen vor, z. B. Plat. Alk. II, 142[c]: *οὔτ' ἂν τυραννίδος διδομένης ἀπόσχοιντ' ἂν οὔτε στρατηγίας*. Ant. V, 87: *οὐδεὶς ἂν τολμήσειεν οὔτε τὴν δίκην τὴν δεδικασμένην παραβαίνειν —, οὔτε — μὴ οὐ χρῆσθαι τῷ νόμῳ* (in der fast gleichen Stelle VI, 5 heifst es: *οὐδεὶς ἂν — οὔτε — οὔτ' αὖ*; da aber cod. *N* im ersten Gliede *οὔτ' ἂν* hat, so dürfte wohl *οὐδεὶς ἂν — οὔτ' ἂν — οὔτ' ἂν* zu schreiben sein). D. VI, 16: *ἐγὼ μὲν γὰρ οὐδ' ἂν ἡγοῦμαι Φίλιππον, οὔτ' εἰ — οὔτ' ἂν εἰ — τοῖς — συνεχῶς ἐναντιοῦσθαι.* Xen. Anab. I, 3, 6: *οὐκ ἂν ἱκανὸς οἶμαι εἶναι οὔτ' ἂν φίλον ὠφελῆσαι οὔτ' ἂν ἐχθρὸν ἀλέξασθαι.* V, 6, 32: *διασπασθέντες ἂν καὶ κατὰ μικρὰ γενομένης τῆς δυνάμεως οὔτ' ἂν τροφὴν δύναισθε λαμβάνειν οὔτε χαίροντες ἂν ἀπαλλάξαιτε.* VII, 7, 38: *οὔτ' ἂν ἐχθρὸν βουλόμενος κακῶς ποιῆσαι δυνηθείην σὺν ταύτῃ τῇ στρατιᾷ οὔτ' ἄν, εἴ σοι πάλιν βουλοίμην βοηθῆσαι, ἱκανὸς ἂν γενοίμην.* Ant. V, 11: *οὔτ' ἂν κακὰ πολλὰ εἰργασμένος ἡλισκόμην ἄλλῳ ἢ αὐτῷ τῷ πράγματι, οὔτ' ἂν πολλὰ ἀγαθὰ εἰργασμένος τούτοις ἂν ἐσωζόμην τοῖς ἀγαθοῖς* (Blass nach Reiske *οὔτ' αὖ πολλὰ ἀγαθά*, was ich nicht für notwendig halte). Soph. Ant. 69 f.: *οὔτ' ἂν κελεύσαιμ', οὔτ' ἄν, εἰ θέλοις ἔτι πράσσειν, ἐμοῦ γ' ἂν ἡδέως δρῴης μέτα.* Eur. Med. 616 f.: *οὔτ' ἂν ξένοισι τοῖσι σοῖς χρησαίμεθ' ἄν, οὔτ' ἄν τι δεξαίμεσθα.* Lys. XXVI, 18: *οὔτ' ἂν φυγὴ οὔτ' ἂν κάθοδος οὔτ' ἄλλο οὐδὲν ἂν τῶν γεγενημένων τῇ πόλει συνέβη.* Plat. Gorg. 475[e]: *οὔτ' ἂν ἐγὼ οὔτ' ἂν σὺ οὔτ' ἄλλος οὐδεὶς ἀνθρώπων δέξαιτ' ἂν μᾶλλον ἀδικεῖν ἢ ἀδικεῖσθαι.* Aristeid. I, 650 Df.: *οὔτ' ἂν ὀργὴ Κορινθίων οὔτ' ἂν μέμψις Μεγαρέων οὔτε Θηβαίων ἄνοια οὐδὲν ἂν ἴσχυσεν.* Is. XVIII, 26: *οὔτ' ἂν δίκαια οὔτ' ἄξι' ὑμῶν αὐτῶν οὔτ' ἂν πρέποντα τοῖς πρότερον ἐγνωσμένοις ποιήσαιτε.* Xen. Kyr. V, 2, 9: *οὔτε ἀσεβεῖν ἂν θέλοιεν οὔτε ἀδικεῖν οὔτε ἂν ψεύδοιντο ἑκόντες εἶναι.* Lys. im Erotik. Plat. Phaedr. 233[d]: *οὔτ' ἂν τοὺς υἱεῖς περὶ πολλοῦ ἐποιούμεθα οὔτ' ἂν τοὺς πατέρας καὶ τὰς μητέρας, οὔτ' ἂν πιστοὺς φίλους ἐκεκτήμεθα. — ὅσοι — ἦσαν*] Mehr Beispiele bei Frohberger, Philol. XIX, 609 f. Auch im Latein. erleiden die relativen Nebensätze der hypothet. Apodosis und Protasis diese Assimilation. Vgl. Cic. Tusc. I, 5, 9: si solos eos diceres **miseros, quibus** moriendum esset, neminem tu quidem eorum, **qui viverent**, exciperes (moriendum est enim omnibus), esset **tamen miseriae** finis in morte. III, 16, 35. — *ἐδούλευον*] Vgl. Frohberger, de opificum ap. veteres Graecos condicione (Progr. Grimma 1866), S. 15, Anm. 82. — *ἐρημίᾳ τῶν ἐπικουρησόντων*] Mit D. XX, 103 sind zusammenzuhalten Is. Br. I, 3: *ἐν τοῖς — γεγραμμένοις ἤν τι συμβῇ τοιοῦτον, οὐκ ἔστιν ὁ διορθώσων* (s. unten) *ἀπόντος γὰρ τοῦ γράψαντος ἔρημα τοῦ βοηθήσοντός ἐστιν.* (D.) Br. III, 1482: *φοβοῦμαι μή ποτ' ἔρημοι τῶν ὑπὲρ ὑμῶν ἐρούντων γένησθε.* LIX, 56: *ἠσθένει καὶ ἔρημος ἦν τοῦ θεραπεύσοντος* (so schreibe ich nach Bekkers Vorschlag für *θεραπεύοντος*) *τὸ νόσημα.* Zu den in der Anm. genannten Verbis kommen noch manche **andere.** Ich nenne zunächst folgende mit transitiver Bedeutung: *ἀντικαθιστάναι* (Thuk. IV, 93, 3, wo das hdschr. *ἀμυνομένους* längst geändert ist), *ζητεῖν* (D. III, 11. Xen. Hell. III, 4, 15; vgl. unten *εὑρίσκειν* und Lobeck zu Soph. Aj. v. 1054. *ὅς* (*ὅστις*) c. ind. fut. folgt auf dieses Verbum D. XVIII, 16. 101. 205. Lyk. 31. Plat. Symp. 210[c]), *καλεῖν* (Hyp. f. Lyk. XV. D. XVIII, 170), *σκοπεῖν* ([D.] Br. II, 1470), *ἄγειν* (D. XIX, 93), *εἰσάγειν* (Lys. I, 40), *συνάγειν* (D. XIX, 10), *μισθοῦσθαι* (D. XXI, 123), *χειροτονεῖν* (D. XVIII, 285), *αἱρεῖσθαι* (Plat. Menex. 236[b]. Aesch. III, 27: *ἐπέταξεν ἑκάστης τῶν φυλῶν ἑλέσθαι τοὺς ἐπιμελησομένους τῶν ἔργων ἐπὶ τὰ τείχη καὶ ταμίας.* Wegen des partit. Genit. vgl. Xen. Anab. VI, 6, 18 mit Krügers Anm. u. Kyr. III, 2, 28. *ὅστις* (*ὅς*) c. **ind.** fut. steht bei *αἱρεῖσθαι* Aesch. II, 18. 19. III, 63. 100. Xen. Hell. II, 3, 2 u. ö.), *πέμπειν* (D. XIX, 310. Thuk. VII, 85, 2. Xen. Kyr. V, 4, 18. D. IX, 11: *πρέσβεις πέμπων τοὺς ἀπολογησομένους.* XIX, 10: *πρέσβεις πέμψαι τοὺς συνάξοντας δεῦρο*) u. *ἐκπέμπειν* (D. VIII, 76: *πρέσβεις ἐκπέμπειν πανταχοῖ τοὺς διδάξοντας νουθετήσοντας πράξοντας.* IX, 71: *τοὺς ταῦτα διδάξοντας ἐκπέμπωμεν πρέσβεις.* I, 17: **τοὺς** *τοῦτο ποιήσοντας στρατιώτας ἐκπέμπειν.* Andere Konstruktionen D. I, 2: *πρεσβείαν πέμπειν, ἥτις ταῦτ' ἐρεῖ.* II, 11. XIX, 306. Xen. Kyr. VIII, 6, 3. Anab. V, 4, 10: *πέμψαι ναῦς τε καὶ ἄνδρας οἵτινες ὑμῖν συμμαχοῦνται.* Kyr. V, 2, 3: *πέμψαι πρὸς ἑαυτὸν τῶν πιστῶν τινας οἵτινες — ἀπαγγελοῦσιν*, wo *τινας* auch fehlen konnte. Anab. VI, 6, 18: *συμπέμψατε μέντοι μοι ὑμῶν αὐτῶν ἑλόμενοι πρὸς Κλέανδρον οἵτινες κτλ.*; Xen. Anab. II, 5, 2: *ἔπεμψέ τινα ἐροῦντα.* V, 2, 10: *τοὺς λοχαγοὺς ἔπεμπε διαβιβάσοντας τοὺς ὁπλίτας.* 5, 8. Thuk. I, 29, 1 u. 3 und ebenso öfter. Im Plural steht das Ptcp. des Futurs mitunter auch da ohne Artikel, wo kein Substantiv oder Pronomen vorausgeht. So Thuk. II, 85, **4**: ***πέμπει δὲ καὶ Φορμίων*** *ἐς τὰς Ἀθήνας τήν τε παρασκευὴν ἀγγελοῦντας καὶ περὶ τῆς ναυμαχίας ἣν ἐνίκησαν* ***φράσοντας.*** Xen. Anab. I, 3, 14. Kyr. III, 1, 2. Mem. I, 1, 6 nach Dindorfs Emendation. Aesch. III, 130. D. LIV, 20 und in etwas anderer Weise Xen. **Anab.** IV, 5, 22: *πέμπει τῶν ἐκ τῆς κώμης σκεψομένους*, wo der part. Genit. das Objekt vertritt; vgl. **Hell. II,** 3, 14. III, 1, 4. IV, 3, 14. Häufig steht nach *πέμπειν* auch das Ptcp. des Präsens — mit dem Ptcp. des Futurs wechselnd Thuk. VII, 25, 9 —; s. Rehdantz zu Xen. Anab. IV, 5, 8. Mit Thuk. II, 85, 4 vgl. Xen. Hell. II, 4, 37: *ἔπεμπον δὴ καὶ οἱ ἀπὸ τοῦ κοινοῦ ἐκ τοῦ ἄστεος λέγοντας ὅτι κτλ.*), *εὐτρεπίζεσθαι* (D. XXIII, 189), *παρασκευάζειν* (Isae. VIII, 37. Vgl. Thuk. III, 16, 3: *ναυτικὸν παρεσκεύαζον ὅ τι πέμψουσιν.* D. IV, 19: *δύναμίν τινα προχειρίσασθαι δεῖ ὑμᾶς, ἢ συνεχῶς πολεμήσει* [Xen. Anab. II, 4, 5: *ἀγορὰν οὐδεὶς παρέξει ἡμῖν οὐδ' ὅθεν ἐπισιτιούμεθα*]), *ἕτοιμον ἔχειν* (D. VIII, 46: *ἵν' ὥσπερ ἐκεῖνος ἕτοιμον ἔχει δύναμιν τὴν ἀδικήσουσαν καὶ καταδουλωσομένην ἅπαντας τοὺς Ἕλληνας, οὕτω τὴν σώσουσαν ὑμεῖς καὶ βοηθήσουσαν ἅπασιν ἕτοιμον ἔχητε*), *πορίζεσθαι* (D. XXIV, 46), *κτᾶσθαι* (Lys. XXIV, 6), *εὑρίσκειν* (D. IX, 75. XIX, 283. 320: *ἂν Ἀθηναίων τινὰς εὕρω τοὺς Ἀθηναίους ἐξαπατήσοντας.* **Xen.** Mem. III, 4, 4: *ἄλλους μὲν εὑρήσει τοὺς τάξοντας ἀνθ' ἑαυτοῦ, ἄλλους δὲ τοὺς μαχουμένους.* Hell. VII, 5, 24: *χαλεπὸν εὑρεῖν τοὺς ἐθελήσοντας μένειν.* Luk. Alex. 25: *οὐχ εὑρὼν οὔτε αὐτὸς πλάσασθαι χρησμὸν δεξιὸν οὔτε τὸν ποιῆσαι πρὸς καιρὸν αὐτῷ δυνησόμενον.* Die beiden zuletzt angeführten Stellen lehren, dafs *ὁ ποιήσων* genau genommen weder 'einer, der bereit', noch 'einer, der befähigt ist zu thun', bedeutet; vgl. auch D. XX, 166. Plat. Parm. 135ª. [D.] XXV, 100 und Xen. Anab. I, 9, 15: *πολλὴ ἦν ἀφθονία αὐτῷ τῶν ἐθελόντων κινδυνεύειν*), *ἔχειν* (Isae. VIII, 21. Dein. III, 10. D. XIX, 80. [D.] XIII, 36. Xen. Anab. VII, 7, 42. Kyr. IV, 5, 39. VIII, 8, 24. Mem. IV, 5, 3. Anab. V, 1, 4: *καὶ τριήρεις ἔχων καὶ πλοῖα τὰ ὑμᾶς ἄξοντα.* Vgl. Thuk. VI, 82, 3: *δύναμιν ἔχοντες, ᾗ ἀμυνούμεθα.* Plat. Phil. 61ª: *ἵνα δευτερεῖα ὅτῳ δώσομεν ἔχωμεν.* Lys. XVIII, 24. Is. III, 18. D. VIII, 26. XVIII, 49. Xen. Kyr. IV, 5, 41. Anab. III, 1, 20. Thuk. VII, 14, 2, wo Classen ohne Not *ἐπιπληρωσώμεθα* schreibt). Andere hierher gehörige Verba sind: *συνίστασθαι* (Thuk. IV, 78, 5: *πρίν τι πλέον ξυστῆναι τὸ κωλῦσον*), *φαίνεσθαι* (D. XVIII, 71: *πότερον φανῆναί τινα τῶν Ἑλλήνων τὸν ταῦτα κωλύσοντα ποιεῖν αὐτὸν ἐχρῆν ἢ μή;*), *ὑπάρχειν* (D. XVIII, 101: *οὐχ ὑπῆρχον οἱ ταῦτ' ἐροῦντες οὗτοι;* § 239: *ὁ γὰρ ἀντωνούμενος καὶ ταχὺ τοὺς παρ' ἡμῶν ἀπελαυνομένους προσδεξόμενος καὶ χρήματα προσθήσων ὑπῆρχεν ἕτοιμος.* XIX, 136: *δεῖ δέ τινας φίλους ὑπάρχειν τοὺς ἕκαστα πράξοντας ἐν ὑμῖν αὐτῷ καὶ διοικήσοντας.* Vgl. Xen. Kyr. III, 3, 52: *νόμους ὑπάρξαι δεῖ τοιούτους, δι' ὧν — παρασκευασθήσεται — ἐπανακείσεται*), *εἶναι* (And. I, 136: *εἶναι τοὺς μὴ ἐπιτρέψοντας αὐτοῖς.* Xen. Anab. III, 5, 12: *ἦσαν οἱ κωλύσοντες πέραν πολλοὶ ἱππεῖς.* VI, 5, 9. Kyr. IV, 2, 40: *ἵνα* u. *ὅπως ὦσιν.* Anab. V, 7, 28: *ἦν ὦσιν.* D. XIX, 153: *ἐκεῖνος ὁ δουλεύσων ἔμελλεν ἔσεσθαι — οὐχ ὑμεῖς* — mehrere Hdschr. *δουλεύων* und so Dindorf —. Ant. V, 88: *καὶ ἐὰν μὴ ᾖ ὁ τιμωρήσων.* VI, 5: *κἂν μὴ ὁ τιμωρήσων ᾖ.* § 4: *μὴ ἔστιν ὁ τιμωρήσων.* Xen. Anab. II, 3, 5: *ἄριστον οὐκ ἔστιν οὐδ' ὁ τολμήσων.* Is. Br. I, 3 (s. S. 312). (D.) XLVII, 55: **οὐκ ἦν** *αὐτὴν ὁ θρέψων.* Thuk. III, 83, 2: *οὐκ ἦν ὁ διαλύσων οὔτε λόγος ἐχυρὸς οὔτε ὅρκος φοβερός.* D. XV, 26 u. 27: *οὐδείς ἐσθ' ὁ διδάξων.* Xen. Anab. II, 4, 5: *ὁ ἡγησόμενος οὐδεὶς ἔσται.* Arist. Frie. 614: *οὐκέτ' ἦν οὐδεὶς ὁ παύσων.* Xen. Anab. VI, 5, 20: *οὔτε πλοῖα ἔστι τὰ ἀπάξοντα οὔτε σῖτος ᾧ θρεψόμεθα.* Arr. Anab. VI, 25, 3: *οὔτε οἱ ἄξοντες ἦσαν οὔτε οἱ μένοντες θεραπεύσοντες.* (D.) XXV, 100: *καὶ τίς ὁ τοῦτο τολμήσων εἰπεῖν; τίς ὁ τῆς τούτου πονηρίας — κληρονομεῖν βουλησόμενος;* Aesch. Prom. 771: *τίς οὖν ὁ λύσων ἐστὶν ἄκοντος Διός;* Soph. Phil. 1242: *τίς ἔσται μ' οὑπικωλύσων τάδε;* Dion. Hal. Antt. VII, 50: *τί ἂν τὸ κωλῦσον ἦν;* — dagegen D. I, 12: *τί τὸ κωλῦον αὐτὸν ἔσται* —. Vgl. Lys. XXIV, 6: *παῖδες οὔπω εἰσὶν οἵ με θεραπεύσουσιν.* Xen. Anab. VI, 3, 16: *ἐκεῖ* **οὔτε** *πλοῖά ἐστιν οἷς ἀποπλευσόμεθα.* V, 1, 6. VI, 2, 4. 5; 20. Soph. Phil. 1241), *παρεῖναι* (D. XVIII, 177: *ὥσπερ τοῖς πωλοῦσι Φιλίππῳ τὴν πατρίδα πάρεσθ' ἡ βοηθήσουσα δύναμις ἐν Ἐλατείᾳ.* Soph. Ant. 261: *οὐδ' ὁ κωλύσων παρῆν.* El. 1197: *οὐδ' οὑπαρήξων οὐδ' ὁ κωλύσων πάρα.* Herod. VII, 12: *οὔτε ὁ συγγνωσόμενός τοι πάρα*), *ἐνεῖναι* (Thuk. VI, 20, 4: *πολλαὶ δὲ τριήρεις ἔνεισιν καὶ ὄχλος ὁ πληρώσων αὐτάς.* Xen. Anab. II, 4, 22: *τῶν ἐργασομένων ἐνόντων*), *πεφυκέναι* (Aesch. Prom. 27: *ὁ λωφήσων οὐ πέφυκέ πω*). Die mannigfachen stilistischen Eigentümlichkeiten, die sich an diesen Gebrauch anknüpfen, kann ich hier füglich übergehen, da die betreffenden Stellen meist ausgeschrieben und so geordnet sind, dafs man das Bemerkenswerte leicht von selbst finden wird. Nur auf Folgendes möchte ich noch ausdrücklich hinweisen: 1) das Ptcp. des Futurs mit Artik. wird auch mit Substantivis und Pronominibus verbunden, 2) man sagt sowohl *πρέσβεις οἱ ἀγγελοῦντες* (zu § 96) als auch *οἱ ἀγγελοῦντες πρέσβεις* (zu beachten *οἱ ταῦτ' ἐροῦντες οὗτοι* D. XVIII, 101), 3) das Ptcp. wird von dem vorangehenden Subst. und Pronom. häufig durch das Verb. getrennt (*δεῖ τινας φίλους ὑπάρχειν τοὺς πράξοντας*), 4) bei *εἶναι* findet der besprochene Gebrauch besonders dann statt, wenn eine Negation oder das Fragwort *τίς* hinzutritt (eigentümlich Lyk. 4: *οὔθ' ὁ νόμος οὔθ' ἡ τῶν δικαστῶν ψῆφος ἄνευ τοῦ παραδώσοντος* [= *ἐὰν μὴ ᾖ ὁ παραδώσων*] *αὐτοῖς τοὺς ἀδικοῦντας ἰσχύει*).

§ 99. *τὰ μέλλοντα*] *τὰ μέλλοντ' ἂν* will Kayser, Philol. XI, 157 (Heidelb. Jahrb. 1866, 784. Jahrb. f. Philol. 1872, 253). Dagegen Aken § 77. Bäumlein, Modi 145. Kühner II, 177. And. I, 21 schreibt Blass nach Dobree und Baiter: *ὅπου* [*ἂν*] *ἔμελλεν*. — *εἰπεῖν*] Herw. fügt 'flagitante sententia' *ἅπαντα* hinzu. Cobet v. l. 377 streicht den Infin., wie derselbe auch (n. l. 136) Is. IV, 11 *εἰπεῖν* entfernen will. An keiner von beiden Stellen ist an ein Glossem zu denken; über die des Lysias vgl. Kayser Philol. XI, 152, über die verwandte des Isokrates Schneider und Rauchenstein (im Anh.). Anders verhält es sich mit Lys. XVII, 1: *ἐγὼ δὲ τοσούτου δέω περὶ τῶν μὴ προσηκόντων ἱκανὸς εἶναι λέγειν, ὥστε δέδοικα μὴ καὶ περὶ ὧν ἀναγκαῖόν μοί ἐστι λέγειν, ἀδύνατος ὦ τὰ δέοντα εἰπεῖν*, wo das zweite *λέγειν* ohne Zweifel mit Cobet (v. l. a. a. O.) zu tilgen ist. Über den Gebrauch von *λέγειν* und *εἰπεῖν* in der attischen Litteratur s. H. Schmidt, Synonym. der griech. Sprache I, 77 ff. — *οὐδὲ γὰρ ἑνὸς κατηγόρου οὐδὲ δυοῖν ἔργον ἐστίν, ἀλλὰ πολλῶν*] Vgl. auch Hom. Od. *μ*, 154: *οὐ γὰρ χρὴ ἕνα ἴδμεναι οὐδὲ δύ' οἴους*. *ξ*, 94: *οὔ ποθ' ἓν ἱρεύουσ' ἱερήιον οὐδὲ δύ' οἴω* und Rehdantz zu D. IX, 2 und Ind. II, *εἷς*. Die Worte *ἀλλὰ πολλῶν* streicht Röhl, Jahrb. f. Philol. 1877, S. 156. Mir scheint dieser Zusatz durch seine Stellung am Ende nach dem unbetonten *ἔργον ἐστίν* hinlänglich gerechtfertigt zu sein. Ganz ähnlich Cic. p. Mur. a. a. O. — *ἃ* — *τὰ μὲν* — *τὰ δὲ*] Für *ἃ* Cobet *ὧν*. Es wäre diese Emendation nicht wohl zurückzuweisen, wenn man bei *τὰ μέν* notwendig an bewegliche Heiligtümer denken müfste. — Über *κλέπτειν τὰ ἱερά* Xen. Hell. I, 7, 22 (wo Breitenbach), *κλοπὴ ἱερῶν* Ant. II, *α*, 6. Plat. Euthyphr. 5[d]. Vgl. Cic. de legg. II, 9, 22: sacrum sacrove commendatum qui clepsit rapsitque, parricida esto. — *τῶν νεωρίων*] Über die Lokalität vgl. Bursian, Geogr. von Griechenland I, 266. Zu Is. VII, 66 (*τίς οὐ μνημονεύει τοὺς τριάκοντα τοὺς νεωσοίκους ἐπὶ καθαιρέσει τριῶν ταλάντων ἀποδομένους, εἰς οὓς ἡ πόλις ἀνήλωσεν οὐκ ἐλάττω χιλίων ταλάντων;*) bemerkt Schneider unter Berufung auf Böckh, Urkunden über das Seewesen S. 64, dafs die *νεώρια* des Lysias (XXX, 22 steht auch bei diesem das andere Subst.) von den *νεώσοικοι* des Isokrates wohl nicht verschieden seien.

§ 100. *εἴσεσθαι*] *εἰσόψεσθαι* Herw. nach Hamaker, der auch *ὄψεσθαι* vorschlägt. Vgl. dagegen Scheibe, vind. Lys. 78 (über Lys. XIII, 71 s. z. St.). Sauppe zu D. IV (I), 3 (S. 3). Vömel zu D. XX, 47. Rehdantz Dem. Ind. II, *εἰδέναι*. — *αὐτῶν — ὑπὲρ αὐτῶν*] Cobet beide Male *αὑτῶν*. — *λάβωσιν*] Herw. *λάβητε*. — *τὰς τιμωρίας*] mit Franz; in den Hdschr. fehlt der Artikel. — *καταψηφιεῖσθαι — πεποιημένους ἔσεσθαι*] mit Cobet und Frohberger; in den Büchern fehlt *ἔσεσθαι*. Herw. nach Reiske *πεπ. φανήσεσθαι*. Andere suchten den Fehler in *καταψηφιεῖσθαι*, das Baiter (und Hamaker) in *κατεψηφίσθαι*, Kayser in *κατεψηφισμένους ἔσεσθαι* abänderte. Jenes hat Westermann aufgenommen, dieses Rauchenstein und Fritzsche (letzterer dubitanter). Auch Scheibe, der vind. Lys. S. 61 f. die Überlieferung verteidigte, möchte praef. XXXII *κατεψηφισμένους ἔσεσθαι* oder *φανήσεσθαι*. Da *κατεψηφίσθαι* schon deshalb zurückzuweisen ist, weil diese Änderung zugleich die Verwandlung von *πεποιημένους* in *πεποιῆσθαι* notwendig macht, so hat man, wie mir scheint, nur zwischen *καταψηφιεῖσθαι — πεποιημένους ἔσεσθαι* (*φανήσεσθαι*, *φανεῖσθαι*) und *κατεψηφισμένους ἔσεσθαι* (*φανήσεσθαι*, *φανεῖσθαι*) — *πεποιημένους* zu wählen. Für die Hinzufügung eines Infin. nach *πεπ.* spricht das bei den attischen Rednern so häufig hervortretende Streben nach Abwechselung, das Lysias hier auch veranlafst haben mag, auf *ἀποψηφίσησθε* mit Veränderung der Person *λάβωσιν* folgen zu lassen. Die Mehrzahl der ähnlichen Stellen führt auf *πεπ. ἔσεσθαι*, doch könnte auch *φανήσεσθαι* oder *φανεῖσθαι* ausgefallen sein; vgl. Xen. Hell. VII, 3, 11 (Lys. XIII, 97: *δόξετε ψηφίσασθαι*. D. XX, 166: *δόξετ' ἐγνωκέναι*). Die Stellung von *ἔσεσθαι*, an der Kayser, Heidelb. Jahrb. a. a. O. S. 774 Anstofs nimmt, darf bei Lysias nicht befremden (vgl. XXVII, 7. XXX, 23. XIII, 97), und hätte sie wirklich hier am Schlusse der Periode etwas Auffälliges, so liefse sich, da der Infin. durchaus nicht gerade am Ende ausgefallen zu sein braucht, dadurch leicht abhelfen, dafs man nach V, 4 *ἔσεσθαι πεποιημένους* schriebe (beiläufig bemerke ich, dafs die Redner von Isokrates an, wenn anders man aus den in der Anm. citierten Beispielen einen Schlufs ziehen darf, *ἔσομαι* in der Regel dem Partic. des Perfekts vorangeschickt haben. Ausnahmen D. I, 14. III, 6: *ἐστρατηγηκότες πάντ' ἔσεσθ' ὑπὲρ Φιλίππου*. [D.] XXV, 2). Zu Gunsten der Kayserschen Emendation läfst sich entschieden der Umstand geltend machen, dafs das periphr. Futur von *ψηφίζεσθαι* und *καταψηφίζεσθαι* in solchen Wendungen fast stehend ist (ἐὰν μὲν — ψηφιεῖσθε, ἐὰν δὲ — παρακελεύσεσθε Lyk. 150). Sehr gefällig erscheint auch die rhythmische Gestaltung des Satzes, durch die der beiden Participien gemeinsame Infinitiv seinen Platz im ersten Gliede erhält; vgl. Xen. Hell. VII, 2, 20. Soph. Oed. Tyr. 620. D. IV, 50 (de arg. ex contr. S. 338 ff.). Dagegen sucht man vergebens nach einer Erklärung, wie κατεψηφισμένους ἔσεσθαι zu καταψηφιεῖσθαι korrumpiert werden konnte. Nicht so weit entfernt sich von der Überlieferung Scheibes κατεψηφισμ. φανήσεσθαι, noch mehr würde sich an dieselbe anschliefsen κατεψηφισμ. φανεῖσθαι.

Dreizehnte Rede.

§ 1. δι' ἅ] δι' οἷα Herw. — ὑπό θ' ὑμῶν] Krüger zu Thuk. I, 4. Stallbaum zu Plat. Gesetze X, 893ᵃ. Kühner II, 787, der aber die Stelle des Lysias nicht richtig fafst, und über die Redner Fuhr, animadv. 37 und Rhein. Mus. XXXIII, 599, wo derselbe über Lys. XXXII, 1 bemerkt, dafs τέ in den Hdschr. fehle, und für die vorliegende Stelle das von mir in der Anm. geforderte τέ — τέ gleichfalls für notwendig erklärt, indem er ὑπ' ἐμοῦ τε — ὑπό τε ὑμῶν vorschlägt. — ἂν θεὸς θέλῃ] Vgl. noch Plat. Phaed. 62ᶜ: πρὶν ἀνάγκην τινὰ θεὸς ἐπιπέμψῃ. Rehdantz Dem. Ind. II, θεός: 'ich möchte eher an jene Lokalgötter denken, welche wie „Vater" in einer Familie, βασιλεύς bei den Persern, fast zu Nomina propria geworden sind'. In Stellen, wo der Artikel hinzutritt, kann man das Wort mit Cron zu Plat. Apol. 19ᵃ auch in generischem (kollektivem) Sinne fassen.

§ 2. μηνυτὴς — γενόμενος] erklärt Röhl, Jahrb. f. Phil. 1877, S. 156 f. für eine aus § 18 entnommene Interpolation.

§ 3. ὦ ἄνδρ. δικ.] ὦ zugesetzt nach Markland mit Herw., Cobet, Rauchenst., Frohberger (kl. Ausg.). — τιμωρεῖσθαι] τοῦτον τιμ. Herw. Vgl. dagegen § 83. v. Leutsch, Philol. XXV, 319. — ἄμεινον] Vgl. noch Thuk. V, 9, 1. 34, 1. D. XXI, 198. Aesch. III, 71 (hierzu Weidner: 'in dieser Formel hat ἄμεινον seine komparative Bedeutung verloren, weil an sich jeder Vorteil auf Vergleichung beruht'). Plat. Apol. 19ᵃ. Krit. 54ᵇ (wo Stallbaum). Xen. Hipp. 1, 20. Mem. IV, 8, 6; χεῖρον Arist. Ritt. 37 (wo Kock.). Xen. Anab. VII, 6, 39 (χεῖρον αὐτῷ εἶναι πρὸς ἡμῶν τε τῶν Λακεδαιμονίων καὶ πρὸς αὐτοῦ, vgl. Plat. Staat V, 463ᵈ); κάκιον Plat. Gorg. 468ᵈ (οἰόμενος ἄμεινον εἶναι αὐτῷ, τυγχάνει δὲ ὂν κάκιον). Xen. πόροι 3, 8 (ἀδήλου ὄντος εἴτε βέλτιον εἴτε κάκιον ἔσται). Überhaupt Rehdantz zu Xen. Anab. VII, 6, 4 und Dem. Ind. II, Komparativ.

§ 4. ᾧ τρόπῳ] ὅτῳ τρόπῳ Herw. Vgl. dagegen noch Krüger

II, 61, 6, 1 und zu Thuk. I, 136, 3. Francken, comm. 174 f. Hug zu Plat. Symp. 176[e]. Scheinbar deliberativ steht ὅς c. ind. fut. Thuk. VIII, 46, 2: ἀπορεῖν ἂν αὐτὸν οἷς τοὺς κρατοῦντας ξυγκαθαιρήσει. Doch ist hier ξυγκαθαιρήσει in der zu XII, 98 besprochenen Bedeutung zu nehmen. Ebenso Plut. Mar. 11 a. A. Übrigens zeigen solche Stellen, dafs man auch, wo ὅστις in diesem Falle steht, das Futur nicht, wie häufig geschieht, deliberativ zu fassen hat. So Plat. Gorg. 465[c] (χρήσωνται Par. I. Vind. 6). 521[b]. Euthyd. 287[c]. (Schanz mit T χρήσωμαι). Symp. 216[c] (Rettig und Hug nach Bekker χρήσωμαι). Thuk. I, 107, 4. III, 109, 1. VI, 11, 6. 44, 4. VIII, 48, 4. 63, 4. Für verderbt halte ich Is. IV, 44: ἑκατέρους ἔχειν ἐφ' οἷς φιλοτιμηθῶσιν, οἱ μὲν κτλ. Da φιλοτιμήσονται wegen des folgenden οἱ μέν und ἐφ' οἷς ἂν φιλοτιμηθῶσιν wegen des vorangehenden ἔχειν zurückzuweisen ist, wird man ἐφ' οἷς in ἐφ' οἷστισι oder in den gebräuchlicheren Sing. ἐφ' ὅτῳ zu verwandeln haben. Vgl. die Beispiele bei Aken, Tempus § 292. Stallbaum zu Plat. Symp. 194[d]. — καὶ δὴ ὅτι] nach Markland für das hdschr. καὶ διότι. Sauppe streicht δή; dagegen Bäumlein, Partikeln 147.

§ 5. τὰ ἐν τῇ πόλει] nach Sauppes Vorschlag (vgl. symb. ad emendandos or. Att. 8) mit Frohberger (kl. Ausg.) und Rauchenst. In den Hdschr. fehlt τά. ἐν tilgt Herw. mit Hamaker, ἐν τῇ πόλει Halbertsma unter Zustimmung Kaysers (Philol. XXV, 312). Die Überlieferung verteidigen Scheibe, vind. 66 und v. Leutsch, Philol. a. a. O. 319. — ὕστερον] von Herw. 'ut suspectum' gestrichen. Vgl. dagegen Is. XXI, 3 und andere ähnliche Stellen, welche anführt v. Leutsch a. a. O. — αἵ τε νῆες — ἀφικνοῦνται καὶ ἅμα λόγοι — ἐγίγνοντο] ἅμα im zweiten Gliede wie fr. 1, 2: πεισθεὶς δ' ὑπ' αὐτοῦ — καὶ ἅμα οἰόμενος. Is. XXI, 19: περὶ πλειόνων τε χρημάτων — ἂν ἐκινδύνευεν καὶ ἅμα οὐκ ἂν εἶχεν. D. XXI, 2: δι' ἀμφότερα — καὶ δεινὰ πεπονθέναι νομίζοντες ἐμὲ καὶ δίκην ἅμα βουλόμενοι λαβεῖν. And. II, 22: χάριν μικράν τε καὶ ἄπονον ὑμῖν καὶ ἅμα δικαίαν. D. XVIII, 9: ἀναγκαῖον εἶναι νομίζω καὶ δίκαιον ἅμα. Gewöhnlicher steht ἅμα bei den Rednern im ersten Gliede wie Lys. XXVIII, 7: ἅμα γὰρ πλουτοῦσι καὶ ὑμᾶς μισοῦσιν. § 17: ἅμα τοῖς τε φίλοις — ἀποδοῦναι χάριν καὶ παρὰ τῶν ἀδικούντων τὴν δίκην λαβεῖν. Ausführliches hierüber, soweit die Redner in Betracht kommen, bei Fuhr, Rhein. Mus. XXXIII, 356 f. und 598 f. (wo man Stellen vermifst wie D. XVIII, 197. XXI, 122); im allgemeinen vgl. auch de arg. ex contr. 326 f. — περὶ τῆς εἰρήνης] Den Artikel streicht Cobet (v. l. 377), auch Rauchenst. klammert ihn ein. Vgl. dagegen Scheibe, lect. Lys. 368 und Vömel zu D. XVIII, 24 (hier neuerdings auch Weil περὶ εἰρήνης).

§ 6. καὶ μάλιστα ἐν τῷ τότε χρόνῳ] Alle diese Worte will Kayser, Heidelb. Jahrb. a. a. O. S. 781 als fremdartigen

Zusatz streichen; vgl. auch Frei a. a. O. S. 8. In Bezug auf *ἐν τῷ τότε χρόνῳ* glaube ich beistimmen zu müssen; dagegen halte ich *καὶ μάλιστα* für echt, da ich nicht sehe, was man gegen den Gedanken einzuwenden hätte: 'in der Meinung, es habe sich ihnen die schönste Gelegenheit geboten, am meisten die Dinge nach ihrem Belieben zu gestalten'. Für *καὶ μάλιστα* hätte auch *παντάπασι* stehen können, aber Lys. wollte dem Superl. *κάλλιστον* einen anderen Superl. gegenüberstellen. Einigermafsen lassen sich mit unserer Stelle vergleichen Xen. Kyr. II, 1, 13: *οἱ τῶν ἱκανωτάτων καὶ εὖ καὶ κακῶς ποιεῖν λόγοι οὗτοι καὶ μάλιστα ἐνδύονται ταῖς ψυχαῖς τῶν ἀκουόντων*, wo aber *καὶ μάλιστα* nicht, wie Hertlein meint, sogar am meisten, sondern einfach auch am meisten bedeutet (vgl. de arg. ex contr. S. 312 und Anh. zu XII, 88, S. 289). IV, 1, 14: *ἐμοὶ δὲ δοκεῖ τῆς μεγίστης ἡδονῆς πολὺ μάλιστα συμφέρειν ἐγκρατῆ εἶναι.* Andere nehmen *κάλλιστον καιρὸν εἰληφέναι* absolut (vgl. Is. XVII, 8. XX, 13) und demgemäfs *καί* in kopulativem Sinne. In Folge dessen müssen sie entweder *καταστήσασθαι* in *καταστήσεσθαι* ändern (Markland und Cobet n. l. 164) oder *μάλιστα* in *μάλιστ' ἄν* (Emperius, opusc. 314. Madvig, Philol. II, Suppl. 36. Bake, Mnem. VIII, 306). Aber bei beiden Änderungen bleibt der Anstofs bestehen, der in dem nach *ἐν δὲ τῷ χρόνῳ τούτῳ* vollständig überflüssigen *ἐν τῷ τότε χρόνῳ* liegt. Etwas erträglicher würde dieser Zusatz, wenn man mit Reiske *καὶ μάλιστ' ἐπιτήδειον* schriebe. — *ἠβούλοντο*] *ἐβ.* Bake a. a. O.

§ 7. *οὐδὲν ἄλλο*] Francken, comm. Lys. 87: *οὐδένας μᾶλλον.* Doch war eine andere Opposition überhaupt nicht zu fürchten, da nur die weiter blickenden Häupter des Demos über dem Elend der Gegenwart die Zukunft nicht vergafsen. — *τοὺς τοῦ δήμου προεστηκότας*] Vgl. Schömann, griech. Altert. I, 184 und über *δημαγωγός* Rehdantz Dem. Ind. II, *δημαγωγεῖν.* — *ταξιαρχοῦντας*] *τοὺς ταξ.* Herw. Vgl. dagegen Sauppe bei Rauchenst. im Anh. — *ἁμῶς γέ πως*] Über *ἁμός* (*ἀμός*) vgl. Theokr. XXII, 69: *οὐ γύννις ἀμὸς κεκλήσεθ' ὁ πύκτης* und dazu Haupt, Rhein. Mus. 1845, 247. Meineke zu Theokr. 349, sowie Curtius, Grundz. der griech. Etymol. S. 393 und 685 (5. Aufl.). Kühner I, S. 471, Anm. 4. — *πρῶτον μὲν οὖν*] Über die Form des Übergangs zum ersten Punkte Anh. zu XII, 92 (S. 298), über die Auslassung eines korrespondierenden *ἔπειτα* zu XII, 65 (Anh. S. 270) und Fr. A. Müller a. a. O. S. 7. — *Κλεοφῶντι*] Vgl. v. Leutsch, Philol. XXV, 320 f.

§ 8. *ἐφ' οἷς*] *ἐφ' οἷστισιν* Herw. — *ἐπὶ δέκα στάδια*] Vgl. die Erklärer zu Thuk. I, 50, 2. Schneider zu Is. V, 59. Rehdantz Dem. Ind. II, *κατά* (S. 246 f.). Eigentlich ist in solchen Fällen gerade so wie in den latein. Wendungen inter se amare, obtrectare, prodesse u. s. w. (Nägelsbach, Stilist. 89, 1) das Verbum absolut zu fassen. — *περὶ τῶν τειχῶν τῆς κατασκαφῆς*] von

Herw. als 'interpretamentum' gestrichen. Die Einschiebung des Genitivs zwischen die Präposition und ihr Nomen vorzugsweise thukydideisch. Vgl. Classen zu Thuk. VII, 24, 2. Krüger zu I, 9, 3. V, 77, 2. Gramm. Regist. Genit. 2, f. und zu Arrian I, 13, 3.

§ 9. ποιήσειν] ποιήσει früher Stephanus, Augerus, Reiske, Bekker, neuerdings Cobet und Herw. Die fast allgemeine Ansicht, daſs in solchen Fällen eine Vermischung zweier Konstruktionen vorliege, muſste Gelehrte, die den griech. Schriftstellern eine derartige Nachlässigkeit nicht zutrauen mochten, notwendig auf die Annahme von Korruptelen führen. Mir scheint Weber das Richtige getroffen zu haben, wenn er (zu D. XXIII, S. 346) über das die direkte Rede einführende ὅτι bemerkt: 'potius in hoc particulae usu vestigium originis ejus a neutro pronominis dérivandae animadverterim, ut εἶπον ὅτι sic explicetur εἶπον τοῦτο ὅ τι —: quae explicandi ratio ibi quoque valet, ubi post ὅτι infinita oratio sequitur. Comprobat istam explicationem ὡς eadem ratione Plutarcho aliisque usurpatum'. Auf ὅτι = ὅ τι führen besonders Stellen wie Aesch. III, 22: κελεύει αὐτὸ τοῦτο ἐγγράφειν ὅτι· οὔτ' ἔλαβον οὐδὲν τῶν τῆς πόλεως οὔτ' ἀνήλωσα. § 208. Thuk. IV, 92, 7. Der Kürze im Ausdruck, welche speziell der Konstruktion εἶπεν ὡς (= wie) ποιῆσαι αὐτόν zu Grunde liegt, lassen sich die ähnlichen Verkürzungen zur Seite stellen, aus denen die Formeln ὡς ἀληθῶς (ἑτέρως, ἄλλως), ὡς ἐπί, ὡς εἰς u. s. w. hervorgegangen sind. Vgl. Schömann zu Isae. VII, 27, S. 368. E. Müller zu D. VI, 10. Zu den de arg. ex contr. S. 318 angeführten Stellen, in denen auf ὅτι das Partic. folgt, füge hinzu Dion. Hal. Antt. V, 10 a. E.: εὖ ἴστε ὅτι, δυεῖν θάτερον, ἢ Κολλατῖνον ἕξοντες ὕπατον ἢ Βροῦτον. — ποιήσειν ὥστε] Über ὥστε Schömann zu Isae. 215. Rehdantz Dem. Ind. II und zu Xen. Anab. V, 6, 26. Sehr häufig bei Thukyd., Wilde, de part. ὥστε commentatio I (Progr. Görlitz 1861) S. 12 f. Aus Misverständnis des ποιήσειν ὥστε (se effecturum esse ut) emendiert Francken, comm. 87 πείσει und denkt Λακεδαιμονίους als Subj. zu διελεῖν und ἐλαττῶσαι. Auch Kayser, Heidelb. Jahrb. 1866, 290 vermiſst das Subj. zu διελεῖν (etwa ἐκείνους), spricht aber gegen πείσει. — τῶν τειχῶν] Vgl. Madvig Philol. II, Suppl. S. 79. Bake Mnem. VIII, 306, 'quoniam et verbum διελεῖν improprium est nec genitivus explicari potest', will τῶν τειχῶν τι καθελεῖν. Cobet schreibt ἀφελεῖν. — οἴοιτο] Vgl. noch D. I, 22. (D.) L, 44 u. 50. LIII, 10. Isae. VIII, 22. Rehdantz Dem. Ind. II, Optativus und zu Xen. Anab. VII, 3, 13. Krüger zu Dion. Hal. Hist. 169. Classen zu Thuk. II, 72, 2. Stallbaum zu Plat. Phaed. 86[a]. Phileb. 58[a]. Staat IV, 420[c]. Symp. 201[a]. Schneidewin zu Soph. Phil. 617. Cobet n. l. 336. Aken § 111. Bäumlein, Modi 259 f. — ἄλλο τι ἀγαθὸν εὑρήσεσθαι] Über das Vorkommen dieser Formel in Volksbeschlüssen u. dgl. Keil, Philol. XXIII, 224 ff.

§ 10. *οὐ νομίζοντες — ὑμετέρῳ*] Dafs dieser Zusatz sachlich nicht richtig ist, ergiebt sich aus der Erörterung Pöhligs, auf die in der Anm. verwiesen worden ist. In formeller Beziehung mufs die Stellung der Worte auffällig erscheinen, durch die dem Enthymem nicht wenig von seiner Kraft genommen wird. Nach meiner Meinung würde Lysias, wenn er die Zurückweisung des Theramenes so hätte begründen wollen, wie er es nach der Überlieferung gethan hat, diese Begründung wenigstens vor *ἀπεδοκιμάσατε* eingeschoben haben, etwa in folgender Weise: *ὡς οὐκ εὔνουν ὄντα τῷ πλήθει τῷ ὑμετέρῳ.* Vermutlich rührt der Zusatz von demselben Interpolator her, der auch XII, 36 die Kraft des Enthymems durch Hinzufügung der Worte *ἡγούμενοι — λαβεῖν* abgeschwächt hat.

§ 11. *τὰ κακά*] Dem in der Anm. erörterten Sprachgebrauche widerspricht, was Westerm. quaest. Lys. I, 4 schreiben will: *τὰ κατ' αὐτὸν κακά.* Vgl. noch Plat. Phaed. 66c: *καὶ γὰρ πολέμους — οὐδὲν ἄλλο παρέχει ἢ τὸ σῶμα καὶ αἱ τούτου ἐπιθυμίαι.* Mehr bei Rehdantz Dem. Ind. I, Erweiterung, Nr. 3. Mit Soph. O. C. 750: *ἀεί σε κηδεύουσα καὶ τὸ σὸν κάρα* und den von Rehdantz angeführten verwandten Beispielen vgl. Aristeid. II, S. 361 Df.: *κατά γε σὲ καὶ τὴν σὴν ψῆφον.* Hom. Il. ι, 679 und die ähnlichen lateinischen Stellen Lucr. I, 6: te, dea, te fugiunt venti, te nubila caeli adventumque tuum. Cic. pro Lig. 12, 35: erga te et dignitatem tuam. Liv. III, 17, 6. Sall. Cat. 52, 8. Häufig wiederholen die latein. Dichter das vorangehende Substantiv im Genitiv. Verg. Ecl. II, 33: Pan curat ovis oviumque magistros. III, 101. Ovid. Fast. I, 211. IV, 747. Trist. II, 401. Ars am. I, 27. Seltener derartiges in der Prosa, wie Liv. I, 7, 9: postquam facinus facinorisque causam audivit. II, 64, 2: per patres clientesque patrum. III, 15, 8. — *ὑμᾶς*] für *ὑμᾶς ἀπόρως* nach Kaysers Vermutung (vgl. besonders Heidelb. Jahrb. 1866, S. 776 f.), die auch gebilligt wird von Scheibe, Sauppe, Westermann (de locis aliquot oratorum Atticorum interpolatione corruptis. Progr. Leipzig 1859, 8), Rauchenstein, Herwerden, Frohberger (kl. Ausg.). Wenn nicht die Worte *εἰδὼς τὸ ὑμέτερον πλῆθος ἐν ἀπορίᾳ ἐχόμενον* vorausgiengen, würde die Überlieferung kaum Anstofs erregen können. Insbesondere wird das von Kayser selbst (vgl. Philol. XXV, 336) zurückgenommene Bedenken gegen die Verbindung *ἀπόρως διατιθέναι* widerlegt durch Stellen wie Lys. XVIII, 23. XXXII, 9, und der Ausdrucksweise: *εἰ διαθείη ὑμᾶς ἀπόρως, ὥσπερ διέθηκεν* 'wenn er euch in die verzweifelte Lage brächte, in die er euch wirklich gebracht hat' läfst sich manches Analoge aus Kondizional- und Konzessivsätzen zur Seite stellen. D. VIII, 75: *εἰ Τιμόθεος εἶπεν ὡς οἷόν τε τάριστα, ὥσπερ εἶπεν.* XIX, 119. Dein. I, 47. Plat. Alk. II, 139c. Eur. Androm. 965. (And. I, 126). Plat. Phaedr. 242e: *εἰ δ' ἔστιν, ὥσπερ οὖν ἔστι, θεὸς ἤ τι θεῖον ὁ Ἔρως (ὥσπερ* οὖν nicht ganz entsprechend dem latein. sicut **certe** und sicut profecto; s. Wolf zu Soph. Aj. 991. Klotz zu Devar. 720). Variation bei Dein. III, 5: *εἰ δεῖ τἀληθῆ λέγειν — δεῖ δέ — κτλ.* Für das Latein. vgl. Cic. Phil. IV, 4, 9: quamvis impii nefariique sint, sicut sunt. II, 17, 43. 28, 68. pro Cluent. 3, 8. **pro** Lig. 5, 13. 9, 26. pro Rosc. Amer. 8, 22. de off. III, 33, 117. Liv. VII, 35, 10. Cic. de nat. deor. II, 31, 78: di, si modo sunt, ut profecto sunt. Tusc. IV, 34, 72: sin autem est aliquis amor, ut est certe. Brut. 19, 76. pro Flacco 25, 59. de finn. IV, **24, 66**: ut jam omnes insipientes sint miseri, quod profecto sunt. In negativen Sätzen tritt *ὡς* für *ὥσπερ* ein. Ant. IV, *γ*, 5: *εἰ δέ τοι καὶ ὑπὸ τοῦ ἰατροῦ ἀπέθανεν, ὡς οὐκ ἀπέθανεν.* (D.) XLV, **25.** XLVI, 5. D. XXXVIII, 28: *ἐὰν δὲ μὴ δύνωνται, ὡς οὐ δυνήσονται.* Vgl. auch D. XXIII, 125: *εἰ γάρ ἐστί τῳ δοτέον τι τοιοῦτον, ὡς ἔγωγ' οὔ φημι* (*ὥσπερ* in einer ähnlichen Wendung Thuk. VI, 40, 2). — *ἀσμένως*] *ἀσμένους* Cobet, Herw. Die Endungen *ους* und *ως* sind allerdings in den Hdschr. oft vertauscht (wie *ἀκρίτως* für *ἀκρίτους* im Palat. XII, 82. 83. XXII, 2 u. a.); die Adverbialform *ἀσμένως* aber ist hinlänglich bezeugt durch Stellen, wo das Adjektiv nicht leicht durch Schreibfehler verdrängt werden konnte, wie III, 19 (Francken Philol. XX, 366 will freilich *ἄσμενος*). XXI, 18. Is. XVIII, 60 (*τῶν ἄλλων ἀσμένως ἀπαλλαττομένων*). D. XVIII, 36 (*ἀσμένως τινὲς ἤκουον*). Aristeid. **I,** 267 Df. (*ἡ πόλις ἀσμένως ἐπὶ τὴν εἰρήνην καταφυγοῦσα*). Timokles bei **Athen.** VIII, 339[d] (*ἡ Πυθιονίκη δ' ἀσμένως σε δέξεται*). Anders **Thuk.** IV, 21, 1, wo man die Herausgeber vergleiche.

§ **12.** *ἐπιβουλ. καταλῦσαι*] Classen zu Thuk. III, 20, 1. **Rehdantz zu** Xen. Anab. V, 6, 29. Stallbaum und Sauppe zu Plat. Prot. **343**[c]. — *πρόφασιν*] Krüger zu Thuk. III, 111, 1. Vömel zu Dem. XIX, 167. Bisweilen steht dem *πρόφασιν μέν* ein bloſses *δέ* gegenüber, wie Arist. Ri. 465 f.: *πρόφασιν μὲν Ἀργείους φίλους ἡμῖν ποιεῖ· ἰδίᾳ δ' ἐκεῖ Λακεδαιμονίοις ξυγγίγνεται.* Eur. Bakch. 224 f. — *ὅτι — τὰ ὅπλα*] Meier, att. Proz. S. 364, Anm. 11 denkt an eine *γραφὴ λειποταξίου*, Scheibe, vind. S. 67 f. an eine *γρ. προδοσίας*, die in Form einer *εἰσαγγελία* an den Rat gebracht worden sei. — *ἀναπαυσόμενος*] Nach Sauppe stand auch dies Wort in der Klage, weil dieser Vorwand des Kleoph. in der damaligen Lage des Staates verbrecherisch gewesen sei. Ähnlich Scheibe a. a. O. Francken, comm. S. 88 will *ἀνακαλεσάμενοι.* — *παρασκευάσαντες*] Das Intrigante würde noch mehr hervortreten, **wenn man** nach der in der Anm. citierten Stelle *κατασκευάσαντες* schriebe. Vgl. Franke und Sauppe zu D. II, 6 und Rehdantz Dem. **Ind.** II, *κατά* a. E. — *εἰσελθόντες*] vom Ankläger z. B. noch Is. XX, 2. D. XXI, 81. XX, 146 (*πρὸς ὑμᾶς εἰσελθών*). (D.) XLVII, 1 (*εἰσελθὼν ὡς ὑμᾶς*), vom Angeklagten Dein. I, 54. (D.) XLVII, 5. Plat. Gorg. 521[d]. 522[b], von den Richtern And.

I, 29. Aesch. III, 6. 201. D. XVIII, 210. XXI, 212. (D.) XLVII, 17. Anderes bei Cobet, Mnemos. IX, 441 f., der aber mit Unrecht (vgl. auch misc. crit. S. 502) den Gebrauch von ὡς und πρός (τὴν ἄνθρωπον εἰσήγαγες πρὸς τὸ δικαστήριον [D.] XLVII, 16) neben εἰς bei diesen verbis bestreitet, wie er auch (vgl. v. l. S. 299) Plat. Apol. 24^d: ἐμὲ εἰσάγεις τουτοισί den Dativ ohne Not in εἰς τουτουσί verwandelt. — ἐν] ἐπί nach Baiter Cobet und Herw. Vgl. noch Lys. VII, 20. XXIV, 5. Mätzner zu Ant. S. 132. Weber und Westermann zu D. XXIII, 23. Krüger zu Thuk. V, 49, 1. Scheibe, vind. praef. S. XII.

§ 13. εὐνοοῦντες] εὖνοι ὄντες mit Cobet (vgl. de arte interpr. 94 und n. l. 552), Herw. und Rauchenst. Auch Gleiniger (Herm. IX, 174) billigt diese Konjektur. Vorsichtiger Kirchner, quaest. Lys. spec. (Progr. Demmin 1869) S. 20, der zuerst die Stellen gesammelt hat, wo bei Lys. εὔνουν und κακόνουν εἶναι vorkommt. Warum sollte nicht auch ein Schriftsteller aus besonderem Grunde einmal das Ungewöhnlichere vorgezogen haben? Wie hier εὐνοοῦντες ganz passend erscheint, ebenso verhält es sich mit κακονοοῦντες XXIX, 10: οὐδέποτε ὑμῖν παύσονται κακονοοῦντες, 'sie werden niemals aufhören, auf schlimmes gegen euch zu sinnen'. Gründe der Konzinnität waren bei der Wahl des Ausdrucks maſsgebend Xen. Kyr. VIII, 2, 1: ἡγούμενος, ὥσπερ οὐ ῥᾴδιόν ἐστι φιλεῖν τοὺς μισεῖν δοκοῦντας οὐδ' εὐνοεῖν τοῖς κακόνοις, οὕτω καὶ τοὺς γνωσθέντας ὡς φιλοῦσι καὶ εὐνοοῦσιν οὐκ ἂν δύνασθαι μισεῖσθαι ὑπὸ τῶν φιλεῖσθαι ἡγουμένων, ebenso Arist. Wolk. 1410 ff. und Soph. Aj. 689. In Bezug auf (Lys.) VIII, 19 stimme ich mit Kirchner und Gleiniger vollständig überein. — ἐδήλωσεν] nach Frohbergers Vermutung für das hdschr. ἐδήλωσαν. Ebenso Rauchenstein. Vgl. noch Herod. I, 73. V, 124: ὡς διέδεξε. II, 134: ὡς διέδεξε τῇδε οὐκ ἥκιστα. III, 82, dazu D. XIX, 196: ὡς τὸ ἔργον ἐδήλωσεν. XXI, 110: ὡς τὸ πρᾶγμα αὐτὸ ἐδήλωσεν. (D.) XXXV, 17: ὡς αὐτὸ τὸ ἔργον ἐδήλωσεν. Aesch. I, 40: ὡς αὐτὸ τοὔργον ἔδειξεν (Bekker u. Weidner ὡς αὐτὸ ἔδειξεν). III, 62: ὡς αὐτὸ ἔδειξε τὸ ἔργον. II, 13: ὡς αὐτὸ τὸ πρᾶγμα ἔδειξεν (III, 141: ὡς αὐτὰ τὰ πράγματα δεδήλωκεν). Plat. Prot. 329^b: ὡς αὐτὸ δηλοῖ. (D.) LVI, 13: ἐδήλωσε δ' αὐτὸ τὸ ἔργον. Eur. Or. 1129: εἶτ' αὐτὸ δηλοῖ τοὔργον. Arist. Lys. 375: τοὔργον τάχ' αὐτὸ δείξει. Soph. fr. 352: ταχὺ δ' αὐτὸ δείξει τοὔργον. Eur. Andr. 265: τὸ δ' ἔργον αὐτὸ σημανεῖ τάχα (D. XIX, 167: τὰ ἔργα καὶ τὰ πεπραγμένα αὐτὰ δηλώσει). D. XIX, 157: αὐτὸ δηλώσει (vgl. Vömel). Plat. Kritias 108^c: αὐτό σοι τάχα δηλώσει. Hipp. I, 288^b: αὐτὸ δείξει. Eur. Phoen. 623: αὐτὸ σημανεῖ (Bakch. 976: τἆλλα δ' αὐτὸ σημανεῖ). Rehdantz Dem. Ind. II, δείκνυμι. Aus den mit ὡς beginnenden Beispielen wird niemand schlieſsen wollen, daſs auch an der vorliegenden Stelle mit Dobree und Herw. ὡς für ὥς γε zu schreiben sei. Vgl. (D.) VII, 40: ὥς γε τὸ ἐπίγραμμα

— *δηλοῖ.* — *ἣν* — *ἔγνωμεν*] *οἵαν* Cobet u. Herw., *ἐγνώκαμεν* Kappeyne van de Coppello, Jahrb. f. Philol. **1868**, 481. *τοιοῦτος ὅς* findet sich in der angegebenen Weise sehr häufig (bisweilen auch *τοιοῦτος ὅστις*), und zwar nicht blos mit dem Indik. (des Präter., Präs. u. Fut.), sondern auch mit dem Potentialis u. dem Irrealis, in bestimmten Fällen auch mit dem Optat. Die Negation ist *οὐ* und *μή*, doch steht die letztere nur dann, wenn der Relativsatz hypothetische oder finale Färbung (Futur und Potent. der Gegenwart) erhält oder überhaupt die mens alius ausdrückt. Mit der vorliegenden Stelle (*τοιοῦτος ὅς* c. ind. aor.) vgl. Lys. III, 3. (Lys.) II, 71. Is. IV, 83. X, 14. XIV, 60. XIX, 21 u. 22. Aesch. II, 112 (Negat. *οὐ*). 153. Dein. III, 13 (Negat. *οὐ*). D. XVIII, 140. LIV, 12. Diodor XIII, 22 a. E. Dazu füge (mit Impf. im Relativsatze) Lys. XXX, 14: *ἐν τοιούτῳ καιρῷ* — *ἐν ᾧ* — (*καὶ τούτοις* — *οἳ* — *καὶ ταύτην τὴν βουλὴν* — *ἐν ᾗ*). Is. V, 47. D. XVIII, 108. XX, 41; (mit Perf.) (D.) XXXIV, 29 (*ὅστις μή*); (mit Impf. u. Perf.) D. XVIII, **263** (vgl. § **257**); (mit Perf. u. Präs.) Lys. XXI, 20. Is. IV, **115** f. **169**; (mit Präs. oder präsentisch. Perf.) Lys. XVIII, 5. (Lys.) VI, 7. Is. XI, 22. XII, 96. XV, **52** (*ὅστις*). 56. 253. 257. XVII, 2. (And.) IV, 37: *οὔκουν τοὺς τοιούτους δίκαιον ἐκβάλλειν, οὓς πολλάκις ἐλέγχοντες εὑρίσκετε μηδὲν ἀδικοῦντας, ἀλλὰ τοὺς μὴ θέλοντας ὑποσχεῖν περὶ τοῦ βίου λόγον* (das *μηδέν*, welches Bäumlein, Partikeln S. 267 auffallend findet, richtig beurteilt von Kühner II, S. 757). Ebenda § 13: *δημοκρατίας ἐπιθυμεῖν, τοιαύτης πολιτείας, ἣ μάλιστα κοινότητα δοκεῖ ᾑρῆσθαι.* Aesch. III, 196: *ἐν δημοκρατίᾳ τετιμημένος, ἐν τοιαύτῃ πολιτείᾳ, ἣν οἱ θεοὶ καὶ οἱ νόμοι σώζουσιν.* And. II, 4: *ἑτέρους εἰσπέμπουσι, τοιούτους ἀνθρώπους, οἷς οὐδὲν διαφέρει κτλ.* Aesch. I, 146. 172. D. V, 14 (*μή*). VIII, 32: *ἂν μὲν τὸν αἴτιον εἴπῃ τις, ὃν ἴσθ' ὅτι λήψεσθε παρ' ὑμῖν αὐτοῖς* — *ἂν δὲ τοιοῦτον λέγῃ τις, ὃν κρατήσαντας τοῖς ὅπλοις, ἄλλως δ' οὐκ ἔστιν κολάσαι* (wie der Artikel in *τὸν αἴτιον* zu fassen ist, lehrt der Gegensatz). Ebenda § 69. XXIV, 108. 215. LIV, 17. Alkid. *περὶ σοφ.* 26 (*ὅστις*). Gorg. Palam. 25 (*ὅστις*). Plat. Apol. 28[b]. Staat III, 407[a]. Theaet. 191[c]. Euthyd. 283[e] (*οὐ*). Plut. Lys. 22. Is. VII, 54 (*οὐ*). XII, 70: *ἡμῖν συνέπεσε περὶ νησύδρια τοιαῦτα καὶ τηλικαῦτα τὸ μέγεθος ἐξαμαρτεῖν, ἃ πολλοὶ τῶν Ἑλλήνων οὐδ' ἴσασιν.* Hyp. geg. Dem. VI: *οὐδεὶς τὸν τοιοῦτον ἀναιρεῖ, ὃν ἔστιν πρίασθαι,* (*ἀλλ' ὅντινα μήτε πεῖσαι ἔστιν μήτε χρήμασιν διαφθεῖραι*). Is. IV, 89: *βουληθεὶς τοιοῦτον μνημεῖον καταλιπεῖν, ὃ μὴ τῆς ἀνθρωπίνης φύσεώς ἐστιν.* XII, 71: (*παρέσχον*) *τοὺς ἡγεμόνας ἀρετὰς ἔχοντας οὐ μόνον τὰς τοιαύτας, ὧν πολλοὶ καὶ τῶν φαύλων κοινωνοῦσιν,* (*ἀλλὰ κἀκείνας, ὧν οὐδεὶς ἂν πονηρὸς ὢν δυνηθείη μετασχεῖν*). Br. II, 10: (*χρὴ*) *μηδ' ἐπιθυμεῖν τοιαύτης δόξης, ἧς πολλοὶ καὶ τῶν Ἑλλήνων καὶ τῶν βαρβάρων τυγχάνουσιν,* (*ἀλλὰ τῆς τηλικαύτης τὸ μέγεθος, ἣν μόνος ἂν τῶν νῦν ὄντων κτήσασθαι δυνηθείης,*) *μηδ' ἀγαπᾶν λίαν τὰς* τοιαύτας ἀρετάς, ὧν καὶ τοῖς φαύλοις μέτεστιν, (ἀλλ' ἐκείνας, ὧν οὐδεὶς ἂν πονηρὸς κοινωνήσειεν. In einer ähnlichen Antithese steht ἐκεῖνος vor konsekutivem Relativsatze Is. IV, 17: ἀλλὰ δεῖ τὸν — βουλόμενον ἐκείνους τοὺς λόγους ζητεῖν, οἵτινες τὼ πόλη τούτω πείσουσιν κτλ. Vgl. ebenda § 12, wo ἐκεῖνος ὁ mit dem Part. des Fut. so gebraucht ist. Dagegen fehlt im zweiten Gliede das Demonstr. Is. IV, 189 u. Hyp. geg. Dem. VI); (mit Präs. u. Futur) Lys. XIII, 1. Is. XIV, 2: ἔτι δὲ τοιούτων δεησόμενοι πάρεσμεν, ἐν οἷς κίνδυνος μὲν οὐδεὶς ἔνεστιν, ἅπαντες δ' ἄνθρωποι νομιοῦσιν ὑμᾶς πειθομένους ὁσιωτάτους εἶναι τῶν Ἑλλήνων; (mit Futur) Is. IV, 124. V, 68. VI, 58. 109. XI, 47. XIV, 44. Br. V, 1. D. XVIII, 33: μισθοῦται τὸν κατάπτυστον τουτονί — τοιαῦτα πρὸς ὑμᾶς εἰπεῖν καὶ ἀπαγγεῖλαι, δι' ὧν ἅπαντ' ἀπολεῖται (ἀπολεῖται Usener für das hdschr. ἀπώλετο, was aus § 35 entstanden sein mag). XIX, 43: (ἔδει) ψήφισμα νικῆσαι τοιοῦτο, δι' οὗ Φωκεῖς ἀπολοῦνται. VIII, 72. XXIII, 134. XXIV, 78. (D.) prooem. 41. Xen. Mem. II, 8, 3. Kyr. III, 3. 52. Hipparch. 8, 22. Plat. Gesetze III, 684[c]. Symp. 210[c] (ὅστις). Menex. 236[e]: δεῖ τοιούτου τινὸς λόγου, ὅστις — ἐπαινέσεται — παραινέσεται. Theag. 122[e] (ὅστις). Thuk. VI, 91, 4: στρατιάν τε ἐπὶ νεῶν πέμψετε τοιαύτην ἐκεῖσε, οἵτινες αὐτερέται κομισθέντες καὶ ὁπλιτεύσουσιν εὐθύς, (mit Futur u. οὐ) Is. II, 54. Br. II, 18. Lyk. 133. D. XX, 121. Plat. Staat III, 416[d] (Präs. von εἰσιέναι). Soph. O. C. 1353, (mit Futur u. μή) And. III, 41. Is. III, 16. IV, 189: οὐ πρέπει — οὐδὲ τοιαῦτα λέγειν, ἐξ ὧν ὁ βίος μηδὲν ἐπιδώσει τῶν πεισθέντων, (ἀλλ' ὧν ἐπιτελεσθέντων αὐτοί τ' ἀπαλλαγήσονται τῆς παρούσης ἀπορίας κτλ.). XI, 49. D. XIX, 324. XX, 144. XXIII, 86. 189. (D.) prooem. 6. 50. Thuk. VI, 11, 1. Plat. Hipp. I, 291[d]. Soph. Ant. 691. Dem Indik. des Futurums ist nahe verwandt der Potent. der Gegenwart, der in solchen Sätzen sehr häufig vorkommt. Aufser den schon angeführten Beispielen (Is. XII, 71. Br. II, 10) erwähne ich für diesen Gebrauch zunächst einige affirmativ ausgedrückte Stellen: (D.) prooem. 20: νομίζω κατηγόρους εἶναι χαλεποὺς οὐ τοὺς ἐν τοιούτοις καιροῖς ἐξετάζοντας τὰ πεπραγμένα, ὅτ' οὐδεμίαν δώσουσι δίκην, ἀλλὰ τοὺς τοιοῦτό τι συμβουλεῦσαι δυνηθέντας, ἀφ' οὗ βελτίω τὰ παρόντα γένοιτ' ἄν. Is. XIII, 20: τοιαῦτα λογίδια διεξιόντες, οἷς εἴ τις — ἐμμένειεν, εὐθὺς ἐν πᾶσιν εἴη κακοῖς Lys. XIX, 30. Is. XI, 46. XII, 90. XV, 10. 197. 211 (ὅστις). Lyk. 63. D. XXIII, 137. Plat. Apol. 36[d] (ὅστις). Euthyd. 283[d]: καίτοι πολλοῦ ἂν ἄξιοι οἱ τοιοῦτοι εἶεν φίλοι τε καὶ ἐρασταί, οἵτινες τὰ παιδικὰ περὶ παντὸς ἂν ποιήσαιντο ἐξολωλέναι (doch ist hier vielleicht das ἂν hinter παντός zu streichen; vgl. die unten angeführten Beispiele Aesch. III, 225 f. D. VI, 8. Xen. Mem. I, 5, 4. Kyr. III, 1, 28), ferner folgende Stellen mit οὐ: Lys. VII, 40. XII, 37. Erot. bei Plat. Phaedr. 231[c]. Is. VII, 59. VIII, 77. XI, 32. XII, 105. XV, 3:

προήρημαι καὶ λέγειν καὶ γράφειν ὑπὲρ τηλικούτων τὸ μέγεθος καὶ τοιούτων πραγμάτων, ὑπὲρ ὧν οὐδεὶς ἂν ἄλλος ἐπιχειρήσειεν. XIX, 23. Br. IX, 7. Aesch. II, 22: (κατόψεσθε) τοιαύτας ἐπιβουλὰς κατ' ἀνδρῶν συσσίτων καὶ συμπρέσβεων, ἃς οὐδ' ἂν κατὰ τῶν ἐχθίστων τις εἰκῇ ποιήσαιτο. (D.) XL, 33: τοιαύτην δίκην οὗτος **ἂν** εἰλήφει παρ' ἐμοῦ μηδὲν ἀδικοῦντος, ἣν ὑμεῖς οὐδὲ κατὰ τῶν **τὰ** μέγιστ' ἀδικούντων ὑμᾶς ἐπιχειρήσαιτ' ἂν ποιήσασθαι. Plat. Gorg. 473[e]. **Xen.** Mem. IV, 4, 2, dazu zwei mit μή: D. XX, 161. Plat. Staat VI, **487**[a]. Auch der Potent. der Vergangenheit findet sich D. XXIV, 138: οἶμαι τοιοῦτον οὐδὲν εἶναι, ὅτου ἂν ἀπέσχετο. Thuk. VII, 28, 3: ἐς φιλονικίαν καθέστασαν τοιαύτην, **ἣν** πρὶν γενέσθαι ἠπίστησεν ἄν τις ἀκούσας. Für den Irrealis lassen sich anführen Plat. Apol. 38[d]: ἴσως με οἴεσθε ἀπορίᾳ λόγων ἑαλωκέναι τοιούτων, οἷς ἂν ὑμᾶς ἔπεισα, εἰ ᾤμην κτλ. (weiter unten dagegen: λέγειν τοιαῦτα, οἷ' ἂν ὑμῖν ἥδιστα ἦν ἀκούειν). Is. XVI, 22. D. XXIII, 180. Isae. fr. 4 Scheibe: (ἐβουλόμην) τοιούτων ἀντιδίκων τυχεῖν, πρὸς οὓς ἂν **οὐδὲν** ἐφρόντιζον διαφερόμενος. Lys. XII, 92: ἠναγκάζεσθε πολεμεῖν τοιοῦτον πόλεμον, ἐν ᾧ ἡττηθέντες μὲν τοῖς νικήσασι τὸ ἴσον ἔχετε, νικήσαντες δ' ἂν τούτοις ἐδουλεύετε (vgl. Is. V, 48: ἠναγκάσθησαν διακινδυνεύειν τοιοῦτον κίνδυνον, ὃν μὴ κατορθώσαντες μὲν εὐθὺς ἀπώλλυντο [= ἀπώλοντο ἄν], νικήσαντες δ' οὐδὲν μᾶλλον ἀπηλλαγμένοι τῶν κακῶν εἰσιν und wegen des Gegensatzes im allgemeinen Is. IV, **124**. V, 68 — an beiden Stellen zweimal **das** Futur —, sowie Is. **VI, 5**: εἰπεῖν δ' ἃ γιγνώσκομεν — οὐκ **οἴονται δεῖν** ἡμᾶς, ἐν οἷς κατορθώσαντες μὲν ἅπαντας ὑμᾶς ὠ φ ε λ ή σ ο μ ε ν, διαμαρτόντες δὲ τῆς ὑμετέρας γνώμης αὐτοὶ μὲν ἴσως φαυλότεροι δόξομεν εἶναι, τὸ δὲ κοινὸν ο ὐ δ ὲ ν ἂ ν ζ η μ ι ώ σ α ι μ ε ν). **Den Optat.** ohne ἄν finden wir, abgesehen von Stellen wie (D.) **Br. III, 1483**: ἐπειδὴ ἐν τοιούτοις εἰμί, ἐν οἷς — γένοιτο, **wo dieser Modus** einen Wunsch bezeichnet, Aesch. III, 225 f.: ἔπειτ' ἐπερωτᾶν με μέλλει, τίς ἂν εἴη τοιοῦτος ἰατρός, ὅ σ τ ι ς τῷ νοσοῦντι μεταξὺ **μὲν** ἀσθενοῦντι μ η δ ὲ ν συμβουλεύοι, τελευτήσαντος δὲ — διεξίοι —. σαυτὸν **δ'** οὐκ ἀντερωτᾷς, τίς ἂν εἴη δημαγωγὸς τοιοῦτος, ὅ σ τ ι ς τὸν μὲν δῆμον θωπεῦσαι δύναιτο κτλ. Xen. Mem. I, 5, 4: ἐν συνουσίᾳ δὲ τίς ἂν ἡσθείη τῷ τοιούτῳ, ὃν εἰδείη τῷ ὄψῳ τε καὶ τῷ οἴνῳ χαίροντα μᾶλλον ἢ τοῖς φίλοις; Kyr. III, 1, 28: τοιούτοις ὑπηρέταις, οὓς εἰδείην ἀνάγκῃ ὑπηρετοῦντας, ἀηδῶς ἄν μοι δοκῶ χρῆσθαι (vgl. D. VI, 8. Anm. zu § 86 Frohberger zu Lys. I, 1. Rehdantz, Dem. Ind. II, ἄν. Aken, Tempus u. Modus § 265[c]). **Plat.** Staat III, 416[c]: φαίη ἄν τις νοῦν ἔχων δεῖν καὶ τὰς οἰκήσεις **καὶ τὴν** ἄλλην οὐσίαν τοιαύτην αὐτοῖς παρασκευάσασθαι, ἥ τ ι ς μ ή τ ε τοὺς φύλακας ὡς ἀρίστους εἶναι παύσοι αὐτούς, κακουργεῖν τε μὴ ἐπαροῖ περὶ τοὺς ἄλλους πολίτας. Timae. 42[a]: (εἶπεν ὅτι) διπλῆς οὔσης τῆς ἀνθρωπίνης φύσεως τὸ κρεῖττον τοιοῦτον εἴη γένος, ὃ καὶ ἔπειτα κεκλήσοιτο ἀνήρ. Vgl. Herod. IV, 166: πυθόμενος καὶ ἰδὼν Δαρεῖον ἐπιθυμέοντα μνημόσυνον ἑωυτοῦ λιπέσθαι τοῦτο, τὸ μὴ ἄλλῳ εἴη βασιλέϊ κατεργασμένον, ἐμιμέετο τοῦτον. Is. IV, 76: οὗτος ἐδόκει πλοῦτον ἀσφαλέστατον κεκτῆσθαι καὶ κάλλιστον, ὅστις τοιαῦτα τυγχάνοι πράττων, ἐξ ὧν αὐτός τε μέλλοι μάλιστ' εὐδοκιμήσειν κτλ. Dafs in solchen Fällen auch der Indik. stehen kann, lehren Is. IV, 89 (s. oben) und Herod. II, 135: ἐπεθύμησε Ῥοδῶπις μνημήϊον ἑωυτῆς ἐν τῇ Ἑλλάδι καταλιπέσθαι, ποίημα ποιησαμένη τοῦτο, τὸ μὴ τυγχάνει ἄλλῳ ἐξευρημένον, wo Stein mit Unrecht τυγχάνοι schreibt. Is. IV, 76 vertritt μέλλοι εὐδοκιμήσειν das Futur εὐδοκιμήσοι. Über diesen Gebrauch von μέλλειν vgl. noch Is. IX, 80: ἐμὸν ἔργον καὶ τῶν ἄλλων φίλων τοιαῦτα καὶ λέγειν καὶ γράφειν, ἐξ ὧν μέλλομέν σε παροξύνειν κτλ. Xen. Kyr. II, 1, 29: παιδιὰς τοιαύτας ἐξεύρισκεν, αἳ ἱδρῶτα ἤμελλον παρέχειν (χαριοῦνται und ἔμελλον σωθήσεσθαι sind einander entgegengesetzt D. IX, 64; s. unten). Nicht so häufig scheint man τηλικοῦτος und τοσοῦτος ὅς in Konsekutivsätzen gebraucht zu haben. In Verbindung mit τοιοῦτος steht τηλικοῦτος τὸ μέγεθος Is. XII, 70. XV, 3 (s. oben), im Gegensatz zu τοιοῦτος — ὁ τηλικοῦτος τὸ μ. Is. Br. II, 10 (ebenfalls oben angeführt). Aufserdem erwähne ich Is. XV, 128: χρὴ στρατηγὸν ἄριστον νομίζειν, οὐκ εἴ τις μιᾷ τύχῃ τηλικοῦτόν τι κατώρθωσεν ὥσπερ Λύσανδρος, ὃ μηδενὶ τῶν ἄλλων διαπράξασθαι συμβέβηκεν (Cobet u. Blass halten ὃ — συμβέβηκεν für einen fremdartigen Zusatz; ich möchte lieber ὥσπερ Λύσανδρος tilgen). XIV, 32: τίνα τηλικαύτην εὐεργεσίαν ἔχοιεν ἂν εἰπεῖν, ἥτις ἱκανὴ γενήσεται κτλ. (D.) LII, 23: βούλομαι δ' ὑμῖν καὶ τεκμήριόν τι εἰπεῖν τηλικοῦτον, ᾧ δῆλον ὑμῖν ἔσται κτλ. (D. XIV, 13: οὐδεὶς τῶν πάντων Ἑλλήνων τηλικοῦτον ἐφ' ἑαυτῷ φρονεῖ, ὅστις — οὐχ ἥξει καὶ δεήσεται). Is. XI, 5: τηλικαύτην αὐτῷ τὸ μέγεθος παρανομίαν προσῆψας, ἧς οὐκ ἔσθ' ὅπως ἄν τις δεινοτέραν ἐξευρεῖν δυνηθείη. τοσοῦτος ὅς findet sich Is. IV, 127: ἄτοπον ἕνα ἄνδρα τοσούτων ἀνθρώπων καθιστάναι δεσπότην, ὧν οὐδὲ τὸν ἀριθμὸν ἐξευρεῖν ῥᾴδιόν ἐστιν. Lys. XXIX, 13: οὐκ ἔστι τοσαῦτα χρήματα, ἃ ὑμᾶς οὓς ἂν λαμβάνητε ἀδικοῦντας, ἀποτρέψει τιμωρεῖσθαι. Eur. Alk. 198: ἐκφυγὼν δ' ἔχει τοσοῦτον ἄλγος, οὔποθ' οὗ λελήσεται (vgl. Is. XIX, 23: τοιαύταις ἐχρησάμην συμφοραῖς, ὧν οὐδέποτ' ἂν ἐπιλαθέσθαι δυνηθείην). (D.) VII, 33: τοσαῦτα ὑμᾶς ἀγαθὰ ποιήσειν (ἔφη), ἃ γράφειν ἂν ἤδη, εἰ ᾔδει τὴν εἰρήνην ἐσομένην. D. VI, 8: εἴδε τοῦτ' ὀρθῶς, ὅτι τῇ μὲν ἡμετέρᾳ πόλει — οὐδὲν ἂν ἐνδείξαιτο τοσοῦτον οὐδὲ ποιήσειεν, ὑφ' οὗ πεισθέντες — τῶν ἄλλων τινὰς Ἑλλήνων ἐκείνῳ πρόοισθε. τοσοῦτον ΣL, alle übrigen Hdschr. τοιοῦτον. Dafs diese Lesart an sich nicht zu verwerfen ist, dürfte sich namentlich aus solchen Stellen ergeben, wo τοιοῦτος verbunden ist mit Substantiven wie συμφορά (Lys. bei Plat. Phaedr. 231^{c}. Is. XIX, 23; vgl. D. XX, 42), ἀνάγκη (D. XX, 121), νόσος (Is. XIX, 22. D. LIV, 12), δίκη ([D.] XL, 33), ἀκολασία (Is. VIII, 77), παρρησία (Is. XVI, 22), ὁρμή (Xen. Mem. IV, 4, 2), εὔνοια (Is. Br. II, 18), εὔκλεια (Is. VI, 109); vgl. auch τοιαῦτα τὸ μέγεθος Lys. XII, 1 und die Anm. zu dieser Stelle. Von andern Substantiven, die in Verbindung mit *τοιοῦτος* vorkommen, will ich nur einige hervorheben, die eine mehr allgemeine Bedeutung haben und deshalb zum Teil ziemlich häufig anzutreffen sind: *λόγος* (Is. XI, 38. 47. XV, 56. [D.] prooem. 41. Plat. Apol. 38ᵈ. Symp. 210ᶜ. Menex. 236ᵉ. Soph. Ant. 691), *ἀπολογία* (Is. XI, 46. XV, 52: *τὴν τοιαύτην ἀπολογίαν*. Lyk. 63), *πόλεμος* und (in gleichem Sinne) *κίνδυνος* (Lys. XII, 92. — Is. IV, 124. V, 48. XIV, 60), *εἰρήνη* (Lys. XIII, 13. Is. XII, 105), *πολιτεία* und *κατάστασις* ([And.] IV, 13. Is. III, 16. Aesch. III, 196. D. VIII, 69: *τὴν τοιαύτην πολιτείαν* — vgl. § 72 —. XVIII, 263. — Is. IV, 115), *καιρός* (Lys. XVIII, 5. XXX, 14. Is. IV, 169: *ἐν τοῖς τοιούτοις καιροῖς*. D. XX, 41), *ἀνήρ* (Lys. XII, 37. [Lys.] II, 71. VI, 7. Is. IV, 83. V, 47. VII, 59. XII, 90. Gorg. Palam. 25. Plat. Theag. 122ᵉ. Staat X, 605ᵉ; für *τοιοῦτοι ἄνδρες* steht *οἱ τοιοῦτοι τῶν ἀνθρώπων* Lyk. 133 und *ἄνδρες* ohne Pronomen Thuk. IV, 60, 2: *ἄνδρας οἳ καὶ τοὺς μὴ ἐπικαλουμένους αὐτοὶ ἐπιστρατεύουσιν*. Xen. Anab. II, 3, 4: *ἔλεγον ὅτι περὶ σπονδῶν ἥκοιεν ἄνδρες οἵτινες ἱκανοὶ ἔσονται κτλ.*), *γυνή* (Is. X, 14), *ἔργον* (Aesch. I, 172), *πρᾶγμα* (Lys. III, 3 nach der evidenten Konjektur von Franz. Is. XV, 3. 253. 257. Plat. Euthyd. 283ᵉ), *πρᾶξις* (Is. XII, 96: *αἱ τοιαῦται πράξεις*; dafür *τὰ τοιαῦτα τῶν ἔργων* Is. V, 68. Xen. Mem. II, 8, 3, vgl. Lyk. 104. 110), *ἐπιτήδευμα* (Plat. Apol. 28ᵇ. Staat VI, 487ᵃ). Ohne Subst. stehen *τοιοῦτοι* Lys. VII, 40. Is. XVII, 2. Thuk. VI, 11, 1. Diodor XIII, 22 a. E., *οἱ τοιοῦτοι* (And.) IV, 37, *ὁ τοιοῦτος* Dein. III, 13. Hyp. geg. Dem. VI. [D.] XXXIV, 29. Xen. Mem. I, 5, 4 (vgl. ebenda § 1: *εἰ βουλοίμεθα ἑλέσθαι ἄνδρα, ὑφ' οὗ μάλιστ' ἂν αὐτοὶ μὲν σῳζοίμεθα κτλ.*), *τοιαῦτα* (*λέγειν, ποιεῖν, πράττειν, νομοθετεῖν, συμβουλεύειν* u. s. w.) And. III, 41. Lys. XIII, 1. XIX, 30. Is. IV, 76. 189. VI, 58. IX, 80. XI, 32. 49. XIV, 2. 44. XIX, 21. Br. IX, 7. Aesch. I, 146. D. XVIII, 33. XIX, 324. XX, 161. XXIV, 108. [D.] prooem. 50. Plat. Gorg. 473ᵉ. Apol. 38ᵈ. Xen. Hipparch. 8, 22. Mem. II, 6, 12. Soph. O. C. 1353, *τὰ τοιαῦτα* D. XXIII, 134. LIV, 17. *ἐν τοιούτοις* (D.) Br. III, 1483, *τοιοῦτόν τι* Is. IV, 12. Br. V, 1. D. XXIII, 86. 189. [D.] prooem. 20. Plat. Hipp. I, 291ᵈ, *ἓν τοιοῦτον* D. XVIII, 140, *τοιοῦτον* D. XX, 144: *μηδὲ βιάζου τοιοῦτον* (so die besten Hdschr. für *μ. β. τοιοῦτον μηδέν*, vgl. de arg. ex contr. S. 271). Plat. Theaet. 191ᶜ: *ἐν τοιούτῳ* (vgl. *τηλικοῦτόν τι* Is. XV, 128 und *τοιοῦτον οὐδὲν* D. XXIV, 138. [D.] prooem. 6, *μηδὲν τοιοῦτον* D. XXIII, 137, *οὐδὲν τοσοῦτον* D. VI, 8). Zu den eben genannten Stellen, in welchen für *τοιοῦτος* — *ὁ τοιοῦτος* gesetzt ist, füge ich noch Is. Br. II, 10 (*τὰς τοιαύτας ἀρετάς*). § 18 (*τῆς τοιαύτης εὐνοίας*). Alkid. *περὶ σοφ.* 26 (*τὴν τοιαύτην μελέτην*). D. XXIV, 215 (*τοὺς τοιούτους τῶν νόμων*). XVIII, 108 (*πάντα τὰ τοιαῦτα πολιτεύματα*). Plat. Euthyd. 283ᵈ; vgl. Is. Br. II, 10 (*τῆς τηλι-*

καύτης τὸ μέγεθος sc. δόξης) und Rede XII, 71 (ἀρετὰς ἔχοντας οὐ μόνον τὰς τοιαύτας). Über die Bedeutung des Artikels in ὁ τοιοῦτος (τηλικοῦτος u. s. w.) und seinen proleptischen Gebrauch mit Bezug auf eine erst zu gebende Bestimmung s. Krüger 50, 4, 6 u. 7. Kühner II, S. 544. Prädikativ steht τοιοῦτος Is. XI, 46. XII, 105. Plat. Staat III, 416ᵉ. Gesetze III, 684ᶜ. Wegen der Stellung von τοιοῦτος kann man mit Lys. XIII, 13: εἰρήνην τοιαύτην, ἥν vergleichen (Lys.) VI, 7. Is. XV, 197. Aesch. III, 226: δημαγωγὸς τοιοῦτος, ὅστις (hier so, um den Gegensatz zu dem vorausgehenden τοιοῦτος ἰατρός, ὅστις hervorzuheben). Soph. Ant. 691, daneben auch Gorg. Palam. 25: ἀνδρὶ τοιούτῳ πιστεύειν, ὅστις. Lys. XXI, 20. Xen. Kyr. II, 1, 29. Is. XII, 70. D. XXIV, 123 und D. XIX, 43: ψήφισμα νικῆσαι τοιοῦτο, δι' οὗ. (D.) prooem. 41. Plat. Apol. 38ᵈ. Theag. 122ᵉ. Eur. Herakl. 742 ff. Is. XII, 71, sowie (D.) LII, 23: τεκμήριόν τι εἰπεῖν τηλικοῦτον, ᾧ. Herod. II, 135. IV, 166. Thuk. VI, 91, 4. VII, 28, 3 (s. oben). Den zuletzt angeführten Stellen ist der Chorismos gemeinsam mit Lys. Erot. bei Plat. Phaedr. 231ᶜ: τοιαύτην ἔχοντι συμφοράν. Is. X, 14. XI, 5 (vgl. S. 305). XIV, 60. XV, 56. 211: μηδεμίαν οἴονται τοιαύτην εὑρῆσθαι παιδείαν. XIX, 23. Aesch. I, 172. D. XVIII, 108. 263. XX, 121. Plut. Lys. 22. Plat. Gesetze III, 684ᶜ: τοιούτους θήσουσι τοὺς νόμους. Is. XII, 105. XI, 46: πῶς οὐκ αἰσχρὸν τοιαύτας ὑπὲρ τῶν ἄλλων ποιεῖσθαι τὰς ἀπολογίας, ἐφ' αἷς ὑπὲρ σαυτοῦ λεγομέναις μάλιστ' ἂν ὀργισθείης; An der letzten Stelle fällt, wie der Gegensatz zeigt, der stärkste Accent auf das eingeschobene τῶν ἄλλων, am wenigsten betont ist das darauf folgende Verbum ποιεῖσθαι. Von den übrigen Stellen gilt, was oben S. 307 als Hauptgesetz für die Sperrung aufgestellt worden ist. Beachtung verdient noch, daſs derartige Konsekutivsätze häufig durch die Präpositionen ἐκ, ἀπό, διά mit Gen. und Accus. und ἐπί mit Dat. eingeführt werden. So And. III, 41: ψηφίσασθε τοιαῦτα, ἐξ ὧν ὑμῖν μηδέποτε μεταμελήσει. Is. IV, 76. 189. VI, 58. IX, 80. XI, 49. XII, 96. XIV, 44. XIX, 21. 22. Aesch. I, 172. D. VIII, 72. XIX, 324. XXIII, 134. 180. LIV, 12. Plat. Apol. 28ᵇ. Xen. Hipparch. 8, 22: δεῖ ποιεῖν τοιαῦτα, ἀφ' ὧν οἱ ἀρχόμενοι γνώσονται. D. XVIII, 108. (D.) prooem. 20 (vgl. Xen. Mem. III, 3, 15: πειρῶ τοὺς ἄνδρας ἐπὶ ταῦτα προτρέπειν, ἀφ' ὧν αὐτός τε ὠφελήσῃ καὶ οἱ ἄλλοι πολῖται διὰ σέ). D. XX, 144: μηδὲ βιάζου τοιοῦτον, δι' οὗ μήτ' αὐτὸς δόξεις βελτίων εἶναι μήθ' οἱ πεισθέντες σοι. § 121. XVIII, 33. XIX, 43. XXIII, 189. XXIV, 108: νομοθετοῦντα τοιαῦτα, δι' ὧν βλάπτει τὴν πόλιν. § 215. Is. XV, 197. (D.) prooem. 50 (das Adverb. ὅπως für δι' ὧν oder ἐξ ὧν D. XXIV, 123: οὐδὲ νόμους τοιούτους τίθεσθε, ὅπως ἐξουσία ἔσται ἐξαμαρτεῖν, ἀλλὰ τοὐναντίον, ὅπως μή. Ähnlich ὅπου And. I, 72: τοιαύτην ἀπολογίαν περὶ αὐτοῦ ποιήσομαι, ὅπου μὴ πείθων μὲν ὑμᾶς αὐτὸς ζημιώσομαι, πείσας δὲ ὑπὲρ τῶν ἐχθρῶν ἀπολελογημένος ἔσομαι. Vgl. auch [D.] prooem. 20, wo **auf** ἐν τοιούτοις καιροῖς das Adv. ὅτε folgt). Lys. XIII, 1: ἔπραξε τοιαῦτα, δι' ἃ ὑπ' ἐμοῦ νυνὶ εἰκότως μισεῖται. Is. Br. II, 18. D. XVIII, 263. XXIII, 137. Lyk. 63: οὐκ αἰσχύνονται τοιαύτην ἀπολογίαν ποιούμενοι πρὸς ὑμᾶς, ἐφ' ᾗ δικαίως ἂν ἀποθάνοιεν. Is. XI, 46. **Aesch. I**, 146. II, 112. 153 (vgl. D. IX, 64: οἱ μὲν ἐφ' οἷς χαριοῦνται ταῦτ' ἔλεγον, οἱ δ' ἐξ ὧν ἔμελλον σωθήσεσθαι). Mitunter steht ὅς für οἷος auch in nicht konsekutiven Sätzen; vgl. Schneider zu Plat. Staat VI, 484ᵃ. Wohlrab zu Theaet. 191ᶜ und **197ᵃ**. **Nauck** zu Soph. Aj. 1259. **Kr.** 51, 8, 5. Ebenso bisweilen οὗτος für τοιοῦτος (vgl. Kr. 61, 7, 3) und τίς für ποῖος (vgl. die Anm. zu § 64). Mit Lys. fr. 53, 4: τοῖς τὰ τοιαῦθ' ἅπερ οὗτος ἐξημαρτηκόσιν sind zusammenzuhalten Plat. Krit. 45ᶜ (τοιαῦτα ἅπερ). Eryx. 405ᵇ (ἴσον ὅπερ). **Xen. Anab.** V, 4, 34 (ὅμοια ἅπερ). Is. XII, 57 (παραπλησίαις ἀτυχίαις καὶ συμφοραῖς αἷσπερ). Dafs umgekehrt auch in Konsekutivsätzen für ὅς das eigentliche Korrelativum gebraucht werden kann, ersieht man aus Stellen wie D. LIV, 38. Xen. Kyr. V, 5, 25. D. II, 19: ὀρχεῖσθαι τοιαῦτα, οἷ' ἐγὼ νῦν ὀκνῶ πρὸς ὑμᾶς ὀνομάσαι (vgl. Is. VII, 54: χειμάζοντας ἐν τοιούτοις ἱματίοις, ἐν οἷς οὐ βούλομαι λέγειν. D. LIV, 17: τὰ τοιαῦτα ποιοῦντες, ἃ πολλὴν αἰσχύνην ἔχει καὶ λέγειν. de praeterit. 24). Plat. Staat X, 605ᵉ: ἦ καλῶς οὖν οὗτος ὁ ἔπαινος ἔχει, τὸ ὁρῶντα τοιοῦτον ἄνδρα, οἷον ἑαυτόν τις μὴ ἀξιοῖ εἶναι, ἀλλ' αἰσχύνοιτο ἄν, μὴ βδελύττεσθαι, ἀλλὰ χαίρειν τε καὶ ἐπαινεῖν; Is. IV, 12: ἐμοὶ δ' οὐδὲν πρὸς τοὺς τοιούτους, ἀλλὰ πρὸς ἐκείνους ἐστὶ τοὺς — ζητήσοντας ἰδεῖν τι τοιοῦτον ἐν τοῖς ἐμοῖς, οἷον παρὰ τοῖς ἄλλοις οὐχ εὑρήσουσιν (ἐμοῖς λόγοις ὅ v., ἐ. λ. οἷον Vict.). Xen. Mem. II, 6, 12: σχεδόν τι λέγεις τοιαῦτα χρῆναι ἑκάστῳ ἐπᾴδειν, οἷα μὴ νομιεῖ ἀκούων τὸν ἐπαινοῦντα καταγελῶντα λέγειν. Eur. Herakl. 740 ff.: εἴθ', ὦ βραχίων — σύμμαχος γένοιό μοι τοιοῦτος, οἷος ἂν τροπὴν Εὐρυσθέως θείμην. D. XXIII, 202: τοιαῦτα πεποιηκότας, οἷα λέγειν ὀκνήσειεν ἄν τις εὖ φρονῶν. IV, 3. Is. XI, 38: τοιούτους λόγους περὶ αὐτῶν τῶν θεῶν εἰρήκασιν, οἵους οὐδεὶς ἂν περὶ τῶν ἐχθρῶν εἰπεῖν τολμήσειεν (οὓς v.; vgl. die oben angeführten Stellen Aesch. II, 22 u. [D.] XL, 33). Aesch. I, 55: τοιαύτας ὕβρεις ἐγὼ ἀκήκοα γεγονέναι — οἵας ἐγὼ οὐκ ἂν τολμήσαιμι πρὸς ὑμᾶς εἰπεῖν (auffällig Xen. Symp. 4, 40: οὐδὲν οὕτως ὁρῶ φαῦλον ἔργον, ὁποῖον οὐκ ἀρκοῦσαν ἂν τροφὴν ἐμοὶ παρέχοι, da auf οὕτως mit Adjekt. in der Regel ὅστις folgt). D. XX, 126: χρὴ ὅσα τις πράττει τοὺς θεοὺς ἐπιφημίζων, τοιαῦτα φαίνεσθαι, οἷα μηδ' ἂν ἐπ' ἀνθρώπου πραχθέντα πονηρὰ φανείη. XXIII, 155: πρᾶγμ' ἔπαθε τοιοῦτον, οἷον οὐχ ὅτι στρατηγὸς ἂν ἠγνόησέ τις εἶναι φάσκων, ἀλλ' οὐδ' ὁ τυχὼν ἄνθρωπος. Plat. Apol. 38ᵈ (s. oben). — Xen. Kyr. I, 1, 5: ἀνηρτήσατο τοσαῦτα φῦλα, ὅσα καὶ διελθεῖν ἔργον ἐστίν (vgl. D. XX, 41). Is. XV, 12: (χρὴ διελθεῖν) τοσοῦτον μέρος, ὅσον μὴ λυπήσει τοὺς παρόντας. (D.) XXV, 92: λοιπόν ἐστι τοῖς ἀπαλλαγῆναι *βουλομένοις τούτου — τοσοῦτον ἀναθεῖναι τίμημα χρημάτων, ὅσον μὴ δυνήσεται φέρειν.* D. XVIII, 103: *τοσαῦτα (χρήματά μοι ἐδίδοσαν), ὅσ' ὀκνήσαιμ' ἂν πρὸς ὑμᾶς εἰπεῖν.* Über die konsekutiven Relativsätze im allgemeinen vgl. Aken, Tempus u. Modus S. 183 ff. u. 192. Gramm. § 476 ff. Kühner II, § 558, 3 u. 9. 560, 6. 563, 3[c]. Koch § 117, 3; den Gebrauch derselben im Enthymem habe ich ausführlich behandelt de arg. ex contr. S. 16 ff., wo manche der hier citierten Stellen bereits erwähnt sind.

§ 14. *ἐνῆν*] mit Halbertsma und Francken, comm. 88 für das hdschr. *ἦν*. Nach den mir zu Gebote stehenden Beispielen brauchte man das Simplex nie ohne eine nähere Bestimmung (*ἐν* mit Dativ oder Ortsadverb.), während bei dem Kompositum eine solche bald hinzugefügt bald weggelassen wurde. Vgl. (D.) L, 46: *ἐπιστολάς, ἐν αἷς ἦν ἀποπέμψαι αὐτῷ τριήρη* (*ἐνῆν* Ar). LIII, 10: (*ἔλεγεν ὅτι*) *ἐν ταῖς συγγραφαῖς εἴη τριάκονθ' ἡμερῶν αὐτὸν ἀποδοῦναι ἢ διπλάσιον ὀφείλειν.* D. XX, 131: *τὰ ψηφίσματ', ἐν οἷς ἀτελεῖς εἰσιν οὗτοι* (= in denen geschrieben steht, dafs diese die Atelie haben). Xen. Mem. I, 1, 18: *τὸν βουλευτικὸν ὅρκον ὀμόσας, ἐν ᾧ ἦν κατὰ τοὺς νόμους βουλεύσειν.* Hell. II, 3, 51: *ἔστι δὲ ἐν τοῖς καινοῖς νόμοις τῶν μὲν ἐν τοῖς τρισχιλίοις ὄντων μηδένα ἀποθνήσκειν ἄνευ τῆς ὑμετέρας ψήφου κτλ.* VII, 5, 4: *ἐπ' ἄλλους δὲ στρατεύειν οὐκ εἶναι ἐν ταῖς συνθήκαις.* Isae. VI, 47: *ἐκεῖ* (i. e. *ἐν τῷ νόμῳ*) *γάρ ἔστι νόθῳ μηδὲ νόθῃ εἶναι ἀγχιστείαν.* Aesch. III, 185: *ἔστι που* (= *ἔν τινι ἐπιγράμματι*) *τὸ τῶν στρατηγῶν ὄνομα; οὐδαμοῦ.* Lys. XIII, 72: *οὐδαμοῦ γάρ ἔστιν "Ἀγόρατον Ἀθηναῖον εἶναι"* (auch hier wollte Francken a. a. O. ganz mit Unrecht das Kompos. *ἔνεστιν*), daneben aufser den in der Anm. angeführten Stellen Lys. XXXI, 2: *ἔνεστιν ἐν τῷ ὅρκῳ ἀποφανεῖν* (nach Cobet) *εἴ τίς τινα οἶδεν ἀνεπιτήδειον ὄντα βουλεύειν.* Arist. Ri. 122: *ἐν τοῖς λογίοις ἔνεστιν 'ἑτέραν ἔγχεον'.* D. XX, 146: *τὴν Χαβρίου δωρεάν, ἐν ᾗ τοῦτ' ἔνεστιν.* XXIV, 144: *τοῦ νόμου, ἐν ᾧ ἔνι 'οὐδὲ δήσω κτλ.'* Xen. Hell. I, 4, 3: *ἐπιστολήν, ἐν ᾗ ἐνῆν καὶ τάδε.* Kyr. IV, 5, 26: *ἐνῆν δὲ ἐν τῇ ἐπιστολῇ τάδε.* Anab. I, 6, 3: *ἐνῆν δὲ ἐν τῇ ἐπιστ. καὶ τῆς πρόσθεν φιλίας ὑπομνήματα.* Plat. Symp. 177[b]: *ἐνέτυχον βιβλίῳ, ἐν ᾧ ἐνῆσαν ἅλες ἔπαινον θαυμάσιον ἔχοντες.* Prot. 326[a]: *ποιήματα, ἐν οἷς πολλαὶ μὲν νουθετήσεις ἔνεισι κτλ.* Eur. Iph. T. 760 f.: *τἀνόντα κἀγγεγραμμέν' ἐν δέλτου πτυχαῖς λόγῳ φράσω σοι κτλ.* D. XX, 98: *ἐνταῦθ' ἔνι τοὺς ἀξίους ἔχειν τὰ δοθέντα.* Arist. Ri. 119: *τί ἄρ' ἔνεστιν αὐτόθι;* 127: *ἐνταῦθ' ἔνεστιν, αὐτὸς ὡς ἀπόλλυται.* Vö. 980. 989: *καὶ ταῦτ' ἔνεστ' ἐνταῦθα;* (vgl. Thuk. I, 104, 2). (D.) XLV, 13: *εἰ δὲ ταῦτ' ἐνῆν.* Arist. Vö. 974: *ἔνεστι καὶ τὰ πέδιλα;* (D.) XLV, 44: *τότ' αὐτὸν ἔδει ταῦτ' ἀπαλείφειν κελεύειν, οὐ νῦν ἐνόντων ἀναισχυντεῖν.* Die Konstruktion von *εἶναι* und *ἐνεῖναι* ergiebt sich aus den angeführten Beispielen von selbst. Mit Lys. XXXI, 2. Xen. Mem. I, 1, 18. Arist. Ri. 127 vgl. Cic. ad Att. XI, 7, 2: ad me misit Antonius exemplum

Caesaris ad se literarum, in quibus erat se audisse, mit den übrigen Stellen, in denen sich der Infin. findet, Cic. de legg. II, 16, 40: deinceps in lege est, ut de ritibus patriis colantur optimi. Einen Nominativ vertritt Arist. Ri. 122 der Imperativ; ähnlich verhält es sich mit D. XXIV, 144 und Lys. XIII, 72, wo die Anm. zu vergleichen (den Gebrauch des verwandten *γέγραπται* veranschaulichen Aesch. III, 110: *γέγραπται γὰρ οὕτως ἐν τῇ ἀρᾷ*. D. IX, 44: *ἐν τοῖς φονικοῖς γέγραπται νόμοις*. Aesch. II, 104: *ψήφισμα, ἐν ᾧ γέγραπται*. Thuk. V, 29, 2. And. III, 12: *ἐκεῖ γέγραπται τὰ τείχη καθαιρεῖν*. Aesch. III, 182: *ἐπιδειξάτω, εἴ που γέγραπταί τινα — στεφανῶσαι*. D. IX, 42: *εἶθ' ἡ αἰτία γέγραπται*. XXIII, 43: *καὶ γὰρ 'ἄν τις αἴτιος ᾖ' γέγραπται*. Vgl. Thuk. I, 128, 6: *ἐνεγέγραπτο δὲ τάδε ἐν αὐτῇ*. 132, 5: *καὶ αὐτὸν εὗρεν ἐγγεγραμμένον κτείνειν*). — *διασκάψαι*] nach den Hdschr. mit Frohberger. vulg. seit Bekker *κατασκάψαι*. Mit dem Genit. part. ist *διασκάπτειν* verbunden Plut. Pyrrh. 33: (*Πύρρος*) *τὰς πύλας στενὰς οὔσας φοβούμενος ἔπεμψε πρὸς τὸν υἱὸν Ἕλενον μετὰ τῆς πολλῆς δυνάμεως ἔξω καταλελειμμένον, κελεύων τοῦ τείχους διασκάπτειν καὶ δέχεσθαι τοὺς ἐκπίπτοντας*, mit dem Accus. Charit. VIII, 7: *ὁ τυμβωρύχος νυκτὸς τὸν τάφον διασκάψας κτλ.* Über die Bedeutung des *διά* in Compositis Rehdantz zu Xen. Anab. V, 2, 21. Vgl. auch Nep. Tim. 3, 2: urbium moenia disjecta refecit. Liv. XXI, 12, 2: aliquantum muri discussit. Ein Wortspiel anderer Art wäre entstanden, wenn Lysias *καθελεῖν* für *διασκάψαι* geschrieben hätte. Vgl. (Lys.) XX, 20 (nach Marklands Emendation). D. XIX, 92: *τὰ ὁμολογούμεν' ἀπολογούμενον ἐξαπατᾶν*. Thuk. VI, 76, 2 (wo Böhme). VII, 15, 1. Liv. III, 9, 13. Cic. Phil. I, 2, 4 und die Beispiele de arg. ex contr. S. 308, Anm. 26. Aber dieses Verbum scheint der Redner absichtlich vermieden zu haben wegen des das Ganze abschliefsenden *περιελεῖν*, das mit *διελεῖν* eine Art *κύκλος* bildet; Anh. zu XII, 95 (S. 309 f.). — *Λακεδαιμονίοις*] nach Pertz (quaest. Lys. I, 7) mit Rauchenst. für das hdschr. *τοῖς Λ.*

§ 15. *λεγομένην*] nach den Hdschr. mit Rauchenstein u. Frohberger. Gegen die von Westerm., Scheibe, Cobet u. Herw. aufgenommene Konjektur Hirschigs: *γενομένην* spricht, wie Rauchenstein mit Recht bemerkt, das Tempus, da ja der Friede noch nicht fertig, sondern die Dinge noch im Werke waren. Bake, Mnem. VIII, 306 will *ἀπαγγελλομένην*, Francken, comm. 88 *φερομένην*. Wäre etwas zu ändern, so würde ich lieber mit Streichung des (bei der in der Anm. gegebenen Erklärung) ziemlich müssigen *ὀνόματι* schreiben: *εἰρήνην μὲν λεγομένην*. Wegen des Chiasmus könnte man dann vergleichen Lys. XII, 6 (de arg. ex contr. 351). Doch läfst sich die Hinzufügung jenes Dativs zur Not durch die Konzinnität rechtfertigen. In demselben Sinne, in welchem D. XX, 151 und an den Stellen verwandter Art (vgl. noch Xen. Anab. I, 2, 11: *ἐλπίδας λέγων διῆγεν*) *λέγειν τι* gebraucht ist, steht loqui aliquid Cic. pro Mil. 23, 63: multi etiam Catilinam atque illa portenta loquebantur. ad Att. IX, 2ª, 3. 13, 1 u. 8. Parad. 50. Tac. Hist. I, 50. Hor. Sat. I, 3, 12; vgl. auch Liv. III, 11, 13. V, 5, 6. 54, 5. In Rauchensteins Deutung: 'dafs es (d. h. was Theram. aus Sparta brachte) dem Namen nach Frieden heifse' befremdet zwar nicht die Verbindung ὀνόματι λεγομένην (vgl. besonders [D.] XL, 1, daneben auch Is. XII, 179. Thuk. II, 37, 1. Arrian Anab. V, 5, 3), wohl aber ist der Mangel eines bestimmten Subjekts auffällig, wenn auch nicht geleugnet werden soll, dafs sich anderwärts bisweilen ähnliches findet; vgl. Thuk. I, 95, 3: τυραννίδος μᾶλλον ἐφαίνετο μίμησις ἢ στρατηγία mit Krügers und Classens Anm. I, 127, 3. II, 3, 3. IV, 10, 4 (Plut. Luc. 9). VII, 42, 4 (und dazu Classen Anh. S. 161). VII, 86, 2. — ἐπιτρέψειν] nach Steph. u. Dobree mit Rauchenst., Cobet (n. l. 164), Bake (Mnem. VIII, 306), Herw., Madvig (Philol. II. Suppl. 49; vgl. adv. I, 169); ἂν ἐπιτρέψαι Markland. ἐπιτρέψαι mit den Hdschr. Scheibe, Westerm., Frohberger. Über die von Frohberger gegen Cobet (v. l. 97) angeführte Stelle Platons (Staat III, 415ᶜ) vgl. Madvig adv. S. 176 f. — πλέον] nach Pertz II, S. 9; vulg. πλεῖον.

§ 16. τῷ δήμῳ τῶν Ἀθηναίων] ὁ δῆμος τῶν Ἀ. auch §§ 51. 60. 75 (2 mal). 84. Die Formel ὁ δ. ὁ Ἀ. findet sich bei Lysias nicht. Pertz I, S. 6. — ποιήσασθαι] ποιῆσαι will Francken comm. 88. Umgekehrt steht bisweilen ποιεῖν (in κραυγήν, βοήν, θόρυβον, σπονδάς, τροπήν ποιεῖν), wo man ποιεῖσθαι erwartet. Hertlein zu Xen. Kyr. II, 3, 1. III, 1, 4. Rehdantz zu Anab. II, 2, 17. IV, 3, 14. Büchsenschütz zu Hell. VI, 4, 16. VII, 2, 20. Durch 'einen Frieden vermitteln' übersetzt Breitenbach εἰρ. ποιεῖσθαι Xen. Hell. IV, 8, 12; vgl. auch Kr. 52, 8. Kühner II, S. 97 f. — ἔπραξαν ἂν ταῦτα] vgl. unten zu § 17. — Ἀγοράτου τουτουΐ] Cobet, de arte interpr. 95. v. l. 229. n. l. 629. Scheibe, praef. ad Lys. VI. lect. Lys. 320. comm. crit. de Isaei oratt. 9 f. Franke, lect. Aeschineae in Philol. Suppl. I, 4, 468 f. Vömel zu D. XVIII, 114. A. Hofmeister, über Gebrauch und Bedeutung des Iota demonstr. bei den attischen Rednern (Inaugural-Dissertation Halle 1877) S. 27 f.

§ 17. ταῦτα] tilgt Herw. als male repetitum e vs. superiore. Hamaker will dafür ἐκ τούτων, Westerm. quaest. Lys. I, 4 ἐνταῦθα (gebilligt von Francken 88). Vgl. Scheibe, vind. 69. Rauchenst. Jahrb. 1860, 329. Renner 30 ff. Wäre an der Wiederholung derselben Form des Pronomens Anstofs zu nehmen, so würde ich lieber das ταῦτα hinter ἔπραξαν ἂν streichen, das weit eher von einem Abschreiber hinzugesetzt werden konnte, obwohl es durchaus nicht notwendig war; vgl. D. III, 15. XVIII, 311. — εἰσί τινες, οἳ] Vgl. noch Aesch. III, 183: ἦσάν τινες κατὰ τοὺς τότε καιρούς. Kühner II, S. 910 meint (nach Sauppe), dafs das Indefinitum hinzugefügt werde, wenn man bestimmte Personen im

Sinne habe. **Diese** Erklärung pafst für mehrere der angeführten Stellen, auch für die vorliegende, an anderen **aber** ist *τινές* = nonnulli. — *περί*] *ὑπέρ* Bake, Mnem. VIII, 306. Westerm. a. a. O. (früher schon Markland). Rauchenst. Auch Kayser (Philol. XXV, 304) billigt diese Änderung. Für die hdschr. Lesart lassen sich noch anführen (Lys.) II, 17. 61 und die Stellen bei **Classen** zu Thuk. II, 39, 2. Freilich ist zuzugeben, dafs diese Präpositionen auch in den besten codd. oft verwechselt werden, wie z. B. im *Σ* D. VIII, 66. Über den homerischen Sprachgebrauch Ebeling, lex. Hom. II, S. 168; vgl. auch Rehdantz zu Tyrtae. bei Lyk. (§ 107) v. 2 u. 13. — *εἵλοντο*] **Herw.** nach Dobree *προείλοντο*. — *τὴν περὶ τῆς εἰρήνης*] will Frohberger streichen; ebenso Renner S. 16 f. Westerm. a. a. O. S. 5 ändert *εἰρήνης* in *πολιτείας*. Vgl. Luckenbach S. 12—14 und S. 29—34. — *πρῶτον*] Frohberger nach Westerm. a. a. O. S. 6 und Herw. **πρότερον**. Der Superlativ der Hdschr. kann keinen Anstofs erregen, **wenn** man denselben, anstatt ihn **mit** dem vorangehenden *πρίν* zu verbinden (anders z. B. **Xen. Kyr.** II, 2, 10: *πρὶν εἰδέναι τὸ ταττόμενον πρότερον πείθονται*), **einfach in** dem Sinne des deutschen 'vor allem' und des latein. 'ante omnia' (Klotz, lex. I, S. 428) nimmt. Vgl. auch primum omnium Liv. III, 9, 11 mit Weifsenborns Anm. Zu den in der Anm. citierten Beispielen, in denen *πρῶτον* dieselbe Deutung zuläfst, füge Plat. Phaed. 63ᵈ: *ἀλλὰ πειράσομαι. πρῶτον δὲ Κρίτωνα τόνδε σκεψώμεθα.* 89ᶜ; desgl. Arist. Thesm. 476: *ἐγὼ γὰρ αὐτὴ πρῶτον, ἵνα μὴ ἄλλην λέγω* (beachtenswerter Zusatz), *ξύνοιδ' ἐμαυτῇ πολλὰ δεινά.* D. XIX, 235: *εὐθὺς ἡγούμην ἐν τούτοις πρῶτον αὐτὸς περιεῖναι δεῖν αὐτῶν* (wo Weil das in einigen Hdschr. fehlende *αὐτός* einklammert). **Ant.** V, 93: *τῷ δὲ ξυνειδότι τοῦτο αὐτὸ πρῶτον πολέμιόν ἐστιν.* **D.** XVIII, 56: *ἐγὼ δ' ἀπ' αὐτῶν τούτων πρῶτον οἶμαι δῆλον ὑμῖν ποιήσειν.* 236: *αὐτὸ γὰρ τὸ δημηγορεῖν* **πρῶτον** — *ἐξ ἴσου προὐτίθεθ' ὑμεῖς τοῖς παρ' ἐκείνου μισθαρνοῦσι* **καὶ ἐμοί.** Trag. bei Lyk. 92: *ὅταν γὰρ ὀργὴ δαιμόνων βλάπτῃ τινά,* **τοῦτ' αὐτὸ** *πρῶτον, ἐξαφαιρεῖται φρενῶν τὸν νοῦν τὸν ἐσθλόν* (vgl. was Lykurg kurz vorher sagt: *οἱ θεοὶ οὐδὲν πρότερον ποιοῦσιν ἢ τῶν πονηρῶν ἀνθρώπων τὴν διάνοιαν παράγουσιν*). Isae. VI, 5. Plat. Gorg. 472ᵈ: *αὐτίκα πρῶτον, περὶ οὗ νῦν ὁ λόγος ἐστί, σὺ ἡγεῖ κτλ.* D. XX, 54: *ἀλλ' ὁ λόγος πρῶτον αἰσχρός*, wo man vielleicht nach den eben genannten Stellen zu schreiben hat: *ἀλλ' ὁ λόγος αὐτὸς πρ. αἰσχρός* = aber abgesehen von allem Anderen ist **schon u. s. w.** (Westermann will *πρῶτον* in *αὐτός* umwandeln). **VIII, 14.** (D.) XIII, 13. Aesch. III, 167. Hierher gehört auch **die** Formel *ἐν τοῖς πρῶτον* Thuk. VII, 24, 3: *μέγιστόν τε καὶ ἐν τοῖς πρῶτον ἐκάκωσεν* (vgl. 44, 6: *μέγιστον δὲ καὶ οὐχ ἥκιστα ἔβλαψεν*). 27, 3 (nach Bekkers Emendation), sowie D. LIV, 28: *πρῶτον μέν — εἰ δ' ἄρα*, wo *πρῶτον μέν* sich wenig von *μάλιστα μέν* unterscheidet (ebenso primum — sin und si Verg. Georg. II, 475 ff.

Ter. Eun. III, 2, 49, principio — verum si und sed si Ter. Eun. V, 8, 39 ff. Andr. II, 1, 27). Dafs πρῶτον nicht eng mit πρίν zu verbinden sei, nimmt auch Renner an, der die Stelle behandelt a. a. O. S. 32 ff.

§ 18. *οὕτως ἀνόητοι ἦσαν καὶ ἄφιλοι*] Für ἄφιλοι will ἄθλιοι Nauck, Bulletin de l'Académie Impériale des sciences de St. Pétersbourg tom. IX (Philol. XXVII, 360). Für diese Änderung läfst sich zwar manches Ähnliche aus Demosthenes anführen (XXI, 66: τίς οὕτως ἀλόγιστος ἢ τίς οὕτως ἄθλιός ἐστιν; XIX, 173. 115. III, 21; vgl. Rehdantz Ind. II, Thorheit), doch wird ἄφιλοι hinlänglich geschützt durch die Worte ὡς πιστὸν καὶ εὔνουν. — *πράττοντες*] tilgt nach Reiske und Dobree Herw. Doch vgl. Prisc. Inst. XVIII. t. III, p. 338 der grammatici Latini ed. Keil (wo übrigens ἄν hinter τηλικούτων fehlt). — *δοῦλον καὶ ἐκ δούλων*] Vgl. And. I, 109: ἀγαθοὶ ἐξ ἀγαθῶν. Dion. Hal. Antt. XI, 10: οἱ ἀγαθοὶ καὶ ἐξ ἀγαθῶν. Plat. Phaedr. 274ᵃ: ἀγαθοί τε καὶ ἐξ ἀγαθῶν. 246ᵃ: αὐτοί τε ἀγαθοὶ καὶ ἐξ ἀγαθῶν (ebenda b: τῶν ἵππων ὁ μὲν καλός τε καὶ ἀγαθὸς καὶ ἐκ τοιούτων, ὁ δὲ ἐξ ἐναντίων τε καὶ ἐναντίος). 249ᵉ: πασῶν τῶν ἐνθουσιάσεων ἀρίστη τε καὶ ἐξ ἀρίστων. D. XVIII, 10. Plat. Gorg. 512ᵈ: βελτίων καὶ ἐκ βελτιόνων. D. XXII, 63. Dio Chrysost. XIV, 19: βελτίους καὶ ἐκ βελτιόνων. Soph. El. 589: τοὺς εὐσεβεῖς κἀξ εὐσεβῶν βλαστόντας. Phil. 874: εὐγενὴς ἡ φύσις κἀξ εὐγενῶν. Theokr. XXII, 213: αὐτοί τε κρατέοντε καὶ ἐκ κρατέοντος ἔφυσαν. Soph. Oed. Tyr. 1397: κακός τε κἀκ κακῶν. Arist. Frö. 731: πονηροὶ κἀκ πονηρῶν. Ri. 336 f.: Ἀ. μὰ Δί', ἐπεὶ κἀγὼ πονηρός εἰμι. Χ. ἐὰν δὲ μὴ ταύτῃ γ' ὑπείκῃ, λέγ' ὅτι κἀκ πονηρῶν. Soph. Phil. 384: πρὸς τοῦ κακίστου κἀκ κακῶν Ὀδυσσέως. Eur. Andr. 590: ὦ κάκιστε κἀκ κακῶν. Herod. IV, 3: ἐνόμιζον ὁμοῖοί τε καὶ ἐξ ὁμοίων ἡμῖν εἶναι. Plat. Alk. I, 121ᵃ: βασιλεῖς ἐκ βασιλέων. Xen. Ages. 1, 2: ἐκ βασιλέων βασιλεῖς. Wie man sieht, wird in diesen Wendungen für καί auch τὲ — καί gesetzt, bisweilen auch die Copula ganz weggelassen. Für ἐκ mit Genitiv steht der blofse Genitiv D. XVIII, 126: τίς ὢν καὶ τίνων und (D.) XIII, 24: οἰκοτρίβων οἰκότριβας. An der ersteren Stelle wollen Markland und Cobet (misc. crit. 480) ἐκ τίνων. Vgl. D. XIX, 280: ὑμεῖς ἐκείνων τῶν ἀνδρῶν ὄντες (ἐξ ἐκείνων Dobree, υἱεῖς für ὑμεῖς Weil). Rehdantz zu Xen. Anab. II, 1, 11. Den in der Anm. angeführten Stellen des Terenz und Livius füge hinzu Liv. I, 40, 3: ut — quod Romulus, deo prognatus, deus ipse, tenuerit regnum — id servus serva natus possideat. V, 24, 11: relicto deo Romulo, dei filio. — *ἀλλ' ἐδόκει*] In Satzgliedern, die durch οὐκ — ἀλλά verbunden sind, findet sich dieser Übergang auch Aesch. III, 26: καὶ οὐ κατηγορῶν αὐτῶν οὐδ' ἐπιτιμῶν λέγω, ἀλλ' ἐκεῖνο ὑμῖν ἐνδείξασθαι βούλομαι (wo Weidner). D. IV, 27. Plat. Apol. 34ᵉ (wo Cron). (And.) IV, 16. Herod. II, 138 und nach ὡς mit Part. Is. XIV, 34: οὐχ ὡς πιστεύων τοῖς τούτων ἤθεσιν, ἀλλ' οἶδ' ὅτι γιγνώσκουσιν. V, **114**. **Plat.** Apol. 19ᵉ (ἀλλὰ γάρ). Lys. VII, 27: καὶ οὐ λέγω ὡς τότε δυνάμενος ἢ ὡς νῦν διαβεβλημένος, ἀλλ' ὡς τῷ βουλομένῳ τότε μᾶλλον ἐξῆν ἀδικεῖν ἢ νυνί, wo nicht ἐξῆν **in** ἐξόν **zu** ändern, sondern ἀλλά für ἀλλ' ὡς zu schreiben ist (Anh. zu XII, 2, S. 203). Im allgemeinen vgl. **noch** Böhme zu Thuk. I, 110, 2. III, 94, 3. VII, 13, 2. 15, 2. Westerm. zu D. XXIII, 203. Hertlein zu Xen. Kyr. II, 3, 8. Krüger zu Arrian **Anab.** I, 5, 12 und zu Herod. I, 19. Stein zu Herod. I, 85. Stall**baum** zu Plat. Menex. 249ᵃ. Ebhardt, de anacoluthorum usu 8.

§ 19. καὶ μὴ ἑκόντα] streicht Herw. als magistelli additamentum. Über die Ausdrucksweise im allgemeinen Francken, comm. 89. la Roche zu Hom. Il. ε, 287. Göttling **zu** Hes. Theog. **551**. Stein zu Herod. III, 25. Weidner zu Aesch. III, 99 und besonders Rehdantz Dem. Ind. I, ἄρσις (vgl. zu VI, 31). Wie der positive Begriff und sein negiertes Gegenteil mit einander verbunden werden, zeigen aufser den in der Anm. angeführten Stellen Hom. Od. χ, 473. Il. α, 416. ν, 573: μίνυνθά περ, οὔ τι μάλα δήν (so häufig in Poesie und Prosa). Soph. Ant. 492: λυσσῶσαν αὐτὴν οὐδ' ἐπήβολον φρενῶν (so noch Trach. 474. El. 929. 997. Phil. 995. O. C. **1430**. 1653. fr. **754** Nauck und in der Regel bei Homer: Il. κ, 113. — γ, 59. ζ, **333**. — ρ, 407. — ζ, 180. — Od. ι, 408. — ρ, 154. ψ, 265. Il. ε, 816. — ε, 287. — λ, 350. ν, 160. φ, 591. χ, 290. — ϑ, 246. — ν, 476. in Apoll. Del. 1. in Merc. 243, auch Hes. Theog. 551). Herod. III, 115: Ἑλληνικὸν καὶ οὐ βάρβαρον (so am häufigsten im Drama und in der Prosa). Seltener findet sich τε καὶ οὐ (Rehdantz a. a. O.), ἀλλ' οὐ (Is. I, 2. XV, 284. Aesch. II, 163. III, 82. Plat. Krit. 52ᵈ· Staat VII, 535ᵇ. Alk. I, 113ᶜ: σοῦ τάδε κινδυνεύεις, ἀλλ' οὐκ ἐμοῦ ἀκηκοέναι coll. Eur. Hipp. 352: σοῦ τάδ', οὐκ ἐμοῦ κλύεις. Anderer Art sind die Beispiele de arg. ex contr. S. 22 u. 281 ff.), ἀτὰρ οὐ (Hom. Il. β, **214**. ε, 759. Od. γ, 138: μάψ, ἀτὰρ οὐ κατὰ κόσμον). Vgl. Lobeck zu Soph. Aj. v. 289 u. 1136. Maetzner zu Lyk. S. 276 u. 346. Kühner II, § 521, 4. 537, 1ᵃ. — πιστοτέρα ἡ μήνυσις φαίνοιτο] nach Francken, comm. 89 für das hdschr. πιστότερα ὑμῖν ὑποφαίνοιτο. Dobree strich ὑπό, Kayser wollte οὕτω φαίνοιτο, Sauppe und Herw. εἰπεῖν φαίνοιτο. — εἰςπέμπουσι] So Rauchenst., Cobet, Herw. nach Dobree, Sauppe, Hertlein, Konjekt. zu griech. Prosaikern II, 15. Über die häufige Verwechselung von ἐκ und εἰς (ἐς) Cobet v. l. 280. 370, speziell über ἐσ- und ἐκπέμπειν **Krüger** zu Thuk. IV, 16, 2. — τὴν — βουλεύουσαν] halte ich nach Dobree (und Sluiter, lect. Andocideae **164** Schiller) mit Scheibe, Rauchenst., Westerm., Cobet, Herw., Sauppe (Philol. XXV, 264), Kayser (Heidelb. Jahrb. 1866, 781) für ein ungeschicktes Glossem. — καλούμενον] καλουμένου Baumeister, spicileg. crit. in scriptores Graec. et Lat., part. I (Progr. Gera 1868). Dagegen H. S. im Philol. Anz. Nr. 1 (1869) S. 18.

§ 20. *ὡς ἴστε*] Herw. nach Hamaker *ὡς οἷόν τε*. Man könnte auch *ὡς ἔνι* schreiben; vgl. Xen. Mem. IV, 5, 9: *περιμείναντας καὶ ἀνασχομένους, ἕως ἂν ταῦτα ὡς ἔνι ἥδιστα γένηται*. III, 8, 4. Die Stellen, welche Scheibe (vind. 70) gegen Hamaker anführt, § 33. XII, 61 (vgl. die Anm. hierzu), sind von der vorliegenden doch sehr verschieden. Weniger anstöſsig wäre die Überlieferung, wenn dem Satze *οἱ γὰρ πολλοὶ κτλ.* nicht die Formel *τεκμήριον δέ* vorausgienge. — *τεκμήριον δέ*] mit folgendem *γάρ* auch D. XX, 10. XXII, 76. XXIV, 29. 184. (D.) XXXII, 30. XLV, 66. Xen. Symp. 4, 17. Thuk. II, 15, 4. 39, 2. Ebenso *σημεῖον δέ* D. XVIII, 285. XIX, 58. 97. 172. 286 (die Züricher nach pr. *Σ σημεῖον*, s. Vömel. Nicht zu vergleichen Plat. Apol. 40[c]). XXI, 149. LVII, 13. (D.) XLV, 69. 80. Arist. Rhet. II, 5 (73 Sp.), *μαρτύριον δέ* Thuk. I, 8, 1, *τεκμήριον δὲ τούτου* (D.) XXXV, 2. Plat. Symp. 178[b], *σημεῖον δὲ τούτων* Is. IV, 107, *σημεῖον δὲ τοῦ τάχους καὶ τῆς ἁμίλλης* Is. IV, 86, *τεκμήριον δὲ ὡς* und *σημεῖον δὲ ὅτι* (dafür daſs) Thuk. III, 66, 1 (wenn hier nicht die Worte *ὡς — πράσσομεν* mit Meineke zu streichen sind) und Arist. Rhet. I, 3 (15 Sp.). III, 2 (124 Sp.), *τεκμήριον δέ μοι τούτου* **τόδε** Herod. II, 58. Ohne nachfolgendes *γάρ* steht *τεκμήριον δέ* Isae. XI, 40 (Cobet — vgl. zu Hyp. 42 f. misc. crit. 505 f. — will hier und D. XXI, 35. XXIII, 207 *γάρ* zusetzen; über D. XXI, 35 vgl. Weil préf. VII). D. XXIII, 207 (*γάρ* nur in den schlechteren Hdschr.). Thuk. II, 50, 2. Plat. Gesetze VII, 821e, *σημεῖον δέ* D. XXI, 35, *τεκμήριον δὲ τούτου καὶ τόδε* Xen. Anab. I, 9, 29. Unstatthaft wäre die Kausalpartikel gewesen nach den interrogativen Ausdrücken *τί τούτου τεκμήριον* ([D.] XLIV, 37), *τί τούτου σημεῖον* (D. XXXIX, 35), *τί τούτου μέγα σημεῖον* ([D.] XLII, 24). Anderes, was hierher gehört, ist behandelt de arg. ex contr. S. 331, wo man hinzufüge Plat. Krat. 436[c]: *μέγιστον δέ σοι ἔστω τεκμήριον ὅτι —· οὐ γάρ*. Lys. XXI, 9: *τεκμήριον δὲ τούτου μέγιστον· ὅτε γάρ*. (D.) XL, 43: *τεκμήριον δὲ τούτου μέγιστον· οὔτε γάρ*. Thuk. I, 73, 5: *τεκμήριον δὲ μέγιστον αὐτὸς ἐποίησεν· νικηθεὶς γάρ*. Plat. Kritias 110[e]: *μέγα δὲ τεκμήριον ἀρετῆς· τὸ γὰρ νῦν*. Herod. IV, 118: *μέγα δὲ ὑμῖν λόγων τῶνδε μαρτύριον ἐρέομεν. εἰ γάρ*. VIII, 120: *μέγα δὲ καὶ τόδε μαρτύριον· φαίνεται γάρ*. Arist. Rhet. II, 21 (101 Sp.): *σημεῖον δ' ἱκανόν· οἱ γὰρ ἄγροικοι*. Aesch. I, 25: *μέγα δὲ πάνυ τούτου σημεῖον ἔργῳ ὑμῖν οἶμαι ἐπιδείξειν*. II, 141: *μεγάλα δ' οἶμαι τούτων ἐγὼ σημεῖα ἐπιδείξειν*. Isae. I, 31: *σημεῖα δ' ὑμῖν ἐρῶ μεγάλα* (auch an diesen Stellen folgt *γάρ*). D. XX, 141: *τεκμήρια δ' ἡλίκα τούτου θεωρήσατε. πρῶτον μέν* (einige Mss. *πρῶτον μὲν γάρ*). Herod. VII, 221: *μαρτύριον δέ μοι καὶ τόδε οὐκ ἐλάχιστον τούτου πέρι γέγονε ὅτι* (der Umstand daſs, vgl. Abicht). Isae. I, 12: *ὕστερον δὲ τούτων, ὃ μέγιστον ἡμῖν τεκμήριον ὅτι — βουλόμενος· τελευτήσαντος γάρ* (Schömann S. 183). (D.) LXI, 17: *καὶ τούτου μέγιστον τεκμήριον ἡ πρὸς τοὺς ἀνθρώπους ὁμιλία· πολλῶν γάρ*.

Thuk. I, 2, 6: **καὶ** παράδειγμα τόδε τοῦ λόγου οὐκ ἐλάχιστόν **ἐστι** διὰ τὰς μετοικήσεις **τὰ ἄλλα** μὴ ὁμοίως αὐξηθῆναι· ἐκ γὰρ τῆς ἄλλης Ἑλλάδος. Mit den Stellen, wo μαρτύριον gebraucht ist (Thuk. I, 8, 1. Herod. IV, 118. VII, 221. VIII, 120, vgl. **auch** Xen. Anab. III, 2, 13) lassen sich verbinden D. XXIV, 16: μαρτυρεῖ δ' ὅτι **ταῦθ'** οὕτως ἔχει τοὔργον αὐτό· τῶν μὲν γὰρ χρημάτων (wegen **τοὔργον** αὐτό vgl. Xen. Anab. III, 3, 12: ἔλεγεν ὅτι ὀρθῶς ᾐτιῶντο **καὶ αὐτὸ τὸ** ἔργον αὐτοῖς μαρτυροίη und die Stellen zu § 13, S. 323). (D.) Br. II, 1471: μαρτυρεῖ δέ μοι πᾶς ὁ πρόσθε παρεληλυθὼς χρόνος, ὃς κτλ. Diodor XIII, 23: μαρτυρεῖ δ' ὁ νῦν γενόμενος πόλεμος· οἱ γάρ. Plat. Menex. 237^{c}: μαρτυρεῖ δὲ ἡμῶν τῷ λόγῳ ἡ — ἔρις τε καὶ κρίσις. Gorg. **525^{d}**: μαρτυρεῖ δὲ τούτοις καὶ Ὅμηρος· βασιλέας γάρ. Xen. Mem. I, 2, 20: μαρτυρεῖ δὲ καὶ τῶν ποιητῶν ὅ τε **λέγων** — καὶ ὁ λέγων. Herod. II, 18: μαρτυρέει δέ μοι τῇ γνώμῃ, ὅτι — καὶ τὸ Ἄμμωνος χρηστήριον γενόμενον. IV, 29: μαρτυρέει δέ μοι τῇ γνώμῃ καὶ Ὁμήρου ἔπος ἔχον ὧδε. Plat. Menex. 244^{b}: μάρτυρες δὲ ἡμεῖς αὐτοί ἐσμεν τούτων οἱ ζῶντες· οἱ αὐτοὶ γάρ. — οἱ πολλοὶ ἐξ] So nach den Hdschr. Westerm. (quaest. I, 6), Cobet, Rauchenst. οἱ ἐξ Scheibe, Herw., Rec. von Westermanns quaest. im litter. Centr.-Blatt 1860, Nr. 19. — τὴν ὑστέραν βουλήν] βουλήν tilgt Francken, comm. 89. — τὴν ἐπὶ τῶν τριάκοντα] nach Dobree von Herw. gestrichen; auch Kayser a. a. O. S. 781 hält die Worte für entbehrlich. — τοῦ δ' ἕνεκα ταῦτα λέγω ὑμῖν; ἵν' εἰδῆτε] Hermog. περὶ ἰδ. II, 284 Sp.: ἔτι καὶ κατὰ σχῆμα εὐκρινὴς γίνεται ὁ λόγος, ὅταν ὁ λέγων οἷον ἑαυτὸν ἐρωτῶν εἶτα ἀποκρίνηται κατὰ διάστασίν τινα, ὥσπερ ἐν τοῖς τοιοῖσδε· τίνος οὖν ἕνεκα **ταῦτα** λέγω; Ebenso Anonym. περὶ σχημ. III, 121 Sp.: ἐρωτᾷ τις **ἑαυτόν**, ἵνα τὸν λόγον εὐκρινῆ ποιήσῃ. Wie hier folgt ein Satz mit ἵνα D. IV, 3: τίνος οὖν ἕνεκα ταῦτα λέγω; ἵν' εἰδῆτε καὶ θεάσησθε, ὅτι. Aesch. I, 49: διὰ τί οὖν (so B, vgl. § 67; δ. τί δή A, δ. τί Weidner) ταῦτα προλέγω; ἵνα μὴ — θαυμάσητε. § 67: διὰ τί **οὖν καλῶ ἐπὶ τὴν** μαρτυρίαν; ἵν' ὑμῖν ἐπιδείξω. D. XIX, 25: **τοῦ** χάριν δὴ ταῦθ' ὑπέμνησα πρῶτα νῦν ὑμᾶς καὶ διεξῆλθον τούτους τοὺς λόγους; ἑνὸς μὲν μάλιστα καὶ πρώτου, ἵνα μηδεὶς ὑμῶν — θαυμάζῃ, ἀλλὰ εἰδῆθ' ὅτι (als Beispiel angeführt von den genannten Rhetoren). (D.) X, 7: τοῦ χάριν δὴ ταῦτα λέγω καὶ διεξέρχομαι; — ἵν' ὑμῶν ἕκαστος τοῦτο γνῷ **καὶ** εἰδῇ (ἴδῃ pr. Σ). D. VI, 31 f.: **τί** δὴ ταῦτα νῦν λέγω —; νὴ τοὺς θεοὺς τἀληθῆ μετὰ παρρησίας **ἐρῶ** πρὸς ὑμᾶς καὶ οὐκ ἀποκρύψομαι· οὐχ ἵνα —, οὐδ' ἵνα —. ἀλλ' **οἴομαι** (wegen des Übergangs zum selbständigen Satze zu vergleichen mit den S. 335 f. besprochenen Beispielen). Ein Satz mit ὅτι schliefst **sich** an die Frage an D. XLI, 5: τίνος οὖν ἕνεκεν ὑμῖν ταῦτ' **εἶπον**; **Plat.** Gorg. 457^{e}: τοῦ δὴ ἕνεκα λέγω ταῦτα; und ein kausales Ptcp. Is. XII, 271: τίνος οὖν ἕνεκα ταῦτα διῆλθον; οὐ συγγνώμης τυχεῖν ἀξιῶν —, ἀλλὰ δηλῶσαι βουλόμενος. Gorg. Pal. 31: τίνος οὖν ἕνεκα ταῦθ' ὑμᾶς ὑπέμνησα; An allen Stellen aufser der vorliegenden beginnt die Frage mit *δή* oder *οὖν* (zu D. XIX, 25 bemerkt Vömel: *δὲ χάριν* r. Laur. 8. — *δή* om. pr. *Σ*, add. eadem manus, weshalb kein Grund vorliegt, mit den Zürichern *τοῦ χάριν ταῦθ'* zu schreiben). Die Ciceronianischen Beispiele der percontatio, die sich mit den angeführten griechischen vergleichen lassen, behandelt Seyffert zu Lael. S. 297 ed. Müller u. schol. Lat. I, S. 98. Diese werden bald durch igitur eingeführt (quorsum igitur haec disputo? quorsum? ad Quir. 2, 5, quorsus igitur haec spectat oratio? Tusc. I, 25, 60, quorsum igitur haec spectat tam longa et tam alte repetita oratio? de or. III, 24, 91, quorsus igitur haec tam multa de Maximo? de sen. 5, 13, quorsum igitur tam multa de voluptate? ebenda 13, 44), bald asyndetisch an das Vorhergehende angeknüpft (quorsum haec omnis spectat oratio? Phil. VII, 9, 26, quorsus und quorsum haec? de off. III, 16, 68. de sen. 12, 42. de am. 12, 42). Ein Satz mit ut folgt de sen. 12, 42 (ut intelligatis = *ἵν' εἰδῆτε*. Kr. 38, 7, 5; vgl. oben S. 211 und de nat. deor. III, 39, 93 neben D. XXI, 143). ad Quir. a. a. O. (ut intelligere possitis). de off. a. a. O. (ut illud intelligas. — Tusc. I, 25, 60 schliefst sich der Satz an: quae sit illa vis et unde sit intellegendum puto), mit quia de sen. 5, 13. 13, 44. de am. 12, 42. Eine nicht geringe Anzahl der angeführten Stellen enthält zugleich eine *ἐπιδιόρθωσις* (S. 258 f.). Von den griech. Stellen dieser Art entsprechen zwei, D. VI, 31 f. und Is. XII, 271, wenn man von der percontatio absieht, ganz genau den Beispielen Anh. S. 203. Mit den andern kann man zusammenhalten die Isokrateischen Wendungen V, 24. XV, 143: *τούτου δ' ἕνεκά σοι ταῦτα διῆλθον, ἵνα.* V, 113: *τούτου δ' ἕν. σοι περὶ τούτων διῆλθον, ἵνα γνῷς.* XII, 4: *τούτου δ' ἕν. ταῦτα προεῖπον, ἵνα.* § 182: *τούτου δ' ἕν. περὶ — διὰ πλειόνων διῆλθον, ἵνα.* III, 47: *διὰ τοῦτο δὲ πλείους ἐποιησάμην τοὺς λόγους καὶ περὶ ἐμαυτοῦ καὶ περὶ —, ἵνα* (vgl. Xen. Kyr. III, 3, 39: *τούτου δ' ἕν. οὐκ ἐγὼ αὐτοῖς λέγω, ἀλλ' ὑμᾶς κελεύω λέγειν, ἵνα.* Thuk. III, 67, 1: *καὶ ταῦτα τούτου ἕν. ἐπεξήλθομεν —, ἵνα ὑμεῖς μὲν εἰδῆτε.* — *διὰ τοῦτο ἵνα* auch Aesch. III, 135). — VIII, 41. Br. VI, 7: *τούτου δ' ἕν. ταῦτα προεῖπον, ὅτι.* Rede XV, 102: *διὰ τοῦτο δ' οὐχ ἅμα περὶ τούτου καὶ τῶν ἄλλων ἐπιτηδείων ἐποιησάμην τὴν μνείαν, ὅτι.* § 263: *διὰ τοῦτο δ' οὐχ ὁμολογούμενον αὐτὸν αὑτῷ τὸν λόγον εἴρηκα, διότι.* — XV, 69: *τούτου δ' ἕν. ταύτην ἐποιησάμην τὴν ὑπόθεσιν, ἡγούμενος.* XII, 120: *διὰ τοῦτο δὲ προειλόμην πορρωτέρωθεν ποιήσασθαι τὴν ἀρχήν, πρῶτον μὲν ἡγούμενος — ἔπειτ' αἰσχυνόμενος.* II, 50: *ταῦτα δὲ διῆλθον ἡγούμενος.* VII, 70: *ταῦτα δὲ διῆλθον δυοῖν ἕν., πρῶτον μὲν ἐμαυτὸν ἐπιδεῖξαι βουλόμενος.* XII, 161: *ταῦτα δὲ διῆλθον οὐκ ἀγνοῶν ὅτι λέγειν τινὲς τολμήσουσιν ὡς ἔξω τῆς ὑποθέσεως τοῖς λόγοις τούτοις ἐχρησάμην. ἐγὼ δ' οὐδέποτ' ἂν οἶμαι τοῖς προειρημένοις οἰκειοτέρους λόγους ῥηθῆναι τούτων.* Andere Formen der *ἐπιδιόρθωσις* S. 268. — *ἐπ' εὐνοίᾳ τῇ ὑμετέρᾳ*] Vgl. auch XVIII, 4: *φα-*

22*

νεϱὰν ἐπεδείξατο τὴν **εὔνοιαν,** ἣν εἶχε πεϱὶ τὸ πλῆθος τὸ ὑμέτεϱον und Maetzner zu Lyk. S. 253. Krüger zu Thuk. I, 22, 2. Das Possessivpronomen findet sich in der angegebenen Bedeutung noch Xen. Anab. VII, 7, 29: φιλίᾳ τῇ σῇ (ἐπείσθησαν). Thuk. I, 137, 4: διὰ τὴν σὴν φιλίαν. Aesch. III, 139: εἰς τὴν ὑμετέϱαν φιλίαν (vgl. Xen. Anab. V, 6, 11: φιλίας ἕνεκα τῆς Κοϱύλα. Thuk. VII, 57, 10. I, 91, 1: διὰ φιλίαν αὐτοῦ). Ant. V, 41: χάϱιτι τῇ ἐμῇ. VI, 41: διὰ τὴν ἐμὴν σπουδήν. Eur. Andr. 660: πϱονοίᾳ τῇ τε σῇ κἀμῇ. Soph. O. C. 332: σῇ πϱομηθίᾳ. O. T. 969: τὠμῷ πόθῳ. Hom. Il. τ, 321: σῇ ποθῇ. Od. λ, 202. Mosch. II, 157: σὸς πόθος. Soph. O. C. 419: πάϱος τοὐμοῦ πόθου πϱοὔθεντο τὴν τυϱαννίδα. Aesch. Pers. 699: τὴν ἐμὴν αἰδῶ μεθείς. Prom. 388: θϱῆνος οὑμός. Eur. Andr. 62: οἴκτῳ τῷ σῷ. Thuk. I, 69, 5: αἱ ὑμέτεϱαι ἐλπίδες. Eur. Herakl. 1013: τῆς ἐμῆς ἔχθϱας. Hipp. 965: δυσμενείᾳ σῇ. Plat. Apol. 20ᵉ: ἐπὶ διαβολῇ τῇ ἐμῇ. 24ᵃ: αὕτη ἐστὶν ἡ διαβολὴ ἡ ἐμή. Thuk. I, 33, 3: φόβῳ τῷ ὑμετέϱῳ. 77, 6: διὰ τὸ ἡμέτεϱον δέος. (Lys.) XX, 21: τὸ δέος τό τε ὑμέτεϱον καὶ τὸ τῶν κατηγόϱων. (VI, 42: δι' ἑτέϱαν ὀϱγήν 'aus Zorn gegen einen andern'). Is. IV, 44. Xen. Kyr. VIII, 3, 32. Vgl. la Roche zu Hom. Il. τ, 321. Pflugk zu Eur. Andr. 62. Maetzner zu Ant. S. 221. Cron zu Plat. Gorg. 486ᵃ. Kühner II, § 454, 3, 11. Zu beachten ist die Stellung des Artikels in ἐπ' εὐνοίᾳ τῇ ὑμετέϱᾳ, εὐνοίᾳ (φιλίᾳ) τῇ σῇ (τῇ ἐμῇ), χάϱιτι τῇ ἐμῇ, φόβῳ τῷ ὑμετέϱῳ u. s. w.; vgl. zu XII, 96. Über denselben Gebrauch des Possessivpronomens (und Adjektivums) im Latein. Heine zu Cic. de off. I, 39, 139. Weifsenborn zu Liv. II, 61, 3. Nägelsbach, Stil. § 20, 3ᵃ. Berger, Stil. § 15ᵇ. — τοῦ ὑμετέϱου] τοῦ ἡμετέϱου im Palat. — ἐγένετο] nach Markland (van den Es, adnotatt. ad Lyc. 126); vgl. Bake, schol. hypomn. II, 166. Westerm. quaest. I, 6 f. Kayser, Philol. XXV, 304. ἐλέγετο mit den Hdschr. Scheibe. γίγνεται ψήφισμα (Passiv zu ψήφισμα ποιεῖσθαι) wie § 56. Xen. Hell. II, 2, 15. Aesch. III, 126. Lyk. 122. (D.) XLVII, 21. Arist. Ekkles. 813. Anderes bei Westerm. und Maetzner zu Lyk. 277. — τοιούτοις οὖσιν] Im Palat. οὐκ οὖσιν. Wenn οὐκ zu halten, will Westerm. a. a. O. 7 für τοιούτοις ein Wort wie χϱησίμοις oder ἐπιτηδείοις oder ὠφελίμοις. — πϱοσέχητε] μὴ πϱοσέχητε nach dem Laurent. Herwerden. Sehr richtig urteilt über den Sinn dieses Satzgliedes Scheibe, vind. 70.

§ 21. ὅϱκους — τοὺς αὐτούς] Krüger zu Thuk. a. a. O. und zu V, 115, 1. Chiastisch ist die Stellung Xen. Kyr. IV, 4, 10: οἰκήσετε δὲ τὰς αὐτὰς οἰκίας καὶ χώϱαν τὴν αὐτὴν ἐϱγάσεσθε καὶ γυναιξὶ ταῖς αὐταῖς συνοικήσετε. Vgl. zu XII, 96. — ταῦτα] Francken, comm. 90 will ταῦτα hinter καίτοι stellen.

§ 22. ἐκ παϱασκευῆς] Poppo zu Thuk. I, 133. — ψηφίζεται] ἐψηφίσατο Cobet nach der Vulg.

§ 23. ἐπειδὴ τοίνυν] nach Verlesung eines Aktenstückes zur Anknüpfung von etwas Neuem auch § 29. 39. VII, 11 (vgl.

Is. XVII, 17. Isae. IX, 7 — dagegen § 29 *ἐπεὶ τοίνυν* —. Aesch. II, 47. 108. III, 69. D. XVIII, 213. XXXVI, 8. [D.] XXXII, 14. 20. XXXIV, 12. XLVII, 41. 62. 67. 68. LIX, 35. Auch sonst findet sich *ἐπειδὴ τοίνυν* nicht selten als Übergangsform, wie Lys. XIII, 35. Is. XIX, 40. Aesch. I, 53. D. XVIII, 25. 87. XXI, 116. Verschieden von diesen Stellen sind Lys. XII, 84. XXX, 1, wo *ἐπ. τοίνυν* = da also). Dafür Ptcp. mit *τοίνυν* XVI, 14 (vgl. Is. XVII, 15. Isae. II, 6. III, 44. IX, 20. D. XXIII, 176. 178. [D.] XXXIII, 14. XXXIV, 8. 21. XLVII, 34. 45. LIX, 33.—45). Mit *ἐπειδὴ δέ* führt Lysias nach dem Verlesen eines Aktenstückes die Rede weiter XIII, 56 80 (vgl. Ant. V, 23. 29. [D.] XLVIII, 12). — *ἐπὶ τὸν Ἀγόρατον*] Vgl. And. I, 12. 15. Plut. Cic. 22 und die Beispiele bei Krüger im Wörterverzeichnis z. d. Anm. im Thuk. *ἐπί*, III. Rehdantz zu Xen. Anab. II, 3, 8 und VI, 2, 2. Kock zu Arist. Frö. 69. Poetisch in diesem Sinne *μετά*. Kr. Dial. 68, 27[b], 2. la Roche zu Hom. Il. *η*, 418. Pflugk zu Eur. Phoen. 1322. Vgl. Arist. Frö. 111: *ἡνίκ' ἦλθες ἐπὶ τὸν Κέρβερον*. Xen. Anab. VI, 2, 2: *ἔνθα λέγεται ὁ Ἡρακλῆς ἐπὶ τὸν Κέρβερον κύνα καταβῆναι* mit Theokr. XXIX, 37 f.: *νῦν μὲν κἠπὶ τὰ χρύσια μᾶλ' ἔνεκεν σέθεν βαίην καὶ φύλακον νεκύων πέδα* (= *μετὰ*) *Κέρβερον*. — *τὸν Πειραιᾶ*] *τόν* streicht Herw., während er XII, 53. 97 den Artikel nicht angefochten hat. Vgl. Pertz I, 11. — *οὐχ οἷα βέλτιστα*] Wegen der Litotes vergleicht Rauchenstein D. XVIII, 207: *ὡς οὐ τὰ βέλτιστ' ἐμοῦ πολιτευσαμένου*. (Lys.) XX, 5. 10, wozu man füge Thuk. II, 22, 1. Ähnliches aus dem Latein. bei Seyffert-Müller zu Cic. Lael. S. 539. — *προήσεσθαι*] *προσήσεσθαι* nach *X* Westermann. Vgl. dagegen Scheibe praef. XXXIII. — *ἠγγυῶντο παρέξειν*] für *ἠγγ. καὶ ὡμολόγουν παρ.* nach Halbertsma mit Frohberger (kl. Ausg.). Auch Kayser (Philol. XXV, 312) und Rauchenst. halten *καὶ ὡμολόγουν* für ein Glossem. — Für *παρέξειν* wollte Cobet früher *παράξειν*, und so Scheibe, Herw. Dagegen Westerm. comm. criticae in script. Graecos IV, 7. VI, 6. quaest. Lys. I, 7. Cobet n. l. 377. Rec. von Rauchenst. Lys. (III) im litter. Centr.-Bl. 1860, Nr. 5. Meutzner, comm. de Lysiae or. *περὶ τοῦ σηκοῦ* 22. Das Medium verlangte Kayser, Heidelb. Jahrb. 1853, 234.

§ 24. *ἀπιόντες*] *ἀνιόντες* Bake, Mnem. VIII, 307.

§ 25. *δύο πλοῖα*] für *δ. πλ. Μουνυχίασιν* mit Herw. nach Dobree. Auch Frohberger hielt in der ersten Aufl. das ganz überflüssige Wort für ein Glossem. — *συνεκπλευσεῖσθαι*] Cobet *συνεκπλεύσεσθαι*. — *καταστάίη*] Vgl. noch Eur. Hipp. 293 ff.: *κεἰ μὲν νοσεῖς τι τῶν ἀπορρήτων κακῶν, γυναῖκες αἵδε συγκαθιστάναι νόσον· εἰ δ' ἔκφορός σοι συμφορὰ πρὸς ἄρσενας, λέγ', ὡς ἰατροῖς πρᾶγμα μηνυθῇ τόδε.* Philem. bei Stob. Flor. IV, 41: *ἐπὰν ὁ νοῦς ᾖ μὴ καθεστηκώς τινι, οὐκ ἔστ' ἀκούειν οὐδὲν αὐτὸν οὐδ' ὁρᾶν.* Das Subst. *κατάστασις* in dem angegebenen Sinne Plat. Phil. 46[c]: *ὁπόταν ἐν τῇ καταστάσει τις ᾖ τῇ διαφθορᾷ τἀναντία ἅμα πάθη πάσχῃ*, in der Bedeutung 'geordnete Verhältnisse' Plut. Arat. 2: ἤδη τινὰ τῆς πολιτείας κατάστασιν ἔχειν δοκούσης. Cic. 3: κατάστασίν τινα λαμβάνειν ἔδοξεν ἡ πόλις. — ὑποβάλωσιν] auch im Palat. Schöll, Hermes XI, 213.

§ 26. εἰ μή τί σοι ἦν παρεσκευασμένον καὶ ἐπίστευες] μή erstreckt sich über beide Glieder, die durch καί zu einem Ganzen verschmolzen werden. Ebenso D. XVIII, 153: εἰ μὲν οὖν μὴ μετέγνωσαν εὐθέως — οἱ Θ. καὶ μεθ' ἡμῶν ἐγένοντο. ebenda § 133. XXIII, 159. XXIV, 19. Hom. Il. ψ, 491. 734. Od. δ, 364. 503. D. XIX, 49: ἐὰν μὴ ποιῶσι Φωκεῖς ἃ δεῖ καὶ παραδιδῶσι τοῖς Ἀμφικτύοσι τὸ ἱερόν (Cobet v. l. 507: supple καὶ ΜΗ παραδιδῶσι). XVI, 12 (dagegen Plat. Charm. 176[c]: δεινὰ ἂν ποιοίην, εἰ μὴ πειθοίμην σοὶ τῷ ἐπιτρόπῳ καὶ μὴ ποιοίην ἃ κελεύεις). XVIII, 7. Vgl. de arg. ex contr. S. 230, wo hinzugefügt werden können Hom. Il. η, 140: οὕνεκ' ἄρ' οὐ τόξοισι μαχέσκετο δουρί τε μακρῷ. D. IX, 28. XVIII, 13. 32 (ἵνα μὴ — καί). 98. 109. 193. 205. 247: ὥσπερ ὁ ὠνούμενος νενίκηκε τὸν λαβόντα, ἐὰν πρίηται, οὕτως ὁ μὴ λαβὼν καὶ διαφθαρεὶς νενίκηκε τὸν ὠνούμενον (καί ΣL statt μηδέ. Weil vermutet καὶ ἀδιάφθορος. Ich möchte die Worte καὶ διαφθαρείς lieber tilgen als ein nach Stellen wie XIX, 7 zur Erklärung von λαβών beigefügtes Glossem; jedenfalls wird ohne dieselben der Ausdruck konzinner). 249. XIX, 87. XXIII, 131 (wo Weber und Westermann). XXIV, 37. LVII, 70. Plat. Lach. 194[b]. Symp. 182[c]. 219[d]. Vgl. auch Plat. Gorg. 456[d]: οὐ τούτου ἕνεκα τοὺς φίλους δεῖ τύπτειν οὐδὲ κεντεῖν τε καὶ ἀποκτιννύναι. 457[b]: οὐ τὸν διδάξαντα δεῖ μισεῖν τε καὶ ἐκβάλλειν ἐκ τῶν πόλεων (Thuk. VII, 69, 2: ἀξιῶν τό τε καθ' ἑαυτὸν — μὴ προδιδόναι τινὰ καὶ τὰς πατρικὰς ἀρετὰς — μὴ ἀφανίζειν).

§ 27. ἀλλὰ μὲν δὴ οὐχ ὅμοιά γε] Francken, comm. 90 aus Misverständnis der Beziehung des Satzes ἀλλὰ μὲν δὴ οὐχ ὅμοια γάρ, wie früher (de arte interpr. 97) auch Cobet. Bake, Mnem. VIII, 307: ἀλλὰ μήν. — πρῶτον μέν γε] mit den Mss. Westerm., Cobet, Rauchenst., verteidigt von Sauppe bei Rauchenst.: 'jedenfalls, sicher waren sie zuerst'. πρῶτον μὲν γάρ Cobet de arte interpr. a. a. O., Mehler, Mnem. III, 8, Scheibe, Herw. Zur richtigen Beurteilung der jedenfalls korrumpierten Stelle wird, meine ich, eine ausführlichere Besprechung des in der Argumentation so häufigen μέν γε (— δέ) verhelfen. Auf einer Verwechselung von γέ und γοῦν beruht die oft wiederholte Erklärung von Buttmann zu D. XXI, 73: cum quis uno argumento vel exemplo aliquid probat, potest hoc ut sufficiens afferre; quod fit particula γάρ: potest etiam significare, plura quidem posse desiderari, sed hoc unum satis grave esse; quod fit addito γέ, certe, saltem. Über γοῦν Bäumlein, Part. 189. Hertlein zu Xen. Kyr. II, 1, 5. Kühner zu Mem. I, 6, 2. Rehdantz zu Anab. V, 8, 23 und zu Lyk. 86, S. 64 und 150. Classen zu Thuk. I, 2, 5. 144, 4. VI, 59, 3; dazu Lys.

X, 21. XIII, 88. (Lys.) VI, 45. D. XXXVI, 52. LIV, 25. (D.) XII, 4 (nach Fuhr, Rhein. Mus. 1878, 348 haben Isokrates und Aeschines diese Partikel nicht gebraucht). Mit Recht bekämpft Buttmanns Ansicht Kühner zu Xen. Mem. I, 2, 54, aber ebenso wenig verdient Beifall, was er selbst über *μέν γε* sagt Gr. II, 693: 'bei *μέν γε* wirkt *γέ* zuerst auf *μέν*, zugleich aber auch auf das vorangehende Wort ein, indem dasselbe durch beide nachdrücklich hervorgehoben wird'. Vielmehr steht bei einem derartigen Asyndeton explicativum (denn ein solches ist immer anzunehmen, wenn das dem *μέν* vorangehende Wort sich nicht an eine Konjunktion wie *καί* anschliefst) *μέν* in der gewöhnlichen, nicht in der ursprünglichen konfirmativen Bedeutung, das folgende *γέ* aber bezieht sich nicht auf das Wort vor *μέν*, auch nicht blos auf das erste Glied, sondern (wie das *τοί* in *ἤτοι — ἤ*) auf den Gesamtinhalt des Satzes, der dadurch als etwas Unzweifelhaftes oder allgemein Anerkanntes gekennzeichnet wird. Im Deutschen läfst sich die Partikel in der Regel durch j a oder d o c h übersetzen. Betrachtet man die Stellen, wo *μέν γε — δέ* vorkommt, etwas näher, so wird man leicht zwei Hauptklassen unterscheiden können. Dobree (zu D. XVIII, 93) bezeichnet diese kurz und bündig mit den Worten: has particulas saepe adhibent, ubi antithesin argutiorem aut accuratam enumerationem affectant. Als Beispiel für die letztere Klasse hebe ich hervor Isae. IV, 8 f.: (*πόσοι συγγενεῖς καὶ υἱεῖς κατὰ δόσιν προσεποιήσαντο τῶν Νικοστράτου;*) *Δημοσθένης μέν γε ἀδελφιδοῦς ἔφη αὐτῷ εἶναι —· Τήλεφος δὲ δοῦναι αὐτῷ Ν. ἅπαντα τὰ ἑαυτοῦ —. Ἀμεινιάδης δὲ υἱὸν αὐτῷ πρὸς τὸν ἄρχοντα ἧκεν ἄγων —. Πύρρος δὲ τῇ μὲν Ἀθηνᾷ ἔφη —. Κτησίας δὲ καὶ Κρανάος τὸ μὲν πρῶτον κτλ.* (wie hier geht Frage oder Epiphonem voraus Xen. Mem. III, 14, 5. Plat. Symp. 180[d]. Staat VIII, 559[b]. Arist. Wo. 1170 ff. Asyndeton explic. ohne hervorhebendes *γέ* in gleichem Falle nicht ungewöhnlich). Damit vgl. Is. VIII, 86. XV, 284 f. III, 45. (D.) L, 60 f. Gorg. Palam. 17. Xen. Kyr. II, 1, 16. IV, 3, 18. Hier. 8, 9. Mem. III, 14, 5. Symp. 1, 9. 6, 7: *ἄνωθεν μέν γε* (*οἱ θεοὶ*) *ὕοντες ὠφελοῦσιν, ἄνωθεν δὲ φῶς παρέχουσιν*, wonach zu erklären Ant. V, 14: *ὑπάρχει μέν γε αὐτοῖς* (*τοῖς νόμοις, οἳ κεῖνται περὶ τῶν τοιούτων*) *ἀρχαιοτάτοις εἶναι ἐν τῇ γῇ ταύτῃ, ἔπειτα τοὺς αὐτοὺς ἀεὶ περὶ τῶν αὐτῶν* (anakoluthisch für *ὑπάρχει μέν γε αὐτοῖς — ταύτῃ, ὑπάρχει δὲ τοὺς αὐτοὺς κτλ. — μὲν γάρ* für *μέν γε* VI, 2). Arist. Wo. 1382. Dion. Hal. Antt. XI, 10. Dio Chrys. XXXIII (II, 5 Reiske). Bei der andern Klasse findet sich häufig jene so wirksame Form des Chiasmus, die Rehdantz zu D. III, 1 bespricht. Im Folgenden werde ich zu allen derartigen Beispielen ein Ch. hinzufügen. Der vorliegenden Stelle kommen am nächsten D. XXIV, 44: *τούτῳ μέντοι τῷ νόμῳ σκέψασθ' ὡς ἐναντίος ἐστὶν ὃν οὗτος τέθεικεν. ὁ μέν γε κελεύει — ὁ δ' ἔγραψεν* (in ähnlicher Weise wird die Antithese eingeführt D. XVI, 10. XXI, 73. Aesch. I, 26. Ant. I, 21.

Xen. Kyr. IV, 5, 29; vgl. auch D. XXIV, **123.** In solchen Fällen kommt das explikative Asyndeton auch sonst sehr häufig vor). § 55: *τἀναντί᾽ ἔθηκε τούτοις. ὁ μέν γ᾽ οὐκ ἐᾷ — ὁ δ᾽ ἔγραψεν.* § 106: *ὅμοιός γε Σόλων νομοθέτης καὶ Τιμοκράτης. ὁ μέν γε — ὁ δέ* (über das ironische *ὅμοιός γε* de arg. ex contr. S. XXVII und 32). XVIII, 189: *ὁ γὰρ σύμβουλος καὶ ὁ συκοφάντης ἐν τούτῳ πλεῖστον ἀλλήλων διαφέρουσιν. ὁ μέν γε — ὁ δέ* (nach demonstr. Pron. oder Adverb. das Asyndeton auch sonst nicht selten). XXIV, 123: *ἄξιον τοίνυν καὶ τοῦτ᾽ εἰπεῖν, ὅσον ὑμεῖς διαφέρετε μεγαλοφροσύνῃ τῶν ῥητόρων. ὑμεῖς μέν γε — οὗτοι δέ.* Aesch. I, 26: *σκέψασθε δὴ ὅσον διαφέρει ὁ Σόλων Τιμάρχου καὶ οἱ ἄνδρες ἐκεῖνοι, ὧν ὀλίγῳ πρότερον ἐν τῷ λόγῳ ἐπεμνήσθην. ἐκεῖνοι μέν γε — Τίμαρχος δὲ οὑτοσί.* Das Gegenstück zu diesen Beispielen bildet gewissermaſsen Aesch. III, 63: *ἀκόλουθα γράφων* (*Δημοσθένης*) *Φιλοκράτει· ὁ μέν γε — ὁ δέ* (Ch.). Mehr oder weniger verwandt mit denselben sind wieder Ant. I, 21: *σκέψασθε οὖν ὅσῳ δικαιότερα ὑμῶν δεήσομαι ἐγὼ ἢ ὁ ἀδελφός. ἐγὼ μέν γε — οὗτος δέ.* (*μέν γε* N, *μέντοι* die übrigen codd., *μέν* v.) And. II, 19: *οὓς πολλῷ δήπου εἰκὸς ἧττον ἄν τι ἐξαμαρτεῖν, ἢ εἰ ὑμᾶς δέοι — διαβουλεύσασθαι. οἱ μέν γε — ὑμῖν δέ.* Dein. II, 2: *νυνὶ μείζονα κίνδυνον ἡ — βουλὴ κινδυνεύει ἢ ὁ δῶρα λαμβάνων καθ᾽ ὑμῶν —. τούτῳ μέν γε — τῇ δὲ βουλῇ* (Ch.). D. XIV, 30: *ἀλλὰ μὴν εἴ γ᾽ ἐπὶ χρήμασιν αὐτῷ μέγ᾽ ἐπέρχεται φρονεῖν, καὶ ταύτην ἀσθενεστέραν ἀφορμὴν τῆς ὑμετέρας εὑρήσει. ὁ μέν γε — ἡμῖν δέ.* XVIII, 180: *τότε τοίνυν ὁ Παιανιεὺς ἐγὼ Βάτταλος Οἰνομάου τοῦ Κοθωκίδου σοῦ πλείονος ἄξιος ὢν ἐφάνην τῇ πατρίδι. σὺ μέν γε — ἐγὼ δέ* (Ch.). XXI, 73: *σκέψασθε δὴ καὶ λογίσασθε παρ᾽ ὑμῖν αὐτοῖς ὅσῳ πλείον᾽ ὀργὴν ἐμοὶ προσῆκε παραστῆναι ἢ τότ᾽ ἐκείνῳ τῷ Εὐαίωνι. ὁ μέν γε —* **ἐγὼ δέ** (Ch. — gleich darauf: *καὶ ἐμαυτὸν μέν γε — τῷ δ᾽ Εὐαίωνι,* womit man vgl. Plat. Symp. 205^{d} und die drei einander ähnlichen Stellen Staat III, 406^{e}. V, 461^{c}. 475^{e}). XXII, 1: *συμβέβηκε δὲ πολλὰ* **καὶ** *δεινὰ Εὐκτήμονος ὑβρισμένου ἐλάττω ταῦτ᾽ εἶναι τῶν ἐμοὶ γεγενημένων. οὗτος μέν γε — ἐμὲ δέ.* XXIII, 136: *ὅταν ἐξετάσω, ἡλίκων Κότυς Ἰφικράτην ἀποστερήσειν μέλλων οὐδὲν ἐφρόντισε, παντελῶς τούτῳ γ᾽* (*τῷ Κερσοβλέπτῃ*) *οὐδὲν ἂν ἡγοῦμαι μελῆσαι τῶν ἀπολουμένων Χαριδήμῳ. ὁ μέν γε — οὗτος δέ.* (D.) VII, 45: *οἳ πολὺ ἂν δικαιότερον ὑφ᾽ ὑμῶν ἢ Φίλιππος μισοῖντο. ἐκεῖνος μέν γε — ὅσοι δέ* (Ch.) Plat. Symp. 215^{c}: *ἀλλ᾽ οὐκ αὐλητὴς* (*εἶ*); *πολύ* **γε** *θαυμασιώτερος ἐκείνου· ὁ μέν γε — σὺ δέ* (Ch.). Thuk. VI, 86, 3: *πολὺ δὲ μᾶλλον* (*δίκαιον*) *τοῖσδε ἀπιστεῖν. ἡμεῖς μέν γε — οἵδε δέ* (zu beachten ist, daſs bei Thukydides *μέν γε — δέ* sich nur in **Reden** findet). Eur. Med. 1094 nach Reiskes Konjektur (Kirchhoff mit den **Mss.** *οἱ μέν τ᾽ ἄτεκνοι*). Xen. Kyr. II, 2, 14. IV, 5, 29: *σκέψαι δὲ* **οἵῳ ὄντι μοι** *περὶ σὲ οἷος ὢν περὶ ἐμὲ ἔπειτά μοι μέμφει. ἐγὼ μέν γε — σὺ δέ.* Thuk. I, 70, 2: *περὶ ὧν οὐκ αἰσθάνεσθαι ἡμῖν γε δοκεῖτε οὐδ᾽ ἐκλογίσασθαι πώποτε πρὸς οἵους ὑμῖν Ἀθη-*

ναίους ὄντας καὶ ὅσον ὑμῶν καὶ ὡς πᾶν διαφέροντας ὁ ἀγὼν ἔσται. οἱ μέν γε — ὑμεῖς δέ (es folgt *αὖθις δὲ οἱ μέν — τὸ δὲ ὑμέτερον*, woran sich wieder andere Gegensätze anschliefsen; auf diese Weise nähert sich die Stelle denen der ersten Klasse). I, 40, 4: *καίτοι δίκαιοί γ' ἐστὲ μάλιστα μὲν ἐκποδὼν στῆναι ἀμφοτέροις, εἰ δὲ μή, τοὐναντίον ἐπὶ τούτους μεθ' ἡμῶν ἰέναι. Κορινθίοις μέν γε — Κερκυραίοις δέ* (Ch. — *Κορινθίοις* = *ἡμῖν*, *Κερκυραίοις* = *τούτοις*). D. XIX, 252: *ὃ δὲ τοῦ σχήματος ἦν τούτου πολλῷ τῇ πόλει λυσιτελέστερον, τὸ τὴν ψυχὴν τὴν Σόλωνος ἰδεῖν καὶ τὴν διάνοιαν, ταύτην οὐκ ἐμιμήσατο, ἀλλὰ πᾶν τοὐναντίον. ἐκεῖνος μέν γε — οὗτος δέ.* XVI, 10: *σκοπεῖσθε δὴ πρὸς ὑμᾶς αὐτούς, ποτέραν τὴν ἀρχὴν καλλίονα καὶ φιλανθρωποτέραν ποιήσεσθε —. νῦν μέν γε — τότε δέ.* XVIII, 200. XX, 23 (auch an diesen Stellen *νῦν μέν γε — τότε δέ*). Aristeid. I, 606 f. Df. (*νυνὶ μέν γε — τότε δέ. καὶ νῦν μέν γε — τότε δέ*). Is. IV, 153: *τῶν μὲν συμμάχων καταφρονοῦντες, τοὺς δὲ πολεμίους θεραπεύοντες. τὴν μέν γε μετ' Ἀγησιλάου στρατιὰν ὀκτὼ μῆνας ταῖς αὑτῶν δαπάναις διέθρεψαν, τοὺς δ' ὑπὲρ αὐτῶν κινδυνεύοντας ἑτέρου τοσούτου χρόνου τὸν μισθὸν ἀπεστέρησαν* (Ch. — auch hier folgt ein anderes Beispiel der Art, angeknüpft durch *καί*, vgl. Thuk. I, 70, 2). § 126: *νῦν δὲ — ταῖς μὲν πολιτείαις πολεμοῦσι, τὰς δὲ μοναρχίας συγκαθιστᾶσιν. τὴν μέν γε Μαντινέων πόλιν — ἀνάστατον ἐποίησαν, καὶ τὴν Θηβαίων Καδμείαν κατέλαβον, καὶ νῦν Ὀλυνθίους καὶ Φλιασίους πολιορκοῦσιν, Ἀμύντᾳ δὲ — καὶ Διονυσίῳ — καὶ τῷ βαρβάρῳ — συμπράττουσιν ὅπως ὡς μεγίστην ἀρχὴν ἕξουσιν* (nach *τέ — καί* entsprechend *τέ γε — καί* Xen. Mem. I, 2, 54: *ἕκαστος τοῦ σώματος ὅ τι ἂν ἀχρεῖον ᾖ καὶ ἀνωφελές, αὐτός τε ἀφαιρεῖ καὶ ἄλλῳ παρέχει. αὐτοί τέ γε αὑτῶν ὄνυχάς τε καὶ τρίχας καὶ τύλους ἀφαιροῦσι, καὶ τοῖς ἰατροῖς παρέχουσι καὶ ἀποτέμνειν καὶ ἀποκαίειν.* Dagegen notwendigerweise *μέν — δέ* Plat. Staat VIII, 559[b]. D. XVIII, 93: — *ἡ προαίρεσις ἡ ἐμὴ καὶ ἡ πολιτεία — πᾶσιν ἔδειξεν ἀνθρώποις τήν τε τῆς πόλεως καλοκαγαθίαν καὶ τὴν Φιλίππου κακίαν. ὁ μέν γε — ὑμεῖς δέ*; auch hier Ch. —). Plat. Symp. 180[d]: *πῶς δ' οὐ δύο τὼ θεά; ἡ μέν γέ που — ἡ δέ* (*πού* hinter *μέν γε* auch Plat. Staat VIII, 559[b]). Is. IX, 49 (*πρὶν μέν γε — νῦν δέ*). D. XIV, 29 (*οἶδε μέν γε — ἀκούσεται δέ*). XXIII, 110. And. II, 2: *δεῖ γὰρ αὐτοὺς ἤτοι ἀμαθεστάτους εἶναι πάντων ἀνθρώπων ἢ τῇ πόλει ταύτῃ δυσμενεστάτους. εἰ μέν γε — εἰ δέ* (im Dilemma sonst in der Regel *εἰ μὲν γάρ*, doch ist hier das explikative Asyndeton mit dem hervorhebenden *γέ* ganz am Platze; vgl. auch Plat. Kratyl. 423[a]. Arist. Wo. 1382, sowie Anh. zu § 75). Eigentümlicher Art ist Xen. Hier. 1, 11: *πρῶτον μὲν γὰρ ἐν τοῖς διὰ τῆς ὄψεως θεάμασι λογιζόμενος εὑρίσκω μειονεκτοῦντας τοὺς τυράννους. ἄλλα μέν γε ἐν ἄλλῃ χώρᾳ ἐστὶν ἀξιοθέατα· ἐπὶ δὲ τούτων ἕκαστα οἱ μὲν ἰδιῶται ἔρχονται καὶ εἰς πόλεις — καὶ εἰς τὰς κοινὰς πανηγύρεις —. οἱ δὲ τύραννοι οὐ μάλα ἀμφὶ θεωρίας ἔχουσιν*, wo sich *γέ* an die dem Gegensatze zur Erläuterung vorausgeschickten Worte angeschlossen hat. Für *μέν γε* steht *μέν γε οὖν* Plat. Polit. 257[d]. Ohne ausgesprochenen Gegensatz findet sich *μέν γε* Thuk. III, 39, 2. Xen. Kyr. II, 2, 2. Arist. Acharn. 154. Wo. 1172. Solche Stellen (vgl. auch Stallbaum zu Plat. Staat III, 406[e]) haben allem Anschein nach Kühner zu der oben angeführten Erklärung verleitet. Bekanntlich ist von neueren Gelehrten *γέ* hinter *μέν* oft ohne Grund in *γάρ* verwandelt worden. Auch in den Hdschr. findet man nicht selten die Variante *γάρ*, wie Is. III, 45. IX, 49. D. XVIII, 93. 189. 200. XXII, 1. (D.) VII, 45. Plat. Kratyl. 423[a]. Symp. 180[d]. An einer dieser Stellen, D. XVIII, 93, spricht allerdings die Überlieferung mehr für *γάρ* als für *γέ*, doch halte ich auch hier mit Bekker und Dindorf *γέ* für das Richtige. Mit den vorausgehenden Worten vgl. die ähnlichen Wendungen, durch welche die Antithese eingeführt wird D. XVIII, 180 und Is. III, 45: *ἐγὼ τοίνυν ἐν πᾶσι τοῖς καιροῖς φανήσομαι πεῖραν τῆς ἐμαυτοῦ φύσεως δεδωκώς*, daneben auch D. XIV, 30. Xen. Hier. 1, 11. Ob die Partik. *γέ* in der angegebenen Weise auch da vorkommt, wo keine Spaltung durch *μέν — δέ* stattfindet, muſs ich nach dem mir zu Gebote stehenden Material als sehr zweifelhaft bezeichnen. Benseler scheint dies anzunehmen, wenn er Is. III, 26 für *οὐ γὰρ ἄν* nach *Γ* (*οὐ γαν*) *οὔ γ' ἄν* schreibt (bei Xen. Mem. IV, 2, 5 hält man *ἐπιτήδειόν γ' ἂν — ἐντεῦθεν* wohl mit Recht für ein Glossem). Die vorliegende Stelle des Lysias, der ich mich nunmehr wieder zuwende, gehört der zuletzt besprochenen Klasse an, und zwar derjenigen Form, in welcher die beiden Glieder der Antithese in umgekehrter Ordnung sich an das Vorhergehende anschlieſsen. Das *γέ* der Hdschr. ist gewiſs beizubehalten, aber unter Beibehaltung desselben entweder *ἐκεῖνοι μέν γε πρῶτον μέν* oder *οἱ μέν γε πρῶτον μέν* zu schreiben. Eine von beiden Ergänzungen erfordert unbedingt der Gegensatz, da Antithesen dieser Art wesentlich verschieden sind von Stellen wie D. XVIII, 265. IX, 64 (wo E. Müller). Aesch. III, 83; vgl. Rehdantz Dem. Ind. II, *μέν* a. E. Für *ἐκεῖνοι μέν* kann man besonders den Umstand geltend machen, daſs durch die zum Chiasmus hinzutretende Wiederholung (*ἐκείνοις — ἐκεῖνοι*) die Rede sehr an Kraft und Nachdruck gewinnt (nicht ganz gleich Aesch. I, 26); für *οἱ μέν* spricht Plat. Symp. 215[e], wo in derselben Weise *ἐκείνου* durch *ὁ μέν* wieder aufgenommen wird. Daſs nach Ausfall der Anfangsworte *γέ* seinen Platz hinter *πρῶτον μέν* erhalten muſste, liegt auf der Hand. An dem nach kurzem Zwischenraume wiederkehrenden *μέν* wird niemand Anstoſs nehmen wollen; vgl. § 90: *εἰ μὲν οὖν οὗτος μέν*. Xen. Anab. III, 2, 10. Plat. Gesetze V, 735[d] und die ähnlichen Stellen de arg. ex contr. 109. — *ἐδέδισαν*] mit Cobet (n. l. 466). — *βασανισθῆναι*] Vgl. noch Plat. Phaed. 68[e]: *φοβούμενοι ἑτέρων ἡδονῶν στερηθῆναι καὶ ἐπιθυμοῦντες ἐκείνων, ἄλλων ἀπέχονται ὑπ' ἄλλων κρατούμενοι.* —

συνεκπλεῖν μετὰ σοῦ] *συμπλεῖν μετά τινος* auch (D.) VII, 15 (*συμπέμπων τοὺς συμπλευσομένους μετὰ τῶν ἡμετέρων στρατηγῶν*). Eur. El. 1355. Thuk. VI, 44, 1. Aufserdem steht *μετά* bei *συνεστιᾶσθαι* Lys. fr. 53, 2, *συναριστᾶν* Aesch. I, 43, *συνδειπνεῖν* Isae. III, 14 (*οὐδὲ αἱ γαμεταὶ γυναῖκες ἔρχονται μετὰ τῶν ἀνδρῶν ἐπὶ τὰ δεῖπνα, οὐδὲ συνδειπνεῖν ἀξιοῦσι μετὰ τῶν ἀλλοτρίων.* — in etwas anderem Sinne *συνδειπνεῖν σύν* Aesch. II, 162), *συσσιτεῖν* Aesch. II, 126 (*μεθ' ὧν συνεσίτουν* wie Is. IV, 146: *μεθ' οὗ συνηκολούθησαν.* II, 27. Auch sonst geht *μετά* (*σύν, ἅμα*) mit seinem Kasus dem Kompositum häufig voran. Vgl. Lys. XXI, 8. XXV, 9. fr. 53, 2. Is. V, 90. VII, 13. Isae. IX, 28. Lyk. 131. Aesch. I, 43. II, 78. 148. 149. III, 112. D. XVIII, 229. LVII, 47. [D.] XLVIII, 43. Plat. Symp. 195[b]. Lach. 181[b]. 189[b]. Gesetze I, 639[c] u. a.; s. unten. Thuk. I, 23, 3. II, 67, 4. III, 113, 1. VI, 44, 1. 105, 2. VII, 33, 2. VIII, 13. 24, 5. 28, 1. 73, 3. Eur. El. 1355. Arist. Acharn. 277. Lys. 1221. Xen. Hell. II, 4, 36. Diodor XI, 4), *συμπίνειν* Arist. Acharn. 277, *συζῆν* Plut. Pyrrh. 20 (D. XVIII, 314 schreiben die neueren Herausgeber aufser Weil für *τὸν συζῶντα μεθ' ὑμῶν* nach den besten Hdschr. *τὸν νῦν ζ. μ. ὑ.* Auch ich halte diese Lesart wegen des *πρότερον* am Anf. des § für besser), *συνεῖναι* Plat. Symp. 195[b] (*μετὰ δὲ νέων ἀεὶ ξύνεστί τε καὶ ἔστι νέος* — *νέος* hinzugefügt nach Sauppe). Gesetze I, 639[c] (*ἄναρχον ἢ μετὰ κακῶν ἀρχόντων ξυνοῦσαν*), *συνεκτρέφειν* Plat. Symp. 209[c] (*τὸ γεννηθὲν συνεκτρέφει κοινῇ μετ' ἐκείνου*), *συμπαιδεύεσθαι* Isae. IX, 28 (*ἐπειδὴ ὥραν εἶχον παιδεύεσθαι, μετ' ἐκείνου συνεπαιδευόμην*, vgl. D. XIX, 291. LVII, 47. Arist. Lys. 1221. Plat. Lys. 207[b]), *συνδιατρίβειν* Is. II, 27 (*φίλους κτῶ μὴ — μηδὲ μεθ' ὧν ἥδιστα συνδιατρίψεις, ἀλλὰ μεθ' ὧν ἄριστα τὴν πόλιν διοικήσεις*), *συμβουλεύεσθαι* Arist. Wo. 475, *συνθύειν* D. LVII, 47 (*ἔδει ἄν με καὶ αὐτὸν θύειν ὑπὲρ τούτων καὶ τοῦτον μετ' ἐμοῦ συνθύειν, νῦν δὲ τοὺς αὐτοὺς τούτους ἐμὲ μεθ' αὐτῶν μηδὲ συνθύειν ἐᾶν;*), *συνεύχεσθαι* Plat. Gesetze X, 909[d] (*ξυνευξάσθω δὲ αὐτός τε καὶ ὃς ἂν ἐθέλῃ μετ' αὐτοῦ ξυνεύχεσθαι*), *συνακολουθεῖν* Is. IV, 146. Plat. Staat V, 464[a] (*οὐκοῦν μετὰ τούτου τοῦ δόγματος ἔφαμεν ξυνακολουθεῖν τάς τε ἡδονὰς καὶ τὰς λύπας κοινῇ,*), *συμπράττειν* Thuk. VIII, 73, 3, *συμπαρακαθέζεσθαι* Plat. Lys. 207[b] (*ἔπειτα ὁ Μενέξενος — ὡς εἶδεν ἐμέ τε καὶ τὸν Κτήσιππον, ᾔει παρακαθιζησόμενος. ἰδὼν οὖν αὐτὸν ὁ Λύσις ἕσπετο καὶ συμπαρεκαθέζετο μετὰ τοῦ Μενεξένου*), *συνίστασθαι* Aesch. III, 60. (D.) XXXIV, 34. Thuk. VII, 33, 2 (*ἐπὶ τοὺς Ἀθηναίους μετὰ τῶν Συρακοσίων ξυστάντες*), *συναθροίζεσθαι* Is. VII, 13 (*οὐ τοῖς τὰ τείχη κάλλιστα καὶ μέγιστα περιβεβλημένοις, οὐδὲ τοῖς μετὰ πλείστων ἀνθρώπων εἰς τὸν αὐτὸν τόπον συνηθροισμένοις*, vgl. Benseler Separatausg. 1832 S. 156 f.), *συνεξιέναι* Thuk. III, 113, 1, *συστρατεύεσθαι* Is. V, 90. Aesch. II, 149 (vgl. Weidner zu Aesch. III, 112 Ausg. 1878; anders Thuk. II, 80, 6: *Ὀρέσται δὲ χίλιοι μετὰ Παραυαίων ξυνε-*

στρατεύοντο Ὀροίδῳ. — συστρ. σύν Xen. Hell. II, 4, 36), συναγωνίζεσθαι (D.) XLVIII, 43 (εἰ μὴ μετὰ σοῦ κοινῇ συνηγωνιζόμην), συμπολεμεῖν D. XVIII, 229 f. (ἡ ἐμὴ πολιτεία ἀντὶ μὲν τοῦ Θηβαίους μετὰ Φιλίππου συνεμβαλεῖν εἰς τὴν χώραν μεθ' ἡμῶν παραταξαμένους — die geringeren Hdschr. συμπαρατ. — ἐκεῖνον κωλύειν ἐποίησεν· — ἀντὶ δὲ τοῦ τὸν Ἑλλήσποντον ἔχειν Φίλιππον λαβόντα Βυζάντιον, συμπολεμεῖν τοὺς Βυζαντίους μεθ' ἡμῶν πρὸς ἐκεῖνον). Thuk. II, 67, 4 (καὶ τοὺς μετὰ Ἀθηναίων ξυμπολεμοῦντας καὶ τοὺς μηδὲ μεθ' ἑτέρων). VI, 105, 2. Plat. Staat IV, 422[d], συνδιαπολεμεῖν Thuk. VIII, 13, συγκινδυνεύειν Thuk. VIII, 24, 5, συνδιακινδυνεύειν Plat. Lach. 189[b], συγκαταδιώκειν Thuk. VIII, 28, 1, συγκαταναυμαχεῖν Aesch. II, 78, συναναχωρεῖν Plat. Lach. 181[b], συγκατέρχεσθαι Lys. XXV, 9. Plut. Dion 29, συνεπιτίθεσθαι Thuk. I, 23, 3 (ταῦτα πάντα μετὰ τοῦδε τοῦ πολέμου ἅμα ξυνεπέθετο), συνεμβάλλειν D. XVIII, 229 (s. oben), συνεισβάλλειν Xen. Hell. VI, 5, 22, συνεισπίπτειν Arist. Ekkl. 1095, συνεξαιρεῖν Aesch. II, 32 (ἐψηφίσατο Ἀμφίπολιν συνεξαιρεῖν μετὰ τῶν ἄλλων Ἑλλήνων Ἀθηναίοις), συγκαθαιρεῖν Thuk. I, 90, 2 (ἠξίουν αὐτοὺς μὴ τειχίζειν, ἀλλὰ καὶ τῶν ἔξω Πελοποννήσου μᾶλλον ὅσοις ξυνειστήκει ξυγκαθελεῖν μετὰ σφῶν τοὺς περιβόλους. Wohl mit Recht schreiben die meisten Herausgeber nach vier codd. εἱστήκει. Das ungewöhnlich gebrauchte Kompos. dürfte sich hier doch kaum durch die Konzinnität rechtfertigen lassen. Ein ähnliches Verderbnis in mehreren Hdschr. bei Isokr. VIII, 84), συσσώζειν Isae. fr. 15, 1, συνδιαφθείρειν Plut. Kim. 7, συναποκτείνειν Aesch. II, 148, συναπολλύναι Ant. V, 82 (πολλοὶ ἤδη ἄνθρωποι μὴ καθαροὶ χεῖρας συνεισβάντες εἰς τὸ πλοῖον συναπώλεσαν μετὰ τῆς αὑτῶν ψυχῆς τοὺς ὁσίως διακειμένους τὰ πρὸς τοὺς θεούς), συνομνύναι Aesch. III, 112, συμπέμπειν Thuk. II, 67, 3 (ὁ δὲ αὐτοὺς ξυλλαμβάνει, ἄλλους ξυμπέμψας μετὰ τοῦ Λεάρχου). Lys. XIII, 80 (συνηκολούθει γὰρ καὶ συνέπεμπε τὴν πομπὴν μετὰ τῶν ὁπλιτῶν), συμπαραπέμπειν Aesch. II, 168. (Diodor XI, 4, 5: τῶν ἅμ' αὐτοῖς συνεκπεμφθέντων), συνᾴδειν Aesch. II, 163, συνατυχεῖν Lyk. 131 (κοινῇ μετὰ τῶν ἄλλων συνατυχοῦντες; zu den ähnlichen Stellen, die schon angeführt sind, füge noch Plat. Soph. 218[b]: ταῦτα μὲν ἰδίᾳ βουλεύσει προϊόντος τοῦ λόγου· κοινῇ δὲ μετ' ἐμοῦ σοι συσκεπτέον. Polit. 277[a]: δεῖ μὴ σοὶ μόνῳ ταῦτα, ἀλλὰ κἀμοὶ μετὰ σοῦ κοινῇ ξυνδοκεῖν), συνταλαιπωρεῖν Arist. Lys. 1221 (χορ. γερ.: εἰ δὲ πάνυ δεῖ τοῦτο δρᾶν, ὑμῖν χαρίσασθαι, προσταλαιπωρήσομεν. χορ. γυν.: χἡμεῖς γε μετὰ σοῦ ξυνταλαιπωρήσομεν), συνεπιμελεῖσθαι (D.) XLVIII, 5, συνεξετάζεσθαι D. XXI, 127, συγκατηγορεῖν D. XIX, 291 (Αἰσχίνης, ἡνίκ' ἔκρινεν Ἀριστοφῶν Φιλόνεικον καὶ δι' ἐκείνου τῶν σοὶ πεπραγμένων κατηγόρει, συγκατηγόρει μετ' ἐκείνου σοῦ). (D.) LI, 16. Dafs die Schriftsteller nicht selten eine besondere Veranlassung hatten, entweder für das Simplex das mit σύν gebildete Kompositum oder für den Dativ μετά mit dem Genitiv zu setzen, zeigen die ausgeschriebenen Stellen. Sie wollten auf diese Weise bald die Deutlichkeit der Rede erhöhen bald die Gemeinschaftlichkeit mehr hervorheben (in welchem Falle sie auch noch *κοινῇ* oder *ἅμα* hinzufügten) bald eine Antithese kräftiger hervortreten lassen bald gröfseres Ebenmafs der Glieder herstellen (vgl. Is. V, 48. XIV, 15. VIII, 44 im Anh. zu XII, 12, S. 214). Wie Demosthenes auch in dieser Beziehung vor allen Rednern hervorragte, ersieht man aus XVIII, 229 f. XIX, 291. LVII, 47. Die Abschreiber haben öfters an derartigen Wendungen Anstofs genommen und deshalb *σύν* weggelassen; vgl. z. B. Is. V, 90. VII, 13. Aesch. III, 112. Thuk. VI, 105, 2. VIII, 24, 5. Doch kommt auch der Fall vor, dafs von denselben, um eine Stelle noch konzinner zu gestalten, das Simplex in das Kompositum verwandelt worden ist; so D. XVIII, 230, wo auch Reiske und Schäfer sich haben irreführen lassen. — *πατρίδα σφετέραν αὐτῶν*] Francken, comm. 90: *τὴν σφ. αὐτῶν*. — *κατέλιπες*] nach Hirschigs Vermutung mit Rauchenst., Scheibe, Herw. *ἀπέλιπες* nach den Hdschr. Westerm., Cobet, Frohberger. Vgl. Kayser, Heidelb. Jahrb. 1866, S. 784.

§ 28. *σου τό*] nach Reiske; *οὕτω* X; *αὐτοῦ τό* nach Taylor und Sauppe Rauchenstein. Über die Stellung vgl. Anh. zu XII, 94. — *μάρτυρες. ψήφισμα*] *μάρτυρες*, in den Hdschr. ausgefallen, nach Markland von Scheibe, lect. Lys. 356, eingesetzt. In den Ausg. aufser bei Rauchenstein fehlt es noch.

§ 30. *ἐκομίσθη*] nach Marklands Vermutung mit Westerm., Cobet; *ἐκομίσθησαν* hat der Palat. und, wie es scheint, auch die übrigen Hdschr., und so Scheibe, Herw., Rauchenst., Frohberger. Von den verschiedenen Erklärungen des Plurals (Scheibe, lect. Lys. 353, Frohberger in d. Anm., Heldmann, emend. Lys. 29) erscheint keine annehmbar; vgl. Westerm., quaest. Lys. I, 8. Wrobel, Zeitschr. f. d. österreich. Gymn. 1877, 126. Röhl, Jahresb. d. philol. Vereins 1877, 28. — *Ἀγόρατος*] eingeklammert nach Herwerden, anal. crit. 58 und Wrobel a. a. O. — *ἡ δ' ἀρχὴ αὕτη τοῦ παντὸς κακοῦ ἐγένετο*] Für *ἡ δ' ἀρχὴ αὕτη* wollte Kappeyne van de Coppello, Mnem. III, 381, *αὕτη δ' ἀρχή*. Dafs man die Stelle, die auch mir fehlerhaft erscheint, nicht auf die Weise zu emendieren hat, wird sich aus folgender Erörterung ergeben. Das Pronomen *οὗτος* kann, wenn es mit einem Substantivum oder einem andern substantivisch gebrauchten Begriffe in nicht attributive Verbindung tritt, nicht blos Subjekt, sondern auch Prädikat sein. Stellen dieser Art sind Lys. III, 28: *τοῦτό ἐστιν ἡ πρόνοια* (den Artikel verdächtigt Halbertsma, lect. Lys. 10). Is. XIII, 9: *τοῦτ' εἶναι τὴν τέχνην*. Aesch. III, 49. D. LVII, 34: *τοῦτό ἐστιν ὁ συκοφάντης*. VIII, 27: *τοῦτ' εἰσὶν οἱ λόγοι*. Aesch. II, 166: *ταῦτ' ἐστὶν ὁ προδότης καὶ τὰ τούτοις ὅμοια*. D. XVIII, 173: *ἐφάνην τοίνυν οὗτος ἐγώ* (wo Westermann). XXIV, 116: *τοῦτό ἐστι τὸ ἐφ' ἅπασι — κοινοὺς τοὺς νόμους τιθέναι*. LVII, 7.

VIII, 28. XVIII, 229: *οὐ γάρ ἐστιν ὁ τῶν πραγμάτων οὗτος λογισμός* (wohl zu schreiben: *οὐ γάρ ἐστι τῶν πρ. οὗτος ὁ λογισμός*, vgl. Isae. X, 20. **Xen.** Anab. I, 10, 18. Ganz anderer Art sind Stellen wie Lys. XXX, 11. Thuk. VIII, 80, 3. 100, 4, in denen *οὗτος* Attribut ist. Kr. 50, 11, 20. Rehdantz Dem. Ind. II, *οὗτος*). **And.** II, 5: **τὸ δ' *ἰσχυρὸν τοῦτο μόνον εὕροι τις ἂν αὐτῶν ἐν τοῖς λόγοις, τὰς ἐμὰς συμφορὰς ἐπὶ παντὶ ὀνειδίζειν*** (= *τὸ δ' ἰσχυρόν, ὃ εὕροι τις ἂν — λόγοις, τοῦτο μόνον ἐστί, τὰς ἐμ. συμφ. κτλ.*). Plat. Apol. 24[a]: *αὕτη ἐστὶν ἡ διαβολὴ ἡ ἐμὴ καὶ τὰ αἴτια **ταῦτά ἐστιν.*** (D.) XLIV, 14. D. VIII, 8: *εἰ τὴν εἰρήνην ταύτην ὁρίζονται* (wo man teils den Artikel streichen teils *ταύτην* in *ταύτῃ* verwandeln wollte). XVIII, 208: *τῇ τύχῃ, ἣν ὁ δαίμων ἔνειμεν ἑκάστοις, ταύτῃ κέχρηνται* (= *ἡ τύχη, ᾗ κέχρηνται, αὕτη ἦν, ἣν ὁ δαίμων ἔ. ἑ.*). Besonders häufig findet sich dieser Gebrauch, wo man einen Punkt abschliefst, um zu etwas Neuem überzugehen, und zwar steht dann das Pronomen in der Regel entweder an der Spitze des Satzes oder am Ende unmittelbar vor dem Verbum (in elliptischen Wendungen ganz am Schlusse). Der ersten Klasse gehören an (D.) XXXII, 2: *τουτὶ τὸ ἔγκλημά ἐστιν.* Aesch. III, 105. D. XXXV, 37: *ταῦτ' ἐστὶν ἃ ἔλεγε κτλ.* (= *ταῦτ' ἐστὶ τὰ λεχθέντα*). — Thuk. II, 54, 6: *ταῦτα μὲν τὰ κατὰ τὴν νόσον γενόμενα* und die ähnlichen Stellen S. 250. D. IV, 19: *ταῦτα μέν ἐστιν ἃ κτλ.* — Aesch. III, 96: *καὶ ταῦτα μὲν τὰ φανερά.* — Is. **XV, 189**: *ταῦτα μὲν οὖν ἐστιν ἃ κτλ.* Ich habe diese Beispiele zusammengestellt mit Rücksicht auf ihre Anknüpfung an das Vorhergehende. Dasselbe soll auch bei den Beispielen der zweiten Klasse geschehen: Ant. V, 21: *ἡ μὲν πρόφασις ἑκατέρῳ τοῦ πλοῦ αὕτη.* Isae. VII, 37: *τὰ μὲν ἡμέτερα δίκαια — ταῦτ' ἐστίν.* (D.) LVI, 46. Thuk. III, 28, 2: *ἡ μὲν ξύμβασις αὕτη ἐγένετο.* V, 80, 1. VIII, 19, 1. — Ant. V, 25: *τὰ μὲν γενόμενα ταῦτ' ἐστίν.* — D. IV, 30: *ἃ μὲν ἡμεῖς δεδυνήμεθ' εὑρεῖν ταῦτ' ἐστίν.* XVIII, 56. XX, 55. (D.) LII, 12. — D. XXVII, 7: *καὶ τὸ μὲν κεφάλαιον — τοῦτ' ἐστίν.* — Is. **XVI**, 10: *καὶ τὰ μὲν γενόμενα ταῦτ' ἐστίν.* XVIII, 12. Isae. IV, 10. VIII, 40: *καὶ τὰ μὲν γεγενημένα, καὶ δι' ἃ τὰ πράγματα ταῦτ' ἔχομεν, σχεδόν τι ταῦτ' ἐστίν.* D. XXX, 9 (ebenso; vgl. auch XXXVII, 17 und Isae. X, 6). — (D.) XXXV, 32: *καὶ ἃ μὲν ἔλεγε ταῦτ' ἦν.* XLVIII, 39. — D. XXXVI, 4: *αἱ μὲν οὖν συνθῆκαι — αὗταί εἰσιν.* XXIV, 5. (D.) LIX, 47. Isae. X, 6: *τὸ μὲν οὖν ἀδίκημα, καὶ ὃν τρόπον τῶν χρημάτων ἀπεστερήθη, **τοῦτ'** ἐστίν.* Is. XII, 118: *αἱ μὲν οὖν αἰτίαι, δι' ἃς —, διὰ μακροτέρων **μὲν** αὐτὰς διῆλθον, αὗται δ' οὖν ἦσαν* (vgl. S. 237). — Is. **XXI, 4**: *τὰ μὲν οὖν γεγενημένα ταῦτ' ἐστίν.* D. XXI, 19. — Is. V, 29: *ἃ **μὲν** οὖν — ταῦτ' ἐστίν.* XII, 39. XV, 13. Br. VII, 7. (D.) XII, 23. — D. XXI, 80: *τὰ μὲν δὴ τόθ' ὑβρίσματα τούτων εἰς ἐμὲ ταῦτ' ἐστίν.* Thuk. IV, 119, 3. — D. XXXVII, 17: *τὰ μὲν δὴ γεγενημένα, καὶ περὶ ὧν —, καὶ δι' ἃ —, ταῦτ' ἐστίν.*

— D. XIX, 62: *ἃ μὲν τοίνυν ὑπῆρχε παρ' ὑμῶν αὐτοῖς ταῦτ' ἐστίν.* XXIII, 18. LIV, 7. XIX, 171 und XXI, 131: *ὅσα μὲν τοίνυν.* XVIII, 248: *ἃ μὲν τοίνυν — πρὸς πολλοῖς ἑτέροις ταῦτα καὶ παραπλήσια τούτοις ἐστίν* (vgl. [D.] LVIII, 32. Thuk. I, 143, 3. Aesch. II, 166. Plat. Staat II, 359[b]. Apol. 34[b]. Poppo zu Thuk. I, 22, 4). — D. XXIII, 66: *καὶ τὰ μὲν δὴ παλαιὰ ταῦτα.* — Xen. Kyr. III, 1, 13: *εἶεν· τὰ μὲν δὴ σὰ δίκαια ταῦτα.* Plat. Apol. 34[b]: *εἶεν δή· ἃ μὲν — σχεδόν ἐστι ταῦτα καὶ ἄλλα ἴσως τοιαῦτα* (auffällig ist die Stellung der Kopula; sollte dieselbe nicht nach Staat II, 359[b] zu streichen sein, so möchte ich wenigstens nach Gorg. 456[c] *ταῦτά ἐστι* schreiben). Dafs *οὗτος* in derartigen Übergängen als Prädikat zu fassen ist, zeigen recht deutlich die verwandten Stellen, wo in gleicher Weise *τοιοῦτος, τηλικοῦτος, τοσοῦτος* gebraucht werden: And. I, 43: *ἡ μὲν εἰσαγγελία αὐτῷ τοιαύτη.* Ant. V, 52: *ἡ μὲν βάσανος τοιαύτη γεγένηται* (wegen des Perf. *γεγένηται*, das Blass aus *N* aufgenommen, vgl. Is. Br. VI, 3; das Plusqpf. *ἐγεγένητο* Thuk. V, 80, 1, sonst der Aorist). (D.) XXXV, 5. And. III, 29: *ἓν μὲν βούλευμα τοιοῦτον ἐβουλευσάμεθα.* Thuk. VII, 30, 4: *τὰ μὲν κατὰ τὴν Μυκαλησσὸν — τοιαῦτα ξυνέβη.* II, 102, 6: *τὰ μὲν περὶ Ἀλκμέωνα τοιαῦτα λεγόμενα παρελάβομεν.* — Thuk. I, 143, 3: *καὶ τὰ μὲν Πελοποννησίων ἔμοιγε τοιαῦτα καὶ παραπλήσια δοκεῖ εἶναι.* VI, 90, 1: *καὶ τὰ μὲν ἐς — τοιαῦτα ξυνέβη.* VII, 58, 5: *καὶ αἱ μὲν ἑκατέρων ἐπικουρίαι τοσαίδε* (= *τοσαῦται*) *ξυνελέγησαν.* — (D.) LVIII, 30: *καὶ τὰ μὲν — πεπραγμένα τοιαῦτ' ἐστίν.* § 32: *καὶ τὰ μὲν — γενόμενα τοιαῦτα καὶ παραπλήσια τούτοις ἦν.* — (D.) XXXV, 3: *οὗτοι μὲν οὖν τοιοῦτοί εἰσιν.* XXXII, 13. LX, 6. Is. VI, 69: *τὰς μὲν οὖν ἐλπίδας ἔχω τοιαύτας. τοσοῦτον δ' ἀπέχω κτλ.* (*τοιαύτας* des Chiasmus wegen hinter *ἔχω*). V, 16 und XV, 186: *τοιαύτη τίς* (*τοιοῦτός τίς*) *ἐστιν.* Br. VI, 3: *τοιαῦται συμβεβήκασιν.* Thuk. IV, 77, 1: *τοιαύτη παρεσκευάζετο.* Is. XII, 48: *τοιαύτην ἐποιήσατο.* VIII, 2: *τὸ μὲν οὖν μέγεθος — τηλικοῦτόν ἐστιν.* IV, 26: *τὰ μὲν οὖν ἐξ ἀρχῆς ὑπάρξαντα καὶ παρὰ τῆς τύχης δωρηθέντα τηλικαῦθ' ὑμῖν τὸ μέγεθός ἐστιν.* IX, 19 (ganz ähnlich). (D.) XVII, 26: *τὸ μὲν οὖν περὶ — τηλικοῦτον παρέβη.* — Plat. Apol. 24[c]: *τὸ μὲν δὴ ἔγκλημα τοιοῦτόν ἐστιν* (*τοιοῦτόν τι* ohne Noth Hirschig). Xen. Kyr. II, 2, 16: *ταῦτα μὲν δὴ τοιαῦτα ἐλέγοντο* (wo Hertlein *ἐλέγοντο* als Glossem einklammert). — D. XVIII, 31: *τὸ μὲν τοίνυν ἐν τῇ πρεσβείᾳ πρῶτον κλέμμα μὲν Φιλίππου, δωροδόκημα δὲ τῶν ἀδίκων τούτων ἀνθρώπων τοιοῦτον ἐγένετο.* (D.) XLIX, 8: *τὸ μὲν τοίνυν πρῶτον χρέως — τοσοῦτον ὤφειλεν.* — Xen. Hell. V, 1, 1: *καὶ τὰ μὲν δὴ περὶ — τοιαῦτα ἦν.* — Plat. Theaet. 173[b]: *καὶ οὗτοι μὲν δὴ τοιοῦτοι.* — Staat II, 359[b]: *ἡ μὲν οὖν δὴ φύσις δικαιοσύνης αὕτη τε καὶ τοιαύτη.* Vgl. auch die S. 252 angeführten Formeln *καὶ ταῦτα μὲν τοιαῦτα* und *τοιαῦτα μὲν δὴ ταῦτα* neben *ταῦτα μὲν οὖν ταῦτα* und *καὶ ταῦτα μὲν δὴ ταῦτα* (Hug zu

Plat. Symp. 220ᵉ). **Eine** eigentümliche Stellung des Pronomens finden wir, abgesehen von Beispielen wie Xen. Anab. I, 10, 18: *ταύτης μὲν τῆς ἡμέρας τοῦτο τὸ τέλος ἐγένετο.* (D.) XLIII, 11: *καὶ τότε μὲν ταῦτα ἦν τὰ πραχθέντα.* Isae. X, 20: *καὶ τοῦ μὲν τὸν πατέρα μὴ ἐπεξελθεῖν ὑπὲρ τούτων τοῦτό ἐστι τὸ αἴτιον* (wo statt des Nominativs oder Accusativs ein Genitiv oder Adverbium den Anfang bildet), in folgenden Übergängen: (D.) XXXV, **24** und 35: *αἱ μὲν πανουργίαι* (*ἡ μὲν ἀναίδεια*) *τοιαῦται* (*τοιαύτη*) *τῶν ἀνθρώπων τούτων εἰσίν* (*ἐστίν*). Ant. II, *α*, 9: *τὰ μὲν βιασάμενα ταῦτά ἐστιν ἀσεβῆσαι αὐτόν.* D. XXIII, 152: *καὶ τὰ μὲν πρῶτα τοιαῦτ' ἐστὶ τῶν ἔργων τῶν Χαριδήμου.* XXVII, 12: *καὶ τὸ μὲν πλῆθος τῆς οὐσίας τοῦτ' ἦν τὸ καταλειφθέν.* (D.) XLVIII, 28: *καὶ τὰ μὲν πραχθέντα ταῦτ' ἦν ἐν τῇ ἀποδημίᾳ τῇ Ὀλυμπιοδώρου.* Plat. Gorg. 456ᶜ: *ἡ μὲν οὖν δύναμις τοσαύτη ἐστὶ καὶ τοιαύτη τῆς τέχνης.* (D.) prooem. 2: *ἡ μὲν οὖν ἀρχὴ παντός ἐστιν αὕτη μοι τοῦ λόγου.* Is. VII, 28: *τὸ μὲν οὖν σύνταγμα τῆς πολιτείας τοιοῦτον ἦν αὐτοῖς.* In allen diesen Stellen aufser (D.) prooem. 2 (wo *αὕτη* dadurch gehoben wird, dafs es mitten zwischen unbetonte Wörter tritt) zeigt sich das Bestreben, die beiden Begriffe des transitus, auf die es hauptsächlich ankommt, einander möglichst nahe zu rücken (aufserhalb des transitus dieselbe Stellung Plat. Phaed. 67ᵈ: *καὶ τὸ μελέτημα αὐτὸ τοῦτό ἐστιν τῶν φιλοσόφων, λύσις καὶ χωρισμὸς ψυχῆς ἀπὸ σώματος* mit nachfolgender Epexegese des *αὐτὸ τοῦτο*). Gleichen Grund hat die Einschiebung von *οὗτος* in mehreren Übergängen, **in** denen dieses Pronomen als Subjekt des ersten Gliedes auftritt. So Thuk. II, 9, 6: *ξυμμαχία μὲν αὕτη ἑκατέρων καὶ παρασκευὴ ἐς τὸν πόλεμον ἦν.* And. I, 74: *εἷς μὲν τρόπος οὗτος ἀτιμίας ἦν.* D. XLI, 7: *ἓν μὲν τοίνυν ὦ ἄ. δ. τοῦτ' ἐστὶν ὧν ἐγκαλῶ Σπουδίᾳ.* (D.) LVI, 21: *ἓν μὲν τοῦτ' ἐστὶν αὐτῷ μέρος τῆς ἀπολογίας, δεύτερον δ' ἐκεῖνο.* D. XVIII, 136: *ἓν μὲν τοίνυν τοῦτο τοιοῦτο πολίτευμα τοῦ νεανίου τούτου.* (D.) LVIII, 14: *δύο μὲν* **τοίνυν** *οὗτοι νόμοι εἰσίν, οὓς παραβέβηκεν κτλ.* Arist. Rhet. III, 3 a. A.: *μία μὲν οὖν αὕτη αἰτία, μία δὲ τὸ χρῆσθαι γλώτταις.* (D.) XXXIV, **7**: *ἀρχὴ μὲν οὖν αὕτη ἐγένετο τοῦ ἀδικήματος.* D. XXIII, 70: *καὶ πρῶτον μὲν παρ' ἑνὸς τούτου δικαστηρίου καὶ τοὺς γεγραμμένους νόμους καὶ ἄγραφα νόμιμα τὸ ψήφισμ' εἴρηται* (wo dieser Gebrauch von *οὗτος* in den Hdschr. arge Verwirrung hervorgerufen hat). XIX, 27: *πρώτου μὲν τούτου καὶ μάλισθ' οὗπερ εἶπον* **ἕνεκα** *ταῦτα διεξῆλθον.* XXI, 177: *εἷς μὲν οὗτος ἐξ ἰδίου πράγματος — τοσαύτην ἔδωκε δίκην* (falsch Benseler: 'dieser einzige Mann erlitt also'). Nicht ganz so And. I, 14: *πρώτη μὲν ὦ ἄνδρες μήνυσις ἐγένετο αὕτη ὑπὸ Ἀνδρομάχου κατὰ τούτων τῶν ἀνδρῶν,* (wenn hier nicht *αὕτη* hinter *ὦ ἄνδρες* zu setzen ist; vgl. D. XLI, 7). Aufserhalb des transitus findet sich ähnliches Thuk. I, 98, 4: *πρώτη τε αὕτη πόλις ξυμμαχὶς παρὰ τὸ καθεστηκὸς ἐδουλώθη.* Xen. Anab. IV, 1, 20: *μία δ' αὕτη ὁδός.* 7, 4. Is. X, 16: *μόνης ταύτης γυ-*

ναικὸς πατὴρ ἠξίωσε κληθῆναι. Thuk. III, 12, 1: τίς οὖν αὕτη ἢ φιλία ἐγίγνετο ἢ ἐλευθερία πιστή (wo man mit Recht nach Dindorf ἡ φιλία für ἡ φιλία schreibt). Anderer Art ist Thuk. I, 1, 2: κίνησις γὰρ αὕτη μεγίστη δὴ τοῖς Ἕλλησιν ἐγένετο und was Classen hiermit zusammengestellt hat (vgl. auch VII, 55, 2). Ich kehre nunmehr zu der Stelle zurück, durch die ich zu dieser Erörterung veranlafst worden bin. Die eigentliche Schwierigkeit liegt bei Lysias nicht in dem prädikativen Gebrauche des Pron. αὕτη, sondern darin, dafs diesem das Subst. ἡ ἀρχή mit der Adversativpartikel δέ vorausgeht. Ganz anders verhält es sich mit And. II, 5, der einzigen Stelle, die sich in dieser Beziehung mit der vorliegenden vergleichen läfst. Dort nämlich tritt τὸ ἰσχυρόν in scharfen Gegensatz zu dem Vorhergehenden, und das τοῦτο wird näher erklärt durch einen nachfolgenden Infinitivsatz. Bei Lysias ist δέ jedenfalls mit μέν zu vertauschen, durch das der Satz die Geltung eines ὁρισμός erlangt. Von den vielen ähnlichen Beispielen hebe ich der Wortstellung wegen namentlich folgende hervor: (D.) XXXV, 24. 35. D. XXIII, 152. Plat. Gorg. 456[c]. Eine äufsere Stütze erhält die vorgeschlagene Emendation durch die Neigung der Abschreiber, derartige Asyndeta zu beseitigen; vgl. unten zu § 64 und S. 248 f.

§ 31. *πλειόνων αὐτόν*] πλειόνων αὐτοί X (Lampros, Herm. X, 265). — *ἔρρωτο*] Phrynichos (Bekk. anecd. 8, 3): οἱ μέντοι Ἀττικοὶ τὴν ἀρρωστίαν ἐπὶ τοῦ μὴ προθυμεῖσθαι μηδὲ ὁρμᾶν· τὸ γὰρ ἀντικείμενον τῇ τοιαύτῃ ἀρρωστίᾳ Κρατῖνος εἶπεν ἐρρῶσθαι, οἷον προθυμεῖσθαι. — *ἐργάζεσθαι· οὗτος γὰρ οὐκ ἐδόκει*] als Notbehelf mit Frohberger kl. Ausgabe. ἐργάζεσθαι αὐτόν· οὐκ ἐδόκει X (Lampros a. a. O. — Kayser und andere lasen αὐτός für αὐτόν), ἐργ. αὐτὸν ὥστ' οὐκ ἐδόκει C (so Bekker), ἐργάζεσθαι· αὐτὸς δ' οὐκ ἐδ. vulg. Auf der vom Schreiber des Laur. herrührenden Ergänzung (ὥστε) fufsen die Emendationen: ἐργάζεσθαι ὥστ' οὐκ ἐδ. (P. R. Müller, Philol. XII, 97) und ἐργ. ὥστε καὶ οὑτοσὶ οὐκ ἐδ. (Kayser, Heidelb. Jahrb. 1854, 229, wofür sprachgemäfser wäre ὥστ' οὐδ' οὑτοσὶ ἐδ.). Unbegründet ist das Bedenken, welches Westermann, quaest. I, 10 gegen ὥστε erhebt; vgl. Anh. zu XII, 1, S. 201. Indes ist dies doch nur Konjektur eines Abschreibers, durch die niemand gehindert werden kann, die Heilung der Stelle in anderer Weise zu versuchen. Solches ist denn auch geschehen mittels der Vermutungen: ἐργάζεσθαι, καὶ αὐτὸς οὐκ ἐδ. (Sauppe, ep. crit. 24 ff. — so Westermann, Scheibe, Cobet), ἐργ., καὶ οὐκ ἐδ. (Kayser, H. J. 1866, 783, gebilligt von Renner 34), ἐργάζεσθαι· καὶ οὗτος οὐκ ἐδ. (Rauchenstein), ἐργάζεσθαι· Ἀγόρατος γὰρ οὐκ ἐδ. (Frohberger in der 1. Aufl. der vorliegenden Ausg. — wegen des angeblich in αὐτός korrumpierten Ἀγόρατος vgl. Cobet n. l. 670), wozu noch die von mir aufgenommene Konjektur Frohbergers kommt. Eine Interpolation nimmt Herwerden an, indem er die

Worte αὐτὸν — κατηγορηκέναι aus dem Texte entfernt (ebenso Kayser, H. J. 1866, 302. Francken, comm. 91). Auch mir scheint die Stelle interpoliert zu sein, doch möchte ich lieber die vorangehenden Worte οὕτω σφόδρα — ἐργάζεσθαι tilgen, die aus § 25 und § 32 entstanden sein können. Ein ähnliches Emblem hat sich nach C. F. Hermann Plat. Menex. 245ᵉ in den Text eingeschlichen. Für αὐτόν könnte man dann nach § 50 διότι schreiben. Auch οὕτως οὐκ ἐδόκει gäbe einen angemessenen Sinn: 'so wenig schien er ihnen noch'; vgl. Isae. VII, 23. — οὐκ — πω] Vgl. noch D. XIX, 169: οὐχὶ παρόντος πω Φιλίππου. Aesch. Prom. 27: οὐ πέφυκέ πω. Xen. Anab. VII, 3, 35: οὐκ ἴσασί πω (μὴ δοκεῖτέ πω Eur. Med. 365). Die Partikel ἄν trennt οὔπω Is. X, 21, wie οὔποτε Lys. XIII, 21 u. ö. — κατηγορηκέναι] Cobet v. l. 37 unter Vergleichung von § 50 κατειρηκέναι. Dagegen Scheibe, lect. Lys. 365. ἀνάγκης οὔσης] Die hierauf in den Hdschr. folgenden Worte μετὰ τοῦτο προσαπογράφει ἑτέρους τῶν πολιτῶν hat man nach Dobree fast allgemein als ein aus § 56 eingedrungenes Glossem beseitigt. Nicht ohne gewaltsame Eingriffe in die Überlieferung suchen dieselben zu halten Francken a. a. O. und Renner 35. Dieser will sie mit einleitendem καὶ ἀληθῶς hinter κατηγορηκέναι einfügen, während Francken τούτους μὲν οὖν ἅπαντας — οὔσης an die Spitze des § stellt und μετὰ τοῦτο in μετὰ τοῦτ' οὖν abändert. Renners Vorschlag wird gebilligt von Stedefeldt (Philol. Anz. II, 205), der jedoch dem ὡς ἀληθῶς als leichter καὶ δὴ καί vorzieht. Einer weiteren Vermutung Franckens, daſs hinter τῶν πολιτῶν folgen müsse: καί μοι λέγε τὰ ὀνόματα, widersprechen, wie schon Frohberger bemerkt hat, die Schluſsworte von § 38.

§ 32. ἐν τῇ βουλῇ μόνῃ] nach dem unverständlichen ἐν τῇ βουλῇ μήνυσις μὲν ἡ des Palat.; ebenso jetzt Rauchenst. Das μὲν ἡ ist ganz beseitigt von Bremi, Cobet, Scheibe, Herw., welche dagegen den Artikel ἡ vor ἐν einsetzen. Westerm. quaest. I, 11: ἀπέχρη ἐν τῇ βουλῇ μήνυσις μόνον γεγενημένη. Doch ist μήνυσις wohl Glosse zur Erklärung des (persönlich gebrauchten) ἀπέχρη. Andere Vermutungen bei Scheibe. — ἐκεῖ] ἐκεῖσε Kayser, Philol. XI, 153. Dagegen Westerm. a. a. O. 12. — παράγουσιν αὐτόν] αὐτόν zugesetzt nach § 55. παράγουσι τουτονί Herw. in der Ausg., παράγουσι τοῦτον derselbe anal. crit. 58, und so Frohberger kl. Ausg. — ἀλλ' οἶμαι] nach dem Palat.; ebenso Rauchenst. Dafür οὐ γὰρ ἂν οἶμαι Cobet, Westerm.; ἀλλ' οὐκ οἶμαι (mit ἄν nach ἔξαρνον) Scheibe und (ohne ἄν) Herw.; Kayser, Philol. XI, 157 nimmt den Ausfall eines καίπερ ἄκων vor ἀλλ' οὐκ οἶμαι an; ἀλλ' οὐκ ἂν οἶμαι P. R. Müller, de emendandis aliquot Lysiae locis 12. — γενήσεσθαι] mit Sauppe, Herw., Bake (Mnem. VIII, 307), Rauchenst. für γενέσθαι.

§ 33. τὸ ψήφισμα] für das hdschr. τὰ ψηφίσματα nach Westerm. quaest. I, 12; vgl. Rauchenst. Jahrb. f. Philol. 1860, 330.

Kayser, Philol. XXV, 304. Das Lemma ψήφισμα steht richtig in den Hdschr., ist aber von den Herausg. in ψηφίσματα verwandelt worden. — *καὶ τὰ — καὶ τά*] *τά* streicht beidemal Herw. nach Hamaker. — *ὅτι μὲν — σχεδόν τι οἶμαι ὑμᾶς ἐπίστασθαι*] Ebenso stehen *σχεδόν τι* und *σχεδόν* in der Rekapitulation XXIII, 13: *ὅτι μὲν — οἶμαι ὑμᾶς ἐκ τούτων σχεδόν τι γιγνώσκειν*. And. II, 19: *ἐμοὶ τοίνυν τὰ μὲν ἤδη εἰς ὑμᾶς πεπραγμένα σχεδόν τι ἅπαντες ἂν εἰδείητε* (wegen des Ausdrucks vgl. I, 1: *τὴν μὲν παρασκευὴν — σχεδόν τι πάντες ἐπίστασθε*. Plat. Lach. 192[c]: *σχεδὸν γάρ τι οἶδα* u. Phaed. 63[e]: *σχεδὸν μέν τι ᾔδειν*, wo *τί* von *σχεδόν* durch eine dazwischen stehende Partikel getrennt ist; vgl. Thuk. III, 68, 4. V, 66, 4. VII, 33, 2). (D.) XLIV, 31: *σχεδόν τι ἀκηκόατε*. Isae. VIII, 40: *καὶ τὰ μὲν — σχεδόν τι ταῦτ' ἐστίν*. (vgl. [D.] XLIV, 14: *τὰ γὰρ κεφάλαια — σχεδόν τι ταῦτ' ἐστίν*. Xen. Hell. VII, 1, 2 im Übergang zur expositio rei: *τὰ μὲν οὖν ἄλλα σχεδόν τι συνωμολόγηται*). — (D.) LVIII, 48: *ὅτι μὲν — σχεδὸν εἰδέναι πάντας ὑμᾶς νομίζω* (vgl. Lys. X, 5: *σχεδὸν ἐπίστασθε ἅπαντες*. XIII, 43: *σχεδὸν οἶμαι ὑμᾶς ἐπίστασθαι*, wo Herw. ohne Not *σχεδόν τι* schreibt. Plat. Staat VI, 505[a]: *σχεδὸν οἶσθα*. Soph. Trach. 43: *σχεδὸν ἐπίσταμαι*. Xen. Kyr. VIII, 7, 2: *σχεδὸν ἐδόκει εἰδέναι*. Arist. Plut. 860: *σχεδὸν γιγνώσκειν δοκῶ*. D. III, 9: *σχεδὸν ἴσμεν ἅπαντες δήπου*. Plat. Alk. I, 103[b]: *σχεδὸν κατανενόηκα*). (D.) LVIII, 39: *ὅτι μὲν — σχεδὸν καὶ διὰ τῶν εἰρημένων φανερόν ἐστιν*. XLIV, 60: *ὅτι μὲν — σχεδὸν ἀκριβῶς μεμαθήκατε*. Plat. Tim. 61[c]: *σχεδὸν ἐπιδέδεικται*. ebenda 65[b]. Isae. III, 54. Xen. Staat d. Lak. 5, 1: *σχεδὸν εἴρηται* (bei Isae. mit dem Zusatz *τὰ πολλά*). Arist. Rhet. I, 2 (S. 9 Sp.): *εἴρηται σχεδὸν ἱκανῶς*. D. III, 36 (am Schlusse der Rede): *σχεδὸν εἴρηχ' ἃ νομίζω συμφέρειν. ὑμεῖς δ' ἕλοισθ' ὅ τι κτλ*. Is. XIX, 42: *ἀκηκόατε*. V, 83: *ἀκήκοας*. Hyp. f. Lyk. XV (am Schlusse): *ὅσα μὲν οὖν ἐγὼ εἶχον ὑπὲρ ἐμαυτοῦ εἰπεῖν, σχεδὸν ἀκηκόατε· ἐπειδὴ δὲ — δέομαι ὑμῶν καὶ ἐγὼ καὶ ἀντιβολῶ κελεῦσαι κἀμὲ καλέσαι τοὺς συνεροῦντας ἐμοὶ κτλ*. Plat. Apol. 34[b] (Übergang zum Epilog): *εἶεν δή· ἃ μὲν ἐγὼ ἔχοιμ' ἂν ἀπολογεῖσθαι, σχεδόν ἐστι ταῦτα καὶ ἄλλα ἴσως τοιαῦτα* (mehrere Hdschr. *σχεδόν τί ἐστι*, wofür die oben angeführten Stellen Isae. VIII, 40 u. [D.] XLIV, 14, sowie Plat. Gorg. 472[c] sprechen; über die Stellung der Copula zu § 30, S. 351). D. XLIV, 11: *καὶ ἡ μὲν — σχεδὸν οὕτως ἔχει*. In derselben Weise gebraucht der Lateiner fere und ferme. Vgl. Cic. de or. II, 84, 340. III, 52, 199. de nat. deor. I, 16, 42: exposui fere (an den beiden ersten Stellen mit dem Zusatz ut potui). de off. I, 18, 60: satis fere diximus, dazu die den Schlufs des Ganzen bildenden Wendungen Cic. ad fam. XII, 5, 3: haec erant fere quae tibi nota esse vellem. Nunc autem opto, ut etc. de nat. deor. II, 67, 168: haec mihi fere in mentem veniebant, quae dicenda putarem de natura deorum. Tu autem, si me audias, eandem causam ages teque — esse cogites etc. ebenda III, 39, 93: haec fere dicere habui de natura deorum. Tusc. II, 27, 67: haec fere hoc tempore putavi esse dicenda. Liv. XXXVI, 8, 1: haec ferme Hannibalis oratio fuit. I, 15, 6: haec ferme Romulo regnante domi militiaeque gesta. Drei der genannten griechischen Stellen, Lys. XIII, 33. XXIII, 13. (D.) LVIII, 48, sind wegen des Schlusses der Rekapitulation (οἶμαι ὑμᾶς ἐπίστασθαι — γιγνώσκειν — und εἰδέναι πάντας ὑμᾶς νομίζω) auch zu vergleichen mit D. XIX, 98. XXIV, 39: ὅτι (ὡς) μὲν — οἶμαι πάντας ὑμᾶς εἰδέναι (ᾐσθῆσθαι). XXIV, 66: ὅτι μὲν — οἴομαι δῆλον ἅπασιν ὑμῖν εἶναι. (D.) LVIII, 34: ὅτι μὲν — ἡγοῦμαι πάντας ὑμᾶς πιστεύειν. Is. V, 57: ὡς μὲν — ἐκ τῶν εἰρημένων ἡγοῦμαί σοι γεγενῆσθαι φανερόν. Xen. Mem. IV, 7, 1: ὅτι μὲν — δοκεῖ μοι δῆλον ἐκ τῶν εἰρημένων εἶναι. — ὅτι μέν — ὡς τοίνυν] Ebenso entspricht dem μέν des ὁρισμός im nächsten Satze ein τοίνυν XIII, 65 f. (ὥστε — μέν — τοίνυν). D. XVIII, 86 f. (οὐκοῦν — μέν — ἐπειδὴ τοίνυν). XXVII, 18. XXXVII, 9 f. (ὅτι μὲν τοίνυν — ἐπειδὴ τοίνυν). ebenda § 39. XXXVIII, 14 (ὅτι μὲν τοίνυν — βούλομαι τοίνυν). LIV, 30 (περὶ μὲν τοίνυν — ἐπειδὴ τοίνυν). Am nächsten kommt der vorliegenden Stelle D. XXXVIII, 14, da hier gleichfalls dem ὁρισμός eine πρόθεσις gegenübergestellt wird. Vgl. auch Is. V, 57 (ὡς μὲν οὖν — ἔτι τοίνυν ὡς), wo beide Glieder mit dem abhängigen Satze beginnen. Anders zu beurteilen sind D. XVIII, 50—53 (καὶ περὶ μέν — βούλομαι τοίνυν ἤδη) und XXIV, 66—68 (ὅτι μὲν τοίνυν — ὡς τοίνυν οὐδέ), wo längere Nebenbemerkungen zu der Rekapitulation hinzugefügt werden, ebenso And. I, 15, wo an den ὁρισμός die Verlesung eines Aktenstücks sich anschliefst (ähnlich Lys. XXXII, 18 f.: πρῶτον μὲν οὖν τούτων ἀνάβητέ μοι μάρτυρες. ἀξιῶ τοίνυν). Nicht μεταβατικόν, sondern συλλογιστικόν ist τοίνυν Lys. XIII, 51. Zum Wechsel der Konjunktion (ὅτι — ὡς) vgl. aufser der schon angeführten Stelle (D. XXIV, 66—68) Is. VIII, 69. (D.) XLVII, 27. LVIII, 10: ὡς μὲν τοίνυν — καὶ ὡς — καὶ ὡς — ὅτι δέ. (οὐκοῦν ὅτι μέν — ὡς δέ in der Rekapitulation D. XXXVII, 21). Häufiger steht in beiden Gliedern dieselbe Partikel. — ἐγὼ οἶμαι ὑμῖν ἐν κεφαλαίοις ἀποδείξειν] οἶμαι (οἴομαι) mit dem Infin. Futuri im Übergange auch Is. VIII, 69. XV, 276: ταχέως οἶμαι δηλώσειν. XV, 31: ῥᾳδίως οἶμαι φανερὸν ποιήσειν. D. VIII, 73: ῥᾳδίως οἶμαι δείξειν. XIX, 135. XXXVIII, 21: καὶ τοῦτ' οἴομαι δείξειν. Isae. VII, 29: οἶμαι καὶ ταῦθ' ὑμῖν ῥᾳδίως ἐπιδείξειν. Is. XII, 155: οὕτως οἶμαι σαφῶς ἐπιδείξειν, ὥστε. Aesch. III, 177: μεγάλα τούτων οἶμαι σημεῖα δείξειν ὑμῖν. Is. V, 57: ἐκ πολλῶν παραδειγμάτων οἶμαί σε γνῶναι ποιήσειν (überall mit vorausgehendem ὅτι oder ὡς). Is. IX, 33: οὐ μὴν ἀλλ' ἔτι γε σαφέστερον περὶ — ἐκ τῶν ἐχομένων οἶμαι δηλώσειν (dafs hier und in den zuerst angeführten Stellen, Is. VIII, 69 u. s. w., δηλώσειν und δείξειν persönlich zu nehmen sind, zeigen die übrigen Beispiele, von denen Is. IV, 179 bereits von Schneider citiert ist). XIII, 22:

ἵνα δὲ μὴ δοκῶ — μείζω λέγειν τῶν ἐνόντων, ἐξ ὧνπερ αὐτὸς ἐπείσθην οὕτω ταῦτ' ἔχειν, ῥᾳδίως οἶμαι καὶ τοῖς ἄλλοις φανερὸν καταστήσειν. VIII, 66: νῦν δ' οἶμαι πᾶσι φανερὸν ποιήσειν ὡς. XV, 216: οἶμαι δὲ σαφῶς ἐπιδείξειν. IV, 179: οἶμαι δ' ἐκείνως εἰπὼν μᾶλλον δηλώσειν mit Accus. D. XVIII, 56: ἐγὼ δ' — οἶμαι δῆλον ὑμῖν ποιήσειν ὅτι. Aesch. I, 25: μέγα δὲ πάνυ τούτου σημεῖον ἔργῳ ὑμῖν οἶμαι ἐπιδείξειν. II, 141: μεγάλα δ' οἶμαι τούτων ἐγὼ σημεῖα ἐπιδείξειν. (D.) XXIX, 19: ὃ τοίνυν πάντων τῶν εἰρημένων οἴομαι μέγιστον ὑμῖν ἐρεῖν σημεῖον τοῦ — βούλομαι διελθεῖν. Vgl. auch Is. V, 24. XII, 113. XVII, 24: οἶμαι γὰρ ἐρεῖν τι τῶν δεόντων (ἐπιδείξειν — φανερὰν ὑμῖν ποιήσειν τὴν τούτου πονηρίαν). Arist. Plut. 473 f.: πάνυ γὰρ οἶμαι ῥᾳδίως ἅπανθ' ἁμαρτάνοντά σ' ἀποδείξειν ἐγώ. Is. XII, 65: οὐ μὴν ἀλλ' ἐκεῖνό γ' οἶμαι ποιήσειν — ἐπιδείξειν). XV, 53: ἐπειδὴ δὲ — οἶμαι μᾶλλον ὑμῖν ἐμφανιεῖν τὴν ἀλήθειαν. D. XXIII, 6: οὐκ ἀγνοῶ μὲν οὖν — ἐγὼ δ' οἴομαι δείξειν. (D.) XXIX, 28: ὅμως δὲ καίπερ — οἴομαι ῥᾳδίως ὑμῖν ἐπιδείξειν. D. IV, 15: οἶμαι τοίνυν ἐγὼ ταῦτα λέγειν ἔχειν. Is. XV, 59: ᾤμην μὲν οὖν αὐτὸς δυνήσεσθαι διελθεῖν. XI, 42: καὶ σὺ μὲν οἴει βελτίους ποιήσειν. Dein. I, 104. (D.) LII, 15 (ausnahmsweise Is. XVII, 2: ὅμως δὲ καὶ — ἡγοῦμαι φανερὸν πᾶσι ποιήσειν, wo aber wohl οἶμαι herzustellen ist; anders zu beurteilen Is. III, 12; vgl. unten zu XXV, 18. Gewähltere Wendungen Is. XV, 198: ὡς οὖν — πολλὰς ἐλπίδας ἔχω πᾶσι φανερὸν ποιήσειν. Aesch. III, 57: πάνυ προσδοκῶ ἐπιδείξειν τοῖς δικασταῖς. D. V, 3: οὐ μὴν ἀλλὰ — οἴομαι καὶ πεπεικὼς ἐμαυτὸν ἀνέστηκα — ἕξειν καὶ λέγειν καὶ συμβουλεύειν κτλ. Aesch. III, 57 hat die Familie *M* ἀποδείξειν. Dies nur an der vorliegenden Stelle und Arist. Plut. a. a. O.; sonst δείξειν oder ἐπιδείξειν). Dagegen steht beim acc. c. inf. ἡγοῦμαι Isae. XI, 15: ἔτι δὲ ἀκριβέστερον ἡγοῦμαι καὶ ἐκ τῶν ἄλλων ὑμᾶς μαθήσεσθαι und νομίζω D. XXIV, 91: ὅτι τοίνυν — καὶ τοῦτο ῥᾳδίως ὑμᾶς νομίζω μαθήσεσθαι. Auffällig ist, dafs Lysias an der vorliegenden Stelle in beiden Gliedern οἶμαι anwendet, während andere Redner in ähnlichen Fällen mit dem Verbum wechseln (Is. V, 57. IX, 33: ἡγοῦμαι — οἶμαι. Isae. XI, 15: οἴομαι — ἡγοῦμαι. [D.] LVIII, 48: νομίζω — οἶμαι). Wer diese Wiederholung für unerträglich hält, könnte nur im ersten Gliede ändern, indem er dort für οἶμαι nach Is. V, 57. (D.) LVIII, 34 ἡγοῦμαι schriebe.

§ 34. καὶ οἱ τρ. κατέστησαν] Gerade diesen Gipfelpunkt der κακά wollten Dobree und Bake (schol. hypomn. II, 267), neuerdings auch Kayser (Jahrb. f. Philol. 1872, 253) streichen. Eine ganz ähnliche Stelle, And. I, 80, vergleicht Fuhr, animadv. S. 41. — τί οὐ τῶν δεινῶν] treffliche Emendation Sauppes (ep. crit. 78) für das hdschr. τοιοῦτον δεινόν. Vgl. noch Diodor XIII, 30, 1 und wegen der Stellung des οὐ Anh. zu XII, 94 (S. 306 f.).

§ 35. κατεστάθησαν] nach den Hdschr. mit Rauchenst. κατέστησαν nach Scheibe (Cobet, Herw.) Frohberger. Da Lys. soeben οἱ τρ. κατέστησαν gesagt hatte, so mag er hier das seltenere Passivum gewählt haben, um etwas Abwechselung in den Ausdruck zu bringen (vgl. Anh. zu § 49 a. E.). Aus rhythmischen Gründen heifst es XXIV, 9 *κατασταθεὶς χορηγός*. Dagegen wie § 34 *καταστῆναι* XII, 5. 36. 43. 48. 55. XXI, 1 (vgl. XXIV, 9). 4. XXV, 14. XXVII, 3 (wo Hirschig sonderbarer Weise *κατασταθέντες* wollte; vgl. P. R. Müller, Beitr. zur Kritik des Lys. S. 12). (Lys.) II, 57. Der passive Aorist auch Ant. VI, 11. Is. I, 37. — *ἐν τῷ δικαστηρίῳ ἐν δισχιλίοις*] nach Sauppe und Kayser (Philol. XXV, 304) Worte des Psephisma, daher *ἐν τῷ δικ.* nicht mit Dobree und Westermann, de locis aliquot etc. 11 f. zu streichen. — *ἐψήφιστο*] nach Naber und anderen (vgl. Westerm. a. a. O.) für das hdschr. *ἐψηφίσατο*. — Francken, comm. 92 streicht aus unhaltbaren Gründen die Worte *ἐν τῇ βουλῇ — ἐψηφίσατο*.

§ 36. *οὗ ἦν κακοῦ*] Vgl. noch Luk. Toxar. 17: *συνιδὼν οὗ κακῶν ἦν*. — *ἐν ᾧ — νῦν δέ*] Francken S. 92: haec *ἐν ᾧ — ἐδύνασθε* jungenda sunt cum *ἤδη ἐγν. ἦτε*. Reprehensionem continent tarditatis et imperitiae non sane hoc loco necessariam et per se acerbam. Longe praeferrem: *νῦν δ' ἐφ' ᾧ οὐδὲν ἔτι ὠφελεῖν δύναισθε, εἰς τὴν βουλὴν — εἰσάγουσιν*. Dagegen Herwerden, anal. crit. 58, der *ἐν ᾧ δ' οὐδέν* vorschlägt. Das, wie mir scheint, nicht unbegründete Bedenken Franckens läfst sich sehr leicht dadurch heben, dafs man *ἐν ᾧ — ἐδύνασθε* hinter *εἰσάγουσιν* stellt. Bei dieser Anordnung würde sich *ὠφελεῖν* auf die Angeklagten beziehen, *ἐν ᾧ* aber erklärt werden können durch *ὥστε ἐν τούτῳ* (so dafs unter diesen Umständen). Vgl. Thuk. VIII, 86, 4 mit Classens Anm. und Anh. zu § 62. — *αὐτούς*] für *αὐτοὺς τὴν ἐπὶ τῶν τριάκοντα* mit Dobree, Herw., Kayser (Heidelb. Jahrb. 1866, 781), Sauppe (Philol. XXV, 264).

§ 37. *τράπεζαι*] *τραπέζα* Cobet. Vgl. noch Rehdantz Dem. Ind. II, Numerus. Lobeck zu Soph. Aj. 1304. Franke, Philol. Suppl. I, 443 f. — *τὴν μὲν καθαιροῦσαν ἐπὶ τὴν ὑστέραν*] So Frohberger nach dem Pal.; Cobet nach dem Laur.: *τὴν μὲν ἐπὶ τὴν πρώτην, τὴν δὲ καθ. ἐπὶ τὴν ὑστ.* P. R. Müller, Philol. XII, 97: *τὴν μὲν σώζουσαν ἐπὶ τὴν προτέραν, τὴν δὲ καθ. ἐπὶ τὴν ὑστέραν*. Westerm. quaest. I, 14: *τὴν μὲν καθ. ἐπὶ τὴν προτ., τὴν δὲ σώζουσαν ἐπὶ τὴν ὑστ.* Scheibe nimmt nach *ὑστέραν* eine Lücke an. Ich halte mit Kayser, Sauppe, Herw., Rauchenst. die Worte *τὴν μὲν καθ. ἐπὶ τὴν ὑστ.* für ein zur Hälfte erhaltenes Glossem, das vom Redactor des Laur. auf ungeschickte Weise ergänzt wurde.

§ 38. *ἑνὶ δὲ λόγῳ*] Dieselbe Form der praecisio Aesch. III, 21: *ἑνὶ δὲ λόγῳ ἐνεχυράζει τὰς οὐσίας ὁ νομοθέτης τὰς τῶν ὑπευθύνων, ἕως ἂν λόγον ἀποδῶσι τῇ πόλει*. Plat. Gorg. 524[d]. Gesetze IX, 856[c] (vgl. D. XX, 78: *ἑνὶ δὲ κεφαλαίῳ, μόνος τῶν πάντων στρατηγῶν οὐ πόλιν, οὐ φρούριον, οὐ ναῦν, οὐ στρατιώτην ἀπώλεσεν οὐδένα*). Dafür *καὶ ἑνὶ λόγῳ* Plat. Staat IX, 571[d]: *καὶ* ἑνὶ λόγῳ οὔτε ἀνοίας **οὐδὲν** ἐλλείπει οὔτ' ἀναισχυντίας. V, **474**[e]. Parm. 136[b]. Vgl. **auch** Plat. Phaedr. 241[e]: λέγω οὖν ἑνὶ λόγῳ ὅτι κτλ. Staat IV, 437[d]: οἷον δίψα ἐστὶ δίψα ἆρά γε θερμοῦ ποτοῦ ἢ ψυχροῦ, ἢ πολλοῦ ἢ ὀλίγου, ἢ καὶ ἑνὶ λόγῳ ποιοῦ τινὸς πώματος; Phaed. 65[d]: λέγω δὲ περὶ πάντων, οἷον μεγέθους πέρι, ὑγιείας, ἰσχύος, καὶ τῶν ἄλλων ἑνὶ λόγῳ ἁπάντων τῆς οὐσίας, ὃ τυγχάνει ἕκαστον ὄν. Eur. Herc. fur. 1391: ἅπαντας δ' ἑνὶ λόγῳ πενθήσατε, νεκρούς τε κἀμέ. Amphis bei Athen. VI, 224[e]: ἅπαντες ἀνδροφόνοι γάρ εἰσιν ἑνὶ λόγῳ. Über die Ellipse im Ausdruck Kr. 62, 3, 12 (mit εἰπεῖν Herod. I, 61: μετὰ δέ, οὐ πολλῷ λόγῳ εἰπεῖν, χρόνος διέφυ παὶ πάντα σφι ἐξήρτυτο ἐς τὴν κάτοδον. — ἐπὶ τῶν τριάκοντα] als Glossem eingeklammert nach Sauppe, Philol. XXV, 264; so auch Rauchenst. — ἵνα δ' εἰδῆθ' ὡς πολλοὶ — τεθνᾶσι, βούλομαι — ἀναγνῶναι] Vgl. D. LIV, 36: ἵνα δ' εἰδῆθ' οἷα καὶ διαπραττόμενοι περιέρχονται, λέγ' αὐτοῖς κτλ. XXIV, 39: ὡς μὲν οὖν — οἶμαι πάντας ὑμᾶς ᾐσθῆσθαι· ἵνα δ' εἰδῆτε παρ' οἵους νόμους οἷον οὗτος εἰσήνεγκεν, ἀναγνώσεται (also im Anschlufs an einen ὁρισμός). XXXVI, 40: ἵνα δ' εἰδῆτε τό τε πλῆθος — ἀναγνώσεται κτλ. Lys. XIX, 57: ἵνα **δ'** εἰδῆτε καὶ ὑμεῖς, καὶ καθ' **ἑκάστην ἀναγνώσεται.** (D.) XLVI, 10: ἵνα δ' εἰδῆτε ἀκριβῶς, αὐτὸν **τὸν** νόμον μοι ἀνάγνωθι. — D. XX, 127: ἵνα δ' εἰδῆθ' ὅτι ταῦτα τοῦτον ἔχει τὸν τρόπον, λαβέ μοι κτλ. (D.) XLV, 19: ἵνα δ' εἰδῆτε **ταῦτα** ὅτι ἀληθῆ λέγω, λαβὲ κτλ. Aesch. III, 93: ἵνα δ' εὖ εἰδῆτε ὅτι ἀληθῆ λέγω, λαβέ μοι κτλ. D. XVIII, 305. LV, 27. 34: ἵνα δ' εἰδῆθ' ὅτι — λέγε μοι (λαβέ μοι — ἀναγνώσεται). — D. XX, 78: ἵνα δὲ μὴ λέγων παραλίπω τι — ἀναγνώσεται κτλ. (D.) XLVII, 73: ἵνα δὲ μὴ λόγῳ μόνον ἀκούσητέ μου, αὐτὸν ὑμῖν τὸν νόμον ἀναγνώ**σομαι.** XLVIII, 55: ἵνα δὲ μὴ φάσκῃ — ἀναγνώσεται. Lyk. 23: **ἵνα δὲ** μὴ λόγον οἴησθε εἶναι ἀλλ' εἰδῆτε τὴν ἀλήθειαν, ἀναγνώσεται. (D.) XL, 33: ἵνα δὲ μὴ δοκῶ διαβάλλειν αὐτόν, ἀνάγνωθι μοι. Wie man aus diesen Beispielen ersieht, finden sich derartige Übergänge zuerst bei Lysias. Ebenso verhält es sich mit ἵν' οὖν. D. XXXVI, 24: ἵν' οὖν εἰδῆθ' ὑπὲρ οὗ τὴν ψῆφον οἴσετε, τόν τε νόμον ὑμῖν τοῦτον ἀναγνώσεται κτλ. (Die Züricher mit correctus Σ ἴδητε. pr. Σ ηδητε; mir scheint sowohl hier wie XVIII, 118. XIX, 254. XXIV, 27 ἵν' εἰδῆτε den Vorzug zu verdienen. Hätte Demosth. den Aorist setzen wollen, so würde er wohl μάθητε oder γνῶτε — vgl. Is. V, 113 — gewählt haben). XXIV, 62: ἵν' **οὖν** τοῦτ' εἰδῆτε γιγνόμενον, ἀναγνώσεται. — Lys. XVII, 8: **ἵν'** οὖν εἰδῆθ' ὅτι ταῦτα ἀληθῆ ἐστι, μάρτυρας ὑμῖν παρέξομαι πρῶτον μὲν κτλ. — D. XX, 70: ἵν' οὖν μᾶλλον οἷς λέγω προσέχητε, ἀναγνώσεται. Is. XV, 59: ἵν' οὖν μὴ παντάπασιν ἐκλυθῶ — ἀνάγνωθι. § 63: ἵν' οὖν μηδὲ τοῦτ' ἔχωσιν εἰπεῖν — πειράσομαι — διελθεῖν ὑμῖν. Lys. XXXI, 16: ἵν' οὖν μὴ ἐγγένηται αὐτῷ ψευσαμένῳ ἐξαπατῆσαι, καὶ περὶ τούτων ἤδη σαφῶς ὑμῖν ἀποδείξω —. καί μοι κάλει κτλ. D. XX, 92: ἵν' οὖν μὴ λόγον λέγω μόνον, ἀλλὰ καὶ τὸν νόμον αὐτὸν *δείξω, λαβέ μοι* (Wiederaufnahme von § 88; s. unten). (D.) LXI, 2: *ἵν' οὖν μὴ παρὰ τὸν* **λόγον** *σοι λέγω —, πρόσεχ' ὡς αὐτοῦ τοῦ λόγου ἤδη ἀκουσόμενος* (in der occupatio lesen wir *ἵν' οὖν* Aesch. III, 56. [D.] XL, 21. Dein. I, 49, womit verwandt sind die eben angeführten Stellen Is. XV, 63. Lys. XXXI, 16. In der praecisio steht es Plat. Gorg. 465[b]: *ἵν' οὖν μὴ μακρολογῶ, ἐθέλω σοι εἰπεῖν ὥσπερ οἱ γεωμέτραι.* — Über *ἐθέλω* vgl. Anh. S. 295). Die Formel *ἵνα τοίνυν* finde ich nur bei Demosthenes. XXIII, 174: *ἵνα τοίνυν* **εἰδῆθ'** *ὅτι τἀληθῆ λέγω, λαβέ μοι.* XVIII, 118. XIX, 70. 285. XX, 88. XXXVIII, 17. XXXIX, 20: *ἵνα τοίνυν εἰδῆθ'* (XVIII, 118 pr. *Σ ἴδητε*) *ὅτι — λαβὼν ἀνάγνωθι* (*λαβέ — ἀναγνώσεται — βούλομαι εἰπεῖν.* XIX, 285 ist anakoluthisch). — XLI, 11: *ἵνα τοίνυν μηδὲ ταῦτ' ᾖ παραλελειμμένα, λαβέ μοι.* Unter den angeführten Beispielen wird man leicht diejenigen herausfinden können, wo sich auch die S. 233 ff. behandelte kürzere Ausdrucksweise hätte anwenden lassen (das erste Beispiel dieser Art Lys. XVII, 8). Bisweilen steht der Finalsatz an zweiter Stelle, wie And. I, 47: *φέρε δή, καὶ τὰ ὀνόματα ὑμῖν ἀναγνώσομαι τῶν ἀνδρῶν ὧν ἀπέγραψεν, ἵν' εἰδῆτε ὅσους — ἀπώλλυεν.* Aesch. I, 11: *ἀναγνώσεται οὖν ὑμῖν τούτους τοὺς νόμους ὁ γραμματεύς, ἵν' εἰδῆτε ὅτι ὁ νομοθέτης ἡγήσατο κτλ.* D. XXIII, 88: *βούλομαι τοίνυν ὑμῖν καὶ ἓν ἢ δύο ψηφίσματα δεῖξαι — ἵν' εἰδῆθ' ὅτι ῥᾴδιόν ἐστι κτλ.* XXIV, 27: *βούλομαι δ' ὑμῖν τὸ ψήφισμ' αὔτ' ἀναγνῶναι, ἵν' εἰδῆθ' ὅτι κτλ.* (*ἴδηθ' Σ*). (D.) LIX, 78: *βούλομαι δ' ὑμῖν καὶ τὸν — καλέσαι —, ἵνα καὶ — ἀκούσητε — καὶ εἰδῆτε.* D. XVIII, 153: *δός δέ μοι — ἵν' εἰδῆθ' ἡλίκα πράγμαθ' ἡ μιαρὰ κεφαλὴ ταράξασ' αὕτη δίκην οὐκ ἔδωκεν.* XIX, 31: *δός δέ μοι — ἵν' εἰδῆθ' ὅτι.* § 187: *τὰς δ' ἐπιστολὰς ὑμῖν ἀναγνώσομαι — ἵν' εἰδῆθ' ὅτι.* § 254: *λέγε δή μοι λαβὼν καὶ — ἵν' εἰδῆθ' ὅτι* (*ἴδηθ' Σ*). LIV, 10: *λάβ' οὖν καὶ — ἵν' εἰδῆθ' ὅτι.* (D.) XXIX, 39: *περὶ τοίνυν πάντων τούτων — ἀναγνώσεται τούς τε νόμους —, ἵν' εἰδῆτε* (vgl. D. XXXIX, 19: *ὧν, ἵν' εἰδῆτε, ἑκάστων μάρτυρας ὑμῖν παρέξομαι* und Lys. XIX, 57. [D.] XLVI, 10). D. XXIII, 22: *λαβὲ δὴ —, ἵν' — ἐπιδεικνύω — τὸ παράνομον.* Mit den Beispielen, in denen auf *ἵν' εἰδῆτε* ein Satz mit *ὅτι* folgt, kann man zusammenstellen D. XXXIX, 36: *ἀνάγνωθι δέ μοι λαβὼν δύο ταυτασὶ μαρτυρίας, ὡς ἐμοὶ Μαντίθεον — ὁ πατὴρ ὄνομ' ἔθετο* (vgl. S. 238). Eigentümlich Lys. XXXI, 14: *ὡς οὖν ᾤκει τε —, ἵν' εἰδῆθ' ὅτι ταῦτα πρῶτον ἀληθῆ λέγω, ἀκούσατε τῶν μαρτύρων,* wofür es nach Isae. VII, 10 und ähnlichen Stellen (s. S. 234) auch heifsen konnte: *ὡς οὖν ταῦτα πρ. ἀλ. λέγω καὶ (ὅτι) ᾤκει τε — ἀκούσατε τῶν μ.* — Im gewöhnlichen Übergange steht *ἵνα δέ* D. XXIII, 102: *ἵνα δ' ὡς διὰ βραχυτάτου λόγου δῆλον ὃ βούλομαι ποιήσω, παράδειγμά τι γνώριμον πᾶσιν ὑμῖν ἐρῶ* (vorausgeht: *βούλομαι δ' ἤδη καὶ τοῦθ' ὑμῖν ἐπιδεικνύναι,* also Übergang zur expositio rei; vgl. Diodor XVI, 40, 4). (D.) XL, 5. XLIV, 8 (Übergang zur *διήγησις,* s. S. 211). — Aesch. III, 159: *ἵνα δ' εἴπω* *καὶ περὶ — ἐκεῖνο ὑμᾶς ὑπομνῆσαι βούλομαι, ὅτι.* D. XXIV, 144: *ἵνα δὲ καὶ περὶ ἐκείνου εἴπω τοῦ νόμου — ἀκούσατέ μου καὶ περὶ τούτου.* Xen. Kyr. V, 5, 31: *ἵνα δὲ εἴπω καὶ τὸ μάλιστα τῷ ἐμῷ πάθει ἐμφερές, εἴ τις —, ἆρ' ἂν φίλον αὐτὸν νομίζοις;* Hell. VI, 3, 14: *ἵνα δὲ καὶ τοῦ συμφόρου ἔτι ἐπιμνησθῶ, εἰσὶ μὲν δήπου κτλ.* Vgl. D. XVIII, 95 (s. unten) und die Parenthesen Is. V, 66: *ἔτι τοίνυν Κῦρος, ἵνα μνησθῶμεν καὶ περὶ τῶν βαρβάρων, ἐκτεθεὶς μὲν κτλ.* § 144: *ἐνθυμοῦ δ', ἵνα τι καὶ τῶν ἀρχαίων εἴπωμεν, ὅτι.* Lys. XXI, 9: *ὅτε γὰρ — οὐδενός μοι συμπλέοντος στρατηγοῦ, ἵνα καὶ τούτου μνησθῶ, ἐπειδὴ καὶ τοῖς τριηράρχοις ὠργίσθητε —, ἐγὼ τήν τ' ἐμαυτοῦ ναῦν ἐκόμισα κτλ.* — And. I, 106. Xen. Hell. II, 3, 30. D. XXXVII, 44: *ἵνα δ' εἰδῆτε — βραχέα βούλομαι καὶ περὶ τούτων εἰπεῖν (ἀναμνήσω — θεάσασθε).* D. XIX, 57: *ἵνα δ' εἰδῆτε σαφῶς — τοὺς χρόνους ὑμῖν λογιοῦμαι.* (D.) XVII, 19: *ἵνα δ' εἰδῆτε ἔτι σαφέστερον — μικρὰ ἐπιδραμοῦμαι περὶ αὐτῶν.* Isae. XI, 3: *ἵνα δ' ἀκριβῶς μάθητε — εἰπάτω.* Xen. *πόροι* 4, 13: *ἵνα δὲ καὶ σαφέστερον — εἴπω, νῦν διηγήσομαι.* Lauter Übergänge zu einem neuen locus. Ein *ὁρισμός* geht voraus D. LV, 8: *ἐγὼ τοίνυν ἱκανὰ μὲν ἡγοῦμαι καὶ ταῦτ' εἶναι —· ἵνα δ' εἰδῆτε καὶ περὶ τῶν ἄλλων — ἔτι σαφέστερον ὑμᾶς πειράσομαι διδάσκειν.* (D.) XLVII, 11: *ὅτι μὲν τοίνυν — μεμαρτύρηται ὑμῖν· ἵνα δὲ καὶ ἐκ τεκμηρίων εἰδῆτε — δηλώσω ὑμῖν.* Ant. VI, 33: *ἡγοῦμαι μὲν οὖν καὶ —. ἵνα δ' ἔτι καὶ ἄμεινον μάθητε, τούτου ἕνεκα πλείω λέξω* (vgl. Lys. XXII, 7: *ὅμως δ' ἵνα πεισθῆτε*). Den Schluſs möge bilden der künstliche Übergang Is. VII, 19: *ἵνα δὲ μὴ συλλήβδην μόνον ἀκηκοότες ἀλλ' ἀκριβῶς εἰδότες ποιῆσθε καὶ τὴν αἵρεσιν καὶ τὴν κρίσιν αὐτῶν, ὑμέτερον μὲν ἔργον ἐστὶ — ἐγὼ δ' — πειράσομαι διελθεῖν πρὸς ὑμᾶς* (durch *ἵνα δέ* wird die Erzählung weiter geführt Is. XVII, 12: *ἵνα δὲ μηδεὶς ἔλεγχος — γένοιτο περὶ αὐτῶν, ἔφασκεν.* XVIII, 10. [And.] IV, 29. D. XXIII, 180 u. s. w. Ebenso ac ne Cic. Phil. III, 9, 24). — Auch im gewöhnlichen Übergange erscheint *ἵνα τοίνυν* nur bei Demosthenes, vorausgesetzt daſs, wie Blass, Bereds. III, 1, S. 412 ff. annimmt, R. XLV von Demosthenes' Hand herrührt. Vgl. XIX, 192. XXXVI, 36. XLV, 27: *ἵνα τοίνυν εἰδῆτε — μικρὸν ἀκούσατέ μου ἔξω τι τῆς πρεσβείας ταύτης (βραχέα ἡμῶν ἀκούσατε — μικρὰ ἀκούσατέ μου).* XLV, 40: *ἵνα τοίνυν μὴ μόνον ἐξ ὧν — δῆλος ὑμῖν γένηται — ἀλλὰ καὶ ἐξ ὧν —, τὰ — βούλομαι πρὸς ὑμᾶς εἰπεῖν.* XVIII, 95: *ἵνα τοίνυν καὶ — ἐπιδείξω —, ἓν ἢ δύο βούλομαι — διεξελθεῖν.* Beispiele, wo im transitus zu einem neuen locus der Finalsatz mit *ἵνα* dem Hauptsatze nachfolgt, bieten Lys. XXI, 1. Is. XVII, 35. Lyk. 107 (*ἵν' ἐπίστησθε*). (D.) XLVI, 9. L, 57 (*ἵν' εἰδῆτε*; vgl. Is. IX, 12: *ἵνα πάντες εἰδῶσιν*). D. XXI, 171 *ἵνα μηδὲ — οἴησθε*). Is. VII, 63 (*ἵνα μηδεὶς οἴηται*). (D.) XLVIII, 36 (*ἵνα μὴ ἐξαπατήσωσιν ὑμᾶς*; ähnliches im Anh. zu § 55). Lys. XII, 92. XXV, 21. Is. IV, 73. D. IX, 20. XVIII, 53. XIX, 177. XXI, 175. (D.) LIX, 74. Das mit Vorliebe gebrauchte *ἵν' εἰδῆτε* (*ἐπίστησθε, μάθητε*) findet sich auch sonst öfters, wie Lys. XIII, 44. Aesch. I, 141 und in einem Teile der S. 211 und S. 338 f. besprochenen Stellen. Vgl. auch D. XXIII, 7. Lys. III, 44, wo *ἵν' εἰδῆτε* (*ἐπίστησθε*) für *ἵν' ᾔδειτε* (*ἠπίστασθε*) steht (Gerth, Gramm.-Kritisches zur griech. Moduslehre S. 15 f.), dazu D. XIX, 167: *ἵνα μηδὲ τοῦτ' ἀγνοῆτε, ἐκεῖνος ἡμᾶς διεκωδώνιζεν ἅπαντας*. Eur. Phoen. 997: *ὡς οὖν ἂν εἰδῆτ', εἶμι κτλ.* Soph. Phil. 989: *Ζεύς ἐσθ', ἵν' εἰδῇς, Ζεὺς ὁ τῆσδε γῆς κρατῶν.* Eur. Andr. 589: *ψαῦσόν γ', ἵν' εἰδῇς, καὶ πέλας πρόσελθέ μου.* Hom. Od. β, 111 f. Alk. Odyss. 4: *ἔστι δὲ τὸ πρᾶγμα, ὡς ἂν εἰδῆτε, προδοσία.* Theokr. XV, 91: *ὡς εἰδῇς καὶ τοῦτο, Κορίνθιαι εἰμὲς ἄνωθεν.* Epigr. XX, 6 f.: *τοῦτον δ' αὐτὸν ὁ δᾶμος, ὡς σάφ' εἰδῇς, ἔστασ' ἐνθάδε χάλκεον ποιήσας.* Aesch. Cho. 421: *ἐμασχαλίσθη δέ γ', ὡς τόδ' εἰδῇς.* Eur. Ion. 35 f.: *τὰ δ' ἄλλ', ἐμὸς γάρ ἐστιν, ὡς εἰδῇς, ὁ παῖς, ἡμῖν μελήσει* (zu dem in solchen Fällen selten gebrauchten *ὡς* vgl. die unten folgenden Stellen Eur. Hek. 1177. Troad. 441. Ebenso selten *ὡς τί;* für *ἵνα τί;* s. Eur. Ion 525. Phoen. 621. Or. 796 und die Beispiele für *ἵνα τί;* bei Kock und Teuffel zu Arist. Wo. 1192. *ὡς ἂν* und *ἵνα* in demselben Satze Arist. Plut. 112: *σοὶ δ' ὡς ἂν εἰδῇς ὅσα, παρ' ἡμῖν ἢν μένῃς, γενήσετ' ἀγαθά, πρόσεχε τὸν νοῦν, ἵνα πύθῃ*). — Ausschliefslich oder vorzugsweise wendete man *ἵνα δέ* an, wo man mit dem transitus die Figuren der occupatio oder praesumptio, der revocatio, der praecisio und *ἀνακεφαλαίωσις*, sowie der praeteritio verband. Hierher gehören 1) Aesch. I, 182: *ἵνα δὲ μὴ δοκῶ Λακεδαιμονίους θεραπεύειν, καὶ τῶν ἡμετέρων προγόνων μνησθήσομαι* und die ebenso beginnenden Stellen des Isokrates X, 15 = XI, 9 (Nachsatz *πειράσομαι εἰπεῖν — δηλῶσαι*). XIII, 22 (*οἶμαι φανερὸν καταστήσειν*). VI, 40: *ἵνα δὲ μὴ δοκῶ περὶ ταῦτα πολὺν χρόνον διατρίβειν — ἐπὶ τὸν ἁπλούστατον ἤδη τρέψομαι τῶν λόγων.* X, 38: *ἵνα δὲ μὴ δοκῶ δι' ἀπορίαν περὶ τὸν αὐτὸν τόπον διατρίβειν — βούλομαι καὶ περὶ τῶν ἐχομένων διελθεῖν.* IV, 51: *ἵνα δὲ μὴ δοκῶ περὶ τὰ μέρη διατρίβειν ὑπὲρ ὅλων τῶν πραγμάτων ὑποθέμενος — ταῦτα μὲν εἰρήσθω μοι πρὸς — ἡγοῦμαι δὲ τοῖς προγόνοις ἡμῶν οὐχ ἧττον ἐκ τῶν κινδύνων τιμᾶσθαι προσήκειν ἢ τῶν ἄλλων εὐεργεσιῶν.* XVIII, 45: *ἵνα δὲ μὴ δοκῶ διὰ τοῦτο πολὺν χρόνον περὶ — διατρίβειν, ὅτι ῥᾴδιόν ἐστι — τοσοῦτον ὑμῖν ἔτι διακελεύομαι μνημονεύειν — ὅτι κτλ.*, sowie Isae. VII, 43: *ἵνα δὲ μὴ δοκῶ διατρίβειν περὶ ταῦτα ποιούμενος τοὺς λόγους, βούλομαι διὰ βραχέων ὑμᾶς ὑπομνήσας οὕτω καταβαίνειν* (das in mehreren Beispielen vorkommende — *πολὺν χρόνον* — *διατρίβειν* erinnert zugleich an die revocatio, die beiden letzten Stellen sind auch verwandt mit den unter Nr. 3 genannten); ferner D. XXXVIII, 24: *ἵνα δὲ μηδ' οἴησθε — ἔστι μὲν οὐκ ἴσον — ὅμως μέντοι — ἀποδόντες τὰ τρία τάλαντα περαίνετε.* Plat. Prot. 323[a]: *ἵνα δὲ μὴ οἴῃ ἀπατᾶσθαι, ὡς — τόδε αὖ λαβὲ τεκμήριον.* Menon 94[b]: *ἵνα δὲ μὴ οἴῃ — ἐνθυμήθητι ὅτι.* Is. XIX, 16: *περὶ μὲν οὖν — ἱκανῶς ἀποδεδεῖχθαι νομίζω· ἵνα δὲ μηδεὶς οἴηται — βούλομαι καὶ περὶ τούτων εἰπεῖν.* D. XXXVII, 21: *οὐκοῦν ὡς μὲν —. ἵνα δὲ μή τις οἴηται — καὶ καθ' ἕκαστον — βούλομαι δεῖξαι αὐτὸν ψευδόμενον*, endlich D. XXIII, 104: *ἵνα δὲ μὴ πάνυ θαυμάζητ', εἰ — γεγονὸς καὶ — πρᾶγμ' ὑμᾶς ὑπομνήσω.* XXIV, 6: *τὸ μὲν οὖν πρᾶγμα — τοῦτ' ἐστίν· ἵνα δ' ὑμῶν μηδεὶς θαυμάζῃ, τί δήποτε — βούλομαι μικρὰ πρὸς ὑμᾶς εἰπεῖν* (vgl. von den oben angeführten Stellen Is. VII, 63. Lyk. 23. D. XXI, 171. [D.] XL, 33. XLVIII, 55 und die verwandten Beispiele S. 338 — Aesch. I, 49. D. XIX, 25 — sowie S. 266 ff.). — 2) Is. XV, 29: *ἵνα δὲ μὴ λίαν ἐνοχλῶ πολλὰ πρὸ τοῦ πράγματος λέγων, περὶ — ἤδη πειράσομαι διδάσκειν ὑμᾶς.* Hyp. f. Lyk. XXXV Bl.: *ἵνα δὲ μὴ πρὸ τοῦ πράγματος πολλοὺς λόγους ἀναλίσκω, ἐπὶ — πορεύσομαι.* Aesch. I, 155: *ἵνα δὲ μὴ μακρολογῶ περὶ τῶν ποιητῶν διεξιών, ἀνδρῶν ἐρῶ κτλ.* II, 22: *ἵνα δὲ μὴ μακρολογῶ — διεξιὼν —, ὡς τάχιστα ἥκομεν εἰς Μ., συνετάξαμεν κτλ.* I, 50: *ἵνα δὲ μὴ διατρίβω, πρῶτον μὲν κάλει.* III, 176. 190: *ἵνα δὲ μὴ ἀποπλανῶ ὑμᾶς ἀπὸ τῆς ὑποθέσεως, ἐκεῖνο μέμνησθε (ἀναγώσεται ὑμῖν).* III, 76: *ἵνα δ' ἐπὶ τῆς ὑποθέσεως μείνω, λαβέ μοι.* In diesem Falle *ἵν' οὖν* Plat. Gorg. 465[b] (s. oben), *ἀλλ' ἵνα* dreimal bei Demosth., XVIII, 313: *ἀλλ' ἵνα μὴ λόγον ἐκ λόγου λέγων τοῦ παρόντος ἐμαυτὸν ἐκκρούσω, παραλείψω ταῦτα.* XX, 63: *ἀλλ' ἵνα μὴ πόρρω τοῦ παρόντος γένωμαι, λαβὲ κτλ.* LV, 21: *ἀλλ' ἵνα μὴ πάνθ' ἅμα συνταράξας λέγω, λαβέ μοι*, womit zusammenzuhalten der reditus ad propositum (D.) XIII, 9: *ἀλλ' ἵν' ἐκεῖσε ἐπανέλθω, φημὶ δεῖν.* Einwirkung des Lateinischen möchte man annehmen Dion. Hal. Antt. VIII, 23: *ἵνα δὲ πάντα ταῦτα ἀφῶ, τί ἂν ἔχοις εἰπεῖν κτλ.* IX, 31: *ἀλλ' ἵνα ταῦτ' ἀφῶ, φέρε πρὸς θεῶν, εἴπατέ μοι.* Vgl. Cic. p. Rosc. Amer. 45, 132: verum ut haec missa faciam, quae jam facta sunt, ex iis, quae nunc cum maxime fiunt, nonne quivis potest intelligere etc. de finn. I, 7, 24: sed ut omittam pericula —, ad ea, quae hoc non minus declarant —, veniamus. p. Lig. 7, 20: sed ut omittam communem causam, veniamus ad nostram. Wie die griech. Schriftsteller der klassischen Zeit sich ausdrückten, zeigen D. XVIII, 231: *ἀλλ' ἐῶ ταῦτα· καὶ μὴν οὐδὲ τοῦτ' εἰπεῖν ὀκνήσω.* Lys. XIX, 8: *ἀλλὰ ταῦτα μὲν ἐάσω· οὐδὲν γὰρ ἂν περαίνοιμι· πολὺ δ' ἀθλιώτεροι δοκοῦσί μοι.* (D.) XLV, 22: *ἀλλ' ἐῶ Κηφισοφῶντα.* § 33: *ἀλλ' ἐῶ ταῦτα καὶ τἆλλ' ὅσ' ἂν —. ἀλλ' οὗ ἀνέγνων εἵνεκα — τοῦθ' ὑμᾶς ἀναμνήσω.* Plat. Alk. I, 122[e]: *ἀλλὰ ταῦτα μὲν πάντα ἐῶ χαίρειν, χρυσίον δὲ — οὐκ ἔστιν ἐν πᾶσιν Ἕλλησιν ὅσον ἐν Λακεδαίμονι.* — D. XVIII, 263: *ἀλλὰ γὰρ παρεὶς ὧν — πρὸς αὐτὰ τὰ τοῦ τρόπου σου βαδιοῦμαι κατηγορήματα* (vgl. Anh. zu XXV, 17). Koordination findet sich auch im Latein. nicht selten, wie Cic. Ac. prior. II, 28, 90: sed abeo a sensibus: quid est quod ratione percipi possit? p. Rosc. Amer. 28, 76: verum haec missa facio: illud quaero. Sall. Cat. 52, 24: sed ego haec omitto. Conjuravere nobilissumi cives. Liv. **XXVI**, 13, 9: sed omitto haec —. Illud **irae** atque odii inexpiabilis execrabilisque indicium est. Cic. de off. **III, 26**, 99: sed omittamus et fabulas et externa: ad rem factam nostramque veniamus. de div. I, 20, 39: sed omittamus oracula: veniamus ad somnia (zu beachten ist, dafs die der praeteritio eigentümlichen Ausdrücke *παραλείπειν*, *ἀφιέναι*, *ἐᾶν*, *παριέναι* (de praeterit. 36 f.), missum facere, omittere auch in der revocatio = 'fallen lassen' gebraucht werden. *ἀφιέναι* in diesem Sinne auch Anaxim. Rhet. praef. I, 173 Sp., *παραλείπειν* [And.] IV, 10, *παριέναι* Herod. I, 14, *ἐᾶν* Is. IV, 32. XII, 227. D. XX, 5. XXI, 182. XXIV, 127; dagegen *ἀφίεσθαι* Is. VI, 40. XV, 29. 63, *ἀπαλλάττεσθαι* Is. XI, 34. D. XVIII, 270. XX, 58. Plat. Staat II, 357ᵃ, *ἀναιρεῖν* Is. IV, 63, wenn hier nicht mit Schneider *ἀφελόντας* zu schreiben ist; vgl. S. 308 f.). — 3) Aesch. II, 112: *ἵνα δὲ μὴ μακρολογῶ, τοιαῦτ' ἦν ἃ ἔλεγε — ἐφ' οἷς γέλωτες οὐχ οἱ τυχόντες ἐγένοντο.* (D.) XI, 23: *ἵνα δὲ μὴ μακρολογῶ, φημὶ χρῆναι.* Anaxim. Rhet. 37 (S. 238 Sp.): *ἵνα δὲ μὴ μηκύνω καθ' ἓν ἕκαστον λέγων, ὅσῳ ἂν — τοσούτῳ μᾶλλον — ἀδοξήσουσιν.* (D.) XLV, 5: *ἵνα δὲ* ***συντέμω*** *ταῦτα, ἐπειδὴ —, δίκην ἠναγκάσθην αὐτῷ* ***λαχεῖν.*** Muson. b. Stobae. Flor. LXXIX, 51: *ἵνα δὲ συντεμὼν εἴπω, κελεύει ὁ νόμος.* Derselbe ebenda XVIII, 38: *ἵνα δὲ συνελὼν εἴπω περὶ —,* ***φημὶ*** *δεῖν.* Dion. Hal. ep. ad Pomp. 3, 21. de Thuc. jud. 24, 6. 55, 2: *ἵνα δὲ συνελὼν εἴπω, καλαὶ μὲν αἱ ποιήσεις ἀμφότεραι (τέτταρα μέν ἐστι κτλ. — οὐκ ἔχει λόγον).* Is. XIX, 50: *ἵνα δὲ παύσωμαι λέγων καὶ μηκέτι πλείω χρόνον διατρίβω, σκέψασθ' ὡς κτλ.* Aesch. II, 118: *ἵνα δὲ μὴ διατρίβω — διεξιών, ἐν κεφαλαίῳ — εἰπὼν παύσομαι.* D. XIV, 41: *ἵνα δὲ μὴ μακρὰ λίαν λέγων ἐνοχλῶ, τὰ κεφάλαια — φράσας ἄπειμι.* Vgl. D. XXIV, 14: *γράφονται τὸ ψήφισμα· εἰς ὑμᾶς εἰσῆλθεν· ἵνα συντέμω, κατὰ τοὺς νόμους ἔδοξεν εἰρῆσθαι καὶ ἀπέφυγεν* (wegen der vorangehenden Asyndeta auch *ἵνα συντ.* **ohne** *δέ*, vgl. XVIII, 215. XXXIX, 4). Eur. Hek. 1177 ff.: *ὡς δὲ* ***μὴ*** *μακροὺς τείνω λόγους, εἴ τις — ἅπαντα ταῦτα συντεμὼν ἐγὼ φράσω.* Troad. 441: *ὡς δὲ συντέμω, ζῶν εἶσ' ἐς Ἅιδου.* — 4) Dion. Hal. ep. ad Pomp. 6, 5: *ἵνα δὲ πάντ' ἀφῶ τἆλλα, τίς οὐχ ὁμολογήσει κτλ.* de Thuc. jud. 18, 4: *ἵνα δὲ πάσας ἀφῶ τὰς ἄλλας μάχας —, οἱ ἐν Σικελίᾳ — ἀποθανόντες — πόσῳ μᾶλλον ἦσαν ἐπιτηδειότεροι τυγχάνειν οἴκτων τε καὶ κόσμων ἐπιταφίων*; an beiden Stellen im transitus ad rei expositionem, wohl gleichfalls Nachahmung der lateinischen Ausdrucksweise (s. die unten angeführten Beispiele Ciceros, Brut. 93, 321 u. s. w.). Die griech. Schriftsteller der klassischen Zeit pflegen, wenn sie die praeteritio im Übergang zur expositio anwenden, zu koordinieren (de praet. 6 ff. — *πολλοὺς δ' ὑπερβὰς ἑνὸς μνησθήσομαι* Aesch. I, 170). — Über die in solchen Formeln häufig hervortretende Breviloquenz (man wird die betreffenden Stellen leicht selbst herausfinden können) vgl. Kr. 54, 8, 14: '*ἵνα*, selten *ὡς*, mit dem Konjunktiv eines Verbums der

Äufserung, findet sich mit Bezug auf einen vorschwebenden Gedanken: ich will dies erwähnen'. Derselben Kürze begegnen wir D. XXI, 43. 175. XXIII, 202. Xen. Staat d. Lak. 1, 3 (s. S. 302; gleicher Art Eur. I. A. 1148 f.: *πρῶτον μέν, ἵνα σοι πρῶτα ταῦτ' ὀνειδίσω, ἔγημας ἄκουσάν με κτλ.*) und in den de praet. S. 23 citierten Beispielen der praeteritio, *ἐπιείκεια* und praecisio, zu denen man füge Demad. *ὑπὲρ τῆς δωδ.* 11: *πάλιν τοίνυν ἧκε τῇ πόλει καιρὸς ἕτερος, ἵνα τοὺς μεταξὺ κινδύνους ἑκὼν ἐπιλάθωμαι.* Aesch. III, 172: *συνῴκισε τὴν μὲν ἑτέραν ὅτῳδήποτε, ἵνα μὴ πολλοῖς ἀπεχθάνωμαι.* (D.) Br. II, 1473: *ἀλλὰ καὶ εὔνουν* (*με εὑρήσετε*) *τῷ πλήθει τῷ ὑμετέρῳ τοῖς μάλισθ' ὁμοίως, ἵνα μηδὲν ἐπίφθονον γράψω, καὶ κτλ.* D. XIX, 100: *διὰ τὴν ἀβελτερίαν τὴν ἐμήν, ἵνα μὴ τὴν τούτου λέγω.* Arist. Thesm. 476: *ἐγὼ γὰρ αὐτὴ πρῶτον, ἵνα μὴ ἄλλην λέγω, ξύνοιδ' ἐμαυτῇ πολλὰ δεινά.* (D.) prooem. 48. 53: *ἵνα μὴ πάντας λέγω* (*εἴπω*). Plat. Gorg. 521[d]: *οἶμαι μετ' ὀλίγων Ἀθηναίων, ἵνα μὴ εἴπω μόνος, ἐπιχειρεῖν κτλ.* Hipp. II, 372[d]: *ἵνα μηδὲν ἐμαυτὸν μεῖζον εἴπω,* — desgleichen Plat. Symp. 196[d]: *καὶ πρῶτον μέν, ἵν' αὖ καὶ ἐγὼ τὴν ἡμετέραν τέχνην τιμήσω* —, *ποιητὴς ὁ θεὸς σοφὸς οὕτως, ὥστε κτλ.* (anders 186[b]: *ἄρξομαι δὲ ἀπὸ τῆς ἰατρικῆς λέγων, ἵνα καὶ πρεσβεύωμεν τὴν τέχνην*). Gorg. 467[b]: *μὴ κατηγόρει, ὦ λῷστε Πῶλε, ἵνα προσείπω σε κατὰ σέ.* Xen. Symp. 2, 26: *ἢν δὲ ἡμῖν οἱ παῖδες μικραῖς κύλιξι πυκνὰ ἐπιψακάζωσιν, ἵνα καὶ ἐγὼ ἐν Γοργιείοις ῥήμασιν εἴπω κτλ.* Aesch. III, 202: (*ἀξιώσατε τὸν Δημοσθένην τὸν αὐτὸν τρόπον ἀπολογεῖσθαι ὅνπερ κἀγὼ κατηγόρηκα.*) *ἐγὼ δὲ πῶς κατηγόρηκα; ἵνα καὶ ὑπομνήσω ὑμᾶς. οὔτε τὸν ἴδιον βίον τὸν Δημοσθένους πρότερον διεξῆλθον κτλ.* (*ἐγὼ δὲ πῶς κατ.* = *ὡς δ' ἐγὼ κατ. ἐρῶ.* Die folgenden Worte sind zu erklären: 'damit ich euch zugleich den Hauptinhalt meiner Rede ins Gedächtnis zurückrufe'. Vgl. Plat. Phaedr. 267[d]. Volkmann, Rhet. 215, und über *ἵνα καί* Aesch. III, 213. Kr. 69, 32, 17. Hertlein zu Xen. Kyr. III, 3, 39. Cron zu Plat. Lach. 194[a]. Stallbaum zu Gorg. 467[c]. Staat I, 346[a]. Das vollere *ἵν' ἅμα καί* Plat. Apol. 22[b]. So, wie Weidner die Stelle schreibt: *ἐγὼ δὲ πῶς κατηγόρηκα; ἵνα καὶ τοῦθ' ὑπομνήσω ὑμᾶς, οὔτε τὸν ἴδιον βίον κτλ.,* läfst sich dieselbe vergleichen mit D. XIX, 166 f. nach der von Weil hergestellten Interpunktion; indes dürfte bei der oben gegebenen Erklärung die Überlieferung sich doch wohl halten lassen). Eur. Ion 950 (s. Matthiae § 620). Vgl. auch Müller zu D. IV, 18. 28. 30. Verwandt ist die Brachylogie in den Formeln mit *εἰ δεῖ,* die ausführlich behandelt sind S. 260 ff. (mit Aesch. III, 202 vgl. D. II, 28). In gewissem Sinne gehört hierher auch Theokr. II, 142; s. S. 244. Was das Latein. anlangt, so ist in den entsprechenden Transitionsfiguren atque ut und ac ne (seltener dafür ut autem, ut vero, sed ut, sed ne) die brachylogische Form weit gebräuchlicher als die volle. Mit Rücksicht auf die oben angeführten griech. Beispiele zerlege ich die entsprechenden (zum Teil auch abweichenden) lateinischen in **fünf Klassen. 1)** Cic. p. Sest. 4, 11: atque ut illius temporis atrocitatem recordari possitis, audite literas **etc.** (vgl. Lys. XIII, 38 u. s. w.). **2)** Cic. de finn. V, 17, 46: atque ut **a** corpore ordiar, videsne **ut etc.** I, 5, 13: ut autem a facillimis ordiamur, **prima** veniat in **medium** Epicuri ratio (andere Beispiele mit Brachylogie bei Seyffert, schol. **Lat.** I, S. 10; dafs sich bei den griech. Rednern nichts Ähnliches findet, ist schon S. 303 bemerkt). — p. Rosc. Amer. 5, 14. p. Cluent. 4, 11 (Übergang zur narratio, s. S. 209). Cat. Maj. 17, 59: atque ut intelligatis — Socrates in eo libro loquitur. de imp. Cn. **Pomp.** 8, 20: atque ut omnes intelligant — dico (vgl. Halm). in Cat. II, 5, 9: atque ut — perspicere possitis, nemo est. p. Cluent. 14, 43: atque ut — perspicere possitis, exponam **vobis. de** finn. I, 10, 32: sed ut perspiciatis — totam rem aperiam. ad fam. V, 7, 3: **ac ne** ignores — scribam aperte (im Übergang zur expositio **rei Liv. XXI,** 40, 5: ne genus belli neve hostem ignoretis, cum **iis est vobis** pugnandum. Vgl. auch Liv. XXII, **51, 2**: immo ut, quid hac **pugna** sit actum, scias, die quinto victor in Capitolio epulaberis. **Hor.** Od. IV, 11, 13: ut tamen noris —, Idus tibi sunt agendae. **Cic.** Cat. Maj. 15, 52: satiari delectatione **non** possum, ut — noscatis. de republ. III, 9, 16: quod cum faciamus, prudenter facere dicimur, juste non dicimur, ut intelligatis discrepare ab aequitate sapientiam). — Cic. p. Sulla 29, 82: **atque ut de** — dicam —, potest quisquam dicere etc. de legg. III, **2, 4**: atque ut ad haec citeriora veniam et notiora vobis, omnes antiquae gentes regibus quondam paruerunt. de orat. I, 8, **33**: ut vero jam ad illa summa veniamus, quae vis alia potuit etc. (andere Beispiele dieser Art bei Seyffert S. 15; eingeschoben ist ut veniam Cic. de or. II, 58, 236: est autem, ut ad illud tertium veniam, est plane oratoris. Bei den griech. Rednern ist mir nichts Ähnliches aufgestofsen, obwohl auch von diesen verba eundi — vgl. zu X, 30 — im transitus angewendet wurden). Tusc. V, **24,** 68: **sed** ne verbis solum attingamus ea, quae volumus ostendere, proponenda quaedam quasi moventia sunt. **3) Cic.** de or. I, 2, 8: ac ne qui forte — putet: qui —, facillime — judicabit (ne forte in dieser Form sehr häufig; vgl. Plat. Staat IX, 584[a]: *ἰδὲ τοίνυν ἡδονάς, αἳ οὐκ ἐκ λυπῶν εἰσίν, ἵνα μὴ πολλάκις οἰηθῇς κτλ.* Kritias 112[e]: *τὸ δ' ἔτι βραχὺ πρὸ τοῦ λόγου δεῖ δηλῶσαι, μὴ πολλάκις — θαυμάζητε*). Hor. Epist. II, 1, 208 ff.: ac ne forte **putes —**: ille — mihi posse videtur. Cic. in Verr. II, 2, 73, 181: **ac ne forte** ea — videantur —, quae — inveniri potuerunt, inventa **sunt.** de **or.** II, 46, 191: ac **ne hoc** forte magnum ac mirabile esse videatur —, magna vis est. in Verr. II, 3, 56, 129: ac ne miremini —, scitote (vgl. Krebs, Antibarb. scio). ad fam. V, 12, 9: ac ne forte mirere —, illa nos cupiditas incendit. p. Arch. 1, 2: ac ne quis — forte miretur —, ne nos quidem — dediti fuimus. 2, 3: sed ne cui vestrum mirum esse videatur —, quaeso a vobis (vgl. Stürenburg bei Halm). p. Sest. 67, 140: ac ne quis — pertimescat, unus — concidit. in Verr. II, 2, 44, 108: ac ne quis forte dubitet, cujus modi hoc totum sit negotium, tametsi — tamen paulum etiam attendite. Hor. Epist. I, 1, 13 ff.: ac ne forte roges —: quo — deferor hospes (vgl. Liv. I, 28, 5: nam, ne vos falsa opinio teneat, injussu meo — subiere. 53, 7: nam, ne errarent, manere iis bellum. II, 29, 1: ne praedictum negetis, adest ingens seditio. III, 10, 13. Hor. Od. IV, 9, 1 ff.: ne forte credas —: non, si —, Pindaricae latent — Camenae. Cic. de finn. IV, 14, 36: alii, ne me existimes —, eas sententias afferunt. II, 7, 20: duae sunt enim res quoque, ne tu verba solum putes. Cat. Maj. 16, 55: senectus est natura loquacior, ne ab omnibus eam vitiis videar vindicare. Andere Beispiele dieser Brachylogie bei vorangestelltem Hauptsatze werden angeführt von Tischer zu Cic. Cat. Maj. 15, 52. Tusc. I, 17, 41 und von Holstein zu de finn. I, 13, 43. Die volle Ausdrucksweise z. B. Liv. III, 4, 1: Furios Fusios scripsere quidam: id admoneo, ne quis immutationem virorum ipsorum esse, quae nominum est, putet). — 4) Cic. de or. I, 8, 34: ac ne plura, quae sunt paene innumerabilia, consecter, comprehendam brevi. II, 58, 235: ac ne diutius vos demorer, de omni isto genere quid sentiam perbreviter exponam. in Vat. 9, 21: ac ne diutius loquar de auguratu tuo —: neque enim tu — putavisti: verum tamen, ut somnia tua relinquam, ad scelera veniam, volo ut mihi respondeas. de finn. II, 35, 118: ac ne plura complectar — sunt enim innumerabilia —, bene laudata virtus voluptatis aditus intercludat necesse est. in Cat. III, 5, 10: ac ne longum sit, tabellas proferri jussimus (vgl. p. Caec. 33, 95: ut ne longius abeam, declarat ipsa ascriptio. p. Rosc. Amer. 7, 20. in Verr. II, 1, 13, 34: ne diutius teneam, societas coitur — pecunia attributa est. Hor. Sat. I, 3, 137: ne longum faciam: dum — mihi dulces ignoscent — amici. Cic. in Verr. II, 3, 25, 62: ne multa: istis contumeliis scitote Lollium coactum ad — venisse. II, 4, 39, 85. p. Cluent. 16, 47. 64, 180: ne multa mit Brachyl. in Verr. II, 4, 46, 104: haec iste omnia, ne multis morer, uno impetu — tollenda — curavit. Plin. N. H. XVII, 25 (38), 243: ne in infinitum abeamus, ebenso eingeschoben. Beispiele für ein in gleicher Weise eingefügtes ἵνα an dem schon oben genannten Orte de praet. 23). — 5) Cic. Brut. 93, 321: atque ut multa omittam, in hoc spatio et praetor primus et incredibili populi voluntate sum factus. Tusc. IV, 33, 71: atque ut muliebris amores omittam —, quis aut de Ganymedi raptu dubitat etc. de or. I, 4, 13: atque ut omittam Graeciam —, in hac ipsa civitate — viguerunt. Unnötig ist, wie die voranstehenden Beispiele zeigen, Piderits Konjektur: namque ut omittam, wenn auch bei diesem Übergange zur expositio rei sonst häufig Kausalkonjunktionen angewendet werden. So Cic. p. Mur. 27, 56. Sall. Iug. 10, 2. Nep. Hann. 2, 1: nam ut omittam. Cic. in Verr. II, 3, 77, 178: nam ut illud missum faciam. Tusc. IV, **35**, 76: nam ut illa praeteream. p. rege Dej. 5, 15: ut enim omittam (überall Brachyl.). Nach einem Fragsatz wird die nähere Ausführung durch das Relativpronomen eingeleitet Cic. p. Sest. 13, 29: quo civem importunum aut quo potius hostem tam sceleratum reserves? qui, ut omittam cetera — hoc unum habet proprium etc. in Verr. II, 4, 20, 45: tu dignior, Verres, quam Calidius? qui, ut non conferam etc. Einschaltungen anderer Art Cic. ad fam. V, 16, 4: sin illa te res cruciat, quae —, ut ea non dicam, quae —, hoc tamen non dubitans confirmare possum. p. Sulla 25, 70: circumspicite paulisper mentibus vestris, ut alia mittamus, hosce ipsos homines. p. Mur. 15, 32: quem L. Sulla —, ut aliud nihil dicam, — cum pace dimisit. de or. I, 36, 166: potes igitur, inquit Crassus, ut alia omittam innumerabilia et immensa et ad ipsum civile jus tuum veniam, oratores putare eos etc. (vgl. de praet. 23). Wenn Cicero nach griechischer Weise im Übergang zur expositio koordiniert, so gebraucht er in der Regel explikatives Asyndeton; vgl. die Beispiele bei Seyffert S. 87 ff. Ausnahmen de prov. cons. 17, 40: ac primum illud tempus — praetermitto (in Vat. 5, 11: atque illud — tempus — patiar latere). Cat. Maj. 15, 52: omitto enim. p. Rosc. Amer. 27, 75: qua in re praetereo illud.

§ 39. *ὁ δ' ἥτις*] *ὁ δέ* tilgt Herw.

§ 40. *μέλαν τε ἱμ. ἠμφιεσμένη*] Eine gezwungene Deutung des *τέ* (*πυθομένη* — *ἠμφιεσμένη τε*) bei Le Beau, Lysias' Epitaphios als echt erwiesen S. 78 (vgl. auch Heidelb. Jahrb. 1867, 37). Westerm. u. Cobet verwandeln *τέ* in *τό*, Rauchenst. klammert es ein. Dafs hinter *ἠμφ.* zugleich mit *καί* ein Ptcp. ausgefallen sei, nahm schon Reiske an, und so neuerdings Scheibe, Kayser und P. R. Müller, Philol. XII, 98. Der von Herw. aufgenommenen Kayserschen Ergänzung (*καὶ ἀποκειραμένη*) ist die Müllers (*καὶ κεκαρμένη*) wegen des vorausgehenden Perfekts ohne Zweifel vorzuziehen. Rauchenstein meint, es könne auch vor *μέλαν* ein Wort wie *ὀδυρομένη* ausgefallen sein. Vgl. dagegen die Anm. zu § 1. — *ὡς εἰκὸς ἦν*] Zur Ellipse vgl. Thuk. V, 9, 9: *ἀνὴρ ἀγαθὸς γίγνου, ὥσπερ σε εἰκὸς ὄντα Σπαρτιάτην.* VI, 69, 2: *τροπάς, οἷα εἰκὸς ψιλούς, ἀλλήλων ἐποίουν.* II, 64, 1: *οἱ ἐναντίοι ἔδρασαν ἅπερ εἰκὸς ἦν μὴ ἐθελησάντων ὑμῶν ὑπακούειν.* D. XXI, 62: *φρονῶν ἐφ' αὑτῷ τηλικοῦτον, ἡλίκον εἰκὸς ἄνδρα καὶ δόξης καὶ τιμῶν τετυχηκότα.* — *ἀνδρὶ αὐτῆς*] *ἀνδρὶ τῷ αὐτῆς* Herw.; *αὐτῆς* will streichen van den Es. Man erkläre *ἐπὶ τῷ ἀνδρὶ αὐτῆς* — *κεχρημένῳ* durch *ἅτε* **τοῦ** *ἀνδρὸς αὐτῆς* — *κεχρημένου*, und man wird an der Überlieferung nichts zu tadeln haben.

§ 41. *ὅτι οἱ αἴτιος*] Cobet und Westermann, quaest. I, 14 (vgl. quaest. III, 18), gebilligt von Sauppe und Rauchenstein; *ὅτι αἴτιος* Scheibe und Frohberger nach den Hdschr.; *ὅτι αἴτιος αὐτῷ* nach einem früheren Vorschlage Cobets Herwerden.

§ 42. *κυεῖν*] auch Cobet; vgl. Scheibe praef. und comm. de Isaei oratt. p. 6; *κύειν* nach dem Palat. Herw. — *ἐάν*] *ἐὰν ἄρρεν* Halbertsma, lect. Lys. 26 unter Vergleichung von Arist. Ekkles. 549. — *τῷ γενομένῳ*] tilgt Halbertsma in den annot. crit. mit Zustimmung Kaysers (Philol. XXV, 312); *τούτῳ ἀνδρὶ γενομένῳ* ein Anonymus Mnem. III, 336 und Herw.; *αὐτῷ ἀνδρὶ γενομένῳ* Hamaker (nach Halbertsma, lect. Lys. a. a. O.); *ἀνδρὶ αὐτῷ γενομένῳ* P. R. Müller, de emendandis aliquot locis p. 9. — *ὡς φονέα ὄντα*] als 'emblema' von Herw. gestrichen.

§ 43. *σχεδόν*] *σχεδόν τι* Herw. Vgl. Anh. zu § 33 (S. 355). — *τὰς — τῇ πόλει*] Mehr Beispiele dieser Stellung bei Frohberger, Jahrb. f. Philol. 1861, 175. Vömel zu D. XVIII, 176.

§ 44. *ταὐτῇ*] mit Frohberger für das hdschr. *ταύτῃ τῇ*. Auch Westerm. quaest. I, 14: *τῇ αὐτῇ*, und so Rauchenstein. Vgl. Kayser, Philol. XXV, 304.

§ 45. *αἰσχίστῳ — ὀλέθρῳ ἀπόλλυσθαι*] Wegen des Dativs vgl. (Lys.) VI, 1 *θανάτῳ τῷ ἀλγίστῳ ἀπώλετο, λιμῷ* und die Stellen bei Lobeck zu Soph. Aj. 1058. Hentze zu Hom. Od. ι, 303. Dafür der Accusativ (des Inhalts) Od. ι, 303: *ἀπωλόμεθ' αἰπὺν ὄλεθρον* und in den Stellen bei Lobeck a. a. O. und Paral. II, 515, Anm. 12 (daneben *κακῶς* und *κάκιστα, ἐξώλης* und *προώλης ἀπόλλυμαι*). — *σφετέρους αὐτῶν*] eingeklammert nach Dobree mit Scheibe (vind. 72); Cobet und Herw. streichen die Worte ganz; vgl. auch Francken, comm. 141. Frohberger und Rauchenstein (dieser früher anders) verteidigen die Überlieferung mit der Bemerkung, dafs bei *σφέτερος* (*ἡμέτερος, ὑμέτερος*) *αὐτῶν* der Begriff des *αὐτῶν* oft kaum noch hervortrete. So richtig dies an sich ist, so hat man doch zu bedenken, dafs in allen Stellen, welche von Frohberger in der Anm. (Lys. XIII, 97. XXVIII, 7. Lyk. 141. Isae. VIII, 1), von Krüger zu Thuk. VI, 21, 2 und Mätzner zu Ant. S. 147 für diesen Gebrauch angeführt werden, der Artikel hinzugefügt ist, teils in der gewöhnlichen Weise (wegen Plat. Menex. 245[e]: *καὶ γὰρ ναῦς καὶ τείχη ἔχοντες καὶ τὰς ἡμετέρας αὐτῶν ἀποικίας* vgl. Krüger zu Thuk. I, 101, 2) teils in der zu XII, 96 besprochenen Stellung (Ant. I, 29: *φίλους καὶ ἀναγκαίους τοὺς σφετέρους αὐτῶν καλοῦσιν.* ebenda § 30). Ganz anders Lys. XIII, 27, wo die Anm. zu vergleichen. Aufserdem entsteht erst nach Entfernung von *σφετέρους αὐτῶν* die erforderliche Symmetrie der Glieder: *οἱ μὲν γονέας πρεσβύτας — οἱ δ' ἀδελφὰς ἀνεκδότους, οἱ δὲ παῖδας μικρούς* (zu weit ging Hamaker, wenn er der Konzinnität wegen auch die Worte *οἳ ἤλπιζον — ταφήσεσθαι* streichen wollte. Diesem Relativsatze entspricht im dritten Gliede der participiale Zusatz *πολλῆς ἔτι θεραπείας δεομένους*, während in dem mittleren Gliede, das äufserlich nicht so hervortreten sollte, alles, was sich sagen liefs, ganz angemessen zusammengedrängt ist in das eine ἀνεκδότους. Dem Sinne nach bedeutet dieses Adj. so ziemlich dasselbe wie ἐπιγάμους, ἃς ἔδει αὐτοὺς ἐκδοῦναι, eine Umschreibung, die Lys. wegen der Stellung des Satzgliedes absichtlich vermied). Wenn Frohberger fragt, was eine solche Glosse hätte veranlassen können, so scheint er die Worte Scheibes a. a. O. übersehen zu haben: σφετέρους αὐτῶν e linea subsequenti huc translata esse persuasum habeo, womit dieser Gelehrte nicht eine absichtliche Fälschung, sondern eine ja auch sonst häufig vorkommende Nachlässigkeit der Abschreiber bezeichnen wollte.

§ 46. ἴστε δέ] Scheibe, Jahrb. f. Philol. 1864, 501 für das hdschr. ἔτι δέ. Rauchenst. behält ἔτι bei, streicht aber das ὡς vor κατεσκάφη. Vielleicht ist unter Annahme einer doppelten Lücke zu schreiben: ἔτι δὲ ἴστε τὰ τείχη ὡς κατεσκάφη (ἔτι δὲ τὰ τείχη ἴσθ' ὡς κατεσκάφη), καὶ ὡς αἱ νῆες κτλ. Bei dieser Konstituierung des Textes erledigt sich einerseits das von J. Frei bei Rauchenst. im Anh. erhobene Bedenken, dafs die vorige Konstruktion schon mit καὶ αἱ νῆες aufgegeben würde (§ 47 entzieht sich, wie Frohberger bemerkt, deshalb der Rektion des ὡς, weil der Gegensatz der Verluste der Privaten zu denen der Gemeinde durch den selbständigen Satz schärfer hervortritt); andererseits erhält man für die einfache Anapher, die nach den längeren Zwischensätzen οἳ οὐδὲν κακὸν — τῶν ἡδίστων; nicht mehr so recht am Platze war, einen ganz angemessenen volleren Ausdruck. — ἀκρόπολιν ἡμῶν] ἡμῶν *X* und *C*, ὑμῶν die Ausgaben. — τὴν πόλιν] tilgt Frohberger mit Emperius, opusc. 314; Bake, schol. hypomn. II, 267 auch noch das vorausgehende πόλεως; Herwerden nach Hamaker den ganzen Abschnitt ἔτι δὲ — τὴν πόλιν. Nach der in der Anm. vorgeschlagenen Emendation läfst sich die Stelle rücksichtlich des den beiden einander gegenüberstehenden Adjectivis zugewiesenen Platzes vergleichen mit D. XVIII, 255: ὁ δὲ τὴν ἰδίαν τύχην τὴν ἐμὴν τῆς κοινῆς τῆς πόλεως κυριωτέραν εἶναί φησι, τὴν μικρὰν καὶ φαύλην τῆς ἀγαθῆς καὶ μεγάλης.

§ 47. τὰς ἰδίας οὐσίας] οὐσίας fehlt in *XC*, weshalb Frohberger nach Förtsch (observ. 27) und Herw. τὰ ἴδια schreibt. — ταῦτα] Die Worte von ταῦτα — γεγενημένων wollte Hamaker streichen; vgl. dagegen Scheibe, vind. 73 f. — αἰσθόμενοι] προαισθόμενοι Westerm. quaest. I, 15. Dagegen Rauchenst. Jahrb. f. Philol. 1860, 330. Kayser, Philol. XXV, 304. — ἐπιτρέψειν] nach Dobrees Vorschlag mit Cobet; οὐκ ἂν ἔφ. ἐπιτρέψαι Herw. gleichfalls nach Dobree; ἐπιτρέψαι mit den Hdschr. Scheibe, Frohberger, Rauchenst. (doch möchte auch dieser ebenso wie Sauppe lieber das Futurum). Vgl. Anh. zu § 15.

§ 48. βουλομένους] Im Palat. nach Lampros (Hermes X, 265) βουλόμενος. — πρᾶξαι τῇ πόλει] τὴν πόλιν Herw. und früher Cobet. Vgl. Hertlein zu Xen. Kyr. VIII, 7, 24, der mit

Recht daselbst *ἀλλήλοις* für vulg. *ἀλλήλους* schreibt (auch Arrian a. a. O. möchten Krüger und Sintenis ändern). Dobree wollte *τῇ πόλει* streichen. — *μηνύσας αὐτοὺς τῇ πόλει ἐπιβουλεύειν*] So Scheibe, Cobet, Rauchenst. Dafür *τῇ βουλῇ* nach Reiske Förtsch, Bekker, Westerm.; *τῇ πόλει ἐπιβ.* streicht nach Dobree Herw., dazu auch noch *μηνύσας* Bake, schol. hypomn. II, 267. *τῷ πλήθει τῷ ὑμετέρῳ* ist nur in den Ausg. festgehalten, wo *τῇ βουλῇ* statt *τῇ πόλει*.

§ 49. *ὃ οὐκ ἄν*] nach dem Vindob. Scheibe, Rauchenst., Cobet; *ὅπερ οὐκ ἄν* nach dem Laurent. Westerm., Herw. Die Lesart des Palat., der blos *κἄν* hat, zeigt, daſs im Archetypus eine Lücke war. Sehr gut könnte man diese auch, ohne interpolierte Hdschr. zu Hilfe zu nehmen, durch *τὸ δ' οὐκ ἄν* ergänzen. *τὸ δέ* stände dann ebenso wie D. XVIII, 140 in *τὸ δ' οὐ τοιοῦτόν ἐστιν*. Thuk. I, 37, 2 u. s. w. (Bäumlein, Partikeln S. 96). — *οὐδέποτε*] Das hinter diesem Worte in den Hdschr. folgende *ἀποδεῖξαι* halte ich mit Kayser (vgl. Heidelb. Jahrb. 1866, S. 776), Sauppe, Scheibe, Rauchenst., Herw. für ein entstellendes Einschiebsel. Frohberger sucht die Tradition durch Annahme einer *ἀντιστροφή* zu retten. Mit welchem Rechte er dies thut, wird die nachfolgende Erörterung zeigen, bei der auch die anderen von diesem Gelehrten angezogenen (zum Teil bereits von Förtsch, comm. crit. S. 27 ff. behandelten) Stellen Berücksichtigung finden sollen. Mit dem Namen *ἀντιστροφή* bezeichneten die griech. Rhetoren (Hermog. *περὶ ἰδ.* II, 335 f. Sp. Alexander *περὶ σχημ.* III, 29 f. Sp. Tiber. *περὶ σχημ.* III, 74 Sp. Anonym. III, 132 Sp. Zonae. III, 166 Sp. Anonym. III, 182 f. Sp.) die Wiederholung desselben Wortes am Ende mehrerer Sätze oder Satzglieder. Der latein. Ausdruck für die Figur ist conversio (Cic. de or. III, 54, 206: ejusdem verbi in extremum conversio. Cornif. ad Herenn. IV, 13, 19) oder conversum (Aquil. Rom. 35); bei Rutil. Lup. I, 8 heiſst sie *ἐπιφορά*, im carm. de fig. vel schem. p. 65 Halm desitio. Über Demetr. *περὶ ἑρμ.* 268 vgl. unten. In neuerer Zeit haben die Antistrophe behandelt Kayser zu Cornif. 288, Rehdantz Dem. Ind. I, Anaphora und zu Xen. Anab. VII, 5, 7, Weidner zu Aesch. III, 198, Volkmann, Rhetorik 399 f., Blass, Bereds. III, 1, 145. Die von den Rhetoren angeführten Beispiele sind zum Teil von diesen selbst gebildet (Zonae. a. a. O.: *πλῆξον τὸν τύραννον, σφάξον τὸν τύραννον, καρατόμησον τὸν τύραννον*. Anonym. III, 183: *θελῆσαι δεῖ μόνον, ὁρμῆσαι δεῖ μόνον*. Cornif. a. a. O.: Poenos populus Romanus justitia vicit, armis vicit, liberalitate vicit. — ex quo tempore concordia de civitate sublata est, libertas sublata est, fides sublata est, amicitia sublata est, respublica sublata est. — C. Laelius homo novus erat, at ingeniosus erat, doctus erat, bonis viris et studiis amicus erat, ergo in civitate primus erat. carm. de fig. vel schem. a. a. O.: ut possem, fecit fatum; dedit haec mihi fatum; si perdam, abstulerit fatum;

regit omnia fatum), zum Teil von den Rednern entlehnt: D. I, 4: *τὸ γὰρ εἶναι πάντων ἐκεῖνον ἕν' ὄντα κύριον — πρὸς μὲν τὸ τὰ τοῦ πολέμου ταχὺ καὶ κατὰ καιρὸν πράττεσθαι πολλῷ προέχει, πρὸς δὲ τὰς καταλλαγὰς — ἐναντίως ἔχει* (Hermog. a. a. O. Anonym. III, 132 Sp.). I, 11: *ἂν μὲν γάρ, ὅσ' ἂν τις λάβῃ, καὶ σώσῃ, μεγάλην ἔχει τῇ τύχῃ τὴν χάριν, ἂν δ' ἀναλώσας λάθῃ, συνανήλωσε καὶ τὸ μεμνῆσθαι τὴν χάριν* (Hermog. a. a. O. Anonym. a. a. O. An beiden Stellen ist wie auch Tiber. III, 71 Sp. und in vielen codd. hinter *μεμνῆσθαι* noch *τῇ τύχῃ* hinzugefügt. Dies ist sicher unecht, aber nicht auch das zweite *τὴν χάριν*, wie Cobet noch misc. crit. 12 behauptet). XVIII, 198: *πράττεταί τι τῶν ὑμῖν δοκούντων συμφέρειν· ἄφωνος Αἰσχίνης. ἀντέκρουσέ τι καὶ γέγονεν οἷον οὐκ ἔδει· πάρεστιν Αἰσχίνης* (Hermog. Alex. Tiber. Anonym. a. a. O.). IV, 27: *οὐ γὰρ ἐχρῆν ταξιάρχους παρ' ὑμῶν, ἵππαρχον παρ' ὑμῶν, ἄρχοντας οἰκείους εἶναι;* (Hermog. Anonym. a. a. O.). Aesch. III, 198: *ὅστις δ' ἐν τῷ πρώτῳ λόγῳ τὴν ψῆφον αἰτεῖ, νόμον αἰτεῖ, ὅρκον αἰτεῖ, δημοκρατίαν αἰτεῖ* (Alex. a. a. O. Eine freie Übertragung der Stelle bei Cornif. a. a. O.: nam cum istos ut absolvant rogas, ut perjurent rogas, ut existimationem neglegant rogas, ut leges tuae lubidini largiantur rogas). Sosikrates nach der Übersetzung bei Rut. Lup. a. a. O.: non enim alius quis est, cujus opera in has difficultates inciderimus, sed initio ad bellum suscipiendum nos primum impulit Philippus, deinde in ipso belli labore ac periculo deseruit nos Philippus, novissime nunc calamitati nostrae proinde atque culpae succensuit idem Philippus. Cic. p. Fontej. bei Aquil. Rom. a. a. O.: frumenti maximus numerus e Gallia, peditatus amplissimae copiae e Gallia, equites numero plurimi e Gallia. Die drei zuerst angeführten Stellen des Demosth. erwähnt Hermogenes als Beispiele für die *ἀντ. κατὰ κῶλον*, das vierte als Beispiel für die *ἀντ. κατὰ κόμμα*. Ebenso der Anonymus III, 132, nur dafs dieser *κατὰ τέλειον μέρος λόγου* für *κατὰ κῶλον* sagt. Erstere verleiht (nach Hermog.) der Rede *κάλλος*, letztere *γοργότης*. Aesch. III, 198 citiert Tiberios III, 74 Sp. als Beispiel der *ἐπιμονή* (vgl. Volkmann 208. 473), die überall zur Antistrophe hinzutritt, wo dasselbe Wort mehr als einmal wiederholt wird. Wegen der vorliegenden Stelle des Lysias füge ich noch folgende Beispiele hinzu, die ich zum Teil den oben genannten Gelehrten verdanke: D. XXI, 135: *ἀπειλεῖς πᾶσιν, ἐλαύνεις πάντας.* § 198: *καὶ πλουτεῖ μόνος καὶ λέγειν δύναται μόνος* (beide Male *κατὰ κόμμα*). II, 29: *πρότερον μὲν γὰρ εἰσεφέρετε κατὰ συμμορίας, νυνὶ δὲ πολιτεύεσθε κατὰ συμμορίας.* III, 19 (vgl. zu XII, 78). IV, 39: *δεῖ τοὺς ὀρθῶς πολέμῳ χρωμένους οὐκ ἀκολουθεῖν τοῖς πράγμασιν, ἀλλ' αὐτοὺς ἔμπροσθεν εἶναι τῶν πραγμάτων.* § 43: *ὁρῶν τὴν μὲν ἀρχὴν τοῦ πολέμου γεγενημένην περὶ τοῦ τιμωρήσασθαι Φίλιππον, τὴν δὲ τελευτὴν οὖσαν ἤδη ὑπὲρ τοῦ μὴ παθεῖν κακῶς ὑπὸ Φιλίππου.* XXII, 24: *οὐ μόνον εἰρηκότ' αὐτὸν παράνομα ἀλλὰ καὶ βεβιωκότα παρανόμως.*

XIX, 211: *βουλομένου* **ἐμοῦ** *τὰ δίκαια, ὥσπερ ἐπρέσβευσα* **δίς**, *οὕτω καὶ λόγον ὑμῖν δοῦναι* **δίς**. (D.) VII, 37: *ὥσπερ δὲ ταῦτα* **ἴσμεν**, *κἀκεῖνα ἴσμεν* (vgl. auch D. I, 10 u. XIX, 332 mit der Bemerkung von Blass a. a. O., sowie den Schlufs der berühmten Stelle VIII, 65 f.: *ἀλλ' Ἀθήνησιν οὐ μόνον Ἀμφίπολιν καὶ — ἀπεστερηκότος Φιλίππου, ἀλλὰ καὶ — ἀσφαλές ἐστι λέγειν ὑπὲρ Φιλίππου* u. XXI, 126, wo das erste Glied mit *ἐγὼ μόνος ἠδίκημαι* schliefst, das zweite mit *συνηδίκηται*, woraus zum dritten *συνηδίκηνται* zu ergänzen ist, während zu Ende des vierten als des betonten Schlufsgliedes wieder *συνηδίκηται* erscheint). Lys. XXVIII, 3: *καὶ τῶν οἴκων τῶν ὑμετέρων μεγάλων ὄντων καὶ τῶν δημοσίων προσόδων μεγάλων οὐσῶν* (Fuhr, animadv. 45 will *μεγάλων οὐσῶν* streichen; ich halte mit Markland nur *οὐσῶν* für einen fremdartigen Zusatz). XXIV, 18: *οὐδ'* **ὑμᾶς** *πεῖσαι βουλόμενος —, ἀλλ' ἐμὲ κωμῳδεῖν βουλόμενος* (dies sind wohl, wenn man nicht auch Stellen wie XIII, 51: *ὁ δῆμος — ὑπὲρ τοῦ δήμου* hierher ziehen will, die einzigen Beispiele dieser Art in den echten Reden des Lys.; denn XIV, 43 schreibt man jetzt mit Recht für das zweite *εἴσεσθε* nach Boissonade und Dobree *ἥσθησθε*). (Lys.) VI, 7: **τέχνην ταύτην** *ἔχει, τοὺς μὲν ἐχθροὺς μηδὲν ποιεῖν κακόν, τοὺς* **δὲ φίλους** *ὅ τι ἂν δύνηται κακόν* (man wollte bald das erste bald das zweite **κακόν** tilgen; bei richtiger Betonung von *μηδέν* und *ὅ* **τι ἂν** *δύνηται* wird die Wiederholung wenn auch nicht schön, so doch erträglich erscheinen). § 44: *ἡγούμενοι ἀποδημοῦντες μὲν ἀθῷοι καὶ ἐπίτιμοι δόξειν εἶναι, ἐπιδημοῦντες δὲ — πονηροὶ δόξειν καὶ ἀσεβεῖς εἶναι* (geschickt sagt hier der Vfr. im zweiten Gliede mit Chorismos *πονηροὶ δόξειν καὶ ἀσεβεῖς εἶναι*; hätte er die beiden Infinitive ebenso ans Ende gestellt wie im ersten Gliede, so wäre der Anstofs, den Halbertsma, lect. Lys. 16 an der Stelle nimmt, allerdings begründet). Vgl. auch § 19 f.: *ὁ δὲ θεὸς ὑπῆγεν αὐτόν, ἵνα ἀφικόμενος — δοίη δίκην. ἐλπίζω μὲν οὖν αὐτὸν καὶ δώσειν δίκην κτλ.*, wo die Hinzufügung von *καί* (auch wirklich) die Wiederholung erträglich macht; dasselbe würde freilich auch das Adverb. *αὐτίκα* bewirken, das Halbertsma a. a. O. 15, vielleicht mit Recht, für *καί* schreiben will). (Lys.) XX, 5: *καὶ κατηγοροῦσι μὲν αὐτοῦ ὡς πολλὰς ἀρχὰς ἦρξεν, ἀποδεῖξαι δὲ οὐδεὶς οἷός τέ ἐστιν* **ὡς** *οὐ καλῶς ἦρξεν* (ein contrarium; vgl. die ähnlichen Stellen de arg. ex contr. S. 140, Z. 5 ff.). Aus Isokrates kann man allenfalls hierher ziehen XV, 128: *καίτοι χρὴ στρατηγὸν ἄριστον νομίζειν,* **οὐκ** *εἴ τις μιᾷ τύχῃ τηλικοῦτόν τι κατώρθωσεν ὥσπερ Λύσανδρος, ὃ μηδενὶ τῶν ἄλλων διαπράξασθαι συμβέβηκεν, ἀλλ' ὅστις ἐπὶ πολλῶν — πραγμάτων ὀρθῶς ἀεὶ πράττων — διατετέλεκεν, ὅπερ Τιμοθέῳ συμβέβηκεν* (vgl. S. 327). Anderer Art ist das arg. ex contr. V, 132, betreffs dessen ich mit Kayser und Blass (praef. XXIX a. E.) übereinstimme. Isae. III, 52 streicht Scheibe mit gutem Grunde das zweite *ἠξίωσεν*. Es rührt jedenfalls von einem Abschreiber her, welcher der verkehrten Ansicht war, dafs in Sätzen **mit** οὔτε — **οὔτε** — **οὔτε** jedes οὔτε sein besonderes Verb. fin. haben müfste; vgl. dagegen Lys bei Plat. Phaedr. 233[d] und unten zu § 79. Nicht selten wird die Antistrophe von Xenophon angewendet. So Anab. II, 1, **20**: *ἀπάγγελλε ὅτι οἰόμεθα, εἰ μὲν δέοι —, πλείονος ἂν ἄξιοι εἶναι φίλοι ἔχοντες τὰ ὅπλα ἢ παραδόντες ἄλλῳ, εἰ δὲ δέοι —, ἄμεινον ἂν* ***πολεμεῖν*** *ἔχοντες τὰ ὅπλα ἢ ἄλλῳ παραδόντες* (beachte die veränderte **Wort**stellung am Schlusse). VII, 5, 7: *οἱ μὲν δὴ στρατιῶται Ξενοφῶντι ἐνεκάλουν ὅτι οὐκ εἶχον τὸν μισθόν· Σεύθης δὲ ἤχθετο αὐτῷ ὅτι* ***ἐντόνως*** *— ἀπήτει τὸν μισθόν.* Hell. VI, 3, 10: *σιωπὴν μὲν παρὰ* ***πάντων*** *ἐποίησεν, ἡδομένους δὲ τοὺς ἀχθομένους τοῖς Λακεδαιμονίοις* ***ἐποίησεν*** (IV, 5, 17: *ἀπέχοντα τῆς μὲν θαλάττης ὡς δύο στάδια, τοῦ δὲ Λεχαίου ὡς ἓξ ἢ ἑπτακαίδεκα στάδια* ist das zweite *στάδια* gewifs mit **Recht** von Dindorf gestrichen). Kyr. I, 6, 38: *σφόδρα μὲν* ***καὶ*** *ἐν τοῖς μουσικοῖς τὰ νέα καὶ τὰ ἀνθηρὰ εὐδοκιμεῖ, πολὺ δὲ καὶ* ***ἐν τοῖς*** *πολεμικοῖς μᾶλλον τὰ καινὰ μηχανήματα εὐδοκιμεῖ*, wo Muret das erste *εὐδοκιμεῖ* streichen wollte. Anab. **I, 10**, 3: *καὶ ταύτην* ***ἔσωσαν καὶ τἆλλα*** *ὁπόσα* — ***πάντα*** *ἔσωσαν.* III, 4, 15: *καὶ ὁ Τ. μάλα ταχέως — ἀπεχώρει καὶ* ***αἱ*** *ἄλλαι τάξεις ἀπεχώρησαν.* Hell. III, 4, 24: *καὶ ἄλλα τε πολλὰ χρήματα ἐλήφθη — καὶ αἱ κάμηλοι δὲ τότε ἐλήφθησαν.* VII, 1, 22: *μετὰ ταῦτα οἱ Θηβαῖοι — ἀπῆλθον οἴκαδε, καὶ οἱ ἄλλοι δὲ ἕκαστος οἴκαδε* (anders Anab. I, 1, 2: *ἀναβαίνει οὖν ὁ Κῦρος λαβὼν Τισσαφέρνην ὡς φίλον, καὶ τῶν Ἑλλήνων δὲ ἔχων ὁπλίτας ἀνέβη τριακοσίους*). Anab. III, 4, 44: *ὡς ἐνόησαν αὐτῶν* ***τὴν*** *πορείαν ἐπὶ τὸ ἄκρον, εὐθὺς καὶ αὐτοὶ ὥρμησαν ἁμιλλᾶ-* ***σθαι ἐπὶ*** *τὸ ἄκρον*, wo Schenkl mit Kiehl *ἐπὶ τὸ ἄκρον* im Nebensatze tilgt. Eine eigentümliche Form haben Kyr. V, 4, 8: *ἐνταῦθα* ***δὴ καὶ*** *ἅρματα ἡλίσκετο, ἔνια μὲν καὶ ἐκπιπτόντων τῶν ἡνιόχων —* ***ἔνια*** *δὲ καὶ ὑποτεμνόμενα ὑπὸ τῶν ἱππέων ἡλίσκετο.* VI, 1, 1: *ἐν* ***τούτῳ οἱ*** *φίλοι τῷ Κύρῳ προσῆγον οἱ μὲν Καδουσίους δεομένους αὐτοῦ μένειν, οἱ δὲ Ὑ., ὁ δέ τις Σ., ὁ δέ τις καὶ Γ., Ὑστάσπας* ***δὲ*** *Γαδάταν τὸν εὐνοῦχον προσῆγε, δεόμενον τοῦ Κύρου μένειν.* Vortreffliche Beispiele der conversio finden wir bei Cicero. Vgl. aufser der schon angeführten Stelle Phil. VIII, 6, 17: hos contempsit, rejecit, repudiavit Antonius: tu tamen permanes constantissimus defensor Antonii (derselbe Name ist wiederholt II, 22, 55; vgl. die Stellen des Demosthenes und Sosikrates, wo sich **die** Namen *Φίλιππος* und *Αἰσχίνης* wiederholen). p. C. Rabir. 9, 24: **at C.** Decianus — quia — queri est ausus in contione de morte Saturnini, condemnatus est: et Sex. Titius, quod habuit imaginem L. Saturnini domi **suae,** condemnatus est. Phil. I, 10, 24: de exsilio **reducti** a mortuo, civitas data **non solum** singulis, sed nationibus et provinciis universis a mortuo, immunitatibus infinitis sublata vectigalia a mortuo. II, 22, 55: doletis tres exercitus populi Romani interfectos: interfecit Antonius. Desideratis clarissimos cives: eos quoque vobis eripuit Antonius. Auctoritas hujus ordinis adflicta est: adflixit Antonius. Omnia denique, quae postea vidimus — uni accepta referemus Antonio. p. Tullio 14, 34: consilium capiunt, ut ad servos M. Tullii veniant: dolo malo faciunt. Arma capiunt: dolo malo faciunt. Tempus ad insidiandum atque celandum idoneum eligunt: dolo malo faciunt. Vi in tectum irruunt: in ipsa vi dolus est. Occidunt homines, tectum diruunt: nec homo occidi nec consulto alteri damnum dari sine dolo malo potest. Die beiden zuletzt citierten Stellen haben im Satzbau grofse Ähnlichkeit mit D. XVIII, 198 (Cicero hatte diese Rede ins Latein. übersetzt); eigentümlich ist dem römischen Meister der Beredsamkeit die *ἐπιμονή*. — Die Antistrophe und Epanaphora (so sagten die Alten in der Regel für Anaphora) berühren sich insofern, als bei beiden Figuren zwei oder mehrere symmetrisch gestaltete Sätze oder Satzglieder vorkommen, die bei gröfserer oder geringerer Verschiedenheit des Gedankens doch einen gemeinsamen Mittelpunkt haben. Dieser erhält aber bei der Epanaphora die pathetische Anfangsstellung, bei der Antistrophe die signifikante Endstellung. Da die letztere Art der Wiederholung, falls sie nicht mit Geschick und am rechten Platze angebracht wird, gar leicht den Schein des Affektierten und Gezwungenen erzeugt, so ist es gekommen, dafs wir dieselbe bei vielen Schriftstellern gar nicht oder nur ausnahmsweise finden, und dafs auch diejenigen, welche die Sprache vollständig beherrschten, von ihr weit seltener Gebrauch gemacht haben als von der Epanaphora. Genügte es doch in vielen Fällen, wenn für den gemeinsamen Begriff die signifikante Stellung erforderlich war, diesen entweder auf beide Glieder zugleich zu beziehen (vgl. z. B. Lys. X, 11: *ὁ μὲν γὰρ διώκων ὡς ἔκτεινε διόμνυται, ὁ δὲ φεύγων ὡς οὐκ ἔκτεινεν* und XXXI, 4: *ἐνδεῶς μὲν γὰρ διὰ τὴν ἀπειρίαν, ἱκανῶς δὲ διὰ τὴν περὶ αὐτὸν κακίαν εἰρηκὼς ἂν εἴην.* — so seltener) oder an zweiter Stelle dafür sei es ein Pronomen sei es einen synonymen Ausdruck zu setzen (vgl. zu XXV, 22). So verfuhr man sehr häufig sogar da, wo wie beim contrarium positive und negative Begriffe einander gegenüber traten; vgl. de arg. ex contr. S. 141 ff. Auch gab es ja, wie wir gleich sehen werden, noch andere, und zwar sehr energische Arten der repetitio, bei denen das wiederholte Wort nur im letzten Gliede an der signifikanten Satzstelle erscheinen mufste. — Die oben genannten Beispiele zeigen, dafs man für die Antistrophe am liebsten die Parataxis gebrauchte; nur D. III, 19. VIII, 66. XIX, 211. (D.) VII, 37. Xen. Anab. III, 4, 44 ist das eine Glied dem andern untergeordnet. Vgl. die hypotaktischen Enthymeme And. II², 1 u. 27 (de arg. ex contr. Anm. 30, S. 309). Bei der Koordination wandte man teils Konjunktionen (*μέν — δέ, καί — καί* u. s. w.) an, teils reihte man die Glieder asyndetisch an einander. So in der Regel im Latein. (Ausnahmen Cic. Phil. VIII, 6, 17. p. C. Rabir. 9, 24), im Griech. nur D. IV, 27. XVIII, 198. XXI, 135. Aesch. III, 198. Dem letzten Beispiele kommt am nächsten Aesch. III, 202: *ἐπὶ σαυτὸν καλεῖς, ἐπὶ τοὺς νόμους καλεῖς, ἐπὶ τὴν δημοκρατίαν καλεῖς*, wo zur Antistrophe die Epanaphora hinzutritt. Ausführlich bespricht diese Stelle, auch mit Rücksicht auf das Asyndeton, Demetrios *περὶ ἑρμ.* 268 (III, 319 Sp.): *τὸ δὲ σχῆμα τὸ εἰρημένον τοῦτο τριπλοῦν· καὶ γὰρ ἐπαναφορά ἐστιν — καὶ ἀσύνδετον — καὶ ὁμοιοτέλευτον —. καὶ δεινότης ἤθροισται ἐκ τῶν τριῶν, εἰ δ' εἴποι τις οὕτως 'ἐπὶ σαυτὸν καὶ τοὺς νόμους καὶ τὴν δημοκρατίαν καλεῖς' ἅμα τοῖς σχήμασιν ἐξαιρήσει καὶ τὴν δεινότητα.* Wie man sieht, gebraucht der Rhetor für den bezeichnenderen Ausdruck *ἀντιστροφή* den allgemeineren *ὁμοιοτέλευτον*. Das ganze Schema aber nennt er im Gegensatz zu der vorher von ihm behandelten *ἀναδίπλωσις* am Anfang des Abschnittes *ἀναφορά*, während man sonst die Verbindung von Epanaphora und Antistrophe mit den Namen '*συμπλοκή, σύνθεσις, κοινότης*, complexio, communio' bezeichnete (Alex. *περὶ σχημ.* III, 30 Sp. Zonae. III, 166 Sp. Anonym. III, 183 Sp. Rutil. Lup. I, 9. Cornif. ad Herenn. IV, 14, 20. carm. de fig. 65 Halm. Auffällig ist, dafs bei Zonae. u. dem Anonym. die Wiederholung am Ende, die sie doch eben erst *ἀντιστροφή* genannt haben, plötzlich die Namen *ἐπαναστροφή* und *ἀναστροφή* erhält; ich glaube, an beiden Stellen liegen Korruptelen vor. Über die Art der Wiederholung, die man sonst mit diesen beiden Wörtern bezeichnet, zu XII, 68, S. 272). Dies zur Berichtigung von Kaysers und Volkmanns Bemerkung, dafs bei Demetrios die Figur der Antistrophe Anaphora heifse. — Zu den Stellen, durch welche Frohberger die Überlieferung bei Lysias zu retten sucht, gehören auch D. XXI, 123: *τοῦ μὲν ῥᾳδίως κακῶς παθεῖν ἐγγύταθ' ὑμῶν εἰσιν οἱ πενέστατοι καὶ ἀσθενέστατοι, τοῦ δ' ὑβρίσαι καὶ — οἱ βδελυροὶ καὶ χρήματ' ἔχοντές εἰσιν ἐγγυτάτω* und Xen. Anab. I, 7, 13: *ταῦτα δὲ ἤγγελλον πρὸς Κῦρον οἱ αὐτομολήσαντες ἐκ τῶν πολεμίων παρὰ μεγάλου βασιλέως πρὸ τῆς μάχης, καὶ μετὰ τὴν μάχην οἳ ὕστερον ἐλήφθησαν τῶν πολεμίων ταῦτα ἤγγελλον.* Dort streichen Dindorf und Weil nach Reiskes und Bekkers Vorgange an zweiter Stelle die Worte *εἰσὶν ἐγγυτάτω*, hier schreibt Dindorf an derselben Stelle *ταὐτὰ* (dies nach Muret) *ἔλεγον*. Ich halte bei beiden Schriftstellern die Überlieferung für richtig, bei Xenophon auch das noch andererseits in *ταὐτά* abgeänderte *ταῦτα* (letzteres kann nur dann Anstofs erregen, wenn man mit Mehler und Schenkl das stark zu betonende *μετὰ τὴν μάχην* streicht). Aus der grofsen Menge ähnlicher Stellen greife ich zur Veranschaulichung der von Xenophon und Demosthenes angewendeten Redefiguren nur einige heraus: Xen. Kyr. III, 2, 12: *εὐθὺς λύειν μὲν ἐκέλευσε τοὺς δεδεμένους, τοὺς δὲ τετρωμένους ἰατροὺς καλέσας θεραπεύειν ἐκέλευσεν.* II, 4, 2: *καὶ τῷ δευτέρῳ ἐκέλευσε ταὐτὸ τοῦτο παραγγεῖλαι, καὶ διὰ πάντων οὕτω παραδιδόναι ἐκέλευσεν.* II, 1, 30: *ἐκάλει δὲ ὡς τὰ πολλὰ τῶν ταξιάρχων οὓς καιρὸς αὐτῷ δοκοίη εἶναι, ἔστι δὲ ὅτε καὶ τῶν λοχαγῶν καὶ τῶν δεκαδάρχων τινὰς — ἐκάλει.* Hier und Anab. I, 7, 13 haben die wiederholten Begriffe einmal die pathetische, das andere Mal die signifikante Stellung, so daſs das Ganze einen *κύκλος* im engeren Sinne bildet (vgl. Anh. zu XII, 95, S. 309 und XIII, 53: *εἰ ἐκείνοις ἐπίθου καὶ ἠθέλησας ἐκπλεῦσαι μετ' ἐκείνων*). Die übrigen Beispiele enthalten wenigstens einen Chiasmus. D. XXI, 123 ist auch der Wechsel in der Stellung von *εἰσίν* und in der Form des damit verbundenen Adverbiums (*ἐγγύτατα — ἐγγυτάτω*) zu beachten. Ähnlich Xen. Kyr. I, 5, 5: *ἔδοσαν δὲ αὐτῷ καὶ προσελέσθαι διακοσίους τῶν ὁμοτίμων, τῶν δ' αὖ διακοσίων ἑκάστῳ τέτταρας ἔδωκαν προσελέσθαι, καὶ τούτους ἐκ τῶν ὁμοτίμων.* Hell. I, 2, 10: *τοῖς δὲ Συρακοσίοις καὶ Σελινουσίοις — ἀριστεῖα ἔδωκαν καὶ κοινῇ καὶ ἰδίᾳ πολλοῖς, καὶ οἰκεῖν ἀτέλειαν ἔδοσαν τῷ βουλομένῳ ἀεί. Σελινουσίοις δέ, ἐπεὶ —, καὶ πολιτείαν ἔδοσαν.* Vgl. auch die oben angeführten Stellen (Lys.) VI, 44. Xen. Anab. II, 1, 20. I, 1, 2. D. IV, 39 (dazu Aesch. III, 7: *ὥσπερ ἂν ὑμῶν ἕκαστος αἰσχυνθείη τὴν τάξιν λιπεῖν ἣν ἂν ταχθῇ ἐν τῷ πολέμῳ, οὕτω καὶ νῦν αἰσχύνθητε ἐκλιπεῖν τὴν τάξιν ἣν τέταχθε ὑπὸ τῶν νόμων.* [D.] XLV, 45). Und so wird man überhaupt als Regel hinstellen können, daſs die Griechen da, wo allzu genaue Wiederholung das Ohr verletzt haben würde, entweder die Wortstellung oder die Form oder beides zugleich variierten. Nicht wundern darf man sich, wenn sie in solchem Falle auch einmal zu einer selteneren Form griffen, wie dies Lysias XIII, 35 gethan hat. Kehren wir nunmehr zu der Stelle zurück, von der wir bei der Erörterung dieser Figuren ausgegangen sind. Läge dieselbe uns vor in der Form: *δεῖ γὰρ αὐτὸν ἀποδεῖξαι ὡς — θανάτου· ὃ οὐκ ἂν δύναιτ' ἀποδεῖξαι*, so würde sie an und für sich keinen Anstoſs geben; freilich hätte man dann keine Antistrophe, wie Frohberger fälschlich annimmt, sondern einen *κύκλος* in der von Rehdantz diesem Schema beigelegten Bedeutung. Aber wer würde wohl *οὐδέποτε* als unecht ausscheiden wollen? Dazu kommt, daſs Lysias nicht dieses kleine Stück, sondern, wie schon von Kayser angedeutet worden ist, den ganzen Passus von *δεῖ γὰρ αὐτόν* bis zum Anfang von § 51 zu einem *κύκλος* hat vereinigen wollen. Man erkennt dies sofort, wenn man die Worte *δεῖ γὰρ αὐτὸν ἀποδεῖξαι ὡς οὐ κατεμήνυσε — θανάτου· ὃ οὐκ ἂν δύναιτ' οὐδέποτε* vergleicht mit den Worten *ὡς μὲν οὖν οὐκ ἀπέγραψεν, οὐδενὶ τρόπῳ δύναιτ' ἂν ἀποδεῖξαι.* Von den Stellen, welche Rehdantz Dem. Ind. I, *κύκλος* aus Demosthenes anführt, ähnelt dieser Lysiasstelle am meisten II, 24 f.: *ἀλλ' ἐκεῖνο θαυμάζω, εἰ —. ταῦτα θαυμάζω, καὶ ἔτι πρὸς τούτοις, εἰ κτλ.* Vgl. auch XVIII, 297—299. 301—306.

§ 50. *τὰ ψηφίσματα τὰ ἐκ τῆς βουλῆς καὶ τὸ τοῦ δήμου*] In den Hdschr. fehlt *τό* vor *τοῦ δήμου.* Über die Notwendigkeit der Wiederholung des Artikels Cobet zu Hyp. Epit. S. 56. Bake, Mnem. VIII, 307: *τά τε τῆς βουλῆς καὶ τὰ τοῦ δήμου. ἐκ* verwerfen auch Sauppe und Rauchenst. — *καὶ ἀφείθη*] Vgl. Fr. A. Müller, obs. de eloc. Lysiae 24. Stallbaum zu Plat. Phaed. 113ᶜ. Böhme zu Thuk. I, 106, 1. Rehdantz zu Xen. Anab. VI, 5, 31 und Dem. Ind. I, Übergang. Weifsenborn und M. Müller zu Liv. I, 31, 3. Fabri-Heerwagen zu XXI, 46, 10. — *φησίν*] Rehdantz Dem. Ind. II, *φημί*. — *γνῶσις*] Das im Palat. folgende *γραφαί* gestrichen nach Westermann, quaest. I, 16 (vgl. Kayser, Philol. XXV, 304); auch Rauchenst. klammert es ein. Die Verwandelung von *γνῶσις* in *κρίσις*, die Westermann ebenda anempfiehlt, ist unnötig.

§ 51. *ἐμήνυσε ταῦτα*] *ταῦτα* halten Scheibe, Kayser, Herw. für unecht. Rauchenstein schlug früher dafür ein nachdrücklich auf *ὡς δικαίως ἐμήνυσε* zurückweisendes *τοῦτο* vor. Für beide Vermutungen spricht der Umstand, dafs auch im ersten Gliede das Verbum (*ἀπέγραψε*) absolut steht, für die Rauchensteins noch besonders der häufige Gebrauch dieser Epanalepsis in der propositio mit *ὡς* und *ὅτι*. Vgl. aufser den von Frohberger angeführten Stellen (D. XXVII, 12. [D.] XXV, 86) Isae. VIII. 6. D. XXIII, 23. XXIV, 68. XXXVIII, 9 u. 10. XXXIX, 6. LV, 23. (D.) XLIV, 60. LIX, 16 u. 17 u. 20. Xen. Mem. IV, 7, 1, dazu Lys. XXIII, 1 und die ähnlichen Stellen de praeterit. S. 44. Stände nicht weiter unten *οἴομαι δ' οὐδ' ἂν τοῦτ' αὐτὸν ἐπιχ. ἀποδ.*, so würde man auch das hdschr. *ταῦτα* in epanaleptischem Sinne nehmen können nach Stellen wie Isae. VII, 29. D. XXI, 184 (*ταῦτ' Σ* und andere gute Hdschr.). XXX, 19. (D.) LIX, 14. Thuk. VI, 9, 3. Lys. XXII, 1. D. LVII, 16 u. 40. Rauchenstein ist, wie es scheint, infolge einer Bemerkung Sauppes (Anh. S. 257 zu Aufl. IV) von seiner Ansicht zurückgekommen. Ich würde die Konjektur trotzdem aufgenommen haben, wenn nicht der Zusatz *ὁρῶν αὐτοὺς κτλ.* mich etwas bedenklich gemacht hätte, da derartige Epanalepsen sich am besten für den Schlufs des Satzes eignen. So in den obigen Stellen aufser Isae. VIII, 6. (D.) XLIV, 60. — *δεδιότες — ὁ δῆμος*] nach Dobree von Herw. gestrichen. — *καταλυθείη ἄν*] für das hdschr. *καταλυθείησαν* nach Markland mit Scheibe und Rauchenst.; *καταλυθείη* vulg. — *τούτου*] *τοῦτον* nach Bekkers Konjektur Frohberger. Sehr richtig bemerkt dagegen Rauchenstein (nach Dryander und J. Frei), dafs dann *ἐκείνους* statt des schwach betonten *αὐτούς* erforderlich wäre. Vgl. auch Förtsch, observ. 28 und Scheibe, lect. Lys. a. a. O. 319, Anm. 27. — Im Vorhergehenden würde *ἄν* sinngemäfser hinter *ἀπέκτειναν* stehen, das ja den Hauptaccent hat. Vielleicht ist mit Umstellung dieses Verbums zu schreiben: *ἀπέκτειναν ἂν αὐτούς*. Auch gegen *οὐ γὰρ ἂν δήπου — ὑπὲρ τοῦ δήμου αὐτοὺς ἀπέκτειναν* würde ich nichts einzuwenden haben. Vgl. die Stellen de arg. ex contr. XVIII f. 40. 208 f.

§ 52. *οὐκ οἶμαι — οὐ δεῖν*] Herw. streicht *οὐ* vor *τούτου*. *οὐδ' εἰ — οὐ* bei Lysias noch VII, 5. X, 2. 10. XXVII, 8. Vgl. auch D. XXIII, 191: *οὐδὲ γὰρ ὅτε — οὐ*. Lys. XXV, 14: *οὐ τοίνυν οὐδ' ἐπειδὴ — οὐδείς* (dagegen Xen. Kyr. I, 6, 19: *οὐδ' ὁπόταν ἀληθῶς ὁρῶν καλῇ πείθονται αὐτῷ*) und Arist. Lys. 61: *οὐδ' ἃς προσεδόκων — πρώτας παρέσεσθαι — γυναῖκας, οὐχ ἥκουσιν*. Merkwürdiger Wechsel in mehreren aufeinanderfolgenden Temporalsätzen Plat. Gesetze V, 727^{c-e}. Die richtige Beurteilung der Lysiasstelle bei Franke, de part. negantibus ling. Graecae comm. III, 14. Sehr ähnlich Herod. VII, 101: *οὐ γάρ, ὡς ἐγὼ δοκέω, οὐδ' εἰ πάντες Ἕλληνες — συλλεχθείησαν, οὐκ ἀξιόμαχοί εἰσιν*. — *μεγάλα κακά*] *μεγάλα* tilgt Herw. Auch ich nehme wegen des folgenden (konsekutiven) Relativsatzes an diesem Adjekt. Anstofs, doch möchte ich lieber hinter *ἐργάσηται* ein *καί* einsetzen (vgl. D. XX, 122. Mätzner und Rehdantz zu Lyk. 16. Kühner II, § 554, 1, dazu Frohberger zu Lys. XXIV, 9 a. E.) oder auch *μεγάλα* in ein Pronomen (*τοιαῦτα, τοσαῦτα, τηλικαῦτα*) verwandeln (vgl. D. III, 25. XXIII, 207 und Anh. zu § 13, S. 324 ff.). — *ἐκείνων*] *ἐκείνου* Herw., *ἐκεῖνο* (früher als Lesart des Palat. angegeben) Westerm., Cobet. Vgl. (D.) VII, 37: *ὥσπερ δὲ ταῦτα ἴσμεν, κἀκεῖνα* (*κἀκεῖν'* Rehdantz) *ἴσμεν, τίνι μηνὶ κτλ.* und die ähnlichen Stellen im Anh. zu XII, 27 (S. 221) und de praeterit. 10. de arg. ex contr. 301, auch Scheibe, lect. Lys. a. a. O. 319, Anm. 28. Wohlrab zu Plat. Phaed. 62^{d} (Hom. Il. *ι*, 493: *τὰ φρονέων, ὅ μοι οὔ τι θεοὶ γόνον ἐξετέλειον ἐξ ἐμεῦ*. Od. *β*, 116).

§ 53. *τοσούτους Ἀθηναίων*] Im *X Ἀθηναίως*. Danach und nach dem cod. Vind. *Ἀθηναίων* Scheibe (lect. Lys. 353), Rauchenst., Herw., Pertz, quaest. I, 6; *Ἀθηναίους* vulg. — *πεισθεὶς ὑφ' ὧν ἐπείσθης*] Pflugk zu Eur. Hek. 873. Schneidewin zu Soph. Oed. Tyr. 1376. Weber zu Dem. Aristocr. p. 184. Rehdantz Dem. Ind. II, *ἔχειν*. Fritzsche, quaest. Lucian. p. 159. Jacobitz zu Luk. Hahn 3. — *εἰ τῶν στρατηγῶν κτλ.*] Bake, schol. hyp. II, 268 will: *εἰ — εἰπὼν μέγα τι ᾤου διαπράξασθαι, οὔκουν*. — *μέγα τι*] Über die Bedeutung des Pronom. indefin. bei Adjectivis Kühner, II, § 470, 3. Mit den in der Anm. angeführten Stellen des Theokrit habe ich ähnliche lateinische verglichen in dem Progr. 'quatenus Vergilius in epithetis imitatus sit Theocritum' p. 16. — *διαπράξεσθαι*] mit Cobet u. Herw. für das hdschr. *διαπράξασθαι*. Auch Sauppe zieht das Futur vor. — *οὐδεμιᾶς ἔτυχον*] *ῥᾳστώνης* will Kayser hinzusetzen. Aber dadurch würde dem Enthymem die Spitze abgebrochen. Vgl. D. XXI, 100: *οὐδεὶς γάρ ἐστι δίκαιος τυγχάνειν ἐλέου τῶν μηδέν' ἐλεούντων οὐδὲ συγγνώμης τῶν ἀσυγγνωμόνων* und anderes der Art de arg. ex contr. S. 18 und 278 (Anm. 11).

§ 54. Sinn und Wortlaut besprochen von Scheibe, lect. Lys. a. a. O. 321 ff. — *Καριδεύς*] nach Bergks Vermutung für das hdschr. *Καριεύς*. Andere sinngemäfse Vermutungen bei Westermann, comm. in script. Graec. IV, 9. — *ὁ μέν*] Über den Chiasmus Poppo zu Thuk. I, 68, 4. Krüger zu Dion. Hal. Histor. 159 f. — *Ξενοφῶν*] als Glossem getilgt von Cobet und Herw. Vgl. noch

Thuk. VI, 57, 4: καὶ ὁ μὲν τοὺς δορυφόρους τὸ αὐτίκα διαφεύγει, ὁ Ἀριστογείτων —· Ἁρμόδιος δὲ αὐτοῦ παραχρῆμα ἀπόλλυται mit Böhmes Anm. Stallbaum zu Plat. Gorg. 501[a]. Kühner § 527, 3, a, Anm. 3. — οὕτω] mit Frohberger gedeutet nach Scheibe, die olig. Umwälz. S. 52, Anm. 18 und Sauppe bei Rauchenstein IV, S. 257. In der Ausgabe nimmt Scheibe nach *C* hinter οὕτω eine Lücke an; ebenso Cobet, Herw., Westermann, quaest. I, 16 (comm. in scr. Gr. IV, 9 emendierte dieser οὔπω). Rauchenst. (Jahrb. f. Philol. 1860, 330) vermutet: οὕτως ὡς ἴστε, was man wie die zu § 53 besprochenen Formeln für eine Spielart der Hyposiopese erklären und mit Stellen wie Is. V, 59: ὥσθ' ὑμᾶς παθεῖν ἃ πάντες ἴσασιν und D. VIII, 63 vergleichen könnte. Ich nehme nicht sowohl an einzelnen Worten als vielmehr mit Kayser (Philol. XXV, 304) an der ganzen Notiz ὁ μὲν — οὕτω Anstofs. Sehr richtig bemerkt dieser Gelehrte, dafs es genüge, wenn von der heldenmütigen Standhaftigkeit beider Männer gesprochen werde. Auch gewinnt nach Ausscheidung dieses Passus das Enthymem insofern an Schönheit und Nachdruck, als sich dann in beiden Gliedern der Kausalsatz unmittelbar an das Verb. fin. des Hauptsatzes (ἀπέθανον, διότι = ἀφείθη, διότι) anschliefst. Vgl. Anh. zu XII, 36 (S. 230 f.).

§ 55. ἀναφέρειν τι] τι verwirft Francken, comm. 92. — ἀπογραφῶν] für das hdschr. γραφῶν mit Bake (Mnem. VIII, 307), Westerm. (quaest. I, 15), Rauchenst., Francken. — Über die προκατάληψις unten. — ὁ Μενέστρατος οὗτος] ὁ Μεν. tilgt Herw. — Μουνυχίασιν ἐν τῷ θεάτρῳ] verdächtigt Herw. — Die Form der occupatio, welche von Lysias hier angewendet wird, kann man nach Hermog. περὶ μεθ. δειν. 23 (II, 444 Sp.): ὁ κατηγορῶν τὰς τοῦ μέλλοντος ἀποκρίνεσθαι οὐχ ἁπλῶς προτείνει προτάσεις, ἀλλὰ κατὰ τρόπους τρεῖς, ἐπιστήμην, δόξαν, ἀκοήν. ἐπιστήμην μέν, οἶδα ὅπερ νὴ Δία ἐρεῖ, δόξαν δὲ οἷον τάχα τοίνυν ἴσως ἐρεῖ, ὡς ἀμφιβάλλων περὶ τῆς προτάσεως, ἀκοὴν δὲ ὡς ἀκούων περὶ τῆς προτάσεως, πυνθάνομαι τοίνυν μέλλειν αὐτὸν λέγειν — füglich πρόληψις oder προκατάληψις κατ' ἀκοήν nennen. Weber zu Dem. Aristocr. S. 313. Volkmann, Rhet. S. 229. Rehdantz zu Lyk. § 55 und S. 140 (unrichtig Maetzner zu Lyk. S. 177: quod genus technici nuncupant ἐπιστήμην). Beispiele für die zweite und dritte Form giebt auch Anaximenes Rhet. 18 (I, 206 Sp.): τὰ δὲ ὑπὸ τῶν ἀνταγωνιστῶν ἐπίδοξα λέγεσθαι πάλιν ὡς δεῖ προκαταλαμβάνειν ἀποδείξω· ἴσως οὖν ὀδυρεῖται αὐτοῦ πενίαν, ἧς οὐκ ἐγὼ ἀλλ' ὁ τούτου τρόπος ὑπαίτιος ἔσται· καὶ πάλιν· πυνθάνομαι αὐτὸν τὸ καὶ τὸ μέλλειν λέγειν. Beide Rhetoren gebrauchen für die προκατ. κατ' ἀκοήν das Verb. πυνθάνομαι, aber ebenso häufig findet man in dieser Figur ἀκούω, hin und wieder auch andere gleichbedeutende Ausdrücke. Was die Konstruktion von πυνθάνεσθαι und ἀκούειν anlangt, so können diese Verba aufser in Fällen wie And. III, 10 und D. VIII, 73 nur mit dem Infin. verbunden werden; vgl. Kühner II, S. 629. Ich stelle die Beispiele zusammen mit Rücksicht auf ihren Anschlufs an das Vorhergehende: Lys. X, 30: *ἀκούω δ' αὐτὸν ἐπὶ τοῦτον τὸν λόγον τρέψεσθαι, ὡς —. ὑμεῖς δ' ἐνθυμεῖσθε.* XIII, 77: *ἀκ. δ' αὐτὸν παρασκευάζεσθαι ἀπολογεῖσθαι ὡς —. ἐγένετο δὲ τοιοῦτον* (Is. XVIII, 13. D. XIX, 332. XX, 105. XXXVIII, 19. XLV, 43. LIV, 13 *παρεσκευάσθαι*, was, da die Vorbereitung zum Prozefs bereits vollendet sein mufste, sich besser für die *προκατ.* eignet als das Präsens und vielleicht auch hier herzustellen ist; vgl. auch Lys. XXX, 31. Isae. V, 5. Freilich steht in einem ähnlichen Falle Lys. XII, 88 gleichfalls das Präsens). XXXI, 27: *ἀκ. δ' αὐτὸν λέγειν ὡς —. οὐ γὰρ οἴεται.* XIII, 55: *ἀκ. αὐτὸν καὶ εἰς Μ. ἀναφέρειν τι —. τὸ δὲ τοῦ Μ. πρᾶγμα τοιοῦτον ἐγένετο.* XIII, 85: *ἀκ. δ' αὐτὸν καὶ τούτῳ ἰσχυρίζεσθαι, ὅτι —. ὃ πάντων ἐγὼ οἶμαι εὐηθέστατον* (wegen *ἰσχυρίζεσθαι* vgl. § 88 und Is. XVII, 24. [Lys.] VI, 35). XXX, 17: *πυνθάνομαι δ' αὐτὸν λέγειν ὡς —. ἐγὼ δ' — ἡγούμην ἄν.* (Lys.) VI, 37: *πυνθ. δ' αὐτὸν μέλλειν ἀπολογήσεσθαι ὡς —. ὡς οὖν οὐδὲν προσήκει Ἀ. τῶν συνθηκῶν, περὶ τούτου λέξω.* Lys. XIII, 88: *πυνθ. δ' αὐτὸν καὶ τοῦτο μέλλειν λέγειν, ὡς —. σχεδὸν μὲν οὖν τούτοις ἰσχυριζόμενος ὁμολογεῖ* (die Umschreibung des Futur. durch *μέλλειν* mit dem Infin. Präs. — nur [Lys.] VI, 37 Inf. Fut. —, die wir schon in den von Anaximenes und Hermogenes gebildeten Beispielen gefunden haben, ist in der *προκατ.* sehr häufig. Zu beachten sind auch die Futura *ἐπιχειρήσειν, πειράσεσθαι, ζητήσειν* — D. XXIII, 92 —, *οὐκ ὀκνήσειν* — D. XXI, 193 — und das Präsens *διανοεῖσθαι* Is. XVIII, 13. Wegen der Praesentia *λέγειν, ἀναφέρειν, ἰσχυρίζεσθαι* u. s. w., die wir Lys. XXX, 17. XXXI, 27. D. XX, 145. XXIV, 187. Lys. XIII, 55. 85. D. XXI, 36 antreffen, vgl. die Anm. zu XXXI, 27). D. XXII, 17: *καὶ ταῦτα μὲν ὡς —· ἀκούω δ' αὐτὸν τοιοῦτον ἐρεῖν τιν' ἐν ὑμῖν λόγον, ὡς —. ἐγὼ δὲ — θαυμάζω* (also nach einem *ὁρισμός*, wie in den nächsten Beispielen). (D.) XLV, 43: *ὡς μὲν τοίνυν —. ἀκ. δ' αὐτὸν τοιοῦτόν τι παρεσκευάσθαι λέγειν, ὡς —. πρὸς δὴ τὸν λόγον τοῦτον — βέλτιόν ἐστι μικρὰ προειπεῖν ὑμῖν, ἵνα μὴ λάθητ' ἐξαπατηθέντες* (derselbe Zusatz D. XX, 125, dafür *ἵν' ἧττον ἐξαπατᾶσθε* D. XXIV, 190; vgl. Isae. V, 5 und S. 361). LIX, 119: *ὡς μὲν τοίνυν —· ἀκ. δ' αὐτὸν τοιοῦτόν τι μέλλειν ἀπολογεῖσθαι, ὡς —. πρὸς δὴ τὴν ἀναίδειαν αὐτοῦ — πρόκλησιν — προὐκαλεσάμην* (And. III, 10: *καὶ πρῶτον μὲν —. ἤδη δέ τινων ἤκουσα λεγόντων ὡς —. ὁπόσοι οὖν ταῦτα λέγουσιν, οὐκ ὀρθῶς γιγνώσκουσιν*). Is. XVIII, 13: *καὶ τὰ μὲν γενόμενα ταῦτ' ἐστίν· πυνθάνομαι δὲ Κ. οὐ μόνον περὶ — διανοεῖσθαι ψευδῆ λέγειν ἀλλὰ καὶ — μέλλειν ἔξαρνον εἶναι καὶ παρεσκευάσθαι λέγειν τοιούτους λόγους, ὡς —. ὑμεῖς δ' ἐνθυμεῖσθε.* Lyk. 55: *ὡς μὲν οὖν —· πυνθ. δ' αὐτὸν ἐπιχειρήσειν ὑμᾶς ἐξαπατᾶν λέγοντα ὡς —. ἐὰν οὖν ταῦτα λέγῃ, ἐνθυμεῖσθε.* D. XXIV, 187: *οἶδα δ' ὅτι — οὐχ ἕξει λέγειν· ἀκούω δ' αὐτὸν λέγειν ὡς — καὶ ὅτι —. ἐγὼ δ' — ἡγοῦμαι* (vgl. Blass, Bereds. III, 1, 249). XIX, **201**: τοσούτων τοίνυν — ὄντων — πρὸς ἓν οὐδ' ὁτιοῦν τούτων ἀπολογήσεται —. ἃ δ' ἐγὼ *πέπυσμαι* μέλλειν αὐτὸν λέγειν, ἔστι μὲν —. *ἀκούω* γὰρ αὐτὸν ἐρεῖν ὡς ἄρα —. ἔστι δ' — οὔτε δικαία — ἡ τοιαύτη ἀπολογία. Aesch. I, 132 ff.: ἀναβήσεται δ' ἐν τῇ ἀπολογίᾳ **καὶ** τῶν στρατηγῶν τις, ὡς *ἀκούω* —· ὃς ἐπιχειρήσει διασύρειν —. οὐκ ἀφέξεται δ', ὥς *φασιν*, οὐδὲ —. κἀνταῦθα δή τινα καταδρομήν, ὡς *ἀκούω*, μέλλει ποιεῖσθαι περὶ ἐμοῦ —. καὶ τὸ τελευταῖον, ὡς *ἀπαγγέλλουσί τινές μοι* — ἐπιδείξεσθαί μου φησὶν —. ἐγὼ δέ (im gewöhnlichen Übergange stehen ἀκούω δέ Is. Br. VII, 8, ἀκούω δ' ἐγώ D. XV, 22, ἀκούω δὲ καί [D.] LVIII, 24, ἀκούω δ' ἔγωγε καί D. XXIV, 154). — D. XXXVIII, 19: *ἀκούω τοίνυν* αὐτοὺς τὰ μὲν — φευξεῖσθαι, παρεσκευάσθαι δὲ λέγειν ὡς —. ἐγὼ δὲ — ἡγοῦμαι. XXIII, 110: ἀκ. τοίνυν αὐτὸν καὶ τοιοῦτόν τιν' ἐρεῖν λόγον —, ὡς —. ἐγὼ δ' οὐκ ἀπορῶ μέν. (D.) LVIII, 50: ἀκ. τοίνυν αὐτοὺς **κἀκεῖνον ὑμῖν** μέλλειν δεικνύναι τὸν νόμον — καὶ ἐρήσεσθαι —, **ὥσπερ** οὐ c. part. (D. VIII, 73: ἤδη τοίνυν τινὸς ἤκουσα τοιοῦτόν τι λέγοντος, ὡς ἄρα —. ἐγὼ δέ). D. XIX, 72: *εἰς τοίνυν* τοῦτ' ἀναιδείας — **αὐτὸν** ἥξειν *ἀκούω*, ὥστε — κατηγορήσειν. ἔστι δὲ ταῦτα γέλως. LIV, 38: ὃ τοίνυν πάντων ἀναιδέστατον μέλλειν αὐτὸν ἀκούω ποιεῖν, βέλτιον νομίζω προειπεῖν ὑμῖν εἶναι. *φασὶ* γὰρ — αὐτὸν — ὀμεῖσθαι, καὶ ἀράς τινας δεινὰς — ἐπαράσεσθαι καὶ τοιαύτας, οἵας ἀκηκοώς γέ τις θαυμάσας *ἀπήγγελλεν* ἡμῖν. ἔστι δέ (vgl. D. XX, 125). (D.) XLV, 47: *πυνθάνομαι τοίνυν* αὐτοὺς καὶ περὶ — ἐρεῖν καὶ κατηγορήσειν ὡς —. ἐγὼ δ' — εἶπον. D. XXI, 208: *πέπυσμαι τοίνυν* καὶ Φ. καὶ — ἐξαιτήσεσθαι καὶ λιπαρήσειν παρ' ὑμῶν αὐτόν. περὶ ὧν οὐδὲν ἂν εἴποιμι — φλαῦρον ἐγώ (diese Stelle und D. XIX, 332 füge zu den Beispielen de praeterit. S. 22). XIX, 182: ἀγανακτήσει *τοίνυν* αὐτίκα δὴ μάλα, ὡς ἐγὼ *πυνθάνομαι*, εἰ —. ἐγὼ δ' — παραλείψω. (D.) XL, 45: ταύτην **τοίνυν** τὴν πρόκλησιν οὐ δεξάμενος — κατηγορήσει, ὡς ἐγὼ πυνθάνομαι, — λέγων ὡς —. ὑμεῖς δ' — μηδὲ τούτῳ ἐπιτρέπετε. D. XXI, 36: *ἀπήγγελλε τοίνυν* τίς μοι περιιόντ' αὐτὸν συλλέγειν καὶ πυνθάνεσθαι τίσι — καὶ λέγειν τούτους καὶ διηγεῖσθαι πρὸς ὑμᾶς μέλλειν —, ὡς ἐὰν — ἧττον ὑμᾶς — ὀργιουμένους. XX, 105: πάνυ τοίνυν σπουδῇ τις ἀπήγγελλέ μοι περὶ — τοιοῦτόν τι λέγειν αὐτοὺς παρεσκευάσθαι, ὡς ἄρα —. ἐμοὶ δὲ δοκοῦσιν (gegen die Lesart ἀπήγγειλε sprechen D. XXI, 36. LIV, 38. XXI, 25. — ἐμοὶ δέ schreibe ich mit den Zürr. u. Dindorf; ἐμοὶ δὴ δ. nach Σ u. andern guten Hdschr. Vömel, Westerm., Weil). XIX, 332: *εἶπε τοίνυν* μοί τις ἄρτι προσελθὼν — Χ. κατηγορεῖν αὐτὸν παρεσκευάσθαι καὶ —. ἐγὼ δ' ὅτι μὲν — οὐ σφόδρα ἰσχυρίζομαι (vgl. D. XXI, 151 f.). — D. XIX, **80**: **ἔτι** *τοίνυν* τοιοῦτό τι μέλλειν αὐτὸν *ἀκούω* λέγειν, ὅτι —. **ὡς** δὴ τοῦτ' ἔχει, βέλτιον προακοῦσαι παρ' ἐμοῦ (in geringeren codd. ὡς δὲ **τ. ἔ.** Gewöhnlich steht in der προκαταλ. wie nach λέγειν so nach allen Ausdrücken, die den Begriff eines verb. dicendi in sich schliefsen, die Partikel ὡς, zu der zuweilen noch ἄρα hinzutritt; das seltene φάναι wird auch in diesem Falle mit dem Infin. verbunden; vgl. D. XX, 1. XXII, 42. Die Partikel ὅτι wie hier noch Lys. XII, 62. D. XXII, 42; vgl. auch Ant. V, 64. Lys. XII, 50. Is. XXI, 16. ὡς — καὶ ὅτι finden wir Lys. XXVI, 3. D. XXIV, 187. 190; daneben Fortsetzung des Transitivsatzes mit ὡς durch den Infin. und die oratio recta D. XXIII, 110. LIV, 14). — Lys. XXVI, 3: καὶ νυνὶ αὐτὸν ἀκούω ὑπὲρ μὲν — διὰ βραχέων ἀπολογήσεσθαι — λέξειν δ' ὡς — καὶ ὅτι —. ἐγὼ δὲ — οἶμαι. Aesch. III, 217: καὶ νὴ Δί', ὡς ἐγὼ πυνθάνομαι, μέλλει με ἀνερωτᾶν, διὰ τί —. ἐγὼ δέ. § 228: καὶ νὴ τοὺς θεοὺς τοὺς Ὀλυμπίους, ὧν ἐγὼ πυνθάνομαι Δ. λέξειν, ἐφ' ᾧ νυνὶ μέλλω λέγειν ἄξιον καὶ μάλιστ' ἀγανακτεῖν. — καίτοι τὸν λόγον τοῦτον — ἔγωγε οὐδενὶ πρέπειν ἡγοῦμαι περὶ ἐμοῦ λέγειν. — Lys. XXVI, 16: καίτοιγ' αὐτὸν ἀκούω λέξειν ὡς —. ἐγὼ δέ. D. XX, 145: καίτοι καὶ τοῦτ' ἀκ. σε λέγειν, ὡς ἄρα —. εἰ μὲν τοίνυν — εἰ δέ — (Dilemma; Schäfer will εἰ μὲν οὖν, was nur geringe Autorität hat; vgl. unten). D. XIX, 337: καίτοι καὶ περὶ τῆς φωνῆς ἴσως εἰπεῖν ἀνάγκη· πάνυ γὰρ μέγα καὶ ἐπὶ ταύτῃ φρονεῖν αὐτὸν ἀκούω, ὡς καθυποκρινούμενον ὑμᾶς. ἐμοὶ δὲ δοκεῖτε. Aesch. III, 189: καίτοι πυνθάνομαί γ' αὐτὸν μέλλειν λέγειν, ὡς —, ὥσπερ ὑμᾶς ἀγνοοῦντας. Lys. XIV, 8: καίτοι φασὶν αὐτὸν ταύτην τὴν ἀπολογίαν ποιήσεσθαι, ὡς —. ἐγὼ δ' ἡγοῦμαι. — Aesch. III, 225: ἔπειτ' ἐπερωτᾶν με, ὡς ἐγὼ πυνθάνομαι, μέλλει, τίς ἂν εἴη τοιοῦτος ἰατρός —. σαυτὸν δ' οὐκ ἀντερωτᾷς, τίς ἂν εἴη δημαγωγὸς τοιοῦτος (Weidner neuerdings εἶτ' ἐπερωτᾶν; vgl. Büttner, quaest. Aesch. S. 8 und de arg. ex contr. VIII). Lys. XII, 62: καὶ μηδενὶ τοῦτο παραστῇ, ὡς —· πυνθάνομαι γὰρ ταῦτ' ἀπολογήσεσθαι αὐτόν, ὅτι —. καίτοι σφόδρ' ἂν — οἶμαι. Aesch. III, 215: περὶ δὲ — βραχέα βούλομαι προειπεῖν. πυνθάνομαι γὰρ λέξειν Δ. ὡς —. οὕτω γάρ ἐστιν — δεινὸς δημιουργὸς λόγων. § 54—56: περὶ δὲ — πειράσομαι σαφέστερον εἰπεῖν. καὶ γὰρ πυνθάνομαι μέλλειν Δ. — καταριθμεῖσθαι πρὸς ὑμᾶς ὡς ἄρα τῇ πόλει τέτταρες ἤδη γεγένηνται καιροὶ ἐν οἷς αὐτὸς πεπολίτευται. ὧν ἕνα μὲν —, ὡς ἔγωγε ἀκούω, καταλογίζεται —. ταῦτα δὲ καταριθμησάμενος, ὡς ἀκούω, μέλλει με παρακαλεῖν καὶ ἐπερωτᾶν —. ἵν' οὖν μήθ' οὗτος ἰσχυρίζηται ὑμεῖς τε προειδῆτε, ἐγὼ ἀποκρίνομαι. Andere Stellen, die man noch hierher ziehen könnte, wie z. B. Dein. I, 48, übergehe ich hier absichtlich. — — Die προκ. κατ' ἐπιστήμην ist, wenn man die Figur in der beschränkten Bedeutung nimmt, die ihr Anaximenes und Hermogenes beigelegt haben, vielleicht nur bei Demosthenes zu finden. Ich habe mir notiert XIX, 88: οἶδα τοίνυν ὅτι τοὺς μὲν — λόγους Αἰσχ. φεύξεται, βουλόμενος δ' — διέξεισιν ἡλίκα —. ἔστι δὲ καὶ ταῦτα κατηγορήματα τούτου. XXI, 186: οἶδα τοίνυν ὅτι — ὀδυρεῖται καὶ —. ἔστι δ' — τοσούτῳ μᾶλλον ἄξιον μισεῖν αὐτόν. ebenda § 29: οἶδα τοίνυν ὅτι καὶ τούτῳ πολλῷ χρήσεται τῷ λόγῳ·

μή με Δ. παραδῶτε —. τὰ τοιαῦτα πολλάκις οἶδ' ὅτι φθέγξεται —. ἔχει δ' οὐχ οὕτω ταῦτα. XXIII, 90: οὐκ ἀγνοῶ **τοίνυν** ὅτι ὡς μὲν — οὐχ ἕξει δεῖξαι, ὃ δὲ δεινότατον πάντων ἐστί, τὸ — τοῦθ' ὑφαιρεῖσθαι πειράσεται. ἐγὼ δὲ περὶ — πολλὰ μὲν **λέγειν** οὐκ οἶμαι δεῖν. XXXIX, 27: οὐκ ἀγνοῶ τοίνυν ὅτι — δίκαιον **μὲν οὐδὲν** ἕξει λέγειν, ἥξει δ' ἐπὶ ταῦθ' ἅπερ ἀεὶ λέγει, ὡς —. πρὸς δὴ **ταῦτ'** ἀκοῦσαι βέλτιον ὑμᾶς βραχέα. XXIII, 95: οὐ τοίνυν οὐδ' ἐκεῖνό με λέληθεν, ὅτι ἁπλῆν μὲν — οὐδ' ἡντινοῦν ἀπολογίαν Ἀ. ἕξει λέγειν, παραγωγὰς δὲ τοιαύτας τινὰς ἐρεῖ, ὡς ἄρα —. ἔστι δ' οὐδὲν τοῦτο σημεῖον τοῦ — εἰρηκέναι. XXI, 25: ἔστι **δὲ** πρῶτον μὲν ἐκεῖν' οὐκ ἄδηλος ἐρῶν ἐξ ὧν ἰδίᾳ πρός τινας αὐτὸς διεξιὼν ἀπηγγέλλετό μοι (vgl. XX, 105. XXI, 36. XIX, 332 und Hermog. a. a. O. S. 445 Sp.; der ganze Abschnitt wird eingeleitet durch die Worte (§ 24): βούλομαι δὲ πρὸ τούτων εἰπεῖν οἷς ἐπιχειρήσειν αὐτὸν ἀκήκο' ἐξαπατᾶν ὑμᾶς), ὡς —. ἐγὼ δ' ἓν μὲν ἐκεῖν' εὖ οἶδα. XX, 1: ἔστι **δ' οὐκ** ἄδηλον τοῦθ', ὅτι Δ. — δίκαιον μὲν οὐδὲν ἐρεῖ περὶ αὐτοῦ, **φήσει** δ' — ἐκδεδυκέναι τὰς λειτουργίας καὶ τούτῳ πλείστῳ χρήσεται τῷ λόγῳ. ἐγὼ δ' ὅτι μὲν — ἐάσω. Vgl. auch XXII, 4: νῦν δ' οἶδα σαφῶς ὅτι οὗτος ἁπλοῦν μὲν οὐδὲ δίκαιον οὐδὲν ἂν εἰπεῖν ἔχοι, ἐξαπατᾶν δ' ὑμᾶς πειράσεται κτλ. XXI, 160: ἀλλὰ νὴ Δία τριήρη ἐπέδωκεν· ταύτην γὰρ οἶδ' ὅτι θρυλήσει, καὶ φήσει 'ἐγὼ ὑμῖν τριήρη ἐπέδωκα'. οὑτωσὶ δὴ ποιήσατε (οὑτωσὶ δέ Σ und — mit übergeschriebenem η — B; dafs dies falsch ist, zeigen die unten zusammengestellten ähnlichen Beispiele). In weiterem Sinne genommen umfafst diese Form auch Stellen wie Is. V, 139: οὐκ ἀγνοῶ δ' ὅτι πολλοὶ τῶν Ἑλλήνων τὴν βασιλέως δύναμιν ἄμαχον εἶναι νομίζουσιν· ὧν ἄξιον θαυμάζειν, εἰ κτλ. und VIII, 114: οὐκ ἀγνοῶ δ' ὅτι τὸν μὲν — λόγον ἀποδέχεσθε, τὸν δὲ — δυσκόλως ἀκούετε· πεπόνθατε γὰρ πάντων αἴσχιστον (im gewöhnlichen transitus **findet sich** εὖ δ' οἶδ' ὅτι Lys. XVIII, 13, εὖ δ' οἶδ' ὅτι οὐδέ **Isae. XI, 29**, ἴσμεν δὲ καὶ — ὅτι Is. VI, 82, ἐπίσταμαι δὲ καὶ τάδε, ὅτι **Ant.** V, 84. VI, 28, οὐκ ἀγνοῶ δέ — nach einem ὁρισμός — Is. XV, 196. Aesch. I, 4). — — Von der überaus häufigen προκ. κατὰ δόξαν soll hier nur die Form behandelt werden, welche mit οἴομαι oder (seltener) ἡγοῦμαι beginnt. (D.) XL, 50: οἴομαι δ' αὐτὸν — κακῶς τέ με ἐπιχειρήσειν λέγειν καὶ διαβάλλειν πειράσεσθαι, διεξιόνθ' ὡς —. ὑμεῖς δ' ἐνθυμεῖσθε. Lys. XXVIII, 12: οἶμαι δ' Ἐ. περὶ μὲν — οὐκ ἐπιχειρήσειν ἀπολογεῖσθαι, ἐρεῖν δ' ὡς —. ἐγὼ δ' οὐ τὴν αὐτὴν γνώμην ἔχω. Is. XIV, 11: οἶμαι δὲ περὶ μὲν — οὐ τολμήσειν αὐτοὺς ἀναισχυντεῖν, ἐπ' ἐκεῖνον δὲ τρέψεσθαι τὸν λόγον, ὡς —. ἐγὼ δ' ἡγοῦμαι μέν. Lys. XIV, 16: ἡγοῦμαι δὲ περὶ μὲν — οὐχ ἕξειν αὐτοὺς ὅ τι λέξουσιν· ἀναβαίνοντες δ' ἐξαιτήσονται καὶ ἀντιβολήσουσιν ὑμᾶς — ὡς ἐκεῖνον πολλῶν ἀγαθῶν, ἀλλ' οὐχὶ πολλῶν κακῶν αἴτιον γεγενημένον. (And.) IV, 25: ἡγοῦμαι δ' αὐτὸν πρὸς ταῦτα μὲν οὐδὲν ἀντερεῖν, λέξειν δὲ περὶ —. ἐξ αὐτῶν δὲ τούτων ἐπιδείξω (vgl. Lys. XXII, 11: ἀλλὰ γὰρ οἴομαι *αὐτοὺς ἐπὶ μὲν τοῦτον* **τὸν** *λόγον οὐ πορεύσεσθαι· ἴσως δ' ἐροῦσιν — ὡς —. μέγιστον δ' ὑμῖν ἐρῶ — τεκμήριον ὅτι ψεύδονται*). Is. XV, 129: *οἶμαι δ' ὑμῶν τοὺς πολλοὺς θαυμάζειν τὰ λεγόμενα καὶ νομίζειν —. ἔχει δ' οὕτως* (*οἶμαι δ'* Benseler und Blass mit Vat. Ambr. Laur. Urb. corr., *οἶμαι οὖν* die übrigen Herausgeber mit Urb. pr.; vgl. unten); ferner (nach einem *ὁρισμός*) Is. XVIII, 35: *ὡς μὲν οὖν χρὴ — οὐδ' αὐτὸν ἡγοῦμαι Κ. ἀντερεῖν. οἶμαι δ' αὐτὸν ὀδυρεῖσθαι* — **καὶ** *λέξειν ὡς —. ἐγὼ δὲ — ἡγοῦμαι — — νομίζω*. XII, 62: *περὶ μὲν οὖν — ταῦτ' εἶχον* **εἰπεῖν.** *οἶμαι δὲ τοὺς — τοῖς μὲν εἰρημένοις οὐδὲν ἀντερεῖν — οὐδ' αὖ πράξεις ἑτέρας ἕξειν εἰπεῖν — κατηγορεῖν δὲ τῆς πόλεως ἡμῶν ἐπιχειρήσειν — καὶ διεξιέναι —. ἐγὼ δέ*. D. XXXVI, 18: *τὰ μὲν οὖν — ἐξ ἀρχῆς ἅπαντ' ἀκηκόατε. οἴομαι δ' Ἀ. — ταῦτ' ἐρεῖν, ὡς —. περὶ δὴ τούτων — σκέψασθε*. (D.) LVIII, 48: *ὅτι μὲν οὖν — σχεδὸν εἰδέναι πάντας ὑμᾶς νομίζω. οἶμαι δ' αὐτοὺς ἐπιχειρήσειν λέγειν ὡς —, ὥσπερ ὑμᾶς ἀγνοήσοντας* (Is. XVII, 24: *τὰ μὲν οὖν —. ἡγοῦμαι δὲ Π. ἐκ τοῦ διεφθαρμένου γραμματείου τὴν ἀπολογίαν ποιήσεσθαι καὶ τούτοις ἰσχυριεῖσθαι μάλιστα. ὑμεῖς οὖν μοι τὸν νοῦν προσέχετε*. D. LIV, 13: *ὅτι μὲν τοίνυν — νομίζω δῆλον ὑμῖν γεγενῆσθαι. οἴομαι δ' ὑμῶν ἐνίους θαυμάζειν, τί ποτ' ἐστὶν ἃ πρὸς ταῦτα τολμήσει Κ. λέγειν. βούλομαι δὴ προειπεῖν ὑμῖν ἃ ἐγὼ πέπυσμαι λέγειν αὐτὸν παρεσκευάσθαι* — **καὶ** *ἐρεῖν ὡς —. ἐγὼ δέ*. [D.] LVI, 19). — D. XXIII, 92: *οἶμαι τοίνυν αὐτὸν κἀκεῖνον ἐρεῖν τὸν λόγον, καὶ σφόδρα ταύτῃ ζητήσειν ἐξαπατᾶν ὑμᾶς, ὡς —. ἐγὼ δὲ πρὸς ταῦτ' οἶμαι δεῖν ὑμᾶς ἐκεῖν' ὑπολαμβάνειν* (*οἶμαι* auch in der confutatio wie D. XXII, 40. LIV, 27 — an allen drei Stellen *οἶμαι δεῖν*; Wechsel des Verbums Is. XIV, 11 — *ἡγοῦμαι χρῆναι* —. XVIII, 35 f. [D.] XLV, 51). XX, 120: *οἶμαι τοίνυν καὶ τοῦτον τὸν λόγον Λ. ἐρεῖν, ὡς —. ἐγὼ δ' ὑπὲρ ὧν μὲν — τοσοῦτον λέγω*. (D.) XLV, 51: *οἴομαι τοίνυν αὐτὸν οὐδὲν οὐδαμῇ δίκαιον ἔχοντα λέγειν ἥξειν καὶ ἐπὶ τοῦτο, ὡς —. ἐγὼ δὲ νομίζω*. XXII, 42: *οἴομαι τοίνυν αὐτὸν οὐδ' ἐκείνων ἀφέξεσθαι* **τῶν** *λόγων, ὅτι —. καὶ κατηγορήσει — καὶ φήσει — ἔσεσθαι —. ὑμεῖς δὲ πρῶτον μὲν ἐκεῖν' ἐνθυμεῖσθε*. XXIV, 190: *οἴομαι τοίνυν αὐτὸν οὐδ' ἐκείνων ἀφέξεσθαι τῶν λόγων, ὡς — καὶ ὅτι —.* **πρὸς** *δὴ τοὺς τοιούτους λόγους βέλτιον ἀκηκοέναι μικρὰ πάντας ὑμᾶς,* **ἵν'** *ἧττον ἐξαπατᾶσθε* (Benseler wohl richtig mit Σ **ἀκηκοέναι** für vulg. *προακηκοέναι*, doch hätte er statt D. XXI, 24 und [D.] XL, 21 besser D. XXXIX, 27 verglichen, wo *ἀκοῦσαι* so gebraucht ist; dagegen *προακοῦσαι* D. XIX, 80). XXI, 193—197: *οἶμαι τοίνυν αὐτὸν οὐδὲ τοῦ δήμου κατηγορεῖν ὀκνήσειν οὐδὲ τῆς ἐκκλησίας, ἀλλ' ἅπερ τότ' ἐτόλμα λέγειν — ταῦτα καὶ νῦν ἐρεῖ, ὡς —. ἀλλ' ἐπ' ἐκεῖν' ἐπάνειμι, ὅτι τοῦ δήμου κατηγορήσει καὶ τῆς ἐκκλησίας. ὅταν οὖν τοῦτο ποιῇ, ἐνθυμεῖσθε*. (D.) XL, 20: *οὕτω τοίνυν τοῦ νόμου ἔχοντος οἶμαι τουτονὶ — δικαίαν μὲν ἀπολογίαν — οὐδεμίαν ἕξειν εἰπεῖν, ἐπιχειρήσειν δὲ — περιστάναι τὰς ἑαυτοῦ συμφορὰς εἰς ἐμὲ — λέγων ὡς —. ταῦτα διέξεισιν —. ἵν' οὖν μὴ ἐξαπατηθῆτε ὑπ'* *αὐτοῦ*, ***βέλτιον εἶναί μοι*** *δοκεῖ βραχέα καὶ* ***περὶ*** *τούτου πρὸς ὑμᾶς εἰπεῖν* (statt *εἰπεῖν* das compos. *προειπεῖν* [D.] XLV, 44. D. LIV, 38 u. ö.). — **D.** XXII, 40: *ἔτι τοίνυν Ἀ. οἴομαι — ὡς ἐπιεικῆ δεήσεσθαι καὶ συνερεῖν αὐτοῖς. ἐγὼ δ' οἶμαι δεῖν.* LIV, 27: *καὶ νῦν οἶμαι περὶ τοῦτ' ἔσεσθαι τοὺς πολλοὺς τῶν λόγων αὐτοῖς. ἐγὼ δ' οἶμαι δεῖν πάντας ὑμᾶς ἐκεῖνο σκοπεῖν.* Zu dem, was über die angeführten Beispiele bereits gelegentlich bemerkt worden ist, habe ich nur wenig hinzuzufügen. Zur Einführung der *προκατ.* ward, wie es scheint, *τοίνυν* zuerst von Demosthenes verwendet. Is. XV, 129 schreiben Benseler und Blass mit Recht *οἶμαι δ' ὑμῶν.* Nach den mir vorliegenden Stellen zu urteilen, ist *οἶμαι οὖν* von den Rednern auch im gewöhnlichen transitus nirgends gebraucht worden. Wegen des Hiatus könnte man sich allenfalls auf § 17 berufen, wo Benseler für *δέομαι οὖν* fälschlich *δέομαι δ' οὖν* geschrieben hat; vgl. Blass, Bereds. II, 133. Lys. XIII, 85 und 88 beruhen die auf das Folgende hinweisenden Pronominalformen *τούτῳ* und *τοῦτο* auf einer Konjektur Kaysers. An der ersten Stelle würde auch *κἀκείνῳ* dem Sprachgebrauche entsprechen (nicht ebenso *καὶ τῳδί*, was Reiske konjiziert hat), an der zweiten sowohl *κἀκεῖνο* wie *καὶ τοιοῦτόν τι.* Anderes, was hier noch zur Sprache kommen könnte, ist behandelt de praeterit. S. 22 und de arg. ex contr. S. 349 g. E., wo Lys. X, 6 nachzutragen ist. Nicht ohne Grund ist der occupatio allemal ein gröfseres oder kleineres Stück der refutatio beigefügt worden, da auch diese ihre bestimmten Formen hat. In den behandelten Beispielen konnte freilich nur ein Teil derselben Anwendung finden. Am häufigsten erscheint an der Spitze der Widerlegung die Partikel *δέ*, besonders in Verbindung mit *ἐγώ* (*ἐμοὶ δέ* D. XIX, 337. XX, 105), *ὑμεῖς* (*ὑμεῖς δ' ἐνθυμεῖσθε* Lys. X, 30. Is. XVIII, 13. D. XXII, 43. [D.] XL, 50) und *ἔστι* (D. XIX, 72. 88. 202. XXI, 186. XXIII, 95. LIV, 38; vgl. D. XX, 18). Aufserdem mache ich noch aufmerksam auf Lys. XIII, 55: *τὸ δὲ τοῦ M. πρᾶγμα τοιοῦτον ἐγένετο.* § 77: *ἐγένετο δὲ τοιοῦτον.* Is. XV, 130: *ἔχει δ' οὕτως* (vgl. Br. VIII, 7). D. XXI, 29: *ἔχει δ' οὐχ οὕτω ταῦτ', οὐδ' ἐγγύς* und die schöne Stelle Aesch. III, 226. Mit diesem *δέ* hat man zusammen zu halten das lat. vero in ego vero, hoc vero u. s. w.; s. Seyffert, schol. Lat. I, § 63, 1 (selten so autem, wie Liv. V, 53, 2; das Relativum steht in den mit D. XXI, 29 verwandten Stellen Cic. de finn. IV, 15, 40: quod totum contra est. de or. III, 9, 35: quod non est ita). Nicht selten wird die Widerlegung auch durch Konklusivkonjunktionen eingeführt. So finden wir *οὖν* Aesch. III, 56. (D.) XL, 21 (*ἵν' οὖν*, vgl. Dein. I, 49 und S. 360). Lyk. 55 (*ἐὰν οὖν ταῦτα λέγῃ*). D. XXI, 197 (*ὅταν οὖν τοῦτο ποιῇ*). And. III, 11 (*ὁπόσοι οὖν ταῦτα λέγουσιν*). (Lys.) VI, 37 (*ὡς οὖν οὐδὲν προσήκει*). Lys. XIII, 88 (*σχεδὸν μὲν οὖν*). Is. XVII, 24 (*ὑμεῖς οὖν μοι τὸν νοῦν προσέχετε*); *δή* D. XIX, 80 (*ὡς δὴ τοῦτ' ἔχει, βέλτιον προακοῦσαι παρ' ἐμοῦ*).

XXIV, 190 (*πρὸς δὴ τοὺς τοιούτους λόγους βέλτιον ἀκηκοέναι μικρὰ πάντας ὑμᾶς*). XXXIX, 27 und XLV, 44 (ganz ähnlich). XXI, 160 (*οὑτωσὶ δὴ ποιήσατε*; vgl. S. 384). XXXVI, 19 (*περὶ δὴ τούτων σκέψασθε*). (D.) LIX, 120 (*πρὸς δὴ τὴν ἀναίδειαν αὐτοῦ πρόκλησιν αὐτὸν προὐκαλεσάμην*; vgl. Aesch. III, 17. D. XIX, 89. LIV, 43. Hyp. f. Eux. XXVII. Plat. Apol. 37ᵉ. Eine Stelle, die mit D. XX, 105 nach der von Vömel recipierten Lesart verglichen werden könnte, steht mir nicht zu Gebote); endlich *τοίνυν* D. XX, 145 (der schon oben besprochenen Stelle kommt sehr nahe Aesch. III, 168; vgl. auch Lys. XII, 50. [Lys.] XX, 17. D. III, 10. XVIII, 227). Mit dem in der refutatio auch sonst öfters gebrauchten *καίτοι* (vgl. aus Lysias und Pseudolysias III, 22. XIV, 35. VI, 10. 13) beginuen unter den oben genannten Beispielen Lys. XII, 63 und Aesch. III, 228. Über die Einführung der Entgegnung durch das Relativpronomen (Lys. XIII, 85, wenn hier nicht der Relativsatz zu tilgen ist; vgl. unten z. St. Is. V, 139. D. XXI, 208) ist das Nötige bemerkt im Anh. zu XII, 40 (S. 232). Ironische Wendungen mit *ὡς* (*ὥσπερ*) und dem Particip. schliefsen sich an die *πρόληψις* in folgenden Stellen an: Lys. XIV, 16. D. XXI, 36. — Aesch. III, 189. (D.) LVIII, 49. 50; ähnliches aus Cicero bei Seyffert § 66, 5. Hohn oder Unwille ist enthalten in den der occupatio beigefügten Kausalsätzen Aesch. III, 215: *οὕτω γάρ ἐστιν, ὡς ἔοικε, δεινὸς δημιουργὸς λόγων, ὥστε οὐκ ἀπόχρη αὐτῷ κτλ.* (über *ὡς ἔοικε* vgl. de arg. ex contr. S. 324). Lys. XXXI, 27: *οὐ γὰρ οἴεται ὑμᾶς γνώσεσθαι κτλ.* Is. VIII, 114: *πεπόνθατε γὰρ πάντων αἴσχιστον καὶ ῥαθυμότατον· ἃ γὰρ ἐπὶ τῶν ἄλλων ὁρᾶτε, ταῦτ' ἐφ' ὑμῶν αὐτῶν ἀγνοεῖτε* (ein argum. ex contr.).

§ 56. *μέντοι*] Vgl. Sauppe bei Rauchenstein (IV) Anh. S. 257 und die ähnlichen Stellen oben S. 237. — *τἀληθῆ*] die Zürr., Scheibe, Herw., Cobet, Rauchenst.; *ἀληθῆ* mit den Hdschr. Westermann. — *δικαίως καταψηφισάμενοι*] *δικαίως* versetzt Herwerden nach einem älteren Vorschlage Scheibes vor *ἐκεῖνος* § 57 (ähnlich früher Rauchenstein); zugleich fügt derselbe ganz unnötigerweise (vgl. Kr. 60, 5, 2) *αὐτοῦ* vor *καταψηφ.* ein. — *τῷ δημίῳ*] Vgl. Lobeck zu Phryn. 476. *τῷ δημοσίῳ* Heinrich, schedae Lycurgeae (Progr. Bonn 1850) S. 10.

§ 57. *Ἀγόρατός γε δικαίως*] *Ἀγόρ. σφόδρα γε δικαίως* nach Kaysers Vermutung (vgl. Heidelb. Jahrb. 1866, 784. Jahrb. f. Philol. 1872, 253) Herw.; *δὶς δικαίως* will Dryander, conj. Lys. (Progr. Halle 1868) S. 14 unter Vergleichung von § 91 und XII, 37. Dafs im ersten Gliede des Enthymems ein Zusatz wie *δικαίως* und im zweiten eine Steigerung dieses Zusatzes recht gut hätte stehen können, zeigen zahlreiche Enthymeme ähnlicher Art, welche an den S. 230, Z. 16 f. angeführten Stellen meiner Schrift de arg. ex contr. zu finden sind (vgl. auch S. 60, wo ich vier verwandte Enthymeme zusammengestellt habe, in welchen der Hauptsatz mit *πῶς οὐ* beginnt). Aber es wäre nicht recht, wegen solcher Beispiele die hier von den Hdschr. gebotene einfachere Form zu beanstanden, wenn anders an dem Gedanken nichts auszusetzen ist: 'hat Menestratos (trotz seiner geringeren Schuld) den Tod erlitten (= erleiden müssen), so wird ihn (ein Mann wie) Agoratos (bei seiner weit gröfseren Schuld) gewifs mit Recht erleiden'. Über den emphatischen Gebrauch der Nomina propria im Enthymem de arg. ex contr. S. 305, Anm. 22.

§ 58. *Μουνυχίασιν*] verdächtigt Herw. — *μετὰ τούτου*] *μετ' αὐτοῦ* möchte Herw. vorziehen. Die Wiederholung (*ἐγγυητὴς τότε τούτου ἐγένετο καὶ — ἕτοιμος ἦν συνεκπλεῖν μετὰ τούτου*) ist derselben Art wie § 53: *εἰ ἐκείνοις ἐπίθου καὶ ἠθέλησας ἐκπλεῦσαι μετ' ἐκείνων* und § 77: *ὡς ἐπὶ Φυλὴν τ' ᾤχετο καὶ συγκατῆλθεν ἀπὸ Φυλῆς*, wo Herw. die beiden letzten Worte tilgen will. Vgl. oben S. 377. — *τό γ' ἐπ' ἐκεῖνον εἶναι*] *ἐκείνῳ* Herw. nach Scaliger. *ἐκείνῳ* fehlt in dem Citat bei Prisc. Inst. XVIII (gramm. Lat. III, 367 Keil). Vgl. noch Dion. Hal. Antt. VII, 45: *τό γ' ἐπὶ τοῦτον εἶναι μέρος.* — *ἐσώθης*] Mit Unrecht beschränkt Kühner § 391, 3 diesen Gebrauch des Indikativs ohne *ἄν* auf das Perfektum und perfektische Präsens. Is. IV, 142 konnte *ἄν* deshalb nicht wohl fehlen, weil daselbst mittels der Partikeln *μέν* und *δέ* Nichtwirklichkeit und Wirklichkeit in scharfen Gegensatz zu einander treten. — *καί*] Vgl. Krüger zu Dion. Hal. Histor. S. 20.

§ 59. *καὶ ἀπογράψας ἀπέκτεινας καὶ — ἐγγυητάς*] So die neueren Herausgeber nach Fr. Jacobs; *ἀπογράψας καί* X, *ἀπέγραψας καί* C, *ἐπέτριψας καί* nach Reiske Cobet. Bake, schol. hyp. II, 269 will die Worte hinter *καθισταμένης* § 61 setzen. Frohberger hält dieselben für ein Glossem unter Zustimmung Röhls (Jahresb. des Berlin. philol. Vereins. Jahrg. III, 35). Gegen Frohberger Rauchenstein im Anh. Ich habe nur *καὶ ἐκεῖνον — ἐγγυητάς* als unecht eingeklammert. — *καθαρῶς*] Emendation Taylors; vgl. Scheibe, lect. Lys. 325 f.

§ 60. *τῆς ξενίας*] Über den Artikel vgl. noch Ant. V, 59. D. XXIV, 131. (D.) XXIX, 7. 20. XLIX, 56. LII, 28. Schömann zu Isae. S. 231. Mätzner zu Lyk. S. 85. — *οὕτω*] *ἀλλ' οὕτω* Westerm. quaest. I, 17. Für das blofse *οὕτω* auch Kayser, Philol. XXV, 304.

§ 61. *καὶ ὑπὸ σοῦ ἀπολλύμενος*] *καὶ αὐτὸς ὑπὸ σοῦ ἀπ.* nach Scheibes Vorschlag Herw. und früher Rauchenst. *ὁ ὑπὸ σοῦ ἀπολόμενος* Kayser, Philol. XI, 159; gegen beide Änderungen Westerm. quaest. I, 18, unter Zustimmung des Rec. im litter. Centr.-Bl. 1860, Nr. 19; gegen Westerm. wieder Kayser, Philol. XXV, 304. Für die Überlieferung spricht auch der Parallelismus: *καὶ ὑπὸ σοῦ ἀπολλύμενος = οὐδὲν τοῖς ἀνδρ. ἐκ. συνειδώς, πεισθεὶς δ' ὡς κτλ.* Freilich steht von den beiden Participien des letzten

Gliedes nur das erste konzessiv (anders § 18), während das zweite kausal zu fassen ist, weshalb man wohl vermuten könnte, daſs *δέ* vor *ὡς* zu streichen sei; vgl. jedoch Aesch. II, 143. Krüger zu Thuk. VI, 72, 3 und Gramm. 56, 14 mit Anm. 1. — *ἐγένετο*] Die Worte *καὶ Ξενοφῶν — Θάσιος* seit Dobree überall beseitigt. Scheibe, lect. Lys. 324, Anm. 34. — *τότε πολιτείας καθισταμένης*] *τότε καθ. πολ.* Herw.

§ 62. *εἰ μὲν οὖν οὐ*] nach C und Sluiter, lect. And. p. 165 (Schiller) Westerm., Cobet, Frohberger (kl. Ausg.); *εἰ μὲν οὐ* Scheibe (vgl. lect. Lys. a. a. O. 302), Rauchenst., Herw. Wahrscheinlich ist *εἰ μὲν οὖν μή* zu schreiben; s. unten. — *συλλήβδην*] Vgl. noch Anaxim. Rhet. I, 181 Sp. (de praeterit. S. 19). Schneider zu Is. VII, 19. — *στρατηγοῖς*] Glossem nach Dobree, Kayser (Philol. XI, 152), Herw., Francken (comm. 93); ebenso früher Cobet (v. l. 377) u. Rauchenst. — *παρεδίδοσαν*] *παρέδοσαν* Francken a. a. O. — *οὐδεπώποτ' ὑφ' ὑμῶν*] Da im Palat. hinter *οὐδεπώποτε* noch *οὐδέ* steht, vermutet Westerm. quaest. I, 18 eine Lücke, etwa *οὐδεπώποτε οὐδὲν παρενόμουν οὐδ' ὑφ' ὑμῶν κτλ.* Nach der von Frohberger verglichenen Stelle Xen. Mem. I, 2, 48: *τούτων οὐδεὶς οὔτ' ἐποίησε κακὸν οὐδὲν οὔτ' αἰτίαν ἔσχεν* dürfte sich, wenn die Stelle wirklich lückenhaft überliefert ist, eher diese Ergänzung empfehlen: *οὐδεπώποτ' ἐποίησαν αἰσχρὸν οὐδὲν οὐδ' ὑφ' ὑμῶν οὐδεμίαν αἰτίαν αἰσχρὰν ἔσχον.* — *αἰτίαν ἔσχον*] Vgl. noch Plat. Staat VIII, 565[b]. Lach. 186[b]. Apol. 38[c] (*αἰτίαν ἔχειν ὑπό τινος*). Is. XV, 53 (*περί τι*). Ant. V, 67. 85. VI, 26. Is. XVI, 11. Xen. Oik. 11, 24. Maetzner zu Lyk. S. 175. Schneider zu Is. VII, 58. Ebenso *κατηγορίας ἔχειν ἐπί τινι* D. XVIII, 240. — Die schon oben berührten Worte *εἰ μὲν κτλ.* erfordern die genauere Erörterung einer von den Rednern und von andern Schriftstellern häufig angewandten Argumentationsfigur, die meines Wissens bisher nur M. Schanz (Jahrb. f. Philol. 1870, S. 242 ff.) mit Rücksicht auf Platon etwas eingehender behandelt hat. Dieselbe läſst sich in der Hauptsache auf vier Formen zurückführen: 1) wenn A wäre, so wäre B; da aber A nicht ist, so ist auch B nicht. 2) wenn A wäre, so wäre B; so aber ist A nicht, demnach ist auch B nicht. 3) wenn A wäre, so wäre B; so aber ist A nicht. 4) wenn A wäre, so wäre B; so aber ist B nicht. Der Kürze wegen habe ich bei Aufstellung dieser Schemata nur die Beispiele berücksichtigt, wo im ersten Teile beide Glieder positiv sind; sie lassen sich aber mit den nötigen Abänderungen auch auf solche Stellen übertragen, in denen das eine von jenen Gliedern oder auch beide zugleich negativer Art sind. Zur Bezeichnung des blos angenommenen Verhältnisses wird in der Regel das vierte hypothetische Schema verwendet, wobei Ausdrücke wie *ἔδει, προσῆκεν, ἐξῆν* u. dergl. auch ohne *ἄν* stehen können. Nur bisweilen erscheint dafür das dritte oder das erste Schema. In letzterem Falle tritt an die Stelle der Formel:

'wenn A wäre, so wäre B; nun aber ist A nicht, demnach ist auch B nicht' die rein mathematische Formel: 'wenn A ist, so ist B; nun aber ist A nicht u. s. w.' (vgl. Hyp. f. Lyk. 23 Blass: *εἰ ἔστιν ταῦτα ἀληθῆ, ὁμολογῶ καὶ τἆλλα πάντα πεποιηκέναι τὰ ἐν τῇ εἰσαγγελίᾳ γεγραμμένα· ὅτι δὲ ψευδῆ ἐστιν, ῥᾴδιον οἶμαι εἶναι ἅπασιν ἰδεῖν*). Der erstere Fall beschränkt sich auf einige Beispiele bei Homer (Od. *α*, 163 ff. Il. *ι*, 515 ff. *μ*, 322 ff.), der neben dem Indikativ des Präteritums auch den Optativ zum Ausdruck der Irrealität verwandte. Gerth, Grammatisch-Kritisches zur griech. Moduslehre S. 3. Der wirkliche Sachverhalt wird nicht nur durch *νῦν δέ*, sondern auch durch *νυνὶ δέ* bezeichnet, was man früher mit Unrecht bestritt. Schömann zu Isae. S. 189. Maetzner zu Lyk. S. 124. Den Gegensatz zu *νῦν δέ* bildet *τότε δέ* (D. XVIII, 195. 200), durch das der blos gesetzte Fall in die Vergangenheit verlegt wird. Vgl. auch de arg. ex contr. S. 302, sowie Nägelsbach, Anmerk. zur Ilias S. 149 und über das latein. nunc Halm zu Cic. in Cat. I, 7, 17. Stehend ist *νῦν δέ* in den drei letzten Formen; in der ersten ist es nur bisweilen notwendig, häufig zwar nicht notwendig, aber doch zulässig, in gewissen Fällen dagegen (besonders bei *εἰ μέν — εἰ δέ*) geradezu unzulässig. Die Partikel *μέν* ward im ersten Teile nicht selten weggelassen, namentlich wenn *εἰ* mit *γάρ* oder *καίτοι* in Verbindung trat. Für solche Fälle hat man anzunehmen, daſs der Schriftsteller von vorn herein gar nicht die Absicht hatte, der Fiktion den wahren Sachverhalt gegenüberzustellen (vgl. Lys. XVI, 1 mit [D.] XXIX, 1), dies aber doch nachträglich noch that. Es lassen sich derartige Stellen mit denen vergleichen, wo *ἔδει* (*ἐχρῆν* u. s. w.) ohne *μέν* mit nachfolgendem *νῦν δέ* gesetzt ist; s. zu XII, 32, S. 225. Natürlich muſste *μέν* auch dann wegfallen, wenn der Hauptsatz dem Satze mit *εἰ* vorangeschickt ward. Doch nun zu den Beispielen, bei deren Aufzählung ich so zu verfahren gedenke, daſs ich die, welche ohne Konjunktion eingeführt werden, an die Spitze stelle, die andern nach den Partikeln zusammenordne, mittels welcher die Anknüpfung an das Vorhergehende stattfindet. Die erste Form macht wegen der Art und Weise, in welcher das hypotaktische Glied des ersten Teiles im zweiten zurückgewiesen wird, noch weitere Unterabteilungen notwendig.

I. Lys. XXXII, 1: *εἰ μὲν — ἐπειδὴ μέντοι — ἀνάγκη μοι γεγένηται κτλ.* (Lys.) II, 1. Is. Br. I, 1. D. IV, 1 (= prooem. 1 in.). XXVII, 1: *εἰ μὲν — ἐπειδὴ δέ* (vgl. D. XXIII, 194: *ἐγὼ δ' θεάσασθ' ὡς ἔχω. εἰ — οὐδ' ἂν οὕτως ᾤμην δεῖν —. ἐπειδὴ δέ;* asynd explic.). — Lys. fr. 88: *εἰ μὲν — οὐδὲν ἂν ἔδει — ἀπολογεῖσθαι· ἐπεὶ δέ.* — And. II, 1: *εἰ μὲν — οὐδὲν ἂν θαυμαστὸν ἐνόμιζον· ὅπου μέντοι.* — Xen. Mem. I, 2, 28: *οὕτω δὲ καὶ Σωκράτην δίκαιον ἦν κρίνειν· εἰ μὲν αὐτὸς ἐποίει τι φαῦλον, εἰκότως ἂν ἐδόκει πονηρὸς εἶναι· εἰ δ' αὐτὸς σωφρονῶν διετέλει, πῶς ἂν δικαίως τῆς οὐκ ἐνούσης αὐτῷ κακίας* **αἰτίαν** *ἔχοι*; (asynd. explic. Über *εἰ δ' — διετέλει* urteilen richtig Kühner und Breitenbach; an zwei Stellen dieser Art, Aesch. I, 89. D. XXI, 34, will Cobet *ἐπεὶ δέ*, und betreffs der letzteren stimmt bei Weil, préf. p. VII. Vgl. de arg. ex contr. 364 u. 388). D. XXI, 186: *διὰ τί; ὅτι εἰ μὲν — ἄξιον ἦν ἄν τι τῆς ὀργῆς ἀνεῖναι· εἰ δέ.* — Plat. Apol. 20ᵃ: *εἰ μὲν — νῦν δ' ἐπειδή.* — Xen. Anab. V, 1, 10: *ἔτι τοίνυν τάδε ὁρᾶτε· εἰ* **μὲν** *— οὐδὲν ἂν ἔδει ὧν μέλλω λέγειν· νῦν δ' ἐπεί* (asynd. explic.). — Is. XV, 1: *εἰ μὲν ὅμοιος ἦν ὁ λόγος ὁ μέλλων ἀναγνωσθήσεσθαι τοῖς ἢ πρὸς τοὺς ἀγῶνας ἢ πρὸς τὰς ἐπιδείξεις γιγνομένοις, οὐδὲν ἂν οἶμαι προδιαλεχθῆναι περὶ αὐτοῦ· νῦν δὲ διὰ τὴν καινότητα καὶ τὴν διαφορὰν ἀναγκαῖόν ἐστι προειπεῖν τὰς αἰτίας κτλ.* (statt eines Kausalsatzes *διά* c. acc. *οἶμαι* nach *Γ* mit Bekker und anderen, *ἔδει* *Δ E* v., *οἶμαι δεῖν* Hertlein; s. unten zu Is. XIV, 3). Aesch. III, 179 f.: *ἐγὼ δὲ τοῦθ' ὑμᾶς ἐπιχειρήσω διδάσκειν. οἴεσθ'* **ἂν** *ποτε ἐθελῆσαί τινα ἐπασκεῖν — παγκράτιον —, εἰ ὁ στέφανος ἐδίδοτο μὴ τῷ κρατίστῳ, ἀλλὰ τῷ διαπραξαμένῳ; οὐδεὶς ἄν ποτ' ἠθέλησεν ἐπασκεῖν. νῦν δὲ διὰ τὸ σπάνιον — ἐθέλουσί τινες — διακινδυνεύειν.* D. XIX, 103: *ὑμᾶς ἐξηπάτηκεν, ἀδοξεῖ, δίκαιος ἀπολωλέναι κρίνεται. εἴ γέ τι τῶν προσηκόντων ἐγίγνετο, ἐν εἰσαγγελίᾳ πάλαι ἂν ἦν· νῦν δὲ διὰ τὴν ὑμετέραν εὐήθειαν καὶ πρᾳότητα εὐθύνας δίδωσιν* (*κρίνεται. εἴ γέ τι* schreibe ich mit den Zürichern und anderen; da die vorangehenden Glieder asyndetisch aneinandergereiht sind, durfte auch vor *εἴ γε* (= ja wenn) kein *καί* stehen; vgl. die Beispiele S. 364). Thuk. IV, 126, 1: *εἰ μὲν μὴ ὑπώπτευον ὑμᾶς τῷ τε μεμονῶσθαι καὶ ὅτι βάρβαροι οἱ ἐπιόντες καὶ πολλοὶ ἔκπληξιν ἔχειν, οὐκ ἂν ὁμοίως διδαχὴν ἅμα τῇ παρακελεύσει ἐποιούμην· νῦν δὲ πρὸς μὲν τὴν ἀπόλειψιν τῶν ἡμετέρων καὶ τὸ πλῆθος τῶν ἐναντίων βραχεῖ ὑπομνήματι καὶ παραινέσει τὰ μέγιστα πειράσομαι πείθειν* (vgl. Classen. *οὐχ ὁμοίως* so wie hier auch Is. X, 2. D. XXI, 214. XXII, 71). — Is. V, 110: *ἐφ' ὃν (τόπον) εἰ μὲν νεώτερος ὢν ἐπέστην, ῥᾳδίως ἂν ἐπέδειξα —· νῦν δ' ἐπελθὼν — καὶ κατιδὼν τὸ πλῆθος τῶν ἐνόντων εἰπεῖν τήν τε δύναμιν τὴν παροῦσάν μοι κατεμεμψάμην κτλ.* (kausales Partic.; *νῦν δέ* prägnant = so aber, da ich erst jetzt darauf gekommen bin). — — (D.) XLIV, 5: *εἰ μὲν οὖν — οὐδὲν ἂν ἔδει πολλῶν λόγων —· ἐπειδὴ δέ.* prooem. 1: *εἰ μὲν οὖν — οὐδὲν ἂν ἔδει συμβουλεύειν· ἐπειδὴ δέ.* IX, 6: *εἰ μὲν οὖν — οὐδὲν* **ἄλλ' ἔδει τὸν** *παριόντα λέγειν —· ἐπειδὴ δέ.* D. XXI, 5 f.: *εἰ μὲν οὖν — οὐδὲν ἂν ὑμῶν ἠξίουν δεῖσθαι· ἐπειδὴ δὲ — οὐκ ὀκνήσω καὶ δεῖσθαι* (die Wiederholung am Ende beider Glieder wie Ant. I, 11). Is. XIV, 3: *εἰ μὲν οὖν — διὰ βραχέων ἂν ἐποιησάμεθα τοὺς λόγους· ἐπειδὴ δ' — ἀναγκαῖον διὰ μακροτέρων δηλῶσαι* (wegen des Aorists *ἐποιησάμεθα* vgl. Is. XV, 1. Arist. Ri. 1277. Plat. Menon 86ᵈ. Euthyphr. 12ᵈ. Diodor XIII, 20, 5). D. XVIII, 9. (D.) LX, 3. prooem. 44. Gorg. Palam. 35: *εἰ μὲν οὖν — ἐπειδὴ δέ.* — D. XIV, 10 f.: *εἰ* μὲν οὖν — εἰκότως ἂν —˙ ἐπεὶ δὲ — τί τοὺς ὁμολογουμένους ἐχθροὺς ἔχοντες ἑτέρους ζητοῦμεν; (εἰκότως häufig in der Apodosis des ersten Teiles). Diodor XIII, 20, 5: εἰ μὲν οὖν — εἰκότως ἂν —˙ ἐπεὶ δέ. (D.) prooem. 25: εἰ μὲν οὖν — ἐπεὶ δέ. Xen. Kyr. IV, 6, 6: ἐγὼ οὖν, εἰ μὲν — ἐπεὶ δέ. Plat. Symp. 180[d]: μιᾶς μὲν οὖν οὔσης (Ἀφροδίτης) εἷς ἂν ἦν Ἔρως˙ ἐπεὶ δὲ δή. — And. III, 2: εἰ μὲν οὖν — εἰκότως ἂν —˙ ὅπου δὲ — πῶς οὐκ εἰκός. — **Lys.** III, 2: εἰ μὲν οὖν ἄλλοι τινὲς ἔμελλον περὶ ἐμοῦ διαγνώσεσθαι, **σφόδρ'** ἂν ἐφοβούμην τὸν κίνδυνον —˙ εἰς ὑμᾶς δ' εἰσελθὼν ἐλπίζω τῶν δικαίων τεύξεσθαι (kausales Partic.). — Gorg. Palam. 3: εἰ μὲν οὖν — εἰ δέ. — (D.) LVI, 47: εἰ μὲν οὖν ἐν τῷ Ῥοδίων δικαστηρίῳ ἐκρινόμεθα —˙ νῦν δ' εἰς Ἀθηναίους εἰσεληλυθότες (kaus. Part.). — Plat. Lach. 196[b]: εἰ μὲν οὖν ἐν δικαστηρίῳ ἡμῖν οἱ λόγοι ἦσαν, εἶχεν ἄν τινα λόγον ταῦτα ποιεῖν˙ νῦν δὲ τί ἄν τις ἐν ξυνουσίᾳ τοιᾷδε μάτην κενοῖς λόγοις αὐτὸς αὑτὸν κοσμοῖ; (wie Is. XV, 1). Vgl. auch (D.) prooem. 24 u. 29. — — Is. XV, 53. Isae. V, 5: εἰ μὲν τοίνυν — ἐπειδὴ δέ. — (D.) XLV, 12: εἰ μὲν τοίνυν μὴ προσεμαρτύρουν — λόγον εἶχέ τιν' ἂν —˙ προσμαρτυρούντων δὲ τούτων — τί ἦν μοι κέρδος τὸ μὴ ἐθέλειν; — Xen. Hell. VII, 3, 10: εἰ μὲν τοίνυν ἐμοὶ μὲν πολέμιος ἦν, ὑμῖν δὲ φίλος, κἀγὼ ὁμολογῶ μὴ καλῶς ἄν μοι ἔχειν παρ' ὑμῖν τοῦτον ἀποκτεῖναι˙ ὁ δὲ ὑμᾶς προδιδοὺς τί ἐμοὶ πολεμιώτερος ἦν ἢ ὑμῖν; — D. LVII, 15: εἰ μὲν τοίνυν συνέβαινε τοῖς Ἁλιμουσίοις περὶ ἁπάντων τῶν δημοτῶν διαψηφίσασθαι ἐν ἐκείνῃ τῇ ἡμέρᾳ, εἰκὸς ἦν καὶ εἰς ὀψὲ ψηφίζεσθαι, ἵν' ἀπηλλαγμένοι ᾔεσαν ποιήσαντες τὰ ὑμῖν ἐψηφισμένα. εἰ δὲ πλείους ἢ εἴκοσιν ὑπόλοιποι ἦσαν τῶν δημοτῶν, περὶ ὧν ἔδει τῇ ὑστεραίᾳ διαψηφίσασθαι, καὶ ὁμοίως ἦν ἀνάγκη συλλέγεσθαι τοὺς δημότας, τί ποτ' ἦν τὸ δυσχερὲς Εὐβουλίδῃ ἀναβαλέσθαι εἰς τὴν ὑστεραίαν καὶ περὶ ἐμοῦ πρώτου τὴν ψῆφον διδόναι τοῖς δημόταις; (ᾔεσαν mit *F* die Züricher und Dindorf, ειεσαν *ΣΦ*, ᾔεσαν *B*, εἴησαν Bekker, ἦσαν Westermann. Nimmt man an, Demosth. habe **im** ersten Teile das dritte hypoth. Schema angewendet und nur aus rhetorischen Gründen ἄν weggelassen, übersetzt man also 'hätten die H. — abzustimmen gehabt, so würden sie mit gutem Grunde die Abstimmung bis spät in die Nacht fortgesetzt haben', dann müfste man allerdings nach der gewöhnlichen Regel das Imperfekt (ᾔεσαν oder ἦσαν) setzen. Aber nichts hindert anzunehmen, es sei vom Redner (vgl. die Beispiele unten unter Nr. V) das erste Schema gebraucht worden und die Stelle demgemäfs zu übersetzen 'hatten die H. — abzustimmen, so setzten sie mit gutem Grunde — fort'. Bei dieser Auffassung ist der Optativ ohne Anstofs, für den ja auch das ειεσαν der besten Hdschr. spricht). ebenda § 25: **εἰ** μὲν τοίνυν εὔπορος ὢν ὁ πατὴρ χρήματα δοὺς τούτοις ἐφαίνετο πείσας συγγενεῖς αὐτοὺς ἑαυτοῦ φάσκειν εἶναι, λόγον εἶχεν ὑποψίαν τιν' ἔχειν ὡς οὐκ ἦν ἀστός˙ εἰ δὲ πένης ὢν ἅμα συγγενεῖς τε παρέσχετο τοὺς αὐτοὺς καὶ μεταδιδόντας τῶν ὄντων ἐπεδεικ-

νυε, πῶς οὐκ εὔδηλον ὅτι τῇ ἀληθείᾳ προσήκει τούτοις; (mit dieser Stelle verhält es sich ebenso wie mit der vorigen. Übersetze: wenn mein Vater als ein reicher Mann diese durch Geldgeschenke bewog —, so war der Verdacht begründet. Schäfer wollte *εἶχεν ἄν* für *εἶχεν*. Dagegen Westermann, comm. crit. II, 13, dem ich aber nur in Bezug auf Lys. XIII, 90 beistimme; s. unten). Aesch. I, 89: *εἰ μὲν τοίνυν — εἰ δέ.* ebenda § 51: *εἰ μὲν τοίνυν — ἐὰν δ' — ἐπιδείξω* (das in dieser Argumentationsform auffällige *ἐάν* ist wohl in *εἰ* abzuändern; *εἰ* c. ind. fut. im zweiten Gliede auch D. XXII, 35. Plat. Prot. 361[b]; aufserdem vgl. D. XXI, 160). (And. III, 16: *εἰ τοίνυν — οὐδὲ οὕτως ἔδει πολεμεῖν· εἰ δὲ — πῶς οὐκ ἐκ παντὸς τρόπου τὴν εἰρήνην ποιητέον ἡμῖν;* vgl. D. XXIII, 194.) D. XXI, 33 f.: *οὕτω τοίνυν καὶ ἐμὲ εἰ μὲν ἐν ἄλλαις τισὶν ἡμέραις ἠδίκησέ τι τούτων Μ. ἰδιώτην ὄντα, ἰδίᾳ καὶ δίκην προσῆκεν αὐτῷ διδόναι· εἰ δὲ χορηγὸν ὄνθ' ὑμέτερον ἱερομηνίας οὔσης πάνθ' ὅσ' ἠδίκηκεν ὑβρίσας φαίνεται, δημοσίας ὀργῆς καὶ τιμωρίας δίκαιός ἐστι τυγχάνειν.* — Xen. Mem. III, 5, 8: *οὐκοῦν εἰ μὲν ἐβουλόμεθα — μάλιστ' ἂν οὕτως αὐτοὺς ἐξορμῷμεν —· ἐπεὶ δέ* (wegen des Potentialis im ersten Gliede verweise ich vorläufig auf Hom. Il. *β*, 80 ff. Od. *α*, 236 ff. Ant. IV, *δ*, 4. And. I, 57. Is. XII, 149. Isae. I, 30. D. XVIII, 206. XIX, 214). — D. XXIV, 73: ***περὶ μὲν** δὴ τῶν μελλόντων εἴ τι δίκαιον ἔπεισεν ὑμᾶς, οὐκ ἂν ἠδίκει· περὶ δ' ὧν δικαστήριον ἔγνωκε καὶ τέλος ἔσχηκε, πῶς οὐ δεινὰ ποιεῖ νόμον εἰσφέρων δι' οὗ ταῦτα λυθήσεται;* (vgl. Lys. XXII, 17). (D.) prooem. 34: *ἐγὼ μὲν δὴ σιωπᾶν ἂν ᾤμην δεῖν, εἰ —· ἐπειδὴ δέ* (*σιωπᾶν ἄν* für das hdschr. *σιωπᾶν* Schäfer). — Herod. IX, 60: *εἰ μέν νυν — χρῆν δὴ —. νῦν δέ, ἐς ἡμέας γὰρ ἅπασα (ἡ ἵππος) κεχώρηκε, δίκαιοί ἐστε κτλ.* (*νῦν δέ, ἐς ἡμέας γάρ* = *νῦν δέ, ὁπότε ἐς ἡ.*; vgl. Ant. I, 11. Hom. Il. *μ*, 326 und zu XII, 15). — — D. XXIII, 193: *χωρὶς δὲ τούτων εἰ μὲν — ἐπειδὴ δέ.* — D. XIX, 114: *ἔτι τοίνυν εἰ μὲν — εἰ δέ* (*μέν* fehlt im *Σ*, hier aber doch kaum zu entbehren). — Is. XII, 206: *ἔπειτ' εἰ μὲν εὐλόγεις αὐτοὺς οὐδὲν* (so mit *Γ* Bekker, die Züricher und Benseler, *μηδὲν* Blass) *ἀκηκοὼς τῶν ἐμῶν, ἐλήρεις μὲν ἄν, οὐ μὴν ἐναντία γε λέγων ἐφαίνου σαυτῷ· νῦν δ' ἐπῃνεκότι σοι τὸν ἐμὸν λόγον — πῶς οἷόν τ' ἦν ἔτι σοὶ λέγειν* (mit den Worten *ἐλήρεις μὲν κτλ.* vgl. Is. VI, 28: *ἠδίκουν μὲν ἄν, ὅμως δ' εὐλογωτέρως ἂν εἰς ἡμᾶς ἐξημάρτανον.* Isae. IV, 18: *τὸ μὲν ἀκριβὲς οὐδ' ἂν οὕτως, ὅμως μέντοι μᾶλλον εἰκὸς ἦν ἀληθεῖς εἶναι δόξειν τὰς διαθήκας.* D. XXIII, 138: *δεινὸν ὂν ἧττον ἂν ἦν αἰσχρόν.* [D.] XLIII, 71: *δεινὰ μὲν ἐποίουν, ἧττον δέ.* XLIV, 54: *ἀδίκως μὲν ἂν ἔγραψεν, οὐδὲν δ' ἧττον ὑπὲρ τοῦ κατὰ τὴν ἡλικίαν λέγοντος.* Xen. Hell. II, 3, 27: *πολέμιος μὲν ἦν, οὐ μέντοι πονηρός γ' ἂν δικαίως ἐνομίζετο.* D. VIII, 49: *αἰσχρὸν μὲν —· οὐ μὴν ἀλλ' εἰ —, ἔστω, μὴ ἀμύνεσθε.* XXI, 117: *χρῆν μὲν οὐδ' οὕτως. — ὅμως δ' ἔστω τούτῳ γε συγγνώμη.* XVI, 8: *δίκαιον μὲν οὔ, συγχωρῶ δ' ἔγωγ' ἐᾶσαι.*

[D.] XLIV, 25: *καίπερ ὄντος παρὰ τὸν νόμον τοῦ ἔργου οὐκ ἀντιλέγομεν.* D. XIX, 97: *τίν' ἀνθρώπων ἐλύπησεν* **ἂν** *ἡ εἰρήνη —; καίτοι καὶ τούτου συναίτιος οὗτος.* XX, 117: *συγχωρῶ καὶ ὑμᾶς ταὐτὸ τοῦτο ποιῆσαι· καίτοι τό γ' αἰσχρὸν ὁμοίως.* And. I, 57: *ἔχοι ἄν τις εἰπεῖν κακίαν εἶναι τὰ γενόμενα· καίτοι πολλοὶ ἂν καὶ τοῦτο εἵλοντο.* Aesch. I, 51: *μετριώτερ' ἂν διεπέπρακτο, εἰ δή τι τῶν τοιούτων ἐστὶ μέτριον*, dies wie III, 155). — — D. XXI, 96: *καὶ εἰ* **μὲν** *— ἐπειδὴ δέ.* Lys. XXXIII, 4: *καὶ ταῦτα εἰ μὲν — στέργειν* **ἂν** *ἦν ἀνάγκη τὴν τύχην· ἐπειδὴ δὲ — πῶς οὐκ ἄξιον.* Plat. Soph. 265^d: *καὶ εἰ μέν γε — ἐπειδὴ δέ* (vgl. Euthyphr. 10^e: *ἀλλ' εἴ γε.* D. XIX, 103: *εἴ γε*). — Ant. VI, 29: *καὶ εἰ μὲν — εἰκότως ἂν —· ὅπου δὲ — πόθεν χρή.* — Ant. V, 38: *καὶ εἰ μὲν — νῦν δέ, ὁπότε.* (D.) XXXIV, 31: *καὶ εἰ μὲν ἐμοὶ τῷ δανείσαντι ἀπεδίδους, οὐδὲν ἔδει μαρτύρων· νῦν δ' οὐκ ἐμοὶ ἀλλ' ἑτέρῳ ὑπὲρ ἐμοῦ ἀποδιδοὺς — μάρτυρα οὐδέν' ἐποιήσω, οὔτε δοῦλον οὔτ' ἐλεύθερον;* (unwillige Frage, durch die der zweite Teil zum arg. ex contr. wird). D. LIV, 12: *καὶ ὡς μὲν ὁ ἰατρὸς ἔφη, εἰ μὴ κάθαρσις αἵματος αὐτομάτη μοι πάνυ πολλὴ συνέβη — κἂν ἔμπυος γενόμενος διεφθάρην· νῦν δὲ τοῦτ' ἔσωσε τὸ αἷμ' ἀποχωρῆσαν.* — Lys. XXV, 19: *καὶ εἰ μὲν —· νῦν δὲ ὅτι — ἠγανακτεῖτε.* — Thuk. I, 68, 3: *καὶ εἰ μὲν ἀφανεῖς που ὄντες ἠδίκουν τὴν Ἑλλάδα, διδασκαλίας ἂν ὡς οὐκ εἰδόσι προσέδει· νῦν δὲ τί δεῖ μακρηγορεῖν, ὧν τοὺς μὲν δεδουλωμένους ὁρᾶτε κτλ.* (hier steht dem Kondizionalsatz ein Relativsatz gegenüber; vgl. Classen und de arg. ex contr. S. 294, Anm. 16). — — D. XXII, 71: *καὶ μὴν εἰ μὲν ἅπαντ' ἠξίους — σαυτῷ πιστεύειν, οὐκ ἂν ὁμοίως κλέπτης ὢν ἐφωρῶ· νῦν δ' ἐπὶ ταῖς εἰσφοραῖς ὃ δίκαιόν ἐσθ' ὁρίσας, μὴ σοὶ πιστεύειν, ἀλλὰ τοῖς αὑτῆς δούλοις τὴν πόλιν, ὁπότ' ἄλλο τι πράττων καὶ χρήματα κινῶν ἱερά — μὴ προσγραψάμενος τὴν αὐτὴν φυλακὴν ἣν περὶ τῶν εἰσφορῶν φαίνῃ, οὐκ εὔδηλον δι' ἃ τοῦτ' ἐποίησας;* (wegen *οὐκ εὔδηλον* vgl. LVII, 25. Lyk. 116). — Ant. I, 11: *καίτοι εὖ οἶδά γ', εἰ οὗτοι — ἠθέλησαν τὰ ἀνδράποδα — παραδοῦναι, ἐγὼ δὲ μὴ ἠθέλησα παραλαβεῖν, αὐτὰ ἂν ταῦτα μέγιστα τεκμήρια παρείχοντο, ὡς οὐκ ἔνοχοί εἰσι τῷ φόνῳ. νῦν δ', ἐγὼ γάρ εἰμι τοῦτο μὲν ὁ θέλων αὐτὸς βασανιστὴς γενέσθαι, τοῦτο δὲ τούτους αὐτοὺς κελεύων βασανίσαι ἀντ' ἐμοῦ, ἐμοὶ δήπου εἰκὸς τὰ αὐτὰ ταῦτα τεκμήρια εἶναι ὡς εἰσὶν ἔνοχοι τῷ φόνῳ* (*δήπου* wie Ant. VI, 27. Aesch. I, 52. D. XIX, 114. XXI, 186. XXIII, 193). Lys. I, 31: *καίτοι δῆλον ὅτι, εἴ τινα εἶχε ταύτης μείζω τιμωρίαν, ἐπὶ ταῖς γαμεταῖς ἐποίησεν ἄν·* **νῦν** *δ' οὐχ οἷός τ' ὢν ταύτης ἰσχυροτέραν ἐπ' ἐκείναις ἐξευρεῖν τὴν αὐτὴν καὶ ἐπὶ ταῖς παλλακαῖς ἠξίωσε γίγνεσθαι.* XIII, 53: *καίτοι εἰ ἐκείνοις ἐπίθου —· νῦν δὲ πεισθεὶς ὑφ' ὧν τότ' ἐπείσθης.* I, 42: *καίτοι γ' εἰ προῄδειν, οὐκ ἂν δοκῶ ὑμῖν καὶ θεράποντας παρασκευάσασθαι καὶ —; νῦν δ' οὐδὲν εἰδώς* (vgl. D. XIX, 282: *καίτοι κἂν εἰ ταῦτα πάνθ' ὑπῆρχεν, ἐκεῖνα δὲ μὴ προσῆν — ἀπολωλέναι δήπου προσῆκεν αὐτῷ. εἰ δὲ μήτε ταῦτα μήτ' ἐκεῖνα, οὐ τι-*

μωρήσεσθε;). — — (And.) IV, 8: *εἰ μὲν γὰρ — εἰκότως ἂν —· ἐπειδὴ δέ.* Is. VI, 4: ***εἰ** μὲν γὰρ — καλῶς ἂν εἶχεν· ἐπειδὴ **δ'** — πῶς οὐ* (*καλῶς ἂν εἶχεν* wie Plat. Symp. 180[c]). D. I, 7: ***εἰ μὲν** γὰρ — ἐπειδὴ δέ.* (D.) XLIV, 16: *εἰ μὲν γὰρ — ἐπειδὴ δὲ — ἀναγκαῖον ἴσως* (*ἴσως* mit ironischem Anstrich, fast = *δήπου*). § 25: *εἰ μὲν γὰρ αὐτὸς ζῶν ἐποιήσατο — οὐκ ἀντιλέγομεν· ἐπειδὴ δὲ — πῶς οὐ* (vgl. unten und de arg. ex contr. 388). Aesch. III, 175: *εἰ μὲν γὰρ — ἐπειδὴ δέ.* — **Ant.** I, 7: *μὴ γὰρ ὁμολογούντων τῶν ἀνδραπόδων — ὅπου δὲ — πῶς* (im ersten Teile Ptcp. wie Plat. Symp. 180[d]; so auch in beiden Teilen, wie Ant. V, 35. D. XVIII, 34, und in Fällen, wo sich die Participia an das Relativpronomen anlehnen, wie Is. V, 48. D. XVIII, 306; vgl. Lys. XII, 92). And. I, 57 f.: *εἰ μὲν γὰρ ἦν δυοῖν τὸ ἕτερον ἑλέσθαι, ἢ κακῶς ἀπολέσθαι ἢ αἰσχρῶς σωθῆναι, ἔχοι ἄν τις εἰπεῖν κακίαν εἶναι τὰ γενόμενα. καίτοι πολλοὶ ἂν καὶ τοῦτο εἵλοντο —· ὅπου δέ* (anakoluthisch, wenn man nicht § 60: *ταῦτα δὲ πάντα σκοπῶν κτλ.* als Nachsatz ansehen will, in welchem Falle man die **Worte** *Διοκλείδης μὲν γὰρ — ἔφευγον* als Parenthese und das *δέ* **in** *ταῦτα **δέ*** in epanaleptischem Sinne zu fassen hätte — Hertlein zu **Xen.** Kyr. **I**, 6, 43. Kühner § 532, 2 —; vgl. jedoch was über die Anakoluthien dieser Rede bemerkt wird von Blass, Bereds. I, 311). — Lyk. 116: *καὶ γὰρ εἰ μὲν — εἶχεν ἄν τις εἰπεῖν ὡς —· ὅταν δὲ — πῶς οὐκ εὔδηλον ὅτι κτλ.* (de arg. ex contr. 69 u. 313). — Ant. III, **β**, **4**: ***εἰ** μὲν γὰρ — οὐδεὶς ἡμῖν λόγος ὑπελείπετο μὴ φονεῦσιν **εἶναι**· διὰ δὲ ὑποδρομὴν βληθέντος τοῦ παιδὸς τὸ μὲν μειράκιον οὐ δικαίως ἐπικαλεῖται.* Is. V, 93 f.: *καὶ γὰρ εἰ μὲν ἐπίδειξιν ἐποιούμην —· σοὶ δὲ συμβουλεύων μωρὸς ἂν ἦν, εἰ κτλ.* (D.) LX, 13: *καὶ γὰρ εἰ μὲν* — Particip. — Lys. fr. 79: *εἰ μὲν γὰρ ἀγροὺς κατέλιπεν Ἀ. ἢ ἄλλην οὐσίαν φανεράν, ἐξῆν ἂν εἰπεῖν τῷ βουλομένῳ, ὅτι οὗτος μὲν ψεύδεται, αὐτῷ δὲ δέδοται. περὶ δὲ* (= wo es sich aber handelt um) *ἀργυρίου καὶ χρυσίου καὶ ἀφανοῦς οὐσίας, δῆλον ὅτι, ὅστις ἔχων αὐτὰ φαίνεται, τούτῳ δέδωκεν* (vgl. unten zu § 65). — Hom. Il. *μ*, 322 ff.: *ὦ πέπον, εἰ μὲν γὰρ πόλεμον περὶ τόνδε φυγόντε αἰεὶ δὴ μέλλοιμεν ἀγήρω τ' ἀθανάτω τε ἔσσεσθ', οὔτε κεν αὐτὸς ἐνὶ πρώτοισι μαχοίμην οὔτε κε —· νῦν δ', ἔμπης γὰρ κῆρες ἐφεστᾶσιν θανάτοιο μυρίαι, ἃς —, ἴομεν.* — D. XXXIII, 37: *εἰ μὲν γὰρ παρ' ἐμοὶ ἐτέθη τὸ γραμματεῖον, ἐνῆν **αἰτιάσασθαι** Ἀπατουρίῳ ὡς ἐγὼ — ἠφάνικα τὰς συνθήκας· εἰ δὲ παρὰ τῷ Ἀριστοκλεῖ, διὰ τί — τῷ μὲν λαβόντι αὐτὰς καὶ οὐ παρέχοντι οὐ δικάζεται, ἐμοὶ δ' ἐγκαλεῖ —;* (zu *διὰ τί* vgl. Lys. IV, 5. arg. ex contr. S. 375). Is. IV, 139: *εἰ μὲν γὰρ — εἰκότως ἂν —· εἰ δέ.* D. XXII, 24: *εἰ μὲν γὰρ — εἰ δὲ — πῶς οὐχί.* XVIII, 272 f.: *εἰ μὲν γὰρ — ἦν ἂν τοῖς ἄλλοις ῥήτορσιν ὑμῖν ἔμ' αἰτιᾶσθαι· εἰ δὲ — πῶς οὐ.* § 65: *καὶ γὰρ εἰ μὲν — ἦν ἄν τις κατὰ — μέμψις καὶ κατηγορία· εἰ δὲ — πῶς οὐ.* LVII, 24: *καὶ γὰρ εἰ μὲν — εἰ δὲ — πῶς.* XXIII, 219 f.: *εἰ γὰρ — εἰ δέ.* — Lys. XXIV, 11:

εἰ γὰρ — νυνὶ δ', ἐπειδή. Plat. Phaed. 107^c: *εἰ μὲν γὰρ — νῦν δ', ἐπειδή.* — Plat. Prot. 361^b: *εἰ μὲν γὰρ* **ἄλλο** *τι ἦν ἢ ἐπιστήμη ἡ ἀρετή — σαφῶς οὐκ ἂν ἦν διδακτόν· νῦν δ', εἰ φανήσεται ἐπιστήμη ὅλον —, θαυμάσιον ἔσται μὴ διδακτὸν ὄν.* — Is. XI, 34: *εἰ μὲν γὰρ ἄλλος τις ἦν φανερὸς ὁ ταῦτα πράξας, ἀγώ φημι γεγενῆσθαι δι' ἐκεῖνον, ὁμολογῶ λίαν εἶναι τολμηρός, εἰ περὶ ὧν ἅπαντες ἐπίστανται, περὶ τούτων μεταπείθειν ἐπιχειρῶ. νῦν δ' ἐν κοινῷ τῶν πραγμάτων ὄντων καὶ δοξάσαι δέον περὶ αὐτῶν,* **τίν'** *ἄν τις τῶν ἐκεῖ καθεστώτων ἐκ τῶν εἰκότων σκοπούμενος αἰτιώ*-**τερον** *εἶναι νομίσειεν ἢ τὸν ἐκ Ποσειδῶνος μὲν γεγονότα κτλ.* (Blass praef. VIII: exspectaveris *λίαν ἂν εἶναι . . ἠπίσταντο . . ἐπεχείρουν.* Der Bedingungssatz gehört dem ersten Schema an, so daſs die Worte *εἰ μὲν γὰρ ἄλλος τις ἦν φ. ὁ. τ. πρ.* zu übersetzen sind: 'war der offenbar — erwiesenermaſsen — ein anderer, der das gethan'. Der Artikel in *ὁ ταῦτα πρ.*, der ohne das vorausgehende *φανερός* ohne Anstoſs wäre — vgl. Lys. XII, 49 —, ist, wenn man es der Stellung wegen für bedenklich hält, dieses Adjekt. in *φανερῶς* zu verwandeln, entweder mit Baiter zu streichen oder nach den zu XII, 90 angeführten Beispielen in *ὡς* abzuändern). D. XXIII, 94: *εἰ μὲν γὰρ — ἴσως ἂν ἦν τοῦτο· νῦν δέ* c. part. (*ἴσως ἂν ἦν τοῦτο Σ*; drei andere Hdschr. *ἴσως ἂν ἧττον ἦν τοῦτο*, die übrigen *ἴσως ἂν ἧττον ἦν δεινόν*). Ant. IV, δ, 2: *εἰ μὲν γὰρ — οὐδὲν ἂν τῆς ὑμετέρας κρίσεως ἔδει· αὐτὴ γὰρ ἡ ἡλικία τῶν νέων κατέκρινε· νῦν δὲ πολλοὶ μὲν νέοι σωφρονοῦντες πολλοὶ δὲ πρεσβῦται παροινοῦντες οὐδὲν μᾶλλον τῷ διώκοντι ἢ τῷ φεύγοντι τεκμήριον γίγνονται* = so aber wird der Umstand, daſs viele —, nicht minder für den *φεύγων* wie für den *διώκων* zum *τεκμήριον* (Blass will hinter *αὐτὴ γάρ* die Part. *ἄν* zusetzen; vielleicht ist zu schreiben: *οὐδὲν τῆς — ἔδει· αὐτὴ γὰρ ἄν.* Ganz ähnlich [D.] XXXIV, 31). D. I, 8 f. IV, 42. XXXII, 29. LVII, 6: *εἰ γὰρ — νῦν δὲ* c. part. — Lys. XXII, 17: *εἰ μὲν γὰρ —· νῦν δὲ πῶς οὐ δεινὰ ἂν δόξαιτε ποιεῖν, εἰ τοὺς ὁμολογοῦντας παρανομεῖν ἀζημίους ἀφήσετε;* (vgl. Xen. Hell. VII, 3, 10). — D. XXI, 214 ff.: *καὶ γὰρ εἰ μὲν — οὐκ ἂν ὁμοίως ἦν δεινόν —. νῦν δὲ τοῦτο καὶ πάντων ἄν μοι δεινότατον συμβαίη, εἰ* mit contr. paratact. (de arg. ex contr. 192; auf andere Weise sucht jetzt Weil zu helfen). — — Is. Br. II, 1. Isae. VII, 3: *ἐγὼ δ' εἰ μὲν — ἐπειδὴ δέ.* (D.) Br. III, 1483: *ταῦτα δὲ εἰ μὲν παρῆν, λέγων ἂν ὑμᾶς ἐδίδασκον· ἐπειδὴ δέ.* — Lys. X, 2 f.: *ἐγὼ δ' εἰ μὲν —. νυνὶ δ' αἰσχρόν μοι εἶναι δοκεῖ* **περὶ** *τοῦ πατρὸς οὕτω πολλοῦ ἀξίου γεγενημένου — μὴ τιμωρήσασθαι τὸν ταῦτ' εἰρηκότα* (contr. hypotact.). (D.) XLIX, 65: *ἐγὼ δ'* **εἰ μὲν** *μὴ ᾔδειν περιφανῶς αὐτὸν ἤδη πολλοὺς ὅρκους ἐπιωρκηκότα, ἔδωκ' ἂν αὐτῷ τὸν ὅρκον· νῦν δέ μοι δοκεῖ — δεινὸν εἶναι τὸ ὅρκον δοῦναι τούτῳ, ὃς οὐχ ὅπως εὐορκήσει πρόνοιαν ποιήσεται* (gleichfalls). D. XXII, 35: *ἐγὼ δ' εἰ μὲν — εἰ δὲ — προτρέψετε, πόσῳ κάλλιον* (für das gewöhnlichere *πῶς οὐ κάλλιον*; vgl. de arg.

ex contr. 289, Nr. 3). — Is. VI, 2: *ἐγὼ δ' εἰ μὲν — πολλὴν ἂν ἡσυχίαν ἦγον· νῦν δ' ὁρῶν — ἀνέστην ἀποφανούμενος ἃ γιγνώσκω περὶ τούτων αἰσχρὸν νομίσας* mit contr. (vgl. Lys. XXV, 19). — Is. XI, 30: (*ἴσως ἂν οὖν τοῖς εἰρημένοις ἀπαντήσειας, ὅτι* —.) *ἐγὼ δ' εἰ μὲν ἄλλος τίς μοι τὸν τρόπον τοῦτον ἐπέπληττεν, ἡγούμην ἂν αὐτὸν πεπαιδευμένως ἐπιτιμᾶν· σοὶ δ' οὐ προσήκει ταύτην* **ποιεῖσθαι** *τὴν ὑπόληψιν* = wenn du aber diesen Einwand erhebst, so **handelst** du unverständig (*ὑπόληψιν*, wofür Blass nach Cobet v. l. 522 *ἐπίληψιν* schreibt, wird geschützt durch das vorausgehende *ἀπαντήσειας ἄν*; ebenso XII, 150 *ὑπολήψεων* durch die nachfolgenden Participia *ἀντειπόντος* und *ἀντιλέγοντας*). — — Plat. Menon 86[d]: *ἀλλ' εἰ μὲν — ἐπειδὴ δέ.* In den zahlreichen Stellen, wo der Hauptsatz des zweiten Teiles als Frage auftritt, bildet dieser Teil immer ein contrarium. Dieses kann aber durch einen neuen Gegensatz noch verstärkt werden. So Ant. I, 7. D. XIV, 11. XVIII, 273. (D.) XXXIII, 38. Xen. Mem. I, 2, 28; vgl. de arg. ex contr. XXXI. 367. 395. Contraria anderer Art bieten And. II, 1. Lys. X, 3. Is. Br. II, 2. D. XIX, 114. (D.) XLIX, 65. prooem. 25. Wegen Lys. XXII, 17 vgl. de arg. ex contr. XXVII g. E.

II. (D.) LI, 1: *εἰ μὲν ὅτῳ πλεῖστοι συνείποιεν, τὸ ψήφισμα ἐκέλευε δοῦναι τὸν στέφανον, κἂν ἀνόητος ἦν εἰ λαβεῖν αὐτὸν ἠξίουν, Κ. μόνου μοι συνειρηκότος, τούτοις δὲ παμπόλλων· ν ῦ ν δὲ τῷ πρώτῳ παρασκευάσαντι τὴν τριήρη τὸν ταμίαν προσέταξεν ὁ δῆμος δοῦναι·* **πεποίηκα** *δὲ τοῦτ' ἐγώ· δ ι ό φημι δεῖν αὐτὸς στεφανοῦσθαι.* (D.) prooem. 21: *εἰ — νῦν δὲ — ὅ θ ε ν.* — Plat. Theaet. 143[c]: *εἰ μὲν τῶν ἐν Κυρήνῃ μᾶλλον ἐκηδόμην, τὰ ἐκεῖ ἄν σε καὶ περὶ ἐκείνων ἂν ἠρώτων —· ν ῦ ν δὲ ἧττον γ ὰ ρ ἐκείνους ἢ τούσδε φιλῶ —· τ α ῦ τ α δ ὴ αὐτός τε σκοπῶ καθ' ὅσον δύναμαι* (anakoluthische Umbildung der Hom. Il. *μ*, 326. Herod. IX, 60. Ant. I, 11 vorliegenden ursprünglichen Form. Die Anakoluthie war insofern kaum fühlbar, als die Partikeln *νῦν δὲ — γάρ* gewissermafsen zu einer Einheit verschmolzen (so aber — nämlich, so aber — ja). So erklärt sich auch, dafs an einigen Stellen der zu begründende Satz ganz weggelassen ist. Vgl. unten zu XXV, 17 a. E.) — — Lys. XIII, 90: *εἰ μὲν ο ὖ ν οὗτος μὲν ἐν ἄστει, ἡμεῖς δ' ἐν Πειραιεῖ ἦμεν, εἶχόν τινα λόγον αὐτῷ* **αἱ** *συνθῆκαι· νῦν δὲ καὶ οὗτος ἐν Π. ἦν καὶ ἐγὼ καὶ —, ὥ σ τ' οὐκ εἰσιν ἡμῖν ἐμποδών.* (D.) XLVIII, 2: ***εἰ** μὲν οὖν* — **νῦν δὲ** — *δέομαι ο ὖ ν ὑμῶν.* Hyp. f. Eux. XLVII, f.: ***εἰ** μὲν οὖν ἔξωθεν τῆς πόλεώς τινας ᾐτιᾶτο εἶναι, παρ' ὧν τὰ δῶρα εἰληφότα Εὐξένιππον συναγωνίζεσθαι αὐτοῖς, ἦν ἂν αὐτῷ εἰπεῖν ὅτι, ἐπειδὴ ἐκείνους οὐκ ἔστι τιμωρήσασθαι, δεῖ τοὺς ἐνθάδε αὐτοῖς ὑπηρετοῦντας δίκην δοῦναι· νῦν δὲ Ἀθηναίους φησὶν εἶναι, παρ' ὧν τὰς δωρεὰς εἰληφέναι αὐτόν. ε ἶ τ α σὺ ἔχων ἐν τῇ πόλει τοὺς ὑπεναντία πράττοντας τῷ δήμῳ οὐ τιμωρῇ ἀλλ' Εὐξενίππῳ πράγματα παρέχεις;* (der Konsekutivsatz in Form eines arg. ex contr.). Is. IX, 40: *εἰ μὲν οὖν ἐπὶ μικροῖς διήνεγκε, τοιούτων ἂν καὶ τῶν λόγων αὐτῷ* *προσῆκεν ἀξιοῦσθαι· νῦν δὲ —. τὸν δὴ — τίς ἂν κτλ.* (ebenso). — Plat. Lach. 200ᵉ: *εἰ μὲν οὖν ἐν τοῖς διαλόγοις τοῖς ἄρτι ἐγὼ μὲν ἐφάνην εἰδώς, τώδε δὲ μὴ εἰδότε, δίκαιον ἂν* **ἦν ἐμὲ** *μάλιστα ἐπὶ τοῦτο τὸ ἔργον παρακαλεῖν· ν ῦ ν δ ὲ ὁμοίως γὰρ* **πάντες** *ἐν ἀπορίᾳ ἐγενόμεθα· τί ο ὖ ν ἄν τις ἡμῶν τινα προαιροῖτο;* Protag. 346ᵉ: *σὲ οὖν, καὶ εἰ — οὐκ ἄν ποτε ἔψεγον· νῦν δὲ σφόδρα γὰρ —· διὰ ταῦτά σε ἐγὼ ψέγω.* — — D. XXI, 128: *εἰ μὲν τοίνυν σώφρονα καὶ μέτριον πρὸς τἄλλα παρεσχηκὼς αὑτὸν M. καὶ μηδένα τῶν ἄλλων πολιτῶν ἠδικηκὼς εἰς ἔμ' ἀσελγὴς μόνον — ἐγεγόνει, πρῶτον μὲν ἂν — ἔπειτ' ἐφοβούμην ἂν μὴ — διακρούσηται τούτῳ τὸ δίκην ὧν ἔμ' ὕβρικε δοῦναι. ν υ ν ὶ δ ὲ τ ο σ α ῦ τ' ἐστὶ τἆλλα ἃ πολλοὺς ὑμῶν ἠδίκηκε καὶ τοιαῦτα, ὥ σ τ ε τούτου μὲν τοῦ δέους ἀπήλλαγμαι, φοβοῦμαι δὲ πάλιν τοὐναντίον μὴ κτλ.* Xen. Mem. II, 7, 10: *εἰ μὲν τοίνυν — θάνατον ἀντ' αὐτοῦ προαιρετέον ἦν· νῦν δὲ —. μὴ ο ὖ ν ὄκνει.* Hell. II, 3, 27 ff.: *εἰ μὲν τοίνυν ἐξ ἀρχῆς ταῦτα ἐγίγνωσκε, πολέμιος μὲν ἦν, οὐ μέντοι πονηρός γ' ἂν δικαίως ἐνομίζετο· νῦν δὲ —. ὥ σ τ ε οὐ μόνον ὡς ἐχθρῷ αὐτῷ προσήκει ἀλλὰ καὶ ὡς προδότῃ — διδόναι τὴν δίκην.* — — Is. VI, 28: *κ α ὶ εἰ μ ὲ ν τοὺς ὡς ἀληθῶς Μεσσηνίους κατῆγον, ἠδίκουν μὲν ἄν, ὅμως δ' εὐλογωτέρως εἰς ἡμᾶς ἐξημάρτανον· νῦν δὲ τοὺς Εἵλωτας ὁμόρους ἡμῖν παρακατοικίζουσιν, ὥ σ τ ε μὴ τοῦτ' εἶναι χαλεπώτερον, εἰ τῆς χώρας στερησόμεθα παρὰ τὸ δίκαιον, ἀλλ' εἰ τοὺς δούλους τοὺς ἡμετέρους ἐποψόμεθα κυρίους αὐτῆς ὄντας.* Plat. Staat I, 336ᵈ: *καί μοι δοκῶ, εἰ μὴ πρότερος ἑωράκη αὐτὸν ἢ ἐκεῖνος ἐμέ, ἄφωνος ἂν γενέσθαι· νῦν δὲ — προσέβλεψα αὐτὸν πρότερος, ὥ σ τ ε αὐτῷ οἷός τ' ἐγενόμην ἀποκρίνασθαι.* Theaet. 143ᵉ: *καὶ εἰ μὲν ἦν καλός, ἐφοβούμην ἂν σφόδρα λέγειν —· νῦν δὲ οὐκ ἔστι καλός —. ἀδεῶς δ ὴ λέγω.* Antisth. Aj. 5 f.: *καὶ εἰ μὲν ἦν μοι πρὸς ἄνδρα ὁμοιότροπον, οὐδ'* (*οὐδὲν*?) *ἂν ἡττᾶσθαί μοι διέφερε· νῦν δ' οὐκ ἔστιν ὃ διαφέρει πλέον ἐμοῦ καὶ τοῦδε. ὁ μὲν γὰρ —. ἔ π ε ι τ α τῶν Ἀχιλλέως ὅπλων ὅδε ὁ μαστιγίας — ἀξιοῖ κρατῆσαι;* (wie Hyp. a. a. O.; vgl. de arg. ex contr. 293). Lys. III, 31 f.: *καὶ εἰ μὲν — εἶχεν ἄν τινα λόγον τὸ ψεῦδος αὐτῷ ὡς —· νῦν δὲ —. ὥ σ τ ε τῷ ὑμῶν πιστὸν ὡς* (auch hier besteht die conclusio in einem arg. ex contr.). Plat. Gorg. 527ᵃ: *καὶ οὐδέν γ' ἂν ἦν θαυμαστὸν — εἴ πῃ —· νῦν δὲ ὁρᾷς ὅτι —. ἐμοὶ ο ὖ ν πειθόμενος ἀκολούθησον.* — Plat. Euthyphr. 11ᶜ: *καὶ εἰ μὲν —· ν ῦ ν δὲ σαὶ γὰρ αἱ ὑποθέσεις εἰσίν· ἄλλου δ ή τινος δεῖ σκώμματος.* — — Isae. I, 30 ff.: *ἔ π ε ι τ α εἰ μὲν — εἰκότως ἄν τις πιστεύσειε —· ν υ ν ὶ* **δὲ** *πᾶν τοὐναντίον εὑρήσετε· τότε μὲν γὰρ —. οἴεσθε ο ὖ ν* mit arg. **ex** contr. (D.) XLIV, 54: *ἔπειτ' εἰ μὲν αὐτὸν διαμεμαρτυρήκει, εἶχεν ἂν λόγον αὐτῷ τὸ πρᾶγμα· ἀδίκως μὲν ἂν ἔγραψεν, οὐδὲν δ' ἧττον* **ὑπὲρ** *τοῦ κατὰ τὴν ἡλικίαν λέγοντος. νῦν δὲ —. ο ὐ κ ο ῦ ν ἀνάγκη πρεσβυτέρας πράξεις αὐτὸν — διαμεμαρτυρηκέναι* (hieran schliefst sich *εἶτα* mit einem arg. ex contr.). — — Thuk. I, 122, 2: *ἐνθυμώμεθα δ ὲ καὶ ὅτι, εἰ μὲν — οἰστὸν ἂν ἦν· νῦν δὲ —. ὥστε.* — — (Lys.) II, 78: *εἰ μ ὲ ν γ ὰ ρ οἷόν τε ἦν τοῖς τοὺς ἐν τῷ πο-*

λέμῳ κινδύνους διαφυγοῦσιν ἀθανάτους εἶναι τὸν λοιπὸν χρόνον, ἄξιον τοῖς ζῶσι τὸν ἅπαντα χρόνον πενθεῖν τοὺς τεθνεῶτας· νῦν δὲ —· ὥστε προσήκει (im Kondizionalsatze hat man entweder ἦν hinter οἷόν τε zu streichen (in welchem Falle ἐστι zu supplieren wäre) oder nach **ἄξιον** ein ἦν (oder ἂν ἦν) einzufügen). D. XXII, 4: *ἐγὼ γὰρ εἰ μὲν —· νῦν δ' οἶδα σαφῶς ὅτι —. ὑπὲρ οὖν τοῦ μὴ — προσέχετε τὸν νοῦν οἷς ἐρῶ.* Plat. Phaed. 63[b]: *ἐγὼ γὰρ εἰ μὲν —· νῦν δὲ εὖ ἴστε ὅτι —. ὥστε διὰ ταῦτα οὐχ ὁμοίως ἀγανακτῶ.* Herod. I, 39: ***εἰ μὲν*** *γὰρ ὑπὸ ὀδόντος τοι εἶπε τελευτήσειν με — χρῆν δή* ***σε ποιέειν*** *τὰ ποιέεις· νῦν δὲ ὑπὸ αἰχμῆς (εἶπε τελευτήσειν με).* ***ἐπείτε ὦν*** *οὐ πρὸς ἄνδρας ἡμῖν γίνεται ἡ μάχη, μέτες με.* Ant. IV, **δ, 4**: *(ἔστι δὲ οὐδὲ ὁ ἐπιβουλεύσας οὐδὲν μᾶλλον ὁ διωκόμενος* **τοῦ** *διώκοντος.) εἰ γὰρ ὁ μὲν ἄρξας τῆς πληγῆς τύπτειν καὶ μὴ ἀποκτείνειν διενοήθη, ὁ δὲ ἀμυνόμενος ἀποκτεῖναι, οὗτος ἂν ὁ ἐπιβουλεύσας εἴη. νῦν δὲ καὶ —. τῆς μὲν οὖν πληγῆς βουλευτὴς ἐγένετο κτλ.* (*εἰ μὲν γάρ* Blass; nicht ganz gleich D. XIX, 97: *εἰ γὰρ ἡ μὲν εἰρήνη κτλ.*). D. II, 6 ff.: *ἐγὼ γὰρ σφόδρ' ἂν ἡγούμην καὶ αὐτὸς φοβερὸν τὸν Φίλιππον, εἰ —· νῦν δὲ —. ὥσπερ οὖν κτλ.* XXIII, 138 f.: *εἰ μὲν γὰρ — δεινὸν ὂν ἧττον ἂν ἦν αἰσχρόν. νῦν δὲ —. ἆρ'* **οὖν** mit arg. ex contr. (vgl. auch [D.] XLVII, 13 f. ***εἰ μὲν γὰρ — νῦν δὲ — πῶς*** *οὖν*). — Plat. Lach. 184[d]: *εἰ μὲν γὰρ* ***συνεφερέσθην τώδε,*** *ἧττον* ***ἂν τοῦ*** *τοιούτου (τοῦ διακρινοῦντος)* ***ἔδει· νῦν δὲ τὴν ἐναντίαν*** *γὰρ Λάχης Νικίᾳ ἔθετο. εὖ δὴ ἔχει ἀκοῦσαι καὶ σοῦ, ποτέρῳ σύμψηφος εἶ.* Symp. 180[c]: *οὐ καλῶς μοι δοκεῖ προβεβλῆσθαι ἡμῖν ὁ λόγος, τὸ ἁπλῶς οὕτως παρηγγέλθαι ἐγκωμιάζειν Ἔρωτα· εἰ μὲν γὰρ εἷς ἦν ὁ Ἔρως, καλῶς ἂν εἶχε· νῦν δὲ οὐ γάρ ἐστιν εἷς· μὴ ὄντος δὲ ἑνὸς ὀρθότερόν ἐστι πρότερον προρρηθῆναι ὁποῖον δεῖ ἐπαινεῖν,* wo *μὴ ὄντος δὲ ἑνός* — quod si non unus est; vgl. Seyffert, schol. Lat. I, § 84, 4 — eine Konklusivpartikel vertritt. — Is. XXI, 9: *ἐπεὶ ἔμοιγε δοκεῖ — οὐδ' ἂν — ἀδικῆσαι, εἰ ἐξῆν —. νῦν δὲ* (*νῦν δ' ἄρα?* vgl. Blass, praef. XLVIII) —. *ὥστε.* — — Is. XVIII, 37: ***περὶ*** *δὲ — εἰ μὲν ἐγὼ — αἴτιος ἦν, εἰκότως ἂν αὐτῷ — συνήχθεσθε· νῦν δ' οὗτός ἐστιν ὁ συκοφαντῶν, ὥστ' οὐδὲν ἂν δικαίως αὐτοῦ λέγοντος ἀποδέχοισθε.* V, 129 f.: *ἐγὼ δ' εἰ μὲν — νῦν δ' — διὸ κτλ.* VII, 58 f.: *ἐγὼ* ***δ' εἰ μὲν*** *— νῦν δ' — ὥστε* mit **contr.** Br. I, 4: *ἐγὼ δ' εἰ μὲν — νῦν* **δ'** *— οὖν.* Isae. XI, 5: ***εἰ*** *δ' ἦν ἄπαις ἐγὼ τετελευτηκὼς — τοῦτο ἂν προσῆκεν ἀποκρίνεσθαι —. νῦν δὲ φῂς —· δεῖ δή σε κτλ.* (*προσῆκεν* Schömann, Scheibe; *προσήκει* **und** ***προσήκῃ*** die Hdschr., *προσήκοι* Bekker und die Züricher. Ganz anderer Art And. I, 57. Is. **XII, 149.** Isae. I, **30,** worüber unten). Plat. Gesetze XI, 927[d]: *τὴν δὲ ἄλλην νομοθεσίαν — εἰ μὲν — εἶχέ τινα λόγον ἂν —· νῦν δὲ —· διὸ δὴ κτλ.* — — Plat. Euthyphr. 14[c]: *ὃ εἰ ἀπεκρίνω, ἱκανῶς ἂν ἤδη παρὰ σοῦ τὴν ὁσιότητα ἐμεμαθήκη· νῦν δὲ ἀνάγκη γὰρ τὸν ἐρῶντα τῷ ἐρωμένῳ ἀκολουθεῖν, ὅπῃ ἂν ἐκεῖνος ὑπάγῃ·* ***τί*** *δὴ αὖ λέγεις τὸ ὅσιον εἶναι καὶ τὴν ὁσιότητα;* nun aber geräthst du auf **Abwege,** auf denen ich als **dein** *ἐραστής* dir folgen mufs, weshalb ich mich genötigt sehe, von neuem zu fragen). — — Thuk. II, 77, 5: *πνεῦμά τε εἰ ἐπεγένετο — οὐκ ἂν διέφυγον· **νῦν δὲ** καὶ* (sogar) *τόδε λέγεται ξυμβῆναι, ὕδωρ ἐξ οὐρανοῦ πολὺ — σβέσαι τὴν φλόγα καὶ οὕτω* (= *ὥστε*) *παυθῆναι τὸν κίνδυνον.* Hierher gehört auch Is. XIII, 1 *εἰ — νῦν δ' οἱ τολμῶντες λίαν ἀπερισκέπτως ἀλαζονεύεσθαι πεποιήκασιν ὥστε δοκεῖν ἄμεινον βουλεύεσθαι τοὺς ῥᾳθυμεῖν αἱρουμένους τῶν περὶ τὴν φιλοσοφίαν διατριβόντων,* da die auf *νῦν δέ* folgenden Worte ganz dasselbe besagen wie *νῦν δὲ τολμῶσί τινες — ἀλαζονεύεσθαι· ὥστε δοκοῦσιν — οἱ ῥᾳθυμεῖν αἱρούμενοι κτλ.*) und in gewisser Beziehung Lys. XIII, 36, wenn man, wie S. 358 vorgeschlagen, die Worte *ἐν ᾧ — ἐδύνασθε* hinter *εἰσάγουσιν* setzt. Anderer Art ist der Relativsatz D. XXIII, 7: *εἰ μὲν οὖν τοῦτο μέγιστον Ἀ. ἠδίκει — ταῦτ' ἂν ἤδη λέγειν πρὸς ὑμᾶς ἐπεχείρουν —. νυνὶ δ' ἕτερον τούτου μεῖζον διὰ τοῦ ψηφίσματος ἔστ' ἀδίκημα, ὃ δεῖ πρότερον καὶ μαθεῖν ὑμᾶς καὶ φυλάξασθαι;* deshalb wird man dieses Beispiel richtiger zur folgenden Klasse ziehen, der nach der Überlieferung auch Lys. XIII, 36 angehört. Abgekürzt ist die Form Plat. Euthyphr. 12[d]: *ΣΩ. εἰ μὲν οὖν σύ με ἠρώτας τι τῶν νῦν δὴ — εἶπον ἄν, ὅτι —· ἢ οὐ δοκεῖ σοι; ΕΥΘ. ἔμοιγε. ΣΩ. πειρῶ δὴ καὶ σὺ ἐμὲ οὕτω διδάξαι κτλ.* (vor *πειρῶ δή* ein Gedanke wie *νῦν δ' ἐγώ εἰμι ὁ ἐρωτῶν* zu ergänzen).

III. Hom. Il. β, 80: (*ἀγορήσατο καὶ μετέειπεν·*) *εἰ μέν τις τὸν ὄνειρον Ἀχαιῶν ἄλλος ἔνισπε, ψεῦδός κεν φαῖμεν καὶ νοσφιζοίμεθα μᾶλλον· νῦν δ' ἴδεν ὃς μέγ' ἄριστος Ἀχαιῶν εὔχεται εἶναι.* Od. α, 163: *εἰ κεῖνόν γ' Ἰθάκηνδε ἰδοίατο νοστήσαντα, πάντες κ' ἀρησαίατ' ἐλαφρότεροι πόδας εἶναι ἢ ἀφνειότεροι χρυσοῖό τε ἐσθῆτός τε. νῦν δ' ὁ μὲν ὣς ἀπόλωλε κακὸν μόρον* (asynd. advers.). Aesch. III, 208: (*ἐκεῖνο αὐτῷ ὑποβάλλετε·*) *εἰ σοὶ ἦσαν ὅμοιοι — νῦν δέ* (Weidner **nach** einem Teile der Hdschr. *ὑποβάλλετε ὅτι*). Herod. IV, 119: (*ὑπεκρίναντο·*) *εἰ μὲν μὴ ὑμεῖς ἔατε οἱ πρότερον ἀδικήσαντες Πέρσας καὶ ἄρξαντες πολέμου, — λέγειν τε ἂν ἐφαίνεσθε ἡμῖν ὀρθά, καὶ ἡμεῖς ὑπακούσαντες τὠυτὸ ἂν ὑμῖν ἐπρήσσομεν· νῦν δὲ ὑμεῖς τε ἐς τὴν ἐκείνων ἐσβαλόντες ἄνευ ἡμέων ἐπεκρατέετε Περσέων — καὶ ἐκεῖνοι — τὴν ὁμοίην ὑμῖν ἀποδιδοῦσι. ἡμεῖς δὲ οὔτε τι τότε ἠδικήσαμεν τοὺς ἄνδρας τούτους οὐδέν, οὔτε νῦν πρότεροι πειρησόμεθα ἀδικέειν. ἢν μέντοι ἐπίῃ καὶ ἐπὶ τὴν ἡμετέρην — καὶ ἡμεῖς ἀπωσόμεθα. μέχρι δὲ τοῦτο ἴδωμεν, μενέομεν παρ' ἡμῖν αὐτοῖσι* (wie man sieht, hat Herodot die Apodosis des ersten Teiles im zweiten Teile zwar berücksichtigt, aber ohne dem Ganzen die Form eines strengen Syllogismus zu geben. Diese freiere und, wie man wohl auch sagen darf, künstlichere Gestaltung der Antithese, für die ich keine besondere Klasse aufstellen wollte, findet sich noch in einigen anderen Beispielen, wie D. XVIII, 206 f. [D.] XLIII, 71 f.). Stob. Flor. XCIV, 37: *Σωκράτης εἶπε· πολλοῦ ἂν ἄξιον ἦν τὸ πλουτεῖν, εἰ καὶ τὸ χαίρειν αὐτῷ συνῆν· νῦν δὲ ἄμφω ταῦτα κεχώρισται.*

(D.) prooem. 25 a. A.: *εἰ — νῦν δέ.* — — (D.) XXXIV, 36: *εἰ μὲν οὖν — οὐδὲν ἂν ἦν θαυμαστόν· νῦν δέ.* D. XXXIX, 2: *εἰ μὲν οὖν — περίεργος ἂν εἰκότως ἐδόκουν εἶναι —· νῦν δέ.* Plat. Alk. II, 142[b]: *εἰ μὲν οὖν — εἶχεν ἄν τινα λόγον· νῦν δὲ καὶ πολὺ τοὐναντίον* (vgl. Isae. I, 30). Is. X, 21. XII, 245. (D.) prooem. 48. Über Lys. XIII, 36 und D. XXIII, 7 s. oben. — — (D.) prooem. 36: *εἰ μὲν δὴ — νῦν δέ.* — — Is. XIX, 14: *εἰ μὲν τοίνυν τούτοις μὲν τοῖς νόμοις ἠναντιοῦντο, τὸν δὲ παρ' αὐτοῖς κείμενον σύνδικον εἶχον, ἧττον ἄξιον ἦν θαυμάζειν αὐτῶν· νῦν δὲ κἀκεῖνος ὁμοίως τοῖς ἀνεγνωσμένοις κεῖται* (mit Berücksichtigung von § 15 könnte man dieses Beispiel wohl auch zur zweiten Klasse ziehen). (D.) XLIII, 71: *εἰ μὲν τοίνυν τὸν τετελευτηκότα μόνον ὕβριζον — δεινὰ μὲν ἐποίουν, ἧττον δέ· νῦν δὲ καὶ εἰς ὅλην τὴν πόλιν ταυτὶ ὑβρίκασιν.* D. XVIII, 206: *εἰ μὲν τοίνυν τοῦτ' ἐπεχείρουν λέγειν, ὡς ἐγὼ προήγαγον ὑμᾶς ἄξια τῶν προγόνων φρονεῖν, οὐκ ἔσθ' ὅστις οὐκ ἂν εἰκότως ἐπιτιμήσειέ μοι. νῦν δ' ἐγὼ μὲν ὑμετέρας τὰς τοιαύτας προαιρέσεις ἀποφαίνω κτλ.* (vgl. XXI, 35: *εἰ τοίνυν ἀπέχρη — ἀλλ' οὐκ ἀπέχρη*). — — Soph. Oed. C. 271 ff.: *ὥστ' εἰ φρονῶν ἔπρασσον, οὐδ' ἂν ὧδ' ἐγιγνόμην κακός· νῦν δ' οὐδὲν εἰδὼς ἱκόμην ἵν' ἱκόμην.* — — Lys. XVIII, 17: *καὶ εἰ μὲν — εἰκότως ἂν ἠμελεῖτε —· νυνὶ δὲ πάντες ἂν ὁμολογήσαιτε.* ebenda § 20: *καὶ εἰ μὲν — νῦν δ' ἐπίστασθε ὅτι.* Is. XVIII, 21: *καὶ εἰ μὲν —. οὐκ ἄξιον ἦν θαυμάζειν αὐτοῦ· νῦν δέ* (schreibt man § 22 *καθ' ἣ μὲν πόλις* — de arg. ex contr. X — für *καὶ ἡ μὲν π.*, so erhält man einen Schlufs wie Hyp. f. Eux. XLVIII und Antisth. Aj. 5 f.). (D.) XXIX, 58: *καὶ εἰ μὲν — ἧττον ἂν ἦν ἄξιον θαυμάζειν· νῦν δέ.* Lys. VII, 15. Isae. IV, 4: *καὶ εἰ μὲν — οὐδὲν ἂν ἔδει ὑμᾶς σκέψασθαι —· νῦν δὲ πῶς οἷόν τε τῷ ἀνδρὶ δύο πατέρας ἐπιγράψασθαι; τοῦτο γὰρ X. πεποίηκεν* (*πῶς κτλ.* dem Sinne nach = *X. τῷ ἀνδρὶ δύο πατέρας ἐπεγράψατο· καίτοι πῶς οἷόν τε τοῦτο ποιεῖν;*). Ant. V, 69: *καὶ εἰ μὴ — νῦν δέ.* Plat. Apol. 31[b]: *καὶ εἰ μέντοι — εἶχον ἄν τινα λόγον· νῦν δὲ ὁρᾶτε δὴ καὶ αὐτοὶ ὅτι* (Cobet v. l. 300: *καὶ εἰ μέν*, wie die Redner zu sagen pflegen. Mit Recht bemerkt Cron, dafs *τοί* seine Wirkung auch auf den Nachsatz erstrecke. Ebenso werden im Lateinischen nicht selten die Beteuerungsformeln mehercule, hercules, medius fidius hinter si eingeschoben; vgl. Sall. Cat. 52, 35. Liv. V, 4, 10. XXII, 59, 17. XXVIII, 44, 12. Cic. in Cat. II, 7, 16. Vatin. bei Cic. ad fam. V, 10, 2). (D.) XXIX, 1: *καὶ ταῦτ' εἰ μὲν — νῦν δέ.* Thuk. IV, 104, 2: *καὶ λέγεται Βρασίδαν, εἰ —, δοκεῖν ἂν ἑλεῖν· νῦν δέ.* Lys. XXXII, 23: *καὶ ὁπότερον* (= *εἰ θάτερον*) *τούτων ἐποίησεν —· νῦν δέ.* D. XVIII, 14 f.: *καὶ ὁπηνίκ' ἐφαίνετο ταῦτα πεποιηκώς — ὡμολογεῖτ' ἂν ἡ κατηγορία τοῖς ἔργοις αὐτοῦ· νῦν δέ* (vgl. D. XXI, 42: *ἀλλὰ μὴν ὁπηνίκα καὶ πεποιηκὼς ἃ κατηγορῶ καὶ ὕβρει πεποιηκὼς φαίνεται, τοὺς νόμους ἤδη σκοπεῖν δεῖ*, wo *ὁπηνίκα* kausale Bedeutung erhalten hat; so öfters *ὁπότε*, de arg. ex contr. S. 63).

— — Isae. IV, 18: **πρὸς δὲ** τούτοις εἰ μὲν οἱ κατὰ τὰς διαθήκας ἀμφισβητοῦντες ὁμολογουμένως N. ἐπιτήδειοι ὄντες ἐτύγχανον, τὸ μὲν ἀκριβὲς οὐδ' ἂν οὕτως (sc. ἀληθεῖς ἐδόκουν **εἶναι αἱ** διαθῆκαι), ὅμως μέντοι μᾶλλον εἰκὸς ἦν ἀληθεῖς εἶναι δόξειν **τὰς** διαθήκας· ἤδη γάρ τινες οὐκ εὖ διακείμενοι τοῖς συγγενέσιν ὀθνείους φίλους τῶν πάνυ σφόδρα προσηκόντων περὶ πλείονος ἐποιήσαντο· **νῦν** δὲ οὔτε συσσίτους οὔτε φίλους οὔτ' ἐν τάξει τῇ αὐτῇ, sc. περὶ πλείονος ἐποιήσατο = er soll höher geachtet haben (vgl. Schömann; **was** die zweite Ellipse anlangt, so kann man die Stelle vergleichen mit Lys. XIII, 62. Herod. I, 39). — — Hom. Il. ι, 515 ff.: **εἰ** μὲν γὰρ μὴ δῶρα φέροι, τὰ δ' ὄπισθ' ὀνομάζοι Ἀτρεΐδης — οὐκ ἂν ἐγώ γέ σε μῆνιν ἀπορρίψαντα κελοίμην Ἀργείοισιν ἀμυνέμεναι χατέουσί περ ἔμπης· νῦν δ' ἅμα τ' αὐτίκα πολλὰ διδοῖ, τὰ δ' ὄπισθεν ὑπέστη. Is. XII, 149: εἰ μὲν γὰρ μόνος ἐπίστευον τοῖς **τε** λεγομένοις περὶ **τῶν** παλαιῶν καὶ — εἰκότως ἂν ἐπιτιμῴμην· **νῦν** δὲ πολλοὶ καὶ νοῦν ἔχοντες ταὐτὸν ἐμοὶ φανεῖεν **ἂν πεπονθότες** (**εἰ μὲν** γὰρ Bekker nach Γ für εἰ γάρ. ἐπετιμώμην E). **XV**, 55. **XVIII**, 16: εἰ μὲν γὰρ — εἰκότως ἂν —· νῦν δέ. D. XXIII, 128: εἰ **μὲν** γὰρ — ἧττον ἂν ἦν δεινόν· νῦν **δέ**. Plat. Alk. I, 127[d]. Phaedr. 244[a]: εἰ μὲν γὰρ — νῦν **δέ**. **Xen.** Kyr. IV, 1, 16: **καὶ γὰρ εἰ μὲν** — νῦν δὲ κατανόησον. Is. XIX, 44: καὶ γὰρ **εἰ μὲν** — τοῦτ' **ἂν** ἐπιτιμᾶν εἶχον αὐτῷ· νῦν δέ. Herod. IV, 118: **εἰ** γὰρ ἐπ' **ἡμέας** μούνους ἐστρατηλάτεε ὁ Πέρσης — χρῆν αὐτὸν πάντων **τῶν** ἄλλων ἀπεχόμενον οὕτω ἰέναι ἐπὶ τὴν ἡμετέρην —· νῦν δὲ — τοὺς ἀεὶ ἐμποδὼν γινομένους ἡμεροῦται πάντας. (D.) prooem. 48: εἰ γὰρ — οὐδὲν ἂν τὸ δεύτερον ἡμᾶς ἔδει λέγειν —· νῦν δέ. Thuk. III, 43, 5: εἰ γὰρ — νῦν δέ. Ant. V, 32: εἰ γὰρ ἐγὼ μὲν ἐκέλευον αὐτοὺς στρεβλοῦν — ἴσως ἂν —· **νῦν** δὲ αὐτοὶ ἦσαν καὶ βασανισταὶ κτλ. (εἰ γὰρ ἐγὼ μέν mit N und pr. **A** die Zürr., Mätzner, Blass, **εἰ** γὰρ ἐγώ Bekker. Man wird entweder εἰ μὲν γὰρ ἐγώ oder ἐγὼ **μὲν** γὰρ **εἰ** zu schreiben haben. **Wegen des** nachgestellten εἰ vgl. **D. XX,** 79. **XXXVI, 31**. Rehdantz Dem. **Ind.** I, Stellung. Stahl zu **Thuk. IV,** 4, 1). — Plat. Apol. **38[a]**: **εἰ** μὲν γὰρ ἦν μοι χρήματα, ἐτιμησάμην ἂν χρημάτων —· **νῦν δὲ** οὐ γάρ ἔστιν, **εἰ** μὴ ἄρα ὅσον ἂν ἐγὼ δυναίμην ἐκτῖσαι, τοσούτου βούλεσθέ μοι **τιμῆσαι**. Charm. 175[a]: οὐ γὰρ ἄν που ὅ γε κάλλιστον πάντων ὁμολογεῖται εἶναι, τοῦτο ἡμῖν ἀνωφελὲς ἐφάνη, εἴ τι ἐμοῦ ὄφελος ἦν πρὸς τὸ καλῶς ζητεῖν. νῦν δὲ πανταχῇ γὰρ ἡττώμεθα. — Thuk. III, 53, 4: ἀγνῶτες μὲν γὰρ **ὄντες** ἀλλήλων —· νῦν δὲ πρὸς εἰδότας πάντα λελέξεται. — Hom. **Od.** α, 236 ff.: ἐπεὶ οὔ κε θανόντι περ ὧδ' ἀκαχοίμην, **εἰ** μετὰ οἷς **ἑτάροισι** δάμη —· τῷ κέν οἱ τύμβον **μὲν** ἐποίησαν Παναχαιοὶ —. νῦν **δέ** μιν ἀκλειῶς ἅρπυιαι ἀνηρείψαντο. D. **IX**, 5: ἐπεί τοι εἰ — νῦν δέ (vgl. **Plat.** Apol. 31[b]). — — Is. X, 2: ἐγὼ δ' εἰ μὲν — οὐκ ἂν ὁμοίως ἐθαύμαζον αὐτῶν· νῦν δὲ τίς ἐστιν. Lys. XXX, 17: ἐγὼ δ' εἰ μὲν — **νῦν** δέ. Isae. II, 41 ff.: ἐγὼ δὲ εἰ μὴ πάνυ το πρᾶγμα αἰσχρὸν εἶναι ἐνόμιζον **καὶ** ἐπονείδιστον —. **νυνὶ** δὲ δεινὸν τὸ πρᾶγμα καὶ αἰσχρὸν **εἶναι τῇδε νομίζω, εἰ** mit contr. (de arg. ex contr. 256). — (D.) LI, 6: **οὗτοι δ' εἰ** μὲν — οὐδὲν **ἂν ἦν** δεινόν· νῦν δέ (es folgt ein mit **καίτοι πῶς** beginnendes contrarium, **das gewissermaſsen** die Stelle der complexio vertritt; über die **Bedeutung von** καίτοι **vgl. de arg.** ex contr. **XXII** f.). — Thuk. I, 71, 2: **μόλις δ'** ἂν **πόλει ὁμοίᾳ παροικοῦντες ἐτυγχάνετε τούτου**· νῦν δ' — ἀρχαιότροπα ὑμῶν **τὰ** ἐπιτηδεύματα **πρὸς αὐτούς ἐστιν.** — Thuk. III, 113, 6: Ἀμπρακίαν μέντοι οἶδα **ὅτι, εἰ ἐβουλήθησαν** — ἐξελεῖν, αὐτοβοεὶ **ἂν** εἷλον· νῦν δὲ ἔδεισαν κτλ.

IV. **Is.** XVIII, 1: εἰ μὲν **καὶ ἄλλοι** τινὲς ἦσαν **ἠγωνισμένοι τοιαύτην** παραγραφήν, ἀπ' αὐτοῦ **τοῦ** πράγματος ἠρχόμην ἂν τοὺς λόγους ποιεῖσθαι· νῦν δ' ἀνάγκη **περὶ τοῦ** νόμου πρῶτον εἰπεῖν —, **ἵν'** ἐπιστάμενοι — τὴν ψῆφον **φέρητε,** καὶ μηδεὶς ὑμῶν θαυμάσῃ (wegen des Finalsatzes mit **ἵνα** vgl. **Is.** VI, 4. Isae. V, 5. VII, 3. D. XVIII, **9. XXII, 4** und oben S. 361). Lys. **V,** 1: **εἰ μὲν** —· **νῦν** δέ μοι δοκεῖ αἰσχρὸν εἶναι mit arg. ex contr. Lyk. **fr. 31: εἰ** μὲν ὑπὲρ ἰδίου τινὸς ἦν ὁ ἀγών, ἐδεόμην ἂν ὑμῶν μετ' **εὐνοίας** ἀκοῦσαί μου· νυνὶ δὲ αὐτοὺς ὑμᾶς οἶμαι τοῦτο ποιήσειν καὶ **χωρὶς** παρακλήσεως τῆς ἐμῆς. (D.) XXIX, **1: εἰ** μὴ — συνῄδειν — **νῦν** δέ (ähnlicher Eingang **ohne νῦν** δέ Lys. XVI, 1). — — **D. XXIV, 19:** εἰ μὲν οὖν μὴ **πᾶσιν ἦν ἔνοχος τούτοις** Τ. — **ἓν ἂν αὐτοῦ τις ἐποιεῖτο** κατηγόρημα —· **νῦν δ'** ἀνάγκη **[καθ' ἕκαστον] χωρὶς περὶ** ἑκάστου διελόμενον **λέγειν** (C**obet, misc. crit. 548 will περὶ** ἑκάστου tilgen). Lys. XIII, **62**: εἰ μὲν **οὖν οὐ** (?) **πολλοὶ ἦσαν,** καθ' ἕκαστον περὶ αὐτῶν ἠκούετε· νῦν **δὲ συλλήβδην περὶ πάντων** (sc. ἀκούσεσθε). Lyk. 23: εἰ μὲν οὖν **ζῶν ἐτύγχανεν ὁ Ἀ.,** ἐκεῖνον ἂν αὐτὸν παρειχόμην· νυνὶ δὲ ὑμῖν **καλῶ τοὺς συνειδότας** (ἐκεῖνον ἄν für das hdschr. ἐκεῖνον Coraes). Is. **Br. III, 4.** Isae. IV, 30. Aesch. II, **104. D.** XVIII, 153. XXVIII, 2. **Xen.** Hell. **VII, 3,** 3: εἰ μὲν οὖν — νῦν δέ. Lys. XXV, 5: μέγα μὲν **οὖν** ἡγοῦμαί μοι τεκμήριον εἶναι ὅτι, εἴπερ —· νῦν δέ (auffällig ist das εἴπερ, vgl. Anh. zur Stelle). — — Plat. Symp. 193[e]: **καὶ εἰ** μὴ ξυνῄδη — πάνυ ἂν ἐφοβούμην —· νῦν δὲ ὅμως θαρρῶ. D. XVIII, 133: καὶ εἰ μὴ — νῦν δέ. Lys. XIII, 58 **f.:** καὶ τό **γ' ἐπ' ἐκεῖνον εἶναι ἐσώθης, καὶ** οὔτ' ἂν —· **νῦν δέ (καί** vor **οὔτε = und dann, sc. εἰ ἐσώθης; vgl.** die Anm.). **— — Is. Br. VII, 10: ἔτι** δ' ἂν πλείω σοι — **διελέχθην** —, εἰ **μὴ** —· **νῦν δὲ σοὶ μὲν** αὖθις συμβουλεύσομεν κτλ. — — Plat. Gesetze **X, 891[b]: καὶ γὰρ** εἰ μὴ κατεσπαρμένοι ἦσαν **οἱ** τοιοῦτοι λόγοι — **οὐδὲν ἂν ἔδει τῶν** ἐπαμυνούντων λόγων **ὡς εἰσὶ** θεοί· νῦν δὲ ἀνάγκη. Staat I, 328[c]: **εἰ** μὲν γὰρ — οὐδὲν **ἄν σε** ἔδει —· νῦν δέ σε **χρὴ κτλ.** Is. XV, **163: εἰ** μὲν γὰρ — νῦν δέ. Lys. XII, 29: εἰ μὲν γὰρ — ἴσως ἂν εἰκότως συγγνώμην αὐτῷ εἴχετε· **νῦν δὲ παρὰ** τοῦ ποτε καὶ λήψεσθε **δίκην κτλ.** (contrarium; vgl. de arg. ex contr. S. 78). (Xen.) Staat d. Ath. 2, 14: ἑνὸς δὲ ἐνδεεῖς εἰσιν· εἰ γὰρ — ὑπῆρχεν ἂν αὐτοῖς — νῦν δέ. D. XIX, **97.** Plat. Theaet. 196[c]: εἰ γὰρ — νῦν δέ. Plat. Apol. 37[b]: ἐπεὶ εἰ —

νῦν δέ. (D.) LVI, 43: *ὅτι δ' ἑκόντες καὶ οὐκ ἐξ ἀνάγκης ταῦτ' ἔπραξαν, ἐκ πολλῶν δῆλον. εἰ γὰρ ὡς ἀληθῶς ἀκούσιον τὸ συμβὰν ἐγένετο καὶ ἡ ναῦς ἐρράγη, τὸ μετὰ τοῦτ', ἐπειδὴ ἐπεσκεύασαν τὴν ναῦν, οὐκ ἂν εἰς ἕτερα δήπου ἐμπόρια ἐμίσθωσαν αὐτὴν ἀλλ' ὡς ὑμᾶς ἀπέστελλον, ἐπανορθούμενοι τὸ ἀκούσιον σύμπτωμα· νῦν δ' οὐχ ὅπως ἐπηνωρθώσαντο, ἀλλὰ πρὸς τοῖς ἐξ ἀρχῆς ἀδικήμασι πολλῷ μείζω προσεξημαρτήκασιν* (Schlufs: daraus folgt, dafs *τὸ συμβὰν* nicht *ἀκούσιον* war. Ebenso dient diese Form in den nächsten Beispielen zur Widerlegung). Lys. IV, 7: *ὀστράκῳ φησὶ πληγῆναι. καίτοι φανερὸν ἤδη ἐξ ὧν εἴρηκεν, ὅτι οὐ πρόνοια γεγένηται. οὐ γὰρ ἂν οὕτως ἤλθομεν —. νῦν δὲ ὁμολογούμεθα πρὸς παῖδας καὶ αὐλητρίδας καὶ μετ' οἴνου ἐλθόντες. ὥστε πῶς ταῦτ' ἐστὶ πρόνοια;* (*οὐ γὰρ ἂν ἤλθομεν* = denn sonst, sc. *εἰ πρόνοια ἐγένετο*, wären wir nicht gekommen; Kr. 54, 12, 9. Die conclusio ist hier hinzugefügt). Aesch. II, 142: *ἀπώλοντο αἱ πράξεις οὐ δι' ἐμὲ ἀλλὰ διὰ τὴν σὴν προδοσίαν καὶ τὴν πρὸς Θηβαίους προξενίαν. μεγάλα δ' οἶμαι τούτων ἐγὼ σημεῖα ἐπιδείξειν. εἰ γάρ τι τούτων ἀληθὲς ἦν ὧν σὺ λέγεις, κατηγόρουν ἄν μου Βοιωτῶν καὶ Φωκέων οἱ φεύγοντες· νῦν δὲ — οἱ φεύγοντες Βοιωτῶν ᾕρηνταί μοι συνηγόρους, ἥκουσι δ' ἀπὸ τῶν ἐν Φωκεῦσι πόλεων πρέσβεις.* — — Lys. XIII, 22: *καίτοι εἰ μὴ ἐκ παρασκευῆς ἐμηνύετο, πῶς οὐκ ἂν ἠνάγκασεν ἡ βουλὴ εἰπεῖν τὰ ὀνόματα Θεόκριτον —; νυνὶ δὲ τοῦτο τὸ ψήφισμα ψηφίζεται* (vgl. ebenda § 26). Isae. VIII, 24: *καίτοι εἰ μὴ ἦν θυγατριδοῦς Κίρωνος, οὐκ ἂν ταῦτα διωμολογεῖτο, ἀλλ' ἐκείνους ἂν τοὺς λόγους ἔλεγε· σὺ δὲ τίς εἶ; — ταῦτ' εἰπεῖν προσῆκεν, ἅπερ νῦν ἑτέρους πέπεικε λέγειν. νῦν δὲ τοιοῦτον μὲν οὐδὲν εἶπεν* (eine Nachbildung dieser Stelle [D.] XXXIV, 15; vgl. Anh. zu XII, 32. Ähnlich auch D. XIX, 109: *ἐγὼ δ' ἐκείνους τοὺς λόγους ἐξήτουν παρὰ τούτου, εἴπερ μὴ πεπρακὼς αὐτὸν ἦν· ἄνδρες Ἀθηναῖοι κτλ.*). D. XXVIII, 4: *καίτοι εἴ τι τούτων ἦν ἀληθὲς —· νῦν δέ* (eigentümliche Variationen Plat. Euthyphr. c. 13: *ἀλλ' εἴ γε ταὐτὸν ἦν τὸ θεοφιλὲς καὶ τὸ ὅσιον —· νῦν δὲ ὁρᾷς ὅτι ἐναντίως ἔχετον, ὡς παντάπασιν ἑτέρω ὄντε ἀλλήλων. τὸ μὲν γὰρ — διὰ τοῦτο φιλεῖται.* ebenda c. 20: *παντὶ τρόπῳ — νῦν εἰπὲ τὴν ἀλήθειαν. οἶσθα γὰρ — καὶ οὐκ ἀφετέος εἶ — πρὶν ἂν εἴπῃς. εἰ γὰρ μὴ ᾔδησθα σαφῶς τό τε ὅσιον καὶ τὸ ἀνόσιον, οὐκ ἔστιν ὅπως ἄν ποτε ἐπεχείρησας ὑπὲρ ἀνδρὸς θητὸς ἄνδρα πρεσβύτην πατέρα διωκάθειν φόνου —. νῦν δὲ εὖ οἶδα ὅτι σαφῶς οἴει εἰδέναι τό τε ὅσιον καὶ μή· εἰπὲ οὖν κτλ.* In regelrechter syllogistischer Form würde die erste Stelle etwa so lauten: *νῦν δὲ ὁρᾷς ὅτι ἐναντίως ἔχετον. τὸ μὲν γὰρ — διὰ τοῦτο φιλεῖται. ὥστε ἀνάγκη αὐτὼ παντάπασιν ἑτέρω εἶναι ἀλλήλων,* und die zweite: *νῦν δέ ἐπεχείρησας τοῦτο· ὥστε εὖ οἶδα ὅτι σαφῶς οἴει εἰδέναι κτλ.*; vgl. Lys. IV, 7). In etwas anderer Weise steht *νῦν δέ* Xen. Kyr. VIII, 3, 32: (*εἶπεν·*) *ἀλλὰ πλουσιωτέρῳ μὲν ἄν, εἰ ἐσωφρόνεις, ἢ ἐμοὶ ἐδίδους* (*τὸν ἵππον*)*· νῦν δὲ κἀγὼ δέξομαι* (nun aber, da du es keinem Reicheren geben willst, werde auch ich es annehmen). Ein Beispiel ähnlicher Art, das seines Umfangs wegen nicht angeführt werden kann, findet sich Lys. VII, 17. Wegen *νῦν δὲ* — *γάρ* Arist. Ri. 1278 verweise ich auf Kocks Anm. In gewisser Beziehung gleicht dieser Stelle (Lys.) VIII, 9, worüber ich hier nur so viel bemerken will, daſs man ohne Interpunktion *νῦν δὲ ξυμβαίνει γάρ* zu schreiben hat. Die Protasis des Kondizionalsatzes wird durch ein folgendes *νῦν δέ* vertreten Plat. Menex. 248[d]: *τῇ δὲ πόλει παρεκελευόμεθ' ἂν* (so Stallbaum für vulg. *παρακελευοίμεθ' ἂν*) *ὅπως ἡμῖν καὶ πατέρων καὶ υἱέων ἐπιμελήσονται, τοὺς μὲν παιδεύοντες κοσμίως, τοὺς δὲ γηροτροφοῦντες ἀξίως· νῦν δὲ ἴσμεν ὅτι, καὶ ἐὰν μὴ ἡμεῖς παρακελευώμεθα, ἱκανῶς ἐπιμελήσεται* (eigentlich wohl brachylogisch für: *παρεκελευόμεθ' ἂν — ἀξίως, εἰ μὴ ᾔδειμεν ὅτι — ἐπιμελήσεται· νῦν δὲ τοῦτ' ἴσμεν.* Herod. V, 65. Is. V, 105 (vgl. Br. VII, 10 und de praeterit. S. 31). Ähnlich Xen. Anab. III, 2, 24 f. *ἀλλὰ γάρ* und häufig bei Homer *ἀλλά* — vgl. Il. *ε*, 22 f. und die Stellen bei Ebeling, lex. Hom. I, S. 80; ebenso sed Cic. p. Sest. 15, 35. Liv. II, 39, 7. III, 25, 9. V, 9, 5. XXII, 21, 1. — Thuk. II, 35, 1 vertritt, wie Classen richtig bemerkt, das vorausgeschickte, stark zu betonende *ἐμοί* die Stelle der Protasis. Ähnlich Ant. IV, *δ*, 1: *ἄριστα μὲν οὖν αὐτὸς ἂν ὑπὲρ αὐτοῦ ἀπελογεῖτο· ἐπεὶ δὲ κτλ.* = *εἰ μὲν οὖν αὐτὸς ὑπὲρ αὐτοῦ ἀπελογεῖτο, αὕτη ἀρίστη ἂν ἦν ἀπολογία κτλ.*; vgl. Is. XI, 1 — S. 219 — und Müller zu D. I, 10). — — Die vier behandelten Argumentationsformen, sowohl die beiden volleren wie die beiden abgekürzten, finden wir auch im Lateinischen. Die meisten Beispiele, die ich gesammelt habe, gehören der ersten Form an. Liv. XXI, 13, 1: si civis vester Alco — supervacaneum hoc mihi fuisset iter —: cum ille — ego — ad vos veni (im Anfang der Rede wie XXI, 40, 1. XXII, 39, 1. 60, 6. XXIV, 8, 1. XXXIV, 2, 1. 5, 1. 31, 1. Sall. Cat. 20, 2. or. Licin. 13; ähnlich viele der oben angeführten griechischen Stellen. Das einfache cum, wofür man sed cum und nunc, cum vermutet hat, verteidigt Weiſsenborn mit Recht). III, 50, 6: sibi vitam filiae sua cariorem fuisse, si liberae ac pudicae vivere licitum fuisset; cum velut servam ad stuprum rapi videret, morte amitti melius ratum quam contumelia liberos, misericordia se in speciem crudelitatis lapsum. Cic. p. Rosc. Amer. 51, 149: qui si jam satis aetatis ac roboris haberet, ipse pro Sex. Roscio diceret: quoniam ad dicendum impedimento est aetas et pudor, causam mihi tradidit. Liv. XXIV, 8, 1 f.: si — sed cum. XXXVII, 52, 7 f.: si — verum enimvero cum. Cic. de off. III, 3, 12: quod si — sed cum (diesem quod si entspricht im Griechischen *εἰ μὲν οὖν* und *εἰ μὲν τοίνυν*, wohl auch *καὶ εἰ μέν*). Liv. XXVIII, 41, 2 f.: quamquam, si —; cum vero Hannibal hostis incolumi exercitu quartum decimum annum Italiam obsideat, paenitebit te gloriae tuae, si hostem eum, qui tot funerum, tot cladium nobis causa fuit, tu consul Italia expuleris? (ein contrarium wie Ant. I, 7. D. XIV, 11 u. s. w.; ebenso Liv. XLV, 8, 2 ff.). Sall. Cat. 20, 2: ni — sed quia — eo (deshalb). Cic. Lael. 9, 32: nam si — sed quia — idcirco (Cic. p. Mil. 11, 31: quod si ita putasset, certe optabilius Miloni fuit dare jugulum P. Clodio — quam jugulari a vobis —. sin hoc nemo vestrum ita sentit, illud jam in judicium venit etc.). Tusc. I, 5, 9: nam si — quoniam autem. Liv. XXXIV, 5, 1 f.: si —; nunc, cum — necesse est paucis respondere (Cic. de imp. Cn. Pomp. 17, 50: quod si Romae Cn. Pompejus privatus esset hoc tempore, tamen ad tantum bellum is erat deligendus atque mittendus: nunc, cum — quid exspectamus? Vgl. Sall. Iug. 85, 48: et profecto dis juvantibus omnia matura sunt, victoria, praeda, laus; quae si dubia aut procul essent, tamen omnis bonos reipublicae subvenire decebat. Liv. XXVIII, 44, 12: si hercules nihilo maturius — perficeretur bellum, tamen ad dignitatem populi Romani — pertinebat etc.). Liv. I, 28, 9: si — nunc, quoniam. XXI, 40, 1 ff.: si —: nunc, quia — pauca verba facienda sunt. XXXI, 37, 5 f.: quod si modum in insequendo habuissent, non in praesentis modo certaminis gloriam, sed in summam etiam belli profectum foret: nunc aviditate caedis intemperantius secuti in praegressas cum tribunis militum cohortes Romanas incidere etc. XXXIV, 2, 1 f.: si in sua quisque nostrum matre familiae jus et majestatem viri retinere instituisset, minus cum universis feminis negotii haberemus: nunc domi victa libertas nostra impotentia muliebri hic quoque in foro obteritur et calcatur, et, quia singulas sustinere non potuimus, universas horremus. XLIV, 31, 7 f.: quod si — nunc mit Ptcp. Cic. de div. I, 29, 60: quae quidem multo plura evenirent, si ad quietem integri iremus: nunc onusti cibo et vino perturbata et confusa cernimus. Tac. Ann. II, 71: si fato concederem —. nunc scelere — interceptus etc. Liv. XXII, 39, 1 ff. (ähnlich, aber nicht streng logisch durchgeführt; vgl. Weifsenborn). XXII, 60, 6: si — nunc autem, cum. XLV, 8, 2 f.: si juvenis regnum accepisses, minus equidem mirarer ignorasse te, quam gravis aut amicus aut inimicus esset populus Romanus: nunc vero, cum et bello patris tui, quod nobiscum gessit, interfuisses, et pacis postea, quam cum summa fide adversus eum coluimus, meminisses, quod fuit consilium, quorum et vim in bello et fidem in pace expertus esses, cum iis tibi bellum esse quam pacem malle? (das contr. wie XXVIII, 41, 2 f.; wegen quod consilium vgl. de arg. ex contr. 293 g. E. u. 390). (Cic. in Cat. II, 7, 16: ille autem, si mehercule — tamen. nunc vero, cum). Cic. de inv. II, 47, 139: si — nunc vero, quod — idcirco. Vgl. auch Sall. Iug. 14, 16 f.: si omnia, quae aut amisi aut ex necessariis advorsa facta sunt, incolumia manerent, tamen —. nunc vero exsul patria, domo, solus atque omnium honestarum rerum egens, quo accedam aut quos appellem? wo die Worte exsul patria etc. einen Kausalsatz vertreten. Der Sinn der Frage quo — appellem? ist: an wen soll ich mich sonst wenden als an euch, wen sonst anrufen als euch? Beispiele für die zweite Form finden sich Liv. XXXIV, 34, 3 ff.: si — nunc — itaque. Cic. de or. I, 55, 236: nam, si — nunc vero — ita (über ita Seyffert, schol. Lat. I, § 84, 2). Sall. Cat. 52, 35: si mehercule peccato locus esset, facile paterer vos ipsa re corrigi, quoniam verba contemnitis: sed undique circumventi sumus. — quo magis properandum est. Verg. Aen. IV, 340—347: si — sed nunc (die conclusio ist enthalten in den Worten: hic amor, haec patria est. Vgl. V, 51—57: si — tamen. nunc ultro = 'obendrein' —. ergo). Die dritte Form liegt vor Cic. Lael. 27, 104. Liv. XXII, 60, 8 f.: si — sed (Sall. Iug. 14, 7 f.: si — tamen erat majestatis populi Romani —. verum. Cic. Cat. Maj. 11, 38: quae si exsequi nequirem, tamen me lectulus meus oblectaret ea ipsa cogitantem, quae jam agere non possem: sed ut possim, facit acta vita). Cic. p. Rosc. Am. 39, 114 f. Liv. XXXVI, 39, 7 f.: si — nunc. Cic. Tusc. III, 1, 2: quod si —, haud erat sane quod quisquam rationem ac doctrinam requireret. nunc. Liv. XXIX, 17, 13 f.: ac si scelus libidinemque et avaritiam solus ipse exercere in socios vestros satis haberet, unam profundam quidem voraginem tamen patientia nostra expleremus: nunc omnis centuriones militesque vestros — Pleminios fecit (ac si für das gewöhnlichere quod si; zu den Worten unam profundam quidem etc. vgl. Weifsenborn sowie Cic. Phil. IX, 3, 5. Tusc. I, 5, 9 und die ähnlichen griech. Stellen S. 393). XXXIV, 31, 3: et hercules, si — nunc. Cic. Phil. IX, 3, 5. Tusc. III, 1, 2: si — nunc autem. Die vierte Form repräsentieren Sall. or. Licin. 1 f.: si parum existumaretis — multis mihi disserendum fuit —. nunc hortari modo reliquum est. ebenda § 13. Liv. II, 12, 14. XXII, 25, 10. XXXIV, 31, 1. Cic. p. Rosc. Amer. 51, 148: si — nunc. Liv. XLIV, 42, 9: quod si — nunc. Bisweilen ist die Protasis im ersten Teile zu ergänzen; so Liv. XXII, 60, 20 (nunc autem). Cic. p. Rosc. Amer. 36, 104. Liv. XXIII, 12, 8 (nunc). Das letzte Beispiel läfst sich mit Plat. Menex. 248[d] zusammenhalten (vgl. auch Liv. XXVI, 49, 14). — — Wie in dem sogenannten πλαστὸν ἐπιχείρημα der wirkliche Fall dem fingierten entgegengesetzt wird, ist de arg. ex contr. 252 f. an vielen Beispielen nachgewiesen worden. Dazu vgl. Add. 388 f., wo ich zum Schlufs bemerkt habe, dafs, wenn im zweiten Teile εἰ δέ für ἐπειδὴ (ἐπεὶ) δέ stehe, dies auf das Streben der Griechen nach ἰσοκωλία zurückzuführen sei (vgl. Isae. III, 75, wo ἐκ μὲν τοῦ und ἐκ δὲ τοῦ c. inf. für εἰ μέν und ἐπειδὴ δέ c. ind. stehen, und die S. 395 angeführten Stellen Ant. V, 35 u. s. w.). Noch gröfser wird die Symmetrie, wenn zugleich für den ersten Teil das erste hypothetische Schema gewählt wird. Zur Erläuterung dieser von manchen Gelehrten mit dem Dilemma verwechselten Form, die ich der Übersichtlichkeit wegen mit Nr. V bezeichne, will ich zunächst einige lateinische Beispiele anführen. Sall. Cat. 51, 8: nam si digna poena pro factis eorum reperitur, novum consilium approbo; sin magnitudo sceleris omnium ingenia exsuperat, iis utendum censeo, quae legibus comparata sunt (für nam si — reperiretur, — approbarem; nunc, quoniam etc.). or. Cott. 8: haec si dolo aut socordia nostra contracta sunt, agite, ut monet ira, supplicium sumite; sin fortuna communis asperior est, quare indigna vobis nobisque et republica incipitis? (= haec si — essent, jure, ut monet ira, — sumeretis; sed cum — asperior sit etc. Liv. I, 50, 5: quod (imperium) si (Tarquinio) sui bene crediderint cives, aut si creditum illud et non raptum parricidio sit, credere et Latinos, quamquam ne sic quidem alienigenae, debere; sin suos ejus paeniteat, quippe qui alii super alios trucidentur —, quid spei melioris Latinis portendi? (mit der Restriction quamquam — alienigenae vgl. die ähnlichen griech. Beispiele S. 394). XXIV, 8, 15 f.: create consulem T. Otacilium, non dico, si omnia haec, sed si aliquid eorum reipublicae praestitit. sin autem te classem obtinente etiam velut pacato mari quaevis Hannibali tuta atque integra ab domo venerunt, si —, quid dicere potes, cur te potissimum ducem Hannibali hosti opponant? Im ersten Teile finden wir an allen vier Stellen ein Zugeständnis, das einmal in milderer Weise durch approbo, dreimal nachdrücklicher durch den Imperativ oder durch debere mit dem Infinitiv ausgedrückt ist. Der zweite Teil endigt in den drei letzten Beispielen mit einer rhetorischen Frage, wodurch derselbe zum contrarium wird. Sall. Cat. a. a. O. ist ein ruhigeres utendum censeo gebraucht. Natürlich hätte auch utendum est, par est uti, utamur, utimini (Imper.) stehen können, ebenso or. Cott. a. a. O. ne inceperitis oder nolite incipere u. s. w. Etwas verschieden im Ausdruck, doch im Grunde gleicher Art ist ein fünftes Beispiel, Cic. p. Mil. 11, 30: si id jure fieri non potuit, nihil habeo quod defendam: sin hoc et ratio doctis et necessitas barbaris — natura ipsa praescripsit, ut omnem semper vim — a vita sua propulsarent, non potestis hoc facinus improbum judicare, quin simul judicetis, omnibus, qui in latrones inciderint, aut illorum telis aut vestris sententiis esse pereundum. Mancherlei Analoges in Bezug auf Form und Gedanken bieten die verwandten griechischen Beispiele, bei deren Aufzählung ich ebenso wie oben verfahren werde (die Partikel *μέν* fehlt D. XVIII, 190. (D.) XII, 10). Aesch. II, 33: *εἰ δ' ἀντιποιεῖ κατὰ πόλεμον λαβὼν εἰκότως ἔχειν, εἰ μὲν πρὸς ἡμᾶς πολεμήσας δοριάλωτον τὴν πόλιν εἷλες, κυρίως ἔχεις τῷ τοῦ πολέμου νόμῳ κτησάμενος· εἰ δ' Ἀμφιπολίτας ἀφείλου τὴν Ἀθηναίων πόλιν, οὐχὶ τἀκείνων ἔχεις ἀλλὰ τὴν Ἀθηναίων χώραν* (für *εἷλες* schreibt Weidner mit Unrecht nach Hamaker *ἔχεις*. Das *ἔχειν* des gemeinsamen *πρότασις* kehrt als Indikativ wieder in den *ἀποδόσεις* der beiden dieser *πρότασις* übergeordneten Kondizionalsätze, während in den speziellen *προτάσεις* derselben *εἷλες* und *ἀφεῖλου* symmetrisch einander gegenüberstehen. Das Adj. **δοριάλωτον**, das in den Hdschr. teils vor teils hinter *τὴν πόλιν* steht, ist vielleicht zu streichen. *δοριάλωτον* und *αἰχμάλωτον λαβεῖν* Is. VI, 19). D. XVI, 8: *ἐὰν δ' ἀδικῶσι —, εἰ μὲν ὑπὲρ τούτου μόνον βουλευτέον, εἰ χρὴ —, δίκαιον μὲν οὔ, συγχωρῶ δ' ἔγωγ' ἐᾶσαι —· εἰ δ' ἅπαντες ἐπίστασθ' ὅτι —, φρασάτω* **τις** *ἐμοὶ —. ἀλλ' οὐδεὶς ἐρεῖ.* Xen. Anab. VII, 6, 15: *ἐπεί γε μὴν ψεύδεσθαι ἤρξατο Σ. περὶ τοῦ μισθοῦ, εἰ μὲν ἐπαινῶ αὐτόν, δικαίως ἄν με καὶ αἰτιῷσθε καὶ μισοῖτε· εἰ δὲ πρόσθεν αὐτῷ πάντων μάλιστα φίλος ὢν νῦν πάντων διαφορώτατός εἰμι, πῶς ἂν ἔτι δικαίως, ὑμᾶς αἱρούμενος ἀντὶ Σ.,* **ὑφ'** *ὑμῶν αἰτίαν ἔχοιμι περὶ ὧν πρὸς τοῦτον διαφέρομαι;* (contrarium wie Ant. I, 7 — vgl. S. 397 —; ebenso Is. IV, 102. D. XIX, 147. LVII, 27. Die Periode ähnlich gestaltet wie in den vorigen Beispielen und in dem Dilemma Plat. Apol. 27[d], das gleichfalls mit einem interrogativen contrarium abschliefst). D. VIII, 5: *ἔστι δέ· εἰ μὲν — οὐκέτι δεῖ λέγειν, ἀλλ' ἁπλῶς εἰρήνην ἀκτέον —· εἰ δὲ — τί τοῦτο λέγουσιν, ὡς — δεῖ;* XIX, 182: *ἀλλ' ἐκεῖνο λέγω· εἰ μὲν Αἰσχίνης ἰδιώτης ὢν ἀπελήρησέ τι καὶ διήμαρτεν, μὴ σφόδρ' ἀκριβῶς λογίσησθε, ἐάσατε, συγγνώμην ἔχετε· εἰ δὲ πρεσβευτὴς ὢν ἐπὶ χρήμασιν ἐπίτηδες ἐξηπάτηκεν ὑμᾶς, μὴ ἀφῆτε μηδ' ἀνάσχησθ'* **ὡς** *οὐ δεῖ δίκην ὧν εἶπεν ὑποσχεῖν* (die Befehlsform in beiden Gliedern wie § 183. §§ **218 ff.** XVIII, 10. XXI, 160. Xen. Kyr. IV, 5, 47; blos im zweiten Dein. II, 4 und in etwas anderer Weise D. XVI, 8). § 218 ff.: *τί οὖν ἐστὶ ταῦτα; ἃ ὑμεῖς ἴστε —. εἰ* **μὲν** *— ἀποψηφίσασθ' Αἰσχίνου καὶ μὴ πρὸς τοσούτοις αἰσχροῖς καὶ ἐπιορκίαν προσκτήσησθε —.* **εἰ** *δὲ — καταψηφίσασθε καὶ μὴ πρὸς τοῖς ἄλλοις οἷς ὕβρισθε — τὴν ἀρὰν* **καὶ** *τὴν ἐπιορκίαν οἴκαδ' εἰσενέγκησθε.* XVIII, 10: *περὶ μὲν δὴ — θεάσασθ' ὡς ἁπλᾶ καὶ δί*-**καια** *λέγω. εἰ μὲν — μηδὲ φωνὴν ἀνάσχησθε — ἀλλ' ἀναστάντες καταψηφίσασθ' ἤδη· εἰ δὲ — τούτῳ μὲν μηδ' ὑπὲρ τῶν ἄλλων πιστεύετε — ἐμοὶ δ' ἣν παρὰ πάντα* **τὸν** *χρόνον εὔνοιαν ἐνδέδειχθε — καὶ νυνὶ παράσχεσθε* (XXI, 160: *ἀλλὰ νὴ Δία τριήρη ἐπέδωκεν· ταύτην γὰρ θρυλήσει —. οὑτωσὶ δὴ ποιήσατε. εἰ μὲν* **φιλοτιμίας** *εἵνεκα ταύτην ἐπέδωκεν, ἣν προσήκει τῶν τοιούτων ἔχειν χάριν, ταύτην ἔχετ' αὐτῷ καὶ ἀπόδοτε, ὑβρίζειν δὲ μὴ* **δῶτε —. εἰ** *δὲ δὴ* **καὶ** *δειλίας καὶ ἀνανδρίας ἕνεκα δειχθήσεται τοῦτο πεποιηκώς, μὴ παρακρουσθῆτε. πῶς οὖν εἴσεσθε; ἐγὼ καὶ τοῦτο διδάξω.* Die Richtigkeit der zweiten Prämisse wird hier wirklich nachgewiesen, daher auch *εἰ δειχθήσεται πεποιηκώς* für *εἰ πεποίηκεν*). XXI, 153: *ἐπειθ' ὑπὲρ τῶν τούτου λειτουργιῶν — ὡδὶ γιγνώσκω. εἰ μέν ἐστι* **τὸ** *λειτουργεῖν* **τοῦτο,** *τὸ —, εἰ τὸ — τοῦτ' ἔστι λειτουργεῖν, ὁμολογῶ Μ. — λαμπρότατον γεγενῆσθαι —. εἰ μέντοι τί ποτ' ἐστὶν ἃ λειτουργεῖ τῇ ἀληθείᾳ δεῖ σκοπεῖν, ἐγὼ πρὸς ὑμᾶς ἐρῶ* (mit der Wiederholung im ersten Teile *εἰ μέν ἐστι —, εἰ — ἔστι κτλ.*, wodurch die Protasis die Form eines *κύκλος* erhält; vgl. die ähnliche Wiederholung in der Protasis des zweiten Teiles XIX, **220**). (D.) LVI, **27**: *αὕτη δὲ (ἡ συγγραφὴ) τί λέγει κτλ. ταῦτ' εἰ* **μὲν** *πεποίηκας, οὐδὲν ἀδικεῖς, εἰ δὲ μὴ πεποίηκας — προσήκει σε ζημιοῦσθαι.* And. I, 32 f.: *ὥστ' ἐγὼ ὑμῖν πολὺ μᾶλλον τῶν κατηγόρων πρὸς τοῖν θεοῖν ἐπισκήπτω —· εἰ μέν τι ἠσέβηκα — ἀποκτείνατέ με· οὐ* **παραιτοῦμαι**· *εἰ δὲ οὐδὲν ἡμάρτηταί μοι — δέομαι ὑμῶν αὐτὸ φανερὸν τοῖς* **Ἕλλησι** *πᾶσι ποιῆσαι ὡς κτλ.* (über *οὐδέν* nach *εἰ δέ* de arg. ex **contr.** S. 364, wo für *οὐ* hinzuzufügen Menand. b. Stob. Flor. XVI, **13**, für *μή* D. XVIII, 10. 271. Plat. Menon 87[d]. Nach *εἰ μέν* **finde** ich nur *μή*; vgl. Lys. XV, 8. Is. VI, 40. D. VIII, 5. XVIII, **72**. XIX, 183. LVII, 27. [D.] XLIV, 57). — — Xen. Kyr. IV, 5, 47: **εἰ μὲν** *οὖν ἄλλους ἔχετε, οἵστισιν ἂν δοίητε αὐτούς — ἐκείνοις δίδοτε· εἰ μέντοι ἡμᾶς ἂν βούλοισθε παραστάτας ἂν μάλιστα ἔχειν,* **ἡμῖν** *αὐτοὺς δότε* (wegen des Potentialis nach *εἰ μέντοι* vgl. Is. VI, 25. D. XVIII, 190. XX, **117**. L, 2. Aken, Tempus und Modus § 238, der die xenophontische Stelle ganz richtig beurteilt). **Dein.** I, 91: *εἰ μὲν οὖν ἔτι δεῖ τὴν πόλιν τῆς Δ. πονηρίας — ἀπολαύειν, ἵνα πλείω κακοδαιμονῶμεν — οὐ γὰρ ἔχω τί ἄλλο εἴπω —,* **στερκτέον** *ἂν εἴη τοῖς συμβαίνουσιν· εἰ δέ τι κηδόμεθα τῆς πατρίδος καὶ — οὐ προετέον ἐστὶν ὑμᾶς αὐτοὺς ταῖς — τούτου δεήσεσιν, οὐδὲ προσδεκτέον τοὺς οἴκτους — τούτου* (*στερκτέον ἂν εἴη* mit Bekker für das hdschr. *στερκτέον εἴη*. Franke und Baiter streichen *εἴη*, Blass schreibt *στερκτέον ἐπί*. Indikativ in der Protasis und Potentialis in der Apodosis des ersten Gliedes auch Lys. XV, 8. Is. **IV**, 102. D. XXXIX, 39. LV, 33. Plat. Menon 87[d]. Xen. Anab. **VII**, **6**, 15. Vgl. die ähnlichen Stellen Xen. Mem. I, 2, 29 — *δικαίως ἂν ἐπιτιμῷτο* nach cod. A —. Thuk. II, 60, 7. Soph. El. 797 mit Wunders Anm. Eur. Med. 1134. — *εἰ δεῖ* (*ἔδει*) scheint in dieser Figur gerade so wie in der Prodiorthosis (vgl. S. 260 ff.) **stehend zu** sein; dagegen *εἰ μὴ ἐχρῆν* D. XVIII, 72). Dein. II, 4: *εἰ μὲν* **οὖν** *ἐγγενήσεσθαι βούλεσθε δευσοποιὸν ἐν τῇ πόλει πονηρίαν, διαφυλάττειν ὑμᾶς Ἀ. δεῖ —· εἰ δὲ τοὺς πονηροὺς μισεῖτε — ἀποκτείνατε* **τοῦτον.** Is. VI, 25: *εἰ μὲν οὖν — περίεργόν ἐστιν —·* **εἰ** *δὲ — προσήκει.* (D.) XVII, 17: *εἰ μὲν οὖν δεῖ ἐπικρύπτεσθαι τἀληθῆ, οὐδὲν δεῖ λέγειν ὅτι —· εἰ δ' οὐκ ἀνιᾶσιν — προστάττοντες πράττειν τὰ ἐν ταῖς κοιναῖς ὁμολογίαις, πεισθῶμεν αὐτοῖς.* XII, 10: *ἐὰν οὖν πείσητε — κομίζεσθε καὶ παρ' ἐμοῦ τὴν Θρᾴκην —· εἰ δὲ — πῶς οὐ δικαίως ὑμᾶς ἀμυνοίμην ἄν;* (also im ersten Teile das zweite hypothetische Schema). D. LV, 33: *εἰ μὲν οὖν τοὺς ἐπιβουλεύοντας — δεῖ πλέον ἔχειν, οὐδὲν ἂν ὄφελος εἴη τῶν εἰρημένων· εἰ δὲ — οὐκ οἶδ' ὅ τι δεῖ πλείω λέγειν.* XXI, 117 f.: *εἰ μὲν οὖν — χρῆν μὲν οὐδ' οὕτως. — ὅμως δ' ἔστω τούτῳ γε συγγνώμη. εἰ δὲ — πῶς οὐ δεκάκις, μᾶλλον δὲ μυριάκις δίκαιός ἐστ' ἀπολωλέναι;* IX, 8: *εἰ μὲν οὖν ἔξεστιν εἰρήνην ἄγειν τῇ πόλει καὶ ἐφ' ἡμῖν ἐστι τοῦτο — φήμ' ἔγωγ' ἄγειν ἡμᾶς δεῖν —· εἰ δὲ — τί λοιπὸν ἄλλο πλὴν ἀμύνεσθαι;* — — Lys. XV, 8: *εἰ μὲν*

τοίνυν — εἴασαν, οὐκ ἂν δικαίως ὀργίζοισθε αὐτοῖς· εἰ δὲ — ἐνθυμεῖσθαι χρὴ ὅτι (ὀργίζοισθε mit Förtsch für **das** hdschr. χαρίζοισθε. Was Frohberger über die Verbindung von εἰ εἴασαν, οὐκ ἂν ὀργίζοισθε bemerkt, beruht auf einer falschen Auffassung dieser Beweisform). D. XIX, 32: εἰ μὲν τοίνυν ταῦθ' ἅπαντες ἐπρεσβεύομεν, δικαίως οὐδέν' ἐπῄνεσεν ἡ βουλή· εἰ δ' οἱ μὲν τὰ δίκαι' ἔπραττον ἡμῶν, οἱ δὲ τἀναντία, διὰ τοὺς πεπονηρευμένους, ὡς ἔοικε, τοῖς ἐπιεικέσι συμβεβηκὸς ἂν εἴη ταύτης τῆς ἀτιμίας μετεσχηκέναι (ὡς ἔοικε wie D. XVIII, 271). LVII, 27: εἰ μὲν τοίνυν — δῶμεν τοῦτο λεληθέναι· εἰ δὲ — **πῶς οὐ** δικαίως ἂν ἐγὼ κατ' ἐκεῖνον Ἀθηναῖος εἴην κτλ. XXXIX, 39: εἰ μὲν τοίνυν — ἃ λέγει νῦν οὗτος ὀρθῶς ἂν ψηφίζοισθε· εἰ δὲ — πῶς ὑμῖν ἔστιν ἄλλο τι πλὴν ἁγὼ λέγω ψηφίσασθαι; XIX, 183: τοὺς μὲν τοίνυν χρόνους εἰ μὲν μὴ προανεῖλε τῆς πόλεως, οὐκ ἀδικεῖ, εἰ δ' ἀνεῖλεν, ἠδίκηκεν· τοὺς δὲ λόγους εἰ μὲν ἀληθεῖς ἀπήγγελκεν ἢ συμφέροντας, ἀποφευγέτω, εἰ δὲ καὶ ψευδεῖς καὶ μισθοῦ καὶ ἀσυμφόρους, ἁλισκέσθω (unter den schönen Beispielen, die sich für diese Form bei Dem. finden, gewiſs eins der schönsten. Betreffs der Wiederholung beachte den Wechsel in προανεῖλε = ἀνεῖλε — de arg. ex contr. 136 — und in ἀδικεῖ = ἠδίκηκεν). — — D. XXII, 8: ἐγὼ δὴ εἰ μὲν — παρὰ τὸν νόμον εἴρηκα· εἰ δὲ — πῶς παρὰ τὸν νόμον εἴρηκα; (vgl. Thuk. III, 65, 2: ἀδικοῦμεν — τί ἀδικοῦμεν;). — — **Plat. Menon** 87[d]: οὐκοῦν εἰ μέν τί ἐστιν ἀγαθὸν καὶ ἄλλο χωριζόμενον ἐπιστήμης, τάχ' ἂν εἴη ἡ ἀρετὴ οὐκ ἐπιστήμη τις· εἰ δὲ μηδέν ἐστιν ἀγαθὸν ὃ οὐκ ἐπιστήμη περιέχει, ἐπιστήμην ἄν τιν' αὐτὸ ὑποπτεύοντες εἶναι ὀρθῶς ὑποπτεύοιμεν; — — Is. IV, 102: ἔπειτ' εἰ μὲν ἄλλοι τινὲς τῶν αὐτῶν πραγμάτων πρᾳότερον ἐπεμελήθησαν, εἰκότως ἂν ἡμῖν ἐπιτιμῷεν· εἰ δὲ μήτε τοῦτο γέγονε μήτε — πῶς οὐκ ἤδη δίκαιόν ἐστιν κτλ. (de arg. ex contr. XXXI). — — Thuk. III, 65, 2: εἰ μὲν γὰρ ἡμεῖς αὐτοὶ πρός τε τὴν πόλιν ἐλθόντες ἐμαχόμεθα καὶ τὴν γῆν ἐδῃοῦμεν ὡς πολέμιοι, ἀδικοῦμεν· εἰ δὲ ἄνδρες ὑμῶν οἱ πρῶτοι — ἐπεκαλέσαντο ἑκόντες, τί ἀδικοῦμεν; (richtig beurteilt von Stahl und Classen). Is. VI, 40: εἰ μὲν γὰρ — οὐδ' ἡμᾶς εἰκὸς ἐλπίζειν περιγενήσεσθαι πολεμοῦντας· εἰ δὲ — τί θαυμαστὸν εἰ καὶ τὰ νῦν καθεστῶτα λήψεταί τινα μετάστασιν; D. VIII, 49 f.: εἰ μὲν γὰρ — αἰσχρὸν μὲν — καὶ ἀνάξιον ὑμῶν —· οὐ μὴν ἀλλ' εἰ — ἔστω, **μὴ** ἀμύνεσθε, ἅπαντα πρόεσθε. εἰ δὲ — ποῖ ἀναδυόμεθα ἢ τί μέλλομεν; **XVIII**, 72: εἰ μὲν γὰρ μὴ ἐχρῆν (φανῆναί τινα τῶν Ἑλλήνων τὸν ταῦτα κωλύσοντα ποιεῖν αὐτόν), ἀλλὰ — περιειργασμαι μὲν ἐγὼ — περιείργασται δ' ἡ πόλις — ἔστω δ' ἀδικήματα πάντα — ἐμά· εἰ δ' ἔδει τινὰ τούτων κωλυτὴν φανῆναι, τίν' ἄλλον ἢ τὸν Ἀθηναίων δῆμον προσῆκε γενέσθαι; § 190: εἰ γὰρ ἔσθ' ὅ τι τις νῦν ἑόρακεν, ὃ συνήνεγκεν ἂν τότε πραχθέν, τοῦτ' ἐγώ φημι δεῖν ἐμὲ μὴ λαθεῖν· εἰ δὲ μήτ' ἔστι — τί τὸν σύμβουλον ἐχρῆν ποιεῖν; οὐ τῶν **φαινομένων** — τὰ κράτισθ' ἑλέσθαι; § 270 f.: εἰ μὲν γὰρ — ἔστω, συγχωρῶ τὴν ἐμὴν εἴτε τύχην εἴτε δυστυχίαν ὀνομάζειν βούλει πάντων αἰτίαν γεγενῆσθαι —. εἰ δὲ — πόσῳ δικαιότερον καὶ ἀληθέστερον τὴν ἁπάντων, ὡς ἔοικεν, ἀνθρώπων τύχην κοινὴν — τούτων αἰτίαν ἡγεῖσθαι (wegen des Epiphonems πόσῳ δικαιότερον κτλ. vgl. D. XXII, 35). XIX, 147: εἰ μὲν γὰρ ἐξ ἑτέρας (ᾤχετο πρεσβεύων πόλεως) — εἰκότως χρήματ' εἴληφεν· εἰ δ' ἐκ ταύτης αὐτῆς, τίνος εἵνεκ' ἐφ' οἷς ἡ πέμψασα πόλις τῶν αὑτῆς ἀπέστη, ἐπὶ τούτοις οὗτος δωρεὰς προσλαβὼν φαίνεται; (τίνος ἕνεκα wie im nächsten Beispiele; vgl. de arg. ex contr. S. 74 und 375). XX, 117: εἰ μὲν γάρ τις ἔχει δεῖξαι κἀκείνους ὧν ἔδοσάν τῳ τι, τοῦτ' ἀφῃρημένους, συγχωρῶ καὶ ὑμᾶς ταὐτὸ τοῦτο ποιῆσαι· καίτοι τό γ' αἰσχρὸν ὁμοίως. εἰ δὲ μηδ' ἂν εἷς ἐν ἅπαντι τῷ χρόνῳ τοῦτ' ἔχοι δεῖξαι γεγονός, τίνος εἵνεκ' ἐφ' ἡμῶν πρῶτον καταδειχθῇ τοιοῦτον ἔργον; (καίτοι τό γ' αἰσχρὸν ὁμοίως, sc. ὑπάρχει = 'freilich bleibt die Schande dieselbe' halte ich mit Vömel für das allein Richtige; ähnliche Restriktionen S. 394. Wegen des Konj. καταδειχθῇ vgl. de arg. ex contr. S. 3). (D.) XLIV, 57 f.: εἰ μὲν γὰρ — ἴσως ἀναγκαῖον τὸ διαμαρτυρεῖν· εἰ δὲ — πῶς οὐ προπετείας — σημεῖον τὸ διαμαρτυρεῖν ἐστιν; (obwohl auf εἰ μὲν γάρ das Präsens ἔστι folgt, wollte Reiske doch ἴσως ἂν — διαρμαρτυρεῖν ἦν schreiben. In ähnlicher Weise irrte Krüger, indem er Thuk. III, 47, 4: δεῖ δὲ καὶ εἰ ἠδίκησαν μὴ προσποιεῖσθαι das hdschr. δεῖ in ἔδει abänderte; s. Classen z. St.). L, 2: εἰ μὲν γάρ τις ἔχει με ἐπιδεῖξαι ὡς ψεύδομαι, ἀναστὰς ἐν τῷ ἐμῷ ὕδατι ἐλεγξάτω —· εἰ δ' ἐστὶν ἀληθῆ καὶ μηδεὶς ἄν μοι ἀντείποι ἄλλος ἢ οὗτος, δέομαι ὑμῶν ἁπάντων δικαίαν δέησιν κτλ. (der Schlufs wie And. I, 33). Menand. b. Stob. Flor. XVI, 13: περὶ χρημάτων λαλεῖς ἀβεβαίου πράγματος. εἰ μὲν γὰρ οἶσθα ταῦτα παραμενοῦντά σοι εἰς ἅπαντα τὸν χρόνον, φύλαττε, μηδενὶ ἄλλῳ μεταδιδούς, αὐτὸς ὢν δὲ κύριος· εἰ δ' οὐ (var. l. ἃ δὲ μὴ) σεαυτοῦ, τῆς τύχης δὲ πάντ' ἔχεις, τί ἂν φθονοίης, ὦ πάτερ, τούτων τινί; Diesen Beispielen sind wahrscheinlich noch D. LVII, 15 und 25 beizufügen, die ich oben S. 392 f. vorläufig der ersten Form zugewiesen habe. Is. XI, 34. (D.) XLIII, 71. XLIV, 25 erscheint im ersten Teile das erste hypothetische Schema, obwohl der zweite Teil an zwei Stellen mit νῦν δέ, an der dritten mit ἐπειδὴ δέ beginnt. Vgl. oben S. 390 und zwei noch nicht erwähnte Beispiele, Lys. XIII, 28: ὥστ' ἐκ παντὸς τρόπου σοὶ μᾶλλον ἢ ἐκείνοις ἐκπλεῦσαι συνέφερεν, εἰ μή τι ἦν ᾧ ἐπίστευες (auf der vierten Stufe steht § 26: καίτοι εἰ μή τί σοι ἦν κτλ. Das folgende νῦν δέ bezieht sich auf die Apodosis = so aber bist du geblieben und hast getötet). VII, 24 f.: ἐπίστασθε γὰρ ἐν τῷ πεδίῳ πολλὰς μορίας οὔσας καὶ πυρκαϊὰς ἐν τοῖς ἄλλοις τοῖς ἐμοῖς χωρίοις, ἅς, εἴπερ ἐπεθύμουν, πολὺ ἦν ἀσφαλέστερον καὶ ἀφανίσαι καὶ ἀπεργάσασθαι —. νῦν δ' οὕτως αὐτὰς περὶ πολλοῦ ποιοῦμαι ὥσπερ καὶ τὴν πατρίδα καὶ τὴν ἄλλην οὐσίαν (ganz ähnlich). Nicht verschieden sind im Grunde vier andere Stellen, welche wie mehrere von den S. 410 angeführten Beispielen in der Protasis den Indik. der Praeter., in der Apodosis den Potentialis als milderen Ausdruck für den Indik. des Präs. aufweisen. Ich meine And. I, 57. Ant. IV, δ, 4. Is. XII, 149. Isae. I, 30. D. XVIII, 206 (ἐπεχείρουν nicht 'ich würde mich unterstehen', sondern 'ich unterstand mich'; ἀποφαίνω und δείκνυμι haben Perfektbedeutung; vgl. D. XXIV, 152. XXVII, 18. LVII, 40. [D.] LII, 32. LIX, 49. 62. D. XVIII, 24. Ant. III, δ, 9). In der ersten beginnt der zweite Teil mit ὅπου δέ, in den übrigen mit νῦν δέ. Wegen der durch den Potentialis ausgedrückten Wendungen sind Is. XII, 149 (εἰκότως ἂν ἐπιτιμῴμην) u. D. XVIII, 206 zu vergleichen mit den eben erwähnten ganz ähnlichen Stellen Is. IV, 102 (εἰκότως ἂν ἡμῖν ἐπιτιμῷεν) u. Xen. Anab. VII, 6, 15, wo auch der zweite Teil im ersten hypoth. Schema auftritt. Aus Homer könnte man Il. β, 80 ff. u. Od. α, 236 ff. hierher ziehen; doch widerspricht einer solchen Zusammenstellung was ich S. 390 über den homerischen Gebrauch des Optativs im Gebiete der Irrealität bemerkt habe. Es findet diese Ansicht auch darin eine Stütze, dass Od. a. a. O. ohne Unterschied der Bedeutung erst der Optat. mit κέ, dann der Indik. des Praeter. mit κέ steht. Ganz anderer Art ist, wie der Zusammenhang lehrt, Xen. Mem. III, 5, 8, wo Kühner εἰ μὲν ἐβουλόμεθα — ἐξορμῷμεν ἄν richtig übersetzt durch si vellemus — incitemus. Dem ἐξορμῷμεν ἄν ist das Partic. ἀποδεικνύντες untergeordnet, was in εἰ ἀποδεικνύοιμεν aufzulösen ist. Insofern entspricht dieser Stelle D. XIX, 214: εἰ ἐκρινόμην μὲν ἐγώ, κατηγόρει δ' Αἰσχίνης οὑτοσί, Φίλιππος δ' ἦν ὁ κρίνων, εἶτ' ἐγὼ — κακῶς ἔλεγον τουτονὶ — οὐκ ἂν οἴεσθε καὶ κατ' αὐτὸ τοῦτ' ἀγανακτῆσαι τὸν Φίλιππον (= πῶς οὐκ ἂν καὶ κατ' αὐτὸ τοῦτ' ἀγανακτήσειεν ὁ Φ.), εἰ παρ' ἐκείνῳ τοὺς ἐκείνου τις εὐεργέτας κακῶς λέγοι; (Weil schreibt nach ΣL λέγει und nimmt εἰ in der Bedeutung von ὅτι. Aber dieser Auffassung widerspricht das Pron. ἐκεῖνος in παρ' ἐκείνῳ und τοὺς ἐκείνου εὐεργέτας. Dafs das vorangehende καὶ κατ' αὐτὸ τοῦτο den Optativ u. die gewöhnliche Deutung des εἰ recht wohl zuläfst, ergiebt sich aus XX, 96. 133). Xen. Hell. II, 3, 27 sind im ersten Teile zwei hypothetische Schemata, und zwar das erste und vierte, in Eins verschmolzen. Nach dem einen würde der Satz lauten: εἰ ἐξ ἀρχῆς ταῦτα ἐγίγνωσκε, πολέμιος μόνον ἦν (wenn er von Anfang an dieser Überzeugung war, so war er nur ein Feind), nach dem andern: εἰ — ἐγίγνωσκε (hier = wäre er dieser Überzeugung gewesen), οὐκ ἂν δικαίως πονηρὸς ἐνομίζετο. Was die Partikel ἄν betrifft, so kann dieselbe sicherlich nicht fehlen in Stellen wie Ant. V, 38. Lyk. 23. (D.) prooem. 34. Dagegen würde man wohl den Schriftsteller selbst korrigieren, wenn man sie hinzufügen wollte And. III, 16. (D.) IX, 6. XXXIV, 31 (ἔδει). Herod. I, 39. IV, 118. IX, 60 (χρῆν). Xen. Mem. II, 7, 10 (προαιρετέον ἦν). D. XXI, 33 (προσῆκε). Is. XVIII, 21 (οὐκ ἄξιον ἦν). XIX, 14 (ἧττον ἄξιον ἦν). D. XVIII, 306 (ὑπῆρχεν). (D.) XXXIII, 37 (ἐνῆν). Ant. III, β, 4 (οὐδεὶς *ἡμῖν λόγος ὑπελείπετο μὴ φονεῦσιν εἶναι* = *οὐκ ἐξῆν ἡμῖν ἀντειπεῖν κτλ.*). Lys. XIII, 90 (*εἶχόν τινα λόγον αὐτῷ αἱ συνθῆκαι* = er könnte sich auf die Verträge berufen; anderer Art ist, wie ich S. 393 gezeigt zu haben glaube, D. LVII, 25, desgl. ebenda § 15; vgl. D. XXI, 117. Isae. VIII, 24 und die im Anh. zu XII, 32 erwähnten Beispiele, wo zu *ἐχρῆν* u. s. w. ein Satz mit *εἰ* oder *εἴπερ* hinzutritt). Diesen griechischen Beispielen lassen sich von den oben angeführten lateinischen folgende zur Seite stellen: Cic. de imp. Cn. Pomp. 17, 50. Tusc. III, 1, 2. p. Mil. 11, 31. Liv. XXVIII, 44, 12. Sall. Iug. 14, 7. 85, 48. or. Licin. 1. Vgl. auch de arg. ex contr. S. 249. Frohberger, Philol. XXXIII, S. 496 hätte die Fälle, wo in der Prosa die Auslassung des *ἄν* möglich ist, genauer von denen scheiden sollen, wo dasselbe nicht fehlen darf. Nach diesen Erörterungen wird es kaum nötig sein, die oben aufgestellte Vermutung, dafs (Lys.) II, 78 entweder *οἷόν τε* (für *οἷόν τε ἦν*) oder *ἄξιον* (*ἂν*) *ἦν* (für *ἄξιον*) zu schreiben sei, ausführlicher zu begründen. Läfst man *ἦν* hinter *οἷόν τε* weg, so ist die Stelle zu vergleichen mit (D.) XLIII, 71. XLIV, 25; schreibt man *ἄξιον ἦν* ohne *ἄν*, so kann man sich berufen auf Is. XVIII, 21. XIX, 14. Die Korrektur *ἄξιον ἂν ἦν* bedarf keiner Rechtfertigung. Für den Schlufs der ganzen Untersuchung habe ich mir zwei Punkte aufgespart, die für die vorliegende Stelle des Lysias nicht ohne Bedeutung sind. Der eine betrifft die Anknüpfung dieser Formen an das Vorhergehende. Unter den angeführten Beispielen befinden sich ziemlich viele, in denen man ein sogenanntes explikatives Asyndeton anzunehmen hat; aber keine von allen läfst sich irgend wie mit unserer Stelle zusammenhalten. Dagegen gleichen ihr nicht wenige, in denen der Anschlufs an das Gesagte durch *οὖν* oder *τοίνυν* bewerkstelligt wird. Die Negation ist, was die fünfte Form anbelangt, schon S. 410 behandelt worden. Bei den vier anderen kommt der zweite Teil nur insoweit in Betracht, als er mit *εἰ*, *ὅπου*, *ὅτε*, *ὁπότε* beginnt. Betreffs der hierher gehörenden Stellen verweise ich auf arg. ex contr. S 364 a. E., wo nur noch D. XIX, 283 (*εἰ μή*) u. XXII, 71 (*ὁπότε μή*) beizufügen sind. Im ersten Teile steht nach der gewöhnlichen Regel *μή* Ant. I, 11. V, 38. 69. VI, 27. 29. VI, 29. And. II, 1. III, 2. Lys. XIII, 22 (26. XVI, 1). XXXII, 1 (*εἰ μὲν μὴ μεγάλα ἦν τὰ διαφέροντα*). Is. VII, 58. X, 21. XIV, 3. XV, 163. Br. II, 1. III, 4. VII, 10. Isae. II, 41. VIII, 24. Aesch. III, 175. 179. D. IV, 42. XVIII, 65. 133. 153. XIX, 97. 114. 282. XXI, 51. 128. 186. XXII, 35. XXIII, 94. XXIV, 19. XXVIII, 2. LIV, 12. (D.) XXIX, 1. 58. XXXII, 29. XLV, 12. XLVIII, 2. XLIX, 65. Plat. Lach. 200[e]. Symp. 193[e]. Phaed. 63[b]. Menon 86[d]. Euthyphr. 15[d]. Staat I, 336[d]. Gesetze X, 891[b]. XI, 927[d]. Thuk. IV, 104, 2. 126, 1. Herod. IV, 119. Dieser stattlichen Anzahl von Stellen treten nur zwei mit *οὐ* gegenüber, die vorliegende Lysiasstelle, wie sie in den Hdschr. überliefert ist (*εἰ μὲν οὐ πολλοὶ ἦσαν, καθ' ἕκαστον ἂν περὶ αὐτῶν ἠκούετε*), und Is. XII, 206: *εἰ μὲν εὐλόγεις αὐτοὺς οὐδὲν ἀκηκοὼς τῶν ἐμῶν, ἐλήρεις μὲν ἄν, οὐ μὴν ἐναντία γε λέγων ἐφαίνου σαυτῷ*. So schreiben die neueren Herausgeber seit Bekker mit dem Urbinas; nur Blass hat sich für das *μηδέν* der übrigen Hdschr. entschieden, indem er (praef. XVII) auf XIV, 52 verweist, wo gleichfalls nur der Urbinas *οὐδέ* statt des allein richtigen *μηδέ* giebt. Ich möchte zwar an dem *οὐδέν* festhalten, dagegen in der Apodosis das *ἄν* entweder streichen oder doch umstellen. Tilgt man die Partikel, so erhält man einen mit (D.) XLIII, 71 vergleichbaren Kondizionalsatz erster Stufe, in dem das *οὐδέν* nichts Anstöfsiges hat: 'Hast du die Spartaner gelobt, ohne von meiner Rede gehört zu haben, so hast du zwar thöricht gehandelt, aber bist wenigstens nicht in offenbaren Widerspruch mit dir selbst geraten'. Gewifs würde zu dieser Auffassung auch das Impf. in *πῶς οἷόν τ' ἦν* ganz gut stimmen, durch das § 207 der wirkliche Sachverhalt ebenfalls in die Vergangenheit verlegt wird. Ebensowenig aber könnte die Negation des Urbinas oder das *οἷόν τ' ἦν* des zweiten Satzes auffallen, wenn man nach Xen. Hell. II, 3, 27 unter Annahme einer Vermischung zweier Schemata schriebe: *ἐλήρεις μέν, οὐ μὴν ἐναντία γ' ἂν λέγων ἐφαίνου σαυτῷ*. Mag man nun über diese schwierige Stelle urteilen, wie man will, auf jeden Fall steht soviel fest, dafs sie nur nach der Bekkerschen Konstituierung des Textes mit der Lysiasstelle, um die es sich hier handelt, in Verbindung gebracht werden kann. Aber auch so sind beide Stellen noch sehr von einander verschieden. In der lysianischen nämlich gehört *οὐ* zum Verb. fin. und schliefst sich unmittelbar an *εἰ* an, während in der anderen *οὐδέν* einem Ptcp. beigefügt ist, das durch den ihm übergeordneten Satzteil von *εἰ* getrennt wird. Der Vollständigkeit halber erwähne ich noch zwei andere, von Aken Jahrb. f. Philol. 1858, S. 139. Tempus u. Modus § 233 angeführte Beispiele, D. XIX, 74: *οὐ γάρ (φησιν) ὡς εἰ μὴ — οὐδ' ὡς εἰ μὴ Π. οὐχ ὑπεδέξαντο — ἐσώθησαν ἄν*. Isae. XII, 5: *ὥστε εἰ οὗτος ἐξ ἄλλου τινὸς ἀνδρὸς ἦν τῇ μητρυιᾷ καὶ οὐκ ἐκ τοῦ ἡμετέρου πατρός, οὐκ ἄν ποτε τοὺς ἑαυτῶν ἄνδρας αἱ ἀδελφαὶ μαρτυρεῖν εἴασαν*. Auch diese Stellen haben mit der vorliegenden nichts gemein. Die des Demosthenes, die Aken ganz richtig beurteilt, läfst sich am besten verbinden mit Stellen wie Hom. Il. *α*, 28: *μή νύ τοι οὐ χραίσμῃ σκῆπτρον καὶ στέμμα θεοῖο*. Bei Isaeos aber hat man die Worte *καὶ οὐκ — πατρός* als eine Art *διὰ μέσου* zu fassen; vgl. de arg. ex contr. S. 366 und Krüger 67, 4, 1, dem ich in diesem Punkte wenigstens teilweise beistimme (Is. VII, 58 und X, 21 in ähnlichen Fällen *καὶ μή* und *ἀλλὰ μή*). Aken erklärt die Lysiasstelle 'wenn es wahr wäre, was die Gegner behaupten werden, dass es nur wenige seien (griech. sind)'. Ähnlich Frohberger und Rauchenstein in der Anm. Mir scheint diese

Deutung hier am wenigsten zu passen, während dieselbe für Lys. XIII, 22 und Isae. VIII, 24 (vgl. S. 404) ganz am Platze wäre, obwohl gerade an diesen Stellen μή steht. Am nächsten kommt unserer Stelle ohne Zweifel Lys. XXXII, 1, wo gewiſs niemand μή mit οὐ vertauschen möchte. Selbst wenn sonst alles in Ordnung wäre, müſste man doch mit Rücksicht auf dieses ganz analoge Beispiel in einer so korrupten Rede Verdacht gegen die Überlieferung schöpfen. So aber ist, wie oben gezeigt ward, jedenfalls zugleich die Verbindungspartikel (οὖν oder τοίνυν) verloren gegangen. Für die Emendation: εἰ μὲν οὖν μὴ πολλοὶ ἦσαν sprechen neben dem häufigeren Gebrauche der Partikel οὖν vornehmlich diplomatische Erwägungen, mag man nun annehmen, daſs zuerst οὖν in οὐ korrumpiert ward und dieses οὐ wieder das folgende μή verdrängte, oder daſs zunächst μή ausfiel (vgl. Blass zu Is. XIV, 3 praef. p. XXII) und infolge dessen das vorausgehende οὖν in οὐ übergieng.

§ 63. Das Anakoluthon suchte früher Reiske durch Streichung des γάρ hinter φυγόντες zu beseitigen. Herw., der auch ἔνιοι δέ für οἱ δέ vorschlägt, ändert gewaltsam περιγίγνονται σωθέντες. Vgl. dagegen Francken, comm. 94. Ähnliche Absprünge Isae. II, 35. And. I, 57. Is. Br. IX, 6. Schneider zu Is. IV, 141. Krüger zu Xen. Anab. I, 8, 13. — ὁμοίως] nach Lipsius mit Rauchenst. und Frohberger (kl. Ausg.) für das hdschr. ὠμῶς. — καὶ — κατεγνώσθη] gestrichen von Herw. und Halbertsma. Dagegen Kayser, Philol. XXV, 314. — οὐ συλληφθέντες — κρίσιν] nach Kaysers Vorschlag (Philol. XI, 164) eingeklammert mit Rauchenst. Für Beibehaltung dieser Worte Westerm., de locis aliquot etc. S. 8, Francken, comm. 94 und Frohberger, der aber das καί vor οὐ συλληφθ. tilgt. Gegen diesen Kayser, Heidelb. Jahrb. 1866, S. 780. Zu weit geht Halbertsma, der auch noch φυγόντες γὰρ ἐνθένδε καί streicht (Kayser, Philol. XXV a. a. O.). — συλληφθέντες] Dahinter im Palat. δέ, was Scheibe (lect. Lys. a. a. O. 354) in γε umändert.

§ 64. τούτους μέν] nach X mit Frohberger und Rauchenst.; τούτοις μέντοι vulg. Über das Asyndeton Anh. zu XII, 48 (S. 249). — τίς] Vgl. noch D. XVIII, 126. 276. 283 (ὅστις). XXI, 147. (D.) XLV, 82 (ὅστις). Plat. Staat VII, 537^{b}. Rehdantz zu Xen. Anab. VII, 6, 4. — τούτῳ] τουτωΐ Rauchenst. nach Sauppe. — οὗτος Νικοκλέους] Bake, Mnem. VIII, 307: δοῦλος Νικ., 'id quod omitti non licet'. Francken, comm. 95 hält die Worte ἐγένετο — Ἀντικλέους für unecht, weil er irrtümlich die Genitive Νικ. und Ἀντ. durch die Ellipse von υἱός gedeutet wissen will und bei Sclaven sich der Groſsvater nicht nachweisen lasse.

§ 65. Zuerst hat Hamaker § 65—66 für unecht erklärt; ihm sind beigetreten Scheibe (vgl. vind. XV), Rauchenst., Herw., Blass (Bereds. I, 560), Westerm. (de locis aliquot etc. 7), Kayser

(Heidelb. Jahrb. 1866, 779). Die Echtheit verteidigen Sauppe (Rauchenst. Anh.), Frohberger und Heldmann (emend. Lys. 19 f.), welcher den Passus hinter § 69 stellen will. Heldmanns Ansicht bekämpft Röhl, Jahresb. des Berl. phil. Vereins III, S. 28, indem er zugleich eine Umstellung der beiden §§ hinter § 68 empfiehlt. So früher schon Bake (schol. hyp. II, 272), gegen den Frohberger mit Recht darauf hinweist, dafs das *τούτων* § 69 nur auf eben genannte Personen gehen könne. — *πάντα μέν*] In den Hdschr. *πολλά*. Dafür *τἆλλα* Dobree, *πάντα* Bekker, Jacobs. Nach eigener Vermutung habe ich *μέν* hinzugefügt, dessen Notwendigkeit auch einem Interpolator nicht entgehen konnte. — *πολὺ ἂν εἴη ἔργον λέγειν*] Eine neue Vergleichung der Hdschr. des Dionysios wird, denke ich, auch für Lys. XXXII, 26 die regelmässige Stellung ergeben. Is. Br. I, 9 fügt jetzt Blass nach *Γ* hinter *εἴη* den Dativ *μοι* hinzu; dieser wird sonst in dieser Phrase weggelassen, doch vgl. Lys. XXIII, 11 in Verbindung mit Plat. Phaedr. 274[e]. Zu den de praeterit. 38 citierten Beispielen füge noch Diodor V, 25: *περὶ ὧν μακρὸν ἂν εἴη γράφειν*. Plat. Phaedr. 274[e]: *ἃ λόγος πολὺς ἂν εἴη διελθεῖν*. Kritias 119[b]: *ἃ μακρὸς ἂν χρόνος εἴη λέγειν*. Staat VIII, 548[d]: *ἀμήχανον δὲ μήκει ἔργον εἶναι πάσας μὲν πολιτείας, πάντα δὲ ἤθη μηδὲν παραλιπόντα διελθεῖν*. Lach. 190[c]: *πλέον γὰρ ἴσως ἔργον*. Lys. X, 7: *πολὺ γὰρ ἂν ἔργον ἦν* (vgl. XI, 4). (D.) XXV, 47: *ἄλλα μυρία, ὧν ἐμοὶ μὲν ἔργον ἁπάντων ἐστὶ μνησθῆναι*. Dem Satzgliede, welches das Subjekt zu *ἔργον ἐστί* bildet, wird nicht selten *καί* (= vel) beigefügt. So Xen. Kyr. I, 1, 5: *ὅσα καὶ διελθεῖν ἔργον ἐστίν*. Hell. VI, 1, 19: *ἔργον γὰρ ἐκείνων γε καὶ τὰς πόλεις ἀριθμῆσαι*. Luk. Ikarom. 16. Vgl. (Lys.) II, 27. D. XX, 41 und de arg. ex contr. S. 311, Anm. 33. — *περὶ δὲ συκοφαντίας*] Am nächsten kommt Is. XVIII, 37: (*ἐγὼ δ'* — *πρός τε τοὺς ὑπειρημένους λόγους ῥᾴδιον ἀντειπεῖν νομίζω.*) *πρὸς μὲν οὖν τοὺς ὀδυρμούς, ὅτι προσήκει* —. *περὶ δὲ τῆς ἐπωβελίας, εἰ μὲν* — *εἰκότως ἂν* — *συνήχθεσθε* (vgl. S. 300 u. 399). Gewöhnlich enthält der Satz mit *μέν* einen *ὁρισμός*. In diesem Falle geht oft die vollständige Ausdrucksweise voraus. So Lys. XIX, 56: *περὶ μὲν οὖν ἐμαυτοῦ τοσαῦτα λέγω· περὶ δὲ τοῦ πατρός, ἐπειδήπερ — συγγνώμην ἔχετ' ἐὰν λέγω ἃ ἀνήλωσεν εἰς τὴν πόλιν*. Is. IV, 15. V, 83. 105. XV, 270. D. I, 19: *καὶ περὶ μὲν τῆς βοηθείας ταῦτα γιγνώσκω· περὶ δὲ χρημάτων πόρου, ἔστι χρήματα ὑμῖν*. XXII, 3. LVI, 26. Arist. Rhet. I, 15 (I, 56 Sp.): *καὶ περὶ μὲν τῶν νόμων οὕτω διωρίσθω· περὶ δὲ μαρτύρων, μάρτυρές εἰσι διττοί* (auch hier steht in der Ankündigung das Substantiv ohne Artikel; ebenso noch Arist. Rhet. II, 21. III, 15. 18. Xen. Kyr. I, 6, 15). Vgl. Cic. de imp. Cn. Pomp. 4, 10: sed de L. dicam alio loco —: de vestri imperii — gloria, quoniam —, videte quem vobis animum suscipiendum putetis. de finn. III, 2, 5 f. (und den doppelten Gebrauch des *περί* in den beiden Teilen des Enthymems D. XXIII, 79).

In beiden Gliedern steht *περί* absolut (D.) XLIV, 12: *περὶ μὲν οὖν ταύτης τῆς ποιήσεως, ὃν τρόπον ἔχει, σαφῶς ὑμᾶς ὕστερον διδάξομεν. περὶ δὲ τοῦ γένους, ὡς οὐκ εἰσὶν ἡμῶν ἐγγυτέρω, τοῦτο δεῖ μαθεῖν ὑμᾶς* (vgl. Xen. Kyr. I, 6, 15). Nur in dem einen Gliede findet sich die Präposition Plat. Phaedr. 250[c]: *ταῦτα μὲν οὖν μνήμῃ κεχαρίσθω —· περὶ δὲ κάλλους, ὥσπερ εἴπομεν, μετ' ἐκείνων τε ἔλαμπεν ὄν, δεῦρό τε ἐλθόντες κατειλήφαμεν αὐτὸ διὰ τῆς ἐναργεστάτης αἰσθήσεως — στίλβον ἐναργέστατα.* Arist. Rhet. II, 21 (I, 99 Sp.). Is. XV, 60: *περὶ μὲν οὖν τῆς ἡγεμονίας, ὡς δικαίως ἂν εἴη τῆς πόλεως, ῥᾴδιον ἐκ τῶν εἰρημένων καταμαθεῖν· ἐνθυμήθητε δὲ πρὸς ὑμᾶς αὐτούς, εἰ δοκῶ κτλ.* III, 27. XVI, 22. Ungemein häufig erscheint *περί* = quod attinet ad im einfachen Übergange. Vgl. Ant. II, *δ*, 9: *περὶ δὲ τῆς εὐδαιμονίας, ἧς ἕνεκα τρέμοντά μέ φασιν εἰκότως ἀποκτεῖναι αὐτόν, πολὺ τἀναντία ἐστίν.* And. I, 34. Aesch. I, 136. 158. III, 209 (213; vgl. de praeterit. 16 f.). 221: *ὑπὲρ δὲ τοῦ μηδέπω κεκρίσθαι ὑπ' ἐμοῦ* (wegen *ὑπέρ*, das Weidner jetzt in *περί* verwandelt hat, vgl. D. XIX, 7. 279. XX, 123). (D.) VII, 14. 18. XXIX, 46. XLIX, 48. 62. L, 36. Arist. Rhet. III, 15 a. A. 18 a. A. ebenda S. 160 Sp. Is. V, 109: *περὶ τοίνυν Ἡρακλέους, οἱ μὲν ἄλλοι τὴν ἀνδρίαν ὑμνοῦντες αὐτοῦ — διατελοῦσι, περὶ δὲ τῶν ἄλλων — ἀγαθῶν οὐδεὶς — οὐδεμίαν φανήσεται μνείαν πεποιημένος* (Schneider macht darauf aufmerksam, daſs hier die vollständige Ausdrucksweise folgt). XII, 70. (D.) XLIX, 55. D. XVIII, 120: *καὶ μὴν περὶ τοῦ γ' ἐν τῷ θεάτρῳ κηρύττεσθαι, τὸ μὲν μυριάκις μυρίους κεκηρῦχθαι παραλείπω.* XIX, 6. XX, 25. XIX, 7: *ἀλλὰ μὴν ὑπέρ γε τοῦ προῖκα ἢ μή, τὸ μὲν ἐκ τούτων λαμβάνειν, ἐξ ὧν ἡ πόλις βλάπτεται, πάντες οἶδ' ὅτι φήσαιτ' ἂν εἶναι δεινόν.* § 279. XX, 123. XXXVI, 43: *ἀλλὰ μὴν περί γε τῆς εὐπορίας, ὡς ἐκ τῶν τοῦ πατρὸς τοῦ σοῦ κέκτηται, καὶ ὧν ἐρωτήσειν ἔφησθα, πόθεν τὰ ὄντα κέκτηται Φορμίων, μόνῳ τῶν* **ὄντων** *ἀνθρώπων σοὶ τοῦτον οὐκ ἔνεστιν εἰπεῖν τὸν λόγον* (hier bildet der Satz mit *ὡς* offenbar die Epexegese zu *περὶ τῆς εὐπορίας*, während an anderen Stellen, wie Lys. XIII, 65. Is. XV, 60. [D.] XLIV, 12. XLVII, 4, derartige Transitiv- oder Relativsätze von dem folgenden Verb. fin. abhängen). Aesch. I, 131: *ἐπεὶ καὶ περὶ τῆς Δ. ἐπωνυμίας, οὐ κακῶς ὑπὸ τῆς φήμης — Βάταλος προσαγορεύεται* (vgl. de arg. ex contr. S. 267 a. E.). Auch im Übergange zum ersten Teile oder zur expositio wird *περί* nicht selten absolut gebraucht. Vgl. Is. IX, 12. D. XXVII, 24: *πρῶτον μὲν οὖν περί* (nach Schneider soll bei Isokrates das *περί* von *προεπίστανται* abhängen; ich nehme es auch hier absolut). Is. III, 14: *περὶ μὲν οὖν.* Xen. Kyr. I, 6, 15: *καὶ περὶ μὲν τροφῆς — περὶ δὲ ὑγιείας.* D. XLI, 16. (D.) XXIX, 36. XLVII, 4: *περὶ μὲν γάρ* (an der zweiten Stelle folgen zwei mit *περὶ δ' αὖ* und *περὶ τοίνυν* beginnende Sätze, in denen *περί* gleichfalls absolut steht). Is. XII, 126: *περὶ οὗ πρὸ πολλοῦ ἂν ἐποιησάμην μὴ διειλέχθαι πρότερον περὶ τῆς ἀρετῆς καὶ* τῶν πεπραγμένων αὐτῷ. Im simile finden wir diesen Gebrauch D. I, 11: ἀλλ', οἶμαι, παρόμοιόν ἐστιν ὅπερ καὶ περὶ τῆς τῶν χρημάτων κτήσεως· ἂν μὲν γάρ, ὅσ' ἄν τις λάβῃ, καὶ σώσῃ, μεγάλην ἔχει τῇ τύχῃ τὴν χάριν, ἂν δ' ἀναλώσας λάθῃ, συνανήλωσε καὶ τὸ μεμνῆσθαι τὴν χάριν. καὶ περὶ τῶν πραγμάτων οὕτως οἱ μὴ χρησάμενοι τοῖς καιροῖς ὀρθῶς, οὐδ' εἰ συνέβη τι παρὰ τῶν θεῶν χρηστόν, μνημονεύουσιν. VIII, 75. Im allgemeinen vgl. Mätzner zu Ant. S. 170. Schneider zu Is. V, 109. Rehdantz Dem. Ind. II, περί. Stallbaum zu Plat. Phaedr. 250[c]. Staat VII, 538[e]. X, 599[d]. Dafs der Lateiner sein de ebenso braucht, zeigen schon die beiden S. 417 aus Cicero angeführten Stellen. Mehr bei Hand, Turs. II, 212. Zumpt § 308. Seyffert, pal. Cic. 11. Für den absoluten Gebrauch von πρός führt Frohberger Is. XVI, 36 an, wo aber offenbar eine Anakoluthie vorliegt. Um der Konzinnität willen steht εἰς in dem einen Gliede absolut Plat. Lys. 210[b] (wo Stallbaum); vgl. Arist. Rhet. III, 17 (S. 158 Sp.). Xen. Kyr. V, 4, 25 mit Hertleins Anm. VIII, 8, 6. — γραφὰς ὅσας] ὅσας tilgen Reiske, Förtsch (obs. crit. in Lys. or. 32), Frohberger, G. Jacob. Zu den de arg. ex contr. 194 angeführten Stellen füge noch (Lys.) II, 75: εἰ τοὺς μὲν τοκέας — τοὺς δὲ παῖδας — ταῖς δὲ γυναιξὶν εἰ. Ähnlich auch Lys. XII, 39: ὅπου τοσούτους τῶν πολεμίων — ἢ ναῦς ὅπου τοσαύτας, nur dafs hier im ersten Gliede kein ἤ steht. — οὐδέν με δεῖ καθ' ἕκαστον λέγειν] sehr auffällig nach dem ganz ähnlichen Ausgange des vorigen Satzes: πολὺ ἂν εἴη ἔργον λέγειν; vgl. Kayser, Heidelb. Jahrb. 1866, S. 779. In meiner Schrift de praeterit. wird man kein zweites Beispiel der Art finden. — συλλήβδην — ἅπαντες] vielleicht eine ungeschickte Nachahmung von § 62; vgl. Scheibe, vind. Lys. XV. — συκοφαντίας] Vgl. Rehdantz zu Lyk. 144, Anh. 1, S. 122. Nach dem an der Spitze des Ganzen stehenden περὶ δε συκοφαντίας ist dieses Wort hier eigentlich überflüssig. — ὤφλεν — δραχμάς] ὤφλεν Cobet und Sauppe für ὤφλησεν. Übrigens stimmen diese Worte nicht zu dem, was § 69 gesagt wird: ὧν ἑκάστου ἁμαρτήματος ἐν τοῖς νόμοις θάνατος ἡ ζημία ἐστίν; vgl. Kayser S. 780.

§ 66. καὶ — ζημία ἐστίν] mit Unrecht von Bake, schol. hyp. II, 272 für ein Scholion erklärt. — μάρτυρας] ohne Artikel zwar seltener, weshalb Schömann zu Isae. S. 190 ihn zugesetzt wissen will; doch vgl. Scheibe, praef. crit. ad Isae. p. XIV.

§ 67. οὗτοι] Bake, schol. hyp. II, 271: τούτῳ. Dagegen Westerm. quaest. I, 18. — ὁ πρεσβύτατος] mit Vischer, Sauppe, Herw., Francken, comm. 95. Westerm. quaest. I, 19 sagt: comparativus fortasse excusari potest, si Agoratum, cum quo illi comparantur, secundum natu fuisse ponimus. Aber hätte Lys. dies sagen wollen, so würde er doch wohl den Genitiv τούτου hinzugefügt, desgleichen im Folgenden τῶν δὲ νεωτέρων ὁ μέν — τὸν δέ (für ὁ δ' ἕτερος — τὸν δὲ τρίτον) geschrieben haben. In anderer Weise sucht Frohberger, dem Rauchenstein folgt, die Überlieferung zu schützen. Er sagt, dafs der Komparativ im Griechischen wie im Lateinischen zuweilen das Verhältnis des Einen gegenüber einer zusammengefafsten Mehrheit ausdrücke. Diese Erklärung pafst allerdings für Stellen wie Sall. Iug. 10, 7: ceterum ante hos (Adherbalem et Hiempsalem) te, Iugurtha, qui aetate et sapientia prior es, ne aliter quid eveniat, providere decet, desgl. für Liv. II, 2, 8 f.: dicere deinde incipientem (consulem) primores civitatis circumsistunt, eadem multis precibus orant. Et ceteri quidem movebant minus; postquam Sp. Lucretius, major aetate ac dignitate — agere — coepit —, timens consul, ne —, abdicavit se magistratu, wohl auch für Lys. X, 5: *ὁ γὰρ πρεσβύτερος ἀδελφὸς Πανταλέων ἅπαντα* (*τὰ χρήματα*) *παρέλαβε καὶ ἐπιτροπεύσας ἡμᾶς τῶν πατρῴων ἀπεστέρησεν*. Doch könnte man hier *πρεσβύτερος* auch absolut fassen = *ἤδη προβεβηκὼς τῇ ἡλικίᾳ* (Lys. XXIV, 16; vgl. § 17). So steht der Komparativ gar nicht selten, auch mit dem Genit. partitivus (nicht comparativus). Hom. Il. *ω*, 149: *κῆρύξ τίς οἱ ἕποιτο γεραίτερος*. Od. *γ*, 362: *οἶος γὰρ μετὰ τοῖσι γεραίτερος εὔχομαι εἶναι· οἱ δ' ἄλλοι φιλότητι νεώτεροι ἄνδρες ἕπονται*. *η*, 156 = *λ*, 343: *ὃς δὴ Φαιήκων ἀνδρῶν προγενέστερος ἦεν*. Theokr. XXV, 48. Arist. Ri. 1301: *φασὶν ἀλλήλαις ξυνελθεῖν τὰς τριήρεις εἰς λόγον, καὶ μίαν λέξαι τιν' αὐτῶν, ἥτις ἦν γεραιτέρα* ('in Seefahrten bereits ergraut' Kock). Xen. Kyr. V, 1, 6: *ἡμῶν ὁ γεραίτερος εἶπεν* (Hertlein *γεραίτατος*). Theokr. XV, 139: *Ἕκτωρ Ἑκάβας ὁ γεραίτερος εἴκατι παίδων* (mit der Variante *γεραίτατος*. Der Kompar. = qui honore **eminet** (principem locum obtinet) inter viginti Hecubae filios; vgl. Hom. Od. *γ*, 452: *Εὐρυδίκη, πρέσβα Κλυμένοιο θυγατρῶν*. Kühner § 414, 5[b]). XVII, 4: *ἀνδρῶν δ' αὖ Πτολεμαῖος ἐνὶ πρώτοισι λεγέσθω καὶ πύματος καὶ μέσσος· ὁ γὰρ προφερέστερος ἀνδρῶν* (Variante *προφερέστατος*; vgl. Hom. Il. *λ*, 248: *Κόων, ἀριδείκετος ἀνδρῶν*). I, 20. III, 47. XII, 32. Plat. Euthyd. 303[c]. Lys. XXIV, 10. Bern**hardy,** Synt. 436. Nitzsch zur Odyss. *β*, 350 S. 114. *η*, 156 S. 153. **Kühner § 349[b], 3. An** der vorliegenden Stelle widerstrebt der Deutung Frohbergers die vom Redner gewählte Distinktion *εἷς μὲν — ὁ δ' ἕτερος — τὸν δὲ τρίτον*. Ebenso wenig wird man den Komparativ durch Hom. Il. *ω*, 149. Od. *γ*, 362 u. s. w. verteidigen können; ganz richtig wäre derselbe, wenn es für *ὁ πρ.* hiefse *ἤδη ὢν πρ.* Wie häufig übrigens beide Grade von den Abschreibern verwechselt wurden, zeigen die zahlreichen Stellen, welche Cobet n. l. 119 gesammelt hat. — *ὁ δ' ἕτερος*] *ὁ δὲ δεύτερος* Herw. — *παιδίσκην*] Schömann zu Isae. 333. — *αὖθις*] nach Sauppe, symb. crit. 9; *ἀστῆς* vulg. nach dem Laur., *αὐτόσε* Frohberger nach dem *αὐτός* des Palat. — *ἐξάγων*] für das hdschr. *ἐξαγαγών* nach Cobet zu Hyp. Epit. 41 und Westerm. quaest. I, 19 Rauchenst. (Jahrb. f. Philol. 1860, 331), Herw. (der für Cobet van den Es nennt), Frohberger. Denselben Fehler beseitigt Frohberger X, 10.

§ 68. *παρέξομαι*] nach Westerm. quaest. I, 19 und Rauchenst. Jahrb. f. Philol. 1860, 331 für das in dieser Formel bei Lys. nirgends vorkommende *παρεξόμεθα* der Hdschr.

§ 69. *ἅπασι*] Bake, schol. hyp. II, 271 *ἐφ' ἅπασι*. Vgl. dagegen Westerm. quaest. I, 20. — *ὧν ἑκάστου ἁμαρτήματος*] Westermann will *ἁμαρτήματος* streichen oder in *ἁμαρτημάτων* verwandeln. Dagegen Rauchenst. Jahrb. a. a. O., Kayser, Philol. XXV, 304. — *αὐτοῦ*] Krüger zu Xen. Anab. II, 4, 7. Schömann zu Isae. 382. Schneider zu Is. VII, 62. Stallbaum zu Plat. Symp. 195[a]. Ebhardt, de anacoluthorum usu S. 2. Büchsenschütz, Philol. XVIII, 255. Herwerden hat *αὐτοῦ* gestrichen.

§ 70. *ὡς*] soll nach Frohberger auch von *ἐξαπατῆσαι* abhängen, das er 'durch die Behauptung täuschen' übersetzt. Ich kann demselben nicht beistimmen. Von den drei Stellen, welche er für diese emphatische Bedeutung anführt, Arrian Anab. III, 2, 4: *ἐξαπατηθέντα γὰρ πρὸς τῶν τὰ κλεῖθρα ἐχόντων τοῦ λιμένος, ὅτι τὸ Φαρναβάζου ἄρα ναυτικὸν ὁρμεῖ ἐν αὐτῷ.* Plat. Prot. 323[a]: *ἵνα δὲ μὴ οἴῃ ἀπατᾶσθαι, ὡς τῷ ὄντι ἡγοῦνται πάντες ἄνθρωποι πάντα ἄνδρα μετέχειν δικαιοσύνης — τόδε αὖ λαβὲ τεκμήριον.* Xen. Anab. V, 7, 6: *ἔστιν ὅστις τοῦτο ἂν δύναιτο ὑμᾶς ἐξαπατῆσαι, ὡς κτλ.*, kann die erste als der späteren Gräcität angehörig kaum in Betracht kommen, zumal da Arrian im Gebrauche von *ὅτι* auch sonst sich manches erlaubt, was der besseren Prosa fremd ist (Krüger im Wortregister u. *ὅτι*). An der zweiten Stelle ist, wie Sauppe und Kroschel mit Recht bemerken, *ὡς* nicht mit *ἀπατᾶσθαι*, sondern mit *τόδε λαβὲ τεκμήριον* zu verbinden. An der dritten endlich hängt die Partikel auch mit von *τοῦτο* ab (*τοῦτο ἐξαπατᾶν, ὡς* = darin täuschen, dafs). Ähnlich Plat. Kratyl. 413[d]: *ἴσως γὰρ ἄν σε καὶ τὰ ἐπίλοιπα ἐξαπατήσαιμι, ὡς οὐκ ἀκηκοὼς λέγω*, wo das proleptische *τὰ ἐπίλοιπα* die Prägnanz des Ausdrucks rechtfertigt. Hierzu kommt noch Folgendes. Wollte Lys. *ἐξαπατᾶν* wirklich im emphatischen Sinne gebrauchen, so würde er jedenfalls ohne *λέξει* geschrieben haben: *πειράσεται δ' ὑμᾶς ἐξαπατῆσαι ὡς* (oder vielmehr: *π. δ' ὑ. καὶ τοῦτο ἐξ. ὡς*). Zu beachten ist auch, dafs Lykurg, der sonst ungewöhnliche Wendungen nicht gerade meidet, gleichwohl a. a. O. durch Hinzufügung von *λέγοντα* einem emphatischen *ἐξαπατᾶν ὡς* geflissentlich aus dem Wege gieng. — *ἐπὶ τῶν τετρακοσίων*] verworfen von Kayser (Philol. XI, 153. XXV, 305. Heidelb. Jahrb. a. a. O. 775. Jahrb. f. Philol. 1872, 254). Westerm. de locis aliquot etc. 8 und Joh. Frei, zu Lysias 13 verteidigen die Worte. — *φήσει*] nach Kaysers Vorschlag mit Herw., Cobet, Rauchenstein, Frohberger (kl. Ausg.); vgl. Heidelb. Jahrb. a. a. O. Das hdschr. *φησίν* verteidigen Scheibe, Philol. V, 360 u. Westerm. a. a. O. — *ψευδόμενος*] Andere derartige Ausdrücke, durch welche vorher erwähnte Äufserungen, Ansichten und Handlungen charakterisiert werden, sind *λόγον οἶμαι πάντων δεινότατόν τε καὶ ἀνοσιώτατον λέγοντες* And. I, 19, *λέγοντες ἀληθῆ* D. XVIII, 87, *δίκαια λέγων* Aesch. I, 29, *καλῶς λέγων* Xen. de re equ. 1, 3, *καλῶς καὶ δημοτικῶς λέγων* D. XXIV, 59, *ὀρθῶς λέγων* Arist. Rhet. III, 18 a. E., *ὀρθῶς, ὦ ἄ. Ἀ., πάντα ταῦτα λέγων ὁ νόμος* D. XXIII, 72 (vgl. XXI, 9), *καλῶς οἶμαι σεμνυνόμενος* Aesch. III, 194, *σωφρονοῦντες* Is. V, 7, *νοῦν γ' ἔχων* Alexis bei Athen. VI, 241ᶜ, *ὀρθῶς τοῦτο νομίζοντες* Arist. Rhet. I, 1 (S. 4 Sp.), *οὐ κακῶς οὐδ' ἀργῶς ταῦτα λογιζόμενος* D. VIII, 42, *ὀρθῶς (καὶ καλῶς) βουλευόμενοι* Lys. XVIII, 18. D. XVIII, 97, *καλῶς ἐγνωκὼς αὐτὸ τοῦτο* (D.) LXI, 50, *ὀρθὰ νοεῦντες* Herod. VIII, 3, *οἰκότα κάρτα ἐλπίσαντες* ebenda 10, *οὐκ ὀρθῶς γιγνώσκοντες* (And.) IV, 32, *κακῶς φρονῶν (φρονοῦντες)* Eur. Herakl. 56. Med. 250, *κακῶς εἰδότες ὅτι (ὡς)* Is. VIII, 32. XIII, 10. Plat. Euthyphr. 4ᵉ. Xen. Kyr. II, 3, 13, *οὐκ εἰδότες ὅτι* Xen. Kyn. 12, 10, *ὀρθῶς ποιοῦντες (δρῶντες)* Xen. Kyr. IV, 4, 6. Plat. Phil. 19ᵈ, *ἀμφότεροι προσήκοντα ποιοῦντες* Is. IX, 54, *πρέποντα τῇ συγγενείᾳ ποιοῦντες* Is. X, 23, *βάσκανον πρᾶγμα καὶ ταὐτὸ ποιοῦντες σοί* D. XVIII, 317, *δίκαια μὲν οὐ ποιῶν, οὐ μὴν παντάπασιν ἀλόγως βουλευσάμενος* Is. IX, 58, *πρὸς μὲν τὴν ἀσφάλειαν εὖ βουλευόμενοι, τῷ δ' ἐπαγγέλματι τἀναντία πράττοντες* Is. XIII, 5, *οὐκ ἀλόγως οὐδ' ἀδίκως αὐτοῖς ὀργιζόμενοι* D. XVIII, 18, *δικαίως ἁπάντων ἡμῶν καταπεφρονηκώς* Is. IV, 136, *ῥαθυμοτάτην τοῖς ἁμαρτάνουσιν εὑρίσκων καταφυγήν* Is. XI, 45, *γράψας ἀνομοίως, ὦ ἄ. Ἀ., τῷ κτλ.* D. XXIII, 41, *πάντων οἶμαι πρᾶγμα κατασκευάσας ἀδικώτατον καὶ πλεονεκτικώτατον* (D.) XXIX, 27, *καλῶς, ὦ ἄ. Ἀ., καὶ συμφερόντως ἔχων ὁ νόμος* D. XXI, 9 (als Beispiel der Epikrisis angeführt vom Anonym. *περὶ σχημ.* III, 122 Sp.), *καλῶς, ὦ ἄ. Ἀ., τοῦθ' ὑπὲρ εὐσεβείας ὅλης τῆς πόλεως προϊδών* D. XXIII, 25, *πάντων γ' ὀρθότατα, ὦ ἄ. Ἀ., τοῦτον ἀφιείς* D. XXIII, 55. Betreffs der im Dialog so häufig in der Form des (in der Regel durch *γέ* verstärkten) Ptcps. erteilten Antworten verweise ich auf die zahlreichen Beispiele bei Stallbaum und Hug zu Plat. Symp. 174ᵉ. Vgl. auch Madvig 176ᶜ und Rehdantz Dem. Ind. II, Partic. a. E.

§ 71. Über die Ermordung des Phrynichos vgl. Rehdantz zu Lyk. 112 (Anh. 3, S. 182 ff.). A. Schöne in Bursians Jahresbericht III, 841 f. Classen zu Thuk. VIII, 92, 2. — *ἐπετυχέτην*] Herw. nach einer früheren Vermutung Cobets *περιετυχέτην*. Vgl. Anh. zu XII, 12. — *βαδίζοντι*] *μόνῳ* oder *διὰ τῆς ἀγορᾶς* möchte Westerm. quaest. I, 21 zusetzen; doch vgl. Rauchenst. Jahrb. f. Philol. a. a. O. 331. — *ἀλλ' ἐν τούτῳ*] nach dem Laurent. mit Westerm. (quaest. I, 21), Sauppe (im Anh. bei Rauchenst.), Frohberger, Rauchenstein; im Palat. nur *ἀλλὰ τούτῳ*, daher Scheibe *ἅμα τούτῳ* (lect. Lys. 354), und so Cobet, Herw.; *ἀλλ' ἅμα τούτῳ* Reiske und früher Rauchenst. — *οἶδε*] *εἶδε* nach Dobree Herw. — *τὸ ψήφισμα*] Vgl. Bergk, Zeitschr. f. d. Altertumswiss. 1847, S. 1099 ff., Kirchhoff, Philol. XIII, 16 ff. und Monatsber. d. k.

Akad. d. Wiss. z. Berl. 27. Juni 1861. v. Velsen, Philol. XVIII, 572 ff. Rauchenst. Einl. S. 59 f. Westerm. de locis aliquot etc. 9.

§. 72. *ἔστιν*] so accentuiert von Herw., Frohberger, Rauchenst. *ἔνεστιν* Francken, comm. 88; vgl. Anh. zu § 14 (S. 331). — *ὥσπερ Θρασύβουλον καὶ Ἀπολλόδωρον*] eingeklammert nach Halbertsma (lect. Lys. 27), Kayser (Philol. XXV, 312), Frohberger (kl. Ausg.). Röhl (Hermes XI, S. 378 ff. Jahresber. d. philol. Vereins zu Berl. Jahrg. III, S. 38 f.) streicht nur *καὶ Ἀπολλόδωρον* und hält diese Worte auch weiter unten für einen späteren Zusatz. Betreffs der zweiten Athetese stimme ich ihm vollständig bei. — *πεποιημένον ⟨γεγράφθαι⟩*] *γεγράφθαι* ist die sachgemäfse Ergänzung Bremis. Francken, comm. 96 glaubt hinter *πεπ.* ausgefallen *σὺν* . . . (Name eines Unbekannten) *γεγράφθαι* und dann einen Gedanken des Inhalts: 'atque haec illi tentaverunt sane, sed frustra'. Bake, Mnem. VIII, 308 (vgl. schol. hyp. II, 272 f.) hält, indem er die Lücke durch *ἀναγραφῆναι* ergänzt, die Worte: *τὰ μέντοι ὀνόματα — ὄντας* für ein verstümmeltes Scholion. Dagegen Westerm. a. a. O. — *σφῶν αὐτῶν*] *τὰ σφῶν αὐτῶν* Sauppe, Scheibe, Herw. u. früher Rauchenst. Vgl. Krüger zu Thuk. II, 68, 5. — *τῷ ῥήτορι*] *τῳ ῥήτορι* Herw. Dagegen Francken, comm. 96. — *ὡς εὐεργέτας ὄντας*] Francken a. a. O. sinnwidrig *ὡς εὐεργέται ὄντες*. Herw. *ὡς εὐεργετῶν ὄντων*, 'forsitan delenda'. — *καὶ — ἐλέγξει*] will Westerm. de locis aliquot 11 zugleich mit dem darauffolgenden Lemma streichen; ihm folgte früher Rauchenst. Eher möchte man für *τοῦτο τό* schreiben *τὸ αὐτό*, da verschiedene Teile eines Dekrets verlesen werden. Herw. korrigiert *τουτὶ τὸ ψήφ.*

§ 73. *οὕτω — πολύ*] Schömann zu Isae. S. 178. Schneider zu Is. IX, 39. Rehdantz Dem. Ind. II, *οὕτως*. Herod. VII, 46. Xen. Hell. II, 4, 7. Mem. IV, 7, 2. 8, 1. Hertlein zu Kyr. II, 2, 13 (über die Sperrung im allgemeinen Anh. zu XII, 94, S. 303 ff.). A. Hecker, de orat. in Eratosth. etc. S. 1 will *οὗτος μέντοι τοσοῦτον ὑμῶν κ.* — *κατεφρόνει*] nach einer früheren Emendation Cobets Scheibe, Rauchenst., Frohberger; vulg. *καταφρονεῖ*. — *ἠκκλησίαζε*] Über das Augment zu XII, 73 (Anh.). — *γραφὰς τὰς ἐξ ἀνθρώπων*] *τὰς ἐξ ἀνθρ. γραφάς* Hecker a. a. O. — *ἐπιγραφόμενος*] Schömann zu Isae. S. 270. Westerm. zu D. LIV, 31. — *δι' ὅ*] So alle neueren Ausgaben nach Sauppes Korrektur; *δι' ὅν* die Hdschr.

§ 74. *ἡ τότε βουλεύουσα*] mit Cobet, Sauppe (Philol. XXV, 264) und Rauchenstein; im Palat. *ἡ ὅτ' ἐπὶ τῶν τριάκοντα βουλεύουσα*, wonach Scheibe I (vgl. Zeitschr. für Altertumsw. 1845, S. 212) *ἡ τότ' ἐπὶ τ. τρ. βουλ.*; vulg. *ἡ ἐπὶ τῶν τριάκοντα βουλ.*, und so Frohberger. An sich wäre die Wiederholung *οἱ τριάκοντα — ἐπὶ τῶν τριάκοντα* ganz ohne Tadel (vgl. zu § 11). Herw. tilgt *ἡ — βουλεύουσα* als 'emblema'. — *ἅπαντες*] Vgl. Scheibe, olig. Umwälz. 59, Anm. 19. Wattenbach, de quadringentorum Athenis factione S. 42. — *ἐγὼ μὲν οἶμαι*] Vgl. Fr. A. Müller, de eloc.

Lys. S. 5. Mätzner zu Lyk. S. 197. Rehdantz Dem. Ind. II, μέν und zu Xen. Anab. VII, 6, 10. Hertlein zu Xen. Kyr. I, 4, 12 (Wechsel von ἔγωγε und ἐγὼ μέν in den Beispielen de arg. ex contr. 315).

§ 75. **προσποιεῖται**] πολίτης εἶναι oder ποιητὸς εἶναι möchte Scheibe ergänzen unter Zustimmung Westermanns. — Das Dilemma, für das sich Beispiele bei allen Rednern finden, ist einerseits mit der (zweigliederigen) subjectio verwandt, wie schon daraus hervorgeht, daſs beide Figuren durch dieselben Redewendungen (ἡδέως δ' ἂν πυθοίμην — θαυμάζω δέ) eingeführt werden können, andererseits kann man dasselbe mit dem Anonym. περὶ σχημ. III, 127 Sp. als eine besondere Form des καθ' ὑπόθεσιν σχῆμα (πλαστὸν ἐπιχείρημα) ansehen. Unter den griechischen Rhetoren, welche das Dilemma behandeln, ist an erster Stelle Hermogenes περὶ εὑρ. IV, 6 (II, 250 Sp.) zu nennen. Er sagt: τὸ δὲ διλήμματόν ἐστι μὲν σχῆμα λόγου, δριμύτητος δὲ δόξαν ἔχον καὶ ἀλήθειαν (dieselben Worte beim Anonym. περὶ σχημ. III, 115 Sp.). ἔστι δὲ τοιοῦτον, ὅταν δύο ἐρωτήσεις ἐρωτῶντες τὸν ἀντίδικον πρὸς ἑκατέραν ὦμεν εἰς λύσιν παρεσκευασμένοι. δεῖ δὲ τὰς ἐρωτήσεις ἐναντίας ἀλλήλαις εἶναι, ὡς πάντως ἢ ταύτην ἢ ἐκείνην ἀποκριθησομένου τοῦ ἐχθροῦ, καὶ εἰ μὲν ἔχοιμεν ἀμφοτέρας λῦσαι, δεῖ ἐρωτᾶν κατὰ διλήμματον, εἰ δὲ μή, μὴ προτείνειν τὸ σχῆμα. Nachdem er alsdann zwei Beispiele aus Demosthenes besprochen (XVIII, 196. 217), fährt er fort: γίνεται δὲ τὰ διλήμματα ἤτοι τῶν δύο ἐρωτήσεων δι' ἓν πέρας ἐρωτωμένων, οἷον εἴτε καλὴν ἔγημας εἴτε αἰσχράν, οὐκ ἔδει γῆμαι. ἓν γὰρ πέρας συνάγεται ἐξ ἀμφοτέρων τὸ μὴ δεῖν γῆμαι, διὰ μὲν τὸ καλὴν κοινήν, διὰ δὲ τὸ αἰσχρὰν ποινήν. καὶ τὰ μὲν κοινὰ διλήμματα ταῦτά ἐστιν, ἢ ὅταν τῶν ἐρωτήσεων ἑκάστη ἰδίας ἀποδόσεως δέηται, τοῦτο δὲ τὸ διλήμματον σεσόφισται καὶ Δημοσθενικόν ἐστι σχῆμα, ὅπερ καὶ παρ' ἡμῶν ἐν τῇ διαιρετικῇ τέχνῃ ὡς παραγραφικὸν ἀντιληπτικὸν μεμελέτηται (περὶ τῶν στάσ. 5, II, 159 Sp.). Apsines Rhet. I, 376 Sp. definiert das Dilemma, das er gleichfalls διλήμματον nennt, einfach also: ὅταν δύο ἐναντία θεὶς ἐξ ἀμφοῖν ἕλῃς und führt S. 378 Sp. als Beispiel (D.) XXVI, 14 an. Vgl. auch Max. Plan. V, 429 Walz: δεῖ (τὰς ἐρωτήσεις) ἐναντίας ἀλλήλαις εἶναι καὶ ἀμέσους, ἵνα, κἂν θέλῃ κἂν μὴ θέλῃ, θατέραν τῶν δύο ἀποκρίνηται· εἰ γὰρ εἶεν ἔμμεσοι, διαφεύξεταί σου τὴν ἐρώτησιν τὸ μέσον ἀποκρινάμενος. Suidas δίλημμα· τὸ διссῶς λαμβανόμενον φρόνημα und διλήμματον· διχῶς νοούμενον. Cicero de inv. I, 29, 45 nennt die Figur complexio und äuſsert sich so darüber: Complexio est, in qua, utrum concesseris, reprehenditur, ad hunc modum: Si improbus es, cur uteris? si probus, cur accusas? (ebenso C. Julius Victor 407 Halm). Vgl. de off. III, 9, 39: Cum quaerimus (ex Epicureis), si celare possint, quid facturi sint, non quaerimus, possintne celare, sed tamquam tormenta quaedam adhibemus, ut, si responderint se impunitate proposita facturos quod expediat, facinorosos se esse fateantur, si negent, omnia turpia per se ipsa fugienda esse concedant. Etwas anders drückt sich Cornificius ad Herenn. IV, 40, 52 aus, der dem Schema den Namen divisio giebt: Divisio est, quae rem semovens ab re utramque absolvit ratione subjecta, hoc modo: Cur ego nunc tibi quidquam objiciam? Si probus es, non meruisti; si improbus, non commovere. Item: Quid nunc ego de meis promeritis praedicem? Si meministis, obtundam; si obliti estis, cum re nihil egerim, quid est quod verbis proficere possim? Item: Duae res sunt, quae possunt homines ad turpe compendium commovere, inopia atque avaritia. Te avarum in fraterna divisione cognovimus, inopem atque egentem nunc videmus. Qui potes igitur ostendere causam maleficii non fuisse? Von der gewöhnlichen divisio unterscheidet er dieselbe so: Haec se statim explicat et brevi duabus aut pluribus partibus subjiciens rationes exornat orationem. Auch Quintilian rechnet das Dilemma zur divisio, die er (V, 10, 65—70) folgendermafsen beschreibt: Divisio et ad probandum simili via valet et ad refellendum. Probationi interdum satis est unum habere, hoc modo: 'Ut sit civis, aut natus sit oportet aut factus'; utrumque tollendum est: 'Nec natus nec factus est'. Fit hoc et multiplex, idque est argumentorum genus ex remotione, quo modo efficitur totum falsum, modo id, quod relinquitur, verum. Totum falsum est hoc modo: 'Pecuniam credidisse te dicis; aut domi habuisti ipse aut ab aliquo accepisti aut invenisti aut surripuisti. Si neque domi habuisti neque ab aliquo accepisti nec cetera, non credidisti'. Reliquum fit verum sic: 'Hic servus, quem tibi vindicas, aut verna tuus est aut emptus aut donatus aut testamento relictus aut ex hoste captus aut alienus'; deinde remotis prioribus supererit alienus. Periculosum et cum cura intuendum genus, quia, si in proponendo unum quodlibet omiserimus, cum risu quoque tota res solvitur. Tutius, quod Cicero pro Caecina facit, cum interrogat: 'Si haec actio non sit, quae sit?' simul enim removentur omnia. Vel cum duo ponentur inter se contraria, quorum tenuisse utrumlibet sufficiat, quale Ciceronis est: 'Unum quidem certe, nemo erit tam inimicus Cluentio, qui mihi non concedat, si constet corruptum illud esse judicium, aut ab Habito aut ab Oppianico esse corruptum; si doceo non ab Habito, vinco ab Oppianico; si ostendo ab Oppianico, purgo Habitum'. Was nun folgt (§ 69), stimmt mit der Definition, die Cicero von der complexio giebt, überein: Fit etiam ex duobus, quorum necesse est alterum verum, eligendi adversario potestas, efficiturque, ut, utrum elegerit, noceat. Facit hoc Cicero pro Oppio: 'Utrum, cum Cottam appetisset, an cum ipse sese conaretur occidere, telum e manibus ereptum est?' et pro Vareno: 'Optio vobis datur, utrum velitis casu illo itinere Varenum usum esse an hujus persuasu et inductu.' Deinde utraque fecit accusatori contraria. Das Folgende (§ 70): Interim duo ita proponuntur, ut utrumlibet electum idem efficiat, quale est: 'Philosophandum est, etiamsi non est philosophandum'. Et illud vulgatum: 'Quo schema, si intelligitur? quo, si non intelligitur?' Et: 'Mentietur in tormentis, qui dolorem pati potest; mentietur, qui non potest' erinnert an die Worte des Hermogenes *γίνεται δὲ τὰ διλ. ἤτοι τῶν δύο ἐρωτήσεων δι' ἓν πέρας ἐρωτωμένων.* Vgl. noch Victorinus 233 Halm: Complexio forma dictionis est posita in rationibus necessariis. Verum complexio duplici latere constat, unde quidquid fuerit electum, necesse est ut contrarium sit. In complexione itaque duo genera sunt proponendi, nunc per simplex, nunc per necessarium. Simplex hoc modo: si hoc est, cur illud facis? si illud est, cur hoc facis? deinde per necessarium sic: aut hoc concedas necesse est aut illud. Serv. zu Verg. Aen. II, 675: Argumentum dilemma, i. e. complexio, quae adversarium ab utraque parte concludit. Der Beweis, welchen Quintilian ex remotione nennt (vgl. auch VII, 1, 31 ff.), heifst bei Aristoteles Rhet. II, 23 (I, 108 Sp.) *τόπος ἐκ διαιρέσεως*, bei Cornificius ad Herenn. IV, 29, 40 expeditio, bei Cicero de inv. I, 29, 45 enumeratio. Vgl. auch was derselbe Top. 14, 56 über die disjunctio sagt: aut hoc aut illud; hoc autem, non igitur illud. Itemque: aut hoc aut illud; non autem hoc, illud igitur. Von Neueren, die das Dilemma behandelt haben, nenne ich Überweg, System der Logik § 123. Halm zu Cic. in Caecil. 14, 45 (quotiens ille tibi potestatem optionemque facturus sit, ut eligas utrum velis: factum esse necne, verum esse an falsum: utrum dixeris, id contra te futurum). Seyffert, schol. Lat. I, § 59. Kayser zu Cornif. 303. Volkmann, Rhet. 180. Dieser sagt über die Figur: 'Der Redner stellt entweder zwei sich entgegenstehende Behauptungen auf, die beide zu einem Schlusse führen, welcher zu seinem Gunsten und zum Nachteil des Angeklagten ausfällt, oder er legt dem Gegner zwei Fragen vor, deren Beantwortung für ihn gleich verhängnisvoll wird, oder er läfst dem Zuhörer die Wahl zwischen zweien, von denen das eine wahr ist, so dafs es, mag er wählen was er will, zu seinem Nachteil ausschlägt. In Frageform ist das Dilemma am wirksamsten'. Mit dieser Erklärung sind die wesentlichsten Gesichtspunkte, die bei der complexio in Frage kommen, richtig hervorgehoben, mögen auch einzelne Beispiele noch mancherlei Varietäten und Eigentümlichkeiten aufweisen, die der Leser leicht von selbst herausfinden wird. Von den Redeformen, mit denen man das Dilemma häufig einführte, sind zwei schon oben berührt worden. Beispiele für die erste dieser Formen finden wir D. XVIII, 217: *καὶ ἔγωγ' ἡδέως ἂν ἐροίμην Αἰσχίνην, ὅτε ταῦτ' ἐπράττετο καὶ ζήλου — ἡ πόλις ἦν μεστή, πότερον συνέθυε καὶ συνευφραίνετο τοῖς πολλοῖς ἢ λυπούμενος — τοῖς κοινοῖς ἀγαθοῖς οἴκοι καθῆτο. εἰ μὲν γὰρ παρῆν —, πῶς οὐ δεινὰ ποιεῖ, μᾶλλον δ' οὐδ' ὅσια, εἰ ὧν ὡς ἀρίστων αὐτὸς τοὺς θεοὺς ἐποιήσατο μάρτυρας, ταῦθ' ὡς οὐκ ἄριστα νῦν ὑμᾶς ἀξιοῖ ψηφίσασθαι τοὺς ὀμωμοκότας τοὺς θεούς; εἰ δὲ μὴ παρῆν, πῶς οὐκ ἀπολωλέναι πολλάκις ἐστὶ δίκαιος, εἰ ἐφ' οἷς ἔχαιρον οἱ ἄλλοι, ταῦτ' ἐλυπεῖθ' ὁρῶν;* (Frage in beiden Gliedern auch XIX, 42. XXII, 18. XXVII, 21 f. [D.] XII, 15. XXXII, 16. LVI, 32. LVIII, 46. Isae. II, 27. XI, 24. Lyk. 34. Hyp. f. Eux. XXX. Epit. XII. Dion. Halic. de Thuc. jud. 14, 5. Aristeid. I, 653 Df. Wegen des in der Apodosis enthaltenen Enthymems verweise ich auf meine Schrift de arg. ex contr. XXXI). Aristeid. I, 652 Df.: *καὶ ἔγωγε ἡδέως ἂν ἐροίμην —. εἰ μὲν γὰρ κτλ.* (D.) LVIII, 46: *ἡδέως δ' ἂν ἐροίμην Θεοκρίνην —. εἰ μὲν γὰρ κτλ.* (de arg. ex contr. 233). (D.) XXVI, 14: *ἡδέως δ' ἂν ἔγωγ' αὐτὸν ἐρωτήσαιμι, πότερα ἔννομον καὶ δικαίαν ἐποιήσατο τοῦ ψηφίσματος τὴν γραφὴν ἢ τοὐναντίον ἄδικον καὶ παράνομον. εἰ μὲν γὰρ ἀσύμφορον καὶ τῷ δήμῳ βλαβεράν, δι' αὐτὸ τοῦτο δικαίως ἂν ἀποθάνοι· εἰ δὲ συμφέρουσαν καὶ τοῖς πολλοῖς ὠφέλιμον, διὰ τί νῦν τἀναντία οἷς αὐτὸς ἔγραψας ψηφίζεσθαι τούτους ἀξιοῖς;* (Frage nur im zweiten Gliede wie Lys. XXV, 14. Is. VIII, 37 f. XIV, 10. D. XVI, 23. XIX, 238. XXII, 41. 62. XXIV, 122. XXVII, 20 f. [D.] XII, 13. prooem. 32. Plat. Apol. 27^d^. Plut. Kleom. 31; vgl. Cic. Phil. III, 6, 14, wo der zweite Teil mit einem contr. schliefst: quis est qui eum hostem non existimet, quem qui armis persequuntur, conservatores reipublicae judicantur? Seltener hat nur das erste Glied die Form der Frage; so Hyp. f. Eux. XXVIII. [D.] XII, 21. Gorg. Hel. 19. Plat. Staat II, 365^d^. Xen. Anab. II, 4, 19; vgl. Cic. de off. II, 2, 6. III, 5, 26. ad fam. VII, 27, 2. — Zu *εἰ μὲν γάρ — εἰ δέ* ist das Verbum aus dem Vorhergehenden zu ergänzen wie Is. VIII, 37 f. Gorg. Pal. 26; nur das erste Glied steht elliptisch D. XVI, 23. Aristeid. I, 286 f. Über Aesch. III, 236 vgl. unten). (D.) LVI, 32: *ἡδέως δ' ἂν πυθοίμην αὐτοῦ σοῦ, πότερον ὡς ὑπὲρ διεφθαρμένης τῆς νεὼς διαλέγῃ ἢ ὡς ὑπὲρ σεσωσμένης. εἰ μὲν γὰρ διέφθαρται ἡ ναῦς καὶ ἀπόλωλε, τί περὶ τῶν τόκων διαφέρῃ καὶ ἀξιοῖς ἡμᾶς κομίζεσθαι τοὺς εἰς Ῥόδον τόκους; οὔτε γὰρ τοὺς τόκους οὔτε τἀρχαῖα προσήκει ἡμᾶς ἀπολαβεῖν. εἰ δ' ἔστιν ἡ ναῦς σῴα καὶ μὴ διέφθαρται, διὰ τί ἡμῖν οὐ δίδως τὰ χρήματα ἃ συνεγράψω;* (ebenso wechseln *τί* und *διὰ τί* Isae. XI, 24. Dion. Hal. de Thuc. jud. 14, 5 — hier *τί δήποτε —. διὰ τί* noch Hyp. f. Eux. XXX. [D.] XXVI, 14; *τοῦ χάριν* Aristeid. I, 653 Df.; *τί* = *διὰ τί* Plat. Staat II, 365^d^ [mit Recht schreibt Stallbaum: *οὐκοῦν —, τί καὶ ἡμῖν μελητέον.* Wegen des *καί* vgl. auch Hyp. f. Eux. XXVIII. Auf das Bedenkliche in Hermanns Änderung: *οὔκουν —, καὶ ἡμῖν μελητέον* hat schon Stallbaum hingewiesen. Jedenfalls müfste man dann auch *καί* in *οὐδέ* verwandeln. Das *οὐκοῦν* der Hdschr. schützen einerseits die unten angeführten Beispiele Aesch. II, 163. D. XXIII, 43. [D.] LVIII, 12. Plat. Apol. 27^d^, andererseits Stellen wie D. XIX, 285. Xen. Anab. V, 7, 8, wo wie hier durch diese Partikel die Widerlegung eines vorausgehenden Einwurfs eingeleitet wird]. D. XVI, 23. XXII, 18 — *τί* und *τί μᾶλλον*; mit letzterem vgl. D. XX, 116 und qui magis

Cic. ad Att. VII, 7, 4 —. [D.] XII, 15. XXXII, 16 zweimal. Xen. Anab. II, 4, 19. Plut. Kleom. 31; *τί οὐ* Lyk. **34** zweimal. D. XIX, 42 — hier *τί οὐ* und *τίς*; dieses auch Plat. Apol. 27[d]; dazu *τί* als Subjekt und *τίς* Hyp. Epit. XII, sowie *τί* als Subjekt oder Objekt Hyp. f. Eux. XXVIII. [D.] XII, 13. Plat. Apol. 40[e]). D. XVI, 23: *ἡδέως δ' ἂν πυθοίμην τῶν λεγόντων καὶ τοὺς Θηβαίους μισεῖν φασκόντων καὶ τοὺς Λακεδαιμονίους, πότερ' ἑκάτεροι μισοῦσιν, οὓς δὴ μισοῦσιν, ὑπὲρ ὑμῶν καὶ τοῦ συμφέροντος ὑμῖν, ἢ ὑπὲρ Λακεδαιμονίων μὲν Θηβαίους, ὑπὲρ δὲ Θηβαίων Λακεδαιμονίους ἑκάτεροι. εἰ μὲν γὰρ ὑπὲρ ἐκείνων, οὐδετέροις ὡς μαινομένοις πείθεσθαι προσήκει· εἰ δ' ὑπὲρ ὑμῶν φήσουσι, τί πέρα τοῦ καιροῦ τοὺς ἑτέρους ἐπαίρουσιν; ἔστι γὰρ κτλ.* (Der Satz mit *εἰ μέν* bezieht sich auf das zweite Glied des vorangehenden Fragsatzes, der mit *εἰ δέ* auf das erste; derselbe Chiasmus [D.] XXVI, 14. LVIII, 46. Is. VIII, **37 f.** Dein. I, 50. — Wie hier ist dem zweiten Gliede des Dilemma eine Begründung beigefügt D. XX, 145. XXI, 206 f. XXIV, 188 f. [D.] XXIX, 47. LVIII, 12. Lys. XIII, **75. Hyp. f.** Eux. XXX. Is. III, **26, wo** Benseler nach dem *γαν* des Urbinas *οὔ γ' ἂν* schreibt. Aristeid. I, 287 Df. 653 Df., wo die Begründung wieder die Form eines Dilemma erhält. Dem ersten Gliede folgt ein Satz mit *γάρ* D. XIX, 238. XXI, 134. XXII, 62. [D.] LVI, 32. Isae. XI, 24. Xen. Anab. II, 4, 19. V, 8, 18, beiden Gliedern zugleich D. XIX, 341 f. XXVII, 55. [D.] XII, 21 — hier im ersten Gliede Gen. abs. —. Ant. IV, *β*, 6. Is. IV, 21 ff. XIV, 10. XV, **95 f. Isae.** X, 9 f. Aesch. III, 236 f. Plat. Apol. 40[c]. Dion. Hal. de Thuc. jud. 14, 5. — Mit den Worten *οὐδετέροις ὡς μαινομένοις πείθεσθαι προσήκει* kann man vergleichen D. XXIV, 122: *ἀνάγκη μαίνεσθαί σε ὁμολογεῖν.* Lyk. 63: *μανία δήπου τοῦτο λέγειν κτλ.*). **Is. VIII, 37:** *ἡδέως ἂν οὖν αὐτῶν πυθοίμην, τίσιν ἡμᾶς τῶν προγεγενημένων κελεύουσιν ὁμοίους γίγνεσθαι, πότερα τοῖς περὶ τὰ Περσικὰ γενομένοις ἢ τοῖς πρὸ τοῦ πολέμου τοῦ Δεκελεικοῦ τὴν πόλιν* ***διοικήσασιν.*** *εἰ μὲν γὰρ τούτοις, οὐδὲν ἀλλ' ἢ συμβουλεύουσιν ἡμῖν πάλιν περὶ ἀνδραποδισμοῦ κινδυνεύειν· εἰ δὲ τοῖς Μαραθῶνι τοὺς βαρβάρους νικήσασι καὶ τοῖς πρὸ τούτων γενομένοις, πῶς οὐ πάντων ἀναισχυντότατοι τυγχάνουσιν ὄντες, εἰ κτλ.* (Frage mit *πῶς οὐ* auch Is. XIV, 10. Isae. II, 27 — zweimal —. Hyp. f. Eux. XXX. D. XVIII, 217 — ebenfalls **in** beiden Gliedern —. XXII, 62. XXVII, 21 f. — *πῶς οὐ* und *πῶς* —. [D.] XII, 21. LVIII, 46 — *πῶς* und *πῶς οὐ* —; *πῶς* aufser den beiden schon genannten Stellen noch Lys. XXV, 14. Gorg. Hel. 19. Aristeid. I, 653 Df.). **Aesch.** III, 236 f.: *ἡδέως δ' ἂν ἔγωγε ἐναντίον ὑμῶν ἀναλογισαίμην πρὸς τὸν γράψαντα τὸ ψήφισμα, διὰ ποίας εὐεργεσίας ἀξιοῖ Δημοσθένην στεφανῶσαι. εἰ μὲν γὰρ λέξεις, ὅθεν τὴν ἀρχὴν τοῦ ψηφίσματος ἐποιήσω, ὅτι τὰς τάφρους τὰς περὶ τὰ τείχη καλῶς ἐτάφρευσε, θαυμάζω σου. τοῦ γὰρ —. εἰ δ' ἥξεις ἐπὶ τὸ δεύτερον μέρος τοῦ ψηφίσματος, ἐν ᾧ τετόλμηκας γράφειν ὡς ἔστιν ἀνὴρ* *ἀγαθὸς* —, *ἀφελὼν τὴν ἀλαζονείαν* — *ἅψαι τῶν ἔργων*, **ἐπίδειξον** *ἡμῖν ὅ τι λέγεις* (*λέξεις* mit ehkl Schultz und Weidner in den beiden ersten Ausgaben, *λέγεις* mit den übrigen Hdschr. die Züricher, Franke, Benseler. In der Ausg. 1878 schliefst Weidner *λέξεις* in Klammern ein und ergänzt *ἀξιοῖς στεφ.* In der Protasis des Dilemma stehen *εἰ* und *εἴτε* sehr häufig auch von dem, was erst erwartet wird, also c. ind. fut. So D. XXIII, 43: *εἰ μὲν ἐάσομεν* — *εἰ δ' ἐπέξιμεν.* § 123: *εἰ μὲν ψηφιούμεθα.* I, 17: *εἴτε παραστήσεται* — *εἴτε προσκαθεδεῖται καὶ προσεδρεύσει.* XIX, 341 f.: *εἴτε ἥξει* — *εἴτε μενεῖ.* XX, 113: *εἰ μὲν φήσει* — *εἰ δὲ φήσει* — *καὶ μὴν εἴ γε δείξει.* [D.] LVIII, 46: *εἰ μὲν φήσει.* Is. XIX, 32: *εἰ μὲν ὁμολογήσει.* Isae. X, 9: *εἴτε φήσει.* D. XXIV, 122. 189: *εἰ μὲν* (*δὲ*) *φήσεις.* Aristeid. I, 286 Df. D. XVI, 23. XX, 24: *εἰ μὲν* (*δὲ*) *φήσουσιν.* Für *ἐάν* und *ἐάν τε* kann ich nur anführen Xen. Anab. II, 4, 19: *ἐὰν μὲν νικῶσιν* — *ἐὰν δ' ἡμεῖς νικῶμεν.* Is. VIII, 138: *ἤν τε δόξῃ* — *ἤν τ' ἐπιχειρῶσιν.* XV, 95: *ἤν τε ὑπολάβητε* — *ἤν τε* zweimal c. ind. praes. in der Apodosis Is. XIV, 46 —. D. XVIII, 4. XXII, 40 f.: *κἂν μὲν φῇ* zweimal. Lys. XIII, 76: *ἐὰν μὲν φάσκῃ* — **ἐὰν δ'** *οὐ φάσκῃ.* D. XXVII, 20 ff. **steht zuerst** *ἐὰν μὲν φῇ*, sodann *εἰ δ' αὖ φήσει* und *εἰ δ' αὖ τούτων μὲν μηδὲν ἐρεῖ, Μιλύαν δὲ φήσει* c. inf. Bisweilen findet sich nach *εἰ* auch der Potentialis, wie [D.] prooem. 32: *εἰ δὲ ταῦτα μὲν μηδ' ἂν φήσαιεν ἀγνοεῖν, πρόφασις δ' ἄλλη τις ὕπεστιν.* Aristeid. I, 286: *εἰ δ' οὐκ ἂν φύγοιεν τὴν αἵρεσιν.* Optat. und Indic. des Präs. entsprechen einander [D.] XII, 21: *εἴτε τούτων μὲν ἀμφισβητήσειέ τις, ἀξιοῖ δέ* —, *ὑπάρχει.* Über die Verba des Sagens ist noch zu bemerken, dafs dieselben nach *εἰ* auch im Indik. des Präsens vorkommen. Vgl. Dein. I, 50 f.: *εἰ μὲν φῄς* — *εἰ δὲ φῄς.* [D.] XII, 13: *εἰ μέν φατε.* Lyk. 34: *εἰ μὲν ὁμολογεῖ* — *εἰ δὲ μή φησιν.* Lys. XIII, 75: *εἰ μὲν προσποιεῖται* — *εἰ δ' ἀμφισβητεῖς καὶ φῄς.* D. XXIV, 188 f.: *εἰ μὲν ὁμολογεῖς* — *εἰ δὲ φήσεις.* XX, 145: *εἰ μὲν λέγεις.* Lyk. 63: *εἰ μὲν ὁμολογοῦσιν.* An der Stelle, die zu dieser Erörterung Veranlassung gegeben hat, halte ich die von Weidner angenommene Ellipse deshalb für bedenklich, weil im Vorhergehenden nicht *ἀξιοῖς*, sondern *ἀξιοῖ* steht. *λέγειν* findet sich im Dilemma auch D. XX, 145 — vgl. *ἐρεῖ* D. XXVII, 22 —, während sonst in demselben *φάναι* — *φάσκειν* — gebraucht wird. Das Präs. *λέγεις*, das W. in der ersten Ausgabe für ganz unzulässig erklärt, läfst sich doch vielleicht durch D. XXIV, 188 f. rechtfertigen). Gorg. Palam. 26: *βουλοίμην δ' ἂν παρὰ σοῦ πυθέσθαι, πότερον τοὺς σοφοὺς ἄνδρας νομίζεις ἀνοήτους ἢ φρονίμους. εἰ μὲν γὰρ ἀνοήτους, καινὸς ὁ λόγος, ἀλλ' οὐκ ἀληθής. εἰ δὲ φρονίμους, οὐ δήπου προσήκει τούς γε φρονοῦντας ἐξαμαρτάνειν τὰς μεγίστας ἁμαρτίας καὶ μᾶλλον αἱρεῖσθαι κακὰ πρότερον τῶν ἀγαθῶν. εἰ μὲν οὖν εἰμὶ σοφός, οὐχ ἥμαρτον· εἰ δ' ἥμαρτον, οὐ σοφός εἰμι. ὥστε δι' ἀμφότερα ἂν εἴης ψευδής* (das zweite Beispiel gehört zur *διάλληλος δεῖξις*, worüber im Anh.

zu XII, 57 gehandelt ist. Wegen des *δήπου* im ersten Dilemma vgl. D. XX, 24. 113. XXI, 206: *τότ' ἔδει τόν γε φίλον δήπου συνειπεῖν* — beachte das *γέ*, das in gleicher Weise auch Gorg. a. a. O. gebraucht ist —. XXII, 41. XXVII, 55 = XXIX, 47 — de arg. ex contr. 209 —. Isae. I, 21. Lyk. 63, wo doch wohl *οὐ* vor *μανία* zu streichen ist. Is. XIX, 32 fehlt die Partikel in *ΓΕ* und wird deshalb von den meisten Herausgebern entweder ausgelassen oder eingeklammert; ich halte sie mit Blass für echt. Das dem *δήπου* verwandte *ὡς ἔοικεν* findet sich in der Apodosis D. XXIII, 123. [D.] prooem. 32. Aristeid. I, 287 Df., an der letzten Stelle zweimal. Anderer Art ist *δῆλον ὅτι*, womit die Apodosis beginnt Lys. XIII, 75. Is. III, 26. D. XXI, 134. XXVII, 55 = XXIX, 47; vgl. *ἀναμφισβητήτως* Is. IV, 21. Das asseverierende *τοί* braucht Platon Staat II, 365[d]). D. XXII, 40 f.: *ἐγὼ δ' οἴομαι δεῖν ὑμᾶς ὡδί πως ἀκούειν Ἀρχίου, ἐρωτᾶν αὐτὸν ταῦθ' ἃ κατηγόρηται τῆς βουλῆς, πότερ' αὐτῷ δοκεῖ καλῶς ἔχειν ἢ κακῶς. κἂν μὲν φῇ καλῶς, μηκέτι τὸν νοῦν ὡς ἐπιεικεῖ προσέχειν, ἂν δὲ κακῶς, τί δὴ ταῦτ' εἴα φάσκων ἐπιεικὴς εἶναι, πάλιν αὐτὸν ἐρωτᾶτε. κἂν μὲν ἐναντία λέγειν φῇ, μηδένα δ' αὐτῷ πείθεσθαι, ἄτοπον δήπου νῦν λέγειν ὑπὲρ τῆς τὰ βέλτιστ' οὐχὶ πειθομένης ἑαυτῷ βουλῆς· ἐὰν δὲ σιωπᾶν, πῶς οὐκ ἀδικεῖ* mit arg. ex contr. Zu den Worten *μηκέτι — προσέχειν* vgl. D. IX, 20: (*ἵνα*) *μήτε νῦν μήτ' αὖθις ὡς ὑγιαίνοντί μοι προσέχητε.* Das zweite Glied des ersten Dilemma wird durch ein zweites Dilemma vervollständigt und weiter ausgeführt. Dagegen enthält das zweite Dilemma eine durch *οὖν* aus dem ersten hergeleitete Folgerung Lys. XIII, 76. Gorg. Palam. 26; an beiden Stellen ist zugleich die Reihenfolge der Glieder umgekehrt. Noch in anderer Weise sind mehrere Dilemmata an einander gereiht Aristeid. I, 286 f. 652 f. Df. Die zweite schon oben berührte Einführungsform finden wir Is. XIV, 10: *θαυμάζω δέ, πρὸς τί τῶν γεγενημένων ἀναφέροντες καὶ πῶς ποτε τὸ δίκαιον κρίνοντες ταῦτα φήσουσι προστάττειν ἡμῖν. εἰ μὲν γὰρ τὰ πάτρια σκοποῦσιν, οὐ τῶν ἄλλων αὐτοῖς ἀρκτέον ἀλλὰ πολὺ μᾶλλον Ὀρχομενίοις φόρον οἰστέον· οὕτω γὰρ εἶχε τὸ παλαιόν· εἰ δὲ τὰς συνθήκας ἀξιοῦσιν εἶναι κυρίας, ὅπερ ἐστὶ δίκαιον, πῶς οὐχ ὁμολογήσουσιν ἀδικεῖν καὶ παραβαίνειν αὐτάς; ὁμοίως γὰρ τάς τε μικρὰς τῶν πόλεων καὶ τὰς μεγάλας αὐτονόμους εἶναι κελεύουσιν* (zum Inhalt vgl. [D.] XII, 21. Is. IV, 21 f. Mit dem Zusatz *ὅπερ ἐστὶ δίκαιον* kann man zusammenhalten D. XXIV, 122: *ὥσπερ ἔστιν.* Thuk. VI, 40, 2: *ὥσπερ οὐκ οἴομαι.* Isae. I, 21: *ὥσπερ ἡμεῖς φαμεν.* XI, 24: *ὡς οὗτος λέγει.* Hyp. Epit. a. E.: *ὥσπερ ὑπολαμβάνομεν εἶναι*, wonach wohl auch Lys. XIII, 75, wie schon in der Anm. angedeutet wurde, *ὡς ἐγώ φημι, ἀδικεῖ* zu schreiben ist. Einen Zusatz anderer Art lesen wir [D.] LVIII, 12: *ἔστω γὰρ τοῦθ' ὁπότερον οὗτος βούλεται;* vgl. Is. XV, 94. VIII, 137. Herod. I, 11. Cic. in Caecil. 14, 45 und p. Var. bei Quint. V, 10, 69). Aristeid. I, 286 Df.: *θαυμάζω* τοίνυν κτλ. (D.) prooem. 32: καὶ δῆτα θαυμάζω κτλ. (beide Male beginnt die complexio mit εἰ μὲν γάρ). Mit den genannten Beispielen hängen jene aufs engste zusammen, wo dem Dilemma eine Alternative mit ἤ (ἤτοι) — ἤ vorausgeschickt wird, deren Glieder dann im Dilemma selbst als Vordersätze der hypothetischen Doppelperiode wiederkehren. So Dein. I, 50 ff.: ἀνάγκη τὴν βουλὴν τὴν ἐξ Ἀρείου πάγου κατὰ δύο τρόπους ποιεῖσθαι τὰς ἀποφάσεις πάσας. τίνας τούτας; ἤτοι αὐτὴν προελομένην, ἢ ζητήσασαν τοῦ δήμου προστάξαντος αὐτῇ. χωρὶς τούτων οὐκ ἔστιν ὅντινα τρόπον ποιήσαιτ᾽ ἄν. εἰ μὲν τοίνυν φῂς τοῦ δήμου προστάξαντος τὴν βουλὴν περὶ ἐμοῦ ποιήσασθαι τὴν ἀπόφασιν, δεῖξον τὸ ψήφισμα καὶ τίνες ἐγένοντό μου κατήγοροι γενομένης τῆς ἀποφάσεως —. κἂν ᾖ ταῦτα ἀληθῆ, ἀποθνήσκειν ἕτοιμός εἰμι. εἰ δ᾽ αὐτὴν προελομένην ἀποφῆναί με φῄς, παράσχου μάρτυρας κτλ. (ἤτοι — ἤ wie And. II, 2. Gell. V, 11, 2. [D.] LVIII, 7; dafür ἤτοι — γε — ἤ Plat. Apol. 27[d]. Phaed. 76[a]. Prot. 331[b]. Gorg. 460[a]. Vgl. Krüger und Classen zu Thuk. II, 40, 2. Krüger zu Herod. I, 11. Übrigens wird an dieser Stelle auch das ἄμεσον ausdrücklich hervorgehoben mit den Worten χωρὶς τούτων οὐκ ἔστιν κτλ. Vgl. D. XIX, 102: οὐκ ἔνεστι τούτων οὐδ᾽ ἓν χωρίς. Aesch. III, 91: οὐδὲν γὰρ ἦν τὸ μέσον. Cic. Phil. II, 13, 31: nego quicquam esse medium mit Eberhards Anm. Müller und Weifsenborn zu Liv. II, 49, 5). Plat. Apol. 27[d]: εἰ δὲ δαιμόνια νομίζω, καὶ δαίμονας δήπου πολλὴ ἀνάγκη νομίζειν μέ ἐστιν. τοὺς δὲ δαίμονας οὐχὶ ἤτοι θεούς γε ἡγούμεθα ἢ θεῶν παῖδας; — οὐκοῦν εἴπερ δαίμονας ἡγοῦμαι, ὡς σὺ φῄς, εἰ μὲν θεοί τινές εἰσιν οἱ δαίμονες, τοῦτ᾽ ἂν εἴη ὃ ἐγώ φημί σε αἰνίττεσθαι καὶ χαριεντίζεσθαι, θεοὺς οὐχ ἡγούμενον φάναι ἐμὲ θεοὺς αὖ ἡγεῖσθαι πάλιν, ἐπειδήπερ γε δαίμονας ἡγοῦμαι· εἰ δ᾽ αὖ οἱ δαίμονες θεῶν παῖδές εἰσι νόθοι τινὲς —, τίς ἂν ἀνθρώπων θεῶν μὲν παῖδας ἡγοῖτο εἶναι, θεοὺς δὲ μή; (wegen εἰ δ᾽ αὖ vgl. Charm. 158[d]. D. XXVII, 21 f.; mit εἰ δὲ δή beginnt das zweite Glied D. XIX, 238, mit καὶ μὴν εἴ γε D. XX, 113). Gell. V, 11, 2: ἤτοι καλὴν ἄξεις ἢ αἰσχράν· καὶ εἰ καλήν, ἕξεις κοινήν, εἰ δὲ αἰσχράν, ἕξεις ποινήν. ἑκάτερον δὲ οὐ ληπτέον. οὐ γαμητέον ἄρα (die Ellipse wie in den S. 427 besprochenen Beispielen). Xen. Anab. II, 4, 19: νεανίσκος δέ τις — εἶπεν ὡς οὐκ ἀκόλουθα εἴη τό τε ἐπιθήσεσθαι καὶ λύσειν τὴν γέφυραν. δῆλον γὰρ ὅτι ἐπιτιθεμένους ἢ νικᾶν δεήσει ἢ ἡττᾶσθαι. ἐὰν μὲν οὖν νικῶσι, τί δεῖ λύειν αὐτοὺς τὴν γέφυραν; οὐδὲ γὰρ ἂν πολλαὶ γέφυραι ὦσιν ἔχοιμεν ἂν ὅποι φυγόντες ἡμεῖς σωθῶμεν. ἐὰν δὲ ἡμεῖς νικῶμεν, λελυμένης τῆς γεφύρας οὐχ ἕξουσιν ἐκεῖνοι ὅποι φύγωσιν. Plat. Apol. c. 32: ἐννοήσωμεν δὲ καὶ τῇδε, ὡς πολλὴ ἐλπίς ἐστιν ἀγαθὸν αὐτὸ εἶναι. δυοῖν γὰρ θάτερόν ἐστι τὸ τεθνάναι· ἢ γὰρ οἷον μηδὲν εἶναι —, ἢ κατὰ τὰ λεγόμενα μεταβολή τις τυγχάνει οὖσα καὶ μετοίκησις — εἰς ἄλλον τόπον. καὶ εἴτε μηδεμία αἴσθησίς ἐστιν —, θαυμάσιον κέρδος ἂν εἴη ὁ θάνατος. — εἰ δ᾽ αὖ οἷον ἀποδημῆσαί ἐστιν ὁ θάνατος ἐνθένδε εἰς ἄλλον τόπον —, *τί μεῖζον ἀγαθὸν τούτου εἴη ἄν*; (dem Inhalte nach ist verwandt Hyp. Epit. a. E.: *πρὸς δὲ τούτοις, εἰ μέν ἐστι τὸ ἀποθανεῖν ὅμοιον τῷ μὴ γενέσθαι, ἀπηλλαγμένοι εἰσὶ νόσων καὶ λύπης —· εἰ δ' ἔστιν αἴσθησις ἐν ᾅδου καὶ ἐπιμέλεια παρὰ τοῦ δαιμονίου, ὥσπερ ὑπολαμβάνομεν εἶναι, εἰκὸς τοὺς ταῖς τιμαῖς τῶν θεῶν καταλυομέναις βοηθήσαντας πλείστης κηδεμονίας ὑπὸ τοῦ δαιμονίου τυγχάνειν*. Die Anakoluthie in *εἴτε — εἰ δ' αὖ* wird nachgeahmt von Cicero Tusc. I, 41: sive — sin; vgl. auch Ac. post. I, 3, 7: sive enim Zenonem sequare, magnum est efficere, ut quis intelligat, quid sit illud verum et simplex bonum, quod non possit ab honestate sejungi. — Si vero Academiam veterem persequamur —, quam erit illa acute explicanda nobis!). Diesen Stellen füge ich aus Cicero bei de off. III, 5, 26: qui alterum violat, ut ipse aliquid commodi consequatur, aut nihil existimat se facere contra naturam aut magis fugienda censet mortem, paupertatem, dolorem — quam facere cuiquam injuriam. Si nihil existimat contra naturam fieri hominibus violandis, quid cum eo disseras, qui omnino hominem ex homine tollat? (arg. ex contr.) Sin fugiendum id quidem censet, sed multo illa pejora, mortem, paupertatem, dolorem, errat in eo, quod ullum aut corporis aut fortunae vitium vitiis animi gravius existimat. Während in den angeführten Beispielen die Protasis des Dilemma anticipiert wird, findet dieselbe Anticipation betreffs der Apodosis statt And. II, 2: *δεῖ γὰρ αὐτοὺς ἤτοι ἀμαθεστάτους εἶναι πάντων ἀνθρώπων ἢ τῇ πόλει ταύτῃ δυσμενεστάτους. εἰ μέν γε νομίζουσι τῆς πόλεως εὖ πραττούσης καὶ τὰ ἴδια σφῶν αὐτῶν ἄμεινον ἂν φέρεσθαι, ἀμαθέστατοί εἰσι τὰ ἐναντία νῦν τῇ ἑαυτῶν ὠφελείᾳ σπεύδοντες· εἰ δὲ μὴ ταὐτὰ ἡγοῦνται σφίσι τε αὐτοῖς συμφέρειν καὶ τῷ ὑμετέρῳ κοινῷ, δυσμενεῖς ἂν τῇ πόλει εἶεν* (der Potentialis in der Apodosis auch Lys. XXV, 14 nach *εἰ* c. praeter. Is. XV, 95 nach *ἤν τε*. XIX, 32 zweimal, nach *εἰ* c. fut. und nach *εἰ* c. praeter. Isae. I, 21 nach *εἰ* c. praet. Hyp. Epit. XII f. zweimal nach *εἰ* c. praes. D. XIX, 238 zweimal nach *εἰ* c. praet. XX, 113 nach *εἰ* c. fut. XXII, 62 nach *εἴτε* c. praet. [D.] XXVI, 14 nach *εἰ* c. praet. Gorg. Hel. 19 nach *εἰ* c. praes. Plat. Apol. c. 15 und 32 zweimal nach *εἰ* (*εἴτε*) c. praes.; vgl. Aristeid. I, 653 Df. Das Präteritum mit *ἄν* steht in der Apodosis Ant. II, *γ*, 2. [Lys.] IX, 12. Isae. XI, 25. D. XXVII, 55 = [D.] XXIX, 47. [D.] XXXII, 16. Aristeid. I, 652 Df. und ist teils als Irrealis teils als Potentialis der Vergangenheit zu fassen. Aken, Tempus und Modus § 206). Thuk. III, 42, 2: *τούς τε λόγους ὅστις διαμάχεται μὴ διδασκάλους τῶν πραγμάτων γίγνεσθαι, ἢ ἀξύνετός ἐστιν ἢ ἰδίᾳ τι αὐτῷ διαφέρει· ἀξύνετος μέν, εἰ — ἡγεῖται —, διαφέρει δ' αὐτῷ, εἰ — ἡγεῖται*. Aristeid. I, 653: *σκαιοὺς τοίνυν καὶ ἀναιδεῖς ἐγὼ μὲν οὐκ ἂν αὐτοὺς προσείποιμι, προσειπὼν δέ τις οὐκ ἂν ἁμάρτοι θατέρου, σκαιοὺς μέν, εἰ —, ἀναιδεῖς δέ, εἰ* (vgl. Thuk. VI, 40, 1: *ὦ πάντων ἀξυνετώτατοι, εἰ μὴ μανθάνετε κακὰ σπεύδοντες, [ἢ ἀμαθέστατοί ἐστε*] *ὧν ἐγὼ οἶδα Ἑλλήνων, ἢ ἀδικώτατοι, εἰ εἰδότες τολμᾶτε.* Die Worte *ἢ ἀμ. ἐστε* halte ich mit Dobree und anderen für ein Glossem). Sehr häufig ist auch der Fall, dafs das Resultat des Schlusses durch eine allgemeine Wendung im voraus angedeutet wird. Besondere Beachtung verdienen zwei isokrateische Beispiele, die hier zu erwähnen sind: VIII, 137 f.: *οὐ μὴν ἀλλ' ὁπότερον ἂν ποιήσωσιν, τό γ' ἡμέτερον καλῶς ἕξει καὶ συμφερόντως. ἤν τε γὰρ δόξῃ τῶν πόλεων ταῖς προεχούσαις ἀπέχεσθαι τῶν ἀδικημάτων, ἡμεῖς τούτων τῶν ἀγαθῶν τὴν αἰτίαν ἕξομεν· ἤν τ' ἐπιχειρῶσιν ἀδικεῖν, ἐφ' ἡμᾶς ἅπαντες οἱ δεδιότες καὶ κακῶς πάσχοντες καταφεύξονται* (die mit *εἴτε — εἴτε* und *ἐάν τε — ἐάν τε* gebildeten Dilemmata sind, da sie nicht dieselbe schlagende Kraft haben wie die mit *εἰ μέν — εἰ δέ* und *ἐὰν μέν — ἐὰν δέ*, nicht eben häufig. Ich habe mir noch notiert Ant. II, *γ*, 2. Is. XIV, 46. XV, 95. Isae. I, 37. X, 9. D. I, 18. XIX, 341. XXII, 62. [D.] XII, 21. Plat. Apol. c. 32. Wegen des latein. sive — sive verweise ich auf Seyffert a. a. O. S. 139 und Madvig, Gr. § 458). XV, 94 ff.: *πρὸς οὓς ὅπως βούλεσθε θέτε με διακεῖσθαι· πρὸς γὰρ τὸ παρὸν πανταχῶς ἕξει μοι καλῶς. ἤν τε γὰρ ὑπολάβητε σύμβουλον εἶναί με καὶ διδάσκαλον τούτων, δικαίως ἂν ἔχοιτέ μοι πλείω χάριν ἢ τοῖς δι' ἀρετὴν ἐν πρυτανείῳ σιτουμένοις. — εἴ τε τῶν μὲν πεπραγμένων ἐκείνοις μηδὲν συναίτιος ἐγενόμην, ὡς ἑταίροις δὲ καὶ φίλοις αὐτοῖς ἐχρώμην, ἱκανὴν ὑπὲρ ὧν φεύγω τὴν γραφὴν ἡγοῦμαι καὶ ταύτην εἶναι τὴν ἀπολογίαν* (zum Wechsel des subjektiven und objektiven Ausdrucks: *ἤν τε ὑπολάβητε — εἴτε ἐγενόμην* vgl. XIX, 32: *εἰ μὲν ὁμολογήσει — εἰ δὲ ἐγένετο.* Lyk. 63: *εἰ μὲν ὁμολογοῦσιν — εἰ δὲ πεποίηκεν.* [D.] XII, 13: *εἰ μέν φατε — εἰ δὲ κατεκράτει* [Ennius 108 Vahlen: si existimas — sin est]. § 21: *εἴτε γίγνεται — εἴτε τούτων μὲν ἀμφισβητήσειέ τις, ἀξιοῖ δέ.* D. XX, 24: *εἰ μέν τις ἔχει — εἰ δὲ φήσουσιν.* Is. IV, 21 f.: *εἰ δεῖ — εἴ τινες — μὴ νομίζουσι — ἀξιοῦσι δέ.* [D.] prooem. 32: *εἰ μὲν ἀγνοοῦσιν — εἰ δὲ ταῦτα μὲν μηδ' ἂν φήσαιεν ἀγνοεῖν*). Anderen bemerkenswerten Phrasen begegnen wir Is. XI, 43: (*καὶ σὺ μὲν οἴει καὶ τοὺς μηδὲν προσήκοντας, ἤν σοι πλησιάσωσι, βελτίους ποιήσειν, τοὺς δὲ θεοὺς οὐδεμίαν ἡγεῖ τῆς τῶν παίδων ἀρετῆς ἔχειν ἐπιμέλειαν.*) *καίτοι κατὰ τὸν σὸν λόγον δυοῖν τοῖν αἰσχίστων οὐ διαμαρτάνουσιν· εἰ μὲν γὰρ μηδὲν δέονται χρηστοὺς αὐτοὺς εἶναι, χείρους εἰσὶ τῶν ἀνθρώπων τὴν διάνοιαν, εἰ δὲ βούλονται μέν, ἀποροῦσι δ' ὅπως ποιήσωσιν, ἐλάττω τῶν σοφιστῶν τὴν δύναμιν ἔχουσιν.* And. I, 20: *καίτοι τί ἐβουλόμην, εἰ ἐμήνυσα μὲν κατὰ τοῦ πατρὸς — καὶ ὁ πατὴρ ἐπείσθη ἀγῶνα τοιοῦτον ἀγωνίσασθαι, ἐν ᾧ δυοῖν τοῖν μεγίστοιν κακοῖν οὐκ ἦν αὐτῷ ἁμαρτεῖν; ἢ γὰρ ἐμοῦ δόξαντος τὰ ὄντα μηνῦσαι κατ' ἐκείνου ὑπ' ἐμοῦ ἀποθανεῖν, ἢ αὐτῷ σωθέντι ἐμὲ ἀποκτεῖναι* (Schiller zu Sluiter S. 70. Den Bedingungssatz vertritt zweimal das Partic., *δόξαντος* und *σωθέντι.* Dafs die Antithese nicht eben scharf ist, zeigen die folgenden Gesetzesworte;

man erwartete: ἢ δόξαντός μου τὰ ὄντα μ. — ἢ μὴ δόξαντος αὐτῷ oder: ἢ τὰ ὄντα μου δόξαντος μ. — ἢ τὰ ψευδῆ αὐτῷ). And. II, 7: (οὐ φθόνου μᾶλλον ἢ οἴκτου ἄξιά μοί ἐστι τὰ γεγενημένα·) ὃς εἰς τοσοῦτον ἦλθον δυσδαιμονίας —, ὥστ' ἀνάγκην μοι γενέσθαι δυοῖν κακοῖν τοῖν μεγίστοιν θάτερον ἑλέσθαι, ἢ μὴ βουληθέντι κατειπεῖν τοὺς ταῦτα ποιήσαντας οὐ περὶ ἐμοῦ μόνου ὀρρωδεῖν, ἀλλὰ καὶ τὸν πατέρα οὐδὲν ἀδικοῦντα σὺν ἐμαυτῷ ἀποκτεῖναι —, ἢ κατειπόντι τὰ γεγενημένα αὐτὸν μὲν ἀφεθέντα μὴ τεθνάναι, τοῦ δὲ ἐμαυτοῦ πατρὸς μὴ φονέα γενέσθαι. τί δ' ἂν οὐ πρό γε τούτου τολμήσειεν ἄνθρωπος ποιῆσαι; ἐγὼ τοίνυν ἐκ τῶν παρόντων εἱλόμην ταῦτα, ἃ ἐμοὶ μὲν λύπας ἐπὶ χρόνον πλεῖστον οἴσειν ἔμελλεν, ὑμῖν δὲ ταχίστην τοῦ παρόντος τότε κακοῦ μετάστασιν (die Prämissen sind enthalten in μὴ βουληθέντι κτλ. und κατειπόντα τὰ γεγ. Das zweite κακόν ergiebt sich aus den Worten ἃ ἐμοὶ μὲν λύπας — ἔμελλεν; eigentlich mufste ein Gedanke der Art in das Dilemma selbst aufgenommen werden). D. XIX, 151 f.: χωρὶς δὲ τούτων δυοῖν χρησίμοιν οὐ διαμαρτήσεσθαι τὴν πόλιν ἡγούμην πλευσάντων ἡμῶν· ἢ γὰρ παρόντων καὶ κατὰ τὸ ψήφισμ' αὐτὸν ἐξορκωσάντων ἃ μὲν εἰλήφει τῆς πόλεως ἀποδώσειν, τῶν δὲ λοιπῶν ἀφέξεσθαι, ἢ μὴ ποιοῦντος ταῦτ' ἀπαγγελεῖν ἡμᾶς εὐθέως δεῦρο κτλ. (auch hier zweimal Ptcp.). XXIII, 195: ἐπειδὴ δὲ —, δυοῖν ἀγαθοῖν θάτερον ὑμῖν, ἂν καταψηφίσησθε, συμβήσεται· ἢ γὰρ ἐξαπατῶν παύσεται, νομίσας οὐκέτι λανθάνειν, ἢ εἴπερ αὐτῷ βουλομένῳ πρὸς ὑμᾶς ἐστιν οἰκείως ἔχειν ὡς ἀληθῶς, ἀγαθόν τι ποιεῖν πειράσεται, γνοὺς ὅτι τῷ φενακίζειν οὐκέθ' ἃ βούλεται πράξει. Thuk. IV, 28, 5: ἀσμένοις δ' ὅμως ἐγίγνετο τοῖς σώφροσι τῶν ἀνθρώπων, λογιζομένοις δυοῖν ἀγαθοῖν τοῦ ἑτέρου τεύξεσθαι, ἢ Κλέωνος ἀπαλλαγήσεσθαι, ὃ μᾶλλον ἤλπιζον, ἢ σφαλεῖσι γνώμης Λακεδαιμονίους σφίσι χειρώσεσθαι (in diesen Beispielen ist nur dem zweiten Gliede eine ὑπόθεσις beigefügt). (D.) prooem. 44: ἂν δ' ἀκούσητε σιωπῇ —, δυοῖν ἀγαθοῖν θάτερον ὑμῖν ὑπάρξει· ἢ γὰρ πεισθήσεσθε, ἄν τι δοκῶμεν λέγειν συμφέρον, ἢ βεβαιότερον περὶ ὧν ἐγνώκατε ἔσεσθε πεπεισμένοι. ἂν γὰρ οἷς τι διαμαρτάνειν οἰόμεθ' ἡμεῖς ὑμᾶς, ταῦτα μηδενὸς ἄξια φανῇ, μετ' ἐλέγχου τὰ δεδογμένα νῦν ὑμεῖς ἔσεσθ' ᾑρημένοι. Hier ist die ὑπόθεσις des zweiten Gliedes in den folgenden Kausalsatz ἂν γὰρ οἷς κτλ. aufgenommen. Dilemmata ohne jede ὑπόθεσις finden sich Soph. El. 1319 ff.: ὡς ἐγὼ μόνη οὐκ ἂν δυοῖν ἥμαρτον· ἢ γὰρ ἂν καλῶς ἔσωσ' ἐμαυτὴν ἢ καλῶς ἀπωλόμην. Thuk. I, 33, 3: ἵνα μὴ — μηδὲ δυοῖν φθάσαι ἁμάρτωσιν, ἢ κακῶσαι ἡμᾶς ἢ σφᾶς αὐτοὺς βεβαιώσασθαι, wo man Poppos und Classens Anm. nachlese. Ähnliches weiter unten. Wegen des Ausdrucks kann man noch vergleichen (D.) LXI, 6: ἡγούμενος δυοῖν τοῖν καλλίστοιν οὐ διαμαρτήσεσθαι κτλ. (= 'in der Hoffnung, zwei sehr gute Zwecke zugleich zu erreichen', also anders wie in den übrigen Beispielen dieser Art). In den meisten der bisher behandelten Stellen beginnt das Dilemma mit γάρ (εἰ μέν γε And.

II, 2 — vgl. Anh. zu § 27 und das Asyndeton Cic. de off. III, 5, 26 —, *καὶ εἰ* Gell. V, 11, 2, *κἂν μέν* D. XXII, 40, *καὶ εἴτε* Plat. Apol. 40[d] — Cic. Tusc. I, 41, 97: quam ob rem sive —, *εἰ μὲν τοίνυν* Dein. I, 50, *ἐὰν μὲν οὖν* Xen. Anab. II, 4, 19, *οὐκοῦν — εἰ μέν* Plat. Apol. 27[d]). Dieselbe Partikel finden wir in vielen andern Beispielen, die zumeist mit den zuletzt besprochenen verwandt sind. Da Demosthenes diese Form am häufigsten anwendet, so beginnen wir am besten mit diesem. Des Raumes wegen werde ich von nun an nur einen Teil der Stellen ausschreiben. D. XX, 112 f.: (*ἔστι τοίνυν τις πρόχειρος λόγος, ὡς ἄρα καὶ παρ' ἡμῖν ἐπὶ τῶν προγόνων πόλλ' ἀγάθ' εἰργασμένοι τινὲς οὐδενὸς ἠξιοῦντο τοιούτου, ἀλλ' ἀγαπητῶς ἐπιγράμματος ἐν τοῖς Ἑρμαῖς ἔτυχον. ἐγὼ δ' ἡγοῦμαι τοῦτον τὸν λόγον κατὰ πόλλ' ἀσύμφορον εἶναι τῇ πόλει λέγεσθαι, πρὸς δὲ καὶ οὐδὲ δίκαιον.*) *εἰ μὲν γὰρ ἀναξίους εἶναί τις φήσει κἀκείνους τιμᾶσθαι, τίς ἄξιος, εἰπάτω, εἰ μήτε τῶν προτέρων μηδεὶς μήτε τῶν ὑστέρων. εἰ δὲ μηδένα φήσει, συναχθεσθείην ἂν ἔγωγε τῇ πόλει, εἰ μηδεὶς ἐν ἅπαντι τῷ χρόνῳ γέγονεν ἄξιος εὖ παθεῖν. καὶ μὴν εἴ γ' ὁμολογῶν ἐκείνους εἶναι σπουδαίους μὴ τετυχηκότας δείξει μηδενός, τῆς πόλεως ὡς ἀχαρίστου δήπου κατηγορεῖ* (wegen der zum ersten Teile *τίς ἄξιος, εἰπάτω* hinzutretenden Epexegese *εἰ δὲ μηδένα φήσει κτλ.* beginnt das zweite Hauptglied anstatt mit *εἰ δέ* mit *καὶ μὴν εἴ γε.* Ähnliche Erweiterungen im ersten Gliede D. XXVII, 20 f.: *εἰ δ' αὖ* und *εἰ δέ.* Dein. I, 50 f.: *κἄν*, im zweiten Lys. XIII, 76: *ἐὰν δέ.* Isae. II, 27: *εἰ δέ.* Plat. Staat II, 365[e]: *εἰ δ' οὖν.* An allen Stellen aufser D. XXVII, 20 f. und Plat. a. a. O. geht ein Imper. voraus. Dieser Modus findet sich auch sonst zuweilen in der Apodosis; vgl. D. XXIV, 189. Aesch. III, 237. Lyk. 63. Ein schönes Beispiel mit doppeltem Imper. Verg. Aen. II, 675 ff.: si periturus abis, et nos rape in omnia tecum; sin aliquam expertus sumptis spem ponis in armis, hanc primum tutare domum. cui parvus Iulus, cui pater et conjunx quondam tua dicta relinquor?). § 24: *οὕτω τοίνυν τινὲς σφόδρ' ἔχουσιν ἀλογίστως, ὥστ' ἐπιχειροῦσι λέγειν —, ὡς ἄρα δεινόν, εἰ ἐν κοινῷ μὲν μηδ' ὁτιοῦν ὑπάρχει τῇ πόλει, ἰδίᾳ δέ τινες πλουτήσουσιν ἀτελείας ἐπειλημμένοι. ἔστι δὲ ταῦτ' ἀμφότερ' οὐχὶ δίκαιον λέγειν.*) *εἰ μὲν γάρ τις ἔχει πολλὰ μηδὲν ὑμᾶς ἀδικῶν, οὐχὶ δεῖ δήπου τοῦτο βασκαίνειν· εἰ δ' ὑφῃρημένον φήσουσιν ἢ τιν' ἄλλον οὐχ ὃν προσήκει τρόπον, εἰσὶ νόμοι καθ' οὓς προσήκει κολάζειν. ὅτε δὲ τοῦτο μὴ ποιοῦσιν, οὐδὲ τὸν λόγον αὐτοῖς τοῦτον λεκτέον.* XXIV, 188: (*ἀκούω δ' αὐτὸν λέγειν ὡς ἐκτέτισται τὰ χρήματ' Ἀνδροτίωνι καὶ —, καὶ ὅτι δεινότατ' ἂν πάθοι πάντων ἀνθρώπων, εἰ πεποιηκότων ἐκείνων τὰ δίκαια — μηδὲν ἧττον αὐτὸς ἁλίσκοιτο. ἐγὼ δὲ τὸν λόγον ἡγοῦμαι τοῦτον οὐδὲ καθ' ἓν λέγειν ἐνεῖναι τούτῳ.*) *εἰ μὲν γὰρ ὑπὲρ τούτων, οὓς τὰ προσήκοντα φῂς πεποιηκέναι, θεῖναι τὸν νόμον ὁμολογεῖς, κατ' ἐκεῖνο προσήκει σ' ἁλίσκεσθαι φανερῶς, ὅτι μὴ τιθέναι νόμον, ἐὰν μὴ τὸν αὐτὸν ἐπὶ πᾶσι τοῖς πολίταις,* ἄντικρυς **οἱ κύριοι νόμοι** λέγουσι —. **εἰ δὲ τοῦ πᾶσι** συμφέροντος ἕνεκα ταῦτα **νομοθετῆσαι** φήσεις, μὴ λέγε τὴν **ἔκτισιν** τὴν τούτων· οὐδὲν γὰρ κοινωνεῖ τῷ νόμῳ τῷδε· ἀλλ' ὡς ἐπιτήδειός **ἐστι** καὶ καλῶς ἔχων ὁ νόμος, τοῦτο δίδασκε. τοῦτο γάρ ἐσθ' ὑπὲρ οὗ σὺ μὲν εἰσενεγκεῖν φῂς κτλ. (die ἀποστροφή wie § 122. XVIII, 196. XXII, 62. [D.] XXXII, 16. Hyp. f. Eux. XXVIII. Dein. I, 50. Aesch. III, 236. Noch anders Lys. XIII, 75, wo der Sprecher erst im zweiten Gliede **des** Dilemma den Gegner anredet: εἰ μὲν προσποιεῖται — εἰ δ' ἀμφισβητεῖς). XXVII, 54 f. XIX, 341 f.: (ὅτι δ' οὐ μόνον κατὰ τἄλλα, ἀλλὰ καὶ τὰ πρὸς αὐτὸν τὸν Φίλιππον πράγματα πανταχῶς συμφέρει τοῦτον ἑαλωκέναι, θεάσασθε.) εἴτε γὰρ ἥξει ποτ' εἰς ἀνάγκην τῶν δικαίων τι ποιεῖν τῇ πόλει, τὸν τρόπον μεταθήσεται· — εἴτ' ἐπὶ τῆς αὐτῆς ἥσπερ νῦν ἐξουσίας καὶ ἀσελγείας μενεῖ, τοὺς ὁτιοῦν **ἂν** ἐκείνῳ ποιήσοντας ἀνῃρηκότες ἐκ τῆς πόλεως ἔσεσθ', ἂν τούτους **ἀνέλητε.** XXII, 62: (κἀκεῖν' οἶδ', ὅτι χρήματ' εἰσπράττειν τοῦτον ἐχειροτονήσαθ' ὑμεῖς, οὐχὶ τὰς ἰδίας συμφορὰς ὀνειδίζειν καὶ προφέρειν ἑκάστῳ.) εἴτε γὰρ ἦσαν ἀληθεῖς, οὐ σοὶ ῥητέαι —· εἴτε μὴ προσηκούσας κατεσκεύαζες, πῶς οὐχ ὁτιοῦν ἂν πάθοις δικαίως; (zu dem Adj. verb. ῥητέαι vgl. Is. XIV, 10. Gorg. Hel. 19. Plat. Staat II, 365^{d-e}). XXI, 134: (εἶτ' εἴ σ' ἐπὶ τούτοις ἔσκωψεν 'Α. ἤ ἄλλος τις, πάντας ἤλαυνες;) εἰ μὲν γὰρ ἐποίεις ταῦθ' ἅ σέ φασιν οἱ συνιππεῖς —, δικαίως κακῶς ἤκουες· — εἰ δὲ μὴ ποιοῦντός σου κατεσκεύαζόν τινες —, οἱ δὲ λοιποὶ — οὐκ ἐκείνοις ἐπετίμων, ἀλλὰ σοὶ ἐπέχαιρον, δῆλον ὅτι ἐκ τῶν ἄλλων ὧν ἔζης ἄξιος αὐτοῖς ἐδόκεις εἶναι τοῦ τοιαῦτ' ἀκούειν. XVIII, 196. XIX, 42. XXII, 18: (ἀκούω δ' αὐτὸν τοιοῦτον ἐρεῖν τιν' ἐν ὑμῖν λόγον, ὡς οὐχ ἡ βουλὴ γέγονεν **αἰτία** τοῦ μὴ πεποιῆσθαι τὰς ναῦς, ἀλλ' ὁ τῶν τριηροποιῶν ταμίας ἀποδρὰς ᾤχετ' ἔχων πένθ' ἡμιτάλαντα —. ἐγὼ δὲ πρῶτον μὲν —. ἔπειτα κἀκεῖν' ἔτι βούλομαι φράσαι πρὸς ὑμᾶς. **οὔ** φημι δίκαιον **εἶναι περὶ** ἀμφοῖν λέγειν, ὡς οὐ παρὰ τὸν νόμον **ἡ δωρεὰ δέδοται,** καὶ ὡς οὐ διὰ **τὴν** βουλὴν οὐκ εἰσὶν αἱ τριήρεις.) **εἰ** μὲν γὰρ διδόναι **καὶ** μὴ **ποιησαμένῃ** προσήκει, τί τοῦτο δεῖ λέγειν, δι' ὅντινα δήποτ' οὐ πεποίηνται; εἰ δ' οὐκ ἔξεστι, τί μᾶλλον, ἂν διὰ τὸν δεῖν' ἢ τὸν δεῖν' ἐπιδείξῃ μὴ πεποιημένας, ἐκείνῃ προσῆκε λαβεῖν; (der Gegner wird getadelt, weil er zwei einander widersprechende Behauptungen aufstellt. Ähnlich Isae. VI, 58. XI, 24. Xen. Anab. II, 4, **19.** — Die Negation (μή — οὐ) wechselt ebenso D. XX, 24. XXI, 206. **Vgl.** de arg. ex contr. S. 365 f., wo hinzuzufügen, dafs μή nach **εἰ μέν** auch steht Plat. **Staat** II, 365^{d}, desgleichen οὐ nach εἰ μέν Dion. Halic. de Thuc. jud. 14, 5. Aristeid. I, 652 Df., nach εἰ δέ **Aristeid.** I, 653 Df.). I, 18. Vgl. auch XXIII, 133. Neben diesen demosthenischen Beispielen erwähne ich noch Plat. Charm. 158^{d}: (εἶπε γὰρ ὅτι οὐ ῥᾴδιον εἴη ἐν τῷ παρόντι οὔθ' ὁμολογεῖν οὔτ' ἐξάρνῳ εἶναι τὰ ἐρωτώμενα.) ἐὰν μὲν γάρ, ἦ δ' ὅς, μὴ φῶ εἶναι σώφρων, ἅμα μὲν ἄτοπον αὐτὸν καθ' ἑαυτοῦ τοιαῦτα λέγειν, ἅμα δὲ καὶ Κριτίαν τόνδε ψευδῆ ἐπιδείξω καὶ ἄλλους πολλοὺς οἷς δοκῶ εἶναι σώφρων· **ἐὰν δ' αὖ φῶ καὶ ἐμαυτὸν** ἐπαινῶ, ἴσως ἐπαχθὲς φανεῖται, ὥστ' οὐκ ἔχω ὅ τι σοι **ἀποκρίνωμαι.** Ant. III, γ, 8: (οὐ δίκαιος δὲ ἀποφυγεῖν ἐστι διὰ τὴν ἀτυχίαν τῆς ἁμαρτίας.) εἰ μὲν γὰρ ὑπὸ μηδεμιᾶς ἐπιμελείας τοῦ θεοῦ ἡ ἀτυχία γίγνεται, ἁμάρτημα οὖσα τῷ ἁμαρτόντι συμφορὰ δικαία γενέσθαι ἐστίν. εἰ δὲ θεία κηλὶς τῷ δράσαντι προσπίπτει ἀσεβοῦντι, οὐ δίκαιον τὰς θείας προσβολὰς διακωλύειν γίγνεσθαι. II, γ, 2. (Lys.) IX, 12 (vgl. Emper. opusc. 73 f. Stutzer, Hermes XIV, **512** f.). Is. IV, 21 f.: τοῦτο μὲν γὰρ εἰ — τοῦτο δ' εἰ (diese breite Ausdrucksweise habe ich nirgends weiter gefunden). XIV, **46 f.** Isae. I, 37: (οἶμαι **δ' ὑμᾶς τὸ** περὶ ἡμῶν δίκαιον σαφέστατ' ἂν παρ' αὐτῶν τούτων πυνθάνεσθαι. εἰ γάρ τις αὐτοὺς ἔροιτο διὰ τί ἀξιοῦσι κληρονόμοι γενέσθαι τῶν Κλ., τοῦτ' ἂν εἰπεῖν ἔχοιεν, ὅτι καὶ γένει ποθὲν προσήκουσι καὶ ἐκεῖνος αὐτοῖς χρόνον **τινὰ** ἐπιτηδείως διέκειτο. οὐκ ἂν ἄρα ὑπὲρ ἡμῶν μᾶλλον ἢ ὑπὲρ σφῶν αὐτῶν εἶεν εἰρηκότες;) εἴτε γὰρ διὰ τὴν τοῦ γένους ἀγχιστείαν δεῖ γενέσθαι τινὰς κληρονόμους, ἡμεῖς ἐγγυτέρω γένει προσήκομεν· εἴτε διὰ τὴν φιλίαν τὴν ὑπάρχουσαν, ἴσασιν αὐτὸν ἅπαντες ἡμῖν οἰκειότερον διακείμενον (in dem folgenden Schlufssatze: ὥστ' **οὐ** χρὴ παρ' ἡμῶν, ἀλλὰ παρ' **αὐτῶν τούτων** πυνθάνεσθαι τὸ **δίκαιον** kehrt der Redner **mittels eines κύκλος** zu **den Anfangsworten des ganzen** Gedankenkomplexes zurück). Isae. **I, 21. II, 27. Lyk.** 63. Hyp. Epit. XII. (D.) XII, 15: (Πεπαρήθιοι δὲ τὴν νῆσον **κατέλαβον.** τί οὖν ἐχρῆν με ποιεῖν; οὐ δίκην λαβεῖν παρὰ τῶν ὑπερβεβηκότων τοὺς ὅρκους; οὐ τιμωρήσασθαι τοὺς οὕτως ὑπερηφάνως ἀσελγαίνοντας;) καὶ γὰρ εἰ Πεπαρηθίων ἦν ἡ νῆσος, τί προσῆκεν ἀπαιτεῖν Ἀθηναίους; εἰ δ' ὑμετέρα, πῶς οὐκ ἐκείνοις ὀργίζεσθε καταλαβοῦσι τὴν ἀλλοτρίαν; (εἰ **für εἰ μέν auch** Plut. Kleom. 31. **Gell. V,** 11, 2. D. XIX, 238. **μέν und δέ fehlt in der** διάλληλος δεῖξις Aesch. III, **188,** wo freilich Weidner jetzt εἰ δ' ἐκεῖνοι schreibt. Dafs **im** Latein. neben si — sin und sin autem sehr häufig auch si — si gebraucht wird, ist hinlänglich bekannt; vgl. Seyffert **a. a.** O. S. 139). (D.) XII, 21. Thuk. VI, 40, 2: (καὶ τῶν τοιῶνδε ἀγγελιῶν ὡς πρὸς αἰσθομένους **καὶ** μὴ ἐπιτρέψοντας ἀπαλλάγητε.) ἡ γὰρ πόλις ἥδε, **καὶ εἰ** ἔρχονται Ἀθηναῖοι, ἀμυνεῖται αὐτοὺς ἀξίως αὐτῆς, καὶ στρατηγοί εἰσιν ἡμῖν **οἳ** σκέψονται αὐτά· καὶ εἰ μή τι αὐτῶν **ἀληθές** ἐστιν, **ὥσπερ οὐκ** οἴομαι, οὐ πρὸς **τὰς ὑμετέρας** ἀγγελίας **καταπλαγεῖσα καὶ** ἑλομένη ὑμᾶς ἄρχοντας αὐθαίρετον δουλείαν ἐπιβαλεῖται (**über καὶ εἰ** s. Classen). Plut. Kleom. 31: ποῖ πλέομεν ἀλογίστως **ἀποφεύγοντες** ἐγγὺς ὂν κακὸν καὶ μακρὰν διώκοντες; **εἰ** γὰρ **κτλ.** Der **Lateiner** gebraucht **in** diesem Falle entweder eine Kausalpartikel oder ein explikatives Asyndeton. Erstere steht Ennianae **poes.** reliquiae ed. Vahlen S. 108: injuria abs te adficior **indigna,** pater. nam si inprobum esse Cresphontem olim existimas, **cur** me huic locabas nuptiis? sin est probus, **cur talem** invitam invitum cogis linquere? desgl. in der Dichterstelle bei Cornif. ad Herenn. II, 26, 42: qua causa accusem hunc? — nam si veretur, quid eum accuses, qui est probus? sin inverecundum animi ingenium possidet, quid autem accuses, qui id parvi auditum aestumet? (vgl. die Anm. von Kayser S. 262). Cic. de off. II, 2, 6: (sapientia autem est rerum divinarum et humanarum causarumque, quibus eae res continentur, scientia, cujus studium qui vituperat haud sane intellego quidnam sit quod laudandum putet.) nam sive oblectatio quaeritur animi requiesque curarum, quae conferri cum eorum studiis potest, qui semper aliquid anquirunt, quod spectet et valeat ad bene beateque vivendum? sive ratio constantiae virtutisque ducitur, aut haec ars est aut nulla omnino, per quam eas assequamur. p. Caec. 1, 3 (de adversarii testibus nunc sum animo aequissimo.) si enim sunt viri boni, me adjuvant, cum id jurati dicunt, quod ego injuratus insimulo; sin autem minus idonei, me non laedunt, cum iis sive creditur, creditur hoc ipsum, quod nos arguimus, sive fides non habetur, de adversarii testium fide derogatur (im zweiten Teile ist ein neues Dilemma enthalten). Phil. III, 6, 14. ad fam. VII, 27, 2. Ein explikatives Asyndeton finden wir Cornif. ad Herenn. IV, 40, 52 in den beiden ersten Beispielen. Cic. Brut. 82, 285 u. s. w. Dafs asyndetischer Anschlufs auch im Griechischen nicht ungebräuchlich war, erhellt, abgesehen von der schon angeführten Stelle And. II, 2, aus Lyk. 34: (*τί γὰρ ἔδει προφάσεων ἢ λόγων ἢ σκήψεως; ἁπλοῦν τὸ δίκαιον, ῥᾴδιον τὸ ἀληθές, βραχὺς ὁ ἔλεγχος.) εἰ μὲν ὁμολογεῖ τὰ ἐν τῇ εἰσαγγελίᾳ ἀληθῆ καὶ ὅσια εἶναι, τί οὐ τῆς ἐκ τῶν νόμων τιμωρίας τυγχάνει; εἰ δὲ μή φησι ταῦτα ἀληθῆ εἶναι, τί οὐ παραδέδωκε τοὺς οἰκέτας καὶ τὰς θεραπαίνας;* Xen. Anab. V, 8, 18. Aesch. III, 188. Anderer Art ist das Asyndeton Hyp. f. Eux. XXVIII: *τοῦτ' εἰ μὲν ὑπελάμβανες κτλ.*, wo vielleicht das unmittelbar vorausgehende *ὅ* der relativen Anknüpfung im Wege stand, die wir unter ähnlichen Verhältnissen antreffen Is. III, 26: (*εἰ δὲ δεῖ τι καὶ τῶν ἀρχαίων εἰπεῖν, λέγεται καὶ τοὺς θεοὺς ὑπὸ Διὸς βασιλεύεσθαι.) περὶ ὧν εἰ μὲν ἀληθὴς ὁ λόγος ἐστί, δῆλον ὅτι κἀκεῖνοι ταύτην τὴν κατάστασιν προκρίνουσιν, εἰ δὲ τὸ μὲν σαφὲς μηδεὶς οἶδεν, αὐτοὶ δ' εἰκάζοντες οὕτω περὶ αὐτῶν ὑπειλήφαμεν, σημεῖον ὅτι πάντες τὴν μοναρχίαν προτιμῶμεν.* Lyk. 76. Gorg. Hel. 19. Vgl. Cic. p. Planc. 5, 13 (Tusc. I, 41, 97. Sall. Cat. 52, 16: quare vanum equidem hoc consilium est, si periculum ex illis metuit; sin in tanto omnium metu solus non timet, eo magis refert me mihi atque vobis timere, wo die chiastische Stellung der Glieder zu beachten ist). Wenn der Gedanke es erforderte, wurden zum Anschlufs an das Vorhergehende auch Konklusivpartikeln, sowie *καίτοι* und *καὶ μὴν* verwendet. So steht *οὐκοῦν εἰ μέν* D. XXIII, 43: *οὐκοῦν εἰ μὲν ἐάσομεν ὑμᾶς τούτων συμβάντων, οὐ καθαροῖς οὖσιν ὁμοῦ διατρίψομεν, εἰ δ' ἐπέξιμεν, οἷς ἐγνώκαμεν αὐτοὶ τἀναντία πράττειν ἀναγκασθησόμεθα. (ἆρά γε μικρὸν ἢ τὸ τυχόν ἐστιν, ὑπὲρ οὗ δεῖ λῦσαι τὸ ψήφισμ' ὑμᾶς;)* (D.) LVIII, 12. Aesch. II, 163. Plat. Staat II, 365[d] (s. oben S. 427); *εἰ μὲν οὖν* Lys. XIII, 75.

XXV, 2. (D.) XII, 13. Dion. Hal. de Thuc. jud. 14, 5, εἴτε οὖν Isae. X, 9, ἐὰν μὲν οὖν Lys. XIII, 76. D. XXVII, 20; εἰ μὲν τοίνυν D. XX, 145: (καίτοι καὶ τοῦτ' ἀκούω σε λέγειν, ὡς ἄρα τρεῖς σέ τινες γραψάμενοι πρότεροι τοῦδε οὐκ ἐπεξῆλθον.) εἰ μὲν τοίνυν ἐγκαλῶν αὐτοῖς λέγεις ὅτι σ' οὐ κατέστησαν εἰς κίνδυνον, φιλοκινδυνότατος πάντων ἀνθρώπων εἶ· εἰ δὲ τεκμήριον ποιεῖ τοῦ τὰ δίκαι' εἰρηκέναι, λίαν εὔηθες ποιεῖς. τί γὰρ εἵνεκα τούτου βελτίων ἔσθ' ὁ νόμος, εἴ τις ἢ τετελεύτηκε τῶν γραψαμένων πρὶν εἰσελθεῖν, ἢ πεισθεὶς ὑπὸ σοῦ διεγράψατο, ἢ καὶ ὅλως ὑπὸ σοῦ παρεσκευάσθη; (vgl. Anh. zu § 55, S. 387). XXIII, 123. XXIX, 47. XIX, 238 (hier εἰ τοίνυν ohne μέν). Dazu füge die schon citierten Stellen Plat. Apol. 27[d]. — Gorg. Pal. 26. Xen. Anab. II, 4, 19. — Dein. I, 50. Die Partikel καίτοι findet sich Lys. XXV, 14: (οὐ τοίνυν οὐδ' ἐπειδὴ οἱ τριάκοντα κατέστησαν, οὐδείς με ἀποδείξει οὔτε βουλεύσαντα οὔτ' ἀρχὴν οὐδεμίαν ἄρξαντα.) καίτοι εἰ μὲν ἐξόν μοι ἄρχειν μὴ ἐβουλόμην, ὑφ' ὑμῶν νυνὶ τιμᾶσθαι δίκαιός εἰμι· εἰ δ' οἱ τότε δυνάμενοι μὴ ἠξίουν μοι μεταδιδόναι τῶν πραγμάτων, πῶς ἂν φανερώτερον ἢ οὕτω ψευδομένους ἀποδείξαιμι τοὺς κατηγόρους; Isae. XI, 24. Hyp. f. Eux. XXX. D. XXIV, 122 (die Züricher nach Σ καὶ εἰ μέν, doch hat diese Hdschr. in γρ. καίτοι εἰ μέν). (D.) XXXII, 16. Vgl. auch Isae. VI, 58. Gleiche Bedeutung hat καὶ μήν D. XXI, 206; vgl. Aristeid. I, 652 Df. a. E. Mit καί beginnt das Dilemma in drei schon oben angeführten Beispielen D. XXII, 40. Plat. Apol. c. 32. Gell. V, 11, 2, aufserdem D. XVIII, 4 und nach der Überlieferung Is. XIX, 32: (ἀλλ' οὕτως ὠμῶς καὶ σχετλίως εἶχεν, ὥστ' ἐπὶ μὲν τὸ κῆδος οὐκ ἠξίωσεν ἀφικέσθαι, τῶν δὲ καταλειφθέντων οὐδὲ δέχ' ἡμέρας διαλιποῦσ' ἦλθεν ἀμφισβητοῦσα, ὥσπερ τῶν χρημάτων ἀλλ' οὐκ ἐκείνου συγγενὴς οὖσα). καὶ εἰ μὲν ὁμολογήσει τοσαύτην ἔχθραν ὑπάρχειν αὐτῇ πρὸς ἐκεῖνον, ὥστ' εἰκότως ταῦτα ποιεῖν, οὐκ ἂν κακῶς εἴη βεβουλευμένος, εἰ τοῖς φίλοις ἠβουλήθη μᾶλλον ἢ ταύτῃ τὴν οὐσίαν καταλιπεῖν· εἰ δὲ μηδεμιᾶς διαφορᾶς οὔσης οὕτως ἀμελὴς καὶ κακὴ περὶ αὐτὸν ἐγένετο, πολὺ ἂν δήπου δικαιότερον στερηθείη τῶν αὑτῆς ἢ τῶν ἐκείνου κληρονόμος γίγνοιτο. Vergleicht man diese Stelle sowohl mit denen, in welchen καί, als auch mit denen, in welchen καίτοι (καὶ μήν) vorkommt, so wird man leicht erkennen, dafs dieselbe mit jenen gar keine, mit diesen sehr grofse Ähnlichkeit hat. Da nun καίτοι und καί in den Hdschr. häufig verwechselt werden (vgl. was ich soeben bemerkt habe über D. XXIV, 122, sowie Vömel zu D. XVIII, 14 und Kirchner, quaest. Lysiacarum specimen — Demmin 1869 — S. 5), so trage ich kein Bedenken, auch bei Isokrates eine solche Verwechselung anzunehmen, also καίτοι εἰ μέν für καὶ εἰ μέν vorzuschlagen. Durch πρὸς δὲ τούτοις wird das Dilemma an das Vorausgehende angeschlossen Hyp. Epit. a. E., durch τούτων δ' οὕτως ἐχόντων Is. XII, 205, durch das einfache δέ Ant. IV, β, 6: ὁ δὲ ἀποθανών, εἰ μὲν ἀτυχίᾳ τέθνηκε, τῇ ἑαυτοῦ ἀτυχίᾳ κέχρηται (ἠτύχησε γὰρ ἄρξας τῆς πληγῆς), εἰ δ' ἀβουλίᾳ τινί, τῇ ἑαυτοῦ ἀβουλίᾳ διέφθαρται· οὐ γὰρ εὖ φρονῶν ἔτυπτέ με. — Eine der divisio eigentümliche Ausdrucksweise ist δυοῖν θάτερον (τὸ ἕτερον, θάτερα, τὰ ἕτερα); vgl. alterum de duobus Cic. Tusc. I, 41, 97. Dafs diese auch für das Dilemma verwendet wurde, zeigen schon von den oben genannten Beispielen Plat. Apol. c. 32. — And. II, 7. D. XXIII, 195. (D.) prooem. 44. Thuk. IV, 28, 5. Zu diesen lassen sich noch manche andere hinzufügen. Ich führe zunächst zwei an, die im Satzbau mit Plat. Apol. c. 32. D. XXIII, 195. (D.) prooem. 44 übereinstimmen, Isae. III, 74: δῆλον μὲν γὰρ ὅτι ἐπίκληρον καταλιπὼν ἀκριβῶς ἂν ᾔδει ὅτι δυοῖν θάτερον ἔμελλεν ὑπάρχειν αὐτῇ· ἢ γὰρ ἡμῶν τινα τῶν ἐγγύτατα γένους ἐπιδικασάμενον ἕξειν γυναῖκα, ἢ εἰ μηδεὶς ἡμῶν ἐβούλετο λαμβάνειν, τῶν θείων τινὰ τούτων τῶν μαρτυρούντων, εἰ δὲ μή, τῶν ἄλλων τινὰ συγγενῶν τὸν αὐτὸν τρόπον περὶ πάσης τῆς οὐσίας ἐπιδικασάμενον κατὰ τοὺς νόμους ἕξειν ταύτην γυναῖκα (wegen des εἰ nach dem zweiten ἤ vgl. D. XXIII, 195. Thuk. IV, 28, 5. D. XXVII, 45. Plat. Apol. 25[e]. Euthyphr. 15[c]. Dein. I, 11. Die Worte εἰ δὲ μὴ κτλ. dienen zur Vervollständigung des zweiten Gliedes). Plat. Gesetze IX, 854[d]. Wie And. II, 7 und Thuk. IV, 28, 5 ist das Satzgefüge Hyp. f. Lyk. VII f.: οἱ μὲν — συσκευάσαντες λοιδορίας ψευδεῖς κατὰ τῶν κρινομένων ἐξιστᾶσιν τῆς ἀπολογίας, ὥστε συμβαίνειν αὐτοῖς δυοῖν τὸ ἕτερον, ἢ περὶ τῶν ἔξωθεν διαβολῶν ἀπολογουμένοις τῆς περὶ τοῦ πράγματος ἀπολογίας ἀπολελεῖφθαι, ἢ εἰ μέμνηνται περὶ τῶν προκατηγορηθέντων, οὕτω δόξαν καταλείπεσθαι παρὰ τοῖς δικασταῖς ὅτι ἀληθῆ ἐστιν τὰ εἰρημένα (ἀπολογουμένοις vertritt die Stelle eines hypothetischen Satzes; zum Gedanken vgl. f. Eux. XLI. D. XXVII, 53). D. XXVII, 45: ἵνα δυοῖν θάτερον διαπράξαιτο, ἢ — βελτίους αὐτοὺς εἶναι — προτρέψειεν, ἢ εἰ κακοὶ γίγνοιντο, μηδεμιᾶς συγγνώμης — τυγχάνοιεν. (D.) LI, 16: δυοῖν θάτερον ἐξελέγχουσιν αὐτούς, ἢ τότ' ἐκείνους ἀδίκως συκοφαντοῦντες, ἢ νῦν τοῖσδ' ἐπὶ μισθῷ συνηγοροῦντες. Is. XIV, 34: δυοῖν θάτερον ἀναγκαῖόν ἐστιν αὐτοῖς, ἢ μένοντας ἀποθνήσκειν — ἢ φεύγοντας ἀπορεῖν κτλ. (beachte das doppelte Ptcp.). VII, 33 (πάθοιεν hier doch wohl beizubehalten). Hierzu kommt eine dritte abgekürzte Form: D. XVIII, 139: καίτοι δυοῖν αὐτὸν ἀνάγκη θάτερον, ἢ μηδὲν τοῖς πραττομένοις ὑπ' ἐμοῦ τότ' ἔχοντ' ἐγκαλεῖν μὴ γράφειν παρὰ ταῦθ' ἕτερα, ἢ τὸ τῶν ἐχθρῶν συμφέρον ζητοῦντα μὴ φέρειν εἰς μέσον τὰ τούτων ἀμείνω (die Ptcpia hier kausal). (D.) XLIX, 41. Is. VI, 89. XV, 197. Vgl. auch D. XIX, 176: εἶτα τῶν ἄλλων πρέσβεων ἕκαστον καλῶ, καὶ δυοῖν θάτερον, ἢ μαρτυρεῖν ἢ ἐξόμνυσθαι ἀναγκάσω. ἂν δ' ἐξομνύωσιν, ἐπιορκοῦντας ἐξελέγξω φανερῶς. Dieselbe Wendung ohne δυοῖν θάτερον (D.) LVIII, 7: ἀλλ' ὅμως ἐὰν ὑμεῖς — ἀναγκάζοντος ἐμοῦ συναναγκάζητε ἤτοι μαρτυρεῖν ἢ ἐξομνύεσθαι — εὑρεθήσεται τἀληθές. XLV, 60. Ebenso steht im Dilemma einfach ἤ — ἤ Herod. I, 11: νῦν τοι δυῶν ὁδῶν παρεουσέων δίδωμι αἵρεσιν, ὁκοτέρην βούλεαι *τραπέσθαι. ἢ γὰρ Κανδαύλεα ἀποκτείνας ἐμέ τε καὶ τὴν βασιληίην ἔχε τὴν Λυδῶν, ἢ αὐτόν σε* **αὐτίκα οὕτω** *ἀποθνήσκειν* **δεῖ —. ἀλλ' ἤτοι** *κεῖνόν γε τὸν ταῦτα βουλεύσαντα δεῖ ἀπόλλυσθαι ἢ σὲ τὸν ἐμὲ γυμνὴν θεησάμενον.* ebenda 12. Thuk. VI, 36, 1. D. XX, 102. Aesch. III, 91: *οὐδὲν γὰρ ἦν τὸ μέσον, εἰ —, ἀλλ' ὑπῆρχεν αὐτῷ ἢ φεύγειν ἐκ Χαλκίδος ἢ τεθνάναι ἐγκαταληφθέντι.* Plat. Apol. 25[e]: *ἀλλ' ἢ οὐ διαφθείρω ἤ, εἰ διαφθείρω, ἄκων.* (D.) XIII, 36. Soph. Aj. 479. El. 1320. D. VIII, 4: *οὐδενὸς ἧττον τεθαύμακα ὃ καὶ πρῴην τινὸς ἤκουσ' εἰπόντος ἐν τῇ βουλῇ, ὡς ἄρα δεῖ τὸν συμβουλεύοντ' ἢ πολεμεῖν ἁπλῶς ἢ τὴν εἰρήνην ἄγειν συμβουλεύειν.* Dieses Dilemma wird von Demosthenes als *ἔμμεσον* bekämpft. Die hypothetische Doppelperiode, in der dies geschieht, schliefst mit den Worten: *τί τοῦτο λέγουσιν, ὡς πολεμεῖν ἢ ἄγειν εἰρήνην δεῖ*; worauf es weiter heifst: *οὐ γὰρ αἵρεσίς ἐστιν ἡμῖν τοῦ πράγματος, ἀλλ' ὑπολείπεται τὸ δικαιότατον — τῶν ἔργων, ὃ ὑπερβαίνουσιν ἑκόντες οὗτοι. τί οὖν ἐστι τοῦτο; ἀμύνεσθαι τὸν πρότερον πολεμοῦνθ' ἡμῖν.* — Ebenso häufig wie im Dilemma gebrauchte man *δυοῖν θάτερον* im argumentum ex remotione und in anderen verwandten Beweisfiguren, und zwar finden wir die zweite der genannten drei Formen Aesch. III, 208: *τῷ πολλάκις μὲν ἐπιορκοῦντι, ἀεὶ δὲ μεθ' ὅρκων ἀξιοῦντι πιστεύεσθαι δυοῖν θάτερον ὑπάρξαι* **δεῖ,** *ὧν οὐδέτερόν ἐστι Δ. ὑπάρχον, ἢ τοὺς θεοὺς καινοὺς ἢ τοὺς ἀκροατὰς μὴ τοὺς αὐτούς* (wegen des Zusatzes *ὧν οὐδέτερον — ὑπάρχον,* **den** Cobet **n. l. 103 für** ein frigidum vel pueris emblema erklärt, vgl. D. XIX, 203. LVII, 34. [D.] LVI, 2 f. Plat. Krit. 52[a]). Lys. XII, 34: *δεῖ γὰρ Ἐ. δυοῖν θάτερον ἀποδεῖξαι, ἢ ὡς οὐκ ἀπήγαγεν αὐτόν, ἢ ὡς δικαίως* **τοῦτ'** *ἔπραξεν. οὗτος δ' ὡμολόγηκεν ἀδίκως συλλαβεῖν, ὥστε ῥᾳδίαν ὑμῖν τὴν διαψήφισιν περὶ αὐτοῦ πεποίηκεν* (ähnlich **die** schon in der Anm. citierte Stelle D. XIX, 203, desgl. Lys. XIII, **84;** vgl. **auch** [D.] LVI, 27. XL, 60. Lys. XXIX, 5. **D.** LVII, 34). (D.) LVI, 27: *δεῖξον οὖν δυοῖν θάτερον, ἢ τὴν συγγραφὴν ὡς οὐκ ἔστιν ἡμῖν κυρία, ἢ ὡς οὐ δίκαιος εἶ πάντα κατὰ ταύτην πράττειν.* Isae. III, 58: *οὐκοῦν δυοῖν τὰ ἕτερα προσῆκε τῇ γυναικί, ἢ — ἤ.* Plat. Krit. 52[a]: *ἐφιέντων (ἡμῶν) δυοῖν θάτερα, ἢ πείθειν ἡμᾶς ἢ ποιεῖν, τούτων οὐδέτερα ποιεῖ.* Für die abgekürzte Form führe ich an Dein. I, 10 f.: *δυοῖν γὰρ θάτερον ἐχρῆν αὐτούς, ἢ καὶ τὴν προτέραν ζήτησιν — ζητεῖν —· ἢ εἰ ταῦθ' ὑμεῖς* **ἐβούλεσθε** *Δ. συγχωρεῖν, τὴν περὶ τῶν νῦν ἀποπεφασμένων ζήτησιν* **χρημάτων μὴ** *προσδέχεσθαι.* D. XIX, 102 ff. (D.) LVI, 2. Is. V, 86. **Vgl.** Lys. XXIX, **5:** *ἡγοῦμαι δὲ Φιλοκράτει δύο εἶναι καὶ μόνας ἀπολογίας· προσήκειν γὰρ αὐτῷ ἀποδεῖξαι ἢ ἑτέρους ἔχοντας τὰ Ἐ. χρήματα, ἢ ἀδίκως ἀπολωλότα ἐκεῖνον κτλ.* (das Beispiel ist mit **den** früher erwähnten verwandt, in denen auf *δυοῖν θάτερον* ein Satz mit *ἢ γάρ* folgt). XIII, 84. D. XIX, 203: *οὐ μὴν ἀλλ' ἔγωγ' οἶμαί μοι προσήκειν ἀμφότερ' ὑμῖν ἐπιδεῖξαι, καὶ —, καὶ τὴν δικαίαν ἥτις ἐστὶν ἀπολογίαν. ἡ μὲν τοίνυν δικαία καὶ ἁπλῆ, ἢ ὡς οὐ πέπρακται τὰ κατηγορημένα δεῖξαι, ἢ ὡς πεπραγμένα συμφέρει τῇ* *πόλει. τούτων δ' οὐδέτερον δύναιτ' ἂν οὗτος ποιῆσαι. οὔτε γὰρ κτλ.* LVII, 34. And. III, 13. Die bisher genannten Stellen haben das gemeinsam, daſs *τοῖν δυοῖν οὐδέτερον* stattfindet. Dagegen geschieht beides Isae. I, 38: *πάντων δ' ἂν εἴη δεινότατον, εἰ τοῖς μὲν ἄλλοις ψηφίζοισθε, ὅταν θάτερα τούτων ἀποφαίνωσι σφᾶς αὐτούς, ἢ γένει προτέρους ὄντας ἢ τῇ φιλίᾳ τῇ πρὸς τὸν τετελευτηκότα, ἡμᾶς δ' οἷς ἐστιν ἀμφότερα ταῦτα παρὰ πάντων ὁμολογούμενα, ἀξιώσετε μόνους ἀκλήρους ποιῆσαι τῶν ἐκείνου* (de arg. ex contr. 197 und 383). In solchen Fällen kann natürlich von einem arg. ex remotione nicht die Rede sein. Wohl aber liegt dasselbe da vor, wo geschlossen wird: 'Es kann nur A oder B stattfinden (es ist nur A oder B denkbar); nun aber findet A nicht statt (darf A nicht stattfinden); demnach muſs B stattfinden'. Cicero nennt, wie wir S. 426 sahen, dieses Schema disjunctio. Hierher gehören Plat. Phaed. 76[a]: *ὥστε δυοῖν τὰ ἕτερα, ἤτοι ἐπιστάμενοί γε αὐτὰ γεγόναμεν — ἢ ὕστερον, οὕς φαμεν μανθάνειν, οὐδὲν ἄλλ' ἢ ἀναμιμνήσκονται οὗτοι, καὶ ἡ μάθησις ἀνάμνησις ἂν εἴη.* (Lys.) VI, 8: *εὖ γὰρ ἐπίστασθε ὅτι οὐχ οἷόν τε ὑμῖν ἐστιν ἅμα τοῖς τε νόμοις τοῖς πατρίοις καὶ Ἀνδοκίδῃ χρῆσθαι, ἀλλὰ δυοῖν θάτερον, ἢ τοὺς νόμους ἐξαλειπτέον ἐστὶν ἢ ἀπαλλακτέον τοῦ ἀνδρός* (vgl. Aesch. I, 119: *ὁ γὰρ περιττὸς ἐν τοῖς λόγοις Δ. ἢ τοὺς νόμους φησὶν ἐξαλείφειν δεῖν, ἢ τοῖς ἐμοῖς λόγοις οὐκ εἶναι προσεκτέον.* D. XVIII, 152: *καὶ προφάσεις εὐλόγους εἰλήφεσαν· ἢ γὰρ αὐτοὺς εἰσφέρειν καὶ ξένους τρέφειν ἔφασαν δεῖν καὶ — ἢ κεῖνον αἱρεῖσθαι.* [D.] X, 76. Aristeid. R. LI a. E. Hyp. f. Lyk. XII: *μοιχεύειν δ' οὐκ ἐνδέχεται ἀπὸ πεντήκοντα ἐτῶν ἀρξάμενον, ἀλλ' ἢ πάλαι μοι πρόσεστιν, ὃ δειξάτωσαν οὗτοι, ἢ ψευδῆ τὴν αἰτίαν εἰκὸς εἶναι.* D. XXII, 29: *ἀλλ' ἢ δεῖξον οὐ πεποιηκότα ταῦτα σεαυτόν, ἢ δίκην ὕπεχε ὧν γέγραφάς τι τοιοῦτος ὤν· οὐ γὰρ ἔξεστί σοι.* Thuk. III, 45, 4. Is. V, 133). Plat. Phaed. 66[e]: *εἰ γὰρ μὴ οἷόν τε μετὰ τοῦ σώματος μηδὲν καθαρῶς γνῶναι, δυοῖν θάτερον, ἢ οὐδαμοῦ ἔστιν κτήσασθαι τὸ εἰδέναι ἢ τελευτήσασιν* (Lys. I, 18: *σοὶ οὖν ἔξεστι δυοῖν ὁπότερον βούλει ἑλέσθαι, ἢ μαστιγωθεῖσαν εἰς μυλῶνα ἐμπεσεῖν — ἢ κατειποῦσαν ἅπαντα τἀληθῆ μηδὲν παθεῖν κακόν. — βούλεσθαι* stehend bei einer *αἵρεσις*; vgl. Is. XV, 94. [D.] LVIII, 12. Herod. I, 11. D. XVIII, 213. Schmidt, Synonym. III, S. 608). In diesen Beispielen vertritt das erste Glied die Protasis eines Kondizionalsatzes. Dieselbe Ausdrucksweise mit umgekehrter Stellung der Glieder D. IX, 11: *Ὀλυνθίοις τετταράκοντ' ἀπέχων στάδι' εἶπεν ὅτι δεῖ δυοῖν θάτερον, ἢ κείνους ἐν Ὀλύνθῳ μὴ οἰκεῖν ἢ αὐτὸν ἐν Μακεδονίᾳ.* Dionys. Hal. Antt. V, 10 a. E.: *εὖ δ' ἴστε, ὅτι, δυοῖν θάτερον, ἢ Κολλατῖνον ἕξοντες ὕπατον ἢ Βροῦτον* (vgl. D. XV, 23: *εἰ γάρ τί που κεκράτηκε τῆς πόλεως βασιλεύς, ἢ τοὺς πονηροτάτους τῶν Ἑλλήνων καὶ προδότας αὐτῶν χρήμασι πείσας ἢ οὐδαμῶς ἄλλως κεκράτηκεν.* Einfaches *ἤ* D. XX, 83: *ὑπὲρ ὧν ᾤετο δεῖν ἀποθνήσκειν ἢ νικᾶν*, wo Westermann. XVI, 13. Xen. Hier. 4, 11). Bekanntlich wird im Latein. aut — aut ganz ähnlich gebraucht. Vgl. z. B. Cornif. ad Herenn. IV, 23, 33: ergo, si —, aut isti domi nascitur aurum aut, unde licitum non est, pecunias cepit. Cic. de nat. deor. II, 33, 85: aut igitur nihil est, quod sentiente natura regatur, aut mundum regi confitendum est. de offic. II, 2, 6 (s. S. 438). de finn. II, 19, 62: aut hoc testium satis est aut nescio quid satis sit. Tusc. I, 7, 14. Mehr bei Seyffert, schol. Lat. I, 137 f. Wichert, die Lat. Stillehre S. 89 ff. Weifsenborn und Müller zu Liv. praef. 11. Ein dem *δυοῖν θάτερον* entsprechendes nihil medium geht voraus Liv. VII, 39, 14: somno gravem Quinctium oppressum, nihil medium, aut imperium atque honorem aut, ubi restitaret, mortem, ni sequeretur, denuntiantes, in castra pertraxerunt (Gronov: aut — honorem, si sequeretur, aut, u. r., mortem denuntiantes). Ich schliefse mit drei Stellen, deren jede etwas Eigentümliches enthält, Plat. Charm. 160[d]: *δυοῖν γὰρ δὴ τὰ ἕτερα, ἢ οὐδαμοῦ ἡμῖν ἢ πάνυ που ὀλιγαχοῦ αἱ ἡσύχιοι πράξεις ἐν τῷ βίῳ καλλίους ἐφάνησαν ἢ αἱ ταχεῖαί τε καὶ ἰσχυραί* (hier ist *δυοῖν τὰ ἕτερα, ἢ — ἢ* = wo nicht — so doch). Isae. I, 22: (*φάσκοντες καλεῖν τὴν ἀρχὴν Κλεώνυμον, ἵνα βεβαιώσῃ τὴν αὐτῶν δωρεάν, προσταχθὲν αὐτοῖς οὐκ ἐτόλμησαν εἰσαγαγεῖν, ἀλλὰ καὶ τὸν ἐλθόντα — ἀπέπεμψαν.*) *καὶ δυοῖν τοῖν ἐναντιωτάτοιν θάτερα μέλλοντες, ἢ τὴν οὐσίαν ἕξειν βεβαιοτέραν ἢ ἐκείνῳ μὴ ποιήσαντες ἀπεχθήσεσθαι, τὴν ἀπέχθειαν εἵλοντο μᾶλλον ταύτης τῆς δωρεᾶς. καίτοι πῶς ἂν ἕτερα τούτων γένοιτο ἀπιστότερα;* (vgl. § 18). Dein. II, 22: *δωροδοκία γὰρ καὶ προδοσία κρινομένη παρ' ὑμῖν δυοῖν θάτερον ἐκ τοῦ λοιποῦ χρόνου ποιήσει τοὺς ἄλλους, ἢ χρήματα λαμβάνειν καθ' ὑμῶν θαρροῦντας ὡς οὐ δώσοντας δίκην, ἢ φοβεῖσθαι τὸ λαμβάνειν ὡς τῆς τιμωρίας τοῖς ληφθεῖσιν ἀξίας γενησομένης τῶν ἀδικημάτων.* Im allgemeinen vgl. Schömann zu Isae. 191 f. Weber zu Dem. Aristocr. 500. Schneider zu Is. VII, 33. Rehdantz Dem. Ind. II, Accus. 4. Mit Stellen wie D. IX, 11 (*δεῖ δυοῖν θάτερον, ἤ*). Is. VI, 89 (*τοὺς — βεβιωκότας δυοῖν δεῖ θάτερον, ἤ*). Dein. I, 10 (*δυοῖν θάτερον ἐχρῆν αὐτούς, ἤ*) sind zusammenzuhalten D. VIII, 43: *πρῶτον μὲν δὴ τοῦτο δεῖ, ἐχθρὸν ὑπειληφέναι — ἐκεῖνον.* Plat. Theaet. 184[b]. Gorg. 491[d]. Eur. Herc. fur. 311: *ὃ χρὴ γὰρ οὐδεὶς μὴ χρεὼν θήσει ποτέ.* Arist. Ekkl. 297: *ὁπόσ' ἂν δέῃ τὰς ἡμετέρας φίλας.* Frö. 1368: *ἴτε δεῦρό νυν, εἴπερ γε δεῖ καὶ τοῦτό με, ἀνδρῶν ποιητῶν τυροπωλῆσαι τέχνην.* Vgl. Kühner II, S. 255.

§ 77. *παρασκευάζεσθαι*] Vgl. Anh. zu § 55, S. 381. — *ἐπὶ Φυλήν τε*] Vgl. noch Plat. Lach. 187[b]: *ἐν τοῖς υἱέσι τε καὶ ἐν τοῖς τῶν φίλων παισίν.* Thuk. I, 141, 4: *ἀπὸ τῶν ἰδίων τε ἅμα ἀπόντες καὶ ἀπὸ τῶν αὐτῶν δαπανῶντες.* IV, 12, 3: *ἐκ νεῶν τε καὶ ἐς τὴν ἑαυτῶν — ἀποβαίνειν.* III, 109, 2: *τοὺς Ἀμπρακιώτας τε καὶ τὸν μισθοφόρον ὄχλον.* IV, 96, 7: *πρὸς τὸ Δήλιόν τε καὶ τὴν θάλασσαν.* Plat. Phaed. 58[c]: *μεταξὺ τῆς δίκης τε καὶ τοῦ θανάτου.* Euthyphr. 9[c]. Br. VII, 325[a]: *μετέπεσε τὰ τῶν τριάκοντά τε* καὶ πᾶσα ἡ τότε πολιτεία. Phaedr. 257[d]: οἱ μέγιστον δυνάμενοί τε καὶ σεμνότατοι ἐν ταῖς πόλεσιν. 259[d]. Thuk. VII, 36, 6, sowie die ähnlichen Stellen de arg. ex contr. S. 359 (Anm. 55 a. E.). — συγκατῆλθεν ἀπὸ Φυλῆς] mit dem Palat.; Cobet und Herw. συγκ. τοῖς ἀπὸ Φ. mit dem Laur., doch möchte Herw. die Worte τοῖς ἀπὸ Φ. lieber 'una litura' tilgen. Über die Wiederholung vgl. Anh. zu § 58, S. 388; gegen die Einschiebung des τοῖς spricht schon die Konzinnität. — καὶ τοῦτο μέγιστον ἀγώνισμα εἶναι] Sollen diese Worte, wie Frohberger will, von ἀκούω abhängen, so mufs man doch wohl ein Verbum des Glaubens einfügen oder εἶναι in ein solches (etwa in ἡγεῖσθαι) abändern; denn statt 'und dafs dies ein Hauptstreich sei' erwartet man vielmehr 'und dafs er dies für einen Hauptstreich halte'. Auch das in der Anm. für εἶναι vorgeschlagene ποιεῖσθαι könnte in der Bedeutung 'wofür halten' genommen werden, zumal da Herodot a. a. O. das Wort in ähnlichem Sinne gebraucht hat. Allein mit Rücksicht auf die Parallele aus Antiphon (vgl. auch D. XX, 1) hielt ich es für geratener, diesen Infin. etwas anders zu fassen und mit παρασκευάζεσθαι zu verbinden. Die Konstruktion würde dieselbe bleiben, wenn man die Übersetzung vorzöge: 'und dies zur Hauptstütze seiner Verteidigung zu machen'. Sauppe, dem Rauchenstein folgt, läfst, wie es scheint, die Worte nach dem zu § 78 besprochenen Wechsel der Konstruktion von ἀπολογεῖσθαι abhängen. Er übersetzt 'und das sei ein grofses Verdienst, eine gewaltige Heldenthat' und vergleicht Thuk. VII, 56, 2. 59, 2. An beiden Stellen steht ebenso wie 86, 2 καλόν bei ἀγώνισμα, während sich μέγα dabei noch findet Longin de sublim. 14 (I, 263 Sp.). Ich ziehe wegen Ant. a. a. O. die Deutung Frohbergers vor, mag dieselbe immerhin einen Eingriff in die Überlieferung notwendig machen. Passend citiert Frohberger auch Aesch. III, 205: πάλαισμα δικαστηρίου; vgl. Koch zu Arist. Frö. 689. — ἦλθεν] ἦλθε μέν Herw. — οὗτος] οὑτοσί Sauppe. — καίτοι πῶς — ὡς τούτους] Vgl. noch Is. XIX, 34. And. I, 23 und was ich über die freiere Anknüpfung des Relativpronomens in derartigen Enthymemen und rhetorischen Wendungen bemerkt habe de arg. ex contr. 24 ff. Mit Is. IX, 49 und 66 vgl. Cic. p. Tullio 21, 50: quid ad hanc clementiam addi potest, qui ne hoc quidem permiserint, ut domi suae caput suum sine testibus et arbitris ferro defendere liceret? Die S. 26 vorgeschlagene Interpunktion halte ich nicht mehr für notwendig. Dafs auch τούτου oder ἤ hinzutreten konnte, zeigen die Stellen, die ich ebenda S. 296 f. angeführt habe (D. LV, 28. [Lys.] XX, 13 u. a.). Herwerden hat τούτου nach ἄνθρωπος eingeschoben, Rauchenstein τουτουΐ nach μιαρώτερος, ohne οὑτοσὶ ὅστις durch Parallelstellen zu belegen. — Φυλῇ] mit Rauchenst. und Scheibe für das hdschr. Φυλήν. Herw. streicht das 'additamentum' τινες ἐπὶ Φυλήν nach Dobree. — ὑπὸ τούτου] ὑπὸ τουτουΐ Sauppe, ὑφ' αὑτοῦ (ἑαυτοῦ) Herw. und Rauchenst.

§ 78. *ἐπειδὴ δ' εἶδον αὐτὸν τάχιστα, συλλαβόντες ἄγουσιν*] Über die Interpunktion Förtsch, obs. crit. in Lys. or. 32 f., über die durch den Chorismos bewirkte Hervorhebung des *τάχιστα* Anh. zu XII, 94 (*ὅταν ἐντύχῃς πρῶτον* Plat. Lys. 211[b]). — *ὡς ἀποκτενοῦντες*] tilgt Halbertsma unter Zustimmung Kaysers (Philol. XXV, 312). Aber im Folgenden würden die Worte *καὶ τοὺς ἄλλους* ganz ohne Sinn sein, wenn nicht ein dem *ἀποσφάττειν* verwandtes Verbum vorausgienge. — *Ἄνυτος*] nach Dobree für das hdschr. *Ἄν. ἐπὶ Φυλήν*. Auch Scheibe und Rauchenst. klammern *ἐπὶ Φυλήν* ein. Man könnte wohl auch *ἐπὶ Φυλῇ* korrigieren; aber erst nach Entfernung des ganzen Zusatzes erhält das an der Spitze stehende *στρατηγῶν* 'in seiner Eigenschaft als Befehlshaber' den von Lys. beabsichtigten Nachdruck; vgl. § 79: *ἀνάγκη δ' ἦν στρατηγοῦ ἀνδρὸς ἀκροᾶσθαι*. Über Anytos ausführlich Cobet n. l. 670 ff. — *οὔπω οὕτω*] nach Stephanus Rauchenst., Cobet, Westerm.; *οὐχ οὕτω* nach dem Laurent. Scheibe, Herw.; im Palat. nur *οὕτω*. Es würde das einfache *οὔπω* genügen, wenn *διακεῖσθαι* oder *διατιθέναι* mit dem Infin. nachweisbar sein sollte. Vgl. Lys. XVIII, 22: *οἷς ἡ τύχη παρέδωκεν ὥστε*. Plat. Phaedr. 269[d] (*δύνασθαι ὥστε*). Gesetze IV, 709[e] (*ἔχειν ὥστε*). IX, 875[a]. Phaedr. 258[b]. Polit. 295[a] (*ἱκανὸν φύεσθαι* und *γίγνεσθαι ὥστε*). Soph. Phil. 656. Eur. Hipp. 705 (*ἔστιν ὥστε*). (D.) XLIV, 16 (*ἐφ' ἡμῖν ἦν ὥστε*). Xen. Anab. V, 6, 30. Kyr. VIII, 2, 2. Hell. V, 3, 10. Is. VI, 40 (*γίγνεται ὥστε*). Plat. Prot. 338[c] (*ἀδύνατον ὥστε*). — *δεῖν*] *δέοι* Herw. — *ἡσυχίαν ἔχειν*] *ἡσ. ἄγειν* Herw. Dies allerdings häufiger bei Lysias; vgl. III, 20. 30. VII, 1. XII, 75. XXII, 3. XXIX, 6. Allein *ἔχειν ἡσ.* auch XXVIII, 7 (vgl. Pseudolys. VI, 34. IX, 4). — *οἴκαδε*] tilgt Herw.

§ 79. *ἐπὶ Φυλῇ*] nach Westerm. u. Kayser mit Scheibe, Rauchenst.; *ἐπὶ Φυλήν* mit den Hdschr. Cobet. Herw. tilgt die Worte nach Dobree, ebenso Frohberger in der kl. Ausg. Die Stelle liefert ein neues Beispiel zur Figur des *κύκλος* (*ἦλθεν οὗτος ἐπὶ Φυλήν* = *τοῦ ἀποφυγεῖν τοῦτον ἐπὶ Φυλῇ*), das durch die Gegenüberstellung der Verba *ἦλθεν* und *ἀποφυγεῖν* einen sarkastischen Anstrich erhält. Freilich ist der Abschlufs nur ein scheinbarer, da mit *ἀλλ' ἕτερον κτλ.* ein auf dieselbe Örtlichkeit bezüglicher Punkt nachträglich zur Sprache gebracht wird. — *ἀλλ' ἕτερον*] Nach Bake (Mnem. VIII, 308) soll dahinter etwa ausgefallen sein: *μέγα τεκμήριον πῶς διέκειτο πρὸς τοὺς ἐπὶ Φυλῇ*. Ähnlich Herw.: *μέγα τεκμήριον ὡς ἐμισεῖτο*, der aber Add. S. 84 diese Vermutung zurücknimmt. Zum Pronomen vgl. Arist. Wesp. 1197: *ἀλλ' ἕτερον εἰπέ μοι*. D. XVIII, 31. 136. Andere elliptische Ankündigungsformeln sind *ἀλλ' ἐκεῖνο* Plat. Hipp. I, 283[d]. Luk. Paras. 9. Nigrin. 8 (wo Sommerbrodt), *ἀλλ' ὧδε πάλιν* Plat. Polit. 306[a], *ἔτι δὲ καὶ τόδε* Xen. Hell. VII, 1, 4, *ἔτι δὴ τόδε* Plat. Gesetze II, 655[b], *ἔτι δὴ σμικρὸν τόδε* Soph. 262[e], *καίτοι καὶ τοῦτο*

D. IV, 12. XVIII, 123 (vgl. [D.] XLV, 23: *καίτοι καὶ τοῦτο σκοπεῖτε.* D. XXIV, 189: *καίτοι καὶ τοῦτ' οὐκ ἀπορήσαιμ' ἂν δεῖξαι* und über die Bedeutung des *καίτοι* Birkler, die orat. Transitionsformen S. 18 und 24), *καὶ γὰρ τοῦτο* D. XIX, 314. (D.) LVI, 40, *καὶ γὰρ αὖ τοῦτο* D. XXI, 167, *ἐπεὶ κἀκεῖνο* (D.) XLIV, 55. Ähnlich D. XX, 151: *πρὸς τοίνυν Δεινίαν* (vgl. § 148 und 150). Is. XV, 281: *τὸ τοίνυν περὶ τὴν πλεονεξίαν, ὃ δυσχερέστατον ἦν τῶν ῥηθέντων.* XII, 81. Aus Cicero gehört hierher de off. III, 27, 100: atque illud etiam; vgl. die Anm. von Heine. — *οὔτε γὰρ — κατατάξας*] Genau genommen sollte es heifsen: *οὔτε γὰρ στρατιώτης οὐδεὶς οὔτε συσσιτήσας τούτῳ φανήσεται οὔτε σύσκηνος γενόμενος οὔθ' ὁ ταξίαρχος εἰς τὴν φυλὴν κατατάξας.* Ähnlicher Art die im Anh. zu XII, 98 (S. 312) angeführte Stelle des Erotikos. Mehr bei Sauppe zu D. II, 16, der mit Recht bemerkt, dafs in solchen Perioden mit *οὔτε — οὔτε — οὔτε*, in denen die beiden ersten Glieder ein Ganzes bilden, dem ein drittes Glied mit *οὔτε* gegenübertritt, das eine *οὔτε* unterdrückt zu werden pflege. — *συσσιτήσας — σύσκηνος*] Vgl. Hug zu Plat. Symp. 219ᵉ und Sauppe bei Rauchenst. Anh. — *τούτῳ*] Rauchenst. nach Sauppe *τουτωΐ*. — *γενόμενος*] auch im Palat. (Schöll, Hermes XI, 214). — *ὁ ταξίαρχος*] Der Artikel mit Recht nach Sauppes Vermutung zugesetzt von Scheibe und Rauchenst.; denn Allgemeinheit des Gedankens anzunehmen verbietet das folgende *κάλει τὸν ταξ.* und mehr noch *εἰς τὴν φυλήν.* Vom Taxiarchen einer bestimmte Phyle *ὁ ταξ.* auch III, 45. XV, 5. XVI, 16. — *μαρτυρία*] So nach Schöll a. a. O. der Palat. am Rande; vgl. Fuhr animadv. S. 38.

§ 80. *αἱ διαλλαγαί*] Den in den Hdschr. (und bei Westerm.) fehlenden Artikel hat Dobree zugesetzt. — *οἱ [πολῖται] ἐκ Πειραιῶς*] *πολῖται* nach Dobree mit Recht verworfen von Sauppe, Herw., Rauchenst. — *εἰς πόλιν*] Vgl. über *πόλις* Krüger zu Thuk. II, 15, 4. Mätzner zu Ant. S. 269. Kock zu Arist. Ri. 267 und über den fehlenden Artikel Mätzner zu Lyk. S. 279. Scheibe, comm. crit. de Isae. S. 19. K. F. Hermann, gesamm. Abhandl. und Beiträge S. 65. — *τῶν πολιτῶν*] nach Sauppe eingeklammert mit Rauchenst.; *τῶν ὁπλιτῶν* Cobet. Was Frohberger in der ersten Ausg. zur Verteidigung der Überlieferung vorbringt, weist Rauchenst. im Anh. mit Recht als nicht stichhaltig zurück. Sicherlich hat Äsimos, da er ominis causa zum Führer gewählt worden war, nicht blos die Bürger, sondern den ganzen Festzug geführt. — *μετὰ τῶν ὁπλιτῶν*] nach Sauppe mit Rauchenst. für das hdschr. *μ. τ. πολιτῶν*, was Frohberger beibehalten hat.

§ 81. *πρὸς ταῖς πύλαις*] Nach Curtius, griech. Gesch. III, 40 gieng der Zug durch die Pforten des Dipylon über den Markt des Kerameikos die Akropolis hinauf. — *ἔθεντο τὰ ὅπλα*] Krüger zu Thuk. II, 2, 4. Rehdantz zu Lyk. § 43 (Anh. 1, S. 108) und Einl. zu Xen. Anab. Anm. 30. Dagegen *ὅπλα τιθέναι* Waffen (an heiliger Stätte) niederlegen. Mommsen, Heortologie S. 217 Anm. — οὐ γὰρ ἔφη δεῖν] § 78 οὐκ ἔφη χρῆναι. Derselbe Wechsel in φημὶ δεῖν und φημὶ χρῆναι (Rehdantz zu D. II, 27). — ἀπιέναι ἐκέλευσεν ἐς κόρακας ἐκ τῶν πολιτῶν] Auch hier habe ich, abweichend von Frohberger, mit Sauppe und Rauchenst. ἐκ τῶν πολιτῶν eingeklammert. Übrigens könnte man auch unter Vergleichung von Aesch. I, 43 ἐκ τῶν πομπευόντων schreiben. An und für sich wäre ja der Zutritt eines dem εἰς c. acc. gegenüberstehenden ἐκ c. gen. nicht zu tadeln; ähnlich Arist. Wo. 123: ἀλλ' ἐξελῶ σ' ἐς κόρακας ἐκ τῆς οἰκίας. — ὡς δ' — λέγω, κάλει μοι μάρτυρας] Im Palat. nach Lampros (Hermes X, 266): ὡς δ' — λέγω, μάρτυρες und dahinter ein leerer Raum. Darnach wäre wohl ὡς δ' — λέγω, μάρτυρας κάλει (§ 66) oder παρέξομαι (§ 68) zu schreiben. μάρτυρας παρέξομαι hält auch Sauppe für diplomatisch wahrscheinlicher; vgl. Rauchenst. Anh., wo bemerkt wird, daſs diese Vermutung schon im lib. Coislin. (Lys. ed. Reiske II, 691) sich findet.

§ 82. Zu weit ging Hamaker, wenn er den ganzen Paragraphen beseitigen wollte; vgl. Scheibe, vind. 82 ff. Dagegen sind gewiſs als unechte Bestandteile auszuscheiden mit Dobree und Halbertsma οὐδεὶς γὰρ — αἴτιος, mit Sauppe μετὰ τῶν πολιτῶν, mit Halbertsma καὶ εἴ τις — κατέταξεν. So urteilt auch Rauchenst. und in Bezug auf die erste und dritte Stelle Kayser, Heidelb. Jahrb. 1866, S. 77. Philol. XXV, 312, in Bezug auf μετὰ τῶν πολιτῶν Fuhr, animadv. S. 44, der zugleich den dahinter stehenden Infin. πέμπειν mit Recht in συμπέμπειν umändert; vgl. Röhl, Jahresb. des phil. Vereins zu Berlin 1878, S. 42. Blass, Bursians Jahresber. Jahrgang 1877, S. 256. Betreffs der Worte καὶ εἴ τις — κατέταξεν wagt Fuhr nicht zu entscheiden, ob sie zu tilgen oder vor καὶ ἔρριψεν zu stellen sind. Aber mit dieser Umstellung wäre wenig geholfen, wenn man nicht zugleich nach den andern von ὑπολαμβάνειν abhängigen Fragen und nach § 79 die Stelle etwa so schriebe: καὶ εἰ οὐ κατέταξεν αὐτὸν ὁ ταξίαρχος εἰς τὴν τάξιν. — ἐπὶ Φυλῇ] ἐπὶ Φυλήν Cobet nach den Hdschr. — ὑπολαμβάνειν χρή] Ebenso an den beiden andern Stellen; dagegen ὑπολαμβάνειν δεῖ D. XIX, 89, οἴομαι δεῖν ὑπολαμβάνειν D. XXIII, 93, ὑπολαμβάνετε (Imper.) D. XXII, 10. 23. XXXIX, 35, ἵν' ἔχηθ' ὑπολαμβάνειν ἃ δεῖ D. XXII, 4, ἃ δὴ πρὸς τούτους ὑπολαμβάνοιτ' ἂν εἰκότως, ἀκούσατε D. XX, 146, εἴ τις ὑπολαμβάνει D. XXIII, 58. Nicht ganz sicher ist die Lesart (D.) XLIX, 63, wo die Zürr. und Dindorf (Ausgabe 1871) nach Σ ὑπολάβετε schreiben, Bekker nach den übrigen Hdschr. ὑποβάλλετε. Es findet sich nämlich ganz in demselben Sinne δεῖ ὑποβάλλειν D. XXI, 204, ὑμέτερον ἔργον ἐστὶν ὑποβάλλειν Aesch. III, 16,. ὑποβάλλετε (D.) XLIII, 33. 34. Aesch. III, 23. 208 (ἀνθυποβάλλετε § 209), ἀπομνημονεύετε ὑποβάλλειν Aesch. III, 48. Wie man sieht, steht, abgesehen von der fraglichen Stelle des Pseudodemosth., sonst von beiden Verbis überall das

Präsens, und das scheint allerdings für die Lesart *ὑποβάλλετε* zu sprechen; doch läfst sich das *ὑπολάβετε* vielleicht schützen durch Aesch. III, 208: *ἐκεῖνο ἀπομνημονεύσατε αὐτῷ*, was mitten zwischen *ὑποβάλλετε* und *ἀνθυποβάλλετε* hineingeschoben ist. Ich bemerke noch, dafs den Imperativen *ὑπολαμβάνετε* (*ὑπολάβετε*), *ὑποβάλλετε* u. s. w., sowie den Wendungen *δεῖ* (*χρή*) *ὑπολαμβάνειν* und *ὑποβάλλειν*, *ὑμέτερον ἔργον ἐστὶν ὑποβάλλειν* fast durchgängig ein Satz mit *ἐάν* (*ὅταν*, *ἐπειδάν*) vorausgeht. — *εἰ*] Krüger zu Thuk. VI, 60, 4. Cron zu Plat. Lach. 195[c]. — *μὴ ἀποθανεῖν*] *τοῦ μὴ ἀποθ.* Cobet. Doch vgl. Weber zu Dem. Aristocr. 248 f. Büchsenschütz und Breitenbach zu Xen. Hell. VII, 4, 19. Classen zu Thuk. I, 74, 1. Stallb. zu Plat. Phaed. 97[a]; überhaupt über die Struktur von *αἴτιος* Rehdantz Dem. Ind. II, *αἴτιος* und zu Xen. Anab. VI, 6, 8. Madvig, Philol. II, Suppl. S. 65. Pfuhl, Bedeutung des Aoristus 18. Gegen Cobet auch Rauchenst. Jahrb. 1865, 607.

§ 83. *μήτ' οὖν ταῦτ' αὐτοῦ ἀποδέχεσθε μήτ' ἂν λέγῃ, ὅτι πολλῷ χρόνῳ ὕστερον τιμωρούμεθα*] = nehmt also dies von ihm nicht an; ebenso wenig aber dürft ihr es annehmen, wenn er sagt u. s. w. Dieselbe Übergangsform Plat. Krit. 45[b] *ὥστε, ὅπερ λέγω, μήτε ταῦτα φοβούμενος ἀποκάμῃς σαυτὸν σῶσαι, μήτε ὃ ἔλεγες ἐν τῷ δικαστηρίῳ, δυσχερές σοι γενέσθω, ὅτι οὐκ ἂν ἔχοις ἐξελθὼν ὅ τι χρῷο σαυτῷ.* Thuk. III, 46, 1: *οὔκουν χρὴ οὔτε — οὔτε.* Ähnlich Plat. Apol. 19[d]: *ἀλλὰ γὰρ οὔτε τούτων οὐδὲν ἔστιν, οὐδέ γ' εἴ τινος ἀκηκόατε ὡς ἐγὼ παιδεύειν ἐπιχειρῶ ἀνθρώπους — οὐδὲ τοῦτο ἀληθές* = doch genug; denn es ist klar, dafs nichts davon wahr ist, wie es auch nicht wahr ist, wenn ihr u. s. w. (über *οὔτε — οὐδέ* vgl. Wohlrabs Anm. Poppo zu Thuk. II, 93, 3 in der adn. crit. Bäumlein, Partikeln 223; ähnlich unten Plat. Symp. 186[e]. Hipp. I, 295[e]). Häufiger findet sich diese Parataxe in affirmativen Sätzen. Thuk. VI, 17, 6: *τά τε οὖν ἐκεῖ — τοιαῦτα καὶ ἔτι εὐπορώτερα ἔσται· — καὶ τὰ ἐνθάδε οὐκ ἐπικωλύσει, ἢν ὑμεῖς ὀρθῶς βουλεύησθε.* Plat. Symp. 186[e]: *ἥ τε οὖν ἰατρική, ὥσπερ λέγω, πᾶσα διὰ τοῦ θεοῦ τούτου κυβερνᾶται, ὡσαύτως δὲ καὶ γυμναστικὴ καὶ γεωργία* (über *τέ — δέ* vgl. Stallb. und zu XXV, 34). Hipp. I, 295[e]: *τά τε οὖν ἄλλα μαρτυρεῖ ἡμῖν — ἀτὰρ οὖν καὶ τὰ πολιτικά.* D. XXIV, 36: *τοῦτό τ' οὖν ὑπὲρ ὑμῶν φυλαττόμενος ταῦτα προεῖπεν, καὶ ἔτι πρὸς τούτῳ βουλόμενος κτλ.* Isae. III, 9 f.: *περί τε οὖν τούτων ἡδέως ἂν πυθοίμην, ὅ τι ποτ' ἦν τὸ αἴτιον — καὶ πρὸς τούτοις εἰ κτλ.* Herod. VII, 135: *αὕτη τε ἡ τόλμα τούτων τῶν ἀνδρῶν θώματος ἀξίη καὶ τάδε πρὸς τούτοισι τὰ ἔπεα.* Arist. Rhet. II, 21: *ταύτην τε δὴ ἔχει μίαν χρῆσιν τὸ γνωμολογεῖν καὶ ἑτέραν κρείττω.* Lys. VII, 30: *ἐγὼ τοίνυν δέομαι ὑμῶν μὴ τοὺς τοιούτους λόγους πιστοτέρους ἡγήσασθαι τῶν ἔργων — ἐνθυμουμένους καὶ ἐκ τῶν εἰρημένων καὶ ἐκ τῆς ἄλλης πολιτείας.* D. XX, 80: *καὶ μὴν καὶ ζῶν πάνθ' ὑπὲρ ὑμῶν φανήσεται πράξας Χαβρίας, καὶ τὴν τελευτὴν αὐτὴν τοῦ βίου πεποιημένος οὐχ* ὑπὲρ ἄλλου τινός. Thuk. II, 37, 2: ἐλευθέρως δὲ τά τε πρὸς τὸ κοινὸν πολιτεύομεν καὶ ἐς τὴν — ὑποψίαν (wo Classen). VI, 38, 1: ἀλλὰ ταῦτα, ὥσπερ ἐγὼ λέγω, οἵ τε Ἀθηναῖοι γιγνώσκοντες τὰ σφέτερα αὐτῶν εὖ οἶδ' ὅτι σώζουσι, καὶ ἐνθένδε ἄνδρες οὔτε ὄντα οὔτε ἂν γενόμενα λογοποιοῦσιν. II, 36, 2: καὶ ἐκεῖνοί τε ἄξιοι ἐπαίνου καὶ ἔτι μᾶλλον οἱ πατέρες ἡμῶν (wegen der durch ἔτι μᾶλλον ausgedrückten Steigerung vgl. Arist. a. a. O. und die ähnlichen Stellen Plat. Symp. 180ᵃ: ἀλλὰ γὰρ τῷ ὄντι μάλιστα μὲν ταύτην τὴν ἀρετὴν οἱ θεοὶ τιμῶσι —, μᾶλλον μέντοι θαυμάζουσι —, ὅταν κτλ. D. XVIII, 100: καὶ καλὸν μὲν ἐποιήσατε καὶ τὸ σῶσαι τὴν νῆσον, πολλῷ δ' ἔτι τούτου κάλλιον τὸ κτλ. — καίτοι καλόν L vulg. Is. IV, 160). Thuk. II, 39, 4: καίτοι εἰ —, περιγίγνεται ἡμῖν — καὶ ἔν τε τούτοις τὴν πόλιν ἀξίαν εἶναι θαυμάζεσθαι καὶ ἔτι ἐν ἄλλοις (wo Classen). Vgl. auch D. I, 21: τοῦτο δὴ πρῶτον αὐτὸν ταράττει —, εἶτα τὰ τῶν Θετταλῶν. VIII, 43: πρῶτον μὲν δὴ τοῦτο δεῖ, ἐχθρὸν ὑπειληφέναι — ἐκεῖνον· δεύτερον δ' εἰδέναι σαφῶς ὅτι κτλ. Is. II, 15: ἄρχεσθαι μὲν οὖν ἐντεῦθεν χρὴ τοὺς μέλλοντάς τι τῶν δεόντων ποιήσειν, πρὸς δὲ τούτοις φιλάνθρωπον εἶναι δεῖ καὶ φιλόπολιν. D. II, 25: ταῦτα θαυμάζω, καὶ ἔτι πρὸς τούτοις, εἰ κτλ. XVIII, 98: ταῦτ' ἐποίουν οἱ ὑμέτεροι πρόγονοι, ταῦθ' ὑμεῖς οἱ πρεσβύτεροι. Dieselbe Parallelisierung des Besprochenen mit dem Neuen finden wir häufig bei Cicero, z. B. de off. I, 10, 32: nec promissa igitur servanda sunt ea, quae sint iis, quibus promiseris, inutilia, nec, si plus tibi ea noceant quam illi prosint, cui promiseris, contra officium est majus anteponi minori. III, 25, 95: ergo et promissa non facienda nonnunquam neque semper deposita reddenda. I, 20, 68: quamobrem et haec videnda et pecuniae fugienda cupiditas. Mit Steigerung im zweiten Gliede ebenda II, 11, 38: ergo et haec animi despicientia admirabilitatem magnam facit et maxime justitia — mirifica quaedam multitudini videtur. Gewöhnlicher in solchen Fällen cum — tum; vgl. de arg. ex contr. S. 329 f. (Anm. 47) und Seyffert, schol. Lat. I, § 36. Den von diesem Gelehrten ebenda und § 15 besprochenen Beispielen, in denen Cicero den absolvierten Teil mit dem neuen durch atque ut — ita (sic) verbindet, wird sich aus dem Griechischen wenig Analoges zur Seite stellen lassen. Was die Redner betrifft, so ist mir etwas Ähnliches nur aufgestofsen (D.) VII, 37: (ἅπαντες γὰρ ἴσμεν τίνι μηνὶ — ἡ εἰρήνη ἐγένετο.) ὥσπερ δὲ ταῦτα ἴσμεν, κἀκεῖνα ἴσμεν, τίνι μηνὶ — Σέρρειον τεῖχος — ἑάλω. Aufserdem könnte man mit Cic. de off. II, 14, 51: nec tamen, ut hoc fugiendum est, item est habendum religioni nocentem aliquando — defendere aus Demosthenes vergleichen XVIII, 140: ἆρ' οὖν οὐδ' ἔλεγεν, ὥσπερ οὐδ' ἔγραφεν, ἡνίκ' ἐργάσασθαί τι δέοι κακόν; Plat. Symp. 186ᵉ entspricht, wie wir sahen, ὡσαύτως δέ nicht einem ὥσπερ (Soph. El. 27), sondern einem τέ. Das Analogon zu einem anderen von Seyffert a. a. O. behandelten Übergange, nec solum (nec vero solum oder modo) — sed etiam, soll an anderer Stelle besprochen werden. — *ἐγὼ μὲν οἶμαι*] nach Reiske von Cobet und Herw. gestrichen. — *τιμωρεῖταί τινα*] mit Rauchenst. für *τιμωρεῖται*. Ebenso Frohberger in der kl. Ausg. Kayser (Heidelb. Jahrb. 1866, 784) will: *χρόνῳ τίς τινα τιμωρεῖται*. Joh. Frei (zu Lys. 9 f.) vermutet: *τιμωρεῖται αὐτόν, τοῦτον* oder *τιμωρεῖται τοῦτον, αὐτόν*. Vgl. Rauchenst. Jahrb. 1865, 607.

§ 84. *δέον — οὐ προσῆκον*] Beispiele für den acc. abs. bei Lysias: *δέον* XIII, 84. XIV, 7. (*ὥσπερ* —) VII, 15. XIII, 85; *προσῆκον* VII, 17. (*οὐ* —) XIII, 84. (*ὡς* —) XXV, 2; *ἐξόν* VII, 42. 43. XIX, 16. XXIV, 25. XXV, 14. 18. XXX, 4. (*οὐκ* —) X, 1, *ὡς οὐκ ἐξεσόμενον* XIV, 10; *παρόν* XII, 30. XIX, 14; *οὐ μετόν* XXXI, 32; *ὥσπερ μέλον* XXVII, 16; *προσταχθέν* XXX, 2; *διωρισμένον* XXX, 4 (Wrobel, Zeitschr. f. d. österr. Gymn. 1877, 128). — *τὸν χρόνον κερδαίνει*] Rehdantz Dem. Ind. II, *κερδαίνειν*. — *τεθνήκασιν*] Frohberger kleinere Ausg. (nach § 38 und 89?) *τεθνᾶσιν*, während er § 94 *τεθνηκέναι* beibehalten hat. Vgl. Kühner I, S. 834.

§ 85. *καὶ τούτῳ ἰσχυρίζεσθαι*] nach Kaysers Vorschlag mit Rauchenstein und Frohberger kl. Ausg. für vulg. *καὶ διισχυρίζεσθαι*; vgl. S. 386. — *ἐπιγέγραπται*] *προσγέγραπται* Halbertsma unter Zustimmung Kaysers (Philol. XXV, 312). — *ὃ πάντων — οἶμαι εὐηθέστατον*] *οἶμαι* hier ebenso auffällig wie in der de arg. ex contr. S. 371 berührten Stelle Is. IV, 105, wo Blass wohl mit Recht die Vulg. *δεινὸν ἡγούμενοι* beibehalten hat. Man könnte auch hier *ἡγοῦμαι* herstellen; doch spricht das Folgende *ὡς εἰ μὲν κτλ.* mehr dafür, die Worte *ὃ — εὐηθέστατον* ganz zu tilgen; vgl. die ähnlichen Stellen S. 387 (Lys. XIV, 16 u. s. w.), wo das ironische *ὡς* und *ὥσπερ* sich unmittelbar an den Einwurf anschliefst. Ich benutze diese Gelegenheit, um zu den de arg. ex contr. a. a. O. und ebenda S. 15 f. erwähnten Beispielen aus Lysias hinzuzufügen XXII, 2: *ἡγούμενος δ' ἐγὼ δεινὸν εἶναι*. XVI, 13: *ἡγούμενος αἰσχρὸν εἶναι*. XXXII, 1: *νομίζων αἴσχιστον εἶναι* (Lyk. 5: *αἰσχρὸν εἶναι νομίσας*. Is. VI, 2: *αἰσχρὸν νομίσας*). XVI, 17: *οὐχ ὡς οὐ δεινὸν* (gefährlich) *ἡγούμενος εἶναι*. fr. 78, 4: *αἰσχρὸν οὖν δοκεῖ εἶναι* (fr. 75, 6: *τὰ γεγενημένα δεινὰ νομιζόντων εἶναι*). XXV, 6: *ἐγὼ δ' οὐχ ἡγοῦμαι δίκαιον εἶναι*. Mit Plut. Ant. 9 und Thuk. VI, 60, 4 vgl. noch Plut. Thes. 7: *δεινὸν οὖν ἐποιεῖτο*. Thuk. IV, 85, 6: *δυσχερὲς ποιούμενοι*. Über den Gebrauch von *ἡγεῖσθαι* und *νομίζειν* in einer anderen Phrase zu XXV, 6 (Anh.). — *ἔνοχος ἂν ὤν*] mit Herw. für *ἔνοχος ὤν*; vgl. de arg. ex contr. 255. — *οὐδὲν ἄλλ', ὡς ἔοικεν*] nach eigener Vermutung für *οὐδενὶ ἄλλῳ ἔοικεν*, was ich selbst mit der Verbesserung *ἢ τῷ ὁμολογεῖν* für unerträglich halte. In der Entgegnung auf einen Einwurf findet sich *ὡς ἔοικεν* auch D. XVIII, 227. Aesch. III, 215. Es steht diese Formel in der Mitte zwischen 'wie es scheint' und 'wie natürlich' (Rehdantz zu Lyk. 85) und kann, ironisch gebraucht, in der Regel durch δήπου erklärt werden (Bäumlein, Partikeln 107 f.). Westerm. quaest. I, 22 will: τούτῳ (hiermit) δὲ οὐδὲν ἄλλο ἔοικεν (Agor.) ἢ ὁμολογεῖν, Sauppe, dem Rauchenst. folgt: τοῦτο δὲ οὐδὲν ἄλλο ἔοικεν ἢ ὁμ. Dafs ἔοικεν ohne εἶναι stehen kann, zeigen die Beispiele bei Bernhardy Synt. 332, worauf Sauppe verweist. Hier ist aber die Auslassung dieses Infin. wegen des folgenden ἢ ὁμολογεῖν doch etwas auffällig. Dies fühlte auch Renner a. a. O. 36, der, indem er dem ἔοικεν die Bedeutung decet beilegt, entweder: τοῦτο δὲ οὐδενὶ ἄλλῳ ἔοικεν· ὁμολογεῖν oder: τοῦτο δὲ οὐδενὶ ἄλλῳ ἔοικεν ἢ τουτῳΐ· ὁμολογεῖν schreiben will. Dann wäre ὁμολογεῖν Epexegese zu τοῦτο. — ὁμολογεῖν ἀποκτεῖναι] Westerm. a. a. O. ὁμολογεῖν μέν (früher schon Reiske), Herw. und Cobet nach Dobree ἀποκτεῖναι μέν. Dafs μέν auch in den schärfsten Gegensätzen fehlen kann, beweisen die von Frohberger Philol. XV, 342 und Jahrb. f. Philol. 1860, 424 f. zusammengestellten Beispiele; dazu Plat. Charm. 173ᵇ. Eur. Hel. 730. fr. bei Lyk. 100, v. 13. D. XVIII, 40. Ant. III, γ, 3. Isae. II, 6. — περὶ τούτου ἰσχυρίζεσθαι] So X nach Sauppes Kollation, nicht π. τ. δυσχυρίζεσθαι. Lampros und Schöll schweigen über die Stelle. — μὴ ἐπ' αὐτοφώρῳ μέν, ἀπέκτεινε δέ] (Lys.) XX, 21: ἧττον μὲν ἐκείνων, ἀδικοῦσι δέ. Eur. Phoen. 1421: μόλις μέν, ἐξέτεινε δ' εἰς ἧπαρ ξίφος. Herodi. VIII, 6, 2: ἄκων μέν, ἔφερε δέ. Luk. Göttergespr. VIII, 1: ἄκων μέν, κατοίσω δέ. Todtengespr. X, 6: οὐχ ἑκὼν μέν, ἀπορρίψω δέ. Dio Cass. XLIX, 1: ἄκων μέν, ὑπέσχητο δ' οὖν. LIV, 16: ἄκων μέν, εἶπε δ' οὖν (vgl. Herod. III, 80: ἐλέχθησαν λόγοι ἄπιστοι μὲν ἐνίοισι Ἑλλήνων, ἐλέχθησαν δ' ὦν). Soph. Ant. 1105: μόλις μέν, καρδίας δ' ἐξίσταμαι τὸ δρᾶν. — Plat. Br. VII, 325ᵃ: βραδύτερον μέν, εἷλκε δέ με ὅμως ἡ ἐπιθυμία. Luk. wahr. Gesch. II, 46: ἄκουσα μέν, εἶπε δὲ ὅμως. Liban. parent. in Julian. § 79: ἄκουσα μέν, εἶξε δὲ ὅμως ταῖς ἀνάγκαις. Thuk. III, 43, 1: κέρδους μὲν ἕνεκα, τὰ βέλτιστα δ' ὅμως λέγειν. — D. XXII, 64: εἰδόσι μὲν ἴσως, ὅμως δ' ἐρῶ. Plat. Staat X, 607ᶜ: βίᾳ μέν, ὅμως δὲ ἀπέχονται (vgl. D. XVIII, 221: ἐπεπείσμην δ' ὑπὲρ ἐμαυτοῦ, τυχὸν μὲν ἀναισθητῶν, ὅμως δ' ἐπεπείσμην). Arist. Wo. 1363: μόλις μέν, ἀλλ' ὅμως ἠνεσχόμην (ohne μέν Eur. bei Kr. 69, 16, 1: οἱ σώφρονες οὐχ ἑκόντες, ἀλλ' ὅμως κακῶν ἐρῶσιν). Variation Thuk. VI, 25, 2: ἄκων μὲν εἶπεν für ἄκων μέν, εἶπε δέ, wie Krüger schreiben will. Dieselbe Brachylogie im Lateinischen. Liv. IX, 19, 14: non quidem Alexandro duce nec integris Macedonum rebus, sed experti tamen sunt Romani Macedonem hostem. Cic. in Pis. 33, 82: cum a me trementibus omnino labris, sed tamen, cur tibi nomen non deferrem, requirebas. Etwas anders Liv. XXIX, 17, 13: unam profundam quidem voraginem tamen patientia nostra expleremus und Verg. ecl. I, 27: libertas, quae sera tamen respexit inertem. Mit Eur. bei Kr. a. a. O. läfst sich vergleichen Prop. III, 4, 5: sera, sed Ausoniis veniet provincia virgis. Über die Partik. omnino 'allerdings' Nägelsbach, Stil. § 195[a]. Halm zu Cic. p. Sest. 39, 84. Wie μέν — δ' οὖν bei Herod. III, 80 ist omnino — sed tamen gebraucht Cic. ad Att. XIII, 48: veretur autem ne —, ἀλόγως omnino, sed veretur tamen (vgl. de finn. V, 1, 3: me quidem — species quaedam commovit, inaniter scilicet, sed commovit tamen. in Pis. 12, 27: collegit ipse se vix, sed collegit tamen).

§ 86. δοκοῦσι δ' ἔμοιγε] Zum Übergang vgl. D. II, 20: δοκεῖ δ' ἔμοιγε. Aesch. III, 234: δοκοῦμεν δ' ἔμοιγε. Lys. XIV, 4. XXIV, 9. D. IV, 42: δοκεῖ δέ μοι. Is. X, 22: δοκεῖ δέ μοι πρέπειν περὶ αὐτοῦ καὶ διὰ μακροτέρων εἰπεῖν. D. IV, 31: δοκεῖτε δέ μοι. XVI, 16: δοκοῦσι δέ μοι. (D.) LX, 5: δοκεῖ δέ μοι καί. Is. IV, 66: δοκεῖ δέ μοι καὶ περὶ — προσήκειν εἰπεῖν. (Xen.) Staat d. Ath. 1, 16: δοκεῖ δὲ — καὶ ἐν τῷδε κακῶς βουλεύεσθαι, ὅτι. — D. XX, 102: ἐμοὶ δὲ δοκεῖ. Lys. XIII, 58: ἀνόμοιος δέ μοι δοκεῖ — γενέσθαι. Lys. V, 5: ἄξιον δέ μοι δοκεῖ εἶναι (diese Nachstellung des δοκεῖν häufig im contr., wie Lys. VII, 29. XII, 84 und in den Beispielen de arg. ex contr. S. 92; vgl. auch Xen. Staat d. Lak. 2, 12: λεκτέον δέ μοι δοκεῖ εἶναι καὶ περὶ κτλ.). — οὐκ οἰόμενοι] οὐκ setzten schon Markland und Taylor ein. — τοῦτο καὶ διισχυριζομένῳ] für das hdschr. τότε καὶ διισχυριζόμενοι (τοῦτο schon Bake, schol. hypomn. II, 275). Dryander, conj. Lys. S. 28: τόδε καὶ διισχυριζομένῳ (vgl. unten), Kayser, Jahrb. f. Philol. 1872, S. 254: τότε καίτοι ἰσχυριζομένῳ oder καίτοι ἰσχυριζομένῳ, Rauchenstein früher: συμπράττειν τότε, ἀλλὰ διισχυριζόμενοι, jetzt nach Frohbergers Änderung in der gr. Ausg. (συμπράττειν τῷ δικαίῳ ἰσχυριζόμενοι): συμπράττειν, τῷ δὲ δικαίῳ ἰσχυριζόμενοι, ebenso Frohberger in der kl. Ausg. (vgl. Rauchenst. Jahrb. f. Philol. 1866, 654 f.). Francken, comm. 97 streicht καὶ διισχ. Mit Recht halten es Kayser und Dryander für bedenklich, dasselbe ἰσχυρίζεσθαι oder διισχυρίζεσθαι, das § 85 vom Agor. gesagt ist, hier den ἕνδεκα beizulegen, Wegen Kaysers καίτοι vgl. die Anm. zu XXXI, 34. — ἀπάγοντα] für das hdschr. ἀπάγειν Frohberger und Francken. Dem Sinne nach ebenso richtig Sauppe und Rauchenstein: τῇ ἀπαγωγῇ, ἣν ἀπάγει. — τό γ' ἐπ' αὐτοφώρῳ] mit Franz (Sauppe, Rauchenst., Frohberger) für τότε ἐπ' αὐτοφ. Francken τὸ ἐπ' αὐτοφ., Herw. ἐπ' αὐτοφ. Da ἐπ' αὐτοφ. schon § 85 mehrfach erwähnt ist, könnte man auch τοῦτο τὸ ἐπ' αὐτοφ. vermuten; vgl. X, 16 ff. Die ganze Stelle schreibt Dryander a. a. O.: δοκοῦσι δ' — τὴν ἀπαγωγὴν ταύτην οἰόμενοι Ἀγοράτῳ ἄλλως συμπράττειν, τόδε (für τοῦτο?) καὶ διισχυριζομένῳ, σφόδρα ὀρθῶς ποιῆσαι (= commovisse) Διονύσιον τὴν ἀπαγωγὴν **ἀπάγειν,** ἀναγκάζοντες — τό γε ἐπ' αὐτ. — ἢ πῶς οὐκ ἂν εἴη] Sauppes Verbesserung (ep. crit. ad God. Hermannum 142) für ἢ ὅπου ἂν ᾖ. Herw.: ἐπ' αὐτοφώρῳ δὲ πῶς οὐκ ἂν εἴη, gebilligt von Francken. — ὅς] nach eigener Vermutung eingefügt; von Frohberger wird ὅστις, von Herw. εἴ τις zugesetzt. Madvig, adv. crit. I, 453: ἢ ποῦ ἂν εἴη, εἰ μὴ ὅπου. Diese Konjektur läfst sich nicht verteidigen durch die Anh. zu XII, 52 (S. 254) behandelten Stellen. Dagegen spricht für ἢ πῶς οὐκ ἂν εἴη Plat. Gorg. 492c: ἢ πῶς οὐκ ἂν ἄθλιοι γεγονότες εἴησαν ὑπὸ τοῦ καλοῦ τοῦ τῆς δικαιοσύνης καὶ τῆς σωφροσύνης, μηδὲν πλέον νέμοντες τοῖς φίλοις τοῖς αὐτῶν ἢ τοῖς ἐχθροῖς, καὶ ταῦτα ἄρχοντες ἐν τῇ ἑαυτῶν πόλει; (vgl. de arg. ex contr. XII). — ἐν τῇ βουλῇ — ἐν τῷ δήμῳ] nach Kayser und Frohberger Glosseme. — τινάς] nach den Hdschr.; τίς ἂν nach Sauppes Vorschlag Rauchenst., τίς ἂν ἄλλος Kayser, Heidelb. Jahrb. 1866, 295 (vgl. Dryander S. 29). Sauppe, der die Worte τίς ἂν ἀποκτείνειε erklärt durch: quis tandem, si Agoratus non est ἀποκτείνας ἐπ' αὐτοφώρῳ, homines illos occidit? scheint ἀποκτείνειεν ἂν als Potentialis der Vergangenheit zu fassen. Doch ist dieser Gebrauch des Optativs mit ἄν dem Atticismus fremd; vgl. Gerth a. a. O. 8 ff. Aufserdem pflegt in solchen einem contrarium beigefügten Fragen zu τίς eine Partikel wie καί, καίτοι, οὖν hinzuzutreten (de arg. ex contr. S. 317, 4); hier wäre οὖν am geeignetsten. Demnach würde man wohl, wenn anders das ἀποκτείνειν auf den vorliegenden Fall bezogen werden soll, zu schreiben haben: τίς ἂν οὖν ἀπέκτεινεν; oder, da auch der Indik. ohne ἄν stehen könnte (Aken, Tempus und Modus § 73): τίς οὖν ἀπέκτεινεν; Der Optativ mit ἄν liefse sich nur halten, wenn man unter Hinzufügung von ἐπ' αὐτοφώρῳ (Dryander a. a. O.) schriebe: τίς ἂν οὖν ἀποκτείνειεν ἐπ' αὐτοφώρῳ; = 'wen könnte man dann noch einen auf der That betroffenen Mörder nennen?' Das Pron. ἄλλος ist in jedem Falle zu entbehren. — αἴτιος] αἴτιος αὐτοῖς Herw. Ich halte das ganze Satzglied καὶ — θανάτου für ein aus dem Syllogismus § 87 eingedrungenes Glossem, das, nachdem es ursprünglich zur Erklärung von ἀποκτείνειεν hatte dienen sollen, später sinnwidrig mit diesem Verbum durch καί verbunden wurde. Dryander emendiert die Stelle in folgender Weise: οὐ δήπου ἂν ἄλλῃ πρῶτον μὲν — Ἀθηναίων ἁπάντων ὁ ἀπογράψας τινὰς (oder ἀπογράψας τις ἂν) ἀποκτείνειε καὶ αἴτιος γένοιτο τοῦ θανάτου.

§ 87. νομίζεται] nach Sluiter für das hdschr. οἴεται. Herw. u. Francken νοεῖ τό, gebilligt von Kayser (Philol. XXV, 304. Heidelb. Jahrb. 1866, 295), Frohberger, Rauchenst.; dagegen Dryander S. 30. Andere Vermutungen: δύναται (Bake, schol. hypomn. II, 276), οἴει τό (Westerm. quaest. I, 23), ὁμολογεῖται (Dryander a. a. O.), οἴει εἶναι (Rauchenst. im Anh.). Am liebsten schriebe ich ἐστὶ τό, wenn sich dies nicht allzuweit von der Überlieferung entfernte; vgl. X, 17 ff. D. XVIII, 2 und wegen des folgenden ἐάν Eur. Suppl. 312 f.: τὸ γάρ τοι συνέχον ἀνθρώπων πόλεις τοῦτ' ἔσθ', ὅταν τις τοὺς νόμους σώζῃ καλῶς. D. XXI, 224. XXIII, 62. Kr. 51, 7, 4. — ἔκ γε τοῦ σοῦ λόγου] Rauchenst. (Jahrb. f. Philol. 1860, 332): ἔκ γε τοῦ τοιούτου λόγου, Francken und Halbertsma: ἔκ γε τούτου τοῦ λόγου (vgl. Plat. Euthyphr. 14d. 8a). — ἀναγκασθέντες] Sauppe denkt an ἀναρπασθέντες oder ἀπαχθέντες, Dryander an *καταγνωσθέντες.* Frohberger (kl. Ausg.) vermifst hinter *ἀναγκασθέντες* einen Begriff wie **φονεῖς αὐτῶν** *γενέσθαι*; Rauchenstein möchte, falls *ἀναγκασθέντες* richtig ist, entweder: *ἀναγκ. κώνειον πιεῖν ὑπὸ τ. σ. ἀπ. ἀπέθανον* oder: *ἀναγκ. ὑπὸ τ. σ. ἀπ. κωνείῳ ἀπέθανον.* — *ὑπὸ τῆς — ἀπογραφῆς ἀπέθανον*] Ant. II, α, 8: *ὑπὸ τῆς γραφῆς διαφθαρῆναι.* — *ὁ αἴτιος*] Den Artikel hat Emperius (opusc. 84) hinzugefügt. Die Worte *οὐκ οὖν — ἐστί* streicht Herw. nach Dobree. Richtiger verlangt Frohberger hinter *θανάτου* einen Zusatz wie *ἐναντίον πολλῶν γενόμενος.* — *οὗτος*] Vgl. Francken S. 99. Schneider zu Is. I, 45. Mätzner zu Lyk. S. 132. de arg. ex contr. S. 42. — *ἄλλος αἴτιος*] *ἄλλος αὐτοῖς αἴτιος* Herw. — *ὁ ἀποκτείνας*] gestrichen von Halbertsma; dagegen Kayser, Philol. XXV, 314 und Francken S. 98 f. Wegen der Stellung von *ἐπ' αὐτοφώρῳ* vgl. Böhme zu Thuk. I, 18, 1. Stahl zu III, 82, 4. Rehdantz Dem. Ind. I, Stellung.

§ 88. *καὶ τοῦτο*] für *καί* mit Kayser (Heidelb. Jahrb. 1866, 788. Philol. XXV, 304) und Frohberger kl. Ausg.; vgl. oben S. 386. *περὶ — συνθηκῶν*] streicht Westerm. de locis aliquot 12 unter Zustimmung von Sauppe, Kayser, Rauchenst., Frohberger kl. Ausg. — *ἐν Πειραιεῖ*] für das hdschr. *ἐν τῷ Πειραιεῖ* mit Baiter, Pertz, quaest. Lys. I, 12, Herw., Scheibe, Rauchenst., Frohberger. Lysias hat bei den Parteinamen *οἱ ἐν Πειραιεῖ*, *οἱ ἐν ἄστει* u. a. den Artikel vermieden, wogegen Xenophon denselben bald setzt, bald wegläfst; vgl. Hell. II, 4, 24. 26. 35. 36. 37. 38 u. s. w. — *ἐπ' αὐτοφώρῳ τι*] *τὸ ἐπ' αὐτοφώρῳ* Dobree, Emperius. — *οὔ τι*] nach dem *οὔτε* des Palat.; vgl. Stallb. zu Plat. Phaed. 81[d]. Staat I, 351[a]; *οὐ* nach dem Laurent. Cobet.

§ 89. *περὶ τούτων ἂν λέγῃ*] *ἂν λέγῃ* zugesetzt nach eigener Vermutung. Rauchenst. möchte *περὶ τούτων λέγοντος*, Frohberger *περὶ τ. λέγοντος αὐτοῦ* oder *π. τ. ἐὰν ἐπιχειρῇ λέγειν.* Herw. verwandelt *περί* in *οὐδέν*, Dobree streicht *περὶ τούτων.* Die Erörterung der verschiedenen Verbindungen, in denen *ἀποδέχεσθαι* vorkommt, läfst sich dadurch sehr vereinfachen, dafs man dieselben auf zwei Hauptkonstruktionen (Accus. der Person und Accus. der Sache) zurückführt. Mit dem Accus. der Person erscheint das Verbum Lys. XII, 28: *αὐτοὺς δὲ τοὺς τριάκοντα, ἂν εἰς σφᾶς αὐτοὺς ἀναφέρωσι, πῶς εἰκὸς ὑμᾶς ἀποδέχεσθαι*; (ebenso gut hätte es *αὐτῶν τῶν τρ.* heifsen können, vgl. unten). XXIV, 7 (*ἀγρίως ἀποδέχεσθαι*). Is. I, 26. 30. 36 (*δόξεις γὰρ αὐτοὺς ἀποδέχεσθαι καὶ ζηλοῦν*; vgl. *ἐπαινέσας καὶ δεξάμενος τὴν προθυμίαν* Polyb. I, 45). 39 (*μηδένα ζῆλου — ἀλλὰ μᾶλλον ἀποδέχου*). 45. Xen. Mem. IV, 1, 1. Anax. I, 189 Sp. Hinzuzudenken ist dieser Accus. aus dem Folgenden D. XVIII, 277: *ὡς γὰρ ἂν ὑμεῖς ἀποδέξησθε καὶ πρὸς ἕκαστον ἔχητ' εὐνοίας, οὕτως ὁ λέγων ἔδοξε φρονεῖν.* Sehr häufig findet sich der Accus. der Sache; vgl. Lys. IV, 18 (*τοὺς τούτου λόγους*). XIX, 6 (*τοὺς ἐλέγχους ἀποδέχεσθε*). XXV, 11 (*οὐκ ἄξιον τὰς τού-*

των ἀποδέχεσθαι **διαβολάς**. Wenn die Überlieferung richtig ist, hat man *τούτων* gegen den sonstigen bei diesen Phrasen beobachteten Gebrauch — vgl. unten — als objektiven Genitiv zu nehmen. Wahrscheinlich aber ist nach Lys. XXX, 9 und Thuk. VI, 29, 2 *περὶ τούτων* für *τὰς τούτων* zu schreiben). XXX, 9 (*δίκαιον περὶ τοιούτων ἀνθρώπων τὰς τοιαύτας κατηγορίας ἀποδέχεσθαι*). Is. I, 15. 38, III, 10. IV, 12. IX, 2. XII, 19 (*τὴν διατριβὴν αὐτῶν*). 20. 109 u. 182 (*ἁπάσας τὰς Λακεδαιμονίων — Σπαρτιατῶν — πράξεις*). 184. 215. 236. 271. Aesch. I, 169. II, 142. III, 125 (*τὰς πράξεις ἡμῶν*). Dein. I, 113 (*τὴν αὐτοῦ τούτου μανίαν*). D. XXI, 14 (*ἀμφότερ' ὡς οἷόν τε μάλιστ' ἀπεδέξασθε*). (D.) VII, 23 (*τούτους τοὺς λόγους ὑμεῖς ἀκούοντες ἀπεδέχεσθε*, wo der Acc. sowohl von *ἀκ.* wie von *ἀπεδ.* abhängt). LVIII, 40. Xen. Mem. I, 2, 8 (*τοὺς ἀποδεξαμένους ἅπερ αὐτὸς ἐδοκίμαζεν*). Thuk. III, 3, 1. VI, 29, 2 (*ἀπόντος περὶ αὐτοῦ διαβολὰς ἀποδέχεσθαι*). 41, 2 (*διαβολὰς οὐ σῶφρον οὔτε λέγειν τινὰς ἐς ἀλλήλους οὔτε τοὺς ἀκούοντας ἀποδέχεσθαι*). 53, 2 (*πάντα ὑπόπτως ἀποδεχόμενοι*; vgl. § 3: *πάντα ὑπόπτως ἐλάμβανεν*). Plat. Phaed. 85[c]. 91[e]. Charm. 165[d]. Theaet. 160[c] (*αὐτὸ δὲ ἐφ' αὑτοῦ τι ἢ ὂν ἢ γιγνόμενον οὔτε αὐτῷ λεκτέον οὔτε ἄλλου λέγοντος ἀποδεκτέον*; vgl. Thuk. VI, 41, 2). 205[e] (*τουτο μὴ ἀποδεχώμεθα, ὃς ἂν λέγῃ* = *ἐάν τις λέγῃ*; vgl. Stallb. zu Phaed. 68[b]). Aus dem Vorhergehenden ist der Accus. zu ergänzen Arist. Pol. II, 2, 8: *ὁ γὰρ ἀκροώμενος ἄσμενος ἀποδέχεται.* Aesch. II, 13. 122 (an beiden Stellen *σφόδρα ἀποδέχεσθαι*); dagegen wird er vertreten durch einen Infin. Thuk. III, 57, 1: *ὁρᾶτε ὅπως μὴ οὐκ ἀποδέξωνται ἀνδρῶν ἀγαθῶν πέρι αὐτοὺς ἀμείνους ὄντας ἀπρεπές τι ἐπιγνῶναι.* Herod. VI, 43, wo *ἀποδ.* 'glauben' bedeutet, durch einen Genit. abs. Plat. Phaedr. 272[b]: *δοκεῖ οὕτως ἢ ἄλλως πως ἀποδεκτέον λεγομένης λόγων τέχνης*; (vgl. Passow Lex.) und wohl auch Theaet. 206[a]: *τοὐναντίον λέγοντος ἆρ' οὐ μᾶλλον ἂν ἀποδέξαιο*; (vgl. das Vorhergehende), endlich durch einen Satz mit *ἐάν* in den in der Anm. angeführten Beispielen (vgl. auch Plat. Euthyphr. 6[a]: *τὰ τοιαῦτα ἐπειδάν τις περὶ τῶν θεῶν λέγῃ, δυσχερῶς πως ἀποδέχομαι.* [D.] XLV, 50: *μηδ' ὑμεῖς ἐᾶτε, ἐὰν ἄρα οὗτος ἀναισχυντῇ.* XL, 61). Wenn noch ein Genit. der Person hinzukommt, so hat man diesen gewiſs nicht = *παρά* mit Gen. zu nehmen (vgl. Plat. Tim. 30[a]: *ταύτην δὴ γενέσεως καὶ κόσμου μάλιστ' ἄν τις ἀρχὴν κυριωτάτην παρ' ἀνδρῶν φρονίμων ἀποδεχόμενος ὀρθότατα ἀποδέχοιτ' ἄν.* Symp. 194[d]), sondern, wie in den ganz unzweifelhaften Stellen Lys. IV, 18. Is. XII, 19. 109. 182. Dein. I, 113, als abhängig vom Accus. der Sache zu fassen. So Ant. III, β, 2: *δέομαι ὑμῶν, ἐὰν ἀκριβέστερον ἢ ὡς σύνηθες ὑμῖν δόξω εἰπεῖν, μὴ διὰ τὰς προειρημένας τύχας ἀποδεξαμένους μου τὴν ἀπολογίαν δόξῃ καὶ μὴ ἀληθείᾳ τὴν κρίσιν ποιήσασθαι* (über die verschiedenen Emendationen dieser korrupten Stelle vgl. Mätzner und Blass. Zu den Adverbien, die vor *ἀποδεξαμένους* ausgefallen sein können — *ἀπηνῶς, σκληρῶς, τραχέως,* **δύσνως** nach Reiske und Kayser — füge aus **Plat.** Euthyphr. 6ᵃ *δυσχερῶς* und Gesetze I, 634ᶜ *χαλεπῶς*). **Is. Br. 1, 4:** *εἰ ἀπεδεχόμην τοὺς λόγους τούτους ἐκείνων.* **Isae.** II, 2: **μετ' εὐνοίας** *ἀποδέχεσθαί μου τοὺς λόγους.* Plat. Phaed. **89ᵃ**: *ὡς ἡδέως καὶ* **εὐμενῶς** *καὶ ἀγαμένως τῶν νεανίσκων τὸν λόγον ἀπεδέξατο.* Staat II, 357ᵃ: *τοῦ Θρασυμάχου τὴν ἀπόρρησιν οὐκ ἀπεδέξατο.* Thuk. I, 44, ·1: **τῶν** *Κορινθίων ἀπεδέξαντο τοὺς λόγους.* **VII, 48, 3**: *σφῶν ταῦτα οὐκ ἀποδέξονται.* D. XXII, **19**: *εἰ τούτου* **ταῦτ' ἀποδέξεσθε.** **Lys.** XIII, 83: **μήτ'** *οὖν ταῦτ' αὐτοῦ ἀποδέχεσθε μήτ' ἂν λέγῃ.* **Plat. Phil. 54ᵃ**: **δύο** *ἀποδέχομαί σου ταῦτα, οὐσίαν καὶ* **γένεσιν.** Staat II, 368ᵇ: *ἃ — ᾤμην ἀποφαίνειν — οὐκ ἀπεδέξασθέ μου.* Euthyphr. 9ᵉ: *οὐκοῦν ἐπισκοπῶμεν αὖ τοῦτο, εἰ καλῶς λέγεται, ἢ ἐῶμεν καὶ οὕτως ἡμῶν τε αὐτῶν ἀποδεχώμεθα* **καὶ** *τῶν ἄλλων, ἐὰν μόνον φῇ τίς τι ἔχειν οὕτω, ξυγχωροῦντες ἔχειν;* (*τοῦτο* gehört auch zu *ἐῶμεν* und *ἀποδεχώμεθα*, während *ἐὰν κτλ.* mit *ξυγχωροῦντες* zu verbinden ist). Is. XVIII, 37: *οὐδὲν ἂν δικαίως αὐτοῦ λέγοντος ἀποδέχοισθε.* D. XXVII, 59: *πῶς ἀποδέξασθαί τι προσήκει τούτων λεγόντων;* Vgl. auch die neuerdings mit Recht allgemein verworfene Vulg. Is. IX, 6 (Blass praef. XLVII). Den Accus. vertritt ein Satz mit *ὡς* Plat. Phaed. 96ᵉ: *οὐκ ἀποδέχομαι ἐμαυτοῦ οὐδὲ ὡς δύο γέγονεν*, mit *ὅταν* Plat. Staat I, 329ᵉ: *οἶμαί σου τοὺς πολλούς, ὅταν ταῦτα λέγῃς, οὐκ ἀποδέχεσθαι* (andere Lesart *οἶμαί σε*, die sich verteidigen läßt durch Lys. XII, **28**), mit **ἐάν Lys.** XIII, 83 (s. oben). XXX, 1: *ἐπειδὴ τοίνυν καὶ* **τῶν** *ἀπολογουμένων ἀποδέχεσθε, ἐὰν —, ἀξιῶ καὶ τῶν κατηγόρων ὑμᾶς ἀκροάσασθαι, ἐὰν κτλ.* (ebenso wechseln *ἀποδέχεσθαι* und *ἀκροᾶσθαι* XIV, 24; desgl. *ἀποδ.* und *ἀκούειν* Plat. Soph. 249ᵉ). Plat. Staat **I**, 337ᵇ: *οὐκ ἀποδέξομαί σου, ἐὰν τοιαῦτα φλυαρῇς.* Gesetze I, 634ᶜ: ***ἀλλ' ἂν ἄρα*** *τις ἡμῶν ψέξῃ τι, μὴ χαλεπῶς ἀλλὰ πράως ἀποδεχώμεθα* **ἀλλήλων,** desgl. ein Partic. Lys. XIV, 24: *ἐπειδὴ γὰρ καὶ τῶν ἀπολογουμένων ἀποδέχεσθε λεγόντων —, εἰκὸς ὑμᾶς καὶ τῶν κατηγόρων ἀκροάσασθαι, ἐὰν ἀποφαίνωσι κτλ.* IV, 14: *ὑμῖν προσήκει μὴ ἀποδέχεσθαι* **αὐτοῦ** *διὰ τοῦτο οὐκ ἀξιοῦντος κτλ.* (D.) LVI, 31: *μὴ οὖν ἀποδέχεσθε* **τούτου** *φενακίζοντος ὑμᾶς.* Plat. Phaed. 92ᵃ: *οὐ γάρ που ἀποδέξει γε σαυτοῦ λέγοντος ὡς.* 92ᵉ: *ἀνάγκη οὖν μοι διὰ ταῦτα μήτε ἐμαυτοῦ μήτε ἄλλου ἀποδέχεσθαι λέγοντος ὡς.* Prot. 324ᶜ: *ἀποδέχονται οἱ σοὶ πολῖται καὶ χαλκέως καὶ σκυτοτόμου συμβουλεύοντος τὰ πολιτικά.* 339ᵈ: *οὔ φησιν ἀποδέχεσθαι αὐτοῦ τὰ αὐτὰ ἑαυτῷ λέγοντος* (vgl. Plat. Staat II, 367ᵈ, wo mehrere Hdschr. *ἀποδεχοίμην* für *ἀνασχοίμην* haben). In den zuletzt genannten Stellen könnte man nach Plat. Phaedr. 272ᵇ auch einen Genit. abs. annehmen. Doch sprechen gegen diese Auffassung Plat. Phaed. 92ᵃ. 92ᵉ und besonders Lys. XIV, 24 in Verbindung mit Lys. XXX, 1. Eigentümlicher Art sind folgende Stellen: Is. XXI, 18: *ἐνθυμεῖσθαι δὲ χρὴ εἰ ἀποδέξεσθε τῶν τὰ τοιαῦτα λεγόντων, ὅτι.* (D.) VII, 21: *ἀποδεχόμενοι τῶν συκοφαντούντων καὶ χρήματα ἐκεῖνον αἰτούντων* *καὶ διαβαλλόντων* (so pr. Σ und pr. *L*, *ἀποδεχόμενοι* **τοὺς λόγους τῶν** *συκ.* vulg.). XVII, 1: *ἄξιον ἀποδέχεσθαι σφόδρα τῶν* **τοῖς ὅρκοις καὶ** *ταῖς συνθήκαις διακελευομένων ἐμμένειν.* Plat. Soph. 244[c]: **ἀπο**-*δέχεσθαι τοῦ λέγοντος ὡς.* 249[c]: *ἀνάγκη μήτε τῶν ἓν ἢ καὶ τὰ πολλὰ εἴδη λεγόντων τὸ πᾶν ἑστηκὸς ἀποδέχεσθαι, τῶν τε αὖ* **παν**-*ταχῇ τὸ ὂν κινούντων μηδὲ τὸ παράπαν ἀκούειν.* Nach Hermann hat man in **solchen** Fällen das Partic. doppelt zu denken, **also** *ἀποδέχομαι* **τοῦ** *κελεύοντος ποιεῖν* zu fassen = *ἀποδ. τοῦ κελεύοντος ποιεῖν* **κελεύοντος**, i. e. *ὅτι κελεύει.* Ganz ähnlich *θαυμάζω τῶν μείζω συμμαχίαν ζητούντων* Is. **VI, 61 u. o., wie** überhaupt die Konstruktion von *θαυμάζειν* der von *ἀποδέχεσθαι* sehr nahe kommt; vgl. Schneider zu Is. IV, 1. Rehdantz zu Lyk. 135 (Anh. 2, S. 158) und die Beispiele de arg. ex contr. S. 93 f. Plat. Staat I, 340[c]: *ἀλλ' εἰ νῦν οὕτω λέγει Θρασύμαχος, οὕτως αὐτοῦ ἀποδεχώμεθα* vertritt das absichtlich wiederholte *οὕτως* den Accus. *ταῦτα*; vgl. Thuk. VII, 48, 3. D. XXII, 19. Lys. XIII, 83. Dein. I, 113: *νομίσαντες οὖν καθ' ὑμῶν πάντας τούτους ἀναβαίνειν — μὴ ἀποδέχεσθε αὐτῶν* liegt das Objekt in den vorausgehenden Worten (ähnlich *οὐκ ἂν* **ὁμοίως** *ἐθαύμαζον αὐτῶν* Is. X, 2). Mit dieser Erörterung **vgl.** was über die Konstruktion von *ἀποδέχεσθαι* bemerken **Funkhänel,** quaest. Dem. 27. Passow Lex. **u. d.** W. **Schneider zu Is. I, 15.** Rehdantz Dem. Ind. II, *ἀπό.* Kühner **II, S. 312. Gewöhnlich wird das Wort in** bonam partem gebraucht; doch kommt es **auch** als **vox** media vor, weshalb nicht selten nähere Bestimmungen wie *ἐθέλοντα, ἄσμενον, πρᾴως, ἡδέως, εὐμενῶς, ἀγαμένως, μετ' εὐνοίας, ὑπόπτως, χαλεπῶς, δυσχερῶς, ἀγρίως* hinzutreten. In der Bedeutung 'probare' **finden wir es** verstärkt durch *σφόδρα* und *ὡς οἷόν τε μάλιστα* (D. XXI, 14); **als synonym** treten mit demselben in Verbindung *ἀκροᾶσθαι, ἀκούειν, δοκιμάζειν, ζηλοῦν.* Ähnlich braucht der Lateiner in vielen Redensarten das Verb. accipere (Klotz Lex. I, 65). Wer an der vorliegenden Stelle die Überlieferung retten will, wird *ἀποδέχεσθαι περί τινος* nach Schömanns Vorgang (zu Isae. 244; vgl. Mätzner zu Lyk. 144. Schneider zu Is. IX, 12) mit *θαυμάζειν, εἰδέναι, γιγνώσκειν, δηλοῦν, ἐπιδεικνύναι, ἐξετάζειν περί τινος* und ähnlichen Phrasen (über Thuk. VII, 49, 2: *ὁ δὲ Δημοσθένης περὶ μὲν τοῦ προσκαθῆσθαι οὐδ' ὁπωσοῦν ἐνεδέχετο* vgl. Classens Bemerkung) zusammenstellen und etwa durch 'sich zustimmend verhalten in Betreff, sich beifällig äufsern über' erklären müssen. **Ich** halte, so lange dieser absolute Gebrauch von *ἀποδέχεσθαι* nicht durch anderweitige sichere Beispiele belegt ist (auch im Latein. scheint accipere de nicht vorzukommen, während cognoscere de und andere derartige Wendungen — vgl. Held zu Caes. b. c. I, 32, 3. Kraner zu b. G. I, 42, 1. Nägelsbach, Stilist. § 116, 3 — nicht selten sind), in einer so korrupten Rede die Annahme einer Lücke für das Rätlichste. Auf die Ergänzung *ἂν λέγῃ* hat mich namentlich die ähnliche Stelle § 83 geführt, von der Frohberger und Raucheust. nur das erste Glied berücksichtigt haben. Einigermaſsen spricht für diese Vermutung auch die Ähnlichkeit der ersten Silben in *ἀποδέχεσθαι*. — *περὶ τούτων* — *ἀπολογεῖσθαι*] *περὶ τούτων* mit Unrecht verworfen von Frohberger; vgl. Kayser, Heidelb. Jahrb. 1866, 782. Renner a. a. O. S. 38 (in der kl. Ausg. ist es, wie man aus der Anm. zu VII, 33 schlieſsen muſs, nur aus Versehen weggelassen; vgl. auch Philol. Anz. II, 202). Anders steht *περί* in der ähnlichen Stelle Dein. I, 113: *ἀλλὰ κελεύετε ἀπολογεῖσθαι περὶ τῶν κατηγορημένων*.

§ 90. *εἶχον*] Da *εἶχόν τινα λόγον αὐτῷ αἱ συνθῆκαι* dem Sinne nach dasselbe ist wie *ἐξῆν αὐτῷ ἰσχυρίζεσθαι ταῖς συνθήκαις*, halte ich es mit Westerm. nicht für notwendig, nach Baiters Vorschlag *εἶχον ἄν* zu schreiben. Vgl. Anh. zu § 62, S. 414. *ἄν* steht allerdings in dieser Verbindung Lys. III, 31. (D.) XLIV, 54. XLV, 12. Plat. Apol. 31[b]. Lach. 196[b]. Alk. II, 142[b]. Gesetze XI, 927[e]. Aristeid. I, 607 Df.; aber es tritt ja in solchen Sätzen gewöhnlich auch zu *ἐξῆν*, *ἔδει* und ähnlichen Ausdrücken hinzu, und trotzdem pflegt man die Stellen, wo es die Hdschr. weglassen, nicht anzutasten. — *οὔκ εἰσιν*] So korrigiert Westerm. quaest. Lys. I, 24 das hdschr. *οὐκ ἔστιν* unter Zustimmung Rauchensteins (Jahrb. f. Phil. 1860, 332) und Sauppes. Gewöhnlich schreibt man nach Reiske *οὐκ ἔστιν ἡμῖν ἐμποδὼν οὐδέν*, aber das wäre eine zu weite Konklusion aus den nur auf die *ὅρκοι* und *συνθῆκαι* bezüglichen Prämissen. — *οἱ ἐν Πειραιεῖ ἢ τοῖς ἐν ἄστει*] nach Baiter mit Cobet, Rauchenst., Frohberger für das hdschr. *οἱ ἐν Πειραιεῖ τοῖς ἐν ἄστει*. W. Vischer: *οἱ ἐν Πειρ. εἰ μὴ τοῖς ἐν ἄστει* (und so früher Rauchenst.), Palmerius und andere: *οἱ ἐν Πειραιεῖ τοῖς ἐν Πειραιεῖ* (und so Scheibe, Herwerd.), Markland: *οἱ ἐν Πειρ. τοῖς οὐκ ἐν ἄστει*, Scheibe praef. XXXVIII: *οἱ ἐν Πειρ. τοῖς ἐν Πειρ. ἀλλὰ τοῖς ἐν ἄστει* oder *τοῖς ἐν ταὐτῷ* und ähnlich Sauppe, symb. 9: *οἱ ἐν Πειρ. τοῖς ἐν Πειρ. ἀλλὰ μόνον τοῖς ἐν ἄστει*. Für *ἤ* lassen sich noch anführen Xen. Kyr. II, 3, 10: *οὐδὲ παρ' ἑνὸς μαθὼν ἢ παρὰ τῆς φύσεως* (in geringeren Hdschr. steht noch *ἄλλου* vor *ἤ*). Hell. VII, 5, 2: *τί γὰρ δὴ πολεμεῖν ἡμᾶς βούλονται ἢ ἵνα*. Oik. 3, 3: *ἀλλὰ τί οὖν τούτων ἐστὶν αἴτιον ἢ ὅτι* (Schenkl nach Weiske: *ἄλλο τι οὖν κτλ.*). Mem. IV, 3, 9: *σκοπῶ εἰ ἄρα τί ἐστι τοῖς θεοῖς ἔργον ἢ ἀνθρώπους θεραπεύειν* (auch Kyr. V, 1, 30: *Πέρσαις μηδὲν ἄλλο ἢ ἔργον ἢ τὰ πρὸς τὸν πόλεμον ἐκπονεῖν* fehlt *ἄλλο* in guten Hdschr.); dazu aus anderen Schriftstellern Plat. Krit. 53[e]: *τί ποιῶν ἢ εὐωχούμενος* (Wohlrab: *τί ποιῶν; ἢ εὐωχούμενος*). Demad. *ὑπὲρ τῆς δωδ.* 2: *τί γὰρ Ἀθηναίοις ἢ παρανάλωμα Δημάδης* (Blass: *τί γὰρ ἄλλο*). Alkiphr. Br. III, 31: *τίς οὖν δή με κἀκεῖ μυσταγωγεῖν ἐπιτήδειος ἢ σύ*; Ungleich häufiger ist aber in solchen Fällen *εἰ μή* und *πλήν*, an das meines Wissens noch niemand gedacht hat. Sollte eine gröſsere Lücke anzunehmen sein, so würde ich den von Scheibe und Sauppe empfohlenen Ergänzungen vorziehen:

οἱ ἐν Πειρ. τοῖς ἐν Πειρ., ὥσπερ οὐδ' οἱ ἐν ἄστει τοῖς ἐν ἄστει. — ὤμοσαν] ὠμόσαμεν Herw.

§ 91. Nach Blass, Rhein. Mus. XXI, 280 f. (att. Bereds. I, 561) stammt der Paragraph von derselben Hand, die § 65—66 eingeschoben hat. Auch Rauchenst. hält denselben für interpoliert; vgl. Jahrb. f. Philol. 1866, S. 655. Auf den Platz, den der Passus in der Rede einnimmt, möchte ich kein allzugrofses Gewicht legen. Besser wäre es freilich gewesen, wenn der Syllogismus mit den § 70—76 angestellten Erörterungen in irgend welcher Weise (vielleicht als Eingang oder Schlufs) verbunden worden wäre; indefs in der Anordnung des Stoffes zeigt ja Lysias nicht seine Hauptstärke (Blass, att. Bereds. I, 394 und 566. Einl. zu Rede XII, Anm. 61). Auch die im ganzen Gedanken sich kundgebende Sophisterei und Übertreibung halte ich nicht für entscheidend, da ähnliche Mängel mehrfach in dieser Rede zu finden sind. Weit gewichtiger erscheinen mir zwei andere Übelstände, die aber nicht gerade zur Annahme einer Interpolation nötigen. Höchst befremdlich ist zunächst die in der Prämisse des zweiten Enthymems plötzlich auftauchende κάκωσις des natürlichen Vaters, die doch im Vorhergehenden nicht einmal berührt, geschweige denn durch ein Zeugnis erwiesen worden war. Gemildert wird dieses Befremden sicherlich weder durch die Bemerkung Frohbergers, dafs die geringe Persönlichkeit des Mannes den Redner gehindert habe, auf seine Behandlung durch den gottlosen Sohn weiter einzugehen, noch durch das, was Rauchenstein vorbringt, dafs im Gesetze περὶ κακώσεως γονέων beide Fälle zusammengestellt sein mochten. Noch mehr aber staunt man, wenn man zwei Enthymeme durch das konklusive οὖν aneinander gereiht findet, die, abgesehen von dem schon berührten Zusatze des zweiten Enthymems τόν τε γόνῳ — ἐπιτηδείων, ihrem Inhalte nach ganz identisch sind: 'Auf jeden Fall verdient nach meiner Überzeugung ein Mann nicht blos einmal den Tod, der gegen seinen angeblichen Adoptivvater, das Volk, sich offenbar der κάκωσις schuldig gemacht hat, indem er die Grundlagen seiner Macht und Gröfse preisgab und verriet'. — 'Wer also seinen Adoptivvater aller seiner Güter beraubt hat, wie sollte der nicht auch nach dem Gesetz über die κάκωσις den Tod verdienen?' Dieser doppelte Anstofs wird beseitigt, wenn man hinter ἐγίγνετο eine gröfsere Lücke annimmt: 'So aber hat Agor. gehandelt; denn er hat u. s. w. (Ausführung der κάκωσις des ποιητὸς πατήρ). Dazu hat er sich auch auf das gröblichste gegen seinen natürlichen Vater vergangen; denn er hat u. s. w. (Ausführung der κάκωσις des γόνῳ πατήρ und Erhärtung der Behauptung durch Zeugen)'. Hieran würde sich ganz ungezwungen und natürlich das zweite Enthymem anschliefsen, in dessen Vordersatze nunmehr, wie das häufig beim hypotaktischen contrarium der Fall ist (de arg. ex contr. XXX. 6. 9. 19 f. 22. 26. 33 ff. 60. 66. 73 f.

76), eine Rekapitulation des Gesagten enthalten wäre. Zugleich dürfte die so ergänzte Stelle ein tadelloses Beispiel für die Anh. XII, 95, S. 309 f. besprochene Figur des κύκλος liefern (δοκεῖ οὐχ ἑνὸς θανάτου ἄξιος εἶναι = πῶς οὐ — ἄξιός ἐστι θανάτῳ ζημιωθῆναι) während wir jetzt, wo die contraria nicht durch Zwischengedanken getrennt sind, nur ein leeres Spiel mit Worten vorfinden. Einige Unebenheiten im Ausdruck, durch die sich die Annahme einer Interpolation unterstützen liefse, führt man wohl besser auf Korruptelen zurück, an denen diese Rede ja keinen Mangel leidet. — οὐχ ἑνὸς θανάτου] Nach den in der Anm. angeführten Stellen (vgl. besonders Plat. Gesetze X, 908^e. D. XXI, 21) möchte man vermuten, dafs hinter θανάτου ein Zusatz wie οὐδὲ δυοῖν oder ἀλλὰ πολλῶν ausgefallen sei. Andere Beispiele für diese hyperbolische Ausdrucksweise finden sich D. XXIV, 207: πῶς οὖν οὐκ ἄξιος οὗτος, εἰ δυνατόν (vgl. Plat. Gesetze IX, 869^b), τρίς, οὐχ ἅπαξ ἀπολωλέναι; XIX, 110: τρίς, οὐχ ἅπαξ ἀπολωλέναι δίκαιος. XXII, 69: τρίς, οὐχ ἅπαξ τεθνάναι δίκαιος ὢν φανεῖται. XXIV, 177: τρίς, οὐχ ἅπαξ τεθνάναι δικαίως ἄν μοι δοκοῦσιν. XXI, 201: τοῦτον οὐκ ἀπολωλέναι δεκάκις προσήκει; (vgl. [D.] VII, 45: προσήκει αὐτοὺς ὑφ' ὑμῶν κακοὺς κακῶς ἀπολωλέναι. Rehdantz Dem. Ind. II, κακός). § 118: πῶς οὐ δεκάκις, μᾶλλον δὲ μυριάκις δίκαιός ἐστ' ἀπολωλέναι; XVIII, 217: πῶς οὐκ ἀπολωλέναι πολλάκις ἐστὶ δίκαιος; XIX, 302: πῶς οὐ πολλάκις οὗτος ἄξιός ἐστ' ἀπολωλέναι; Vgl. auch D. IX, 65: τεθνάναι μυριάκις κρεῖττον ἢ κολακείᾳ τι ποιῆσαι Φιλίππου. Herod. VII, 46: οὐδεὶς οὕτω ἄνθρωπος ἐὼν εὐδαίμων πέφυκε, τῷ οὐ παραστήσεται πολλάκις καὶ οὐκὶ ἅπαξ τεθνάναι βούλεσθαι μᾶλλον ἢ ζώειν. Plat. Apol. 30^c: οὐδ' εἰ μέλλω πολλάκις τεθνάναι. 41^a: ἐγὼ μὲν γὰρ πολλάκις ἐθέλω τεθνάναι, εἰ ταῦτ' ἐστὶν ἀληθῆ (mit gutem Grunde steht gegen den sonstigen Sprachgebrauch der Aorist Is. XII, 214: τίς ἂν τῶν εὖ φρονούντων οὐκ ἂν τρὶς ἀποθανεῖν ἕλοιτο μᾶλλον ἢ διὰ τῶν τοιούτων ἐπιτηδευμάτων γνωσθῆναι τὴν ἄσκησιν τῆς ἀρετῆς ποιούμενος; Athen. IV, 138^d: ἕλοιτο γὰρ ἄν τις εὖ φρονῶν μυριάκις ἀποθανεῖν ἢ οὕτως εὐτελοῦς διαίτης μεταλαβεῖν. Anders D. IX, 65. Herod. VII, 46; das Praes. Eur. Herakl. 960: χρῆν γὰρ οὐχ ἅπαξ θνήσκειν σε). Über die Verwendung dieser Hyperbel im Enthymem de arg. ex contr. S. 12. — φησὶ μέν] Zur Form des Enthymems vgl. Xen. Kyn. 13, 1: θαυμάζω δὲ τῶν σοφιστῶν καλουμένων ὅτι φασὶ μὲν ἐπ' ἀρετὴν ἄγειν οἱ πολλοὶ τοὺς νέους, ἄγουσι δ' ἐπὶ τοὐναντίον und die Beispiele de arg. ex contr. S. 169 g. E. — ὑπὸ τοῦ δήμου — τὸν δὲ δῆμον] Die Wiederholung wie XXX, 30: ὃν ἔδει ὑπὸ τοῦ δήμου κρίνεσθαι, οὗτος τὸν δῆμον συγκαταλύσας φαίνεται. Ähnliches (D.) X, 71. de arg. ex contr. S. 308, Anm. 26. An der dort aus Is. IX, 41 angeführten Stelle, wo man seit Bekker nach dem Urb. und Vat. schreibt: θαυμάζων ὅσοι τῶν μὲν ἄλλων ἕνεκα τῆς ψυχῆς ποιοῦνται τὴν ἐπιμέλειαν, αὐτῆς δὲ ταύτης μηδὲν τυγχάνουσι φροντίζοντες (früher wurde nach den übrigen Hdschr. *ταύτης* weggelassen), liegt, wie mir scheint, eine unrichtig ergänzte Lücke vor. Nach Lyk. 123 (*παρὰ τοῦ δήμου — αὐτοῦ τοῦ δήμου*). D. XX, 86 (*δι' ἐκεῖνον — αὐτὸν ἐκεῖνον*). VIII, 61. (D.) XXVI, 23 (*τοὺς νόμους — αὐτῶν τῶν νόμων*) ist wohl *αὐτῆς δὲ τῆς ψυχῆς* zu schreiben. So erhält man eine Wiederholung, durch die nicht nur dem ganzen contrarium gröfsere Kraft verliehen wird, sondern zugleich auch das auf dem Doppelsinn von *ψυχή* (anima und mens) beruhende Wortspiel schärfer hervortritt. Über derartige, bei Isokrates nicht seltene Wortspiele vgl. Schneider zu IV, 119 und Rehdantz Dem. Ind. I, Wortspiel. — *πεποιῆσθαι*] sachgemäfse Ergänzung Reiskes, von Herw. in den Text genommen. Franz will dahinter noch hinzufügen: *ὡς μεγάλα τὴν πόλιν εὐεργετηκώς*. — *καὶ ἀφείς*] Francken, comm. 99 f. nach D. XIX, 6 und (D.) LVIII, 6 *καθυφείς*, gebilligt von Kayser, Heidelb. Jahrb. 1866, 303. Ich halte diese Emendation für sehr wahrscheinlich, nicht als ob *ἀφιέναι* nicht auch angemessen wäre (vgl. D. I, 8. XVIII, 63. 149), sondern weil durch dieselbe ein unnützes *καί* entfernt wird. Man übersetze: 'der offenbar mishandelte, indem er preisgab und verriet', nicht: 'der — mishandelte und preisgab und verriet'. — *προδοὺς τά*] mit Francken a. a. O. Rauchenst. und Frohberger, *προδόντα X* und zwei geringere Hdschr., *προδούς C*, und so vulg. Reiske wollte *προδοὺς πάντα*, was Scheibe mit dem Zusatz 'recte fortasse' erwähnt und auch Francken für wahrscheinlicher hält. Sehr häufig setzt Platon den Artikel vor das Relativum, um dadurch dem Relativsatze die Geltung eines Substantivums oder Adjektivums zu verleihen. Vgl. Staat VI, 510^b: *ὡς τὸ δοξαστὸν πρὸς τὸ γνωστόν, οὕτω τὸ ὁμοιωθὲν πρὸς τὸ ᾧ ὡμοιώθη*. Phil. 17^b: *τοῦτ' ἔστι τὸ γραμματικὸν ἕκαστον ποιοῦν ἡμῶν. — καὶ μὴν καὶ τὸ μουσικὸν ὃ τυγχάνει ποιοῦν, τοῦτ' ἔστι ταὐτόν*. 37^a: *καὶ μὴν καὶ τὸ δοξαζόμενόν ἐστί τι; — καὶ τό γε ᾧ τὸ ἡδόμενον ἥδεται*; 37^e: *ἂν δέ γε ἁμαρτανόμενον τὸ δοξαζόμενον ᾖ, τὴν δόξαν τότε ἁμαρτάνουσάν γε οὐκ ὀρθὴν ὁμολογητέον οὐδ' ὀρθῶς δοξάζουσαν; — τί δ', ἂν αὖ λύπην ἤ τινα ἡδονὴν περὶ τὸ ἐφ' ᾧ λυπεῖται ἢ τοὐναντίον ἁμαρτάνουσαν ἐφορῶμεν, ὀρθὴν ἢ χρηστὴν ἤ τι τῶν καλῶν ὀνομάτων αὐτῇ προσθήσομεν*; Gesetze IX, 871^e: *ὁ δὲ ἐπισκηπτόμενος ἅμα καὶ κατεγγυάτω τὸν ᾧ ἂν ἐπισκήπτηται*. Phaedr. 239^b: (*ἀνάγκη τὸν ἐραστὴν τὸν ἐρώμενον*) *πολλῶν μὲν ἄλλων συνουσιῶν ἀπείργοντα καὶ ὠφελίμων, ὅθεν ἂν μάλιστ' ἀνὴρ γίγνοιτο, μεγάλης αἴτιον εἶναι βλάβης, μεγίστης δὲ* (*αἴτιον εἶναι βλάβης ἀπείργοντα*) *τῆς* (*συνουσίας*) *ὅθεν ἂν φρονιμώτατος εἴη*. Lach. 185^d: *περὶ ἐκείνου ἡ βουλὴ τυγχάνει οὖσα, οὗ ἕνεκα ἐσκόπει, ἀλλ' οὐ περὶ τοῦ ὃ ἕνεκα ἄλλου ἐζήτει*. Theaet. 168^a: *φεύξονται ἀφ' ἑαυτῶν εἰς φιλοσοφίαν, ἵν' ἄλλοι γενόμενοι ἀπαλλαγῶσι τῶν οἳ πρότερον ἦσαν*. Tim. 39^e: *νοῦς ἐνούσας ἰδέας τῷ ὃ ἔστι ζῶον, οἷαί τε ἔνεισι καὶ ὅσαι, καθορᾷ*. Phaedr. 247^e: *τὴν ἐν τῷ ὅ ἐστιν ὂν ὄντως ἐπιστήμην οὖσαν*. Phaed. 92^d: *ἡ οὐσία* ἔχουσα τὴν ἐπωνυμίαν τὴν τοῦ ὃ ἔστιν. 75[b]: ἐκείνου τε ὀρέγεται τοῦ ὃ ἔστιν ἴσον. Phil. 55[a]: τὸν τρίτον ἐκεῖνον βίον, τὸν ἐν ᾧ μήτε χαίρειν μήτε λυπεῖσθαι, φρονεῖν δ' ἦν. Staat IV, 442[c]: σοφὸν δέ γε (καλοῦμεν) ἐκείνῳ τῷ σμικρῷ μέρει, τῷ ὃ ἦρχέ τ' ἐν αὐτῷ καὶ ταῦτα παρήγγελλεν. Aus den angeführten Beispielen ergiebt sich, dafs Platon diese Verbindungsweise gern zur Bezeichnung abstrakter Begriffe gebraucht (vgl. Bernhardy S. 313. Kühner II, S. 506 f.). Öfters bestimmen ihn dazu auch stilistische Rücksichten, was man in der Regel sofort erkennt, wenn man die betreffenden Stellen nicht, wie die Grammatiker es zu thun pflegen, für sich allein, sondern im Zusammenhang mit ihrer Umgebung betrachtet. Betreffs der an die Spitze gestellten Beispiele vgl. was über die drei in der Anm. citierten Stellen bemerkt ist (D. IV, 37 konnte es allerdings auch heifsen ἐκεῖν' ἐφ' ὃ ἂν — oder nach der Vulgata ἐφ' ἂν — ἐκπλέωμεν; vgl. z. B. Plat. Euthyphr. 8[b] und 9[a]). Dem Parallelismus zu Liebe setzt auch Plutarch einmal den Artikel, Perikl. 8: καίτοι τινὲς ἀπὸ τῶν οἷς ἐκόσμησε τὴν πόλιν, οἱ δ' ἀπὸ τῆς ἐν τῇ πολιτείᾳ — δυνάμεως Ὀλύμπιον αὐτὸν οἴονται προσαγορευθῆναι. Eine besondere Klasse bilden die mit ὅσος und ὁπόσος eingeführten Relativsätze, die zu Umschreibungen von Substantiven und Adjektiven sich vorzugsweise eignen (Deuschle zu Prot. 320[d]). Staat VI, 510[a]: τὰ ἐν τοῖς ὕδασι φαντάσματα καὶ ἐν τοῖς ὅσα πυκνά τε καὶ λεῖα καὶ φανὰ ξυνέστηκεν. Kritias 115[a]: τὸν ἥμερον καρπόν, τόν τε ξηρὸν — καὶ τὸν ὅσος ξύλινος. Prot. 320[d]: ἐκ γῆς καὶ πυρὸς μίξαντες καὶ τῶν ὅσα πυρὶ καὶ γῇ κεράννυται (vgl. die Nachahmung bei Themist. or. XXVII S. 338: μίσγων ἐκ γῆς καὶ πυρὸς καὶ τῶν ἐκείνοις ξυμφύλων). Phil. 21[c]: ζῆν οὐκ ἀνθρώπου βίον, ἀλλά τινος πλεύμονος ἢ τῶν ὅσα θαλάττια μετ' ὀστρείνων ἔμψυχά ἐστι σωμάτων. Br. VIII, 352[e]: ἃ κἂν ἄλλοις μυθολογοῦντες ἱκανοὶ γίγνοισθ' ἂν διδάσκαλοι. τούτων μὲν δὴ σχεδὸν οὐκ ἀπορία· τῶν δὲ ὅσα γένοιτ' ἂν ἢ πᾶσι συμφέροντα —, ταῦτα οὔτε ῥᾴδιον ὁρᾶν οὔτε ἰδόντα ἐπιτελεῖν. Gesetze VIII, 829[c]: ποιητὴς δὲ ἔστω τῶν τοιούτων μὴ ἅπας — μηδ' αὖ τῶν ὁπόσοι. IX, 873[d]: ἐν τοῖς τῶν δώδεκα ὁρίοισι μερῶν τῶν ὅσα ἀργὰ καὶ ἀνώνυμα. Soph. 241[e]: περὶ τεχνῶν τῶν ὅσαι περὶ ταῦτά εἰσιν (vgl. zu XII, 96). Staat V, 469[b]: ὅταν τις — τελευτήσῃ τῶν ὅσοι ἂν διαφερόντως ἐν τῷ βίῳ ἀγαθοὶ κριθῶσιν. Gesetze X, 901[d]: οὐδὲν τῶν ὁπόσων εἰσὶν αἰσθήσεις. IX, 866[d] (τοῖς ὅσοι). XII, 968[d] (τῶν ὅσοι). IX, 873[e] (ὑποζύγιον ἢ ζῶον ἄλλο τι πλὴν τῶν ὅσα). Diese Ausdrucksweise findet sich schon bei Herodot III, 23: ὥστε μηδὲν οἷόν τε εἶναι ἐπ' αὐτοῦ ἐπιπλέειν, μήτε ξύλον μήτε τῶν ὅσα ξύλου ἐστὶ ἐλαφρότερα. 131: ἔχων οὐδὲν τῶν ὅσα περὶ τὴν τέχνην ἐστὶ ἐργαλήϊα. 133: οὐδενὸς τῶν ὅσα ἐς αἰσχύνην ἐστὶ φέροντα. Den drei in der Anm. besprochenen Beispielen will Cobet zu Hyp. Epit. 55 und misc. crit. 459. 469. 501 durch Emendation zugesellen Is. IX, 6 (τοὺς ὑφ' ὧν). D. V, 2 (τὰ δὲ περὶ ὧν für τὰ δὲ πράγ-

ματα καὶ περὶ ὧν). XX, 135 (*τὰ ἐφ' οἷς*). § 137 (*τὰ ἐφ' οἷς*). (D.) X, 1 (*τὰ περὶ ὧν*). XLV, 70 (*τὰ ἀφ' ὧν*). § 84 (*τοὺς ὑφ' ὧν*). LVIII, 11 (*γεγενημένα τὰ περὶ ὧν*). An der letzten Stelle hat Σ mit zwei anderen guten Hdschr. *τὰ γεγενημένα*, was allerdings für Cobets Vermutung zu sprechen scheint; den übrigen Stellen darf man diese Verbindungsweise ebensowenig aufnötigen wie dem vielbesprochenen Passus Lyk. 32: *κατὰ φύσιν τοίνυν — θεράπαιναι*, den van den Es (nach Herwerdens Vorschlag) unter Ausscheidung der Worte *τοίνυν* und *οἱ οἰκέται καὶ αἱ θεράπαιναι* abändert in *τοὺς οἳ κατὰ φύσιν — φράσειν*, obwohl die Substantivierung des Relativsatzes sich hier stilistisch rechtfertigen liefse durch das § 33 folgende *τοὺς δικαστάς*, (wie auch D. V, 2 durch das vorausgehende *τὸν μὲν ἐπιτιμῶντα*). Nichts derartiges läfst sich an der vorliegenden Stelle zu Gunsten der Emendation *προδοὺς τά* geltend machen, weshalb doch wohl Reiskes Vermutung den Vorzug verdient. Wie das *προδόντα* des Palat. aus *προδοὺς πάντα* entstehen konnte, hat schon Francken gezeigt. Nachdem *προδούς* die beiden letzten, *πάντα* die beiden ersten Buchstaben eingebüfst hatte, wurden schliefslich von einem unwissenden Abschreiber die Reste beider Wörter zu dem e i n e n *προδόντα* vereinigt. — *ἐξ ὧν — ἐγίγνετο*] Sehr ansprechend vermuten Sauppe und Francken *ἐξ ὧν ἂν — ἐγ.* Das Imperf. mit *ἄν* wäre als Potentialis praeteriti zu fassen (wodurch — werden konnte). Rauchenst. (IV) wollte *ἰσχυρότερος ἂν γένοιτο*. — *τόν τε γόνῳ πατέρα — ἐπιτηδείων*] Ähnliche Vorwürfe Dein. II, 8. (D.) XXV, 54 f. (Schäfer, Demosth. III, 2, 118). Mit geschickter Benutzung der praeteritio sagt Cicero in Vat. 5, 11: Atque illud tenebricosissimum tempus ineuntis aetatis tuae patiar latere. Licet impune per me — matrem verberaris. — *οὐ καὶ διὰ τοῦτο κατά*] So die neueren Herausgeber nach Emper. Opusc. 314; im Palat. (Lampros, Hermes X, 266) *οὐ καὶ διὰ τοῦτο καὶ διά*.

§ 92. *ἐπέσκηψαν καὶ ἡμῖν καὶ τοῖς φίλοις ἅπασι*] nach Sauppe und Rauchenst. (Jahrb. f. Philol. 1860, 333) statt des hdschr. *ὑμῖν* (*ἡμῖν C*) *ἐπέσκηψαν καὶ ἡμῖν* (*ὑμῖν C*) *καὶ τοῖς ἄλλοις ἅπασι*. Vgl. Kayser, Philol. XXV, 304. Die Widersinnigkeit der Überlieferung erkannten auch Westerm. de locis aliquot etc. 12, der *ἡμῖν ἐπέσκηψαν* schreiben, das Folgende aber streichen wollte, und Blass, Rhein. Mus. a. a. O. S. 281, der vorschlug die Stelle so zu schreiben: *ἡμῖν ἐπέσκηψαν καὶ τοῖς φίλοις* (oder *τοῖς ἄλλοις φίλοις*) *ἅπασι*. Auf *τοῖς φίλοις ἅπασι* kam auch Halbertsma (Kayser a. a. O. S. 314). Herw. anal. crit. 58: *ἐπισκήπτοντες γὰρ ἡμῖν ἐπέσκηψαν κτλ.* aut *ἀποθνήσκοντες γὰρ ἡμῖν* (*ἐπισκήπτοντες*) *ἐπέσκηψαν κτλ.* Sed illud malim, ut *ἐπισκήπτοντες* locum cesserit glossemati. — *ὡς φονέα ὄντα*] gestrichen von Herw. wie § 42. — *καθ' ὅσον ἂν ἔμβραχυ ἕκαστος δύνηται*] *ἔμβραχυ* nach Dobree für das hdschr. *βραχύ*. In der Bedeutung stimmt *ἔμβραχυ* so ziemlich mit *ὡς ἔπος εἰπεῖν* überein, wird aber in der klassischen Gräcität nicht gleich diesem mit *πᾶς* und *οὐδείς*, sondern mit Relativis wie *ὅστις* (*ἄν*), *ὅστις περ*, *ὅπου περ* u. dergl. verbunden; s. Heindorf zu Plat. Gorg. 457[a]. Den mehrfach abweichenden Gebrauch der späteren Atticisten behandelt Cobet v. l. 207 ff., der auch nachweist, daſs die Abschreiber dafür in der Regel *ἐν*(*ἐμ*) *βραχεῖ* gesetzt haben. Die Stellung des Wortes kann eine dreifache sein. Unmittelbar hinter dem Relativum erscheint dasselbe wie an der vorliegenden Stelle, so auch Hyp. fr. 45 Blass: *οἶδε γὰρ αὑτῷ δεδομένην ἄδειαν καὶ πράττειν καὶ γράφειν ὅ τι ἂν ἔμβραχυ βούληται.* Isae. IX, 11: (*ἐχρῆν παρακαλέσαι εἴ τέ τινα* —) *καὶ τοὺς ἄλλους ὅτῳ ἔμβραχύ περ ᾔδει Ἀ. χρώμενον* (*ὅτῳ ἔμβραχύ περ* Scheibe, comm. de Isae. S. 11 für das hdschr. *ὅτῳ ἐπὶ βραχύ περ*, was Cobet gewaltsamer in *ὅτῳ περ ἔμβραχυ* abändert). Arist. Thesm. 390: *ποῦ δ᾽ οὐχὶ διαβέβληχ᾽, ὅπου περ ἔμβραχυ εἰσὶν θεαταὶ καὶ τραγῳδοὶ καὶ χοροί;* Dem Verbum des Relativsatzes schlieſst es sich an Plat. Theag. 127[c]: (*ἕτοιμός εἰμι*) *καὶ ἐμὲ καὶ τὰ ἐμὰ ὡς οἷόν τε οἰκειότατα παρέχειν, ὅτου ἂν δέῃ ἔμβραχυ.* Kratinos beim Schol. zu dieser Stelle: *ἔδει παρασχεῖν ὅ τί τις εὔξαιτ᾽ ἔμβραχυ.* Am häufigsten geht dasselbe dem Relat. voran. So Plat. Gorg. 457[a]: *δυνατὸς πρὸς ἅπαντάς ἐστιν ὁ ῥήτωρ καὶ περὶ παντὸς λέγειν, ὥστε πιθανώτερος εἶναι ἐν τοῖς πλήθεσιν ἔμβραχυ περὶ ὅτου ἂν βούληται.* Hipp. II, 365[d]: *ἐρώτα ἔμβραχυ ὅ τι βούλει* (in einigen Hdschr. *ἐν βραχεῖ*). Symp. 217[a]: *ὥστε ποιητέον εἶναι ἔμβραχυ ὅ τι κελεύοι Σωκράτης* (*ἔμβραχυ* Cobet für das hdschr. *ἐν βραχεῖ*). Arist. Wesp. 1120: *ἀλλ᾽ ἐμοὶ δοκεῖ τὸ λοιπὸν τῶν πολιτῶν ἔμβραχυ ὅστις ἂν μὴ ἔχῃ τὸ κέντρον, μὴ φέρειν τριώβολον.* Dio Chrys. or. XII (I, 377 f. Reiske): *χρὴ δὲ ἐᾶν ὑμᾶς ἔμβραχυ ὅ τι ἂν ἐπίῃ μοι, τούτῳ ἕπεσθαι* (*ἔμβραχυ* Geel, *ἐν βραχεῖ* die Hdschr.). Aristeid. or. XLVI (II, 372 Df.): *ἔμβραχυ τοῦτ᾽ ἀρκεῖν ὑπολαμβάνων ὅ τι φαίη Πλάτων.* — *ὅ*] mit Herw. für das hdschr. *ἅ*; ebenso Rauchenst. — *ἢ καί*] Vgl. noch Mätzner zu Ant. 213 f. Wohlrab zu Plat. Phaed. 75[c].

§ 93. *ἀνεῖναι*] *ἀφεῖναι* nach Markland Herw., und so auch Bake, Mnem. VIII, 309 und Sauppe (bei Rauchenst. IV, S. 259), der XIII, 38. 54. 56. VII, 8 citiert; vgl. auch XII, 80. (Lys.) VI, 18. Dein. I, 29 und die Stellen de arg. ex contr. S. 45 und 374. Über das seltenere *ἀνεῖναι* Vömel zu D. XIX, 229 (hier im nächsten Satze *ἀφεῖναι*) und Rehdantz zu Xen. Anab. VII, 6, 30. — *νυνὶ δή — νυνί*] Herw. tilgt nach Dobrees Vorschlag *νυνὶ δή* und schreibt *νυνὶ δή* für *νυνί*, auf Kosten der Emphase. — *πάντων ἔργον σχετλιώτατον*] Herw. nach Dobree *πάντων σχετλ. ἔργον*. In umgekehrter Ordnung Herod. IX, 37: *ἐμηχανᾶτο ἀνδρηϊώτατον ἔργον πάντων τῶν ἡμεῖς ἴδμεν.* — *ἐργάσησθε*] *ἐργάσεσθε* nach Baiter Herw., Cobet, Rauchenst. Vgl. Aken, Tempus und Modus § 146. Kühner II, 890 ff. Frohberger, Jahrb. f. Philol. 1861, 180. Rehdantz Dem. Ind. II, *ὅπως* und zu Xen. Anab. V,

6, 21. Weidner zu Aesch. III, 64 (Ausg. 1878). Der Konjunktiv dürfte sich auch schützen lassen durch Stellen wie Plat. Euthyd. 279^c. *ἐνθυμοῦ δή, μή τι παραλείπωμεν τῶν ἀγαθῶν.* — *διαπράττεσθε — καταψηφίζεσθε*] *διαπράξεσθε — καταψηφιεῖσθε* Herw., Bake, Mnem. IX, 220. Vgl. Mätzner zu Lyk. S. 251. — *τῇ αὐτῇ ψήφῳ ταύτῃ*] *ἀλλὰ τῇ αὐτῇ ψ. τ. X*, weshalb Westerm. nach Dobree *ἅμα τῇ αὐτῇ ψ. τ.* schreibt. Vgl. Scheibe praef. XXXVIII. Nach Rehdantz hatte Lykurg § 144 diese Stelle vor Augen.

§ 94. *γιγνώσκετε*] *γνώσεσθε* Herw. Vgl. Mätzner zu Ant. S. 167. — *κατ' ἐκείνων τῶν ἀνδρῶν*] *καθ' αὐτῶν* Auger; Francken, comm. 100: 'languent verba *τῶν ἀνδρῶν*, ac fortasse totum illud *κατ' ἐκείνων τῶν ἀνδρῶν* ejiciendum, utpote alieno loco illatum ex sequenti sectione'. Ich halte nur *τῶν ἀνδρῶν* für unecht; die Wiederholung *ἐκεῖνοι — κατ' ἐκείνων* entspricht ganz dem Wesen des Euthymems (vgl. zu § 91, S. 460).

§ 95. *πρὸς θεῶν Ὀλυμπίων*] Nur Pseudolys. VI, 7. 32. 38 hat *μὰ τὸν Δία* und VIII, 18 *μὰ τοὺς θεούς*. Konsequent hat auch Isokrates Schwurformeln vermieden, ebenso Andokides (nur III, 15 steht *νὴ Δία* in der Hypophora), Antiphon (nur VI, 40: *ὦ Ζεῦ καὶ θεοὶ πάντες*), Hypereides, Lykurg (nur § 75: *νὴ τὴν Ἀθηνᾶν*); sparsam damit ist Isaeos, freigebig Aeschines und Deinarch, keiner aber mehr als Demosthenes. Frohberger, Jahrb. f. Philol. 1861, 176. Rehdantz Dem. Ind. II, Schwurformeln. — *μήτε — μηδεμιᾷ*] Lys. XIX, 11 und an allen ähnlichen Stellen gehört die Formel nicht zum Verb. fin., sondern zu dem davon abhängigen Infin. Vgl. noch Thuk. V, 47, 2: *ὅπλα μὴ ἐξέστω ἐπιφέρειν — τέχνῃ μηδὲ μηχανῇ μηδεμιᾷ.* § 8: *οὐ παραβήσομαι τέχνῃ οὐδὲ μηχανῇ οὐδεμιᾷ.* (D.) LIX, 17: *οὐκ ἐᾷ τὴν ξένην τῷ ἀστῷ συνοικεῖν — τέχνῃ οὐδὲ μηχανῇ οὐδεμιᾷ.* Xen. Anab. IV, 5, 16: *ἐδεῖτο αὐτῶν πάσῃ τέχνῃ καὶ μηχανῇ μὴ ἀπολείπεσθαι.* VII, 2, 8: *Ξενοφῶντα κελεύει πάσῃ τέχνῃ καὶ μηχανῇ πλεῦσαι ἐπὶ τὸ στράτευμα ὡς τάχιστα.* Herod. I, 112: *μηδεμιῇ τέχνῃ.* VII, 51: *μηδεμιῇ μηχανῇ.* Soph. Phil. 771: *ἐφίεμαι ἑκόντα μηδ' ἄκοντα μηδέ τῳ τέχνῃ κείνοις μεθεῖναι ταῦτα.* Arist. Wolk. 885. 1323. Frö. 1235 Ekkl. 366. 534. Ri. 592: *πάσῃ τέχνῃ.* Thesm. 271: *πάσαις τέχναις.* Lys. 300. Plat. Gesetze IV, 713^e: *πάσῃ μηχανῇ.* Arist. Thesm. 430: *ἢ φαρμάκοισιν ἢ μιᾷ γέ τῳ τέχνῃ.* (D.) LIX, 16 (in einer Gesetzesformel): *ἐὰν ξένος ἀστῇ συνοικῇ τέχνῃ ἢ μηχανῇ ἡτινιοῦν.* C. I. Gr. 2008: *τέχνῃ ἢ μηχανῇ ὁτεῳοῦν.* Krüger zu Thuk. V, 18, 2. Stein zu Herod. I, 112. Rehdantz zu Xen. Anab. VII, 2, 8. Kock zu Arist. Wolk. 885 und Ri. 592. — *ἐγένετο*] nach Sauppe für das hdschr. *ἐγένοντο*, was von den neueren Herausgebern nur Scheibe beibehält. Andere derartige Stellen des Lysias, wo die Hdschr. fälschlich den Plural geben, bei Bremi, Exc. X; dazu Ant. V, 34. Isae. IX, 8. Lyk. 93. Über Xenophon vgl. Breitenbach zu Hell. I, 1, 23. Hertlein zu Kyr. II, 2, 2. Rehdantz zu Anab. VI, 4, 22, über Thukydides Krüger zu I, 58, 1, über Platon Stallbaum zu Staat I, 353[b]. Im allgemeinen Bernhardy Synt. S. 418. Kühner II, S. 58 f. — *ἀποδέδεικται δέ*] Das Resumé durch *δέ* an das Vorhergehende angeschlossen wie in den ganz ähnlichen Stellen Lys. XV, 11. Isae. II, 44. X, 26. — *πάντα*] mit Frohberger jetzt auch Rauchenst.; *ἅπαντα* mit den Hdschr. Westerm., *ἅπασι* Franz, was hier ganz müfsig wäre. Scheibe streicht das Wort, wie die übrigen neueren Herausgeber, nach Taylor, bemerkt aber praef. XXXVIII: sententiae aptum foret *καθ' ἕκαστον*. Mir würde ein Superl. wie *σαφέστατα* oder *ἀκριβέστατα* am meisten zusagen.

§ 96. *ἐναντία*] *τἀναντία* Herw., gebilligt von Halbertsma, lect. Lys. 31. — *ἀποψηφίσασθε*] *ἀποψηφίζεσθε* Herw. — *καταψηφίσασθε*] mit Fuhr, animadv. S. 44 für das hdschr. *καταγιγνώσκετε*. Ich halte in solchen Fällen eine genaue Responsion für notwendig; anders urteilt Röhl, Jahresber. d. philol. Vereins 1878, S. 42.

§ 97. Hinter *ὁμόψηφοι* habe ich mit Francken, comm. 100 f. und Frohberger *τοῖς ἐχθροῖς* eingesetzt, glaube aber nicht, dafs damit die Hand des Redners hergestellt ist. Die ganze Stelle schreibt Francken: *ἐὰν οὖν τἀναντία — ψηφίζησθε, πρῶτον μὲν οὐχ ὁμόψηφοι τοῖς ἐχθροῖς ἔσεσθε, ἔπειτα τοῖς ὑμετέροις αὐτῶν φίλοις τετιμωρηκότες, τοῖς πᾶσιν ἀνθρώποις — ψηφίσασθαι.* Dagegen ändert Reiske: *ἐὰν οὖν τἀναντία — ψηφίζησθε, πρῶτον μὲν τοῖς ὑμετέροις αὐτῶν φίλοις τετιμωρηκότες ἔσεσθε, ἔπειτα τοῖς πᾶσιν κτλ.* (und so Kayser Jahrb. f. Philol. 1872, S. 254), Herw.: *ἐὰν οὖν τοῦτο ποιῆτε* (dies nach Dobree), *πρῶτον μὲν οὐχ ὁμόψηφοι γενήσεσθε τοῖς τριάκοντα, ἔπειτα κτλ.*, Halbertsma a. a. O.: *ἐὰν οὖν μὴ ὁμόψηφοι τοῖς τριάκοντα γίγνησθε* (oder mit Naber *γένησθε*), *πρῶτον μὲν τοῖς ὑμετέροις αὐτῶν φίλοις τετιμωρηκότες ἔσεσθε, ἔπειτα τοῖς πᾶσιν ἀνθρώποις κτλ.* (und so Kayser Heidelb. Jahrb. 1866, S. 777). Nach meiner Ansicht folgten im Archetypus auf den Relativsatz *οὗ — καταψηφίζεσθαι* unmittelbar die Worte *πρῶτον μὲν τοῖς ὑμετέροις αὐτῶν φ. τ. ἔ.* Der, welcher den Archetypus abschrieb, schwankte, ob er nach § 94 *ἐὰν οὖν μὴ ὁμόψηφοι τοῖς τριάκοντα γίγνησθε* oder nach § 96 *ἐὰν οὖν τἀναντία τοῖς τρ. ψηφίζησθε* hinzufügen sollte. Deshalb nahm er zwar das letztere in den Text auf, setzte aber zugleich *μὴ ὁμόψηφοι* über *τἀναντία* und *γίγνησθε* über *ψηφίζησθε*. In einer Abschrift dieses zweiten codex, aus der unsere Hdschr. geflossen sind, wurden beide Ergänzungen thörichter Weise dergestalt vereinigt, dafs *μὴ ὁμ. γίγνησθε* in *οὐχ ὁμ. γίγνεσθε* abgeändert und als erstes Glied hinter *πρῶτον μέν* dem Hauptsatze einverleibt wurde, was natürlich den Zusatz eines *ἔπειτα* vor *τοῖς ὑμετέροις* zur Folge hatte. Mit keiner von beiden Ergänzungen hat der alte Abschreiber das Richtige getroffen; welche Worte etwa ausgefallen sind, wird eine Vergleichung ähnlicher Stellen aus anderen Epilogen zeigen, in denen, wie hier, einer Aufforderung oder Bitte ein Satz beigefügt wird, dessen Verbum im Futur (Potentialis) steht. Mit Rücksicht auf die Partikel, durch die solche Sätze eingeführt werden, teile ich die Beispiele in zwei Hauptklassen: I. (D.) XLV, 88: *ταῦτα γὰρ ἂν ποιῆτε, ἐμοί τε βοηθήσετε καὶ τούτους τῆς ἄγαν κολακείας ἐπισχήσετε καὶ αὐτοὶ τὰ εὔορκα ἔσεσθε ἐψηφισμένοι.* Is. V, 154: *ἢν γὰρ ταῦτα πράττῃς, ἅπαντές σοι χάριν ἕξουσιν, οἱ μὲν Ἕλληνες — Μακεδόνες δέ — τὸ δὲ τῶν ἄλλων γένος* (*πράττειν* auch [D.] XXVI, 27; sonst überall in solchen Wendungen *ποιεῖν*). Ebenso am Schlufs des Prooemiums Is. XV, 32: *οὕτω γὰρ γιγνώσκοντες αὐτοί τε δόξετε καλῶς κρίνειν καὶ νομίμως, ἐγώ τε τεύξομαι πάντων τῶν δικαίων.* — Ant. IV, *β*, 9: *οὕτω γὰρ ἂν καθαρώτατοι πάντες οἱ πολῖται εἴημεν.* IV, *δ*, 11: *οὕτω γὰρ ἂν δικαιότατα καὶ ὁσιώτατα πράξαιτ' ἄν.* Isae. IX, 37: *οὕτω γὰρ ἂν μάλιστα Ἀστυφίλῳ τε χαρίσαισθε κἀμὲ οὐκ ἂν ἀδικήσαιτε.* Lys. XXX, 35: *οὕτω γὰρ ἐννόμως διοικηθήσεται τὰ κατὰ τὴν πολιτείαν ἅπαντα.* Xen. Hell. VI, 3, 17: *οὕτω γὰρ ἡμεῖς τ' ἂν — ἀναστρεφοίμεθα.* Plat. Menex. 249[c]: *τοῖς τε γὰρ τελευτήσασι καὶ τοῖς ζῶσιν οὕτως ἂν προσφιλέστατοι εἴητε κτλ.*, wo *οὕτως* ausnahmsweise nicht an der Spitze steht (ähnlich *οὕτω γὰρ ἄν* c. optat. Lys. XXV, 3. 10. Thuk. II, 11, 5 und *οὕτω γάρ* c. indic. fut. Lys. XXII, 20; ebenso *οὕτω γὰρ ἄν* c. ind. praet. — vgl. z. B. Lys. I, 40. Isae. IV, 11 —, wie denn überhaupt *οὕτως* nicht selten einen Bedingungssatz vertritt). II. D. II, 31: *κἂν ταῦτα ποιῆτε, οὐ τὸν εἰπόντα μόνον παραχρῆμ' ἐπαινέσεσθε, ἀλλὰ καὶ ὑμᾶς αὐτοὺς ὕστερον κτλ.* XIV, 41: *κἂν ταῦτα ποιῆτε, καὶ ὑμῖν αὐτοῖς καὶ τοῖς τἀναντία πείθουσι συμφέροντα πράξετε.* (D.) XXXV, 56: *καὶ ἐὰν ταῦτα ποιῆτε, ὑμῖν τε αὐτοῖς τὰ συμφέροντα ἔσεσθε ἐψηφισμένοι καὶ περιαιρήσεσθε κτλ.* Plat. Apol. 42[a]: *καὶ ἐὰν ταῦτα ποιῆτε, δίκαια πεπονθὼς ἐγὼ ἔσομαι ὑφ' ὑμῶν, αὐτός τε καὶ οἱ υἱεῖς.* Arist. Wesp. 1058: *κἂν ταῦτα ποιῆθ', ὑμῖν δι' ἔτους τῶν ἱματίων ὀζήσει δεξιότητος.* (D.) XXVI, 27: *καὶ ταῦτ' ἐὰν πράξητε, τὰ δέοντα ποιήσετε καὶ τὰ κράτιστα ψηφιεῖσθε* (D. XIV, 41 umgekehrt *ἂν ποιῆτε, πράξετε*; vgl. auch Thuk. I, 43, 4, wonach man *τὰ δέοντά τε* vermuten könnte). Is. III, 63: *καὶ ταῦτ' ἂν ποιῆτε, τί δεῖ περὶ τῶν συμβησομένων μακρολογεῖν; ἢν γὰρ —, ταχέως ὄψεσθε καὶ — καὶ — καὶ —.* Isae. VI, 65: *καὶ ἐὰν περὶ αὐτοῦ τούτου κελεύητε ἐπιδεικνύναι ὥσπερ καὶ διεμαρτύρησεν, ὑμεῖς τε τὴν ψῆφον ὁσίαν καὶ κατὰ τοὺς νόμους θήσεσθε, τοῖσδέ τε τὰ δίκαια γενήσεται.* D. VIII, 77: *ἂν οὕτω τοῖς πράγμασι χρῆσθε καὶ —, ἴσως ἄν, ἴσως καὶ νῦν ἔτι βελτίω γένοιτο. εἰ μέντοι κτλ.* (*ἂν Σ* und mehrere andere Hdschr., *κἂν* vulg.; vgl. Vömel z. St. und VI, 24). Hierzu kommen aus anderen Teilen der Rede Is. VI, 75: *καὶ ταῦτ' ἂν τολμήσωμεν καὶ μὴ ὀκνήσωμεν, ὄψεσθε κτλ.* Aesch. III, 8: *κἂν ταύτην ἔχοντες τὴν διάνοιαν ἀκούσητε τῶν μελλόντων ῥηθήσεσθαι λόγων, εὖ οἶδ' ὅτι καὶ δίκαια καὶ εὔορκα καὶ συμφέροντα ὑμῖν αὐτοῖς ψηφιεῖσθε καὶ πάσῃ τῇ πόλει* (*καὶ δίκαια* Weidner mit einem Teile der Mss. für vulg. *δίκαια*. Ebenso ist wohl *ὑμῖν τ' αὐτοῖς* statt *ὑμῖν αὐτοῖς* zu schreiben. Die Neutra *δίκαια*, *ὅσια*, *συμφέροντα* ohne Artikel wie Lys. XIII, 97. XXV, 20; [D.] LII, 33 steht erst *τὰ δίκαια*, dann ohne Artikel *ἄξια*. Mit den übrigen Stellen vgl. D. XVIII, 250: *γνόντων τὰ εὔορκα δικαστῶν*. Lys. XXII, 2. XXIII, 16: *τά τε δίκαια καὶ τἀληθῆ ψηφιεῖσθε*). — Lys. XIX, 64: *καὶ ταῦτα ποιοῦντες τά τε δίκαια ψηφιεῖσθε καὶ ὑμῖν αὐτοῖς τὰ συμφέροντα* (konzinner wäre *τά τε δίκ. καὶ τὰ ὑμῖν αὐτοῖς συμφ.* oder *ἐμοί τε τὰ δίκ. καὶ ὑμῖν αὐτοῖς τὰ συμφ.*). (D.) XLIII, 84: *καὶ ταῦτα ποιοῦντες τά τε δίκαια ψηφιεῖσθε καὶ τὰ εὔορκα καὶ τὰ ὑμῖν αὐτοῖς συμφέροντα*. LII, 33: *καὶ ταῦτα ποιοῦντες πρῶτον μὲν τὰ δίκαια καὶ κατὰ τοὺς νόμους ἔσεσθε ἐψηφισμένοι, ἔπειτα ἄξια μὲν αὐτῶν ὑμῶν, ἄξια δὲ τοῦ πατρὸς τοῦ ἐμοῦ*. Thuk. I, 43, 4: *καὶ τάδε ποιοῦντες τὰ προσήκοντά τε δράσετε καὶ τὰ ἄριστα βουλεύσεσθε ὑμῖν αὐτοῖς*. — Lys. XXIV, 27: *καὶ οὕτως ὑμεῖς μὲν τὰ δίκαια γνώσεσθε πάντες, ἐγὼ δὲ τούτων ὑμῖν τυχὼν ἕξω τὴν χάριν, οὗτος δὲ τοῦ λοιποῦ μαθήσεται κτλ*. XXVI, 24: *καὶ οὕτως οὐκ ἐξαμαρτήσεσθε*. Da, wo mehrere Glieder vorkommen, sind dieselben meist durch Kopulativpartikeln verbunden (vgl. D. XX, 166 und die ähnlichen Beispiele in der *διήγησις* Anh. zu XII, 2, S. 204 und in der *παράλειψις* de praeterit. S. 39); doch finden wir auch *μέν* — *δέ* — *δέ* (Lys. XXIV, 27; vgl. Is. V, 154), *οὐ μόνον* — *ἀλλὰ καί* (D. II, 31) und *πρῶτον μέν* — *ἔπειτα* ([D.] LII, 33). Die von Frohberger für *πρῶτον μέν* — *ἔπειτα* — *ἔπειτα* verglichene Stelle Isae. IX, 36 steht zwar auch im Epilog, ist aber doch ganz anderer Art. Hierher gehört vielmehr der S. 467 erwähnte Schlufs der Rede. Wie die angeführten Beispiele zeigen, können an der vorliegenden Stelle die im Archetypus ausgefallenen Worte sehr verschieden gelautet haben: *οὕτω γάρ*, *καὶ οὕτω*, *ταῦτα γὰρ ἂν ποιῆτε*, *κἂν ταῦτα* (*καὶ ταῦτ' ἂν*) *ποιῆτε*, *καὶ ταῦτα ποιοῦντες*. Die in dieser peroratio hervortretende Würde und Fülle des Ausdrucks spricht mehr für eine der volleren Formeln, die Form des vorausgehenden Satzes mehr für die Kopulativ- als für die Kausalpartikel. Dafs solche Schlufssätze des Epilogs auch durch *οὖν* angeknüpft werden können, ergiebt sich aus Lys. XXII, 22: *ἂν οὖν τούτων καταψηφίσησθε, τά τε δίκαια ποιήσετε καὶ ἀξιώτερον τὸν σῖτον ὠνήσεσθε*. XXIX, 14: *ἐὰν οὖν σωφρονῆτε, τὰ ὑμέτερ' αὐτῶν κομιεῖσθε*. (D.) LIII, 29: *ἐὰν οὖν ἐνθυμηθῆτε* —. *ἐὰν οὖν ταῦτα παριδόντες πάντα καταψηφίσησθε, ὀρθῶς βουλεύσεσθε* (vgl. Lys. XXI, 12: *ἂν οὖν ἐμοὶ πεισθῆτε, τά τε δίκαια ψηφιεῖσθε καὶ τὰ λυσιτελοῦντα ὑμῖν αὐτοῖς αἱρήσεσθε*). Aber keine dieser Stellen läfst sich in Bezug auf das, was vorausgeht, mit der vorliegenden irgendwie vergleichen. Deshalb kann ich es auch nicht billigen, wenn Dobree und Herwerden den Satz mit *ἐὰν οὖν τοῦτο* (richtiger *ταῦτα*) *ποιῆτε* beginnen lassen. Wegen des *καί* erinnere ich noch an Stellen wie D. XXXIX, 32: *ἐπεὶ σὺ δεῖξον ὅστις* —· *κἂν δείξῃς, ἐγὼ συγχωρήσω κτλ*. XVIII,

112: *εἰ δέ φησιν οὗτος, δειξάτω, κἀγὼ στέρξω καὶ* **σιωπήσομαι.** **XIX**, 32. XXII, 27. And. I, 70. (Lys.) VI, 50. **Aesch. I, 191** (Cobet v. l. 144). Plat. Krit. 48^d. Charm. 169^c. Theaet. 154^c. **Xen.** Hell. I, 6, 2: *ὁ* ***δὲ*** *αὐτὸν ἐκέλευσεν ἐξ Ἐφέσου ἐν ἀριστερᾷ Σάμου παραπλεύσαντα — ἐν Μιλήτῳ παραδοῦναι τὰς ναῦς, καὶ ὁμολογήσειν θαλαττοκρατεῖν.* Euripides bei Lyk. 100, **v. 53** ff.: *ὦ πατρίς, εἴθε πάντες οἳ ναίουσί σε, οὕτω φιλοῖεν ὡς ἐγώ· καὶ ῥᾳδίως οἰκοῖμεν ἄν σε, κοὐδὲν ἂν πάσχοις κακόν.* Lys. VII, **20**: ***καίτοι*** *χρῆν σε τότε* ***καὶ*** *παρακαλεῖν τοὺς παριόντας μάρτυρας* ***καὶ*** *φανερὸν ποιεῖν τὸ πρᾶγμα· καὶ ἐμοὶ μὲν οὐδεμίαν ἂν ἀπολογίαν ὑπέλιπες κτλ.* Thuk. III, 39, 5. Eur. Hipp. 925 ff. (D.) XIII, 36: *ὑμᾶς ὑπάρξαι δεῖ χρηστὰ βουλομένους, καὶ πάνθ' ἕξει καλῶς.* Plat. Krit. 44^d: *εἰ γὰρ ὤφελον οἷοί τε εἶναι οἱ* **πολλοὶ** *τὰ μέγιστα κακὰ ἐργάζεσθαι,* ***ἵνα*** *οἷοί τε ἦσαν* ***καὶ*** *ἀγαθὰ τὰ μέγιστα, καὶ καλῶς ἂν εἶχεν.* Vgl. Bäumlein, Partikeln 147. Mätzner zu Lyk. 253. Krüger zu Dion. Hal. Histor. 20, sowie die Anm. zu § 58. Im Lateinischen steht **et in** dieser Weise nur bei Dichtern und nachklassischen Prosaikern. Halm zu Cic. p. Sull. S. 56 (lat. Ausg.). Seyffert, schol. Lat. I, § **74.** Wichert, Lat. Still. S. 180. 376. 416 ff. Vielhaber, Zeitschrift f. d. österr. Gymn. 1869, S. 865. Forbiger zu Verg. eclog. **III, 104.** Gebauer, de poetarum Graecorum buc. etc. S. 30 f.

Fünfundzwanzigste Rede.

§ **1.** *ὀργίζεσθαι*] *εἰ ὁμοίως — ὀργίζεσθε* vulg. und Cobet **nach** *C.* Dagegen Scheibe, lect. Lys. 318 f. Zur Konstruktion von *συγγνώμη ἐστί* vgl. noch Thuk. IV, 61, 5: *τοὺς Ἀθηναίους ταῦτα πλεονεκτεῖν τε καὶ προνοεῖσθαι πολλὴ ξυγγνώμη.* V, 88 (ebenso). (D.) prooem. 34: *τὸ μὲν λόγου μὴ τυχόντα πεπεῖσθαι — συγγνώμη* (wegen des Parallelismus mit dem zweiten Gliede ist hier der Artikel hinzugefügt). Thuk. I, 32, 5. IV, 114, 5 (*εἰ*). Plat. Hipp. II, 372^a (*ἐάν*). Hätte Lysias mit *συγγνώμην ἔχω* einen Kondizionalsatz verbinden wollen, so würde er jedenfalls *εἰ ἀκούοντες — καὶ ἀναμιμνησκόμενοι — ὀργίζεσθε* geschrieben haben. Die Glieder der Antithese entsprechen sich nämlich in folgender Weise: *ὑμῖν μέν* = *τῶν δὲ κατηγόρων* (*οἳ — ἐπιμελοῦνται*), ***πολλὴν*** *συγγνώμην ἔχω* = *θαυμάζω*, *ὀργίζεσθαι* = *εἰ ζητοῦσιν ὑμᾶς* ***πείθειν,*** *ἀκούουσι καὶ ἀναμιμνησκομένοις* = *σαφῶς εἰδότες.* Mit dem contrarium *θαυμάζω εἰ σαφῶς εἰδότες κτλ.* vgl. die verwandten Beispiele de arg. ex contr. S. 44 ff. (namentlich S. 53). *εἰ σαφῶς* ist Konjektur Reiskes für das hdschr. *οἳ σαφῶς*, das weder mit Cobet, Heldmann (a. a. O. S. 14) und Rauchenst. (VII) beibehalten, noch mit Kayser, Rauchenst. (früher) und Herw. in *καὶ σαφῶς* oder mit Scheibe (lect. 349) und Jacob, spec. emendationum (Progr. Cleve 1860) S. 16 in *καὶ οἳ* σαφῶς abgeändert werden darf. Dagegen läſst sich nichts einwenden wider Westermanns ὅτι σαφῶς; vgl. Xen. Kyneg. 13, 1 und de arg. ex contr. S. 93 f. Durch den an τῶν κατηγόρων sich anschlieſsenden Relativsatz wird zu dem schon im contrarium enthaltenen Gegensatze eine neue, ganz selbständige Antithese (ἀμελοῦντες τῶν οἰκείων τῶν ἀλλοτρίων ἐπιμελοῦνται) hinzugefügt, die ihrem Inhalte nach ebensowenig mit dem contrarium wie mit dem Gliede ὑμῖν μὲν κτλ. in irgendwelchem Zusammenhange steht. Vielleicht hat man diese Nebenbemerkung als einen fremdartigen, die Symmetrie störenden Zusatz aus dem Text zu entfernen. Zurückzuweisen sind auf jeden Fall die Konjekturen θαυμάζω εἰ (so Herw. nach Markland und Halm) und θαυμ. ὅτι (Francken, comm. 173). — εἰδότες] διειδότες Herw. in der Ausg. und anal. crit. 59. — τοὺς μηδὲν ἀδικοῦντας καὶ τούς] Weil im Palat. μέν für μηδέν, korrigiert Francken: τοὺς μὲν αὐτῶν μηδὲν ἀδικοῦντας, ἑαυτοὺς δέ. — ζητοῦσιν ὑμᾶς πείθειν] nach Kayser; die Hdschr. ζητοῦσι κερδαίνειν ἢ ὑμᾶς πείθειν, und so Westerm. und Cobet. ζητ. κερδαίνειν καὶ ὑμ. πείθειν Taylor und Halm, ζητοῦσι κερδαίνειν ὑμᾶς πείθοντες früher Rauchenst., neuerdings wieder Herw. und Francken. In der Konstruktion weicht die Stelle ab von den de arg. ex contr. 146 besprochenen Enthymemen. Eine Übereinstimmung mit denselben lieſse sich leicht dadurch herstellen, daſs man hinter πείθειν ein ὡς χρή einsetzte; doch nötigen sonst weder innere noch äuſsere Gründe, die Überlieferung zu beanstanden. — τὴν γνώμην ταύτην] τὴν γνώμην τὴν αὐτήν will Taylor (vgl. Anh. zu XIII, 21, S. 340), τὴν αὐτὴν γνώμην Rauchenst., wie XXVI, 16, und so Herw. Richtig übersetzt Scheibe, lect. Lys. 349 die Lesart der Hdschr. (nach Reiske): hoc esse animo.

§ 2. ἅ] πάνθ' ἅ Kayser, Philol. XI, 158, ὅσα Herw. — γεγένηται] Dobree für das hdschr. γεγένηνται; zu XIII, 95 (Anh.) — πάνθ' ὁμοῦ] mit Frohberger kl. Ausg. für das hdschr. ἐμοῦ, was Röhl, Jahresber. d. phil. Vereins 1877, S. 36 als leidlich beibehalten möchte; wie Frohberger jetzt auch Rauchenst. ὁμοῦ Markland, Kayser a. a. O., Scheibe, Francken, comm. 173, der auſserdem πάντ' εἰρηκέναι für κατηγορ. will. Über die Verstärkungen von πᾶς (ὁμοίως, ἑξῆς, ἐφεξῆς, ἅμα, ὁμοῦ) Rehdantz Dem. Ind. II, πᾶς (D. XXI, 127 ist doch wohl ἐμοῦ, πάντων für ὁμοῦ πάντων zu lesen). — ἐμαυτὸν δὲ — ὄντα] Ein Gegensatz findet auch D. XIV, 40 statt (vgl. Is. IX, 6. D. XXII, 67). Wie Is. XV, 320 steht der Nomin. αὐτός Xen. Ages. 9, 5: (καὶ ταῦτα οὐ μόνον πράττων ἔχαιρεν, ἀλλὰ καὶ ἐνθυμούμενος ἠγάλλετο ὅτι αὐτὸς μὲν ἐν μέσαις ταῖς εὐφροσύναις ἀναστρέφοιτο, τὸν δὲ βάρβαρον ἑώρα, εἰ μέλλοι ἀλύπως βιώσεσθαι, συνελκυστέον αὐτῷ ἀπὸ περάτων τῆς γῆς τὰ τέρψοντα.) εὔφραινε δὲ αὐτὸν καὶ τάδε, ὅτι αὐτὸς μὲν ᾔδει τῇ τῶν θεῶν κατασκευῇ δυνάμενος ἀλύπως χρῆσθαι, τὸν δὲ ἑώρα φεύγοντα μὲν θάλπη, φεύγοντα δὲ ψύχη, wo, wie so häufig, der

Parallelismus auf die Form eingewirkt hat. Der Accus. des Personale mit dem Accus. des Partic. des Gegensatzes wegen Arist. Plut. 468 ff.: *κἂν μὲν ἀποφήνω μόνην ἀγαθῶν ἁπάντων οὖσαν αἰτίαν ἐμὲ ὑμῖν δι' ἐμέ τε ζῶντας ὑμᾶς κτλ.*

§ 4. *ἐὰν ἀποφήνω*] nach van den Es mit Francken a. a. O., Frohberger, Rauchenst.; *ἐὰν ἀποφανῶ* die Hdschr., *ἐὰν φανῶ* Scheibe (lect. Lys. 350) u. Cobet, *ἐάνπερ φανῶ* nach Dobree Herw., *ἐὰν κἀγὼ φανῶ* Müller, Philol. XII, 106. Zu den in der Anm. genannten Stellen füge noch (D.) XXVI, 24: *πῶς δ' οὐκ ἂν εἴη τὸ συμβαῖνον ἄλογον — ὑμᾶς δὲ μηδ' ὑπὲρ ὑμῶν αὐτῶν κοινῇ συλλεγέντας ἐπιδείξασθαι μισοῦντας τοὺς πονηρούς*; D. XVIII, 46: *εἶτ' οἶμαι συμβέβηκε — τοῖς δὲ προεστηκόσι καὶ τἄλλα πλὴν ἑαυτοὺς οἰομένοις πωλεῖν πρώτους ἑαυτοὺς πεπρακόσιν αἰσθέσθαι.*

§ 5. *ἡγοῦμαί μοι*] mit Frohberger für *ἡγοῦμαι.* Rauchenst. nach Francken, comm. 174: *ἡγοῦμαι ἐμοί.* Wenn Francken weiter vermutet, es sei hinter *τεκμήριον ὅτι* ein Gedanke wie *οὐκ ἀδικῶ* ausgefallen und infolge dessen von den Abschreibern *εἴπερ* für *εἰ γάρ* gesetzt worden (vgl. Lys. XXIV, 11. D. XIX, 97. Aesch. II, 142. Herod. IV, 118), so ist die Voraussetzung, dafs hinter *τεκμήριον* ein Satz mit *ὅτι* fast ausnahmslos nicht den Beweis, sondern das zu Beweisende bezeichne, unbegründet. Beachtenswerter erscheint mir, was derselbe über *εἴπερ* bemerkt: 'denique *εἴπερ* ponitur pro *εἰ*, quod significatione diversum est; prius enim aptum est, ubi condicio non plane incerta est, sed dubitatio jam aliquatenus praecisa, quod rem aut esse aut non esse subindicatur: si modo, si quidem, si vel maxime, utique si'. Auch Kayser (Heidelb. Jahrb. 1866, 292) hält, während er im übrigen gegen Francken spricht, das einfache *εἰ* für notwendig. Weniger gewaltsam und ebenso sinngemäfs wäre *εἴ πῃ.* Vgl. Plat. Gorg. 527[a]: *καὶ οὐδέν γ' ἂν ἦν θαυμαστὸν καταφρονεῖν τούτων, εἴ πῃ ζητοῦντες εἴχομεν αὐτῶν βελτίω καὶ ἀληθέστερα εὑρεῖν· νῦν δὲ ὁρᾷς ὅτι κτλ.* Krit. 48[d]. Lys. XXVIII, 14: *εἴ πῃ δύναιντο.* Xen. Kyr. VII, 5, 54. Doch wird die Überlieferung geschützt durch die ganz ähnlichen Stellen Is. XV, 17: *ἐνθυμουμένους ὅτι μηδὲν ἂν ἔδει δίδοσθαι τοῖς φεύγουσιν ἀπολογίαν, εἴπερ οἷόν τ' ἦν ἐκ τῶν τοῦ διώκοντος λόγων ἐψηφίσθαι τὰ δίκαια· νῦν δ' εἰ μὲν εὖ τυγχάνει κατηγορηκὼς ἢ κακῶς, οὐδεὶς ἂν τῶν παρόντων ἀγνοήσειεν· εἰ δ' ἀληθέσι κέχρηται τοῖς λόγοις, οὐκέτι τοῦτο τοῖς κρίνουσι γνῶναι ῥᾴδιον ἐξ ὧν ὁ πρότερος εἴρηκεν* (hier wäre *εἴ πῃ* wegen des Hiatus zurückzuweisen; dagegen gienge *εἴ πως*, vgl. Xen. Anab. II, 3, 18). Herod. IX, 113: *τάπερ ἂν καὶ ἐγένετο, εἴπερ ἔφθη ἀναβὰς ἐς τοὺς Βακτρίους καὶ τοὺς Σάκας. — ἀλλὰ γὰρ* (unten zu § 17) *Ξέρξης πυθόμενος ταῦτα ἐκεῖνον πρήσσοντα — κατέκτεινε αὐτόν τε ἐκεῖνον κτλ.* Vgl. auch das Epigramm bei (Plut.) vit. X or. 847[a] und Lys. XVI, 8. Im Deutschen läfst sich das *εἴπερ* des irrealen Kondizionalsatzes durch 'wenn wirklich' oder 'wenn anders' wiedergeben. — *ἐκείνοις*]

Herw., um eine allgemeine Sentenz zu gewinnen, nach Dobree ἐνίοις. — τὴν — ὀργήν] Die ὀργή gegen die Dreifsig blieb auch nach ihrem Untergange noch lange frisch; vgl. Stutzer, Hermes XV, 38 und zu XII, 30 (Anh. S. 224).

§ 6. πολλῶν ἀγαθῶν] πολλῶν κἀγαθῶν will Wrobel, Zeitschr. f. d. österr. Gymnas. 1877, 126. Die Kopula ist hier weggelassen wegen des Parallelismus mit dem πολλὰ κακά des zweiten Gliedes. — καὶ μέγα] οἱ μέγα Halm, οἱ καὶ μέγα Herw. nach Scheibes Vorschlag. Scheibe, lect. 350 erklärt καί: 'eique tales'. — μέγα κέρδος νομίζοντες εἶναι τοὺς — καθεστηκότας] Is. III, 50: μὴ τὸ μὲν λαβεῖν κέρδος εἶναι νομίζετε, τὸ δ' ἀναλῶσαι ζημίαν. Plat. Gorg. 461ª: εἰ κέρδος ἡγοῖο εἶναι τὸ ἐλέγχεσθαι. Xen. Kyr. IV, 2, 43: δοκεῖ δ' ἔμοιγε καὶ τὸ νεῖμαι τὰ χρήματα Μήδοις ἐπιτρέψαι κέρδος ἡγεῖσθαι. Aristeid. XXIX, 24: κέρδος τὴν σωτηρίαν ἡγούμενοι. Thuk. II, 44, 4: τὸν πλείονα κέρδος ὃν ηὐτυχεῖτε βίον ἡγεῖσθε. VII, 68, 3: (ἀνθ' ὧν μὴ μαλακισθῆναί τινα πρέπει) μηδὲ τὸ ἀκινδύνως ἀπελθεῖν αὐτοὺς κέρδος νομίσαι. Xen. Ages. 7, 3: σώζεσθαι πάντας κέρδος νομίζων, ζημίαν δὲ τιθείς, εἰ καὶ ὁ μικροῦ ἄξιος ἀπόλοιτο. Thuk. III, 33, 3: κέρδος δὲ ἐνόμισεν, ὅτι (αἱ νῆες) οὐδαμοῦ ἐγκαταληφθεῖσαι ἠναγκάσθησαν στρατόπεδον ποιεῖσθαι. Xen. Mem. I, 6, 14: μέγα νομίζομεν κέρδος, ἐὰν ἀλλήλοις ὠφέλιμοι γιγνώμεθα. Eur. Med. 454: πᾶν κέρδος ἡγοῦ ζημιουμένη φυγῇ. Thuk. VIII, 66, 2: κέρδος ὁ μὴ πάσχων τι βίαιον ἐνόμιζεν, wo das Objekt in dem hypothetischen Ptcp. ὁ μὴ πάσχων liegt. Die angeführten Beispiele zeigen, dafs in dieser Phrase nur νομίζειν und ἡγεῖσθαι gebraucht werden (ἐν κέρδει ποιεῖσθαι c. inf. Herod. II, 121 [§ 9 Kr.]. VI, 13; vgl. in lucro ponere Cic. p. Flacco 17, 40) und dafs der Infin. εἶναι gewöhnlich weggelassen wird. Vgl. die Redensarten de arg. ex contr. 15 f. 375 und zu XIII, 85 (Anh.).

§ 7. πειράσομαι δ' ὑμᾶς διδάξαι] Vgl. XXIII, 1: ὡς δὲ — τοῦτο ὑμῖν πειράσομαι ἀποδεῖξαι. (D.) XLIII, 18: πειρασόμεθα δὲ καὶ ἡμεῖς — ἐπιδεῖξαι περὶ κτλ. Ant. II, α, 3. Häufig steht πειράσομαι im Übergange zur διήγησις (zu XII, 3, Anh. S. 204 ff.). — οὓς ἡγοῦμαι — προσήκειν — ἐπιθυμεῖν] οἷστισιν Herw. Über προσήκει = cadit in aliquem, consentaneum est Heindorf zu Plat. Phaed. S. 141. Hertlein zu Xen. Kyr. VII, 5, 84. In demselben Sinne scheint Aesch. III, 170 δεῖ zu stehen (vgl. § 168, wo εἰκός ἐστιν gebraucht ist). Allein in der Familie *M* fehlt das Wort, und es erregt dasselbe schon deshalb Anstofs, weil es gleich darauf in ganz anderer Bedeutung wiederkehrt. Vermutlich stand im Archetypus ein halb verwischtes προσήκει, woraus die Schreiber von *A* und *B* δεῖ machten, während der Schreiber von *M* es vorzog, das unlesbare Wort ganz wegzulassen. Über die Familie *M* vgl. Büttner, quaest. Aesch. S. 2 ff., der jedoch diese Stelle anders beurteilt. Betreffs der Konstruktion von προσήκειν bemerkt Rehdantz zu Lyk. 123: 'der mehr sinnliche Dativ c. Inf. wich allmählich bei diesem und ähnlichen Verben dem mehr abstrakten **Accus. c. Inf.'** Nach dem mir vorliegenden Material ward der letztere **vorzugs**weise gebraucht im argum. ex contr., sowie in einigen an**deren** Redeformen, die mit diesem mehr oder weniger verwandt sind. Aufser den in der Anm. angeführten Beispielen D. XVIII, 68. Is. XI, 35. Isae. XII, 9 (de arg. ex contr. S. 99. 290. 295) gehören hierher folgende Stellen, in welchen *προσήκει* das (häufiger gebrauchte) *χρή* (*δεῖ*) vertritt: Xen. Kyr. VII, 5, 83 (de arg. ex contr. XX). D. XXI, 201: *ὃς οὖν —, τοῦτον οὐκ ἀπολωλέναι δεκάκις προσήκει*; (ebenda 6; vgl. [D.] VII, 45: *προσήκει αὐτοὺς ὑφ' ὑμῶν κακοὺς κακῶς ἀπολωλέναι* und Hyp. f. Eux. XXX: *εἶτα — Εὐξένιππον δεῖ ἀπολωλέναι*; Eur. Herakl. 960; sonst in dieser Wendung *ἄξιος* und *δίκαιός ἐστιν*, s. oben S. 460. *τούτῳ προσήκει τεθνάναι* Lys. XXX, 27). Dein. I, 22 (ebenda S. 22). Is. XV, 239 (S. 37; vgl. § 290, wo *χρή* steht). D. LVII, 5 (S. 59). Lyk. 123 (S. 64 f.). D. XIX, 221. 284 (S. 75). (D.) L, 67 (S. 77). Is. XI, 6 (S. 290). Is. XVIII, 57 (S. 297). (D.) XII, 15. — Is. VIII, 10: *καίτοι προσῆκεν ὑμᾶς — μᾶλλον τοῖς ἐναντιουμένοις ταῖς ὑμετέραις γνώμαις προσέχειν τὸν νοῦν ἢ τοῖς καταχαριζομένοις*. XV, 315: *καίτοι προσῆκεν αὐτοὺς νῦν μισεῖσθαι μᾶλλον ἢ κατ' ἐκεῖνον τὸν χρόνον*. § 165. D. XXII, 9 (vgl. [D.] XXXIV, 29; weit häufiger in **dieser** Form, wie bei anderer Gelegenheit gezeigt werden soll, *καίτοι χρῆν* (*ἔδει*) und *χρή* (*δεῖ*). — D. XXIII, 164: *τί δὴ προσῆκεν τὸν ὡς ἀληθῶς ἁπλοῦν καὶ φίλον —; οὐκ ἀποδοῦναι μὲν κτλ.* Is. XV, 119: *δεύτερον τί προσήκει τὸν στρατηγὸν τὸν ἀγαθόν; στρατόπεδον συναγαγεῖν κτλ.* (über denselben Gebrauch von *χρή* vgl. de arg. ex contr. S. 310, Anm. 32). Für den Dativ c. Inf. kann ich nur anführen D. XXI, 92 (de arg. ex contr. S. 75). XXII, 18 (hier der Dativ **wohl** der Deutlichkeit wegen). — Is. VIII, 120: *καίτοι προσήκει τὰς ἀρετὰς ἀσκεῖν καὶ τὰς κακίας φεύγειν πολὺ μᾶλλον ταῖς πόλεσιν ἢ τοῖς ἰδιώταις*. Isae. VIII, 26: *καίτοι καὶ τούτῳ προσῆκεν — ὠθεῖν* (sc. *με*) *καὶ ἐκβάλλειν*, wo gleichfalls die Deutlichkeit den Dativ verlangte; vgl. Lys. XIII, 44: *ὡς σφόδρα ὑμῖν ἐλεεῖν προσήκει Ἀγόρατον*. Xen. Anab. III, 2, 16: *τί ἔτι ὑμῖν προσήκει τούτους φοβεῖσθαι*; (§ 15 Accus. c. Inf. — Trotz des konkurrierenden Accus. konnte recht gut der Accus. c. Infin. stehen D. XXI, 92 und Is. VIII, 120; ebenso D. XIX, 203 und XXI, 33. Vgl. Is. XII, 179. XVIII, 35 und von den bereits angeführten Beispielen Lyk. 123. D. XIX, 284. [D.] L, 67. Is. XVIII, 57. [D.] XXXIV, 29). Die Neigung zu symmetrischem Ausdruck scheint den Accus. veranlafst zu haben Lys. VII, 37: *ὥστε πολὺ μᾶλλον τοῦτον παραλαμβάνειν ἐχρῆν ἢ ἐμὲ παραδοῦναι προσῆκεν*. XXVI, 12. D. XVIII, 62. 66. 72. Is. IV, 184. VI, 3 (vgl. Lys. XXIV, 15), das Streben zu variieren Xen. Mem. III, 4, 8 f., die Konkurrenz eines anderen Dativs Lys. XXXI, 13. Is. III, 3. XI, 1. XVI, 15 (vgl. die oben citierten Beispiele D. LVII, 5. Is. XV, 165). Zu diesen Stellen füge ich noch aus Lysias XIV, 21 (χρὴ ὑπολαμβάνειν) ὅτι πολὺ μᾶλλον αὐτοὺς προσήκει τῶν λιπόντων τὴν τάξιν κατηγορεῖν ἢ ὑπὲρ τῶν τοιούτων ἀπολογεῖσθαι (wegen der Form zu vergleichen mit Is. VIII, 10. XI, 6. XV, 239. 315; etwas anderer Art VIII, 120. XI, 35. Isae. XII, 9), und beispielsweise aus anderen Schriftstellern Is. IV, 33. XIV, 23. XV, 141: ᾤμην ἐπαινεῖσθαί με προσήκειν (οἶμαι προσήκειν auch D. XIX, 203. Plat. Gorg. 479[e]. Xen. Mem. III, 4, 8, ἡγοῦμαι πρ. Lys. XXV, 7. Is. VI, 3. XI, 1, ὑπολαμβάνω πρ. D. XVIII, 287). D. XVIII, 88. 244. 287. XXIV, 189. LVII, 34 (vgl. Anh. zu XII, 32, S. 225). (D.) VII, 45 (s. oben). XLV, 78. L, 66 (Anh. zu § 13, S. 480). LIX, 85. Thuk. I, 68, 2. Xen. Anab. VII, 7, 18. Plat. Gorg. 491[d]. Aesch. Ag. 1520. Eur. Or. 1071. Was den elliptischen Gebrauch von προσήκει in Nebensätzen betrifft, wo man den Infin. aus dem Hauptsatze zu ergänzen hat, so war, wie es scheint, in solchen Fällen der Accus. weit gebräuchlicher als der Dativ. Jener steht Is. XI, 33: ἐγὼ μὲν κέχρημαι τούτοις τοῖς λόγοις, οἷσπερ χρὴ τοὺς ἐπαινοῦντας, σὺ δ' οἷς προσήκει τοὺς λοιδοροῦντας (zum ersten Gliede vgl. aufser der nächsten Stelle Eur. Hiket. 892: ὡς χρή. Is. VIII, 21: ὥσπερ χρή. IV, 38. IX, 28: ἥνπερ χρή. XII, 151: οἵοις χρή. § 178: οἵαν περ χρή. VII, 31: ὅσην περ χρή. XI, 15: ὅθεν περ χρή). XII, 230: ὁ μὲν γὰρ ἀπῄει φρονιμώτερος γεγενημένος — ὥσπερ χρὴ τοὺς εὖ φρονοῦντας —· ἐγὼ δ' ὑπελειπόμην — φρονῶν μεῖζον ἢ προσήκει τοὺς τηλικούτους. XII, 159 (ὡς προσῆκεν). XV, 322 (ὥσπερ προσήκει). (D.) prooem. 43 a. E. (ὥσπερ ἐστὶ προσῆκον φάσκοντάς γε). D. XVIII, 180 (ὅσα προσῆκεν). XXI, 133 (ἣν προσῆκεν). Der Dativ Is. VIII, 92. Isae. III, 75: ᾗ (ὥσπερ) προσῆκεν. Von Einfluſs auf die Konstruktion war auch in dieser elliptischen Form der analoge Gebrauch von χρή, zu dem an den beiden ersten Stellen noch der Parallelismus hinzukommt. Nach der Überlieferung wechseln Dativ und Accus. Isae. VIII, 6: κληρονομεῖν μᾶλλον ἡμῖν ἢ τοῦτον προσήκει. Aber mit Recht verlangt hier Scheibe (praef. XXXV) unter Vergleichung von § 45 ἢ τούτοις oder ἢ τούτοιν. An einer zweiten Stelle dieser Art, die Frohberger anführt, Is. V, 127: προσήκει δὲ τοῖς μὲν ἄλλοις τοῖς ἀφ' Ἡρακλέους πεφυκόσι καὶ — ἐκείνην τὴν πόλιν στέργειν, ἐν ᾗ τυγχάνουσι κατοικοῦντες, σὲ δ' ὥσπερ ἄφετον γεγενημένον ἅπασαν τὴν Ἑλλάδα πατρίδα νομίζειν ist der Wechsel zwar weniger auffällig, aber doch bei einem Schriftsteller wie Isokrates kaum zu ertragen. Wahrscheinlich ist hinter τὴν Ἑλλάδα ein χρή ausgefallen. Wegen der Anakoluthie προσήκει δὲ τοῖς μὲν ἄλλοις — σὲ δὲ χρή vgl. Aesch. III, 229: ὅτι σύνοιδεν ἑαυτῷ μὲν οὐδὲν ὧν διαπέπρακται δυναμένῳ φράσαι, τὸν δὲ κατήγορον ὁρᾷ δυνάμενον καὶ τὰ μὴ πεπραγμένα ὑφ' αὐτοῦ παριστάναι τοῖς ἀκούουσιν ὡς διῴκηκεν. Thuk. IV, 24, 3. 59, 2. 117, 1 und die Beispiele de arg. ex contr. 129 (ähnliches bei anderer Gelegenheit). — καὶ οὓς δημοκρατίας] οὓς eingesetzt von Cobet, Bake (Mnem. IX, 189), Pluygers (Mnem. XI, 86); vgl. die

Beispiele in der Anm. (Aesch. I, 27 streicht Weidner mit Unrecht *δεῖ λέγειν ἐν τῷ δήμῳ*, s. Madv. 204[b]), aufserdem Xen. Kyr. I, 6, 31: *διώριζε δὲ τούτων ἅ τε πρὸς τοὺς φίλους ποιητέον καὶ ἃ πρὸς ἐχθρούς.* (Xen.) Staat d. Athen. 2, 19: *γιγνώσκειν οἵτινες χρηστοί εἰσι τῶν πολιτῶν καὶ οἵτινες πονηροί.* Herw. will *ἐκ δημοκρατίας* für *καὶ δημοκρ.*; doch s. den Commentar. — *καὶ ὑμεῖς γνώσεσθε*] eingeklammert nach Sauppe, symb. 8 mit Rauchenst. (VII) und Frohberger kl. Ausg.; vgl. Blass in Bursians Jahresber. 1873, 270. [*κἀγὼ περὶ ἐμαυτοῦ τὴν ἀπολογίαν ποιήσομαι, ἀποφαίνων*] Kayser, Philol. XI, 154. Frei, zu Lys. 12, und so früher Rauchenst. [*ἀποφαίνων*] Frohberger in der ersten Auflage dieser Ausg. nach einem früheren Vorschlage Kaysers; ebenso Herw., Francken, comm. 175, Pluygers a. a. O. — *προσῆκον*] *προσῆκε* Pluygers; vgl. Schoemann zu Isae. 346. 443 (dafs in diesem speciellen Falle, wo *ἀποφαίνων ὡς οὐδέν μοι προσῆκον* geschrieben steht, die Supplierung des Verb. subst. nicht unbedingt notwendig ist, ergiebt sich aus der Anm. zu XII, 90 und zu XIII, 9).

§ 8. *δημοκρατικός*] *δημοτικός* Cobet. v. l. 210, gebilligt von P. R. Müller, Beitr. zur Kritik des Lysias 11 und früher von Rauchenst. — *οὐκ ἐλάχιστον — μέρος*]. Über die Litotes zu XII, 23 (*μέρος οὐκ ἐλάχιστον μετέσχηκα* Diodor XIII, 20 a. A.), über *ἐν ὑμῖν ἐστι* Frohberger, Philol. XXXIII, 536. Rehdantz zu Lyk. 52 (Anh. 2, S. 140). — *καὶ ταῦθ' ὅτι κτλ.*] Über die Transitionsform zu XII, 46, Anh. S. 236.

§ 9. *μετεβάλοντο*] *μετεβάλλοντο* cod. Vind., empfohlen von Scheibe, lect. 346, aufgenommen von Rauchenst. und Frohberger. — *τὰς περὶ τούτων τιμωρίας*] Frohberger in der klein. Ausg. *τὰς ὑπὲρ τ. τ.*, wie derselbe auch XIV, 2 (in beiden Ausg.) *ὑπέρ* für *περί* setzt. Ebenso wollte Meier, commentationis quintae de Andocidis quae vulgo fertur oratione contra Alcibiadem part. IX, S. 95 bei (And.) IV, 36 *οὐχ ὑπέρ — ἀλλὰ περί* schreiben. Mit Recht bemerkt Röhl a. a. O., dafs diese drei Stellen sich gegenseitig schützen und eine Änderung nicht ratsam erscheinen lassen. — *αὐτοὶ αὖθις*] So nach Reiske die neueren Herausgeber (nur Herw. blos *αὐτοί*) für die Lesart des Palat. *αὐτοὶ αὐτοῖς*; vgl. Thuk. VIII, 73, 2. Scheibe schlägt vor: *αὐτοὶ αὖ τῆς* (sc. *ὀλιγαρχίας*) *τῶν τριάκοντα*, Kayser, Philol. XI, 161: *αὐτοὶ ἐν τοῖς πρώτοις*, weil *πρώτοις* als Zahl *α'* geschrieben ward. — *τῶν Ἐλ. ἀπογραψαμένων*] Nach Grofser (Jahrb. f. Philol. 1869, 203 ff.), dem sich neuerdings Rauchenst. angeschlossen hat, sind die *ἀπογραψάμενοι* solche von denen *ἐξ ἄστεος*, die für den Fall, dafs die Dreifsig nach Eleusis flüchten müfsten (zu XII, 52), diesen gegenüber sich schriftlich zur Teilname an der Auswanderung verpflichtet hatten, dann aber, als Athen von Thrasybul blokiert wurde (Diodor XIV, 33, 4), die Stadt verliefsen (*ἐξελθόντες* sc. *ἐξ Ἀθηνῶν*) und sich den Blokierenden anschlossen. Früher folgte Rauchenst. der Er-

klärung Scheibes (lect. Lys. 348), mit der die Grofsersche in ihrem ersten Teile so ziemlich übereinstimmt: 'nonnulli autem eorum, qui nomen XXX viris Eleusinem dederant (qui XXX viris nomen dederant, ut una cum eis Eleusinem discederent ibique causam optimatium tuerentur), egressi vobiscum eos obsidebant, qui suae factionis erant (suis desertis ad plebis partes transierunt, quacum ex urbe ad obsidendam Eleusinem egressi oppugnabant eosdem, quorum aliquando partes ipsi secuti erant)'. Für Scheibe jetzt wieder Stutzer, Hermes XV 35 f. Auch ich möchte mich dieser Ansicht anschliefsen, falls Frohbergers Erklärung unhaltbar erscheinen sollte. Und allerdings spricht gegen die letztere besonders der Umstand, dafs sie μεϑ' ὑμῶν ebenso wie τοὺς μεϑ' αὐτῶν mit ἐπολιόρκουν zu verbinden nötigt, während doch der von Lysias so streng beobachtete Parallelismus verlangt, das eine auf ἐξελϑόντες, das andere auf ἐπολιόρκουν zu beziehen. — Betreffs der in Ἐλευσῖνάδε ἀπογράφεσϑαι enthaltenen Prägnanz vgl. noch die Ausleger zu Thuk. I, 65, 2. 87, 2. 101, 2. II, 4, 3. Westermann zu D. XVIII, 288. Rehdantz zu Xen. Anab. III, 4, 44. Büchsenschütz zu Hell. I, 1, 23. Mit den aus Livius angeführten Stellen sind zusammenzuhalten Liv. XXII, 35, 6: additi duo praetores, M. Claudius Marcellus in Siciliam, L. Postumius Albinus in Galliam. XXVI, 18, 4: ut populus proconsuli creando in Hispaniam comitia haberet (wo Weifsenborn vergleicht Appian Iber. 18: χειροτονήσουσι στρατηγὸν εἰς Ἰβηρίαν. — ᾑρέϑη στρατηγὸς εἰς Ἰβηρίαν). ebenda § 6: ut nemo audeat in Hispaniam imperium accipere. XXXII, 28, 10: Quinctio in Macedoniam supplementum decretum. Sueton Caes. 8: conscriptas in Ciliciam legiones. Cic. in Verr. I, 2, 6: cum ego diem inquirendi in Siciliam perexiguam postulavissem. II, 1, 11, 30: interposuistis accusatorem qui, cum ego mihi C et X dies solos in Siciliam postulassem, C et VIII sibi in Achajam postularet. — ἐπολιόρκουν τοὺς μεϑ' αὐτῶν] nach Scheibes Konjektur für das hdschr. ἐπολιορκοῦντο μεϑ' αὐτῶν, ebenso Rauchenst., Herw., Grofser, Stutzer. Kayser, Philol. XI, 165 fordert den Zusatz ποτε oder πρότερον ὄντας. Im *C* ἐπολιορκοῦντο μετ' αὐτῶν, und so Westerm., Cobet, Francken, comm. 175, der auch für ἀπογραψαμένων will ἀπογραψάμενοι.

§ 10. εἴ τις] nach *C* (im *X* ist εἰ über ἤ nachgetragen) mit Westerm. u. Cobet; vgl. Schoell, Hermes XI, 210. ἥτις ἂν Vischer. — ἐγίγνετο] Francken, comm. 177 will ἐγένετο. Ohne Grund nimmt er auch Anstofs an dem Plusq. ἦσαν πεπολιτευμένοι ('was für ein politisches Verhalten ihrerseits vorlag', als die Umwälzung eintrat) und will πολιτευόμενοι, ebenso χρῆν für χρή, obwohl die Worte nicht ein Desideratum (χρῆν), sondern ein Postulat (χρή) enthalten. — δικαιοτάτην τήν] für das hdschr. δικαιοτάτην nach Rauchensteins Konjektur mit Scheibe, Westerm., Herw.; δικαιότατα τήν Cobet.

§ 11 *εὐθύνας δεδωκότες*] *ἢ εὐθύνας ὠφληκότες* Kayser früher; *ἢ εὐθύνας ἑαλωκότες* Emperius, opusc. 93, gebilligt von Halbertsma, de magistratuum probatione ap. Athen. S. 51, aufgenommen von Westerm., Herw. und (doch ohne *ἢ*) Cobet; *εὐθύνας οὐ δεδωκότες* Markland; *ἢ εὐθύνας οὐ δεδωκότες* Kayser Heidelb. Jahrb. 1866, S. 785 und Jahrb. f. Philol. 1872, S. 260. Francken a. a. O.: ego *εὐθύνας δεδωκότες* ejicienda censeo, utpote interpretis cujusdam annotamentum ex margine petitum; addidit ad *ἄτιμοι*: *ἤγουν εὐθύνας δεδωκότες*, in rationibus dandis. Mir scheint Sauppe bei Rauchenst. die hdschr. Lesart richtig verteidigt zu haben, nur wünschte ich der Deutlichkeit wegen ein *ἢ* vor *ἄτιμοι*. — *συμφορᾷ*] *συμφορά, ἀτύχημα, ἀτυχεῖν* euphemistisch auch von Verbrechen; vgl. Arist. Frö. 699. Westermann zu D. XXIII, 39. — *προσήκειν αὐτοῖς*] Rauchenstein möchte *αὐτούς*. Zum Pronomen und zu dessen Stellung vgl. noch Is. XVII, 50 (de arg. ex contr. 16). Thuk. IV, 126, 4. V, 98. Plat. Prot. 320ᵉ. Symp. 201ᵉ und die Beispiele bei Rehdantz Dem. Ind. I, *οὗτος*. Im zweiten Gliede ist ebenso nachgestellt das epanaleptische *τούτων*; s. unten. — *ἐλπίζοντας*] Über den Accus. vgl. die Beispielsammlungen bei Rehdantz zu (D.) VII, 6 (dazu D. XVIII, 218). Pflugk zu Eur. Med. 815. Classen zu Thuk. IV, 20, 3. Krüger zu VII, 75, 7. Hertlein zu Xen. Kyr. II, 1, 15. Kühner zu Mem. I, 1, 9. Büchsenschütz und Breitenbach zu Hell. IV, 1, 35 (dazu V, 4, 60). Stallbaum zu Plat. Krit. 51ᵈ. Symp. 176ᵈ. Gorg. 492ᵇ. Staat VI, 500ᶜ. IX, 586ᵉ. Gesetze XI, 920ᵉ (mit der de arg. ex contr. S. 304 für [Lys.] XX, 19 vorgeschlagenen Emendation vgl. namentlich Thuk. IV, 20, 3 und Xen. Hell. IV, 1, 35). — *αὐτοῖς ἔσεσθαι*] Vgl. K. F. Hermann, gesamm. Abhdlgg. und Beiträge 67 ff. — *ὀφείλεται δ' αὐτοῖς*] Sehr häufig findet sich dieser Gebrauch bei Platon; Beispiele aus den Rednern bei Weber zu D. XXIII, S. 355. Mätzner zu Lyk. S. 101. Schneider zu Is. IV, 151. Rehdantz Dem. Ind. I, Parataxis. Über denselben Gebrauch im Latein. Kühner zu Cic. Tusc. V, 3, 8. Jahn und Piderit zu Brut. 74, 258. Eberhard zu Phil. I, 10, 24. Weifsenborn zu Liv. XXIII, 8, 3. Dafs *οὗτος* in dieser Weise nicht stellvertretend gebraucht werde, behauptet mit Unrecht Cobet, Mnem. XI, 167 (vgl. Francken, comm. 93). Beispiele der Fortsetzung der relativen Satzform im zweiten und den folgenden Gliedern nicht häufig (Lys. XII, 81. [And.] IV, 23. Is. VIII, 2. XVII, 14. XVIII, 39. Isae. II, 41. D. XXIII, 164. [D.] XLV, 57), aufser bei asyndetischer Nebeneinanderstellung der Glieder (Aesch. III, 9. D. XXIX, 26. XXXVIII, 28 u. ö.). Kr. 60, 6, 4. Herw. will den Nachsatz mit *ὀφείλεται* beginnen und schreiben: *ὀφείλεται τούτοις — οὐδ' ἄξιον κτλ.* — *τὰς τούτων διαβολάς*] nach *X* Frohberger, *τὰς κατὰ τούτων δ.* nach *C* Cobet, *τὰς περὶ τούτων δ.* Francken, comm. 178 und Herw., gebilligt von Kayser, Heidelb. Jahrb. 1866, S. 290 u. 785 und neuerdings aufgenommen von

Rauchenst., *περὶ τῶν τοιούτων τὰς τούτων δ.* Rauchenst. früher, *κατὰ τούτων δ.* (ohne Artikel) Madvig § 104[b]. Mit Recht bemerken Kayser und Rauchenst., dafs *τούτων* ohne Präposition hier zweideutig sei; vgl. auch Anh. zu XIII, 89 (S. 455). Nach meiner Meinung ist (ohne *τὰς*) *περὶ τούτων δ.* zu schreiben. Der Artikel ward hinzugefügt, nachdem *περί* bereits ausgefallen war, *τὰς τούτων δ.* aber im *C* weiter korrumpiert zu *τὰς κατὰ τούτων δ.* Dafs der Redner hier nicht, wie man nach dem ersten Gliede erwarten konnte, *οὐκ ἄξιον περὶ αὐτῶν* schrieb, hat seinen guten Grund. Es sollte zwar *οὐκ ἄξιον* den Hauptton erhalten, aber zugleich auch die zweite Klasse, welcher der Sprecher selbst angehörte, vor der ersten hervorgehoben werden; vgl. Rehdantz zu Lyk. 88. Ähnliche Stellen de arg. ex contr. Anm. 10 (S. 277 f.), wo man hinzufüge Xen. Mem. I, 1, 17: *ὅσα μὲν οὖν μὴ φανερὸς ἦν ὅπως ἐγίγνωσκεν, οὐδὲν θαυμαστὸν ὑπὲρ τούτων περὶ αὐτοῦ παραγνῶναι τοὺς δικαστάς· ὅσα δὲ πάντες ᾔδεσαν, οὐ θαυμαστὸν εἰ μὴ τούτων ἐνεθυμήθησαν*; Herod. III, 81: *τὰ μὲν Ὀτάνης εἶπε τυραννίδα παύων, λελέχθω κἀμοὶ ταῦτα, τὰ δ' ἐς τὸ πλῆθος ἄνωγε φέρειν τὸ κράτος, γνώμης τῆς ἀρίστης ἡμάρτηκε* (die signifikante Endstellung hat *οὗτος* auch Plat. Staat I, 345[b]. Phaed. 76[a]. Thuk. VI, 16, 1. Xen. Symp. 8, 19. Anab. I, 8, 11. Soph. Phil. 1248). Xen. Kyr. V, 4, 17: *καὶ ὅντινα ἴδοι τετρωμένον, ἀναλαμβάνων τοῦτον μὲν ὡς Γαδάταν ἔπεμπεν — τοὺς δ' ἄλλους συγκατεσκήνου.* Mem. II, 4, 4: *οὓς ἐν τοῖς φίλοις ἔθεσαν, πάλιν τούτους ἀνατίθεσθαι.* Anab. I, 8, 11: *ὃ μέντοι Κῦρος εἶπεν — ἐψεύσθη τοῦτο.* Aesch. III, 13: *ὅσα τις αἱρετὸς ὢν πράττει κατὰ ψήφισμα, οὐκ ἔστι ταῦτα ἀρχή.* Thuk. III, 12, 1: *ὅ τε τοῖς ἄλλοις μάλιστα εὔνοια [πίστιν] βεβαιοῖ, ἡμῖν τοῦτο ὁ φόβος ἐχυρὸν παρεῖχεν* (vgl. Classen und Stahl). Plat. Phaed. 62[c]: *ὃ μέντοι νῦν δὴ ἔλεγες — ἔοικε τοῦτο ἀτόπῳ.* Lach. 198[a]: *ἆρ' οὖν ἅπερ ἐγὼ καὶ σὺ ταῦτα λέγεις*; (vgl. Thuk. VII, 21, 3: *ᾧ γὰρ ἐκεῖνοι τοὺς πέλας — καταφοβοῦσι, καὶ σφᾶς ἂν τὸ αὐτὸ ὁμοίως τοῖς ἐναντίοις ὑποσχεῖν*). — Anax. Rhet. 1 (176 Sp.): *καθάπερ τοὺς κακόν τι ποιήσαντας δίκαιόν ἐστι τιμωρεῖσθαι, καὶ τοὺς εὐεργετήσαντας οὕτω προσήκει ἀντευεργετεῖν.* Vgl. auch Plat. Phaed. 65[b]: *ὅταν μὲν γὰρ (ἡ ψυχὴ) μετὰ τοῦ σώματος ἐπιχειρῇ τι σκοπεῖν, δῆλον ὅτι τότε ἐξαπατᾶται ὑπ' αὐτοῦ* (in der Frage Plat. Lach. 185[c]: *ἀλλ' ὅταν — πότερον οἴει τότε κτλ.* Dion. Hal. Antt. XI, 19 a. E.: *ἔνθα γὰρ ἡ πεῖρα διδάσκει τὸ συμφέρον, τί δεῖ στοχασμῶν ἐκεῖ*; de arg. ex contr. S. 16. — Auch im Latein. geht das Fragwort dem Demonstr. häufig voran. Cic. de off. III, 21, 83: qui autem fatetur — **qua** hunc objurgatione — coner avellere? Parad. 46: **cui** autem — quis umquam hunc vere dixerit divitem? u. ö. Dagegen de off. III, 33, 117: jam qui — apud eum quem habet locum fortitudo? Parad. 44: qui igitur — hunc quo modo etc.), so wie Xen. Mem. III, 5, 8: *ἀποδεικνύντες αὐτοῖς — μάλιστ' ἂν οὕτως αὐτοὺς ἐξορμῷμεν*; desgl. Isae. VIII, 6: *πρῶτον μὲν οὖν ὡς — ἐπιδείξω* τοῦτο ὑμῖν. (D.) XXXIII, 4: ὡς τοίνυν — ἐκ πολλῶν ὑμῖν τοῦτ' ἐπιδείξω. § 35: ὅτι μὲν οὖν — ἐκ πολλῶν οἴομαι ἐπιδεδεῖχθαι τοῦτο ὑμῖν. Aesch. III, 177: ὅτι δ' — μεγάλα τούτων οἶμαι σημεῖα δείξειν ὑμῖν. Xen. Symp. 8, 23: ὡς δὲ καὶ — νῦν τοῦτο δηλώσω. Mem. IV, 7, 1: ὡς μὲν οὖν — δοκεῖ μοι δῆλον ἐκ τῶν εἰρημένων εἶναι, ὅτι δὲ καὶ — νῦν τοῦτο λέξω. Anderer Art Isae. VII, 29: ὡς δ' οὐδὲ — οἶμαι καὶ ταῦθ' ὑμῖν ῥᾳδίως ἐπιδείξειν.

§ 12. ἰδίᾳ — δημοσίᾳ] nach Stephanus die neueren Ausg. (aufser den Zürichern u. Westerm.) für das hdschr. ἰδία — δημοσία. — ἑτέρων] νεωτέρων Cobet, Herw. — ἐν τῷ πολέμῳ] verdächtigen van den Es u. Herw. — τετριηράρχηκα] nach Scheibe für das hdschr. ἐτριηράρχησα. Die Verbindung des Aorists und Perfekts verteidigt Weber zu D. XXIII, S. 480 durch Is. VIII, 19 und viele andere Stellen. — οὐδενὸς χεῖρον] Vgl. noch Is. VIII, 57. IX, 18. XII, 229. XIX, 13. 48. D. XX, 150. XXIV, 34 (über οὐδενὸς ὕστερος und οὐδενὸς δεύτερος Anm. zu XII, 66). Rehdantz Dem. Ind. II, Komparativ. Sauppe zu Plat. Prot. 324[d]. Kühner zu Xen. Mem. I, 5, 6.

§ 13. καίτοι] καί nach Dobree Herw.; dagegen Francken, comm. 178. — γένοιτο] So, nicht γίνοιτο im *X* (Lampros, Herm. X, 272. Fuhr, animadv. 37). — παρ' αὐτῶν] von Herw. nach Dobree gestrichen. — ταύτην πίστιν] Diese Assimilation noch I, 5. 6 (II, 75. VI, 7. 20). XXI, 13. XXXII, 29. XXXIV, 3. Vgl. auch Rehdantz Dem. Ind. II, Prädikat. — παρ' ἡμῶν] Herw. nach Dobree παρ' αὐτῶν, schlägt aber vor: παρ' αὐτῶν καθ' ὑμῶν; auch Francken, comm. 179 will παρ' αὐτῶν. Vgl. Kayser, Heidelb. Jahrb. 1866, 301. — πάντας] Herw. vermutet πάντα. — ἀλλ' ἐκ] für das hdschr. ἀλλὰ καὶ ἐκ nach Emperius, opusc. 315 alle neueren Herausgeber aufser Westermann; s. unten. — Die von Lysias angewendete Form der conclusio (Seyffert, schol. Lat. I, § 40) findet sich auch Xen. Hell. VI, 3, 17: ἃ χρὴ καὶ ὑμᾶς ὁρῶντας εἰς μὲν τοιοῦτον ἀγῶνα μηδέποτε καταστῆναι κτλ. (Schlufs der Rede). — Dein. III, 19: ἃ χρὴ λογισαμένους ὑμᾶς πάντας, ὦ Ἀ., καὶ τῶν παρόντων καιρῶν ἀναμνησθέντας — μισεῖν τοὺς πονηρούς, ἀνελεῖν — τὰ τοιαῦτα θηρία καὶ δεῖξαι πᾶσιν ἀνθρώποις ὅτι οὐ — οὐδὲ δουλεύει ταῖς δόξαις, εἰδότας κτλ. (Epilog. — ὑμᾶς πάντας nach cod. *N* Mätzner u. Blass, vulg. ὑμᾶς. Für δουλεύει schreibt Blass nach der Ald. δουλεύειν, aber dem Infin. steht die Negation οὐδέ entgegen, für die nach allen Stellen ähnlicher Art, die ich notiert habe, καὶ μή — μηδέ — gesetzt sein müfste. Das hdschr. εἰδότες ist nicht zu verteidigen; ähnliche Zusätze Is. XV, 309. D. XXVIII, 24. Xen. Kyr. VII, 5, 77. Lys. XVIII, 25). Thuk. IV, 61, 2: ἃ χρὴ γνόντας καὶ ἰδιώτην ἰδιώτῃ καταλλαγῆναι καὶ πόλιν πόλει — παρεστάναι δὲ μηδενὶ ὡς κτλ. Lys. XIV, 15: ὧν χρὴ μεμνημένους ὑμᾶς νυνὶ τὴν ψῆφον φέρειν κτλ. Aesch. III, 7: ἃ χρὴ διαμνημονεύοντας ὑμᾶς μισεῖν — καὶ μηδὲν ἡγεῖσθαι κτλ. Thuk.

IV, 92, 7: ὧν χρὴ μνησθέντας ἡμᾶς τούς τε πρεσβυτέρους ὁμοιωθῆναι κτλ. (Schlufs der Rede). — Xen. Mem. IV, 3, 14: ἃ χρὴ κατανοοῦντα μὴ καταφρονεῖν τῶν ἀοράτων, **ἀλλὰ κτλ.** Kyr. VII, 5, 77: ἃ χρὴ γιγνώσκοντας **νῦν** πολὺ μᾶλλον ἀσκεῖν τὴν ἀρετὴν — εὖ εἰδότας κτλ. (D.) Br. III, 1482: ἃ χρὴ λογιζομένους, ὦ ἄ. Ἀ., μήτε τῶν εὐνόων ὀλιγωρεῖν κτλ. Thuk. IV, 62, 2: ἃ χρὴ σκεψαμένους μὴ τοὺς ἐμοὺς λόγους ὑπεριδεῖν, τὴν δὲ αὑτοῦ τινα σωτηρίαν μᾶλλον ἀπ' αὐτῶν προϊδεῖν (ἀπ' **αὐτῶν** nicht richtig erklärt von Classen. Sinn: 'ihr dürft nicht hinweg sehen über meine Worte, sondern müfst vielmehr in der Befolgung derselben einen Weg zu eurer Rettung erblicken'; vgl. unten). Is. VI, 90: ἃ χρὴ διαλογισαμένους μὴ φιλοψυχεῖν, μηδὲ — ἀλλὰ κτλ. (διαλογισαμένους ΓΕ, λογισαμένους — wie Dein. III, 19 — Θ v. Vgl. Fuhr, Rhein. Mus. XXXIII, 360 und unten zu § 101). Plat. Menex. 249[c]: ὧν χρὴ ἐνθυμουμένους πρᾳότερον φέρειν τὴν ξυμφοράν (Schlufs der Rede). Is. XV, 20: ὧν χρὴ μεμνημένους μὴ προπετῶς πιστεύειν τοῖς τῶν κατηγόρων λόγοις, μηδὲ κτλ. XVIII, 68: ὧν χρὴ μεμνημένους ἅμα τά **τε δίκαια καὶ τὰ** συμφέροντα ψηφίζεσθαι (Schlufsworte. ψηφίζεσθαι schreibe ich mit Bekker und anderen nach Λ, ψηφίσασθαι Blass; vgl. Lys. VII, 42. Is. XX, **12** — hier v. τιμωρήσασθαι —. Lys. III, 47. Ant. II, γ, 11. IV, β, **9.** Der Aorist διαγνῶναι [D.] L, 66). Thuk. VII, 63, 1: ὧν χρὴ μεμνημένους διαμάχεσθαι — καὶ μὴ — ἀλλὰ κτλ. Lys. VII, 42· ἃ χρὴ μεμνημένους διαγιγνώσκειν περὶ τοῦ πράγματος, καὶ κτλ. (Schlufs). — Is. Br. VIII, 6: ὧν ἐνθυμουμένους χρὴ τοὺς νοῦν ἔχοντας περὶ πλείστου μὲν ποιεῖσθαι κτλ. — Is. II, 11: **ὧν** ἐνθυμούμενον χρὴ προσέχειν τὸν νοῦν, ὅπως κτλ. V, 78: ὧν ἐνθυμούμενον χρὴ μὴ περιορᾶν κτλ. § 118: ὧν ἐνθυμούμενον ἐθίζειν σαυτὸν χρὴ καὶ μελετᾶν, ὅπως κτλ. (der Grund für die abweichende Stellung des χρή liegt auf der Hand; vgl. Br. VII, 3). Br. II, 9: ὧν ἐνθυμούμενον χρὴ μὴ — μηδὲ — μηδὲ — μηδὲ — ἀλλὰ — μηδὲ — ἀλλὰ — μηδὲ — μηδὲ — ἀλλὰ — ἐξαρκέσει σοι κτλ. (die Stelle enthält aufser den angedeuteten Antithesen noch mehrere andere). Br. VII, 3: ὧν ἐνθυμούμενον χρὴ ζητεῖν καὶ φιλοσοφεῖν, ἐξ ὅτου τρόπου κτλ. Rede VI, 52: ὧν ἐνθυμουμένους χρὴ μὴ προπετῶς ὑμᾶς αὑτοὺς ἐμβαλεῖν — μηδὲ κτλ. VIII, 121: ὧν ἐνθυμουμένους χρὴ μὴ — μηδὲ κτλ. XV, 173: ὧν ἐνθυμουμένους χρὴ μηδενὸς πράγματος ἄνευ λόγου καταγιγνώσκειν, μηδὲ κτλ. D. XXVIII, 24: ὧν ἐνθυμουμένους χρὴ ποιήσασθαί τινα ἡμῶν πρόνοιαν, εἰδότας κτλ. (Schlufs). — (D.) LVIII, 28: ὧν ἀναμιμνησκομένους ὑμᾶς χρὴ κτλ. (die Stellung wie Dein. III, 14; vgl. Blass, Bereds. III, 1, 443 **a.** E.). — Dein. III, 14: ὧν ἀναμιμνησκομένους ὑμᾶς, **ὦ Ἀ.,** δεῖ μὴ παρέργως ἔχειν πρὸς — ἀλλὰ κτλ. (abgesehen von D. IX, **51,** wo οὐ δεῖ steht, die einzige Stelle mit δεῖ, die mir aufgestofsen ist). — (D.) L, 66: ἃ προσήκει ὑμᾶς ἐνθυμηθέντας ὀρθῶς καὶ δικαίως διαγνῶναι περὶ ἁπάντων (auch für προσήκει kann ich nur diese eine Stelle anführen). — — Is. XV, 309: ὧν εἰκὸς ὑμᾶς ἐνθυμουμένους ὑπὲρ μὲν — ἐπισταμένους κτλ. XX, 12: ὧν εἰκὸς ὑμᾶς μιμνημένους τιμωρεῖσθαι μὴ μόνον — ἀλλὰ καὶ — καὶ μὴ περιμείνητε (der Übergang zur unabhängigen Rede wie Br. II, 9). **Lyk. 45:** ὧν εἰκὸς ὑμᾶς ἀναμνησθέντας τὸν — θανάτῳ ζημιῶσαι. — — Lys. XVIII, 25: ὧν ἄξιον ὑμᾶς ἐνθυμηθέντας προθύμως ἡμῖν βοηθῆσαι, ἡγησαμένους κτλ. (im Epilog). — Is. IV, 122: ὧν ἄξιον ἐνθυμηθέντας ἀγανακτῆσαι μὲν κτλ. (*Γ* ἀνάξιον, *E* ἂν ἄξιον, deshalb Benseler in der Engelmannschen Ausg. ἂν ἄξιον. Mit Recht ist diesem niemand gefolgt). Vgl. Is. XIV, 51: ὧν αὐτοὺς ὑμᾶς ἀξιοῦμεν ἐνθυμουμένους ἐπιμέλειάν τινα ποιήσασθαι περὶ ἡμῶν (ähnlich D. XXVIII, 24). In der Mehrzahl der citierten Beispiele fehlen die Accusative ὑμᾶς und σέ. Über diese elliptische Ausdrucksweise vgl. unten zu § 19, desgl. Schneider zu Is. V, 78 und IX, 81. Weber zu D. XXIII, S. 306. Franke zu D. I, 22 und die der Prodiorthosis angehörige Formel εἰ δεῖ Anh. zu XII, 65, S. 260. Natürlich kann für χρή (εἰκός, ἄξιον) mit Infin. auch ein Imperativ stehen. So Lys. III, 47: ὧν ὑμεῖς μεμνημένοι τὰ δίκαια ψηφίζεσθε, καὶ μὴ περιίδητε κτλ. (Epilog). Dein. I, 26: ὧν ὑμεῖς, ὦ ἄ., μνησθέντες καὶ τὰ ἀτυχήματα — θεωρήσαντες — ὑπὲρ ὑμῶν αὐτῶν ὀρθῶς νυνὶ βουλεύεσθε, καὶ κτλ. Lys. X, 32: ὧν μεμνημένοι καὶ ἐμοὶ καὶ τῷ πατρὶ βοηθήσατε κτλ. (Schlufssatz). (D.) XXVI, 23: ὧν, ἐὰν ἔχητε νοῦν, ἐνθυμούμενοι τοὺς μὲν — χαίρειν ἐάσατε, αὐτοὶ δὲ — παραφυλάξατε (auffällig ist der Zusatz ἐὰν ἔχητε νοῦν, wegen dessen Cobet, misc. crit. 582 ἐάσετε — dies schon Reiske — und παραφυλάξετε schreiben will. Ich möchte lieber diesen Zusatz selbst tilgen). Thuk. I, 42, **1:** ὧν ἐνθυμηθέντες καὶ νεώτερός τις παρὰ πρεσβυτέρου αὐτὰ μαθὼν ἀξιούτω — καὶ μὴ νομίσῃ κτλ. Wie das Relativum in dieser Form aufzufassen ist, ergiebt sich aus Lys. XXVIII, 17: ὥστ' ἄξιον τούτων ἁπάντων ἐνθυμηθέντας ἅμα τοῖς τε φίλοις τοῖς ὑμετέροις ἀποδοῦναι χάριν καὶ παρὰ τῶν ἀδικούντων τὴν δίκην λαβεῖν (Schlufssatz). Is. VI, 101: ἁπάντων οὖν τούτων ἀναμνησθέντες ἐρρωμενέστερον ἀντιλαβώμεθα τοῦ πολέμου **καὶ** μὴ περιμένωμεν — ἀλλὰ κτλ. (μνησθέντες ἐρρωμένως *Θ* v. Der Aorist des Simplex auch Dein. I, 26. Thuk. IV, 92, 7; dagegen ἀναμνησθέντας Dein. III, 19. Lyk. 45). D. VIII, 19: ταῦτα τοίνυν ἅπαντας εἰδότας καὶ λογιζομένους χρὴ κτλ. (D.) X, 17: ταῦτα τοίνυν ἕκαστον εἰδότα καὶ γιγνώσκοντα παρ' αὑτῷ δεῖ κτλ. Ant. II, γ, 11. IV, β, 9: ταῦτ' οὖν εἰδότες mit Imper. (Schlufs). IV, **δ, 11: ταῦτα** οὖν δεδιότες mit Imper. (Schlufs). Xen. Mem. II, 1, 34: σοὶ δ' οὖν ἄξιον τούτων ἐνθυμουμένῳ πειρᾶσθαι κτλ. (mit dem asseverierenden μέντοι D. IX, 51: ταῦτα μέντοι πάντας εἰδότας καὶ λογιζομένους οὐ δεῖ προσέσθαι τὸν πόλεμον εἰς τὴν χώραν, **οὐδὲ** — ἀλλ' ὡς ἐκ πλείστου φυλάττεσθαι). Zu beachten ist, dafs in der besprochenen Konklusionsform ἐνθυμεῖσθαι regelmäfsig mit dem

Genit. ὧν verbunden wird. Diese Konstruktion findet sich überall, wo auf ὧν ein Vokal folgt (ὧν ἐνθυμούμενον, ἐνθυμουμένους, ἐνθυμηθέντες, ὧν ἐάν, ὧν εἰκός, ὧν ἄξιον, ὧν αὐτούς; vgl. Thuk. VI, 60, 1: ὧν ἐνθυμούμενος ὁ δῆμος — καὶ μιμνησκόμενος ὅσα ἀκοῇ περὶ αὐτῶν ἠπίστατο, χαλεπὸς ἦν τότε), aber auch ohne solchen euphonischen Grund Plat. Menex. 249[c] (ὧν χρή). Dagegen ἅ vor χρή Lys. XXV, 13 und vor προσήκει (D.) L, 66. Wegen des Genitivs vgl. noch Lys. XXVIII, 17 (τούτων ἁπάντων ἐνθυμηθέντας). Xen. Mem. II, 1, 34 (τούτων ἐνθυμουμένῳ). I, 1, 17 (τούτων ἐνεθυμήθησαν). Kyn. 13, 17 (ἐνθυμουμένους τούτων). Lys. XXI, 19: δέομαι οὖν ὑμῶν — καὶ μὴ μόνον τῶν δημοσίων λειτουργιῶν μεμνῆσθαι, ἀλλὰ τῶν ἰδίων ἐπιτηδευμάτων ἐνθυμεῖσθαι (hier steht der Genit. wohl hauptsächlich des Parallelismus wegen. Doch folgt aus der Gleichheit des Kasus nicht auch eine Gleichheit der Bedeutung, wie Rauchenstein zu Lys. XVI, 20 anzunehmen scheint. Dagegen spricht Pseudolys. VI, 50, wo gleichfalls beide Verba verbunden sind, aber μιμνήσκεσθαι den Accus., ἐνθυμεῖσθαι den Genit. regiert; ebenso Thuk. VI, 60, 1 vgl. mit Dein. I, 26. III, 19). XXV, 21: ἐνθυμηθῆναι δὲ χρὴ καὶ τῶν ἐπὶ τῶν τριάκοντα γεγενημένων. (Lys.) VI, 50: μνήσθητε τὰ πεποιημένα Ἀνδοκίδῃ, ἐνθυμήθητε δὲ καὶ τῆς ἑορτῆς κτλ. Ant. V, 6: οὐ μόνον τῶν λεγομένων ἀνάγκη ἐνθυμεῖσθαι, ἀλλὰ καὶ τῶν ἐσομένων. VI, 20: ἄξιον δ' ἐνθυμηθῆναι ἀμφότερα καὶ τῆς γνώμης τῶν ἀντιδίκων κτλ. fr. 51 Blass: καίτοι οὐκ ἂν τῆς μὲν τῶν ἄλλων ταλαιπωρίας προὐσκέψαντο, τῆς δὲ σφετέρας αὐτῶν σωτηρίας οὐκ ἐνεθυμήθησαν (auch hier ist die Konzinnität von Einfluſs auf die Konstruktion gewesen, jedoch mehr in Bezug auf προσκέπτεσθαι als in Bezug auf ἐνθυμεῖσθαι; vgl. Klotz zu Eur. Phoen. 476). Is. IV, 184: τοῦ συμφέροντος ἐνθυμουμένους. Xen. Kyn. 8, 6: τῆς ὥρας ἐνθυμούμενον. 9, 4: τῶν τόπων ἐνθυμούμενον, ὅπως μὴ διαμαρτήσεται. (D.) XVIII, 184: ἐνθυμηθέντας τῆς τῶν προγόνων ἀρετῆς, διότι περὶ πλείονος ἐποιοῦντο τὴν τῶν Ἑλλήνων ἐλευθερίαν διατηρεῖν ἢ τὴν ἰδίαν πατρίδα (vielleicht Nachahmung von Lys. XVI, 20 und Is. XVII, 57; s. unten). Nicht gehört hierher Thuk. V, 32, 1, wo Classen zu vergleichen. Mit Recht erklären Krüger zu Thuk. I, 42, 1 (Gr. 47, 11, 5) und Kühner Gr. II, S. 311 ἐνθυμεῖσθαί τινος durch 'Rücksicht, Bedacht nehmen'. Diese Bedeutung paſst auch für Lys. XXI, 19 und XXV, 25, wo das Verbum nach Rauchenstein und Frohberger = μεμνῆσθαι sein soll. Den Genit. der Person regiert ἐνθυμεῖσθαι nur scheinbar. Lys. XVI, 20: ἅμα μὲν τῶν προγόνων ἐνθυμούμενος ὅτι οὐδὲν πέπαυνται τὰ τῆς πόλεως πράττοντες, ἅμα δ' ὑμᾶς ὁρῶν τοὺς τοιούτους μόνους τινὸς ἀξίους νομίζοντας εἶναι hängt τῶν προγόνων von dem als Objekt zu fassenden Satze mit ὅτι ab. Ähnlich verhält es sich mit Xen. Mem. III, 6, 16: ἐνθυμοῦ δὲ τῶν ἄλλων — πότερά σοι δοκοῦσιν — ἐπαίνου μᾶλλον ἢ ψόγου τυγχάνειν καὶ πότερον θαυμάζεσθαι μᾶλλον ἢ καταφρονεῖσθαι, wo der Fragsatz das

Objekt vertritt. Wegen des folgenden Satzes: *ἐνθυμοῦ δὲ καὶ τῶν εἰδότων κτλ.* vgl. die Anm. Kühners. Fehlerhaft überliefert ist Is. XVII, 57: *ἄξιον δὲ καὶ Σατύρου καὶ τοῦ πατρὸς ἐνθυμηθῆναι, οἳ πάντα τὸν χρόνον περὶ πλείστου τῶν Ἑλλήνων ὑμᾶς ποιοῦνται.* Für *οἳ* hat man *ὅτι* oder vielmehr das von Isokrates so häufig zur Vermeidung des Hiatus gebrauchte *διότι* herzustellen; vgl. XVI, 43. XX, 8 und andere Beispiele bei Schneider zu IV, 48. An der vorliegenden Stelle, zu der ich nunmehr zurückkehre, hat Herwerden, wie bereits erwähnt, an *πάντας* Anstofs genommen und *πάντα* dafür vorgeschlagen. Für diese Korrektur konnte er anführen Lys. XXVIII, 17 (*τούτων ἁπάντων ἐνθυμηθέντας*). Is. VI, 101: (*ἁπάντων τούτων ἀναμνησθέντες*). Xen. Anab. II, 5, 15 (*ταῦτα πάντα ἐνθυμουμένῳ*) und zugleich wegen der Trennung des *πάντα* von *ἃ* sich berufen auf den Anfang des vorausgehenden Satzes (*ὧν ἐν τῇ ὀλιγαρχίᾳ ἁπάντων*). Doch läfst sich die Überlieferung schützen durch D. VIII, 19. IX, 51. Dein. III, 19 (nach der oben angeführten Lesart des Oxon., den freilich viele Gelehrte für interpoliert erklären). Wegen der Stellung vgl. Xen. Hell. VI, 3, 17. Das hdschr. *ἀλλὰ καί* glaubt Westermann durch (Lys.) VI, 13 verteidigen zu können, wo es heifst: *καίτοι οὐχ ὑπὲρ αὑτοῦ ἀπολογήσεται, ἀλλὰ καὶ τῶν ἄλλων κατηγορήσει.* Allein hier steht *οὐ — ἀλλὰ καί* für *οὐ μόνον οὐ* oder *οὐχ ὅπως* (wie Sluiter schreiben wollte) — *ἀλλὰ καί* (= nicht nur nicht — sondern sogar, sondern vielmehr), eine Erklärung, die sich auf die vorliegende Stelle nicht anwenden läfst. In gleicher Weise finden wir diese Partikeln gebraucht D. XX, 10: *ὑπὲρ δὲ δόξης οὐδένα πώποτε κίνδυνον ἐξέστησαν, ἀλλὰ καὶ τὰς ἰδίας οὐσίας προσαναλίσκοντες διετέλουν.* Xen. Anab. VII, 3, 31. Plut. Pyrrh. 20 a. E. Ebenso *οὐ — ἀλλ' οὐδέ* D. XXIII, 49: *ὁ νόμος δ' οὐκ ἐλαύνειν τῶν ὅρων πέρα, ἀλλ' οὐδ' ἄγειν ἐᾷ.* Xen. Mem. II, 3, 8. Vgl. auch Thuk. I, 90, 2: *ἠξίουν τε αὐτοὺς μὴ τειχίζειν, ἀλλὰ καὶ τῶν ἔξω Πελοποννήσου μᾶλλον ὅσοις ξυνειστήκει ξυγκαθελεῖν μετὰ σφῶν τοὺς περιβόλους* und die oben behandelte Stelle Thuk. IV, 62, 2 (anders ist *καί* zu erklären Thuk. VIII, 27, 3, wo Classen zu vergleichen; über die gleichfalls verschiedenen Stellen Cic. Lael. 19, 68. de nat. deor. II, 64, 162 s. Seyffert zu Lael. S. 432 ed. II.). Tilgt man an unserer Stelle das *καί*, so erhält man ein Beispiel für das in dieser Form beliebte *σχῆμα κατ' ἄρσιν καὶ θέσιν* (Rehdantz Dem. Ind. I, *ἄρσις*); vgl. Is. VI, 90. 101. Br. II, 9. D. IX, 51. Dein. III, 14. Thuk. VII, 63, 1. Xen. Mem. IV, 3, 14 (Hell. VI, 3, 17). Freilich ist schwer zu begreifen, was gerade hier einen Abschreiber zur Einfügung der Partikel bestimmen konnte (ganz anderer Art XXI, 19, wo *καί* in allen Hdschr. ausser *X* hinzuglossiert ist). Nach Is. XV, 20 könnte man *προπετῶς* hinter *μή* einfügen und dann die Stelle erklären: 'ihr dürft nicht vorschnell (so ohne weiteres) den Reden dieser glauben, sondern müfst doch auch Rücksicht auf die Thaten nehmen, die jeder vollbracht hat'. Noch einfacher aber ist es, man schreibt mit Hinzufügung einer einzigen Silbe *μήπω* für *μή*. So emendiert, läfst sich die Stelle vergleichen mit Lys. XIX, 5: *εἰκὸς ὑμᾶς μήπω τοὺς τῶν κατηγόρων λόγους ἡγεῖσθαι πιστούς, πρὶν ἂν καὶ ἡμεῖς εἴπωμεν.* Is. XV, 17: *δέομαι ὑμῶν μήτε πιστεύειν πω μήτ' ἀπιστεῖν τοῖς εἰρημένοις, πρὶν ἂν διὰ τέλους ἀκούσητε καὶ τὰ παρ' ὑμῶν.* And. I, 7. D. LVII, 6. Wie in den zuerst angeführten Beispielen konnte es auch hier mit *πρὶν καί* heifsen: *μήπω — πιστεύειν, πρὶν ἂν καὶ ἐκ τῶν ἔργων σκέψησθε κτλ.*

§ 14. *ἢ τῶν κατηγόρων*] Über *ἤ* de arg. ex contr. XIII f. — **τῶν** *κατηγόρων* erklärt Herw. für ein Scholion. — *οὔτε — οὐ τοίνυν οὐδέ*] Bake, Mnem. IX, 189: *οὔτε — οὔτ' οὖν. οὐ τοίνυν οὐδέ* im Übergang auch § 16 (vgl. unten). XXXI, 9: *οὐ τοίνυν οὐδ' ὥσπερ ἔνιοί τινες —, οὐδὲ τούτων τι τῶν εὐτυχημάτων ἠξίωσε μετασχεῖν.* Isae. X, 11: *οὐ τοίνυν, ὦ ἄ., οὐδὲ Κυρωνίδην οἷόν τε ἦν υἱὸν Ἀριστάρχῳ εἰσποιῆσαι, ἀλλὰ κτλ.* (D.) XLV, 68: *οὐ τοίνυν* **οὐδ'** *ἃ πέπλασται —, σωφροσύνης ἄν τις ἡγήσαιτο εἰκότως εἶναι σημεῖα, ἀλλὰ μισανθρωπίας.* D. XVIII, 244: *οὐ τοίνυν οὐδὲ τὴν ἧτταν — ἐν οὐδενὶ τῶν παρ' ἐμοὶ γεγονυῖαν εὑρήσετε τῇ πόλει.* D. XXIII, 123. 135: *οὐ τοίνυν (ἔγωγ') οὐδ' ἐκεῖν' ἰδεῖν δύναμαι (ἐκεῖνο λογιζόμενος δύναμαι κατιδεῖν), ὡς.* XXIII, 95: *οὐ τοίνυν οὐδ' ἐκεῖνό με, ὦ ἄ. Ἀ., λέληθεν, ὅτι.* XX, 7: *οὐ τοίνυν ἔμοιγ' οὐδ' ἐκεῖν' εὔλογον, ὦ ἄ. Ἀ., σκοπουμένῳ φαίνεται* c. inf. Beide Verneinungen (*οὐ — οὐδέ*) auch in der Transitionsform *οὐ μὴν οὐδέ.* D. XV, 14: *οὐ μὴν οὐδ' ἂν εἰ —, παρῄνεσα ἂν ὑμῖν.* § 15: *οὐ μὴν οὐδ' εἰ —, εἶπον ἄν.* Is. IV, 139: *οὐ μὴν οὐδ' εἰ —, οὐδ' ὥς.* Gorg. Palam. 21. Thuk. I, 3, 3. 82, 1. II, 97, 6. VI, 55, 3 (vgl. Poppo zu I, 3, 3 und II, 97, 6, und D. XVIII, 124). Herod. II, 120 (*οὐ μὲν οὐδέ*). II, 12 (*οὔτε — οὔτε — οὐ μὲν οὐδέ*). Xen. Mem. I, 2, 5: *οὐ μὴν οὐδ' ἐρασιχρηματους γε τοὺς συνόντας ἐποίει.* Staat der Lak. 6, 4: *οὐ μὴν οὐδ' ἐκεῖνό γε παρὰ τοῖς ἄλλοις εἰθισμένον ἐποίησεν ἐπιτηδεύεσθαι.* D. III, 14: *οὐ μὴν οὐδ' ἐκεῖνό γ' ὑμᾶς ἀγνοεῖν δεῖ, ὦ ἄ. Ἀ., ὅτι.* Ant. II, α, 4: *οὔτε γὰρ κακούργους εἰκὸς ἀποκτεῖναι τοὺς ἀνθρώπους· ἔχοντες γὰρ —. οὐ μὴν οὐδὲ παροινήσας οὐδεὶς διέφθειρεν αὐτόν (οὐδὲ μὴν οὐδὲ — οὐδὲ μήν).* (Lys.) VIII, 7: *οὔτε γὰρ ὑμᾶς σοφωτάτους ἑώρων ὄντας, ἐμαυτὸν δ' ἀμαθέστατον, οὐ μὴν οὐδὲ πολυφίλους ὑμᾶς, ἐμαυτὸν δ' ἔρημον φίλων (οὐδ' αὖ — οὐδ' αὖ — οὐδέ).* Die beiden zuletzt genannten Stellen enthalten ganz dieselbe Anakoluthie wie die vorliegende. Vgl. noch *οὐ μὲν δὴ οὐδέ* Xen. Anab. I, 9, 13: *οὐ μὲν δὴ οὐδὲ τοῦτ' ἄν τις εἴποι, ὡς; οὔτοι οὐδέ* Xen. Kyr. III, 1, 39. VIII, 7, 19: *οὔτοι ἔγωγε οὐδὲ τοῦτο πώποτε ἐπείσθην, ὡς; οὐ μέντοι οὐδὲ αὖ* Plat. Prot. 331[e]: *οὐ πάνυ οὕτως, οὐ μέντοι οὐδὲ αὖ ὡς σύ μοι δοκεῖς οἴεσθαι; οὐ — δὲ οὐδέ* Is. III, 42: *οὐ τὴν αὐτὴν δὲ γνώμην ἔσχον οὐδὲ περὶ κτλ.* Aesch. I, 133 (**Xen. Kyr.** VII, 2, 22). — *δίκαιός εἰμι*] Vgl. die Beispielsammlung bei Sluiter, lect. And. 155 ed. Schiller. — *ἢ οὕτω*] streicht Fuhr animadv. 45 unter Zustimmung Röhls (Jahresber. d. philol. Vereins 1878, 42). Ich glaube nicht, dafs man hier an dieser Zurückweisung auf das Vorhergehende Anstofs nehmen darf. Anderer Art sind die von Fuhr angeführten Beispiele Lys. VII, 11 u. s. w., die ich zum Teil schon besprochen habe de arg. ex contr. Anm. 17, S. 295. Die vorliegende Stelle ist mit vielen ähnlichen behandelt **Anh.** zu XIII, 74 (S. 439; vgl. S. 427 und 428).

§ **15.** ***ἔτι τοίνυν, ὦ ἄ. δ., καί***] Dieselbe Form des Übergangs III, 35: *ἔτι τοίνυν, ὦ βουλή, καί.* XIX, **59.** Isae. VI, 12. VIII, 21: *ἔτι τοίνυν, ὦ ἄ., καί.* D. XIX, 300. XXX, 33: *ἔτι τοίνυν, ὦ ἄ. δ., καί.* XXIII, 99: *ἔτι τοίνυν ἔμοιγε δοκεῖ **καί.*** XIX, 214 u. 221: *ἔτι τοίνυν κἀκεῖνο σκοπεῖτε, ὦ ἄ. δ.* XIX, 148: *ἔτι τοίνυν κἀκεῖνο σκέψασθε, ὦ ἄ. δ.* (D.) LII, 25: *ἔτι τοίνυν καὶ τοδὶ **σκέψασθε, ὦ** ἄ. δ.* D. XX, 8 und 136: *ἔτι τοίνυν ὑμᾶς κἀκεῖν' ἐνθυμεῖσθαι (εὐλαβεῖσθαι) δεῖ.* (D.) LIII, 21: *ἔτι τοίνυν καὶ ἐκ τῶνδε γνώσεσθε, ὦ ἄ. δ.* LI, 12: *ἔτι τοίνυν ἔμοιγε δοκεῖ κἀκεῖνο ἀλόγως ἔχειν* (wie D. XXIII, 90). Vgl. D. XXI, 38 und XXIII, 94: *ἔτι τοίνυν οὐδέ.* I, 25: *ἔτι τοίνυν, ὦ ἄ. 'Α., μηδὲ τοῦθ' **ὑμᾶς λανθανέτω.*** Auch ohne nachfolgendes *καί* (*οὐδέ, μηδέ*) führt ***ἔτι τοίνυν*** häufig einen neuen Punkt ein. So Lys. VII, 17. 34: *ἔτι τοίνυν, ὦ βουλή, ἐκ τῶν ἄλλων σκέψασθε.* X, 11: *ἔτι **τοίνυν** σκέψασθε, ὦ ἄ. **δ.*** XXXII, 14. Is. XV, 207: *ἔτι **τοίνυν ὑμῶν αὐτῶν** οὐδείς ἐστιν ὅστις.* Isae. I, 16. 22. 27. D. XIX, 61. 80. **114. 245.** 297. 339. XX, 131. XXI, 190: ***ἔτι τοίνυν οὐδείς ἐστιν*** *ὅστις.* **§ 206:** ***ἔτι τοίνυν*** *παρῆν, ὦ ἄ. 'Α., καὶ ἐκάθητ' Εὔβουλος κτλ.* XXII, 21. 40. XXIII, 77. 80. XXIV, **96:** *ἔτι τ., ὦ ἄ. 'Α.* LVII, 25. **28.** 52. 70: *ἔτι τ., ὦ ἄ. δ.* (D.) XII, **3.** XXIX, **15:** *ἔτι τ., ὦ ἄ. δ.* XXXII, 31. XLV, **24:** ***ἔτι τ.,*** *ὦ ἄ. 'Α.* LI, 6. LX, **11.** LXI, **21.** Alk. *περὶ σοφ.* 20 (Plat. Symp. 220[c]: *ἔτι τ., ὦ ἄ.*). Zum folgenden Komparativ scheint *ἔτι* zu gehören Is. VI, 29: *ἔτι τοίνυν ἐκ τῶν ἐχομένων γνώσεσθε σαφέστερον ὅτι.* XV, 240: *ἔτι τοίνυν γνώσεσθε σαφέστερον ἐκ τῶν ῥηθήσεσθαι μελλόντων ὡς.* D. XXII, 63: *ἔτι τοίνυν ἐκ τοῦδ' ἀκριβέστερον γνώσεσθ' ὅτι.* Vgl. Isae. XI, 15. D. XXVII, 9. 40. Is. IX, **33.** XV, 58 und wegen des Chorismos XII, 94 Anh. (S. 303 ff.), **dazu** D. XVIII, 202: *παρὰ Θηβαίων καὶ παρὰ τῶν ἔτι τούτων πρότερον ἰσχυρῶν γενομένων Λακεδαιμονίων.* Plat. Phaed. 114[c]: ***οἰκήσεις ἔτι τούτων** καλλίους.* Zu beachten ist sowohl in diesen wie **in den S.** 484 behandelten Transitionsformen die Stellung des Vokativs. — *κεχρῆσθαι*] Verbesserung Reiskes für das hdschr. *χρῆσθαι.* In der ersten Auflage vermutete Frohberger *χρήσασθαι.*

§ 16. *οὐ τοίνυν οὐδ' — οὐδέ — οὐδέ*] Scheibe, Westerm., Cobet, Rauchenst.; *οὐ τοίνυν οὔτ' — οὔτε — οὐδέ* die Züricher; dreimal *οὔτε* Herw. Für das zweite *οὐδέ* haben *X* und *C* *οὔτε*; vgl. Scheibe, praef. LVIII und Lampros, Hermes X, 272. Da dieser Satz sich an einen ebenfalls negativ ausgedrückten Satz anschliefst und in beiden Sätzen dasselbe Verbum fin. vorkommt (*φανήσεται* — *φανήσομαι*), so scheint mir die Richtigkeit des in den Text aufgenommenen *οὐ τοίνυν οὐδέ* (nec vero ne — quidem) — *οὐδέ* (nec) — *οὐδέ* (nec) keinem Zweifel zu unterliegen. Vgl. auch Kühner II, S. 833, 2 und de arg. ex contr. S. 361. — *εἰς — φανήσομαι*] Vgl. Grote IV, 500 (Meifsner). Rauchenst., Philol. XV, 338 ff. Starke, commentatio de Isocr. orr. *πρὸς Καλλίμαχον* et *περὶ τοῦ ζεύγους* (Posen 1856) S. 7.

§ 17. *ὅστις*] Vgl. de arg. ex contr. S. 2 ff. (die Stelle selbst ist besprochen S. 9). — *ἀλλὰ γὰρ τοιαύτην διὰ τέλους γνώμην ἔχω*] Über *ἀλλὰ γάρ* im allgemeinen Kratz zu Plat. Gorg. S. 170 f. (1. Aufl.), über den Gebrauch dieser Partikelverbindung in der revocatio (wegen des Ausdrucks vgl. Seyffert, schol. Lat. I, S. 81) Birkler, über die orator. Transitionsformen S. 24. Der vorliegenden Stelle kommen am nächsten Lys. III, 26: *ἀλλὰ γὰρ πάντα αὐτῷ ταῦτα σύγκειται καὶ μεμηχάνηται.* And. I, 23. Is. VIII, 109. D. LVII, 33. — Plat. Apol. 19^d (vgl. Anh. XIII, 83, S. 448). Lys. fr. 1, 3 und Is. XII, 221: *ἀλλὰ γὰρ οὐ μόνον* (*μόνος*) — *ἀλλὰ* (*καί*). Dafür Anax. Rhet. 1 (I, 176 Sp.): *ἀλλ' οὐ μόνοι — ἀλλὰ καί* (gewöhnlich stehen *τοίνυν*, *καί*, *δέ* in dieser Transitionsform). Isae. X, 25: *ἀλλὰ γὰρ — οὐχ ἱκανόν ἐστιν — ἀλλὰ καί* (in solchen Übergängen am häufigsten *καὶ οὐ*, bisweilen *οὐ τοίνυν* und *οὐ — δέ*). Deutlicher als in den bisherigen Beispielen giebt sich die revocatio als solche zu erkennen Lys. XII, 99: *ἀλλὰ γὰρ οὐ τὰ μέλλοντ' ἔσεσθαι βούλομαι λέγειν, τὰ πραχθένθ' ὑπὸ τούτων οὐ δυνάμενος εἰπεῖν.* (Übergang zum Schlufs). Anax. Rhet. praef. I, 173 Sp. (vgl. S. 293). Lys. XXIV, 21: *ἀλλὰ γὰρ οὐκ οἶδ' ὅ τι δεῖ λίαν μ' ἀκριβῶς ἀπολογούμενον — ὑμῖν ἐνοχλεῖν πλείω χρόνον* (Übergang zum Epilog). (Lys.) II, 77: *ἀλλὰ γὰρ οὐκ οἶδ' ὅ τι δεῖ τοιαῦτα ὀλοφύρεσθαι* (Übergang zum Epilog). Is. VIII, 80. 141: *ἀλλὰ γὰρ οὐ δύναμαι διὰ τὴν ἡλικίαν ἅπαντα τῷ λόγῳ περιλαβεῖν ἃ τυγχάνω τῇ διανοίᾳ καθορῶν* (Übergang zur *ἀνακεφαλαίωσις*). XV, 215: *ἔχοι δ' ἄν τις πλείω περὶ τούτων εἰπεῖν· ἀλλὰ γὰρ ἢν πολλὰ λίαν λέγω περὶ — δέδοικα μὴ περὶ — ἀπορεῖν δόξω. παυσάμενος οὖν τούτων ἐπ' ἐκείνους τρέψομαι κτλ.* XII, 90: *ἀλλὰ γὰρ ἀνόητόν ἐστι περὶ μίαν πρᾶξιν διατρίβειν.* XV, 320 (vgl. S. 292). Br. IV, 10. D. XV, 34: *ἀλλὰ γὰρ οὐχ ὅ τι τις κατηγορήσει τούτων — χαλεπὸν εὑρεῖν· ἀλλ' ἀφ' ὁποίων λόγων — ἐπανορθώσεταί τις ἃ νῦν οὐκ ὀρθῶς ἔχει, τοῦτ' ἔργον εὑρεῖν.* Plat. Menon 92^c: *ἀλλὰ γὰρ οὐ τούτους ἐζητοῦμεν — ἀλλὰ δὴ ἐκείνους εἰπὲ ἡμῖν.* Gorg. Palam. 32: *ἀλλὰ γὰρ οὐκ ἐμὸν ἐμαυτὸν ἐπαινεῖν* (es folgt die *πρόθεσις* des letzten Teiles). Thuk. VI, 77, 1: *ἀλλ' οὐ γὰρ δὴ τὴν τῶν Ἀθηναίων εὐκατηγόρητον οὖσαν πόλιν νῦν ἥκομεν ἀποφανοῦντες ἐν εἰδόσιν ὅσα ἀδικεῖ, πολὺ δὲ μᾶλλον ἡμᾶς αὐτοὺς αἰτιασόμενοι.* Herod. IX, 27: *ἀλλ' οὐ γάρ τι προέχει τούτων ἐπιμεμνῆσθαι· — παλαιῶν μέν νυν ἔργων ἅλις ἔστω· ἡμῖν δὲ εἰ κτλ.* Diodor XIX, 1, 9 (vgl. S. 293). Plat. Apol. 25^c: *ἀλλὰ γάρ, ὦ Μέλητε,* ἱκανῶς ἐπιδείκνυσαι ὅτι κτλ. (die Anrede regelmäſsig hinter ἀλλὰ γάρ; vgl. And. I, 101. 103. 130. 132. Lys. III, 26. VII, 9. 42. XXII, 11. Isae. X, 25. Plat. Apol. 26ᵃ. 28ᵃ. Xen. Anab. III, 2, 26. — anders Xen. Oik. 1, 16. Plat. Apol. 19ᶜ). 42ᵃ: ἀλλὰ γὰρ ἤδη ὥρα ἀπιέναι (Schluſs). Xen. Anab. III, 2, 32: ἀλλὰ γὰρ καὶ περαίνειν ἤδη ὥρα (ebenfalls Schluſs). Kyr. VIII, 7, 26: ἀλλὰ γὰρ ἤδη, ἔφη, ἐκλείπειν μοι φαίνεται ἡ ψυχή (ebenso). Eine besondere Klasse bilden solche Beispiele, wo sich ein μέν an ἀλλὰ γάρ anschlieſst. So Lys. VII, 9: ἀλλὰ γάρ, ὦ βουλή, περὶ μὲν τῶν — πόλλ' ἔχων εἰπεῖν ἱκανὰ νομίζω τὰ εἰρημένα. § 42: ἀλλὰ γάρ, ὦ βουλή, ταῦτα μὲν ἐνθάδε οὐκ οἶδ' ὅ τι δεῖ λέγειν (Übergang zum Epilog). XXII, 11: ἀλλὰ γάρ, ὦ ἄ. δ., οἴομαι αὐτοὺς ἐπὶ μὲν τοῦτον τὸν λόγον οὐ πορεύσεσθαι· ἴσως δ' ἐροῦσιν (vgl. S. 384 f.). Xen. Staat d. Lak. 8, 1: ἀλλὰ γὰρ ὅτι μὲν — ἴσμεν ἅπαντες (Gegensatz ἐγὼ μέντοι). 10, 8: ἀλλὰ γὰρ ὅτι μὲν — σαφές. Plat. Apol. 26ᵃ: ἀλλὰ γάρ, ὦ ἄ. Ἀ., τοῦτο μὲν δῆλον — ὅτι κτλ. 28ᵃ: ἀλλὰ γάρ, ὦ ἄ. Ἀ., ὡς μὲν — οὐ πολλῆς μοι δοκεῖ εἶναι ἀπολογίας, ἀλλ' ἱκανὰ καὶ ταῦτα. Xen. Anab. V, 7, 11: ἀλλὰ γὰρ ἐμοὶ μὲν ἀρκεῖ τὰ εἰρημένα. Is. XVI, 45: ἀλλὰ γὰρ περὶ μὲν — ἴσως ποτὲ — ἐγγενήσεται καὶ διὰ μακροτέρων εἰπεῖν. XVIII, 58: ἀλλὰ γὰρ Κ. μὲν ἐξέσται πολλάκις κατηγορεῖν. Xen. Oik. 1, 16: ἀλλὰ γὰρ τὰ μὲν καλῶς ἔμοιγε δοκεῖ λέγεσθαι, ὦ Σ., ἔφη ὁ Κρ. ἐκεῖνο δ' ἡμῖν τί φαίνεται; 11, 11: ἀλλὰ γὰρ ἐπαινεῖν μέν, ἔφην ἐγώ, τοὺς τοιούτους πολλοὶ δυνάμεθα· σὺ δέ μοι λέξον. Nicht zu erklären vermag ich das γάρ D. XVIII, 263: ἀλλὰ γὰρ παρεὶς ὧν τὴν πενίαν αἰτιάσαιτ' ἄν τις, πρὸς αὐτὰ τὰ τοῦ τρόπου σου βαδιοῦμαι κατηγορήματα (aber ich will ja fallen lassen u. s. w.). Es scheint durch Dittographie (ἀλλὰ παρ παρείς) entstanden zu sein. Ähnliche Stellen, wo ἀλλά allein steht, werde ich unten anführen. Öfters wird auch der mit der revocatio nahe verwandte reditus ad propositum durch ἀλλὰ γάρ eingeführt. So Is. VII, 77 (vgl. S. 292). XII, 88: ἀλλὰ γὰρ οὐκ οἶδ' ὅποι τυγχάνω φερόμενος· ἀεὶ γὰρ οἰόμενος — παντάπασι πόρρω γέγονα τῆς ὑποθέσεως. λοιπὸν οὖν ἐστὶν οὐδὲν ἄλλο πλὴν — ἐπανελθεῖν εἰς τὸν τόπον ἐκεῖνον, ἐξ οὗπερ εἰσέπεσον εἰς τὴν περιττολογίαν ταύτην. ebenda § 150. D. XVIII, 42. 211. Dein. I, 16 (vgl. S. 292). Mit denselben Partikeln wird eine angefangene Erörterung auf spätere Zeit verschoben D. XXIV, 49: ἀλλὰ γὰρ αὐτίκ' ἐρῶ περὶ τούτων· νῦν δ' ἀναγίγνωσκε τὸν ἑξῆς νόμον (vgl. oben Is. XVI, 45. XVIII, 58). De praeterit. S. 4 habe ich diese Figur mit dem Namen „dilatio" bezeichnet. Wie in der Anm. gesagt worden ist, dient das γάρ dazu, den Abbruch zu motivieren. Der Lateiner, welcher in anderen Formen des Gegensatzes nicht selten das dem ἀλλὰ γάρ entsprechende sed enim und at enim gebrauchte (s. unten und Seyffert, schol. Lat. I, S. 140), hielt bei den genannten Figuren eine solche Motivierung nicht für notwendig und setzte deshalb einfach sed (verum, quamquam). Auch bei den

Griechen erscheint ἀλλά öfters ohne γάρ, besonders in 'aber ich lasse das fallen, aber ich kehre zum Thema zurück, aber damit ich nicht vom Gegenstande abkomme' und in anderen derartigen Ausdrücken, wo die Kausalpartikel zum Teil gar nicht am Platze gewesen wäre. Mehrere Beispiele dieser Art sind angeführt S. 363 (D. XVIII, 231. [D.] XLV, 22. 33. Lys. XIX, 8. Plat. Alk. I, 122e — an diesen zwei Stellen ἀλλὰ ταῦτα μέν —. D. XVIII, 313. XX, 63. LV, 21. [D.] XIII, 9). Dazu füge D. XXIV, 194 (de praeterit. S. 30). XX, 163 (ebenda). Dion. Hal. de Thuc. jud. 55, 1. D. XVIII, 66: ἀλλ' ἐκεῖσ' ἐπανέρχομαι (sed illuc revertor Nepos Dion 4, 5). D. XVIII, 163. XXI, 196: ἀλλ' ἐκεῖσ' (ἐπ' ἐκεῖν') ἐπάνειμι, ὅτι. Isae. V, 12: ἀλλὰ μὴν περὶ τούτων τοσαῦτά μοι εἰρήσθω· πάλιν δ' ἐπάνειμι ὅθεν ἀπέλιπον. — (D.) Br. II, 1471: ἀλλὰ περὶ μὲν τούτων παύομαι, πολλὰ γράφειν ἔχων. Isae. fr. 15, 3: ἀλλὰ περὶ μὲν τούτων ἐπισχήσω. III, 34: ἀλλὰ περὶ μὲν τούτων καὶ ὕστερον ἐγχωρήσει εἰπεῖν. XI, 44: ἀλλ' ὕστερον περὶ — ποιήσομαι τοὺς λόγους (vgl. Xen. Kyr. II, 1, 7). D. XVIII, 100: ἀλλ' οὔπω περὶ τούτων. XIX, 200: ἀλλὰ μήπω ταῦτα, ἀλλὰ τὰς μαρτυρίας μοι λέγε πρῶτον ταυτασί. XXI, 90: ἀλλὰ μήπω τοῦτο· ἀλλὰ τὴν μὴ οὖσαν ἀντιλαχεῖν ἐξῆν αὐτῷ δήπου. LVII, 45: ἀλλ' αὐτίχ' ὑπὲρ τούτων· νῦν δὲ τοὺς μάρτυρας κάλει (auch diese Wendung wird man als einen Beweis für den demosthenischen Ursprung der Rede ansehen können. Blass, Bereds. III, 1, 433). Ebenso dient das einfache ἀλλά zum Abbrechen und Einlenken Lys. XIV, 42: ἀλλὰ πεπόνθασί θ' ἅπαντα καὶ πεποιήκασιν. D. XXIV, 60. Dein. III, 15. Plat. Apol. 33a (anders Cron z. St.). D. XXIV, 128: ἀλλὰ πάντες ἴστε ταῦτα. § 129: ἀλλὰ ταῦτά γ' οὕτω περιφανῆ ἐστιν, ὥστε πάντας ἀνθρώπους εἰδέναι. Is. X, 10. XV, 226. XVII, 26. 44. D. XLI, 15: ἀλλὰ δῆλον ὅτι. Hyp. Epit. XIII: ἀλλὰ μὴν ὅτι — ἐκ τούτων φανερόν ἐστιν (wegen des ἀλλὰ μήν vgl. Isae. V, 12. D. XVIII, 192. Gorg. Palam. 24). Arist. Rhet. I, 5 (I, 22 Sp.): ἀλλ' οὐδὲν ἡ ἀκριβολογία χρήσιμος ἡ περὶ τούτων εἰς τὰ νῦν (D. LVII, 35: ἀλλὰ τί ταῦτα κοινωνεῖ τῷ γένει; LIV, 17: ἀλλὰ τί ταῦτ' ἐμοί; [D.] XXXII, 27: ἀλλὰ τί ταῦτα;). D. XXIV, 189: ἀλλὰ μὴ περὶ τούτων ὑμῶν οἰσόντων τὴν ψῆφον, τί δεῖ ταῦτα λέγοντ' ἐνοχλεῖν με νυνί; XVIII, 294: ἀλλὰ τί ταῦτ' ἐπιτιμῶ, πολλῷ σχετλιώτερ' ἄλλα κατηγορηκότος αὐτοῦ; (D.) XLVIII, 52: ἀλλὰ τί ταῦτα σπουδάζω; (vgl. de arg. ex contr. Anm. 6, S. 273 u. Anm. 23, S. 305 f.). Arist. Rhet. I, 10 (I, 39 Sp.): ἀλλὰ περὶ μὲν τούτων δῆλον —· λοιπὸν δ' εἰπεῖν. D. XVI, 20: ἀλλ' οἶμαι ταῦτα μὲν ἐστι δεύτερον ἀνθρώπων βουλομένων ἑτέρων ποιῆσαι τούτους συμμάχους· ἐγὼ δ' οἶδα. XX, 145: ἀλλὰ ταῦτα μὲν οὐδὲ λέγειν καλόν. (D.) XXXII, 28: ἀλλὰ ταῦτα μὲν αὐτοὶ πρὸς ἑαυτοὺς ὑμεῖς ὅπως ποτὲ ἔχει διακρίνεσθε. (Lys.) II, 61: ἀλλὰ ταῦτα μὲν ἐξήχθην ὑπὲρ πάσης ὀλοφύρασθαι τῆς Ἑλλάδος. Lys. III, 46. D. XXIV, 61. LIV, 44 (de praeterit. S. 29 f.). Thuk. I, 144, 1 f.: πολλὰ δὲ καὶ ἄλλα ἔχω —. ἀλλ' ἐκεῖνα μὲν καὶ ἐν ἄλλῳ λόγῳ ἅμα τοῖς ἔργοις δη-

λωθήσεται· νῦν δὲ κτλ. Aesch. II, 159: *ἀλλ' οἶμαι πολλὰ καὶ χαλεπὰ παρακολουθεῖ τῷ κρινομένῳ — καὶ διαλογισμὸν παρίστησι, μή τι παραλίπῃ τῶν κατηγορημένων. ὥστε ἅμα μὲν ὑμᾶς, ἅμα δὲ ἐμαυτὸν εἰς ἀνάμνησιν τῶν κατηγορημένων ἀγαγεῖν βούλομαι.* Durch ein schwaches *δέ* wird die revocatio Isae. VIII, 34 eingeführt (vgl. S. 292). Kehren wir nunmehr zu *ἀλλὰ γάρ* zurück. Nicht ganz in derselben Weise wie in der revocatio finden wir diese Partikeln gebraucht Lys. XXIV, 14: *οὐ γὰρ δήπου τὸν αὐτὸν ὑμεῖς μὲν ὡς δυνάμενον ἀφαιρήσεσθε τὸ διδόμενον, οἱ δὲ θεσμοθέται ὡς ἀδύνατον ὄντα κληροῦσθαι κωλύσουσιν. ἀλλὰ γὰρ οὔθ' ὑμεῖς τούτῳ τὴν αὐτὴν ἔχετε γνώμην οὔθ' οὗτος ὑμῖν εὖ ποιῶν.* Ganz passend ist die Erklärung Frohbergers: 'aber damit hat es keine Gefahr; denn u. s. w.' Über diesen Gebrauch des *ἀλλὰ γάρ*, nach welchem dasselbe zur Zurückweisung eines vorangehenden (eine Handlung oder ein Urteil ausdrückenden) Satzes dient, vgl. Birkler S. 25. Eine grofse Anzahl solcher Stellen habe ich mir aus Isokrates, Herodot und Homer notiert, daneben auch einige aus anderen Schriftstellern. Ganz gleicher Art sind Is. III, 4. IV, 140 (*ἀλλὰ γὰρ οὐ δίκαιον*). II, 41 (*ἀλλὰ γὰρ οὐ χρή*). Ebenso lassen sich als verwandt mit einander verbinden Is. XV, 226 f.: *ἐφ' οἷς ἄξιον ἦν ἅπαντας τοὺς πολίτας φιλοτιμεῖσθαι —. ἀλλὰ γὰρ οὕτω τινὲς ἀγνωμόνως ἔχουσιν, ὥστε κτλ.* X, 4 ff.: *οὓς ἐχρῆν —. ἀλλὰ γὰρ οὐδενὸς αὐτοῖς ἄλλου μέλει πλὴν κτλ.* V, 35: *τοιούτων οὖν ἁπασῶν τῶν πόλεων γεγενημένων ἔδει μὲν μηδέποτέ σοι μηδὲ πρὸς μίαν αὐτῶν γενέσθαι διαφοράν. ἀλλὰ γὰρ ἅπαντες πλείω πεφύκαμεν ἐξαμαρτάνειν ἢ κατορθοῦν* (mit diesen drei Beispielen vgl. die S. 225 f. angeführten Gegensätze). XII, 126 f.: *περὶ οὗ πρὸ πολλοῦ ἂν ἐποιησάμην μὴ διειλέχθαι πρότερον περὶ τῆς ἀρετῆς καὶ τῶν πεπραγμένων αὐτῷ. — ἀλλὰ γὰρ χαλεπὸν ἦν, μᾶλλον δ' ἀδύνατον, τὰ κατ' ἐκεῖνον ἐπελθόντα τὸν χρόνον εἰς τοῦτον ἀποθέσθαι τὸν καιρόν, ὃν οὐ προῄδειν ἐσόμενον* (vgl. S. 219). ebenda § 20 f.: *ὡς μὲν οὖν ἐλυπήθην — ἀκούσας —, οὐκ ἂν δυναίμην εἰπεῖν* (*οὐδ' ἂν δ. εἰπεῖν*? vgl. D. VIII, 62. XXII, 68. LIV, 36). *ᾤμην γὰρ οὕτως ἐπιφανὴς εἶναι τοῖς ἀλαζονευομένοις πολεμῶν —. ἀλλὰ γὰρ οὐκ ἀλόγως ὠδυράμην ἐν ἀρχῇ τὴν ἀτυχίαν τὴν παρακολουθοῦσάν μοι* (vgl. Is. XV, 59: *ᾤμην μὲν οὖν — νῦν δέ.* Xen. Mem. IV, 2, 23: *ἀλλὰ πάνυ ᾤμην — νῦν δέ.* Lys. V, 2: *ἐνόμιζον μὲν οὖν — νῦν δέ* [Lys. VII, 1: *πρότερον μὲν ἐνόμιζον — νυνὶ δέ*]. Plat. Apol. 36ᵃ: *οὐ γὰρ ᾤόμην — νῦν δέ.* Lys. XXXI, 1. Isae. V, 1: *ᾤμην* [*ᾠόμεθα*] *μέν — ἐπειδὴ δέ.* Isae. II, 1: *ἡγούμην μέν — ἐπειδὴ δέ.* Is. XIX, 1. [D.] Br. Π a. A.: *ἐνόμιζον μέν — ἐπειδὴ δέ.* Is. XV, 102: *ἐγὼ δ' ᾤμην μέν — ἐπειδὴ δέ.* D. LVII, 4 f.: *ᾤμην μὲν οὖν — ἐπειδὴ τοίνυν.* [Lys.] IX, 3: *ᾤμην μὲν οὖν* — kausal. Ptcp. mit *δέ.* Isae. VII, 1 f.: *ᾤμην μέν — ἔοικε δ' οὐδὲν προὔργου τοῦτο εἶναι*). Xen. Anab. III, 2, 24 f.: *καὶ ἡμᾶς δ' ἂν ἔφην ἔγωγε χρῆναι μήπω φανεροὺς εἶναι οἴκαδε ὡρμημένους, ἀλλὰ κατασκευάζεσθαι ὡς αὐτοῦ που οἰκήσοντας. — ἀλλὰ* γὰρ δέδοικα (vgl. Is. XV, 215. Herod. IX, 46 und S. 405). Herod. VII, 143: λέγων τοιάδε, εἰ ἐς Ἀθηναίους εἶχε τὸ ἔπος εἰρημένον ἐόντως, οὐκ ἂν οὕτω μιν δοκέειν ἠπίως χρησθῆναι, ἀλλ' ὧδε —. ἀλλὰ γὰρ ἐς τοὺς πολεμίους τῷ θεῷ εἰρῆσθαι τὸ χρηστήριον — ἀλλ' οὐκ ἐς Ἀθηναίους. IX, 113 (s. S. 471). Plat. Apol. 20^{c}: ἐγὼ οὖν καὶ αὐτὸς ἐκαλλυνόμην τε **καὶ** ἡβρυνόμην ἄν, εἰ ἠπιστάμην ταῦτα· ἀλλ' οὐ γὰρ ἐπίσταμαι, ὦ ἄ. Ἀ. Euthyphr. 14^{b}. Herod. V, 3: **εἰ δὲ ὑπ'** ἑνὸς ἄρχοιτο (τὸ ἔθνος) ἢ φρονέοι **κατὰ** τὠυτό, ἄμαχόν τ' ἂν εἴη **καὶ** —. ἀλλὰ γὰρ τοῦτο ἄπορόν σφι καὶ ἀμήχανον μή κοτε γένηται. εἰσὶ δὴ κατὰ τοῦτο ἀσθενέες. Hom. **Od.** τ, 589 ff.: εἴ κ' ἐθέλοις μοι, ξεῖνε, παρήμενος ἐν μεγάροισι τέρπειν, οὔ κέ μοι ὕπνος ἐπὶ βλεφάροισι χυθείη. ἀλλ' οὐ γάρ πως ἔστιν ἀύπνους ἔμμεναι αἰεὶ ἀνθρώπους. Is. Br. VI, 1 f.: ἐγὼ δ' ἕνεκα μὲν τῆς Ἰ. καὶ Π. ξενίας ἡδέως ἂν ἀφικοίμην πρὸς ὑμᾶς· — ἀλλὰ γὰρ ἐμποδίζει με πολλά (ἀφικόμην cod. Matthaei; vgl. Herod. VI, 130. Xen. Hell. IV, 7, 4: ὁ δὲ Ἀ. εἰπὼν ὅτι εἰ μὲν μέλλοντος αὐτοῦ συμβάλλειν σείσειε, **κωλύειν** ἂν αὐτὸν ἡγεῖτο· **ἐπεὶ** δὲ ἐμβεβληκότος, ἐπικελεύειν νομίζει κτλ., wo man wohl ἡγοῖτο zu schreiben hat. Plat. Prot. 335^{e}: ὥστε βουλοίμην ἂν χαρίζεσθαί σοι, εἴ μου δυνατὰ δέοιο· νῦν δ' ἐστὶν ὥσπερ ἂν δέοιό μου κτλ. **327^{d}**. Kratyl. 426^{c}. Gesetze IX, 875^{c}: ἐπεὶ ταῦτα εἴ ποτέ τις ἀνθρώπων — παραλαβεῖν δυνατὸς εἴη, νόμων οὐδὲν ἂν δέοιτο τῶν ἀρξόντων ἑαυτοῦ —. νῦν δὲ οὐ γάρ ἐστιν οὐδαμοῦ οὐδαμῶς, ἀλλ' ἢ κατὰ βραχύ· διὸ δὴ τὸ δεύτερον αἱρετέον, τάξιν τε καὶ νόμον. Hiernach zu berichtigen was S. 390 über Homer — Od. **α, 163 u.** s. w. — bemerkt ist). Plat. Phaedr. 228^{a}: ὦ Φαῖδρε, εἰ **ἐγὼ** Φαῖδρον ἀγνοῶ, καὶ ἐμαυτοῦ ἐπιλέλησμαι. ἀλλὰ γὰρ οὐδέτερά ἐστι τούτων. Neben diesen einander sehr ähnlichen Stellen erwähne ich noch Is. V, 143. Herod. VIII, 8. Xen. Kyr. I, 4, 3. VII, 1, **49.** Plat. Euthyphr. 9^{c}. Symp. 220^{e} (μέν — ἀλλὰ γάρ wie Is. V, **35. Br.** VI, 2. Herod. I, 14). Is. V, 134. VII, 40. XI, 38. XII, **85.** 172. XIV, **13.** XV, 35. **Br.** VI, 5. Ant. V, 62. And. I, 72: **καίτοι** γε τοιαύτην **ἀπολογίαν περὶ αὐτοῦ** ποιήσομαι, ὅπου μὴ πείθων μὲν ὑμᾶς αὐτὸς ζημιώσομαι, πείσας δὲ ὑπὲρ τῶν ἐχθρῶν ἀπολελογημένος ἔσομαι. ἀλλὰ γὰρ τἀληθῆ εἰρήσεται. (Lys.) VI, 50 (ἀλλ' ἐστὲ γάρ — die Stellung wie § 40 u. 48. Sonst wohl kaum so bei Rednern, aber immer bei Homer, oft auch bei Herodot, Xenophon, Platon; am häufigsten steht οὐ zwischen **beiden** Partikeln). Plat. Apol. 19^{c}: καὶ οὐχ ὡς ἀτιμάζων λέγω τὴν τοιαύτην ἐπιστήμην, εἴ τις —· **ἀλλὰ** γὰρ ἐμοὶ τούτων, ὦ ἄ. Ἀ., οὐδὲν μέτεστιν (vgl. S. 203). **Xen. Anab. V,** 8, 25. **Kyr.** II, 1, 13. VI, 2, 22. Oik. 8, 2. Herod. I, 147. II, 139. III, **152.** VII, 4. VIII, 108. 109. IX, 46. Soph. Ant. **148.** Hom. Od. κ, 202. 568. **λ**, 393. Il. η, 242. ο, 739. ψ, 607 (ἀλλὰ **σὺ** γὰρ δή). Plat. Hipp. **I,** 301^{b} (ἀλλὰ γὰρ δή σύ; vgl. Theokr. I, **19.** Thuk. VI, 77, 1). Prot. 336^{a}. Symp. 180^{a}. Kritias 108^{c}. Diodor **XVII,** 30, 6. In derselben Weise steht sed enim **Quint.** VII, 1, 49 und öfters bei Dichtern; vgl. Forbiger zu Verg.

Aen. I, 19. Über das mit dem zurückweisenden *ἀλλὰ γάρ* verwandte *ἀλλὰ γάρ* des Einwurfs zu XII, 40 (Anh. S. 231). Eigentümlich ist der Gebrauch dieser Partikeln, wenn sie den Übergang zu einem neuen Punkte vermitteln. Dann hat man dieselben nach Birkler S. 23 durch: 'allein damit kann ich noch nicht schliefsen; denn auch Folgendes gehört hierher' zu erklären. Solcher Art sind nicht die von dem genannten Gelehrten aus Isokrates angeführten Beispiele (IV, 140. VII, 40. VIII, 49), wohl aber And. I, 124: *ἀλλὰ γὰρ τὸν υἱὸν αὐτοῦ* — *σκέψασθε πῶς γέγονεν, καὶ πῶς ἐποιήσατ' αὐτόν· ταῦτα γὰρ καὶ ἄξιον ἀκοῦσαι, ὦ ἄ.* § 130: *ἀλλὰ γάρ, ὦ ἄ., βραχύ τι ὑμᾶς ἀναμνῆσαι περὶ Καλλίου βούλομαι.* § 132: *ἀλλὰ γάρ, ὦ ἄ., διὰ τί ποτε —; ἐγὼ ὑμῖν ἐρῶ διότι οὗτοι ταῦτα νῦν γιγνώσκουσιν.* § 128: *ἀλλὰ γὰρ τῷ παιδὶ αὐτοῦ τί χρὴ τοὔνομα θέσθαι;* § 22: *ἀλλὰ γὰρ καὶ ὅτε — αὐτὰ ταῦτα ἔλεγεν, ὡς.* § 101. 103 (zu beachten ist, dafs nur in dieser Rede des Andokides *ἀλλὰ γάρ* vorkommt). Lys. XXXIV, 10. Xen. Anab. III, 2, 26. VII, 7, 43. Hell. VII, 3, 4: *ἀλλὰ γὰρ ἐπείπερ ἠρξάμην, διατελέσαι βούλομαι τὰ περὶ Εὔφρονος* (etwas anders ebenda 2, 1; vgl. Breitenbach). Über das in gewisser Hinsicht ähnlich gebrauchte *καίτοι* vgl. Birkler a. a. O. S. 18 f. und S. 24. Transitionsformen mit *ἀλλά* sind angeführt Anh. zu XII, 87 (S. 288), mit *ἀλλὰ καί* (*οὐδέ*) Anh. zu XII, 86 (S. 287); vgl. zu XIII, 79 und Anh. S. 445. Ich schliefse diese Erörterung mit einer Bemerkung über den Ursprung des elliptischen Gebrauchs von *ἀλλὰ γάρ*. Wie der Satz mit *γάρ* überhaupt dem zu begründenden Satze gern vorausgeschickt wurde (vgl. zu XII, 15 und Anh. S. 214 f.), so pflegte dies auch da zu geschehen, wo dem *γάρ* ein *ἀλλά* voranging. Mehrere Stellen dieser Art finden sich bei Herodot; vgl. II, 116: *δοκέει δέ μοι καὶ Ὅμηρος τὸν λόγον τοῦτον πυθέσθαι· ἀλλ' οὐ γὰρ ὁμοίως* (= *ἀλλ' ἐπεὶ οὐχ ὁμοίως*) *ἐς τὴν ἐποποιίην εὐπρεπὴς ἦν τῷ ἑτέρῳ, τῷπερ ἐχρήσατο, μετῆκε αὐτὸν δηλώσας ὡς καὶ τοῦτον ἐπίσταιτο τὸν λόγον.* I, 14: *ἐσέβαλε μέν νυν στρατιὴν καὶ οὗτος —. ἀλλ' οὐδὲν γὰρ μέγα ἔργον ἀπ' αὐτοῦ ἄλλο ἐγένετο —, τοῦτον μὲν παρήσομεν τοσαῦτα ἐπιμνησθέντες, Ἄρδυος δὲ — μνήμην ποιήσομαι.* IV, 83. VI, 130: *ἐγὼ πᾶσιν ὑμῖν, εἰ οἷόν τε εἴη, χαριζοίμην ἄν, μήτ' ἕνα ὑμέων ἐξαίρετον ἀποκρίνων μήτε τοὺς λοιποὺς ἀποδοκιμάζων· ἀλλ' οὐ γὰρ οἷά τέ ἐστι μιῆς πέρι παρθένου βουλεύοντα πᾶσι κατὰ νόον ποιέειν, τοῖσι μὲν ὑμέων ἀπελαυνομένοισι τοῦδε τοῦ γάμου τάλαντον ἀργυρίου ἑκάστῳ δωρεὴν δίδωμι —, τῷ δὲ Ἀλκμαίωνος Μεγακλέϊ ἐγγυῶ παῖδα τὴν ἐμήν.* IX, 27 g. E. 109. Dazu füge Hom. Od. ξ, 355. Xen. Anab. III, 1, 24. Soph. Phil. 81: *ἀλλ' ἡδὺ γάρ τοι κτῆμα τῆς νίκης λαβεῖν, τόλμα.* Oed. Col. 624. Eur. Phoen. 1307: *ἀλλὰ γὰρ Κρέοντα λεύσσω τόνδε δεῦρο συννεφῆ πρὸς δόμους στείχοντα, παύσω τοὺς παρεστῶτας γόους.* Theokr. I, 19 (*ἀλλὰ τὺ γὰρ δή*). V, 29 (*ἀλλὰ γάρ*). Aus dieser ursprünglichen Form entwickelte sich eine zweite anakoluthische, und zwar besteht die Anakoluthie in der Regel darin, dafs dem zu begründenden Satze, als ob kein *γάρ* vorausgienge, eine Konklusivpartikel oder sonst ein die Folge bezeichnender Ausdruck (*διὰ ταῦτα*, *τῷ* bei Homer) beigegeben ward. So Hom. Il. *ο*, 739. *ψ*, 607. Herod. I, 147. V, 3 (S. 490). VII, 143. VIII, 108. IX, 27 (S. 486). Is. V, 35. VII, 77. VIII, 109. XII, 88. 172. XV, 35. 215. 320. Dein. I, 16. D. XVIII, 42. 211. Plat. Hipp. I, 301[b]. Symp. 180[a]. Kritias 108[c]. Xen. Anab. III, 2, 32. Kyr. VII, 1, 49. Anax. Rhet. I, 173 Sp. Soph. Ant. 148. Diodor XVII, 30, 6. Noch gröfsere Unregelmässigkeiten finden sich Herod. III, 152. VII, 4. VIII, 109. Hom. Od. *τ*, 591 ff. Is. XII, 150. Vgl. Kühner II, S. 853 f. Classen zu Thuk. I, 72, 1. Den letzten Schritt that man, indem man den zu begründenden Gedanken ganz unterdrückte. So bereits Hom. Il. *η*, 242. Od. *κ*, 202. *λ*, 393 und oft in der Prosa. Nebenher gieng die Verschmelzung des *ἀλλὰ γάρ* zu **einem** Gesammtbegriffe (aber nämlich, aber ja), die durch die Zusammenstellung beider Partikeln angebahnt ward (schon auf der ersten Stufe Eur. Phoen. a. a. O. Theokr. V, 29) und ihren Abschlufs erhielt durch die Verbindungen *ἀλλὰ γάρ — μέν — δέ* (S. 487), *ἀλλὰ γὰρ οὔτε — οὐδέ γε*, *ἀλλὰ γὰρ οὐ μόνον — ἀλλὰ καί* (S. 486), in denen sich *ἀλλὰ γάρ* von dem einfachen *ἀλλά* kaum noch unterscheidet. In manchen Beispielen könnte man freilich diese Wendungen auch nach S. 491 durch 'aber ich kann noch nicht schliefsen; denn' erklären; doch scheint es nicht ratsam, solche Stellen von anderen ganz ähnlichen, die der revocatio angehören, zu trennen und der Fortgangsfigur zuzuweisen. Eher würde ich in der zuerst genannten Verbindung, um dem *γάρ* seine volle Kraft zu wahren, das *μέν* in der ursprünglichen Bedeutung 'fürwahr' nehmen (Rehdantz zu Xen. Anab. I, 7, 6). Ganz denselben Prozess finden wir bei *νῦν δὲ — γάρ*, nur dafs es hier nicht zu einer Nebeneinanderstellung dieser drei Wörter kam. Auf der ersten Stufe stehen Hom. Il. *μ*, 326 ff. Herod. IX, 60 Ant. I, 11, auf der zweiten Plat. Theaet. 143[d]. Lach. 200[e] u. s. w. (vgl. Herod. V, 3), auf der dritten Plat. Charm. 175[b]. Apol. 38[b] (vgl. Apol. 20[c]). Die Formel ist schon berührt S. 397; vgl. auch Engelhardt zu Plat. Apol. 38[b], S. 220 f.

§ 18. *ἡγοῦμαι δέ, ὦ ἄ. δ.*] Die Verba des Glaubens (*ἡγεῖσθαι*, *οἴεσθαι*, *νομίζειν*) werden von den Rednern gern zu Übergängen benutzt, am häufigsten in Verbindung mit *δέ*. Der vorliegenden Stelle sind mehr oder weniger verwandt Lys. XIV, 7. XXI, 16. XXV, 29. XXIX, 5 (*ἡγοῦμαι δ', ὦ ἄ. δ.*). Lyk. 147 (*ἡγοῦμαι δ', ὦ ἄ.*). Is. XVI, 12. Br. II, 5. 16. VI, 6 (*ἡγοῦμαι δέ*). Isae. I, 36. 44 (*οἶμαι δ' ὑμᾶς κτλ.*) D. XXIV, 121 (*οἴομαι δὲ νὴ τὸν Δία τὸν Ὀλύμπιον, ὦ ἄ. δ.*). (And.) IV, 19 (*νομίζω δέ*). Is. IV, 133: *ἡγοῦμαι δ' εἴ τινες ἄλλοθεν ἐπελθόντες θεαταὶ γένοιντο —, πολλὴν ἂν αὐτοὺς καταγνῶναι μανίαν ἀμφοτέρων ἡμῶν.* Br. VIII, 8: *οἶμαι δ' εἰ — ἐτύγχανον ζῶντες —, πολλὴν ἂν αὐτοὺς ποιήσασθαι σπου-*

δήν (οἶμαι δ' mit v. Bekker, Benseler, οἶμαι δ' ἄν mit E cod. Matth. die Zürr., Blass). (D.) LX, 21: οἶμαι δ' ἂν εἴ τις — ἐρωτήσειε — οὐδένα — εἶναι. Is. VI, 3: ἡγοῦμαι δ' εἰ καὶ περὶ — πρέπει τοὺς τηλικούτους σιωπᾶν, περί γε — προσήκειν τούτους μάλιστα συμβουλεύειν, οἵπερ κτλ. XVIII, 16: ἡγοῦμαι δ' εἰ μήθ' ἡ δίαιτα ἐγεγόνει — οὐδ' οὕτω χαλεπῶς ἂν ὑμᾶς γνῶναι τὰ δίκαια (Is. XV, **216**: οἶμαι δὲ σαφῶς ἐπιδείξειν u. § 274: ἡγοῦμαι δέ im Übergang zur expositio). Aufserdem führe ich an Lys. XXIX, 11: ἡγοῦμαι δ', ὦ ἄ. δ., οὐ μόνον — ἀλλὰ καί). — Lyk. 94: ἡγοῦμαι δ' ἔγωγε, ὦ ἄ., τὴν τῶν θεῶν ἐπιμέλειαν πάσας μὲν τὰς ἀνθρωπίνας πράξεις ἐπισκοπεῖν, μάλιστα δὲ τὴν περὶ — εὐσέβειαν (wegen des ἔγωγε vgl. § 136. Lys. XXVIII, 4. D. XVI, 30). Is. V, 153: νομίζω δὲ χρῆναί σε πάντας μὲν τιμᾶν τοὺς —, κάλλιστα μέντοι νομίζειν ἐκείνους ἐγκωμιάζειν τοὺς κτλ. (beide Beispiele gehören zu einer häufig vorkommenden Form der gradatio, die ich an anderer Stelle ausführlich behandeln werde). — Is. IV, 179: οἶμαι δ' ἐκείνως εἰπὼν μᾶλλον δηλώσειν. XX, 9: ἡγοῦμαι δ' ὑμᾶς οὕτως ἂν ἀξίως ὀργισθῆναι τοῦ πράγματος, εἰ. V, 46: ἡγοῦμαι δ' οὕτως ἄν σε μάλιστα καταμαθεῖν —, εἰ. VI, 110: ἡγοῦμαι δ' οὕτως ἂν ὑμᾶς μάλιστα παροξυνθῆναι —, εἰ. III, 12: ἡγοῦμαι δ' οὕτως ἂν μάλιστα παρακαλέσαι —, οὐκ εἰ περὶ τὸ συμβουλεύειν μόνον γενοίμην κτλ. (also in dieser Wendung auch bei dem blofsen Infin. ἡγοῦμαι; anders in den S. 356 f. angeführten Beispielen). IV, 10: ἡγοῦμαι δ' οὕτως ἂν μεγίστην ἐπίδοσιν λαμβάνειν καὶ τὰς ἄλλας τέχνας —, εἰ (vgl. D. XXIV, 206: γνοίη δ' ἄν τις οὕτω μάλιστα —, εἰ. Is. V, 28: οὕτω δ' ἂν ἀκριβέστατα καὶ κάλλιστα θεωρήσειας —, ἤν. § 137: οὕτω δ' ἄριστα βουλεύσει περὶ τούτων, ἤν. Br. **VIII**, 9: οὕτω δ' ἄν μοι δοκεῖτε κάλλιστα βουλεύσασθαι περὶ τούτων, εἰ und die ähnlichen Stellen Anax. Rhet. 1, 174 Sp. 2, 181 Sp. Is. III, 17. IV, 26). — Ant. V, 32: οἶμαι δ' ὑμᾶς ἐπίστασθαι τοῦτο, ὅτι. And. III, 8: οἶμαι δ' ὑμᾶς ἅπαντας εἰδέναι τοῦτο, ὅτι. Lys. XXI, 14: οἶμαι δὲ πάντας ὑμᾶς ἐπίστασθαι ὅτι. XXVIII, 4: οἶμαι δ' ἔγωγε πάντας ὑμᾶς ὁμολογῆσαι (Markland ἔγωγ' ἄν, Cobet πάντας ἄν; die Partikel kann auch hinter ὁμολογῆσαι gestanden haben). D. XVIII, 5: **οἶμαι** δ' ὑμᾶς πάντας, ὦ ἄ. Ἀ., ἂν ὁμολογῆσαι (die Stelle wohl richtig beurteilt von Westerm.). Is. IV, 103: οἶμαι δὲ πᾶσι δοκεῖν. D. XV, 5: οἶμαι δ' ὑμῶν μνημονεύειν ἐνίους ὅτι. Is. XV, 19. 174. 299: οἶμαι δ' ὑμᾶς οὐκ ἀγνοεῖν. V, 150: οἶμαι δέ σ' οὐκ ἀγνοεῖν. XIV, 15: ἡγοῦμαι δ' ὑμᾶς οὐκ ἀγνοεῖν (nach den voranstehenden Beispielen ist wohl auch an dieser Stelle οἶμαι zu schreiben; beide Verba sind öfters von den Abschreibern vertauscht worden; vgl. **Vömel zu** D. IV, 10. **13. XIV, 31** und oben S. 206. 357. 450). — Ant. V, 65: οἶμαι δ' ἂν καὶ ὑμῶν ἕκαστον εἴ τίς τινα ἔροιτο — τοσοῦτον ἂν εἰπεῖν, ὅτι. (And.) IV, 5. Is. IV, 84. 159. VI, 64. Isae. II, 25. Hyp. Epit. XIV. Alkid. π. σοφ. 14: οἶμαι δὲ καί. Is. V, 151. Br. VII, 2. IX, 17. Alkid. π. σοφ. 9 und 22: ἡγοῦμαι δὲ *καί.* Lyk. 136: *ἡγοῦμαι δ' ἔγωγε καί.* (And.) IV, 35. Alkid. *π. σοφ.* 18: *νομίζω δὲ καί.* Is. XIV, 50: *οἶμαι δ' ὑμᾶς οὐδὲ τὰς ἄλλας αἰσχύνας ἀγνοεῖν.* Isae. III, 50: *οἶμαι δ' οὐδέ.* Alkid. *π. σοφ.* 27: *ἡγοῦμαι δ' οὐδέ.* Lys. XXVII, 8: *ἡγοῦμαι δ', ὦ ἄ. Ἀ., οὐδ' εἰ —, οὐκ ἂν ἀκρίτους αὐτοὺς ἀπολωλέναι* (vgl. die ähnliche Stelle Is. XVIII, 16). Neben *δέ* gebrauchte man bei diesem transitus auch *τοίνυν.* So Isae. VII, 18 (*οἶμαι τοίνυν, ὦ ἄ.*). X, 9: *οἶμαι τ. πάντας ὑμᾶς εἰδέναι, ὦ ἄ., ὅτι* (vgl. oben). D. XXI, 77: *οἶμαι τ. τινὰς ὑμῶν, ὦ ἄ. δ., ποθεῖν ἀκοῦσαι τὴν ἔχθραν, ἥτις ἦν ἡμῖν πρὸς ἀλλήλους —. βούλομαι δὴ περὶ ταύτης ὑμῖν ἐξ ἀρχῆς εἰπεῖν* (vgl. Is. XV, 129). Lys. fr. 5: *οἶμαι τ. καὶ ἐκεῖνο ὑμᾶς αἰσθάνεσθαι, ὅτι.* D. XVI, 30: *οἶμαι τ. ἔγωγε κἀκεῖν' ἐνθυμεῖσθαι δεῖν, ὅτι.* Is. XIX, 38: *οἶμαι τ. αὐτὸν καί.* — D. XVIII, 110: *ἡγοῦμαι τοίνυν λοιπὸν εἶναί μοι περὶ τοῦ κηρύγματος εἰπεῖν καὶ τῶν εὐθυνῶν* (vgl. XXXIX, 37: *λοιπὸν ἡγοῦμαι τοῦθ' ὑμῖν ἐπιδεῖξαι, ὦ ἄ. Ἀ., ὡς.* Sonst in diesem transitus kürzer: *λοιπὸν* [*ὑπόλοιπον*] *δέ μοι* [*μοί ἐστιν*], *λοιπὸν οὖν ἐστιν* u. s. w.). (D.) XXV, 69: *ἡγοῦμαι τ. καί.* — D. XX, 15: *νομίζω τοίνυν ὑμᾶς, ὦ ἄ. δ., ἄμεινον ἂν — βουλεύσασθαι, εἰ κἀκεῖνο μάθοιτε, ὅτι.* (D.) LX, 20: *νομίζω τ. καί.* D. XIX, 273: *νομίζω τ. ὑμᾶς, ὦ ἄ. Ἀ., οὐ καθ' ἕν τι μόνον τοὺς προγόνους μιμουμένους ὀρθῶς ἂν ποιεῖν, ἀλλὰ καὶ κατὰ πάνθ' ὅσ' ἔπραττον ἐφεξῆς.* D. XXXVI, 22: *νομίζω τ., ὦ ἄ. Ἀ., μεγάλων καὶ πολλῶν ὄντων ἐξ ὧν ἔστιν ἰδεῖν — μέγιστον ἁπάντων εἶναι ὅτι* (diese Form der gradatio ist besprochen de arg. ex contr. Anm. 47, S. 329). Die Partikel *δή* steht im Übergang zur expositio Is. XV, 79: *οἶμαι δὴ πάντας ἂν ὁμολογῆσαι* (vgl. oben D. XVIII, 5). Über den Gebrauch der Verba des Glaubens und der mit ihnen verbundenen Konjunktionen im Übergang zur occupatio ist ausführlich gehandelt S. 384 ff. Aufserdem vgl. S. 356 f. Auch bei diesen Übergängen ist die Stellung der Anrede zu beachten. — *οἳ τῆς*] *οἵτινες τῆς* Herw. Vgl. XXVII, 8: *οὐ περὶ ὧν — ἀλλ' οἵτινες.* ebenda § 5: *οὐχ ὅταν — ἀλλ' ὁπόταν.* Ähnliche aus dem **Streben nach Abwechselung** entsprungene Zusammenstellungen zu XIII, 4 und bei Rehdantz Dem. Ind. I, Wechsel und zu Xen. Anab. VII, 6, 18. — *ἐν τῷ ἄστει*] *τῷ* streichen Herw. und Cobet. In Verbindung mit *μένειν* hat Lysias allerdings sonst nur *ἐν ἄστει* (XVIII, 19. XXV, 1. 2. 29. XXVI, 16), und beim Parteinamen müfste der Artikel in der That fehlen (Pertz, quaest. I, 12). — *χρῆναι — ὑμεῖς ἀπολέσαι*] Vgl. de arg. ex contr. S. 363, Anm. 59. Francken, comm. S. 75 f. Rehdantz Dem. Ind. II, *οἴεσθαι* und zu Xen. Anab. II, 6, 26. — *ὑπολειφθήσεται*] mit Dobree für das hdschr. *ἀπολειφθήσεται.*

§ 19. *σκοπεῖν δὲ χρὴ καὶ ἐκ τῶνδε, ὦ ἄ. δ.*] Der Übergang wie § 28: *σκέψασθαι δὲ χρὴ ὅτι καὶ τῶν ἐκ Πειραιῶς κτλ.* § 21: *ἐνθυμηθῆναι δὲ χρή, ὦ ἄ. δ., καὶ τῶν — γεγενημένων.* Is. XIX, 46: *μεμνῆσθαι δὲ χρὴ καὶ τῶν ἐν ἀρχῇ ῥηθέντων.* Thuk. VI,

12, 1: *καὶ μεμνῆσθαι χρὴ ἡμᾶς ὅτι* (hier ausnahmsweise das Pron. hinzugefügt. Anderer Art [Lys.] XX, 31 und besonders Lys. XV, 10. Dein. II, 16, wo der Gegensatz die Beifügung von *ὑμᾶς* erforderte). — Lys. XIV, 41: *σκέψασθαι δὲ χρή, ὦ ἄ. δ. κτλ.* VII, 38: *ἐνθυμεῖσθαι δὲ χρή, ὦ β.* Lys. XXII, 17. Is. XXI, 18: *ἐνθυμεῖσθαι δὲ χρή.* Lys. XIV, 11: *ἐνθυμηθῆναι δὲ χρή.* And. II, 17: *ὁρᾶν δὲ χρή, ὦ Ἀ.* Lys. XXX, 34: *εὖ δ' εἰδέναι χρή.* — Isae. VI, 51: *ἐνθυμεῖσθαι τοίνυν χρή, ὦ ἄ.* (nur hier, wie es scheint, *τοίνυν*, und zwar nach Verlesung eines Aktenstückes). Das Verb. fin. steht an der Spitze Is. XIV, 60: *χρὴ δὲ καὶ τῶν προγόνων ποιήσασθαί τινα πρόνοιαν.* Ant. V, 82. Plat. Menex. 244ᵃ: *χρὴ δὲ καί.* (Lys.) XX, 31: *χρὴ δὲ ὑμᾶς καὶ τῶν ἄλλων ἕνεκα τοιούτους εἶναι.* — D. XX, 118: *χρὴ τοίνυν, ὦ ἄ. Ἀ., κἀκεῖν' ἐνθυμεῖσθαι καὶ ὁρᾶν, ὅτι* (*τοίνυν* nach meinen Beobachtungen sonst nicht bei Rednern). Lys. XXII, 20: *χρὴ δ', ὦ ἄ. δ., μὴ μόνον — ἀλλὰ καί.* Isae. I, 41: *χρὴ δέ, ὦ ἄ., καί — καί* (sowohl — als auch). Lys. XV, 10. Dein. II, 16: *χρὴ δέ, ὦ ἄ. δ.* (*ὦ Ἀ.*), *ὥσπερ — οὕτως ὑμᾶς* (*οὕτω καὶ ὑμᾶς*). Lys. XXV, 24: *χρὴ δ' εἰδέναι, ὦ ἄ. δ.* Natürlich kann auch ein *ὁρισμός* vorausgehen; so Ant. V, 81: *χρὴ δὲ καί.* VI, 16: *ἐξ αὐτῶν δὲ τούτων χρὴ σκοπεῖν.* Mehr Argumentations- als Transitionsform ist *χρὴ δέ*, wenn es einen mit dem Vorhergehenden in engem Zusammenhange stehenden allgemeinen Gedanken einführt. So gebraucht es namentlich Isokrates. Häufig finden wir in solchen Sätzen Antithesen mit *οὐ* (*μή*) — *ἀλλά* (s. S. 483) und *μέν — δέ.* Vgl. Is. VIII, 8. XV, 80. 203: *χρὴ δὲ τοὺς νοῦν ἔχοντας.* VIII, 60. XV, 302: *χρὴ δὲ τοὺς καὶ μικρὰ λογίζεσθαι δυναμένους* (über die zweite Stelle vgl. Blass praef. XXXIV). VI, 101: *χρὴ δὲ τοὺς ἄνδρας τοὺς ἀγαθούς.* XII, 222: *τοὺς ὀρθῶς δοκιμάζειν βουλομένους.* V, 41: *τοὺς μέγα φρονοῦντας καὶ τοὺς διαφέροντας.* § 118: *τοὺς μείζονος δόξης τῶν ἄλλων ἐπιθυμοῦντας.* VIII, 24: *τοὺς πρωτεύειν ἐν — ἀξιοῦντας.* XV, 12: *τοὺς διεξιόντας αὐτόν* (*τὸν λόγον.* — diese Stelle von den übrigen etwas abweichend). Thuk. III, 46, 6: *τοὺς ἐλευθέρους.* Is. VI, 50: *τοὺς μὲν εὖ πράττοντας — τοὺς δὲ δυστυχοῦντας.* Thuk. III, 42, 5: *τὸν μὲν ἀγαθὸν πολίτην — τὴν δὲ σώφρονα πόλιν.* Ohne Subjektsaccusativ steht der von *χρή* abhängige Infinitiv Is. III, 44: *χρὴ δὲ δοκιμάζειν τὰς ἀρετὰς οὐκ ἐν ταῖς αὐταῖς ἰδέαις ἁπάσας, ἀλλὰ κτλ.* IV, 130. VI, 85. VIII, 101. IX, 81. X, 47. Br. II, 4. Thuk. VI, 11, 6. (D.) XLII, 15 (*χρὴ δ', ὦ ἄ. δ.*). Öfters in ähnlicher Weise *καίτοι χρή.* Die *προδιόρθωσις* wird durch *χρὴ δέ* eingeführt Is. XV, 104 (S. 266). Nicht so häufig begegnet man im transitus der Partikel *δεῖ.* D. XXXVI, 57: *ἐκεῖνο δ' ὑμᾶς ἀκοῦσαι δεῖ.* (D.) XXXV, 28: *ὃ δὲ πάντων δεινότατον διεπράξατο — δεῖ ὑμᾶς ἀκοῦσαι* (de arg. ex contr. 333. — *δεῖ ὑμᾶς ἀκοῦσαι* und *μαθεῖν* auch unten mehrmals). — Ant. V, 74: *δεῖ δέ με καὶ ὑπὲρ — ἀπολογήσασθαι* (vgl. § 60). Is. VI, 106: *δεῖ δὲ μηδὲ τοῦτο λανθάνειν ὑμᾶς, ὅτι.* Lyk. 14: *δεῖ δ', ὦ ἄ., μηδὲ ταῦτα λαθεῖν* ὑμᾶς, ὅτι. Etwas anders Is. IV, 173. VII, 79, desgl. Demad. ὑπὲρ τῆς δωδ. 15. Xen. Hell. VI, 3, 9. Diodor XIII, **21** a. E. (allgemeiner Gedanke wie Is. VIII, 8 u. s. w.). D. XIX, **29** (προδιόρθωσις, vgl. S. 266). Lys. XIII, 4: δεῖ δ' ὑμᾶς, ὦ ἄ. Ἀ., — ἀκοῦσαι (Übergang zur διήγησις; vgl. S. 205). D. XXIII, 153: δεῖ δ' ὑμᾶς τὸ πρᾶγμ', οἷον ἦν — ἀκοῦσαι — καὶ θεωρῆσαι κτλ. Bisweilen geht ein ὁρισμός voran, wie Ant. V, 60: δεῖ δέ με καὶ ὑπὲρ — ἀπολογήσασθαι. (Lys.) IX, 13: δεῖ δ' ὑμᾶς μὴ μόνον — ἀλλὰ καὶ — εἰδέναι. D. XXXVI, 4: δεῖ δ' ὑμᾶς ἀκοῦσαι καὶ μαθεῖν. (D.) LIX, 14: ὡς δὲ — ταῦτ' ἤδη δεῖ μαθεῖν ὑμᾶς. Plat. Phaedr. 239^c: τὴν δὲ τοῦ σώματος ἕξιν — δεῖ μετὰ ταῦτα ἰδεῖν. Hierzu kommen zwei Stellen mit δεῖ τοίνυν, D. XXIV, 210: δεῖ τοίνυν ὑμᾶς κἀκεῖνο σκοπεῖν, ὅτι (vgl. D. XVI, 30). (D.) LI, 8: δ. τ. ὑμᾶς μὴ μόνον ἐκ τούτων σκοπεῖν τὸ δίκαιον, ἀλλὰ καὶ ἐξ ὧν κτλ. (vgl. D. XX, 41). Wegen des Gebrauchs von ἀνάγκη δέ verweise ich auf Ant. V, 6. V, 87 = VI, 5. Is. IV, 27. VIII, 72. 91. (D.) LX, 13, sowie auf die S. **205** und **263** angeführten Beispiele der διήγησις und προδιόρθωσις. Nach **einem** ὁρισμός (D.) XLIV, 31: ἃ δὲ — ἀναγκαῖον νομίζω εἰπεῖν. Selten sind die Formeln προσήκει δέ (Lys. XIII, 92. Is. V, 127), πρ. δὲ καί ([D.] LXI, 56), δίκαιον δ' ἐστίν (Hyp. epit. VII: μὴ μόνον — ἀλλὰ καί. — vgl. τεκμαίρεσθαι δὲ δίκαιόν ἐστι κτλ. Is. VII, 75), καλὸν δ' ἐστίν (Is. V, 36 — allgemeiner Gedanke), χρήσιμον δ' ἐστὶ καί (Lyk. 107: τούτων ἀκοῦσαι τῶν ἐλεγείων, ἵν' ἐπίστησθε κτλ.); häufig das verwandte ἄξιον δέ (zu § 25). — τοῖς ὑμετέροις] τοῖς ὑμετέροις κακοῖς Herw. (wie XXI, 22), **wo** dann ἐπί den Beweggrund bezeichnete. Über die Bedeutung '**zum** Nachteil' vgl. noch Hyp. w. Dem. XXI: ἐπ' αὐτῷ τῷ σώματι τῆς πόλεως δῶρα εἰλήφασιν. D. XIX, 205: χρήμαθ' οὗτοι ἔχουσιν ἐφ' ὑμῖν. Rehdantz Dem. Ind. II, ἐπί. — τῶν ὀλίγων] **τῶν** eingeklammert von Rauchenst. nach W. Vischer. Über die Form des Enthymems de arg. ex contr. S. 293, wo Aesch. III, 234 hinzuzufügen.

§ 20. ἐνομίζετε πάσχειν] Herwerden, anal. crit. 59: 'dele πάσχειν; sin minus, post ἡγεῖσθαι inserendum foret ποιεῖν'. Die Streichung von πάσχειν verlangt auch Halbertsma, lect. Lys. 36. Ich möchte aufser πάσχειν auch noch ἑτέρους tilgen; so erhält man **ein** ganz konzinnes Enthymem: οὐκ ἄξιον ἃ πάσχοντες ἄδικα ἐνομίζετε, ὅταν ποιῆτε, δίκαια ἡγεῖσθαι. Wegen des Gegensatzes πάσχοντες — ὅταν ποιῆτε vgl. de arg. ex contr. S. 5 und Add. S. 370 f. (Is. **III**, 61: ἃ πάσχοντες ὑφ' ἑτέρων ὀργίζεσθε, ταῦτα τοὺς ἄλλους μὴ ποιεῖτε. Lys. XII, 89. πάσχειν und ἐργάζεσθαι stehen einander gegenüber in den de arg. ex contr. S. 270 erwähnten Stellen Ant. V, **74**. **Eur.** El. 1170. **Or. 413,** ebenso Lys. XII, 57. Den allgemeinen **Gegensatz zu πάσχειν** bildet δρᾶν. Schmidt, Synonym. I, S. 406). **Über** den Wechsel der Verba des Glaubens im contrarium ebenda **S. 144 und** Add. S. 382. Auch in anderen Antithesen findet sich diese Variation, und zwar am häufigsten in der Weise, daſs *νομίζειν* und *ἡγεῖσθαι* einander gegenübertreten. So Lys. XXVIII, 17: *νομιοῦσιν* — *ἡγήσονται*. XVI, 13: *νομίζοντας* — *ἡγουμένους*. D. XV, 33: *νομίζετε* — *ἡγεῖσθε* (nach der durch den Parallelismus empfohlenen Emendation Wolfs, der *ἕξειν* hinter *ὑμῖν* zusetzt. Vömel unter Zustimmung Weils: *νομίζειν*). (And.) IV, 4: *νομίζω* — *ἡγοῦμαι*. Xen. Kyr. III, 3, 53: *νομίζειν* — *ἡγεῖσθαι*. Thuk. IV, 117, 1: *νομίσαντες* — *ἡγούμενοι* (Wechsel des Tempus wie Lys. XIV, 43). — D. LV, 30 (XVIII, 110): *ἡγοῦμαι* — *νομίζω*. XX, 125: *δίκαιον ἡγοῦμαι* — *εἶναι δεινὸν νομίζω* (ganz ähnlich der vorliegenden Stelle nach der oben angeführten Emendation). D. XV, 20: *ἡγεῖσθαι χρή* — *παραινῶ νομίζειν*. Die Verba *νομίζειν* und *οἴεσθαι* sind einander gegenübergestellt Lys. XIV, 43: *νομίσαντες* — *οἰόμενοι* (D. XVIII, 252: *ὁ βέλτιστα πράττειν νομίζων καὶ ἀρίστην* — *τύχην* — *ἔχειν οἰόμενος*). — Thuk. II, 94, 1: *ᾤοντο* — *ἐνόμιζον*, desgleichen *ἡγεῖσθαι* und *οἴεσθαι* Is. XVII, 15: *ἡγούμενος* — *οἰόμενος*. D. II, 9: *ἡγεῖται* — *οἴεται*. Thuk. IV, 114, 3: *ἡγεῖσθαι* — *οἴεσθαι*. — Xen. Mem. I, 6, 8: *οἰόμενοι* — *ἡγούμενοι*. Der Wechsel der verba putandi im Übergange mit Rekapitulation ist S. 357 besprochen. — *περὶ ἡμῶν*] für das hdschr. *περὶ αὐτῶν* mit Frohberger kl. Ausg. nach Francken (der auch das folgende *εἴχετε* einklammert). Pluygers, Mnem. XI, 87 vermutet vor *ἀλλὰ τὴν αὐτήν* eine nicht unbedeutende Lücke. Rauchenst. und Kayser (Heidelb. Jahrb. 1866, 779. Philol. XXV, 315) tilgen *περὶ ὑμῶν αὐτῶν* vor *εἴχετε*. — *ἔχετε*] Beispiele dieses Übergangs bei Westerm. comm. in script. Graec. IV, 11 f. und zu D. VI, 6. Funkhänel, quaest. Dem. 60 ff. Hertlein zu Xen. Anab. II, 2, 4 und Kyr. VI, 2, 2. Westerm. nimmt den Übergang schon im vorhergehenden Satzgliede an, indem er nach *X* *ἡγεῖσθε* schreibt; doch läſst sich der Imperativ nach *οὐδέ* nicht halten.

§ 21. *ὅτε*] *ὁπότε* Cobet. — *μέγιστον κακόν*] *μέγιστον ἀγαθόν* *X*, gedankenlos nach der allgemeinen Sentenz *ὁμόνοια μέγιστον ἀγαθόν* XVIII, 17. Xen. Mem. IV, 4, 16.

§ 22. *δ' ἐπυνθάνεσθε*] Emendation Franckens (comm. 178), gebilligt von Kayser (Heidelb. Jahrb. 1866, 785), aufgenommen von Rauchenst. und Frohberger kl. Ausg.; *δὲ πυνθάνοισθε* die Hdschr. Ein ähnlicher im Gedanken begründeter Wechsel des Tempus und Modus D. XVIII, 239: *οὐχ ὅσ' ἠβουλόμεθα, ἀλλ' ὅσα δοίη τὰ πράγματ' ἔδει δέχεσθαι*. Über das *μή* in *τοὺς δὲ τριάκ.* — *ἔχοντας*, welches für die Überlieferung zu sprechen scheint (Kr. 67, 8, 3), vgl. unten. — *τοὺς ἄλλους δὲ πολίτας*] nach *X* Westerm., Rauchenst., Frohberger; *τοὺς δ' ἄλλους π.* nach *C* die übrigen Herausgeber; ebenso Halbertsma, de magistratuum probat. S. 51 und Wrobel in der Recens. der kl. Frohbergerschen Ausg. — *ἐκ τοῦ ἄστεος*] steht in den Hdschr. hinter *στασιάζοντας*. Herw. streicht es (vielleicht mit Recht) nach Dobree; Bake, Mnem. IX,

189 korrigiert: *στασιάζοντας* **τοὺς** *ἐξ ἄστεος*. — **μή**] aus dem Sinne derer, von denen die Nachricht herrührte. Gewöhnlich steht bei den von verbis sentiendi und declarandi abhängigen Participien *οὐ* (Krüger 67, 8, 1. Kühner II, S. 757. Bäumlein, Partikeln S. 267 ff.). — *ὑπὲρ ὑμῶν*] So im *X*, verteidigt von Francken; *ὑπὲρ ἡμῶν* vulg., *ὑπὲρ* **αὐτῶν** Herw. nach Dobree. — **τότ' ἤδη**] *τότε δή* Herw. — **ταῦτα γὰρ τοῖς θεοῖς**] Pluygers, Mnem. XI, 87: *ταῦτα* **γάρ τοι τοῖς θ.** — **σωθήσεσθαι**] will Pluygers streichen, wogegen Herw. nach Sauppe **κατιέναι** tilgt. Vgl. Förtsch, obs. crit. 11. Francken, comm. 179. Kayser, Philol. XXV, 315.

§ 23. **χρὴ — τοῖς πρότερον γεγενημένοις** *παραδείγμασι* **χρωμένους βουλεύεσθαι περὶ τῶν** *μελλόντων ἔσεσθαι*] Vgl. Is. I, 34: **βουλευόμενος παραδείγματα ποιοῦ** *τὰ παρεληλυθότα τῶν* **μελλόντων**. Lys. XXII, 20: **χρὴ** *μὴ μόνον τῶν παρεληλυθότων* **ἕνεκ' αὐτοὺς κολάζειν, ἀλλὰ καὶ** *παραδείγματος ἕνεκα τῶν μελλόντων* **ἔσεσθαι**. Is. II, 35: *ἂν τὰ παρεληλυθότα* **μνημονεύῃς, ἄμεινον** *περὶ* **τῶν μελλόντων βουλεύσει**. And. III, 2: **χρὴ** *τεκμηρίοις* **χρῆσθαι** *τοῖς* **πρότερον γενομένοις** (*γεγενημένοις* wohl mit Recht Fuhr, Rhein. Mus. 1878, 568) *περὶ* **τῶν** *μελλόντων ἔσεσθαι*. Is. IV, 141: *εἰ δεῖ τὰ μέλλοντα τοῖς γεγενημένοις τεκμαίρεσθαι*. VI, 59: *εἴπερ χρὴ περὶ τῶν μελλόντων τεκμαίρεσθαι τοῖς ἤδη γεγενημένοις*. Dein. I, 33: *τεκμαιρόμενοι τὰ μέλλοντα* **ἐκ** *τῶν γεγενημένων* (zu XII, 92); daneben wegen des Ausdrucks Arist. Rhet. I, 3 a. A. (s. S. 285). Lys. XXXIV, 5: *οὐδὲ* **τὰ μέλλοντα** (*πιστότερα*) **τῶν** *γεγενημένων* **νομιεῖτε**. Is. IV, 181: **τῶν τε** *γεγενημένων* — **καὶ τὰ** *μέλλοντα*. IX, 60: *ὑπὲρ* **τῶν** *γεγενημένων* — *περὶ τῶν μελλόντων*. XVI, 19. Br. IX, 6: **περὶ τῶν** *γεγενημένων* — *περὶ* **τῶν** *μελλόντων*. R. XX, 12: *τῶν* **μελλόντων κακῶν** — *τῶν ἤδη γεγενημένων*. Thuk. I, 123, 1: *τὰ* **προγεγενημένα — περὶ τῶν** *ἔπειτα μελλόντων*. Lys. XV, 9: **ὑπὲρ τῶν παρεληλυθότων** — *ἐν τοῖς μέλλουσιν*. D. IX, 5: *ἐν* **τοῖς παρεληλυθόσι — πρὸς τὰ** *μέλλοντα* (vgl. IV, 2). XVIII, 191: **περὶ τῶν** *παρεληλυθότων* — *τὰ μέλλοντ'* **ἔσεσθαι**. 192: **τὸ** *μὲν* **παρεληλυθός** — *τὸ* **δὲ** *μέλλον ἢ τὸ παρόν*. XXIII, 58: *ἐπ' ἤδη γεγενημένῳ τινὶ πράγματι* — *τοῦ μέλλοντος ἔσεσθαι* (*τὰ μέλλοντα γενήσεσθαι* D. XVIII, 199). Lys. XII, 99: **τὰ** *μέλλοντα ἔσεσθαι* — *τὰ πραχθέντα ὑπὸ τούτων*. — *βουλόμενοι* — *ἐμμένουσι*] *βούλονται* — *ἐμμένοντας* Herw. nach Reiske und Dobree. — *τῶν ἐχθρῶν*] Frohbergers Ansicht bekämpft Grofser, Jahrb. f. Phil. 1869, 199 f., dem Rauchenst. beistimmt. Stutzer (Hermes XV, 38) bemerkt über die *φεύγοντες* (§ 24): 'was sollte uns hindern, unter den *φεύγ.* diejenigen zu verstehen, die, früher von der demokratischen Partei in die Verbannung geschickt, weder 404 zurückkehrten, noch zur Befreiung der Stadt sich mit Thrasybul verbanden, noch nach dem Tode der Dreifsig nach Athen zurückkehrten, die ja auch And. I, 90 im Buleuteneide (*πλὴν τῶν φευγόντων*) gemeint sind?' — *χαλεπώτερον τούτων ἤ*] *τούτων* tilgt Francken, comm.

180, ἤ nach Dobree Herw. Ich habe diese Art der Epexegese ausführlich behandelt de arg. ex contr. S. 300 f.; vgl. ebenda S. 298 (Plat. Phaed. 89[d]) und 299 (Plat. Theag. 127[b]). Nachträglich sei hier bemerkt, dafs Hyp. f. Eux. XXV wohl mit Cobet (2. Aufl. S. 109) *τί τούτου τῶν ἐν τῇ πόλει* zu schreiben und zu Plat. Theag. a. a. O. hinzuzufügen ist Hom. Od. ζ, 182 ff., zu Lys. X, 28 u. s. w. Hom. Il. ο, 509 f. Eur. Suppl. 1120 ff., zu D. XV, 4 und Plat. Gesetze V, 738[d] — Aristeid. I, 664 Df.: *οὐ σπανιώτερον οὐδέν ἐστιν εὐτύχημα, ἢ διὰ τῶν ἑτέροις πεπονημένων εὐδοξίαν οἰκείαν πορίσασθαι δικαίως* (epexegetisches ἤ nach dem Genit. des Reflexivpronomens Herod. II, 25 a. E.: *ὁ Νεῖλος μοῦνος ποταμῶν τοῦτον τὸν χρόνον οἰκότως αὐτὸς ἑωυτοῦ ῥέει πολλῷ ὑποδεέστερος ἢ τοῦ θέρεος*. VIII, 86. Thuk. VII, 66, 3). Nicht beachtet ist von den Herausgebern (und von mir a. a. O.) die richtige Bemerkung Franckens: 'nullo loco juxta posita sunt demonstrativum et ἤ, sed ubique τούτου (τοῦδε, τούτων), ταύτης praeparant quasi alterum membrum comparationis, quod aliquot vocabulis intermissis demum sequitur'. Aber anstatt *τούτων* zu streichen (an dem Plural nimmt Francken ohne Grund Anstofs), möchte ich lieber umstellen: *οὐδὲν γὰρ ἂν αὐτοῖς τούτων εἴη χαλεπώτερον* oder, wenn diese Änderung zu gewaltsam ist: *οὐδὲν γὰρ ἂν εἴη αὐτοῖς τούτων χαλεπώτερον*.

§ 24. *διαβεβλῆσθαι καὶ ἠτιμῶσθαι βούλονται*] Der Infin. des Perfekts wie in den Beispielen bei Rehdantz Dem. Ind. II, S. 239. Vgl. XII, 64: *ἄξιον ἦν καὶ τοὺς φίλους — προσαπολωλέναι* und die Beispiele zu XIII, 91, Anh. S. 460. — *δέξαιντ' ἄν*] *εὔξαιντ' ἄν* Herw. nach Dobree. Vgl. Schneider zu Is. VII, 5.

§ 25. *ἄξιον δὲ μνησθῆναι καὶ τῶν μετὰ τοὺς τετρακοσίους πραγμάτων*] Aus Misverständnis korrigiert Dryander, de Antiph. Rhamn. vita et scriptis 38: *μετὰ τοὺς τριάκοντα*. — *καί* hinter *μνησθῆναι* eingefügt mit Baiter; ebenso Frohberger in der kl. Ausg. und die übrigen neueren Herausgeber aufser Cobet. Dasselbe *καί* in den Übergängen § 19 und 21. *ἄξιον* im transitus häufig bei den Rednern (nur aus Deinarch habe ich mir kein Beispiel notiert). Die Kopula wird in der Regel weggelassen; Ausnahmen Lys. XXI, 15. Is. XVII, 48. XIX, 49. Isae. II, 27. VI, 56. Lyk. 25. 58 (80). Hyp. f. Lyk. III. Aesch. III, 79. 94. 152. 241. D. XXII, 8 (XXIII, 65. 156). XXIV, 155. (D.) VII, 39. Am häufigsten wird das Neue durch *δέ* (*δὲ καί*) angeknüpft. So bei Lysias noch XXXI, 26: *ἄξιον δὲ καὶ τόδε ἐνθυμηθῆναι, ὅτι*. XVIII, 26: *ἄ. δὲ καὶ τούτους τοὺς συνδίκους εὔνους ἡμῖν εἶναι*. XXI, 15: *ἄ. δ' ἐστὶν ἐνθυμηθῆναι ὅτι*. XVIII, 16: *ἄ. δὲ μάλιστ' ἀγανακτῆσαι ὅτι* (vgl. de arg. ex contr. S. 289 und Rauchenst. Jahrb. f. Philol. 1876, S. 330. Das hdschr. *μάλιστα φθονῆσαι* sucht zu halten Röhl, Jahresber. d. Berliner philol. Vereins, Jahrg. III, S. 43). V, 5: *ἄ. δέ μοι δοκεῖ εἶναι οὐ τούτων ἴδιον ἡγεῖσθαι τὸν ἀγῶνα κτλ.* (vgl. S. 452). Zu diesen Beispielen füge Ant. VI, 20: *ἄξιον δ'* ἐνθυμηθῆναι, ὦ ἄ., **ἀμφότερα καὶ τῆς** γνώμης **τῶν** ἀντιδίκων **καὶ οἵῳ** τρόπῳ κτλ. (vgl. S. 482). (And.) IV, 3: **ἄ. δὲ** μέμψασθαι. § 23: ἄ. δὲ **τὴν τόλμαν αὐτοῦ** σαφέστερον ἔτι διελθεῖν. Is. V, 99: ἄ. δὲ μνησθῆναι **καὶ** τῶν βασιλέων ἀμφοτέρων. VI, 95: **ἄ.** δὲ **καὶ** τὴν **Ὀλυμπιάδα καὶ** τὰς ἄλλας αἰσχυνθῆναι πανηγύρεις. **XIV, 60:** ἄ. δὲ **καὶ τῶν θεῶν** καὶ **τῶν** ἡρώων **μνησθῆναι.** XVII, **57: ἄ. δὲ** καὶ **Σατύρου καὶ τοῦ πατρὸς** ἐνθυμηθῆναι, **οἳ** κτλ. (vgl. S. 483). **XVIII, 31:** ἄ. δὲ **καὶ** τῶνδε **μνησθῆναι, διότι.** XIX, 49: ἄ. δ' **ἐστὶ καὶ τῷ νόμῳ βοηθεῖν. IV, 167:** ἄ. δ' **ἐπὶ τῆς νῦν** ἡλικίας ποιήσασθαι **τὴν στρατείαν. XVIII, 68:** ἄ. **δὲ τὴν** παροῦσαν τύχην διαφυλάττειν κτλ. **(Schlufs). Lyk. 100:** ἄ. **δέ,** ὦ ἄ. **δ.**, καὶ **τῶν** ἰαμβείων **ἀκοῦσαι.** § 58: **ἄ. δέ ἐστιν οὐ μόνον αὐτῷ** διὰ **τὴν** πρᾶξιν **ὀργίζεσθαι ταύτην, ἀλλὰ** καὶ **διὰ τὸν λόγον τοῦτον** (vgl. **Is. XIII,** 9). Hyp. f. Lyk. III: **ἄ. δ' ἐστίν, ὦ ἄ. δ., κἀκεῖθεν** ἐξετάσαι τὸ πρᾶγμα. **Aesch.** III, 241: ἄ. **δ' ἐστὶ καὶ τὴν ἀπαιδευσίαν** αὐτῶν θεωρῆσαι **(Weidner** jetzt ἄξιον δὲ **καί, warum?) D. LV, 16: ἄ.** δ', **ὦ** ἄ. δ., καὶ **περὶ τῶν** ἄλλων — **ἀκοῦσαι,** καὶ σκέψασθαι. **I,** 21: **ἄ. δ'** ἐνθυμηθῆναι **καὶ** λογίσασθαι. (D.) LIX, **116: ἄ. δὲ** κἀκεῖνο ἐνθυμηθῆναι, **ὦ ἄ. Ἀ.,** ὅτι. **Alkid. Odyss. 22:** ἄ. **δὲ** καταμαθεῖν ἃ καὶ φιλοσοφεῖν ἐπικεχείρηκεν. **Xen. Staat** der **Lak. 9,** 1: ἄ. δὲ **τοῦ** Λυκούργου καὶ τόδε ἀγασθῆναι, **τὸ** κατεργάσασθαι κτλ. — Is. **XI,** 24: μάλιστα δ' ἄξιον ἐπαινεῖν **καὶ** θαυμάζειν τὴν εὐσέβειαν αὐτῶν. Isae. **VI,** 56: πάντων δὲ μάλιστα ἀγανακτῆσαί ἐστιν ἄ., ὅταν (die gradatio wie Lys. III, 3: μάλιστα δ' **ἀγανακτῶ** [Lyk. 68: ἀγανακτῶ δὲ **μάλιστα**]. Is. XIV, 5: **πολὺ δὲ μάλιστ'** ἀγανακτοῦμεν. Aufserdem **vgl.** Lys. XIX, 6: **μάλιστα δὲ** τοῦτ' ἔχοι ἂν τις ἰδεῖν, **ὅταν.** Is. I, 46. II, 14. IV, 120. XI, 46. **Br.** VIII, 3. Plat. Menex. 247ᵃ. Thuk. VII, 28, 3). Is. XVII, 48: ἐνθυμηθῆναι δ' ἄξιόν ἐστιν, **ὦ ἄ. δ.,** τὴν ἀτοπίαν κτλ. XIII, 9: **οὐ μόνον** δὲ τούτοις ἀλλὰ καὶ — ἄξιον ἐπιτιμῆσαι. **Aesch.** III, 94: ὃν δὲ τρόπον — ταῦτ' **ἤδη** ἄξιόν ἐστιν ἀκοῦσαι. (D.) VII, 39: περὶ **δὲ** — ἄξιόν ἐστιν ἐξετάσαι — εἰδέναι. Nach einem ὁρισμός (einer Rekapitulation) wird fortgefahren mit ἄξιον δ' ἰδεῖν **κτλ.** D. XXI, 131, ἄ. **δ'** ἀκοῦσαι κτλ. (D.) XXXV, **32, ἄ.** δ' ἐστὶν ἐφ' οἷς μέλλω λέγειν ἀγανακτῆσαι καὶ μισῆσαι τουτονὶ Λεωκράτην Lyk. 25, ἄ. δὲ καὶ τόδε ἐνθυμηθῆναι, ὅτι (D.) XLVI, 15, ἃ δὲ (οἷον δ' αὖ) — ἄ. ἀκοῦσαι (D.) LVIII, 30. Plat. Symp. 220ᶜ Lykurg, Hypereides und besonders Demosthenes und Pseudodemosthenes gebrauchen in diesem transitus für δέ auch τοίνυν. Vgl. Lyk. **122: ἄξιον** τοίνυν ἀκοῦσαι **καὶ** τοῦ — ψηφίσματος. Hyp. Epit. IX: **ἄ. τ. συλλογίσασθαι καὶ τί ἂν συμβῆναι** νομίζομεν. D. XX, 81: ἄ. τ., **ὦ ἄ. Ἀ.,** κἀκεῖνο **σκοπεῖν,** ὅπως μή. XXII, **12:** ἄ. τ., ὦ **ἄ. Ἀ., κἀκεῖν'** ἐξετάσαι, **τί δή ποτε.** XXIII, 196: **ἄ. τ.,** ὦ ἄ. **Ἀ.,** κἀκεῖν' ἐξετάσαι, πῶς ποτε. XXIV, 123: ἄ. τ. **καὶ** τοῦτ' εἰπεῖν, ὅσον ὑμεῖς διαφέρετε, ὦ ἄ. δ., μεγαλοφροσύνῃ τῶν ῥητόρων. XXII, 30: ἄ. τ., ὦ ἄ Ἀ., καὶ τὸν θέντα τὸν νόμον ἐξετάσαι Σόλωνα, καὶ θεάσασθαι. (D.) XXXIII, 29: ἄ. τ. **καὶ** τοῦτ' **ἐνθυμηθῆναι,** ὦ ἄ. δ., ὅτι. XLVI, 28:

ἄ. τ., ὦ ἄ. δ., καὶ τόδ' ἐνθυμηθῆναι, ὅτι. D. XXXI, 9: ἄ. τ. καὶ τὸν ὅρκον — ἐκ τούτων ἰδεῖν. (D.) XLV, 71: ἄ. τ., ὦ ἄ. Ἀ., καὶ Φορμίωνι — νεμεσῆσαι τοῖς πεπραγμένοις. LI, 16: ἄ. τ. καὶ περὶ — εἰπεῖν. — D. XXII, 8: περὶ τοίνυν — ἄξιόν ἐστιν ἀκοῦσαι τὴν ἀπολογίαν ἣν ποιήσεται, καὶ θεωρῆσαι. XXIV, 155: ὅτι τοίνυν καὶ — ἄξιόν ἐστιν ἀκοῦσαι. Andere Übergänge mit ἄξιον finden sich Lys. XIX, 63: πρὸς δὲ τούτοις ἄξιον ἐνθυμηθῆναι. XXV, 15: ἔτι τοίνυν, ὦ ἄ. δ., καὶ ἐκ — ἄξιον σκέψασθαι. Isae. II, 27: εἶτα νῦν διὰ τί — ἄξιόν ἐστιν, ὦ ἄ., ἀκοῦσαι. And. I, 140: καὶ μὲν δὴ καὶ τάδε ὑμῖν ἄξιον, ὦ ἄ., ἐνθυμηθῆναι, ὅτι. Aesch. III, 79: πόθεν οὖν ἐπὶ τὴν μεταβολὴν ἦλθε τῶν πραγμάτων (οὗτος γάρ ἐστιν ὁ δεύτερος καιρός), καὶ τί ποτε — ταῦτ' ἤδη διαφερόντως ἄξιόν ἐστιν ἀκοῦσαι (mit dem Zwischensatze οὗτος γάρ — καιρός vgl. die Stellen Ciceros bei Seyffert, schol. Lat. I, § 10, 4). § 152: ἔνθα δὴ καὶ τῶν ἀγαθῶν ἀνδρῶν ἄξιόν ἐστιν ἐπιμνησθῆναι, οὓς κτλ. Lys. XII, 86: ἀλλὰ καὶ τῶν — ἄξιον θαυμάζειν (S. 287). § 87: ἀλλὰ τοὺς — ἄξιον ἰδεῖν (S. 288). Vgl. auch Lyk. 75: ἄξιον γὰρ ὅμως καίπερ πρὸς εἰδότας διελθεῖν. § 80: ὃν (τὸν ὅρκον) ἄξιόν ἐστιν ἀκοῦσαι. D. XXIII, 65: ὧν — ἄξιόν ἐστιν ἓν ἢ δύ' ἀκοῦσαι. § 156: ἧς (τῆς ἐπιστολῆς) ἄξιόν ἐστιν ἀκοῦσαι. Lys. XII, 85. Die von ἄξιον abhängigen Infinitive gehören meist verbis sentiendi und declarandi an, seltener verbis des Affekts und der Affektsäufserung: ἐνθυμηθῆναι, λογίσασθαι, συλλογίσασθαι, θεωρῆσαι, θεάσασθαι, σκοπεῖν, σκέψασθαι, ἐπιμεληθῆναι (Lys. XII, 85; s. z. St.), ἐξετάσαι, καταμαθεῖν, μνησθῆναι, ἐπιμνησθῆναι, ἰδεῖν, εἰδέναι, ἀκοῦσαι, εἰπεῖν, διελθεῖν; ἐπαινεῖν, θαυμάζειν, ἀγασθῆναι, ἀγανακτῆσαι, ὀργίζεσθαι, μισῆσαι, νεμεσῆσαι, ἐπιτιμῆσαι, μέμψασθαι. Besondere Wendungen Lys. V, 5. XVIII, 26 (vgl. § 25). Is. IV, 167. VI, 95. XVIII, 68. XIX, 49. Zu beachten ist auch bei diesem Übergange die Stellung des Vokativs. — ἀεί] Wegen der Wortstellung vgl. auch S. 306 f. — Ἐπιγένην — Δημοφάνην — Κλεισθένην] Ἐπιγένη — Δημοφάνη — Κλεισθένη Herw. Die Identität des Kleisth. mit dem Sohne des Sibyrtios bei Aristoph. nimmt an Hölscher, de vita Lysiae 108; vorsichtiger Francken, comm. 184 und Kock zu Arist. Ri. 1374.

§ 26. τοιοῦτοι γὰρ ἦσαν, ὥστε] für ὥστε möchte Herw. lieber οἷοι. — εἰσιόντες] εἰσάγοντες Cobet.

§ 27. ἐγένοντο· ὑμεῖς δ'] ἐγένοντο, ὑμεῖς δ' Frohberger nach Francken, comm. 180. Vgl. Kayser, Heidelb. Jahrb. 1866, 302. Rauchenst., Jahrb. f. Philol. 1866, 657. — διετέθητε, ὥστε] ὥστε fehlt im *X*, daher διετέθητε· τούς Scheibe, Westerm., Cobet, Herw. nach dem Vorgange der Zürr.; Francken will τοὺς μὲν γάρ. Das im *C* (Rauchenst.) eingesetzte ὥστε entspricht dem sonstigen Gebrauche des Lys., der nach οὕτω διακεῖσθαι und διατιθέναι die Folge nie asyndetisch oder durch γάρ anfügt; vgl. I, 6. III, 40. XIII, 78. XIV, 42. XVIII, 16. XXVII, 11. XXXII, 18. fr. 1, 4. 53, 3. — τοῖς δ' ἄλλοις] ἀλλήλοις Dobree, Herw.; καὶ τοὺς ἄλλους ('et praeterea') Francken, comm. 181. — ἥδιον ἄν] ἄν von Frohberger in der I. Aufl. eingeklammert; in der kl. Ausg. steht es ohne Klammern. Vgl. Rauchenst. im Anh. und Jahrb. f. Philol. a. a. O. — καὶ εἰκότως, ὦ ἄνδρες δικασταί] εἰκότως steht häufig epikritisch (Hermog. Progymn. II, 10 Sp. Anonym. περὶ σχημ. III, 122 Sp. Seyffert, schol. Lat. II, § 56), und zwar in der Regel so, dafs ein begründender Satz mit γάρ (καὶ γάρ, οὐδὲ γάρ) folgt. Vgl. Lys. XXVI, 17. Is. I, 48. VIII, 29. 112. XV, 136. 291. 295. Lyk. 47. 79. 88. 94. 102. 108. 126. 128. 133. Hyp. f. Eux. XXII (εἰκότως, ὦ ἄ. δ. wegen der darauf folgenden Anrede mit der vorliegenden Stelle zu vergleichen; ebenso D. XXXVI, 51. [D.] XLVII, 3). Epit. XIV. Aesch. III, 10. 64: ἐπράττετο γὰρ οὐ πρὸς —, ἀλλὰ πρὸς Φιλοκράτην καὶ Δημοσθένην, εἰκότως, τοὺς ἅμα μὲν πρεσβεύοντας κτλ. (hier statt eines Kausalsatzes mit γάρ das Ptcp. mit Artikel; ähnliches unten). D. I, 10. XVIII, 204. 288 (von den Abschreibern ist es hinzugefügt §§ 24 u. 46; s. Vömel und Lipsius in der adn. crit.). XIX, 52. XX, 31. XXI, 43. 63. 177. XXII, 63. XXIII, 209. XXIV, 24. 210. XXXVI, 25. 30. LVII, 4. (D.) XVII, 13. XXV, 97. XXXIV, 51. XLIV, 3 u. 67 (εἰκότως, οἶμαι). 53. LXI, 30. Br. III, 1480. Thuk. I, 77, 5 (Classen ohne Interpunktion: ἡ δὲ ἡμετέρα ἀρχὴ χαλεπὴ δοκεῖ εἶναι εἰκότως. Ebenso läfst er mit mehreren anderen Herausgebern die Kommata an den beiden folgenden Stellen weg. Richtig urteilt über die Interpunktion Rehdantz zu Lyk. 47, S. 139. Anderer Art die mit δικαίως schliefsenden Stellen D. I, 10. II, 5; vgl. Rehdantz Dem. Ind. I, Stellung, 2). II, 93, 1: ἦν δὲ (ὁ λιμὴν) ἀφύλακτος καὶ ἄκληστος, εἰκότως, διὰ τὸ ἐπικρατεῖν πολὺ τῷ ναυτικῷ. II, 8, 1 (hier mit Litotes οὐκ ἀπεικότως). Plat. Gesetze XII, 948[b]: κατεῖδε τοὺς τότε ἀνθρώπους ἡγουμένους ἐναργῶς εἶναι θεούς, εἰκότως, ἅτε κατὰ τὸν τότε χρόνον τῶν πολλῶν ἐκ θεῶν ὄντων. Lach. 183[b] (hier folgt keine Begründung des εἰκότως, denn der nächste Satz beginnt mit δέ). Arist. Ekkl. 7: σοὶ γὰρ μόνῳ δηλοῦμεν, εἰκότως, ἐπεὶ κτλ. (Vö. 272 f.: ΕΤ. βαβαί, καλός γε καὶ φοινικοῦς. ΕΠ. εἰκότως γε· καὶ γὰρ κτλ.). Für denselben Gebrauch von δικαίως führe ich an (Lys.) VI, 25. Lyk. 93. 122. D. XVIII, 208. 249. XXIII, 78: κἂν μὲν ἁλῷ, τὴν — δίκην ἔδωκε, δικαίως, ἐὰν δ' ἀποφύγῃ κτλ. (vgl. Plat. Lach. a. a. O.). 142: ἀποκτιννύασι τὸν Φίλισκον, δικαίως, τὴν αὑτῶν πατρίδ' οἰόμενοι δεῖν ἐλευθεροῦν. 205. XIX, 277. XXXVI, 51 δικαίως, ὦ ἄ. 'Α.). LIV, 25. LVII, 56. (D.) XLVII, 3 (δικαίως, ὦ ἄ. δ.). Dazu füge D. XXIII, 55 (καλῶς). Plat. Apol. 32[b]: ὅτε ὑμεῖς τοὺς δέκα στρατηγοὺς — ἐβούλεσθε ἀθρόους κρίνειν, παρανόμως, ὡς — πᾶσιν ὑμῖν ἔδοξεν. Wegen des an der vorliegenden Stelle vorausgeschickten καί vgl. noch Is. V, 123: οὐκ ἔσθ' ὅπως οὐ μᾶλλον τῶν ἄλλων εὐδοκιμήσεις, καὶ δικαίως, ἥνπερ κτλ. Dein. II, 15: καὶ Δημάδῃ μὲν καὶ Δημοσθένει — ἀλλ' ἐτιμωρήσασθε, καὶ δικαίως, οἷς κτλ. (Blass möchte lieber: ὀρθῶς καὶ δικαίως). Xen.

Anab. VII, 1, 29: *ἐν γὰρ ταῖς πόλεσίν εἰσι* **πάντες ταῖς ἐφ'** *ἡμᾶς στρατευσομέναις, καὶ δικαίως,* **εἰ** (= *ἐπεί*). Luk. Alex. 25: **καὶ** *μάλα εἰκότως.* D. XIX, **215:** *καὶ νὴ Δί' εἰκότως γε* (die Schwurformel beigefügt wie D. I, **23.** Aesch. I, 69). Amphis bei Athen. **VI,** 224[e]: *καὶ δικαίως* **τοῦτό** *γε* und die von Poppo zu Thuk. I, 77, **5 angeführten** Stellen Sext. Emp. **358,** 9. **368, 4.** Über die latein. **Ausdrucksweise** Seyffert, schol. Lat. II, § 26. Stehend ist *καί* in *καὶ οὐδὲν θαυμαστόν* Hyp. **w.** Dem. XVII, *καὶ* **θαυμαστὸν** *οὐδέν* (D.) LXI, **16,** *καὶ οὐδὲν μὰ Δία θαυμαστόν* Aesch. **I, 69, καὶ** *θαῦμά γ'* **οὐδέν Arist.** Plut. 99 (vgl. **nec** mirum **Cic. Lael.** 9, **32.** Seyffert-Müller S. 226), *καὶ μὰ Δί' οὐδὲν ἄπιστον* **ἴσως** D. I, **23,** *καὶ οὐ θαυμάζω* Lys. V, 4, *καὶ θαυμαστὸν οὐδὲν* **ποιεῖτε** Is. VIII, 3; — *καὶ τούτων οὐδὲν ἴσως θαυμάσαι ἄξιόν* **ἐστιν** (D.) LVIII, **40,** *καὶ ταῦτ' εἰκότως καὶ ποιοῦμεν καὶ πάσχομεν* Is. VII, 11, *καὶ* **τοῦτ'** *εἰκότως τρόπον* **τινὰ** *πράττει* D. VIII, 41 (der **Plur.** *ταῦτα*, der in den übrigen Beispielen steht, ist wohl auch hier herzustellen), *καὶ ταῦτ' εἰκότως ἔπραττον ἐκεῖνοι* D. XVIII, 104, *καὶ ταῦτ' εἰκότως δοξάζουσιν* Is. XI, 26, *κ. τ. εἰκότως οὕτως ὑπελάμβανον ἕξειν* D. XIX, 153, *κ. τ. εἰκότως καὶ περὶ — οὕτως ὑπείληφε* **καὶ κατὰ** — *ὡς ἑτέρως* D. VI, 10, *καὶ δικαίως τεύξει τούτων* Is. XII, **261,** *κ. τ.* **οὐκ** *ἀλόγως ἐγνώκασιν* Is. V, **26, κ. τούτων οὐδέν ἐστιν** *ἄλογον* (D.) LI, 15, *κ.* **τούτων** *οὐδὲν ἀλόγως* **ἀποβέβηκεν** (D.) LXI, **47,** *κ.* **ταῦτ'** *ἀμφότερ' ὀρθῶς* **ἔχει** D. XX, 108, **κ. ταῦτα μέντοι ὀρθῶς** *ὑμεῖς φρονοῦντες* **δίδοτε** And. II, 23 (vgl. **Xen.** Anab. **II,** 2, **3.** VI, 4, 18: *καὶ εἰκότως* **ἄρα κτλ.** Lys. XXXII, 17), *κ. καλῶς ἀμφότεροι ταῦτ' ἔπραξαν* Diodor **XIII,** 24, 3. D. XX, **108** folgt *διὰ* **τί**; *ὅτι*, sonst **überall ein** Kausalsatz mit *γάρ*. **Hierher** gehören auch die Formeln **καὶ ταῦτα** *μὲν καλῶς ποιεῖς* Lys. XXXII, 17 (**μέν** hier fast noch = *μήν*), *καὶ καλῶς ποιοῦσιν* D. XXI, 212. (D.) X, 38, *καὶ καλῶς ἐποίει* (D.) XXV, 97, *καὶ οὐ φθονῶ* (D.) XLII, 22 (dies mit nachfolgendem Kausalsatze). Vgl. zu XXXII, 17 und Westermann zu D. XVIII, 231. Über eine andere Form der *ἐπίκρισις* zu XIII, 70 und Anh. S. 421 f. Nicht epikritisch, sondern metabatisch steht *δέ* in *εἰκότως δέ* And. I, 3. 142. (And.) IV, 21. D. XXIII, 4. (D.) Br. II, 1467. 1472, *δικαίως δέ* Is. XVI, 48. **D.** XXIV, **112, εὐλόγως** *δέ* Is. **X,** 54. — *διὰ* **τοὺς** *μέν*] Scheibe, **Westerm. und jetzt auch** Rauchenst.; *διὰ μὲν τούς* Cobet, Herw. De **arg.** ex **contr. S. 116 ist aus** Lysias nachzutragen XXX, 19: *εἰς* **ταῦτα** *μέν* — **ἐν δὲ** *ταῖς πατρίοις θυσίαις.* Is. **I,** 40 schreibt Blass: *τῷ σώματι* **μέν** — *τῇ* **δὲ** *ψυχῇ* (für *τῷ μὲν* **σ.** — **τ.** *δ. ψ.*; vgl. praef. X). — *πολλάκις* **πειθομένοις**] *πολλάκις*, das in den Hdschr. vor *συμβούλοις* steht, hat Frohberger mit Recht vor *πειθ.* gesetzt; ebenso jetzt Rauchenst. — **πειθομένοις**] *πιθομένοις* Cobet. — Wegen der Konstruktion vgl. Thuk. III, 44, 3: *ἐς τὸ λοιπὸν ξυμφέρον ἔσεσθαι* (sc. *ὑμῖν*) *πρὸς τὸ ἧσσον ἀφίστασθαι θάνατον ζημίαν προθεῖσιν* und dazu die Erklärer.

§ 28. *ταύτην — φυλακήν*] Herw. will *μόνην ταύτην* oder *ἱκανωτάτην φυλακήν*. Ähnlich schon Reiske. — *οὕτω πλεῖστον χρόνον κτλ.*] Francken, comm. 181 nimmt Anstofs an dem Gedanken und meint, es habe ursprünglich etwa gelautet: *οὕτω πλείστην τιμὴν προσγενήσεσθαι καὶ πλεῖστον χρόνον κτλ.*

§ 29. *καὶ ἐν δημ. καὶ ἐν ὀλιγ.*] verbindet Frohberger mit dem Folgenden, indem er das Komma hinter *γεγενῆσθαι* setzt.

§ 30. *ὅ τι ἄν*] Kayser vermutet *τί ἄν*, was er für nachdrücklicher hält. Vergleicht man die ähnlichen Stellen (de arg. ex contr. Anm. 18, S. 301 f.) Lys. XII, 34 (*θαυμάζω δὲ τί ἄν ποτ' ἐποίησας*). Aristeid. II, 353 Df. (*θαυμάζω δὲ τί ἄν ποτ' ἐποίησεν, ἢ τίνος ἂν μετέδωκεν αὐτοῖς εὐφημίας*). Is. XI, 8: (*ὥσθ' ἡδέως ἂν εἰδείην τί ποτ' ἂν ἐποίησεν*). XV, 97 (*ἡδέως δ' ἂν εἰδείην τί ποτ' ἂν ἔπαθον*). (D.) XXXIV, 45 (*ἐνθυμοῦμαι δ' ἔγωγε τί ἄν ποτε — ἔγραψεν*). Dein. I, 13 (*ἐφ' οἷς οὐκ οἶδ' ὅ τί ποτ' ἂν ἐποίησεν ἢ τίνας ἂν εἶπε λόγους*). (D.) XLII, 1, (*οὐκ οἶδ' ὅποι προῆλθεν ἄν*), sowie Lys. XIII, 49 (*θαυμάζω δ' ἔγωγε ὅ τί ποτε τολμήσει ἀπολογεῖσθαι*). D. XXIV, 66 (*θαυμάζω δ' αὐτοῦ τί ποτε καὶ τολμήσει λέγειν*). Ant. I, 5 (*θαυμάζω δ' ἔγωγε καὶ — ἥντινά ποτε γνώμην ἔχων*). Lys. XXXIII, 7 (*θαυμάζω δὲ — τίνι ποτὲ γνώμῃ χρώμενοι*). (D.) LIX, 118 (*θαυμάζω δ' ἔγωγε τί ποτε καί*). Lyk. 135 (*θαυμάζω δὲ καὶ — διὰ τί ποτε*). Aesch. III, 230 (*θαυμάζω δ' ἔγωγε ὑμῶν καὶ ζητῶ πρὸς τί ἂν ἀποβλέψαντες. — καὶ ζητῶ* von Weidner nach Cobet eingeklammert). Is. XIV, 10 (*θαυμάζω δὲ πρὸς τί — ἀναφέροντες καὶ πῶς ποτε*). (D.) XLIX, 53 (*θαυμάζω δ' ἔγωγε καὶ τίνος οὕνεκ' ἄν ποτε*). D. XXXVI, 28 (*θαυμάζω τοίνυν ἔγωγε τί ποτ' ἐστίν*). (D.) LI, 11 (*θαυμάζω δ' ἔγωγε τί δή ποτε* — vgl. D. XIX, 80. XXIV, 6. [D.] X, 71). Is. VII, 1 (*πολλοὺς ὑμῶν οἶμαι θαυμάζειν ἥντινά ποτε γνώμην ἔχων*). D. LIV, 13 (*οἴομαι δ' ὑμῶν ἐνίους θαυμάζειν τί ποτ' ἐστὶν ἃ — τολμήσει λέγειν*). (D.) LVI, 19 (*οἴομαι δ' ὑμᾶς θαυμάζειν — τὴν τόλμαν, καὶ τῷ ποτε πιστεύων*). Xen. Mem. I, 1, 1 (*πολλάκις ἐθαύμασα τίσι ποτὲ λόγοις Ἀθηναίους ἔπεισαν*) u. 20 (*θαυμάζω οὖν ὅπως ποτὲ ἐπείσθησαν Ἀ.*). Staat d. Lak. 1, 1 (*ἀλλ' ἐγὼ — ἐθαύμασα ὅτῳ ποτὲ τρόπῳ*). Plat. Alkib. I, 104[d] (*τῷ ὄντι γὰρ θαυμάζω ὅ τί ποτ' ἐστὶ τὸ σὸν πρᾶγμα*). D. XVIII, 159 (*ὃν ὅπως ποτὲ — θαυμάζω*). Xen. Mem. III, 5, 13 (*καὶ θαυμάζω γε — ὅπως ποτέ*). Anab. III, 5, 13 (*θαυμάζουσιν ὅποι ποτὲ καὶ τί*). D. XXIII, 110. Xen. Anab. I, 8, 16. V, 7, 18. Hell. II, 3, 17 (*θ. τίς*). Xen. Anab. V, 7, 13. VI, 5, 13. Thuk. III, 38, 1 (*θ. ὅστις*). Is. III, 3 (*θ. ὅπως οὐ*): so wird man zugeben müssen, dafs das direkte Fragwort in solchen Fällen zwar mit Vorliebe, aber keineswegs ausschliefslich gebraucht ward. Ist eine Verschärfung der Frage hier wirklich notwendig, dann wäre es doch wol geratener, nach Dein. I, 13. Lys. XIII, 49 und anderen ähnlichen Stellen zu schreiben: *ὅ τι ἄν ποτ' ἐποίησαν*. Is. XIV, 10 ist das *ποτέ* auffälligerweise erst dem zweiten Gliede beigefügt, während doch derartige Verstärkungen ins erste Glied gehören; s. Dein. u. Aristeid. a. a. O. Xen. Anab. III, 5, 13, sowie zu XII, 40 (Ant. VI, 47: ἅπερ — ταῦτα, καὶ ἃ — ταῦτα). Vielleicht ist daselbst mit Umstellung der Partikel πρὸς τί ποτε — καὶ πῶς zu lesen. Eigentümlich Theophr. Char. i. A.: ἤδη μὲν καὶ πρότερον πολλάκις ἐθαύμασα, ἴσως δὲ οὐδὲ παύσομαι θαυμάζων, τί γὰρ δή ποτε, τῆς Ἑλλάδος ὑπὸ τὸν αὐτὸν ἀέρα κειμένης καὶ πάντων τῶν Ἑλλήνων ὁμοίως παιδευομένων, συμβέβηκεν ἡμῖν οὐ τὴν αὐτὴν τάξιν τῶν τρόπων ἔχειν. — εὐθύνην] εὐθύνας Cobet; εὔθυναν Herw., was auch Scheibe (praef. XXVI) unter Vergleichung von (Lys.) XI, 9 vorzieht. Auch Aesch. III, 17 schreiben Schultz und Weidner εὔθυνα. Vgl. Böckh, Staatshaush. I, 266, Anm.° — Zur Sache Blass, Bereds. I, 509. Großer, Jahrb. f. Philol. 1869, 202 f. Stutzer, Hermes XV, 40.

§ 31. καὶ τοσούτων κακῶν — ὅμως] Das hdschr. ὁμοίως läßt sich nicht schützen durch Stellen wie Thuk. I, 20, 1: οἱ ἄνθρωποι τὰς ἀκοὰς τῶν προγεγενημένων, καὶ ἦν ἐπιχώρια σφίσιν ᾖ, ὁμοίως ἀβασανίστως παρ' ἀλλήλων δέχονται, wo Classen das von Cobet geforderte ὅμως mit gutem Grunde zurückweist. D. XVIII, 110: ὑπολαμβάνων, κἂν μηδὲν εἴπω περὶ τῶν λοιπῶν πολιτευμάτων, ὁμοίως παρ' ὑμῶν ἑκάστῳ τὸ συνειδὸς ὑπάρχειν μοι. Thuk. VII, 68, 3; vgl. Anh. zu XII, 15, S. 215 (Herod. VII, 121 a. A. schreiben die neueren Herausgeber mit Recht nach Reiskes Konjektur ὅμως). Verfehlt ist auch Frohbergers Erklärung, der ὁμοίως mit dem folgenden ὥσπερ in Verbindung bringt und demgemäß übersetzt: 'sie nehmen für sich die Pflicht in Anspruch — in gleicher Weise, als ob nicht sie, sondern die andern die Frevler wären'. Ähnliche Stellen mit ὅμως sind Anh. S. 276 angeführt. Gewöhnlich fehlt diese Partikel in derartigen Sätzen; de arg. ex contr. Anm. 1, S. 265 f. — ἐκεῖνοι μὲν ὀλιγαρχίας οὔσης ἐπεθύμουν ὧνπερ οὗτοι, οὗτοι δὲ δημοκρατίας τῶν αὐτῶν ὧνπερ ἐκεῖνοι] Der Konzinnität zu Liebe emendiert Pluygers, Mnem. XI, 87: ἐκ. μὲν ὀλ. οὔσης ἐπεθύμουν τῶν αὐτῶν ὧνπερ οὗτοι, οὗ. δὲ δημ. τῶν αὐτῶν ὧνπερ ἐκεῖνοι. Dagegen schreibt Herw.: ἐκ. μὲν ὀλ. οὔσης ἐπ. τῶν αὐτῶν ὧνπερ οὗτοι, οὗ. δὲ δημ. ὧνπερ ἐκεῖνοι. Konzinner ließe sich die Stelle auch gestalten, wenn man schriebe: ἐκ. μὲν ὀλ. οὔσης ἐπεθύμουν ὧνπερ οὗτοι, οὗ. δὲ δημ. ἐπιθυμοῦσιν ὧνπερ ἐκεῖνοι oder: ἐκ. μὲν ὀλ. οὔσης ἐπεθύμουν ὧνπερ οὗτοι, οὗ. δὲ δημ. (mit oder ohne οὔσης) ὧνπερ ἐκεῖνοι. Aber da das zweite Glied schwerer wiegt als das erste, so wird wohl mit Recht die Identität der Tendenzen der Tyrannen und der Sykophanten, die im ersten nur durch ὧνπερ (gerade das, was) angedeutet ist, im zweiten nachdrücklicher durch τῶν αὐτῶν ὧνπερ (gerade das nämliche, was) hervorgehoben.

§ 32. καὶ τούτων μὲν οὐκ ἄξιον θαυμάζειν] Wegen des angeblichen Widerspruchs mit § 30 will Kayser (Heidelb. Jahrb.

1854, 231; vgl. dieselbe Zeitschr. 1866, 785 u. Jahrb. f. Philol. 1872, 261) ἢ τούτων μὲν οὐκ ἄξ. θαυμ. als Frage. Rauchenst. schrieb früher καίτοι für καί, jetzt nimmt er mit Recht (nach Dryanders Vorschlag) unter Beibehaltung des καί eine Parenthese an. Neben der in der Anm. angeführten Stelle (Lys. XXV, 16), in der Blass, Bereds. I, 514, Anm. 1 ein Beispiel der Epidiorthosis findet (vgl. S. 209 f. 259. 268), kann man noch vergleichen Lys. XXXIV, 2: καὶ τούτων μὲν οὐ θαυμάζω, ὑμῶν δὲ τῶν ἀκροωμένων, ὅτι κτλ. VII, 23: καὶ τούτου μὲν οὐ θαυμάζω —· ὑμᾶς δ' οὐκ ἀξιῶ κτλ. (And.) IV, 39: καὶ ταῦτα μὲν οὐ θαυμάζω —· ἐνθυμοῦμαι δὲ κτλ. Lys. XIX, 49. Ähnlich auch D. VI, 27: καὶ οὐ τοῦτ' ἔστιν ἄτοπον, εἰ Μεσσήνιοι —· ἀλλ' ὑμεῖς κτλ. Nicht hierher gehören die gleichfalls mit καί beginnenden Beispiele der amplificatio D. VIII, 30. IX, 55. XIX, 113. Plat. Symp. 177ᵇ (vgl. D. XXIII, 163. Aesch. III, 94, wo der Übergang durch τοίνυν vermittelt wird). Für die Phrase οὐκ ἄξιον θαυμάζειν (non est quod mireris) führe ich aufser § 16 noch an (D.) LVIII, 40 (S. 503) und die Übergangsformel οὐκ ἄξιον δὲ θαυμάζειν εἰ Is. VIII, 106. XV, 171. XVII, 33 (dafür οὐ θαυμαστὸν δ' εἰ Lys. VII, 7). — μὴ διδόντες] μὴ τούτοις διδόντες Herw. — καὶ δέξαιντ' ἄν] οἳ καὶ δέξαιντ' ἂν Kayser, οἳ δέξαιντ' ἂν nach Dobree Herw. Beides unnötig, wenn man die vorangehenden Worte parenthetisch fafst. — μικρὰν εἶναι] δι' ἑαυτούς wollte Reiske zusetzen, gebilligt von Scheibe und Rauchenst. Doch wollen die schlechten Demagogen nur die Stadt niedergehalten und schwach sehen, gleichviel durch wessen Thätigkeit, nur kein heilsames Wirken anderer.

§ 33. διὰ τοὺς ἐκ Πειραιῶς] mit Cobet (v. l. 374) und Scheibe (praef. LIX und lect. Lys. 339) für das hdschr διὰ τοὺς ἐκ Π. κινδύνους; vgl. Kayser, Heidelb. Jahrb. 1866, 778. διὰ τοὺς τῶν ἐκ Π. κινδύνους Sauppe, Westerm., Herw. Scheibe vermutet auch: διὰ τοὺς ἐκ Π. κινδυνεύσαντας, P. R. Müller, des Lys. Rede g. Euander (Progr. Merseburg 1873) 23 f.: διὰ τοὺς ἐκ Π. ἀκινδύνως, und so jetzt Rauchenst. und Frohberger in der kl. Ausg. (ἀκινδύνους Druckfehler für ἀκινδύνως). Gegen diese Emendation Blass in Bursians Jahresber. 1873, 276, wo derselbe das Adverbium für ziemlich müfsig erklärt. Ich nehme auch an der Wortstellung Anstofs, da man αὐτοῖς ἐξ. ἀκινδύνως ποιεῖν erwartet; vgl. die von Müller citierte Stelle Isae. III, 47: ἀλλὰ τοῖς μὲν διώκουσιν ἀκινδύνως εἰσαγγέλλειν ἔξεστιν. Niemand würde etwas auszusetzen haben, wenn Lys. geschrieben hätte: διὰ τοὺς τῶν ἐκ Π. κινδύνους ἀκινδύνως αὐτοῖς ἐξεῖναι ποιεῖν, weil in diesem Falle die Hinzufügung des Adverbiums und seine Stellung hinter κινδύνους durch den Gegensatz hinlänglich gerechtfertigt wäre. In ähnlichen Antithesen findet sich ἀκινδύνως bei Lysias VII, 38: πότερον εἰκὸς μᾶλλον τοῦτον ἀκινδύνως ψεύδεσθαι ἢ μετὰ τοσούτου κινδύνου τοιοῦτον ἐμὲ ἔργον ἐργάσασθαι; XXXI, 7: ἡγησάμενον *κρεῖττον εἶναι αὐτὸν ἀκινδύνως τὸν βίον διάγειν ἢ τὴν πόλιν σώζειν ὁμοίως τοῖς ἄλλοις πολίταις κινδυνεύοντα.* — *αὑτοῖς*] *αὐτοῖς* Sauppe und die neueren Herausgeber. — *σωτήρια*] 'Heilsames' mit Frohberger für vulg. *σωτηρία*, ebenso jetzt Rauchenst.; vgl. das folgende *τι ἀγαθόν*. — *τούτους μὲν ἐπιλησθήσεσθαι*] mit Frohberger für vulg. *ἐπιλύσεσθαι* (vgl. Philol. XV, 342. Jahrb. f. Philol. 1860, 425). *ὑποδύσεσθαι* nach Sauppe Westerm. und Rauchenst., *αὐτοὶ μὲν* (*αὐτοὺς μέν C*) *καταλύσεσθαι* (= *καταλυθήσεσθαι*) Herw., **τούτων** (die Ankläger) *μὲν ὑμᾶς ἐπιλήσεσθαι* Francken, comm. 182. **Andere** Emendationsversuche bei Scheibe, praef. LIX. Neuerdings vermutet Rauchenst. unter Vergleichung von Is. IV, 150. D. XIX, 224 *ἐκλυθήσεσθαι* oder *ἐκλύσεσθαι* 'sie werden ihre Kraft verlieren'. Beidem würde ich *ἐκλελύσεσθαι* vorziehen (Xen. Kyr. I, 6, 9 schreibt Hertlein jetzt nach Cobet *καταλελύσεται*). — *τοῦτ' αὐτὸ δείσαντες*] nach Scheibes Vermutung mit Rauchenst. und Herw.; *τὸ αὐτὸ πάντες X*, *δι' αὐτὸ πάντες C*. Schon Kayser wollte: *τοῦτο δείσαντες*. Frohberger schreibt: *διὰ τοῦτο πάντως* (vgl. Philol. XV, 343); Francken, comm. 183 vermutet: *συκοφαντοῦντες*, Sauppe: *τοῦτο ὑποτοποῦντες* (vgl. Pertz, quaest. II, 12), P. R. Müller, Philol. XII, 237: *τοῦτο γνόντες* oder *τοῦτο ὑποπτεύσαντες*, Westerm.: *τοιοῦτοί γ' ὄντες*. — *δι' ἄλλων*] *δι' ἄλλον* nach **Scheibes Vorschlag** Herw. Doch **auch oben die** Plurale *δι' ἄλλους* **und** *δι' ἑτέρους*. **Zum** Kasuswechsel vgl. XII, 87 und Anh. S. 288.

§ 34. *ὑμεῖς τε*] statt des hdschr. *ὑμεῖς δέ* mit Herw. und **Fuhr**, Rhein. Mus. 1878, S. 597. Für unanfechtbar halte ich die **Verbindung** *τέ — δέ* in Stellen wie Xen. Kyr. III, 3, 64: *οἱ δ' αὖ Πέρσαι κατά τε τὰς εἰσόδους ἐφεπόμενοι ὠθουμένων αὐτῶν πολλοὺς κατεστρώννυσαν, τοὺς δ' εἰς τὰς τάφρους ἐμπίπτοντας ἐπεισπηδῶντες ἐφόνευον ἄνδρας ὁμοῦ καὶ ἵππους*. VI, 2, 4: *ὁ δὲ Κῦρος τά τε ἄλλα εἰς τὸν πόλεμον παρεσκευάζετο μεγαλοπρεπῶς, ὡς δὴ ἀνὴρ οὐδὲν μικρὸν ἐπινοῶν πράττειν· ἐπεμελεῖτο δὲ οὐ μόνον ὧν ἔδοξε τοῖς συμμάχοις, ἀλλὰ καὶ ἔριν ἐνέβαλλε πρὸς ἀλλήλους τοῖς φίλοις*. Thuk. I, 11, 1 (vgl. Classen im krit. Anh.). (Lys.) II, 17 f. Is. XII, 144 f. Plat. Kratyl. 406[c] (an diesen drei Stellen haben längere Zwischensätze die Anakoluthie veranlafst; ähnlich Thuk. VI, 83, 1, wo *τέ — ἅμα* und *ἅμα δέ* einander entsprechen). **Plat. Staat** X, **611[d]; desgl.** Thuk. I, 25, 3: *Κορίνθιοι δὲ κατά τε τὸ δίκαιον ὑπεδέξαντο τὴν τιμωρίαν — ἅμα δὲ καὶ μίσει τῶν Κερκυραίων*. **Xen. Kyr. IV, 4, 3. Anab. V, 5,** 8: *τέ — ἔπειτα δὲ καί*. (D.) VII, 39. L, 25. Plat. **Gesetze I, 641[c]. Diodor** XIII, **114, 3:** *τέ — ἔτι δὲ* (*καί*). Plat. **Symp. 186[e]** (s. S. 448). **Is.** XV, 232: *τέ — μετὰ δὲ ταῦτα* (Orelli *ἐκεῖνος μέν* für *ἐκεῖνός τε*). Xen. Anab. VII, 8, 11: *δειπνήσας οὖν ἐπορεύετο τούς τε λοχαγοὺς τοὺς μάλιστα φίλους λαβὼν —· συνεπεξέρχονται δὲ αὐτῷ καὶ ἄλλοι κτλ.* Diodor XIV, 10, 4: *καὶ ναῦς τε κατεσκευάζετο, συνῆγε δὲ καὶ μισθοφόρων πλῆθος*. XIII, 86, 2: *τέ — εὐθὺς δὲ καί*. Plat. Staat III, 394[c]: *ἔν τε τῇ τῶν* ἐπῶν ποιήσει, πολλαχοῦ δὲ καὶ ἄλλοθι. Euthyphr. 3[e]: ἀλλὰ σύ τε κατὰ νοῦν ἀγωνιεῖ τὴν δίκην, **οἶμαι** δὲ καὶ ἐμὲ τὴν **ἐμήν** (Stephanus und Fischer σύ γε). Staat II, 367[c]: ἃ τῶν τε ἀποβαινόντων ἀπ' αὐτῶν **ἕνεκα ἄξια κεκτῆσθαι**, πολὺ δὲ μᾶλλον αὐτὰ αὑτῶν. **And.** I, 5 (nach der von Schiller empfohlenen und von Blass **vollzogenen** Umstellung des δέ. Das Beispiel dem vorhergehenden sehr **ähnlich**; vgl. auch Plat. **Staat III, 388[e]**: οὔτε — πολὺ δὲ ἧττον, wo **Cobet** οὔτοι für οὔτε verlangt). Das im Übergange **so** häufige ἐπειδὴ (ἐπειδὰν) δέ dürfte auch Is. IX, 15. XII, 212 die Anakoluthie entschuldigen (Blass schreibt ἐπειδή — ἐπειδάν — **τε**; Fuhr, Rhein. Mus. 1878, 347 f. will an der zweiten Stelle nicht ändern, **an** der ersten τε mit Δ weglassen). Dagegen ist wie an der vorliegenden **Stelle**, so auch Ant. III, β, 6 (nach Sauppe). Is. III, 32 (nach **Fuhr**). XII, 136 (nach Fuhr und Blass). Isae. IV, 4 (nach Fuhr). **Xen.** Symp. 8, 2 (nach Mehler) τέ — τέ zu schreiben. Anderwärts verdient die etwas gewaltsamere Korrektur μέν — δέ den **Vorzug**. So namentlich Xen. Hell. I, 1, 34: ἐψηφίσαντο ὁπλίτας τε **αὐτὸν** καταλέξασθαι χιλίους, ἱππέας δὲ ἑκατόν, τριήρεις δὲ πεντήκοντα und VI, 5, 30: οἱ δὲ Ἀρκάδες τούτων τε οὐδὲν ἐποίουν, καταλιπόντες δὲ τὰ ὅπλα εἰς ἁρπαγὴν ἐπὶ τὰς οἰκίας ἐτρέποντο. Über diese Stelle ist bereits de arg. ex contr. S. 358 (Anm. 54 a. E.) gesprochen worden. Zu den dort und Add. S. 394 angeführten ganz analogen Beispielen kann ich jetzt noch hinzufügen Lys. III, 17. (Lys.) IX, 6. **Aesch. III, 141. Thuk. III, 66, 2** (wo Stahl). IV, 35, 3. **48**, 2. Lys. XXX, **1. Mit Rücksicht auf** solche Stellen wird man auch Xen. Hell. IV, 5, 15, **wo** im zweiten Gliede ein Temporalsatz mit ἐπεί steht, ᾖρουν μὲν οὐδένα für ᾖρουν τε οὐδένα herzustellen haben. Vgl. Thuk. IV, 27, 4, wo der zweite Teil mit εἰ δέ beginnt. Aufserdem halte ich μέν — δέ für notwendig Xen. Hell. VII, 1, 24 (Breitenbach πρότερόν τε — νῦν δέ, Dindorf und Büchsenschütz πρότερον — νῦν δέ). Aesch. III, 80 setzt Weidner jetzt hinter Φωκεῦσι die Worte καὶ τὰς ἐν Βοιωτοῖς ein; früher schrieb er mit Reiske: τὰς μὲν ἐν Φωκεῦσι πόλεις, was mir angemessener erscheint. Die Dichter, welche in dem Gebrauche von τέ — δέ weit freier verfahren, habe ich absichtlich bei Seite gelassen.

§ 35. εἰς ὑποψίαν καταστήσετε] In den Hdschr. εἰς ὑπο.... Die Phrase wie XXXII, 19. Vgl. Francken, comm. 183.

Verzeichnis der kritisch besprochenen Stellen.